司法解释理解与适用丛书

最高人民法院
新民事案件案由规定
理解与适用

〔上〕

杨万明 主 编

郭 锋 副主编

最高人民法院研究室 编著

人 民 法 院 出 版 社

PEOPLE'S COURT PRESS

图书在版编目（CIP）数据

最高人民法院新民事案件案由规定理解与适用 / 杨万明主编；郭锋副主编；最高人民法院研究室编著．--北京：人民法院出版社，2021.11

ISBN 978-7-5109-3307-3

Ⅰ.①最… Ⅱ.①杨… ②郭… ③最… Ⅲ.①民事诉讼法－法律解释－中国 ②民事诉讼法－法律适用－中国 Ⅳ.①D925.105

中国版本图书馆 CIP 数据核字（2021）第 216751 号

最高人民法院新民事案件案由规定理解与适用

杨万明　主编　郭　锋　副主编

最高人民法院研究室　编著

策划编辑　陈建德　姜　峤

责任编辑　王　婷　尹立霞

执行编辑　高　晖　罗羽净　李　瑞

出版发行　人民法院出版社

地　　址　北京市东城区东交民巷 27 号（100745）

电　　话　（010）67550617（责任编辑）　67550558（发行部查询）

65223677（读者服务部）

客 服 QQ　2092078039

网　　址　http://www.courtbook.com.cn

E - mail　courtpress@sohu.com

印　　刷　三河市国英印务有限公司

经　　销　新华书店

开　　本　787 毫米×1092 毫米　1/16

字　　数　1195 千字

印　　张　83

版　　次　2021 年 11 月第 1 版　2025 年 2 月第 10 次印刷

书　　号　ISBN 978-7-5109-3307-3

定　　价　258.00 元（上下册）

编委会

出版说明

习近平总书记指出："民法典实施水平和效果，是衡量各级党和国家机关履行为人民服务宗旨的重要尺度。"① 贯彻实施好《民法典》，是人民法院职责所在。古人云："法令行则国治"（《潜夫论·述赦》），如何将《民法典》的制度、规则转化为实际的审判效能，是人民法院面临的重大课题。《民法典》颁布后，最高人民法院党组和周强院长立即作出部署，成立由周强院长任组长的《民法典》贯彻实施工作领导小组，负责组织推动《民法典》贯彻实施有关工作。其中，"对照《民法典》修改民事案件案由规定"被列为最高人民法院"切实实施民法典"重点任务之一。2020年12月30日，最高人民法院召开"最高人民法院贯彻实施民法典全面完成司法解释清理和首批司法解释新闻发布会"，发布了与《民法典》配套的第一批共七件司法解释和一件规范性文件，这一件规范性文件即是修改后的《民事案件案由规定》。

最高人民法院历来重视民事案件案由工作。2000年印发《民事案件案由规定（试行）》，自2001年1月1日起试行。试行7年后，2008年正式制发《民事案件案由规定》，自2008年4月1日起施行，2011年进行了第一次修正，完善了民事案件案由体系。《民事案件案由规定》施行以来，在方便当事人诉讼，规范人民法院民事立案、审判和

① 习近平总书记于2020年5月29日在十九届中央政治局第二十次集体学习时的讲话。

司法统计工作等方面，发挥了重要作用。近年来，随着法律、司法解释的出台或者修订，审判实践中出现了许多新类型民事案件，需要对2011年修正的《民事案件案由规定》进行补充和完善。特别是《民法典》于2021年1月1日起正式施行，需要对照《民法典》增加新的案由。在广泛调查研究的基础上，2020年12月14日，最高人民法院审判委员会第1821次会议审议通过《最高人民法院关于修改〈民事案件案由规定〉的决定》（法〔2020〕346号，以下简称《决定》），与《民法典》同步施行。根据《决定》，最高人民法院又印发《最高人民法院关于印发修改后的〈民事案件案由规定〉的通知》（法〔2020〕347号，以下简称《通知》），对各级法院适用修改后的《民事案件案由规定》提出了具体要求。

此次民事案件案由的修正，全国各级法院均提出了建议修改、删除、增加的具体案由，总数达300余个。经研究决定，修改第一级案由3个、第二级案由13个、第三级案由88个、第四级案由49个。修改后的《民事案件案由规定》共有第一级案由11个，第二级案由54个，第三级案由473个，第四级案由391个，总计案由929个。修改后的民事案件案由体系充分吸收了《民法典》最新立法成果，基本能够满足法典化时代民事审判工作的需要。为便于全国法院系统的审判人员、其他从事法律工作的人员以及社会各界更好地理解和掌握修改后的《民事案件案由规定》的内容，最高人民法院研究室组织编写了《最高人民法院新民事案件案由规定理解与适用》一书。本书编写以第三级案由为基准，从释义、管辖、法律适用和确定该案由应当注意的问题四个方面进行阐述。编写突出以下特点：第一，“释义”部分简要对案由进行解释，突出该案由所反映的法律关系，以揭示其法律特征，同时对其可能涵盖的子项（第四级）案由进行解释，以帮助读者更好地理解该案由的具体含义；第二，“管辖”部分结合现行法律、司法解释的规定，明确指出管辖法院，以方便当事人起诉和立案法官审查；第三，“法律适用”部分简要指出确定该案由的法律依据（实际上也是审理案件的法律依据），以便读者查阅相关具体条文；第四，

“确定该案由应当注意的问题”部分主要说明该案由在审判实践中如何具体应用，同时对部分案件审理过程中应当注意的问题也一并予以明确，以便法官和当事人选择正确的案由并注意相关司法实务问题。

本书由最高人民法院党组成员、副院长杨万明大法官定稿，研究室副主任（一级巡视员）郭锋核稿，研究室民事处处长陈龙业、副处长贾玉慧，立案庭法官胡岩、民四庭法官郭载宇统稿。参与本书编写的人员有（按照第三级案由顺序）：郭锋、陈龙业、贾玉慧、汪军、胡岩、吴兆祥、曹玉乾、孙冠华、耿慧茹、曾志、马秀荣、程立武、吴凯敏、蒋家棣、张晓光、张音、周翔、魏磊、张楠、周蓉蓉、王晓琳、危浪平、郭载宇、沙玲、李玉林、刘忠伟、唐荣娜、杜圣杰、李伟、李大何、谷升、宋春雨、李予霞、马剑、陈宏宇、司艳丽、邵长茂、刘婷。

《民事案件案由规定》的修改和本书的出版是有关各方共同努力的结果。最高人民法院的调研通知发出后，全国各高级人民法院高度重视、快速反应，组织辖区三级法院认真对照《民法典》开展广泛研究讨论，及时上报了关于建议增加、变更、删除民事案件案由的调研报告；特别是北京市高级人民法院、上海市高级人民法院、江苏省高级人民法院、浙江省高级人民法院、广东省高级人民法院受最高人民法院专项委托，深入开展了相关调研，形成科学化、系统化的修改方案；北京市高级人民法院、重庆市高级人民法院精心筹备调研座谈会，为此项工作的有序推进提供了大力支持；人民法院出版社为本书的出版也付出了很多心血。在此一并感谢。由于时间原因，本书疏漏之处在所难免，敬请各方批评指正。

本书编委会

二〇二一年十月

总 目 录

民事案件案由规定及解读

条文理解与适用

目　录

（上册）

民事案件案由规定及解读

条文理解与适用

第一部分　人格权纠纷

第二部分　婚姻家庭、继承纠纷

第三部分 物权纠纷

第四部分 合同、准合同纠纷

第五部分　知识产权与竞争纠纷

第六部分　劳动争议、人事争议

(下册)

第七部分　海事海商纠纷

第九部分　侵权责任纠纷

第十部分　非讼程序案件案由

第十一部分　特殊诉讼程序案件案由

民事案件案由规定及解读

最高人民法院
印发《关于修改〈民事案件案由规定〉的决定》的通知

2020 年 12 月 29 日　　　　　　　　　　　　　　法〔2020〕346 号

各省、自治区、直辖市高级人民法院，解放军军事法院，新疆维吾尔自治区高级人民法院生产建设兵团分院：

现将《最高人民法院关于修改〈民事案件案由规定〉的决定》印发给你们，请认真贯彻执行。

最高人民法院
关于修改《民事案件案由规定》的决定

根据《中华人民共和国民法典》《中华人民共和国民事诉讼法》等法律规定，结合人民法院民事审判工作实际，对 2011 年 2 月 18 日第一次修正的《民事案件案由规定》作如下修改：

一、修改第一级案由 3 个

1. 变更第一级案由“第四部分 合同、无因管理、不当得利纠纷”为第一级案由“第四部分 合同、准合同纠纷”。

2. 变更第一级案由“第十部分 适用特殊程序案件案由”为第一级案由“第十部分 非讼程序案件案由”。

3. 增加第一级案由“第十一部分 特殊诉讼程序案件案由”。

二、修改第二级案由 13 个

4. 增加第二级案由“三十、独立保函纠纷”。

5. 变更第二级案由“三十三、认定公民无民事行为能力、限制民事行为能力案件”为“三十四、认定自然人无民事行为能力、限制民事行为能力案件”。

6. 增加第二级案由“三十五、指定遗产管理人案件”。

7. 增加第二级案由“三十七、确认调解协议案件”。

8. 增加第二级案由“三十八、实现担保物权案件”。

9. 增加第二级案由“四十二、公司清算案件”。

10. 增加第二级案由“四十三、破产程序案件”。

11. 增加第二级案由“四十六、申请人身安全保护令案件”。

12. 增加第二级案由“四十七、申请人格权侵害禁令案件”。

13. 增加第二级案由“五十一、与宣告失踪、宣告死亡案件有关的纠纷”。

14. 增加第二级案由“五十二、公益诉讼”。

15. 增加第二级案由“五十三、第三人撤销之诉”。

16. 变更第二级案由“四十三、执行异议之诉”为“五十四、执行程序中的异议之诉”。

三、修改第三级案由 88 个

17. 在第二级案由“一、人格权纠纷”项下：变更“1. 生命权、健康权、身体权纠纷”为“1. 生命权、身体权、健康权纠纷”；增加“3. 名称权纠纷”“5. 声音保护纠纷”；变更“6. 隐私权纠纷”为“8. 隐私权、个人信息保护纠纷”。

18. 在第二级案由“二、婚姻家庭纠纷”项下：增加“13. 婚内夫妻财产分割纠纷”“21. 亲子关系纠纷”。

19. 在第二级案由“三、继承纠纷”项下：增加“34. 遗产管理纠纷”。

20. 在第二级案由“六、所有权纠纷”项下：增加“52. 添附物归属纠纷”。

21. 在第二级案由“七、用益物权纠纷”项下：增加“62. 土地经营权纠纷”“65. 居住权纠纷”。

22. 在第二级案由“十、合同纠纷”项下：增加“75. 预约合同纠纷”“82. 债务加入纠纷”；变更“75. 招标投标买卖合同纠纷”为第三级案由“84. 买卖合同纠纷”项下的第四级案由“（5）招标投标买卖合同纠纷”；变更“83. 房屋拆迁安置补偿合同纠纷”为“92. 民事主体间房屋拆迁补偿合同纠纷”；增加“97. 排污权交易纠纷”“98. 用能权交易纠纷”“99. 用水权交易纠纷”“100. 碳排放权交易纠纷”“101. 碳汇交易纠纷”“113. 保理合同纠纷”；变更“107. 居间合同纠纷”为“123. 中介合同纠纷”，变更“111. 合伙协议纠纷”为“127. 合伙合同纠纷”，变更“119. 农村土地承包合同纠纷”为“135. 土地承包经营权合同纠纷”；增加“136. 居住权合同纠纷”；删去“127. 请求确认人民调解协议效力”。

23. 在第二级案由“十五、不正当竞争纠纷”项下：增加“182. 网络不正当竞争纠纷”。

24. 在第二级案由“十八、人事争议”项下：删去“172. 人事争议”；增加“190. 聘任合同纠纷”。

25. 在第二级案由“二十一、与公司有关的纠纷”项下：变更“257. 股东损害公司债权人利益责任纠纷”为“277. 损害公司债权人利益责任纠纷”；变更“264. 申请公司清算”为新增加的第二级案由“四十二、公司清算案件”项下的第三级案由“420. 申请公司清算”。

26. 在第二级案由“二十三、与破产有关的纠纷”项下：变更“270. 申请破产清算”“271. 申请破产重整”“272. 申请破产和解”为新增加的第二级案由“四十三、破产程序案件”项下的第三级案由“421. 申请破产清算”“422. 申请破产重整”“423. 申请破产和解”。

27. 在新增加的第二级案由“三十、独立保函纠纷”项下：增加“357. 独立保函开立纠纷”“358. 独立保函付款纠纷”“359. 独立保函追偿纠纷”“360. 独立保函欺诈纠纷”“361. 独立保函转让纠纷”“362. 独立保函通知纠纷”“363. 独立保函撤销纠纷”。

28. 在第二级案由“三十、侵权责任纠纷”项下：变更“348 之一、性骚扰损害责任纠纷”为“372. 性骚扰损害责任纠纷”；增加

“375. 非机动车交通事故责任纠纷”“378. 生态破坏责任纠纷”；变更“355. 物件损害责任纠纷”为“381. 建筑物和物件损害责任纠纷”，变更“366. 因申请诉前财产保全损害责任纠纷”为“392. 因申请财产保全损害责任纠纷”；增加“393. 因申请行为保全损害责任纠纷”；变更“367. 因申请诉前证据保全损害责任纠纷”为“394. 因申请证据保全损害责任纠纷”，删去“368. 因申请诉中财产保全损害责任纠纷”“369. 因申请诉中证据保全损害责任纠纷”。

29. 在第二级案由“三十二、宣告失踪、宣告死亡案件”项下：变更“372. 申请宣告公民失踪”为“397. 申请宣告自然人失踪”，变更“373. 申请撤销宣告失踪”为“398. 申请撤销宣告失踪判决”，变更“375. 失踪人债务支付纠纷”为新增加的第二级案由“五十一、与宣告失踪、宣告死亡案件有关的纠纷”项下的第三级案由“464. 失踪人债务支付纠纷”，变更“376. 申请宣告公民死亡”为“400. 申请宣告自然人死亡”，变更“377. 申请撤销宣告公民死亡”为“401. 申请撤销宣告自然人死亡判决”，变更“378. 被撤销死亡宣告人请求返还财产纠纷”为新增加的第二级案由“五十一、与宣告失踪、宣告死亡案件有关的纠纷”项下的第三级案由“465. 被撤销死亡宣告人请求返还财产纠纷”。

30. 在新变更的第二级案由“三十四、认定自然人无民事行为能力、限制民事行为能力案件”项下：变更“379. 申请宣告公民无民事行为能力”为“402. 申请宣告自然人无民事行为能力”，变更“380. 申请宣告公民限制民事行为能力”为“403. 申请宣告自然人限制民事行为能力”，变更“381. 申请宣告公民恢复限制民事行为能力”为“404. 申请宣告自然人恢复限制民事行为能力”，变更“382. 申请宣告公民恢复完全民事行为能力”为“405. 申请宣告自然人恢复完全民事行为能力”。

31. 在新增加的第二级案由“三十五、指定遗产管理人案件”项下：增加“406. 申请指定遗产管理人”。

32. 在第二级案由“三十四、认定财产无主案件”项下：变更

"384. 申请撤销认定财产无主"为"408. 申请撤销认定财产无主判决"。

33. 在新增加的第二级案由"三十七、确认调解协议案件"项下：增加"409. 申请司法确认调解协议""410. 申请撤销确认调解协议裁定"。

34. 在新增加的第二级案由"三十八、实现担保物权案件"项下：增加"411. 申请实现担保物权""412. 申请撤销准许实现担保物权裁定"。

35. 在第二级案由"三十五、监护权特别程序案件"项下：增加"414. 申请指定监护人""417. 申请恢复监护人资格"。

36. 在新增加的第二级案由"四十三、破产程序案件"项下：增加"424. 申请对破产财产追加分配"。

37. 在第二级案由"三十八、申请诉前停止侵害知识产权案件"项下：增加"429. 申请诉前停止侵害计算机软件著作权""430. 申请诉前停止侵害集成电路布图设计专用权"。

38. 在第二级案由"三十九、申请保全案件"项下：删去"395. 申请诉中财产保全"；增加"432. 申请诉前行为保全"；删去"397. 申请诉中证据保全"；增加"434. 申请仲裁前财产保全""435. 申请仲裁前行为保全""436. 申请仲裁前证据保全""439. 申请执行前财产保全"。

39. 在新增加的第二级案由"四十六、申请人身安全保护令案件"项下：增加"442. 申请人身安全保护令"。

40. 在新增加的第二级案由"四十七、申请人格权侵害禁令案件"项下：增加"443. 申请人格权侵害禁令"。

41. 在新增加的第二级案由"五十二、公益诉讼"项下：增加"466. 生态环境保护民事公益诉讼""467. 英雄烈士保护民事公益诉讼""468. 未成年人保护民事公益诉讼""469. 消费者权益保护民事公益诉讼"。

42. 在新增加的第二级案由"五十三、第三人撤销之诉"项下：

增加“470. 第三人撤销之诉”。

43. 在新变更的第二级案由“五十四、执行程序中的异议之诉”项下：增加“471. 执行异议之诉”；变更“422. 案外人执行异议之诉”“423. 申请执行人执行异议之诉”为新增加的第三级案由“471. 执行异议之诉”项下的第四级案由“（1）案外人执行异议之诉”“（2）申请执行人执行异议之诉”；增加“472. 追加、变更被执行人异议之诉”。

四、修改第四级案由 49 个

44. 在新变更的第三级案由“8. 隐私权、个人信息保护纠纷”项下：增加“（1）隐私权纠纷”“（2）个人信息保护纠纷”。

45. 在新增加的第三级案由“21. 亲子关系纠纷”项下：增加“（1）确认亲子关系纠纷”“（2）否认亲子关系纠纷”。

46. 在第三级案由“48. 共有纠纷”项下：增加“（4）债权人代位析产纠纷”。

47. 在第三级案由“59. 抵押权纠纷”项下：变更“（4）土地承包经营权抵押权纠纷”为“（4）土地经营权抵押权纠纷”；增加“（5）探矿权抵押权纠纷”“（6）采矿权抵押权纠纷”“（7）海域使用权抵押权纠纷”。

48. 在第三级案由“74. 买卖合同纠纷”项下：增加“（4）所有权保留买卖合同纠纷”；变更“（6）网络购物合同纠纷”为“（8）信息网络买卖合同纠纷”；删去“（7）电视购物合同纠纷”。

49. 在第三级案由“89. 借款合同纠纷”项下：删去“（3）企业借贷纠纷”。

50. 在第三级案由“104. 委托合同纠纷”项下：增加“（5）销售代理合同纠纷”。

51. 在新变更的第三级案由“135. 土地承包经营权合同纠纷”项下：删去“（1）土地承包经营权转包合同纠纷”；变更“（4）土地承包经营权入股合同纠纷”为“（3）土地经营权入股合同纠纷”，变更“（5）土地承包经营权抵押合同纠纷”为“（4）土地经营权抵押合同纠纷”，变更“（6）土地承包经营权出租合同纠纷”为“（5）土地经营权出租合同纠纷”。

52. 在第三级案由“120. 服务合同纠纷”项下：变更“（2）邮寄服务合同纠纷”为“（2）邮政服务合同纠纷”；增加“（3）快递服务合同纠纷”；变更“（15）物业服务合同纠纷”为第三级案由“121. 物业服务合同纠纷”。

53. 在第三级案由“136. 技术合同纠纷”项下：增加“（5）技术许可合同纠纷”。

54. 在第三级案由“144. 专利权权属、侵权纠纷”项下：增加“（10）标准必要专利使用费纠纷”。

55. 在第三级案由“157. 仿冒纠纷”项下：变更“（1）擅自使用知名商品特有名称、包装、装潢纠纷”为“（1）擅自使用与他人有一定影响的商品名称、包装、装潢等相同或者近似的标识纠纷”，变更“（2）擅自使用他人企业名称、姓名纠纷”为“（2）擅自使用他人有一定影响的企业名称、社会组织名称、姓名纠纷”；删去“（3）伪造、冒用产品质量标志纠纷”“（4）伪造产地纠纷”；增加“（3）擅自使用他人有一定影响的域名主体部分、网站名称、网页纠纷”。

56. 在第三级案由“172. 人事争议”项下：变更“（1）辞职争议”为第三级案由“191. 辞职纠纷”，变更“（2）辞退争议”为第三级案由“192. 辞退纠纷”，变更“（3）聘用合同争议”为第三级案由“189. 聘用合同纠纷”。

57. 在新变更的第三级案由“277. 损害公司债权人利益责任纠纷”项下：增加“（1）股东损害公司债权人利益责任纠纷”“（2）实际控制人损害公司债权人利益责任纠纷”。

58. 在第三级案由“346. 网络侵权责任纠纷”项下：增加“（1）网络侵害虚拟财产纠纷”。

59. 在第三级案由“347. 违反安全保障义务责任纠纷”项下：变更“（1）公共场所管理人责任纠纷”为“（1）经营场所、公共场所的经营者、管理者责任纠纷”。

60. 在第三级案由“352. 环境污染责任纠纷”项下：增加“（7）光污染责任纠纷”；将“（3）噪声污染责任纠纷”“（4）放射性污染责任纠纷”“（5）土壤污染责任纠纷”“（6）电子废物污染责任纠纷”“（7）固体废物污染责任纠纷”的顺序调整为“（3）土壤污染责任纠纷”“（4）电子废物污染责任纠纷”“（5）固体废物污染责任纠纷”“（6）噪声污染责任纠纷”“（8）放射性污染责任纠纷”。

61. 在第三级案由“353. 高度危险责任纠纷”项下：变更“（1）民用核设施损害责任纠纷”为“（1）民用核设施、核材料损害责任纠纷”。

62. 在新变更的三级案由“381. 建筑物和物件损害责任纠纷”项下：变更“（2）建筑物、构筑物倒塌损害责任纠纷”为“（2）建筑物、构筑物倒塌、塌陷损害责任纠纷”，变更“（3）不明抛掷物、坠落物损害责任纠纷”为“（3）高空抛物、坠物损害责任纠纷”，变更“（4）堆放物倒塌致害责任纠纷”为“（4）堆放物倒塌、滚落、滑落损害责任纠纷”，变更“（6）林木折断损害责任纠纷”为“（6）林木折断、倾倒、果实坠落损害责任纠纷”。

63. 在新增加的第三级案由“466. 生态环境保护民事公益诉讼”项下：增加“（1）环境污染民事公益诉讼”“（2）生态破坏民事公益诉讼”“（3）生态环境损害赔偿诉讼”。

本决定自2021年1月1日起施行。

《民事案件案由规定》根据本决定作修改并对条文顺序作调整后，重新公布。

最高人民法院
关于印发修改后的《民事案件案由规定》的通知

2020 年 12 月 29 日　　　　　　　　法〔2020〕347 号

各省、自治区、直辖市高级人民法院，解放军军事法院，新疆维吾尔自治区高级人民法院生产建设兵团分院：

为切实贯彻实施民法典，最高人民法院对 2011 年 2 月 18 日第一次修正的《民事案件案由规定》（以下简称 2011 年《案由规定》）进行了修改，自 2021 年 1 月 1 日起施行。现将修改后的《民事案件案由规定》（以下简称修改后的《案由规定》）印发给你们，请认真贯彻执行。

2011 年《案由规定》施行以来，在方便当事人进行民事诉讼，规范人民法院民事立案、审判和司法统计工作等方面，发挥了重要作用。近年来，随着民事诉讼法、邮政法、消费者权益保护法、环境保护法、反不正当竞争法、农村土地承包法、英雄烈士保护法等法律的制定或者修订，审判实践中出现了许多新类型民事案件，需要对 2011 年《案由规定》进行补充和完善。特别是民法典将于 2021 年 1 月 1 日起施行，迫切需要增补新的案由。经深入调查研究，广泛征求意见，最高人民法院对 2011 年《案由规定》进行了修改。现就各级人民法院适用修改后的《案由规定》的有关问题通知如下：

一、高度重视民事案件案由在民事审判规范化建设中的重要作用，认真学习掌握修改后的《案由规定》

民事案件案由是民事案件名称的重要组成部分，反映案件所涉及的民事法律关系的性质，是对当事人诉争的法律关系性质进行的概括，是人民法院进行民事案件管理的重要手段。建立科学、完善的民事案件案由体系，有利于方便当事人进行民事诉讼，有利于统一民事案件的法律适用标准，有利于对受理案件进行分类管理，有利于确定各民事审判业务庭的管辖分工，有利于提高民事案件司法统计的准确性和科学性，从而更好地为创新和加强民事审判管理、为人民法院司法决策服务。

各级人民法院要认真学习修改后的《案由规定》，理解案由编排体系和具体案由制定的背景、法律依据、确定标准、具体含义、适用顺序以及变更方法等问题，准确选择适用具体案由，依法维护当事人诉讼权利，创新和加强民事审判管理，不断推进民事审判工作规范化建设。

二、关于《案由规定》修改所遵循的原则

一是严格依法原则。本次修改的具体案由均具有实体法和程序法依据，符合民事诉讼法关于民事案件受案范围的有关规定。

二是必要性原则。本次修改是以保持案由运行体系稳定为前提，对于必须增加、调整的案由作相应修改，尤其是对照民法典的新增制度和重大修改内容，增加、变更部分具体案由，并根据现行立法和司法实践需要完善部分具体案由，对案由编排体系不作大的调整。民法典施行后，最高人民法院将根据工作需要，结合司法实践，继续细化完善民法典新增制度案由，特别是第四级案由。对本次未作修改的部分原有案由，届时一并修改。

三是实用性原则。案由体系是在现行有效的法律规定基础上，充分考虑人民法院民事立案、审判实践以及司法统计的需要而编排的，本次修改更加注重案由的简洁明了、方便实用，既便于当事人进行民事诉讼，也便于人民法院进行民事立案、审判和司法统计工作。

三、关于案由的确定标准

民事案件案由应当依据当事人诉争的民事法律关系的性质来确定。鉴于具体案件中当事人的诉讼请求、争议的焦点可能有多个，争议的标的也可能是多个，为保证案由的高度概括和简洁明了，修改后的《案由规定》仍沿用2011年《案由规定》关于案由的确定标准，即对民事案件案由的表述方式原则上确定为“法律关系性质”加“纠纷”，一般不包含争议焦点、标的物、侵权方式等要素。但是，实践中当事人诉争的民事法律关系的性质具有复杂多变性，单纯按照法律关系标准去划分案由体系的做法难以更好地满足民事审判实践的需要，难以更好地满足司法统计的需要。为此，修改后的《案由规定》在坚持以法律关系性质作为确定案由的主要标准的同时，对少部分案由也依据请求权、形成权或者确认之诉、形成之诉等其他标准进行确定，对少部分案由的表述也包含了争议焦点、标的物、侵权方式等要素。另外，为了与行政案件案由进行明显区分，本次修改还对个别案由的表述进行了特殊处理。

对民事诉讼法规定的适用特别程序、督促程序、公示催告程序、公司清算、破产程序等非讼程序审理的案件案由，根据当事人的诉讼请求予以直接表述；对公益诉讼、第三人撤销之诉、执行程序中的异议之诉等特殊诉讼程序案件的案由，根据修改后民事诉讼法规定的诉讼制度予以直接表述。

四、关于案由体系的总体编排

1. 关于案由纵向和横向体系的编排设置。修改后的《案由规定》以民法学理论对民事法律关系的分类为基础，以法律关系的内容即民事权利类型来编排案由的纵向体系。在纵向体系上，结合民法典、民事诉讼法等民事立法及审判实践，将案由的编排体系划分为人格权纠纷，婚姻家庭、继承纠纷，物权纠纷，合同、准合同纠纷，劳动争议与人事争议，知识产权与竞争纠纷，海事海商纠纷，与公司、证券、保险、票据等有关的民事纠纷，侵权责任纠纷，非讼程序案件案由，特殊诉讼程序案件案由，共计十一大部分，作为第一级案由。

在横向体系上，通过总分式四级结构的设计，实现案由从高级（概括）到低级（具体）的演进。如物权纠纷（第一级案由）→所有权纠纷（第二级案由）→建筑物区分所有权纠纷（第三级案由）→业主专有权纠纷（第四级案由）。在第一级案由项下，细分为五十四类案由，作为第二级案由（以大写数字表示）；在第二级案由项下列出了473个案由，作为第三级案由（以阿拉伯数字表示）。第三级案由是司法实践中最常见和广泛使用的案由。基于审判工作指导、调研和司法统计的需要，在部分第三级案由项下又列出了391个第四级案由[以阿拉伯数字加（）表示]。基于民事法律关系的复杂性，不可能穷尽所有第四级案由，目前所列的第四级案由只是一些典型的、常见的或者为了司法统计需要而设立的案由。

修改后的《案由规定》采用纵向十一个部分、横向四级结构的编排设置，形成了网状结构体系，基本涵盖了民法典所涉及的民事纠纷案件类型以及人民法院当前受理的民事纠纷案件类型，有利于贯彻落实民法典等民事法律关于民事权益保护的相关规定。

2. 关于物权纠纷案由与合同纠纷案由的编排设置。修改后的《案由规定》仍然沿用2011年《案由规定》关于物权纠纷案由与合同纠纷案由的编排体系。按照物权变动原因与结果相区分的原则，对于涉及物权变动的原因，即债权性质的合同关系引发的纠纷案件的案由，修改后的《案由规定》将其放在合同纠纷项下；对于涉及物权变动的结果，即物权设立、权属、效力、使用、收益等物权关系产生的纠纷案件的案由，修改后的《案由规定》将其放在物权纠纷项下。前者如第三级案由“居住权合同纠纷”列在第二级案由“合同纠纷”项下；后者如第三级案由“居住权纠纷”列在第二级案由“物权纠纷”项下。

具体适用时，人民法院应根据当事人诉争的法律关系的性质，查明该法律关系涉及的是物权变动的原因关系还是物权变动的结果关系，以正确确定案由。当事人诉争的法律关系性质涉及物权变动原因的，即因债权性质的合同关系引发的纠纷案件，应当选择适用第二级案由“合同纠纷”项下的案由，如“居住权合同纠纷”案由；当事人诉争的法律关系性质涉及物权变动结果的，即因物权设立、权属、效力、使用、收益等物权关系引发的纠纷案件，应当选择第二级案由“物权纠纷”项下的案由，如“居住权纠纷”案由。

3. 关于第三部分“物权纠纷”项下“物权保护纠纷”案由与“所有权纠纷”“用益物权纠纷”“担保物权纠纷”案由的编排设置。修改后的《案由规定》仍然沿用2011年《案由规定》关于物权纠纷案由的编排设置。“所有权纠纷”“用益物权纠纷”“担保物权纠纷”案由既包括以上三种类型的物权确认纠纷案由，也包括以上三种类型的侵害物权纠纷案由。民法典物权编第三章“物权的保护”所规定的物权请求权或者债权请求权保护方法，即“物权保护纠纷”，在修改后的《案由规定》列举的每个物权类型（第三级案由）项下都可能部分或者全部适用，多数都可以作为第四级案由列举，但为避免使整个案由体系冗长繁杂，在各第三级案由下并未一一列出。实践中需要确定具体个案案由时，如果当事人的诉讼请求只涉及“物权保护纠纷”项下的一种物权请求权或者债权请求权，则可以选择适用“物权保护纠纷”项下的六种第三级案由；如果当事人的诉讼请求涉及“物权保护纠纷”项下的两种或者两种以上物权请求权或者债权请求权，则应按照所保护的权利种类，选择适用“所有权纠纷”“用益物权纠纷”“担保物权纠纷”项下的第三级案由（各种物权类型纠纷）。

4. 关于侵权责任纠纷案由的编排设置。修改后的《案由规定》仍然沿用2011年《案由规定》关于侵权责任纠纷案由与其他第一级案由的编排设置。根据民法典侵权责任编的相关规定，该编的保护对象为民事权益，具体范围是民法典总则编第五章所规定的人身、财产权益。这些民事权益，又分别在人格权编、物权编、婚姻家庭编、继承编等予以了细化规定，而这些民事权益纠纷往往既包括权属确认纠纷也包括侵权责任纠纷，这就为科学合理编排民事案件案由体系增加了难度。为了保持整个案由体系的完整性和稳定性，尽可能避免重复交叉，修改后的《案由规定》将这些侵害民事权益侵权责任纠纷案由仍旧分别保留在“人格权纠纷”“婚姻家庭、继承纠纷”“物权纠纷”“知识产权与竞争纠纷”等第一级案由体系项下，对照侵权责任编新规定调整第一级案由“侵权责任纠纷”项下案由；同时，将一些实践中常见的、其他第一级案由不便列出的侵权责任纠纷案由也列在第一级案由“侵权责任纠纷”项下，如“非机动车交通事故责任纠纷”。从“兜底”考虑，修改后的《案由规定》将第一级案由“侵权责任纠纷”列在其他八个民事权益纠纷类型之后，作为第九部分。

具体适用时，涉及侵权责任纠纷的，为明确和统一法律适用问题，应当先适用第九部分“侵权责任纠纷”项下根据侵权责任编相关规定列出的具体案由；没有相应案由的，再适用“人格权纠纷”“物权纠纷”“知识产权与竞争纠纷”等其他部分项下的具体案由。如环境污染、高度危险行为均可能造成人身损害和财产损害，确定案由时，应当适用第九部分“侵权责任纠纷”项下“环境污染责任纠纷”“高度危险责任纠纷”案由，而不应适用第一部分“人格权纠纷”项下的“生命权、身体权、健康权纠纷”案由，也不应适用第三部分“物权纠纷”项下的“财产损害赔偿纠纷”案由。

五、适用修改后的《案由规定》应当注意的问题

1. 在案由横向体系上应当按照由低到高的顺序选择适用个案案由。确定个案案由时，应当优先适用第四级案由，没有对应的第四级案由的，适用相应的第三级案由；第三级案由中没有规定的，适用相应的第二级案由；第二级案由没有规定的，适用相应的第一级案由。这样处理，有利于更准确地反映当事人诉争的法律关系的性质，有利于促进分类管理科学化和提高司法统计准确性。

2. 关于个案案由的变更。人民法院在民事立案审查阶段，可以根据原告诉讼请求涉及的法律关系性质，确定相应的个案案由；人民法院受理民事案件后，经审理发现当事人起诉的法律关系与实际诉争的法律关系不一致的，人民法院结案时应当根据法庭查明的当事人之间实际存在的法律关系的性质，相应变更个案案由。当事人在诉讼过程中增加或者变更诉讼请求导致当事人诉争的法律关系发生变更的，人民法院应当相应变更个案案由。

3. 存在多个法律关系时个案案由的确定。同一诉讼中涉及两个以上的法律关系的，应当根据当事人诉争的法律关系的性质确定个案案

由；均为诉争的法律关系的，则按诉争的两个以上法律关系并列确定相应的案由。

4. 请求权竞合时个案案由的确定。在请求权竞合的情形下，人民法院应当按照当事人自主选择行使的请求权所涉及的诉争的法律关系的性质，确定相应的案由。

5. 正确认识民事案件案由的性质与功能。案由体系的编排制定是人民法院进行民事审判管理的手段。各级人民法院应当依法保障当事人依照法律规定享有的起诉权利，不得将修改后的《案由规定》等同于民事诉讼法第一百一十九条规定的起诉条件，不得以当事人的诉请在修改后的《案由规定》中没有相应案由可以适用为由，裁定不予受理或者驳回起诉，损害当事人的诉讼权利。

6. 案由体系中的选择性案由（即含有顿号的部分案由）的使用方法。对这些案由，应当根据具体案情，确定相应的个案案由，不应直接将该案由全部引用。如“生命权、身体权、健康权纠纷”案由，应当根据具体侵害对象来确定相应的案由。

本次民事案件案由修改工作主要基于人民法院当前司法实践经验，对照民法典等民事立法修改完善相关具体案由。2021 年 1 月 1 日民法典施行后，修改后的《案由规定》可能需要对标民法典具体施行情况作进一步调整。地方各级人民法院要密切关注民法典施行后立案审判中遇到的新情况、新问题，重点梳理汇总民法典新增制度项下可以细化规定为第四级案由的新类型案件，及时层报最高人民法院。

民事案件案由规定

［2007 年 10 月 29 日最高人民法院审判委员会第 1438 次会议通过 自 2008 年 4 月 1 日起施行 根据 2011 年 2 月 18 日《最高人民法院关于修改〈民事案件案由规定〉的决定》（法〔2011〕41 号）第一次修正 根据 2020 年 12 月 14 日最高人民法院审判委员会第 1821 次会议通过的《最高人民法院关于修改〈民事案件案由规定〉的决定》（法〔2020〕346 号）第二次修正］

为了正确适用法律，统一确定案由，根据《中华人民共和国民法典》《中华人民共和国民事诉讼法》等法律规定，结合人民法院民事审判工作实际情况，对民事案件案由规定如下：

第一部分 人格权纠纷

一、人格权纠纷

1. 生命权、身体权、健康权纠纷
2. 姓名权纠纷
3. 名称权纠纷
4. 肖像权纠纷
5. 声音保护纠纷
6. 名誉权纠纷
7. 荣誉权纠纷
8. 隐私权、个人信息保护纠纷

（1）隐私权纠纷

（2）个人信息保护纠纷

9. 婚姻自主权纠纷
10. 人身自由权纠纷

11. 一般人格权纠纷

（1）平等就业权纠纷

第二部分　婚姻家庭、继承纠纷

二、婚姻家庭纠纷

12. 婚约财产纠纷

13. 婚内夫妻财产分割纠纷

14. 离婚纠纷

15. 离婚后财产纠纷

16. 离婚后损害责任纠纷

17. 婚姻无效纠纷

18. 撤销婚姻纠纷

19. 夫妻财产约定纠纷

20. 同居关系纠纷

（1）同居关系析产纠纷

（2）同居关系子女抚养纠纷

21. 亲子关系纠纷

（1）确认亲子关系纠纷

（2）否认亲子关系纠纷

22. 抚养纠纷

（1）抚养费纠纷

（2）变更抚养关系纠纷

23. 扶养纠纷

（1）扶养费纠纷

（2）变更扶养关系纠纷

24. 赡养纠纷

（1）赡养费纠纷

（2）变更赡养关系纠纷

25. 收养关系纠纷

（1）确认收养关系纠纷

（2）解除收养关系纠纷

26. 监护权纠纷

27. 探望权纠纷

28. 分家析产纠纷

三、继承纠纷

29. 法定继承纠纷

（1）转继承纠纷

（2）代位继承纠纷

30. 遗嘱继承纠纷

31. 被继承人债务清偿纠纷

32. 遗赠纠纷

33. 遗赠扶养协议纠纷

34. 遗产管理纠纷

第三部分　物权纠纷

四、不动产登记纠纷

35. 异议登记不当损害责任纠纷

36. 虚假登记损害责任纠纷

五、物权保护纠纷

37. 物权确认纠纷

（1）所有权确认纠纷

（2）用益物权确认纠纷

（3）担保物权确认纠纷

38. 返还原物纠纷

39. 排除妨害纠纷

40. 消除危险纠纷

41. 修理、重作、更换纠纷

42. 恢复原状纠纷

43. 财产损害赔偿纠纷

六、所有权纠纷

44. 侵害集体经济组织成员权益纠纷

45. 建筑物区分所有权纠纷

（1）业主专有权纠纷

（2）业主共有权纠纷

（3）车位纠纷

（4）车库纠纷

46. 业主撤销权纠纷

47. 业主知情权纠纷

48. 遗失物返还纠纷

49. 漂流物返还纠纷

50. 埋藏物返还纠纷

51. 隐藏物返还纠纷

52. 添附物归属纠纷

53. 相邻关系纠纷

（1）相邻用水、排水纠纷

（2）相邻通行纠纷

（3）相邻土地、建筑物利用关系纠纷

（4）相邻通风纠纷

（5）相邻采光、日照纠纷

（6）相邻污染侵害纠纷

（7）相邻损害防免关系纠纷

54. 共有纠纷

（1）共有权确认纠纷

（2）共有物分割纠纷

（3）共有人优先购买权纠纷

（4）债权人代位析产纠纷

七、用益物权纠纷

55. 海域使用权纠纷
56. 探矿权纠纷
57. 采矿权纠纷
58. 取水权纠纷
59. 养殖权纠纷
60. 捕捞权纠纷
61. 土地承包经营权纠纷

（1）土地承包经营权确认纠纷

（2）承包地征收补偿费用分配纠纷

（3）土地承包经营权继承纠纷

62. 土地经营权纠纷
63. 建设用地使用权纠纷
64. 宅基地使用权纠纷
65. 居住权纠纷
66. 地役权纠纷

八、担保物权纠纷

67. 抵押权纠纷

（1）建筑物和其他土地附着物抵押权纠纷

（2）在建建筑物抵押权纠纷

（3）建设用地使用权抵押权纠纷

（4）土地经营权抵押权纠纷

（5）探矿权抵押权纠纷

（6）采矿权抵押权纠纷

（7）海域使用权抵押权纠纷

（8）动产抵押权纠纷

（9）在建船舶、航空器抵押权纠纷

（10）动产浮动抵押权纠纷

（11）最高额抵押权纠纷

68. 质权纠纷
(1) 动产质权纠纷
(2) 转质权纠纷
(3) 最高额质权纠纷
(4) 票据质权纠纷
(5) 债券质权纠纷
(6) 存单质权纠纷
(7) 仓单质权纠纷
(8) 提单质权纠纷
(9) 股权质权纠纷
(10) 基金份额质权纠纷
(11) 知识产权质权纠纷
(12) 应收账款质权纠纷
69. 留置权纠纷

九、占有保护纠纷

70. 占有物返还纠纷
71. 占有排除妨害纠纷
72. 占有消除危险纠纷
73. 占有物损害赔偿纠纷

第四部分　合同、准合同纠纷

十、合同纠纷

74. 缔约过失责任纠纷
75. 预约合同纠纷
76. 确认合同效力纠纷
(1) 确认合同有效纠纷
(2) 确认合同无效纠纷
77. 债权人代位权纠纷
78. 债权人撤销权纠纷

79. 债权转让合同纠纷
80. 债务转移合同纠纷
81. 债权债务概括转移合同纠纷
82. 债务加入纠纷
83. 悬赏广告纠纷
84. 买卖合同纠纷
(1) 分期付款买卖合同纠纷
(2) 凭样品买卖合同纠纷
(3) 试用买卖合同纠纷
(4) 所有权保留买卖合同纠纷
(5) 招标投标买卖合同纠纷
(6) 互易纠纷
(7) 国际货物买卖合同纠纷
(8) 信息网络买卖合同纠纷
85. 拍卖合同纠纷
86. 建设用地使用权合同纠纷
(1) 建设用地使用权出让合同纠纷
(2) 建设用地使用权转让合同纠纷
87. 临时用地合同纠纷
88. 探矿权转让合同纠纷
89. 采矿权转让合同纠纷
90. 房地产开发经营合同纠纷
(1) 委托代建合同纠纷
(2) 合资、合作开发房地产合同纠纷
(3) 项目转让合同纠纷
91. 房屋买卖合同纠纷
(1) 商品房预约合同纠纷
(2) 商品房预售合同纠纷
(3) 商品房销售合同纠纷

（4）商品房委托代理销售合同纠纷
（5）经济适用房转让合同纠纷
（6）农村房屋买卖合同纠纷
92. 民事主体间房屋拆迁补偿合同纠纷
93. 供用电合同纠纷
94. 供用水合同纠纷
95. 供用气合同纠纷
96. 供用热力合同纠纷
97. 排污权交易纠纷
98. 用能权交易纠纷
99. 用水权交易纠纷
100. 碳排放权交易纠纷
101. 碳汇交易纠纷
102. 赠与合同纠纷
（1）公益事业捐赠合同纠纷
（2）附义务赠与合同纠纷
103. 借款合同纠纷
（1）金融借款合同纠纷
（2）同业拆借纠纷
（3）民间借贷纠纷
（4）小额借款合同纠纷
（5）金融不良债权转让合同纠纷
（6）金融不良债权追偿纠纷
104. 保证合同纠纷
105. 抵押合同纠纷
106. 质押合同纠纷
107. 定金合同纠纷
108. 进出口押汇纠纷
109. 储蓄存款合同纠纷

110. 银行卡纠纷
（1）借记卡纠纷
（2）信用卡纠纷
111. 租赁合同纠纷
（1）土地租赁合同纠纷
（2）房屋租赁合同纠纷
（3）车辆租赁合同纠纷
（4）建筑设备租赁合同纠纷
112. 融资租赁合同纠纷
113. 保理合同纠纷
114. 承揽合同纠纷
（1）加工合同纠纷
（2）定作合同纠纷
（3）修理合同纠纷
（4）复制合同纠纷
（5）测试合同纠纷
（6）检验合同纠纷
（7）铁路机车、车辆建造合同纠纷
115. 建设工程合同纠纷
（1）建设工程勘察合同纠纷
（2）建设工程设计合同纠纷
（3）建设工程施工合同纠纷
（4）建设工程价款优先受偿权纠纷
（5）建设工程分包合同纠纷
（6）建设工程监理合同纠纷
（7）装饰装修合同纠纷
（8）铁路修建合同纠纷
（9）农村建房施工合同纠纷
116. 运输合同纠纷

（1）公路旅客运输合同纠纷
（2）公路货物运输合同纠纷
（3）水路旅客运输合同纠纷
（4）水路货物运输合同纠纷
（5）航空旅客运输合同纠纷
（6）航空货物运输合同纠纷
（7）出租汽车运输合同纠纷
（8）管道运输合同纠纷
（9）城市公交运输合同纠纷
（10）联合运输合同纠纷
（11）多式联运合同纠纷
（12）铁路货物运输合同纠纷
（13）铁路旅客运输合同纠纷
（14）铁路行李运输合同纠纷
（15）铁路包裹运输合同纠纷
（16）国际铁路联运合同纠纷
117. 保管合同纠纷
118. 仓储合同纠纷
119. 委托合同纠纷
（1）进出口代理合同纠纷
（2）货运代理合同纠纷
（3）民用航空运输销售代理合同纠纷
（4）诉讼、仲裁、人民调解代理合同纠纷
（5）销售代理合同纠纷
120. 委托理财合同纠纷
（1）金融委托理财合同纠纷
（2）民间委托理财合同纠纷
121. 物业服务合同纠纷
122. 行纪合同纠纷

123. 中介合同纠纷
124. 补偿贸易纠纷
125. 借用合同纠纷
126. 典当纠纷
127. 合伙合同纠纷
128. 种植、养殖回收合同纠纷
129. 彩票、奖券纠纷
130. 中外合作勘探开发自然资源合同纠纷
131. 农业承包合同纠纷
132. 林业承包合同纠纷
133. 渔业承包合同纠纷
134. 牧业承包合同纠纷
135. 土地承包经营权合同纠纷
（1）土地承包经营权转让合同纠纷
（2）土地承包经营权互换合同纠纷
（3）土地经营权入股合同纠纷
（4）土地经营权抵押合同纠纷
（5）土地经营权出租合同纠纷
136. 居住权合同纠纷
137. 服务合同纠纷
（1）电信服务合同纠纷
（2）邮政服务合同纠纷
（3）快递服务合同纠纷
（4）医疗服务合同纠纷
（5）法律服务合同纠纷
（6）旅游合同纠纷
（7）房地产咨询合同纠纷
（8）房地产价格评估合同纠纷
（9）旅店服务合同纠纷

（10）财会服务合同纠纷
（11）餐饮服务合同纠纷
（12）娱乐服务合同纠纷
（13）有线电视服务合同纠纷
（14）网络服务合同纠纷
（15）教育培训合同纠纷
（16）家政服务合同纠纷
（17）庆典服务合同纠纷
（18）殡葬服务合同纠纷
（19）农业技术服务合同纠纷
（20）农机作业服务合同纠纷
（21）保安服务合同纠纷
（22）银行结算合同纠纷
138. 演出合同纠纷
139. 劳务合同纠纷
140. 离退休人员返聘合同纠纷
141. 广告合同纠纷
142. 展览合同纠纷
143. 追偿权纠纷

十一、不当得利纠纷

144. 不当得利纠纷

十二、无因管理纠纷

145. 无因管理纠纷

第五部分　知识产权与竞争纠纷

十三、知识产权合同纠纷

146. 著作权合同纠纷
（1）委托创作合同纠纷
（2）合作创作合同纠纷

（3）著作权转让合同纠纷
（4）著作权许可使用合同纠纷
（5）出版合同纠纷
（6）表演合同纠纷
（7）音像制品制作合同纠纷
（8）广播电视播放合同纠纷
（9）邻接权转让合同纠纷
（10）邻接权许可使用合同纠纷
（11）计算机软件开发合同纠纷
（12）计算机软件著作权转让合同纠纷
（13）计算机软件著作权许可使用合同纠纷
147. 商标合同纠纷
（1）商标权转让合同纠纷
（2）商标使用许可合同纠纷
（3）商标代理合同纠纷
148. 专利合同纠纷
（1）专利申请权转让合同纠纷
（2）专利权转让合同纠纷
（3）发明专利实施许可合同纠纷
（4）实用新型专利实施许可合同纠纷
（5）外观设计专利实施许可合同纠纷
（6）专利代理合同纠纷
149. 植物新品种合同纠纷
（1）植物新品种育种合同纠纷
（2）植物新品种申请权转让合同纠纷
（3）植物新品种权转让合同纠纷
（4）植物新品种实施许可合同纠纷
150. 集成电路布图设计合同纠纷
（1）集成电路布图设计创作合同纠纷

（2）集成电路布图设计专有权转让合同纠纷
（3）集成电路布图设计许可使用合同纠纷
151. 商业秘密合同纠纷
（1）技术秘密让与合同纠纷
（2）技术秘密许可使用合同纠纷
（3）经营秘密让与合同纠纷
（4）经营秘密许可使用合同纠纷
152. 技术合同纠纷
（1）技术委托开发合同纠纷
（2）技术合作开发合同纠纷
（3）技术转化合同纠纷
（4）技术转让合同纠纷
（5）技术许可合同纠纷
（6）技术咨询合同纠纷
（7）技术服务合同纠纷
（8）技术培训合同纠纷
（9）技术中介合同纠纷
（10）技术进口合同纠纷
（11）技术出口合同纠纷
（12）职务技术成果完成人奖励、报酬纠纷
（13）技术成果完成人署名权、荣誉权、奖励权纠纷
153. 特许经营合同纠纷
154. 企业名称（商号）合同纠纷
（1）企业名称（商号）转让合同纠纷
（2）企业名称（商号）使用合同纠纷
155. 特殊标志合同纠纷
156. 网络域名合同纠纷
（1）网络域名注册合同纠纷
（2）网络域名转让合同纠纷

（3）网络域名许可使用合同纠纷

157. 知识产权质押合同纠纷

十四、知识产权权属、侵权纠纷

158. 著作权权属、侵权纠纷

（1）著作权权属纠纷

（2）侵害作品发表权纠纷

（3）侵害作品署名权纠纷

（4）侵害作品修改权纠纷

（5）侵害保护作品完整权纠纷

（6）侵害作品复制权纠纷

（7）侵害作品发行权纠纷

（8）侵害作品出租权纠纷

（9）侵害作品展览权纠纷

（10）侵害作品表演权纠纷

（11）侵害作品放映权纠纷

（12）侵害作品广播权纠纷

（13）侵害作品信息网络传播权纠纷

（14）侵害作品摄制权纠纷

（15）侵害作品改编权纠纷

（16）侵害作品翻译权纠纷

（17）侵害作品汇编权纠纷

（18）侵害其他著作财产权纠纷

（19）出版者权权属纠纷

（20）表演者权权属纠纷

（21）录音录像制作者权权属纠纷

（22）广播组织权权属纠纷

（23）侵害出版者权纠纷

（24）侵害表演者权纠纷

（25）侵害录音录像制作者权纠纷

（26）侵害广播组织权纠纷
（27）计算机软件著作权权属纠纷
（28）侵害计算机软件著作权纠纷
159. 商标权权属、侵权纠纷
（1）商标权权属纠纷
（2）侵害商标权纠纷
160. 专利权权属、侵权纠纷
（1）专利申请权权属纠纷
（2）专利权权属纠纷
（3）侵害发明专利权纠纷
（4）侵害实用新型专利权纠纷
（5）侵害外观设计专利权纠纷
（6）假冒他人专利纠纷
（7）发明专利临时保护期使用费纠纷
（8）职务发明创造发明人、设计人奖励、报酬纠纷
（9）发明创造发明人、设计人署名权纠纷
（10）标准必要专利使用费纠纷
161. 植物新品种权权属、侵权纠纷
（1）植物新品种申请权权属纠纷
（2）植物新品种权权属纠纷
（3）侵害植物新品种权纠纷
（4）植物新品种临时保护期使用费纠纷
162. 集成电路布图设计专有权权属、侵权纠纷
（1）集成电路布图设计专有权权属纠纷
（2）侵害集成电路布图设计专有权纠纷
163. 侵害企业名称（商号）权纠纷
164. 侵害特殊标志专有权纠纷
165. 网络域名权属、侵权纠纷
（1）网络域名权属纠纷

（2）侵害网络域名纠纷

166. 发现权纠纷

167. 发明权纠纷

168. 其他科技成果权纠纷

169. 确认不侵害知识产权纠纷

（1）确认不侵害专利权纠纷

（2）确认不侵害商标权纠纷

（3）确认不侵害著作权纠纷

（4）确认不侵害植物新品种权纠纷

（5）确认不侵害集成电路布图设计专用权纠纷

（6）确认不侵害计算机软件著作权纠纷

170. 因申请知识产权临时措施损害责任纠纷

（1）因申请诉前停止侵害专利权损害责任纠纷

（2）因申请诉前停止侵害注册商标专用权损害责任纠纷

（3）因申请诉前停止侵害著作权损害责任纠纷

（4）因申请诉前停止侵害植物新品种权损害责任纠纷

（5）因申请海关知识产权保护措施损害责任纠纷

（6）因申请诉前停止侵害计算机软件著作权损害责任纠纷

（7）因申请诉前停止侵害集成电路布图设计专用权损害责任纠纷

171. 因恶意提起知识产权诉讼损害责任纠纷

172. 专利权宣告无效后返还费用纠纷

十五、不正当竞争纠纷

173. 仿冒纠纷

（1）擅自使用与他人有一定影响的商品名称、包装、装潢等相同或者近似的标识纠纷

（2）擅自使用他人有一定影响的企业名称、社会组织名称、姓名纠纷

（3）擅自使用他人有一定影响的域名主体部分、网站名称、网页纠纷

174. 商业贿赂不正当竞争纠纷
175. 虚假宣传纠纷
176. 侵害商业秘密纠纷
(1) 侵害技术秘密纠纷
(2) 侵害经营秘密纠纷
177. 低价倾销不正当竞争纠纷
178. 捆绑销售不正当竞争纠纷
179. 有奖销售纠纷
180. 商业诋毁纠纷
181. 串通投标不正当竞争纠纷
182. 网络不正当竞争纠纷

十六、垄断纠纷

183. 垄断协议纠纷
(1) 横向垄断协议纠纷
(2) 纵向垄断协议纠纷
184. 滥用市场支配地位纠纷
(1) 垄断定价纠纷
(2) 掠夺定价纠纷
(3) 拒绝交易纠纷
(4) 限定交易纠纷
(5) 捆绑交易纠纷
(6) 差别待遇纠纷
185. 经营者集中纠纷

第六部分　劳动争议、人事争议

十七、劳动争议

186. 劳动合同纠纷
(1) 确认劳动关系纠纷
(2) 集体合同纠纷

（3）劳务派遣合同纠纷
（4）非全日制用工纠纷
（5）追索劳动报酬纠纷
（6）经济补偿金纠纷
（7）竞业限制纠纷
187. 社会保险纠纷
（1）养老保险待遇纠纷
（2）工伤保险待遇纠纷
（3）医疗保险待遇纠纷
（4）生育保险待遇纠纷
（5）失业保险待遇纠纷
188. 福利待遇纠纷

十八、人事争议

189. 聘用合同纠纷
190. 聘任合同纠纷
191. 辞职纠纷
192. 辞退纠纷

第七部分　海事海商纠纷

十九、海事海商纠纷

193. 船舶碰撞损害责任纠纷
194. 船舶触碰损害责任纠纷
195. 船舶损坏空中设施、水下设施损害责任纠纷
196. 船舶污染损害责任纠纷
197. 海上、通海水域污染损害责任纠纷
198. 海上、通海水域养殖损害责任纠纷
199. 海上、通海水域财产损害责任纠纷
200. 海上、通海水域人身损害责任纠纷
201. 非法留置船舶、船载货物、船用燃油、船用物料损害责任

纠纷

202. 海上、通海水域货物运输合同纠纷

203. 海上、通海水域旅客运输合同纠纷

204. 海上、通海水域行李运输合同纠纷

205. 船舶经营管理合同纠纷

206. 船舶买卖合同纠纷

207. 船舶建造合同纠纷

208. 船舶修理合同纠纷

209. 船舶改建合同纠纷

210. 船舶拆解合同纠纷

211. 船舶抵押合同纠纷

212. 航次租船合同纠纷

213. 船舶租用合同纠纷

（1）定期租船合同纠纷

（2）光船租赁合同纠纷

214. 船舶融资租赁合同纠纷

215. 海上、通海水域运输船舶承包合同纠纷

216. 渔船承包合同纠纷

217. 船舶属具租赁合同纠纷

218. 船舶属具保管合同纠纷

219. 海运集装箱租赁合同纠纷

220. 海运集装箱保管合同纠纷

221. 港口货物保管合同纠纷

222. 船舶代理合同纠纷

223. 海上、通海水域货运代理合同纠纷

224. 理货合同纠纷

225. 船舶物料和备品供应合同纠纷

226. 船员劳务合同纠纷

227. 海难救助合同纠纷

228. 海上、通海水域打捞合同纠纷
229. 海上、通海水域拖航合同纠纷
230. 海上、通海水域保险合同纠纷
231. 海上、通海水域保赔合同纠纷
232. 海上、通海水域运输联营合同纠纷
233. 船舶营运借款合同纠纷
234. 海事担保合同纠纷
235. 航道、港口疏浚合同纠纷
236. 船坞、码头建造合同纠纷
237. 船舶检验合同纠纷
238. 海事请求担保纠纷
239. 海上、通海水域运输重大责任事故责任纠纷
240. 港口作业重大责任事故责任纠纷
241. 港口作业纠纷
242. 共同海损纠纷
243. 海洋开发利用纠纷
244. 船舶共有纠纷
245. 船舶权属纠纷
246. 海运欺诈纠纷
247. 海事债权确权纠纷

第八部分　与公司、证券、保险、票据等有关的民事纠纷

二十、与企业有关的纠纷

248. 企业出资人权益确认纠纷
249. 侵害企业出资人权益纠纷
250. 企业公司制改造合同纠纷
251. 企业股份合作制改造合同纠纷
252. 企业债权转股权合同纠纷
253. 企业分立合同纠纷

254. 企业租赁经营合同纠纷
255. 企业出售合同纠纷
256. 挂靠经营合同纠纷
257. 企业兼并合同纠纷
258. 联营合同纠纷
259. 企业承包经营合同纠纷
（1）中外合资经营企业承包经营合同纠纷
（2）中外合作经营企业承包经营合同纠纷
（3）外商独资企业承包经营合同纠纷
（4）乡镇企业承包经营合同纠纷
260. 中外合资经营企业合同纠纷
261. 中外合作经营企业合同纠纷

二十一、与公司有关的纠纷

262. 股东资格确认纠纷
263. 股东名册记载纠纷
264. 请求变更公司登记纠纷
265. 股东出资纠纷
266. 新增资本认购纠纷
267. 股东知情权纠纷
268. 请求公司收购股份纠纷
269. 股权转让纠纷
270. 公司决议纠纷
（1）公司决议效力确认纠纷
（2）公司决议撤销纠纷
271. 公司设立纠纷
272. 公司证照返还纠纷
273. 发起人责任纠纷
274. 公司盈余分配纠纷
275. 损害股东利益责任纠纷

276. 损害公司利益责任纠纷
277. 损害公司债权人利益责任纠纷
（1）股东损害公司债权人利益责任纠纷
（2）实际控制人损害公司债权人利益责任纠纷
278. 公司关联交易损害责任纠纷
279. 公司合并纠纷
280. 公司分立纠纷
281. 公司减资纠纷
282. 公司增资纠纷
283. 公司解散纠纷
284. 清算责任纠纷
285. 上市公司收购纠纷

二十二、合伙企业纠纷

286. 入伙纠纷
287. 退伙纠纷
288. 合伙企业财产份额转让纠纷

二十三、与破产有关的纠纷

289. 请求撤销个别清偿行为纠纷
290. 请求确认债务人行为无效纠纷
291. 对外追收债权纠纷
292. 追收未缴出资纠纷
293. 追收抽逃出资纠纷
294. 追收非正常收入纠纷
295. 破产债权确认纠纷
（1）职工破产债权确认纠纷
（2）普通破产债权确认纠纷
296. 取回权纠纷
（1）一般取回权纠纷
（2）出卖人取回权纠纷

297. 破产抵销权纠纷
298. 别除权纠纷
299. 破产撤销权纠纷
300. 损害债务人利益赔偿纠纷
301. 管理人责任纠纷

二十四、证券纠纷

302. 证券权利确认纠纷
（1）股票权利确认纠纷
（2）公司债券权利确认纠纷
（3）国债权利确认纠纷
（4）证券投资基金权利确认纠纷
303. 证券交易合同纠纷
（1）股票交易纠纷
（2）公司债券交易纠纷
（3）国债交易纠纷
（4）证券投资基金交易纠纷
304. 金融衍生品种交易纠纷
305. 证券承销合同纠纷
（1）证券代销合同纠纷
（2）证券包销合同纠纷
306. 证券投资咨询纠纷
307. 证券资信评级服务合同纠纷
308. 证券回购合同纠纷
（1）股票回购合同纠纷
（2）国债回购合同纠纷
（3）公司债券回购合同纠纷
（4）证券投资基金回购合同纠纷
（5）质押式证券回购纠纷
309. 证券上市合同纠纷

310. 证券交易代理合同纠纷

311. 证券上市保荐合同纠纷

312. 证券发行纠纷

（1）证券认购纠纷

（2）证券发行失败纠纷

313. 证券返还纠纷

314. 证券欺诈责任纠纷

（1）证券内幕交易责任纠纷

（2）操纵证券交易市场责任纠纷

（3）证券虚假陈述责任纠纷

（4）欺诈客户责任纠纷

315. 证券托管纠纷

316. 证券登记、存管、结算纠纷

317. 融资融券交易纠纷

318. 客户交易结算资金纠纷

二十五、期货交易纠纷

319. 期货经纪合同纠纷

320. 期货透支交易纠纷

321. 期货强行平仓纠纷

322. 期货实物交割纠纷

323. 期货保证合约纠纷

324. 期货交易代理合同纠纷

325. 侵占期货交易保证金纠纷

326. 期货欺诈责任纠纷

327. 操纵期货交易市场责任纠纷

328. 期货内幕交易责任纠纷

329. 期货虚假信息责任纠纷

二十六、信托纠纷

330. 民事信托纠纷

331. 营业信托纠纷
332. 公益信托纠纷

二十七、保险纠纷

333. 财产保险合同纠纷
（1）财产损失保险合同纠纷
（2）责任保险合同纠纷
（3）信用保险合同纠纷
（4）保证保险合同纠纷
（5）保险人代位求偿权纠纷
334. 人身保险合同纠纷
（1）人寿保险合同纠纷
（2）意外伤害保险合同纠纷
（3）健康保险合同纠纷
335. 再保险合同纠纷
336. 保险经纪合同纠纷
337. 保险代理合同纠纷
338. 进出口信用保险合同纠纷
339. 保险费纠纷

二十八、票据纠纷

340. 票据付款请求权纠纷
341. 票据追索权纠纷
342. 票据交付请求权纠纷
343. 票据返还请求权纠纷
344. 票据损害责任纠纷
345. 票据利益返还请求权纠纷
346. 汇票回单签发请求权纠纷
347. 票据保证纠纷
348. 确认票据无效纠纷
349. 票据代理纠纷

350. 票据回购纠纷

二十九、信用证纠纷

351. 委托开立信用证纠纷

352. 信用证开证纠纷

353. 信用证议付纠纷

354. 信用证欺诈纠纷

355. 信用证融资纠纷

356. 信用证转让纠纷

三十、独立保函纠纷

357. 独立保函开立纠纷

358. 独立保函付款纠纷

359. 独立保函追偿纠纷

360. 独立保函欺诈纠纷

361. 独立保函转让纠纷

362. 独立保函通知纠纷

363. 独立保函撤销纠纷

第九部分　侵权责任纠纷

三十一、侵权责任纠纷

364. 监护人责任纠纷

365. 用人单位责任纠纷

366. 劳务派遣工作人员侵权责任纠纷

367. 提供劳务者致害责任纠纷

368. 提供劳务者受害责任纠纷

369. 网络侵权责任纠纷

（1）网络侵害虚拟财产纠纷

370. 违反安全保障义务责任纠纷

（1）经营场所、公共场所的经营者、管理者责任纠纷

（2）群众性活动组织者责任纠纷

371. 教育机构责任纠纷
372. 性骚扰损害责任纠纷
373. 产品责任纠纷
（1）产品生产者责任纠纷
（2）产品销售者责任纠纷
（3）产品运输者责任纠纷
（4）产品仓储者责任纠纷
374. 机动车交通事故责任纠纷
375. 非机动车交通事故责任纠纷
376. 医疗损害责任纠纷
（1）侵害患者知情同意权责任纠纷
（2）医疗产品责任纠纷
377. 环境污染责任纠纷
（1）大气污染责任纠纷
（2）水污染责任纠纷
（3）土壤污染责任纠纷
（4）电子废物污染责任纠纷
（5）固体废物污染责任纠纷
（6）噪声污染责任纠纷
（7）光污染责任纠纷
（8）放射性污染责任纠纷
378. 生态破坏责任纠纷
379. 高度危险责任纠纷
（1）民用核设施、核材料损害责任纠纷
（2）民用航空器损害责任纠纷
（3）占有、使用高度危险物损害责任纠纷
（4）高度危险活动损害责任纠纷
（5）遗失、抛弃高度危险物损害责任纠纷
（6）非法占有高度危险物损害责任纠纷

380. 饲养动物损害责任纠纷
381. 建筑物和物件损害责任纠纷
（1）物件脱落、坠落损害责任纠纷
（2）建筑物、构筑物倒塌、塌陷损害责任纠纷
（3）高空抛物、坠物损害责任纠纷
（4）堆放物倒塌、滚落、滑落损害责任纠纷
（5）公共道路妨碍通行损害责任纠纷
（6）林木折断、倾倒、果实坠落损害责任纠纷
（7）地面施工、地下设施损害责任纠纷
382. 触电人身损害责任纠纷
383. 义务帮工人受害责任纠纷
384. 见义勇为人受害责任纠纷
385. 公证损害责任纠纷
386. 防卫过当损害责任纠纷
387. 紧急避险损害责任纠纷
388. 驻香港、澳门特别行政区军人执行职务侵权责任纠纷
389. 铁路运输损害责任纠纷
（1）铁路运输人身损害责任纠纷
（2）铁路运输财产损害责任纠纷
390. 水上运输损害责任纠纷
（1）水上运输人身损害责任纠纷
（2）水上运输财产损害责任纠纷
391. 航空运输损害责任纠纷
（1）航空运输人身损害责任纠纷
（2）航空运输财产损害责任纠纷
392. 因申请财产保全损害责任纠纷
393. 因申请行为保全损害责任纠纷
394. 因申请证据保全损害责任纠纷
395. 因申请先予执行损害责任纠纷

第十部分 非讼程序案件案由

三十二、选民资格案件

396. 申请确定选民资格

三十三、宣告失踪、宣告死亡案件

397. 申请宣告自然人失踪

398. 申请撤销宣告失踪判决

399. 申请为失踪人财产指定、变更代管人

400. 申请宣告自然人死亡

401. 申请撤销宣告自然人死亡判决

三十四、认定自然人无民事行为能力、限制民事行为能力案件

402. 申请宣告自然人无民事行为能力

403. 申请宣告自然人限制民事行为能力

404. 申请宣告自然人恢复限制民事行为能力

405. 申请宣告自然人恢复完全民事行为能力

三十五、指定遗产管理人案件

406. 申请指定遗产管理人

三十六、认定财产无主案件

407. 申请认定财产无主

408. 申请撤销认定财产无主判决

三十七、确认调解协议案件

409. 申请司法确认调解协议

410. 申请撤销确认调解协议裁定

三十八、实现担保物权案件

411. 申请实现担保物权

412. 申请撤销准许实现担保物权裁定

三十九、监护权特别程序案件

413. 申请确定监护人

414. 申请指定监护人

415. 申请变更监护人
416. 申请撤销监护人资格
417. 申请恢复监护人资格

四十、督促程序案件

418. 申请支付令

四十一、公示催告程序案件

419. 申请公示催告

四十二、公司清算案件

420. 申请公司清算

四十三、破产程序案件

421. 申请破产清算
422. 申请破产重整
423. 申请破产和解
424. 申请对破产财产追加分配

四十四、申请诉前停止侵害知识产权案件

425. 申请诉前停止侵害专利权
426. 申请诉前停止侵害注册商标专用权
427. 申请诉前停止侵害著作权
428. 申请诉前停止侵害植物新品种权
429. 申请诉前停止侵害计算机软件著作权
430. 申请诉前停止侵害集成电路布图设计专用权

四十五、申请保全案件

431. 申请诉前财产保全
432. 申请诉前行为保全
433. 申请诉前证据保全
434. 申请仲裁前财产保全
435. 申请仲裁前行为保全
436. 申请仲裁前证据保全
437. 仲裁程序中的财产保全

438. 仲裁程序中的证据保全
439. 申请执行前财产保全
440. 申请中止支付信用证项下款项
441. 申请中止支付保函项下款项

四十六、申请人身安全保护令案件

442. 申请人身安全保护令

四十七、申请人格权侵害禁令案件

443. 申请人格权侵害禁令

四十八、仲裁程序案件

444. 申请确认仲裁协议效力
445. 申请撤销仲裁裁决

四十九、海事诉讼特别程序案件

446. 申请海事请求保全
（1）申请扣押船舶
（2）申请拍卖扣押船舶
（3）申请扣押船载货物
（4）申请拍卖扣押船载货物
（5）申请扣押船用燃油及船用物料
（6）申请拍卖扣押船用燃油及船用物料
447. 申请海事支付令
448. 申请海事强制令
449. 申请海事证据保全
450. 申请设立海事赔偿责任限制基金
451. 申请船舶优先权催告
452. 申请海事债权登记与受偿

五十、申请承认与执行法院判决、仲裁裁决案件

453. 申请执行海事仲裁裁决
454. 申请执行知识产权仲裁裁决
455. 申请执行涉外仲裁裁决

456. 申请认可和执行香港特别行政区法院民事判决
457. 申请认可和执行香港特别行政区仲裁裁决
458. 申请认可和执行澳门特别行政区法院民事判决
459. 申请认可和执行澳门特别行政区仲裁裁决
460. 申请认可和执行台湾地区法院民事判决
461. 申请认可和执行台湾地区仲裁裁决
462. 申请承认和执行外国法院民事判决、裁定
463. 申请承认和执行外国仲裁裁决

第十一部分　特殊诉讼程序案件案由

五十一、与宣告失踪、宣告死亡案件有关的纠纷

464. 失踪人债务支付纠纷
465. 被撤销死亡宣告人请求返还财产纠纷

五十二、公益诉讼

466. 生态环境保护民事公益诉讼
（1）环境污染民事公益诉讼
（2）生态破坏民事公益诉讼
（3）生态环境损害赔偿诉讼
467. 英雄烈士保护民事公益诉讼
468. 未成年人保护民事公益诉讼
469. 消费者权益保护民事公益诉讼

五十三、第三人撤销之诉

470. 第三人撤销之诉

五十四、执行程序中的异议之诉

471. 执行异议之诉
（1）案外人执行异议之诉
（2）申请执行人执行异议之诉
472. 追加、变更被执行人异议之诉
473. 执行分配方案异议之诉

解读《修改后的〈民事案件案由规定〉》

郭　锋　陈龙业　贾玉慧

民事案件案由是民事案件名称的重要组成部分，反映案件所涉及的民事法律关系的性质，是人民法院进行民事案件管理的重要手段。建立科学、完善的民事案件案由体系，有利于方便当事人进行民事诉讼，有利于统一民事案件的法律适用标准，有利于对受理案件进行分类管理，有利于确定各民事审判业务庭的管辖分工，有利于提高司法统计的准确性和科学性，有利于创新和加强民事审判管理。

为切实贯彻实施《民法典》，完善民事案件案由体系，2020 年 12 月 14 日，最高人民法院审判委员会第 1821 次全体会议审议通过了《最高人民法院关于修改〈民事案件案由规定〉的决定》（以下简称《修改决定》），自 2021 年 1 月 1 日起施行。为方便人民法院和社会各界正确理解和适用，现就《修改决定》的制定背景、基本原则、主要内容，以及适用中需要注意的问题介绍如下：

一、《修改决定》的制定背景

最高人民法院历来重视民事案件案由工作。2000 年印发《民事案件案由规定（试行）》，自 2001 年 1 月 1 日起试行。试行七年后，2008 年正式制发《民事案件案由规定》，自 2008 年 4 月 1 日起施行。2011 年进行了第一次修正，完善了民事案件案由体系。《民事案件案由规定》施行以来，在方便当事人诉讼，规范人民法院民事立案、审判和司法统计工作等方面，发挥了重要作用。近年来，随着《民事诉讼法》《邮政法》《消费者权益保护法》《环境保护法》《反不正当竞争法》《农村土地承包法》《英雄烈士保护法》等法律的制定或者修改，审判实践中出现了许多新类型民事案件，需要对 2011 年修正的《民事案件案由规定》进行补充和完善。特别是《民法典》于2021年1月1日起正式施行，需要对照《民法典》增加新的案由。

为做好此次民事案件案由修正工作，最高人民法院明确将修正民事案件案由列为切实实施《民法典》的重点任务之一，由最高人民法院研究室牵头有关成员单位组成研究小组。2020年6月，最高人民法院下发书面调研通知，向全国各高级法院征集意见建议。各高级法院高度重视、快速反应，组织辖区三级法院认真对照《民法典》开展广泛研究讨论，及时上报了关于建议增加、变更、删除民事案件案由的调研报告，相关意见建议共1100余条，涉及具体案由300多个。在此期间，最高人民法院还专门委托北京、上海、江苏、浙江、广东等5家高级人民法院同步开展民事案件案由调研，充分发挥案件量较大省市的资源优势和调研优势，确保此次修正质量。在认真吸收各方意见基础上，研究小组逐条逐句逐字对照《民法典》，形成了《民事案件案由规定（征求意见稿）》。随后，分别在重庆和北京召开了民事案件案由修改工作座谈会，全国部分法院从事民事立案、审判和司法统计工作的法官参加座谈并对征求意见稿提出了具体修改建议。结合调研座谈情况，研究小组对征求意见稿修改完善后再次征求全国各高级法院意见。在此基础上形成的《关于修改〈民事案件案由规定〉的决定（送审稿）》《关于印发修改后的〈民事案件案由规定〉的通知（送审稿）》《民事案件案由规定（送审稿）》经最高人民法院审判委员会第1821次会议审议通过。可以说，此次民事案件案由修改广泛征求了全国各级法院意见，凝聚了各级法院的辛勤探索，集中了各方智慧。

二、《修改决定》所遵循的基本原则

一是严格依法原则。本次修正严格对照《民法典》等民事法律相关规定，确保具体案由均具有实体法和程序法依据，符合《民事诉讼法》关于民事案件受案范围的有关规定。

二是必要性原则。本次修正是以保持案由运行体系稳定为前提，对于必须增加、调整的案由作出相应修改，尤其是对照《民法典》的新增制度和重大修改内容，增加、变更部分具体案由，并根据现行立法和司法实践需要完善部分具体案由，对案由编排体系不做大的调整。由于部分第四级案由需要在总结审判实践经验基础上提炼，最高人民法院将根据《民法典》施行情况，结合司法实践需求，继续细化完善《民法典》新增制度案由，特别是第四级案由。对本次未作出修改的部分原有案由，届时一并修改，形成一套更加全面、科学、系统贯彻实施《民法典》的民事案件案由体系。

三是实用性原则。案由体系是在现行有效的法律规定基础上，充分考虑人民法院民事立案、审判实践以及司法统计的需要而编排的。本次修正更加注重案由的简洁明了、方便实用，既便于当事人进行民事诉讼，也便于人民法院进行民事立案、审判和司法统计工作。

三、《修改决定》的主要内容

2011 年《民事案件案由规定》共有第一级案由 10 个，第二级案由 43 个，第三级案由 424 个，第四级案由 367 个，加上 2018 年增补的 8 个民事案件案由，总计 852 个。在此基础上，《修改决定》对 153 个具体案由进行了修改，修改方式涵盖了对具体案由的增加、删除、变更、升级和降级。其中，修改第一级案由 3 个、第二级案由 13 个、第三级案由 88 个、第四级案由 49 个。修改后，《民事案件案由规定》共有第一级案由 11 个，第二级案由 54 个，第三级案由 473 个，第四级案由 391 个，总计案由 929 个。主要修改如下：

一是对照《民法典》增加、变更相应案由。《民法典》是此次修正所依照的主要法律，在修正过程中，研究小组对 1260 条规定进行了逐一梳理。对于《民法典》亮点制度和重大修改中符合案由设置规则的，《修改决定》予以最大程度体现。例如：增加“声音保护纠纷”“个人信息保护纠纷”“居住权纠纷”“土地经营权纠纷”“预约合同纠纷”“保理合同纠纷”“申请人格权侵害禁令”等。同时，为贯彻和彰显绿色原则，《修改决定》还增加了涉及生态环境保护的若干案由。此次对照《民法典》增加的案由以第二级和第三级案由为主，第四级案由相对较少，主要考虑是第四级案由的设立尚需总结审判实践经验，轻易增加可能会降低案由体系的科学性。对照《民法典》增加第四级案由是下一步工作重点。

二是对照程序法及司法解释增加特殊诉讼程序案件案由。根据《民事诉讼法》规定，公益诉讼、第三人撤销之诉以及执行异议之诉，作为三种特殊的民事诉讼制度，在案件当事人、管辖、审理程序、判决和调解方式、审级等方面均与第一审诉讼程序存在较大区别，在司法统计方面具有特殊的价值，当事人之间的基础法律关系性质不好确定，且单纯根据法律关系性质来确定案由的意义不大。2011 年《民事案件案由规定》将“执行异议之诉”与特别程序一并列入“适用特殊程序案件案由”，在体系上有待进一步完善。经广泛征求意见，《修改决定》增加第一级案由“第十一部分 特殊诉讼程序案件案由”，并在其项下增加相应的第二级案由“五十二、公益诉讼”“五十三、第三人撤销之诉”“五十四、执行程序中的异议之诉”及相关第三级案由。与之相对应，将 2011 年《民事案件案由规定》第一级案由“适用特殊程序案件案由”修改为“非讼程序案件案由”，将《民事诉讼法》规定的适用特别程序、督促程序、公示催告程序、公司清算、破产程序等非讼程序审理的案件案由作为其下属案由。

三是对照其他法律、司法解释修改完善具体案由。对照《消费者权益保护法》《环境保护法》《反不正当竞争法》《英雄烈士保护法》以及相关司法解释，对 2011 年《民事案件案由规定》进行了完善。比如，将“企业借贷纠纷”并入“民间借贷纠纷”，将“邮寄服务合同纠纷”细化为“邮政服务合同纠纷”和“快递服务合同纠纷”，调整“仿冒纠纷”项下第四级案由的表述，增加“网络不正当竞争纠纷”，增加“实际控制人损害公司债权人利益责任纠纷”，增加“独立保函纠纷”，增加“申请人身安全保护令案件”等。

除上述修改外，《修改决定》还根据审判实际，对非独立案件案由予以删除，比如，涉诉中保全的相关案由。

四、部分案由的设计思路以及适用时需要注意的问题

本次修正是对照《民法典》进行的必要性修改，关于案由的确定标准、案由体系的总体编排、案由的适用规则等内容，除进行必要调

整外，基本沿用了之前所确立的规则，相关内容已经在《最高人民法院关于印发修改后的〈民事案件案由规定〉的通知》中作出明确，本文不再赘述。为方便人民法院准确适用修改后的个案案由，现就部分重点案由的设计思路和适用时需要注意的问题作出说明。

（一）人格权纠纷相关案由

1. 名称权纠纷。依据《民法典》第 110 条、第 990 条、第 1013 条、第 1014 条、第 1016 条、第 1017 条等规定，增加了第三级案由“名称权纠纷”。名称权是指法人和非法人组织享有的依法使用、变更、转让或者许可他人使用自己名称的权利。修改前的《民事案件案由规定》没有单独设立“名称权纠纷”案由，而是依据《民法通则》《反不正当竞争法》《企业名称登记管理规定》等法律法规，在第一级案由“知识产权与竞争纠纷”项下专门针对企业等商事主体设立了相关案由，如“企业名称（商号）合同纠纷”“侵害企业名称（商号）权纠纷”“擅自使用他人企业名称、姓名纠纷”。这种编排在突出企业名称（商号）的财产权属性上具有积极意义，但伴随着立法对人格权制度的日益重视，特别是《民法典》将人格权独立成编，应更充分彰显对人格权的尊重和保护。与《民法通则》等法律相比，《民法典》进一步完善了名称权的相关规定。为周延对名称权的案由编排，修改后的《民事案件案由规定》专门在人格权纠纷项下增加“名称权纠纷”案由。适用上述案由时需要注意：就企业名称（商号）的转让、许可使用、盗用、冒用等发生的纠纷，适用“知识产权与竞争纠纷”项下对应的第三级案由；企业以外其他法人或者非法人组织名称权纠纷，适用“人格权纠纷”项下的第三级案由“名称权纠纷”。

2. 隐私权、个人信息保护纠纷。《民法典》人格权编第 6 章专章规定了隐私权和个人信息保护。关于如何增设个人信息保护纠纷案由，有意见认为，修改前《民事案件案由规定》已经有“隐私权纠纷”，建议将“个人信息保护纠纷”设为第三级案由，与“隐私权纠纷”并列，为下一步细化第四级案由留下空间。这种设立方式具有一定合理性，但考虑到个人信息保护是《民法典》新增规定，且个人信息中私密信息适用规则又决定了二者之间的交叉性，如果将“个人信息保护纠纷”作为与隐私权并列的第三级案由，一些既侵害个人信息又侵害隐私权的案件可能无法充分体现。另外，个人信息保护项下的第四级案由需要在总结审判经验基础上进行提炼，当前并不具有紧迫性，待《民法典》施行一段时间后，可根据需要对“个人信息保护纠纷”作出升级处理。经多次研究论证并征求意见，《修改决定》参照《民法典》的表述方式，设立“隐私权、个人信息保护纠纷”，项下设立第四级案由“隐私权纠纷”和“个人信息保护纠纷”。这种方式周延了隐私权和个人信息保护的适用情形，充分考虑了各地信息化程度的差异性，提高了案由选择的精准度，也有利于防止此类案件向第二级案由分散。适用上述案由时需要注意：对于侵害隐私权引发的纠纷，适用“隐私权纠纷”；对于侵害个人信息引发的纠纷，适用“个人信息保护纠纷”；对于同时侵害隐私权和个人信息的，适用“隐私权、个人信息保护纠纷”。

（二）土地承包经营权和土地经营权相关案由

为落实农村承包地“三权分置”改革的要求，《民法典》对土地承包经营权的相关规定作出完善，增加土地经营权的规定，并删除耕地使用权不得抵押的规定，以适应“三权分置”后土地经营权入市的需要。为彰显《民法典》关于“三权分置”的相关规定，《修改决定》对土地承包经营权的相关案由进行了修改。关于土地经营权的设立，《民法典》第341条规定：“流转期限为五年以上的土地经营权，自流转合同生效时设立。当事人可以向登记机构申请土地经营权登记；未经登记，不得对抗善意第三人”，《修改决定》在“用益物权纠纷”项下增加了“土地经营权纠纷”，与“土地承包经营权纠纷”并列为第三级案由。同时，《民法典》第334条、第339条规定，土地承包经营权人有权在集体经济组织内部互换、转让土地承包经营权，也有权采取出租、入股或者其他方式向他人流转土地经营权。根据全国人大法工委的释义，土地承包经营权只能在集体经济组织内部互换、转让，而不得对外流转；对外流转的对象只限于土地经营权，不包括土地承包经营权。此外，《民法典》第339条删去了《物权法》中关于耕地使用权不得抵押的规定，与《农村土地承包法》第47条第1款相衔接，允许承包地的经营权向金融机构抵押融资。对照《民法典》的规定，《修改决定》在“合同纠纷”项下，保留“土地承包经营权转让合同纠纷”“土地承包经营权互换合同纠纷”，删除“土地承包经营权转包合同纠纷”，将“土地承包经营权入股合同纠纷”“土地承包经营权抵押合同纠纷”“土地承包经营权出租合同纠纷”依次修改为“土地经营权入股合同纠纷”“土地经营权抵押合同纠纷”“土地经营权出租合同纠纷”；将“担保物权纠纷”项下的“土地承包经营权抵押权纠纷”变更为“土地经营权抵押权纠纷”。适用上述案由时需要注意：针对土地经营权确认纠纷、基于土地经营权而引发的涉及物权保护的纠纷，适用物权纠纷项下的“土地经营权纠纷”；针对土地经营权抵押权的成立、实现等引发的纠纷，则适用“土地经营权抵押权纠纷”；因土地经营权流转合同成立、效力等引发的纠纷，则适用合同纠纷项下的对应案由。需要说明的是，2011年《民事案件案由规定》中的“土地承包经营权抵押权纠纷”“土地承包经营权入股合同纠纷”“土地承包经营权抵押合同纠纷”针对的对象是以其他方式取得的承包地，比如“四荒地”；而修改后的对应案由，不限于以其他方式取得的承包地，还包括以家庭承包方式取得的承包地。

（三）预约合同相关案由

《修改决定》根据《民法典》第495条的规定，在“合同纠纷”项下增加了第三级案由“预约合同纠纷”。《民法典》将预约合同规定在合同编通则中，因此适用于买卖、租赁等各类合同。这也就决定了“预约合同纠纷”适用的广泛性。2011年《民事案件案由规定》在第三级案由“房屋买卖合同纠纷”项下规定了“商品房预约合同纠纷”。有意见认为，如果增加“预约合同纠纷”，没有必要继续保留“商品房预约合同纠纷”。在征求意见过程中，多数意见认为，商品房预约合同与一般意义的预约合同存在一定区别，且适用规则也具有一定特殊性，因此建议保留。经研究，《修改决定》保留了该案由。在上述案由适用时需要注意：因商品房预约合同引发的纠纷，适用“商品房预约合同纠纷”案由；其他预约合同引发的纠纷，适用“预约合同纠纷”案由。

（四）建设用地使用权出让合同纠纷

自2014年行政协议纳入行政诉讼受案范围以来，民事审判部门和行政审判部门对建设用地使用权出让合同纠纷到底属于民事诉讼受案范围还是行政诉讼受案范围，意见不统一。有意见认为，建设用地使用权出让合同属于《行政诉讼法》及《最高人民法院关于审理行政协议案件若干问题的规定》规定的行政协议范畴。我们经研究后认为，建设用地使用权合同纠纷属于民事案件类型。理由如下：一是《民法典》第348条明确规定了建设用地使用权出让合同，全国人大法工委在释义中也明确，建设用地使用权合同为民事合同。虽然各级人民政府代表国家，以土地所有人的身份与建设用地使用权人签订出让合同，但是该合同属于国家以民事主体的身份与其他主体从事交易行为。①二是将此类合同纳入行政协议的法律依据明显不足。行政协议虽然是《行政诉讼法》的新规定，但《行政诉讼法》所列举的行政协议类型中没有此类合同，《最高人民法院关于适用〈中华人民共和国行政诉讼法〉的解释》中也未将此类合同界定为行政协议。尤为重要的是，该类案件作为民事案件审理更有利于平等保护。比如，《最高人民法院关于审理涉及国有土地使用权合同纠纷案件适用法律问题的解释》第6条规定：“受让方擅自改变土地使用权出让合同约定的土地用途，出让方请求解除合同的，应予支持。”此种情形即行政机关为原告起诉的情形，属“官告民”情形，无法纳入行政诉讼范畴。实践中上述“官告民”案件在2015年后仍有发生，且不止于该第6条规定的解除合同情形。部分土地因特定原因，可产生出让土地的行政机关起诉要求受让人补交地价款的民事诉讼。鉴于此，《修改决定》将建设用地使用权出让合同作为民事案件案由予以保留。在适用本案由时需要注

① 黄薇主编：《中华人民共和国民法典物权编释义》，法律出版社2020年版，第372页。

意：集体所有土地作为建设用地的，不属于《民法典》物权编第12章所规范的建设用地使用权，相关合同纠纷不适用本案由；建设用地使用权抵押合同纠纷，因有专门的抵押合同纠纷的案由，不适用本案由；建设用地使用权采用拍卖、招标方式出让的，相关纠纷应适用本案由，而不适用拍卖合同纠纷和招标投标买卖合同纠纷的案由；建设用地使用权的互换、赠与、出资等合同纠纷，适用第三级案由“建设用地使用权合同纠纷”，不适用第四级案由“建设用地使用权转让合同纠纷”。

（五）行为保全相关案件案由

关于申请保全案件案由，2011年《民事案件案由规定》规定了财产保全和证据保全案件案由，并未明确列明行为保全案件案由。当然，这并不意味着2011年《民事案件案由规定》没有规定行为保全相关案件案由。根据当时的法律，行为保全主要适用于海事领域和知识产权领域，即海事强制令、诉前责令停止有关侵犯知识产权行为的措施。针对这两类行为保全案件，2011年《民事案件案由规定》在“适用特殊程序案件案由”规定了“申请诉前停止侵害知识产权案件”及项下4个第三级案由、“海事诉讼特别程序案件”项下的“申请海事强制令”。鉴于《民事诉讼法》第100条、第101条明确规定了行为保全制度，《修改决定》增加了“申请诉前行为保全”案由。之所以没有增加“申请诉中行为保全”，主要原因是诉中保全并非独立案件，人民法院可基于在审案件作出保全裁定。适用上述案由时需要注意：涉及知识产权纠纷诉前行为保全的案件，应当适用第二级案由“申请诉前停止侵害知识产权案件”项下对应的第四级案由；当事人在起诉前申请海事强制令，应当适用“申请海事强制令”案由；针对侵害其他权益的行为申请诉前保全的，适用“申请诉前行为保全”案由。

（六）人身安全保护令与人格权侵害禁令

《修改决定》依据《反家庭暴力法》第4章的规定，增加了“申请人身安全保护令”案由；依据《民法典》第997条的规定，增加了“申请人格权侵害禁令”案由。在案由体系的编排上，我们对上述两类案件案由进行了深入调研。有意见认为，从所保护法益的外延上看，二者存在包含与被包含的关系，建议将“申请人身安全保护令”作为“申请人格权侵害禁令”的下级案由。也有意见认为，尽管对家庭成员人身权的侵害也构成对人格权的侵害，但《民法典》第997条只是对人格权侵害禁令进行了原则性规定，在相关程序未予明确规定前，建议将二者作为并列的两个案由。我们采纳了第二种意见，除程序差异因素外，还考虑到人身安全保护令案件经过多年实践探索，已经形成了相对独立的案件类型，将其与人格权侵害禁令案件并列，既符合司法实践需要，也便于司法统计。伴随着《民事诉讼法》修改，对二者的编排问题可再作研究。适用上述案由时需要注意：对于申请人因遭受家庭暴力或者面临家庭暴力现实危险而申请保护令的，适用“申请人身安全保护令”案由；对于其他侵害或者可能侵害人格权情形的，适用“申请人格权侵害禁令”案由。需要说明的是，人格权侵害禁令作为《民法典》的一项新制度，当前缺乏具体程序规定，为保障该制度在司法实践中得到正确适用，我们正就有关程序进行调研，适时出台司法解释、规范性文件或者指导性案例。当前，在涉及本案由的适用时要注意的是，尽管人格权侵害禁令不同于诉前保全制度，①但在某些类似问题处理的具体程序要求上可以探索参照适用。比如，在诉讼费用、提供担保以及错误申请的救济等问题上，可适当参照诉前行为保全，严格相关标准，防止禁令制度的滥用；在禁令文书样式、有效期、复议规则等方面，可适当参照人身安全保护令的程序。在对当事人申请的审查方面，要严格把握人格权侵害禁令的要件。比如，关于何种情形属于使权利人的合法权益受到难以弥补的损害的，应当遵循《民法典》立法精神进行严格审查，遵循比例原则的要求，难以弥补的损害必须是事后恢复已经不可能或者极为困难。② 如果损失能够

① 王利明：《论侵害人格权禁令的适用》，载《人民司法》2020年第28期。

② 黄薇主编：《中华人民共和国民法典人格权编释义》，法律出版社2020年版，第39页。

通过金钱方式在事后进行充分赔偿，则不应认为该损失是不可弥补的。①

（七）监护权特别程序案件中的部分案由

《民法典》第31条第1款规定："对监护人的确定有争议的，由被监护人住所地的居民委员会、村民委员会或者民政部门指定监护人，有关当事人对指定不服的，可以向人民法院申请指定监护人；有关当事人也可以直接向人民法院申请指定监护人。"该规定改变了《民法通则》和《最高人民法院关于贯彻执行〈中华人民共和国民法通则〉若干问题的意见（试行）》的相关规定，取消了向人民法院申请指定监护的前置程序，允许有关当事人直接向人民法院申请指定监护人。对于《民法典》的这一修改，是否需要增加相应的案由？有意见认为，可将《民法典》的新规定直接纳入"申请确定监护人"案由，没有必要增加新的案由。经广泛征求意见，《修改决定》最终增加了"申请指定监护人"案由，作为与"申请确定监护人"并列的第三级案由，主要理由为：一是充分体现《民法典》对于指定监护作出修改的重大制度价值。监护制度是我国基本的民事法律制度之一，在《民法典》中占有重要地位，与未成年人保护、老年人权益保护息息相关，民事案件案由的设置应予以充分体现。二是便于区分直接申请人民法院指定和间接申请指定。当事人对监护人的确定有争议，而直接向人民法院申请指定监护的，适用"申请指定监护人"案由；当事人对居民委员会、村民委员会或者民政部门指定监护不服而申请人民法院确定的，适用"申请确定监护人"案由，这基本上维持了"申请确定监护人"案由原来的适用范围。这种设计有利于对两类案件进行精准司法统计，有利于调研分析司法实践中指定监护可能存在的相关问题。三是基于程序考量。根据《最高人民法院关于适用〈中华人民共和国民事诉讼法〉的解释》（以下简称《民事诉讼法解释》）第351条第1款的规定，被指定的监护人不服居民委员会、村民委员会或者民

① 王利明：《论侵害人格权禁令的适用》，载《人民司法》2020年第28期。

政部门指定，应当自接到通知之日起30日内向人民法院提出异议。逾期申请的，按照之前《民法通则》和《最高人民法院关于贯彻执行〈中华人民共和国民法通则〉若干问题的意见（试行）》的规定，按照变更监护人处理。对于当事人直接向人民法院申请指定监护人的案件是否有期间限制，有待进一步研究确定。单独设立这一案由，也为下一步完善案件处理程序预留了空间。

（八）涉遗产管理相关案由

《民法典》在《继承法》的基础上，增加了遗产管理人制度，这是对我国遗产处理制度的进一步完善。《修改决定》依据《民法典》第1145条、第1146条的规定，在“非讼程序案件案由”项下增加了“申请指定遗产管理人”案件案由；同时依据《民法典》第1147条、第1148条、第1149条等规定，在“继承纠纷”项下增加了“遗产管理纠纷”案由。上述案由适用时需要注意：对遗产管理人的确定发生争议的，适用“申请指定遗产管理人”案件案由；涉及遗产管理人的侵权纠纷或者因报酬引发的纠纷，适用“遗产管理纠纷”案由。

条文理解与适用

第一部分　人格权纠纷

人格权是民事主体依法所固有的、以人格利益为内容的、为维护其独立人格所必备的权利。人格权是民事主体最基本、最重要的权利，是所有民事权利的基础，保护人格权、维护人格尊严是人民法院的重要职责。我国《民法典》将人格权独立成编，是一大创举，贯彻了以人民为中心的思想，顺应了人民群众对人格权保护的迫切需求，是鲜明的中国特色、实践特色、时代特色的集中体现。《民法典》第 4 编人格权编共 6 章 51 条，包括了人格权的一般规定和各项人格权的具体规定，形成内容详细、体系严谨的人格权保护规范体系，对于宣示人格权的重要地位，引导民事主体了解并依法维护自己所享有的各项人格权，具有十分重要的意义。

为贯彻《民法典》人格权编的基本精神，突出人格权制度的重要价值，本次修正的《民事案件案由规定》在沿用以往体例将人格权纠纷放在第一部分，并作为第一级案由，以彰显对民事主体人格权的尊重和保护的同时，还对标《民法典》做了以下修改：一是第三级案由的修改。在第二级案由“一、人格权纠纷”项下做了以下调整：变更“1. 生命权、健康权、身体权纠纷”为“1. 生命权、身体权、健康权纠纷”；增加“3. 名称权纠纷”“5. 声音保护纠纷”；变更“6. 隐私权纠纷”为“8. 隐私权、个人信息保护纠纷”。二是第四级案由的修改。在新变更的第三级案由“8. 隐私权、个人信息保护纠纷”项下增加“（1）隐私权纠纷”“（2）个人信息保护纠纷”。

在适用人格权纠纷的有关案由时要注意，《民法典》人格权编主要是从民事法律规范的角度规定自然人和其他民事主体人格权的内容、边界和保护方式，不涉及公民政治、社会等方面权利。①

一、人格权纠纷

人格权纠纷是指因人格权受到侵害而引起的纠纷。《民法典》第990条第1款规定，人格权是民事主体享有的生命权、身体权、健康权、姓名权、名称权、肖像权、名誉权、荣誉权、隐私权等权利，并在人格权编第2~6章作出具体规定；《民法典》第110条在规定上述权利的同时，还规定了自然人享有婚姻自主权；《民法典》第111条规定了自然人的个人信息受法律保护，并在人格权编第6章对个人信息保护作出具体安排。同时，《民法典》第109条规定了自然人的人身自由、人格尊严受法律保护；第990条第2款规定除各项具体人格权外，自然人享有基于人身自由、人格尊严产生的其他人格权益。上述总则编和人格权编的规定，构成了一般规定和具体规定相结合的严密的人格权保护体系。综合上述规定，修改后的《民事案件案由规定》本级案由项下设置了11个第三级案由，分别为："1. 生命权、身体权、健康权纠纷，2. 姓名权纠纷，3. 名称权纠纷，4. 肖像权纠纷，5. 声音保护纠纷，6. 名誉权纠纷，7. 荣誉权纠纷，8. 隐私权、个人信息保护纠纷，9. 婚姻自主权纠纷，10. 人身自由权纠纷，11. 一般人格权纠纷。"由于人格权与生俱来，审判实践中不存在"人格权确认纠纷"这一类型，除了姓名权、名称权、肖像权等的许可使用合同纠纷类型外，人格权纠纷主要涉及侵权责任纠纷。考虑人格权纠纷的种类和审判工作实际情况，修正后的《民事案件案由规定》沿用之前做法，将第一级"人格权纠纷"案由名称也作为第二级案由的名称。

① 黄薇主编：《中华人民共和国民法典释义》，法律出版社2020年版，第1804页。

1. 生命权、身体权、健康权纠纷

【释义】

生命权、身体权、健康权纠纷是指他人实施侵害生命权、身体权、健康权行为而引起的纠纷。《民法典》人格权编第2章并列规定了生命权、身体权和健康权。

生命权是指自然人享有的以维护生命安全和生命尊严为内容的人格权。生命权是法律保护的最高权利形态。法学上的生命仅指自然人的生命，是人体维持其生存的基本的物质活动能力，是人的最高的人格利益，具有至高无上的人格价值，是人的第一尊严。[①] 生命的丧失是侵害生命权的结果。侵犯生命权的法律后果有特殊性：（1）被侵权人不再是侵权请求权的主体。被侵权人死亡后，权利能力消灭，根据《民法典》的规定，此时应当由其近亲属对侵权人主张侵权责任。（2）生命虽然是法律保护的最高利益，但是生命丧失本身并不能获得赔偿，所谓的死亡赔偿金，并非对“命价”的赔偿，而是对财产损害的赔偿。关于生命权，通说认为，它是以自然人的生命为客体的权利。在生命权的内容问题上，有人认为其由自卫权和请求权两项构成，有人则认为还包括生命支配权。[②]

身体权是指自然人享有的以身体完整和行动自由受法律保护为内容的权利。身体权的客体是自然人的身体。身体包括主体部分和附属部分两大部分。前者是指人的头颅、躯干、肢体的总体构成，包括肢体、器官和其他组织。后者是指毛发、体液、指甲等附着于主体部分的其他人体组织。身体具有完整性和完全性的基本特征，破坏了身体

---

① 王利明、杨立新、姚辉：《人格权法》，法律出版社1997年版，第48页。

② 王利明、杨立新主编：《人格权与新闻侵权》，中国方正出版社2000年版，第219、220页。

的完整性和完全性，就破坏了身体的有机构成。① 身体权的内容包括身体完整性不受侵犯和行动自由不受侵犯。自然人维护身体的完整性还包括对其肢体、器官和其他组织的依法支配权。依照《民法典》第1006条的规定，完全民事行为能力人有权依法自主决定无偿捐献其人体细胞、人体组织、人体器官、遗体。这种捐献，体现了自然人对其身体组成部分的器官、组织的支配权。但这种支配必须符合法律规定和公序良俗，因此，《民法典》第1007条规定买卖人体细胞、人体组织、人体器官、遗体的行为无效。自然人身体的行动自由受法律保护还体现为禁止性骚扰、禁止非法搜查他人身体、禁止非法剥夺、限制他人行动自由等。《民法典》第1010条、第1011条对此作出了具体规定。

健康权是指自然人享有的以身心健康受法律保护为内容的权利。健康权的客体是自然人的健康。健康是指一个人在身体和心理等方面都处于良好的状态，相应地包括身体健康和心理健康，但不包括一个人在社会适应方面的良好状态以及道德健康等。② 健康包括两个要素：一是生理机能的正常运作，二是生理功能的完善发挥。通过这两个要素的协调一致发挥作用，达到维持人体生命活动的最终目的。③ 健康权的内容包括身体和心理健康的维护权。学理上认为劳动能力也是健康权的重要内容。④ 健康权与身体权的区别在于，前者的客体是自然人的健康，后者的客体是自然人的身体。健康是自然人生理的机能而身体系肉体的构造。⑤ 因此，实践中常见的非法搜查公民身体的行为、不影响身体健康的情况下对公民身体进行破坏的行为、不破坏身体组

---

① 王利明主编：《中国民法典草案建议稿及说明》，中国法制出版社2004年版，第330页。

② 黄薇主编：《中华人民共和国民法典释义》（下），法律出版社2020年版，第1840页。

③ 王利明主编：《中国民法典草案建议稿及说明》，中国法制出版社2004年版，第329页。

④ 参见张新宝：《中国侵权行为法》，中国社会科学出版社1998年版，第423页。

⑤ 参见何孝元：《损害赔偿之研究》，我国台湾地区商务印书馆1982年版，第135页。

织的殴打行为、对尸体的损害行为等，构成侵害身体权，但不构成侵害健康权。但是侵害身体的行为如果造成了严重的精神损害，如性骚扰导致受害人精神失常，则构成对健康权的侵害。

【管辖】

因生命权、身体权、健康权纠纷提起的诉讼，多为侵权之诉，根据《民事诉讼法》第28条的原则规定，由侵权行为地或者被告住所地人民法院管辖。根据《民事诉讼法解释》第24条的规定，“侵权行为地”包括侵权行为实施地、侵权结果发生地。《民事诉讼法》第29条还规定，因铁路、公路、水上和航空事故请求损害赔偿提起的诉讼，由事故发生地或者车辆、船舶最先到达地、航空器最先降落地或者被告住所地人民法院管辖。根据《最高人民法院关于铁路运输法院案件管辖范围的若干规定》第3、4条的规定，因铁路行车事故及其他铁路运营事故造成的人身损害赔偿纠纷，由铁路运输法院管辖。

【法律适用】

处理此类纠纷的法律依据主要是《民法典》的相关规定，以及《铁路法》第58条、《民用航空法》第157条、《最高人民法院关于审理人身损害赔偿案件适用法律若干问题的解释》《最高人民法院关于确定民事侵权精神损害赔偿责任若干问题的解释》等的相关规定。

【确定该案由应当注意的问题】

确定“生命权、身体权、健康权纠纷”案由时要特别注意“人格权纠纷”“生命权、身体权、健康权纠纷”案由与其他具体侵权责任纠纷案由的协调问题。在确定侵权责任纠纷具体案由时，应当先适用第9部分“侵权责任纠纷”项下根据《民法典》侵权责任编相关规定列出的具体案由。没有相应案由的，再适用“人格权纠纷”项下的案由。如机动车交通事故可能造成人身损害和财产损害，确定案由时，应当适用第9部分“侵权责任纠纷”项下“机动车交通事故责任纠纷”案由，而不应适用第1部分“人格权纠纷”项下的“生命权、身体权、健康权纠纷”案由，也不应适用第3部分“物权纠纷”项下的“财产损害赔偿纠纷”案由。

确定本案由时还要注意案由名称顿号之间的选择关系。即案由中出现顿号（即“、”）的，应当根据具体案情，确定相应的案由，不应直接将该案由全部引用。如“生命权、身体权、健康权纠纷”案由，应根据侵害的具体人格权益来确定相应的案由。

2. 姓名权纠纷

【释义】

姓名权纠纷是指自然人的姓名权被以非法干涉、盗用、假冒等方式侵害而引起的纠纷。姓名权是自然人依照法律规定决定、使用、变更或者许可他人使用自己的姓名的权利。

姓名权的客体是姓名。所谓姓名，是自然人在社会中区别于他人的标志和符号。姓名包括姓和名两部分，姓是一定血缘遗传关系的记号，标志着个体公民从属于哪个家族血缘系统；名则是特定的公民区别于其他公民的称谓。姓名的组合，构成每一个个体公民的完整的文字符号和标记，因而姓名是公民的人身专用文字符号的标记，是公民姓名权的客体。①

根据《民法典》第1012条的规定，自然人的姓名权包括以下内容：一是决定姓名的权能。姓名决定权也叫自我命名权，是自然人决

① 杨立新：《人身权法论》，人民法院出版社2002年版，第492页。

定自己姓名的权利，是姓名权最基本的内容，也是自然人变更、使用或者许可使用其姓名的前提和基础，任何人不得非法干涉。二是使用姓名的权能。自然人有权按照自己的意志决定自己的姓名如何使用以及在何处使用。姓名的使用包括积极使用和消极使用，前者如在物品上标识自己的姓名，后者如不署名。三是变更姓名的权能。即自然人依法改变自己姓名的权利，也叫改名权。自然人出生后姓名一般由监护人决定，待其获得完全民事行为能力后，就可以依法变更自己的姓名。但是变更姓名必须严格遵循法律规定，如必须办理登记。四是许可他人使用自己姓名的权能。实践中的商业利用包括用自己的名字给公司冠名，配合肖像权的商业利用同时标注姓名等。

姓名权的行使要受到一定的限制。这是因为姓名作为自然人在社会中区别于其他人的标志和符号，不仅对自然人意义重大，而且具有重要的社会意义，事关公共利益。这些限制主要表现在：姓名权的行使不得违背公序良俗（《民法典》第 1012 条），决定或者变更姓名时原则上应当随父姓或者母姓（《民法典》第 1015 条），决定或者变更姓名应当依法办理登记手续等。

【管辖】

因姓名权纠纷提起的诉讼，多为侵权之诉。根据《民事诉讼法》第 28 条的原则性规定，因侵权行为提起的诉讼，由侵权行为地或者被告住所地人民法院管辖。根据《民事诉讼法解释》第 24 条规定，侵权行为地包括侵权行为实施地、侵权结果发生地。如果是通过信息网络实施的侵犯名誉权纠纷，根据《民事诉讼法解释》第 25 条规定，信息网络侵权行为实施地包括实施被诉侵权行为的计算机等信息设备所在地，侵权结果发生地包括被侵权人住所地。

【法律适用】

处理姓名权纠纷的法律依据主要是《民法典》人格权编尤其是第

3章的有关规定，《民法典》总则编、婚姻家庭编的有关规定（如第110、185、1056条），以及《英雄烈士保护法》第22～26条的规定、《最高人民法院关于审理利用信息网络侵害人身权益民事纠纷案件适用法律若干问题的规定》《最高人民法院关于确定民事侵权精神损害赔偿责任若干问题的解释》等。

【确定该案由应当注意的问题】

在审判实践中，侵害姓名权的纠纷主要有：(1) 不使用他人姓名的行为，包括不标表或不正确标表他人姓名，应称呼姓名而未称呼，不称呼他人姓名而代以谐音；(2) 干涉他人行使姓名权的行为，如干涉他人的命名权、名称使用权、改名权；(3) 非法使用他人姓名的行为，包括盗用他人姓名和假冒他人姓名；(4) 故意使用可能与姓名权人的姓名混同的姓名，造成与使用姓名权人的姓名有同样效果的事实的行为。确定本案由时要特别注意以下问题：

1. 关于网名、笔名、艺名等的保护问题。《民法典》第1017条规定：具有一定社会知名度，被他人使用足以造成公众混淆的笔名、艺名、网名、译名、字号、姓名和名称的简称等，参照适用姓名权和名称权保护的有关规定。据此可知，笔名、艺名、网名、译名以及姓名的简称等，可以参照适用姓名权保护的规定，前提是具有一定社会知名度，被他人使用足以造成公众混淆。因此，侵犯具有一定社会知名度，被他人使用足以造成公众混淆的笔名、艺名、网名、译名等引发的纠纷，可以适用本案由。

2. 姓名权与作品署名权的关系。姓名权与著作权中的署名权有着极为密切的关系，要特别注意二者的区别。自然人均享有姓名权，但只有创作作品的人才享有署名权，姓名权的客体是姓名，而署名权的客体是作品，侵害作者的署名权不一定构成对姓名权的侵害。《民事案件案由规定》将侵害作品署名权纠纷列为“158. 著作权权属、侵权纠纷”项下的第四级案由。两者之间也有可能构成竞合关系，如在美术作品上假冒他人署名可能引起著作权侵权纠纷，也可能引起姓名权纠纷，此时案由以当事人的诉由选择来确定。

3. 姓名权的许可使用纠纷。姓名权的商业利用，可以采取合同形式进行。因许可使用合同的成立、效力、违约责任等引发的纠纷，可以按照第四部分“合同、准合同纠纷”确定相应的案由。当事人主张侵害其姓名权的，可以适用本案由。

3. 名称权纠纷

【释义】

名称权是指法人、非法人组织依照法律规定决定、使用、变更、转让或者许可他人使用自己的名称的权利。名称权纠纷是指法人、非法人组织的名称权被以非法干涉、盗用、假冒等方式侵害而引起的纠纷。本案由是此次修改新增加的第三级案由。

名称权的客体是法人、非法人组织的名称。所谓名称，是法人或非法人组织在社会活动中用以代表自己并区别于其他法人或非法人组织的文字符号和标记，是法人或非法人组织从事民事活动的前提和基础。名称与字号（商号）不同。《民法典》所规定的名称范围要远大于字号（商号）的范围，既包括商号，又包括非商事主体的名称，而商号实际上是营利法人或者非法人组织的名称。而且严格意义上说，商号只是名称的一部分。根据《企业名称登记管理规定》第 6 条的规定，企业名称由行政区划名称、字号、行业或者经营特点、组织形式组成。其中，字号（或者商号）是企业名称的核心部分，也是真正需要受到法律保护的部分。因此，人们习惯上提到企业名称的保护时主要是指对商号的保护，但要注意，商号不能简单地等同于企业名称。

法人、非法人组织的名称权包括以下内容：一是决定名称的权能。即法人、非法人组织有权决定本组织取什么样的名称。当然，法人、非法人组织的名称并非在法人、非法人组织成立后才决定，而是在成立前就决定的，一般由法人、非法人组织的设立人行使决定权。二是使用名称的权能。即名称权主体对其名称具有独占使用的权利，其他任何组织或者个人都不得非法使用。三是变更名称的权能。即法人、非法人组织有权按照自己的意愿变更自己的名称，但是应当依法办理变更登记。四是转让名称的权能。这是名称权与姓名权的重要区别。需要注意的是并非所有法人、非法人组织的名称权都可以转让，原则上只有营利法人或营利非法人组织的名称权可以转让。五是许可使用的权能。即法人、非法人组织享有在一定期限、范围内许可其他法人、非法人组织使用自己的名称的权利。

【管辖】

因名称权纠纷提起的诉讼，多为侵权之诉。根据《民事诉讼法》第 28 条的原则性规定，因侵权行为提起的诉讼，由侵权行为地或者被告住所地人民法院管辖。根据《民事诉讼法解释》第 24 条规定，侵权行为地包括侵权行为实施地、侵权结果发生地。如果是通过信息网络实施的侵犯名誉权纠纷，根据《民事诉讼法解释》第 25 条规定，信息网络侵权行为实施地包括实施被诉侵权行为的计算机等信息设备所在地，侵权结果发生地包括被侵权人住所地。

【法律适用】

处理名称权纠纷的法律依据主要是《民法典》人格权编尤其是第 3 章的有关规定，此外，《民法典》总则编、《公司法》等也有相关规定。行政法规方面的依据主要包括《市场主体登记管理条例》《企业名称登记管理规定》等。

【确定该案由应当注意的问题】

修改前的《民事案件案由规定》没有单独设立“名称权纠纷”案，而是依据《民法通则》《反不正当竞争法》《企业名称登记管理规定》等法律法规，在第一级案由“知识产权与竞争纠纷”项下专门针对企业等商事主体设立了相关案由，如“企业名称（商号）合同纠纷”“侵害企业名称（商号）权纠纷”“擅自使用他人企业名称、姓名纠纷”。这种编排在突出企业名称（商号）的财产权属性上具有积极意义，但伴随着立法对人格权制度的日益重视，特别是《民法典》将人格权独立成编，充分彰显了对人格权的尊重和保护。与《民法通则》等法律相比，《民法典》进一步完善了名称权的相关规定。为周延名称权的案由编排，修改后的《民事案件案由规定》专门在人格权纠纷项下增加“名称权纠纷”案由。具体适用规则为：因对企业名称（商号）的转让、许可使用、盗用、冒用等发生的纠纷，适用“知识产权与竞争纠纷”项下的相关第三级案由；企业以外其他法人或者非法人组织名称权纠纷，或者“知识产权与竞争纠纷”项下不能涵盖的企业名称权纠纷，适用“人格权纠纷”项下的第三级案由“名称权纠纷”。

4. 肖像权纠纷

【释义】

肖像权纠纷是指以丑化、污损或者利用信息技术手段伪造等方式侵害他人肖像权，或者未经许可而制作、公开、使用他人肖像等引起的纠纷。肖像权是自然人以在自己的肖像上所承载的精神利益和物质利益为内容的人格权。

【管辖】

因肖像权纠纷提起的诉讼，多为侵权之诉。根据《民事诉讼法》第28条的原则性规定，因侵权行为提起的诉讼，由侵权行为地或者被告住所地人民法院管辖。根据《民事诉讼法解释》第24条规定，侵权行为地包括侵权行为实施地、侵权结果发生地。如果是通过信息网络实施的侵犯名誉权纠纷，根据《民事诉讼法解释》第25条规定，信息网络侵权行为实施地包括实施被诉侵权行为的计算机等信息设备所在地，侵权结果发生地包括被侵权人住所地。

【法律适用】

处理肖像权纠纷的法律依据主要是《民法典》人格权编第4章、总则编中第110条等相关规定，以及《最高人民法院关于确定民事侵权精神损害赔偿责任若干问题的解释》等相关规定。

【确定该案由应当注意的问题】

肖像权的客体为肖像。《民法典》第1018条第2款规定，肖像是通过影像、雕塑、绘画等方式在一定载体上所反映的特定自然人可以被识别的外部形象。肖像与姓名、名称一样，都是民事主体的外在表征，因此在学理上，肖像权与姓名权、名称权同属标表型人格权。需要注意的是，《民法典》所规定的肖像不限于面部形象，而是可识别的外部形象。因此，虽非面部形象，但只要具有清晰的可识别性，能够据此判断出该外部形象是某一特定自然人的外部形象，就应当纳入肖像的范围。另外，肖像的载体也不限于艺术作品，而是包括任何可以反映自然人外部形象的物质手段。

《民法典》第1018条第1款规定了肖像权的内容，具体如下：一是依法制作自己肖像的权能，也称制作专有权、形象再现权，是肖像权的基本权能。肖像权人有权自主决定是否制作自己的肖像。制作他人的肖像，应当经过权利人同意。二是依法使用肖像的权能，即肖像权人有权将自己的肖像运用于任何合法的目的。三是依法公开肖像的权利。即肖像权人对于自己的肖像，有权决定是否公开，有权决定自己公开还是许可他人公开，有权禁止他人擅自公开。四是许可他人使用肖像的权能。如前所述，肖像除了承载自然人的精神利益，还体现物质利益。实现物质利益的主要方式是有偿许可他人使用自己的肖像。当然，肖像权的许可使用也可以是无偿许可。需要注意的是《民法典》对肖像权许可使用的保护力度有了较大的提高。原《民法通则》第 100 条只规定，未经肖像权人同意，不得以营利为目的使用肖像权人的肖像。而按照《民法典》的精神，凡使用他人肖像，除《民法典》第 1020 条规定的合理行为可以不经肖像权人同意外，不论是否以营利为目的，均应取得同意。

《民法典》第 1019 条规定了侵害肖像权的主要行为类型，包括丑化、污损或者利用信息技术手段伪造等方式侵害他人的肖像权，未经肖像权人同意制作、公开肖像权人的肖像，肖像作品权利人未经肖像权人同意以发表、复制、发行、出租、展览等方式使用或者公开肖像权人的肖像。

5. 声音保护纠纷

【释义】

声音保护纠纷是指以侮辱性或者其他违背公序良俗的方式模仿、伪造他人声音，未经许可使用他人声音而引起的纠纷。本案由是此次修改新增加的第三级案由。

《民法典》所保护的声音，是指自然人的声音本身，既非声音的载体，也非声音中的具体内容。自然人的声音具有独特性、唯一性、稳定性的特点，不同的人的声音往往不同，且每个人的音色、音质、音量等都较为稳定。与肖像、姓名一样，声音在日常交往中可以直接帮助我们识别、联系、对应到特定的个人。它作为标表自然人的人格标志，具有一定的人格属性。

根据《民法典》第1023条第2款的规定，对自然人声音的保护，参照适用肖像权保护的有关规定。即《民法典》第1018条有关肖像权权能的规定、第1019条有关禁止侵害肖像权行为的规定、第1020条有关肖像权合理使用的规定、第1021条至第1022条有关肖像权商业利用的规定，对自然人声音均可参照适用。具体如下：（1）自然人享有制作声音、使用声音、公开或许可他人使用自己声音的权利，有权制止他人侵害其声音、未经其许可使用其声音。（2）在符合第1020条规定的情况下，行为人未经同意使用自然人声音的，构成合理使用，不构成对自然人声音权益的侵害。（3）自然人可以许可他人在商业活动中使用其声音，并据此获得利益。有关声音许可使用合同的解释、解除等内容，遵循肖像权许可使用合同的相关规定。

【管辖】

因声音保护提起的纠纷，多为侵权之诉。根据《民事诉讼法》第28条的原则性规定，因侵权行为提起的诉讼，由侵权行为地或者被告住所地人民法院管辖。根据《民事诉讼法解释》第24条规定，侵权行为地包括侵权行为实施地、侵权结果发生地。如果是通过信息网络实施的侵犯名誉权纠纷，根据《民事诉讼法解释》第25条规定，信息网络侵权行为实施地包括实施被诉侵权行为的计算机等信息设备所在地，侵权结果发生地包括被侵权人住所地。

【法律适用】

处理声音保护纠纷的法律依据主要是《民法典》第110条和人格

权编第4章等的相关规定，以及《最高人民法院关于确定民事侵权精神损害赔偿责任若干问题的解释》等的相关规定。

【确定该案由应当注意的问题】

1. 声音保护的范畴确定。《民法典》保护的声音，应当具有一定的识别性，能够对应到特定的自然人。无法根据该声音识别出特定的个人的，不属于《民法典》保护的声音范畴。

2. 侵害声音的行为认定。侵害声音的行为，要求在模仿、伪造他人声音时系以侮辱性或者其他违背公序良俗的方式，强调模仿、伪造他人声音的意图、表达等内容与公序良俗相悖，易造成恶劣的社会影响。

3. 声音保护的规则适用。声音不是一种具体的人格权，只能参照适用肖像权的保护规则，但不能完全适用肖像权保护的规则。比如，单纯地模仿他人声音不构成侵权。电视节目中的声音“模仿秀”原则上不构成侵权，不宜适用肖像权保护的规则，否则会限制一般人的行为自由和表达意愿。

6. 名誉权纠纷

【释义】

名誉权纠纷是指侵害他人的名誉权而引起的纠纷。《民法典》第1024条规定，民事主体享有名誉权。任何组织或者个人不得以侮辱、诽谤等方式侵害他人的名誉权。名誉是对民事主体的品德、声望、才能、信用等的社会评价。从《民法典》的规定来看，我国民法学界普遍认为名誉是一种社会评价。《民法典》规定名誉是对民事主体的品德、声望、才能、信用等的社会评价。名誉权指民事主体对自身名誉享有不受他人侵害的权利。自然人对由其活动产生的社会评价享有不受他人侵害的权利，自然人、法人、非法人组织都享有名誉权。

【管辖】

根据《民事诉讼法》第 28 条的原则性规定，因侵权行为提起的诉讼，由侵权行为地或者被告住所地人民法院管辖。根据《民事诉讼法解释》第 24 条规定，侵权行为地包括侵权行为实施地、侵权结果发生地。如果是通过信息网络实施的侵犯名誉权纠纷，根据《民事诉讼法解释》第 25 条规定，信息网络侵权行为实施地包括实施被诉侵权行为的计算机等信息设备所在地，侵权结果发生地包括被侵权人住所地。

【法律适用】

《民法典》总则编对民事主体享有的民事权利进行了规定：第 110 条规定，自然人享有生命权、身体权、健康权、姓名权、肖像权、名誉权、荣誉权、隐私权、婚姻自主权等权利。法人、非法人组织享有名称权、名誉权和荣誉权。享有名誉权的主体既包括自然人，也包括法人、非法人组织。《民法典》人格权编第 5 章专门规定了名誉权和荣誉权，是我国对名誉权的首次系统性立法。《民法典》第 1024 条规定，民事主体享有名誉权。任何组织或者个人不得以侮辱、诽谤等方式侵害他人的名誉权。名誉是对民事主体的品德、声望、才能、信用等的社会评价。本条规定了名誉权的内容及名誉的定义。第 1025 条规定，行为人为公共利益实施新闻报道、舆论监督等行为，影响他人名誉的，不承担民事责任，但是有下列情形之一的除外：（1）捏造、歪曲事实；（2）对他人提供的严重失实内容未尽到合理核实义务；（3）使用侮辱性言辞等贬损他人名誉。第 1026 条规定，认定行为人是否尽到前条第 2 项规定的合理核实义务，应当考虑下列因素：（1）内容来源的可信度；（2）对明显可能引发争议的内容是否进行了必要的调查；（3）内容的时限性；（4）内容与公序良俗的关联性；（5）受害人名誉受贬损的可能性；（6）核实能力和核实成本。以上是关于如何处理好实施新闻报道、舆论监督等行为与保护名誉权关系问题的规定。第1027条规定，行为人发表的文学、艺术作品以真人真事或者特定人为描述对象，含有侮辱、诽谤内容，侵害他人名誉权的，受害人有权依法请求该行为人承担民事责任。行为人发表的文学、艺术作品不以特定人为描述对象，仅其中的情节与该特定人的情况相似的，不承担民事责任。该条是关于文学艺术作品侵犯名誉权的行为的规定。第1028条规定，民事主体有证据证明报刊、网络等媒体报道的内容失实，侵害其名誉权的，有权请求该媒体及时采取更正或者删除等必要措施。该条是关于媒体报道内容失实侵害名誉权补救措施的规定。第1029条规定，民事主体可以依法查询自己的信用评价；发现信用评价不当的，有权提出异议并请求采取更正、删除等必要措施。信用评价人应当及时核查，经核查属实的，应当及时采取必要措施。第1030条规定，民事主体与征信机构等信用信息处理者之间的关系，适用本编有关个人信息保护的规定和其他法律、行政法规的有关规定。该两条规定了信用评价及信用信息处理保护问题。信用作为名誉的重要组成部分，《民法典》对信用评价及信用信息给予了明确保护。

除了《民法典》人格权编第5章外，《民法典》侵权责任编中第1章一般规定、第2章损害赔偿等都是人民法院审理名誉权纠纷案件重要的法律依据。

【确定该案由应当注意的问题】

自然人、法人和非法人组织都享有名誉权。自然人的名誉权与法人、非法人组织的名誉权存在一定区别。

区别主要表现在：（1）名誉的内容不同。对自然人的名誉主要围绕其个人素质，如品德、才能等因素，是人格尊严的体现。通常而言，品德和才能是属于自然人的社会评价。法人和非法人组织的社会评价主要围绕其信用、生产经营能力和经营状况等因素，与财产性利益联系更密切。(2) 名誉权受侵害的方式不同。暴力侮辱只能对自然人名誉造成侵害。法人和非法人组织的名誉权通常因商业信誉、商品声誉受损，自然人的名誉不包括这些商业性内容。另外，侵害法人名誉权的行为同时可能构成《反不正当竞争法》规定的不正当竞争行为。(3) 损害后果不同。自然人可能因名誉受损而遭受精神损害，法人和非法人组织没有精神损害。法人和非法人组织在名誉上的损害主要表现为财产损失。但法人和非法人组织的名誉权不能界定为财产权。①

侵害名誉权的行为包括：(1) 侮辱。侮辱是指故意以暴力或其他方式贬损他人人格，毁损他人名誉。(2) 诽谤。诽谤通常指捏造虚假事实丑化他人人格，损害他人名誉。(3) 其他侵害名誉权的行为。包括新闻报道、舆论监督侵犯名誉权。媒体进行不实报道，或未尽合理核实义务导致不实报道的，可以构成对名誉权的损害。新闻报道中可能同时出现对民事主体的侮辱和诽谤。②《民法典》第999条、第1025条、第1026条和第1028条也对新闻报道失实侵犯名誉权的行为做了特别规定。(4) 创作文学、艺术作品时使用素材不当可能对素材中涉及的民事主体名誉造成损害。③ 另外，本法第1029条还将信用纳入名誉权中进行保护。该条规定，民事主体可以依法查询自己的信用评价；发现信用评价不当的，有权提出异议并请求采取更正、删除等必要措施。信用评价人应当及时核查，经核查属实的，应当及时采取必要措施。

侵犯名誉权与其他人格权竞合行为。常见的有侵害姓名权与侵害名誉权的竞合，侵害肖像权与侵犯名誉权的竞合。前者如行为人冒用他人姓名从事违法和违反社会公德的活动，行为人侵犯他人姓名权的

① 王利明：《人格权法研究》，中国人民大学出版社2018年第3版，第473～475页。
② 杨立新：《人格权法》，法律出版社2015年版，第225页。
③ 杨立新：《人格权法》，法律出版社2015年版，第226页。

行为同时侵犯公民名誉权。后者如侵权人将两考古学家的照片当作盗墓者照片发表在报刊上，并加以文字说明。受害人在未作出选择而要求加害人同时承担侵犯名誉权和其他权利的责任时，人民法院应确定一种对受害人最有利的请求权，据此追究加害人责任，而不能让受害人获得双倍赔偿或加害人承担双重责任。①

7. 荣誉权纠纷

【释义】

荣誉权纠纷是指因侵害他人荣誉权而引起的纠纷。《民法典》第1031条规定，民事主体享有荣誉权。任何组织或者个人不得非法剥夺他人的荣誉称号，不得诋毁、贬损他人的荣誉。获得的荣誉称号应当记载而没有记载的，民事主体可以请求记载；获得的荣誉称号记载错误的，民事主体可以请求更正。所谓“荣誉”是国家和社会对在社会生产生活中作出突出贡献或者有突出表现的民事主体所给予的积极的正式评价。荣誉权就是民事主体对自己所获得的荣誉及其利益所享有的保持、支配的权利。

【管辖】

根据《民事诉讼法》第28条的原则规定，因侵权行为提起的诉讼，由侵权行为地或者被告住所地人民法院管辖。根据《民事诉讼法解释》第24条规定，侵权行为地包括侵权行为实施地、侵权结果发生地。如果是通过信息网络实施的侵犯荣誉权的，根据《民事诉讼法解释》第25条规定，信息网络侵权行为实施地包括实施被诉侵权行为的

① 王利明：《人格权法研究》，中国人民大学出版社2018年第3版，第500页。

计算机等信息设备所在地，侵权结果发生地包括被侵权人住所地。

【法律适用】

《民法典》总则编对民事主体享有的民事权利进行了规定：第110条规定，自然人享有生命权、身体权、健康权、姓名权、肖像权、名誉权、荣誉权、隐私权、婚姻自主权等权利。法人、非法人组织享有名称权、名誉权和荣誉权。享有荣誉权的主体既包括自然人，也包括法人、非法人组织。《民法典》第1031条规定，民事主体享有荣誉权。任何组织或者个人不得非法剥夺他人的荣誉称号，不得诋毁、贬损他人的荣誉。获得的荣誉称号应当记载而没有记载的，民事主体可以请求记载；获得的荣誉称号记载错误的，民事主体可以请求更正。

【确定该案由应当注意的问题】

荣誉权是指自然人、法人或其他团体获得、保持、利用荣誉并享有其所生利益的权利。人民法院在确定荣誉权纠纷时要注意以下问题：

1. 荣誉权纠纷还是名誉权纠纷。名誉是对民事主体的品德、声望、才能、信用等的社会评价。荣誉与名誉在以下几个方面有所区别：(1) 评价主体不同，名誉是社会公众作出的，荣誉则是由专业化的团体或组织授予的；(2) 评价标准不同，名誉的评价与社会道德标准具有密切关系，其标准较为宽泛和模糊；而荣誉的评价标准往往是具体而专业的；(3) 评价方式不同，对于名誉权的评价方式具有多样化特征，一般是非正式化的，而荣誉的评定具有特定的程序，具有正式化特征；(4) 评价结果不同，自然人和法人的名誉评价可以有积极评价，也有中性或消极评价，而荣誉仅仅表现为积极评价。

2. 侵害荣誉权纠纷的主要类型。一是因荣誉获得权引发的纠纷。《民法典》第1031条第1款规定，民事主体享有荣誉权。自然人、法人或其他团体对于因他们的行为而授予的荣誉有获得的权利和因获得此荣誉而得到利益的权利。荣誉的获得并非民事主体与生俱有的权利，荣誉的赋予是由于特定主体的突出贡献，民事主体对于自己的荣誉具有的不受他人非法剥夺的权利。任何组织或者个人若对民事主体所获得的荣誉有异议，都应当通过一定程序向荣誉授予机关提出，由授予机关通过严格程序作出是否撤销或者剥夺民事主体获得的荣誉。二是侵害荣誉利益引发的纠纷。《民法典》第 1031 条第 1 款规定，任何组织或者个人不得非法剥夺他人的荣誉称号，不得诋毁、贬损他人的荣誉。非法剥夺他人的荣誉称号或者诋毁、贬损他人的荣誉是较为典型的荣誉权纠纷案件。

3. 因荣誉称号记载与更正引发的纠纷。《民法典》第 1031 条第 2 款规定获得的荣誉称号应当记载而没有记载的，民事主体可以请求记载；获得的荣誉称号记载错误的，民事主体可以请求更正。此类型的案件无须判定是否应当获得荣誉称号，裁判焦点集中在荣誉登记的形式是否有误方面。

8. 隐私权、个人信息保护纠纷

（1）隐私权纠纷

（2）个人信息保护纠纷

【释义】

隐私权、个人信息保护纠纷是指因侵害他人的隐私权、个人信息权益而引起的民事纠纷。在《侵权责任法》出台前，由于法律对隐私权没有明确规定，人民法院对隐私权主要采取的是间接保护方式，对于侵害他人隐私的，一般纳入名誉权的范畴。2009 年《侵权责任法》第 2 条明确将隐私权作为一项单独的民事权利，为此类案件的审理提供了明确的法律依据。由于隐私是与自然人精神利益和人格尊严联系在一起的，涉及自然人私生活安宁和独处的利益，因此，隐私权的主体只有自然人，而不包括法人、非法人组织。根据《民法典》的规定，隐私是自然人的私人生活安宁和不愿为他人知晓的私密空间、私密活动、私密信息。除法律另有规定或者权利人明确同意外，任何组织或者个人不得实施侵害他人隐私权的行为。近年来，伴随着我国科学技术和信息网络的飞速发展，个人信息被滥用的问题日益突出，引起了社会高度关注。立法机关高度重视个人信息相关立法，从民事、行政、刑事各方面加强个人信息保护。2012 年 12 月 28 日《全国人民代表大会常务委员会关于加强网络信息保护的决定》、2013 年修正的《消费者权益保护法》、2016 年通过的《网络安全法》和 2018 年通过的《电子商务法》等法律，确立了个人信息保护的规则及网络运营者保障个人信息安全的义务和责任，明确了个人对其信息收集、使用的知情权、删除权、更正权。《民法典》在吸收《民法总则》将个人信息受法律保护作为民事权利的重要内容予以规定的基础上，又在人格权编用了 6 个条文（第 1034 条至第 1039 条）对个人信息保护作出原则性规定，为个人信息的民事保护提供了法律依据。根据《民法典》的规定，自然人的个人信息受法律保护。所谓个人信息，是指以电子或者其他方式记录的能够单独或者与其他信息结合识别特定自然人的各种信息，包括自然人的姓名、出生日期、身份证件号码、生物识别信息、住址、电话号码、电子邮箱、健康信息、行踪信息等。对于个人信息中的私密信息，应当适用有关隐私权的规定；没有规定的，适用有关个人信息保护的规定。信息处理者处理个人信息的，应当遵循合法、正当、必要原则，不得过度处理，并符合下列条件：（1）征得该自然人或者其监护人同意，但是法律、行政法规另有规定的除外；（2）公开处理信息的规则；（3）明示处理信息的目的、方式和范围；（4）不违反法律、行政法规的规定和双方的约定。其中，个人信息的处理包括个人信息的收集、存储、使用、加工、传输、提供、公开等。2021 年 11 月 1 日，《个人信息保护法》正式施行。这是我国第一部专门针对个人信息保护的系统性、综合性法律。这部法律坚持和贯彻了以人民为中心的法治理念，聚焦个人信息保护领域的突出问题和人民群众的重大关切，既立足我国国情又充分借鉴域外立法经验，从个人信息处理的基本原则、个人信息及敏感个人信息处理规则、个人信息跨境传输规则、个人信息保护领域各参与主体的职责，以及法律责任等方面对个人信息保护进行了全面系统规定，建立起权责明确、保护有效、利用规范的个人信息保护体系，极大加强了我国个人信息保护的法治保障。《个人信息保护法》所确立的理念和规则在世界范围都具有领先水平。《个人信息保护法》的施行，为个人信息保护纠纷案件的审理提供了充足的法律依据。需要注意的是，《个人信息保护法》对个人信息的定义与《民法典》不同。《个人信息保护法》第4条第1款规定："个人信息是以电子或者其他方式记录的与已识别或者可识别的自然人有关的各种信息，不包括匿名化处理后的信息。"从该条规定看，《个人信息保护法》采取的不是"识别说"而是"关联说"。"关联说"主要吸收借鉴了欧盟《一般数据保护条例》（GDPR）的标准，更强调个人信息的相对性。从逻辑层面看，"关联说"在一定程度上扩大了个人信息的外延。《个人信息保护法》将个人信息分为一般个人信息和敏感个人信息，并规定了不同的处理规则，司法审判中应予以注意。

隐私权纠纷是指因侵害他人的隐私权而引起的民事纠纷。

个人信息保护纠纷是指因侵害他人的个人信息权益而引起的民事纠纷。

【管辖】

因隐私权、个人信息保护纠纷提起的诉讼，一般为侵权之诉，根据《民事诉讼法》第28条的规定，因侵权行为提起的诉讼，由侵权行为地或者被告住所地人民法院管辖。关于侵权行为地，根据《民事诉讼法解释》第24条、第25条的规定，包括侵权行为实施地、侵权结果发生地。如果以通过信息网络侵害隐私权的，信息网络侵权行为实施地包括实施被诉侵权行为的计算机等信息设备所在地，侵权结果发生地包括被侵权人住所地。

【法律适用】

处理隐私权、个人信息保护纠纷的主要法律依据是《民法典》人格权编和侵权责任编的规定，《个人信息保护法》《最高人民法院关于确定民事侵权精神损害赔偿责任若干问题的解释》《最高人民法院关于审理利用信息网络侵害人身权益民事纠纷案件适用法律若干问题的规定》《最高人民法院关于审理使用人脸识别技术处理个人信息相关民事案件适用法律若干问题的规定》等的相关规定。

【确定该案由应当注意的问题】

从民事审判工作来看，自《侵权责任法》将隐私权确认为一项独立的民事权利以来，全国各级人民法院审理了一大批隐私权等人格权纠纷案件。2014年，最高人民法院颁布了《关于审理利用信息网络侵害人身权益民事纠纷案件适用法律若干问题的规定》，对网络用户或者网络服务提供者利用网络公开他人隐私和个人信息的侵权责任予以规定。司法实践中，人民法院通过一系列新类型典型案例，不断探索信息化时代个人信息及隐私保护规则。如庞某诉东方航空公司、趣拿信息技术公司隐私权纠纷案，孙某某诉百度公司人格权纠纷案（“校友录头像被爬”案）等。《民法典》颁布后，新增了个人信息保护纠纷案由。《民法典》施行以来，截至6月30日，各级人民法院正式以个人信息纠纷案由立案的一审案件192件，审结103件。我国“人脸识别第一案”也于2021年4月9日二审宣判，依法保护自然人人脸信息等生物识别信息。随着《民法典》贯彻实施的不断深入、《个人信息保护法》的颁布实施，人民法院将进一步通过司法裁判筑起保卫人民群众个人信息权益的坚强司法屏障。从刑事审判工作来看，近年来，侵犯公民个人信息犯罪处于高发态势，而且与电信网络诈骗、敲诈勒索、绑架等犯罪呈合流态势，社会危害严重。为依法严惩此类犯罪，最高人民法院会同有关部门，于2017年5月9日发布了《关于办理侵犯公民个人信息刑事案件适用法律若干问题的解释》（法释〔2017〕10号），自2017年6月1日起施行。该司法解释根据《刑法》有关规定，对侵犯公民个人信息犯罪的定罪量刑标准和有关法律适用问题作出全面、系统的规定。该司法解释施行以来，各级人民法院立足审判职能，依法惩治侵犯公民个人信息犯罪，案件数量显著增长。2017年6月至2021年6月，全国法院新收侵犯公民个人信息刑事案件10059件，审结9743件，生效判决人数21726人，对3803名被告人判处三年以上有期徒刑，比例高达17.5%。

关于如何增设个人信息保护纠纷案由，在征求意见过程中，有意见认为，修改前《民事案件案由规定》已经有"隐私权纠纷"，建议将"个人信息保护纠纷"设为第三级案由，与"隐私权纠纷"并列，为下一步细化第四级案由留下空间。这种设立方式具有一定合理性，但考虑到个人信息保护是《民法典》新增规定，且个人信息中私密信息适用规则又决定了二者之间的交叉性，如果将"个人信息保护纠纷"作为与隐私权并列的第三级案由，一些既侵害个人信息又侵害隐私权的案件可能无法充分体现。另外，个人信息保护项下的第四级案由需要在总结审判经验基础上进行提炼，当前并不具有紧迫性，将来如果有必要可对"个人信息保护纠纷"作升级处理。经多次研究论证并征求意见，《最高人民法院关于修改〈民事案件案由规定〉的决定》（法〔2020〕346号）参照《民法典》的表述方式，设立"隐私权、个人信息保护纠纷"，项下设立第四级案由"隐私权纠纷"和"个人信息保护纠纷"。这种方式周延了隐私权和个人信息保护的适用情形，充分考虑了各地信息化程度的差异性，提高了案由选择的精准度，也有利于防止此类案件向第二级案由分散。

适用上述案由时需要注意：对于侵害隐私权引发的纠纷，适用"隐私权纠纷"；对于侵害个人信息引发的纠纷，一般适用"个人信息保护纠纷"，但侵害的个人信息中既有非私密信息又有私密信息的，适用“隐私权、个人信息保护纠纷”。

《最高人民法院关于审理使用人脸识别技术处理个人信息相关民事案件适用法律若干问题的规定》是在个人信息框架下的一个司法解释。对于使用人脸识别技术处理人脸信息侵害人格权益的，一般适用个人信息保护案由。如果侵害肖像权、名誉权、隐私权的，依据当事人诉请，适用相应案由。对于基于合同使用人脸信息，或者物业服务人将人脸识别作为出入小区唯一验证方式的，根据相应合同关系确定案由。

9. 婚姻自主权纠纷

【释义】

自然人的婚姻自主权是自然人的基本人权，是指自然人享有的结婚、离婚自由不受他人干涉的权利，婚姻自主权纠纷是指侵害他人婚姻自主权而引起的纠纷。《民法典》第110条规定，自然人享有生命权、身体权、健康权、姓名权、肖像权、名誉权、荣誉权、隐私权、婚姻自主权等权利；第1042条规定，禁止包办、买卖婚姻和其他干涉婚姻自由的行为，禁止借婚姻索取财物。《妇女权益保障法》第44条规定，国家保护妇女的婚姻自主权，禁止干涉妇女的结婚、离婚自由。

婚姻自主权的主要内容包括：（1）订婚决定权，即异性权利主体之间在婚姻关系上的自主决定权；（2）结婚自主决定权，即公民自行决定自己缔结婚姻关系，不准其他任何人加以强迫、包办或干涉的权利；（3）离婚自主决定权，即是否离婚由公民自行决定，他人不得干涉。

【管辖】

因婚姻自主权纠纷提起的诉讼，为侵权之诉，根据《民事诉讼法》第 28 条的原则规定，由侵权行为地或者被告住所地人民法院管辖。根据《民事诉讼法解释》第 24 条的规定，侵权行为地包括侵权行为实施地、侵权结果发生地。

【法律适用】

处理婚姻自主权纠纷的法律依据主要是《民法典》第 110 条的规定，以及婚姻家庭编和侵权责任编的相关规定。此外，《妇女权益保障法》第 44 条也有相关规定用于处理此类纠纷。

【确定该案由应当注意的问题】

婚姻自主权也叫婚姻自由，是指婚姻当事人有权按照法律的规定，自主自愿地决定自己的婚姻问题，不受任何人的强制或干涉。它是《宪法》赋予公民的一项基本人格权，是《民法典》规定的人身权的组成部分，也是婚姻家庭编的基本原则之一。

在审判实践中，适用该案由的情形主要有：（1）侵害订婚自主决定权的行为，即他人或享有婚姻自主权的人强迫、包办或强制干涉他人订婚或不订婚，或者强迫相对人与自己订婚或不订婚等侵权行为；（2）侵害结婚自主决定权的行为，主要有包办婚姻、买卖婚姻、禁止寡妇改嫁和强迫寡妇成婚、干涉男到女家落户、干涉父母再婚、一方当事人强迫另一方当事人与其结婚、干涉不婚者成婚、妨碍婚姻登记的行为等；（3）侵害离婚自主决定权的行为，包括强制离婚、强制不准离婚、欺骗离婚等。

需要说明的是，婚姻自主权也受到相关法律和公序良俗原则的约束。例如，根据《民法典》第 1046 条的规定，结婚应当男女双方完全自愿，禁止任何一方对另一方加以强迫，禁止任何组织或者个人加以干涉。男男之间、女女之间不享有结婚自主权。再如，根据我国的传统，父母对子女的婚嫁虽然没有决定权，但有一定的建议权，如果父母为了子女将来生活的幸福而采取了一些合乎情理的劝阻、干涉行为，只要未采取包办、买卖、强制、欺骗、胁迫等非法手段，一般不宜认为侵害了婚姻自主权。

自然人的婚姻自主权受到侵害时可以提起诉讼，请求人民法院予以保护时应当适用本案由。对于自然人的婚姻自主权受到侵害后形成的婚姻关系，当事人可以提起婚姻无效之诉讼或者婚姻撤销之诉讼，此时应当适用“婚姻无效纠纷”或者“撤销婚姻纠纷”案由。

10. 人身自由权纠纷

【释义】

人身自由权纠纷是指侵害他人人身自由权而引起的纠纷。人身自由，包括身体行动的自由和自主决定的自由，是自然人自主参加社会各项活动、参与各种社会关系、行使其他人身权和财产权的基本保障，是自然人行使其他一切权利的前提和基础。所有人格权都以人身自由和人格尊严为基础，是这两种价值的具体表现。①

《宪法》规定了人身自由权的基本内容：公民的人身自由不受侵犯。任何公民，非经人民检察院批准或决定或者人民法院的决定，并由公安机关执行，不受逮捕。禁止非法拘禁或以其他方法非法剥夺或者限制公民的人身自由，禁止非法搜查公民的身体。《宪法》这一规定实际上确立了人身自由的宪法地位，使之成为基本权利体系的基础。《民法典》在总则编“民事权利”一章明确规定自然人的人身自由、人格尊严受法律保护，并在人格权编和侵权责任编对自然人基于人身自由享有的各类人格权益加以保护。此外，《消费者权益保护法》也作出了明确规定，该法第27条规定，经营者不得对消费者进行侮辱、

① 黄薇主编：《中华人民共和国民法典总则编释义》，法律出版社2020年版，第280页。

诽谤，不得搜查消费者的身体及其携带的物品，不得侵犯消费者的人身自由；该法第 50 条规定了相应的民事责任：经营者侵害消费者的人格尊严、侵犯消费者人身自由或者侵害消费者个人信息依法得到保护的权利的，应当停止侵害、恢复名誉、消除影响、赔礼道歉，并赔偿损失。《最高人民法院关于确定民事侵权精神损害赔偿责任若干问题的解释》第 1 条规定，因人身权益或者具有人身意义的特定物受到侵害，自然人或者其近亲属向人民法院提起诉讼请求精神损害赔偿的，人民法院应当依法予以受理。根据上述法律和司法解释规定，《民事案件案由规定》将“人身自由权纠纷”列为第三级案由。

【管辖】

因人身自由权纠纷提起的诉讼，为侵权之诉，根据《民事诉讼法》第 28 条的原则规定，由侵权行为地或者被告住所地人民法院管辖。根据《民事诉讼法解释》第 24 条的规定，侵权行为地包括侵权行为实施地和侵权结果发生地。

【法律适用】

处理人身自由权纠纷的法律依据主要是《民法典》总则编中的第 109 条、人格权编和侵权责任编的相关规定，《消费者权益保护法》第 9 条、第 27 条、第 50 条等规定，以及《最高人民法院关于确定民事侵权精神损害赔偿责任若干问题的解释》的相关规定。

【确定该案由应当注意的问题】

人身自由权在性质上属于何种权利，存有三种不同观点：一是“政治权利说”，认为人身自由权是《宪法》的概念，是自然人的政治权利，并非民事权利，不能由民法来调整；二是“一般人格权说”，认为人身自由权是一般人格权，人身自由的内容包含各项权利，是一种集合性的权利；三是“具体人格权说”，认为人身自由权是一种具体的人格权，是与名誉权、身体权等并列的具体人格权。《民法典》第109条规定，自然人的人身自由、人格尊严受法律保护。第110条规定，自然人享有生命权、身体权、健康权、姓名权、肖像权、名誉权、荣誉权、隐私权、婚姻自主权等权利。法人、非法人组织享有名称权、名誉权和荣誉权。第990条规定，人格权是民事主体享有的生命权、身体权、健康权、姓名权、名称权、肖像权、名誉权、荣誉权、隐私权等权利。除前款规定的人格权外，自然人享有基于人身自由、人格尊严产生的其他人格权益。从上述规定可以得出，人身自由权虽然不是《民法典》明文列举的具体人格权，但是很多具体人格权的权利基础，系一般人格权的重要组成部分。

适用本案由时需要注意人身自由权的双重属性：一方面，人身自由权是很多权利的基础，是一般人格权的重要组成部分，如果能够确定侵害的具体人格权，则优先适用相应的案由，不能泛化运用人身自由权的案由；另一方面，人身自由权虽然不是《民法典》规定的具体人格权，但是它具有独立的权利属性价值，也具有兜底的价值，在不能适用具体人格权案由时，可以适用本案由。

11. 一般人格权纠纷

（1）平等就业权纠纷

【释义】

一般人格权纠纷是指因侵害他人的一般人格权，使他人的人格利益受损而引起的纠纷。按照权利客体和作用的不同，人格权被划分为一般人格权和具体人格权。一般人格权是权利主体依法享有的人格利益的抽象概括，《民法典》第109条和第990条将自然人的一般人格权概括为人身自由、人格尊严，一般人格权的客体是一般人格利益，是人格权由感性的具体形态达到理性的普遍形式的标志，其作用是指导具体人格权。①

平等就业权纠纷是一般人格权纠纷项下的一个第四级案由。该第四级案由不是本次修改新增加的案由，而是2018年增加的案由。2018年12月，最高人民法院发布《关于增加民事案件案由的通知》（法〔2018〕344号），在第一部分“人格权纠纷”的第三级案由“9. 一般人格权纠纷”项下增加一类第四级案由“1. 平等就业权纠纷”；在第9部分“侵权责任纠纷”的“348. 教育机构责任纠纷”之后增加一个第三级案由“348之一、性骚扰损害责任纠纷”。之所以增加“平等就业权纠纷”案由，主要是因为实践中就业性别歧视现象依旧存在，而当事人在提起诉讼时没有对应的案由，为更好保护妇女等特殊群体的合法权益，统一裁判尺度，实现对同类案件的全面统计和研究分析，而予以增加。

【管辖】

因一般人格权纠纷提起的诉讼，为侵权之诉，根据《民事诉讼法》第28条的原则规定，由侵权行为地或者被告住所地人民法院管辖。根据《民事诉讼法解释》第24条的规定，侵权行为地包括侵权行为实施地、侵权结果发生地。

【法律适用】

处理一般人格权纠纷的法律依据主要是《民法典》第109条、第990条、侵权责任编的相关规定，以及《最高人民法院关于确定民事侵权精神损害赔偿责任若干问题的解释》的相关规定。

---

① 最高人民法院民法典贯彻实施工作领导小组主编：《中华人民共和国民法典总则编理解与适用》，人民法院出版社2020年版，第542页。

处理平等就业纠纷的法律依据主要是《劳动法》第3条、第12条、第13条，《就业促进法》第3条、第26条至第31条以及《妇女权益保障法》《残疾人保障法》的相关规定。

【确定该案由应当注意的问题】

一般人格权应是指自然人享有的，包括人格独立、人格自由和人格尊严等内容的一般人格利益，并由此产生和规定具体人格权的个人基本权利。《民法典》对民事主体享有的生命权、身体权、健康权、姓名权、肖像权、名誉权、荣誉权、隐私权、婚姻自主权等具体人格权作出了规定，同时明确自然人享有基于人身自由、人格尊严产生的其他人格权益即一般人格权。一般人格权相较具体人格权而言，有以下法律特征：①

1. 权利主体的普遍性。自然人是一般人格权的主体，一般人格权不能被剥夺，为全体自然人平等享有，不加任何区分，并与个人的属性终身相随。

2. 权利客体具有高度概括性。一般人格权的客体是一般人格利益，而不是具体人格利益。一般人格利益本身的概括性，不能化为具体的人格利益，不能成为具体人格权的客体。一般人格利益是对所有具体人格权的客体的概括，任何一种具体的人格利益，都能够概括在一般人格利益之中。因此，一般人格权才能成为具体人格权的母权，由此产生并规定具体人格权。

3. 权利内容极具广泛性。一般人格权的内容不仅包括全部具体人格权的内容，还包括具体人格权所不包含的内容，它不仅是具体人格权内容的集合，而且为补充和完善具体人格权列举不足提供切实可靠的法律依据。对遭受损害但又不能为具体人格权所涵盖的人格利益，人们可以根据一般人格权法律规定，寻求法律保护。

---

① 最高人民法院民法典贯彻实施工作领导小组主编：《中华人民共和国民法典总则编理解与适用》，人民法院出版社2020年版，第543～544页。

4. 一般人格权的性质是人的基本权利。一般人格权相对于具体人格权而言是基本权利。它虽然对具体人格权有概括作用，但也是一个独立的民事权利，是人身权中的具体权利。一方面，它决定着和派生着各种具体人格权；另一方面，它更为抽象和具有概括性，成为人身权中最具抽象意义和典型性的基本人格权。一般人格权遭受损害，可以依法寻求法律救济。

《民法典》人格权编很好地体现了时代性和开放性，而一般人格权承载着发展人格权的功能。随着时代的飞速发展变化，人格权保护的范围和内容不断扩大，从审判实践的角度考虑，应当根据一般人格权的法律功能，在法律适用中，充分发挥司法机关的能动作用，对于实践中不断出现的新类型人格权益按照民事主体的一般人格权进行保护。因此，对在审判实践中出现的、法律尚未规定的具体人格权，适用本案由。

对于本案由下的平等就业权纠纷，需要注意与劳动争议、人事争议案由的关系。劳动争议一般以签订劳动合同或者存在劳动关系为前提，平等就业权纠纷往往发生在劳动合同订立和劳动关系形成前。需要注意的是，对于单位因性别歧视而未予招录、拒绝签订劳动合同引发的纠纷，可以适用平等就业权纠纷。对于招录后、签订劳动合同后因性别歧视而发生的纠纷，一般不适用平等就业权纠纷，而应当适用劳动争议、人事争议相关案由。

第二部分　婚姻家庭、继承纠纷

家庭是社会的细胞。家和万事兴，家齐国安宁。规范夫妻关系、家庭关系、继承关系的婚姻家庭、继承法律制度在民事法律制度中占据着十分重要的地位。《民法典》对婚姻家庭问题、继承问题分别设专编作出了规定。第5编婚姻家庭编共5章79条，包括一般规定、结婚、家庭关系、离婚、收养五个部分。该编吸收了《婚姻法》《收养法》的大部分内容，修改、删除了部分规定，同时增加了家事代理权、夫妻一方在特定情形下可以请求分割共同财产、亲子关系异议之诉、夫妻共同债务范围等新的规定，形成了比较完备的婚姻家庭规范体系。第6编继承编共4章43条，包括一般规定、法定继承、遗嘱继承和遗赠、遗产的处理四个部分。该编以《继承法》为基础，吸收转化了部分《继承法司法解释》的内容，新增了遗产管理制度等。

本次修正的《民事案件案由规定》沿用了之前规定的体例，仍然将“婚姻家庭、继承纠纷”作为第一级案由，放在第二部分，并根据《民法典》关于婚姻家庭制度、继承制度的新变化，在案由规定上作出了相应的调整和增加。一级案由“婚姻家庭、继承纠纷”项下共分2个第二级案由，分别是“婚姻家庭纠纷”和“继承纠纷”。“婚姻家庭纠纷”项下共有17个第三级案由，分别为：“12. 婚约财产纠纷”“13. 婚内夫妻财产分割纠纷”“14. 离婚纠纷”“15. 离婚后财产纠纷”“16. 离婚后损害责任纠纷”“17. 婚姻无效纠纷”“18. 撤销婚姻纠纷”“19. 夫妻财产约定纠纷”“20. 同居关系纠纷”“21. 亲子关系纠纷”“22. 抚养纠纷”“23. 扶养纠纷”“24. 赡养纠纷”“25. 收养关系纠纷”“26. 监护权纠纷”“27. 探望权纠纷”“28. 分家析产纠纷”。其中，“20. 同居关系纠纷”项下有2个第四级案由，为“（1）

同居关系析产纠纷”“（2）同居关系子女抚养纠纷”；“21. 亲子关系纠纷”项下有2个第四级案由，为“（1）确认亲子关系纠纷”“（2）否认亲子关系纠纷”；“22. 抚养纠纷”项下有2个第四级案由，为“（1）抚养费纠纷”“（2）变更抚养关系纠纷”；“23. 扶养纠纷”项下有2个第四级案由，为“（1）扶养费纠纷”“（2）变更扶养关系纠纷”；“24. 赡养纠纷”项下有2个第四级案由，为“（1）赡养费纠纷”“（2）变更赡养关系纠纷”；“25. 收养关系纠纷”项下有2个第四级案由，为“（1）确认收养关系纠纷”“（2）解除收养关系纠纷”。“继承纠纷”项下共有6个第三级案由，分别是“29. 法定继承纠纷”“30. 遗嘱继承纠纷”“31. 被继承人债务清偿纠纷”“32. 遗赠纠纷”“33. 遗赠扶养协议纠纷”“34. 遗产管理纠纷”。其中，“29. 法定继承纠纷”项下有2个第四级案由，为“（1）转继承纠纷”“（2）代位继承纠纷”。上述案由中，“13. 婚内夫妻财产分割纠纷”“21. 亲子关系纠纷”及其项下的2个第四级案由和“34. 遗产管理纠纷”是本次案由修正新增的案由。

二、婚姻家庭纠纷

该第二级案由系根据《民法典》婚姻家庭编的规定而确定名称，婚姻家庭编涵盖了配偶权、亲属权、监护权的内容。结合民商事审判实际情况，《民事案件案由规定》在第二级案由“婚姻家庭纠纷”项下具体列举了实践中常见的、多发的、具有典型性的纠纷类型作为第三级案由，共17项，其中婚内夫妻财产分割纠纷、亲子关系纠纷2个第三级案由是此次案由修正新增的案由，在亲子关系纠纷第三级案由项下又细分为确认亲子关系纠纷和否认亲子关系纠纷2个第四级案由。

12. 婚约财产纠纷

【释义】

婚约，亦称订婚或定婚，是男女双方以将来结婚为目的而作出的事先约定。现实生活中，婚约虽然并非结婚的必经程序，但仍然是一种重要的民事习惯，并对社会生活产生重要影响。婚约作为一种民事习惯，有其产生的社会基础和历史文化背景。订立了婚约的男女俗称未婚夫妻。按我国的民间婚俗，订婚的男女往往会有一些财物往来，俗称彩礼。虽然婚约对当事人并无法律上的约束力，解除婚约也不需要诉诸法律程序，但因解除婚约往往会产生向对方索还彩礼的情况，因而产生财产纠纷。由于其争议的标的是与婚约有关的财产关系，而不是解除或维持婚约关系，所以人民法院应予受理。

【管辖】

因婚约财产纠纷提起的诉讼，根据《民事诉讼法》第 21 条的原则规定，应当由被告住所地人民法院管辖，被告住所地与经常居住地不一致的，由经常居住地人民法院管辖。依据《民事诉讼法解释》第 3 条、第 4 条的规定，公民的住所地是指公民的户籍所在地，公民的经常居住地是指公民离开住所地至起诉时已连续居住一年以上的地方，但公民住院就医的地方除外。

【法律适用】

婚姻财产纠纷主要适用《民法典》第 176 条、第 179 条的原则性规定，以及《未成年人保护法》第 17 条、《最高人民法院关于适用

〈中华人民共和国民法典〉婚姻家庭编的解释（一）》第5条等相关规定。

【确定该案由应当注意的问题】

《未成年人保护法》第17条第9项规定，父母或者其他监护人不得允许或者迫使未成年人结婚或者为未成年人订立婚约。在我国农村，因成年人婚约的解除而引起的财产纠纷大量存在，这类纠纷的妥善处理对构建文明和谐乡村、促进乡村振兴战略顺利实施具有积极重要的意义。因此，《民事案件案由规定》将婚约财产纠纷列为第三级案由。如何处理婚约财产纠纷，《民法典》等法律没有明文规定。《最高人民法院关于适用〈中华人民共和国民法典〉婚姻家庭编的解释（一）》第5条规定："当事人请求返还按照习俗给付的彩礼的，如果查明属于以下情形，人民法院应当予以支持：（一）双方未办理结婚登记手续；（二）双方办理结婚登记手续但确未共同生活；（三）婚前给付并导致给付人生活困难。适用前款第二项、第三项的规定，应当以双方离婚为条件。"该条第1项"双方未办理结婚登记手续"的规定即是处理此类纠纷的具体规则。对于婚约期间的双方赠与物，除贵重物品外，一般不予返还，但是借婚姻索要财物即彩礼问题在我国民间特别是广大农村地区一直广泛存在，对此，必须从法律上明确禁止并作出适当处理。《民法典》第1042条第1款规定："禁止包办、买卖婚姻及其他干涉婚姻自由的行为。禁止借婚姻索取财物。"《最高人民法院关于适用〈中华人民共和国民法典〉婚姻家庭编的解释（一）》第5条就是根据《民法典》第1042条的规定而作出的具体适用性的规定。依据该条规定，在婚约财产纠纷案件中，给付彩礼一方请求返还的，人民法院应当予以支持。当然，对实践中出现的以订立婚约为名诈骗钱财的，则应依法移交相关机关予以处罚，构成犯罪的，依法追究当事人的刑事责任。

在审判实践中，要注意婚约财产纠纷案件与解除同居关系析产纠纷案件的区别。婚约财产的性质一般应为赠与性质，但有些财产的赠与是以双方结婚为成就条件的，而同居关系期间的财产一般应认定为双方共有财产。

13. 婚内夫妻财产分割纠纷

【释义】

本案由是此次案由修正新增的第三级案由，依据主要是《民法典》在吸收《关于适用〈中华人民共和国婚姻法〉若干问题的解释（三）》第4条规定的基础上，规定了婚姻关系存续期间夫妻共同财产分割请求权。《民法典》第1066条规定："婚姻关系存续期间，有下列情形之一的，夫妻一方可以向人民法院请求分割共同财产：（一）一方有隐藏、转移、变卖、毁损、挥霍夫妻共同财产或者伪造夫妻共同债务等严重损害夫妻共同财产利益的行为；（二）一方负有法定扶养义务的人患重大疾病需要医治，另一方不同意支付相关医疗费用。"鉴于《民法典》对婚内夫妻共同财产分割请求权作出明确规定，且实践中对该案由需求强烈，故予以增加。此次案由修正过程中，关于本案由的命名，是采用"婚内夫妻财产分割纠纷"还是"婚内析产纠纷"，存在一定争议。一种意见认为，可以采用"婚内析产纠纷"，理由是在家事审判中，一般是用"析产"，而单纯的物权，则使用"分割"较多。如2011年《民事案件案由规定》中的"同居关系析产纠纷""分家析产纠纷"。另一种意见认为，应定为"婚内夫妻财产分割纠纷"，理由主要是《民法典》用的是"分割共同财产"，案由命名应当与《民法典》保持一致；另外，"析产"多用于身份关系发生变化后的财产分割，婚内财产分割，夫妻身份关系并未变化。最终，最高人民法院采纳了后一种意见。

【管辖】

此类纠纷应按《民事诉讼法》第21条的原则性规定，由被告住所地人民法院管辖；被告住所地与经常居住地不一致的，由经常居住地人民法院管辖。

【法律适用】

处理婚内夫妻财产分割纠纷的主要法律依据是《民法典》第1066条和《最高人民法院关于适用〈中华人民共和国民法典〉婚姻家庭编的解释（一）》第38条的规定。

【确定该案由应当注意的问题】

婚内夫妻财产分割纠纷是夫妻双方在不解除婚姻关系的情况下对夫妻共同财产进行分割，有着严格的适用条件，只在两种情形下可以适用：一是一方有隐藏、转移、变卖、毁损、挥霍夫妻共同财产或者伪造夫妻共同债务等严重损害夫妻共同财产利益的行为；二是一方负有法定扶养义务的人患重大疾病需要医治，另一方不同意支付相关医疗费用。除此两种情形，夫妻一方提出婚内财产分割请求的，人民法院不予支持。

14. 离婚纠纷

【释义】

离婚是指夫妻双方依照法定条件和程序解除婚姻关系的法律行为。

离婚的途径和程序，根据《民法典》规定，主要包括两种：一是夫妻双方协议离婚，向婚姻登记机关申请离婚登记，经核准由婚姻登记机关颁发离婚证，双方婚姻关系解除。《民法典》第 1076 条规定：“夫妻双方自愿离婚的，应当签订书面离婚协议，并亲自到婚姻登记机关申请离婚登记。离婚协议应当载明双方自愿离婚的意思表示和对子女抚养、财产以及债务处理等事项协商一致的意见。”第 1077 条规定：“自婚姻登记机关收到离婚登记申请之日起三十日内，任何一方不愿意离婚的，可以向婚姻登记机关撤回离婚登记申请。前款规定期限届满后三十日内，双方应当亲自到婚姻登记机关申请发给离婚证；未申请的，视为撤回离婚登记申请。”第 1078 条规定：“婚姻登记机关查明双方确实是自愿离婚，并已经对子女抚养、财产及债务处理等事项协商一致的，予以登记，发给离婚证。”上述规定与《民法典》编纂前的《婚姻法》关于登记离婚的相关规定相比，增加了 30 日内撤回离婚登记申请的离婚“冷静期”制度规定。二是诉讼离婚，即夫妻双方中任何一方均可向法院起诉离婚，法院调解离婚或判决准予离婚。

【管辖】

通常情况下，离婚案件应按《民事诉讼法》第 21 条的原则性规定，由被告住所地法院管辖，但被告离开住所地超过 1 年的除外。《民事诉讼法解释》第 12 条规定：“夫妻一方离开住所地超过一年，另一方起诉离婚的案件，可以由原告住所地人民法院管辖。夫妻双方离开住所地超过一年，一方起诉离婚的案件，由被告经常居住地人民法院管辖；没有经常居住地的，由原告起诉时被告居住地人民法院管辖。”对于一些特殊情形，《民事诉讼法》第 22 条规定：“下列民事诉讼，由原告住所地人民法院管辖；原告住所地与经常居住地不一致的，由原告经常居住地人民法院管辖：……（二）对下落不明或者宣告失踪的人提起的有关身份关系的诉讼；（三）对被采取强制性教育措施的人提起的诉讼；（四）对被监禁的人提起的诉讼。”《民事诉讼法解释》

第8条规定："双方当事人都被监禁或者被采取强制性教育措施的，由被告原住所地人民法院管辖。被告被监禁或者被采取强制性教育措施一年以上的，由被告被监禁地或者被采取强制性教育措施地人民法院管辖。"

对于军婚，《民事诉讼法解释》第11条规定："双方当事人均为军人或者军队单位的民事案件由军事法院管辖。"即双方当事人均为军人的离婚案件应由军事法院管辖。

对于涉外婚姻，《民事诉讼法解释》第13条规定："在国内结婚并定居国外的华侨，如定居国法院以离婚诉讼须由婚姻缔结地法院管辖为由不予受理，当事人向人民法院提出离婚诉讼的，由婚姻缔结地或者一方在国内的最后居住地人民法院管辖。"第14条规定："在国外结婚并定居国外的华侨，如定居国法院以离婚诉讼须由国籍所属国法院管辖为由不予受理，当事人向人民法院提出离婚诉讼的，由一方原住所地或者在国内的最后居住地人民法院管辖。"第15条规定："中国公民一方居住在国外，一方居住在国内，不论哪一方向人民法院提起离婚诉讼，国内一方住所地人民法院都有权管辖。国外一方在居住国法院起诉，国内一方向人民法院起诉的，受诉人民法院有权管辖。"第16条规定："中国公民双方在国外但未定居，一方向人民法院起诉离婚的，应由原告或者被告原住所地人民法院管辖。"

【法律适用】

处理离婚纠纷的法律依据主要是《民法典》第1079条至第1092条的规定，以及《最高人民法院关于适用〈中华人民共和国民法典〉婚姻家庭编的解释（一）》的相关规定。

【确定该案由应当注意的问题】

离婚是一种法律行为，必须要遵守法律规定的条件和程序，否则将不发生离婚的法律效力。即必须经过婚姻登记机关的批准，或者向人民法院提起诉讼后由人民法院调解离婚或判决准予离婚。夫妻双方离婚，只有合法有效的婚姻关系的存在，才谈得上离婚。对于不存在合法有效婚姻关系的情况，如同居关系，发生纠纷起诉到法院的，应当适用同居关系纠纷，而不能适用本案由。离婚的主体必须是具有夫妻关系的双方，任何一方要求解除婚姻关系向人民法院提起诉讼的，适用本案由。离婚纠纷往往涉及夫妻财产分割和子女抚养问题，审判实践中均将其归入“离婚纠纷”案由项下。

15. 离婚后财产纠纷

【释义】

离婚后财产纠纷主要包括以下几种情形：一是当事人协议离婚时达成了财产分割协议，离婚后因履行上述财产分割协议而发生纠纷；二是夫妻双方协议离婚后对达成财产分割问题反悔而引发的纠纷；三是婚姻关系结束后，一方以尚有夫妻共同财产未处理为由向人民法院起诉请求分割而引发的纠纷。四是离婚后一方发现另一方在婚姻关系存续期间存在隐藏、转移、变卖、毁损、挥霍夫妻共同财产，或者伪造夫妻共同债务企图侵占另一方财产的行为，请求再次分割夫妻共同财产而引发的纠纷。

【管辖】

因离婚后财产纠纷提起的诉讼，根据《民事诉讼法》第 21 条的原则规定，应当由被告住所地人民法院管辖，被告住所地与经常居住地不一致的，由经常居住地人民法院管辖。已经离婚的中国公民，双方均定居国外，仅就国内财产分割提起诉讼的，依据《民事诉讼法解释》第17条的规定，由主要财产所在地人民法院管辖。

【法律适用】

处理离婚后财产纠纷的法律依据主要是《民法典》第1092条的规定，以及《最高人民法院关于适用〈中华人民共和国民法典〉婚姻家庭编的解释（一）》第69条、第70条、第83条、第84条的规定。

【确定该案由应当注意的问题】

离婚登记是指自愿离婚的男女双方按照法律规定解除现存婚姻关系所采取的一种行政程序。当事人协议离婚时达成了财产分割协议，离婚后因履行上述财产分割协议而发生纠纷，或者对达成的财产分割协议反悔，由此提起诉讼的，人民法院应当受理。实践中，离婚后出现财产纠纷的情形多为一方在离婚时隐瞒了在婚姻关系存续期间取得的财产或其他收益，离婚后，另一方发现了这些财产，从而主张再次分割夫妻共同财产而产生的纠纷。对此种情形，经审查该财产确属离婚时未涉及的夫妻共同财产，人民法院应当依法予以分割。关于离婚后一方发现另一方在婚姻关系存续期间存在隐藏、转移、变卖、毁损、挥霍夫妻共同财产，或者伪造夫妻共同债务企图侵占另一方财产的行为，请求再次分割夫妻共同财产而引发的纠纷，诉讼时效期间为3年，从当事人发现之日起计算。

此外，当事人离婚协议中关于财产分割的条款或者当事人因离婚就财产分割达成的协议，对男女双方具有法律约束力。但当事人事后不履行的，该协议本身并无强制执行力，当事人还应向人民法院提起诉讼，由人民法院对其效力作出认定，方才具有强制执行效力。

16. 离婚后损害责任纠纷

【释义】

根据《民法典》第1091条、《最高人民法院关于适用〈中华人民共和国民法典〉婚姻家庭编的解释（一）》第88条、第89条的规定，离婚纠纷中无过错的一方在婚姻登记机关办理离婚登记手续后或者作为被告在人民法院判决离婚、调解离婚后，有权向人民法院起诉要求其配偶承担损害赔偿责任，但协议离婚时已明确表示放弃损害赔偿请求的除外。由此引发的纠纷称为“离婚后损害责任纠纷”。

【管辖】

离婚后损害责任纠纷属于侵权责任纠纷，应当按照《民事诉讼法》相关规定，由侵权行为地或者被告住所地人民法院管辖。

【法律适用】

处理离婚后损害责任纠纷的法律依据主要是《民法典》第1091条、《最高人民法院关于适用〈中华人民共和国民法典〉婚姻家庭编的解释（一）》第86～90条的规定。

【确定该案由应当注意的问题】

《民法典》第1091条赋予离婚纠纷中的无过错当事人享有损害赔偿请求权，该请求权可以在提起离婚诉讼时主张，也可以在具备一定条件的情况下于离婚后另行提起诉讼主张。对于离婚后可以另行提起诉讼主张的情形，《最高人民法院关于适用〈中华人民共和国民法典〉婚姻家庭编的解释（一）》作出了明确规定。该解释第88条规定，符合《民法典》第1091条规定的无过错方作为被告的离婚诉讼案件，如果被告不同意离婚也不基于该条规定提起损害赔偿请求的，可以就此单独提起诉讼；无过错方作为被告的离婚诉讼案件，一审时被告未基于《民法典》第1091条规定提出损害赔偿请求，二审期间提出的，人民法院应当进行调解，调解不成的，告知当事人另行起诉。双方当事人同意由第二审人民法院一并审理的，第二审人民法院可以一并裁判。该解释第89条规定，当事人在婚姻登记机关办理离婚登记手续后，以《民法典》第1091条规定为由向人民法院提出损害赔偿请求的，人民法院应当受理。但当事人在协议离婚时已经明确表示放弃该项请求的，人民法院不予支持。

“离婚纠纷”案由本身包括了析产、损害赔偿等相关诉讼请求，因此，在起诉离婚的同时主张损害赔偿的，可以适用“离婚纠纷”案由。但是，在登记离婚后或者判决离婚、调解离婚后当事人才提出损害赔偿之诉，则无法适用“离婚纠纷”这一案由。基于以上考虑，《民事案件案由规定》在“离婚纠纷”案由之外将“离婚后损害责任纠纷”确定为独立的第三级案由。

17. 婚姻无效纠纷

【释义】

无效婚姻是指违背法律所确定的结婚要件而不发生法律效力的婚姻。婚姻无效纠纷则是指具有婚姻关系的一方当事人，以其婚姻关系缺乏法律规定有效要件为由主张婚姻关系无效，由此引发的纠纷。

【管辖】

因婚姻无效纠纷提起的诉讼，根据《民事诉讼法》第21条的原则规定，应当由被告住所地人民法院管辖，被告住所地与经常居住地不一致的，由经常居住地人民法院管辖。

【法律适用】

处理婚姻无效纠纷的法律依据主要是《民法典》第1051条、第1054条的规定，以及《最高人民法院关于适用〈中华人民共和国民法典〉婚姻家庭编的解释（一）》第9条至第17条、第20条至第22条的规定。

【确定该案由应当注意的问题】

《民法典》第1051条规定："有下列情形之一的，婚姻无效：（一）重婚；（二）有禁止结婚的亲属关系；（三）未到法定婚龄。"实践中，对于已办理结婚登记的婚姻，婚姻当事人及利害关系人可以向人民法院提起诉讼，请求确认婚姻无效。利害关系人包括：(1) 以重婚为由的，为当事人的近亲属及基层组织；(2) 以未到法定婚龄为由的，为未到法定婚龄者的近亲属；(3) 以有禁止结婚的亲属关系为由的，为当事人的近亲属。

对于当事人起诉请求确认婚姻无效的，人民法院应当根据《最高人民法院关于适用〈中华人民共和国民法典〉婚姻家庭编的解释（一）》的相关规定，分别不同情况予以处理。对于法定的无效婚姻情形在提起诉讼时已经消失的，人民法院不予支持。人民法院受理请求确认婚姻无效案件后，原告申请撤诉的，不予准许。对婚姻效力的审理不适用调解，应当依法作出判决，涉及财产分割和子女抚养的，可以调解。调解达成协议的，另行制作调解书；未达成调解协议的，应当一并作出判决。当事人以《民法典》第1051条规定的三种无效婚姻以外的情形请求确认婚姻无效的，人民法院应当判决驳回当事人的诉讼请求。当事人以结婚登记程序存在瑕疵为由提起民事诉讼，主张撤销结婚登记的，告知其可以依法申请行政复议或者提起行政诉讼。

人民法院受理离婚案件后，经审理确属无效婚姻的，应当将婚姻无效的情形告知当事人，并依法作出确认婚姻无效的判决。人民法院就同一婚姻关系分别受理了离婚和请求确认婚姻无效案件的，对于离婚案件的审理，应当待请求确认婚姻无效案件作出判决后进行。被确认无效的婚姻，当事人同居期间所得的财产除有证据证明为当事人一方所有的以外，按共同共有处理。婚姻被确认无效的，无过错方有权请求损害赔偿。

18. 撤销婚姻纠纷

【释义】

撤销婚姻纠纷是指一方当事人因对方当事人胁迫或者在结婚前未如实告知患有重大疾病的情况下而与其办理了婚姻登记，该婚姻关系成立后，当事人以受胁迫或者对方结婚前未如实告知患有重大疾病的情况为由，请求人民法院撤销其婚姻关系而引发的纠纷。

【管辖】

因撤销婚姻纠纷提起的诉讼，根据《民事诉讼法》第21条的原则规定，应当由被告住所地人民法院管辖，被告住所地与经常居住地不一致的，由经常居住地人民法院管辖。

【法律适用】

处理撤销婚姻纠纷的法律依据主要是《民法典》第1052条、第1053条、第1054条的规定，以及《最高人民法院关于适用〈中华人民共和国民法典〉婚姻家庭编的解释（一）》第18条至第22条的规定。

【确定该案由应当注意的问题】

根据《宪法》和《民法典》婚姻家庭编的相关规定，当事人享有婚姻自主权，也叫婚姻自由，是指婚姻当事人有权按照法律的规定，自主自愿地决定自己的婚姻问题，不受任何人的强制或干涉。受胁迫结婚的当事人或者在结婚前对方未如实告知患有重大疾病的情况的当事人，有权向人民法院起诉请求撤销该婚姻。

申请撤销婚姻必须符合以下几个条件：一是婚姻撤销的原因须发生在婚姻成立之前；二是有权提起婚姻撤销的主体只能是婚姻关系当事人本人；三是请求撤销婚姻的诉讼时效期间为1年。受胁迫的一方撤销婚姻的请求，应当自胁迫行为终止之日起1年内提出。被非法限制人身自由的当事人请求撤销婚姻的，应当自恢复人身自由之日起1年内提出。此“1年”不适用诉讼时效中止、中断或者延长的规定。因结婚登记前未如实告知患有重大疾病情况而请求撤销婚姻的，应当自知道或应当知道撤销事由之日起1年内提出。《民法典》第1052条所称的“胁迫”，是指行为人以给另一方当事人或者其近亲属的生命、身体、健康、名誉、财产等方面造成损害为要挟，迫使另一方当事人违背真实意愿结婚的情况。

被撤销的婚姻自始没有法律约束力，当事人不具有夫妻的权利和义务。同居期间所得的财产，由当事人协议处理；协议不成的，由人民法院根据照顾无过错方的原则判决。当事人所生的子女，适用《民法典》关于父母子女的规定。婚姻被撤销的，无过错方有权请求损害赔偿。

19. 夫妻财产约定纠纷

【释义】

《民法典》第 1065 条规定，男女双方可以约定婚姻关系存续期间所得的财产以及婚前财产归各自所有、共同所有或者部分各自所有、部分共同所有。因履行该约定时产生的纠纷，称为夫妻财产约定纠纷。

【管辖】

因夫妻财产约定纠纷提起的诉讼，根据《民事诉讼法》第 21 条的原则规定，应当由被告住所地人民法院管辖，被告住所地与经常居住地不一致的，由经常居住地人民法院管辖。

【法律适用】

夫妻对婚姻存续期间所得的财产以及婚前财产有约定的，只要约定合法有效，对双方具有法律约束力，离婚时按约定处理。如双方对财产没有约定，其财产就为夫妻共同财产。关于夫妻财产约定具有法律约束力的条件，《民法典》没有专门规定，应当根据《民法典》第 143 条的规定，具备三个条件：（1）行为人具有相应的民事行为能力；（2）意思表示真实；（3）不违反法律、行政法规的强制性规定，不违背公序良俗。根据上述规定，约定的条件应当是：财产约定时，双方必须具有行为能力；双方必须自愿，意思表示必须真实，不能是虚假的；约定必须合法，不能违反法律、行政法规的强制性规定（不导致民事法律行为无效的强制性规定除外），不违背公序良俗。否则，利害关系人可以向人民法院申请确认夫妻财产约定无效。

【确定该案由应当注意的问题】

本案由与“离婚纠纷”存在交叉之处，如果在离婚诉讼中双方当事人对夫妻财产约定的效力发生争议的，只需将案由确定为“离婚纠纷”即可。实践中，在夫妻关系存续期间，乃至在办理离婚登记时或者离婚登记后，均可能发生因夫妻财产约定的履行或者就效力出现争议而引发的纠纷。此类纠纷均可确定为“夫妻财产约定纠纷”。

20. 同居关系纠纷

（1）同居关系析产纠纷

（2）同居关系子女抚养纠纷

【释义】

同居关系纠纷是指具有同居关系的男女当事人，解除同居关系时，涉及同居关系存续期间共有财产分割或者子女抚养问题引发的纠纷。

处理同居关系，往往涉及同居关系存续期间共有财产分割或者子女抚养问题，因此，在第三级案由“同居关系纠纷”项下设“同居关系析产纠纷”“同居关系子女抚养纠纷”两个第四级案由。

【管辖】

因同居关系纠纷提起的诉讼，根据《民事诉讼法》第 21 条的原则规定，应当由被告住所地人民法院管辖，被告住所地与经常居住地不一致的，由经常居住地人民法院管辖。

【法律适用】

处理同居关系纠纷的法律依据主要是《婚姻登记管理条例》《最高人民法院关于适用〈中华人民共和国民法典〉婚姻家庭编的解释（一）》第2条、第3条、第4条、第7条规定等。

【确定该案由应当注意的问题】

在实践中，同居关系虽缺少婚姻的形式要件，但由于双方长时间在一起生活，有了共同的财产积累，甚至有了孩子，因此，在双方解除同居关系之时，就会产生分割同居期间的共有财产及子女的抚养问题。本案由适用此类情况。审判实践中，当事人因同居期间财产分割或者子女抚养纠纷提起诉讼的，人民法院应当受理。当事人起诉单纯请求解除同居关系的，《最高人民法院关于适用〈中华人民共和国民法典〉婚姻家庭编的解释（一）》第3条规定，人民法院不予受理；已经受理的，裁定驳回起诉。

根据《最高人民法院关于适用〈中华人民共和国民法典〉婚姻家庭编的解释（一）》第7条的规定，未依据《民法典》第1049条规定办理结婚登记而以夫妻名义共同生活的男女，提起诉讼要求离婚的，应当区别对待：（1）1994年2月1日民政部《婚姻登记管理条例》公布实施以前，男女双方已经符合结婚实质要件的，按事实婚姻处理。（2）1994年2月1日民政部《婚姻登记管理条例》公布实施以后，男女双方符合结婚实质要件的，人民法院应当告知其补办结婚登记。未补办结婚登记的，依据《最高人民法院关于适用〈中华人民共和国民法典〉婚姻家庭编的解释（一）》第3条规定处理，即当事人提起诉讼仅请求解除同居关系的，人民法院不予受理；已经受理的，裁定驳回起诉；当事人因同居期间财产分割或者子女抚养纠纷提起诉讼的，人民法院应当受理。

21. 亲子关系纠纷

（1）确认亲子关系纠纷

（2）否认亲子关系纠纷

【释义】

《民法典》第1073条规定："对亲子关系有异议且有正当理由的，父或者母可以向人民法院提起诉讼，请求确认或者否认亲子关系。对亲子关系有异议且有正当理由的，成年子女可以向人民法院提起诉讼，请求确认亲子关系。"根据该条规定，此次案由修正，增加了第三级案由"亲子关系纠纷"，并在项下增加两个第四级案由"确认亲子关系纠纷"和"否认亲子关系纠纷"。在此次案由修正过程中，有意见认为，本项可以只增加一个第三级案由"确认亲子关系纠纷"或者"亲子关系确认纠纷"即可，理由为：亲子关系的诉讼为确认之诉，请求确认亲子关系不存在，可以在确认之诉中予以解决。最高人民法院未采纳此种意见，主要考虑：（1）《民法典》明确规定了确认亲子关系和否认亲子关系。（2）涉及身份关系，要充分考虑当事人感情因素，且审判实践中否认亲子关系的案件较多，如果用"确认亲子关系"案由，可能与当事人的主张相悖，感情上可能不易接受。

【管辖】

因亲子关系纠纷提起的诉讼，根据《民事诉讼法》第21条的原则规定，应当由被告住所地人民法院管辖，被告住所地与经常居住地不一致的，由经常居住地人民法院管辖。因亲子关系纠纷系涉身份关系纠纷，根据《民事诉讼法》第22条的规定，对不在中华人民共和国领域内居住的人提起的亲子关系纠纷诉讼，以及对下落不明或者宣告失踪的人提起的亲子关系纠纷诉讼，由原告住所地人民法院管辖；原告住所地与经常居住地不一致的，由原告经常居住地人民法院管辖。

【法律适用】

处理亲子关系纠纷的法律依据主要是《民法典》第1073条、《最高人民法院关于适用〈中华人民共和国民法典〉婚姻家庭编的解释（一）》第39条等规定。

【确定该案由应当注意的问题】

《民法典》第1073条规定，父母可以提起确认亲子关系和否认亲子关系之诉，成年子女只能提起确认亲子关系之诉。根据《最高人民法院关于适用〈中华人民共和国民法典〉婚姻家庭编的解释（一）》第39条的规定，父或者母向人民法院起诉请求否认亲子关系，并已提供必要证据予以证明，另一方没有相反证据又拒绝做亲子鉴定的，人民法院可以认定否认亲子关系一方的主张成立。父或者母以及成年子女起诉请求确认亲子关系，并提供必要证据予以证明，另一方没有相反证据又拒绝做亲子鉴定的，人民法院可以认定确认亲子关系一方的主张成立。

22. 抚养纠纷

（1）抚养费纠纷
（2）变更抚养关系纠纷

【释义】

抚养是指长辈亲属对晚辈亲属的抚育教养。根据《民法典》等法律规定，父母对未成年人或不能独立生活的子女有抚养的义务，有负担能力的祖父母、外祖父母，对于父母已经死亡或父母无力抚养的未成年的孙子女、外孙子女，有抚养的义务。抚养是父母子女间一种基本的权利义务关系，这种关系的基础是血亲。抚养对于父母来说是一种义务。这种义务存在的条件是父母子女关系存在，这种关系不以父母的夫妻关系存在为前提。父母与子女间的关系，不因父母离婚而消除。离婚后，子女无论由父或母直接抚养，仍是父母双方的子女。离婚后，父母对于子女仍有抚养、教育、保护的权利和义务。离婚后，不满2周岁的子女，以由母亲直接抚养为原则。母亲有下列情形之一，父亲请求直接抚养的，人民法院应予支持：（1）患有久治不愈的传染性疾病或者其他严重疾病，子女不宜与其共同生活；（2）有抚养条件不尽抚养义务，而父亲要求子女随其生活；（3）因其他原因，子女确不宜随母亲生活。父母双方协议不满2周岁子女由父亲直接抚养，并对子女健康成长无不利影响的，人民法院应予支持。已满2周岁的子女，父母双方对抚养问题协议不成的，由人民法院根据双方的具体情况，按照最有利于未成年子女的原则判决。对已满2周岁的未成年子女，父母均要求直接抚养，一方有下列情形之一的，可予优先考虑：（1）已做绝育手术或者因其他原因丧失生育能力；（2）子女随其生活时间较长，改变生活环境对子女健康成长明显不利；（3）无其他子女，而另一方有其他子女；（4）子女随其生活，对子女成长有利，而另一方患有久治不愈的传染性疾病或者其他严重疾病，或者有其他不利于子女身心健康的情形，不宜与子女共同生活。父母抚养子女的条件基本相同，双方均要求直接抚养子女，但子女单独随祖父母或者外祖父母共同生活多年，且祖父母或者外祖父母要求并且有能力帮助子女照顾孙子女或者外孙子女的，可以作为父或者母直接抚养子女的优先条件予以考虑。在有利于保护子女利益的前提下，父母双方协议轮流直接抚养子女的，人民法院应予支持。子女已满八周岁的，应当尊重其真实意愿。根据《民法典》等法律规定，抚养义务既存在于生父母和婚生子女以及非婚生子女之间，也存在于继父母和继子女之间、养父母和养子女之间。有负担能力的祖父母、外祖父母，对于父母已经死亡或父母无力抚养的未成年的孙子女、外孙子女，也具有抚养的义务。

被抚养是未成年子女和不能独立生活成年子女的权利，当父母不履行抚养义务时，子女有要求父母给付抚养费的权利。因此类问题发生纠纷，可以直接向人民法院起诉。

父母离婚后，子女由一方直接抚养的，另一方应当负担部分或全部抚养费。具有下列情形之一，父母一方要求变更子女抚养关系的，人民法院应予支持：（1）与子女共同生活的一方因患严重疾病或者因伤残无力继续抚养子女；（2）与子女共同生活的一方不尽抚养义务或有虐待子女行为，或者其与子女共同生活对子女身心健康确有不利影响；（3）已满 8 周岁的子女，愿随另一方生活，该方又有抚养能力；（4）有其他正当理由需要变更。

【管辖】

因抚养纠纷提起的诉讼，根据《民事诉讼法》第 21 条的原则规定，应当由被告住所地人民法院管辖，被告住所地与经常居住地不一致的，由经常居住地人民法院管辖。根据《民事诉讼法解释》第 9 条的规定，追索抚育费案件的几个被告住所地不在同一辖区的，可以由原告住所地人民法院管辖。

【法律适用】

处理抚养纠纷的法律依据主要是《民法典》第 1067 条、第 1071 条、第 1072 条、第 1074 条、第 1084 条、第 1085 条、第 1111 条，《最高人民法院关于适用〈中华人民共和国民法典〉婚姻家庭编的解释（一）》第 41 ~ 43 条、第 49 ~ 51 条、第 53 ~ 59 条的规定。

【确定该案由应当注意的问题】

“抚育费”和“抚养费”在法律、行政法规、司法解释中多次交叉出现，只是并未同时出现过，其含义并无不同。《民事案件案由规定》以“抚养费”代替“抚育费”。

尚在校接受高中及其以下学历教育，或者丧失、部分丧失劳动能力等非因主观原因而无法维持正常生活的成年子女，属于不能独立生活的成年子女，可以依据《民法典》第1067条的规定提起诉讼。抚养费包括子女生活费、教育费、医疗费等费用。因履行变更子女抚养关系协议而发生的纠纷，也应适用“变更抚养关系纠纷”案由。

本案由适用于未成年子女和不能独立生活的成年子女起诉要求给付抚养费纠纷，以及变更抚养关系的纠纷；对于离婚案件中涉及子女的抚养问题及给付抚养费问题，仍应在离婚案件中一并审理解决，案由也应统一确定为“离婚纠纷”。

23. 扶养纠纷

（1）扶养费纠纷

（2）变更扶养关系纠纷

【释义】

广义上的扶养泛指特定亲属之间根据法律的明确规定而存在的经济上相互供养、生活上相互扶助照顾的权利义务关系，它囊括了长辈亲属对晚辈亲属的“抚养”，平辈亲属间的“扶养”和晚辈亲属对长辈亲属的“赡养”三种具体形态。狭义上的扶养则专指平辈亲属之间特别是夫妻之间依法发生的经济供养和生活扶助的权利义务关系，以及有负担能力的兄、姐对于父母已经死亡或父母无力抚养的未成年的弟、妹的扶养义务；由兄、姐扶养长大的有负担能力的弟、妹，对于缺乏劳动能力又缺乏生活来源的兄、姐的扶养义务。

《民法典》对扶养采用的是狭义的概念，专指平辈亲属之间依法发生的经济供养和生活扶助的权利义务关系。根据《民法典》第1059条、第1075条的规定，夫妻之间，兄、姐在特定条件下对弟、妹，弟、妹在特定条件下对兄、姐，均具有法定扶养义务。负有法定扶养义务方不履行扶养义务时，需要扶养的一方有要求对方付给扶养费的权利，并可以依法向人民法院提起诉讼。

【管辖】

因扶养纠纷提起的诉讼，根据《民事诉讼法》第21条的原则规定，应当由被告住所地人民法院管辖，被告住所地与经常居住地不一致的，由经常居住地人民法院管辖。根据《民事诉讼法解释》第9条的规定，追索扶养费案件的几个被告住所地不在同一辖区的，可以由原告住所地人民法院管辖。

【法律适用】

处理扶养纠纷的法律依据主要是《民法典》第1059条、第1075条以及其他相关法律规定。

【确定该案由应当注意的问题】

“抚养”专指长辈亲属对晚辈亲属的抚育教养；“扶养”则专指平辈亲属间的互相扶助、互相供养；“赡养”是指晚辈亲属对长辈亲属的供养、照料。在确定案由时，要注意区分这三类不同情形，对号入座。

24. 赡养纠纷

（1）赡养费纠纷

（2）变更赡养关系纠纷

【释义】

赡养是指晚辈对长辈应尽的照顾其生活的义务，这种义务不仅发生在婚生子女和父母间，也发生在非婚生子女和父母、养子女和养父母、继子女和履行了抚养教育义务的继父母之间；不仅发生在子女父母之间，而且发生在有负担能力的孙子女、外孙子女与子女已经死亡或者子女无力赡养的祖父母、外祖父母之间。赡养费纠纷是指被赡养人因向赡养人索要赡养费而引起的纠纷。

变更赡养关系纠纷是指赡养人与被赡养人之间因变更赡养关系而引起的纠纷。

【管辖】

因赡养纠纷提起的诉讼，根据《民事诉讼法》第 21 条的原则规定，应当由被告住所地人民法院管辖，被告住所地与经常居住地不一致的，由经常居住地人民法院管辖。根据《民事诉讼法解释》第 9 条的规定，追索赡养费案件的几个被告住所地不在同一辖区的，可以由原告住所地人民法院管辖。

【法律适用】

处理赡养纠纷的法律依据主要是《民法典》第 1067 条、第 1069 条、第 1072 条、第 1074 条、第 1111 条的相关规定。

【确定该案由应当注意的问题】

子女对父母的赡养扶助义务是广泛的，承担父母赡养费用是其中最基本的一项。首先，子女要赡养父母，子女和父母同居生活的，应当依法履行赡养义务，承担赡养费用。对于不在一起生活的父母，由子女向父母给付适当的赡养费；对于有两个以上子女的，可以根据他们的不同经济条件，共同负担赡养费用。

25. 收养关系纠纷

（1）确认收养关系纠纷
（2）解除收养关系纠纷

【释义】

收养是指根据法定的条件和程序领养他人子女为自己子女的民事法律行为，是一种法定的变更民事权利、义务的重要法律行为。《民法典》在吸收《收养法》规定的基础上，对收养的条件、程序、效力等作出了明确规定。收养问题涉及了收养关系的确立和解除两种情况。确认收养关系纠纷是指当事人对收养关系是否成立并有效，存有不同的认识，由此产生的纠纷。解除收养关系纠纷是指当事人对收养关系是否解除存有不同的认识，因而产生的纠纷。

【管辖】

因收养关系纠纷提起的诉讼，根据《民事诉讼法》第21条的原则规定，应当由被告住所地人民法院管辖，被告住所地与经常居住地不一致的，由经常居住地人民法院管辖。

【法律适用】

处理收养关系纠纷的法律依据主要是《民法典》第1093条至第1118条的相关规定。

【确定该案由应当注意的问题】

收养制度是亲属制度的重要组成部分。《民法典》第1111条规定，自收养关系成立之日起，养父母与养子女间的权利义务关系，适用《民法典》关于父母子女关系的规定；养子女与养父母的近亲属间的权利义务关系，适用《民法典》关于子女与父母的近亲属关系的规定。养子女与生父母以及其他近亲属间的权利义务关系，因收养关系的成立而消除。完善的收养制度，不仅有助于实现收养秩序的稳定，而且有助于实现法律对收养当事人的人文关怀。为了有利于被收养未成年人的健康成长，《民法典》在《收养法》的基础上，设专章规定了收养制度，进一步完善了关于收养人和被收养人的条件及收养程序等规定。这些规定是确定收养关系成立的法定条件，也是当事人主张收养关系是否成立的争议焦点。当事人以收养关系是否成立而发生的纠纷适用本案由之第四级案由确认收养关系纠纷。由于收养关系是一种可变更的民事法律行为，因此，经双方协议，或法定解除条件成就，当事人之间的收养关系可以解除。因收养关系解除而发生的纠纷，适用本案由之第四级案由解除收养关系纠纷。

26. 监护权纠纷

【释义】

监护权纠纷是指因行使监护权而发生的民事争议，主要是监护权人认为其依法行使的监护权被他人侵害时所引发的纠纷。监护是指民法上规定的对无民事行为能力人和限制民事行为能力人的人身权益和财产权益进行监督保护的法律制度。其中，设定的监督保护人叫监护人，被保护的人叫被监护人。《民法典》第 34 条第 1 ~ 3 款规定："监护人的职责是代理被监护人实施民事法律行为，保护被监护人的人身权利、财产权利以及其他合法权益等。监护人依法履行监护职责产生的权利，受法律保护。监护人不履行监护职责或者侵害被监护人合法权益的，应当承担法律责任。"以上即为监护人的职责，其中一些也是监护人的权利，如管理和保护被监护人的财产，代理被监护人进行民事活动等。实践中，往往会出现没有监护权的人越过监护权人从事这些行为，可能形成对监护权的侵犯；也有可能出现监护人不履行监护职责，或者侵害了被监护人的合法权益的情形。因此形成纠纷，诉至法院的，均可以确定为"监护权纠纷"。

【管辖】

因监护权纠纷提起的诉讼，根据《民事诉讼法》第 21 条的原则规定，应当由被告住所地人民法院管辖，被告住所地与经常居住地不一致的，由经常居住地人民法院管辖。

【法律适用】

处理监护权纠纷的法律依据主要是《民法典》第 26 ~ 39 条的规定等。

【确定该案由应当注意的问题】

适用该案由时应当注意与《民事案件案由规定》"三十九、监护权特别程序案件"之"413. 申请确定监护人""414. 申请指定监护人”“415. 申请变更监护人”“416. 申请撤销监护人资格”“417. 申请恢复监护人资格”案由进行区分。首先，监护权纠纷包括监护权被侵害以及监护人怠于或不当行使监护权引发的纠纷，而上述五个特别程序案件案由则适用于对担任监护人有争议的、监护人变更以及撤销、恢复监护人资格等几种特定情形引发的纠纷；其次，监护权纠纷适用普通程序审理，而上述五种情形适用特别程序审理。

27. 探望权纠纷

【释义】

探望权，是指离婚后不直接抚养子女的父亲或母亲有探视子女的权利。因行使探望权而发生民事争议称为探望权纠纷。

【管辖】

因探望权纠纷提起的诉讼，根据《民事诉讼法》第 21 条的原则规定，应当由被告住所地人民法院管辖，被告住所地与经常居住地不一致的，由经常居住地人民法院管辖。

【法律适用】

处理探望权纠纷的法律依据主要是《民法典》第 1086 条的规定，以及《最高人民法院关于适用〈中华人民共和国民法典〉婚姻家庭编的解释（一）》第 65 ~ 68 条的规定。

【确定该案由应当注意的问题】

父母与子女的关系不因离婚而解除。但由于离婚事实的存在，父母不能一起共同抚养子女，未成年子女或不能独立生活的成年子女只能由父母其中一方直接抚养。离婚后对子女的抚养，父母的权利是平等的。父母离婚后，子女随父方或母方共同生活，只是父母对子女抚养形式的变化，并不影响父母对子女的权利和义务。不与子女共同生活的父或母一方，仍享有对子女的亲权。不直接抚养子女一方享有探望子女的权利，直接抚养子女的一方有让非直接抚养子女的一方探望子女的义务；对不履行义务的，相对人有权向人民法院提起诉讼。

根据相关规定，人民法院作出的生效离婚判决中未涉及探望权，当事人就探望权问题单独提起诉讼的，人民法院应予受理。当事人在履行生效判决、裁定或者调解书的过程中，一方请求中止探望的，人民法院在征询双方当事人意见后，认为需要中止探望的，依法作出裁定；中止探望的情形消失后，人民法院应当根据当事人的请求书面通知其恢复探望。未成年子女、直接抚养子女的父或者母以及其他对未成年子女负担抚养、教育、保护义务的法定监护人，有权向人民法院提出中止探望的请求。对于拒不协助另一方行使探望权的有关个人或者组织，可以由人民法院依法采取拘留、罚款等强制措施，但是不能对子女的人身、探望行为进行强制执行。

审判实践中涉及侵害探望权以及请求中止探望权的纠纷，均可确定为“探望权纠纷”。

28. 分家析产纠纷

【释义】

分家析产是指将一个较大的家庭根据分家协议而分成几个较小的家庭，同时对共有的家庭财产进行分割，并确定各个成员的财产份额的行为。家庭共有关系的存在是家庭共有财产的存在前提，在家庭关系解体以后，即产生了家庭共有财产的分割问题，由此引发的纠纷称为分家析产纠纷。

【管辖】

因分家析产纠纷提起的诉讼，根据《民事诉讼法》第 21 条的原则规定，应当由被告住所地人民法院管辖，被告住所地与经常居住地不一致的，由经常居住地人民法院管辖。

【法律适用】

处理分家析产纠纷的法律依据主要是《民法典》物权编、婚姻家庭编、继承编和总则编关于民事责任的相关规定。

【确定该案由应当注意的问题】

家庭共有财产是指在家庭中全部或部分家庭成员共同共有的财产。换言之，家庭共有财产是指家庭成员在家庭共同生活关系存续期间共同创造、共同所得的财产。家庭成员共同共有财产的形成，以家庭成员间的家庭共同生活关系的存续为前提，一旦家庭共同生活条件消灭，家庭共同财产也因此失去其存在的基础。分家析产涉及对家庭财产的处理，在处理家庭财产纠纷时，应把家庭共有财产与家庭成员共同生活期间的个人财产严格区分，把家庭成员对家庭共有财产的分割与家庭成员之间的财产赠与严格区分。分家析产时，还要根据公平合理的原则，对某些生产、劳动工具、设备等财产的分割，要尽可能有利于生产，有利于发挥家庭成员各自的专长。对于某些特定的不便分割的财产，也可以特别协议的方式作出变通处理，以充分发挥该财产的效用。分家析产直接关系到家庭成员今后生活安排的问题，因此，应当引导家庭成员通过订立分家析产协议的形式进行，以避免分家后因某项财产产权的归属不清而发生纠纷。

三、继承纠纷

所谓继承纠纷，是继承人之间以及继承人和其他当事人（被继承人的债权人等）之间，就被继承人的遗产分配而产生的争议。

一般而言，继承纠纷具有下列特点：

1. 继承纠纷的当事人往往存在亲属关系，或者社会关系相对比较紧密，因此对于继承纠纷的处理，虽然决定的是财产权利的归属，但是往往会对家庭内部之间、家庭之间的社会关系产生相应的影响，因此在处理继承纠纷时，应当注意慎重处理矛盾，促进社会和谐，要在社会主义核心价值观的指引下，注意维护家庭和睦，维护社会正义。

2. 继承纠纷处理的是被继承人的遗产，这里有三个问题需要注意：一是在我国，继承纠纷处理也仅仅处理相关财产问题，对于其他问题并不涉及，比如相关身份关系的问题不应在继承纠纷中解决，而应在"婚姻家庭关系"的相关案由中予以处理，当然这并不意味着不能在一个诉中间解决，但这仍然是两个诉讼，可根据《民事诉讼法》第140条的规定，将两个有关的诉进行合并审理；二是在我国，被继承人的遗产只有其财产，并不包括其他东西，如被继承人的荣誉，所以继承权属于财产权的范畴，如果被继承人的近亲属认为有人侵犯了被继承人的荣誉、名誉、姓名、肖像等人格法益，只能依据《民法典》第994条的规定提起诉讼，但是不能提起继承纠纷；三是与其他财产纠纷不同，在继承纠纷中，争议的标的物不属于诉讼当事人，而是属于作为被继承人的死者的财产，但是其他财产纠纷中，标的物一般是属于诉讼当事人的一方或者双方，因此在审理继承纠纷时，首先需要确定相关争议的标的物是否属于被继承人生前合法拥有的财产，是否能够作为遗产进行继承，只有回答"是"，该诉讼才能够继续进行，如果回答"否"，则诉讼应该终结。

3. 与其他民事纠纷相比，继承纠纷审理的内容往往较为复杂，既涉及相关财产的归属、被继承人的债务等问题，又涉及当事人之间、当事人与被继承人之间的亲属关系问题，既有程序问题，也有实体问题，有的继承纠纷可能还存在历史问题、情感问题等，这些增加了继承纠纷审理的难度。

按照《民法典》继承编的规定，继承的方式分为：法定继承、遗嘱继承、遗赠、遗赠抚养协议等。从理论上讲，根据纠纷产生的原因，可以将继承纠纷分为两类：一类是因遗产分割问题而产生的纠纷，在这类纠纷中，各继承人一般对继承权的确认没有异议，但因对法律规定的理解程度不同，各继承人往往对遗嘱的效力、继承人的范围和顺序、遗产的范围和数额等问题难以达成一致意见，从而导致纠纷发生。此类纠纷在继承纠纷中所占的比重较大。另一类是侵权纠纷，即因侵害继承人的继承权（法定继承权和遗嘱继承权）而产生的纠纷，如非法取消继承人或者受遗赠人权利的行为；部分继承人隐匿、侵吞或争抢遗产的行为；非法处分未分割的遗产的行为；非法扣减继承人应继遗产份额和遗赠财产数额的行为；法定代理人损害被代理人的继承权、受遗赠权的行为；遗产分割时，未保留胎儿应继承份额的行为。此类纠纷因有法律的明确规定，因此在继承纠纷中所占比重较小。

29. 法定继承纠纷

（1）转继承纠纷

（2）代位继承纠纷

【释义】

所谓法定继承，是指被继承人死亡后，按照法律的规定，由其近亲属继承其遗产的制度。法定继承是在被继承人没有遗嘱的前提下，所实施的继承，相关涉及继承人的范围、继承的有关顺序、被继承人的遗产分配基本原则等均由《民法典》继承编作出规定，该编第 2 章规定了法定继承的基本制度，包括法定继承人的范围、顺序、代位继承以及遗产的分配等。需要注意的是，《民法典》总则编规定了对胎儿利益的保护（《民法典》第16条），这也属于继承制度的内容之一，应该引起注意。从严格意义上讲：法定继承是对遗嘱继承（遗赠、遗赠抚养协议）的一种补充，是在被继承人未保留任何合法的关于其财产处分的相关意思的前提下，对其遗产进行分配的一种制度，因此具有明显的法定性、强制性的特点。在处理法定继承纠纷时，人民法院一定要注意坚持社会主义核心价值观，应该将案件的具体情形与《民法典》等法律规定相结合，在充分维护社会公序良俗的基础上，依法作出裁判。

根据《民法典》第1123条和第1154条等的规定，法定继承须在下列情况下适用：一是被继承人生前未立有遗嘱或者签订遗赠抚养协议；二是遗嘱继承人放弃继承或受遗赠人放弃受遗赠；三是遗嘱继承人丧失继承权或者受遗赠人丧失受遗赠权；四是遗嘱继承人、受遗赠人先于遗嘱人死亡或者终止；五是遗嘱无效或遗嘱部分无效所涉及的遗产；六是遗嘱未处分的遗产。

在法定继承中，继承根据继承人是否本人实际继承，可以分为本继承、代位继承和转继承。属于本继承的相关纠纷应该适用第三级案由“法定继承纠纷”。但是有两种特殊的继承方式，在本规定中，分别将其列为第四级案由：

1. 转继承纠纷。依据《民法典》第1152条的规定，继承开始后，继承人于遗产分割前死亡，并没有放弃继承的，该继承人应当继承的遗产转给其继承人，属于转继承，但是遗嘱另有安排的除外。从上述规定来看：转继承的发生应该有三个条件：一是继承人必须在被继承人死亡以后，遗产分割以前死亡；二是继承人没有放弃继承；三是遗嘱没有其他的安排。转继承的法律后果是继承人将应当继承被继承人的遗产部分转给继承人的继承人。

需要指出的是：作为第四级案由的“转继承纠纷”是放在第三级案由“法定继承”之下的。但是对于转继承而言，并不只是发生在法定继承的情形，在遗嘱继承中同样可能发生，即如果被继承人在其遗嘱中确定继承人应该继承的遗产，在被继承人死亡后，遗产分割前，继承人死亡了，则继承人的继承人可以依据被继承人的遗嘱继承相应的遗产。

2. 代位继承纠纷。按照《民法典》第 1128 条的规定，所谓代位继承，是指被继承人的子女先于被继承人死亡的，由被继承人的子女的直系晚辈血亲继承的一种继承方式。

代位继承发生的条件包括：一是被继承人的子女先于被继承人死亡；二是先死亡的被代位人必须是被继承人的子女或兄弟姐妹，其他继承人如被继承人的配偶、父母、祖父母、外祖父母等先于被继承人死亡不发生代位继承；三是被代位继承人生前必须享有继承权；四是代位继承人只能继承被代位人有权继承的份额。

与转继承不同，代位继承只能发生在法定继承中，在遗嘱继承时，不能发生代位继承，即使被继承人在其遗嘱中明确规定其已经死亡的继承人可以继承其财产，这部分遗嘱按照《民法典》第 1154 条第 3 项的规定，也是失效的，这部分遗产的处理只能按照法定继承来进行分配。

【管辖】

根据《民事诉讼法》第 33 条第 3 项的规定，因继承遗产纠纷提起的诉讼，属于专属管辖，由被继承人死亡时住所地或者主要遗产所在地人民法院管辖。根据《最高人民法院关于军事法院管辖民事案件若干问题的规定》第 2 条第 4 项的规定，被继承人死亡时住所地或者主要遗产所在地在营区内，且当事人一方为军人或者军队单位的案件，地方当事人向军事法院提起诉讼或者提出申请的，军事法院应当受理。

【法律适用】

处理法定继承纠纷应当依据《民法典》继承编的相关规定，特别是该编第2章“法定继承”的有关内容。同时需要注意《民法典》总则编、婚姻家庭编、侵权责任编的相关规定。此外，《最高人民法院关于适用〈中华人民共和国民法典〉继承编的解释（一）》也是处理法定继承纠纷的主要依据。

【确定该案由应当注意的问题】

在处理法定继承纠纷的案由时，一定要注意：只有出现符合代位继承或者转继承纠纷时，才能够适用第四级案由“转继承纠纷”和“代位继承纠纷”，而对于一般的法定继承纠纷，应该径直适用第三级案由“法定继承纠纷”。

30. 遗嘱继承纠纷

【释义】

所谓遗嘱继承，是指被继承人生前立有符合法律规定的遗嘱，在其死亡后，按照遗嘱的规定，在继承人之间分配遗产的继承方式。

按照《民法典》第1123条的规定，遗嘱继承先于法定继承，这一规定，是民法的意思自治原则在继承法的体现。遗嘱继承或遗赠，直接体现被继承人的意思，对于被继承人财产权利的处分更加便利。遗嘱继承具有下列特点：一是优先性，即遗嘱继承优先于法定继承；二是有限性，即按照《民法典》第1133条第2款的规定，遗嘱继承只能在《民法典》第1127条规定的法定继承人之间进行分配；三是要式性，即遗嘱必须采取《民法典》规定的严格的形式始生效力。

与法定继承不同，遗嘱继承是在法律严格规定的前提下，按照被继承人的意思表示对其遗产进行分配。需要指出的是：在我国，对于遗嘱的形式效力采取的是“绝对形式主义”，即遗嘱必须完全符合法律规定的形式要件，如有违反，该遗嘱就是无效的，即使继承人能够证明有缺陷的遗嘱是被继承人的真实意思表示，也无法让遗嘱有效，之所以做这样的规定，是因为与合同不同，遗嘱是死因行为，遗嘱生效的条件是作出遗嘱的被继承人死亡这一事实，对于合同，法院和仲裁机构可以通过事后询问表意人，以确定是否为其真实意思，但是对于遗嘱，法院和仲裁机构永远无法判断是否属于被继承人的真实意思，所以法律以严格的形式要件确定当事人的意思表示真实，进而决定遗嘱的效力。

因此，《民法典》第 1143 条明确规定立遗嘱人在订立遗嘱时应该具有完全民事行为能力，无民事行为能力人或者限制民事行为能力人所立的遗嘱无效。无民事行为能力人所立的遗嘱，即使其本人后来有了民事行为能力，仍属无效遗嘱。自然人立遗嘱时有民事行为能力，后来丧失了民事行为能力，不影响遗嘱的效力。同时，遗嘱应当体现遗嘱人的真实意思表示，受欺诈、胁迫所立的遗嘱无效。伪造的遗嘱无效。遗嘱被篡改的，篡改的内容无效。

从《民法典》第 1143 条等的规定来看，一个有效的遗嘱应该符合下列条件：一是遗嘱人在立遗嘱时必须具有完全民事行为能力；二是遗嘱必须是遗嘱人的真实意思表示；三是按照《民法典》第 1141 条的规定，遗嘱应当为缺乏劳动能力又没有生活来源的继承人保留必要的遗产份额；四是遗嘱的形式必须符合《民法典》的规定；五是作为一种法律行为，按照《民法典》第 143 条第 3 项的规定，遗嘱不违反法律、行政法规的强制性规定，不违背公序良俗。

【管辖】

根据《民事诉讼法》第 33 条第 3 项的规定，因继承遗产纠纷提起的诉讼，属于专属管辖，由被继承人死亡时住所地或者主要遗产所在地人民法院管辖。

【法律适用】

处理遗嘱继承纠纷应当依据《民法典》继承编的相关规定，特别是该编第 3 章“遗嘱继承和遗赠”的有关内容。同时还需要注意《民法典》总则编、婚姻家庭编、侵权责任编的相关规定。此外，《最高人民法院关于适用〈中华人民共和国民法典〉继承编的解释（一）》也是处理遗嘱继承纠纷的主要依据。

【确定该案由应当注意的问题】

在处理遗嘱纠纷时，应该注意：一是看原告起诉时是否能够提交遗嘱，或者诉讼请求中是否要求按照遗嘱进行继承，如无，则应确定“法定继承纠纷”案由；二是如果原告提交遗嘱，则需要确定遗嘱中规定的继承人是否为《民法典》确定的法定继承人，抑或是法定继承人之外的人，如果是前者，则可以确定案由为“遗嘱继承纠纷”，如果是后者，则应确定案由为“遗赠纠纷”。

31. 被继承人债务清偿纠纷

【释义】

被继承人死亡时，如果既有财产，又有债务，则在被继承人死亡后，其债权人主张应该由被继承人的遗产来清偿其遗留的债务，则属于被继承人债务清偿。被继承人的债务既包括个人承担的债务，也包括共同债务中应承担的债务份额。只有在被继承人死亡时尚未清偿的债务，才是被继承人的债务。在审判实践中，被继承人的债务主要包括：（1）被继承人依照税法规定应缴纳的税款；（2）被继承人因合同之债发生的未履行的给付财物的债务；（3）被继承人因不当得利而承担的返还不当得利的债务；（4）被继承人因无因管理之债而负担的偿还管理人必要费用的债务；（5）被继承人因侵权行为而承担的损害赔偿债务。因该债务清偿引起的纠纷即被继承人债务清偿纠纷。

按照《民法典》第1161条第1款的规定，我国就继承人清偿被继承人的债务采取“有限清偿”原则，即继承人以所得遗产实际价值为限清偿被继承人依法应当缴纳的税款和债务。超过遗产实际价值部分，继承人自愿偿还的不在此限。同时按照《民法典》第1161条第2款的规定，我国采取“权利义务对等”原则，即继承人放弃继承的，对被继承人依法应当缴纳的税款和债务可以不负清偿责任；换言之，不继承，无清偿。

被继承人债务清偿纠纷中，原告为该债务的债权人，自不待言。而被告应该为谁，则有待商榷。《民法典》继承编建立了“遗产管理人”制度，则如果遗产未分配，应以该遗产管理人作为被告；如果遗产已经分配，则应以获得分配遗产的继承人作为被告。

这里需要指出的是：在诉讼中，如果债权人只起诉部分继承人的，人民法院经查明后，应向原告释明，建议其追加其他继承人参加诉讼；经释明债权人不追加其他继承人的，法院应当依职权追加其他继承人以共同被告参加诉讼，以保证所有的继承人能够对债务问题、继承方式问题充分发表意见。

【管辖】

根据《民事诉讼法》第33条第3项的规定，因继承遗产纠纷提起的诉讼，属于专属管辖，由被继承人死亡时住所地或者主要遗产所在地人民法院管辖。我们认为被继承人债务清偿纠纷，多涉被继承人遗产分配问题，故宜由被继承人死亡时住所地或者主要遗产所在地人民法院管辖。

【法律适用】

处理被继承人债务清偿纠纷应当依据《民法典》继承编的相关规定，还需要注意《民法典》总则编、婚姻家庭编、侵权责任编的相关规定。此外，《最高人民法院关于适用〈中华人民共和国民法典〉继承编的解释（一）》也是处理被继承人债务清偿纠纷的主要依据。

【确定该案由应当注意的问题】

按照《最高人民法院关于适用〈中华人民共和国民法典〉继承编的解释（一）》第44条的规定，继承诉讼开始后，如继承人、受遗赠人中有既不愿参加诉讼，又不表示放弃实体权利的，应当追加为共同原告；继承人已书面表示放弃继承、受遗赠人在知道受遗赠后60日内表示放弃受遗赠或者到期没有表示的，不再列为当事人。那么，如果继承人已经明确表示放弃继承，债权人在提起被继承人债务清偿纠纷时，能否将继承人直接列为被告?

按照《民法典》第1145条的规定，如果该遗产有遗嘱执行人作为遗产管理人，在被继承人债务清偿纠纷中，由遗嘱执行人作为被告；如果没有遗嘱执行人，且继承人未推选的，则由继承人共同担任遗产管理人，虽然继承人明确表示放弃继承，但是仍然负有遗产管理的责任。为了查明相关案件事实，包括被继承人债务的状况、被继承人遗产的情况、继承人是否确实放弃继承等事实，继承人作为其遗产管理人，有义务协助债权人做好遗产分配任务，有必要将其列为被告，以债务人的遗产承担权利、义务。实践中，继承人发现被继承人的债务大于其遗产时，往往会选择放弃继承，但是即使继承人明确表示放弃继承，按照《民法典》的上述规定，继承人作为遗产管理人，仍然负有管理遗产、完成债务清偿的义务，故仍应将继承人列为被告。

32. 遗赠纠纷

【释义】

按照《民法典》第1133条第3款的规定，遗赠是指自然人以立遗嘱的方式将个人财产赠与国家、集体或者法定继承人以外的组织、个人的行为。

遗赠纠纷是指遗赠人在设立遗嘱或其继承人与受遗赠人在执行其遗嘱过程中产生的纠纷。

【管辖】

根据《民事诉讼法》第33条第3项的规定，因继承遗产纠纷提起的诉讼，属于专属管辖，由被继承人死亡时住所地或者主要遗产所在地人民法院管辖。

【法律适用】

处理遗赠纠纷应当依据《民法典》继承编的相关规定，特别是该编第3章“遗嘱继承和遗赠”的有关内容。同时需要注意《民法典》总则编、侵权责任编的相关规定。此外，《最高人民法院关于适用〈中华人民共和国民法典〉继承编的解释（一）》也是处理遗赠纠纷的主要依据。

【确定该案由应当注意的问题】

遗赠是一种单方民事法律行为，只要遗赠人一方以遗嘱的方式作出意思表示即可成立。遗赠也是死因行为，即只有被继承人死亡，遗嘱方能生效，遗赠始发生效力。遗赠也是一种无偿行为，即被继承人承诺无偿将其遗产在其死亡后给予他人财产的行为，是以特定的受遗赠人为受益人的赠与行为。

33. 遗赠扶养协议纠纷

【释义】

按照《民法典》第 1158 条的规定，遗赠扶养协议是指自然人与继承人以外的组织或者个人签订的，约定该组织或者个人承担该自然人生养死葬的义务，同时享有受遗赠的权利的协议。遗赠人或者其继承人与扶养人在订立、履行、变更、终止该遗赠扶养协议过程中产生的纠纷，即遗赠扶养协议纠纷。

【管辖】

根据《民事诉讼法》第 33 条第 3 项的规定，因继承遗产纠纷提起的诉讼，属于专属管辖，由被继承人死亡时住所地或者主要遗产所在地人民法院管辖。

需要指出的是，有意见认为：遗赠扶养协议是一种双务、有偿行为，因遗赠扶养协议纠纷提起的诉讼，根据《民事诉讼法》第 21 条的规定，应当由被告住所地人民法院管辖，被告住所地与经常居住地不一致的，由经常居住地人民法院管辖。我们认为，遗赠抚养协议纠纷是属于“继承纠纷”项下的案由，其争议解决的问题仍然就被继承人的遗产是否按照遗赠抚养协议来分配、处理，仍然属于继承遗产纠纷提起的诉讼，故仍然应该按照《民事诉讼法》第33条第3项的规定确定管辖。

【法律适用】

处理遗赠抚养协议纠纷应当依据《民法典》继承编的相关规定，特别是第1158条的有关内容。还需要注意《民法典》总则编的相关规定。此外，《最高人民法院关于适用〈中华人民共和国民法典〉继承编的解释（一）》也是处理遗赠抚养协议纠纷的主要依据。

【确定该案由应当注意的问题】

与遗嘱不同，遗赠扶养协议是遗赠人和扶养人之间，经双方意思表示一致后成立的协议，该协议属于双务、有偿、诺成的法律行为。双方互负义务，但是义务的履行却有差别，扶养人的义务是按照遗赠扶养协议的约定扶养遗赠人，而遗赠人的义务则是在其死后须按照协议的约定将其遗产遗赠给扶养人。因此，扶养人的义务自遗赠扶养协议生效时起即生效，但是接受遗赠的权利则只能于遗赠人死亡后才能够实现。

如果在一个继承纠纷中，既有人主张法定继承，又有人主张遗嘱继承或者遗赠，还有人主张遗赠抚养协议，则何者优先？按照《民法典》第1123条和《最高人民法院关于适用〈中华人民共和国民法典〉继承编的解释（一）》第3条的规定，被继承人生前与他人订有遗赠扶养协议，又立有遗嘱的，继承开始后，如果遗赠扶养协议与遗嘱没有抵触，遗产分别按协议和遗嘱处理；如果有抵触，按协议处理，与协议抵触的遗嘱全部或者部分无效。按照遗嘱规定分配相关遗产后，如果还有遗产，则按照法定继承进行分配。这是因为相比于遗嘱，扶养人在履行遗赠抚养协议时已经承担了义务，故应该优先享有受到遗赠的权利；而相比于法定继承，遵循民法的意思自治的原则，约定大于法定，故按照遗嘱进行继承或者遗赠，应当优先于法定继承。当然，在按照这一顺序进行分配遗产时，按照《民法典》第 1155 条和第 1159 条的规定，应当保留胎儿的继承份额，同时为缺乏劳动能力又没有生活来源的继承人保留必要的遗产。

34. 遗产管理纠纷

【释义】

遗产管理，主要是指对于被继承人的遗产进行保存和管理，以维护遗产价值和遗产权利人合法利益为宗旨，并按照被继承人的意愿或者法律的相关规定，分配相关遗产。

“遗产管理纠纷”是本次《民法典》制定后新增的一个案由。《民法典》第 1145 条至第 1149 条新增加了遗产管理制度，明确了遗产管理人的选任制度，并在第 1147 条中明确了遗产管理人的职责：“（一）清理遗产并制作遗产清单；（二）向继承人报告遗产情况；（三）采取必要措施防止遗产毁损、灭失；（四）处理被继承人的债权债务；（五）按照遗嘱或者依照法律规定分割遗产；（六）实施与管理遗产有关的其他必要行为。”同时在第 1148 条规定遗产管理人的损害赔偿责任，以及在第 1149 条中明确遗产管理人的报酬请求权。

一般而言，涉及遗产管理纠纷的案件主要包括：

（1）遗产管理人的选任纠纷。《民法典》第 1145 条规定了遗产管理人的选任制度，明确遗产管理人产生的条件和程序。同时在第 1146 条中规定：“对遗产管理人的确定有争议的，利害关系人可以向人民法院申请指定遗产管理人。”

（2）遗产管理人损害赔偿纠纷。按照第 1148 条的规定，遗产管理人应当依法履行职责，因故意或者重大过失造成继承人、受遗赠人、债权人损害的，应当承担民事责任。如遗产管理人遗产管理过程中因故意或者重大过失而承担损害赔偿责任的纠纷。

（3）遗产管理人履行义务纠纷。《民法典》第1147条规定了遗产管理人的职责，还在第1151条、第1153条等条款规定了其保管、分割遗产等责任，因遗产管理人履行其管理职责产生的纠纷。

（4）遗产管理人报酬纠纷。《民法典》第1149条规定了遗产管理人可以依照法律规定或者按照约定获得报酬，因该报酬所产生的纠纷。

（5）其他遗产管理过程中产生的纠纷。

【管辖】

根据《民事诉讼法》第33条第3项的规定，因继承遗产纠纷提起的诉讼，属于专属管辖，由被继承人死亡时住所地或者主要遗产所在地人民法院管辖。

【法律适用】

处理遗产管理纠纷应当依据《民法典》继承编的相关规定，特别是该编第四章“遗产的处理”的有关内容。同时需要注意《民法典》总则编、物权编、婚姻家庭编、侵权责任编的相关规定。此外，《最高人民法院关于适用〈中华人民共和国民法典〉继承编的解释（一）》也是处理遗产管理纠纷的主要依据。

【确定该案由应当注意的问题】

在继承纠纷中，确定相关案由时应当将遗产管理纠纷与其他继承纠纷进行区分。（1）主体不同，遗产管理纠纷的当事人一般为遗产管理人，或是被告，或是原告，但是其他继承纠纷，都是因为相关继承问题参与诉讼，原、被告一般是继承人、受遗赠人、扶养人，而遗产管理人可能是这一类诉讼的第三人；(2) 涉及的法律关系不同，遗产管理纠纷，一般是基于遗产管理的法律关系，而其他继承纠纷往往是基于继承法律关系（被继承人债务清偿纠纷则是债权债务关系），二者存在区别；(3) 审判结果不同，遗产管理纠纷一般不会确定遗产最终的归属，但是其他继承纠纷则是确定遗产的归属问题。

第三部分　物权纠纷

《民事案件案由规定》将物权纠纷列为第一级案由，体现了人民法院对实施物权的重视。物权是财产权的一种，是基本的民事权利，它是指人们对物的占有、使用、收益、处分的权利，从性质上讲是一种支配权，而其核心是物的利用。物通常分为动产和不动产两类，而法律明确规定的一些权利也可以成为物权的客体。动产是指一切有形的、能够为人们所控制和使用的、可移动的东西。不动产是指土地、建筑物、地上附着物等不可移动或者移动会破坏其价值的东西。大致而言，凡是人们可以使用的东西，都可以称为物。

物权从内容上分为所有权和他物权。所有权是物权的完整形态，包含了物权占有、使用、收益和处分的全部功能。他物权是在所有权上设立的不具备全部所有权功能的物权，所以又称为限定物权，包括两类：一类是用益物权，即以物的使用收益为目的的他物权；另一类是担保物权，即以物的价值担保债权到期能够得到清偿为目的的他物权。《民法典》按照所有权的主体将所有权分为三类：一是国家所有权或者全民所有权。在公有制为主体的国家，国家所有权非常重要，国家的重要自然资源多数都属于国家所有，包括土地、水域、空间、矿藏等。二是集体所有权。集体所有权是指农村、城镇的集体经济组织的所有权。在目前我国农村，农村集体经济组织是农村资源的主要所有权人，农村集体所有权的范围包括农村集体所有的土地、林木、水面和其他基本设施等。三是个人所有权。个人所有权是指自然人个人或者自然人组合享有的所有权，目前我国私人所有权的范围比较有限，主要包括房屋、地上附着物等不动产，汽车、货币等动产。正是由于我国基本自然资源实行公有制，土地、矿藏等重要财产的利用多数通过设定用益物权实现，所以我国的用益物权制度非常发达，《民法典》规定的用益物权种类繁多，包括土地用益物权、水域用益物权、矿藏用益物权等。《民法典》与《物权法》相比，又增加了一种重要的用益物权——居住权；并按照农地“三权分置”的改革，将农村土地承包经营权一分为二：土地承包权和土地经营权。随着我国社会主义市场经济的逐步发展和完善，经济流转关系日益发达，相关融资规模不断扩大，维护交易信用关系的担保物权越来越受到重视，担保物权越来越发达。按照《民法典》规定，担保物权主要有三种：一是抵押权，是指主要以不动产、部分特定动产以及财产性权利不转移占有而设定的担保物权；二是质押权，是指以转移动产占有或者特定权利而设定的担保物权；三是留置权，是指以债权人实际占有债务人的动产而依法成立的担保物权。对物的单纯的占有，本身并不构成一种物权，只是一种事实关系，但鉴于物的占有是物的使用、收益和处分的基础，因此，《民法典》对占有关系作出规定，并赋予占有人依法保护占有关系的权利，以维持社会财产关系的稳定。

物权和债权一起构成了民事基本财产权利，财产权与人身权形成了民法的基本权利体系。鉴于物权的重要性及与人们生活的密不可分性，《民事案件案由规定》将物权纠纷规定为第一级案由。物权纠纷是基于物权关系而产生的纠纷，是指静态的物权关系，物权确认、物权使用、物权收益、物权处分、物权保护等关系引发的纠纷，不包括物权流转关系中的合同纠纷，如果属于物权流转中的合同纠纷，则应当适用合同纠纷案由。对物权纠纷案由与合同纠纷案由的编排设置问题，《最高人民法院关于印发修改后的〈民事案件案由规定〉的通知》（法〔2020〕347号）中指出：修改后的《民事案件案由规定》仍然沿用2011年《民事案件案由规定》关于物权纠纷案由与合同纠纷案由的编排体系。按照物权变动原因与结果相区分的原则，对于涉及物权变动的原因，即债权性质的合同关系引发的纠纷案件的案由，修改后的《民事案件案由规定》将其放在合同纠纷项下；对于涉及物权变动的结果，即物权设立、权属、效力、使用、收益等物权关系产生的纠纷案件的案由，修改后的《民事案件案由规定》将其放在物权纠纷项下。前者如第三级案由“居住权合同纠纷”列在第二级案由“合同纠纷”项下；后者如第三级案由“居住权纠纷”列在第二级案由“物权纠纷”项下。具体适用时，人民法院应根据当事人诉争的法律关系的性质，查明该法律关系涉及的是物权变动的原因关系还是物权变动的结果关系，以正确确定案由。当事人诉争的法律关系性质涉及物权变动原因的，即因债权性质的合同关系引发的纠纷案件，应当选择适用第二级案由“合同纠纷”项下的案由，如“居住权合同纠纷”案由；当事人诉争的法律关系性质涉及物权变动结果的，即因物权设立、权属、效力、使用、收益等物权关系引发的纠纷案件，应当选择第二级案由“物权纠纷”项下的案由，如“居住权纠纷”案由。这是正确处理物权纠纷案由和合同纠纷案由的基本准则。

应当注意：“物权纠纷”项下“物权保护纠纷”案由与“所有权纠纷”“用益物权纠纷”“担保物权纠纷”案由的编排设置。修改后的《民事案件案由规定》仍然沿用2011年《民事案件案由规定》关于物权纠纷案由的编排设置。“所有权纠纷”“用益物权纠纷”“担保物权纠纷”案由既包括以上3种类型的物权确认纠纷案由，也包括以上3种类型的侵害物权纠纷案由。《民法典》物权编第3章“物权的保护”所规定的物权请求权或者债权请求权保护方法，即“物权保护纠纷”，在修改后的《民事案件案由规定》列举的每个物权类型（第三级案由）项下都可能部分或者全部适用，多数都可以作为第四级案由列举，但为避免使整个案由体系冗长繁杂，在各第三级案由下并未一一列出。实践中需要确定具体个案案由时，如果当事人的诉讼请求只涉及“物权保护纠纷”项下的1种物权请求权或者债权请求权，则可以选择适用“物权保护纠纷”项下的6种第三级案由；如果当事人的诉讼请求涉及“物权保护纠纷”项下的2种或者2种以上物权请求权或者债权请求权，则应按照所保护的权利种类，选择适用“所有权纠纷”“用益物权纠纷”“担保物权纠纷”项下的第三级案由（各种物权类型纠纷）。具体适用时，人民法院应根据当事人诉争的法律关系的性质，查明该法律关系涉及的是物权变动的原因关系还是物权变动的结果关系，以正确确定案由。当事人诉争的法律关系性质涉及物权变动原因的，即因债权性质的合同关系引发的纠纷案件，应当选择适用第二级案由“合同纠纷”项下的案由，如“居住权合同纠纷”案由；当事人诉争的法律关系性质涉及物权变动结果的，即因物权设立、权属、效力、使用、收益等物权关系引发的纠纷案件，应当选择第二级案由“物权纠纷”项下的案由，如“居住权纠纷”案由。

《民事案件案由规定》设置的物权纠纷案由，在范围上除典型的物权纠纷外，还包括因物权受到侵害产生的纠纷。物权受到侵害纠纷，在理论上包括物上请求权纠纷和侵权请求权纠纷，甚至包括不当得利返还纠纷和无因管理纠纷在内，在适用上可能出现案由的重合问题。具体适用上，按照《民事案件案由规定》，因侵害物权产生的纠纷，如果在其他案由中有明确的规定，则不适用物权纠纷案由，如返还财产，如果不当得利纠纷案由可以适用的，则不宜适用物权纠纷案由；再如物受损后产生的损害赔偿纠纷，原则上应当是债权请求权，应当适用侵权责任纠纷案由。鉴于侵权责任纠纷案由下未设一般侵权案由，只有以特殊侵权为主的各类具体的侵权责任纠纷案由，所以因侵权行为导致的物权损害赔偿纠纷，应当首先适用侵权责任纠纷案由项下的具体案由；在侵权责任纠纷项下没有可以直接适用的案由时，再适用物权纠纷项下的案由。《最高人民法院关于印发修改后的〈民事案件案由规定〉的通知》指出：涉及侵权责任纠纷的，为明确和统一法律适用问题，应当先适用第九部分“侵权责任纠纷”项下根据侵权责任编相关规定列出的具体案由；没有相应案由的，再适用“人格权纠纷”“物权纠纷”“知识产权与竞争纠纷”等其他部分项下的具体案由。如环境污染、高度危险行为均可能造成人身损害和财产损害，确定案由时，应当适用第九部分“侵权责任纠纷”项下“环境污染责任纠纷”“高度危险责任纠纷”案由，而不应适用第一部分“人格权纠纷”项下的“生命权、身体权、健康权纠纷”案由，也不应适用第三部分“物权纠纷”项下的“财产损害赔偿纠纷”案由。对于一般侵权的物权损害赔偿纠纷案件，则可以适用物权纠纷下第三级案由，具体适用方法，在物权保护纠纷案由下讲解。

在物权纠纷之下按照物权种类又规定了所有权纠纷、用益物权纠纷、担保物权纠纷和占有保护纠纷 4 个主要第二级案由。在第二级案由之下，又根据每类物权的具体类型等因素，规定了多个第三级案由。第三级案由是人民法院审理物权案件时适用的主要案由，如果第三级案由以下细分了第四级案由的，应优先适用第四级案由；第三级案由不能包含的物权纠纷，则可以适用第二级案由；如果第二级案由仍然不能包含的物权纠纷，则直接适用第一级案由。

2020 年《民事案件案由规定》的修正，主要增加 3 个第三级案由：一是在第二级案由“六、所有权纠纷”项下增加“52. 添附物归属纠纷”。二是在第二级案由“七、用益物权纠纷”项下增加“62. 土地经营权纠纷”“65. 居住权纠纷”。

四、不动产登记纠纷

《民事案件案由规定》将不动产登记纠纷列为第二级案由。根据《民法典》《土地管理法》《城市房地产管理法》《不动产登记暂行条例》等法律法规的规定，不动产，是指土地、海域以及房屋、林木等定着物，包括土地、房屋、草原、森林、林木、林地、矿产、海域等。不动产都应当登记，登记的不动产物权种类包括：(1) 集体土地所有权；(2) 房屋等建筑物、构筑物所有权；(3) 森林、林木所有权；(4) 耕地、林地、草地等土地承包经营权、经营权；(5) 建设用地使用权；(6) 宅基地使用权；(7) 海域使用权；(8) 地役权；(9) 抵押权；(10) 居住权。登记的内容包括：不动产物权的设立、变更、转让和消灭，包括首次登记、变更登记、转移登记、注销登记、更正登记、异议登记、预告登记、查封登记等。《民法典》第 220 条专门设立了异议登记制度，第 222 条规定了虚假申请、错误登记的赔偿责任，从而为人民法院审理不动产登记纠纷提供了明确的法律依据。因此，《民事案件案由规定》设不动产登记纠纷为第二级案由，其项下具体列举出异议登记不当损害责任纠纷和虚假登记损害责任纠纷。

35. 异议登记不当损害责任纠纷

【释义】

异议登记具有使不动产登记簿上所记载的物权丧失正确性推定的法律效力。因此，如果异议登记申请人滥用异议登记权，有可能使不动产登记簿上所记载的权利人丧失交易机会，从而造成损害，因此引起的纠纷就是异议登记不当损害责任纠纷。异议登记不当的形式多样，就异议登记的申请人而言，譬如异议登记的申请人提出的异议登记不正确，或者在异议登记之日起15日内未起诉而异议登记失效，或者虽然在异议登记之日起15日内起诉但被驳回，因此给原登记权利人造成损害的，原登记权利人有权向异议登记申请人请求赔偿因异议登记而造成的损害；就异议登记的登记机构而言，譬如，因异议登记的登记机构自身的过错，或者与申请人共同的过错造成异议登记错误，从而给原登记权利人造成损害，原登记权利人也应当有权单独向登记机构或者同时向登记机构和异议登记申请人请求赔偿因异议登记而造成的损害。

【管辖】

异议登记不当损害责任纠纷是针对不动产包括土地、房屋等引发的纠纷，根据《民事诉讼法》第34条第1项的规定，属于专属管辖，“因不动产纠纷提起的诉讼，由不动产所在地人民法院管辖。”一般不动产登记所在地与不动产所在地一致。至于级别管辖，则根据当事人诉争标的大小依照有关规定确定。

【法律适用】

处理异议登记不当损害责任纠纷的法律依据主要是《民法典》第220条第2款的规定，以及《不动产登记暂行条例》（2019年修订）的相关规定。

【确定该案由应当注意的问题】

异议登记是指权利人或者利害关系人对不动产物权登记的正确性存有异议而向不动产登记机关提出的异议申请。异议登记旨在对错误登记状态下的事实上的权利人或者利害关系人提供救济，是对真正权利人提供的临时性保护手段，通过在不动产登记簿上对该不动产进行特定的记载，暂时降低不动产登记的公信力，以排斥第三人基于对不动产登记的信赖而受到的物权保护，从而达到维护和救济真正权利人的合法权益的目的。异议登记并不是一种终局的对错误登记的救济，它仅能临时性地提供一种保护，其与更正登记结合形成保护事实上的权利人和利害关系人合法权益的制度，是不动产登记制度的重要组成部分。

我国不动产异议登记法律制度的建立是以《物权法》的颁布为标志的。《物权法》第19条第2款规定了异议登记制度及异议登记不当损害赔偿制度："不动产登记簿记载的权利人不同意更正的，利害关系人可以申请异议登记。登记机构予以异议登记的，申请人在异议登记之日起十五日内不起诉的，异议登记失效。异议登记不当，造成权利人损害的，权利人可以向申请人请求损害赔偿。"在异议登记制度的规定中增加关于异议登记错误或不成立时的法律责任的规定，可以警示异议登记申请人审慎为之，有利于防止人们恶意申请异议登记，也可以使因异议登记不成立而遭受损失的原登记权利人索赔时有明确的对象和法律依据。《物权法》第21条第2款规定了登记错误的损害赔偿责任。这里的“登记错误”，我们认为，广义也可以包含在“登记不当”之中，因此，也可以把因异议登记的登记机构自身过错，或者与申请人共同的过错造成异议登记错误从而给原登记权利人造成损害而引起的纠纷，定性为异议登记不当损害责任纠纷。《民法典》第220条保留了《物权法》第19条规定，依此将“异议登记不当损害责任纠纷”独立作为一种案由。

异议登记不当损害责任纠纷作为民事案由的一种，其受理的条件有：(1) 已进行了合法的异议登记。这是异议登记不当损害责任纠纷发生的前提条件，即必须有合法的异议登记记载在不动产登记簿上。(2) 异议登记不当。这里存在两种情况：一种情况是异议登记内容经证实不正确，另一种情况是申请人进行异议登记后，没有在15日内向人民法院起诉，致使异议登记失效。(3) 异议登记给原登记权利人造成损害。这是异议登记不当损害责任纠纷成立的主要条件。异议登记不当必须有损害结果发生，法院才能够受理，当然发生损害是以权利人提出主张为判断标准。(4) 原登记权利人只能向异议登记的申请人请求赔偿。

在审判实践中，处理本纠纷应当注意异议登记不当的确认以及造成的损害范围的确定。

36. 虚假登记损害责任纠纷

【释义】

虚假登记损害责任纠纷是指因不动产登记簿上记载的不动产事项存在错误，导致他人因此遭受损害而引起的民事纠纷。虚假登记，是指不动产登记簿上关于不动产的记载存在错误。造成不动产登记瑕疵的原因有三种情况：一是不动产登记申请人故意向不动产登记机关提供虚假材料，致使不动产登记内容错误；二是因不动产登记机关工作人员的失误，导致不动产登记内容错误；三是因不动产登记申请人和不动产登记机关人员的恶意串通，导致不动产登记内容错误。

由于虚假登记产生的原因不同，故虚假登记损害责任纠纷也就存在三种不同的情况：第一种是因不动产登记申请人的恶意行为，给利害关系人和信赖登记公信力的第三人造成损害的，利害关系人和第三人可以依法向人民法院提起诉讼，要求不动产登记申请人承担损害责任。第二种是因不动产登记机关工作人员的失误，而给不动产权利人、利害关系人以及信赖登记公信力的第三人造成损害的，登记机关应当向不动产权利人、利害关系人、第三人承担与其过错程度及其在损害发生中所起作用相应的损害责任；登记机关承担损害责任后，可以向造成错误登记的工作人员追偿。第三种是不动产登记申请人和不动产登记机关工作人员恶意串通造成不动产权利人、利害关系人或者第三人损害的，应当承担连带赔偿责任。

【管辖】

根据《民事诉讼法》第 28 条的规定，虚假登记损害责任纠纷应当由不动产所在地的人民法院专属管辖。

【法律适用】

处理虚假登记损害责任纠纷的法律依据主要是《民法典》第 222 条，《不动产登记暂行条例》第 29 条、第 30 条，《最高人民法院关于审理房屋登记案件若干问题的规定》第 12 条、第 13 条的规定。

【确定该案由应当注意的问题】

不动产登记具有权利确认和推定、公示和公信的功能，登记内容的正确与否关系着不动产交易双方的合法权益，对社会经济的稳定、不动产登记机关工作的开展也有着重大影响，因此由于虚假登记而造成的损害责任纠纷在诉讼中也是比较常见的。

关于不动产虚假登记损害责任纠纷的法律适用，涉及以下几个问题：

1. 关于不动产登记机关因错误登记产生的损害责任属于国家赔偿责任还是一般民事侵权责任。当事人提供虚假材料申请登记，给他人造成损害的，必然属于民事赔偿的范畴；然而登记机关造成的损害，应当属于哪个范畴，历来存在疑问。我国关于登记机关导致登记错误的规定，分散在许多相关的法律法规和部门规章中。例如，《土地管理法》和《城市房地产管理法》规定了房地产、土地管理部门的工作人员的刑事责任和行政责任，但没有规定其民事责任，故《物权法》对这个问题作出了原则性的规定，登记机关应对登记错误承担损害赔偿责任，弥补了这一空白。《最高人民法院关于审理房屋登记案件若干问题的规定》则将不动产登记机关因为登记错误承担的赔偿责任明确为国家赔偿责任，这符合我国行政管理体制的基本情况。

2. 关于不动产登记机关和第三人连带赔偿责任问题的处理。《最高人民法院关于审理房屋登记案件若干问题的规定》第13条规定："房屋登记机构工作人员与第三人恶意串通违法登记，侵犯原告合法权益的，房屋登记机构与第三人承担连带赔偿责任。"鉴于不动产登记机构的赔偿责任与第三人的赔偿责任分属于国家赔偿责任和民事赔偿责任，是作为民事案件处理还是作为行政案件处理，目前没有明确的规定。从有利于案件的解决，方便当事人诉讼角度看，此类案件则以当事人起诉时的选择为准，原告提起行政诉讼的，按照行政案件一并处理；原告提起民事诉讼的，按照民事案件一并处理。

五、物权保护纠纷

《民事案件案由规定》将物权保护纠纷专门列为第二级案由，以体现物权保护的重要性。从静态的财产关系来看，物权保护纠纷主要是侵害物权产生的纠纷，从性质上看包括物上请求权纠纷和债权请求权纠纷两类。但如何区分物权请求权和债权请求权，在理论上有较大的争议。因此，《民事案件案由规定》未按照请求权的性质区分物权请求权和债权请求权，而是统一规定为物权保护纠纷案由。应当说明的是，物权保护纠纷案由的确定是基于保护方式即责任方式设定的案由，与《民事案件案由规定》按照法律关系确定案由的一般原则不一致。因此，物权保护纠纷案由单独列为物权纠纷下第二级案由后，必然带来两方面的冲突：一是物权保护纠纷案由与物权纠纷下其他第二级案由重合较多，在适用时应当掌握一定的标准进行选择适用；二是物权保护纠纷与侵权责任纠纷、合同纠纷案由，特别是与不当得利纠纷、无因管理纠纷有较多的重合，这也是必须要解决的问题。

我们认为，关于前一个问题，由于物权保护纠纷案由的内容，在所有权纠纷、用益物权纠纷和担保物权纠纷案由下多数都有，并且只能作为第四级案由，如果用益物权纠纷项下的第三级案由是以具体的用益物权种类为标准的，每一个用益物权纠纷的第三级案由都包括了物权保护这一内容在内，可以说是隐含的第四级案由。所以，在处理物权保护纠纷案由与物权纠纷下其他案由的适用关系时，其他第二级案由下的第四级、第三级案由要优先适用，只有其他案由不能包括的物权保护纠纷适用物权保护纠纷项下的第三级案由。可以说，物权保护纠纷案由是一个兜底性案由。如抵押权受到他人侵害引发的保护纠纷，首先应当适用担保物权纠纷下的抵押权纠纷案由，如果是在建建筑物抵押的，则应当适用在建建筑物抵押权纠纷这一第四级案由。如果属于典权类受到侵害引发的纠纷，鉴于《民法典》没有规定典权，但历史上可能遗留一些典权案件，处理时在物权纠纷下其他第二级案由内找不到典权案由，则可以适用物权保护纠纷案由。《最高人民法院关于印发修改后的〈民事案件案由规定〉的通知》（法〔2020〕347号）中明确指出："物权保护纠纷"在修改后的《民事案件案由规定》列举的每个物权类型（第三级案由）项下都可能部分或者全部适用，多数都可以作为第四级案由列举，但为避免使整个案由体系冗长繁杂，在各第三级案由下并未一一列出。实践中需要确定具体个案案由时，如果当事人的诉讼请求只涉及"物权保护纠纷"项下的1种物权请求权或者债权请求权，则可以选择适用"物权保护纠纷"项下的6种第三级案由；如果当事人的诉讼请求涉及"物权保护纠纷"项下的2种或者2种以上物权请求权或者债权请求权，则应按照所保护的权利种类，选择适用"所有权纠纷""用益物权纠纷""担保物权纠纷"项下的第三级案由（各种物权类型纠纷）。

关于第二个问题，《民事案件案由规定》中没有一般侵权的规定，主要原因是各类民事权利都存在侵权纠纷，单独规定一般侵权则需要按照权利的种类进行分类，为了体系上的协调和统计时的需要，我们将一般侵权分别规定在每一类民事权利案由下，人身权一般侵权纠纷，规定在人身权部分；物权的一般侵权规定在物权部分；第三人侵害债权则规定在合同里；知识产权一般侵权规定在知识产权部分；公司、企业、票据等特别法中的一般侵权，也规定在上述案由部分中。但特殊侵权在侵权部分做了特别的规定，这样特殊侵权有自己单独的案由体系，而一般侵权则不单独存在。在适用时，应当作出严格区分，对于特殊侵权的物权保护纠纷，适用特殊侵权案由，对于一般侵权的物权保护纠纷，则适用物权纠纷案由。物权保护纠纷与不当得利、无因管理纠纷等案由竞合时，也优先适用不当得利、无因管理纠纷等案由。

37. 物权确认纠纷

（1）所有权确认纠纷

（2）用益物权确认纠纷

（3）担保物权确认纠纷

【释义】

物权确认纠纷是指就物权的成立、内容及物权的归属而产生的纠纷。在民事诉讼上称为确认之诉。物权确认之诉包括所有权确认之诉、用益物权确认之诉和担保物权确认之诉。

所有权确认纠纷是指就所有权的成立、内容及归属等所产生的民事纠纷。

用益物权确认纠纷是指就用益物权的成立、内容、归属及效力等所产生的民事纠纷。

担保物权确认纠纷是指就担保物权的成立、内容、归属及效力等所产生的民事纠纷。

【管辖】

物权确认纠纷依物之各类，包括不动产物权确认和动产物权确认纠纷两类。不动产物权确认纠纷应由不动产所在地人民法院专属管辖。动产物权确认纠纷不属于专属管辖，应当按照《民事诉讼法》第 21 条和第 22 条第 3、4 项，以及第 23 条等规定确定管辖。鉴于担保物权多以合同设定，属于动产担保物权或者权利担保物权的确认纠纷，当事人在合同中约定管辖的，可以适用。

【法律适用】

处理物权确认纠纷的法律依据主要是《民法典》第 234 条的规定。

【确定该案由应当注意的问题】

适用本案由应当特别注意的是：按照我国现行法律的规定，对于土地的所有权归属问题有争议的，应当由行政机关确认，而不是通过诉讼解决。因此，适用物权确认纠纷案由的，主要是法律规定由行政机关确认之外的物权的确认纠纷，多数为用益物权和担保物权确认纠纷，也包括土地之外的动产所有权和建筑物所有权的确认纠纷。

38. 返还原物纠纷

【释义】

返还原物纠纷是指权利人请求无权占有不动产或者动产的人返还该物的纠纷。返还原物包括返还动产和返还不动产。

【管辖】

一般而言，返还原物纠纷区分标的物属于不动产和动产分别确定管辖。不动产返还纠纷，根据《民事诉讼法》第 33 条由不动产所在地人民法院专属管辖。动产返还纠纷，按照一般地域管辖的规定处理。

【法律适用】

处理返还原物纠纷的法律依据主要是《民法典》第 235 条的规定。

【确定该案由应当注意的问题】

适用本案由时要注意，返还原物与返还财产并不完全相同。返还原物是指物的返还，返还财产是指财产的返还，财产的形态既包括物也包括权利。所以，返还财产的范围要大于返还原物的范围。返还原物是指对物质形态的物的返还。

39. 排除妨害纠纷

【释义】

排除妨害纠纷是指因为物受到他人的妨碍而引发以排除这种妨碍为目的的纠纷。

【管辖】

一般而言，排除妨害纠纷区分标的物属于不动产和动产分别确定管辖。不动产排除妨害纠纷，根据《民事诉讼法》第 33 条由不动产所在地人民法院专属管辖。动产排除妨害纠纷，按照一般地域管辖的规定处理。

【法律适用】

处理排除妨害纠纷的法律依据主要是《民法典》第 236 条的规定。

【确定该案由应当注意的问题】

排除妨害是物权保护的重要方法，它主要是针对妨碍物权行使的行为或者事实状态而采取的一种措施。当物权的行使受到现实或者可能的妨害时，物权人均可以请求排除妨害。

40. 消除危险纠纷

【释义】

消除危险纠纷是指他人之行为或者某一事实状态危害到物的安全，物的权利人请求消除这种危险的民事纠纷。

【管辖】

一般而言，消除危险纠纷区分标的物属于不动产和动产分别确定管辖。不动产消除危险纠纷，根据《民事诉讼法》第 33 条由不动产所在地人民法院专属管辖。动产消除危险纠纷，按照一般地域管辖的规定处理。

【法律适用】

处理消除危险纠纷的法律依据主要是《民法典》第 236 条的

规定。

【确定该案由应当注意的问题】

消除危险是物权保护的重要方法之一，也是基本的民事责任形式之一。当各类具体物权特别是不动产遭受正在进行或者潜在的受损害的危险时，则可以采取消除危险的方法加以保护。在适用本案由时要注意与相邻损害防免关系纠纷案由的区分，后者主要是相邻不动产之间相互损害时适用，而物遭受危险不仅包括相邻不动产相互损害的情形，也包括他人或者相邻动产之间，或者相邻动产与不动产之间的损害危险情形。因此，如果纠纷符合相邻损害防免关系纠纷案由的，应当优先适用该案由，其他物权遭受危险的消除危险纠纷则可以适用本案由。

41. 修理、重作、更换纠纷

【释义】

修理、重作、更换纠纷是指因为造成物的毁损，权利人请求修理、重作、更换的纠纷。

【管辖】

一般而言，修理、重作、更换纠纷区分标的物属于不动产和动产分别确定管辖。不动产纠纷，根据《民事诉讼法》第 33 条由不动产所在地人民法院专属管辖。动产的修理、重作、更换纠纷，按照一般地域管辖的规定处理。

【法律适用】

处理修理、重作、更换纠纷的法律依据主要是《民法典》第 237 条的规定。

【确定该案由应当注意的问题】

修理、重作和更换都是一种物的保护方法，是一种责任方式。当物受到毁损时，可以根据具体情况要求修理、重作或者更换。一般的不动产受到毁损时，多可以适用修理的责任方式。动产受到毁损的，能修理的则可以适用修理的方法，如果不能修理的，可以重作或者更换。

42. 恢复原状纠纷

【释义】

恢复原状纠纷是指当物受到毁损时，物权人要求侵害人采取措施将物恢复到原来状态的纠纷。恢复原状也是物权保护的一种方法，是物权请求权的一种。

【管辖】

一般而言，恢复原状纠纷区分标的物属于不动产和动产分别确定管辖。不动产恢复原状纠纷，根据《民事诉讼法》第 33 条由不动产所在地人民法院专属管辖。动产恢复原状纠纷，按照一般地域管辖的规定处理。

【法律适用】

处理恢复原状纠纷的法律依据主要是《民法典》第 237 条的规定。

【确定该案由应当注意的问题】

恢复原状这种责任方式的运用，是以物受毁损并有恢复原状之可能为前提，从性质上看这种责任方式目的在于使物的使用价值和价值得以恢复。但在适用时，可能与修理、重作等有一定重合的地方。一般情况下，修理也可以使物恢复到原来状态。如果以修理方式恢复原状，应直接适用修理、重作、更换纠纷案由。

43. 财产损害赔偿纠纷

【释义】

财产损害赔偿纠纷是指因为财产受到损害，权利人请求赔偿损失的纠纷。

【管辖】

财产损害赔偿纠纷属于典型的侵权责任纠纷，我们认为，应按照《民事诉讼法》第 28 条确定管辖，即：由被告住所地或者侵权行为地人民法院管辖。

【法律适用】

处理财产损害赔偿纠纷的法律依据主要是《民法典》第238条的规定。

【确定该案由应当注意的问题】

应当注意，赔偿损失是最为基本的民事责任形式之一。在侵权责任和合同责任上都有损害赔偿的规定，侵权责任和违约责任的最基本的形式都是损害赔偿。所以，此处所指财产损害赔偿，是指物权受到侵权后的损害赔偿，主要是侵权法意义上的损害赔偿。

六、所有权纠纷

《民事案件案由规定》将“所有权纠纷”列为物权纠纷的第二级案由。所有权是物权的基础，是最典型的物权，也是最完整的物权。他物权均产生于所有权，以所有权为母权利，在权能上受限于所有权。用益物权则是在他人所有的物上设立的以使用收益为目的的物权，担保物权是担保人以自己所有的物为他人设定的能够就担保物的价值优先受偿的物权。所以，所有权纠纷被列为第二级物权纠纷案由。但涉及所有权的纠纷并非都属于物权纠纷，因此也不一定适用本案由。如因土地所有权确权发生的争议，按照法律规定人民法院不享有主管权，应当由行政机关处理。在所有权纠纷案由项下，又单独列出了侵害集体经济组织成员权益纠纷、建筑物区分所有权纠纷等11个第三级案由，业主专有权纠纷等15个第四级案由。在适用时，应当优先适用第四级案由，然后再适用第三级案由；第三级案由也没有规定的，则直接适用所有权纠纷这一第二级案由。如在用益物权纠纷部分规定了承包地征收补偿费用分配纠纷的案由，但没有在所有权纠纷案由中列农村土地征收补偿费用分配纠纷案由，发生此类案件的，可以直接适用所有权纠纷的案由。侵权部分只规定了特殊侵权，同时在一些特殊领域中规定了侵权案由，而一般的财产所有权受到侵害的，适用何种案由未规定，可以直接适用所有权纠纷的案由。

44. 侵害集体经济组织成员权益纠纷

【释义】

集体经济组织成员权益在《民法典》上主要指以集体所有权为基础的集体成员依法享有的财产权益。集体所有是一种特殊的物权形式，集体成员依法对集体财产享有集体所有权，这是集体成员权益产生、存在和行使的依据。《民法典》第261条至第265条对集体经济组织成员的权利作出比较详细的规定，大致而言包括两种权利：一是直接的物权，即对集体所有的动产和不动产的占有、使用、收益的权利；二是物权派生的管理权利，即对集体财产进行管理决策的权利。

【管辖】

侵害集体经济组织成员权益纠纷要区分权益受侵害的具体情形确定管辖。对于集体经济组织、村民委员会或者其负责人作出的决定侵害集体成员合法权益时，受侵害的集体成员向人民法院请求撤销的纠纷，集体经济组织成员知情权纠纷，由集体经济组织所在地人民法院管辖。对于其他经济组织成员之间的权益纠纷，组织之外的人侵害成员权益纠纷，按照产生纠纷的基础法律关系确定管辖。

【法律适用】

处理侵害集体经济组织成员权益纠纷的法律依据主要是《民法

典》第 261 条至第 265 条的规定。

【确定该案由应当注意的问题】

集体经济组织成员权益是集体所有权得以落实的基础，是重要的财产权利。所以，《民事案件案由规定》将因此而产生的纠纷规定为所有权纠纷项下的第三级民事案由。在适用本案由时，应当注意以下几点：

1. 应当注意本案由的适用范围。从广义上理解，侵害集体经济组织成员权益纠纷应当包括侵害集体成员就集体所有财产所享有的两种权益而引发的一切纠纷，从形式上看既包括集体组织侵害集体成员权益的纠纷，也包括集体成员之间侵害权益的纠纷，还包括集体组织之外的人侵害集体成员权益的纠纷。从狭义上理解，侵害集体经济组织成员权益纠纷仅指《民法典》第 265 条规定的农村集体经济组织、村民委员会或者其负责人作出的决定侵害集体成员合法权益时，受侵害的集体成员向人民法院请求撤销的纠纷案件。我们认为，鉴于《民法典》及相关法律对集体经济组织成员权益的保护规定并不明确，特别是集体经济组织成员权益在行使中受到侵害的情形还普遍存在，仅适用撤销集体经济组织不当决定的方式尚不足以保护集体成员的合法权益，因此原则上本案由下可以容纳集体成员权益受到侵害的一切民事纠纷。

2. 注意本案由与其他几个与集体经济组织成员权相关案由的关系。(1) 在涉及土地承包经营时，要注意与土地承包经营权纠纷以及土地承包合同纠纷的区别。土地承包经营权的基础权利是集体经济组织成员权。土地承包经营权纠纷是以土地承包经营权的产生、使用、转让、处分等为基础的纠纷。所以，判断是否适用该案由时，应当以土地承包经营权是否存在为前提，除当事人对土地承包经营权的成立有争议时可以适用该案由外，一般土地承包经营权不存在时则不适用该案由。同样，土地承包合同纠纷也必然是针对土地承包合同关系而产生的纠纷，且纠纷当事人为合同的具体双方，否则一般不适用该案由。本案由则可以适用于上述两个案由不能容纳的涉及土地承包的民事纠纷，如对土地发包方案不服向人民法院起诉请求撤销的，再如对集体组织应予发包给其土地而不作为而起诉的等。因为这些涉及土地承包的纠纷还没有订立承包合同，也没有成立土地承包经营权，所以要适用本案由。(2) 土地征收补偿相关纠纷中要注意与土地承包经营权纠纷项下的承包地征收补偿费用分配纠纷相区别。从农村征收土地的情况来看，既包括征收已经发包的土地，也包括征收未发包的土地。对于他人已经承包的土地被征收时，土地承包经营权人要求分配征收补偿费用的纠纷要适用承包地征收补偿费用分配纠纷的案由。对于未发包的土地被征收后集体组织成员对土地补偿费用分配不服提起的诉讼，或者承包人之外的其他集体组织成员对承包地征收后的补偿费用分配不服引发的纠纷，则适用本案由。

45. 建筑物区分所有权纠纷

（1）业主专有权纠纷
（2）业主共有权纠纷
（3）车位纠纷
（4）车库纠纷

【释义】

建筑物区分所有权是随着现代城市的兴起以及人类建筑技术的高度发展而产生的一种较为特殊的不动产所有权形态，也是近现代各国物权法上一项重要的不动产权利。业主的建筑物区分所有权，是指业主对建筑物内的住宅、经营性用房等专有部分享有所有权，对专有部分以外的共有部分享有共有和共同管理的权利。建筑物区分所有权分为三部分内容：一是业主的专有权部分，这与一般的个别所有权相同，在一定条件下可独立地占有、使用、收益和处分；二是共有权部分，在法律上可能为共同共有也可能为按份共有，如建筑物外墙部分、公共道路、公共绿地、楼梯等即为共同共有部分，其他的建筑物共有部分可以依约定为按份共有；三是共同管理事务，即业主共同对事关整个小区或者某一建筑物的使用的事项为共同保护、管理、修缮等。建筑物区分所有权与其他的物权相比有其特殊性：一是专有权的使用和处分必须与共有部分一并处分；二是共有部分不能单独处分；三是共有权部分不能因放弃共同管理义务而放弃。

业主专有权纠纷是指因建筑物区分所有权中业主专有权部分的权利归属、使用、收益和处分产生的纠纷。

业主共有权纠纷是指业主之间因为建筑物共有部分的权利归属、使用、收益和处分等内容发生的纠纷。

车位纠纷是指业主与开发商或者业主与业主之间就车位的权属、使用、收益等发生的纠纷。

车库纠纷是指业主与开发商或者业主与业主之间就车库的权属、使用、收益等发生的纠纷。

【管辖】

建筑物区分所有权纠纷属于不动产引发的纠纷，应当由建筑物所在地的人民法院专属管辖。

【法律适用】

处理建筑物区分所有权纠纷的法律规定主要是《民法典》第 271 条至第 276 条、第 283 条，《最高人民法院关于审理建筑物区分所有权纠纷案件适用法律若干问题的解释》的规定。

【确定该案由应当注意的问题】

建筑物区分所有权是重要的不动产所有权类型，最早是《物权法》规定的物权制度。因建筑物区分所有权发生的争议，是所有权部分的重要纠纷类型，所以《民事案件案由规定》将其规定为第三级案由。同时考虑到业主专有权纠纷、业主共有权纠纷和车位纠纷、车库纠纷是建筑物区分所有权中较为典型，也是目前审判实践中最为常见的建筑物区分所有权纠纷，所以《民事案件案由规定》将这4类纠纷列为建筑物区分所有权纠纷下的第四级案由。其他建筑物区分所有权纠纷不再单独列出，直接适用第三级案由。

车位纠纷、车库纠纷中的车位归属纠纷、车库归属纠纷，主要发生在业主与开发商之间，在个别情况下也会出现业主与业主之间因为车位、车库归属的争议。车位、车库类纠纷中还有因为出租、购买、使用而发生的纠纷，比如，业主根据《民法典》第276条“建筑区划内，规划用于停放汽车的车位、车库应当首先满足业主的需要”的规定而主张优先购买或者优先承租车位、车库的纠纷；再如，因他人侵占车位、车库而发生纠纷。

业主共有权纠纷包括的类型也较多。业主共有既包括共有权利也包括共有义务，其范围较为广泛，主要包括：（1）全体业主对建筑物整体所共同享有的权利、义务；（2）全体业主对建筑物某一部分共同享有的权利、义务；（3）因一部分业主于某共用部分上设定专有使用权而产生的权利、义务；（4）因对建筑物基地的利用而产生的业主与土地所有权人之间的权利、义务。共有权的权利包括：使用权、收益权和修缮改良权。对共有权部分，各共有权利人依照法律、法规和管理公约有权合理使用，而为使用时不得专以侵害他人的使用权为目的。共有部分产生的收益，包括法定孳息和自然孳息，前者如建筑物外立面之墙体广告的收入、电梯间广告收益、公共停车位之收费；后者如公共绿地上的果树生产的果实。各共有权人对共有权部分的收益享有所有权。修缮改良权是现代社会中，为提高共同生活条件而允许建筑物共有人对共有部分单纯进行修缮和改良，并使之成为共有人之一项权利。

46. 业主撤销权纠纷

【释义】

业主撤销权纠纷是指业主认为业主大会或者业主委员会作出的决定侵害其合法权益，依照法律规定向人民法院提起的撤销业主大会或者业主委员会决定的纠纷。业主大会和业主委员会是建筑物区分所有权下之业主共同组成和选举产生的自治管理性组织。它设立的目的是更好地解决各业主之间对共有建筑物部分的合理使用和有效维护问题，提高业主们的共同生活水平和质量。2003 年我国制定了《物业管理条例》，首次明确了业主大会和业主委员会的概念并建立了相应的制度。《物权法》对此作出规定。业主大会由该小区的全体业主组成。业主委员会由小区业主选举代表组成。业主大会成立后，代表业主行使物业管理活动中的重要权利，业主委员会是业主大会的执行机构。业主大会和业主委员会作出的物业管理方面的决定，对全体业主均具有约束力。如果该决定侵害了某一或者某些业主的合法权益的，法律赋予该业主向人民法院起诉请求撤销该决定的权利，以保护其权益。《民法典》对此作出了进一步修改完善。

【管辖】

业主撤销权纠纷由建筑小区所在地人民法院管辖。

【法律适用】

处理业主撤销权纠纷的法律依据主要是《民法典》第277条至第280条，《物业管理条例》第8条至第19条，《最高人民法院关于审理建筑物区分所有权纠纷案件适用法律若干问题的解释》的规定。

【确定该案由应当注意的问题】

业主对业主大会和业主委员会的决定的撤销权纠纷，作为建筑物区分所有权各业主共同行使物业管理权方面的最为重要和典型的纠纷，《民事案件案由规定》将其规定为第三级案由，下未再设第四级案由。

业主撤销权纠纷在适用上应当严格把握以下几点：

1. 提起诉讼的只能是小区的业主。按照《物业管理条例》第6条的规定，业主是指在该物业小区内享有房屋所有权的人，即享有建筑物区分所有权的人。现实生活中，业主的物业经常通过租赁等形式交给他人使用，真正承担物业义务的可能正是房屋的使用权人。这些房屋的使用权人能否享有业主的物业管理权利，法律目前没有明确的规定。所以，人民法院在受理业主撤销权诉讼时，要审查业主的身份，如果是房屋的使用权人而非所有权人的，一般不予准许。判断是否为业主查看房屋所有权登记簿即可。但应当看到，目前我国房屋市场仍然处于多样化阶段，对于国家工作人员等先前取得的福利性住房以及购买的经济适用房，包括一些集资建房，有的还没有办理产权登记，但已经入住且可能会发生物业方面的争议，对此类情况在原告主体资格要求上应当区别对待。

2. 被告为业主大会或者业主委员会，诉讼请求应当限于撤销业主大会或者业主委员会作出的物业管理方面的决定，即为撤销权之诉。对于因业主大会或者业主委员会作出的决定侵害某一或者某些业主的合法权益致其遭受损失能否请求损害赔偿的问题，《民法典》和其他法律没有明确的规定，理论上和实践中争论较大。鉴于业主大会和业主委员会是小区物业管理的自治组织，其本身并无财产可供执行，业主单独主张损害赔偿的，人民法院不予受理。在撤销之诉中一并提出损害赔偿的，人民法院对损害赔偿部分不予审理。此外，业主大会或者业主委员会作出的超出物业管理方面的决定，业主是否有权请求予以撤销？按照《物业管理条例》的规定，业主大会和业主委员会作出的超出物业管理的决定应当无效。业主对无效之决定提请法院撤销的，人民法院可以确认该决定无效。

3. 业主的撤销权诉讼应当限于业主大会或者业主委员会作出的决定，对于小区业主大会或者业主委员会选举中出现的争议，有关业主提出异议向人民法院起诉的，不属于民事争议，人民法院不予受理。

47. 业主知情权纠纷

【释义】

业主知情权纠纷是指业主请求业主大会或者业主委员会公开依法应当向业主公开的资料和情况而引发的纠纷。业主作为建筑小区的共有权利人，对于涉及小区共有权利的有关情况和资料具有相应的知情权，这是实行小区自治的基本前提，也是建筑物区分所有权应有的内容之一。《民法典》第281条就建筑物及其附属设施的维修资金规定为属于业主共有，并由业主共同决定其使用，同时明确规定维修资金的筹集、使用情况应当公布。这就明确赋予了业主对于维修资金有关情况的知情权。这缘于实践中，建筑物及其附属设施的维修资金对于小区的正常维护的重要性，以及在管理及归属等方面存在的问题比较突出，因此，物权法律对此作出专门规定。实践中，关于建筑物区分所有权中涉及业主共有的事项还是比较多的，业主大会和业主委员会应当将这些事项定期向业主公开，业主也有权查询这些情况。因此，

《最高人民法院关于审理建筑物区分所有权纠纷案件适用法律若干问题的解释》第13条规定了其他几种业主享有知情权的情形：管理规约、业主大会议事规则，以及业主大会或者业主委员会的决定及会议记录；物业服务合同、共有部分的使用和收益情况；建筑区划内规划用于停放汽车的车位、车库的处分情况；其他应当向业主公开的情况和资料。

【管辖】

业主知情权纠纷属于物业管理纠纷，主要发生在业主与业主大会、业主委员会之间，以业主大会、业主委员会为被告，可以由建筑小区所在地人民法院管辖。

【法律适用】

处理业主知情权纠纷的法律依据主要是《民法典》第281条、《最高人民法院关于审理建筑物区分所有权纠纷案件适用法律若干问题的解释》第13条的规定。

【确定该案由应当注意的问题】

在适用本案由时应当注意两点：一是关于业主知情权的范围，《民法典》第281条规定的建筑物及其附属设施的维修资金的筹集、使用情况只是其中的一种情形，最高人民法院司法解释增加了三项具体的情形，还有兜底条款。在确定知情权的范围时，可以根据实践中的具体情况来确定，但应当限于与业主共有相关的、涉及业主个人权利的情况。二是关于与业主撤销权纠纷等其他案由的关系问题。业主可以单独就知情权提起诉讼，也可能在提起的其他诉讼中涉及业主知情权，如业主撤销权纠纷中，可能涉及要求业主大会或者业主委员会公布其决定内容和有关程序等事项，只列业主撤销权纠纷案由即可。

48. 遗失物返还纠纷

【释义】

遗失物是动产的所有人或占有人非基于其意愿而失去控制的物品。遗失物返还纠纷，是指所有权人或者其他权利人在遗失其财物后，请求拾得遗失物的人或者其他占有遗失物的人予以返还而引发的纠纷。权利人丧失对物的占有，并不丧失对物的权利，因此，基于所有权等物权本身的绝对权属性和追及效力，权利人对于遗失的财物可以向拾得人或者从拾得人处占有遗失物的人主张遗失物的返还请求权，请求归还所占有的遗失物。通常而言，遗失物的返还请求权属于典型的物权请求权，它以所有权和其他物权关系为其产生基础。实务中，针对遗失物能够享有和行使此项请求权的人原则上只能是遗失物的所有权人，其他权利人可以依据其合法权利关系以及对物的合法占有关系行使对遗失物的返还请求权，这里的权利可以是他物权，比如动产质权、留置权，也可以是存在合法占有标的物的合同关系，比如保管人对于其保管的物品遗失后，可以向遗失物的占有人请求返还。而请求权的相对人应为遗失物的无权占有人，原则上可能包括拾得遗失物的人和占有遗失物的第三人。换言之，此项请求权既可以针对拾得人行使，也可能针对第三人行使。《民法典》第312条在总结各方意见的基础上，基本沿用《物权法》第107条的规定，明确了所有权人等权利人有权追回遗失物，表明我国的物权法律制度更倾向于对所有权的保护，这也体现了中国传统文化中倡导的拾金不昧的美德。该条规定：“所有权人或者其他权利人有权追回遗失物。该遗失物通过转让被他人占有的，权利人有权向无处分权人请求损害赔偿，或者自知道或者应当知道受让人之日起2年内向受让人请求返还原物；但是，受让人通过拍卖或者向具有经营资格的经营者购得该遗失物的，权利人请求返还原物时应当支付受让人所付的费用。权利人向受让人支付所付费用后，有权向无处分权人追偿。”第 314 条进一步规定：“拾得遗失物，应当返还权利人。拾得人应当及时通知权利人领取，或者送交公安等有关部门。”在此需要注意的是，第 312 条对失主请求遗失物受让人返还遗失物的请求权，明确了应当自知道或应当知道遗失物受让人之日起二年内主张的期间限制。这是对遗失物所有权归属的特别规定，涉及遗失物问题的，应当适用这一规定。“二年内”属于权利行使期间的范畴。这一期间是对原所有权人行使返还请求权的限制，也是对“遗失物善意取得”的期限限制，即失主自上述 2 年内未请求受让人返还遗失物的，受让人即发生善意取得。

【管辖】

遗失物返还纠纷通常而言属于动产返还纠纷，根据《民事诉讼法》第 21 条的规定，适用一般地域管辖，由被告住所地人民法院管辖；被告住所地与经常居住地不一致的，由经常居住地人民法院管辖。

【法律适用】

处理遗失物返还纠纷的法律依据主要是《民法典》第 312 条至第 318 条的规定。

【确定该案由应当注意的问题】

遗失物返还请求权是物权保护的重要方式，也是物权追及效力的具体形式之一，在物权法理论和实践中具有重要的地位。现实生活中，遗失财产的情形较多，产生的纠纷数量不少，因此在物权纠纷项下将遗失物返还纠纷列入第三级案由。

在适用遗失物返还纠纷案由时，应当注意以下几点：

1. 提起遗失物返还诉讼的原告应当是遗失物的所有权人或者其他物权人。单纯的占有人不能对占有物的遗失提起遗失物返还请求诉讼。

2. 遗失物返还纠纷以请求返还遗失物的诉讼为典型，但下列因遗失物而引发的纠纷也可以纳入此案由项下：(1) 遗失物返还之支付购买费用纠纷；(2) 遗失物返还时支付购买费用后向无权处分人的追偿权纠纷；(3) 遗失物返还时的保管费用支付纠纷等。此外，依据《民法典》第312条规定的权利人请求无权处分人损害赔偿的，应为侵权责任纠纷，不宜直接列为遗失物返还纠纷。

3. 遗失物返还纠纷必须是针对遗失物提起的诉讼。并不是所有的物都构成遗失物，遗失物必须具备几个条件：(1) 须为有所有权主体的动产，即遗失物不是无主物。(2) 须所有人实际丧失占有。占有状态是否丧失，应依客观情形及社会一般观念而定，仅于暂时不能实现有效控制，不能称为丧失占有。(3) 须无人占有。实务中，所有权人或者其他权利人将某物品忘置于他人住所、宾馆、出租车上的，仍属有人占有，该物品应属于遗忘物的范畴。这时，不管该住所主人、宾馆管理人员、出租车司机等是否知道物主已将他的物品忘置于他们管领控制的范围，他们也都是该遗忘物品的占有人。

49. 漂流物返还纠纷

【释义】

漂流物，通常是指漂浮于水上的物品。如果有的物品是沉没在水中的，通常被称为沉没物。沉没物应属于埋藏物或者隐藏物的范畴。漂流物返还纠纷是指漂流物的所有权人或者其他权利人请求拾得漂流物的人或者其他占有人归还漂流物的纠纷。漂流物与遗失物一样，都只能是动产。遗失物是指有主财产，即明确有权利人的动产。而漂流物则可能是有主物，也可能是无主物。如果属于有主物，则适用与遗失物返还请求相关的法律规则，所有权人或者其他权利人可以请求返还，并依照法律规定向拾得人支付必要费用。依照法律规定的程序自发布招领公告之日起满一年无人认领的，则收归国家所有。对于无主财产，按照《民法典》的规定，其所有权应当归国家所有，拾得人不能取得所有权。如果漂流物属于国家文物的，则适用《文物保护法》的有关规定处理。

【管辖】

漂流物返还纠纷主要是动产返还纠纷，根据《民事诉讼法》的规定，适用一般地域管辖，由被告住所地人民法院管辖。

【法律适用】

处理漂流物返还纠纷的法律依据主要是《民法典》第319条的规定。

【确定该案由应当注意的问题】

漂流物返还纠纷是与遗失物返还纠纷并列的一类物权纠纷，所以《民事案件案由规定》将其列为第三级案由。由于漂流物返还纠纷在适用法律规定时参照《民法典》有关遗失物的规定处理，其适用范围和案件类型参照遗失物返还纠纷有关内容。比如《民法典》第316条规定的“拾得人在遗失物送交有关部门前，有关部门在遗失物被领取前，应当妥善保管遗失物。因故意或者重大过失致使遗失物毁损、灭失的，应当承担民事责任”，第317条规定的“权利人领取遗失物时，应当向拾得人或者有关部门支付保管遗失物等支出的必要费用。权利人悬赏寻找遗失物的，领取遗失物时应当按照承诺履行义务。拾得人侵占遗失物的，无权请求保管遗失物等支出的费用，也无权请求权利人按照承诺履行义务”等。

50. 埋藏物返还纠纷

【释义】

埋藏物是指埋藏于水、土之中，不易从外部发现且所有人不明的动产物品。埋藏物通常是指权利人不明的物品，但并非都属于无主财产。埋藏物大多出于有意，但不以此为限。一般来讲，埋藏物品的人，称为埋藏人。发现埋藏物的人，称发现人。发现人发现埋藏物，可视情况分别处理：一是能够判定埋藏人，且埋藏物不易为他人发现，发现人可以不挖取埋藏物，并将埋藏物继续掩埋好，且将发现情况告知埋藏人。二是能够判定埋藏人，且埋藏物易为他人发现，发现人可依前种情形处理，也可以将埋藏物挖出，交还埋藏人。三是不能判定埋藏人，且埋藏物不易为他人发现，发现人可以不挖取埋藏物，并将埋藏物继续掩埋好。发现人可以将发现情况告知有关单位或者公安机关。四是不能判定埋藏人，且埋藏物易为他人发现，发现人可依前种情形处理，也可以挖取埋藏物，按拾得不知遗失物丢失人的遗失物的办法处理。发现人发现的埋藏物倘若是文物，应依《文物保护法》处理。① 埋藏物被他人发现的，发现人并不能取得埋藏物的所有权。如果埋藏物是有主财产，则埋藏物的权利人可以依法请求发现人返还该埋藏物。如果埋藏物是无主财产的，则应当收归国家所有。埋藏物属于文物的，还应当适用《文物保护法》的有关规定。埋藏物返还纠纷是指埋藏物的所有权人或者其他权利人请求发现埋藏物的人或者其他占有埋藏物的人返还埋藏物的纠纷。

① 胡康生主编：《中华人民共和国物权法释义》，法律出版社2007年版，第252页。

【管辖】

埋藏物返还纠纷主要是动产返还纠纷，根据《民事诉讼法》的规定，适用一般地域管辖，由被告住所地人民法院管辖。

【法律适用】

处理埋藏物返还纠纷的法律依据主要是《民法典》第319条，《文物保护法》第5条、第31条、第32条的规定。

【确定该案由应当注意的问题】

埋藏物返还纠纷参照适用《民法典》关于遗失物返还请求权的有关规定，法律另有规定的，依照其规定。《民事案件案由规定》将其与遗失物返还纠纷并列为第三级案由。在适用时，要注意的是：

1. 对于发现行为的认定，发现人是否具有行为能力在所不问。因这一行为在性质上属于事实行为，并不以发现人或者拾得人有行为能力为要件。

2. 关于参照适用的规则。发现埋藏物参照适用拾得遗失物规则的最为核心内容就是所有权归属问题。参照适用遗失物的规则，就意味着拾得人拾得漂流物、发现人发现埋藏物或隐藏物后，不能取得该物的所有权，也不能依法享有报酬请求权，有关部门给拾得人或发现人一定数额的物质奖励并不属于报酬请求权的范畴。但拾得人或发现人有权要求权利人或有关部门支付合理保管费用。同时，可以基于权利人的悬赏广告享有相应的报酬请求权。

3. 关于《文物保护法》的适用。《民法典》第319条虽然删除了《物权法》原来专门列明的《文物保护法》，但并不影响该法对于埋藏物、隐藏物或者漂流物的典型适用价值。我国属于文物大国，许多文物尚未出土。为了保护这些埋藏在地下或水中的文物，《文物保护法》第5条第1款规定："中华人民共和国境内地下、内水和领海中遗存的一切文物，属于国家所有。"该法第32条规定："在进行建设工程或者在农业生产中，任何单位或者个人发现文物，应当保护现场，立即报告当地文物行政部门，文物行政部门接到报告后，如无特殊情况，应当在二十四小时内赶赴现场，并在七日内提出处理意见。文物行政部门可以报请当地人民政府通知公安机关协助保护现场；发现重要文物的，应当立即上报国务院文物行政部门，国务院文物行政部门应当在接到报告后十五日内提出处理意见。依照前款规定发现的文物属于国家所有，任何单位或者个人不得哄抢、私分、藏匿。"同时，该法第12条规定，发现文物及时上报或者上交，使文物得到保护的，由国家给予精神鼓励或者物质奖励。第74条还规定，发现文物隐匿不报或者拒不上交，尚不构成犯罪的，由县级以上人民政府文物主管部门会同公安机关追缴文物；情节严重的，处五千元以上五万元以下的罚款。非法侵占文物构成犯罪的，依据《刑法》规定，则要追究刑事责任。对属于国家所有的文物提出的埋藏物返还请求，人民法院不能作为民事案件受理。

51. 隐藏物返还纠纷

【释义】

隐藏物是指隐匿于建筑物等地上动产或不动产之中的物品。从性质上来看，隐藏物与埋藏物非常相似，无本质区别。在区分时一般限于该物是隐藏于地下（甚至水下）还是地上（比如，建筑物中），如果隐藏于地下，则称之为埋藏物；如果隐藏于地上的不动产或者动产中，则称之为隐藏物。发现隐藏物和发现埋藏物的法律后果是相同的：隐藏物归隐藏人所有；所有人不明的隐藏物，收归国家所有，隐藏物并不因所隐匿的建筑物等动产或不动产所有权的转移而转移所有权。发现人并不能因发现行为而取得所有权，也不能依法享有报酬请求权，有关部门给发现人一定数额的物质奖励并不属于报酬请求权的范畴。但发现人有权要求权利人或有关部门支付合理保管费用。同时，可以基于权利人的悬赏广告享有相应的报酬请求权。隐藏物返还纠纷即指隐藏物的权利人依法请求发现隐藏物的人或者其他占有人归还隐藏物的民事纠纷。

【管辖】

隐藏物返还纠纷主要是动产返还纠纷，根据《民事诉讼法》的规定，适用一般地域管辖，由被告住所地人民法院管辖。

【法律适用】

处理隐藏物返还纠纷的法律依据主要是《民法典》第319条，《文物保护法》第5条、第31条、第32条的规定。

【确定该案由应当注意的问题】

隐藏物返还纠纷与埋藏物返还纠纷一样，《民事案件案由规定》将其列为第三级民事案由。在适用本案由时应当注意，在法律适用上仍然要参照适用拾得遗失物的规则，具体可参阅上述埋藏物返还纠纷项下的内容。

52. 添附物归属纠纷

【释义】

添附为附合、混合及加工三者的总称。附合、混合为物与物之结合，加工为工作与物之结合，均有添加结合之关系，均为动产所有权变动的原因。添附之所以成为所有权取得的一种方式，在于不同人的物结合或混合成为一个新物或因对物之加工而其成为新物时，或者不能恢复原状，或者恢复原状费用过巨，不符合经济与效益原则。因此，从增进社会财富、充分发挥物的效用的原则出发，应承认添附可以引起物权的变动，重新确认添附所形成的新物的所有权归属，使其归于一人所有或形成共有；未取得添附物所有权的一方所受之损失，得依法律关于不当得利的规定，请求取得添附物所有权的人予以偿付。《民法典》之前，我国法律上并没有添附的规定。最初《关于贯彻执行〈中华人民共和国民法通则〉若干问题的意见（试行）》第 86 条和《关于适用〈中华人民共和国担保法〉若干问题的解释》第 62 条对于非产权人在使用他人的财产上增添附属物的问题和抵押物发生添附时相关问题的处理作出了规定。结合司法实践的需求和之前相关文件的规定，《民法典》在第 322 条对添附作出明确规定，是立法的一大进步。具体来讲，添附物包括以下三种：（1）附合物，是指不同所有人的物结合在一起而形成的新物。附合主要有两种情形，即动产与不动产的附合及动产与动产的附合。（2）混合物，是指不同所有人的动产混杂在一起而成为的新物。混合的成立应具备三个条件：一是发生混合的各物都是动产；二是混合后各部分已无法识别，或者虽能采用某种方法识别但识别成本太大；三是混合前的各个动产分属于不同的所有权人。（3）加工物，是指在他人之物上进行劳动从而提升了该物之价值而形成的物。其构成要件有三：一是须对他人之物进行劳动。所进行劳动之物必须是他人之物，若系对自己之物进行了劳动则不属于法律上的加工。二是须提升了标的物的价值。若对他人的物实施某项行为导致标的物价值降低了，这属于侵权行为之列，行为人须承担相应的侵权责任，当然不属于加工。三是须行为人与标的物所有人之间就加工的情形没有约定。如果行为人事先与标的物所有人之间有约定，则不属于加工，而属于承揽合同或者其他合同的问题，应适用《民法典》合同编的规定。添附物归属纠纷是指添附物的所有权人因添附物的所有权归属发生争议而引发的纠纷。添附物归属纠纷为《民事案件案由规定》2020 年修正时新增的案由。

【管辖】

添附物归属纠纷应区分动产和不动产。如果仅涉及动产与动产的混合、附合、加工，根据《民事诉讼法》的规定，适用一般地域管辖，由被告住所地人民法院管辖。如果涉及动产与不动产的混合、附合、加工，则应当由不动产所在地人民法院管辖。

【法律适用】

处理添附物归属纠纷的法律依据主要是《民法典》第 322 条、《最高人民法院关于适用〈中华人民共和国民法典〉有关担保制度的解释》第 41 条等相关规定。

【确定该案由应当注意的问题】

添附物归属纠纷为《民事案件案由规定》2020 年修正时的新增案由。在适用时要注意以下问题：

1. 要注意构成添附的条件及相应的权属规则。比如，动产与动产的附合的成立须具备三个条件：一是附合物与被附合物都是动产；二是附合后所形成的附合物非经毁损不能分离或分离的花费过大；三是原两个或者几个动产分属于不同的人所有。① 至于权属问题，《民法典》对于附合、混合和加工采取了相同的规则。依据《民法典》第322条的规定，当事人有约定的，要按照约定处理，如果当事人没有约定，则“按照充分发挥物的效用以及保护无过错当事人的原则确定”。我们认为，依据《民法典》第322条的规定，这里的约定不仅要以合法有效，即不违反法律的强制性规定或者公序良俗为前提，还要明确具体地就所有权的归属作出约定，否则就要按照法定规则办理。

2. 应注意区分添附行为人主观上的善意和恶意。主观存在过错的恶意添附人构成侵权，不仅不能取得所有权，还应承担侵权责任。添附独有的价值在于促进物的有效利用，在发生添附的情况下，要恢复原状往往事实上已不可能，继续维持该添附物有利于维护经济价值，避免财产的浪费。因此，在确定权属时，法律不允许破坏物的一体性而强行将添附物拆除，并以物归原主的方式来明确物的所有权。

此外，在适用添附物归属纠纷时，应注意与不当得利纠纷的选择适用。在善意添附的情形下，则应依添附规则确定添附物的归属。善意添附人未获得添附物所有权的，可依不当得利之规定予以救济。受损害的一方当事人可以基于不当得利之债的内容，向得利者主张相应的返还责任。

① 参见刘保玉：《物权法学》，中国法制出版社2007年版，第214页。

53. 相邻关系纠纷

（1）相邻用水、排水纠纷
（2）相邻通行纠纷
（3）相邻土地、建筑物利用关系纠纷
（4）相邻通风纠纷
（5）相邻采光、日照纠纷
（6）相邻污染侵害纠纷
（7）相邻损害防免关系纠纷

【释义】

相邻关系是指相互毗邻的两个以上不动产所有人、用益物权人或占有人，在用水、排水、通行、通风、采光等方面根据法律规定产生的权利义务关系。在本质上，相邻关系是相邻不动产的权利人行使其权利的一种延伸或限制。给对方提供必要便利的不动产权利人是权利受限制的一方，因此取得必要便利的不动产权利人是权利得以延伸的一方，这种延伸是行使所有权和使用权所必需的。

相邻用水、排水关系是指相邻不动产权利人之间在用水和排水上相互给予必要便利的关系。对于自然流水的利用应当合理分配，对于自然流水的排放应当尊重自然流向。

相邻通行关系是指相邻不动产权利人之间在通行方面给予对方必要的土地使用上的便利关系。

相邻土地、建筑物利用关系是指不动产权利人因用水、排水、通行、铺设管线等利用相邻不动产时应当尽到必要的安全保护义务，一旦发生损害的应当承担相应的损害责任。相邻土地、建筑物利用既包括临时利用也包括长期利用。

相邻通风、采光、日照关系是指相邻不动产权利人之间在通风、采光、日照方面应给予对方必要的便利，一方在建造建筑物时，不得违反国家有关工程建设标准，妨碍相邻建筑物的通风、采光、日照。

相邻污染侵害是指相邻不动产权利人违反国家规定弃置固体废物，排放大气污染物、水污染物、噪声、光、电磁波辐射等有害物质，以侵害相邻人之生命安全、身体健康和生活环境。

相邻损害防免是指相邻不动产权利人在使用自己的不动产时，要防止和避免损害相邻之不动产的安全，如在挖掘土地、建造建筑物、铺设管线以及安装设备等时，要注意避免危及相邻不动产安全。

【管辖】

相邻关系纠纷是因不动产物权引发的纠纷，应由不动产所在地人民法院专属管辖。

【法律适用】

处理相邻关系纠纷的法律依据主要是《民法典》第 288 条至第 296 条。

【确定该案由应当注意的问题】

相邻关系纠纷是重要的物权纠纷类型。因此，《民事案件案由规定》将其列为第三级民事案由。鉴于相邻用水、排水纠纷，相邻通行纠纷，相邻土地、建筑物利用关系纠纷，相邻通风纠纷，相邻采光、日照纠纷，相邻污染侵害纠纷，相邻损害防免关系纠纷是其中最为典型和最为常见的相邻关系纠纷，所以《民事案件案由规定》在相邻关系案由下列为第四级案由。第四级案由可以直接适用，其他相邻关系的纠纷案件则直接适用第三级案由。

1. 相邻用水、排水纠纷中常见的纠纷形式有：一是在水源不足时产生相邻用水关系纠纷，包括截水、蓄水、引水纠纷；二是在水源过剩时产生的排水纠纷。相邻用水、排水纠纷既包括相邻不动产权利人之间的用水和排水纠纷，即邻居之间的用水和排水纠纷，也包括相邻单位之间的用水和排水纠纷，如农村经济组织或者其他企业之间在用水和排水上产生的纠纷等。

2. 相邻通行纠纷包括：通行权利纠纷，通行损害赔偿纠纷，通道挤占、堵截纠纷，通道变更纠纷等。

3. 相邻土地、建筑物利用关系纠纷，包括因使用相邻不动产排水、用水、通行、铺设管线等造成相邻不动产权利人损害的赔偿纠纷，也包括不动产权利人因建造、修缮建筑物以及铺设电线、电缆、水管、暖气和燃气管线等必须利用相邻土地、建筑物的，该土地、建筑物的权利人在提供便利上发生的纠纷。

4. 相邻通风纠纷、相邻采光纠纷、相邻日照纠纷具体可分为排除妨碍、损害赔偿两类诉讼形式。

5. 相邻污染侵害纠纷包括：弃置固体废物污染纠纷、排放大气污染物纠纷、排放水污染物纠纷、噪声污染纠纷、光污染纠纷、电磁波辐射污染纠纷等。主要诉讼形式包括排除妨碍、消除危险、停止侵害和损害赔偿等。

6. 相邻损害防免关系纠纷包括：挖掘土地、建造建筑物、铺设管线以及安装设备等可能危及相邻不动产安全而引发的纠纷。

7. 除上述典型的相邻关系纠纷外，还存在一些比较少见的相邻关系纠纷，可以直接适用第三级相邻关系纠纷的案由，如相邻滴水纠纷、相邻观景纠纷。

54. 共有纠纷

（1）共有权确认纠纷
（2）共有物分割纠纷
（3）共有人优先购买权纠纷
（4）债权人代位析产纠纷

【释义】

共有是指两个以上自然人、法人或者非法人组织对同一不动产或者动产共同享有所有权、用益物权或者担保物权。共有根据权利类型可以分为所有权共有、用益物权共有、担保物权共有三类，而最为典型的是所有权之共有。共有体现为所有权人或者他物权人的多数性以及权利内容的复杂性，但所有权或者他物权的客体必须是特定的，可以是一个物，也可以是物的集合体。在法律上，共有分为按份共有和共同共有两种形式。

按份共有是指两个或者两个以上的共有人按照各自的份额对共有财产享有权利和承担义务的一种共有关系。按份共有最重要的法律特征是共有人对共有物享有份额。所谓份额，是指共有人对共有物所有权所享有的比例，其数额一般由共有人事先约定。如果当事人没有约定份额，通常可以按照投资比例确定份额，无法按照投资比例确定份额的，则视为份额相等。

共同共有是指各共有人之间不分份额地共同对同一财产享有所有权并承担相应的义务。共同共有的最基本特征是基于特定的共有关系始得成立共同共有，如家庭关系、婚姻关系和共同继承关系，在特定情形下当事人也可以通过约定的方式设立共同共有关系。共有人对共有的不动产或者动产没有约定为按份共有或者共同共有，或者约定不明确的，除共有人具有家庭关系等外，视为按份共有。

本次《民事案件案由规定》修正，在原来按照共有类型设计的“共有权确认纠纷”“共有物分割纠纷”和“共有人优先购买权纠纷”3个第四级案由基础上新增加“债权人代位析产纠纷”，以适应审判实际需要。

《最高人民法院关于人民法院民事执行中查封、扣押、冻结财产的规定》第12条第3款中明确规定，申请执行人可代位提起析产诉讼，但2011年《民事案件案由规定》对此类纠纷无可直接对应的案由。且上述债权人代位析产诉讼的规定与一般的债权人代位权诉讼的规定又有差异，导致实践中此类纠纷所适用案由相对混乱，有的选择适用婚姻家庭、继承纠纷项下的家庭析产纠纷，也有的选择适用合同纠纷项下债权人代位权纠纷。在近年来全国法院积极推进“基本解决执行难”的大背景下，相关问题更加凸显：一方面，就纠纷性质而言，债权人代位析产纠纷，不属于婚姻家庭纠纷；债权人的权利依据经法院生效裁判确定，不一定基于合同产生，也不宜放于合同纠纷项下。另一方面，就诉争标的而言，不一定是家庭财产亦可能是被执行人与家庭之外其他人的共有财产，案由设置应体现分割共有财产的诉讼目的。综上，在共有纠纷项下，添加第四级案由债权人代位析产纠纷以明确此类纠纷的案由适用。

【管辖】

共有权确认纠纷、共有物分割纠纷、共有人优先购买权纠纷和债权人代位析产纠纷，应区别共有为不动产还是动产分别确定管辖。不动产的，由不动产所在地人民法院专属管辖；动产的，则适用《民事诉讼法》规定的一般地域管辖，由被告住所地或者所在地人民法院管辖。

【法律适用】

处理共有纠纷的法律依据主要是《民法典》第297条至第310条、

第 1062 条至第 1066 条，《最高人民法院关于人民法院民事执行中查封、扣押、冻结财产的规定》第 12 条。

【确定该案由应当注意的问题】

共有制度是《民法典》所有权制度的重要内容，在现代生活中普遍存在。鉴于共有的重要性，《民事案件案由规定》将共有纠纷规定为第三级民事案由。除共有权确认纠纷、共有物分割纠纷、共有人优先购买权纠纷、债权人代位析产纠纷外，共有纠纷还包括共有之份额纠纷、共有人义务承担纠纷、共有物管理纠纷等，这些第四级案由未予列明的可直接适用共有纠纷案由。

七、用益物权纠纷

用益物权纠纷是《民事案件案由规定》中物权纠纷项下的第二级案由。用益物权是指非所有人对他人所有的不动产或者动产依法所享有的占有、使用和收益的权利。用益物权是一项他物权或者限制物权，是以物的使用收益为目的的物权。用益物权是与所有权、担保物权并列的物权类型，所以《民事案件案由规定》将其列为第二级案由。用益物权纠纷案由项下根据常见的用益物权的类型列出了 12 个第三级案由，这 12 个第三级民事案由基本上涵盖了用益物权纠纷类型。这次案由规定主要增加了“土地经营权纠纷”和“居住权纠纷”2 个第三级案由。但不排除其他法律会创设新的用益物权类型，如果有其他用益物权类型，可以适用第二级案由。

用益物权作为所有权利用的一种方式，其权利的取得必然要依一定的方式。从《民法典》的规定来看，用益物权的取得主要有三种方式：一是行政许可；二是通过合同约定；三是基于继承、法院裁判等事实。行政许可的用益物权即使有合同存在，权利的取得也取决于行政机关的审批，此类用益物权的设立实际上就是行政决定的结果。

《民法典》规定的特许物权如海域使用权、养殖权、采矿权、探矿权、捕捞权等均属于此类，划拨的建设用地使用权、宅基地使用权也属此列。行政许可类用益物权因取得发生的争议一般应当作为行政案件处理，有的依法律规定可能还不属于行政诉讼的受案范围，对此应当特别注意，用益物权纠纷项下的民事案由不适用于这些纠纷。通过合同约定产生的用益物权，其权利的设立通常采用合同加登记的方式，但根据具体用益物权的不同，登记的效力有的是对抗主义，如地役权的取得，有的是登记生效主义，如建设用地使用权的设立，有的仅以合同生效即可取得物权，如土地承包经营权的设立。在这里要特别强调，处理这些用益物权之合同纠纷时，应当区别单纯的合同纠纷，还是用益物权纠纷，分别适用合同纠纷案由和用益物权纠纷案由。

55. 海域使用权纠纷

【释义】

海域与土地一样都是重要的自然资源，依法属于国家所有。海域的利用则通过设立用益物权即海域使用权的方式得以实现。海域使用权是指单位或个人以法定方式取得的对国家所有的特定海域的排他性支配权利。海域使用权的主体为单位和个人，其客体为作为不动产的特定海域，其内容为对特定海域基于特定目的而进行排他性支配的权利。依用海方式可以分为：养殖海域使用权、拆船海域使用权、旅游和娱乐海域使用权、盐业海域使用权、矿业海域使用权、公益事业海域使用权，以及港口海域使用权、建设工程海域使用权等。海域使用权要经过行政许可方能取得，所以又称为特许物权。海域使用权一经审批准许并依法登记后即成为独立的用益物权，使用权人即可以占有、使用、收益和处分。海域使用权取得后，权利人可以依法转让、赠与，也可依法继承。

【管辖】

海域使用权纠纷是基于海域发生的纠纷，应由不动产所在地人民法院专属管辖。因海域使用权转让、抵押、继承、出租等引起的纠纷，区别产生纠纷的基础法律关系依照《民事诉讼法》的相关规定确定管辖。

【法律适用】

处理海域使用权纠纷的法律依据主要是《民法典》第 328 条，《海域使用管理法》第 19 条至第 32 条的规定。

【确定该案由应当注意的问题】

海域使用权作为越来越重要的用益物权类型，《民法典》虽未专章规定，但《海域使用管理法》及相关行政法规有详细的规则。作为物权法中用益物权的一种，《民事案件案由规定》将其规定为用益物权纠纷项下的第三级案由，凡涉及海域使用权之民事纠纷，可以适用本案由。

在适用本案由时应当特别注意，由于海域使用权是行政许可的特许物权，在权利取得、转让、管理等方面具有很强的行政管理特点，要区别哪些涉及海域使用权的纠纷是用益物权纠纷，哪些纠纷本身不是民事纠纷。只有海域使用权民事纠纷才可以适用本案由。如果属于海域使用权审批方面的纠纷，则属于行政纠纷，当事人应当按照行政诉讼起诉，已作为民事案件起诉的，人民法院不予受理。具体而言，海域使用权纠纷主要是指海域使用权转让、继承、使用收益、赠与、质押、海域侵权等纠纷案件。

56. 探矿权纠纷

【释义】

探矿权是指公民、法人或者非法人组织依照法律规定取得就特定地域的某一种或者某几种矿藏进行勘探的权利。《民法通则》第81条第2款首次规定了采矿权："国家所有的矿藏，可以依法由全民所有制单位和集体所有制单位开采，也可以依法由公民采挖。国家保护合法的采矿权。"该法明确了采矿权的财产权属性，但没有明确探矿权的财产权属性。1996年通过的《矿产资源法》以及随后国务院颁布的行政法规规定了探矿权、采矿权依法有偿取得并可流转，确定了探矿权、采矿权的物权属性，但由于法律关于探矿权、采矿权的物权属性规定得不够明晰，实践中，关于探矿权、采矿权究竟是什么权利，属于何种物权，仍存在一些争议。探矿权、采矿权作为物权的观念并未真正树立起来，无证勘查、采矿以及侵害探矿权人、采矿权人权益的现象时有发生，直到《物权法》才明确规定探矿权为独立的用益物权。《民法典》对《物权法》规定未进一步修改。

【管辖】

探矿权纠纷一般应由矿藏所在地人民法院专属管辖。因探矿权出让、转让、抵押、继承、出租等引起的纠纷，区别产生纠纷的基础法律关系，依照《民事诉讼法》的相关规定确定管辖。

【法律适用】

处理探矿权纠纷的法律依据主要是《民法典》第329条、《矿产资源法》第 3 条至第 6 条的相关规定。

【确定该案由应当注意的问题】

探矿权作为独立的用益物权之一种，《民事案件案由规定》将其规定为第三级案由，涉及探矿权的民事案件，可以直接适用该案由。由于探矿权也是特许物权的一种，在许可、转让和管理上有明显的行政要求，在适用该案由时，首先应当区分所涉案件是否属于民事案件，再确定该案件是否属于物权争议。

57. 采矿权纠纷

【释义】

在我国，依照法律规定，矿产资源所有权归国家所有，采矿权是国家开发利用矿产资源的重要的用益物权制度。采矿权是指法人、自然人或者非法人组织依法取得就特定地域的某一种或者几种矿产进行开采、利用并取得收益的权利。采矿权人主要权利是开采特定之矿产并对开采的矿产资源享有占有、收益的权利。采矿权人依法对其采矿权享有占有、使用、收益和处分的权利。采矿权人可以依照法律的规定，以出售、作价出资、合作勘查或开采、上市等方式依法转让其采矿权。采矿权人可以依照规定出租、抵押其采矿权。

【管辖】

采矿权纠纷一般应由矿藏所在地人民法院专属管辖。因采矿权出让、转让、抵押、继承、出租等引起的纠纷，区别产生纠纷的基础法律关系，依照《民事诉讼法》的相关规定确定管辖。

【法律适用】

处理采矿权纠纷的法律依据主要是《民法典》第329条，《矿产资源法》以及相关的行政法规、规章，如国务院颁布的《探矿权采矿权转让管理办法》、国土资源部颁布的《矿业权出让转让管理暂行规定》等相关规定。

【确定该案由应当注意的问题】

采矿权是有效开采和利用国家矿产资源的一种物权形式，在我国具有非常重要的经济价值，也是普遍存在的物权形态。因此，《民事案件案由规定》将因采矿权产生的物权纠纷列为用益物权纠纷下的第三级案由。

58. 取水权纠纷

【释义】

根据法律的规定，水资源包括地表水和地下水，属于国家所有。单位和个人使用水资源的，应当取得取水权。取水权是指单位和个人依照法定程序取得的取水利用的权利，属于一种用益物权。取水权取得有两种方式：一种是直接根据法律的规定由特定主体和个人使用；另一种是经一定的行政许可程序而取得，是特许物权的一种。取水权人享有依法取水和收益的排他性权利，其他任何人不得侵犯。

【管辖】

取水权纠纷一般应由水域所在地人民法院专属管辖。因取水权转让、抵押、继承、出租等引起的纠纷，区别产生纠纷的基础法律关系，依照《民事诉讼法》的相关规定确定管辖。

【法律适用】

处理取水权纠纷的法律依据主要是《民法典》第329条，《水法》第3条、第7条、第28条的规定。

【确定该案由应当注意的问题】

取水权作为水资源利用的重要用益物权，《民事案件案由规定》将因其产生的纠纷列为第三级案由。取水权作为特许物权，与探矿权、采矿权等有很多相似的地方，特别是在区分行政许可事项和取水权物权纠纷时要特别注意。从现有法律规定来看，除《民法典》外，有关取水权的规定主要有《水法》及相关行政法规，如《取水许可和水资源费征收管理条例》《取水许可管理办法》。

59. 养殖权纠纷

【释义】

养殖权是指法人、自然人或者非法人组织依法在国家或者集体所有的水域、滩涂进行养殖的排他性权利。一般认为，渔业权包括养殖权和捕捞权两种用益物权。养殖权是对特定水域、滩涂的使用和经营的权利，不包括在水面以外其他地点进行养殖的情形；养殖经营权的取得必须通过行政许可，同时要办理登记手续；养殖权是有期限的权利，养殖权人在一定期限内享有该权利并从事养殖活动，到期后应当依照法律规定续期，否则养殖权消灭；养殖权可以依法转让、出租、设定抵押，也可以继承。

【管辖】

养殖权纠纷，一般应由养殖地的人民法院专属管辖。因养殖权转让、抵押、继承、出租等引起的纠纷，区别产生纠纷的基础法律关系，依照《民事诉讼法》的相关规定确定管辖。

【法律适用】

处理养殖权纠纷的法律依据主要是《民法典》第329条，《渔业法》《渔业法实施细则》《渔业资源增殖保护费征收使用办法》等相关规定。

【确定该案由应当注意的问题】

养殖权涉及广大渔民的切身利益，是我们国家利用近海、内河和滩涂从事生产经营的重要用益物权制度。因此，《民事案件案由规定》将涉及养殖权的物权纠纷列为第三级案由。

养殖权成为物权的前提是要经过行政许可，并办理相关的登记手续。养殖权取得后发生的因转让、抵押、经营使用、出租等产生纠纷的案件，可以适用本案由。

60. 捕捞权纠纷

【释义】

捕捞权是指法人、自然人或者非法人组织依照法律的规定，在我国内水、滩涂、海域从事捕捞水生动物和植物的权利。捕捞权纠纷是指因捕捞权的取得、使用、收益、转让、侵权等引发的民事纠纷。因捕捞许可证的颁发引发的纠纷一般属于行政纠纷，不属物权法上的捕捞权纠纷。

【管辖】

捕捞权纠纷，一般应由捕捞地的人民法院专属管辖。因捕捞权转让、抵押、继承、出租等引起的纠纷，区别产生纠纷的基础法律关系，依照《民事诉讼法》的相关规定确定管辖。

【法律适用】

处理捕捞权纠纷的法律依据主要是《民法典》第 329 条，《渔业法》第 23 条、第 24 条的规定。

【确定该案由应当注意的问题】

捕捞权是事关广大渔民生产生活的重要的民事权利，所以，《民事案件案由规定》将因此产生的纠纷列为用益物权纠纷项下的第三级案由。在适用本案由时，要注意区分民法上的捕捞权纠纷和行政法上的捕捞权纠纷。只有民法上的捕捞权纠纷适用本案由，如果是行政法上的捕捞权纠纷应当按照《行政诉讼法》规定处理，不作为民事案件受理。

61. 土地承包经营权纠纷

（1）土地承包经营权确认纠纷

（2）承包地征收补偿费用分配纠纷

（3）土地承包经营权继承纠纷

【释义】

土地承包经营权是一种重要的用益物权，《物权法》对土地承包经营权就已作出规定。《民法典》在起草过程中，主要围绕落实党中央的改革要求，结合《农村土地承包法》的修改，对《物权法》有关农村土地承包经营权的规定作出相应修改。

土地承包经营权是指土地承包经营权人为从事种植业、林业、畜牧业，对其承包的集体所有或者国家所有由农民集体使用的耕地、林地、草地，以及其他用于农业的土地所享有的占有、使用、收益的权利。土地承包经营权是我国农村土地法律制度中特有的概念，是我国农村集体经济组织实行土地承包责任制的产物。在我国，农村集体经济组织实行家庭承包经营为基础、统分结合的双层经营体制的特殊制度，在农民与土地的关系上，则以农村土地承包经营方式使农民能够有效地利用土地。

根据《农村土地承包法》的规定，能够设定土地承包经营权的土地只能是农村土地，而不包括城市的国有建设用地。农村土地主要三类：一是农民集体所有的耕地、林地、草地。二是国家所有依法由农民集体使用的耕地、林地、草地。三是其他依法用于农业的土地，比如养殖水面、菜地，还有用于农业的荒山、荒丘、荒沟、荒滩等“四荒地”。

土地承包经营权的主体可以根据不同的承包方式分为两类：（1）家庭承包的土地承包经营权主体。《农村土地承包法》第 5 条第 1 款规定："农村集体经济组织成员有权依法承包由本集体经济组织发包的农村土地。"第 16 条规定："家庭承包的承包方是本集体经济组织的农户。农户内家庭成员依法平等享有承包土地的各项权益。"据此，家庭承包的土地承包经营权人必须是从事农业生产的农户，并且是承包地所属的村集体经济组织的成员。（2）以其他方式承包的土地承包经营权主体。通过招标、拍卖、公开协商等方式承包荒地等农村土地的，承包方可以是本集体经济组织以外的单位或者个人。以其他方式承包的土地，主要指"四荒地"以及农田水利设施用地等。

土地承包经营权成立于土地承包经营合同生效时，无须进行登记，仍然具有对抗第三人之物权性。但是，土地承包经营权互换、转让的，当事人未向登记机构申请登记，不得对抗善意第三人。流转期限为五年以上的土地经营权，自流转合同生效时设立，当事人未向登记机构申请土地经营权登记的，不得对抗善意第三人。

土地承包经营权确认纠纷是指就土地承包经营权是否成立及其归属和内容所发生的纠纷。

征收土地是国家为了社会公共利益的需要，将集体所有的土地转变为国有土地的一项制度。征收是物权变动的一种特殊形式。承包地的征收补偿费是指承包经营的土地被国家依法定程序征收的，国家按照法律规定给予失地者的补偿费用，包括土地补偿费、安置补助费、地上附着物和青苗补偿费等费用，还包括安排失地农民的社会保险费用。

土地承包经营权继承纠纷主要是指林地家庭承包以及其他方式承包的承包人死亡时，因土地承包经营权继承问题发生的纠纷。根据《农村土地承包法》《最高人民法院关于审理涉及农村土地承包纠纷案件适用法律问题的解释》等法律、司法解释的规定，承包人应得的承包收益，依照法律规定继承。林地承包的承包人死亡，其继承人可以在承包期内继续承包。其他方式承包的承包人死亡，其继承人或者权利义务承受者可以在承包期内继续承包。

【管辖】

根据《民事诉讼法》第33条和《民事诉讼法解释》第28条的规定，土地承包经营权纠纷应由承包地所在地的人民法院管辖。

【法律适用】

处理土地承包经营权纠纷的法律依据主要是《民法典》第243条至第245条、第330条至第343条，《农村土地承包法》《草原法》《森林法》《最高人民法院关于审理涉及农村土地承包纠纷案件适用法律问题的解释》的相关规定。

【确定该案由应当注意的问题】

2018年修正的《农村土地承包法》在土地承包经营权项下分离出土地经营权。《民法典》对土地经营权进一步作出规定，承认了土地经营权的物权效力。土地承包经营权只能在集体经济组织内部互换、转让，而不得对外流转；对外流转的对象只限于土地经营权，不包括土地承包经营权。因此，《民事案件案由规定》在本案由之后增加了第三级案由“62. 土地经营权纠纷”作为并列案由。尽管本案由的设置没有调整，但案件范围发生了变化。对于土地经营权对外流转引发的纠纷，不再适用第三级案由“土地承包经营权纠纷”，而应适用“土地经营权纠纷”。

土地承包经营权是最为重要的用益物权类型之一，《民事案件案由规定》将其规定为第三级案由，人民法院受理的土地承包经营权类民事诉讼可以直接适用该案由。实践中，土地承包经营权确认纠纷、承包地征收补偿费用分配纠纷、土地承包经营权继承纠纷相对较为突出，故将上述三类纠纷作为第四级案由。

土地承包经营权纠纷类型较多，主要包括土地承包经营权成立、土地承包经营权互换、土地承包经营权转让、土地承包经营权期限、土地承包经营权继承、土地承包经营权的用途、土地承包经营权证、承包地调整（林地不得调整）、土地承包经营权收回等纠纷。

依法律规定，土地承包经营权的归属和内容向来易发生争议。尤其要注意的是，《农村土地承包法》规定的家庭承包和“四荒地”的承包采用的是不同的成立要件，因此，在判断土地承包经营权成立与否，以及权利归属和内容时，要根据法律的规定及国家的有关政策予以确定。

承包地征收补偿费用分配纠纷案件是土地类纠纷最受关注的案件。按照法律和司法解释的规定，承包地被征收类案件中既有行政类诉讼也有民事类诉讼，在适用本案由时要特别注意加以区分。按照《民法典》的规定，征收土地应以公共利益为目的，非为公共利益的不得进行征收。被征收人对征收行为的合法性提起诉讼的，应当以征收人即国家机关作出的征收决定为诉讼标的，该诉讼类型为行政诉讼，而不能为民事诉讼。土地被征收后，征收机关未给予补偿或者未给予充分补偿的，被征收人起诉要求征收机关支付补偿费或者要求增加补偿费的案件，即对征收标准提出的诉讼，也属于行政诉讼的范围，不宜列为民事案件受理。只有在征收补偿费用支付给农村集体经济组织后，土地承包经营权人要求取得自己应得部分的补偿费用时，才能作为民事案件处理，适用承包地征收补偿费用分配纠纷的案由。同时，应当根据征收土地补偿费用的类别有所区别：土地补偿费是对失地补偿，根据《土地管理法实施条例》第26条第1款的规定，土地补偿费归农村集体经济组织所有；地上附着物及青苗补偿费归地上附着物及青苗的所有者所有。对于土地补偿费“分不分”“分给谁”由农村集体经济组织决定。在农村集体经济组织作出分配方案之前，农村集体经济组织成员向人民法院起诉要求分配土地补偿费的，人民法院不能作为民事案件受理；地上附着物和青苗的补偿费是对承包地上的建筑物和生长物的补偿，是对承包经营权人的补偿，农村集体经济组织不得截留，承包经营权人起诉农村集体经济组织要求取得其应得份额的，应当作为民事案件受理；安置补助费和社会保险费用，是对失地农民的社会保障性的补偿，其分配应当按征收补偿安置方案的规定进行，如果约定分配给失地农民个人的，被征收土地的农民可以起诉农村集体经济组织支付该笔费用，否则不能作为民事案件受理。

62. 土地经营权纠纷

【释义】

土地经营权纠纷是此次修改新增的第三级案由。2018 年《农村土地承包法》修正过程中，重要任务之一就是贯彻党中央“三权分置”改革要求。所谓“三权分置”就是要坚持农村土地集体所有权，稳定农户承包权，放活土地经营权。“三权分置”改革的核心问题是家庭承包的承包户在经营方式上发生转变。由之前农户自己经营，转变为保留土地承包权，允许将承包地流转给他人经营，实现土地承包经营权和土地经营权的分离。为了彰显《民法典》关于“三权分置”的相关规定，我们在“用益物权纠纷”项下增加了“土地经营权纠纷”，与“土地承包经营权纠纷”并列为第三级案由。

土地经营权是受让方根据流转合同的约定对承包方承包的农村土地依法占有，利用其开展农业生产经营并取得收益的权利。土地经营权是从土地承包经营权中派生出来的新权利。土地经营权设立的主体是出让方和受让方，出让方即是土地承包经营权人，受让方是土地经营权人。需要注意的是，出让方是承包方，而不是承包农户的个别家庭成员；受让方并不限于本集体经济组织的成员，还可以是非本集体经济组织的成员，既可以是个人，也可以是公司等组织。要成为土地经营权人，需要具备一定条件，即具有农业经营能力或者资质。土地经营权设立的客体是农村土地，关于农村土地的范围，前文已说明，不再赘述。需要注意的是，作为土地经营权客体的农村土地不包括农村建设用地，比如宅基地。土地经营权流转的方式主要有三种：出租、入股以及其他方式。互换和转让并不是土地经营权的流转方式。关于土地经营权入股，2018 年农业农村部等部门出台的《关于开展土地经营权入股发展农业产业化经营试点的指导意见》对土地经营权入股的基本原则、入股的实现形式、运行机制、风险防范等作出详细规定。关于土地经营权流转的其他方式，根据《民法典》和《农村土地承包法》的规定，承包方可以用承包地的土地经营权向金融机构融资担保，并向发包方备案。受让方通过流转取得的土地经营权，经承包方书面同意并向发包方备案，可以向金融机构融资担保。担保物权自融资担保合同生效时设立。当事人可以向登记机构申请登记；未经登记，不得对抗善意第三人。实现担保物权时，担保物权人有权就土地经营权优先受偿。此外，通过招标、拍卖、公开协商等方式承包农村土地（主要是“四荒地”），经依法登记取得权属证书的，可以依法采取抵押等方式流转土地经营权。关于土地经营权登记的效力问题，《民法典》第 341 条规定，流转期限为五年以上的土地经营权，自流转合同生效时设立，当事人未向登记机构申请土地经营权登记的，不得对抗善意第三人。

土地经营权纠纷是指就土地经营权是否成立及其归属和内容所发生的纠纷。

【管辖】

根据《民事诉讼法》第 33 条和《民事诉讼法解释》第 28 条的规定，土地经营权纠纷应由承包地所在地的人民法院管辖。

【法律适用】

处理土地经营权纠纷的法律依据主要是《民法典》第 339 ~ 342

条，《农村土地承包法》《最高人民法院关于审理涉及农村土地承包纠纷案件适用法律问题的解释》（2020年修正）的相关规定。

【确定该案由应当注意的问题】

本次修正在增加本案由的同时，还针对土地经营权相关案由作出如下修改：一是在第三级案由“67. 抵押权纠纷”项下，将“（4）土地承包经营权抵押权纠纷”变更为“（4）土地经营权抵押权纠纷”；二是在第三级案由“135. 土地承包经营权合同纠纷”项下，将第四级案由“土地承包经营权入股合同纠纷”“土地承包经营权抵押合同纠纷”“土地承包经营权出租合同纠纷”依次修改为“土地经营权入股合同纠纷”“土地经营权抵押合同纠纷”“土地经营权出租合同纠纷”。通过上述新增和变更，进一步明晰了土地承包经营权与土地经营权的制度设计。

在适用本案由时需要注意：针对土地经营权确认纠纷、基于土地经营权而引发的涉及物权保护的纠纷，适用本案由，不再适用第三级案由“土地承包经营权纠纷”。因土地经营权抵押权引发的纠纷，适用土地经营权抵押权纠纷，不适用本案由。因土地经营权流转合同效力引发的纠纷适用合同纠纷项下的土地经营权入股合同纠纷、土地经营权抵押合同纠纷、土地经营权出租合同纠纷等案由，不适用本案由。

63. 建设用地使用权纠纷

【释义】

建设用地使用权是指自然人、法人或者非法人组织依法取得的对国家所有的土地享有占有、使用和收益的权利，自然人、法人或者非法人组织有权利用该土地建造建筑物、构筑物及其附属设施。建设用地包括住宅用地、公共设施用地、工矿用地、交通水利设施用地、旅游用地、军事设施用地等。建筑物主要是指住宅、写字楼、厂房等。构筑物主要是指不具有居住或者生产经营功能的人工建造物，如道路、桥梁、隧道、水池、水塔、纪念碑；附属设施主要是指附属于建筑物、构筑物的一些设施。农村的宅基地和集体企业、农田基本设施的建设用地属于广义上的建设用地，但《民法典》上所指的建设用地，只能是国有土地的建设用地，不包括农村集体经济组织所有的建设用地。

《民法典》没有引入空间利用权的概念，但建设用地使用权的概念完全可以解决对不同空间土地的利用问题。根据《民法典》的规定，建设用地使用权可以在土地的地表、地上和地下分别设立，其设立、变更、转让、消灭适用统一的法律规则。

根据《民法典》的规定，设立建设用地使用权，可以采取出让或者划拨等方式。从取得方式上，出让是建设用地使用权取得的主要方式，是指出让人将一定期限的建设用地使用权出让给建设用地使用权人使用，建设用地使用权人向出让人支付一定的出让金。出让的方式主要包括拍卖、招标和协议等。经营性的用地一般采取出让土地的方式取得土地使用权。比如，对于工业、商业、旅游、娱乐和商品住房等经营性用地以及同一土地有两个以上意向用地者的，应当采取招标、拍卖等公开竞价的方式出让。划拨是无偿取得建设用地使用权的一种方式，是指县级以上人民政府依法批准，在建设用地使用权人缴纳补偿、安置等费用后将该幅土地交付其使用，或者将建设用地使用权无偿交付给建设用地使用权人使用的行为。划拨土地没有期限的规定。对于以划拨方式设立建设用地使用权，法律予以严格限制，主要针对国家机关用地、军事用地、城市基础设施用地、公益事业用地、国家重点扶持的能源、交通、水利等基础设施类建设用地。划拨的土地使用权和出让的土地使用权在取得方式、流转、处分等方面有较大的区别。

【管辖】

根据《民事诉讼法》第33条和《民事诉讼法解释》第28条的规定，建设用地使用权纠纷应由建设用地所在地人民法院管辖。

【法律适用】

处理建设用地使用权纠纷的法律依据主要是《民法典》第344条至第361条，《土地管理法》第2章、第5章，《城市房地产管理法》第2章、第4章，《土地管理法实施条例》第2章、第5章，《城镇国有土地使用权出让和转让暂行条例》《最高人民法院关于审理涉及国有土地使用权合同纠纷案件适用法律问题的解释》等相关规定。

【确定该案由应当注意的问题】

集体所有土地作为建设用地的，不属于《民法典》物权编第12章所规范的建设用地使用权，相关合同纠纷不适用本案由；建设用地使用权抵押权纠纷，因有专门的抵押权纠纷的案由，不适用本案由；因建设用地使用权出让、转让合同引发的争议，相关纠纷应适用建设用地使用权合同纠纷及项下相关案由，不适用本案由。

64. 宅基地使用权纠纷

【释义】

宅基地使用权是指农村居民因建造自有房屋而对集体所有土地占有、使用的权利。

根据《土地管理法》的规定，农村村民一户只能拥有一处宅基地，其宅基地的面积不得超过省、自治区、直辖市规定的标准。人均土地少、不能保障一户拥有一处宅基地的地区，县级人民政府在充分尊重农村村民意愿的基础上，可以采取措施，按照省、自治区、直辖市规定的标准保障农村村民实现户有所居。农村村民建住宅，应当符合乡（镇）土地利用总体规划、村庄规划，不得占用永久基本农田，并尽量使用原有的宅基地和村内空闲地。编制乡（镇）土地利用总体规划、村庄规划应当统筹并合理安排宅基地用地，改善农村村民居住环境和条件。农村村民住宅用地，由乡（镇）人民政府审核批准；其中，涉及占用农用地的，依照《土地管理法》第44条的规定办理审批手续。农村村民出卖、出租、赠与住宅后，再申请宅基地的，不予批准。国家允许进城落户的农村村民依法自愿有偿退出宅基地，鼓励农村集体经济组织及其成员盘活利用闲置宅基地和闲置住宅。国务院农业农村主管部门负责全国农村宅基地改革和管理有关工作。

宅基地使用权作为重要的用益物权，具有以下特点：（1）宅基地的所有权归集体。在我国，土地分别属于国家和集体所有，而用于建造房屋的土地，也因所有权的不同而分为建设用地和宅基地，建设用地属于国家所有，宅基地则属于集体所有。（2）宅基地使用权的主体是特定的农村居民。基于土地的有限性，虽然农村土地是农村集体经济组织所有，但国家法律不允许农村集体经济组织任意改变土地用途。作为宅基地使用权的主体也只能是农村集体经济组织的成员，同时，特定的宅基地仅限于本集体经济组织特定的成员享有使用权，农村集体经济组织以外的人员不能申请并取得宅基地使用权。（3）宅基地使用权以建设住宅为主要用途。宅基地使用权人对宅基地仅享有占有和使用的权利，原则上只能由宅基地使用权人利用宅基地建造住宅及附属设施供其居住和使用，不能将宅基地使用权转让。关于宅基地使用权能否抵押的问题，2015年12月27日，第十二届全国人民代表大会常务委员会第十八次会议表决通过《关于授权国务院在北京市大兴区等232个试点县（市、区）、天津市蓟县等59个试点县（市、区）行政区域分别暂时调整实施有关法律规定的决定》规定，在试点地区分别暂时调整实施《物权法》《担保法》关于集体所有的耕地使用权、集体所有的宅基地使用权不得抵押的规定。2018 年 12 月 23 日，国务院在第十三届全国人民代表大会常务委员会第七次会议上就暂时调整实施有关法律规定的情况向全国人民代表大会常务委员会做了报告。对于集体所有的宅基地使用权的抵押问题，报告指出，农房抵押贷款在各地发展极不平衡，且宅基地制度改革尚未完成、缺乏司法处置的法律依据，农房流转和处置仍面临较大障碍，农房抵押贷款未形成有效闭环，故宅基地“三权分置”整体改革方案仍在研究。因此，《民法典》第 399 条只是删除了“耕地”不能抵押的规定，但是对于“宅基地”的抵押，依旧持否定态度。（4）宅基地使用权具有社会保障性质。农村村民取得宅基地使用权基本上是无偿的，或者只交纳了很少的费用。

宅基地使用权只能由宅基地使用权人行使，任何组织和个人不得侵占、损毁宅基地，因而宅基地使用权具有排他性。农户在其依法占有、使用的宅基地上可以建造房屋，种植竹木，建造各种生活生产设施，如有多余房屋还可用于合法经营。农户迁出、死亡或放弃宅基地使用权时，宅基地所有权人收回宅基地使用权，宅基地使用权人所占有的宅基地被国家依法征用后，可取得补偿。宅基地使用权人应依法使用所占有的宅基地，不得违法扩大其面积，也不得以出卖、赠与、土地使用权入股联营等方式处分宅基地。

【管辖】

根据《民事诉讼法》第 33 条和《民事诉讼法解释》第 28 条的规定，宅基地使用权纠纷应由宅基地所在地人民法院管辖。

【法律适用】

处理宅基地使用权纠纷的法律依据主要是《民法典》第 362 条至

第365条、《土地管理法》第62条的规定。

【确定该案由应当注意的问题】

宅基地使用权是农村集体所有土地用于建设用途的主要方面，与土地承包经营权一样也是农民安身立命的重要权利形态。因此，《民事案件案由规定》将宅基地使用权纠纷列为用益物权纠纷项下的第三级案由，凡是因宅基地使用权产生的纠纷，可以直接适用本案由。

宅基地使用权纠纷主要包括以下几种：宅基地使用权转让纠纷、宅基地使用权使用纠纷、宅基地使用权侵权纠纷、宅基地使用权继承纠纷、宅基地使用权消灭纠纷等。

65. 居住权纠纷

【释义】

居住权是指居住人对他人所有住宅的全部或者部分机器附属设施，享有占有、使用的权利。居住权是《民法典》新增亮点内容，为切实实施《民法典》，本次修改专门增加了“65. 居住权纠纷”和“136. 居住权合同纠纷”。居住权纠纷是指因居住权的设立、权属、使用、消灭等引发的民事纠纷。

根据《民法典》的规定，居住权具有如下特征：（1）居住权是在他人住宅上设立的他物权。设立居住权是住宅所有权人处分自己财产的一种方式，居住权只能在他人所有的住宅上设立，不能在其他类型的房屋上设立。（2）居住权是一种新型用益物权。当事人之间可能基于抚养、扶养、赡养、租赁、借用等关系而享有居住他人住宅的权利，但是这种权利并非居住权，居住权具有物权的排他效力，是一种用益物权。（3）居住权是为特定自然人生活居住的需要而设定。居住权人是特定的自然人，法人或者非法人组织不能享有居住权。此外，居住权人只能将享有居住权的住宅用于满足其生活居住的需要，设立居住权的住宅一般不得出租。居住权不得转让、继承。（4）居住权可以通过合同或者遗嘱的方式设立。当事人订立居住权合同是设立居住权最主要的形式，通过订立居住权合同设立居住权的，必须到登记机构申请居住权登记，居住权自登记时设立。住宅所有权人也可以遗嘱的方式为他人设立居住权。司法实践中，也有通过司法裁判依法将居住权判给一些有特殊需要的人的。（5）居住权人按照合同约定或者遗嘱内容对他人的住宅享有占有、使用的权利。

【管辖】

根据《民事诉讼法》第33条和《民事诉讼法解释》第28条的规定，居住权纠纷应由设定居住权的住宅所在地人民法院管辖。

【法律适用】

处理居住权纠纷的法律依据主要是《民法典》第366条至第371条。

【确定该案由应当注意的问题】

因居住权的设立、权属、使用、消灭等引发的民事纠纷，适用本案由。因居住权合同的订立、效力、履行等引发的纠纷案件，适用居住权合同纠纷案由，不适用本案由。

66. 地役权纠纷

【释义】

地役权纠纷是基于地役权的设立、变更、转让、消灭而产生的纠纷。地役权是指土地上的权利人为了自己使用土地的方便或者土地利用价值的提高，通过约定而得以利用他人土地的一种用益物权。地役权具有以下特征：（1）地役权的主体为不动产的权利人。这里涉及两方主体：地役权人和供役地人。地役权人是为了提高自己不动产的效益而设立地役权的人。供役地人是在自己的不动产上设置地役权而便利他人行使不动产权利的人。地役权人和供役地人既可以是不动产所有权人，如集体土地所有权人、建筑物所有权人，也可以是不动产使用权人，如土地承包经营权人、土地经营权人、宅基地使用权人。（2）地役权依照合同设立。根据《民法典》的规定，设立地役权，当事人应当采用书面形式订立地役权合同。地役权合同一般包括当事人的姓名或者名称和住所、供役地和需役地的位置、利用目的和方法、地役权期限、费用及其支付方式、解决争议的方法等条款。（3）地役权是为了提高自己不动产的效益而利用他人的不动产。提高自己不动产的效益既可能是经营上的效益，如安装设备、管道；也可能是精神上的效益，如眺望地役权。利用他人不动产，不以占有为要件，主要表现为他人的容忍义务和不妨害地役权人行使权利的义务。（4）地役权具有从属性。根据《民法典》的规定，地役权不得单独转让。土地承包经营权、建设用地使用权等转让的，地役权一并转让。地役权不得单独抵押。土地经营权、建设用地使用权等抵押的，在实现抵押权时，地役权一并转让。需役地以及需役地上的土地承包经营权、建设用地使用权等部分转让时，转让部分涉及地役权的，受让人同时享有地役权。供役地以及供役地上的土地承包经营权、建设用地使用权等部分转让时，转让部分涉及地役权的，地役权对受让人具有法律约束力。

【管辖】

根据《民事诉讼法》第33条和《民事诉讼法解释》第28条的规定，地役权纠纷应由供役地所在地人民法院专属管辖。

【法律适用】

处理地役权纠纷的法律依据主要是《民法典》第372条至第385条的规定。

【确定该案由应当注意的问题】

在适用地役权纠纷案由时，应当特别注意区分地役权和相邻关系之间的区别，以确定是相邻关系还是地役权，分别适用不同的案由。《民法典》规定的相邻关系和地役权有很多相似的地方：主要是不动产之间利用上的协调，涉及的内容，诸如排水、通行、通风、采光等权利的扩张、限制和容忍，或有所重叠，或有所交叉。两者的区别具体表现在：(1) 两者的权利性质不同。相邻关系不属于一项独立的民事权利，也不是独立的物权类型，而是属于所有权的内容，它是基于所有权内容而产生的效力的延伸和扩展；而地役权则是一项独立的权利，是一项独立的用益物权，属于他物权的范畴。(2) 产生依据不同。相邻关系是基于法律的直接规定而产生的，是不动产权利直接包含的内容；地役权则通过当事人的合同而产生，是意定物权。(3) 主体要求不同。相邻关系以不动产相邻为必要条件，而地役权中需役地和供役地不以相邻为限。(4) 权利义务内容不同。相邻关系是以相邻不动产使用上的最低限度的相互配合和利用为限度，基于其所有权内容而生之效力的当然扩张，所以在其行使权利时只要不造成邻人的损失，通常为无偿；而地役权则是当事人双方逾越相邻关系限度而约定的权利义务关系，是基于当事人约定产生的对双方的土地更高限度的利用调节，地役权可以有偿，也可无偿，且大都为有偿。(5) 对抗性不同，由于相邻关系是基于土地的自然需要且固定于或永久地附属于土地之上的，其地役负担并不因其土地所有权或使用权人改变而改变，因此，相邻关系具有对抗第三人的天然属性。换句话说，它的对抗效力源于土地本身，而无须其他形式；而地役权则因其源于当事人的约定，只有经公示后才能取得对抗第三人的效力。

八、担保物权纠纷

担保物权是他物权的重要形式，它是以直接支配特定财产的交换价值为内容，担保主债的清偿为目的的一类物权，根据《民法典》的规定，其包括抵押权、质押权和留置权 3 类。本次案由修正相比 2011 年《民事案件案由规定》，第二级案由“担保物权纠纷”项下规定了“抵押权纠纷”“质权纠纷”和“留置权纠纷”3 个第三级案由，保持不变。在第四级案由方面，第三级案由“抵押权纠纷”项下，变更“土地承包经营权抵押权纠纷”为“土地经营权抵押权纠纷”；增加“探矿权抵押权纠纷”“采矿权抵押权纠纷”“海域使用权抵押权纠纷”。

从范围上看，担保物权只有抵押权、质押权和留置权 3 种形式，所以担保物权类纠纷只要适用第四级或第三级案由即可，第二级案由没有适用的余地。

担保物权的设立有两种方式：一是通过合同约定方式设立，抵押权和质押权即是；二是依法律的规定直接设立，留置权即是。根据物权变动原因与结果相区分的原则，设立担保物权的合同引发的纠纷应当作为合同纠纷，适用合同纠纷案由，不适用担保物权纠纷案由。具体适用时，应根据当事人诉争的法律关系的性质，查明该法律关系涉及的是物权变动的原因关系还是物权变动的结果关系，以正确确定案由。

担保物权为从权利，以主债关系的存在为前提。在诉讼中有的是单独就担保物权提起的诉讼，有的是在债务纠纷中一并提出担保物权请求，在前一种情况下，可以直接适用担保物权纠纷案由；在后一种情况下则应适用主债关系纠纷的案由，不适用担保物权纠纷的案由。

67. 抵押权纠纷

（1）建筑物和其他土地附着物抵押权纠纷
（2）在建建筑物抵押权纠纷
（3）建设用地使用权抵押权纠纷
（4）土地经营权抵押权纠纷
（5）探矿权抵押权纠纷
（6）采矿权抵押权纠纷
（7）海域使用权抵押权纠纷
（8）动产抵押权纠纷
（9）在建船舶、航空器抵押权纠纷
（10）动产浮动抵押权纠纷
（11）最高额抵押权纠纷

【释义】

抵押权作为一种物的担保方式，是指为担保债务的履行，债务人或者第三人不转移财产的占有，将该财产抵押给债权人，在债务人不履行到期债务或者发生当事人约定的实现抵押权的情形时，债权人有依照法律规定以该财产折价或者以拍卖、变卖该财产的价款优先受偿的权利。抵押权是最典型的担保物权，财产抵押必须符合两个条件：一是债务人或第三人对抵押财产有处分权；二是属于法律允许抵押的财产。在本次案由修正时，抵押权纠纷主要根据《民法典》第395条关于抵押财产范围的规定，对2011年《民事案件案由规定》对应部分作出变更和增加。

建筑物和其他土地附着物抵押权是指以建筑物和其他土地附着物设定的抵押权。建筑物是指定着于土地上或地面以下，具有顶盖、梁柱、墙壁，供人居住或使用的构造物，房屋、仓库、地下室、空中走廊、立体停车场等均包括在内。其他土地附着物指附着于土地之上的除建筑物以外的不动产，通常包括：（1）林木；（2）地上构筑物，比如集体所有的砖瓦窑、石灰窑，工艺流程生产线，单位所有的烟囱、水塔、游泳池、雕像等；（3）与不动产尚未分离的出产物或不动产的出产物，主要包括如作物等有机物、砂石等无机物。以建筑物抵押的，该建筑物占用范围内的建设用地使用权一并抵押。

在建建筑物抵押权是指以依法正在建设中的建筑物设立的抵押权。在建建筑物是指已经依法取得建设证书，开始进行建造但尚未完工的建筑物。在建建筑物的范围与建筑物的范围一致。

建设用地使用权抵押权即以国有土地建设用地使用权作为抵押物的抵押权，包括划拨土地使用权抵押权和出让土地使用权抵押权。以建设用地使用权抵押的，该土地上的建筑物一并抵押。对于法律不允许抵押的建设用地使用权，不可以作为抵押标的物。如集体土地建设使用权一般不允许抵押，宅基地使用权也不得设定抵押，但特殊情况除外，如《民法典》第398条规定："乡镇、村企业的建设用地使用权不得单独抵押。以乡镇、村企业的厂房等建筑物抵押的，其占用范围内的建设用地使用权一并抵押。"

土地经营权抵押权是指以招标、拍卖、公开协商等方式承包农村土地经营权设定的抵押权。按农村承包地"三权分置"改革要求，土地承包经营权中的土地承包权和土地经营权相分离，土地承包权相对固定，但土地经营权可以自由转让。《民法典》第342条明确规定："通过招标、拍卖、公开协商等方式承包农村土地，经依法登记取得权属证书的，可以依法采取出租、入股、抵押或者其他方式流转土地经营权。”此外，《民法典》第399条规定删去了《物权法》中关于耕地使用权不得抵押的规定，与《农村土地承包法》第47条第1款相衔接，允许承包地的经营权向金融机构抵押融资。相比《物权法》，《民法典》规定的土地经营权抵押权，抵押权利从土地承包经营权缩减至土地经营权，抵押财产的范围从“四荒”用地扩展到所有的农村土地，抵押人的范围从承包方扩展到土地经营权的受让人。

探矿权、采矿权抵押权是指以探矿权、采矿权为抵押物的抵押权。探矿权和采矿权统称为矿业权，1986年《矿产资源法》第3条第4款明确规定采矿权不得买卖、出租，不得用作抵押。2009年修正后的《矿产资源法》第6条第1款规定，探矿权、采矿权符合一定条件，经依法批准的，可以依法转让他人。一般来说，既然允许转让，当然也就可以设定抵押，只是需要履行报批手续。《最高人民法院关于审理矿业权纠纷案件适用法律若干问题的解释》第14、15条对人民法院审理矿业权的抵押作出了明确具体规定。

海域使用权抵押权是指以海域使用权为抵押物的抵押权。《海域使用管理法》明确规定了海域使用权制度。该法第25条规定，根据用途的不同，海域使用权包括养殖用海权、拆船用海权、旅游用海权、娱乐用海权、盐业用海权、矿业用海权、公益事业用海权、建设工程用海权。《海域使用权管理规定》第41、42、43条以及《不动产登记暂行条例》第5、14条及《不动产登记暂行条例实施细则》第65条等就海域使用权的抵押登记作出具体规定。

动产抵押权是指以法律规定的动产设定的抵押权，如以机动车、飞机、机器设备等设立的抵押权。

在建船舶、航空器抵押权是指以正在建造的船舶或者航空器为抵押物的抵押权。

动产浮动抵押权是指企业、个体工商户、农业生产经营者可以将现有的以及将有的生产设备、原材料、半成品、产品作为抵押物设定抵押担保，债务人不履行到期债务或者发生当事人约定的实现抵押权的情形，债权人有权就实现抵押权时的动产优先受偿。浮动抵押的标的物范围很广，例如，机器、设备、原材料、库存、产品和半成品等，动产浮动抵押是特殊的动产抵押。

最高额抵押权是指为担保债务的履行，债务人或者第三人对一定期间内将要连续发生的债权提供抵押担保，债务人不履行到期债务或者发生当事人约定的实现抵押权的情形的，抵押权人有权在最高债权额限度内就该担保财产优先受偿。

【管辖】

根据抵押物的类型确定管辖，如为不动产，适用不动产专属管辖；如为动产，则应根据产生纠纷的基础法律关系来确定管辖。

【法律适用】

处理抵押权纠纷的法律依据主要是《民法典》物权编第 17 章中的第 221 条、第 394 条至第 424 条、第 547 条，《城市房地产管理法》第 47 条至第 52 条，《农村土地承包法》第 46 条至第 47 条，《矿产资源法》第 6 条，《海商法》第 13 条，《民用航空法》第 16 条，《最高人民法院关于适用〈中华人民共和国民法典〉有关担保制度的解释》第 6 条、第 15 条、第 37 条至第 52 条、第 56 条、第 57 条等相关规定。

【确定该案由应当注意的问题】

抵押权作为债权的重要担保制度，在经济交易关系中被广泛采用。因此，《民事案件案由规定》将“抵押权纠纷”规定在“担保物权纠纷”项下作为第三级案由。同时，此次案由修正时，抵押权纠纷是担保物权纠纷项下唯一有内容变动的部分。主要依据《民法典》的规定，将第四级案由从 2011 年《民事案件案由规定》的 8 种，变更、增加到 11 种。这 11 种纠纷是抵押权纠纷中最典型的和经常发生的。在适用本案由时，如果属于上述11种第四级案由的，则适用第四级案由，如果不属于上述11种第四级案由的，则可以直接适用“抵押权纠纷”案由。

在适用本案由时还应当注意以下两点：

1. 注意区分抵押合同的订立和抵押权的设定。根据法律的规定，抵押权的设定必须订立书面抵押合同，但抵押合同订立与抵押权的成立并不相同。抵押合同的订立在当事人之间创设有关抵押权设定的权利义务关系，为物权变动的原因行为，属于合同法的范畴；抵押权的设定，是合法有效的抵押合同所产生的结果，属于物权变动的范畴。因此，应明确区别抵押合同的生效和抵押权的设定。当事人诉争的法律关系性质涉及物权变动原因的，即如果当事人因抵押合同产生纠纷的，则应当适用抵押合同纠纷案由，如抵押合同不成立、抵押合同无效等纠纷；当事人诉争的法律关系性质涉及物权变动结果的，即如果当事人就抵押权产生纠纷，则适用抵押权纠纷的案由，如抵押权成立、抵押权实现等纠纷。

2. 注意区分一般动产抵押权纠纷和动产浮动抵押权纠纷。《民法典》既规定了一般动产抵押权，也规定了动产浮动抵押权。动产浮动抵押在抵押财产的范围、抵押合同、抵押权的设立与对抗效力、抵押权的优先受偿顺位等方面都适用动产抵押的一般规则。两者的区别在于：一是设定浮动抵押的主体限于企业、个体工商户、农业生产经营者。二是设定浮动抵押的财产限于生产设备、原材料、半成品、产品，除此之外的动产不得设定浮动抵押。三是一般动产抵押权是固定抵押权，即在设定抵押时抵押物的价值已经确定，以抵押权成立时抵押物设定的抵押。动产浮动抵押以现有及将来的动产一并设定抵押，抵押的财产不断发生变化，直到约定或法定的事由发生，抵押财产才确定。四是浮动抵押期间，抵押人处分抵押财产的，抵押权人对抵押财产无追及的权利，只能就约定或法定事由发生后确定的财产优先受偿。

68. 质权纠纷

（1）动产质权纠纷
（2）转质权纠纷
（3）最高额质权纠纷
（4）票据质权纠纷
（5）债券质权纠纷
（6）存单质权纠纷
（7）仓单质权纠纷
（8）提单质权纠纷
（9）股权质权纠纷
（10）基金份额质权纠纷
（11）知识产权质权纠纷
（12）应收账款质权纠纷

【释义】

质权，又称为质押权，是一种典型的担保物权，质押是指债务人或者第三人将自己的财产交付债权人占有，或在自己的财产权利上设定权利质押，作为债务履行的担保，如果债务履行期届满，债务人不履行债务或者发生当事人约定的实现质权情形的，质权人有权从质押的财产中优先受偿。债权人对质押的财产享有的占有权和优先受偿权称为质权。当事人设定质权的行为称为设质、出质或者质押。在质权法律关系中，享有质权的债权人称为质权人；将财产移转给质权人占有而作债的担保的债务人或第三人，称为出质人；供作债权担保的财产，称为质物或质押物、质押标的物。质权是担保物权的重要类型，是指债务人或者第三人将其动产或者财产权利以法定的形式为债权提供担保，在债务人不履行到期债务时，债权人有权对质押动产或者财产权利以折价或者以拍卖、变卖所得的价款优先受偿的权利。质权主要是以动产、财产权利设定债权担保的法律形式，抵押权则主要是以不动产、不动产用益物权设定债权担保的法律形式，也可以成立动产抵押。就动产之上成立质权需要以移转占有为要件，而动产抵押的成立无此要求。

质权纠纷作为第三级案由，下设12个第四级案由，分别为：

1. 动产质权纠纷。动产质权是指债务人或者第三人将其动产移交债权人占有，将该动产作为债权的担保，债务人不履行到期债务时，债权人所具有的以该动产折价或者以拍卖、变卖该动产的价款优先受偿的权利。《民法典》第425条规定："为担保债务的履行，债务人或者第三人将其动产出质给债权人占有的，债务人不履行到期债务或者发生当事人约定的实现质权的情形，债权人有权就该动产优先受偿。前款规定的债务人或者第三人为出质人，债权人为质权人，交付的动产为质押财产。"设立动产质权的当事人因动产质权的成立、内容、归属、实现以及质押标的物的保管、处分等产生的纠纷是动产质权纠纷。

与动产质权相对的是权利质权。权利质权是指债务人或者第三人以其有处分权的财产权利为债权提供担保，在债务人不履行到期债务时，债权人可以就质押财产权利折价或者拍卖、变卖的价款优先受偿的权利。权利质权与动产质权最根本的区别在于质押标的物不同，动产质权的标的是动产，权利质权的标的是具有让与性的财产权利。根据《民法典》第440条的规定，可以出质的财产权利主要有：汇票、支票、本票；债券、存款单；仓单、提单；可以转让的基金份额、股权；可以转让的注册商标专用权、专利权、著作权等知识产权中的财产权；现有的以及将有的应收账款；法律、行政法规规定可以出质的其他财产权利。根据质押的财产权利类型的不同，可以将权利质权进一步细分。这一点在下列第四级案由中有体现。

2. 转质权纠纷。转质是指质权人在质权存续期间，以质物向其他人再设定质押。《民法典》第434条规定："质权人在质权存续期间，未经出质人同意转质，造成质押财产毁损、灭失的，应当承担赔偿责任。”通常而言，转质包括责任转质和承诺转质。责任转质，是指质权人在质权存续期间，未经出质人同意而仅以自己的责任所进行的转质。承诺转质，又称为同意转质，是指质权人经出质人同意，为担保自己的债务，而将质物移转占有于第三人，就质物再设定新质权的行为。因转质引发的纠纷，即为转质权纠纷。转质权纠纷既包括动产质权转质纠纷，也包括权利质权转质纠纷。

3. 最高额质权纠纷。最高额质权是指为担保债务的履行，债务人或者第三人对一定期间内将要连续发生的债权提供担保财产的，债务人不履行到期债务或者发生当事人约定的实现质权的情形，质权人有权在最高债权额限度内就该担保财产优先受偿。《民法典》第439条规定：“出质人与质权人可以协议设立最高额质权。最高额质权除适用本节有关规定外，参照适用本编第十七章第二节的有关规定。”概言之，有关最高额质权的规定，既要符合质权的一般规则，也要适用《民法典》第420条至第424条关于最高额抵押的规定。因最高额质权成立、内容、归属、实现等产生的纠纷即为最高额质权纠纷。

4. 票据质权纠纷。票据质权是权利质权的一种，是指以汇票、本票和支票设定的质权。依据《民法典》第441条的规定，以汇票、本票、支票、债券、存款单、仓单、提单出质的，质权自权利凭证交付质权人时设立；没有权利凭证的，质权自办理出质登记时设立。法律另有规定的，依照其规定。票据质权纠纷即因票据质权的设立、归属、内容、实现等引发的纠纷。

5. 债券质权纠纷。债券是指依照法定程序发行的，约定在一定期限内还本付息的有价证券。债券关系中，债券的发行人是债务人，债券的持有人是债权人。债券质权是指以由政府、金融机构或者企业为筹措资金而依照法定程序向社会发行，约定在一定期限内还本付息的有价证券设定的质权。债券实际上是借款凭证，债券按其发行主体分为国库债券、金融债券和公司债券。国库债券，也称公债券，即由中央政府或者地方政府为筹措资金而依照法定程序向社会发行的一种有价债券。金融债券，是由金融机构发行的有价证券。公司债券，是指公司依照法定程序发行的、约定在一定期限还本付息的有价证券。债券质权纠纷是指因债券质权的设立、内容、归属和实现等引发的纠纷。

6. 存单质权纠纷。存款单，也称“存单”，是指银行等储蓄机构向储户开具的证明储蓄机构与储户之间存款关系的一种凭证。存单质权是指以银行、储蓄机构发给存款人的证明其债权的凭证所设定的质权。可以出质的存单主要是指各类定期存款单。存单质权纠纷是指因存单质权的设立、内容、归属和实现等引发的纠纷。

7. 仓单质权纠纷。仓单是指由仓储保管人填发的证明寄托人寄存物品的凭证（单据），也是一种有价证券。仓单质权即以仓单设定的质权。因仓单质权的设立、内容、归属和实现等引发的纠纷即是仓单质权纠纷。

8. 提单质权纠纷。提单质权即以提单设定的质权。依据《海商法》的有关规定，提单是指用以证明海上货物运输合同和货物已经由承运人接收或者装船，以及承运人保证据以交付货物的单证。提单中载明的向记名人交付货物，或者按照指示人的指示交付货物，或者向提单持有人交付货物的条款，构成承运人据以交付货物的凭证。提单分为记名提单、指示提单和不记名提单。记名提单不得转让；指示提单经过记名背书或者空白背书转让；不记名提单无须背书即可转让。可以出质的提单主要是指可以转让的或者经法定程序认定后成为可以转让的提单。提单质权纠纷即指因提单质权的成立、归属、内容和实现等引发的纠纷。

9. 股权质权纠纷。股权质权是指出质人以其拥有的股权设定的质权。股权包括有限责任公司的股权和股份有限公司的股权。《民法典》第443条规定：“以基金份额、股权出质的，质权自办理出质登记时设立。基金份额、股权出质后，不得转让，但是出质人与质权人协商同意的除外。出质人转让基金份额、股权所得的价款，应当向质权人提前清偿债务或者提存。”股权质权纠纷即指因股权质权的成立、归属、内容和实现等引发的纠纷。

10. 基金份额质权纠纷。基金份额是指基金投资人对基金享有的份额，它是基金的基本构成单位和计算单位，体现着基金投资人（基金份额持有人）的权利和义务。基金份额和股份一样，是资本市场中的一种重要的财产类型。对于可以转让的基金份额，《民法典》第443条规定可以设定质权。因基金份额质权的成立、归属、内容和实现等引发的纠纷即为基金份额质权纠纷。

11. 知识产权质权纠纷。知识产权是智力劳动者对其通过智力劳动创造出来的成果享有的一种权利。知识产权的客体是智力成果，是一种无形的财产，这是它与所有权的主要区别。知识产权质权即指以知识产权中的财产部分设定的质权。按照法律规定，知识产权主要包括注册商标专用权、专利权、著作权等。知识产权是复合性权利，既有人身权内容也有财产权内容，能够设定质权的只能是财产权内容。《民法典》第444条规定："以注册商标专用权、专利权、著作权等知识产权中的财产权出质的，质权自办理出质登记时设立。知识产权中的财产权出质后，出质人不得转让或者许可他人使用，但是出质人与质权人协商同意的除外。出质人转让或者许可他人使用出质的知识产权中的财产权所得的价款，应当向质权人提前清偿债务或者提存。"据此，以知识产权设定质权的，应以依法能够转让的知识产权中的财产内容为限，对于不允许转让的部分不得设定质权。因知识产权质权的成立、归属、内容和实现等引发的纠纷，称为知识产权质权纠纷。

12. 应收账款质权纠纷。应收账款是指因销售商品或提供劳务而应向购货单位或顾客收取的款项。通常而言，应收账款具有可让与性，可以称为质押标的物。以应收账款设定的质权即为应收账款质权。应收账款质权涉及三方当事人，即债务人（出质人）、债权人（质权人，一般为银行）和应收账款的债务人（第三债务人）。企业以应收账款为担保物向银行贷款，在其不能偿还贷款时，银行可以直接向第三债务人收取相应款项。即本来第三债务人要向债务人还款的，现在因为应收账款作了担保物，他就应该转而向银行还款。《民法典》第445条规定："以应收账款出质的，质权自办理出质登记时设立。应收账款出质后，不得转让，但是出质人与质权人协商同意的除外。出质人转让应收账款所得的价款，应当向质权人提前清偿债务或者提存。”应收账款质权纠纷是指因应收账款质权的成立、归属、内容和实现等引发的纠纷。

【管辖】

质权纠纷一般根据产生纠纷的基础法律关系来确定管辖。

【法律适用】

处理质权纠纷的法律依据主要是《民法典》第425条至第446条，《最高人民法院关于适用〈中华人民共和国民法典〉有关担保制度的解释》第44条、第55条至第61条、第66条的规定。

【确定该案由应当注意的问题】

质权作为重要的担保物权，在现代经济生活中处于重要的地位。因此，《民事案件案由规定》将因质权产生的纠纷列为担保物权纠纷下的第三级案由。同时，又按照质权标的的不同，将动产质权和权利质权纠纷分别列为第四级案由。从法律规定来看，质权主要分为动产质权和权利质权，并无其他质权形态，所以因质权发生的纠纷依其具体情形，可以直接适用第四级案由，第三级案由基本上没有适用的可能。

适用本案由还应当注意以下两个问题：

1. 要区分质押合同与质权的关系。对于质押合同纠纷，原则上应适用合同纠纷案由。对于因质权产生的纠纷适用质权纠纷案由。既有质押合同方面的争议，也有质权成立、实现等的争议，则基于质押合同仅是质权成立的基础关系，从某种意义上讲，质押合同具有一定的手段性，而质权本身具有目的性，这时可以适用相应的质权纠纷案由。

通常而言，质押合同一般应该包括以下内容：(1) 被担保的主债权种类、数额；(2) 债务人履行债务的期限；(3) 出质权利的情况；(4) 出质担保的范围；(5) 当事人认为需要约定的其他事项。书面形式是否为质押合同的生效要件，存在一定的争议。我们认为，质押合同作为合同的一种，当然要尊重当事人之间的约定，并要求必须具备上述全部的事项，质押合同不完全具备上列规定内容的，可以补正，这不会影响质押合同的效力。质押合同本身的效力问题适用《民法典》合同编的相关规定。在订立质押合同后，如果不交付相关的权利凭证或者不办理质押登记，则质权不能成立，但这并不影响质押合同的效力，当事人可以基于该有效质押合同向对方当事人主张相应的违约责任。

有关质权的成立除有当事人签订的质押合同外，还应当按照法律的规定为动产交付或者权利之登记。对于权利质权而言，其设立和行使除了要遵守动产质权的规则外，还应该遵循权利让与的规则，这也是权利质权设定的基本要求。例如，以股权设定质权，应当依照《公司法》股份转让的相关规则办理；以著作财产权设质的，应当依照《著作权法》中有关著作权转让的规则进行。在票据质权的设定中，应当区分不同的票据而分别确认其要件。又如，由于我国《票据法》没有要求支票上需记载收款人的名称，因此，以支票设定质权时，仅需要将支票交付于质权人，质权即可有效设定，而无须有关的设质背书。但是，对于汇票和本票，则必须有相应的设质背书，方可产生对抗效力。

此外，《民法典》第 446 条规定："权利质权除适用本节规定外，适用本章第一节的有关规定。"《民法典》物权编第 18 章第 2 节对权利质权仅在某些特定内容上作出规定，其他没有规定的内容可以适用动产质权的规定，如质押合同的设立、质权人的义务、质权的实现方式和最高额质权。这是立法技术上精简条文、体系严谨的基本要求，但适用时要注意做好衔接。

2. 要注意与担保物权实现程序这一非诉程序在法律适用上的衔接和案由上的厘清。《民法典》第437条规定:“出质人可以请求质权人在债务履行期限届满后及时行使质权;质权人不行使的,出质人可以请求人民法院拍卖、变卖质押财产。出质人请求质权人及时行使质权,因质权人怠于行使权利造成出质人损害的,由质权人承担赔偿责任。”《民事诉讼法解释》第361条规定:“民事诉讼法第一百九十六条规定的担保物权人,包括抵押权人、质权人、留置权人;其他有权请求实现担保物权的人,包括抵押人、出质人、财产被留置的债务人或者所有权人等。”在申请实现担保物权的主体当中,包括质权人和出质人。担保物权实现程序是独立便捷实现担保物权的非诉程序,当事人适用这一程序时要列《民事案件案由规定》中“三十八、实现担保物权案件”项下的“411. 申请实现担保物权”这一第三级案由。但若涉及双方实体民事权利义务争议,应当通过诉讼程序解决的纠纷,则应列相应的质权纠纷案由。

69. 留置权纠纷

【释义】

留置权是指在一定的债权债务关系中,债权人依照一定的法律关系占有债务人的动产,于债务人未履行合同义务时,对其占有的债务人的动产予以留置并变价优先受偿的权利。因留置权的成立、行使、消灭等引发的纠纷就是留置权纠纷。

留置权不仅具有留置的效力,还具有优先受偿的效力,属于物权性留置权。其中,债权人为留置权人,被留置的动产为留置物,留置物一般限定为债务人本人的动产。

留置权与一般的抵押权和质权不同,留置权是直接依照法律的规定而产生,而不是依当事人的协议设立,因此它是一种法定权利而非基于当事人协议约定产生的权利。留置权的法定性，决定了在具备法律规定的条件时，留置权就当然成立，不受当事人的意志左右。留置权从属于其所担保的债权。具体而言：（1）留置权的成立要以主债权合法有效为前提。即在成立上具有从属性。（2）留置权随主债权消灭而消灭，比如，因债务人履行了全部债务而消灭，这时留置权也消灭。即在消灭上具有从属性。（3）留置权优先受偿的范围依赖于债权的范围。这是留置权在优先受偿上的从属性。当留置物的价值大于主债权价值时，在留置物为可分物的情况下，对于多余部分，留置权人必须予以返还。不可分性是担保物权的共性。留置权作为一种担保物权，当然具有不可分性。所谓留置权的不可分性，是指留置权的效力就债权的全部及于留置物的全部。它实际上包含两个方面的含义：（1）留置权所担保的是债权的全部，而非可分割的债权的一部分；（2）留置权人可以对留置物的全部行使权利，而非可分割的留置物的一部分。所以，债权的分割及部分清偿、留置物的分割等，均不影响留置权的效力。只要债权未受全部清偿，留置权人就可以对留置物的全部行使权利，留置权的不可分性决定于留置权的效用。

留置权的构成要件如下：（1）债权人已合法占有债务人的动产；（2）债权的清偿期届满，债务人仍未履行债务；（3）债权人留置的动产，应当与债权属于同一法律关系，但是企业之间留置的除外（《民法典》第448条）。此外，留置权的成立不得违反法律的禁止性规定和当事人约定的内容。留置财产为可分物的，留置财产的价值应当相当于债务的金额。留置权成立后，留置权人负有妥善保管留置财产的义务；因保管不善致使留置财产毁损、灭失的，应当承担赔偿责任。留置权人有权收取留置财产的孳息，此孳息应当先充抵收取孳息的费用。关于留置权的消灭，《民法典》第457条规定："留置权人对留置财产丧失占有或者留置权人接受债务人另行提供担保的，留置权消灭。"

【管辖】

留置权是一种法定权利，但留置权的产生都基于特定的债务关系，管辖法院一般应依据产生留置权的基础关系来确定。

【法律适用】

处理留置权纠纷的法律依据主要是《民法典》第447条至第457条，《最高人民法院关于适用〈中华人民共和国民法典〉有关担保制度的解释》第38条、第44条、第62条等相关规定。

【确定该案由应当注意的问题】

留置权是重要的担保物权类型，在经济生活中也经常适用。因此，《民事案件案由规定》将因留置权产生的纠纷列为担保物权纠纷下的第三级案由。

适用留置权纠纷案由时应当特别注意的是，其与担保物权实现程序这一非诉程序在法律适用上的衔接和案由上的厘清。《民法典》第454条规定："债务人可以请求留置权人在债务履行期限届满后行使留置权；留置权人不行使的，债务人可以请求人民法院拍卖、变卖留置财产。"《民事诉讼法解释》第361条规定："《民事诉讼法》第一百九十六条规定的担保物权人，包括抵押权人、质权人、留置权人；其他有权请求实现担保物权的人，包括抵押人、出质人、财产被留置的债务人或者所有权人等。"在申请实现担保物权的主体当中，包括留置物的所有权人，因为留置物所有权人与债务人可能并非同一人，因此也赋予留置物所有权人以申请实现担保物权的机会。担保物权实现程序是独立便捷实现担保物权的非诉程序，当事人适用这一程序时要列《民事案件案由规定》中"三十八、实现担保物权案件"项下的

“411. 申请实现担保物权”这一第三级案由。但若涉及双方实体民事权利义务争议，应当通过诉讼程序解决的纠纷，对于留置权的情形，则应列留置权纠纷这一案由。

九、占有保护纠纷

占有保护纠纷在《民事案件案由规定》中是第二级案由。占有在物权法上具有独立的法律地位，《民法典》沿用了《物权法》的立法模式，专门在物权编第五分编独立规定占有。占有作为一种事实而非权利关系，既具有公示效力，也具有维护社会关系稳定的意义，所以《物权法》从一开始就肯定了占有的独立地位，并赋予其法律上的效力，即占有保护制度，《民法典》对此予以保留。《民事案件案由规定》将占有保护纠纷列为物权纠纷项下的第二级案由，主要着眼于将涉及占有保护的纠纷予以进一步细化，有利于进一步明晰法律关系，方便当事人诉讼，也方便人民法院审理和司法统计。在此应当注意的是，这里所指的占有保护纠纷，不包括基于本权关系以及合同关系产生的占有，有关基于本权关系引发的占有返还等纠纷应当直接适用该本权纠纷案由；基于合同关系产生的有关不动产或者动产的使用、收益、违约责任等，应当适用合同纠纷案由。《民事案件案由规定》2020 年对占有保护纠纷未作出修改，仍然按照占有保护请求权的基本内容，将占有保护纠纷分为 4 个第三级案由，即占有物返还纠纷、占有排除妨害纠纷、占有消除危险纠纷和占有物损害赔偿纠纷。

70. 占有物返还纠纷

【释义】

占有物返还纠纷是指因占有物被他人非法侵占，占有人请求返还该占有物的纠纷。占有在民法中是一个较为复杂的法律问题。《物权法》和《民法典》均未对占有作出明确的定义。理论上认为占有系对于不动产或者动产事实上的控制与支配。所谓控制，指物处于占有人的管理或影响之下。所谓支配，指占有人能够对物加以一定利用。[①]占有的不动产或者动产被侵占的，占有之事实状态将受到破坏，法律因此赋予占有人以保护其占有为目的的返还占有物的请求权，即占有物返还请求权。被占有的动产或者不动产遭到第三方侵占时，对占有人的保护不区分有权占有和无权占有，均可适用占有的规定。[②] 但在法律适用上，则有所区分。比如，《民法典》第 458 条规定："基于合同关系等产生的占有，有关不动产或者动产的使用、收益、违约责任等，按照合同约定；合同没有约定或者约定不明确的，依照有关法律规定。"由此导致存在本权法律关系的，即有权占有的情况下，案由有必要适用该本权法律关系的案由。比如，质权人请求无权占有质物的占有人返还该质物的纠纷应当适用质权纠纷的案由，而不能适用占有物返还纠纷的案由。占有物返还请求权是占有保护最基本的方式。对此，《民法典》第 462 条第 1 款规定："占有的不动产或者动产被侵占的，占有人有权请求返还原物；对妨害占有的行为，占有人有权请求排除妨害或者消除危险；因侵占或者妨害造成损害的，占有人有权依法请求损害赔偿。"

【管辖】

占有物返还纠纷应区别占有物为不动产或者动产而确定管辖。占有标的物为不动产的，由不动产所在地人民法院专属管辖。占有标的物为动产的，按照《民事诉讼法》规定的一般地域管辖确定管辖法院。

---

① 最高人民法院物权法研究小组编著：《〈中华人民共和国物权法〉条文理解与适用》，人民法院出版社 2007 年版，第 698 页。

② 参见胡康生主编：《中华人民共和国物权法释义》，法律出版社 2007 年版，第 513 页。

【法律适用】

处理占有物返还纠纷的法律依据主要是《民法典》第460条和第462条的规定。

【确定该案由应当注意的问题】

占有物返还请求权在占有保护中发挥着重要作用，有关占有的纠纷也以此为典型，所以《民事案件案由规定》将其规定为占有保护纠纷项下的第三级案由。在适用本案由时应当注意：

1. 占有物返还，是指占有人在丧失占有时主张恢复其占有圆满状态的请求权，不同于物权人在其物受到侵占或者依据合同等约定要求他人返还原物的请求权，如果属于后者，则可以根据请求返还的法律依据决定适用物权纠纷项下各类物权中的原物返还请求权之案由，或者适用合同纠纷项下合同解除、无效等返还财产之案由。但是，依据《民法典》第460条的规定，“不动产或者动产被占有人占有的，权利人可以请求返还原物及其孳息；但是，应当支付善意占有人因维护该不动产或者动产支出的必要费用。”因此，在有权占有的情况下，如果该占有人并非基于其本权关系主张占有物返还，而是依据上述规定主张返还原物的，这时因其实体法依据在于物权编的占有部分的规定，这实质上构成了当事人权利保护的请求权竞合而其选择了占有保护的方法，从法律关系的角度言之，可以适用占有物返还纠纷这一案由。

2. 根据《民法典》第462条第2款的规定，占有人返还原物的请求权，自侵占发生之日起一年内未行使的，该请求权消灭。实践中适用占有物返还纠纷案由时应注意，该“一年”期间界定为除斥期间较为合适：（1）该期间的起算是“自侵占发生之日起”，是一个客观时点，不同于诉讼时效，是主观时点。（2）该条文规定1年期间经过后“请求权消灭”，诉讼时效完成以后，当事人所享有的实体法上的请求权并不消灭。(3) 从设立占有保护制度的目的和社会功能看，此处的1年期间应解释为除斥期间，不适用中断、中止或者延长的规定。诉讼时效可中断或者中止，而且它以受侵害人知道或者应当知道受侵害之时开始起算，此项期间可能远比1年要长，将使权利长期处于不稳定的状态。①

71. 占有排除妨害纠纷

【释义】

占有排除妨害纠纷是指占有人请求排除他人妨害其占有之行为或者事实的纠纷。所谓妨害占有，是指非侵夺占有而妨碍占有人管领其物，致其使用可能性及利益遭受侵害。妨害除去请求权的相对人，为妨害占有的人。数人相继为妨害的，以先为妨害的人为请求权的相对人。排除妨害的费用应由妨害人负担。占有人自行除去妨害的，其费用可依无因管理的规定向相对人请求偿还。②《民法典》赋予占有人对抗他人非法妨害其占有的权利。

在此需要注意的是，《民法典》第462条第2款规定了占有人返还原物请求权的行使期间。该期间仅适用于占有人返还原物请求权，不适用于其他类型的占有保护请求权。排除妨害请求权原则上同妨害的持续状态紧密相连。如果妨害已经消失，则无行使排除妨害请求权之必要；如果妨害持续发生，那么此项排除妨害请求权自然不受行使期间限制。

---

① 章正璋：《占有保护解释论的三个争议问题》，载《比较法研究》2016年第2期；胡康生主编：《中华人民共和国物权法释义》，法律出版社2007年版，第522页。

② 胡康生主编：《中华人民共和国物权法释义》，法律出版社2007年版，第521页。

【管辖】

占有排除妨害纠纷一般由占有物所在地人民法院管辖。

【法律适用】

处理占有排除妨害纠纷的法律依据主要是《民法典》第462条的规定。

【确定该案由应当注意的问题】

占有人请求排除妨害占有权利是《民法典》规定的占有保护的重要方法，从《民法典》的规定来看，这一请求权的行使是以占有人和妨害占有人之间不存在其他法律关系为前提的，如果占有人与妨害占有人之间存在合同关系或者其他本权法律关系的，则应当适用其他案由而不适用本案由。同样，如果是物权人基于其权利而请求排除妨害占有的行为或者事实时，应当适用物权纠纷下所有权、用益物权或者担保物权纠纷下相应的案由。在适用本案由时，也要注意与物权保护纠纷案由下的排除妨害纠纷案由的区别。

72. 占有消除危险纠纷

【释义】

占有消除危险纠纷是指占有人请求消除危害或者可能危害占有物安全的行为引发的纠纷。当他人之行为造成或者可能造成占有物安全上的危险时，赋予占有人消除危险的请求权是保护物的安全的必要措施。消除危险请求权中的妨害虽未发生但是存在发生的现实危险。具体来讲，消除危险请求权中的危险，应为具体的危险，指能够使外界感知到的对占有的妨害。例如，违反建筑规则建设高危建筑、接近邻地开掘地窖等而产生对邻地的危险，倾斜的房屋墙壁对邻居房产造成的危险。占有人主张消除危险请求权应符合两个要件：一是危险消除请求权中的危险持续存在，请求权行使之时，危险已经消失的不得请求消除。二是有客观的产生危险的事实，被请求人有无故意或者过失，法律在所不问。消除危险的费用同样由造成危险的人承担。

《民法典》第462条第2款规定了占有人返还原物请求权的行使期间。该期间仅适用于占有人返还原物请求权，不适用于其他占有保护请求权。消除危险请求权原则上同危险的持续状态紧密相连。如果危险已经不存在，则无行使消除危险请求权之必要；如果危险持续发生，那么此项消除危险的请求权自然不受行使期间限制。

【管辖】

占有消除危险纠纷一般由占有物所在地的人民法院管辖。

【法律适用】

处理占有消除危险纠纷的法律依据主要是《民法典》第462条的规定。

【确定该案由应当注意的问题】

赋予占有人以消除危险的请求权目的在于保护物的安全，所以《民法典》沿袭《物权法》，明确规定了占有人的消除危险的请求权，《民事案件案由规定》将其作为占有保护纠纷项下的第三级案由之一。在适用本案由时，要注意和物权保护中的消除危险纠纷案由的区别，如果属于物权人对其物的保护，则应当适用物权保护中的消除危险纠纷案由，具体可以适用各类物权纠纷项下的相应案由。

73. 占有物损害赔偿纠纷

【释义】

占有物损害赔偿纠纷是指因占有物被他人侵占或者妨害，占有人请求给予损害赔偿的纠纷。损害赔偿请求权是占有保护的债权保护方法。占有物受到侵占或者妨害，如果已经造成了占有人财产利益损失的，则成立侵权行为，占有人产生侵权损害赔偿的请求权。占有虽非一种权利，但也属于法律所保护的一种财产利益，不受他人非法的任意侵害，侵害占有的应负侵权损害赔偿责任。

因侵占或者妨害造成损害的，应理解为对占有利益的损害。侵害占有可能发生的损害主要有：（1）占有使用收益的损害，即占有人不能使用收益占有物而生的损害。若本权人以强力自占有人处取回占有物，则占有人可以向本权人请求使用期限内收益的损害赔偿。侵害占有导致占有人无法收取其本应取得的占有物孳息时，侵害人应予赔偿。（2）支出费用的损害，即占有人对占有物支出的费用，本可向物的权利人请求偿还，却因该物被侵夺而毁损灭失不能求偿。（3）责任损害，即占有人因占有物被第三人侵夺发生毁损灭失后，产生对物的权利人的损害赔偿责任。[①]

可以行使损害赔偿请求权保护占有的主体，仅限于有权占有人和善意的无权占有人，恶意占有人不享有此项权利。我国《民法典》虽未规定善意占有人的收益权，但是善意占有人对权利人有必要费用的求偿权，对因使用造成占有物的损害无须承担赔偿责任，说明其可以

① 胡康生主编：《中华人民共和国物权法释义》，法律出版社2007年版，第521页。

使用占有物。侵害占有的行为会导致善意占有人的财产权益受损，其可以行使损害赔偿请求权。恶意占有人对占有物没有任何权益，其行使损害赔偿请求权，缺乏权益基础，故恶意占有人不能行使占有损害赔偿请求权。进而言之，恶意占有人不但不能行使损害赔偿请求权，其造成占有物损害时也要承担相应的赔偿责任。对此，《民法典》第459条规定："占有人因使用占有的不动产或者动产，致使该不动产或者动产受到损害的，恶意占有人应当承担赔偿责任。"

【管辖】

占有物损害赔偿纠纷应依据侵权纠纷确定管辖，由侵权行为地或者被告所在地人民法院管辖。

【法律适用】

处理占有物损害赔偿纠纷的法律依据主要是《民法典》第462条的规定。

【确定该案由应当注意的问题】

占有物的损害赔偿请求权也是重要的占有保护方法，从性质上讲，是一种债权保护方法。在适用本案由时应当注意：占有物损害赔偿纠纷与物权损害赔偿纠纷之间的区别。占有物损害赔偿所保护的是占有利益的损失，物权损害赔偿保护的是物权利益的损失。前者是否包括物毁损的损害赔偿在内，从现有的法律规定来看尚不够清楚。具体来看，在有权占有的情况下，赋予占有人对物的损害赔偿请求权与物权人的物的损害赔偿请求权也不冲突。因为是有权占有，所以占有人取得赔偿后，自然应依据相应的法律关系对物权人承担损害赔偿的责任，此类纠纷应当优先适用物权纠纷类型下的相应案由。但是，依据《民法典》第461条的规定，“占有的不动产或者动产毁损、灭失，该不动产或者动产的权利人请求赔偿的，占有人应当将因毁损、灭失取得的保险金、赔偿金或者补偿金等返还给权利人；权利人的损害未得到足够弥补的，恶意占有人还应当赔偿损失。”从请求权基础来看，有权占有人是可以依据本条规定行使占有损害赔偿请求权的，在此情况下，也可以适用本案由。

此外，在涉及占有物的纠纷中，往往会存在返还原物与损害赔偿等并用的情形，这既是实际情况的反映，也是对占有状态周延保护的必然要求。在具体确定案由时，可以按照适用案由的一般规则，直接适用它们的共同上级案由，即“占有保护纠纷”。

第四部分 合同、准合同纠纷

债权与人格权、亲属权、继承权、物权等一起构成基本的民事权利体系。大陆法系民法典一般将合同、无因管理、不当得利与侵权行为作为债的发生根据。为适应现代侵权行为法的发展，充分保护民事主体的合法权益，越来越多的学者主张将侵权行为独立成编，将侵权责任作为对各种民事权利的保护措施，2010 年《侵权责任法》出台后，《民事案件案由规定》将侵权责任作为第一级案由独立出来，合同、无因管理、不当得利等债权中的其他内容自应一并作为第一级案由进行规定。所以《民事案件案由规定》将合同、无因管理、不当得利纠纷合并规定为第一级案由，并相应地在项下设计了 3 个第二级案由。《民法典》第 3 编为合同编，合同编相比 1999 年的《合同法》采用大合同法概念，将无因管理和不当得利作为准合同列为合同编的第 3 分编。因此，《民事案件案由规定》对此未作修改。

十、合同纠纷

合同纠纷在《民事案件案由规定》中是第二级案由。我国民法中通常所说的合同，就是《民法典》第 464 条规定的“合同是民事主体之间设立、变更、终止民事法律关系的协议”，同时规定，“婚姻、收养、监护等有关身份关系的协议，适用有关身份关系的法律规定；没有规定的，可以根据其性质参照适用本编规定。”在市场经济条件下，一切交易活动都是通过缔结合同和履行合同进行的，反映交易内容的合同关系是市场经济社会最基本的法律关系，合同纠纷也是人民法院受理的民事案件中数量最多的一部分。《民事案件案由规定》本次修改，依然将合同纠纷列为第二级案由，同时又在2011年《民事案件案由规定》的62个第三级案由基础上增加8个第三级案由，达到70个第三级案由，并保留2011年《民事案件案由规定》的101个第四级案由，案由数量较多。第三级案由主要由《民法典》合同编第2分编“典型合同”中列明和实践中出现较多的有名合同类型组成，对涉及《民法典》合同编一般规定的特定类合同纠纷，如缔约过失、合同效力确认、代位权、撤销权及合同转让等纠纷，将争议事由作为案由规定。两种方式的共存，在部分案件案由确定时会出现交叉。对此，应优先采用涉《民法典》合同编一般规定的争议事由来确定案由，如原告诉请确认房屋租赁合同无效，即应将案由确定为确认合同无效纠纷，而非房屋租赁合同纠纷。当然，为表明争议合同的类型，在系统许可的情况下也可以进一步标明为确认房屋租赁合同无效纠纷。

合同纠纷案由的修改包括：

一是对第二级案由“十、合同纠纷”项下的案由修改主要有：增加“75. 预约合同纠纷”“82. 债务加入纠纷”两个第三级案；变更“75. 招标投标买卖合同纠纷”为第三级案由“84. 买卖合同纠纷”项下的第四级案由“（5）招标投标买卖合同纠纷”；变更“83. 房屋拆迁安置补偿合同纠纷”为“92. 民事主体间房屋拆迁补偿合同纠纷”；增加“97. 排污权交易纠纷”“98. 用能权交易纠纷”“99. 用水权交易纠纷”“100. 碳排放权交易纠纷”“101. 碳汇交易纠纷”“113. 保理合同纠纷”；变更“107. 居间合同纠纷”为“123. 中介合同纠纷”，变更“111. 合伙协议纠纷”为“127. 合伙合同纠纷”，变更“119. 农村土地承包合同纠纷”为“135. 土地承包经营权合同纠纷”；增加“136. 居住权合同纠纷”；删去“127. 请求确认人民调解协议效力”。

二是在第三级案由“74. 买卖合同纠纷”项下：增加“（4）所有权保留买卖合同纠纷”；变更“（6）网络购物合同纠纷”为“（8）信息网络买卖合同纠纷”；删去“（7）电视购物合同纠纷”。

三是在第三级案由“89. 借款合同纠纷”项下：删去“（3）企业借贷纠纷”。

四是在第三级案由“104. 委托合同纠纷”项下：增加“（5）销售代理合同纠纷”。

五是在第三级案由“135. 土地承包经营权合同纠纷”项下：删去“（1）土地承包经营权转包合同纠纷”；变更“（4）土地承包经营权入股合同纠纷”为“（3）土地经营权入股合同纠纷”，变更“（5）土地承包经营权抵押合同纠纷”为“（4）土地经营权抵押合同纠纷”，变更“（6）土地承包经营权出租合同纠纷”为“（5）土地经营权出租合同纠纷”。

六是在第三级案由“120. 服务合同纠纷”项下：变更“（2）邮寄服务合同纠纷”为“（2）邮政服务合同纠纷”；增加“（3）快递服务合同纠纷”；变更“（15）物业服务合同纠纷”为第三级案由“121. 物业服务合同纠纷”。

74. 缔约过失责任纠纷

【释义】

依据《民法典》第500条规定，缔约过失责任是指当事人在订立合同过程中，有违背诚信原则的行为，给对方造成损失的，因此承担赔偿受害人损失的法律后果。一般认为，缔约过失责任的成立须具备下列条件：（1）缔约人违反了以诚实信用为基础的先合同义务；（2）违反先合同义务的行为给对方造成了损害；（3）相关行为与损害间有因果关系；（4）行为人有过失。

【管辖】

对缔约过失责任性质的认识，影响管辖法院的确定。虽有人主张，缔约过失责任属于一般侵权责任，但主流观点认为，缔约过失责任是一种独立于违约责任和侵权责任之外的责任类型。且诉请承担缔约过失责任时，合同一般不成立、无效、被撤销或不被追认，而按照《最高人民法院关于适用〈中华人民共和国民事诉讼法〉的解释》第 18 条，因合同纠纷提起的诉讼，如果合同没有实际履行，当事人双方住所地又都不在合同约定的履行地的，应由被告住所地人民法院管辖。故缔约过失责任相关纠纷按《民事诉讼法》第 21 条，以被告住所地确定管辖法院为宜。

【法律适用】

处理缔约过失责任纠纷的法律依据主要是《民法典》第 157 条、第 500 条、第 501 条等规定。

【确定该案由应当注意的问题】

缔约过失责任纠纷发生在订立合同过程中，相关合同一般不成立、无效、被撤销或不被追认，纠纷的产生和处理也与合同内容及约定无关，不宜以拟订立的合同类型作为案件案由的依据，因此，《民事案件案由规定》将缔约过失责任纠纷作为独立的第三级案由。在确定本案由时，应注意不要将当事人拟订立的合同作为案由。另当事人诉请变更、撤销合同，或请求确认合同无效的，相关纠纷不能确定为本案由。

75. 预约合同纠纷

【释义】

预约合同是以订立本约为内容的合同，处于缔约和本约之间的中间状态。从实践来看，预约主要适用于买卖合同，其他类型合同也有预约，但是数量不太多。预约合同本身主要是解决当事人由于事实上或者法律上原因，暂时还不能正式订立本约合同，为了保证将来能够正式签订本约合同，双方事先达成预约合同。所以，预约合同在法律效力上有两个功能：第一个功能就是担保功能，主要是为了确保将来能够订立本约合同。第二个功能是事先能够确定一旦缔约失败，缔约损失的赔偿问题。《合同法》没有对预约合同作出规定，《最高人民法院关于审理商品房买卖合同纠纷案件适用法律若干问题的解释》第4条对商品房买卖预约作了隐性的规定，“出卖人通过认购、订购、预订等方式向买受人收受定金作为订立商品房买卖合同担保的，如果因当事人一方原因未能订立商品房买卖合同，应当按照法律关于定金的规定处理；因不可归责于当事人双方的事由，导致商品房买卖合同未能订立的，出卖人应当将定金返还买受人。”原《最高人民法院关于审理买卖合同纠纷案件适用法律问题的解释》第2条对一般买卖预约作了明确规定，“当事人签订认购书、订购书、预订书、意向书、备忘录等预约合同，约定在将来一定期限内订立买卖合同，一方不履行订立买卖合同的义务，对方请求其承担预约合同违约责任或者要求解除预约合同并主张损害赔偿的，人民法院应予支持。”《民法典》第495条正式规定了预约合同，“当事人约定在将来一定期限内订立合同的认购书、订购书、预订书等，构成预约合同。当事人一方不履行预约合同约定的订立合同义务的，对方可以请求其承担预约合同的违约责任。”

预约合同与本约合同的区别。所谓预约，是指当事人约定将来订立一定合同（本约）的合同。[①] 将来应订立的合同是本约，约定订立本约的合同，称为预约。[②] 预约合同在形式上一般都能区别于本约合同，如多称为认购书、订购书、预订书等，多数构成预约合同。最重

① 史尚宽：《债法总论》，中国政法大学出版社2000年版，第12页；郑玉波：《民法债篇总论》，中国政法大学出版社2004年版，第31页。

② 王利明：《合同法新问题研究》，中国社会科学出版社2011年版，第135页。

要的区别，就是看这个合同内容。预约合同最本质的或者说最重要的内容特征，是以将来订立本约作为合同目的，在预约合同中一定要能够清楚地载明将来订立本约的意思表示。从司法实践来看，对于预约合同中要订立的本约内容的完备性，原则上不作过分限制，只要能够清楚地表明将来要订立本约性质和基本标的，原则上认为已经有订立本约的合意。预约合同在效力方面有一个很重要的问题，即关于预约合同能否直接向本约合同进行转化，无论是在理论上还是在国外立法上都有相关观点和立法例。肯定说认为，如果预约合同对本约的主要条款已经作了比较完备的约定，在这种情况下，直接认定成立本约。《民法典》对此未作规定，从最高人民法院司法解释还有相关裁判来看，对于预约合同向本约合同转化条件的规定是更为严格的。比如，《最高人民法院关于审理商品房买卖合同纠纷案件适用法律若干问题的解释》第5条，除了要求预约合同对本约合同的条款作相对完备约定以外，还要求当事人已经按照本约约定来履行本约的主要合同义务，此时才能把预约合同直接认定为本约合同，最高人民法院相关案例基本上也是采纳这种观点，所以预约合同向本约合同的转化效力，在我国司法实践与国外立法和理论观点还是有明显差异的。

预约合同违约责任的认定。预约合同审判中，对预约合同的违约责任认定是重大问题之一。《民法典》对于预约合同的违约责任没有单独规定，作为一种有名合同，当然可以适用本约的违约责任相关规则，无论是违约责任的形式还是违约责任的抗辩事由，包括不可抗力、情势变更都可以在预约合同中适用。在确定预约合同的违约责任时，主要有两个争点：一是当事人拒绝按照预约合同来订立本约时能否适用强制履行的责任形式。即能否要求强制缔结本约；二是预约合同的违约损害赔偿计算问题。

预约合同的违约损害赔偿责任问题。对于预约合同，由于合同内容不是具体民事权利义务，主要内容是将来订立本约，所以违反预约合同以后，直接按照合同内容来计算违约损失的大小很困难。从现有实践处理原则来看，首先，如果当事人订有预约定金、违约金条款的，在一方当事人违反预约合同时，原则上可以直接适用上述约定处理。对于违约金条款能否适用过高过低调整规则，可以根据案件的具体情况作出判断。第二种情形是在当事人未订有定金与违约金条款的，违反预约合同以后，违约损害赔偿的范围如何确定？在《最高人民法院关于审理买卖合同纠纷案件适用法律问题的解释》理解适用中，最高人民法院提出预约合同，相对本约合同仍然处于缔约阶段，所以预约合同的违约赔偿责任范围大致相当于本约合同的缔约过失责任的范围，笔者认为这种理解大致是准确的。预约合同的违约损失的总体范围，应该不低于本约缔约过失责任，但是不高于本约违约责任，也即以本约履行利益损失作为上限，以本约缔约过失责任作为基础作为下限来判断。如果按照本约的缔约过失责任计算，违反预约合同的违约损失大小，大致要参考本约信赖利益损失的计算方法来确定本约的信赖利益损失，大致包括所受损失和所失利益两部分。所受损失主要指的是为缔约而支付相关的费用利益损失。所失利益，主要是指消极的损害，即订约机会丧失的损失。

【管辖】

违约合同作为合同的一种类型，因预约合同发生的合同效力、合同履行、解除、撤销、违约责任等纠纷，适用《民事诉讼法》关于合同纠纷管辖的规定。

【法律适用】

预约合同纠纷适用的主要法律依据是《民法典》第495条等合同编一般规定的相关条文。

【确定该案由应当注意的问题】

预约合同纠纷是本次案由规定修正根据《民法典》规定新增的第

三级案由。预约合同主要适用于买卖合同，但理论上《民法典》规定的一切典型合同都有订立预约合同的可能性。在确定本案由时，首先，应当正确区分预约合同还是本约合同，如果属于预约合同，不管本约是买卖合同还是其他典型合同还是无名合同，应当优先适用本案由。其次，预约合同纠纷案由规定在合同编一般规定中案由之中，与合同效力、缔约过失责任等纠纷案由并列，因此，在适用时应当优先适用预约合同纠纷案由。

76. 确认合同效力纠纷

（1）确认合同有效纠纷

（2）确认合同无效纠纷

【释义】

合同效力是指法律对各方当事人合意的评价。根据《民法典》规定，当事人订立的合同可能是有效、无效、可撤销和效力待定等状态，当事人对合同效力的认识出现分歧时，可以诉至法院请求法院依法确认。

合同有效是指法律对当事人签订的合同予以肯定评价，可以发生当事人订立合同时所预期的法律效果，当事人各方都应受合同约束，承受依据合同约定产生的相关权利义务。依据《民法典》第 143 条规定，民事法律行为具备下列条件的有效：（1）行为人具有相应的民事行为能力；（2）意思表示真实；（3）不违反法律、行政法规的强制性规定，不违背公序良俗。当事人订立的合同符合上述条件的，通常可以认定为有效，但法律、当事人另有约定的除外。反之，如果当事人订立的合同只要不具备上述其中的一个条件，则该合同应为无效。

合同无效是指法律对当事人签订的合同予以否定性评价，当事人订立合同时所预期的法律效果不能实现，但可能会因此承担返还原物、赔偿损失等法定的权利义务。依据《民法典》第153条规定，违反法律、行政法规效力性强制性规定的法律行为，或者违背公序良俗的法律行为无效。《民法典》第154条规定恶意串通损害他人合法权益的法律行为无效。《民法典》第146条规定通谋虚假意思表示的法律行为无效。《民法典》第506条规定了无效的免责条款。

无效合同只是不发生当事人预期的法律效果，并非不产生任何法律效果，当事人可能要依据《民法典》第155条、第157条的规定承担法定权利义务：合同无效，因该合同所取得的财产应当予以返还；不能返还或者没有必要返还的，应当折价补偿；有过错的一方应当赔偿对方因此所受到的损失，双方都有过错的，应当各自承担相应的责任。

【管辖】

虽然只是对合同效力的确认，但也是因合同纠纷提起的诉讼，根据《民事诉讼法》第23条的规定，由被告住所地或者合同履行地人民法院管辖。《民事诉讼法解释》第18条，合同约定履行地点的，约定的履行地点为合同履行地。合同对履行地点没有约定或者约定不明确的，争议标的为给付货币的，接收货币一方所在地为合同履行地；交付不动产的，不动产所在地为合同履行地；其他标的，履行义务一方所在地为合同履行地。即时结清的合同，交易行为地为合同履行地。合同没有实际履行的，当事人双方住所地都不在合同约定的履行地的，由被告住所地人民法院管辖。

【法律适用】

处理确认合同效力纠纷的法律依据主要是《民法典》总则编中的第6章，合同编及其他法律和行政法规中涉及合同效力的规定以及最高人民法院关于合同效力的司法解释规定。

【确定该案由应当注意的问题】

虽然所有合同纠纷的解决都涉及合同效力的确认，但确有部分当事人只诉请确认合同效力，因而有必要将之作为一个独立的第三级案由。虽然合同效力的状态存在有效、无效、可撤销、效力待定等多种状态，但要求确认合同有效或无效是其中较多见的部分，因此，将确认合同有效和确认合同无效作为第四级案由。

确认合同的效力是审理合同纠纷案件必须审理的内容。即使当事人未提出确认合同效力的诉请，法官在审理案件中也需先对合同效力依法确认。当事人也可在诉请确认合同效力的同时，提出其他请求事项。只有在当事人单就合同效力提出确认请求时，才能将相关纠纷确定为本案由。如果当事人未提出确认效力的请求，或者在提出确认效力请求的同时还提出了与合同相关的其他诉讼请求的，就应依据相关合同类型确定案由，而不采用本案由。特别应注意的是，确认合同有效诉讼是一种防御性诉讼，按照合同法理，对于当事人订立的合同在确认无效之前都应当推定为有效，不必就合同的有效性进行司法确认，只有当事人对合同效力产生争议或者合同效力受到现实的挑战而处于不确定状态时，才可以单独提起确认合同有效诉讼，否则确认合同有效诉讼即属无必要。

77. 债权人代位权纠纷

【释义】

根据《民法典》第 535 条的规定，债权人的代位权是指因债务人怠于行使自己的到期债权而影响债权人债权实现时，债权人为保全自己的债权，可以诉请法院以自己的名义行使债务人对相对人享有的权利。债权人代位权分为清偿型代位权和保全型代位权。债权人要提起清偿型代位权诉讼，必须符合四项条件：（1）债权人对债务人的到期债权合法；（2）债务人怠于行使自己的到期债权或者与该债权相关的从权利，影响债权人债权实现，也即债务人不履行对债权人的到期债权，又不以诉讼、仲裁等方式向债务人主张自己的到期债权，而且因此导致债权人的到期债权无法实现；（3）债务人的债权已到期；（4）债务人的债权不是专属于债务人自身的债权。所谓专属于债务人自身的债权，是指基于扶养关系、抚养关系、赡养关系、继承关系产生的给付请求权，以及劳动报酬、退休金、养老金、抚恤金、安置费、人寿保险、人身损害赔偿请求权等权利。债权人的代位权诉讼经法院审理后认定代位权成立的，由债务人的相对人向债权人履行清偿义务，债权人接受履行后，债权人与债务人、债务人与相对人之间相应的权利义务关系即予终止。保全型代位权的行使，应当符合以下条件：（1）债权人对债务人享有合法债权；（2）债务人的债权或者与该债权有关的从权利存在诉讼时效期间即将届满或者未及时申报破产债权等情形，影响债权人的债权实现；（3）债务人的债权不是专属于债务人自身的债权。

【管辖】

债权人代位权诉讼的管辖，应当依据《民事诉讼法》及《破产法》等有关规定确定。对于清偿型代位权诉讼，原《最高人民法院关于适用〈中华人民共和国合同法〉若干问题的解释（一）》第 14 条规定的债权人提起代位权诉讼的，由被告（次债务人）住所地人民法院管辖可资参照；对于保全型代位权诉讼，申报破产债权的，依《破产法》规定处理；因诉讼时效即将提起的诉讼，则依基础债权关系确定管辖法院。代位权行使的对象为债务人对相对人的债权有关的从权利的，依《民事诉讼法》对该从权利纠纷的管辖规定确定管辖法院。

【法律适用】

处理债权人代位权纠纷的法律依据主要是《民法典》第535条至第537条，《最高人民法院关于适用〈中华人民共和国合同法〉若干问题的解释（一）》第四部分关于代位权的规定与《民法典》不冲突的，可以参照。

【确定该案由应当注意的问题】

债权人代位权纠纷，不是当事人因合同权利义务关系而直接产生的纠纷，而是债权人为了保全合同债权而向合同外第三人提起的诉讼，诉的依据不是合同，而是法律规定，因此，不能以双方当事人的合同类型确定案由，而只能将债权人代位权纠纷单独作为一类第三级案由。

债权人行使代位权只能以诉讼的方式。代位权诉讼的当事人包括原告（债权人）、被告（次债务人，即债务人的债务人）、第三人（债务人）。需要注意的是，代位权诉讼案件的审理涉及两个法律关系：一是债权人与债务人间的权利义务关系；二是债务人与次债务人的权利义务关系，但提起代位权诉讼时，不能依上述两个法律关系来确定案由，只能直接用本案由。另外，要注意本案由与“54. 共有纠纷”项下的第四级案由“债权人代位析产纠纷”的区分。

78. 债权人撤销权纠纷

【释义】

债权人撤销权是指债务人不当处分自己的财产或财产权利，影响债权人债权实现的，债权人可以诉至法院请求法院对债务人的相关行为予以撤销的权利。债权人依法行使撤销权也是保全债权的重要方式。

依据《民法典》第538条规定，债权人行使撤销权须具备三个条件：一是债务人有使自己的财产不当减少的行为，主要指债务人放弃其债权、放弃债权担保、无偿转让或者以明显不合理低价转让自己的财产，放弃债权担保或者恶意延长到期债权的履行期，以明显不合理的高价收购他人财产等，但不包括债务人放弃赠与、抛弃继承等不增加自己财产的行为；二是债务人的相关行为对债权人造成损害，也即债务人使自己的财产不当减少后就缺少足够的资产清偿债权人的债权，如果债务人减少自己财产后仍有清偿能力，就不能认为对债权人形成损害；三是要在规定时间之内行使，即债权人应在知道或应当知道撤销事由之日起1年内行使，自债务人的行为发生之日起5年内没有行使撤销权的，该撤销权消灭。债务人的行为一旦被撤销，即自始没有法律约束力。

【管辖】

债权人撤销权诉讼的管辖，作为法定债权保全诉讼，依据《民事诉讼法》第21条规定确定。

【法律适用】

处理债权人撤销权纠纷的法律依据主要是《民法典》第538条至第542条规定。可以参照原《最高人民法院关于适用〈中华人民共和国合同法〉若干问题的解释（一）》第五部分关于撤销权的规定，以及原《最高人民法院关于适用〈中华人民共和国合同法〉若干问题的解释（二）》第18条、第19条。

【确定该案由应当注意的问题】

债权人撤销权纠纷，也不是当事人因合同权利义务关系而直接产生的纠纷，而是债权人为了保全合同债权要求撤销债务人与第三人间形成的法律关系，诉的依据不是合同，而是法律规定，因此，不能以双方当事人的合同类型确定案由，而只能将债权人撤销权纠纷单独作为一类第三级案由。

债权人撤销权诉讼的当事人包括原告（债权人）、被告（债务人）、第三人（受益人或者受让人）。需要注意的是，债权人提起诉讼，要求撤销的是被告与第三人间形成的法律关系，但是不能以被告与第三人间的法律关系来确定案由，只能直接用本案由。

79. 债权转让合同纠纷

【释义】

债权转让，又称债权让与，是指在不改变合同权利义务关系的前提下，合同权利方将其依据合同享有的债权通过协议全部或部分转让给第三人。债权人与受让人间就原合同债权的转让而订立的合同，即为债权转让合同。债权转让的条件有三：一是存在有效的债权；二是债权依据法律和合同不存在不得转让的情形；三是债权人与受让人的转让意思表示一致。债权转让既可以是全部债权的转让，也可以是部分债权的转让，债权转让合同生效后，原合同权利义务的具体内容并未改变，只是权利义务的主体发生了变化。

【管辖】

债权转让合同也是合同，因债权转让合同发生争议提起的诉讼也是因合同纠纷提起的诉讼，根据《民事诉讼法》第 23 条的规定，由被告住所地或者债权转让合同履行地人民法院管辖。

【法律适用】

处理债权转让合同纠纷的法律依据主要是《民法典》第545条至第550条。

【确定该案由应当注意的问题】

因债权转让合同而发生的纠纷，并非因原合同而发生的，自不应以原合同类型确定案由，故《民事案件案由规定》将债权转让合同纠纷作为一个独立的第三级案由。在确定案由时，需要注意区分当事人间发生争议的到底是哪份合同。如果在债权转让合同生效后，因原合同的履行发生纠纷诉至法院，则案件诉讼标的是原合同的权利义务关系，即应按原合同类型确定案由。如果债权转让合同生效后，因债权转让合同的履行发生争议，则应按债权转让合同纠纷确定案由。

因原合同履行发生纠纷，诉讼当事人多为债权受让人（如果是部分转让也有可能还包括原债权人）与原合同债务人，在债务人对债权人的权利提出抗辩时，可以将债权人列为第三人。而因债权转让合同发生的纠纷，诉讼当事人就是债权人和受让人。对当事人的分析也可以用来帮助确定案由。

80. 债务转移合同纠纷

【释义】

债务转移是指债务人将自己承担的债务全部或部分转移给第三人承担的行为。债务转移主要是合同项下债务的转移，即在不改变合同权利义务关系的前提下，债务人将其依据合同应承担的债务通过协议全部或部分移转给第三人承担。债务人与承担人间就原债务的转移而订立的合同，即为债务转移合同。债务全部转移时，第三人实际取代原债务人的地位而承担了原合同的全部债务，原债务人对债务不再承担任何责任。债务部分转移时，原债务人仍需承担部分（特定情况下也可以是全部）债务。债务的转移可能会影响债权的实现，故无论部分还是全部转移，都需经债权人同意。债务人转移义务的，债务承担人可以主张原债务人对债权人的抗辩；债务人转移债务的，与主债务相关的从债务也一并转移，但该从债务专属于原债务人自身的除外。

【管辖】

因债务转移合同发生争议提起的诉讼，也是因合同纠纷提起的诉讼，根据《民事诉讼法》第 23 条的规定，由被告住所地或者债务转移合同履行地人民法院管辖。

【法律适用】

处理债务转移合同纠纷的法律依据主要是《民法典》第 551 条至第 554 条。

【确定该案由应当注意的问题】

因债务转移合同而发生的纠纷，并非因原法律关系而发生的，自不应按原法律关系确定案由，故《民事案件案由规定》将债务转移合同纠纷作为一个独立的第三级案由。在确定案由时，需要注意区分当事人间发生争议的到底是哪一个法律关系。如果在债务转移合同生效后，因原债权债务关系的履行发生纠纷诉至法院，则案件诉讼标的是原法律关系，即应按原法律关系确定案由。如果债务转移合同生效后，因债务转移合同的履行发生争议，则应按债务转移合同纠纷确定案由。

81. 债权债务概括转移合同纠纷

【释义】

债权债务概括转移是指合同当事人将其依据合同享有的权利与义务一并转移给第三人。债权债务的概括转移，可以基于法律的规定而产生，也可以基于当事人间的法律行为而产生。《民法典》第555条规定，当事人一方经对方同意，可以将自己在合同中的权利和义务一并转让给第三人。本案由适用的是合同概括转移，即合同关系的一方当事人将其依据原合同享有的债权债务通过协议全部转让给第三人，由第三人在移转范围内享受合同权利并承担合同义务。出让人与受让人就原合同权利义务的转让事项签订的合同，就是债权债务转让合同。债权债务的概括转移包含了债务转移，故也需经对方当事人的同意。本案由不适用于法定的债权债务概括转移。根据《民法典》第556条的规定，合同债权债务的概括转移包括了债权转让和债务转移，《民法典》关于债权转让和债务转移的规定也适用于概括转移，债权转让和债务转移的法律效果也同样适用于概括转移。

【管辖】

因债权债务概括转移合同发生争议提起的诉讼，也是因合同纠纷提起的诉讼，根据《民事诉讼法》第23条的规定，由被告住所地或者债权债务概括转移合同履行地人民法院管辖。

【法律适用】

处理债权债务概括转移合同纠纷的法律依据主要是《民法典》第

555 条、第 556 条和有关债权转让和债务转移的有关规定。

【确定该案由应当注意的问题】

因债权债务概括转移合同而发生的纠纷，并非因原法律关系而发生的，自不应按原法律关系确定案由，故《民事案件案由规定》将债权债务概括转移合同纠纷作为一个独立的第三级案由。在确定案由时，需要注意区分当事人间发生争议的到底是哪一个法律关系。如果在债权债务概括转移合同生效后，因原债权债务关系的履行问题发生纠纷诉至法院，即应按原法律关系确定案由。如果债权债务概括转移合同生效后，因债权债务概括转移合同的履行发生争议，则应按债权债务概括转移合同纠纷确定案由。如甲乙签订房屋租赁合同，经甲同意，乙与丙签订协议，乙将承租房屋的全部权利义务全部转让予丙，此后，若甲丙因房屋租赁问题发生纠纷诉至法院，则应将案由定为房屋租赁合同纠纷；若乙丙因租赁合同权利义务的概括转让合同发生纠纷诉至法院，则应将案由定为债权债务概括转移合同纠纷。

82. 债务加入纠纷

【释义】

《民法典》第 552 条新增加了债务加入规则，“第三人与债务人约定加入债务并通知债权人，或者第三人向债权人表示愿意加入债务，债权人未在合理期限内明确拒绝的，债权人可以请求第三人在其愿意承担的债务范围内和债务人承担连带债务。”此前司法实务中已经承认债务加入制度。债务加入，亦称并存的债务承担，系指第三人加入既存的债务关系中，与债务人就其债务对债权人负连带之责。因相当于在债务人之外为债权人增加了一个新债务人，债务加入和保证一样具有担保债权实现的功能。[①] 第三人与债务人缔约加入债务，从本质上看，属于利他合同，与第三人利益合同无本质区别。从《民法典》552 条的法律构造上看，采用了单方行为的效果模式，同时赋予了债权人的拒绝权，与《民法典》第 522 条第二款规定相同。但第 522 条规定增加了“通知债权人或者第三人向债权人表示愿意加入债务”的程序，一是修改了第三人利益合同下债权人拒绝权的前提，即有通知行为；二是增加了第三人单独意思加入债务的方式，不以其与债务人达成协议为前提。债务加入后，债权人可以请求加入人与债务人在加入范围内承担连带责任。但第 522 条有三处留白：一是债务加入是否有限制，二是债务加入后加入人与债务人之间的关系，三是第三人与债务人达成债务加入协议时对债权人的通知的效力。

债务加入并没有改变债务内容，债务加入人与债务人一样应当依合同约定履行债务，因而对债权人一般不会有影响，如果有影响，通过债权人拒绝权可以很好地消解这一问题，留待当事人自由决定更为稳妥，无须加以专门规定。但如果债务加入是通过第三人自己的单方意思加入债务的，债务人是否可以拒绝？对此，可以参照债权转让之规则处理，除非债务人有特别的理由，不应承认其排除权，但债务人应当亲自履行的债务不应允许第三人加入。

债务加入后，债权人即取得请求债务加入人与债务人承担连带债务清偿义务的权利，加入人清偿债务后是否可以向债务人行使追偿权，则是另一重要问题。根据《民法典》第 519 条规定，“连带债务人之间的份额难以确定的，视为份额相同。实际承担债务超过自己份额的连带债务人，有权就超出部分在其他连带债务人未履行的份额范围内向其追偿，并相应地享有债权人的权利，但是不得损害债权人的利益。其他连带债务人对债权人的抗辩，可以向该债务人主张。”连带债务人之间在清偿超出自己应担份额时，有向其他连带债务人追偿的权利。对于债务加入人的追偿权，如果双方已经达成债务加入协议的，按照

---

① 参见史尚宽：《债法总论》，中国政法大学出版社 2000 年版，第 751 页。

协议约定处理；如果协议没有约定的，应当以允许债务加入人对债务人进行追偿为原则。按照连带责任的追偿规则，应当认定连带责任人之间的份额是确定的，即以加入人实际清偿的债务份额可以全额进行追偿。如果债务加入以加入人单方意思表示进行的，加入人能否向债务人追偿，考虑到对债务人私法自治的可能干预，应当对追偿权予以限制。笔者认为，可以参照《民法典》第524条第三人代为清偿的限制：合同约定、债务性质、法律规定不得代为清偿的，排除债务加入人的追偿权为宜。其他情形，如果债务人对第三人加入债务提出异议，债权人未拒绝其给付的，债务加入人在清偿债务后对债务人的无代位追偿权，但可以依无因管理规则，以其清偿带给债务人之利益为限对债务人进行追偿，对于因其清偿而导致债务人受有的损害，如履行准备费用、不能履行产生的费用和损失等应当扣除。

【管辖】

因债务加入而引发的纠纷包括两类：一是债务加入人与债权人之间的诉讼，二是债务加入人与债务人之间的纠纷，属于合同纠纷，管辖法院应当依据《民事诉讼法》第23条规定确定。

【法律适用】

债务加入纠纷适用的法律依据主要是《民法典》第552条。

【确定该案由应当注意的问题】

债务加入属于债务承担的一种，是并存的债务承担，债务人与原债务人共同对债权人承担连带清偿责任。但债务加入后债务人与债务加入人之间的连带责任与《民法典》规定的连带责任不同，原债务人与债务人加入人之间在清偿债务后是否有追偿权，应当依他们之间的约定或者其他法律关系而定，不能直接适用《民法典》第519条规定。

83. 悬赏广告纠纷

【释义】

悬赏广告是指广告人以公开方式声明，对完成特定行为的人给付一定报酬。广告人对于完成指定行为的人负有给付报酬的义务；多人先后分别完成时，最先完成指定行为的人享有报酬请求权；多人共同或同时完成的，行为人共同取得报酬请求权。关于悬赏广告的法律性质一直存在两种观点，即契约说和单方法律行为说。日常生活中，悬赏广告形式多样，大致可分为公益型悬赏广告和私益型悬赏广告。公益型悬赏广告是为社会公共利益和国家社会管理而发布的，如公安机关悬赏缉凶，市场监管管理部门悬赏打假等。私益型悬赏广告是为普通民事主体自身利益而发布的，如悬赏寻找遗失物、查寻肇事车辆、征集广告语等。所谓广告，就是以公开的方式声明，报刊、电视、广播等媒体的播放，街头张贴、宣传等都属于广告。《民法典》吸收了司法解释规定，于合同编“合同的订立”一章中的第499条规定了悬赏广告，“悬赏人以公开方式声明对完成特定行为的人支付报酬的，完成该行为的人可以请求其支付。”

悬赏广告大致可以划分为两类：一是对人性悬赏广告，二是对世性悬赏广告。对人性悬赏广告是指悬赏人对某个特定主体所作出的悬赏广告，尽管该特定主体在悬赏广告时并不为悬赏人所知悉，但悬赏广告相对人却是确定的。《民法典》第314条规定：“拾得遗失物，应当返还权利人。拾得人应当及时通知权利人领取，或者送交公安等有关部门。”可见遗失物的拾得人是确定的并且依法负有返还遗失物的义务。但其依法仍然享有获得相应报酬的权利。对世性悬赏广告是指悬赏人对不特定人作出的悬赏广告。如有奖征文、创意大赛、微信点赞送门票等就是典型的对世性悬赏广告。

悬赏广告就是以公开的广告的方式，对于实施某一行为的特别是对于引起某一结果而悬赏的人，有义务向实施了该行为的人支付报酬。[①] 悬赏广告大致可以分为三个阶段：一是悬赏人作出悬赏广告，二是相对人完成悬赏广告确定的特定行为，三是完成特定行为人的请求支付悬赏广告声明的报酬。因此，悬赏广告不是一个单独的行为，而是一个动态的行为链，由三个相互递进的行为构成的体系。

【管辖】

悬赏广告纠纷的管辖法院的确定，取决于对悬赏广告的性质的认定。关于悬赏广告的法律性质，学理上主要有“单独行为说”和“契约说”两种观点。究竟是采用契约说还是单独行为说，实属理论上之争议，而观各国悬赏广告之制度设计，处理结果大致相同。“契约说”通过对无行为能力人和不知道悬赏广告存在之人完成悬赏行为之报酬请求权做特别规定后，仍然得到充分之支持，此与采单独行为说无异。同样，采用“单独行为说”的，也对悬赏广告之撤回或者撤销制度予以规定，肯定悬赏广告人之悬赏自由。正如王泽鉴先生所指出的，“悬赏广告法律性质的争论，严格言之，是一个法律学方法论上的问题”。“对具体问题之解决，并不因为采用何说而异，仅是说明方法不同而已”，“在法学方法论上，应采实质标准”。[②] 我国台湾地区“民

---

① 德国《民法典》第657条。

② 王泽鉴：《民法学说与判例研究》（第二册），中国政法大学出版社1997年版，第61页。

法”修正案对悬赏广告规定进行了修改，其意在正式采用“契约说”,[①] 以免理论争论影响法律适用。《最高人民法院关于适用〈中华人民共和国合同法〉若干问题的解释（二）》将悬赏广告规定在合同订立部分，在悬赏广告的性质上以解释采“契约说”为妥。《民法典》亦将悬赏广告规定在合同订立部分，与《最高人民法院关于适用〈中华人民共和国合同法〉若干问题的解释（二）》在立场上应属契合。因此，悬赏广告纠纷应按《民事诉讼法》第23条规定确定管辖法院。

【法律适用】

处理悬赏广告纠纷的法律依据是《民法典》第499条。

【确定该案由应当注意的问题】

日常生活中悬赏广告屡见不鲜，实务中也经常发生因悬赏广告引起的纠纷，《民事案件案由规定》将悬赏广告作为单独的第三级案由予以明确。在确定案由时应注意，凡意图使不特定人知晓的方式都属于悬赏广告中所谓的广告，除一般的媒体广告外，街头张贴、宣传等也属于广告，应避免将广告片面理解为《广告法》所界定的广告。

---

① 我国台湾地区“民法”第164条修正立法理由书中写道：“以广告声明对完成一定行为之人给予报酬，即为学说与实务上所谓之悬赏广告。爰于第1项第一句末‘者’下增列‘为悬赏广告’等文字。又悬赏广告之性质如何，有单独行为与契约不同立法例。我国台湾地区学者间亦有如是两种见解。唯为免理论争议影响法律之适用，并使本法之体例与规定之内容一致，爰将第1项末段‘对于不知有广告而完成该行为之人，亦同’移列为第四项，并将‘亦同’修正为‘准用之’，以明示本法采契约说之旨。”

84. 买卖合同纠纷

（1）分期付款买卖合同纠纷
（2）凭样品买卖合同纠纷
（3）试用买卖合同纠纷
（4）所有权保留买卖合同纠纷
（5）招标投标买卖合同纠纷
（6）互易纠纷
（7）国际货物买卖合同纠纷
（8）信息网络买卖合同纠纷

【释义】

依据《民法典》第595条的规定，买卖合同是指出卖人转移标的物的所有权于买受人，买受人支付价款的合同。有效买卖合同，出卖人的主要义务是：交付标的物、转移标的物所有权、权利瑕疵担保和物的瑕疵担保以及其他从义务等。买受人的主要义务是：支付价款、检验、保管以及及时领受等。

分期付款买卖合同是指当事人约定在标的物交付给买受人后，买受人将其应付的总价款在一定期限内分批向出卖人支付的特殊买卖合同。

凭样品买卖合同是指当事人选定货物样品后，双方约定出卖人交付的标的物应当与样品及其说明的质量相同的特殊买卖合同。买受人不知道样品有隐蔽瑕疵的，出卖人交付的标的物应当符合同种物的通常标准。

试用买卖合同是指双方当事人约定，合同成立时，出卖人将标的物交付买受人试用，买受人在约定的试用期间内可以购买标的物，也可以拒绝购买标的物的特殊买卖合同。试用期届满，买受人对是否购买标的物未作表示的，视为购买。试用买卖是一种特殊的买卖，多用于新产品的推销。

所有权保留买卖合同，是指当事人约定在买受人支付或者其他义务之前出卖人保留标的物的所有权的买卖合同。

招标投标买卖合同是指招标人通过招标公告、投标邀请书向特定或不特定人发出要约邀请，投标人通过投标发出要约，招标人选定中标人作出承诺或再经磋商而签订的买卖合同。招标投标一般分招标、投标、开标验标以及评标定标等阶段。招标投标买卖合同是在合同订立过程中引入招标投标竞争机制的特殊买卖合同，一般在大宗商品买卖、政府采购等交易中采用，如根据《招标投标法》第 3 条的规定，全部或部分使用国有资金投资、大型基础设施等项目中重要设备和材料的采购，就必须进行招标。

互易合同就是以物易物，是指双方当事人约定，互相交换金钱以外的财产，并转移标的物所有权的协议。

国际货物买卖合同指营业地分别处于不同国家或地区的当事人之间所订立的货物买卖合同。在我国外贸实务中，国际货物买卖合同也称为外贸合同、进出口贸易合同。

信息网络买卖合同是指出卖人将标的物在互联网等信息平台上展示并发出要约，买受人通过信息网络作出购买承诺，双方形成合意而订立的买卖合同。信息网络买卖合同是一种信息化时代兴起的一种新式购物方式，与传统的购物方式相比，优势明显，但其虚拟性、流动性、开放性、无地域性也给传统法律带来诸多挑战。

【管辖】

因买卖合同纠纷提起的诉讼，应根据《民事诉讼法》第 23 条的规定，由被告住所地或者合同履行地人民法院管辖。此次修正，根据《民法典》的规定增加了“所有权保留买卖合同纠纷”，同时将原来的第三级案由“招标投标买卖合同纠纷”降级为“买卖合同纠纷”项下的第四级案由。国际货物买卖合同纠纷，属涉外民事纠纷，应按《民事诉讼法》第24章的相关规定确定管辖，对在中华人民共和国领域内没有住所的被告提起的诉讼，如果合同在中华人民共和国领域内签订或履行，或者诉讼标的物在中华人民共和国领域内，或者被告在中华人民共和国领域内有可供扣押的财产，或者被告在中华人民共和国领域内设有代表机构，可以由合同签订地、合同履行地、诉讼标的物所在地、可供扣押财产所在地或者代表机构所在地人民法院管辖。

【法律适用】

处理买卖合同纠纷的法律依据主要是《民法典》合同编第2分编第9章“买卖合同”部分，其他单项法律、法规对特定标的物的买卖合同的专门规定。国际货物买卖合同双方当事人可以协议选择有关国际公约、国际惯例以及某一国或某几国的国内法为合同的准据法。《联合国国际货物销售合同公约》自1988年1月1日起在我国生效，因此，也成为法院在处理与国际货物买卖合同有关纠纷时的重要法律依据。处理招标投标买卖合同纠纷的法律依据主要是《民法典》合同编第2分编第9章关于买卖合同的规定，还包括《招标投标法》第1章至第4章关于招标投标的程序性规定。

【确定该案由应当注意的问题】

买卖合同是日常生活中最常见的法律行为，《民事案件案由规定》将买卖合同列为第三级案由。《民法典》对分期付款买卖合同、凭样品买卖合同、试用买卖合同和易货合同作了专门规定，这些合同类型在实践中也大量存在，故将其列为第四级案由。国际货物买卖合同是国际贸易中最主要的一种合同，此类纠纷在涉外民商事案件中占有较大比重，也将其列为第四级案由。随着网络购物和电视购物等新型购物方式的全面发展，网络购物合同、电视购物合同也逐渐成为日常生活中常见的买卖合同方式，因此，发生纠纷而诉至法院的情况也逐年增多，《民事案件案由规定》此次修改将之也作为买卖合同下的第四级案由。需要注意的是，首先，这里的第四级案由都是特殊形态的买卖合同纠纷，对其他更大量的普通买卖合同纠纷而言，直接以第三级的买卖合同纠纷来确定案由即可。其次，对一些特定标的物的买卖合同，如果其他案由已作专门规定的，就应适用专门的案由，不能再将之确定为买卖合同纠纷，如房屋买卖合同发生纠纷后案由就应确定为房屋买卖合同纠纷，而不用本案由。最后，国际货物买卖合同纠纷不包括涉港、澳、台买卖合同纠纷。

85. 拍卖合同纠纷

【释义】

依据《拍卖法》第3条的规定，拍卖合同是指出卖人通过公开竞价的形式，将特定物品或者财产权利转让给最高应价者的买卖合同。拍卖可分为强制拍卖和私人拍卖，《民法典》所规定的拍卖是指私人拍卖。拍卖当事人包括拍卖人、委托人、竞买人和买受人。拍卖一般要经过拍卖委托、发布拍卖公告、竞买、拍定等程序，拍卖一经拍定买卖合同即成立，买受人和拍卖人应当签署成交确认书。

【管辖】

拍卖合同是特殊的买卖合同，管辖法院的确定也与因买卖合同纠纷提起的诉讼一样，应根据《民事诉讼法》第23条的规定，由被告住所地或者合同履行地人民法院管辖。

【法律适用】

处理拍卖合同纠纷的法律依据主要是《民法典》合同编第2分编第9章关于买卖合同的规定，以及《拍卖法》的相关规定。

【确定该案由应当注意的问题】

拍卖合同是一种特殊的买卖合同，既有一般买卖合同的属性，又因缔约过程采用了拍卖的方式，使其具有自己独有的特性。考虑到拍卖合同纠纷，除了一般买卖合同的常见纠纷外，更有大量纠纷与拍卖程序直接相关，纠纷的处理要适用《拍卖法》的专门规范，故《民事案件案由规定》将拍卖合同独立于买卖合同作为一个独立的第三级案由。在确定案由时需要注意，对拍卖合同纠纷作为独立案由规定后，拍卖过程中产生的各类纠纷，都应按拍卖合同纠纷确定案由。拍卖未成功的相关纠纷不应将案由确定为缔约过失责任纠纷，拍卖成功后履行过程中的纠纷也不应将案由确定为买卖合同纠纷。另，就拍卖委托合同发生争议的，也只能按委托合同纠纷确定案由，而不采用本案由。

86. 建设用地使用权合同纠纷

（1）建设用地使用权出让合同纠纷

（2）建设用地使用权转让合同纠纷

【释义】

建设用地使用权合同是指当事人为建设用地使用权的设立、转让、互换、出资、赠与等签订的合同。依据《民法典》，建设用地使用权是指权利人依法对国家所有的土地享有占有、使用和收益的权利，权利人有权利用该土地建造建筑物、构筑物及其附属设施。建设用地使用权可以在土地的地表、地上或者地下分别设立。设立建设用地使用权，应当符合节约资源、保护生态环境的要求，遵守法律、行政法规关于土地用途的规定，不得损害已经设立的用益物权。

建设用地使用权出让合同是指市、县人民政府自然资源主管部门作为出让方将国有土地使用权在一定年限内让与受让方，受让方支付土地使用权出让金的合同。依据《民法典》第347条的规定，设立建设用地使用权，可以采取出让或者划拨等方式。建设用地使用权的出让可以采用拍卖、招标或协议等方式，但工业、商业、旅游、娱乐和商品住宅等经营性用地以及同一土地有两个以上意向用地者的，应当采取招标、拍卖等公开竞价的方式出让。通过招标、拍卖、协议等出让方式设立建设用地使用权的，当事人应当采用书面形式订立建设用地使用权出让合同。合同一般包括下列条款：当事人的名称和住所；土地界址、面积等；建筑物、构筑物及其附属设施占用的空间；土地用途、规划条件；建设用地使用期限；出让金等费用及其支付方式；解决争议的方法。

建设用地使用权转让合同是指建设用地使用权人将建设用地使用权转让给受让人，受让人支付价款的合同。《城市房地产管理法》《城镇国有土地使用权出让和转让暂行条例》中的“转让”为广义概念，包括了出售、交换、赠与等土地使用权的转移方式。而《民法典》延续了《物权法》的规定，将“转让”与互换、出资、赠与等并列，单指买卖。建设用地使用权转让合同应当采用书面形式订立，使用期限由当事人约定，但不得超过建设用地使用权的剩余期限。建设用地使用权的转让，应当向登记机构申请变更登记。

【管辖】

之前有观点认为，从“两便”原则出发，建设用地使用权合同纠纷应根据《民事诉讼法》第33条第1项规定，由不动产所在地人民法院管辖，即由相关土地所在地人民法院管辖。2015 年，《民事诉讼法解释》第 28 条进一步明确了“不动产纠纷”的范围。《民事诉讼法》第 33 条第 1 项规定的不动产纠纷是指因不动产的权利确认、分割、相邻关系等引起的物权纠纷。但是，四类特殊合同纠纷按照不动产纠纷确定管辖，这四类合同纠纷分别为：农村土地承包经营合同纠纷、房屋租赁合同纠纷、建设工程施工合同纠纷、政策性房屋买卖合同纠纷。这四类合同纠纷并未包括建设用地使用权合同纠纷，因此，建设用地使用权出让合同纠纷和转让合同纠纷，并不适用不动产专属管辖，而应适用《民事诉讼法》第 23 条的规定，由被告住所地或合同履行地法院管辖；对于有协议管辖的，优先按照协议确定管辖。

【法律适用】

处理建设用地使用权合同纠纷的法律依据主要是《民法典》物权编第 12 章，《土地管理法》第 2 章、第 5 章，《城市房地产管理法》第 2 章、第 4 章，《土地管理法实施条例》第 2 章、第 5 章，《城镇国有土地使用权出让和转让暂行条例》，《最高人民法院关于审理涉及国有土地使用权合同纠纷案件适用法律问题的解释》《民事诉讼法解释》等相关规定。

【确定该案由应当注意的问题】

自 2014 年行政协议纳入行政诉讼受案范围以来，民事审判部门和行政审判部门对建设用地使用权出让合同纠纷到底属于民事诉讼受案范围还是行政诉讼受案范围，意见不统一。行政审判部门认为，建设用地使用权出让合同属于《行政诉讼法》及《行政协议司法解释》规定的行政协议范畴，故建议在《民事案件案由规定》中删除这个案由。我们认为，建设用地使用权合同纠纷属于民事案件类型。理由如下：一是《民法典》物权编中的第 348 条明确规定了建设用地使用权出让合同，全国人大常委会法工委认为，建设用地使用权合同为民事合同，虽然各级人民政府代表国家，以土地所有人的身份与建设用地使用权人签订出让合同，但是该合同属于国家以民事主体的身份与其他主体从事交易行为。二是将此类合同纳入行政协议的法律依据明显不足。行政协议虽然是《行政诉讼法》的新规定，但《行政诉讼法》所列举的行政协议类型中没有此类合同，《行政诉讼法司法解释》中也未将此类合同界定为行政协议。另外，从实践角度看，作为民事案件审理更有利于平等保护。比如，《最高人民法院关于审理涉及国有土地使用权合同纠纷案件适用法律问题的解释》第6条规定："受让方擅自改变土地使用权出让合同约定的土地用途，出让方请求解除合同的，应予支持。"此种情形即系行政机关所谓原告起诉的情形，属无法纳入行政诉讼的"官告民"情形。实践中上述"官告民"的案件在2015年后仍有发生，且不止于该第6条规定的解除合同情形。部分土地因特定原因，可产生出让土地的行政机关起诉要求受让人补交地价款的民事诉讼。鉴于上述原因，最高人民法院审判委员会第1821次全体会议经审议决定继续将建设用地使用权出让合同作为民事案件案由。

在确定本案由时需要注意：集体所有土地作为建设用地的，不属于《民法典》物权编第12章所规范的建设用地使用权，相关合同纠纷不适用本案由；建设用地使用权抵押合同纠纷，因有专门的抵押合同纠纷的案由，不适用本案由；建设用地使用权采用拍卖、招标方式出让的，相关纠纷应适用本案由，而不适用拍卖合同纠纷和招标投标买卖合同纠纷的案由；建设用地使用权的互换、赠与、出资等合同纠纷，适用第三级案由建设用地使用权合同纠纷，不适用第四级案由建设用地使用权转让合同纠纷。

87. 临时用地合同纠纷

【释义】

临时用地合同是指建设项目施工和地质勘探需要临时使用国有土地或者农民集体所有的土地，土地使用者与有关自然资源主管部门或者农村集体经济组织、村民委员会签订临时使用土地合同。临时使用土地，需由县级以上人民政府自然资源主管部门批准，并按照合同的约定支付临时使用土地补偿费。临时使用土地的使用者应当按合同约定的用途使用土地，并不得修建永久性建筑物。临时使用土地期限一般不超过两年。

【管辖】

有观点认为，依据《民事诉讼法》第33条第1项的规定，因不动产纠纷提起的诉讼，由不动产所在地人民法院管辖。临时用地合同标的为土地，属于不动产，应由相关土地所在地人民法院管辖。这种观点是不正确的。《民事诉讼法解释》第28条第1、2款规定："《民事诉讼法》第三十三条第一项规定的不动产纠纷是指因不动产的权利确认、分割、相邻关系等引起的物权纠纷。农村土地承包经营合同纠纷、房屋租赁合同纠纷、建设工程施工合同纠纷、政策性房屋买卖合同纠纷，按照不动产纠纷确定管辖。"《民法典》第114条第2款规定："物权是权利人依法对特定的物享有直接支配和排他的权利，包括所有权、用益物权和担保物权。"临时用地合同本身是设定临时用地的债权合同，不属于物权纠纷，应适用合同纠纷的管辖。

依据《民事诉讼法》第23条，因合同纠纷提起的诉讼，由被告住所地或者合同履行地人民法院管辖。关于被告住所地《民事诉讼法》第21条第1款规定，对公民提起的民事诉讼，由被告住所地人民法院管辖；被告住所地与经常居住地不一致的，由经常居住地人民法院管辖。《民事诉讼法解释》第3条规定，公民的住所地是指公民的户籍所在地，法人或者其他组织的住所地是指法人或者其他组织的主要办事机构所在地。法人或者其他组织的主要办事机构所在地不能确定的，法人或者其他组织的注册地或者登记地为住所地。

关于合同履行地，《民事诉讼法解释》第18条规定，合同约定履行地点的，以约定的履行地点为合同履行地。合同对履行地点没有约定或者约定不明确，争议标的为给付货币的，接收货币一方所在地为合同履行地；交付不动产的，不动产所在地为合同履行地；其他标的，履行义务一方所在地为合同履行地。即时结清的合同，交易行为地为合同履行地。合同没有实际履行，当事人双方住所地都不在合同约定的履行地的，由被告住所地人民法院管辖。

【法律适用】

处理临时用地合同纠纷的法律依据主要是《土地管理法》第57条。

【确定该案由应当注意的问题】

2008年《民事案件案由规定》将临时用地合同作为一个第四级案由，规定在房地产开发经营活动纠纷项下，而临时用地不限于房地产开发经营活动中，其他的建设活动以及地质勘查等活动也涉及临时用地问题，故《最高人民法院关于修改〈民事案件案由规定〉的决定》（法〔2011〕41号）将本案由作为一个独立的第三级案由予以规定，本次修正仍将之保留为一个独立的第三级案由。

88. 探矿权转让合同纠纷

【释义】

探矿权转让合同是指探矿权人将依法取得的探矿权转让给他人，他人支付价款的合同。探矿权，是指在依法取得的勘查许可证规定的范围内，勘查矿产资源的权利。取得勘查许可证的单位或者个人称为探矿权人。探矿权人有权在划定的勘查作业区内进行规定的勘查作业，有权优先取得勘查作业区内矿产资源的采矿权。探矿权人在完成规定的最低勘查投入后，经依法批准，可以将探矿权转让他人。禁止将探矿权倒卖牟利，除上述情形可以转让外，探矿权不得转让。勘查、开采矿产资源，必须依法分别申请、经批准取得探矿权、采矿权，并办理登记；但是，已经依法申请取得采矿权的矿山企业在划定的矿区范围内为本企业的生产而进行的勘查除外。违反法律规定将探矿权倒卖牟利的，吊销勘查许可证，没收违法所得，处以罚款。转让探矿权，应当具备下列条件：（1）自颁发勘查许可证之日起满 2 年，或者在勘查作业区内发现可供进一步勘查或者开采的矿产资源；（2）完成规定的最低勘查投入；（3）探矿权属无争议；（4）按照国家有关规定已经缴纳探矿权使用费、探矿权价款；（5）国务院地质矿产主管部门规定的其他条件。转让国家出资勘查所形成的探矿权的，必须进行评估。国家出资勘查形成的探矿权价款，由具有矿业权评估资质的评估机构进行评估；评估报告报探矿权登记管理机关备案。探矿权转让后，勘查许可证的有效期限，为原勘查许可证的有效期减去已经进行勘查的年限的剩余期限。

【管辖】

依据《民事诉讼法》第 23 条，因合同纠纷提起的诉讼，由被告住所地或者合同履行地人民法院管辖。关于被告住所地，《民事诉讼法》第21条第1款规定，对公民提起的民事诉讼，由被告住所地人民法院管辖；被告住所地与经常居住地不一致的，由经常居住地人民法院管辖。《民事诉讼法解释》第3条规定，公民的住所地是指公民的户籍所在地，法人或者其他组织的住所地是指法人或者其他组织的主要办事机构所在地。法人或者其他组织的主要办事机构所在地不能确定的，法人或者其他组织的注册地或者登记地为住所地。

关于合同履行地，《民事诉讼法解释》第18条规定，合同约定履行地点的，以约定的履行地点为合同履行地。合同对履行地点没有约定或者约定不明确，争议标的为给付货币的，接收货币一方所在地为合同履行地；交付不动产的，不动产所在地为合同履行地；其他标的，履行义务一方所在地为合同履行地。即时结清的合同，交易行为地为合同履行地。合同没有实际履行，当事人双方住所地都不在合同约定的履行地的，由被告住所地人民法院管辖。

【法律适用】

处理探矿权转让合同纠纷的法律依据主要是《矿产资源法》《矿产资源法实施细则》《探矿权采矿权转让管理办法》等相关规定。

【确定该案由应当注意的问题】

探矿权是用益物权，探矿权纠纷是物权纠纷，而探矿权转让属合同纠纷，故探矿权纠纷不能涵盖探矿权转让纠纷，《最高人民法院关于修改〈民事案件案由规定〉的决定》（法〔2011〕41号）将探矿权转让合同纠纷作为独立的第三级案由规定在合同纠纷部分。本次修正，未作调整。在确定本案由时，需注意与探矿权纠纷案由的区分，探矿权权属争议和侵权类的纠纷，应适用探矿权纠纷案由，而探矿权转让合同引起的纠纷，适用本案由。

89. 采矿权转让合同纠纷

【释义】

采矿权转让合同是指采矿权人将依法取得的采矿权转让给他人，他人支付价款的合同。采矿权，是指在依法取得的采矿许可证规定的范围内，开采矿产资源和获得所开采的矿产品的权利。取得采矿许可证的单位或者个人称为采矿权人。已取得采矿权的矿山企业，因企业合并、分立，与他人合资、合作经营，或者因企业资产出售以及有其他变更企业资产产权的情形而需要变更采矿权主体的，经依法批准可以将采矿权转让他人采矿。禁止将采矿权倒卖牟利，除按上述规定可以转让外，采矿权不得转让。违反法律规定将采矿权倒卖牟利的，吊销采矿许可证，没收违法所得，处以罚款。转让采矿权，应当具备下列条件：（1）矿山企业投入采矿生产满1年；（2）采矿权属无争议；（3）按照国家有关规定已经缴纳采矿权使用费、采矿权价款、矿产资源补偿费和资源税；（4）国务院地质矿产主管部门规定的其他条件。国有矿山企业在申请转让采矿权前，应当征得矿山企业主管部门的同意。转让国家出资勘查所形成的探矿权、采矿权的，必须进行评估。国家出资勘查形成的采矿权价款，由具有矿业权评估资质的评估机构进行评估；评估报告报采矿权登记管理机关备案。采矿权转让后，采矿许可证的有效期限，为原采矿许可证的有效期减去已经进行采矿的年限的剩余期限。

【管辖】

依据《民事诉讼法》第23条，因合同纠纷提起的诉讼，由被告住所地或者合同履行地人民法院管辖。关于被告住所地，《民事诉讼法》第21条第1款规定，对公民提起的民事诉讼，由被告住所地人民法院管辖；被告住所地与经常居住地不一致的，由经常居住地人民法院管辖。《民事诉讼法解释》第3条规定，公民的住所地是指公民的户籍所在地，法人或者其他组织的住所地是指法人或者其他组织的主要办事机构所在地。法人或者其他组织的主要办事机构所在地不能确定的，法人或者其他组织的注册地或者登记地为住所地。

关于合同履行地，《民事诉讼法解释》第18条规定，合同约定履行地点的，以约定的履行地点为合同履行地。合同对履行地点没有约定或者约定不明确，争议标的为给付货币的，接收货币一方所在地为合同履行地；交付不动产的，不动产所在地为合同履行地；其他标的，履行义务一方所在地为合同履行地。即时结清的合同，交易行为地为合同履行地。合同没有实际履行，当事人双方住所地都不在合同约定的履行地的，由被告住所地人民法院管辖。

【法律适用】

处理采矿权转让合同纠纷的法律依据主要是《矿产资源法》《矿产资源法实施细则》《探矿权采矿权转让管理办法》等相关规定。

【确定该案由应当注意的问题】

采矿权是用益物权，采矿权纠纷是物权纠纷，不能涵盖采矿权转让纠纷，《最高人民法院关于修改〈民事案件案由规定〉的决定》（法〔2011〕41号）将采矿权转让合同纠纷作为独立的第三级案由规定在合同纠纷部分。本次修正，未作调整。在确定本案由时，需注意与采矿权纠纷案由的区分，采矿权权属的纠纷，应适用采矿权纠纷案由，采矿权转让合同引起的纠纷，则用本案由。

90. 房地产开发经营合同纠纷

（1）委托代建合同纠纷

（2）合资、合作开发房地产合同纠纷

（3）项目转让合同纠纷

【释义】

依据《城市房地产管理法》第2条第3款的规定，房地产开发是指在依法取得国有土地使用权的土地上进行基础设施、房屋建设的行为。而依据《城市房地产开发经营管理条例》第2条的规定，房地产开发经营是指房地产开发企业在城市规划区内国有土地上进行基础设施建设、房屋建设，并转让房地产开发项目或者销售、出租商品房的行为。这些都是从广义角度作的规定，包括了房地产市场的全部阶段，从一级市场获得土地使用权，在二级市场上将房地产出售给用地、用房单位或个人，甚至三级市场中房地产使用者之间的交易都涵盖在内。但本条中的房地产开发经营是狭义的，仅指建设前期的经营活动，特别是房地产经营者之间进行项目转让、合作开发、委托代建的活动。房地产经营者之间因项目的转让、合作开发、委托代建等形成的合同，就是此处所称的房地产开发经营合同。

代建合同是指建房人获得国有土地使用权后委托房地产建设企业代建房屋，并向受托房地产建设企业支付酬金的协议。委托人应当享有土地使用权并承担立项等建设成本，代建人应当具有相应资质。代建人的主要义务是利用自己的资质代建房人依法进行相关建设活动，建房人的主要义务是支付酬金。

合资、合作开发房地产合同是指当事人订立的以提供出让土地使用权、资金作为共同投资，共享利润、共担风险合作开发房地产为基本内容的协议。

项目转让合同是指房地产开发企业将其房地产开发项目转移给他人的合同。依据《城市房地产管理法》，转让包括买卖、赠与或其他合法方式。转让房地产开发项目时涉及土地使用权应当符合有关土地使用权转让的规定。合同签订后，转让人和受让人还必须持合同到房地产开发主管部门登记备案。

【管辖】

有观点认为，依据《民事诉讼法》第33条第1项的规定，因不动产纠纷提起的诉讼，由不动产所在地人民法院管辖。房地产开发经营合同标的为房地产，属于不动产，应由相关房地产所在地人民法院管辖。这种观点是不正确的。《民事诉讼法解释》第28条第1、2款规定："《民事诉讼法》第三十三条第一项规定的不动产纠纷是指因不动产的权利确认、分割、相邻关系等引起的物权纠纷。农村土地承包经营合同纠纷、房屋租赁合同纠纷、建设工程施工合同纠纷、政策性房屋买卖合同纠纷，按照不动产纠纷确定管辖。"《民法典》第114条第2款规定："物权是权利人依法对特定的物享有直接支配和排他的权利，包括所有权、用益物权和担保物权。"房地产开发经营权不属于不动产物权，因房地产开发经营权引起的纠纷不属于不动产物权纠纷，亦不属于应按照不动产纠纷确定管辖的案件类型，故不适用专属管辖。

根据《民事诉讼法》第23条的规定，因合同纠纷提起的诉讼，由被告住所地或者合同履行地人民法院管辖。关于被告住所地，《民事诉讼法》第21条第1款规定，对公民提起的民事诉讼，由被告住所地人民法院管辖；被告住所地与经常居住地不一致的，由经常居住地人民法院管辖。《民事诉讼法解释》第3条规定，公民的住所地是指公民的户籍所在地，法人或者其他组织的住所地是指法人或者其他组织的主要办事机构所在地。法人或者其他组织的主要办事机构所在地不能确定的，法人或者其他组织的注册地或者登记地为住所地。

关于合同履行地，《民事诉讼法解释》第18条规定，合同约定履行地点的，以约定的履行地点为合同履行地。合同对履行地点没有约定或者约定不明确，争议标的为给付货币的，接收货币一方所在地为合同履行地；交付不动产的，不动产所在地为合同履行地；其他标的，履行义务一方所在地为合同履行地。即时结清的合同，交易行为地为合同履行地。合同没有实际履行，当事人双方住所地都不在合同约定的履行地的，由被告住所地人民法院管辖。

【法律适用】

处理房地产开发经营合同纠纷的法律依据主要是《土地管理法》《城市房地产管理法》《土地管理法实施条例》《城市房地产开发经营管理条例》《城镇国有土地使用权出让和转让暂行条例》以及《最高人民法院关于审理涉及国有土地使用权合同纠纷案件适用法律问题的解释》第3部分的相关规定。

【确定该案由应当注意的问题】

《城市房地产管理法》以及《城市房地产开发经营管理条例》中的房地产开发经营是广义的概念，包括了房地产开发经营的所有活动。2008年《民事案件案由规定》采用了广义的概念，将全部的房地产开发经营活动都规定在同一个第三级案由之下，内容过于庞杂。《最高人民法院关于修改〈民事案件案由规定〉的决定》（法〔2011〕41号）采用狭义概念，对原房地产开发经营合同纠纷案由进行拆分，将土地使用权合同纠纷，用建设用地使用权合同纠纷、临时用地合同纠纷两个第三级案由进行规范；将房地产经营者与被拆迁人之间的纠纷，用房屋拆迁安置补偿合同纠纷作为第三级案由进行规范；将房地产经营者与消费者之间纠纷，用房屋买卖合同纠纷作为第三级案由进行规范；而对房地产经营者之间就房地产项目转让、合作等活动形成的纠纷用本案由进行规范。本次案由修正，将房屋拆迁安置补偿合同纠纷变更为民事主体间房屋拆迁补偿合同纠纷，保留了《最高人民法院关于修改〈民事案件案由规定〉的决定》（法〔2011〕41号）的其他做法。

91. 房屋买卖合同纠纷

（1）商品房预约合同纠纷
（2）商品房预售合同纠纷
（3）商品房销售合同纠纷
（4）商品房委托代理销售合同纠纷
（5）经济适用房转让合同纠纷
（6）农村房屋买卖合同纠纷

【释义】

房屋买卖合同是指出卖人将房屋所有权转移给买受人，买受人支付价款的合同。此处的房屋，包括了商品房、经济适用房、房改房、农村房屋等各类性质的房屋。

商品房预约合同是指房地产开发商与购房者就双方在一定期限内签订商品房买卖合同的协议，一般以“认购书”“订购单”“意向书”等形式表现，且多约定了定金。商品房预约合同一般包括双方当事人基本情况、房屋基本状况、商品房总价款、签署正式买卖合同的期限、定金条款等内容。购房者签订预约合同可以防止其他买家抢购自己中意的房屋，又能暂缓付款，以冷静思考或筹措资金；开发商签订预约合同可以锁定购房者，有利于按计划售房。

商品房预售合同是指房地产开发企业将正在建设中的房屋预先出售给承购人，承购人支付定金或房屋价款的合同。商品房预售实行许可证制度。开发企业进行商品房预售，应当向房地产管理部门申请预售许可，取得《商品房预售许可证》。未取得《商品房预售许可证》

的，不得进行商品房预售。

商品房销售合同是房地产开发企业将已竣工的房屋向社会销售所有权于买受人，买受人支付价款的合同。广义的商品房销售合同包括了商品房预售合同。商品房销售，当事人双方应当签订书面合同，合同主要内容包括：商品房的建筑面积和使用面积、价格、交付日期、质量要求、物业管理方式以及双方违约责任等。

商品房委托代理销售合同是指房地产开发企业将开发的商品房委托给中介机构代理销售，并向中介机构支付酬金的合同。中介机构销售商品房时，应当向商品房购买人出示商品房的有关证明文件和商品房销售委托书。

经济适用房转让合同是指经济适用房所有者将经济适用房所有权转让给他人，他人支付价款的合同。经济适用房是指政府提供政策优惠，限定建设标准、供应对象和销售价格，具有保障性质的政策性住房。购买经济适用房实行申请、审批和公示制度。经济适用房在取得房屋所有权证和土地使用权证一定年限后，方可按市场价上市出售；出售时，应当按照届时同地段普通商品房与经济适用房差价的一定比例向政府交纳收益。个人购买的经济适用房在未向政府补缴收益前不得用于出租经营。

农村房屋买卖合同是指农民将农村自有居住性房屋转让给他人，他人支付价款的行为。农村房屋买卖合同，涉及农村宅基地的问题，对合同效力需严格按法律规定进行确认。

【管辖】

根据《民事诉讼法》第23条的规定，因合同纠纷提起的诉讼，由被告住所地或者合同履行地人民法院管辖。关于被告住所地，《民事诉讼法》第21条第1款规定，对公民提起的民事诉讼，由被告住所地人民法院管辖；被告住所地与经常居住地不一致的，由经常居住地人民法院管辖。《民事诉讼法解释》第3条规定，公民的住所地是指公民的户籍所在地，法人或者其他组织的住所地是指法人或者其他组织的主要办事机构所在地。法人或者其他组织的主要办事机构所在地不能确定的，法人或者其他组织的注册地或者登记地为住所地。

关于合同履行地，《民事诉讼法解释》第 18 条规定，合同约定履行地点的，以约定的履行地点为合同履行地。合同对履行地点没有约定或者约定不明确，争议标的为给付货币的，接收货币一方所在地为合同履行地；交付不动产的，不动产所在地为合同履行地；其他标的，履行义务一方所在地为合同履行地。即时结清的合同，交易行为地为合同履行地。合同没有实际履行，当事人双方住所地都不在合同约定的履行地的，由被告住所地人民法院管辖。依据《民事诉讼法》第 33 条第 1 项的规定，因不动产纠纷提起的诉讼，由不动产所在地人民法院管辖。《民事诉讼法解释》第 28 条规定：“《民事诉讼法》第 33 条第 1 项规定的不动产纠纷是指因不动产的权利确认、分割、相邻关系等引起的物权纠纷。农村土地承包经营合同纠纷、房屋租赁合同纠纷、建设工程施工合同纠纷、政策性房屋买卖合同纠纷，按照不动产纠纷确定管辖。不动产已登记的，以不动产登记簿记载的所在地为不动产所在地；不动产未登记的，以不动产实际所在地为不动产所在地。”根据上述规定，只有政策性房屋买卖合同纠纷适用专属管辖，其他属于债权纠纷的房屋买卖合同纠纷，适用合同纠纷的管辖规定，不适用专属管辖。

【法律适用】

处理房屋买卖合同纠纷的法律依据主要是《民法典》物权编、合同编，《城市房地产管理法》《土地管理法》《城市房地产开发经营管理条例》《最高人民法院关于审理商品房买卖合同纠纷案件适用法律若干问题的解释》等相关规定。

【确定该案由应当注意的问题】

随着社会发展，房屋交易量逐年增多，而对一般人而言房屋交易价值额较大，相关纠纷的处理具有自己的特色。《最高人民法院关于修改〈民事案件案由规定〉的决定》（法〔2011〕41号）将房屋买卖从原房地产开发经营合同单列出来作为一个独立的第三级案由，并且将其中涉及商品房买卖的合同纠纷都作为第四级案由。而伴随保障性住房建设力度的加大、城市化进程的加速，经济适用房、农村房屋的买卖也逐年增多，《最高人民法院关于修改〈民事案件案由规定〉的决定》（法〔2011〕41号）增加了经济适用房转让合同纠纷、农村房屋买卖合同纠纷作为第四级案由。本次修正沿袭了2011年的修改规定。需要注意的是，商品房、经济适用房、“两限房”、房改房以及其他各类房屋的买卖合同纠纷都可使用本案由；而签订商品房预约合同后，未签订正式的房屋买卖合同因此而发生纠纷的，就不适用缔约过失责任纠纷的案由。对于因商品房预约合同发生的纠纷，优先适用第四级案由“商品房预约合同纠纷”，而不适用“预约合同纠纷”。商品房委托代理销售合同属于特殊的委托代理合同，此处已将其作为独立的第四级案由，不应适用一般的委托合同纠纷的案由。

92. 民事主体间房屋拆迁补偿合同纠纷

【释义】

民事主体间房屋拆迁补偿合同纠纷是指作为平等民事主体的拆迁人与被拆迁人就被拆迁房屋的补偿方式和补偿金额、安置用房面积和安置地点、搬迁期限、搬迁过渡方式和过渡期限等事项订立的协议。

【管辖】

之前有观点认为，从“两便”原则出发，民事主体间房屋拆迁补偿合同纠纷应根据《民事诉讼法》第33条第1项规定，由不动产所在地人民法院管辖，即由拆迁房屋所在地人民法院管辖。2015年，《民事诉讼法解释》第28条进一步明确了“不动产纠纷”的范围。《民事诉讼法》第33条第1项规定的不动产纠纷是指因不动产的权利确认、分割、相邻关系等引起的物权纠纷。但是，四类特殊合同纠纷按照不动产纠纷确定管辖，这四类合同纠纷分别为：农村土地承包经营合同纠纷、房屋租赁合同纠纷、建设工程施工合同纠纷、政策性房屋买卖合同纠纷。这四类合同纠纷并未包括房屋拆迁补偿合同纠纷，因此，不能适用不动产专属管辖，而应适用《民事诉讼法》第23条的规定，由被告住所地或合同履行地法院管辖；对于有管辖协议的，优先按照协议确定管辖。

【法律适用】

处理民事主体间房屋拆迁补偿合同纠纷主要依据《民法典》合同编的相关规定。

【确定该案由应当注意的问题】

自2014年行政协议纳入行政诉讼受案范围以来，房屋拆迁安置补偿合同纠纷到底属于民事诉讼受案范围还是行政诉讼受案范围，认识不一致。有意见认为，该纠纷性质应为行政协议纠纷，属于行政诉讼的受案范围，《民事案件案由规定》中应当删除此案由。为此，最高人民法院在全国法院范围内广泛征求意见，多数意见认为，实践中平等民事主体之间房屋拆迁补偿合同较多，应当保留该案由，否则将无准确的案由可用。本次修改案由规定经反复研究，保留了此案由，但为了与行政案件进行区分，将原来的“房屋拆迁安置补偿合同纠纷”修改为“民事主体间房屋拆迁补偿合同纠纷”。同时，相应调整2011年《最高人民法院关于印发修改后的〈民事案件案由规定〉的通知》中“关于案由的确定标准”，增加一个标准：“为了与行政案件案由进行明显区分，此次修改还对个别案由的表述作了特殊处理。”

根据《国有土地上房屋征收与补偿条例》规定，征收国有土地上的房屋可以采取订立补偿协议的方式。房屋征收部门与被征收人依照条例的规定，就补偿方式、补偿金额和支付期限、用于产权调换房屋的地点和面积、搬迁费、临时安置费或者周转用房、停产停业损失、搬迁期限、过渡方式和期限等事项，订立补偿协议。国有土地上房屋的征收征用补偿协议属于行政协议，由此引发的纠纷，属于行政诉讼的受案范围，不属于民事诉讼受案范围。对于实践中大量存在的平等民事主体之间因拆迁补偿合同引发的纠纷，因无法纳入行政诉讼受案范围，可作为民事案件受理，适用本案由。

93. 供用电合同纠纷

【释义】

依据《民法典》第648条第1款的规定，供用电合同是指供电人向用电人供电，用电人支付电费的合同。供用电合同的内容包括供电的方式、质量、时间，用电容量、地址、性质，计量方式，电价、电费的结算方式，供用电设施的维护责任等条款。供用电合同一般可分为生产经营性供用电合同和生活消费性供用电合同，在生产经营性供用电合同中，双方对合同约定较为详尽，而在生活消费性供用电合同中，用电人一般不需与供电人进行特殊协商。向社会公众供电的供电人，不得拒绝用电人合理的订立合同要求，供电人的主要义务有：及时、安全、合格供电，停电的通知义务，以及断电的抢修义务。而用电人的主要义务有：支付电费，保持用电设施安全等。例如，根据《供电监管办法》和《供电营业规则》的规定，供电企业需要停电的，应当提前3～7天将停电通知送达用户，方可在通知的时间停电。

供用电合同为双务、有偿、诺成性合同，供用电合同为继续性合同，供用电合同的继续性表现在合同履行方式上为用电人可根据自身需求随时提出用电需求，即用电人具有随时用电的权利；而供电人应当保证根据用电人的需求连续不断地供电，即供电人有持续供电的义务。同时，用电人应当按照国家有关规定和当事人的约定安全、节约和计划用电。因自然灾害等原因断电，供电人应当按照国家有关规定及时抢修；未及时抢修，造成用电人损失的，应当承担赔偿责任。

供用电合同属于公共供用合同，供电企业不是纯粹以营利为目的的企业，而是以满足生活消耗、生产经营等社会活动对电力的需求为目的而设立的企业，具有鲜明的公益性。因此，供电人负有强制缔约义务。强制缔约义务是指根据法律规定，在特定民事活动中，对部分民事主体施加的，要求其必须与他人订立合同的义务。① 在我国，强制缔约义务在公共服务领域中大量存在，比如，公共运输服务提供者的强制缔约义务，电信企业的强制缔约义务，电、水、气、热的供应者的强制缔约义务，医疗机构的强制缔约义务。这些公共服务的提供者虽然是市场主体，但往往因国家对特定领域的管控而拥有市场垄断地位。防止公共服务提供者滥用市场垄断地位随意拒绝缔约，损害社会公共利益，法律要求他们不得随意拒绝提供服务。供电人的强制缔约义务使得供电人不得拒绝用电人通常、合理的用电需求。

【管辖】

供用电合同纠纷应根据《民事诉讼法》第23条的规定，由被告

① 最高人民法院民法典贯彻实施工作领导小组主编：《中华人民共和国民法典合同编理解与适用》，人民法院出版社2020年版，第1139页。

住所地或者合同履行地人民法院管辖。关于被告住所地，《民事诉讼法》第21条第1款规定，对公民提起的民事诉讼，由被告住所地人民法院管辖；被告住所地与经常居住地不一致的，由经常居住地人民法院管辖。《民事诉讼法解释》第3条规定，公民的住所地是指公民的户籍所在地，法人或者其他组织的住所地是指法人或者其他组织的主要办事机构所在地。法人或者其他组织的主要办事机构所在地不能确定的，法人或者其他组织的注册地或者登记地为住所地。

关于合同履行地，《民法典》第511条第3项规定，当事人就有关合同内容约定不明确，依据前条规定仍不能确定的，适用下列规定：履行地点不明确，给付货币的，在接受货币一方所在地履行；交付不动产的，在不动产所在地履行；其他标的，在履行义务一方所在地履行。该条规定与《民事诉讼法解释》第18条规定一致。按照《民法典》第511条和《民事诉讼法解释》第18条规定，如果供用电合同双方就履行地没有约定或约定不明，且未能达成补充协议的，则应当以履行义务一方（也即供电企业）所在地为履行地。

但是，根据《民法典》第650条的规定，供用电合同的履行地点，按照当事人约定；当事人没有约定或者约定不明确的，供电设施的产权分界处为履行地点。这是考虑到供用电合同标的物的独特属性所作的特殊规定，根据本条规定，在供用电双方就合同履行地点没有约定或约定不明，且未能达成补充协议的，以供电设施的产权分界处为合同履行地点。

【法律适用】

处理供用电合同的法律依据主要是《民法典》合同编第10章，《电力法》第4章、第5章，以及《电力供应与使用条例》第6章等相关规定。

【确定该案由应当注意的问题】

供用电、供用水、供用气、供用热力合同具有共性，如都有公用性、公益性、继续性等特点，《民法典》合同编第10章也将它们统称为供用电、水、气、热力合同，但它们毕竟都是独立的合同类型，将统称的合同分开列明，可以避免统称对确定案由带来的困扰。

94. 供用水合同纠纷

【释义】

供用水合同是指供水人向用水人提供自来水，用水人支付水费的合同。根据《民法典》第656条的规定，供用水合同的内容、双方当事人的义务等都与供用电合同类似。供用水合同的内容包括供水的方式、质量、时间，用水量、地址、性质，计量方式，水价、水费的结算方式，供用水设施的维护责任等条款。供用水合同也可分为生产经营性供用水合同和生活消费性供用水合同，在生产经营性供用水合同中，双方对合同会有较为详尽的约定，而在生活消费性供用水合同中，普通用水人一般不需与供水人进行特殊协商。供水人的主要义务有：及时、安全、合格供水，停水的通知义务，以及断水的抢修义务。而用水人的主要义务有：支付水费，保持用水设施安全，以及依约用水等。在供用水合同中，供水企业也负有强制缔约义务。

【管辖】

供用水合同纠纷应根据《民事诉讼法》第23条的规定，由被告住所地或者合同履行地人民法院管辖。关于被告住所地，《民事诉讼法》第21条第1款规定，对公民提起的民事诉讼，由被告住所地人民法院管辖；被告住所地与经常居住地不一致的，由经常居住地人民法院管辖。《民事诉讼法解释》第3条规定，公民的住所地是指公民的户籍所在地，法人或者其他组织的住所地是指法人或者其他组织的主要办事机构所在地。法人或者其他组织的主要办事机构所在地不能确定的，法人或者其他组织的注册地或者登记地为住所地。

关于合同履行地，《民法典》第511条第3项规定，当事人就有关合同内容约定不明确，依据前条规定仍不能确定的，适用下列规定：履行地点不明确，给付货币的，在接受货币一方所在地履行；交付不动产的，在不动产所在地履行；其他标的，在履行义务一方所在地履行。该条规定与《民事诉讼法解释》第18条规定一致。按照《民法典》第511条和《民事诉讼法解释》第18条规定，如果供用水合同双方就履行地没有约定或约定不明，且未能达成补充协议的，则应当以履行义务一方（也即供水企业）所在地为履行地。

但是，根据《民法典》第650条的规定，供用电合同的履行地点，按照当事人约定；当事人没有约定或者约定不明确的，供电设施的产权分界处为履行地点。《民法典》第656条规定，供用水、供用气、供用热力合同，参照适用供用电合同的有关规定。这是考虑到供用水合同标的物的独特属性所作的特殊规定，根据上述规定，在供用水双方就合同履行地点没有约定或约定不明，且未能达成补充协议的，以供水设施的产权分界处为合同履行地点。

【法律适用】

处理供用水合同纠纷的法律依据主要是《民法典》合同编第10章、《供水条例》等的规定。

【确定该案由应当注意的问题】

随着生活水平的不断提升，市民对饮用水的质量要求越来越高，提供桶装水、通过小型净化设备提供净化水的情形也越来越多，相关纠纷也会相应进入诉讼中。对此应注意，这类提供净化水、饮用水合同与自来水供应合同的权利义务存在较大差异，就不宜按供用水合同纠纷确定案由，而应将案由确定为买卖合同纠纷。

95. 供用气合同纠纷

【释义】

供用气合同是指供气人向用气人提供煤气（天然气），用气人支付燃气费的合同。根据《民法典》第656条的规定，供用气合同的内容、双方当事人的义务等也与供用电合同类似。供用气合同的内容包括供气的方式、质量、时间，用气量、地址、性质，计量方式，气价、气费的结算方式，供用气设施的维护责任等条款。供用气合同也可分为生产经营性供用气合同和生活消费性供用气合同。供气人的主要义务有：及时、安全、合格供气，停气的通知义务，以及断气的抢修义务。而用气人的主要义务有：支付燃气费，保持用气设施安全，以及依约用气等。在供用气合同中，供气企业也负有强制缔约义务。

【管辖】

供用气合同纠纷应根据《民事诉讼法》第23条的规定，由被告住所地或者合同履行地人民法院管辖。关于被告住所地，《民事诉讼法》第21条第1款规定，对公民提起的民事诉讼，由被告住所地人民法院管辖；被告住所地与经常居住地不一致的，由经常居住地人民法院管辖。《民事诉讼法解释》第3条规定，公民的住所地是指公民的户籍所在地，法人或者其他组织的住所地是指法人或者其他组织的主要办事机构所在地。法人或者其他组织的主要办事机构所在地不能确定的，法人或者其他组织的注册地或者登记地为住所地。

关于合同履行地，《民法典》第511条第3项规定，当事人就有关合同内容约定不明确，依据前条规定仍不能确定的，适用下列规定：履行地点不明确，给付货币的，在接受货币一方所在地履行；交付不动产的，在不动产所在地履行；其他标的，在履行义务一方所在地履行。该条规定与《民事诉讼法解释》第18条规定一致。按照《民法典》第511条和《民事诉讼法解释》第18条规定，如果供用气合同双方就履行地没有约定或约定不明，且未能达成补充协议的，则应当以履行义务一方（也即供气企业）所在地为履行地。

但是，根据《民法典》第650条的规定，供用电合同的履行地点，按照当事人约定；当事人没有约定或者约定不明确的，供电设施的产权分界处为履行地点。《民法典》第656条规定，供用水、供用气、供用热力合同，参照适用供用电合同的有关规定。这是考虑到供用气合同标的物的独特属性所作的特殊规定，根据上述规定，在供用气双方就合同履行地点没有约定或约定不明，且未能达成补充协议的，以供气设施的产权分界处为合同履行地点。

【法律适用】

处理供用气合同纠纷的法律规定主要是《民法典》合同编第10章、《城镇燃气管理条例》等的规定。

【确定该案由应当注意的问题】

需要注意的是，只有供气人通过管道将煤气（天然气）直接输送至用气人用气处，因此而发生的纠纷才适用本案由，因出售罐装液化气、加气站给汽车加天然气而发生的纠纷，只能将案由确定为买卖合同纠纷。

96. 供用热力合同纠纷

【释义】

供用热力合同是指供暖单位向热力用户提供热力，热力用户支付暖气费的合同。根据《民法典》第656条的规定，供用热力合同的内容、双方当事人的义务等也可参照供用电合同的规定。供用热力合同的内容包括供热方式、质量、时间，用热量、地址、性质，计量方式，供暖费的结算方式，供用热力设施的维护责任等条款。供用热力合同也可分为生产经营性供用热力合同和生活消费性供用热力合同。供暖单位的主要义务有：及时、安全、合格供热，停热的通知义务，以及抢修义务。而热力用户的主要义务有：支付供暖费，保持用暖设施安全，以及依约使用热力等。在供用热力合同中，供热企业也负有强制缔约义务。

【管辖】

供用热力合同纠纷应根据《民事诉讼法》第23条的规定，由被告住所地或者合同履行地人民法院管辖。关于被告住所地，《民事诉讼法》第21条第1款规定，对公民提起的民事诉讼，由被告住所地人民法院管辖；被告住所地与经常居住地不一致的，由经常居住地人民法院管辖。《民事诉讼法解释》第3条规定，公民的住所地是指公民的户籍所在地，法人或者其他组织的住所地是指法人或者其他组织的主要办事机构所在地。法人或者其他组织的主要办事机构所在地不能确定的，法人或者其他组织的注册地或者登记地为住所地。

关于合同履行地，《民法典》第511条第3项规定，当事人就有关合同内容约定不明确，依据前条规定仍不能确定的，适用下列规定：

履行地点不明确，给付货币的，在接受货币一方所在地履行；交付不动产的，在不动产所在地履行；其他标的，在履行义务一方所在地履行。该条规定与《民事诉讼法解释》第 18 条规定一致。按照《民法典》第 511 条和《民事诉讼法解释》第 18 条规定，如果供用热力合同双方就履行地没有约定或约定不明，且未能达成补充协议的，则应当以履行义务一方（也即供热企业）所在地为履行地。

但是，根据《民法典》第 650 条的规定，供用电合同的履行地点，按照当事人约定；当事人没有约定或者约定不明确的，供电设施的产权分界处为履行地点。《民法典》第 656 条规定，供用水、供用气、供用热力合同，参照适用供用电合同的有关规定。这是考虑到供用热力合同标的物的独特属性所作的特殊规定，根据上述规定，在供用热力双方就合同履行地点没有约定或约定不明，且未能达成补充协议的，以供热设施的产权分界处为合同履行地点。

【法律适用】

处理供用热力合同纠纷的法律规定主要是《民法典》合同编第 10 章。

【确定该案由应当注意的问题】

随着城市化的发展以及供热方式的不断改革，市政统一供热的模式逐渐被打破，供热主体逐渐多元化，但这都不影响发生纠纷诉至法院时，按供用热力合同纠纷确定案由。

97. 排污权交易纠纷

【释义】

排污权交易是为了控制一定地区在一定期限内的污染物排放总量，充分有效地使用该地区的环境容量资源，鼓励企业通过技术进步治理污染和企业间相互购销排污许可，提高治理污染费用的效率，最大限度地节约防治污染费用的一种以市场为基础、以政府有偿分配排污指标为前提的经济政策和市场调节手段。排污权交易属于环境资源产权交易机制的一部分，体现了环境资源有偿使用的理念。

排污权中的“污”，是指实施排放总量控制的主要污染物，如二氧化硫、氨氮化物、氮氧化物等。排污权，是排污单位按照国家或者地方规定的污染物排放标准以及污染物排放总量控制要求，在排污许可核定的种类和数量内，一定期限内向环境直接或间接排放污染物的权利，体现的是排污单位对环境容量资源的使用权。排污权由县级以上地方环境保护主管部门按照污染源管理权限核定，并以排污许可证形式予以确认。排污权，以及后述的用能权、用水权、碳排放权等权利，其权利构造、交易原理大致相同，兼具国家管控的公法内核和财产利益的外在属性。

排污权交易，是指在一定的区域内，在满足区域主要污染物排放总量控制和生态环境质量要求的前提下，排污单位之间或排污单位与排污权交易管理机构之间，在指定交易平台上对依法取得的主要污染物年度许可排放量进行公开买卖相互调剂排污量的行为。通过交易获得主要污染物排污权的排污单位，不免除生态环境保护的其他法定义务。实践中开展较多的是大气污染物排污权交易、水污染物排污权交易。

排污权交易过程如下：(1) 政府部门确定一定区域的环境质量目

标，并据此评估该区域的环境容量。（2）政府部门评估出一定区域内满足环境容量的污染物最大排放量，并将最大允许排放量分成若干规定的排放份额，每份排放份额为一份排污权。（3）一级市场上，政府可以选择招标、拍卖、以固定价值出售等方式分配排污权，并通过建立排污权交易市场使这种权利能合法地买卖。（4）二级市场上，排污者从其利益出发，自主决定其污染治理程度，从而买入或卖出排污权。（5）排污权交易完成后，排污单位应当按照规定到核发排污许可证的环境保护行政主管部门办理排污许可证变更登记手续。环境保护行政主管部门应当依法核发、变更或者注销排污许可证。排污者在一级市场上购买排污权后，如果排污需求大，购买的排污权不够用，就必须在二级市场上花钱买入；相反，如果企业减少排污，购买的排污权得到节省，则可以在二级市场上售出获利。在二级市场上发生的纠纷即本案由所规范的排污权交易纠纷。

【管辖】

排污权交易纠纷适用《民事诉讼法》第 23 条的规定，由被告住所地或者合同履行地人民法院管辖；对于有管辖协议的，适用《民事诉讼法》第 34 条规定，优先按照协议确定管辖。因区域内实行环境资源案件跨行政区划集中管辖的，根据集中管辖的环境资源案件范围确定是否由集中管辖地人民法院管辖。

【法律适用】

处理排污权交易纠纷的法律依据主要是《民法典》第 3 编第 9 章、《大气污染防治法》第 21 条、《环境保护法》等相关规定。

【确定该案由应当注意的问题】

1. 本案由所规定的排污权交易，如果发生在排污单位与排污权交易管理机构之间，则仅指排污权交易管理机构的回购，不包括排污权指标的出让。

2. 有的地方规范性文件将排污权租赁行为视作排污单位之间进行排污权交易的特殊形式纳入管理范围。排污权租赁是指承租方向出租方临时租赁排污指标，并向其支付一定费用的行为。因排污权租赁签订、履行合同产生纠纷的，案由可确定为租赁合同纠纷。

3. 在排污权交易过程中，两个排污单位未按有关法律法规等规定在排污权交易机构进行交易的，或者转让方不履行相应的批准程序或者超越权限、擅自转让排污权的，或者转让方或受让方相互串通等情形的，环境保护行政主管部门可能会依法提起确认无效之诉。因两个排污单位之间的排污权交易合同并非行政协议，即并非行政机关为了实现行政管理或者公共服务目标，与自然人、法人或者非法人组织协商订立的具有行政法上权利义务内容的协议，故此类案件并非行政协议之诉。

98. 用能权交易纠纷

【释义】

用能权是指用能单位经国家初始分配或二级市场交易获得的、以单位时间内（通常为一年）用能权指标为主要内容的复合性财产权利。所谓用能权指标，是指用能单位年度直接或间接使用各类能源（包括电力、煤炭、焦炭、蒸汽、天然气等能源）的使用限额。

用能权交易，指的是在地区能源消费总量控制的背景下，用能权交易主体之间出售、购买用能权指标的行为。具体而言，在地区能源消费总量限定的先决条件下，用能权主体依法从一级市场取得用能权指标，用于生产。用能单位通过引进设备、提高利用率等方法，节余用能权指标，通过二级市场出售给其他用能单位获利；若用能权指标无法满足实际生产需要，用能单位可以从二级市场购买用能权指标。

【管辖】

用能权交易纠纷适用《民事诉讼法》第23条的规定，由被告住所地或者合同履行地人民法院管辖；对于有协议管辖的，适用《民事诉讼法》第34条规定，优先按照协议确定管辖。因区域内实行环境资源案件跨行政区划集中管辖的，根据集中管辖的环境资源案件范围确定是否由集中管辖地人民法院管辖。

【法律适用】

处理用能权交易纠纷的法律依据主要是《民法典》第3编第9章、《环境保护法》等相关规定。

【确定该案由应当注意的问题】

注意事项与排污权交易纠纷应注意问题类似。

99. 用水权交易纠纷

【释义】

用水权是依法对地表水和地下水取得使用或收益的权利。

用水权交易是“十三五规划”提出的四个新型权属交易之一。《中共中央关于制定国民经济和社会发展第十三个五年规划的建议》提出：“发展用能权、用水权、排污权和碳排放权交易市场。”《中共中央关于制定国民经济和社会发展第十四个五年规划和二〇三五年远景目标的建议》提出："全面实行排污许可制，推进排污权、用能权、用水权、碳排放权市场化交易。"随着新四权制度的不断完善，相应的用水权交易纠纷也会越来越多。

【管辖】

用水权交易纠纷适用《民事诉讼法》第 23 条的规定，由被告住所地或者合同履行地人民法院管辖；对于有管辖协议的，适用《民事诉讼法》第 34 条规定，优先按照协议确定管辖。因区域内实行环境资源案件跨行政区划集中管辖的，根据集中管辖的环境资源案件范围确定是否由集中管辖地人民法院管辖。

【法律适用】

处理用水权交易纠纷的法律依据主要是《民法典》第 3 编第 9 章、第 329 条，以及《环境保护法》《水法》等相关规定。

【确定该案由应当注意的问题】

注意与供用水合同纠纷进行区分，后者的"水"指的是经过处理的自来水。

100. 碳排放权交易纠纷

【释义】

碳排放，又称温室气体排放，是指煤炭、天然气、石油等化石能源燃烧活动和工业生产过程以及土地利用、土地利用变化与林业等活动产生的温室气体排放，以及因使用外购的电力和热力等所导致的温室气体排放。温室气体是指大气中吸收和重新放出红外辐射的自然和人为的气态成分。《京都议定书》及我国生态环境部《碳排放权交易管理办法（试行）》中明确规定了二氧化碳、甲烷、氧化亚氮、氢氟碳化物、全氟化碳、六氟化硫和三氟化氮等七种温室气体。在计算温室气体排放对气候的影响时，因二氧化碳的增温作用高于其他几种温室气体，故其他五种温室气体都按照“全球升温潜能值”换算成为二氧化碳当量来计算。

碳排放权的建立是基于大气环境容量理论，是指在满足碳排放总量控制的前提下，权利主体根据其依法获得的排放许可，在生产经营过程中直接或者间接向大气排放温室气体的权利。碳排放权交易，是指交易主体按照生态环境部《碳排放权交易管理办法（试行）》开展的排放配额和国家核证自愿减排量的交易活动。为了达到特定区域环境质量标准，碳排放权拥有者在政府主管部门的指导和监管下，依据相关法律法规，将自身富余的碳排放权份额在碳交易市场上通过协议转让的形式，平等、有偿、自愿地转让给碳排放权需求者。碳排放权交易的产品包括碳排放配额、国家核证自愿减排量（CCER）以及地区鼓励探索创新的碳排放权交易相关产品等。通过二级市场交易而取得碳排放权许可证的权利人需向有关负有环境保护管辖权的政府部门进行碳排放权交易注册登记系统申办转让登记。一经登记，系统载有的信息将作为碳排放权配额归属的最终依据。通过碳市场实现减排资源的有效配置，可以以最低成本实现温室气体减排目标。

作为排污权的一种延伸，碳排放权除了与排污权类似的特征以外，还具有不同于排污权的特点。（1）从权利主体来看，排污权的主体是污染物的排放者，而碳排放权的主体在传统排污权主体的基础上还包括加入碳排放权市场交易中的国内外机构、团体和个人。国家发展和改革委员会《温室气体自愿减排交易管理暂行办法》（发改气候〔2012〕1668号）第五条规定：“国内外机构、企业、团体和个人均可参与温室气体自愿减排量交易。”（2）从排放对象来看，两者的客体虽都是某一环境区域内对人类活动造成影响的最大容纳量，但作为排污权的排放对象的污染物通常是局限在某一特定区域的环境容量内的，而碳排放权的排放对象温室气体是全球范围内的，因此，也就更容易建立一个世界范围的碳排放交易体系。（3）从法律渊源来看，排污权主要保护的是特定区域的环境，其法律渊源是国内法；碳排放权是由于温室气体排放引起全球气候变化，其法律渊源既包括国内法也包括国际法（广义上的碳排放权交易）。

碳排放权交易合同涉及对环境容量的使用，是一种特殊的民事买卖合同。在碳排放权交易合同中，当事人的意思自治要受环境公共利益等条件的限制，这与传统的民事合同存在很大的差别。碳排放权交易合同除了应具有买卖合同的基本属性以外，还由于它的公法化属性，碳排放权交易合同应为要式合同和附条件的合同，交易双方的权利义务除当事人约定以外，还有管理机关为实施管理而附加的条件。

【管辖】

碳排放权交易纠纷适用《民事诉讼法》第23条的规定，由被告住所地或者合同履行地人民法院管辖；对于有管辖协议的，适用《民事诉讼法》第34条规定，优先按照协议确定管辖。因区域内实行环境资源案件跨行政区划集中管辖的，根据集中管辖的环境资源案件范围确定是否由集中管辖地人民法院管辖。

【法律适用】

处理碳排放权交易纠纷的法律依据主要是《民法典》第3编第9章、《环境保护法》等相关规定。

【确定该案由应当注意的问题】

需要注意的是，这里的碳排放权交易纠纷仅指国内的碳排放权交易纠纷。在国际碳交易的语境中，管理机构根据各个国家不同的情况以及他们承诺的减排目标，把不同的碳排放配额分配给各个国家，在排放额度用尽时或有剩余时，国际碳排放权主体遵循国际和国内相关法律法规规定的交易规则，对碳排放权指标和基于项目产生的减排信用进行有偿买卖，这样在总体上就维持了全球的减排总目标。国家之间的碳排放权交易不属于本案由调整范围。

101. 碳汇交易纠纷

【释义】

碳汇是指从大气中清除温室气体、温室气体前体或气溶胶的过程、活动或机制。森林、草原、湿地、海洋等是典型的可以积累、储存、消解含碳化合物的储存库。如森林碳汇，是指通过实施造林再造林和森林管理、减少毁林等活动，将大气中的二氧化碳等温室气体吸收并固定在植被和土壤中，从而控制大气中二氧化碳等温室气体含量的过程。

碳汇交易，即通过增加碳汇，抵消碳排放，降低本身碳排量的目标，是一种市场为基础旨在减缓气候变化的手段。《中共中央、国务院关于加快推进生态文明建设的意见》指出："增加森林、草原、湿地、海洋碳汇等手段，有效控制二氧化碳、甲烷、氢氟碳化物、全氟化碳、六氟化硫等温室气体排放。"

【管辖】

碳汇交易纠纷适用《民事诉讼法》第 23 条的规定，由被告住所地或者合同履行地人民法院管辖；对于有协议管辖的，适用《民事诉讼法》第 34 条规定，优先按照协议确定管辖。因区域内实行环境资源案件跨行政区划集中管辖的，根据集中管辖的环境资源案件范围确定是否由集中管辖地人民法院管辖。

【法律适用】

处理碳汇交易纠纷的法律依据主要是《民法典》第3编第9章、《环境保护法》等相关规定。

【确定该案由应当注意的问题】

注意事项与排污权交易纠纷应注意问题类似。

102. 赠与合同纠纷

（1）公益事业捐赠合同纠纷

（2）附义务赠与合同纠纷

【释义】

根据《民法典》第657条的规定，赠与合同是指赠与人将自己的财产无偿给予受赠人，受赠人表示接受赠与的合同。赠与可分为一般赠与和特殊赠与，一般赠与不附条件、期限或其他负担，而特殊赠与则包括附条件赠与、附义务赠与、附期限赠与、死因赠与等。根据赠与是否可以撤销，还可将赠与分为可以任意撤销的赠与和不得任意撤销的赠与。依据《民法典》第658条的规定，经过公证的赠与合同或者依法不得撤销的具有救灾、扶贫、助残等公益、道德义务性质的赠与合同，不可以任意撤销，但赠与人的经济状况显著恶化，严重影响其生产经营或者家庭生活的，可以不再履行赠与义务。赠与合同具有以下法律特征：

1. 赠与合同是双方民事法律行为

根据法律行为成立所需意思表示主体数量的不同，法律行为可以分为单方法律行为、双方法律行为和多方法律行为。赠与合同是双方法律行为的一种，即从赠与人方面说，需作出自愿将其财产无偿给予受赠人的意思表示；从受赠人方面说，需表示愿意接受其财产。亦即双方当事人的意思表示达成一致的，赠与合同这种双方民事法律行为才成立。

2. 赠与合同是单务合同

根据合同义务承担主体的不同，可将合同分为单务合同和双务合同。赠与合同虽系双方法律行为，但属于单务合同。赠与合同的单务性表现为仅赠与人负有义务，即承担无偿将其赠与的财产给予受赠人的义务，而受赠人接受赠与财产属于受赠人的权利，受赠人没有相应的对待给付的义务。即使在附义务的赠与中，所附义务也不构成赠与的对价，不影响赠与合同的单务合同属性的定性。

3. 赠与合同是诺成合同

根据法律行为在意思表示之外是否还需实际交付等行为方能成立为标准，可将法律行为分为要物性法律行为（实践性法律行为）和诺成性法律行为。双方当事人意思表示达成一致的，赠与合同成立，故赠与合同属于诺成合同。

公益事业捐赠是指捐赠人为了公益事业，自愿无偿向依法成立的公益性社会团体和公益性非营利的事业单位赠与财产的行为。公益事业捐赠合同的当事人包括捐赠人、受赠人和受益人。捐赠人可以是自然人、法人或非法人组织，受赠人是公益性社会团体和公益性非营利的事业单位，受益人是经捐赠人和受赠人协商同意享受捐赠财产的人。公益事业是指非营利的下列事项：（1）救助灾害、救济贫困、扶助残疾人等困难的社会群体和个人的活动；（2）教育、科学、文化、卫生、体育事业；（3）环境保护、社会公共设施建设；（4）促进社会发展和进步的其他社会公共和福利事业。

附义务赠与合同是指赠与人以受赠人向赠与人或第三人负担一定

义务为条件的赠与合同。赠与附义务的，受赠人应当按照约定履行义务。受赠人不履行赠与合同约定义务的，赠与人可以撤销赠与。在附义务的赠与合同中，受赠人虽然负担一定的义务，但双方签订合同的主要目的是将赠与财产的权利转移给受赠人。受赠人接受赠与财产所承担的义务，不是其取得赠与财产所付的报酬或对价，与赠与财产不具有对待给付性，不能因为赠与附义务而否认赠与合同的单务性和无偿性。①

【管辖】

因赠与合同引起的纠纷，依据《民事诉讼法》第23条，因合同纠纷提起的诉讼，由被告住所地或者合同履行地人民法院管辖。关于被告住所地，《民事诉讼法》第21条第1款规定，对公民提起的民事诉讼，由被告住所地人民法院管辖；被告住所地与经常居住地不一致的，由经常居住地人民法院管辖。《民事诉讼法解释》第3条规定，公民的住所地是指公民的户籍所在地，法人或者其他组织的住所地是指法人或者其他组织的主要办事机构所在地。法人或者其他组织的主要办事机构所在地不能确定的，法人或者其他组织的注册地或者登记地为住所地。

关于合同履行地，《民事诉讼法解释》第18条规定，合同约定履行地点的，以约定的履行地点为合同履行地。合同对履行地点没有约定或者约定不明确，争议标的为给付货币的，接收货币一方所在地为合同履行地；交付不动产的，不动产所在地为合同履行地；其他标的，履行义务一方所在地为合同履行地。即时结清的合同，交易行为地为合同履行地。合同没有实际履行，当事人双方住所地都不在合同约定的履行地的，由被告住所地人民法院管辖。

---

① 郭明瑞、王轶：《合同法新论·分则》，中国政法大学出版社1997年版，第78页。

【法律适用】

处理赠与合同纠纷的法律依据主要是《民法典》合同编第11章、《慈善法》《公益事业捐赠法》等的相关规定。

【确定该案由应当注意的问题】

赠与合同是《民法典》合同编专章规定的合同类型，日常经济生活中也很多见，将之列为第三级案由。而公益事业捐赠合同和附义务赠与合同是赠与合同中较为特殊的两类，公益事业捐赠合同还有其他法律对之专门规范，故将它们单列为第四级案由。在确定案由时需要注意，遗赠和遗赠扶养协议也是特殊的赠与合同，遗赠是死因赠与，遗赠扶养协议是附义务的死因赠与，但因遗赠纠纷、遗赠扶养协议纠纷已作为独立的第三级案由规定在继承纠纷部分，就不能再确定为本案由。

103. 借款合同纠纷

（1）金融借款合同纠纷
（2）同业拆借纠纷
（3）民间借贷纠纷
（4）小额借款合同纠纷
（5）金融不良债权转让合同纠纷
（6）金融不良债权追偿纠纷

【释义】

依据《民法典》第667条的规定，借款合同是指借款人向贷款人借款，到期返还借款并支付利息的合同，自然人之间的借款合同，自贷款人提供借款时成立。借款合同的主要内容包括借款种类、币种、用途、数额、利率、期限和还款方式等条款。借款的利息不得预先在本金中扣除，利息预先在本金中扣除的（俗称“砍头息”），应当按照实际借款数额返还借款并计算利息。借款人应当按照约定的期限支付利息。对支付利息的期限没有约定或者约定不明确，不能达成补充协议的，借款期间不满一年的，应当在返还借款时一并支付；借款期间一年以上的，应当在每届满一年时支付，剩余期间不满一年的，应当在返还借款时一并支付。借款人提前返还借款的，除当事人另有约定外，应当按照实际借款的期间计算利息。国家禁止高利放贷，借款的利率不得违反国家有关规定。

需要注意的是，自然人之间的借款合同成立的特殊性。自然人之间的借款合同是实践合同，只有借贷双方当事人的合意不能成立，必须要有实际的交付行为，即合同是在贷款人提供借款时成立。无论当事人是否存在书面的合同，合同都是在贷款人实际交付贷款时成立。只签订书面借款合同，贷款人没有实际交付借款的，借款合同不成立，借款人原则上也不能要求贷款人履行合同交付借款。

同业拆借是指具有市场准入资格的金融机构之间，为了调剂头寸和临时性资金余缺，进行短期资金融通的活动。同业拆借合同条款一般包括同业拆借交易双方的名称、住所及法定代表人的姓名，同业拆借成交日期，同业拆借交易金额，同业拆借交易期限，同业拆借利率，利率计算规则和利息支付规则，违约责任，以及中国人民银行要求载明的其他事项。

民间借贷是指自然人、法人和非法人组织之间进行资金融通的行为。民间借贷主要就是私人资金在社会各个领域内的融通过程，是在金融监管之外的私人资金融通活动。从民间借贷主体范围来说，民间借贷包括自然人之间的借贷行为、自然人与法人之间的借贷行为、自然人与非法人组织之间的借贷行为、法人之间的借贷行为、法人与非法人组织之间的借贷行为、非法人组织之间的借贷行为。

小额借款合同是指借款人向金融机构或小额贷款公司借小额款项，到期返还借款并支付利息的合同。小额贷款一般额度较小，利率较低，期限、发放和还款方式方面的约定更加灵活、便捷，小额贷款多用于扶助小微企业、农民、城镇低收入人群等。

金融不良债权转让合同是指当事人就金融不良债权的转让签订的合同。金融不良债权是指处于非良好经营状态，不能按时支付银行利息，甚至不能偿还贷款本金的银行借款债权。金融不良债权包括逾期贷款、呆滞贷款和呆账贷款。

金融不良债权追偿是指金融不良债权受让人在受让债权后，向原金融借款合同的债务人、担保人主张权利，以实现债权的行为。追偿是受让人对金融不良债权处置的主要方式之一，包括直接催收、诉讼（仲裁）追偿、委托第三方追偿、破产清算等方式。

【管辖】

借款合同纠纷属于合同纠纷的一种，依据《民事诉讼法》第 23 条，因合同纠纷提起的诉讼，由被告住所地或者合同履行地人民法院管辖。关于被告住所地，《民事诉讼法》第 21 条第 1 款规定，对公民提起的民事诉讼，由被告住所地人民法院管辖；被告住所地与经常居住地不一致的，由经常居住地人民法院管辖。《民事诉讼法解释》第 3 条规定，公民的住所地是指公民的户籍所在地，法人或者其他组织的住所地是指法人或者其他组织的主要办事机构所在地。法人或者其他组织的主要办事机构所在地不能确定的，法人或者其他组织的注册地或者登记地为住所地。

关于合同履行地，《民事诉讼法解释》第 18 条规定，合同约定履行地点的，以约定的履行地点为合同履行地。合同对履行地点没有约定或者约定不明确，争议标的为给付货币的，接收货币一方所在地为合同履行地；交付不动产的，不动产所在地为合同履行地；其他标的，履行义务一方所在地为合同履行地。即时结清的合同，交易行为地为合同履行地。合同没有实际履行，当事人双方住所地都不在合同约定的履行地的，由被告住所地人民法院管辖。

【法律适用】

处理借款合同纠纷的法律依据主要是《民法典》合同编第12章，《商业银行法》第4章，《最高人民法院关于审理民间借贷案件适用法律若干问题的规定》《最高人民法院关于审理涉及金融不良债权转让案件座谈会纪要》等相关规定。

【确定该案由应当注意的问题】

借款合同是《民法典》合同编专章规定的合同类型之一，在经济生活中具有较重要的地位，相关争议也较多，《民事案件案由规定》将之作为独立的第三级案由。借款合同主要包括金融借款和民间借贷，《民事案件案由规定》将它们作为第四级案由。随着金融体制改革过程的推进，金融不良资产处置工作进入攻坚阶段，金融不良债权转让及追偿等相关纠纷也呈增多之势，且相关纠纷的处理有其自身特色和统计意义，《民事案件案由规定》也将之作为第四级案由。近年来，国家加大了对小额贷款的引导和政策倾斜，小额借款增多，相关纠纷也随之增多，《民事案件案由规定》将之也作为第四级案由。在确定案由时需要注意，如果相关行为涉及非法集资，则不能依民事案件受理，自不能适用本案由。金融不良债权的转让，属于特殊的债权转让，此处单独作为第四级案由，相关纠纷就不能再将案由定为债权转让合同纠纷。同样的，金融不良债权追偿，虽然起诉的依据和审理的对象主要是原金融借款合同，但相关纠纷已因其特殊性作为单独的第四级案由规定了，就不能将案由再定为金融借款合同纠纷。

本次《民事案件案由规定》修正，将民间借贷作为第四级案由加以规定，并取消了四级案由企业借贷纠纷，将企业借贷纠纷纳入民间借贷范畴内。《最高人民法院关于审理民间借贷案件适用法律若干问题的规定》（2020年第二次修正）第1条第1款规定，本规定所称的民间借贷，是指自然人、法人和非法人组织之间进行资金融通的行为。也就是说，企业借贷即法人和非法人组织之间的借贷属于民间借贷的范畴，企业借贷属于民间借贷的一类，不能与民间借贷并列为四级案由。随着我国社会经济不断发展，企业和个人财富逐步积累，民间游资逐步增多，但由于投资与理财的渠道有限，限制了闲散资金的投向，产业资本逐步向金融资本进行转化的趋势明显。而正规金融机构和资本市场贷款程序繁多，难以满足中小微企业迫切的资金需求。与此同时，充裕的民间资金及其逐利的投资欲望则受限于狭隘的投资渠道。在此背景下，作为正规金融服务合理补充的民间借贷，因其所具有的手续简便、期限方式灵活、成本低廉、担保机制隐蔽、放款迅速，以及能够及时满足资金短期需求等特点而日趋活跃。民间借贷规模不断扩大，已成为广大民众获得生产生活资金来源、投资谋取利益的重要渠道。与此相适应，借贷主体也呈现出多元化和广泛性，由最初的大多发生在基于血缘、地缘关系的同乡、同行、亲朋好友等自然人之间的民间借贷，发展到了大量担保公司、合会、典当行、投资公司、小贷公司、财务咨询公司等法人、非法人组织等参与的借贷，借款人也从生活困难或资金周转需要的个人扩展到融资经营的个体工商户、法人或非法人组织等。

104. 保证合同纠纷

【释义】

依据《民法典》第681条的规定，保证合同是指为保障债权的实现，保证人和债权人约定，当债务人不履行到期债务或者发生当事人约定的情形时，保证人履行债务或者承担责任的合同。保证人可以和债权人约定保证责任限额，没有约定的，保证人以其全部责任财产承担保证责任。法律对保证人没有特别要求，但是除经国务院批准为使用外国政府或者国际经济组织贷款进行转贷的情况，机关法人不得为保证人，以公益为目的的非营利法人、非法人组织也不得为保证人。保证合同的内容一般包括被保证的主债权的种类、数额，债务人履行债务的期限，保证的方式、范围和期间等条款。保证合同可以是单独订立的书面合同，也可以是主债权债务合同中的保证条款。保证人与债权人可以就单个主合同分别签订保证合同，也可以协议在最高债权额限度内就一定期间连续发生的借款合同或者某项商品交易合同签订一个保证合同。保证的方式有一般保证和连带责任保证，当事人对保证方式没有约定或约定不明确的，按照一般保证承担保证责任。保证的范围包括主债权及其利息、违约金、损害赔偿金和实现债权的费用。当事人另有约定的，按照其约定。债权人与保证人可以约定保证期间，但是约定的保证期间早于主债务履行期限或者与主债务履行期限同时届满的，视为没有约定；没有约定或者约定不明确的，保证期间为主债务履行期限届满之日起六个月。债权人与债务人对主债务履行期限没有约定或者约定不明确的，保证期间自债权人请求债务人履行债务的宽限期届满之日起计算。

一般保证中，保证人享有先诉抗辩权。一般保证的保证人在主合同纠纷未经审判或者仲裁，并就债务人财产依法强制执行仍不能履行债务前，有权拒绝向债权人承担保证责任，但是有下列情形之一的除外：（1）债务人下落不明，且无财产可供执行；（2）人民法院已经受理债务人破产案件；（3）债权人有证据证明债务人的财产不足以履行全部债务或者丧失履行债务能力；（4）保证人书面表示放弃本款规定的权利。连带保证人不享有先诉抗辩权。

保证合同是主债权债务合同的从合同。主债权债务合同无效的，保证合同无效，但是法律另有规定的除外。保证合同具有从属性，从属性体现在成立上的从属性、效力上的从属性、范围和强度上的从属性、抗辩上的从属性、移转上的从属性和变更、消灭上的从属性等方面。[①] 保证合同中，保证人可以主张债务人对债权人的抗辩。债务人放弃抗辩的，保证人仍有权向债权人主张抗辩。债权人和债务人未经保证人书面同意，协商变更主债权债务合同内容，减轻债务的，保证人仍对变更后的债务承担保证责任；加重债务的，保证人对加重的部分不承担保证责任。债权人和债务人变更主债权债务合同的履行期限，未经保证人书面同意的，保证期间不受影响。债权人未经保证人书面同意，允许债务人转移全部或者部分债务，保证人对未经其同意转移的债务不再承担保证责任，但是债权人和保证人另有约定的除外。

【管辖】

保证合同纠纷是因合同纠纷提起的诉讼，依据《民事诉讼法》第23条，因合同纠纷提起的诉讼，由被告住所地或者合同履行地人民法院管辖。关于被告住所地，《民事诉讼法》第21条第1款规定，对公民提起的民事诉讼，由被告住所地人民法院管辖；被告住所地与经常居住地不一致的，由经常居住地人民法院管辖。《民事诉讼法解释》第3条规定，公民的住所地是指公民的户籍所在地，法人或者其他组织的住所地是指法人或者其他组织的主要办事机构所在地。法人或者其他组织的主要办事机构所在地不能确定的，法人或者其他组织的注册地或者登记地为住所地。

关于合同履行地，《民事诉讼法解释》第18条规定，合同约定履行地点的，以约定的履行地点为合同履行地。合同对履行地点没有约定或者约定不明确，争议标的为给付货币的，接收货币一方所在地为合同履行地；交付不动产的，不动产所在地为合同履行地；其他标的，履行义务一方所在地为合同履行地。即时结清的合同，交易行为地为合同履行地。合同没有实际履行，当事人双方住所地都不在合同约定

① 最高人民法院民法典贯彻实施工作领导小组主编：《中华人民共和国民法典合同编理解与适用》，人民法院出版社2020年版，第1286页。

的履行地的，由被告住所地人民法院管辖。

【法律适用】

处理保证合同纠纷的法律依据主要是《民法典》合同编第13章，《最高人民法院关于适用〈中华人民共和国民法典〉有关担保制度的解释》等相关规定。

【确定该案由应当注意的问题】

保证合同是主合同的从合同，除法律另有规定外，以主合同的存在为前提，随主合同的消灭而消灭。当然，主合同无效，保证合同也无效，但是保证合同无效后，保证人并不当然无责，也要按照《最高人民法院关于适用〈中华人民共和国民法典〉有关担保制度的解释》等相关规定确定各方的责任。同时，保证合同仍具有一定独立性，保证合同可以约定保证债务仅担保主合同债务的一部分，可以有自己独立的变更或消灭原因，当事人还可以单就保证法律关系形成诉讼，故《民事案件案由规定》将之作为一个独立的第三级案由。在确定案由时需要注意，当事人同时就主合同和保证合同提起诉讼的，应以主合同确定案由，不再列保证合同纠纷。

105. 抵押合同纠纷

【释义】

依据《民法典》第394条的规定，抵押是指为担保债务的履行，债务人或者第三人不转移财产的占有，将该财产抵押给债权人的，债务人不履行到期债务或者发生当事人约定的实现抵押权的情形，债权人有权就该财产优先受偿。而抵押合同就是抵押人与抵押权人订立的关于设定抵押权的合同。债务人或者第三人有权处分的下列财产可以抵押：建筑物和其他土地附着物，建设用地使用权，海域使用权，生产设备、原材料、半成品、产品，正在建造的建筑物、船舶、航空器，交通运输工具，法律、行政法规未禁止抵押的其他财产。抵押人可以将前款所列财产一并抵押。企业、个体工商户、农业生产经营者可以将现有的以及将有的生产设备、原材料、半成品、产品抵押。但是，下列财产不得抵押：土地所有权，宅基地、自留地、自留山等集体所有土地的使用权，但是法律规定可以抵押的除外，学校、幼儿园、医疗机构等为公益目的成立的非营利法人的教育设施、医疗卫生设施和其他公益设施，所有权、使用权不明或者有争议的财产，依法被查封、扣押、监管的财产，法律、行政法规规定不得抵押的其他财产。抵押合同应当以书面形式订立，合同内容主要包括：被担保债权的种类和数额，债务人履行债务的期限，抵押财产的名称、数量等情况，担保的范围。

抵押合同的必要条款可以分为三大类，第一类是被担保的主债权条款，第二类是抵押财产条款，第三类是担保范围条款。被担保的债权情况是抵押合同的重要内容，包括被担保债权的种类、数额、债务人履行债务的期限等。被担保债权的种类、数额关系到抵押合同的担保范围，需要在抵押合同中明确。债务人履行债务的期限关系到抵押人抵押责任的起算时间，甚至会影响到抵押人是否承担抵押责任，故也需要在抵押合同中明确。为避免被抵押债权出现不明确、不清晰的情况，当事人还可以在抵押合同约定担保债权的种类、数额、债务人履行债务的期限等之外的其他情况。抵押财产条款中的抵押财产是保障主债权到期得以实现的担保，是抵押合同重点需要载明的内容。抵押财产应当是明确的，否则抵押合同不成立。本条规定的抵押财产明确标准是抵押财产的名称、数量等情况，这个标准是就抵押财产整体而言的，根据《民法典》第395条之规定，不同抵押权明确的标准是不一样的，例如，以建设用地使用权抵押的，抵押财产的“名称、数量等情况”需要具体化为建设用地使用权产权编号、建设用地使用权面积和四至范围等内容。关于担保范围条款，根据《民法典》第389条的规定，担保物权的担保范围包括主债权及其利息、违约金、损害赔偿金、保管担保财产和实现担保物权的费用，当事人另有约定的，按照其约定。法律允许的担保范围不仅基本囊括了主债权的全部内容，还包括了与担保物权相关的费用，具体范围可由当事人在抵押合同中进行约定。如果当事人不约定，担保范围将包括主债权及其利息、违约金、损害赔偿金、保管担保财产和实现担保物权的费用。

此外，当事人在抵押合同中约定，抵押权人在债务履行期限届满前，与抵押人约定债务人不履行到期债务时抵押财产归债权人所有的（即“流押”条款），只能依法就抵押财产优先受偿。抵押期间，抵押人可以转让抵押财产。当事人另有约定的，按照其约定。

【管辖】

抵押合同纠纷是因合同纠纷提起的诉讼，依据《民事诉讼法》第23条，因合同纠纷提起的诉讼，由被告住所地或者合同履行地人民法院管辖。关于被告住所地，《民事诉讼法》第21条第1款规定，对公民提起的民事诉讼，由被告住所地人民法院管辖；被告住所地与经常居住地不一致的，由经常居住地人民法院管辖。《民事诉讼法解释》第3条规定，公民的住所地是指公民的户籍所在地，法人或者其他组织的住所地是指法人或者其他组织的主要办事机构所在地。法人或者其他组织的主要办事机构所在地不能确定的，法人或者其他组织的注册地或者登记地为住所地。

关于合同履行地，《民事诉讼法解释》第18条规定，合同约定履行地点的，以约定的履行地点为合同履行地。合同对履行地点没有约定或者约定不明确，争议标的为给付货币的，接收货币一方所在地为合同履行地；交付不动产的，不动产所在地为合同履行地；其他标的，履行义务一方所在地为合同履行地。即时结清的合同，交易行为地为合同履行地。合同没有实际履行，当事人双方住所地都不在合同约定的履行地的，由被告住所地人民法院管辖。

【法律适用】

处理抵押合同纠纷的法律依据主要是《民法典》物权编第16章、第17章，《最高人民法院关于适用〈中华人民共和国民法典〉有关担保制度的解释》等。

【确定该案由应当注意的问题】

与保证合同一样，抵押合同也是主合同的从合同，以主合同的存在为前提，随主合同的消灭而消灭，抵押合同也具有一定独立性，当事人可以单就抵押合同形成诉讼，故《民事案件案由规定》也将之作为一个独立的第三级案由。在确定案由时需要注意，当事人同时就主合同和抵押合同提起诉讼的，应以主合同确定案由，不再列抵押合同纠纷。另，关于抵押合同的性质，主流观点采债权行为说，抵押合同只是设立抵押权的合同，合同成立并不必然导致抵押权产生，抵押权的产生还得依赖公示登记。因此，确定案由时还需注意抵押合同纠纷与抵押权纠纷的区别，抵押权纠纷是物权纠纷，抵押合同纠纷是债权纠纷，两者不能混同。

106. 质押合同纠纷

【释义】

根据《民法典》第425条的规定，质押是为担保债务的履行，债务人或者第三人将其动产出质给债权人占有的，债务人不履行到期债务或者发生当事人约定的实现质权的情形，债权人有权就该动产优先受偿。质押合同是指出质人与质权人订立的关于设定质押的合同。质押包括动产质押和权利质押，所谓动产质押是指债务人或第三人将其动产出质给债权人占有，债务人不履行到期债务或发生当事人约定的实现质权的情形，债权人有权就该动产优先受偿；权利质押则是以出质人提供的财产权利为标的而设定的质权，可以出质的权利有汇票、本票、支票，债券、存款单，仓单、提单，可以转让的基金份额、股权，可以转让的注册商标专用权、专利权、著作权等知识产权中的财产权，现有的以及将有的应收账款，法律、行政法规规定可以出质的其他财产权利等。质押合同内容主要包括被担保债权的种类和数额，债务人履行债务的期限，质押财产的名称、数量等情况，担保的范围，质押财产交付的时间、方式等。

与抵押合同类似，质押合同的主要条款也可以分为三大类，第一类是被担保的主债权条款，第二类是质押财产条款，第三类是担保范围条款。质权合同中，质权人和出质人约定质权人在债务履行期限届满前，与出质人约定债务人不履行到期债务时质押财产归债权人所有的（即流质条款），只能依法就质押财产优先受偿。

【管辖】

质押合同纠纷是因合同纠纷提起的诉讼，依据《民事诉讼法》第23条，因合同纠纷提起的诉讼，由被告住所地或者合同履行地人民法院管辖。关于被告住所地，《民事诉讼法》第21条第1款规定，对公民提起的民事诉讼，由被告住所地人民法院管辖；被告住所地与经常居住地不一致的，由经常居住地人民法院管辖。《民事诉讼法解释》第3条规定，公民的住所地是指公民的户籍所在地，法人或者其他组织的住所地是指法人或者其他组织的主要办事机构所在地。法人或者其他组织的主要办事机构所在地不能确定的，法人或者其他组织的注册地或者登记地为住所地。

关于合同履行地，《民事诉讼法解释》第18条规定，合同约定履行地点的，以约定的履行地点为合同履行地。合同对履行地点没有约定或者约定不明确，争议标的为给付货币的，接收货币一方所在地为合同履行地；交付不动产的，不动产所在地为合同履行地；其他标的，履行义务一方所在地为合同履行地。即时结清的合同，交易行为地为合同履行地。合同没有实际履行，当事人双方住所地都不在合同约定的履行地的，由被告住所地人民法院管辖。

【法律适用】

处理质押合同纠纷的法律依据主要是《民法典》物权编第16章、第18章，《最高人民法院关于适用〈中华人民共和国民法典〉有关担保制度的解释》等相关规定。

【确定该案由应当注意的问题】

与保证合同、抵押合同一样，质押合同也是主合同的从合同，以主合同的存在为前提，随主合同的消灭而消灭，质押合同也具有一定独立性，当事人可以单就质押合同形成诉讼，故《民事案件案由规定》也将之作为一个独立的第三级案由。在确定案由时需要注意，只有当事人单独就质押合同提起诉讼的，才将纠纷确定为本案由。应当特别注意的是，质押合同生效要件与质权不同，质押合同的生效要件与一般合同的生效要件相同，质权自权利凭证交付质权人时或办理出质登记时设立，法律另有规定的，依照其规定。因此，确定案由时还需注意质押合同纠纷与质权纠纷的区别，质权纠纷是物权纠纷，质押合同纠纷是债权纠纷，两者不能混同。

107. 定金合同纠纷

【释义】

《民法典》第586条规定，当事人可以约定一方向对方给付定金作为债权的担保。定金合同为要物合同，定金合同自实际交付定金时成立。定金的数额由当事人约定；但是，不得超过主合同标的额的百分之二十，超过部分不产生定金的效力。实际交付的定金数额多于或者少于约定数额的，视为变更约定的定金数额。债务人履行债务的，定金应当抵作价款或者收回。

《民法典》未明确区分定金的类型，主要从违约定金的角度作了简要规定，《最高人民法院关于适用〈中华人民共和国民法典〉有关担保制度的解释》也未对定金作出规定。通常将定金分为以下五种类型：第一类是成约定金。成约定金以交付定金作为合同成立要件，自交付定金时起认定合同成立。对于成约定金，已经废止的《最高人民法院关于适用〈中华人民共和国担保法〉若干问题的解释》第116条规定："当事人约定以交付定金作为主合同成立或者生效要件的，给付定金的一方未支付定金，但主合同已经履行或者已经履行主要部分的，不影响主合同的成立或者生效。"第二类是证约定金。证约定金不是合同的成立要件，仅以证明合同成立为目的。一般而言，定金的交付一般都标志着合同的存在，故具有证明合同成立的作用。第三类是违约定金。违约定金是以定金担保合同的履行，给付定金的一方不履行债务，无权请求返还定金，接受定金的一方当事人若不履行债务，则需双倍返还定金。第四类是立约定金。立约定金指为担保正式缔约而交付的定金，交付定金的当事人若拒绝立约，则丧失定金，接受定金的当事人若拒绝立约，则应双倍返还定金。第五类是解约定金。解约定金交付后，交付定金的一方可以丧失定金为代价而解除合同，收受定金的一方可以双倍返还定金为代价而解除合同。已经废止的《最高人民法院关于适用〈中华人民共和国担保法〉若干问题的解释》第117条规定，定金交付后，交付定金的一方可以按照合同的约定以丧失定金为代价而解除合同，收受定金的一方可以双倍返还定金为代价而解除合同。

定金合同纠纷中要注意定金罚则的适用条件。给付定金的一方不履行债务或者履行债务不符合约定，致使不能实现合同目的的，无权请求返还定金；收受定金的一方不履行债务或者履行债务不符合约定，致使不能实现合同目的的，应当双倍返还定金。① 定金制度是一项有悠久历史传统的民事法律制度，定金的基本功能是担保，而这种担保功能是通过惩罚性规则，即定金罚则实现的，给付定金的一方或者收受定金的一方构成根本违约的，适用定金罚则。

【管辖】

定金合同纠纷是因合同纠纷提起的诉讼，依据《民事诉讼法》第23条，因合同纠纷提起的诉讼，由被告住所地或者合同履行地人民法院管辖。关于被告住所地，《民事诉讼法》第21条第1款规定，对公民提起的民事诉讼，由被告住所地人民法院管辖；被告住所地与经常居住地不一致的，由经常居住地人民法院管辖。《民事诉讼法解释》第3条规定，公民的住所地是指公民的户籍所在地，法人或者其他组织的住所地是指法人或者其他组织的主要办事机构所在地。法人或者其他组织的主要办事机构所在地不能确定的，法人或者其他组织的注册地或者登记地为住所地。

关于合同履行地，《民事诉讼法解释》第18条规定，合同约定履行地点的，以约定的履行地点为合同履行地。合同对履行地点没有约定或者约定不明确，争议标的为给付货币的，接收货币一方所在地为

---

① 张忠野：《论私法自治下定金罚则的有限适用》，载《政治与法律》2012年第9期。

合同履行地；交付不动产的，不动产所在地为合同履行地；其他标的，履行义务一方所在地为合同履行地。即时结清的合同，交易行为地为合同履行地。合同没有实际履行，当事人双方住所地都不在合同约定的履行地的，由被告住所地人民法院管辖。

【法律适用】

处理定金合同纠纷的法律依据主要是《民法典》合同编第8章中的第586条至第588条的规定。

【确定该案由应当注意的问题】

定金合同也具有一定独立性，当事人可以单就定金合同形成诉讼，故《民事案件案由规定》也将之作为一个独立的第三级案由。在确定案由时需要注意，只有当事人单独就定金合同提起诉讼的，才将纠纷确定为本案由。当事人在合同中约定留置金、担保金、保证金、订约金、押金或订金等，但没有约定定金性质的，不能依据定金处理。如前所述，定金种类很多，《民法典》第586条并未区分定金的性质，已经废止的《最高人民法院关于适用〈中华人民共和国担保法〉若干问题的解释》明确了立约定金、成约定金、证约定金和解约定金，实践中，要对定金性质认真分析，以准确适用法律规定。在确定案由时还需要注意，商品房预约合同纠纷的主要争议实质是立约定金纠纷，但因相关纠纷的案由已有了特别规定，就不能适用本案由。

108. 进出口押汇纠纷

【释义】

进出口押汇是与信用证业务相关联的银行与进出口商之间的一种

短期融资，是对进口押汇和出口押汇的简称。关于进口押汇、出口押汇，是银行实务中的一种做法，目前还没有明确的法律规定，也没有统一的定义。银行在与进口商之间办理进口押汇以及在与出口商之间办理出口押汇的过程中形成的纠纷就是进出口押汇纠纷。

【管辖】

进出口押汇是银行与进出口商之间形成的一种合同关系，依据《民事诉讼法》第 23 条，因合同纠纷提起的诉讼，由被告住所地或者合同履行地人民法院管辖。关于被告住所地，《民事诉讼法》第 21 条第 1 款规定，对公民提起的民事诉讼，由被告住所地人民法院管辖；被告住所地与经常居住地不一致的，由经常居住地人民法院管辖。《民事诉讼法解释》第 3 条规定，公民的住所地是指公民的户籍所在地，法人或者其他组织的住所地是指法人或者其他组织的主要办事机构所在地。法人或者其他组织的主要办事机构所在地不能确定的，法人或者其他组织的注册地或者登记地为住所地。

关于合同履行地，《民事诉讼法解释》第 18 条规定，合同约定履行地点的，以约定的履行地点为合同履行地。合同对履行地点没有约定或者约定不明确，争议标的为给付货币的，接收货币一方所在地为合同履行地；交付不动产的，不动产所在地为合同履行地；其他标的，履行义务一方所在地为合同履行地。即时结清的合同，交易行为地为合同履行地。合同没有实际履行，当事人双方住所地都不在合同约定的履行地的，由被告住所地人民法院管辖。

【法律适用】

目前我国没有关于进出口押汇的专门法律规范，处理进出口押汇纠纷的法律依据主要是《民法典》物权编、合同编的相关规定。

【确定该案由应当注意的问题】

该案由系第三级案由。实践中，我国银行在开展进口押汇业务时并没有统一的做法，各自的要求不尽相同。一般认为，进口押汇是开证行给予开证申请人（进口商）的一项短期融资。通常操作是在开证行对外开立信用证后，在受益人提交的信用证项下的单据与信用证的要求相符的情况下，开证行对外付款，由于开证申请人资金短缺或周转困难，无力付款赎单，遂向开证行申请叙作进口押汇，开证行同意后，把信用证项下的单据交给开证申请人处理，开证申请人在规定的期限内向开证行偿还贷款本金及利息。有些银行在开展进口押汇业务时，通常是与信托收据（Trust Receipt，T/R）配套操作的，通常还需要开证申请人提供一定的担保。

出口押汇则是受益人（出口商）在获得开证行付款之前从银行获得的一项短期融资，是在受益人仍对单据拥有所有权的情况下，在信用证规定的付款到期日之前，出于借贷融资的需要以其单据质押，从押汇行取得垫付货款的行为。一般操作是在信用证交易中，信用证受益人按信用证规定装运货物、备好单据，在信用证规定的付款期限到来或实际得到支付之前，以全套单据作质押，从银行提前取得货款的贷款行为，该贷款一般是扣除贷款日到应付货款日期间的较议付还高的利息后的净余额。该款项不是押汇行实际支付的单据的对价，而是借贷关系下的短期融资。

进出口押汇是借贷与担保形成的债的法律关系，司法实践中应当予以注意。

109. 储蓄存款合同纠纷

【释义】

《民法典》合同编对储蓄存款合同没有明确规定，因此，储蓄存款合同属于无名合同。根据国务院 2011 年修订的《储蓄管理条例》第 3 条的规定，储蓄是指个人将属于其所有的人民币或者外币存入储蓄机构，储蓄机构开具存折或者存单作为凭证，个人凭存折或者存单可以支取存款本金和利息，储蓄机构依照规定支付存款本金和利息的活动。根据中国人民银行《关于执行〈储蓄管理条例〉的若干规定》第 1 条的规定，储蓄存款是指个人所有的存入在中国境内储蓄机构的人民币或外币存款。

关于存款合同的定义，存在争议。有观点认为，存款合同是存款人与储蓄机构之间订立的客户将资金存入储蓄机构，储蓄机构开具存单或存折给存款人，存入资金由储蓄机构支配，存款人按约定到储蓄机构支取本息，储蓄机构有义务按照约定无条件支付本息给存款人的协议，意在表明存款合同等同于储蓄合同。还有观点认为，存款合同是存款人将金钱、外币或者票据存入金融机构，存款人与金融机构之间形成的债权债务关系的协议，意在表明存款合同包含储蓄合同，储蓄合同是存款合同的一种。这种包含关系的主要原因在于存款主体的区别：存款合同的主体既包括个人，也包括法人和非法人组织，储蓄合同的主体仅包括个人。本案由所指的“储蓄存款合同”，既包括储蓄合同，也包括存款合同，主体既包括自然人，也包括法人和非法人组织。

【管辖】

1997 年的《最高人民法院关于审理存单纠纷案件的若干规定》

（法释〔1997〕8号）第4条规定，存单纠纷案件由被告住所地人民法院或出具存单、进账单、对账单或与当事人签订存款合同的金融机构住所地人民法院管辖。实践中，存单纠纷按照该司法解释确定管辖法院。2015年《民事诉讼法解释》对“合同履行地”的确定规则作了重大调整，在第18条第2款规定，合同对履行地点没有约定或者约定不明确，争议标的为给付货币的，接收货币一方所在地为合同履行地；交付不动产的，不动产所在地为合同履行地；其他标的，履行义务一方所在地为合同履行地。即时结清的合同，交易行为地为合同履行地。此后，对于存单纠纷的管辖实践中出现争议，有观点认为，仍应按照《最高人民法院关于审理存单纠纷案件的若干规定》（法释〔1997〕8号）第4条的规定确定管辖法院；有观点认为，应按照《民事诉讼法解释》第18条第2款，原告（存单持有人）作为接收货币一方，其所在地法院有管辖权；当金融机构作为原告时，被告（存单持有人）和金融机构住所地法院都有管辖权。《民法典》施行前，最高人民法院对相关司法解释进行了全面清理，在《最高人民法院关于审理存单纠纷案件的若干规定》（2020年修正）中保留了法释〔1997〕8号第4条的规定，故该解释对存单纠纷的管辖参照了《民事诉讼法解释》第19条至第21条规定的财产租赁等几类特殊合同，例外规定了合同履行地。《最高人民法院关于审理存单纠纷案件的若干规定》（2020年修正）实行后，存单纠纷案件由被告住所地人民法院或出具存单、进账单、对账单或与当事人签订存款合同的金融机构住所地人民法院管辖。

【法律适用】

目前尚无专门调整储蓄存款合同的法律，处理储蓄存款合同纠纷的法律依据散见于《民法典》合同编相关规定，《商业银行法》第1章和第3章、《储蓄管理条例》《最高人民法院关于审理存单纠纷案件的若干规定》等相关规定。

【确定该案由应当注意的问题】

在实务中，储蓄存款合同一般表现为存折、存单或其他储蓄存款凭证。但是，储蓄存款凭证仅仅是储蓄存款合同关系的证明，而不是储蓄存款合同关系本身。实践中常将《最高人民法院关于审理存单纠纷案件的若干规定》作为审理储蓄存款合同纠纷的法律依据。从广义上讲，储蓄存款合同纠纷包含了存单纠纷，存单纠纷涵盖了以存单、进账单、对账单、存款合同为主要证据起诉的纠纷，广义的储蓄存款合同纠纷却不仅限于此，还包括以借记卡、信用卡等银行卡为主要证据起诉的纠纷。鉴于本案由规定将银行卡纠纷单列为第三级案由，这里的“储蓄存款合同纠纷”仅指不包括银行卡纠纷在内的狭义储蓄存款合同纠纷，而不将“存单纠纷”单列为一项案由。

110. 银行卡纠纷

（1）借记卡纠纷

（2）信用卡纠纷

【释义】

根据中国人民银行1999年颁布的《银行卡业务管理办法》第2条第1款的规定，银行卡是指由商业银行（含邮政金融机构）向社会发行的具有消费信用、转账结算、存取现金等全部或部分功能的信用支付工具。根据《银行卡业务管理办法》第5条第1款的规定，银行卡包括信用卡和借记卡。信用卡与借记卡的主要区别在于，借记卡不具备透支功能，需要持卡人先存款、后消费；信用卡具备透支功能，持卡人可在发卡行规定的信用额度内先消费、后还款。根据《最高人民法院关于审理银行卡民事纠纷案件若干问题的规定》第1条规定，持卡人与发卡行、非银行支付机构、收单行、特约商户等当事人之间因订立银行卡合同、使用银行卡等产生的民事纠纷，适用本规定。本规定所称银行卡民事纠纷，包括借记卡纠纷和信用卡纠纷。

实践中，银行卡纠纷案件主要类型为信用卡透支纠纷案件和银行卡盗刷纠纷案件，其中，信用卡透支纠纷是指发卡银行要求持卡人偿还信用卡欠款本金、利息及费用的信用卡合同纠纷；银行卡盗刷纠纷包括伪卡盗刷交易和网络盗刷交易，是指他人使用伪造的银行卡刷卡进行取现、消费、转账等，导致持卡人账户发生非基于本人意思的资金减少或者透支数额增加的行为以及他人盗取并使用持卡人银行卡网络交易身份识别信息和交易验证信息进行网络交易，导致持卡人账户发生非因本人意思的资金减少或者透支数额增加的行为。

上述纠纷中，网络盗刷交易纠纷为审理的难点。人民法院应当全面审查当事人提交的证据，结合持卡人是否进行了基础交易、交易时间和报警时间、持卡人用卡习惯、银行卡被盗刷的次数及频率、交易系统、技术和设备是否具有安全性等事实，综合判断是否存在网络盗刷交易。在网络盗刷交易案件中，银行保障用卡安全的义务主要包括：网上支付业务处理系统、网络通信系统以及容纳上述系统的专用物理场所、设备的安全性，银行工作人员在办理网上支付业务中应尽到审慎审核义务，银行对开通相关业务及业务风险的存在和防范应尽到提示和告知义务。银行存在下列行为之一的，一般可以认定银行未尽到保障用卡安全的义务：（1）银行卡、银行卡使用场所、设备、软件存在安全隐患，不能有效防范犯罪嫌疑人盗取银行卡信息、密码行为的；（2）在未经持卡人同意的情况下为持卡人办理网络支付、转账等相关业务，或虽征得持卡人同意但未告知所开通业务的具体功能、交易方式、风险和风险防范措施的；（2）对开通网络支付、转账等相关业务的，未按照约定对支付、转账金额进行单日累计及单笔金额进行限制的，或未按照约定时间到账的；（3）发卡行或者收单机构未经持卡人授权而将持卡人与银行卡交易相关信息提供给第三人的；（4）发卡行未审核身份证原件即给持卡人办理密码变更手续，致使第三人进行盗刷交易的；（5）持卡人开通了账户余额变动即时提醒业务，交易发生时银行未通过发送短信等方式提醒或不合理地迟延提醒的；（6）信用卡在线申请业务没有履行亲签亲访制度，致使他人冒名在线申请信用卡的；（7）第三方支付账号首笔交易或第三方支付账号关联、绑定银行卡时，银行未能正确识别持卡人身份并取得持卡人授权的；（8）银行未及时清理本银行网站上的钓鱼链接、恶意插件和广告弹框等，持卡人点击后发生盗刷的；（9）在纠纷发生当时的技术水平下，没有采用合理的技术保障措施保障网上支付安全的；（10）其他未尽保障用卡安全义务的情形。

【管辖】

有观点认为，银行卡纠纷既可能属于合同纠纷也可能属于侵权纠纷，合同纠纷根据《民事诉讼法》第 23 条的规定，由被告住所地或合同履行地人民法院管辖；侵权纠纷根据《民事诉讼法》第 28 条的规定，由侵权行为地或被告住所地人民法院管辖。

但是，根据《最高人民法院关于审理银行卡民事纠纷案件若干问题的规定》第 1 条的规定，银行卡纠纷属于合同纠纷，依据《民事诉讼法》第 23 条，因合同纠纷提起的诉讼，由被告住所地或者合同履行地人民法院管辖。关于被告住所地，《民事诉讼法》第 21 条第 1 款规定，对公民提起的民事诉讼，由被告住所地人民法院管辖；被告住所地与经常居住地不一致的，由经常居住地人民法院管辖。《民事诉讼法解释》第 3 条规定，公民的住所地是指公民的户籍所在地，法人或者其他组织的住所地是指法人或者其他组织的主要办事机构所在地。法人或者其他组织的主要办事机构所在地不能确定的，法人或者其他组织的注册地或者登记地为住所地。

关于合同履行地，《民事诉讼法解释》第 18 条规定，合同约定履行地点的，以约定的履行地点为合同履行地。合同对履行地点没有约定或者约定不明确，争议标的为给付货币的，接收货币一方所在地为合同履行地；交付不动产的，不动产所在地为合同履行地；其他标的，履行义务一方所在地为合同履行地。即时结清的合同，交易行为地为合同履行地。合同没有实际履行，当事人双方住所地都不在合同约定的履行地的，由被告住所地人民法院管辖。

【法律适用】

处理银行卡纠纷的法律依据主要是《民法典》合同编相关规定、《商业银行法》《最高人民法院关于审理银行卡民事纠纷案件若干问题的规定》及《银行卡业务管理办法》等部门规章。

【确定该案由应当注意的问题】

在2008年《民事案件案由规定》中，该条案由为“信用卡纠纷”，借记卡纠纷则划归在储蓄存款合同纠纷之下。《最高人民法院关于修改〈民事案件案由规定〉的决定》（法〔2011〕41号）将由借记卡引发的纠纷从储蓄存款合同纠纷中单列出来，与信用卡纠纷共同构成银行卡纠纷项下的第四级案由，本次修正保留了《最高人民法院关于修改〈民事案件案由规定〉的决定》（法〔2011〕41号）的做法。

银行卡纠纷中，相关主体包括持卡人、发卡行、非银行支付机构、特约商户等，一般认为，关于它们之间的法律关系为：（1）发卡行和持卡人之间：若所持为借记卡，构成储蓄存款合同关系；若所持为信用卡，当持卡人在信用卡账户中存有溢缴款，足以支付取现金额或者消费金额时，双方法律关系性质与借记卡无异；当持卡人的信用卡账户不足以支付取现金额或消费金额时，双方就该不足以支付的款项部分所发生的法律关系则实为金融借款合同关系。而在银行卡消费交易活动中，持卡人刷卡消费的行为，是发卡行接受持卡人的委托，为持卡人提供代理结算付款服务，因此，双方又构成委托代理关系。（2）持卡人和特约商户之间：构成买卖、服务等合同关系。（3）持卡人和非银行金融机构之间一般为金融服务关系。

111. 租赁合同纠纷

（1）土地租赁合同纠纷
（2）房屋租赁合同纠纷
（3）车辆租赁合同纠纷
（4）建筑设备租赁合同纠纷

【释义】

根据《民法典》第703条的规定，租赁合同是出租人将租赁物交付承租人使用、收益，承租人支付租金的合同。在租赁关系中，出租人最主要的义务是按照合同约定将租赁物交付承租人并在租赁期间保持租赁物符合约定的用途；承租人最主要的义务是按照约定交付租金并按照约定的方法或租赁物的性质使用租赁物。租赁合同的内容一般包括租赁物的名称、数量、用途、租赁期限、租金及其支付期限和方式、租赁物维修等条款。租赁合同中，租赁物在承租人按照租赁合同占有期限内发生所有权变动的，不影响租赁合同的效力。

土地租赁合同是指国家将国有土地出租给使用者使用，由使用者支付租金的合同。出租方为国家，代表国家行使出租权的是县级以上人民政府土地管理部门，租赁合同有一定期限，最长不超过法律、法规规定的同类用途土地出让最高年限。国有土地租赁是国有土地出让方式的一种补充。国有土地租赁，可以采用招标、拍卖或者双方协议的方式，有条件的，必须采取招标、拍卖方式。采用双方协议方式出租国有土地的租金，不得低于出租底价和按国家规定的最低地价折算的最低租金标准，协议出租结果要报上级土地行政主管部门备案，并向社会公开披露，接受上级土地行政主管部门和社会监督。它与土地使用权租赁不同，按照《城镇国有土地使用权出让和转让暂行条例》

的规定，土地使用权租赁是指土地使用者作为出租人将土地使用权随同地上建筑物、其他附着物租赁给承租人使用，由承租人向出租人交付租金的行为。土地使用权租赁也应当签订合同。

房屋租赁合同是指房屋出租人将房屋提供给承租人使用，承租人定期给付约定租金，并于合同终止时将房屋完好地归还出租人的合同。房屋租赁主要包括居住用房的租赁和经营用房的租赁。房屋租赁中，出租人出卖租赁房屋的，应当在出卖之前的合理期限内通知承租人，承租人享有以同等条件优先购买的权利；但是，房屋按份共有人行使优先购买权或者出租人将房屋出卖给近亲属的除外。

车辆租赁合同是指车辆出租人将车辆提供给承租人使用、收益，承租人定期给付约定租金，并于合同终止时将车辆完好地归还出租人的合同。

建筑设备租赁合同是指建筑设备出租人将建筑设备提供给承租人使用、收益，承租人定期给付约定租金，并于合同终止时将设备完好地归还出租人的合同。

【管辖】

根据租赁合同标的物的不同，租赁合同的管辖有两种情形：一是租赁标的物是房屋等不动产，《民事诉讼法》第 33 条规定，因不动产纠纷提起的诉讼，由不动产所在地人民法院管辖；《民事诉讼法解释》第 28 条第 1、2 款以及《民事诉讼法》第 33 条第 1 项规定的不动产纠纷是指因不动产的权利确认、分割、相邻关系等引起的物权纠纷。农村土地承包经营合同纠纷、房屋租赁合同纠纷、建设工程施工合同纠纷、政策性房屋买卖合同纠纷，按照不动产纠纷确定管辖。故此时适用不动产专属管辖。二是租赁物为车辆等动产的，适用合同纠纷的管辖规定，由被告住所地或者合同履行地法院管辖。关于被告住所地，《民事诉讼法》第 21 条第 1 款规定，对公民提起的民事诉讼，由被告住所地人民法院管辖；被告住所地与经常居住地不一致的，由经常居住地人民法院管辖。《民事诉讼法解释》第 3 条规定，公民的住所地是指公民的户籍所在地，法人或者其他组织的住所地是指法人或者其他组织的主要办事机构所在地。法人或者其他组织的主要办事机构所在地不能确定的，法人或者其他组织的注册地或者登记地为住所地。关于合同履行地，《民事诉讼法解释》第 18 条规定，合同约定履行地点的，以约定的履行地点为合同履行地。合同对履行地点没有约定或者约定不明确，争议标的为给付货币的，接收货币一方所在地为合同履行地；交付不动产的，不动产所在地为合同履行地；其他标的，履行义务一方所在地为合同履行地。即时结清的合同，交易行为地为合同履行地。合同没有实际履行，当事人双方住所地都不在合同约定的履行地的，由被告住所地人民法院管辖。

【法律适用】

处理租赁合同纠纷的法律依据主要是《民法典》合同编第 14 章、《城市房地产管理法》第 4 章第 4 节、《城镇国有土地使用权出让和转让暂行条例》第 4 章、《最高人民法院关于审理城镇房屋租赁合同纠纷案件具体应用法律若干问题的解释》的相关规定。

【确定该案由应当注意的问题】

租赁合同具有下列法律特征：(1) 租赁合同是转移财产使用权的合同。在租赁有效期内，承租人可以对租赁物占有、使用、收益，但不能任意处分租赁物。当租赁期满，承租人要将租赁物返还出租人。(2) 租赁合同的标的物是有体物、非消耗物。故租赁合同不适用企业租赁经营等。(3) 租赁合同是双务合同、有偿合同、诺成合同和不要式合同。(4) 租赁合同具有临时性。承租人不能永远使用租赁物，租赁本身有一定期限。《民法典》规定：租赁期限最长不能超过 20 年。

需要注意的是，当事人依照国家福利政策租赁公有住房、廉租住房、经济适用住房产生的纠纷案件，不适用《民法典》合同编“租赁合同”一章的规定。依据原建设部发布的《城市公有住房管理规定》及原建设部等部门联合发布的《廉租住房保障办法》《经济适用住房管理办法》的规定，公有住房、廉租住房、经济适用住房具有政府福利性与保障性，通常由政府投资或者给予补贴，承租人必须具备特定的条件（例如，廉租住房只出租给城市低收入住房困难家庭），不是所有的民事主体都可以成为承租人。因此，依照国家福利政策订立的租赁合同，出租人与承租人之间不属于平等的民事法律关系，不适用“租赁合同”一章的规定。①

112. 融资租赁合同纠纷

【释义】

根据《民法典》第735条的规定，融资租赁合同是出租人根据承租人对出卖人、租赁物的选择，向出卖人购买租赁物，提供给承租人使用，承租人支付租金的合同。融资租赁合同为有名合同，合同的内容一般包括租赁物的名称、数量、规格、技术性能、检验方法，租赁期限，租金构成及其支付期限和方式、币种，租赁期限届满租赁物的归属等条款，融资租赁合同应当采用书面形式。

融资租赁合同具有以下特征：②（1）出租人根据承租人对出卖人、租赁物的选择购买租赁物。融资租赁合同涉及出租人、承租人和出卖人三方主体，这是融资租赁合同区别于租赁合同的主要特点。租赁合同的出租人是以自己现有的租赁物出租，或者是依自己的意愿购买租

① 最高人民法院民法典贯彻实施工作领导小组主编：《中华人民共和国民法典合同编理解与适用》，人民法院出版社2020年版，第1419～1420页。

② 最高人民法院民事审判第二庭编著：《最高人民法院关于融资租赁合同司法解释理解与适用》，人民法院出版社2016年版，第37页。

赁物用于出租，而融资租赁合同是出租人根据承租人的要求，先购买后出租，为租而买，取得所有权并不是出租人的目的。（2）承租人以支付租金的方式，取得对租赁物的占有和使用。关于租金的构成，从性质上来看，租金不仅是租赁物占用、使用的对价，而且是租赁物购买价款分期负担的对价；从金额上看，租金的价值不仅包括了租赁物的购买价格，还包括了购买价款的利息以及出租人的合理利润。（3）租赁期间，出租人对租赁物享有所有权，但租赁期间出租人的所有权仅具担保功能，系出租人收取租赁物的物权保障，租赁物的占有、使用功能均为承租人所享有，出租人不得任意收回或者转让租赁物。（4）租赁期满，承租人和出租人可以根据融资租赁合同的约定，由出租人收回租赁物、租赁物所有权自动转移给承租人或者由承租人以支付一定价款留购租赁物。

与其他有名合同相比，融资租赁合同的特殊性在于，虽然签署融资租赁合同的当事人是出租人和承租人，但融资租赁合同通常涉及"三方当事人"和"两个合同"：三方当事人为出租人、承租人和出卖人三方主体，两个合同分别为出租人与承租人之间的融资租赁合同、出租人和出卖人之间的买卖合同。三者之间的权利义务关系体现为：出租人根据承租人对出卖人、租赁物的选择订立的买卖合同，出卖人应当按照约定向承租人交付标的物，承租人享有与受领标的物有关的买受人的权利。出卖人违反向承租人交付标的物的义务，标的物严重不符合约定或者未按照约定交付标的物，经承租人或者出租人催告后在合理期限内仍未交付的，承租人可以拒绝受领出卖人向其交付的标的物；三方约定，出卖人不履行买卖合同义务的，由承租人行使索赔的权利。承租人行使索赔权利的，出租人应当协助。承租人对出卖人行使索赔权利，不影响其履行支付租金的义务。但是，承租人依赖出租人的技能确定租赁物或者出租人干预选择租赁物的，承租人可以请求减免相应租金。

20世纪50年代，融资租赁交易在美国发端，由于兼具融资与融物的特征，并有物权和债权的双重保障，很快成为商业实践青睐的交易方式，并逐渐演化出售后回租、转租赁、委托租赁、杠杆租赁等多种模式，现已成长为重要的融资方式之一。实践中，融资租赁合同纠纷以索要租金、违约金、逾期利息等费用的案件为主，体现其较强的金融属性。与此同时，承租人要求确认租赁物所有权、租赁物占有妨碍排除、损害赔偿等类型案件也逐渐多发，其中部分案件还嵌套着融资租赁公司和出卖人的委托代理关系、担保关系和回购关系等，法律关系较为复杂。

【管辖】

融资租赁合同纠纷是因合同纠纷提起的诉讼，依据《民事诉讼法》第23条，因合同纠纷提起的诉讼，由被告住所地或者合同履行地人民法院管辖。关于被告住所地，《民事诉讼法》第21条第1款规定，对公民提起的民事诉讼，由被告住所地人民法院管辖；被告住所地与经常居住地不一致的，由经常居住地人民法院管辖。《民事诉讼法解释》第3条规定，公民的住所地是指公民的户籍所在地，法人或者其他组织的住所地是指法人或者其他组织的主要办事机构所在地。法人或者其他组织的主要办事机构所在地不能确定的，法人或者其他组织的注册地或者登记地为住所地。

关于合同履行地，《民事诉讼法解释》第18条规定，合同约定履行地点的，以约定的履行地点为合同履行地。合同对履行地点没有约定或者约定不明确，争议标的为给付货币的，接收货币一方所在地为合同履行地；交付不动产的，不动产所在地为合同履行地；其他标的，履行义务一方所在地为合同履行地。即时结清的合同，交易行为地为合同履行地。合同没有实际履行，当事人双方住所地都不在合同约定的履行地的，由被告住所地人民法院管辖。该解释第19条规定，财产租赁合同、融资租赁合同以租赁物使用地为合同履行地。合同对履行地有约定的，从其约定。因此，关于融资租赁合同的履行地，首先以当事人约定的履行地为合同履行地；没有约定或约定不明的，原则上以租赁物时使用地为合同履行地；合同没有实际履行，当事人双方住所地都不在合同约定的履行地的，由被告住所地人民法院管辖。

【法律适用】

处理融资租赁合同纠纷的法律依据主要是《民法典》合同编第15章、《民用航空法》第26条至第33条、《最高人民法院关于审理融资租赁合同纠纷案件适用法律问题的解释》等相关规定。

【确定该案由应当注意的问题】

适用本案由需要准确把握融资租赁法律关系的定性。《最高人民法院关于审理融资租赁合同纠纷案件适用法律问题的解释》第1条规定："人民法院应当根据《民法典》第七百三十五条的规定，结合标的物的性质、价值、租金的构成以及当事人的合同权利和义务，对是否构成融资租赁法律关系作出认定。对名为融资租赁合同，但实际不构成融资租赁法律关系的，人民法院应按照其实际构成的法律关系处理。"《民法典》第737条规定，当事人以虚构租赁物方式订立的融资租赁合同无效。例如，对租赁物的价值显著低于融资金额的交易，因租赁物不具有物权的担保价值，不应认定为融资租赁合同关系。

此外，在第二级案由"海事海商纠纷"项下，设有船舶融资租赁合同纠纷这一第三级案由，其与本条案由的区别在于，船舶融资租赁合同是专指租赁物为船舶的融资租赁合同，其实质为融资租赁合同的一种。当融资租赁中的租赁物为船舶时，因合同订立、履行、变更和终止而产生的纠纷应适用船舶融资租赁合同纠纷这一案由，同时受《海商法》相关规定调整。但关于民用航空器的融资租赁并未单列，仍适用本案由。

113. 保理合同纠纷

【释义】

保理合同是应收账款债权人将现有的或者将有的应收账款转让给保理人，保理人提供资金融通、应收账款管理或者催收、应收账款债务人付款担保等服务的合同。保理合同纠纷是此次修改新增加的第三级案由。

保理合同的内容。按照上述定义，保理法律关系涉及保理人、债权人、债务人之间的不同法律关系。其中，债权人与债务人之间的基础法律关系是成立保理的前提，而保理人与债权人之间的应收账款转让则是保理关系的核心。因此，应收账款债权的转让是保理合同的必备要素，不具备该要素则不构成保理合同。除此之外，保理合同还应当具备保理人提供资金融通、应收账款管理或者催收、应收账款债务人付款担保等服务中的一项或者数项内容。只有应收账款债权的转让而无上述服务内容的，当然也不构成保理合同。

保理合同的形式。依照《民法典》第762条的规定，保理合同应当采用书面形式，内容一般包括业务类型、服务范围、服务期限、基础交易合同情况、应收账款信息、保理融资款或者服务报酬及其支付方式等条款。

保理合同的类型。《民法典》第766条、第767条根据我国保理业务的实践，将保理合同区分有追索权的保理和无追索权的保理两大基础类型。所谓有追索权的保理，是指保理人不承担为债务人核定信用额度和提供坏账担保等义务，而仅提供包括融资在内的其他金融服务。按照《民法典》第766条的规定，有追索权的保理人可以向应收账款债权人主张返还保理融资款本息或者回购应收账款债权，也可以向应收账款债务人主张应收账款债权。保理人从应收账款债务人获得的清偿扣除保理融资款本息和相关费用后有剩余的，剩余部分应当返还给应收账款债权人。可见，有追索权的保理的本质特征在于，当应收账款债权到期而无法从应收账款债务人处收回时，有追索权的保理人有权要求应收账款债权人回购应收账款债权或归还融资，或者向应收账款债权人反转让应收账款债权。因此，有追索权的保理也称为回购型保理。所谓无追索权的保理，是指保理人根据债权人提供的债务人核准信用额度，在信用额度内承购债权人对债务人的应收账款并提供坏账担保责任。按照《民法典》第 767 条规定，无追索权的保理人应当向应收账款债权人主张应收账款债权，保理人获得的清偿超过保理融资款本息和相关费用的部分，无需向应收账款债权人返还。可见，无追索权的保理的本质特征在于，当债务人发生信用风险，未按照基础合同约定按时足额支付应收账款时，无追索权的保理人应当承担该风险，而不能向债权人追索。换言之，在无追索权的保理中，保理人受让应收账款债权并享有该债权的全部清偿利益，负担该债权无法受偿的风险，保理人提供的融资款实际上是收购债权的价款。可见，无追索权的保理本质上是应收账款债权的买卖，故又称为买断型保理。

【管辖】

保理合同的管辖，适用《民事诉讼法》关于合同纠纷案件管辖的一般规定。具体而言，在地域管辖方面，有合法有效书面管辖协议的，按照《民事诉讼法》第 34 条的规定确定管辖，没有书面管辖协议的，按照《民事诉讼法》第 23 条的规定确定管辖。因此，保理人和应收账款债权人可以按照《民事诉讼法》第 34 条的规定，通过在订立保理合同时约定管辖条款或者另行约定管辖协议的方式，选择被告住所地、合同履行地、合同签订地、原告住所地等与争议有实际联系的地点的人民法院管辖。但该约定不得违反级别管辖和专属管辖的规定。未约定管辖的保理合同纠纷，依照《民事诉讼法》第 23 条的规定，由被告住所地或者合同履行地人民法院管辖。同时，《民事诉讼法解释》第3条、第18条等对住所地、合同履行地的认定作了细化规定，在确定管辖时，应当按照《民事诉讼法解释》的相关规定执行。

另外，保理合同纠纷属于新型的金融纠纷。我国在北京、上海设立了金融法院。按照有关的管辖规定，对于保理合同纠纷中应由中级人民法院受理的一审案件，由相应的金融法院管辖。

需要注意的问题是不能将保理法律关系的管辖和基础法律关系的管辖混淆。保理法律关系的管辖问题在保理人和应收账款债权人之间因保理合同发生纠纷而起诉至人民法院时产生；基础法律关系的管辖问题在保理人受让应收账款债权后与债务人就债务履行问题发生纠纷并起诉至人民法院时产生。基础法律关系的管辖除了适用合同的一般地域管辖规定和协议管辖规定外，还有可能适用专属管辖的规定。而保理合同的管辖一般不涉及专属管辖问题。实践中，有可能保理合同关系有纠纷，有可能基础合同关系有纠纷，也有可能两个法律关系均有纠纷。因此，在实践中要注意区分。

【法律适用】

处理保理合同纠纷的实体法依据主要包括：（1）《民法典》合同编第16章保理合同的规定。（2）《民法典》合同编第6章中的第545条至第550条关于债权转让的规定。债权转让是保理合同的核心要素，因此，按照《民法典》第769条的规定，对于合同编第6章未规定的内容，适用《民法典》关于债权转让的规定。（3）《民法典》合同编通则及相关有名合同的规定。保理合同的必备要素除了应收账款债权的转让之外，还应当包括资金融通、应收账款管理或者催收、应收账款债务人付款担保等一项或数项内容。其中有些内容可以直接适用合同编关于有名合同，如保证合同的规定，有些内容可以适用合同编通则的规定，有些内容可以参照《民法典》或者其他法律的最相类似的合同的规定。

处理保理合同纠纷的程序法依据主要包括：《民事诉讼法》和

《民事诉讼法解释》等。

【确定该案由应当注意的问题】

确定本案由时应当注意与债权转让合同纠纷或者基础交易合同纠纷的相关案由相互区分。保理合同与债权转让合同的根本区别在于，保理合同除了要具备应收账款债权转让的内容之外，还应当具备由保理人提供资金融通、应收账款管理或者催收、应收账款债务人付款担保等服务的内容。只有应收账款债权转让而无相应的保理服务内容的，应当按照债权转让合同纠纷确定案由。如果纠纷不是保理人与应收账款债权人之间因履行保理合同而发生，而是作为债权受让人的保理人与应收账款债务人因履行基础交易合同而发生，则应当按照基础交易合同，如买卖合同、借款合同等确定相应的案由。

114. 承揽合同纠纷

（1）加工合同纠纷
（2）定作合同纠纷
（3）修理合同纠纷
（4）复制合同纠纷
（5）测试合同纠纷
（6）检验合同纠纷
（7）铁路机车、车辆建造合同纠纷

【释义】

承揽合同是承揽人按照定作人的要求完成工作，交付工作成果，定作人支付报酬的合同。承揽合同的主体是承揽人和定作人。所谓承揽人，是指按照定作人的指示完成特定的工作内容，并向定作人交付该工作成果的人；所谓定作人，是指要求承揽人完成特定的工作内容，并接受该工作成果和支付报酬的人。承揽合同不要求采取书面形式，其内容一般包括承揽的标的、数量、质量、报酬，承揽方式，材料的提供，履行期限，验收标准和方法等条款。

承揽合同是一大类合同的总称。《民法典》第770条第2款规定，承揽包括加工、定作、修理、复制、测试和检验等。该款规定属于不完全列举，上述6项承揽工作之外的其他事项，如洗染、打字、翻译、拍照、广告制作、测绘、鉴定等，也属于承揽合同的标的。

本第三级案由之下还列了7个第四级案由，所涉合同的释义如下：

加工合同，是指承揽人按照定作人的要求，以自己的技能、设备和劳力，将定作人提供的原材料加工为成品，定作人接受该成品并支付报酬的合同。

定作合同，是指承揽人按照定作人的要求，以自己的技能、设备和劳力，用自己的材料为定作人制作成品，定作人接受该成品并给付报酬的合同。定作与加工的区别在于：加工合同由定作人提供原材料，而定作合同中承揽人需自备材料。

修理合同，是指承揽人为定作人修理已损坏的物品，使其恢复原状，定作人向承揽人支付报酬的合同。修理合同的标的既包括对动产的修理，也包括对不动产的修缮。

复制合同，是指承揽人按照定作人的要求，根据定作人提供的样品，重新制作类似的成品，定作人接受复制品并支付报酬的合同。复制合同包括印制合同。

测试合同，是指承揽人根据定作人的要求，利用自己的技术和设备为定作人完成某一项目的性能检测试验，定作人接受测试成果并支付报酬的合同。

检验合同，是指承揽人以自己的技术和仪器、设备等为定作人提供的特定事物的性能、问题、质量等进行检查化验，定作人接受检验成果并支付报酬的合同。

铁路机车、车辆建造合同，是指铁路机车、车辆制造企业与铁路运输企业签订的，根据铁路运输企业的要求，由铁路机车、车辆制造企业为其建造铁路机车、车辆的合同。

【管辖】

承揽合同纠纷的地域管辖按照合同纠纷地域管辖的一般规则确定。即当事人之间有书面管辖协议的，按照《民事诉讼法》第 34 条的规定确定管辖，没有书面管辖协议的，按照《民事诉讼法》第 23 条的规定由被告住所地、合同履行地人民法院管辖。

【法律适用】

处理承揽合同纠纷的法律依据主要是《民法典》合同编第 17 章的关于承揽合同的相关规定。

【确定该案由应当注意的问题】

一是要注意承揽合同不包括建设工程合同。从广义上看，建设工程合同是一种特殊的承揽合同，因此，法律对于建设工程合同未作特别规定的事项，可以适用承揽合同的有关规定。但是，建设工程合同属于《民法典》规定的单独的一类有名合同，相应地在民事案由规定中列为单独的第三级案由。需要注意的是，对于不动产的修缮引发的纠纷，属于本级案由的四级案由修理合同纠纷的范围。

二是要注意承揽合同与买卖合同的区分。承揽合同中的定作合同系由承揽人提供材料，完成工作后转移所有权于定作人，较容易与买卖合同混淆。二者区别关键在于：承揽合同是以完成一定的工作为目的的合同，双方当事人的权利义务所指向的对象是加工、修理、定作等特定的行为；买卖合同则是以转移所有权为目的的合同，双方当事人的权利义务所指向的对象是交付一定的物的行为。

三是要注意铁路机车、车辆建造合同纠纷案由的确定。在承揽合同纠纷案由项下的7个第四级案由中，前6个是《民法典》中明确作出规定的，而铁路机车、车辆建造合同纠纷，在2011年修正《民事案件案由规定》时将其作为承揽合同纠纷项下的第四级案由。此前，其在《民事案件案由规定》中作为第三级案由列在“与铁路运输有关的民事纠纷”之下。

115. 建设工程合同纠纷

（1）建设工程勘察合同纠纷
（2）建设工程设计合同纠纷
（3）建设工程施工合同纠纷
（4）建设工程价款优先受偿权纠纷
（5）建设工程分包合同纠纷
（6）建设工程监理合同纠纷
（7）装饰装修合同纠纷
（8）铁路修建合同纠纷
（9）农村建房施工合同纠纷

【释义】

根据《民法典》的规定，建设工程合同是承包人进行工程建设，发包人支付价款的合同。建设工程合同包括工程勘察、设计、施工合同。建设工程的主体是发包人和承包人。建设工程的发包人，一般为建设工程的建设单位，即投资建设该项工程的单位，也就是所谓“业主”。建设工程的承包人，是指实施建设工程的勘察、设计、施工等业务的单位，包括对建设工程实行总承包的单位、勘察承包单位、设计承包单位、施工承包单位和承包分包工程的单位。

建设工程勘察合同是指发包人与勘察人就完成建设工程地理、地质状况的调查研究工作而达成的协议。建设工程勘察，是指根据建设工程的要求，查明、分析、评价建设场地的地质地理环境特征和岩土工程条件，编制建设工程勘察文件的活动。勘察人一般应当是专门的地质工程单位。

建设工程设计合同是指发包人与设计人就完成建设工程设计工作而达成的协议。建设工程设计，是指根据建设工程的要求，对建设工程所需的技术、经济、资源、环境等条件进行综合分析、论证，编制建设工程设计文件的活动。建设工程设计合同包括初步设计合同和施工设计合同，前者是指在建设工程立项阶段，承包人为项目决策提供可行性资料设计而与发包人签订的协议；后者是指承包人与发包人就具体施工设计达成的协议。

建设工程施工合同是指发包人与施工单位就完成建设工程的一定施工活动而达成的协议。施工合同主要包括建筑和安装两方面的合同，有时二者合二为一，建筑是指对工程进行营造的行为，安装主要指与工程有关的线路、管道、设备等设施的装配。施工合同是工程建设质量控制、进度控制、投资控制的主要依据。

建设工程价款优先受偿权是指建设工程承包人的优先受偿权。所谓优先受偿权，是指债务人同时存在数个债权人，其中一债权人就债务人的财产优先于其他债权人受清偿的权利。《民法典》第807条规定："发包人未按照约定支付价款的，承包人可以催告发包人在合理期限内支付价款。发包人逾期不支付的，除按照建设工程的性质不宜折价、拍卖外，承包人可以与发包人协议将该工程折价，也可以申请人民法院将该工程依法拍卖。建设工程的价款就该工程折价或者拍卖的价款优先受偿。"

建设工程分包合同是指工程总承包人、勘察承包人、设计承包人、施工承包人承包建设工程后，经发包人同意，将其承包的某一部分工程或若干部分工程，再发包给其他承包人，与其签订承包合同项下的合同。建设工程分包是相对总承包而言。

建设工程监理合同是指由具有法定资质条件的工程监理单位与发

包人签订的明确建设工程监理中双方权利义务的协议。所谓建设工程监理，是指工程监理单位根据发包人的委托，依照法律、行政法规及其他有关的建设工程技术标准、设计文件和建设工程合同，对承包人在施工质量、建设工期和建设资金使用等方面，代表发包人对工程建设过程实施监督的专门活动。监理合同本质上属于委托合同，因为与建设工程合同密切相关，故归入建设工程合同项下。

装饰装修合同是指建筑装饰装修企业与发包方订立的明确装饰装修中双方权利义务的协议。建筑装饰装修是指为使建筑物，构筑物内、外空间达到一定的环境质量要求，使用装饰装修材料，对建筑物、构筑物外表和内部进行修饰处理的工程建筑活动。

铁路修建合同，又叫铁路建设工程施工合同，是指承包人与发包人为建设或修整铁路而签订的明确双方权利义务的协议。

农村建房施工合同是指农村建房户与施工方为建设房屋而签订的明确双方权利义务的协议。

【管辖】

本案由的管辖需要特别注意，根据《民事诉讼法》第 23 条规定，因合同纠纷提起的诉讼，由被告住所地或者合同履行地人民法院管辖。根据《民事诉讼法》第 33 条第 1 项规定，因不动产纠纷提起的诉讼，由不动产所在地人民法院专属管辖。2015 年，《民事诉讼法解释》第 28 条进一步明确了“不动产纠纷”的范围。同时规定“建设工程施工合同纠纷”按照不动产纠纷确定管辖。根据《民事诉讼法解释》第 28 条精神，“建设工程施工合同纠纷”并不限于本案由中的第四级案由“建设工程施工合同纠纷”，还包括第四级案由“建设工程价款优先受偿权纠纷”“建设工程分包合同纠纷”“建设工程监理合同纠纷”“装饰装修合同纠纷”“铁路修建合同纠纷”“农村建房施工合同纠纷”。其中，按照不动产纠纷确定管辖的“建设工程分包合同纠纷”主要针对的是施工承包人承包建设工程后的分包合同，对于勘察承包人、设计承包人承包建设工程后的分包合同应按照合同纠纷确定管辖。

【法律适用】

《民法典》合同编第18章对建设工程合同作出了专门规定，《建筑法》及国务院颁布的《建设工程安全生产管理条例》《建设工程勘察设计管理条例》《建设工程质量管理条例》等三部行政法规亦对建设工程活动进行规范。《铁路法》第3章的铁路建设部分可作为审理铁路修建合同纠纷案件的参考。《最高人民法院关于审理建设工程施工合同纠纷案件适用法律问题的解释（一）》亦在清理之前相关司法解释的基础上根据《民法典》而制定，为审理建设工程施工合同纠纷提供了明确的裁判规则。

【确定该案由应当注意的问题】

在本次案由修正征求意见过程中，有意见提出，建议删除第三级案由“建设工程合同纠纷”，将“建设工程勘察合同纠纷”“建设工程设计合同纠纷”“建设工程施工合同纠纷”升级为第三级案由，其他第四级案由作为第三级案由“建设工程施工合同纠纷”项下的第四级案由。理由：2015年《民事诉讼法解释》明确，建设工程施工合同纠纷按照不动产纠纷确定管辖。将“建设工程施工合同纠纷”案由升级为第三级案由，下设：(1) 建设工程价款优先受偿权纠纷，(2) 建设工程分包合同纠纷，(3) 装饰装修合同纠纷，(4) 铁路修建合同纠纷，(5) 建设工程监理合同纠纷，(6) 农村建房施工合同纠纷。这样更加容易确定管辖，避免司法实践发生争议。这种意见有一点道理。但是，《民法典》合同编专章规定了“建设工程合同纠纷”，如果将该第三级案由删去，实在不妥。经慎重研究，此次修正不对该案由进行调整，但是需要对管辖问题予以明确，统一司法实践认识。

116. 运输合同纠纷

（1）公路旅客运输合同纠纷
（2）公路货物运输合同纠纷
（3）水路旅客运输合同纠纷
（4）水路货物运输合同纠纷
（5）航空旅客运输合同纠纷
（6）航空货物运输合同纠纷
（7）出租汽车运输合同纠纷
（8）管道运输合同纠纷
（9）城市公交运输合同纠纷
（10）联合运输合同纠纷
（11）多式联运合同纠纷
（12）铁路货物运输合同纠纷
（13）铁路旅客运输合同纠纷
（14）铁路行李运输合同纠纷
（15）铁路包裹运输合同纠纷
（16）国际铁路联运合同纠纷

【释义】

运输合同是承运人将旅客或者货物从起运地点运输到约定地点，旅客、托运人或者收货人支付票款或者运输费用的合同。运输合同的主体是承运人和旅客、托运人。按照运输对象，运输合同可分为旅客运输合同和货物运输合同；按照运输方式，运输合同可分为公路运输、水路运输、航空运输、铁路运输、管道运输和多式联运。

本级案由项下包含16个第四级案由，所涉合同分别为：

公路旅客运输合同，是指承运人在公路上使用汽车和其他运输工具从事旅客运输的合同。也称城乡道路运输，不包括城镇内公共汽车的运输。

公路货物运输合同，是指承运人在公路上使用汽车和其他运输工具将托运人的货物安全运送至指定地点交付收货人的合同。

水路旅客运输合同，是指承运人以适合运送旅客的船舶经水路将旅客及其自带行李从一港运送至另一港，由旅客支付票款的合同。

水路货物运输合同，是指承运人以船舶经水路将货物从一港运送至另一港的合同。水路货物运输合同纠纷仅指因经营性运输行为引起的纠纷，因非营业性水路运输引起的争议不适用本案由。

航空旅客运输合同，是指承运人以航空器作为运输工具将旅客及其行李安全运送至目的地的合同。

航空货物运输合同，是指承运人使用航空器和其他设备作为运输工具，将托运人的货物安全以航空运输方式运抵指定地点交给收货人的合同。

出租汽车运输合同，是指承运人以出租汽车为运输工具，将乘客及其随身物品运送到约定地点并收取运费的合同。

管道运输合同，是指以管道作为运输方式运输货物的合同。管道运输通常是指石油、天然气等液体、气体或者其他易于流动的货物的运输。

城市公交运输合同，是指一个城镇内的公共运输企业利用供公众乘用的公共汽车、电车、地铁列车、索道缆车以及城市水上客运船运送旅客的合同。这里所指的公交不包括出租汽车。

联合运输合同，是指多个承运人以同一种运输方式共同完成货物运输的一种方式，托运人只与数个承运人当中的一个承运人，通常是第一个承运人签订运输合同。联合运输合同也叫相继运输合同。

多式联运合同，是指多式联运经营人以两种以上的不同运输方式，负责将货物从接收地运至目的地交付收货人，并收取全程运费的合同。

铁路货物运输合同，是指作为承运人的铁路运输企业按照约定期限或国务院铁路主管部门规定的期限，将货物运输到目的地，由托运人或收货人支付运费的合同。

铁路旅客运输合同，是指作为承运人的铁路运输企业按照车票载明的日期、车次将旅客运送到目的地，由旅客支付票款的合同。

铁路行李运输合同，是指作为承运人的铁路运输企业将旅客自用的被褥、衣服及其他旅行必需品运送到目的地的合同。

铁路包裹运输合同，是指作为承运人的铁路运输企业将小件货物放置于旅客列车行李车内随车运送到目的地的合同。

国际铁路联运合同，是指国际联运承运人按照与托运人的约定，通过铁路跨国运送货物的合同。

【管辖】

根据《民事诉讼法》第 27 条规定，因铁路、公路、水上、航空运输和联合运输合同纠纷提起的诉讼，由运输始发地、目的地或者被告住所地人民法院管辖。

确定运输合同纠纷的管辖时，还要注意铁路运输合同和水路运输合同纠纷的管辖法院。

关于铁路运输合同相关纠纷的管辖，根据《最高人民法院关于铁路运输法院案件管辖范围的若干规定》第 3 条的规定，铁路旅客和行李、包裹运输合同纠纷、铁路货物运输合同纠纷、国际铁路联运合同和铁路运输企业作为经营人的多式联运合同纠纷由铁路运输法院管辖。

关于水路旅客、货物运输合同纠纷的管辖，确定管辖的关键在于将水路旅客运输合同纠纷、水路货物运输合同纠纷与海上、通海水域货物运输合同纠纷、海上、通海水域旅客运输合同纠纷、海上、通海水域行李运输合同纠纷相互区分。一般而言，属于海上、通海水域相关运输合同的，发生纠纷起诉至人民法院时优先按照相关的海上、通海水域运输合同纠纷确定案由，由相应的海事法院管辖。不属于海上、通海水域相关运输合同的，则按照相关的水路运输合同纠纷确定案由，由普通法院管辖。

【法律适用】

《民法典》合同编第19章对运输合同作出了专门规定。在审理运输合同纠纷案件时，还需注意有关运输的单行立法的规定。如《铁路法》《民用航空法》《公路法》《国内水路运输管理条例》等。《海商法》则专门适用于本案由规定的海事海商纠纷部分。

【确定该案由应当注意的问题】

一是应当注意水路运输与海上、通海水域运输的区分。本案由中的水路运输指的是国内水路运输。按照《国内水路运输管理条例》第2条第2款的规定，国内水路运输，是指始发港、挂靠港和目的港均在中华人民共和国管辖的通航水域内的经营性旅客运输和货物运输。在案由的确定上，可以考虑不属于海上、通海水域运输合同纠纷的才确立为水路运输合同纠纷。具体如前所述。

二是注意联合运输与多式联运的区别。联合运输只有一种运输方式；责任承担的首要原则是由与托运人订立合同的承运人对全程运输承担责任，但如果明确损失发生在某一运输区段，则由该区段承运人与订立合同的承运人承担连带责任；由于运输方式单一，承运人的赔偿责任和责任限额的适用法律也是单一的。多式联运运输方式多样化，在两种以上；不管多式联运经营人与其他承运人如何约定，均由多式联运经营人对全程运输负责任；其赔偿责任和责任限额因运输区段的不同而适用不同法律。

117. 保管合同纠纷

【释义】

保管合同是保管人保管寄存人交付的保管物，并返还该物的合同。保管物品的一方当事人为保管人，又称受寄人，其保管的物品称为保管物，又称寄托物；交付物品的一方当事人称为寄存人，又称寄托人。保管合同又被称为寄托合同、寄存合同，其本质是提供劳务的合同，依保管合同交付保管物只是临时转移保管物的占有权。

保管合同有以下特征：（1）保管合同既可以是有偿合同，也可以是无偿合同。（2）保管合同为不要式合同。（3）保管合同为实践合同，自保管物交付时成立，但是当事人另有约定的除外。（4）保管合同为继续性合同，合同解除的效果仅向将来发生效力。

《民法典》第888条第2款明确了在购物中心、饭店、宾馆存放车辆及其他物品行为的法律性质为保管。该款规定："寄存人到保管人处从事购物、就餐、住宿等活动，将物品存放在指定场所的，视为保管，但是当事人另有约定或者另有交易习惯的除外。"此前，对于这类行为的性质存在一定争议。有的意见认为此类行为成立保管合同；有的意见认为此类行为属于消费服务合同的内容，其中的管护义务属于消费服务合同的从给付义务或者附随义务；有的意见认为这是依照消费者权益保护法产生的法定管护义务。《民法典》这一规定，明确了在购物中心、饭店、宾馆存放车辆及其他物品行为视为保管，有助于解决实践中存在的长期争议，统一法律适用。

【管辖】

保管合同纠纷的管辖，适用《民事诉讼法》关于合同纠纷管辖的一般规定，即当事人按照《民事诉讼法》第34条规定约定了管辖协议，按照合法有效的管辖协议确定管辖，反之按照《民事诉讼法》第23条规定由被告住所地或合同履行地人民法院管辖。但当保管物为不动产时，应适用关于不动产纠纷的专属管辖，由不动产所在地人民法院管辖。

【法律适用】

处理保管合同纠纷的法律依据主要是《民法典》合同编第21章。

【确定该案由应当注意的问题】

一是注意保管合同与其他合同的区别。区分的关键是看合同目的。保管合同的根本目的是对标的物的保管；而其他有关合同如借用合同、租赁合同、承揽合同等，一方当事人虽然有妥善保管标的物的义务，但保管只是实现合同目的的过程或手段，使用标的物或者完成承揽任务才是合同目的。

二是关于保管物是否限于动产的问题。德国、意大利等国《民法典》明确规定寄托物以动产为限；我国澳门特别行政区《民法典》则明确规定保管物包括动产和不动产；日本《民法典》及我国台湾地区"民法典"则不明确规定保管物为动产或不动产。我国《民法典》及此前的《合同法》属于第三种模式，即不明确规定保管物是否仅限于动产。但从《民法典》的立法精神和我国的实际情况来看，保管物既包括动产也包括不动产。在现实生活中，房屋、果园、池塘等都可以成为保管物。特别是在我国城镇化的发展过程中，农村出现了大量的闲置房屋，为避免房屋因无人居住而老化破损，并得到必要的维护修缮，房主往往需要将房屋交由亲朋保管。

三是在购物中心、饭店、宾馆存放车辆及其他物品发生纠纷的案由确定。如前所述，根据《民法典》第888条第2款规定，此类行为视为保管。故如果不是另有约定或者另有交易习惯，因此类行为发生纠纷的，应当适用保管合同纠纷案由。

118. 仓储合同纠纷

【释义】

仓储合同是保管人储存存货人交付的仓储物，存货人支付仓储费的合同。提供储存保管服务的一方称为保管人，接受储存保管服务并支付报酬的一方称为存货人，交付保管的货物为仓储物。

仓储合同本质上是一种特殊的保管合同，具有保管合同的一般特征，同时又有自己的特殊特征。因此，《民法典》第918条规定，对仓储合同没有规定的，适用保管合同的有关规定。

【管辖】

仓储合同纠纷的管辖，适用《民事诉讼法》关于合同纠纷管辖的一般规定，即当事人按照《民事诉讼法》第34条规定约定了管辖协议，按照合法有效的管辖协议确定管辖，没有协议管辖或者协议管辖无效的，按照《民事诉讼法》第23条规定由被告住所地或合同履行地人民法院管辖。

【法律适用】

处理仓储合同纠纷的法律依据主要是《民法典》合同编第21章。

【确定该案由应当注意的问题】

确定该案由的关键点是准确识别仓储合同与保管合同。仓储合同和保管合同虽然都是保管人为他人保管存放物品的合同，但两者在法律意义上有着重要不同之处。二者的显著区别在于仓储合同具有以下特殊性：(1) 合同主体上的特殊性。仓储合同的保管人必须是具有仓库营业资质的人，即具有仓储设施、仓储设备，专事仓储保管业务的人。而保管合同的主体无特殊资质要求。(2) 合同标的物上的特殊性。仓储合同的标的物仅限于动产，不动产不能成为仓储合同的标的物。而保管合同的标的物如前所述，可以是动产也可以是不动产。(3) 合同成立上的特殊性。仓储合同是诺成合同，自保管人和存货人意思表示一致时成立；而保管合同原则上位实践合同。(4) 合同内容上的特殊性。仓储合同为双务、有偿合同。保管人提供储存、保管的义务，存货人承担支付仓储费的义务。而保管合同可以是双务、有偿合同，也可以是单务、无偿合同。(5) 合同形式上的特殊性。虽然仓储合同与保管合同均为不要式合同，但有仓单作为仓储合同的凭证。所谓仓单，是指出于方便存货人取回或处分其仓储物的目的，由保管人在收到仓储物后给存货人开付的提取仓储物的凭证。仓单是一种有价证券，可以通过背书转让仓单项下货物的所有权，也可以用于出质。可以说，仓单是仓储合同的重要特征。

除此之外，仓储合同和保管合同还有以下区别：(1) 不交付保管物是否构成违约不同。对仓储合同而言，双方当事人达成合意后，存货人不将货物交付给保管人或保管人无正当理由拒绝接收保管货物都构成违约。而保管合同原则上自保管物交付时成立，故寄存人没有将物品交给保管人保管，或者保管人对寄存人交来寄存的物品不接受的，因为合同未成立，故不构成违约。(2) 保管人对保管物的验收和赔偿责任不同。按照《民法典》第907条的规定，仓储合同中保管人应当按照约定对入库仓储物进行验收，保管人在验收时发现仓储物与约定不符的，应当及时通知存货人。保管人验收后，发生入库仓储物的品种、数量、质量不符合约定的，由保管人承担赔偿责任。而在保管合同中，按照《民法典》第893条的规定，对交付的保管物有瑕疵或者按照保管物的性质需要采取特殊保管措施的，应由寄存人将有关情况告知保管人。如果寄存人没有履行告知义务，致使保管物受损的，保管人不承担损害赔偿责任。(3）保管人对保管物的毁损、灭失的责任不同。按照《民法典》第917条的规定，在仓储合同中，如果造成仓储货物毁损、灭失，除了出于仓储物品的性质、包装不符合约定或超过有效储存期而造成仓储物变质、损坏的原因之外，保管人均应对保管不善承担损害赔偿责任。按照《民法典》第897条的规定，在保管合同中，保管人因保管不善造成保管物毁损、灭失的，视保管为有偿或无偿而有所不同。有偿保管的，保管人应承担损害赔偿责任；无偿保管的，保管人能证明自己没有故意或者重大过失的，则无须承担损害赔偿责任。

119. 委托合同纠纷

（1）进出口代理合同纠纷

（2）货运代理合同纠纷

（3）民用航空运输销售代理合同纠纷

（4）诉讼、仲裁、人民调解代理合同纠纷

（5）销售代理合同纠纷

【释义】

《民法典》第919条规定：委托合同是委托人和受托人约定，由受托人处理委托人事务的合同。委托合同又称委任合同，是指当事人双方约定一方委托他人处理事务，他人同意为其处理事务的协议。其中，委托他人为自己处理事务的人称为委托人，接受委托的人称为受托人。

委托合同具有以下特点：合同标的是劳务；是诺成、非要式、双务合同；可以是有偿的，也可以是无偿的，是否有偿依双方当事人约定。关于受托人以谁的名义处理委托事务，《民法典》在委托合同的定义中并未强调必须以委托人的名义，第925条、第926条更是直接指明受托人可以以自己的名义从事代理活动，这是对隐名代理制度和间接代理制度的承认。

委托合同与代理关系有密切联系，但两者又有明显不同，主要区别在于：(1) 代理包括委托代理、法定代理、指定代理三种类型，而委托合同仅仅是产生委托代理关系的基础，与法定代理、指定代理无关；(2) 代理关系是存在于代理人、被代理人、第三人之间的权利义务关系，对内调整代理人与被代理人之间的关系，对外调整代理人与第三人之间的关系，而委托合同的法律约束力仅及于委托人和受托人，即对内关系；(3) 代理关系中代理人代理的是法律行为，而委托合同中受托人既可根据委托实施法律行为，也可实施事实行为。概言之，有委托合同，未必有委托代理权；而有委托代理权，亦未必有委托合同。

进出口代理是指委托人与代理人约定，由代理人为委托人处理进出口事务的行为。

货运代理是指委托人与代理人约定，由代理人为委托人处理货物运输事务的行为。

民用航空运输销售代理是指委托人与代理人约定，由代理人为委托人处理民用航空运输销售事务的行为。

诉讼、仲裁、人民调解代理是指公民、法人作为纠纷中的当事人或法定代理人时，委托代理人代为进行诉讼、仲裁、人民调解等法律活动的行为。

销售代理是指委托人与代理人约定，由代理人为委托人销售特定产品的行为。

【管辖】

若委托合同当事人就管辖问题存在约定，且该约定符合《民事诉讼法》第34条关于协议管辖的规定，则按照约定确定管辖。若合同中没有协议管辖或者协议管辖无效的，则适用关于合同纠纷管辖的一般规定，由被告住所地或合同履行地人民法院管辖。

【法律适用】

《民法典》合同编第23章对委托合同作出了专门规定，对原来的《合同法》进一步修改完善。《民法典》总则编第7章关于代理的规定，也是审理委托合同纠纷案件的依据之一，但委托合同中的代理，仅指本节内容中的委托代理，而不包括法定代理和指定代理。《民事诉讼法》第58条、《仲裁法》第29条明确了诉讼代理、仲裁代理的合法性。

【确定该案由应当注意的问题】

司法实践中，存在很多名称中包含“委托”的无名合同，并非凡是包含“委托”二字的合同都是委托合同，必须根据合同双方当事人所约定的权利义务内容来确定。例如，当事人就商铺、产权式酒店等订立的委托经营合同，不应一概定性为委托合同。如果“委托”合同明确约定委托人将商铺、房屋交由受托人经营，经营收益和风险均由受托人承担，受托人支付固定金额的“租金”或“投资回报”的，应认定为租赁合同；如果“委托”合同约定委托人将商铺、房屋交予受托人经营，经营收益和风险均由委托人承担，委托人支付一定的报酬给受托人的，则可以认定为委托合同。当然，还有很多“委托”合同，既包含委托合同性质，又兼具买卖、建筑工程等合同性质，属混合合同。对于此类合同，可以适用上一级案由。

货运代理合同与货物运输合同不同，货物运输合同的标的是运输行为，其直接目的是运送货物；而货运代理合同的标的是处理事务。本案由中的货运代理，不包括国际海上货运代理，海上、通海水域货运代理合同作为特殊的货运代理合同，由海事海商纠纷项下独立的第三级案由专门调整。

审判实践中，因销售代理引发的纠纷较为普遍。某品牌商品生产者授权某经销商销售其品牌商品，经销商根据销售额获得提成，双方就授权期限、销售范围、货款支付、提成结算等事宜产生的争议，若合同本身并不涉及知识产权内容，并不适用知识产权合同纠纷项下的“特许经营合同纠纷”。为此，《关于修改〈民事案件案由规定〉的决定》增加了“销售代理合同纠纷”。

120. 委托理财合同纠纷

（1）金融委托理财合同纠纷

（2）民间委托理财合同纠纷

【释义】

委托理财是委托人将其资金、证券等资产委托给受托人，由受托人将该资产投资于期货、证券等交易市场或通过其他金融形式进行管理，所得收益由双方按约定进行分配或由受托人收取代理费的经济活动。按照受托人的主体特征不同，委托理财可分为金融委托理财和民间委托理财。

金融委托理财，又称金融机构委托理财，是指客户将资产交给金融机构，由金融机构作为受托人的委托理财形式。在我国，从事委托理财业务的金融机构主要有商业银行、证券公司、信托公司、保险公司、基金公司等五类。

民间委托理财，又称非金融机构委托理财，是指客户将资产交给资产管理公司、投资咨询公司、一般企事业单位等非金融机构或自然人，由非金融机构作为受托人的委托理财形式。

【管辖】

委托理财合同纠纷适用民事诉讼法关于合同纠纷管辖的一般规定，即当事人按照《民事诉讼法》第 34 条规定约定了管辖协议，按照合法有效的管辖协议确定管辖，没有协议管辖或者协议管辖无效的，按照《民事诉讼法》第 23 条规定由被告住所地或合同履行地人民法院管辖。

另外，我国在上海、北京设立了金融法院，对于北京、上海市辖区内应由中级人民法院受理第一审民商事案件中的委托理财纠纷案件，应由相关金融法院管辖。

【法律适用】

委托理财合同具有委托合同的一般特征，适用《民法典》合同编第 23 章关于委托合同的相关规定。金融委托理财，还应当适用《证券法》《信托法》等专门法的相关规定。

【确定该案由应当注意的问题】

确定该案由时应当注意与委托合同纠纷相互区分。委托理财合同纠纷原来隶属于委托合同纠纷项下。随着委托理财这种新生资产管理方式在我国的出现，委托理财合同纠纷也在民事审判领域屡见不鲜。为适应审判实务的需要，2011 年《民事案件案由规定》修正时将委托理财合同纠纷单列为与委托合同纠纷同级的第三级案由，并在其下增加两个第四级案由。

委托理财合同属于委托合同的一种，也是委托他人处理事务。区分两类案由的关键在于把握委托理财合同的特殊性。二者最根本的区别是合同标的，委托理财合同中的委托事务仅限于由受托人代为理财。

而委托合同的标的广泛得多。关于委托事务的范围，我国民法未作明确规定。因此，只要能够产生民事权利义务关系的任何事务，包括买卖、租赁、办理登记、批准，以及代理诉讼等。一般认为，委托合同的标的还包括代为实施事实行为，如帮忙代取快递。可见，委托事务的范围十分广泛，除依照法律规定或者公序良俗不得委托的事务，以及依照事务本身的性质不得委托的事务（如收养子女、婚姻登记等），均可委托他人办理。因此，委托事务为理财的，适用委托理财合同纠纷，而不应适用委托合同纠纷。

除此之外，二者还有以下显著区别。具体包括以下几个方面：(1) 是否有偿。委托合同属于传统的民事合同，是《民法典》所明确规定的有名合同，可以是有偿合同也可以是无偿合同。而委托理财合同是一种新兴的金融合同，受托人往往是专业金融机构，通过代客理财获取报酬或收益。(2) 合同的成立。委托合同为诺成。而委托理财合同因属无名合同，缺少直接的法律依据，但一般认为属实践合同，受托人交付资金或证券时合同成立。(3) 是否涉及第三方。委托合同一般不涉及第三方，而在委托理财合同中，通常还存在第三方监管人。(4) 委托后果的承担。委托合同以委托人承担处理事务后果作为一般原则。而委托理财合同中双方经常约定委托人不承担因受托人的理财行为所造成的损失。

121. 物业服务合同纠纷

【释义】

物业服务合同是物业服务人在物业服务区域内，为业主提供建筑物及其附属设施的维修养护、环境卫生和相关秩序的管理维护等物业服务，业主支付物业费的合同。物业服务人包括物业服务企业和其他管理人。

根据《民法典》第938条第1、2款的规定，物业服务合同的内容一般包括服务事项、服务质量、服务费用的标准和收取办法、维修资金的使用、服务用房的管理和使用、服务期限、服务交接等条款。物业服务人公开作出的有利于业主的服务承诺，为物业服务合同的组成部分。

物业服务合同具有以下特征：

（1）主体的特殊性。物业服务合同的主体为业主和物业服务人。物业服务人一般是指专门从事物业服务经营活动的物业服务企业。在2018年以前，我国对物业服务企业和物业服务人员有资质和资格限制。但自2018年国务院第二次修改《物业管理条例》，住建部废止《物业服务企业资质管理办法》后，我国已经全面取消了物业服务企业的资质认定和物业服务人员的资格限制。当然，虽然物业服务企业和从业人员从事物业服务经营活动不再需要行政审批或者取得职业资格证书；但作为专门从事物业服务的经营者，仍然应当具备提供相应服务的专业知识和技能，以满足业务的正常生活需要。物业服务合同的另一方当事人是全体业主。需要注意的是业主大会不是物业服务合同的当事人，其不是常设机构或者组织，没有财产，不能对外独立承担责任，不具有民事主体资格，也不具有诉讼主体资格。业务委员会也不是物业服务合同的主体。其虽然在实践中有诉讼主体资格，但没有自己的财产，不能对外独立承担责任，因而不具备民事权利能力，不能成为合同当事人。实践中，由于小区业主人数众多，不可能由每个业主直接与物业服务人签订合同，因而一般由业主委员会代表全体业主签订合同。此外，实践中还存在由建设单位与物业服务人订立前期物业服务合同的做法。《民法典》第939条规定，“建设单位依法与物业服务人订立的前期物业服务合同，以及业主委员会与业主大会依法选聘的物业服务人订立的物业服务合同，对业主具有法律约束力。”因此，物业服务合同一经成立即对全体业主有约束力，业主和物业服务人均不得以未直接参与合同订立为由主张不受合同约束。

（2）订立、解除程序的特殊性。由于物业服务合同的一方当事人为全体业主，由每个业主与物业服务人逐一订立、解除合同，不仅不经济，而且往往难以实现。因此，为了提高效率，避免纠纷，物业服务合同的订立、解除需要通过一定的程序来完成。《民法典》第 278 条第 1 款第 4 项规定，选聘和解聘物业服务企业或者其他管理人，由业主共同决定。同时根据该条第 2 款规定，选聘和解聘物业服务企业或者其他管理人，应当由专有部分面积占比三分之二以上的业主且人数占比三分之二以上的业主参与表决。《民法典》第 946 条规定，业主依照法定程序共同决定解聘物业服务人的，可以解除物业服务合同。

（3）合同标的与内容的综合性、专业性。物业服务合同的标的是提供物业服务，而物业服务的内容十分庞杂。既包括对人的管理，也包括对物的管理，如对建筑物及其附属设施的维修养护、环境卫生和相关秩序的管理维护等，涉及卫生、环保、消防、安全等各方面。基于服务内容的复杂性，有学者认为物业服务合同是一种包括委托、行纪、雇佣、承揽在内的复合型合同。同时，物业服务合同还有较强的专业性。虽然国家取消了物业服务企业和从业人员资质、资格限制，但是物业服务内容中的许多事项具有很强的专业性，需要专业人员才能处理。

（4）物业服务合同是要式合同。《民法典》第 938 条第 3 款规定，物业服务合同应当采用书面形式。

（5）物业服务合同是双务有偿合同。物业服务人的主要义务是按照合同约定提供物业服务，全体业主的义务是支付报酬。

【管辖】

物业服务合同纠纷适用《民事诉讼法》关于合同纠纷管辖的一般规定，即当事人按照《民事诉讼法》第 34 条规定约定了管辖协议，按照合法有效的管辖协议确定管辖，反之按照《民事诉讼法》第 23 条规定由被告住所地或合同履行地人民法院管辖。

需要注意的是，物业服务合同纠纷虽然涉及不动产，但不适用《民事诉讼法》第33条关于专属管辖的规定。《民事诉讼法解释》第28条对《民事诉讼法》第33条第1项规定的不动产纠纷作了解释，即不动产纠纷是指因不动产的权利确认、分割、相邻关系等引起的物权纠纷。农村土地承包经营合同纠纷、房屋租赁合同纠纷、建设工程施工合同纠纷、政策性房屋买卖合同纠纷，按照不动产纠纷确定管辖。因此，物业服务合同纠纷不适用专属管辖的规定。

【法律适用】

物业服务合同可适用的法律规则包括：(1)《民法典》的有关规定，主要是《民法典》合同编第24章物业服务合同的规定，以及《民法典》物权编的有关规定，如第282条至第287条等。(2)国务院《物业管理条例》的有关规定。(3)有关的司法解释，包括《最高人民法院关于审理物业服务纠纷案件适用法律若干问题的解释》《最高人民法院关于审理建筑物区分所有权纠纷案件适用法律若干问题的解释》等。

【确定该案由应当注意的问题】

物业服务合同纠纷原来是服务纠纷合同项下的第四级案由。《民法典》合同编将物业服务合同单独规定为一种有名合同，因此，本次修正案由规定时将其单列为独立的第三级案由。在具体确定案由时应当注意这一变化。

同时要注意物业服务合同纠纷与委托合同、承揽合同等近似合同纠纷的区别。重点是要区分物业服务合同与委托合同。二者主要区别如下：(1)是否双务有偿。物业服务合同是双务有偿合同，委托合同可以是双务有偿合同，也可以是单务无偿合同。(2)是否只能以自己的名义处理事务。物业服务合同只能以自己的名义提供物业服务，委托合同可以以委托人的名义，也可以以自己的名义处理委托事务。(3) 合同标的与内容。物业服务合同的服务内容十分广泛庞杂，委托合同一般只委托处理一致数项特定事务。(4) 是否需要按指示处理事务。物业服务合同中物业服务人一般不需要按照业主的指示处理事务，只要按照合同约定并遵守法律法规和行业规范即可。实践中业主往往会作出具体指示，如维修公共道路、共同区域照明等，但这些事务不待指示，物业服务企业也必须依约提供。(5) 合同解除权。物业服务合同中，业主一方享有任意解除权，可以通过法定程序共同决定解聘物业服务人；但物业服务人一般不得随意解除合同。委托合同的委托人和受托人都有任意解除权。(6) 事务法律后果的承担。物业服务合同中物业服务人从事的民事法律行为，业主不承担法律后果；委托合同中受托人实施的代理行为的后果直接由委托人承担。(7) 是否可以聘请第三人提供服务。物业服务合同中，业主不能在物业服务人之外另行聘请其他人从事物业服务。委托合同中，委托人经受托人同意可以同时委托其他人从事委托事务。

122. 行纪合同纠纷

【释义】

行纪合同，也称信托合同，是行纪人以自己的名义为委托人从事贸易活动，委托人支付报酬的合同。在行纪合同中，以自己名义为他人从事贸易活动的一方为行纪人，委托行纪人为自己从事贸易活动并支付报酬的一方为委托人。

行纪合同具有以下特点：(1) 行纪合同对行纪人的主体资格有特殊要求。在我国，行纪合同的委托人可以是法人，也可以是自然人，但行纪人只能是经批准经营行纪业务的自然人、法人或非法人组织。(2) 行纪人必须以自己的名义为委托人办理业务。这是行纪人与委托人、代理人或其他中介人的不同所在。因此，行纪人对第三人实施法律行为，不管第三人是否知道委托人的存在，都不影响交易的效力。（3）行纪合同的标的是行纪人为委托人从事贸易活动。行纪人提供的不是一般的服务与劳务。（4）行纪合同是双务合同、有偿合同、诺成合同、不要式合同。

【管辖】

行纪合同纠纷没有特殊的管辖规定，适用《民事诉讼法》关于合同纠纷管辖的一般规定，即当事人按照《民事诉讼法》第34条规定约定了管辖协议，按照合法有效的管辖协议确定管辖，反之按照《民事诉讼法》第23条规定由被告住所地或合同履行地人民法院管辖。

【法律适用】

处理行纪合同纠纷的法律依据主要是《民法典》合同编第25章。

【确定该案由应当注意的问题】

行纪合同与委托合同极为相似，因此《民法典》第960条规定，对行纪合同没有规定的，参照适用委托合同的有关规定。因此，确定该案由应当注意与委托合同区分。

行纪合同与委托合同的主要区别在于：（1）合同主体不同。行纪合同的行纪人应为经许可或批准经营行纪业务的主体；而委托合同的委托人则只要是具有民事行为能力的自然人、法人或非法人组织均可。（2）适用范围不同。行纪合同中委托的事务是特定的，仅限于贸易活动，一般是法律行为；而委托合同可适用于法律禁止委托或者依性质不得委托的事务之外的任何事务，所委托的事务，既可以是法律行为，也可以是事实行为。（3）办理委托事务的名义不同。行纪人只能以自己的名义进行活动；而委托合同的受托人处理委托事务，既可以以自己名义，也可以以委托人名义。（4）处理委托事务的费用负担不同。行纪人为委托人处理事务所支出的费用，除当事人另有约定外，由行纪人负担；而委托合同中受托人为委托人处理事务所支出的费用，由委托人负担。（5）是否双务有偿不同。行纪合同是双务、有偿合同，委托合同既可能是双务、有偿合同，又可能是单务、无偿合同。

123. 中介合同纠纷

【释义】

中介合同是中介人向委托人报告订立合同的机会或者提供订立合同的媒介服务，委托人支付报酬的合同。中介合同的主体是中介人和委托人。接受委托、报告订立合同机会或者提供交易媒介的一方为中介人，给付报酬的一方为委托人。

中介合同的标的为中介服务，包括两种类型。一是报告中介，即只为委托人报告订约机会，也称“指示中介”。所谓报告订约机会是指中介人接受委托后，将寻觅搜索到的信息报告给委托人，从而提供订立合同的机会。二是媒介中介，即为订立合同提供媒介服务。所谓提供订立合同的媒介服务，是指中介人接受委托后，不仅要报告订约机会，还要居中斡旋，代为传达委托人与第三人的意思，努力促成其合同成立。

中介合同具有以下特点：中介合同中的委托人可以是任何公民、法人，而中介人一般只能是经过有关国家机关登记核准的从事居间营业的法人或公民；中介合同是诺成、双务、不要式合同；中介合同是有偿合同，但中介人只能在有居间结果时才可以请求报酬，并且在媒介中介中可以从委托人和其相对人双方取得报酬。

中介合同也叫居间合同。为便于人民群众理解，《民法典》将

《合同法》第23章规定的“居间合同”修改为“中介合同”。因此，本次修正相应地将居间合同纠纷修改为中介合同纠纷。

【管辖】

中介合同纠纷没有特殊的管辖规定，适用《民事诉讼法》关于合同纠纷管辖的一般规定，即当事人按照《民事诉讼法》第34条规定约定了管辖协议，按照合法有效的管辖协议确定管辖，反之按照《民事诉讼法》第23条规定由被告住所地或合同履行地人民法院管辖。

【法律适用】

处理中介合同纠纷的法律依据主要是《民法典》合同编第26章。此外，《国务院关于加强出入境中介活动管理的通知》以行政法规对出入境中介业务进行规范，《最高人民法院关于审理期货纠纷案件若干问题的规定》第10条用于调整期货公司、客户与居间人之间的关系，《城市房地产管理法》第4章第5节对房地产中介服务作出了一系列限制性规定。

【确定该案由应当注意的问题】

确定本案由要注意以下问题：

1. 注意与委托、行纪等类似合同的区分。无论报告中介还是媒介中介，中介人都不是委托人的代理人，而只是居于交易双方当事人之间起介绍、协助作用的中间人，其服务范围有限制，不参与委托人与第三人之间的合同。这是中介合同与委托合同、行纪合同的最主要区别。

2. 注意本案由中所指的中介行为，不包括技术中介。技术中介合同纠纷属于技术合同纠纷项下的第四级案由。

3. 注意本案由中所指的中介行为不包括婚姻中介。按照《民法典》第961条关于中介合同的定义，本案由所指的中介仅限于报告订立合同的机会或者提供订立合同的媒介服务，婚姻关系不属于合同关系，婚介所提供的婚介服务也不属于订立合同，因而不属于中介合同的范畴。

124. 补偿贸易纠纷

【释义】

补偿贸易，一般是指一方在信贷的基础上，从国外另一方买进机器、设备、技术、原材料或劳务，约定在一定期限内，用其生产的产品、其他商品或劳务，分期清偿贷款的一种贸易方式。根据商务部2011年修订的《外商投资统计制度》，补偿贸易是指国外厂商直接提供或通过国外信贷进口生产技术或设备，境内企业以该技术、设备生产的产品分期偿还外方技术、设备价款。补偿贸易双方的关系属于国际贸易范畴内买方与卖方的关系，其法律关系是一种债权债务关系。在补偿贸易中，提供技术、设备的出口方是先履行方，当其将技术设备交付进口方后，即取得对进口方的债权，在进口方的工厂企业内不占有股份。进口方对接受的技术、设备拥有所有权，同时承担对出口方的债务，该债务在进口方履行自己的义务，即以产品或约定商品偿还货款后消灭。

【管辖】

补偿贸易纠纷适用《民事诉讼法》关于合同纠纷管辖的一般规定，即当事人按照《民事诉讼法》第34条规定约定了管辖协议，按照合法有效的管辖协议确定管辖，反之按照《民事诉讼法》第23条规定由被告住所地或合同履行地人民法院管辖。

【法律适用】

目前尚无法律、行政法规、司法解释层面关于补偿贸易的专门规定，审理补偿贸易纠纷案件可参考有关部门规章和一些地方性法规。

【确定该案由应当注意的问题】

一是注意与国际货物买卖合同纠纷区别。进行补偿贸易，双方须签订补偿贸易协议书。这一点，与国际货物买卖合同纠纷是一致的。补偿贸易与一般的国际货物买卖相比，具有两个基本特征：（1）以信贷为前提条件；（2）以设备技术供应方承诺回购设备进口方的产品或劳务为必备条件，两个条件缺一不可。

二是注意与来料加工、来样定做、来件装配的区别。所谓“三来一补”，按现行的国际经济法理论，包括来料加工、来样定做、来件装配和补偿贸易，其中“三来”是对外加工装配的别称，是指国外的定作人向国内的承揽人提供原材料、元器件、零配件、辅助材料或必要的技术设备，由承揽人加工生产后将成品交给定作人，承揽人收取相应费用的一种国际经济技术合作方式。“三来一补”是国际贸易的一种特殊形式，“三来”性质上属于国际加工承揽合同，而“一补”即本案由所指的补偿贸易，其带有国际易货贸易的本质特征。

125. 借用合同纠纷

【释义】

借用合同，又称“使用借贷合同”，是指出借人定期或不定期地将出借物无偿交给借用人使用，借用人在一定期限内或使用完毕后返还给出借人的合同。借用合同标的物是特定物、不可消耗物。

借用合同是实践合同，自交付借用物时合同成立。借用合同是单务、无偿合同、不要式合同。

【管辖】

借用合同属于无名合同，法律没有关于借用合同管辖的特殊规定，适用《民事诉讼法》关于合同纠纷管辖的一般规定，即当事人按照《民事诉讼法》第 34 条规定约定了管辖协议，按照合法有效的管辖协议确定管辖，反之按照《民事诉讼法》第 23 条规定由被告住所地或合同履行地人民法院管辖。

【法律适用】

借用合同为无名合同，《民法典》及有关司法解释对借用合同均无明文规定，故应当按照《民法典》第 467 条的规定，适用合同编通则的规定，并可以参照适用合同编或者其他法律最相类似合同的规定。此外，有些特别法律对特定类型的物品的借用作了专门规定。如《文物保护法》第 40 条、第 43 条、第 49 条，《文物保护法实施条例》第 30 条、第 31 条对借用文物这一特殊的借用关系作了较为详尽的规范。

【确定该案由应当注意的问题】

借用关系是实践中经常发生的一种法律关系，确定这一案由时应注意与类似合同的区别。借用合同与赠与合同同属无偿合同，区别在于赠与是变更标的物的所有权，不再返还原主；借用是转移标的物的占有、使用、受益权而不改变所有权，借用物最终要返还原主。借用合同与租赁合同同属暂时转移标的物的占有、使用、受益权的合同，区别在于租赁是有偿使用，借用是无偿使用。借用合同与借款合司同属借取关系，主要的区别在于所借对象不同，借款的对象是货币，借用的对象是物品。

126. 典当纠纷

【释义】

典当是指当户将其动产、财产权利作为当物质押或者将其房地产作为当物抵押给典当行，交付一定比例费用，取得当金，并在约定期限内支付当金利息、偿还当金、赎回当物的行为。

典当的一方主体必须是依法设立的典当行。所谓典当行，是指依法设立的专门从事典当活动的企业法人，其组织形式与组织机构适用《公司法》的有关规定。

典当应当采取书面形式，即由典当行出具当票。当票是典当行与当户之间的借贷契约，是典当行向当户支付当金的付款凭证。典当行和当户就当票以外事项进行约定的，应当补充订立书面合同，但约定的内容不得违反有关法律、法规和本办法的规定。

【管辖】

典当关系属于复合法律关系，是借贷关系与担保关系的有机结合，此点在确定管辖时尤其应当注意。一般而言，典当纠纷可以按照合同纠纷确定关系，即适用《民事诉讼法》关于合同纠纷管辖的一般规定，即当事人按照《民事诉讼法》第34条规定约定了管辖协议，按照合法有效的管辖协议确定管辖，反之按照《民事诉讼法》第23条规定由被告住所地或合同履行地人民法院管辖。但如果是房屋的典当，构成物权纠纷的，应当按照《民事诉讼法解释》第28条的规定由不动产所在地法院专属管辖。

另外，典当纠纷属于金融纠纷，在北京、上海发生的典当纠纷，应由中级人民法院一审的，由相应的金融法院管辖。

【法律适用】

《民法典》对典当没有作出专门规定。此前，《最高人民法院关于贯彻执行〈中华人民共和国民法通则〉若干问题的意见（试行）》及个别批复中曾有部分简单的规定，现有关司法解释均已废止。故目前典当业务的具体规则主要依据商务部、公安部2005年发布的《典当管理办法》。

【确定该案由应当注意的问题】

如前所述，典当法律关系是复合法律关系，即借贷关系与担保关系混合在一起，彼此之间发生有机的结合，没有主次之分，并且应当适用统一的典当法律规则来处理。而一般借贷与担保法律关系之间是两个法律关系，借贷关系是主法律关系，担保关系属于从法律关系，原则上借贷合同的效力会影响到担保合同的效力，另外借贷合同法律关系主要适用《民法典》合同编的有关规定，而其担保合同主要涉及《民法典》物权编等有关规定。作为具有我国悠久历史特色的一项法律制度，尽管《民法典》对典当法律制度没有规定，但这类法律关系如上述分析具有特殊性，应当适用统一的法律规则来处理，这类纠纷在社会生活中也较为常见，因此，将其列为第三级案由。

127. 合伙合同纠纷

【释义】

合伙合同是指两个以上的合伙人为了共同的事业目的，订立的共享利益、共担风险的协议。

合伙合同具有以下特征：（1）合同主体的数量限制，合伙人应当在两个以上。一般的合同往往可以区分为双方当事人（一方当事人可以是多人），通过要约承诺实现对应的意思表示一致而成立。而合伙合同则往往是多方当事人，作出共同的意思表示（共同开展事业，共享利益、共担风险）而成立。因此，在一般合同中往往存在权利义务对应关系，一方的权利对应另一方的义务。而在合伙合同中，除另有约定，各方合伙人之间往往承担同样的权利义务，如都有出资义务、债务承担义务，都有表决、执行、监督和盈余分配权利，都遵循同样的入伙、退伙规则。合伙人之间的权利差别主要是由出资额不同所带来的。（2）合伙合同的目的性特征。合伙人订立合伙合同是为了开展共同事业，实现共同利益。共同事业可以是营利性事业，也可以是非营利性事业。共同的利益可以是经济利益，也可以是其他利益。（3）合伙合同的收益风险负担。合伙人共享合伙经营之利益，共担合伙经营之风险。（4）合伙合同是继续性合同，只要共同目的未实现，合伙人也未一致同意解散合伙，所有合伙人都应当持续履行其义务。作为继续性合同，解除的效力不具有溯及力。（5）合伙合同是不要式合同。《民法典》未规定合伙合同的订立形式，这是与商事合伙的显著区别。《合伙企业法》第 14 条第 2 项规定，设立合伙企业应当有书面合伙协议。（6）合伙合同具有鲜明的人合性特征。合伙合同的成立是基于合伙人之间的相互信任，合伙人之间互为代理人、对合伙债务承担连带责任，不得擅自处分自己在合伙财产中的份额。

【管辖】

合伙合同纠纷适用《民事诉讼法》关于合同纠纷管辖的一般规定，即当事人按照《民事诉讼法》第 34 条规定约定了管辖协议，按照合法有效的管辖协议确定管辖，反之按照《民事诉讼法》第 23 条规定由被告住所地或合同履行地人民法院管辖。

【法律适用】

我国目前调整合伙合同的法律规范，主要是《民法典》合同编第 27 章合伙合同的规定。

【确定该案由应当注意的问题】

确定该案由应当注意与合伙企业纠纷相互区别。有关立法资料认为，《民法总则》删除《民法通则》关于“个人合伙”和“联营”的内容，主要考虑是作为商事主体的合伙企业由《合伙企业法》进行调整，而未成立合伙企业的民事合伙，则可以由《民法典》合同编进行规定。① 由此可见，《民法典》的合伙合同主要调整民事合伙，即当事人订立合伙合同，没有设立合伙企业的合伙。因此，当事人之间只订立合伙协议，但不登记为合伙企业的，相关的纠纷应适用合伙合同纠

---

① 参见黄薇主编：《中华人民共和国民法典释义（中）·合同编》，法律出版社 2020 年版，第 1749 页。

纷案由。当事人之间设立合伙企业发生的纠纷，适用合伙企业纠纷项下的“入伙纠纷”“退伙纠纷”“合伙企业财产份额转让纠纷”案由。

128. 种植、养殖回收合同纠纷

【释义】

种植、养殖回收合同是指一方提供技术指导、技术或者种苗产品（种子、动物家禽幼苗），甚至种植、养殖饲料，保证成品达到一定标准，另一方负责喂养、种植，成品由提供技术方保价回收的合同。

实践中，各地烟草公司为推广种烟新技术和调动农民种烟的积极性，普遍实行“合同种植”。具体采取的形式有：（1）签订“保值合同”，只要按技术员要求种植和管理，保证最低亩产收益，超出部分双方分成；（2）“返租倒雇”，技术员将农户土地返租，农户是雇工，依据技术员要求生产，农户除了得到土地租金外还可得到劳动报酬；（3）技术、资金承包，资金、技术投入归技术员，生产管理归农户，收入双方按比例分成。

【管辖】

种植、养殖回收合同纠纷适用《民事诉讼法》关于合同纠纷管辖的一般规定，即当事人按照《民事诉讼法》第34条规定约定了管辖协议，按照合法有效的管辖协议确定管辖，反之按照《民事诉讼法》第23条规定由被告住所地或合同履行地人民法院管辖。

【法律适用】

种植、养殖回收合同是无名合同，处理种植、养殖回收合同纠纷的法律依据主要是《民法典》合同编中关于买卖合同、技术合同的规定。对于烟草种植回收合同纠纷，可以参照国家烟草专卖局于2007年1月12日颁布的《烟叶种植收购合同管理暂行办法》的相关规定。

【确定该案由应当注意的问题】

确定本案由应当注意与买卖合同纠纷案由和农业技术服务合同纠纷案由相区分。种植、养殖回收合同往往是将买卖合同、技术服务合同等混合在一起。《民法典》没有规定这类合同，但在农村，存在大量的种植、养殖回收合同，因此，将其列为第三级案由，有利于法院审理这类案件。

129. 彩票、奖券纠纷

【释义】

彩票是指国家为筹集社会公益资金，促进社会公益事业发展而特许发行、依法销售，自然人自愿购买，并按照特定规则获得中奖机会的凭证。奖券一般是指除了彩票以外的有奖凭证，通常为经营者销售商品或提供服务，附带性地向购买者提供物品、金钱或者其他经济上的利益的凭证。

彩票、奖券性质上属于一种有价证券，设定并证明持票人、持券人有权取得一定的财产权利。彩票、奖券属于民法中“物”的范畴。当然，作为有价证券，该“物”的财产价值主要不体现为票券本身，而是体现为票券所记载、表彰的财产权利。换言之，和其他有价证券一样，彩票、奖券上存在两种权利：一是持券人对构成彩票、奖券的物质载体的所有权，即证券所有权；二是彩票、奖券所表现的权利，即证券权利。证券权利是以证券所有权为前提，离开了证券所有权也就没有证券权利。与其他有价证券不同之处在于，彩票、奖券表彰的证券权利是期待权；而其他有价证券表彰的证券权利是实有的权利，如持有提单即表明拥有商品所有权。彩票、奖券持有人的彩票、奖券所有权与中奖期待权合二为一。该有价证券是持有人取得、转移和行使权利的载体。有价证券权利的发生、移转和行使以证券的存在为前提。

彩票、奖券还是一种合同凭证，证明持有人与发行人之间的射幸合同关系。所谓射幸合同，是指一方当事人向对方支付对价，所获得的只是在合同成立时不能确定、也不必然发生的或然利益的合同。换言之，在射幸合同中，一方支付对价所获得的只是一种机会。这种或然利益的出现条件在合同成立时由双方当事人自由约定。但这种约定条件在嗣后能否真正出现，并不取决于当事人一方的愿望，这就使合同的法律效果带有很强的偶然性。

彩票、奖券合同是一种格式合同。彩票、奖券是向不特定的社会公众公开发行的。出于节省交易时间、提高交易效率的需要，发行方一般制定出一整套游戏规则，设定双方的权利义务，并记载在彩票、奖券票面。因此，彩票、奖券合同属于为重复使用而预先拟定，并在订立合同时未与对方协商的合同。

需要注意的是，彩票在我国受到严格管制。《彩票管理条例》第3条规定："国务院特许发行福利彩票、体育彩票。未经国务院特许，禁止发行其他彩票。禁止在中华人民共和国境内发行、销售境外彩票。"第8条规定："彩票发行机构申请开设彩票品种，应当经国务院民政部门或者国务院体育行政部门审核同意，向国务院财政部门提交下列申请材料：（一）申请书；（二）彩票品种的规则；（三）发行方式、发行范围；（四）市场分析报告及技术可行性分析报告；（五）开奖、兑奖操作规程；（六）风险控制方案。国务院财政部门应当自受理申请之日起90个工作日内，通过专家评审、听证会等方式对开设彩票品种听取社会意见，对申请进行审查并作出书面决定。"

【管辖】

彩票、奖券纠纷属于合同纠纷，根据《民事诉讼法》第23条的规定，因彩票、奖券纠纷提起的诉讼，由被告住所地或者合同履行地人民法院管辖。

【法律适用】

我国目前没有专门的法律规定直接调整彩票、奖券关系，彩票、奖券合同在性质上属于无名合同。故应当按照《民法典》第467条的规定，适用合同编通则的规定，并可以参照适用合同编或者其他法律最相类似合同的规定。

处理彩票、奖券纠纷的依据还有国务院2009年5月4日发布的《彩票管理条例》。

【确定该案由应当注意的问题】

从本质上来讲彩票业并不能创造价值，但作为一种社会资源重新配置的手段，彩票业已成为政府筹集社会公益资金的一个重要渠道，许多学者称其为“第二财政”。在彩票业快速发展的同时，与彩票相关的纠纷也随之增多，因此，将其列为第三级案由。

130. 中外合作勘探开发自然资源合同纠纷

【释义】

中外合作勘探开发自然资源合同是指外国企业依据中国法律同中

国企业合作进行石油等自然资源的勘探开发而订立的明确双方权利义务关系的合同。该合同当事人因合同的订立、履行、变更以及终止等产生的纠纷，就是中外合作勘探开发自然资源合同纠纷。

【管辖】

根据《民事诉讼法》第266条的规定，因在中华人民共和国境内履行的中外合作勘探开发自然资源合同发生纠纷提起的诉讼，由中华人民共和国法院管辖。当事人不能选择境外法院管辖此类纠纷案件。

在选择中国法院的前提下，此类纠纷的管辖适用合同纠纷管辖的一般规则。即如果当事人按照《民事诉讼法》第34条规定约定了合法有效的管辖协议，应当依照管辖协议确定管辖；反之按照《民事诉讼法》第23条规定由被告住所地或合同履行地人民法院管辖。

【法律适用】

处理中外合作勘探开发自然资源合同纠纷的法律依据主要是《民法典》合同编。根据《矿产资源法》第50条，外商投资勘查、开采矿产资源，法律、行政法规另有规定的，从其规定。因此，在法律、行政法规没有特别规定的情形下，中外合作勘探开发自然资源也应当遵守《矿产资源法》的有关规定。根据《民法典》第467条的规定，在中华人民共和国境内履行的中外合作勘探开发自然资源合同，适用中华人民共和国法律。当事人不能选择适用域外法。

有关石油勘探开发的合同纠纷，可以适用《对外合作开采海洋石油资源条例》（2013年修订）和《对外合作开采陆上石油资源条例》（2013年修订）。

【确定该案由应当注意的问题】

合作开发是国际上在自然资源领域广泛采用的一种经济合作方式，

其最大的特点是高风险、高投入、高收益。我国在石油资源开采领域的对外合作中都采用这种方式。我国《对外合作开采海洋石油资源条例》（2013 年修订）和《对外合作开采陆上石油资源条例》（2013 年修订），明确规定在维护国家主权和经济利益的前提下，允许外国企业参与合作开采中国的石油资源。中外合作开发一般都采用国际招标方式，外国企业可以单独也可以组成集团参与投标。中标者与中方签订中外合作勘探开发合同，确定双方的权利和义务，合同期限一般在 30 年以内。中外合作勘探开发合同经外经贸主管部门批准后生效，整个开发周期一般分为勘探、开发和生产三个阶段。在中外合作勘探开采自然资源过程中，中国政府对自然资源享有永久主权。中外合作双方一般是采取契约式合营，即并不组成一个具有法人资格的企业，而是在平等互利的基础上，按照中外合资勘探开发自然资源合同所规定的权利和义务进行合作，中外双方仍是两个独立的法人实体，双方之间仅为合同关系。实践中，由于这类合同发生的纠纷，在当事人向人民法院提起诉讼时，人民法院在有管辖权的情况下即应当立案受理，确定案由为中外合作勘探开发自然资源合同纠纷。

131. 农业承包合同纠纷

【释义】

农业承包合同是指发包方就开发、经营和利用本集体经济组织所有的自然资源和其他资产，以及依法取得使用权的国家资源，与承包方所签订的承包合同，以及各承包方之间所签订的转让、转包和互换承包经营标的物的合同。

【管辖】

农业承包合同纠纷适用合同管辖的一般规则，由被告住所地或者合同履行地人民法院管辖。

【法律适用】

处理农业承包合同纠纷的法律依据主要包括《民法典》《土地管理法》《农村土地承包法》《最高人民法院关于审理涉及农村土地承包纠纷案件适用法律问题的解释》等有关法律法规、司法解释的相关规定。

【确定该案由应当注意的问题】

2008 年《民事案件案由规定》确定该案由时主要依据《最高人民法院关于审理农业承包合同纠纷案件若干问题的规定（试行）》第 38 条的规定（本规定适用于发包方就开发、经营和利用本集体经济组织所有的自然资源和其他资产，以及依法取得使用权的国家资源，与承包方所签订的承包合同，以及各承包方之间所签订的转让、转包和互换承包经营标的物的合同）。根据最高人民法院 2008 年 12 月 18 日发布的《关于废止 2007 年底以前发布的有关司法解释（第七批）的决定》，《最高人民法院关于审理农业承包合同纠纷案件若干问题的规定（试行）》已废止，其规定的农业承包合同的具体内容，近年来已经被《农村土地承包法》《土地管理法》以及《最高人民法院关于审理涉及农村土地承包纠纷案件适用法律问题的解释》细化、具体化，但考虑到实践中农业承包合同纠纷仍然存在，该案由还有适用余地，所以此次《民事案件案由规定》修改予以保留。

适用时还要注意与林业承包合同纠纷、渔业承包合同纠纷、牧业承包合同纠纷的区别。林业、渔业、牧业一般理解属于大农业的范围，在列举案由时，为了更加明确，作了区分。因此，原则上符合适用林业、渔业、牧业合同纠纷案由的情形的，可以优先适用该案由，无法适用上述三个案由的，可以归入农业承包合同纠纷案由。

132. 林业承包合同纠纷

【释义】

林业承包合同是指发包方就开发、经营和利用本集体经济组织所有的林业资源，以及依法取得使用权的国家林业资源，与承包方所签订的承包合同，以及各承包方之间所签订的转让、转包和互换承包经营标的物的合同。

【管辖】

林业承包合同纠纷适用合同管辖的一般规则，由被告住所地或者合同履行地人民法院管辖。

【法律适用】

处理林业承包合同纠纷的法律依据主要是《农村土地承包法》的相关规定。

【确定该案由应当注意的问题】

林业、渔业、牧业一般理解属于大农业的范围，在列举案由时，为了更加明确，作了区分。因此，分别列出了林业承包合同纠纷、渔业承包合同纠纷和牧业承包合同纠纷案由。

133. 渔业承包合同纠纷

【释义】

渔业承包合同是指发包方就开发、经营和利用本集体经济组织所有的渔业资源，以及依法取得使用权的国家渔业资源，与承包方所签订的承包合同，以及各承包方之间所签订的转让、转包和互换承包经营标的物的合同。

【管辖】

根据《民事诉讼法》的规定，因渔业承包合同纠纷提起的诉讼，由被告住所地或者合同履行地人民法院管辖。

【法律适用】

处理渔业承包合同纠纷的法律依据主要是《农村土地承包法》的相关规定。

【确定该案由应当注意的问题】

林业、渔业、牧业一般理解属于大农业的范围，在列举案由时，为了更加明确，作了区分。因此，分别列出了林业承包合同纠纷、渔业承包合同纠纷和牧业承包合同纠纷案由。

134. 牧业承包合同纠纷

【释义】

牧业承包合同是指发包方就开发、经营和利用本集体经济组织所有的牧业资源，以及依法取得使用权的国家牧业资源，与承包方所签订的承包合同，以及各承包方之间所签订的转让、转包和互换承包经营标的物的合同。

【管辖】

牧业承包合同纠纷适用合同管辖的一般规则，由被告住所地或者合同履行地人民法院管辖。

【法律适用】

处理牧业承包合同纠纷的法律依据主要是《农村土地承包法》的相关规定。

【确定该案由应当注意的问题】

林业、渔业、牧业一般理解属于大农业的范围，在列举案由时，为了更加明确，作了区分。因此，分别列出了林业承包合同纠纷、渔业承包合同纠纷和牧业承包合同纠纷案由。

135. 土地承包经营权合同纠纷

（1）土地承包经营权转让合同纠纷
（2）土地承包经营权互换合同纠纷
（3）土地经营权入股合同纠纷
（4）土地经营权抵押合同纠纷
（5）土地经营权出租合同纠纷

【释义】

农村土地承包合同是指以农村集体经济组织成员家庭承包或者不宜采取家庭承包方式的荒山、荒沟、荒丘、荒滩等农村土地以招标、拍卖、公开协商等方式，承包农民集体所有和国家所有依法由农民集体使用的耕地、林地、草地，以及其他依法用于农业的土地的合同。根据《农村土地承包法》的规定，能够设定土地承包经营权的土地只能是农村土地，而不包括城市的国有建设用地。农村土地主要有三类：一是农民集体所有的耕地、林地、草地。二是国家所有依法由农民集体使用的耕地、林地、草地。三是其他依法用于农业的土地，比如，养殖水面、菜地，还有用于农业的荒山、荒丘、荒沟、荒滩等“四荒地”。农村土地承包方式分为两种：一种是家庭承包，承包的对象是耕地、林地和草地；另一种是其他方式的承包，包括招标、拍卖、公开协商等承包方式，对象是荒山、荒沟、荒丘、荒滩等“四荒地”。

土地承包经营权转让合同是指农村土地承包人依法将农村土地承包经营权转让给他人经营而签订的合同。根据《农村土地承包法》的规定，经发包方同意，承包方可以将全部或者部分的土地承包经营权转让给本集体经济组织的其他农户，由该农户同发包方确立新的承包关系，原承包方与发包方在该土地上的承包关系即行终止。据此，转让土地承包经营权的条件为：（1）必须征得发包方同意。（2）转让方为承包方，受让方必须是本集体经济组织的其他农户。（3）受让方与发包方成立新的承包关系，转让方与发包方的原承包关系终止。（4）能够“转让”的范围，不包括以其他方式取得的土地承包经营权。

土地承包经营权互换合同是指农村土地承包人将通过家庭承包方式取得的农村土地承包经营权与他人互换而签订的合同。根据《农村土地承包法》第33条规定，承包方之间为方便耕种或者各自需要，可以对属于同一集体经济组织的土地的土地承包经营权进行互换，并向发包方备案。据此，承包方只能与属于同一集体经济组织的农户互换土地承包经营权，不能与其他集体经济组织的农户互换。互换后的土地承包经营权人要按照发包时确定的土地用途使用土地，不能改变土地用途。

土地经营权入股合同是指农村土地承包人将农村土地经营权作为股份加入其他经济组织进行经营而签订的合同。根据《民法典》的规定，土地承包经营权人可以自主决定依法采取出租、入股或者其他方式向他人流转土地经营权。通过招标、拍卖、公开协商等方式承包农村土地，经依法登记取得权属证书的，可以依法采取出租、入股、抵押或者其他方式流转土地经营权。因此，土地经营权入股合同的对象不限于之前以其他方式取得的“四荒地”等，还包括以家庭承包的方式取得的耕地、草地、林地等。由于法律的变化，本案由与之前的“土地承包经营权入股合同”案由相比，适用的范围更大。

土地经营权抵押合同是指农村土地承包人依法将农村土地经营权进行抵押而签订的合同。关于土地经营权抵押的问题，原《物权法》第184条规定，耕地、宅基地、自留地、自留山等集体所有的土地使用权，不得设定抵押权。2009年修正的《农村土地承包法》第49条规定，通过招标、拍卖、公开协商等方式承包的“四荒地”可以设定抵押权。因此，2011年《民事案件案由规定》中的土地承包经营权抵押权纠纷主要指的是“以招标、拍卖、公开协商等方式取得的四荒地土地承包经营权设定抵押权”。《民法典》第342条规定：“通过招标、拍卖、公开协商等方式承包农村土地，经依法登记取得权属证书的，可以依法采取出租、入股、抵押或者其他方式流转土地经营权。”这里所说的农村土地，主要是四荒地，进一步明确了四荒地承包人可以采取抵押方式流转土地经营权。因此，当事人可以就四荒地签订抵押合同。对于以家庭承包方式取得的土地承包经营权，承包人是否可以将土地经营权进行抵押呢？从《民法典》第339条的条文表述看，流转土地经营权可以依法采取“出租、入股或者其他方式”，这里的“其他方式”是否包括“抵押”？这需要进行体系解释。2018年的《农村土地承包法》第47条规定：“承包方可以用承包地的土地经营权向金融机构融资担保，并向发包方备案。受让方通过流转取得的土地经营权，经承包方书面同意并向发包方备案，可以向金融机构融资担保。担保物权自融资担保合同生效时设立。当事人可以向登记机构申请登记；未经登记，不得对抗善意第三人。实现担保物权时，担保物权人有权就土地经营权优先受偿。土地经营权融资担保办法由国务院有关部门规定。”另外，《民法典》第399条规定的不得抵押的财产中，删去了“耕地”，不再禁止，这为三权分置奠定了基础。因此，我们认为，以家庭承包方式取得的土地承包经营权，承包人可以将土地经营权进行抵押。对于实践中遇到的此类纠纷，可以适用本案由。

土地经营权出租合同是指农村土地承包人依法将农村土地经营权出租给他人经营而签订的合同。这里涉及的农村土地承包经营权取得的方式包括家庭承包方式和其他方式。

【管辖】

根据《民事诉讼法》及《民事诉讼法解释》第28条规定，因农村土地承包合同纠纷提起的诉讼，按照不动产纠纷确定管辖，即由不动产所在地人民法院管辖。

【法律适用】

处理土地承包经营权合同纠纷的法律依据主要是《民法典》物权

编关于“土地承包经营权”以及合同编的相关规定，《农村土地承包法》《农村土地承包经营纠纷调解仲裁法》《农村土地承包经营权证管理办法》以及《最高人民法院关于审理涉及农村土地承包纠纷案件适用法律问题的解释》等相关规定。

【确定该案由应当注意的问题】

本次案由修正，删去了“土地承包经营权转包合同纠纷”，对于因之前土地承包经营权转包合同引发的纠纷，适用第三级案由“土地承包经营权合同纠纷”；将“土地承包经营权入股合同纠纷”“土地承包经营权抵押合同纠纷”“土地承包经营权出租合同纠纷”依次修改为“土地经营权入股合同纠纷”“土地经营权抵押合同纠纷”“土地经营权出租合同纠纷”。相关内容也发生了一定变化，在适用时要注意。

农村土地承包经营权合同以及流转土地经营权而签订的合同，作为债权合同，其自身仍旧存在着围绕合同成立、效力、违约等产生的各种纠纷。人民法院在审理土地承包经营权纠纷案件，确定案由时，应根据当事人的诉讼请求和案件具体情况，正确适用本案由和土地承包经营权纠纷、土地经营权纠纷以及相关抵押权纠纷等案由。因土地承包经营权互换、转让合同以及土地经营权的流转合同效力引发的纠纷适用本案由。针对土地承包经营权和土地经营权的确认纠纷、物权保护纠纷，依次适用土地承包经营权纠纷、土地经营权纠纷。因土地经营权抵押权引发的纠纷，适用土地经营权抵押权纠纷。

136. 居住权合同纠纷

居住权合同是住宅所有权人与居住人之间为设立居住权而签订的合同。居住权是指居住人对他人所有住宅的全部或者部分机器附属设施，享有占有、使用的权利。居住权是《民法典》新增亮点内容，为切实实施《民法典》，《关于修改〈民事案件案由规定〉的决定》专门增加了“65. 居住权纠纷”和“136. 居住权合同纠纷”。

根据《民法典》的规定，居住权具有如下特征：（1）居住权是在他人住宅上设立的他物权。设立居住权是住宅所有权人处分自己财产的一种方式，居住权只能在他人所有的住宅上设立，不能在其他类型的房屋上设立。（2）居住权是一种新型用益物权。当事人之间可能基于抚养、扶养、赡养、租赁、借用等关系而享有居住他人住宅的权利，但是这种权利并非居住权，居住权具有物权的排他效力，是一种用益物权。（3）居住权是为特定自然人生活居住的需要而设定。居住权人是特定的自然人，法人或者其他组织不能享有居住权。此外，居住权人只能将享有居住权的住宅用于满足其生活居住的需要，设立居住权的住宅一般不得出租。居住权不得转让、继承。（4）居住权可以通过合同或者遗嘱的方式设立。当事人订立居住权合同是设立居住权最主要的形式，通过订立居住权合同设立居住权的，必须到登记机构申请居住权登记，居住权自登记时设立。住宅所有权人也可以以遗嘱的方式为他人设立居住权。司法实践中，也有通过司法裁判依法将居住权判给一些有特殊需要的人。（5）居住权人按照合同约定或者遗嘱内容对他人的住宅享有占有、使用的权利。

居住权合同一般包括下列条款：（1）当事人的姓名或者名称和住所。居住权合同的当事人一般为住宅的所有权人和居住权人。所有权人包括法人或者非法人组织。（2）住宅的位置。居住权合同中应当明确住宅的具体位置，以确定当事人设立居住权的住宅。一般情况下，合同中明确的住宅的位置应于住宅房屋产权证上的位置一致。（3）居住的条件和要求。设立居住权的合同应当尽可能清晰地确定当事人之间的权利义务关系。（4）居住权期限。居住权制度设立的初衷是为了赋予长期性居住的权利。但是，为了扩大居住权制度的适用性，《民法典》规定，当事人可以约定居住权期限，未对居住权期限作出约定的，居住权人死亡的，居住权消灭。（5）争议解决的方法等。

【管辖】

根据《民事诉讼法》的规定，居住权合同纠纷由被告住所地或者合同履行地人民法院管辖。如存在有效的协议管辖，则协议管辖有优先。

【法律适用】

处理居住权合同纠纷的法律依据主要是《民法典》合同编相关规定、物权编第 366 条至第 371 条。

【确定该案由应当注意的问题】

因居住权合同的订立、效力、履行等引发的纠纷案件，适用本案由。因居住权的设立、权属、使用、消灭等引发的民事纠纷，不适用本案由。

137. 服务合同纠纷

（1）电信服务合同纠纷
（2）邮政服务合同纠纷
（3）快递服务合同纠纷
（4）医疗服务合同纠纷
（5）法律服务合同纠纷
（6）旅游合同纠纷
（7）房地产咨询合同纠纷
（8）房地产价格评估合同纠纷
（9）旅店服务合同纠纷

（10）财会服务合同纠纷
（11）餐饮服务合同纠纷
（12）娱乐服务合同纠纷
（13）有线电视服务合同纠纷
（14）网络服务合同纠纷
（15）教育培训合同纠纷
（16）家政服务合同纠纷
（17）庆典服务合同纠纷
（18）殡葬服务合同纠纷
（19）农业技术服务合同纠纷
（20）农机作业服务合同纠纷
（21）保安服务合同纠纷
（22）银行结算合同纠纷

【释义】

服务合同是指服务提供者与服务接受者之间约定的有关权利义务关系的协议。服务合同的标的是提供服务而不是物的交付。服务合同的一方主体多为专门从事服务业的自然人、法人或者非法人组织。多数服务合同具有人身性质，即必须由提供服务的义务方亲自履行合同，而不得委托他人履行。根据服务内容不同，可将服务合同分为若干类。

电信服务合同是指电信运营公司向电信用户提供语音和文字通信、网络以及与上述业务相关的服务，用户向电信运营公司支付费用的双务有偿合同。电信服务合同的具体表现形式为载明电信经营者与用户之间权利与义务关系的合同、业务受理单、业务变更登记单等书面文件。具有以下法律特征：（1）技术性；（2）格式性；（3）产业性；（4）继续性；（5）垄断性；（6）纠纷微额性。《民法典》以及《电信条例》《电信用户申诉处理办法》等对通信服务合同进行了规范。

邮政服务合同是指明确邮政企业与用户之间相互权利义务关系的

协议，主要包括邮政普遍服务范围的邮件寄递、报刊发行、邮品买卖等合同。

快递服务合同是指明确经营快递业务的企业与寄件人之间权利义务关系的协议。邮政服务合同纠纷和快递服务合同纠纷是对原案由“邮寄服务合同纠纷”的修改细化。

医疗服务合同是指医疗机构与患者之间就明确相互权利义务关系的合同。在患者因医疗机构或医护人员的过错而产生损害时，存在违约责任、侵权责任竞合的现象，《民法典》总则编赋予了当事人选择权。《民法典》侵权责任编专设“医疗损害责任”一章对医疗侵权责任作出了规定。有关“医疗服务合同纠纷”与“医疗损害责任纠纷”两者之间的区别和适用问题，请参见“医疗损害责任纠纷”案由部分的解释。需要注意的是，医疗服务合同关系不同于消费关系，不能适用《消费者权益保护法》。由于近现代社会公司企业的发展和强势，消费者处于弱势，消费关系在价值取向上强调对消费者权益给予侧重保护。但医疗关系有不同于消费关系的特点。简言之，消费关系是纯粹的经济关系，一方花钱，另一方提供产品或服务，消费中追求结果的确定性。而医疗虽然也是服务，但医疗行为面对的确是极其复杂的个体的生命和健康，医学科学有太多的未知领域，这就决定了医疗中只能强调方法、手段的正确，而不能强调确定的结果。另外，医疗关系不同于经营者同消费者一对一的关系，还包括社会整体的医疗利益。

法律服务合同是指律师、律师事务所等专业人员和机构接受当事人委托，为当事人提供非诉讼法律帮助，明确双方权利义务的合同。《民法典》《律师法》《基层法律服务所管理办法》等对法律服务合同作了规范。民事诉讼中的当事人、法定代理人以及仲裁程序的当事人、法定代理人可以委托律师和其他代理人作为代理人参加民事诉讼或者仲裁活动，由此签订的合同则为诉讼、仲裁代理合同。

旅游合同是指旅行社等旅游服务机构与游客之间签订的明确双方权利义务关系的合同。旅游合同是综合性极强的合同，是混合合同。旅游行程中，既可能出现违约行为，也可能出现侵权行为；旅游合同中的法律责任也具有复合性，旅游合同主体既可能承担违约责任，也可能承担侵权责任。旅行社因过错行为导致旅游消费者在行、游、住、食、购、娱等方面人身或财产损失的，要承担法律责任。《民法典》《旅游法》《消费者权益保护法》《旅行社条例》《最高人民法院关于审理旅游纠纷案件适用法律若干问题的规定》等对旅游合同作了规范。

房地产咨询合同是指在房地产市场中房地产中介机构与客户签订的提供信息、技术和政策法规咨询服务并收取佣金的合同。《城市房地产管理法》对房地产咨询作出了规定。

房地产价格评估合同是指具有资质的房地产价格评估机构与客户签订的合同，提供对土地、建筑物、构筑物、在建工程、以房地产为主的企业整体资产、企业整体资产中的房地产等，以及因转让、抵押、城镇房屋拆迁、司法鉴定、课税、公司上市、企业改制、企业清算、资产重组、资产处置等需要进行的房地产价格评估服务。

旅店服务合同是指旅店向旅客和其他人员提供房屋住宿、设备和其他服务活动并向旅客或其他人员收取费用的协议。

财会服务合同是指注册会计师、注册审计师等专业财会人员及其所在机构与当事人之间约定的在提供审计服务、会计咨询、会计服务过程中的权利义务关系的合同。《会计法》《注册会计师法》等对财会服务合同作了规定。

餐饮服务合同是指餐饮服务机构和人员与消费者约定的一方提供食品（饮料）、消费场所和设施，另一方支付费用的合同。《食品安全法》《餐饮服务食品安全监督管理办法》等对餐饮服务合同作了规定。

娱乐服务合同是指娱乐场所提供歌舞、游艺等娱乐活动，消费者支付费用的合同。《消费者权益保护法》《娱乐场所管理条例》等对娱乐服务合同作了规范。

有线电视服务合同是指有线电视网络经营者与有线电视用户签订的由有线电视网络经营者提供有线电视服务、有线电视用户支付费用的合同。《有线电视基本收视维护费管理暂行办法》等对有线电视服务合同作了规范。

网络服务合同是指网络服务商给消费者提供通路以使消费者与因特网连线的中介服务或者提供内容服务的合同。根据网络服务商所提供服务内容的不同，可将其分为提供连线服务的网络服务商和提供内容服务的网络服务商。网络服务法律关系，一般是随着用户注册而建立起来的。用户注册实质上是一种服务合同缔结的过程。通常，服务合同都是由网络服务提供商事先拟定好的格式合同，当用户注册时，只要按照服务商确定的程序，浏览各项条款后，点击确认即可完成服务合同的缔结。注册过程，完全是通过互联网进行的，因此，注册的过程，即合同缔结方式，完全是电子化的。同时合同的表现形式也是数字化的电子文档。因此，网络服务合同成为完全在网络上完成的电子合同。作为一种合同关系，网络服务合同遵循《民法典》合同编的一般规则；同时，网络服务合同还有两个特殊性，一是典型的电子合同；二是格式合同。因此，在审理此类合同时要依据《民法典》的相关规定进行全面认定。

教育培训合同是指受教育者交纳学习培训费用到学校等培训机构接受教育，两者之间形成的一种民事法律关系。受教育者享有受教育培训的权利，同时负有交纳费用、遵守规章制度，配合教育培训机构教育培训的义务；学校等培训机构享有在符合相应法律法规前提下一定的教学自主权与对学生的管理权、收取学杂费的权利，同时负有按照相关教育法规以及与学生之间的约定为受教育培训者提供教学的义务。与技术培训合同不同，《最高人民法院关于审理技术合同纠纷案件适用法律若干问题的解释》第36条规定的“技术培训合同”，是指当事人一方委托另一方对指定的学员进行特定项目的专业技术训练和技术指导所订立的合同，不包括职业培训、文化学习和按照行业、法人或者非法人组织的计划进行的职工业余教育。

家政服务合同是指家政服务机构与家政服务人员之间、家政服务人员与家政服务对象之间、家政服务对象与家政服务机构之间达成的关于相互之间权利义务关系的合同。中国家政服务业已具规模，有些甚至已形成一定品牌，服务范围日益扩大，内部分工更加精细，服务内容开始分级，现代家政服务已不再是简单的传统意义上的保姆和用人，而是一项复杂的、综合的、高技能的服务工作。

庆典服务合同是指庆典服务机构与客户之间签订的提供各种庆祝礼仪式的服务合同。生活中常见的庆典包括婚姻、开业庆典等形式。2009年的《婚姻庆典服务》国家标准对婚姻庆典服务机构的服务程序、服务质量、安全卫生等提出了具体要求。

殡葬服务合同是指殡葬服务机构与客户之间签订的对死者遗体进行处理的服务协议。殡葬服务项目主要包括殡仪接待服务、遗体保存服务、遗体告别服务、遗体火化服务、骨灰安放服务、骨灰撒海服务等。国务院《殡葬管理条例》对殡葬活动进行了规范。

农业技术服务合同是指农业技术服务组织与农户等对象签订的以农业技术培训、农业技术指导和农业技术咨询等为内容的合同。提供农业技术服务的在我国一般是农业技术服务站派遣的农业技术人员。

农机作业服务合同是指农机作业单位与其服务的对象之间为按时、按质、按量完成农机作业任务而订立的协议。农机作业服务合同一般包括以下几部分内容：作业内容、作业标准及结算方式、签订合同双方的权利与义务、违约责任、发生纠纷的调解方式等。

保安服务合同是指保安服务公司与客户签订的以派出保安员为客户单位提供的门卫、巡逻、守护、押运、随身护卫、安全检查以及安全技术防范、安全风险评估等服务为内容的合同。根据国务院《保安服务管理条例》的规定，机关、团体、企业、事业单位招用人员从事的本单位门卫、巡逻、守护等安全防范工作，物业服务企业招用人员在物业管理区域内开展的门卫、巡逻、秩序维护等服务也属于保安服务的内容。

银行结算合同是指银行与客户签订的以提供信用收付代替现金收付业务的合同。银行结算业务即转账结算业务，是指通过银行账户的资金转移所实现收付的行为，即银行接受客户委托代收代付，从付款单位存款账户划出款项，转入收款单位存款账户，以此完成经济单位之间债权债务的清算或资金的调拨。《中国人民银行法》第 27 条规定："中国人民银行应当组织或者协助组织银行业金融机构相互之间的清算系统，协调银行业金融机构相互之间的清算事项，提供清算服务。具体办法由中国人民银行规定。""中国人民银行会同国务院银行业监督管理机构制定支付结算规则。"其他相关规定主要是中国人民银行发布的规章，包括《人民币银行结算账户管理办法》《人民币银行结算账户管理办法实施细则》等。

【管辖】

根据《民事诉讼法》的规定，因服务合同纠纷提起的诉讼，除当事人另有约定外，由被告住所地或者合同履行地人民法院管辖。

【法律适用】

处理服务合同纠纷的法律依据主要是《民法典》《律师法》《邮政法》《消费者权益保护法》《会计法》《注册会计师法》《食品安全法》《农业技术推广法》《电信条例》《旅游法》《旅行社条例》《中国公民出国旅游管理办法》《餐饮服务食品安全监督管理办法》《娱乐场所管理条例》《有线电视基本收视维护费管理暂行办法》《物业管理条例》《殡葬管理条例》《保安服务管理条例》《最高人民法院关于执行旅行社质量保证金问题的通知》等相关规定。

【确定该案由应当注意的问题】

服务业是随着社会化大生产和社会分工的发展，继商业之后产生的一个行业。随着城市的繁荣，居民的日益增多，服务业在经济活动中和人们的日常生活中占据越来越重要的地位。适应服务业发展的需要，服务合同在经济社会生活中普遍存在。由此，引发的争议也日益增多，因此，将其列为第三级案由。根据服务内容的不同和现行法律法规的规定，又单独列出了22类第四级案由，与买卖合同不同，服务合同的标的是服务产品，服务产品具有非实物性、不可储存性和生产与消费同时性等特征。适用服务合同案由时应注意上述区别。

此外，“物业服务合同纠纷”原是“120. 服务合同纠纷”项下的第四级案由。《民法典》合同编专章规定了“物业服务合同纠纷”，这也是《民法典》的亮点之一，关系社会民生，意义重大。本次修改案由规定将第四级案由“物业服务合同纠纷”升级为第三级案由，并按照《民法典》的编章顺序排列，具有典型宣示意义。

138. 演出合同纠纷

【释义】

演出合同是指演出组织者与表演者约定由表演者演出文艺节目等，演出组织者支付报酬的合同。表演者的主要义务是按照约定的时间、地点、场次、质量提供演出，并在因特殊原因不能按约定履行合同时及时通知演出组织者。演出合同具有人身属性，除合同另有特别约定外，表演者应按合同约定亲自演出，不能由他人代替。

【管辖】

因演出合同纠纷提起的诉讼，适用合同纠纷案件管辖的一般原则确定管辖法院。根据《民事诉讼法》的规定，除当事人另有约定外，由被告住所地或者合同履行地人民法院管辖。

【法律适用】

处理演出合同纠纷的法律依据主要是《民法典》合同编的相关规

定，《营业性演出管理条例》第25条、第27条、第47条、第49条以及《营业性演出管理条例实施细则》等规定。

【确定该案由应当注意的问题】

随着我国经济社会的发展和人民生活水平的提高，人民群众对于精神文化方面的需求日益提升，演艺活动的迅速增长，有利于丰富人民群众的文化生活，提升群众的获得感，但因演出活动引起的民事纠纷也日益增多，需要通过法律予以规范。2011年《民事案件案由规定》将演出合同纠纷列为第三级案由，本次修改案由规定，仍然将其列为第三级案由，以利于人民法院处理该类合同纠纷案件。

引起演出合同纠纷的原因主要有两种类型，一是演出组织者违反合同约定，损害表演者享有的合同权利引起的纠纷，主要为不按约定支付演出报酬等；二是表演者不按约定提供表演服务引起的纠纷，包括演出时间、地点、质量违反合同约定、由他人代为表演以及存在假唱、假演奏等虚假演出行为。需要注意的是，基于演出合同的人身属性，如表演者存在违约行为，一般不宜强制继续履行。

审判实践中，应注意区分本条与第146条第6项表演合同纠纷、第158条第24项侵害表演者权纠纷。表演合同纠纷指双方当事人为演奏乐曲、上演剧本、朗诵诗词作品等事项所订立的合同而发生的纠纷，属于著作权合同纠纷下的第四级案由。侵害表演者权纠纷，是侵害表演者依据《著作权法》第39条等规定享有的表演者权引起的纠纷，属于著作权权属、侵权纠纷下的第四级案由。本条规定的演出合同纠纷属于一般民事纠纷，适用普通合同纠纷管辖的规定，而表演合同纠纷、侵害表演者权属于知识产权纠纷，应当根据《最高人民法院关于审理著作权民事纠纷案件适用法律若干问题的解释》等规定确定管辖法院。

139. 劳务合同纠纷

【释义】

劳务合同是指提供劳务一方与接受劳务一方以书面、口头或者其他形式达成协议，由一方当事人提供劳务，另一方按照约定给付报酬的合同。劳务合同纠纷即为以一方当事人提供劳务为合同标的，在履行合同过程中，因劳务关系发生的纠纷。

【管辖】

因劳务合同纠纷提起的诉讼，适用合同纠纷案件管辖的一般原则确定管辖法院。根据《民事诉讼法》的规定，除当事人另有约定外，由被告住所地或者合同履行地人民法院管辖。

【法律适用】

处理劳务合同纠纷的法律依据主要是《民法典》合同编的相关规定。

【确定该案由应当注意的问题】

劳务合同的含义有广义和狭义的理解。有学者认为，根据给付的标的不同，合同可以分为三类，第一类是以财产为给付标的的合同，例如，买卖合同、赠与合同、借用合同；第二类是以劳务为给付标的合同，例如，承揽合同、委托合同、保管合同、雇佣合同；第三类是以共同从事一定工作为目的的合同，例如，合伙合同。第二类合同可以称为广义的劳务合同，即是指一切与提供活劳动服务（即劳务）有关的协议。广义的劳务合同大部分都已成为有名合同，受《民法典》合同编的调整，双方的具体权利义务都有明确的规定，如行纪、中介、保管、运输、承揽、建筑工程承包合同等。狭义的劳务合同仅指一般的雇佣合同，由民法来调整。本条规定的是狭义的劳务合同，即雇佣合同，是指双方当事人约定，在确定或不确定期间内，由一方向他方提供劳务，他方给付报酬的合同。

审判实践中，要注意劳务关系与劳动关系的区别：（1）调整的法律不同。企业和个体经济组织与劳动者之间的劳动关系，由《劳动法》和《劳动合同法》规范和调整。劳动法属于社会法的范畴，其立法宗旨是保护劳动者弱者的合法权益，在法律制度的设计上，突出对劳动者的保护。而劳务关系受民事法律规范调整，民法属于私法范畴，对当事人的权利予以平等保护。（2）主体资格不同。劳务关系的主体可以是两个自然人或者自然人与单位之间，劳动关系中的一方应是符合法定条件的用人单位，另一方必须是符合劳动年龄条件，且具有与履行劳动合同义务相适应的能力的自然人。（3）主体关系不同。劳动关系的双方主体间存在着经济关系，还存在着人身关系，即行政隶属关系，劳动者除提供劳动之外，还要接受用人单位的管理，服从其安排，遵守其规章制度等，成为用人单位的内部职工。但劳务关系的双方主体之间存在经济关系，不存在行政隶属关系，劳动者提供劳务服务，用人单位支付劳务报酬，各自独立、法律地位平等。（4）给付报酬的规定不同。劳动关系中，用人单位对职工有工资、奖金等方面的分配权利。用人单位向员工支付的工资应遵循按劳分配、同工同酬的原则，并遵守当地有关最低工资标准的规定。而劳务关系的报酬完全由双方当事人协商确定。（5）雇主的义务不同。劳务关系中，接受劳务一方可以不承担提供劳务一方的社会保险。例如，法律没有规定居民必须为其雇用的保姆缴纳社会保险。但在劳动关系中，为了保护劳动者的合法权益，法律法规对用人单位的义务作出强制性规定，如用人单位必须按照相关规定为职工购买社会保险等。（6）不履行合同的法律责任不同。劳务合同所产生的责任只有民事责任，不存在行政责任。而不履行劳动合同所产生的责任不仅有民事上的责任，还有行政上的责任，如用人单位支付劳动者的工资低于当地的最低工资标准，劳动行政部门限期用人单位补足低于标准部分的工资，拒绝支付的，劳动行政部门同时还可以对用人单位采取警告、罚款等行政处分。(7) 纠纷的处理方式不同。劳动关系的双方当事人发生劳动争议的，法律规定了处理劳动争议的特定程序，即调解、仲裁和诉讼。而因劳务关系发生纠纷的解决方式适用于民事争议的处理方式，当事人可以直接向人民法院提起民事诉讼。

140. 离退休人员返聘合同纠纷

【释义】

离退休人员返聘合同是指离退休人员在离退休后，离开工作岗位又被原单位返聘或者到其他单位工作签订的合同。离退休人员返聘合同纠纷是指离退休人员与用人单位因履行返聘合同发生争议引起的纠纷。

【管辖】

因离退休人员返聘合同纠纷提起的诉讼，适用合同纠纷案件管辖的一般原则确定管辖法院。根据《民事诉讼法》的规定，除当事人另有约定外，由被告住所地或者合同履行地人民法院管辖。

【法律适用】

处理离退休人员返聘合同纠纷的法律依据主要是《民法典》合同

编的相关规定。

【确定该案由应当注意的问题】

已享受养老保险待遇的离退休人员被再次聘用的，与用人单位不订立劳动合同，而是订立聘用协议，双方关系为劳务合同关系，受民法的调整。主要原因是：(1) 离退休人员不同于一般劳动者，其享有相应的社会生活保障，而一般劳动者不享有，法律没有必要对已有保障的离退休人员再提供额外的最基本保障。(2) 根据《劳动合同法》第44条第2项以及《劳动合同法实施条例》第21条的规定，劳动者达到规定的法定退休年龄后，劳动合同按照法律规定终止。在劳动者未达到法定退休年龄的时候，劳动合同出现其他法定终止的情形，劳动者依然可以与用人单位再次签订新的劳动合同。但是当劳动者达到法定退休年龄后，则不能再签订新的劳动合同。《最高人民法院关于审理劳动争议案件适用法律若干问题的解释（三）》（法释〔2010〕12号，已废止）第7条也规定，用人单位与其招用的已经依法享受养老保险待遇或领取退休金的人员发生用工争议，向人民法院提起诉讼的，人民法院应当按劳务关系处理。按照上述规定，劳动者达到法定退休年龄之后返聘或至其他单位工作继续提供劳务的，不应再适用劳动法律调整，双方建立的是劳务合同关系。

原劳动部《关于实行劳动合同制度若干问题的通知》第13条规定，已享受养老保险待遇的离退休人员被再次聘用时，用人单位应与其签订书面协议，明确聘用期内的工作内容、报酬、医疗、劳保待遇等权利和义务。离退休人员与用人单位应当按照聘用协议的约定履行义务，聘用协议约定提前解除书面协议的，应当按照双方约定办理，未约定的，应当协商解决，离退休人员聘用协议的解除不能依据《劳动法》第28条执行。双方因履行返聘合同发生争议，向人民法院提起诉讼的，人民法院应当按劳务关系处理。

141. 广告合同纠纷

【释义】

广告合同是指广告客户与广告经营者（含广告发布者，下同）之间、广告经营者与广告经营者之间确立、变更、终止广告承办或代理关系等的协议。

【管辖】

因广告合同纠纷提起的诉讼，适用合同纠纷案件管辖的一般原则确定管辖法院。根据《民事诉讼法》的规定，除当事人另有约定外，由被告住所地或者合同履行地人民法院管辖。

【法律适用】

处理广告合同纠纷的主要法律依据是《民法典》合同编以及《广告法》《广告管理条例》等相关规定。

【确定该案由应当注意的问题】

广告合同包括设计合同、拍摄合同、制作合同、发布合同、委托调查合同、代理合同等类型，其标的主要可以分为两类：一类是广告经营者根据广告客户的要求完成设计、拍摄、制作等工作成果；一类是广告经营者为广告客户完成广告发布、广告活动实施等行为。由于广告合同的标的一般表现为脑力劳动的成果，难以规定精确的标准。因此，双方当事人应当在合同中尽可能对质量条款作出具体的规定，并明确检验的标准和方法，以保证合同正确、全面地履行。根据《广告法》及《广告管理条例》的规定，广告合同为要式合同，双方当事人在签订合同时，应当注意以下问题：作为广告客户，应当首先审查广告经营者是否在工商行政管理机关核准登记注册、领有营业执照或广告经营许可证，是否具有承办或代理广告业务的经营范围。作为广告经营者，首先应当审查广告客户有无做广告和做某项内容广告的合法资格，并要求对方提供相应的证明文件，对没有合法资格以及不能提供证明文件的，不应与之签订合同。

142. 展览合同纠纷

【释义】

展览合同，实践中也称展会合同，是指一方与他方约定，由一方提供美术作品、摄影图片、书法碑帖、篆刻、古代和传统服饰、艺术收藏品、专题性文化艺术，以及物品、技术或者服务等，他方负责布展、展品运输、安全保卫以及其他具体展览事项并取得报酬的合同。

【管辖】

因展览合同纠纷提起的诉讼，适用合同纠纷案件管辖的一般原则确定管辖法院。根据《民事诉讼法》的规定，除当事人另有约定外，由被告住所地或者合同履行地人民法院管辖。

【法律适用】

处理展览合同纠纷的法律依据主要是《民法典》合同编的有关规定以及《国务院办公厅关于对在我国境内举办对外经济技术展览会加

强管理的通知》《国务院关于决定加入〈国际展览会公约〉的批复》《建设部关于展览会管理若干规定》等。

【确定该案由应当注意的问题】

审判实践中，在确定本案由时需要注意对合同内容进行审查，区分展览合同纠纷与租赁合同纠纷，如果一方当事人只是提供展览场地，由租赁展览场地的一方负责相关布展、推介、宣传等事宜，则此类案件实为租赁合同纠纷案件。

143. 追偿权纠纷

【释义】

追偿权纠纷包含两种情况，一是担保责任追偿权纠纷；二是合伙债务追偿权纠纷。

担保责任追偿权，又称为代位求偿权，是指为债务人提供担保的第三人，在承担了担保责任后，享有的向债务人追偿的权利。担保人只要按照担保合同的约定向债权人清偿或者依据法律规定向债权人承担赔偿责任后，即可取得对债务人的偿还请求权，即追偿权。《民法典》第392条规定，被担保的债权既有物的担保又有人的担保的，债务人不履行到期债务或者发生当事人约定的实现担保物权的情形，债权人应当按照约定实现债权；没有约定或者约定不明确，债务人自己提供物的担保的，债权人应当先就该物的担保实现债权；第三人提供物的担保的，债权人可以就物的担保实现债权，也可以请求保证人承担保证责任。提供担保的第三人承担担保责任后，有权向债务人追偿。《民法典》第700条规定，保证人承担保证责任后，除当事人另有约定外，有权在其承担保证责任的范围内向债务人追偿，享有债权人对债务人的权利，但是不得损害债权人的利益。在此基础上，《最高人民法院关于适用〈中华人民共和国民法典〉有关担保制度的解释》又对具体情形予以细化。比如，该解释第 13 条规定，同一债务有两个以上第三人提供担保，担保人之间约定相互追偿及分担份额，承担了担保责任的担保人请求其他担保人按照约定分担份额的，人民法院应予支持；担保人之间约定承担连带共同担保，或者约定相互追偿但是未约定分担份额的，各担保人按照比例分担向债务人不能追偿的部分。同一债务有两个以上第三人提供担保，担保人之间未对相互追偿作出约定且未约定承担连带共同担保，但是各担保人在同一份合同书上签字、盖章或者按指印，承担了担保责任的担保人请求其他担保人按照比例分担向债务人不能追偿部分的，人民法院应予支持。除前两款规定的情形外，承担了担保责任的担保人请求其他担保人分担向债务人不能追偿部分的，人民法院不予支持。

合伙债务追偿权是指清偿了合伙债务的合伙人对超过自己应当承担数额的部分向其他合伙人追偿的权利。《民法典》第 973 条规定，合伙人对合伙的债务承担连带责任。清偿合伙债务超过自己应当承担数额的合伙人，有权向其他合伙人追偿。《合伙企业法》第 40 条规定，合伙人由于承担无限连带责任，清偿数额超过根据法律规定的其亏损分担比例的，有权向其他合伙人追偿。两部法律都规定了合伙人内部的追偿权。

【管辖】

根据《民事诉讼法》的规定，因担保责任或合伙债务产生的追偿权纠纷提起的诉讼，由被告住所地或者合同履行地人民法院管辖。

【法律适用】

处理担保责任追偿权纠纷的法律依据主要是《民法典》物权编、

合同编，以及《最高人民法院关于适用〈中华人民共和国民法典〉有关担保制度的解释》。处理合伙债务追偿权纠纷的法律依据：一是《民法典》及最高人民法院司法解释中有关个人合伙及法人联营的规定；二是《合伙企业法》的相关规定。

【确定该案由应当注意的问题】

担保人行使追偿权需要以实际承担了担保责任为前提。由此可见，追偿权属于未来可行使的权利，其行使受一定条件制约，也可以称之为附条件的权利。担保人的追偿权行使范围以担保人实际承担的担保责任为限，所以，追偿权的权利范围在担保人实际承担责任前为不确定，并仅在实际承担责任时确定。但也有例外，当债务人进入破产程序后，担保人可以预先行使追偿权。担保人在实际承担责任前，即可以以未来应承担的责任为依据向人民法院申报债权，不以是否已实际承担责任为条件。担保人对反担保人行使追偿权与对债务人行使追偿权的条件相同，反担保人对担保人实际承担的债务承担反担保责任。因此，司法实务中，在担保责任追偿的情况下，适用追偿权纠纷案由时，既要注意本案由只适用于当事人单独就追偿权提起诉讼的情形，同时还应当审查原告是否履行了担保责任或具备提起追偿权之诉的法定条件。

在合伙债务追偿的情况下，适用追偿权纠纷案由注意与合伙协议纠纷案由、联营合同纠纷案由及合伙企业纠纷案由的区别。

十一、不当得利纠纷

不当得利纠纷是《民事案件案由规定》中的第二级案由。

144. 不当得利纠纷

【释义】

不当得利，是指没有法律上的根据而取得不当利益，造成他人损失的法律事实。不当得利纠纷是因不当得利的事实而引起的权利义务争议。根据《民法典》第118条第2款“债权是因合同、侵权行为、无因管理、不当得利以及法律的其他规定，权利人请求特定义务人为或者不为一定行为的权利”的规定，不当得利是债的发生原因之一，基于不当得利而产生的债称为不当得利之债。《民法典》第122条规定“因他人没有法律根据，取得不当利益，受损失的人有权请求其返还不当利益”，不当得利的事实发生后，依据法律规定，造成他人损失的一方，应将取得的不当利益返还受损失的人。不当得利的常见情形包括：一是民事法律行为不成立、无效及被撤销所产生的不当得利。二是履行不存在的债务所引起的不当得利。三是因合同解除产生的不当得利。四是基于受益人、受害人或第三人行为而产生的不当得利。五是基于事件而产生的不当得利。[①] 不当得利制度规范目的在于去除得利人无法律上原因而受有的利益。不当得利返还请求权与物权请求权、合同请求权、无因管理请求权、人身权请求权共同构成民法请求权体系。

构成不当得利的要件。《民法典》第985条规定：“得利人没有法

① 《中华人民共和国〈民法典〉总则编解读》，黄薇主编，中国法制出版社2020年版，第387页。

律根据取得不当利益的，受损失的人可以请求得利人返还取得的利益，但是有下列情形之一的除外：（一）为履行道德义务进行的给付；（二）债务到期之前的清偿；（三）明知无给付义务而进行的债务清偿”。根据该规定，构成不当得利的要件包括：

1. 得利人取得利益。不当得利制度目的在于使得利人返还没有法律根据取得的利益，因此，利益是认定不当得利的首要条件。不当得利中的利益应仅限于财产利益，不包括精神利益，这是因为精神利益既难以认定，也无法返还。财产利益包括积极利益和消极利益。积极财产利益指财产的增加，包括物权（所有权、用益物权、担保物权）的取得、占有的取得、知识产权的取得、财产权的扩张或强化（如添附而导致用益物权和担保物权范围的增加）、财产利益上负担的消灭、债务免除或减少；消极财产利益是指应减少而未减少的利益，包括应支出的费用未支出、应负担的债务未负担、本应在自己所有物上设定限制物权而未设定等。取得利益的方式，既包括法律行为，如将他人房屋出租获得租金；也包括事实行为，如耕种他人土地使土地权利人获益；还可能是自然事件，如遇洪水导致甲鱼塘中的鱼流入乙的鱼塘；可以是出于受损人的行为，如将他人的车辆误认为自己的车辆修理；也可以是因得利人的行为，如使用他人房屋而受益；还可能是第三人的行为，如丙用甲的建筑材料为乙修建房屋。[①]

2. 另一方受有损失。不当得利中“损失”的概念与侵权责任中“损害”的概念不同：侵权责任中的损害不仅包括财产损害，还包括精神损害，且仅包括直接损害，不包括间接损害；而不当得利中的损失仅指财产损失，不包括精神损害，且财产损失不仅包括现有财产的积极减少（直接损失），也包括财产本应增加而未增加（间接损失）。认定不当得利构成要件中的损失一般应采用具体、个别的标准，只要得利人是没有法律根据获得利益，即可认定对方有损失，而不依受损人的财产总额而定；但在确定返还范围时，应该考察受损人的总体财

① 最高人民法院民法典贯彻实施工作领导小组主编：《中华人民共和国民法典合同编理解与适用》，人民法院出版社2020年版。

产利益。在对利益进行具体、个别判断时，可不必在任何情况下都固守“利益”必须时个别具体财产利益的理论，在一定情况下承认在一个债的关系中两种给付的差额即为利益，例如，在合同解除无溯及力的情形下，当事人一方因未为对待给付或未为完全的对待给付而取得的力，没有法律根据，构成不当得利。

3. 存在因果关系，即一方取得利益与他方遭受损失是基于同一原因事实，他方的损失是因得利方取得利益造成的，二者之间存在牵连关系。

4. 得利人获得利益没有法律根据。没有法律根据在学理上又称为“无法律上的原因”“无原因”“无正当原因”“无合法根据”。《民法总则》及本条将《民法通则》的“没有合法根据”修改为“无法律依据”，是因为“合法依据”强调行为是否具有违法性，而不当得利的前提是没有“法律的规定和当事人的约定”，因此，将“合法根据”改为“法律根据”更为恰当。无法律根据包括自始无法律根据和嗣后丧失法律根据。“是否有法律根据”应依据法律规定和当事人之间的法律行为来判断，“无法律根据”应解释为无法律规定或缺乏基础的法律关系。给付型不当得利中“无法律根据”的具体形态包括：(1) 自始欠缺给付目的，如不知债务已经清偿仍履行、合同不成立、无效或被撤销、本拟出售甲物但误交付乙物等。(2) 为实现特定目的而给付，但该目的未能实现的，如附停止条件的债务，债务人误认为条件已成就而给付，但实际上条件尚未成就的。(3) 给付目的消灭，如在婚姻家庭关系中，订婚时交付聘礼，后婚约解除的；子女非其亲生，而误认为亲生加以抚养的。非给付型不当得利中“无法律根据”的具体形态包括：(1) 因得利人的事实行为造成的，如得利人未经他人同意占有、使用、消费他人财产或侵害他人知识产权、人身权而得利的，这种情况下可产生不当得利请求权和侵权损害赔偿请求权的竞合。(2) 因得利人的法律行为造成的。如无权处分中，善意受让人取得物的所有权，无权处分人因处分他人之物所得的利益，应对权利人负不当得利的返还义务，此时也可构成不当得利返还请求权和侵权损害赔偿请求权的竞合。又如得利人基于强制执行所获得的利益，因据以执行的法律文书被撤销，受损人可请求得利人返还不当得利。（3）因受损人的行为产生的不当得利，如误认为他人财产为自己财产而加工。（4）因第三人的行为而产生的不当得利，如债权人将其债权让与第三人，债务人不知债权让与而向债权人清偿。（5）因自然事件而产生的不当得利，如他人家畜进入自家院落。

具备上述构成要件，发生不当得利之债的后果，受损人依据不当得利之债所享有的权利，是不当得利返还请求权。

不构成不当得利之债的情形。按照《民法典》第985条规定，有下列情形之一的，不构成不当得利之债：一是，为履行道德义务进行的给付。如不具有法定赡养、抚养义务之间的亲属之间，为赡养、抚养而支出了生活费、医疗费等费用；又如，亲朋好友之间因结婚、生子而互送贺仪。为履行道德义务的给付在法律上构成不当得利，但得利人获益符合社会的一般道德观念，在法律效果上排除在不当得利的返还范围之外，受损人不得请求返还。基于道德义务的不当得利与赠与不同：赠与是明知自己无义务而为无偿的财产给付，不论其有无道德的义务；赠与是双方民事法律行为，双方当事人之间成立赠与合同法律关系，不当得利是事实行为，双方当事人之间形成不当得利法律关系。实践中，判断是否构成基于道德义务的给付时，应当综合考察给付是否符合社会道德观念、当事人之间的关系、给付发生的具体情境以及给付的标的物的价值等情形确定。为履行道德义务而为的给付，虽受领人无合法根据而获得利益，但给付人不得请求返还；二是，债务到期之前的清偿。债务人在债务履行期限届满前清偿债务，受领人受领并非无合法根据，而是基于合法的债权债务关系。并且这种清偿也发生债务消灭的后果，所以债务人清偿之后，为避免使法律关系复杂化，给付人不得以不当得利为由请求返还；三是，明知无给付义务而进行的债务清偿，即明知的非债清偿。如债务人对诉讼时效完成的债务本可以拒绝给付而故意给付时，推定其有意抛弃给付返还请求权，不能再请求返还。非债清偿是指一方对另一人没有给付义务而进行给付的情形。一方没有给付义务，即不存在债务，包括两种情形，一是债务自始不存在，即，给付人给付时不存在债务，如甲误认为其对乙的债务尚未清偿但事实上已履行完毕再次履行债务的；二是债务嗣后不存在，即，给付人给付时虽然有法律根据，但在给付后法律根据不存在的，如合同解除有溯及力的情况。受损人的给付是基于清偿债务的目的。明知的非债清偿是指明知没有债务而为给付，导致一方受损、另一方因此获利的。如甲出售某物给乙，在知道或应当知道其意思表示错误，有权撤销买卖合同的情况下，仍向乙交付标的物的，即为明知无债务的清偿。受损人明知没有债务、不存在给付义务，而向他人给付，应视为对自己权利的处分，这种情况不构成不当得利。当受损人在给付时不知无给付义务，误认为自己有给付义务的，则构成误认的非债清偿，仍产生不当得利的法律效果，受损人享有不当得利返还请求权。

【管辖】

根据《民事诉讼法》的规定，因不当得利纠纷提起的诉讼适用一般地域管辖，由被告住所地人民法院管辖；被告住所地与经常居住地不一致的，由经常居住地人民法院管辖。

【法律适用】

处理不当得利纠纷的法律依据主要包括《民法典》及有关司法解释。《民法典》第 122 条规定了民事主体享有不当得利返还请求权；《民法典》合同编第三分编第二十九章以第 985 条、第 986 条、第 987 条、第 988 条四个条文规定了不当得利的定义、不当得利的除外情形、善意受领人的返还责任、恶意受领人的返还责任，以及第三人的返还责任。需要注意的是，《民法典》虽未单独设立债权编，但《民法典》合同编第一分编规定了债的一般规则，这些规定不仅适用于合同之债，多数规定也适用于非因合同产生的债权债务关系，包括不当得利之债，基于此，《民法典》第468条规定："非因合同产生的债权债务关系，适用有关该债权债务关系的法律规定；没有规定的，适用本编通则的有关规定，但是根据其性质不能适用的除外。"

关于返还不当得利案件的诉讼时效。根据《最高人民法院关于审理民事案件适用诉讼时效制度若干问题的规定》（2020年12月29日修改）第6条规定，返还不当得利请求权的诉讼时效期间，从当事人一方知道或者应当知道不当得利事实及对方当事人之日起计算。

【确定该案由应当注意的问题】

不当得利制度规范的目的是去除得利人无法律上原因而受有的利益，而非在于赔偿受损人所受的损害，法律规定不当得利制度并不是要制裁受益人的"得利行为"，而是要纠正受益人"得利"这一不正常、不合理的现象。因此，在实践中判断不当得利请求权是否成立时，不需要考虑受益人是否有故意或过失其行为是否具有违法性。

在司法实践中还需要注意的是不当得利请求权与其他请求权之间的区别，比如，不当得利返还请求权与物权请求权中的原物返还请求权。原物返还请求权旨在恢复物的圆满状态，保护物权人的利益，原物返还请求权作为物权请求权的一种类型不能脱离物权而存在，不能转让，而不当得利返还请求权作为债权请求权，原则上是可以让与的；不当得利返还请求权的标的包括金钱、物、孳息等，而原物返还请求权的标的仅指物和物的孳息；原物返还请求权作为物权请求权的一种类型，原则上不受诉讼时效之限制，不当得利返还请求权作为债权请求权的一种类型，应当适用诉讼时效。

十二、无因管理纠纷

无因管理纠纷是《民事案件案由规定》中的第二级案由。

145. 无因管理纠纷

【释义】

无因管理是指没有法定的或者约定的义务，为了避免他人的利益受损而自愿管理他人事务或者提供服务的行为。为他人进行管理或者服务的人称为管理人，事务被管理的一方当事人被称为本人，因本人一般从管理事务中受益，所以又称受益人。无因管理纠纷是指因无因管理这一事实行为而引起的权利义务争议。根据《民法典》第118第2款“债权是因合同、侵权行为、无因管理、不当得利以及法律的其他规定，权利人请求特定义务人为或者不为一定行为的权利”的规定，无因管理是债的发生原因之一，基于无因管理而产生的债称为无因管理之债。无因管理虽为事实行为，但所管理的事务可以是事实行为，也可以是法律行为。根据《民法典》第121条“没有法定的或者约定的义务，为避免他人利益受损失而进行管理的人，有权请求受益人偿还由此支出的必要费用”的规定，管理人在没有法定义务或约定义务的情况下，主观上有为避免他人利益受损而管理他人事务之意思，且客观上实施了管理他人事务之行为的，有权请求受益人偿还因管理事务而支出的必要费用。

无因管理的构成要件包括：（1）管理人对于他人事务既没有法定义务也没有约定义务。无因管理中的“因”是指法律规定或约定的义务，无因管理成立的前提条件是“无因”，即管理人对于他人事务既没有法定也没有约定义务。管理人管理事务不论是履行法定义务，还是履行约定义务，均不构成无因管理。(2) 管理人具有为他人管理事务且将管理行为产生的利益归属于他人的意思。误将他人事务作为自己事务加以管理，自己的事务当作他人的事务进行管理或明知为他人事务，仍作为自己事务而管理的情形都属于不真正无因管理，因欠缺无因管理所必需的“为他人管理事务”的主观要件而不能构成无因管理。管理人是否具有为他人管理的意思，应当从管理人所实施管理行为的目的、方式、效果等因素综合判断。管理人具有避免他人利益损失而进行管理的主观动机且管理行为所取得的利益最终归受益人所有。从动机上看，只要管理人有维护他人利益的意思即可，并不要求管理人仅仅只为了维护他人的利益。在很多情况下，管理人实施管理他人事务的行为既维护了他人利益，也维护了自身利益，管理人维护自身利益的动机并不影响无因管理的成立，比如，邻居房屋失火而实施救助，虽有防止火势蔓延至自家房屋的考虑，但救火行为亦是为避免他人利益受损，构成无因管理。(3) 管理人实施了管理他人事务的行为。管理行为应是积极的作为，纯粹的不作为很难认定为无因管理。无因管理的成立并不要求管理行为切实为他人取得实际利益，管理人具有为他人管理事务的意思且实施了管理事务的行为即可成立无因管理，至于管理行为是否成功，在所不问。

根据《民法典》第979条的规定，管理行为是否符合本人的真实意愿并非无因管理构成要件之一，而是判断管理行为是否适当的标准之一。自愿原则是民法的基本原则之一，对于民事主体处分自己权利的意愿，应当充分尊重，如果管理人的管理行为明显违背了本人真实意愿的，不应构成无因管理。如某甲搬家将旧物品丢弃在垃圾站，某乙认为该物品还有利用价值，将其捡回快递给甲，并支付快递费。在这样的情况下，某乙明知或应当知道某甲真实意愿为抛弃旧物，其捡回旧物并付费邮寄给甲的管理行为明显违背甲的真实意愿，不得行使无因管理请求权。需要注意的是，在某些情况下，如果本人意思违反法律或者违背公序良俗的，管理人实施不符合本人真实意愿的管理行为也可以构成无因管理。如某甲突发急症危及生命，但因迷信而明确表示拒绝就医，某乙为维护某甲生命健康而违背甲的意愿将其送至医院，并垫付费用。这种情形下，乙送甲就医并支付费用的行为虽违背甲的真实意愿，但不影响无因管理的成立。

无因管理的法律效果。无因管理的法律效果包括两方面：一是管理人因管理行为而支出的必要费用，有权请求受益人偿还。所谓必要费用，是指一个理性的管理人在实施合理的管理行为时所付出的必要且合理的费用。判断支出费用是否必要费用，应根据实施管理行为时客观情况确定，不能依事后的情况来判断。二是管理人因管理行为而受到的损失，有权请求受益人适当补偿。这里的损失是管理人在支出必要费用之外所受到的损失，限于因管理行为而给管理人造成的实际发生的损失，不包括可得利益损失，以防止管理人借此变相索取报酬，有违无因管理鼓励社会公众之间相互帮助的制度目的。

【管辖】

根据《民事诉讼法》第 21 条的规定，因无因管理纠纷提起的诉讼，适用一般地域管辖，即对公民提起的民事诉讼，由被告住所地人民法院管辖，被告住所地与经常居住地不一致的，由经常居住地人民法院管辖。

【法律适用】

处理无因管理纠纷的法律依据主要是《民法典》及有关司法解释。《民法典》第 121 条规定了民事主体享有无因管理请求权；《民法典》合同编第三分编第二十八章以第 979 条、第 980 条、第 981 条、第 982 条、第 983 条、第 984 条分别规定了无因管理的定义、不构成无因管理但受益人享有管理利益时的法律适用、管理人适当管理义务、管理人通知义务、管理人报告和交付义务，以及受益人追认的法律效果。需要注意的是，《民法典》未单独设立债权编，由合同编通则代行债权编功能，根据《民法典》第468条规定，合同编通则有关规定也适用于非因合同产生的债权债务关系，包括无因管理之债，但是根据其性质不能适用的除外。

【确定该案由应当注意的问题】

关于管理人是否应当具备行为能力。《民法典》并未明确规定无因管理是否要求管理人具有行为能力。从法律性质上看，通说认为，无因管理是事实行为，因此，并不要求管理人具有行为能力，无民事行为能力人或者限制民事行为能力人只要具备管理事务的能力，能够辨别是为了他人利益而实施管理行为，就可以成立无因管理。

关于无因管理与委托合同的衔接。现实中很多情况下，无因管理和委托合同是存在衔接关系的：在没有法定义务的前提下，如果民事主体之间存在委托合同，一方委托另一方管理事务，即另一方负有约定义务，此时另一方管理他人事务的行为不构成无因管理；但是随着委托合同终止，另一方在不存在法定义务和约定义务的前提下继续管理他人事务的，则继续管理他人事务的行为可能构成无因管理。也就是说，很多情况下，委托终结之时即是无因管理开始之时。反过来，无因管理在特定情形下也可能转化为委托合同关系，如管理人在开始管理他人事务后及时通知了本人，本人授权管理人继续管理的，则可能构成委托合同关系。

第五部分　知识产权与竞争纠纷

《民事案件案由规定》的一大特点是将知识产权与竞争纠纷一并作出规定，共同作为第一级案由，包括与知识产权有关的合同纠纷和权属、侵权纠纷以及不正当竞争、垄断纠纷等。这主要是考虑知识产权作为《民法典》规定的与物权、债权等平行的一类民事权利，在社会生活和司法实践中的地位和作用日益重要和凸显，有关案件审理中往往会涉及知识产权专业性问题，而且经过多年的司法实践，积累了成熟丰富的审判经验，对知识产权与竞争纠纷的处理已经相对比较集中统一而且自成体系。

从广义上讲，我国知识产权法律体系主要是由知识产权专门法与《反不正当竞争法》中的知识产权条款所构成；而竞争法则是由《反不正当竞争法》和《反垄断法》架构而成的。不管具体如何分类，知识产权法与竞争法，无论是在法学理论上，还是在国际条约和各国的立法与实践中，都是紧密相关和相辅相成的，可谓“孪生姐妹”，在调整对象或者说规范范围上有所交叉。竞争法在专利、商标、著作权等知识产权专门法律提供的特别保护之外，对于知识产权提供附加的补充性保护，同时也在一定程度上规制知识产权滥用。特别是，我国《反不正当竞争法》第 6 条、第 8 条 ~ 9 条和第 11 条 ~ 12 条的规定直接属于知识产权保护条款。而《反垄断法》则具有直接规制滥用知识产权和排除、限制竞争的行为的功能。考虑到竞争法与知识产权保护的紧密相关性以及我国竞争法本身的体系性，在案由基本归类上，将各类不正当竞争纠纷和垄断纠纷统一纳入知识产权纠纷作为第一级案由，同时将与知识产权合同纠纷和知识产权权属、侵权纠纷并列，设置了“知识产权合同纠纷”“知识产权权属、侵权纠纷”和“不正当竞争纠纷”“垄断纠纷”4 个第二级案由，并相应设置了 40 个第三级案由和125个第四级案由，与2011年《民事案件案由规定》相比都有所增加。

另外，本次修正将2011年《民事案件案由规定》第十部分“适用特殊程序案件案由”项下“三十八，申请诉前停止侵害知识产权案件”中涉及知识产权临时措施的案件列入本部分案由，即“170. 因申请知识产权临时措施损害责任纠纷”，并新增了3个四级案由。

十三、知识产权合同纠纷

《民事案件案由规定》延续了2011年《民事案件案由规定》关于知识产权合同纠纷项下第三级案由的设置，首先考虑按照不同类型的知识产权进行设置，其次考虑了现行立法中与知识产权有关的合同的规定，共设置了12个第三级案由。在知识产权合同纠纷项下按照不同类型的知识产权分列著作权合同纠纷、商标合同纠纷、专利合同纠纷、植物新品种合同纠纷、集成电路布图设计合同纠纷、商业秘密合同纠纷、技术合同纠纷、特许经营合同纠纷、企业名称（商号）合同纠纷、特殊标志合同纠纷、网络域名合同纠纷和知识产权质押合同纠纷等第三级案由；考虑到《民法典》合同编对原《合同法》关于技术合同规定的吸收和《商业特许经营管理条例》的规定，将技术合同纠纷和特许经营合同纠纷仍列为第三级案由。

按照《民法典》和《最高人民法院关于审理技术合同纠纷案件适用法律若干问题的解释》以及惯常理解，专利合同、植物新品种合同、集成电路布图设计合同、商业秘密合同中的技术秘密合同、著作权合同中的计算机软件合同，往往都涉及技术内容，应当归入技术合同，但考虑到知识产权合同纠纷案由划分的科学性、系统性和司法统计的实用性以及过去确定有关技术合同案由的传统，也为了避免案由交叉，《民事案件案由规定》将作为第三级案由的技术合同纠纷的范围作了进一步限缩性的规定，凡是能以其他知识产权合同纠纷确定案由的，就不适用技术合同纠纷案由。同时，《民法典》已将“技术许可合同”从“技术转让合同”中分立，故在第四级案由中增加了一项“技术许可合同”。

《民事案件案由规定》在“十三、知识产权合同纠纷”项下设置的第四级案由，既考虑了有关法律对各类知识产权合同内容的具体分类（如开发或者创作、转让、许可使用），也考虑了司法实践中案件量的多少和司法统计分析研究的需要，有的将本不属于同一分类层级的合同案由与上一层级分类案由并列。比如，技术开发合同本应直接与技术咨询和技术服务合同等并列，但为了统计需要，直接设置了技术委托开发合同、技术合作开发合同和技术转化合同纠纷 3 个第四级案由。根据许可使用（实施）方式，知识产权许可使用合同一般可以分为独占许可使用合同、排他许可使用合同、普通许可使用合同。但这种划分过细，考虑案由编排体系的统一性，《民事案件案由规定》未就此作出进一步的案由上的细化。

《民事案件案由规定》对商标使用许可合同纠纷、专利实施许可合同纠纷和植物新品种实施许可合同纠纷案由，依据《商标法》《专利法》和《植物新品种保护条例》的称谓采用了“商标使用许可”“专利实施许可”和“植物新品种实施许可”的概念，对企业名称（商号）使用合同纠纷使用了“企业名称（商号）使用”的概念。在其他知识产权许可使用合同纠纷案由中均采用了“许可使用”的概念。但这种称谓上的区别在本质上并无不同。

广义上的知识产权合同还应包括知识产权质押合同。对此，《民法典》对可以转让的注册商标专用权、专利权、著作权等知识产权中的财产权利出质问题都作出了明确规定，《民事案件案由规定》将其作为第三级案由。

146. 著作权合同纠纷

（1）委托创作合同纠纷
（2）合作创作合同纠纷
（3）著作权转让合同纠纷
（4）著作权许可使用合同纠纷
（5）出版合同纠纷
（6）表演合同纠纷
（7）音像制品制作合同纠纷
（8）广播电视播放合同纠纷
（9）邻接权转让合同纠纷
（10）邻接权许可使用合同纠纷
（11）计算机软件开发合同纠纷
（12）计算机软件著作权转让合同纠纷
（13）计算机软件著作权许可使用合同纠纷

【释义】

《全国人民代表大会常务委员会关于修改〈中华人民共和国著作权法〉的决定》于2020年11月11日通过，并于2021年6月1日起施行。在对一些案由的理解上，应当注意与修改后的《著作权法》的相关规定保持一致。

著作权合同纠纷是指当事人之间就著作权和与著作权有关的权利的归属、转让、许可使用等事宜所订立的合同而发生的纠纷。

委托创作合同纠纷是指当事人约定由委托人就特定作品委托他人创作，受托人按照约定完成作品创作所订立的合同而发生的纠纷。

合作创作合同纠纷是指两个以上的当事人以共同创作某一作品为目的所订立的合同而发生的纠纷。

著作权转让合同纠纷是指双方当事人就著作权中的一项或者多项财产权利转移给另一方所有所订立的合同而发生的纠纷。

著作权许可使用合同纠纷是指双方当事人就著作权中的一项或者多项财产权利许可另一方以约定的时间、范围、方式行使所订立的合同而发生的纠纷。

出版合同纠纷是指著作权人与出版者之间，就著作权的一项或多项权利，许可出版者使用所订立的合同而发生的纠纷。

表演合同纠纷是指双方当事人为演奏乐曲、上演剧本、朗诵诗词作品等事项所订立的合同而发生的纠纷。

音像制品制作合同纠纷是指双方当事人为制作录音、录像制品所订立的合同而发生的纠纷。

广播电视播放合同纠纷是指双方当事人为广播电台、电视台播放录音制品、录像制品等事项所订立的合同而发生的纠纷。

邻接权转让合同纠纷是指双方当事人就图书出版者、表演者、录音录像制作者及广播组织（广播电台、电视台）各自依法享有的与著作权有关的权利转移给另一方所有所订立的合同而发生的纠纷。

邻接权许可使用合同纠纷是指双方当事人就图书出版者、表演者、录音录像制作者及广播组织（广播电台、电视台）各自依法享有的与著作权有关的权利许可另一方以约定的时间、范围、方式行使所订立的合同而发生的纠纷。

计算机软件开发合同纠纷是指双方当事人就计算机软件开发等相关事宜达成的协议而发生的纠纷，包括就计算机软件的委托开发合同、合作开发合同而发生的纠纷。

计算机软件著作权转让合同纠纷是指双方当事人就计算机软件著作权中的一项或者多项财产权利转移给另一方所有所订立的合同而发生的纠纷。

计算机软件著作权许可使用合同纠纷是指双方当事人就计算机软件著作权中的一项或者多项财产权利许可另一方以约定的时间、范围、方式行使所订立的合同而发生的纠纷。

【管辖】

著作权合同纠纷本质上属于合同纠纷，应按照一般合同管辖确定管辖法院，即由被告住所地或者合同履行地人民法院管辖。同时，由于合同标的物所涉著作权的特殊性，最高人民法院对著作权合同纠纷级别管辖作出了特殊规定，即知识产权案件的受理必须遵守司法解释关于著作权案件指定管辖和级别管辖的相关规定。《最高人民法院关于审理著作权民事纠纷案件适用法律若干问题的解释》第2条规定，著作权民事纠纷案件，由中级以上人民法院管辖。各高级人民法院根据本辖区的实际情况，可以报请最高人民法院批准，由若干基层人民法院管辖第一审著作权民事纠纷案件。

【法律适用】

处理著作权合同纠纷的法律依据主要是《著作权法》第10条第2款和第3款、第26条~第30条、第32条~第39条、第42条~第48条、第61条的规定，《著作权法实施条例》第23条~第25条、第28条、第29条的规定，《计算机软件保护条例》第8条第2款和第3款、第18条~第22条的规定，以及《最高人民法院关于审理著作权民事纠纷案件适用法律若干问题的解释》第1条、第22条、第23条的规定。

【确定该案由应当注意的问题】

著作权合同是作品创作和版权交易中的常用的法律形式，文字、音乐、美术、摄影、视听、设计图纸、软件等作品都可以作为著作权合同的标的物。《著作权法》是调整著作权人及与著作权有关的权利人的权利义务关系的法律规范。所谓“与著作权有关的权利”在学术上和实践中普遍称为邻接权，也有人称之为相关权。为表述的简便，《民事案件案由规定》也采用邻接权这一概念。

广义的著作权合同应包括邻接权合同。邻接权合同包括：图书出版者就其出版的图书、期刊的版式设计与他人签订的合同；表演者就其现场表演许可他人通过各种方式传播、录音录像，并复制、发行录有其表演的录音录像制品签订的合同；录音录像制作者就其录音录像制品的复制、发行、出租、通过信息网络传播与他人签订的合同；广播组织（广播电台、电视台）就其播放的广播、电视节目转播，及将其播放的广播、电视节目复制与他人签订的合同。

因委托创作合同、合作创作合同、著作权转让和许可使用合同纠纷在实践中大量存在，故《民事案件案由规定》将其列为第四级案由。实践中，邻接权人特别是录音录像制作者因转让或者许可他人使用其制作的录音录像制品引发的合同纠纷也占了相当的比重，《民事案件案由规定》予以单列。计算机软件开发合同、计算机软件著作权转让与许可使用合同也具有典型性，《民事案件案由规定》也予以单列。

《著作权集体管理条例》还明确规定了一类著作权合同，即著作权集体管理合同。该条例第 19 条第 1 款中规定："权利人可以与著作权集体管理组织以书面形式订立著作权集体管理合同，授权该组织对其依法享有的著作权或者与著作权有关的权利进行管理。"所谓著作权集体管理，根据该条例第 2 条规定，是指著作权集体管理组织经权利人授权，集中行使权利人的有关权利并以自己的名义进行的下列活动：（1）与使用者订立著作权或者与著作权有关的权利许可使用合同；（2）向使用者收取使用费；（3）向权利人转付使用费；（4）进行涉及著作权或者与著作权有关的权利的诉讼、仲裁等。由于此类纠纷数量较少，《民事案件案由规定》未在著作权合同纠纷中单列著作权集体管理合同纠纷案由，留待以后条件成熟时再予以充实完善，与此有关案件案由可以直接确定为著作权合同纠纷。

147. 商标合同纠纷

（1）商标权转让合同纠纷
（2）商标使用许可合同纠纷
（3）商标代理合同纠纷

【释义】

商标合同纠纷是指当事人之间就商标的权利归属、转让、许可使用和商标代理等事宜所订立的合同而发生的纠纷。一般包括商标权转让合同纠纷、商标使用许可合同纠纷和商标代理合同纠纷。

商标权转让合同纠纷是指商标所有人与受让人就商标权的转让所订立的合同而发生的纠纷。

商标使用许可合同纠纷是指商标所有人与被许可人就商标的许可使用所订立的合同而发生的纠纷。商标使用许可合同包括独占使用许可合同、排他使用许可合同、普通使用许可合同。

商标代理合同纠纷是指商标所有人与商标代理人就办理商标注册申请及其他有关商标事宜所订立的合同而发生的纠纷。

【管辖】

商标合同纠纷实质上仍属于合同纠纷，因此，依照《民事诉讼法》第23条规定，因商标合同纠纷提起的诉讼，由被告住所地或者合同履行地人民法院管辖。

由于合同标的物所涉商标权的特殊性，最高人民法院对商标合同纠纷管辖作出了特殊规定，即知识产权案件的受理必须遵守司法解释关于商标案件指定管辖和级别管辖的相关规定。《最高人民法院关于审理商标案件有关管辖和法律适用范围问题的解释》第2条第3、4款规定，商标民事纠纷第一审案件，由中级以上人民法院管辖。各高级人民法院根据本辖区的实际情况，经最高人民法院批准，可以在较大城市确定1~2个基层人民法院受理第一审商标民事纠纷案件。

北京、上海、广州、海南自由贸易港辖区，商标合同纠纷案件的管辖又具有特殊性。《最高人民法院关于北京、上海、广州知识产权法院案件管辖的规定》第3条规定，北京市、上海市各中级人民法院和广州市中级人民法院不再受理知识产权民事和行政案件。因此，有关第一审商标合同纠纷的案件，在北京、上海、广州辖区，全部由当地高级人民法院指定的基层人民法院受理。依照上述规定第6条规定及《全国人民代表大会常务委员会关于设立海南自由贸易港知识产权法院的决定》第2条规定，当事人对北京、上海、广州知识产权法院所在市的基层人民法院、海南省辖区基层人民法院作出的第一审商标合同纠纷案件民事判决、裁定提起的上诉案件，由相应的北京、上海、广州、海南自由贸易港知识产权法院审理。

【法律适用】

处理商标合同纠纷的法律依据主要是《民法典》第123条的规定，《商标法》第42条、第43条的规定，《商标法实施条例》第5条、第31条、第32条的规定，《最高人民法院关于审理商标民事纠纷案件适用法律若干问题的解释》第3条、第19条、第20条的规定。另外，《最高人民法院关于审理商标案件有关管辖和法律适用范围问题的解释》第1条规定了人民法院受理的13项商标案件的类型。

【确定该案由应当注意的问题】

商标所有人以与他人签订合同的方式行使商标权是实践中常见的法律行为。因此，《民事案件案由规定》将商标合同纠纷列为第三级案由。依照我国现行的《商标法》及相关行政法规、部门规章的规定，注册商标权人对经国家市场监督管理总局商标局核准注册的商品商标、服务商标、集体商标、证明商标享有专用权，当事人之间以上述商标作为标的物签订的相关合同一般都属于商标合同。商标代理机构作为法律中介服务部门，可以根据商标所有人的授权行使代理权。

鉴于商标合同纠纷多因商标权转让合同和使用许可合同发生纠纷，故将其列为第四级案由。商标代理合同纠纷是近年来出现的一类纠纷，数量较大且有别于商标权转让合同和使用许可合同纠纷，所以《民事案件案由规定》予以单列。

148. 专利合同纠纷

（1）专利申请权转让合同纠纷
（2）专利权转让合同纠纷
（3）发明专利实施许可合同纠纷
（4）实用新型专利实施许可合同纠纷
（5）外观设计专利实施许可合同纠纷
（6）专利代理合同纠纷

【释义】

专利合同纠纷是指当事人就专利权或者专利申请权的转让、专利实施许可、专利代理等事项所订立的合同而发生的纠纷。

专利申请权转让合同纠纷是指当事人就专利申请权的转让所订立的合同而发生的纠纷。

专利权转让合同纠纷是指当事人就专利权的转让所订立的合同而发生的纠纷。

发明专利实施许可合同纠纷是指当事人就发明专利权的实施许可所订立的合同而发生的纠纷。

实用新型专利实施许可合同纠纷是指当事人就实用新型专利权的

实施许可所订立的合同而发生的纠纷。

外观设计专利实施许可合同纠纷是指当事人就外观设计专利权的实施许可所订立的合同而发生的纠纷。

专利代理合同纠纷是指专利代理机构作为受托人与委托人就办理专利申请或者办理其他专利事务所订立的合同而发生的纠纷。

【管辖】

在确定专利合同纠纷案件的管辖时要注意，四级案由下的各类专利合同纠纷管辖法院并不一致。法律、司法解释未作出明确规定的，如专利代理合同纠纷案件的管辖，因不属于专属管辖的范畴，鉴于其专业技术性并不特殊，在本质上属于服务合同，应按照一般合同管辖确定管辖法院，即依照《民事诉讼法》第 23 条规定，由被告住所地或者合同履行地法院管辖。且专利代理合同纠纷属于专利合同纠纷，应同时适用专利合同纠纷案件的管辖规定。其他专利合同纠纷案件，法律、司法解释作出明确规定的，则按照规定执行。

专利申请权转让合同纠纷、专利权转让合同纠纷、专利实施许可合同纠纷应当按照《最高人民法院关于审理技术合同纠纷案件适用法律若干问题的解释》第 43 条第 1 款至第 3 款的规定确定管辖，即一般由各地中级以上人民法院管辖，各高级人民法院根据本辖区的实际情况并报经最高人民法院批准，可以指定若干基层人民法院管辖第一审技术合同纠纷案件，其他司法解释对技术合同纠纷案件管辖另有规定的，从其规定；依照《最高人民法院关于适用〈中华人民共和国民事诉讼法〉的解释》（2020 年修正）第 2 条规定，即专利纠纷案件由知识产权法院、最高人民法院确定的中级人民法院和基层人民法院管辖。

对于北京、上海、广州、海南自由贸易港而言，专利合同纠纷案件的管辖，又有一定的特殊性。依照《最高人民法院关于北京、上海、广州知识产权法院案件管辖的规定》第 1 条规定，知识产权法院所在市辖区内有关专利合同纠纷第一审案件，全部由相应的北京、上海、广州知识产权法院管辖；依照上述规定第7条规定，当事人对北京、上海、广州知识产权法院作出的专利合同纠纷案件第一审判决、裁定提起的上诉案件和依法申请上一级法院复议的案件，由相应的北京、上海、广州知识产权法院所在地的高级人民法院知识产权审判庭审理，但依法应由最高人民法院审理的除外。另外，依照《全国人民代表大会常务委员会关于设立海南自由贸易港知识产权法院的决定》第2条规定，海南自由贸易港知识产权法院有权管辖海南省有关专利纠纷等专业性、技术性较强的第一审知识产权民事案件及海南省基层人民法院第一审知识产权民事判决、裁定的上诉案件，这其中包含专利合同纠纷。

依照《最高人民法院关于知识产权法庭若干问题的规定》，不服高级人民法院、知识产权法院、中级人民法院作出的发明专利、实用新型专利第一审民事案件判决、裁定而提起上诉的案件，由最高人民法院知识产权法庭审理。

【法律适用】

处理专利合同纠纷的法律依据主要是《民法典》第123条，《最高人民法院关于审理专利纠纷案件适用法律问题的若干规定》第1条规定，人民法院受理专利合同纠纷案件。

与专利申请权和专利权转让合同相关的规定是《专利法》第10条和《专利法实施细则》第14条，《民法典》第862条至第864条，《最高人民法院关于审理技术合同纠纷案件适用法律若干问题的解释》第3部分第22条至第24条。

与专利实施许可合同相关的规定是《专利法》第12条、第47条和《专利法实施细则》第14条，《民法典》第20章第3节第862条至第867、第870条至第875条，《最高人民法院关于审理技术合同纠纷案件适用法律若干问题的解释》第3部分第25条至第29条。

与专利代理合同相关的规定是《专利法》第18条和《专利代理

条例》第2条至第3条、第13条至第14条。

【确定该案由应当注意的问题】

本部分规定的专利合同纠纷，是指当事人就已经成果化和特定化的专利权、专利申请权所订立的合同发生的纠纷，包括与专利权、专利申请权有关的专利代理合同纠纷。《民法典》第862条规定："技术转让合同是合法拥有技术的权利人，将现有特定的专利、专利申请、技术秘密的相关权利让与他人所订立的合同。技术许可合同是合法拥有技术的权利人，将现有特定的专利、技术秘密的相关权利许可他人实施、使用所订立的合同。技术转让合同和技术许可合同中关于提供实施技术的专用设备、原材料或者提供有关的技术咨询、技术服务的约定，属于合同的组成部分。"第863条第1、2款规定："技术转让合同包括专利权转让、专利申请权转让、技术秘密转让等合同。技术许可合同包括专利实施许可、技术秘密使用许可等合同。"第877条规定："法律、行政法规对技术进出口合同或者专利、专利申请合同另有规定的，依照其规定。"这里明确出现了专利合同和专利申请合同的概念。《民事案件案由规定》为了实践操作的便利，将所谓的专利申请合同一并纳入专利合同纠纷案由。对于专利合同纠纷项下列举第四级案由的理解，需要注意以下一些问题：

专利申请权转让合同是指当事人就已经向国家知识产权局提出专利申请的技术成果所订立的涉及该成果的专利申请权转让的合同，对于就尚未成为专利申请的技术成果订立的有关成果权益整体转让的合同，应当作为技术秘密转让合同处理。也就是说，对于同一技术成果，在不同的阶段的转让，在法律上有不同的概念和定性。在尚未提出专利申请之前，属于技术秘密让与；在提出专利申请之后授予专利之前，按照专利申请权转让处理；在获得专利之后，作为专利权转让对待。

专利申请权转让合同包括发明专利申请权转让、实用新型专利申请权转让和外观设计专利申请权转让三种具体合同。同样，专利权转让合同也包括发明专利权转让、实用新型专利权转让和外观设计专利权转让三种具体合同。实践中，专利申请权转让合同和专利权转让合同并不是很多，因此，发生的纠纷也比较少，《民事案件案由规定》未就有关案由作出进一步的细化。

实践中大量的专利合同是专利实施许可合同，发生的纠纷也较多。为了司法统计分析研究的需要，《民事案件案由规定》未将专利实施许可合同纠纷与专利申请权转让合同纠纷和专利权转让合同纠纷平行列为第四级案由，而是直接按照《专利法》规定的三种专利，分列发明专利实施许可合同纠纷、实用新型专利实施许可合同纠纷和外观设计专利实施许可合同纠纷3个第四级案由。

需要注意的是，依照《民法典》第877条和《技术进出口管理条例》第2条的规定，涉及技术跨境转移的涉外专利权转让、专利申请权转让和专利实施许可合同纠纷，案由应当确定为技术进口合同纠纷或者技术出口合同纠纷。

《最高人民法院关于审理技术合同纠纷案件适用法律若干问题的解释》第29条第1款规定："当事人之间就申请专利的技术成果所订立的许可使用合同，专利申请公开以前，适用技术秘密许可合同的有关规定；发明专利申请公开以后、授权以前，参照适用专利实施许可合同的有关规定；授权以后，原合同即为专利实施许可合同，适用专利实施许可合同的有关规定。"因此，要注意根据当事人争议的法律事实发生时的技术成果的法律状态确定有关技术成果实施许可合同纠纷的案由。

要强调的是，涉及专利的合同除非合同主要权利义务是关于利用专利技术提供咨询、服务和培训，否则不应将有关争议确定为《民事案件案由规定》中的技术合同纠纷。

专利代理合同在本质上属于服务合同，但是由于专利代理本身的技术性和特殊性以及有关纠纷涉及审理的专业性，《民事案件案由规定》将这类合同纠纷统一归入知识产权纠纷案由。《专利代理条例》第2条规定："本条例所称专利代理，是指专利代理机构接受委托，以委托人的名义在代理权限范围内办理专利申请、宣告专利权无效等专利事务的行为。”凡是专利代理机构与委托人发生的需要适用该条例处理的合同纠纷，均应当作为专利代理合同纠纷确定案由。

149. 植物新品种合同纠纷

（1）植物新品种育种合同纠纷
（2）植物新品种申请权转让合同纠纷
（3）植物新品种权转让合同纠纷
（4）植物新品种实施许可合同纠纷

【释义】

植物新品种合同纠纷是指当事人之间就植物新品种育种、申请权和品种权转让、植物新品种许可使用等所订立的合同而发生的纠纷。

植物新品种育种合同纠纷是指当事人之间就人工培育或者对发现的野生植物加以开发，培育新的植物品种所订立的合同而发生的纠纷。

植物新品种申请权转让合同纠纷是指双方当事人就植物新品种的申请权转移给另外一方所有所订立的合同而发生的纠纷。

植物新品种权转让合同纠纷是指双方当事人就植物新品种权转移给另外一方所有所订立的合同而发生的纠纷。

植物新品种实施许可合同纠纷是指植物新品种权利人许可他人以商业目的生产或者销售授权品种的繁殖材料所订立的合同而发生的纠纷。

【管辖】

在确定植物新品种合同纠纷案件的管辖时要注意，四级案由下的各类植物新品种合同纠纷管辖法院并不一致。法律、司法解释未作出明确规定的，如植物新品种育种合同纠纷案件的管辖，因不属于专属管辖的范畴，应按照一般合同管辖确定管辖法院，即依照《民事诉讼法》第23条规定，由被告住所地或者合同履行地法院管辖。其他植物新品种合同纠纷案件，法律、司法解释作出明确规定的，则按照规定执行。

植物新品种申请权转让合同纠纷、植物新品种权转让合同纠纷第一审案件，依照《最高人民法院关于审理植物新品种纠纷案件若干问题的解释》（2020年修正）第1条、第3条规定，由知识产权法院，各省、自治区、直辖市人民政府所在地和最高人民法院指定的中级人民法院作为第一审人民法院审理。并且当事人对植物新品种纠纷民事、行政案件第一审判决、裁定不服，提起上诉的，由最高人民法院审理。

植物新品种实施许可合同纠纷案件，则应当依照《最高人民法院关于审理技术合同纠纷案件适用法律若干问题的解释》第43条第1款至第3款的规定确定管辖，即一般由各地中级以上人民法院管辖，各高级人民法院根据本辖区的实际情况并报经最高人民法院批准，可以指定若干基层人民法院管辖第一审技术合同纠纷案件。其他司法解释对技术合同纠纷案件管辖另有规定的，从其规定。

对于北京、上海、广州、海南自由贸易港而言，植物新品种权合同纠纷案件的管辖，又有一定的特殊性。依照《最高人民法院关于北京、上海、广州知识产权法院案件管辖的规定》第1条规定，知识产权法院所在市辖区内有关植物新品种合同纠纷第一审案件，全部由相应的北京、上海、广州知识产权法院管辖；依照上述规定第7条规定，当事人对北京、上海、广州知识产权法院作出的植物新品种合同纠纷案件第一审判决、裁定提起的上诉案件和依法申请上一级法院复议的案件，由相应的北京、上海、广州知识产权法院所在地的高级人民法院知识产权审判庭审理，但依法应由最高人民法院审理的除外。另外，依照《全国人民代表大会常务委员会关于设立海南自由贸易港知识产权法院的决定》第2条规定，海南自由贸易港知识产权法院有权管辖海南省有关植物新品种纠纷的第一审知识产权民事案件。

依照《最高人民法院关于知识产权法庭若干问题的规定》，不服高级人民法院、知识产权法院、中级人民法院作出的植物新品种第一审民事案件的判决、裁定而提起上诉的案件，由最高人民法院知识产权法庭审理。

【法律适用】

处理植物新品种合同纠纷的法律依据主要是《民法典》第123条和第876条、《植物新品种保护条例》第7条第2款和第9条、《植物新品种保护条例实施细则（农业部分）》第11条、最高人民法院《关于审理植物新品种纠纷案件若干问题的解释》第1条、第2条的规定。

【确定该案由应当注意的问题】

植物新品种合同是植物新品种培育、生产、销售和推广中最典型而且也是最基本的法律形式。所以，《民事案件案由规定》将植物新品种合同纠纷列为第三级案由。《植物新品种保护条例》对委托育种和合作育种、申请权和品种权的转让、植物新品种许可使用等作出了规定，《民事案件案由规定》也列举了相应的4个第四级案由。最高人民法院《关于审理植物新品种纠纷案件若干问题的解释》第1条规定了人民法院受理的植物新品种纠纷案件的18项类型，其中涉及《民事案件案由规定》案由的是第8项植物新品种申请权转让合同纠纷案件和第9项植物新品种权转让合同纠纷案件。

实践中，还存在一种植物新品种代理合同。植物新品种代理合同是委托人与植物新品种代理机构就办理植物新品种申请或者办理其他植物新品种事务达成的协议。对于植物新品种代理合同纠纷，《民事案件案由规定》未作出具体列举，但参照专利和商标代理合同纠纷的案由归类，也应当作为植物新品种合同纠纷受理。

对因职务育种完成人奖励报酬纠纷和育种完成人署名权、荣誉权奖励纠纷，按照案由确定规则并参照有关专利纠纷案由，应当确定为植物新品种权权属纠纷。

《最高人民法院关于审理技术合同纠纷案件适用法律若干问题的解释》中，对技术成果的内涵进行了界定，明确技术成果包括植物新品种。为保证植物新品种这种技术成果的合同纠纷准确适用法律，依照《民法典》第876条规定：植物新品种权等其他知识产权的转让和许可，参照适用本节的有关规定。

150. 集成电路布图设计合同纠纷

（1）集成电路布图设计创作合同纠纷
（2）集成电路布图设计专有权转让合同纠纷
（3）集成电路布图设计许可使用合同纠纷

【释义】

集成电路布图设计合同纠纷是指当事人就集成电路布图设计的创作、有关权利的转让和许可使用等内容所订立的合同而发生的纠纷。

集成电路布图设计创作合同纠纷是指当事人就集成电路布图设计的创作所订立的合同而发生的纠纷。包括委托创作合同纠纷和合作创作合同纠纷。

集成电路布图设计专有权转让合同纠纷是指当事人就集成电路布图设计专有权的转让所订立的合同而发生的纠纷。

集成电路布图设计许可使用合同纠纷是指当事人就集成电路布图设计的许可使用所订立的合同而发生的纠纷。

【管辖】

在确定集成电路布图设计合同纠纷案件的管辖时要注意，四级案由下的各类集成电路布图设计合同纠纷管辖法院并不一致。法律、司法解释未作出明确规定的，如集成电路布图设计创作合同纠纷案件的管辖，因不属于专属管辖的范畴，应按照一般合同管辖确定管辖法院。即依照《民事诉讼法》第 23 条规定，由被告住所地或者合同履行地法院管辖。且集成电路布图设计创作合同纠纷属于知识产权技术类合同纠纷，应同时适用知识产权技术类合同纠纷案件的管辖规定。其他集成电路布图设计合同纠纷案件，法律、司法解释作出明确规定的，则按照规定执行。

集成电路布图设计专有权转让合同纠纷第一审案件，依照《最高人民法院关于开展涉及集成电路布图设计案件审判工作的通知》第 1、2 条的规定，各省、自治区、直辖市人民政府所在地，经济特区所在地和大连、青岛、温州、佛山、烟台市的中级人民法院作为第一审人民法院审理。

集成电路布图设计许可使用合同纠纷案件，则应当依照《最高人民法院关于审理技术合同纠纷案件适用法律若干问题的解释》第 43 条第 1、2 款的规定确定管辖，即一般由各地中级以上人民法院管辖，各高级人民法院根据本辖区的实际情况并报经最高人民法院批准，可以指定若干基层人民法院管辖第一审技术合同纠纷案件。

对于北京、上海、广州、海南自由贸易港而言，集成电路布图设计合同纠纷案件的管辖，又有一定的特殊性。依照《最高人民法院关于北京、上海、广州知识产权法院案件管辖的规定》第 1 条规定，知识产权法院所在市辖区内有关集成电路布图设计合同纠纷第一审案件，全部由相应的北京、上海、广州知识产权法院管辖；依照上述规定第 7 条，当事人对知识产权法院作出的第一审判决、裁定提起的上诉案件和依法申请上一级法院复议的案件，由知识产权法院所在地的高级人民法院知识产权审判庭审理，但依法应由最高人民法院审理的除外。另外，依照《全国人民代表大会常务委员会关于设立海南自由贸易港知识产权法院的决定》第 2 条规定，海南自由贸易港知识产权法院有权管辖海南省有关集成电路布图设计纠纷的第一审知识产权民事案件。

依照《最高人民法院关于知识产权法庭若干问题的规定》第2条第1款规定，不服高级人民法院、知识产权法院、中级人民法院作出的集成电路布图设计第一审民事案件判决、裁定而提起上诉的案件，由最高人民法院知识产权法庭审理。

【法律适用】

处理集成电路布图设计合同纠纷的法律依据主要是《民法典》第123条，《最高人民法院关于开展涉及集成电路布图设计案件审判工作的通知》第1条列举了11项集成电路布图设计纠纷。其中，第2项是“布图设计专有权转让合同纠纷案件”，即《民事案件案由规定》在本条确定的案由；第1项和第3项涉及权属和侵权纠纷，见《民事案件案由规定》集成电路布图设计专有权权属、侵权纠纷；第4项涉及临时措施，见《民事案件案由规定》申请诉前停止侵害知识产权案件和申请诉前财产保全；第5项~第10项属于行政纠纷。

与集成电路布图设计创作合同相关的规定是《集成电路布图设计保护条例》第10条和第11条。

与集成电路布图设计专有权转让合同和许可使用合同相关的规定是《民法典》第876条、《集成电路布图设计保护条例》第22条和《集成电路布图设计保护条例实施细则》第10条第2款和第11条。

与集成电路布图设计代理合同相关的规定是《集成电路布图设计保护条例实施细则》第4条。

【确定该案由应当注意的问题】

集成电路布图设计相对而言是一类比较新型的知识产权。《民事案件案由规定》将涉及集成电路布图设计合同纠纷单列为一类知识产权合同纠纷，并在作为第三级案由的同时分列了3个四级案由。

《民法典》第876条规定，集成电路布图设计专有权等其他知识产权的转让和许可，参照适用本节的有关规定集成电路布图设计专有权、植物新品种权、计算机软件著作权等其他知识产权的转让和许可，参照适用本节的有关规定。该款规定只涉及集成电路布图设计转让和许可合同案件的法律适用问题，不涉及案由确定问题。除非合同主要权利义务是关于利用集成电路布图设计提供咨询、服务和培训，不应将有关争议确定为《民事案件案由规定》中的技术合同纠纷。

集成电路布图设计创作合同纠纷包括因合作创作和委托创作发生的合同纠纷，但涉及专有权权属纠纷的除外。对于当事人之间因集成电路布图设计专有权权属发生的争议，应当按照《民事案件案由规定》中集成电路布图设计专有权权属纠纷确定案由。

实践中，还存在一种集成电路布图设计代理合同。集成电路布图设计代理合同是委托人与集成电路布图设计代理机构就办理集成电路布图设计登记申请或者办理其他与集成电路布图设计有关事务达成的协议。对于集成电路布图设计代理合同纠纷，《民事案件案由规定》未作出具体列举，但参照专利和商标代理合同纠纷的案由归类，也应当作为集成电路布图设计合同纠纷受理。

151. 商业秘密合同纠纷

（1）技术秘密让与合同纠纷
（2）技术秘密许可使用合同纠纷
（3）经营秘密让与合同纠纷
（4）经营秘密许可使用合同纠纷

【释义】

商业秘密合同纠纷是指当事人就商业秘密整体权利的让与或者有关权利的许可使用所订立的合同而发生的纠纷。

技术秘密让与合同纠纷是指当事人就技术秘密整体权利的让与所

订立的合同而发生的纠纷。

技术秘密许可使用合同纠纷是指当事人就技术秘密的许可使用所订立的合同而发生的纠纷。

经营秘密让与合同纠纷是指当事人就经营秘密整体权利的让与所订立的合同而发生的纠纷。

经营秘密许可使用合同纠纷是指当事人就经营秘密的许可使用所订立的合同而发生的纠纷。

【管辖】

商业秘密合同纠纷本质上属于合同纠纷，在管辖问题上，原则适用《民事诉讼法》第 23 条关于合同纠纷管辖的规定，即因合同纠纷提起的诉讼，由被告住所地或者合同履行地人民法院管辖。但由于合同标的物为商业秘密，具有一定的特殊性，最高人民法院对商业秘密合同纠纷等知识产权案件的管辖作出了特殊规定，即知识产权案件的受理必须遵守最高人民法院关于指定管辖和级别管辖的相关规定。需要注意的是，根据《最高人民法院关于北京、上海、广州知识产权法院案件管辖的规定》《最高人民法院关于知识产权法庭若干问题的规定》，商业秘密要进一步区分技术秘密和经营秘密。技术秘密相关纠纷的一审管辖权原则上由中级人民法院受理或者高级人民法院确定的基层人民法院受理，部分地区为北京、上海、广州知识产权法院受理。与技术秘密相关纠纷的二审程序统一上诉到最高人民法院知识产权法庭，而经营秘密相关纠纷仍沿用原有的管辖确立上诉法院。

【法律适用】

处理商业秘密合同纠纷的法律依据主要是：《民法典》合同编第二分编第 20 章第 3 节和《最高人民法院关于审理侵犯商业秘密民事案件适用法律若干问题的规定》《最高人民法院关于审理技术合同纠纷

案件适用法律若干问题的解释》第3部分关于技术转让合同的规定。关于经营秘密让与合同和经营秘密许可使用合同，目前尚无明确的法律规定，根据《民法典》第467条的规定，应当适用《民法典》合同编第一分编通则的规定，并可以参照《民法典》合同编第二分编或者其他法律最相类似的规定。

关于商业秘密、技术秘密和经营秘密的概念的界定，主要有《反不正当竞争法》第9条第4款，即商业秘密是指不为公众所知悉、具有商业价值并经权利人采取相应保密措施的技术信息、经营信息等商业信息。《最高人民法院关于审理侵犯商业秘密民事案件适用法律若干问题的规定》第1条，即与技术有关的结构、原料、组分、配方、材料、样品、样式、植物新品种繁殖材料、工艺、方法或其步骤、算法、数据、计算机程序及其有关文档等信息，人民法院可以认定构成《反不正当竞争法》第9条第4款所称的技术信息。与经营活动有关的创意、管理、销售、财务、计划、样本、招投标材料、客户信息、数据等信息，人民法院可以认定构成《反不正当竞争法》第9条第4款所称的经营信息。前款所称的客户信息，包括客户的名称、地址、联系方式以及交易习惯、意向、内容等信息。以及《刑法》第219条第4款、《最高人民法院关于审理技术合同纠纷案件适用法律若干问题的解释》第1条第2款和《最高人民法院关于审理不正当竞争民事案件应用法律若干问题的解释》第9条至第11条。《与贸易有关的知识产权协定》第39条的规定也可以作为一种参考。

【确定该案由应当注意的问题】

世界贸易组织《与贸易有关的知识产权协定》第39条专门就"未披露信息的保护"作出了规定，实际上是通过国际条约明确将所谓的"未披露信息"作为一类知识产权来保护。所谓的"未披露信息"，在我国国内法上称为商业秘密。《民法典》本身并无商业秘密的概念，但对其中的技术秘密在第3编合同的第2分编第20章技术合同部分作出了规定，特别是其中规定的技术秘密转让合同，不仅包括技术秘密让与合同，也包括技术秘密许可使用合同，对整体权利的让与和许可使用进行了区分。根据《反不正当竞争法》第9条第4款和《刑法》第219条第3款的规定以及《最高人民法院关于审理侵犯商业秘密民事案件适用法律若干问题的规定》第1条，商业秘密包括技术信息和经营信息两大类。与技术有关的结构、原料、组分、配方、材料、样品、样式、植物新品种繁殖材料、工艺、方法或其步骤、算法、数据、计算机程序及其有关文档等信息，人民法院可以认定构成《反不正当竞争法》第9条第4款所称的技术信息。与经营活动有关的创意、管理、销售、财务、计划、样本、招投标材料、客户信息、数据等信息，人民法院可以认定构成《反不正当竞争法》第9条第4款所称的经营信息。前款所称的客户信息，包括客户的名称、地址、联系方式以及交易习惯、意向、内容等信息。根据《最高人民法院关于审理技术合同纠纷案件适用法律若干问题的解释》第1条第2款的规定，技术秘密是指不为公众所知悉、具有商业价值并经权利人采取保密措施的技术信息。《最高人民法院关于审理不正当竞争民事案件应用法律若干问题的解释》第9条~第13条也对商业秘密的构成要件作出了具体规定。

鉴于商业秘密作为一类知识产权的特殊性，对于商业秘密让与合同纠纷和许可使用合同纠纷，不适用《民事案件案由规定》中的技术合同纠纷案由，而应定为相应的技术秘密让与合同纠纷或者许可使用合同纠纷以及经营秘密让与合同纠纷或者许可使用合同纠纷。

技术秘密让与合同和经营秘密让与合同均涉及商业秘密整体权利的让与（即俗语所称买断或者卖断），即商业秘密的所有人发生转移。技术秘密许可使用合同和经营秘密许可使用合同中，商业秘密的所有人并不发生转移，而是商业秘密的所有人和经商业秘密所有人许可的商业秘密使用人之间就商业秘密许可使用内容所订立的合同。

关于因技术秘密跨境让与和使用合同发生的纠纷的案由确定，参见对《民事案件案由规定》专利合同纠纷和技术合同纠纷的相关解释。

152. 技术合同纠纷

（1）技术委托开发合同纠纷
（2）技术合作开发合同纠纷
（3）技术转化合同纠纷
（4）技术转让合同纠纷
（5）技术许可合同纠纷
（6）技术咨询合同纠纷
（7）技术服务合同纠纷
（8）技术培训合同纠纷
（9）技术中介合同纠纷
（10）技术进口合同纠纷
（11）技术出口合同纠纷
（12）职务技术成果完成人奖励、报酬纠纷
（13）技术成果完成人署名权、荣誉权、奖励权纠纷

【释义】

技术合同纠纷是指当事人就技术开发、转让、咨询或者服务订立的确立相互之间权利和义务的合同而发生的纠纷。

技术委托开发合同纠纷是指当事人一方即委托人向研究开发人支付研究开发经费和报酬，另一方即研究开发人接受委托就新技术、新产品、新工艺或者新材料及其系统进行研究开发并向委托人交付研究成果所订立的合同而发生的纠纷。

技术合作开发合同纠纷是指各方当事人共同就新技术、新产品、新工艺或者新材料及其系统进行研究开发，按照约定进行投资，并分工参与研究开发工作所订立的合同而发生的纠纷。

技术转化合同纠纷是指当事人之间就具有实用价值但尚未实现工

业化应用的科技成果包括阶段性技术成果，以实现该科技成果工业化应用为目标，约定后续试验、开发和应用等内容的合同而发生的纠纷。

广义上的技术转让合同是指合法拥有技术的权利人，包括其他有权对外转让技术的人，将现有特定的技术成果的相关权利让与他人，或者许可他人实施、使用所订立的合同。此处所称作为“技术转让合同纠纷”案由所涉及的技术转让合同，仅指合法拥有技术的权利人，将专利、专利申请、技术秘密、计算机软件、集成电路布图设计、植物新品种以外的其他现有特定的技术成果的相关权利让与他人或者许可他人实施、使用所订立的合同。

技术许可合同纠纷是指合法拥有技术的权利人，将现有特定的专利、技术秘密的相关权利许可他人实施、使用所订立的合同而发生的纠纷。

技术咨询合同纠纷包括就特定技术项目提供可行性论证、技术预测、专题技术调查、分析评价报告等合同而发生的纠纷。

技术服务合同纠纷是指当事人一方以技术知识为另一方解决特定技术问题所订立的合同而发生的纠纷，不包括建设工程合同纠纷和承揽合同纠纷。

技术培训合同纠纷是指当事人一方委托另一方对指定的学员进行特定项目的专业技术训练和技术指导所订立的合同而发生的纠纷，不包括职业培训、文化学习和按照行业、法人或者其他组织的计划进行的职工业余教育纠纷。

技术中介合同纠纷是指当事人一方以知识、技术、经验和信息为另一方与第三人订立技术合同进行联系、介绍以及对履行合同提供专门服务所订立的合同而发生的纠纷。

技术进口合同纠纷是指当事人就从中华人民共和国境外向中华人民共和国境内，通过贸易、投资或者经济技术合作的方式转移技术所订立的合同而发生的纠纷。

技术出口合同纠纷是指当事人就从中华人民共和国境内向中华人民共和国境外，通过贸易、投资或者经济技术合作的方式转移技术所订立的合同而发生的纠纷。

职务技术成果完成人奖励、报酬纠纷是指依据《促进科技成果转化法》以及《专利法》的规定，对职务技术成果完成人给予的奖励或者报酬而发生的纠纷。

技术成果完成人署名权、荣誉权、奖励权纠纷是指完成技术成果的个人为主张在有关技术成果文件上写明自己是技术成果完成者的权利和取得荣誉证书、奖励的权利而发生的纠纷。

【管辖】

技术合同纠纷在管辖问题上，原则适用《民事诉讼法》第 23 条关于合同纠纷管辖的规定，即因合同纠纷提起的诉讼，由被告住所地或者合同履行地人民法院管辖。

由于合同标的物所涉技术的特殊性，最高人民法院对技术合同纠纷管辖作出了特殊规定，即知识产权案件的受理需遵守司法解释关于指定管辖和级别管辖的相关规定。《最高人民法院关于审理技术合同纠纷案件适用法律若干问题的解释》第 43 条规定："技术合同纠纷案件一般由中级以上人民法院管辖。各高级人民法院根据本辖区的实际情况并报经最高人民法院批准，可以指定若干基层人民法院管辖第一审技术合同纠纷案件。其他司法解释对技术合同纠纷案件管辖另有规定的，从其规定。合同中既有技术合同内容，又有其他合同内容，当事人就技术合同内容和其他合同内容均发生争议的，由具有技术合同纠纷案件管辖权的人民法院受理。"

对于本条所列的各类技术合同纠纷，包括职务技术成果完成人奖励、报酬纠纷和技术成果完成人署名权、荣誉权、奖励权纠纷以及技术进出口合同纠纷，均应当按照《最高人民法院关于审理技术合同纠纷案件适用法律若干问题的解释》第 43 条第 1 款 ~ 第 2 款的规定确定管辖，即由具有一般的知识产权案件管辖权的中级人民法院受理。

【法律适用】

处理技术合同纠纷的法律依据主要是：与技术委托开发合同和技术合作开发合同以及技术转化合同相关的规定主要是《民法典》第3编第20章第1节～第2节和《最高人民法院关于审理技术合同纠纷案件适用法律若干问题的解释》第2部分的规定。

与技术转让合同相关的规定主要是《民法典》第3编第20章第3节和《最高人民法院关于审理技术合同纠纷案件适用法律若干问题的解释》第3部分的规定。

与技术咨询合同、技术服务合同、技术培训合同、技术中介合同相关的规定主要是《民法典》第3编第20章第4节和《最高人民法院关于审理技术合同纠纷案件适用法律若干问题的解释》第4部分的规定。

与技术进口合同和技术出口合同相关的规定主要是《民法典》第877条、《对外贸易法》第3章和《技术进出口管理条例》。

与职务技术成果完成人奖励、报酬相关的规定主要是《促进科技成果转化法》第44条以及《最高人民法院关于审理技术合同纠纷案件适用法律若干问题的解释》第2条至第5条。

与技术成果完成人署名权、荣誉权、奖励权相关的规定主要是《民法典》第849条以及《最高人民法院关于审理技术合同纠纷案件适用法律若干问题的解释》第6条。

【确定该案由应当注意的问题】

根据《民法典》第843条规定："技术合同是当事人就技术开发、转让、咨询或者服务订立的确立相互之间权利和义务的合同。"技术合同的标的是技术成果。根据《最高人民法院关于审理技术合同纠纷案件适用法律若干问题的解释》第1条第1款，技术成果是指利用科学技术知识、信息和经验作出的涉及产品、工艺、材料及其改进等的技术方案，包括专利、专利申请、技术秘密、计算机软件、集成电路布图设计、植物新品种等。

考虑到《民事案件案由规定》中有关知识产权合同纠纷案由的体系性，值得注意的是本条所称的技术合同纠纷不包括《民事案件案由规定》在知识产权合同纠纷部分其他案由项下规定的其他与技术有关的知识产权合同。即在其他知识产权合同纠纷中列明的与技术有关的知识产权合同纠纷，按照列明的知识产权合同纠纷确定案由。比如，除应当适用《技术进出口管理条例》的技术进出口合同之外，其他各类技术转让合同纠纷，根据所涉及的技术成果的知识产权类型，相应在各类知识产权合同纠纷项下确定案由。具体而言，计算机软件著作权转让和许可使用合同纠纷、专利申请权转让合同纠纷、专利权转让合同纠纷、三类专利实施许可合同纠纷、植物新品种申请权转让合同纠纷、植物新品种权转让合同纠纷和植物新品种实施许可合同纠纷、集成电路布图设计专有权转让合同纠纷、集成电路布图设计许可使用合同纠纷、技术秘密让与和许可使用合同纠纷，不适用本案由。考虑到技术成果构成的复杂性和知识产权未来发展的开放性，技术成果包括但不限于专利、专利申请、技术秘密、计算机软件、集成电路布图设计、植物新品种等已经明确的知识产权客体，不排除在这些客体之外还会有其他的可以权利化的技术成果存在或者在未来出现。因此，《民事案件案由规定》在“技术合同纠纷”项下保留了“技术转让合同纠纷”这一第四级案由，对于那些不能归类于专利、专利申请、技术秘密、计算机软件、集成电路布图设计、植物新品种合同和技术进出口合同的涉及其他技术成果的转让和许可使用而发生的合同纠纷，可以纳入这一兜底案由。

153. 特许经营合同纠纷

【释义】

特许经营合同纠纷是指拥有注册商标、企业标志、专利、专有技术等经营资源（知识产权）的企业（即特许人），将其拥有的经营资源许可其他经营者（即被特许人）使用，被特许人按照合同约定在统一的经营模式下开展经营，并向特许人支付特许经营费用的合同而引起的纠纷。

【管辖】

特许经营合同纠纷本质上属于合同纠纷，根据《民事诉讼法》第23条的规定，因合同纠纷提起的诉讼，由被告住所地或者合同履行地人民法院管辖。实践中，当事人往往对管辖问题作出约定，人民法院经审查合法有效的，不违反关于知识产权案件专属管辖和级别管辖规定的，可以按照约定确定管辖法院。

【法律适用】

处理特许经营合同纠纷的法律依据主要是《民法典》第467条和《民法典》合同编通则部分的相关规定，以及《商业特许经营管理条例》等法律、法规的相关规定。

【确定该案由应当注意的问题】

特许经营合同在我国是一种比较新型的合同类型。特许经营在实践中往往被称为加盟经营或者特许连锁。对于特许经营的类型和具体范围，各国认识并不完全一致。特许经营作为一种合同行为，在我国《合同法》上并没有作出明确界定，但作为一种市场经营行为，已经普遍存在而且有不断扩张、蓬勃发展的明显趋势。在我国，原国内贸易部曾于1997年11月14日颁布《商业特许经营管理办法（试行)》，2004年12月30日商务部令第25号发布了《商业特许经营管理办法》。2007年2月6日国务院令第485号发布了《商业特许经营管理条例》（自2007年5月1日起施行)，这个行政法规是我国目前专门规制特许经营的最高层级的规范性文件。

参照我国有关的行政法规并结合国外立法例和一些学术观点，特许经营应当具有如下特征：（1）特许人与被特许人之间为合同关系；(2）特许人向被特许人提供注册商标、企业标志、专利、专有技术等经营资源，并进行营业指导和援助；（3）在统一经营模式下从事经营活动（即被特许人服从特许人的控制)；（4）被特许人向特许人支付报酬；(5）两当事人是独立的经营者，被特许人依其自有资本进行经营，但并不排除特许人的资金支援。

虽然特许经营也被称为特许连锁，但并非连锁经营都构成特许经营，直营连锁因连锁店属于总部自有、非独立经营而不属于特许经营范畴。特许经营与特约经销、特约代理、独家经销（如特约店、代理店、专卖店）也有所不同。特许经营是总部将商标、商号、专利、经营诀窍等的使用许可和经营指导等作为组合提供给加盟店，由此获得加盟店支付的使用费。与此相反，特约店、代理店、专卖店是基于定型合同（格式合同)，就附有某一制造商商标的特定商品进行持续性地买入、再卖出，或者受其委托经销该产品。在特许经营中，必须要确保特许经营体系的统一性和产品、服务质量的一致性，即总部对加盟店的经营给予全面的指导、援助；在特约店、代理店、专卖店中，也有制造商对其进行指导、援助的，但这只不过是制造商附随商品的批发销售的二次行为，该行为自身通常不能请求支付使用费。

特许经营是一种合同行为，本质上属于民商事法律的调整范围。

特许经营的核心内容是涉及商标、商号、专利和专有技术等的许可使用问题。因此，对于因特许经营引发的纠纷，除了适用《民法典》合同编以外（尽管特许经营合同不属于《民法典》中的有名合同），一般情况下都会涉及《商标法》《专利法》《反不正当竞争法》等知识产权法律的适用问题，而其他相关法律多是偶尔或者附带涉及。可以说，因特许经营产生的纠纷一般情况下都是直接与知识产权有关的合同纠纷或者侵权纠纷。因此，《民事案件案由规定》将之列入知识产权合同纠纷。

154. 企业名称（商号）合同纠纷

（1）企业名称（商号）转让合同纠纷

（2）企业名称（商号）使用合同纠纷

【释义】

企业名称（商号）合同纠纷是指当事人之间就企业名称（商号）的转让、使用等所订立的合同而发生的纠纷。

企业名称（商号）转让合同纠纷是指当事人之间就企业名称（商号）的转让所订立的合同而发生的纠纷。

企业名称（商号）使用合同纠纷是指当事人之间就企业名称（商号）的使用所订立的合同而发生的纠纷。

【管辖】

企业名称（商号）合同纠纷本质上属于合同纠纷，根据《民事诉讼法》第23条的原则规定，因合同纠纷提起的诉讼，由被告住所地或者合同履行地人民法院管辖。实践中，当事人往往对管辖问题作出约定，人民法院经审查合法有效的，不违反关于知识产权案件专属管辖和级别管辖规定的，可以按照约定确定管辖法院。

【法律适用】

处理企业名称（商号）合同纠纷的法律依据主要是：《民法典》第110条第2款、《反不正当竞争法》第6条第1款第2项、《企业名称登记管理规定》第23条、《企业名称登记管理实施办法》第35条以及《商业特许经营管理条例》第3条第1款的规定。

【确定该案由应当注意的问题】

企业名称（商号）作为商业标识，是国际公认的一类知识产权。《保护工业产权巴黎公约》第8条规定："厂商名称应在本联盟一切成员国内受到保护，无须申请或注册，也不论其是否为商标的组成部分。"该公约第6条和第10条之2分别是关于商标和不正当竞争的规定。可见，该公约是将厂商名称（即企业名称或商号）与商标和不正当竞争作为平行的知识产权来对待的。

企业名称（包括其中的商号）也是我国法律确认的一类知识产权。根据经国务院批准发布的《企业名称登记管理规定》的规定，境内企业的企业名称经核准登记注册后方可使用，在规定的范围内享有专用权。2004年6月14日国家工商行政管理总局令第10号修订的《企业名称登记管理实施办法》也规定，境内企业自成立之日起享有名称权；外国（地区）企业名称，依据我国参加的国际公约、协定、条约等有关规定予以保护。也就是说，境内企业需要经过工商行政管理机关登记而取得企业名称权，而境外企业则要根据《保护工业产权巴黎公约》的规定在我国获得企业名称的保护。

根据《企业名称登记管理规定》第6条的规定，企业名称应当由以下部分依次组成：行政区划名称、字号（或者商号）、行业或者经营特点、组织形式。其中字号（或者商号）是企业名称的核心部分，也是真正需要受到法律保护的部分。因此，人们在习惯上提到企业名称的保护时就是指对商号的保护，但要注意，商号不能简单地等同于企业名称。

对于企业名称（商号）的保护，《民法典》第110条第2款、《反不正当竞争法》第6条第1款第2项以及《企业名称登记管理规定》等均有所规定。根据《民法典》第110条第2款的规定，法人、非法人组织享有名称权。《企业名称登记管理规定》第23条进一步明确，企业名称可以随企业或者企业的一部分一并转让。对于因企业名称的转让等合同发生的纠纷，应当确定为本条规定的企业名称（商号）合同纠纷。目前法律上已经明确企业名称可以依法转让，而对于企业名称能否许可他人使用，并无十分明确的法律规定。国家工商行政管理总局《关于对企业名称许可使用有关问题的答复》（工商企字〔2002〕第33号）认为，鉴于《民法通则》将企业名称权列在人身权范畴，企业不得许可他人使用自己的企业名称，更不得许可他人使用第三方的企业名称或未经核准登记的企业名称。然而，实际上，《商业特许经营管理条例》中规定的可以许可使用的作为企业经营资源的企业标志，至少可以说已经包括商号在内。企业名称（商号）使用合同在现实生活中实际存在，而且为数不少，不论这种合同的性质和效力如何认定，毕竟是一类客观存在的合同，而且不排除法律将来对此类合同的效力作出进一步的明确界定，对因此发生的纠纷在案由上应当有所反映。因此，《民事案件案由规定》在本案由下除了列举企业名称（商号）转让合同纠纷以外，也把企业名称（商号）使用合同纠纷列举为一项第四级案由。鉴于目前的立法现状，《民事案件案由规定》在此没有采用“企业名称（商号）许可使用合同”的概念，对于凡是因企业名称（商号）的使用行为而发生的合同争议，均可考虑确定为企业名称（商号）使用合同纠纷。另外，需注意本案由与第三级案由“名称权纠纷”进行区分，详见前文，不再赘述。

155. 特殊标志合同纠纷

【释义】

特殊标志合同纠纷是指特殊标志所有人就经国务院工商行政管理部门核准登记的特殊标志的经营使用等与他人所订立的合同而发生的纠纷。

【管辖】

特殊标志合同纠纷本质上属于合同纠纷，根据《民事诉讼法》第23条的原则规定，因合同纠纷提起的诉讼，由被告住所地或者合同履行地人民法院管辖。实践中，当事人往往对管辖问题有约定，人民法院经审查合法有效的，不违反关于知识产权案件专属管辖和级别管辖规定的，可以按照约定确定管辖法院。

【法律适用】

处理特殊标志合同纠纷的法律依据主要是《特殊标志管理条例》第13条、第14条，以及《奥林匹克标志保护条例》第2条~第10条和《世界博览会标志保护条例》第4条的规定。

【确定该案由应当注意的问题】

特殊标志合同也是一类比较新型的知识产权合同。目前，最重要、最著名的特殊标志是奥林匹克标志和世界博览会标志。根据国务院1996年公布的《特殊标志管理条例》第2条的规定，特殊标志是指经国务院批准举办的全国性和国际性的文化、体育、科学研究及其他社会公益活动所使用的，由文字、图形组成的名称及缩写、会徽、吉祥物等标志。该条例第21条还规定：“经国务院批准代表中国参加国际性文化、体育、科学研究等活动的组织所使用的名称、徽记、吉祥物等标志的保护，参照本条例的规定施行。”2018年修订的《奥林匹克标志保护条例》和2004年公布施行的《世界博览会标志保护条例》分别对奥林匹克标志和世界博览会标志的保护和使用作出了专门规定。《奥林匹克标志保护条例》第10条规定，取得奥林匹克标志权利人许可，为商业目的使用奥林匹克标志的，应当同奥林匹克标志权利人订立使用许可合同。被许可人应当在使用许可合同约定的奥林匹克标志种类、许可使用的商品或者服务项目、时限、地域范围内使用奥林匹克标志。该条例第12条规定，未经奥林匹克标志权利人许可，为商业目的擅自使用奥林匹克标志，或者使用足以引人误认的近似标志，即侵犯奥林匹克标志专有权，引起纠纷的，由当事人协商解决；不愿协商或者协商不成的，奥林匹克标志权利人或者利害关系人可以向人民法院提起诉讼，也可以请求市场监督管理部门处理。但特殊标志并不限于奥林匹克标志和世界博览会标志，其他全国性和国际性活动中所使用的标志依法也可以成为特殊标志。

特殊标志的权利人人是法定的，实践中一般不会发生特殊标志权利人的变更问题，因此，几乎不会有特殊标志转让合同，大量的是特殊标志许可使用合同。特殊标志许可使用合同是指特殊标志所有人就经国务院工商行政管理部门核准登记的特殊标志许可他人在国务院工商行政管理部门核准使用该标志的商品或者服务项目上使用该标志所订立的合同。《民事案件案由规定》未列举特殊标志许可使用合同纠纷为第四级案由，有关纠纷直接适用第三级案由“特殊标志合同纠纷”。

人民法院在处理特殊标志合同纠纷案件时，除了依据《民法典》第467条应当适用合同编通则以外，可以参照《商标法》《著作权法》《专利法》《反不正当竞争法》等知识产权法律的规定，也可以参照适用《特殊标志管理条例》《奥林匹克标志保护条例》和《世界博览会标志保护条例》的有关规定。当然，特殊标志作为一种标识性知识产权，在性质上更接近于注册商标。因此，必要时需要参照适用《商标法》的有关规定和标准。

156. 网络域名合同纠纷

（1）网络域名注册合同纠纷
（2）网络域名转让合同纠纷
（3）网络域名许可使用合同纠纷

【释义】

网络域名合同纠纷是指当事人之间就网络域名的注册、转让和使用等所订立的合同而发生的纠纷。

网络域名注册合同纠纷是指域名注册服务机构与域名注册申请者之间签订的域名注册协议而发生的纠纷。

网络域名转让合同纠纷是指域名持有者将其注册的网络域名转让给他人所订立的合同而发生的纠纷。

网络域名许可使用合同纠纷是指域名持有者将其注册的网络域名许可他人使用所订立的合同而发生的纠纷。

【管辖】

网络域名合同纠纷本质上属于合同纠纷，根据《民事诉讼法》第23条的原则规定，因合同纠纷提起的诉讼，由被告住所地或者合同履行地人民法院管辖。实践中，当事人往往对管辖问题有约定，人民法院经审查合法有效的，不违反关于知识产权案件专属管辖和级别管辖规定的，可以按照约定确定管辖法院。

【法律适用】

处理网络域名合同纠纷的法律依据主要是：《最高人民法院关于审理涉及计算机网络域名民事纠纷案件适用法律若干问题的解释》第1条～第7条，《互联网域名管理办法》第2条、第55条等和《中国互联网络信息中心域名注册实施细则》的相关规定。《最高人民法院关于审理涉及计算机网络域名民事纠纷案件适用法律若干问题的解释》第2条第2款规定，涉外域名纠纷案件包括当事人一方或者双方是外国人、无国籍人、外国企业或者组织、国际组织或者域名注册地在外国的域名纠纷案件。在中华人民共和国领域内发生的涉外域名纠纷案件，依照《民事诉讼法》第4编的规定确定管辖。

【确定该案由应当注意的问题】

网络域名能否作为单独一类知识产权，理论上有一定的争议，法律上目前也并未将网络域名作为一种民事权利加以明确规定。但实践中，已经普遍承认域名持有者（注册人）对之享有一定的民事权益，有关的纠纷一般也作为知识产权纠纷来处理。可以说，实际上已经将其作为知识产权来对待。

按照《互联网域名管理办法》的规定，网络域名是互联网络上识别和定位计算机的层次结构式的字符标识，与该计算机的互联网协议（IP）地址相对应。《最高人民法院关于审理涉及计算机网络域名民事纠纷案件适用法律若干问题的解释》第3条规定："域名纠纷案件的案由，根据双方当事人争议的法律关系的性质确定，并在其前冠以计算机网络域名；争议的法律关系的性质难以确定的，可以通称为计算机网络域名纠纷案件。"考虑到《侵权责任法》采用的是"网络"而非"计算机网络"的称谓，2011年《民事案件案由规定》在此相应将原《民事案件案由规定》案由中的“计算机”一词删去，确定为“网络域名合同纠纷”，项下第四级案由亦同此操作，本次修正未作调整。

157. 知识产权质押合同纠纷

【释义】

知识产权质押合同纠纷属于质押合同纠纷的一种特殊类型，不同于普通质押合同以有形的物质财产为出质物，知识产权质押合同是以无形的知识产权作为出质物。《民法典》第440条第5项规定，债务人或者第三人可以以有权处分的、可以转让的注册商标专用权、专利权、著作权等知识产权中的财产权作为出质物。根据上述规定，知识产权质押合同纠纷是基于出质人和质权人之间以可以转让的注册商标专用权、专利权、著作权等知识产权中的财产权作为出质物订立质押合同而引发的纠纷。

【管辖】

知识产权质押合同纠纷本质上属于合同纠纷，原则上适用《民事诉讼法》有关合同案件管辖的规定确定管辖。《民事诉讼法》第23条的规定，因合同纠纷提起的诉讼，由被告住所地或者合同履行地人民法院管辖。实践中，如果当事人在合同中对管辖问题有明确约定，人民法院经审查，该约定符合《民事诉讼法》第34条有关约定管辖的规定，应当尊重当事人的意思自治，按照双方合同的约定确定管辖法院。

【法律适用】

在《民法典》施行之后，处理知识产权质押合同纠纷的法律依据即为《民法典》物权编第18章第2节权利质权部分的规定，此前《物权法》的相关内容已被《民法典》所吸纳。相应地，《最高人民法院关于适用〈中华人民共和国民法典〉有关担保制度的解释》对有关质权的内容作出了规定，取代了原《最高人民法院关于适用〈中华人民共和国担保法〉若干问题的解释》。

【确定该案由应当注意的问题】

《民法典》第444条对以知识产权中的财产权出质的权利质权设立问题和出质人处分知识产权问题进行了限制。按照该条规定，以注册商标专用权、专利权、著作权等知识产权中的财产权出质，必须履行法定程序，办理出质登记手续，质权自有关主管部门办理出质登记时设立。知识产权中的财产权出质后，出质人处分知识产权要受到限制，非经与质权人协商同意，不得擅自转让或者许可他人使用。出质人转让或者许可他人使用出质的知识产权中的财产权所得的价款，应当向质权人提前清偿债务或者提存。

十四、知识产权权属、侵权纠纷

长期以来人们将民事争议分为合同争议、权属争议和侵权争议三种。实际上所谓的权属争议一般都是因合同关系（如劳动合同、合作合同、委托合同）或者侵权行为（如非法获得他人成果并以自己名义申请专利）引起的，本可以直接归结为合同纠纷或者侵权纠纷。考虑到过去长期以来的案由确定和统计分类三分法的传统，也顾及这类案件均属于确认之诉，当事人只要求确定权利归属而并不存在承担赔偿等侵权或者违约责任的问题，《民事案件案由规定》在本部分保留了权属纠纷的提法，并将之与侵权纠纷列为各类知识产权纠纷项下的第四级案由。实践中，有关权属纠纷一般涉及职务成果（职务发明创造、职务技术成果、单位作品和职务作品）与非职务成果的界定和合作开发（创作、育种）或者委托开发（创作、育种）完成的发明创造的成果权属的认定。

《民事案件案由规定》在知识产权权属、侵权纠纷部分共设置了15个第三级案由和61个第四级案由。第三级案由主要是按照不同类型的知识产权设置，对于确认不侵害知识产权纠纷、因申请知识产权临时措施损害赔偿责任纠纷、因恶意提起知识产权诉讼损害责任纠纷、专利权宣告无效后返还费用纠纷，由于这类案件本身的特殊性和规律性，单独列为第三级案由，而没有作为第四级案由分别纳入相应的知识产权纠纷中。在有关的“权属、侵权”第三级案由之下，如果出现不能够归入第四级案由的案件而需要适用第三级案由时，应当根据案件具体争议情况选择适用相应的“权属纠纷”或者“侵权纠纷”案由。在本部分第四级案由中，除了一般会设置权属纠纷外，著作权纠纷部分主要考虑了不同的著作权权能和各种邻接权以及计算机软件的特殊性，专利纠纷则主要区分了三种专利侵权、假冒专利、临时保护期使用费纠纷以及标准必要专利使用费纠纷。

对于当事人争议的同一法律事实涉及两个案由的，应当同时适用两个案由。在属于一个诉的情况下，如既指控侵害作品署名权，又指控侵害作品复制权的，案由可以确定为“侵害作品署名权、作品复制权纠纷”。在属于两个诉的情况下，如既指控侵害商标权，又指控构成虚假宣传不正当竞争的，案由可以确定为“侵害商标权及虚假宣传纠纷”。但从方便诉讼和方便审理的原则出发，以合并审理和一并裁判为宜。

158. 著作权权属、侵权纠纷

（1）著作权权属纠纷
（2）侵害作品发表权纠纷
（3）侵害作品署名权纠纷
（4）侵害作品修改权纠纷
（5）侵害保护作品完整权纠纷
（6）侵害作品复制权纠纷
（7）侵害作品发行权纠纷
（8）侵害作品出租权纠纷
（9）侵害作品展览权纠纷
（10）侵害作品表演权纠纷
（11）侵害作品放映权纠纷
（12）侵害作品广播权纠纷
（13）侵害作品信息网络传播权纠纷
（14）侵害作品摄制权纠纷
（15）侵害作品改编权纠纷
（16）侵害作品翻译权纠纷
（17）侵害作品汇编权纠纷
（18）侵害其他著作财产权纠纷
（19）出版者权权属纠纷
（20）表演者权权属纠纷
（21）录音录像制作者权权属纠纷
（22）广播组织权权属纠纷
（23）侵害出版者权纠纷
（24）侵害表演者权纠纷
（25）侵害录音录像制作者权纠纷
（26）侵害广播组织权纠纷

（27）计算机软件著作权权属纠纷
（28）侵害计算机软件著作权纠纷

【释义】

著作权是指文学、艺术和科学作品的创作者对其所创作的作品享有的权利，或者说排他的独占权，包括人身权利和财产权利，是作者精神权利和经济权利的合一。著作人身权是著作权人就作品中所体现的人格或者精神所享有的权利，即《著作权法》第 10 条第 1 款第 1 项至第 4 项规定的著作权人的发表权、署名权、修改权、保护作品完整权，这类权利与作者的人身有紧密的关系，一般情况下只能由作者本人享有和行使。著作财产权是著作权人所享有的利用作品并获得经济利益的权利，即《著作权法》第 10 条第 1 款第 5 项至第 17 项规定的著作权人的复制权、发行权、出租权、展览权、表演权、放映权、广播权、信息网络传播权、摄制权、改编权、翻译权、汇编权和应当由著作权人享有的其他权利。

狭义的著作权，仅指作者就其所创作的作品而享有的权利。广义的著作权，还包括与著作权有关的权利，是作品的传播者，如图书出版者、表演者、录音录像制作者、广播组织（广播电台和电视台）在传播作品的过程中，就自己的创造性劳动成果所享有的权利，即《著作权法》第 4 章所规定的出版者权、表演者权、录音录像制作者权、广播组织权。

根据《著作权法》第 3 条的规定，作品是指文学、艺术和科学领域内具有独创性并能以一定形式表现的智力成果。根据《著作权法》第 9 条的规定，著作权人包括：（1）作者；（2）其他依照本法享有著作权的自然人、法人或者非法人组织。

根据《著作权法》第 11 条、第 12 条的规定，著作权属于作者，《著作权法》另有规定的除外；创作作品的自然人是作者；由法人或者非法人组织主持，代表法人或者非法人组织意志创作，并由法人或者非法人组织承担责任的作品，法人或者非法人组织视为作者；在作品上署名的自然人、法人或者非法人组织为作者，且该作品上存在相应权利，但有相反证明的除外。

作品发表权，根据《著作权法》第10条第1款第1项的规定，是指决定作品是否公之于众的权利。

作品署名权，根据《著作权法》第10条第1款第2项的规定，是指表明作者身份，在作品上署名的权利。

作品修改权，根据《著作权法》第10条第1款第3项的规定，是指修改或者授权他人修改作品的权利。

保护作品完整权，根据《著作权法》第10条第1款第4项的规定，是指保护作品不受歪曲、篡改的权利。

作品复制权，根据《著作权法》第10条第1款第5项的规定，是指以印刷、复印、拓印、录音、录像、翻录、翻拍、数字化等方式将作品制作一份或者多份的权利。

作品发行权，根据《著作权法》第10条第1款第6项的规定，是指以出售或者赠与方式向公众提供作品的原件或者复制件的权利。

作品出租权，根据《著作权法》第10条第1款第7项的规定，是指有偿许可他人临时使用视听作品、计算机软件的原件或者复制件的权利，计算机软件不是出租的主要标的的除外。

作品展览权，根据《著作权法》第10条第1款第8项的规定，是指公开陈列美术作品、摄影作品的原件或者复制件的权利。

作品表演权，根据《著作权法》第10条第1款第9项的规定，是指公开表演作品，以及用各种手段公开播送作品的表演的权利。

作品放映权，根据《著作权法》第10条第1款第10项的规定，是指通过放映机、幻灯机等技术设备公开再现美术、摄影、视听作品等的权利。

作品广播权，根据《著作权法》第10条第1款第11项的规定，是指除信息网络传播权之外，以有线或者无线方式公开传播或者转播作品，以及通过扩音器或者其他传送符号、声音、图像的类似工具向公众传播广播的作品的权利。

作品信息网络传播权，根据《著作权法》第 10 条第 1 款第 12 项的规定，是指以有线或者无线方式向公众提供，使公众可以在其选定的时间和地点获得作品的权利。

作品摄制权，根据《著作权法》第 10 条第 1 款第 13 项的规定，是指以摄制视听作品的方法将作品固定在载体上的权利。

作品改编权，根据《著作权法》第 10 条第 1 款第 14 项的规定，是指改变作品，创作出具有独创性的新作品的权利。

作品翻译权，根据《著作权法》第 10 条第 1 款第 15 项的规定，是指将作品从一种语言文字转换成另一种语言文字的权利。

作品汇编权，根据《著作权法》第 10 条第 1 款第 16 项的规定，是指将作品或者作品的片段通过选择或者编排，汇集成新作品的权利。

其他著作财产权，根据《著作权法》第 10 条第 1 款第 17 项的规定，是指应当由著作权人享有的其他权利。这是一种兜底性的权利。

出版者权，根据《著作权法》第 33 条和第 37 条的规定，是指图书出版者对著作权人交付出版的作品，按照合同约定享有的专有出版权，出版者（包括图书出版者和报社、期刊社）有权许可或者禁止他人使用其出版的图书、期刊的版式设计的权利。

表演者权，根据《著作权法》第 39 条的规定，是指表演者对其表演享有的下列权利：（1）表明表演者身份；（2）保护表演形象不受歪曲；（3）许可他人从现场直播和公开传送其现场表演，并获得报酬；（4）许可他人录音录像，并获得报酬；（5）许可他人复制、发行、出租录有其表演的录音录像制品，并获得报酬；（6）许可他人通过信息网络向公众传播其表演，并获得报酬。表演者权包括表演者人身权和表演者财产权。根据《著作权法实施条例》第 5 条的规定，表演者是指演员、演出单位或者其他表演文学、艺术作品的人。

录音录像制作者权，根据《著作权法》第 44 条的规定，是指录音录像制作者对其制作的录音录像制品，享有许可他人复制、发行、出租、通过信息网络向公众传播并获得报酬的权利。根据《著作权法实施条例》第5条的规定，录音制品是指任何对表演的声音和其他声音的录制品；录像制品是指视听作品以外的任何有伴音或者无伴音的连续相关形象、图像的录制品；录音制作者是指录音制品的首次制作人；录像制作者是指录像制品的首次制作人。

广播组织权，根据《著作权法》第47条的规定，是指广播电台、电视台有权禁止未经其许可的下列行为：（1）将其播放的广播、电视以有线或者无线方式转播；（2）将其播放的广播、电视录制以及复制；（3）将其播放的广播、电视通过信息网络向公众传播。

计算机软件著作权，作为一类针对特定作品客体的著作权，根据《计算机软件保护条例》第8条的规定，是指软件著作权人享有的下列各项权利：（1）发表权，即决定软件是否公之于众的权利；（2）署名权，即表明开发者身份，在软件上署名的权利；（3）修改权，即对软件进行增补、删节，或者改变指令、语句顺序的权利；（4）复制权，即将软件制作一份或者多份的权利；（5）发行权，即以出售或者赠与方式向公众提供软件的原件或者复制件的权利；（6）出租权，即有偿许可他人临时使用软件的权利，但是软件不是出租的主要标的的除外；（7）信息网络传播权，即以有线或者无线方式向公众提供软件，使公众可以在其个人选定的时间和地点获得软件的权利；（8）翻译权，即将原软件从一种自然语言文字转换成另一种自然语言文字的权利；（9）应当由软件著作权人享有的其他权利，以及软件著作权人许可他人行使或者全部、部分转让其软件著作权并有权获得报酬的权利。根据《计算机软件保护条例》第2条和第3条的规定，计算机软件是指计算机程序及其有关文档。其中，计算机程序是指为了得到某种结果而可以由计算机等具有信息处理能力的装置执行的代码化指令序列，或者可以被自动转换成代码化指令序列的符号化指令序列或者符号化语句序列；同一计算机程序的源程序和目标程序为同一作品。文档是指用来描述程序的内容、组成、设计、功能规格、开发情况、测试结果及使用方法的文字资料和图表等，如程序设计说明书、流程图、用户手册等。根据《计算机软件保护条例》第9条的规定，除条例另有规定以外，软件著作权属于软件开发者。根据《计算机软件保护条例》第3条的规定，软件开发者是指实际组织开发、直接进行开发，并对开发完成的软件承担责任的法人或者其他组织；或者依靠自己具有的条件独立完成软件开发，并对软件承担责任的自然人。

【管辖】

对于著作权权属纠纷案件的管辖，应当区别权属争议发生的原因即合同关系还是侵权行为，分别根据《民事诉讼法》及其司法解释有关合同和侵权案件的管辖规则来确定案件管辖。

对于一般民事侵权纠纷案件的地域管辖，根据《民事诉讼法》第28条的规定，因侵权行为提起的诉讼，由侵权行为地或者被告住所地人民法院管辖；上述侵权行为地，根据《民事诉讼法解释》第24条的规定，包括侵权行为实施地和侵权结果发生地。

对于侵害著作权纠纷案件的地域管辖，《最高人民法院关于审理著作权民事纠纷案件适用法律若干问题的解释》对此作出了进一步的明确规定。根据该解释第4条的规定精神，因侵害著作权行为提起的民事诉讼，由《著作权法》第47条、第48条所规定侵权行为的实施地、侵权复制品储藏地或者查封扣押地、被告住所地人民法院管辖。侵权复制品储藏地，是指大量或者经常性储存、隐匿侵权复制品所在地；查封扣押地，是指海关、版权等行政机关依法查封、扣押侵权复制品所在地。根据该解释第5条的规定，对涉及不同侵权行为实施地的多个被告提起的共同诉讼，原告可以选择向其中一个被告的侵权行为实施地人民法院提起诉讼；仅对其中某一被告提起的诉讼，该被告侵权行为实施地的人民法院有管辖权。

对于著作权民事纠纷案件的级别管辖，根据《最高人民法院关于审理著作权民事纠纷案件适用法律若干问题的解释》第2条和参照相关其他知识产权司法解释的规定，第一审著作权民事纠纷案件原则上由中级以上人民法院管辖，各高级人民法院根据本辖区的实际情况，经最高人民法院批准，可以指定若干基层人民法院管辖。

【法律适用】

处理著作权权属纠纷的法律依据主要是《著作权法》第2章“著作权”第2节“著作权归属”，《著作权法实施条例》第9条~第18条，以及《最高人民法院关于审理著作权民事纠纷案件适用法律若干问题的解释》第11条~第15条的规定。

处理著作权侵权纠纷的法律依据主要是前述《著作权法》第2章“著作权”、第4章“与著作权有关的权利”和第5章“著作权和与著作权有关的权利的保护”中第49条~第59条，《著作权法实施条例》第19条~第24条，以及《最高人民法院关于审理著作权民事纠纷案件适用法律若干问题的解释》第16条~第21条、第23条~第27条的规定。

处理侵害作品信息网络传播权纠纷的法律依据主要是《信息网络传播权保护条例》和《最高人民法院关于审理侵害信息网络传播权民事纠纷案件适用法律若干问题的规定》的相关规定。

处理计算机软件著作权权属纠纷和侵害计算机软件著作权纠纷的法律依据主要是《计算机软件保护条例》，以及《最高人民法院关于审理著作权民事纠纷案件适用法律若干问题的解释》第21条的规定。

【确定该案由应当注意的问题】

著作权及与著作权有关的权利是知识产权中较为基本的权利，所涉及的纠纷在知识产权纠纷中占有较大部分，因此，《民事案件案由规定》将其列为第三级案由。其中，权属纠纷是指因权利归属而发生的争议；侵权纠纷是指因权利受到侵害而发生的争议。

根据《著作权法》第10条第2款和第3款的规定，著作权人可以许可他人行使或者全部、部分转让《著作权法》第10条第1款第5项至第17项规定的权利（即著作财产权）时，享有依照约定或者《著作权法》有关规定获得报酬的权利。这就是所谓的著作权人获得报酬权。《民事案件案由规定》没有单独列出著作权人获得报酬权纠纷案由，主要是考虑著作权人主张获得报酬权的前提要么是他人侵犯了著作权人的《著作权法》第10条第1款第5项至第17项规定的某一项或多项具体权利，要么是他人违反了与著作权人就行使前述具体权利的合同约定，而有关主张均可按照相应的侵权或者合同纠纷来确定案由，无须再增加一个独立的著作权人获得报酬权纠纷的案由。

著作权权属是著作权人行使权利的前提。对于狭义的著作权的归属，即著作权归谁所有而发生的争议，《民事案件案由规定》在第三级案由第158项下作为第1项第四级案由规定为“著作权权属纠纷”。要注意该案由并不包括因与著作权有关的权利权属发生的纠纷，也就是说，因狭义的著作权权属而发生的争议，统一确定为“著作权权属纠纷”，并不存在“署名权权属纠纷”“复制权权属纠纷”等17项著作权具体权项权属纠纷的案由。与著作权有关的权利权属纠纷应当根据权利类型分别按照《民事案件案由规定》确定相应的案由。

计算机软件在我国作为《著作权法》规定的一类非常重要而又特殊的作品，由《著作权法》授权制定的《计算机软件保护条例》予以特别规定。因此，与其他著作权纠纷一起，单列了2个第四级案由。根据《计算机软件保护条例》第8条的规定，软件著作权人享有八项具体权利，考虑到实践中计算机软件纠纷并不很多，对于侵害计算机软件著作权纠纷，《民事案件案由规定》也未再进一步区分，如区分为侵害软件著作权人人身权纠纷和财产权纠纷或者区分为九种具体案由，况且这种区分统计学意义也不大。

信息网络传播权是著作权财产权中的一项重要内容。《信息网络传播权保护条例》对信息网络传播权予以特别规定。目前司法实践中，侵害信息网络传播权纠纷是最多的一类著作权纠纷，从统计学意义上看有进一步细分的需要，但考虑到难以准确界定下一级分类统计指标，而且考虑到与其他著作权权项的体系性，最终仍将之单列为一项独立的第四级案由。

根据案由确定规则，对于因违反《著作权法》第53条第6项和第7项，故意避开或破坏保护版权的技术措施和擅自删改权利管理电子信息等而引起的纠纷，也应当将案由确定为相应的侵害著作财产权纠纷、侵害著作人身权纠纷或者侵害录音录像制作者权纠纷等。

159. 商标权权属、侵权纠纷

（1）商标权权属纠纷

（2）侵害商标权纠纷

【释义】

商标权，又称商标专用权，是指商标所有人依据法律规定对其拥有的注册商标或者非注册商标所享有的占有、使用、收益和处分的权利，或者说排他的独占权。商标权的内容有商标使用权、禁用权、续展权、转让权、许可使用权等。

在国际上，商标权的获得通常根据两条原则：一是使用在先原则，即商标权属于最先使用此商标的人；二是注册在先原则，即商标权属于最先申请注册并已注册的人。我国现行法律采取注册在先原则，但也在一定程度上承认和保护未注册商标，如未注册的驰名商标。

商标作为一种最普遍、最常见、最显著、最重要的商业标识，是商品质量和企业信誉的标志。《商标法》第57条规定，有下列行为之一的，均属侵犯注册商标专用权：（1）未经商标注册人的许可，在同一种商品上使用与其注册商标相同的商标的；（2）未经商标注册人的许可，在同一种商品上使用与其注册商标近似的商标，或者在类似商品上使用与其注册商标相同或者近似的商标，容易导致混淆的；（3）销售侵犯注册商标专用权的商品的；（4）伪造、擅自制造他人注册商标标识或者销售伪造、擅自制造的注册商标标识的；（5）未经商标注册人同意，更换其注册商标并将该更换商标的商品又投入市场的；（6）故意为侵犯他人商标专用权行为提供便利条件，帮助他人实施侵犯商标专用权行为的；（7）给他人的注册商标专用权造成其他损害的。

【管辖】

在我国，商标专用权因核准注册而产生，一般较少出现权属争议，但不排除当事人因合同等原因发生有关权属争议。如因合同原因发生商标权权属争议，应当根据《民事诉讼法》及其司法解释有关合同案件的管辖规则来确定案件的地域管辖。

对于一般民事侵权纠纷案件的地域管辖，根据《民事诉讼法》第28条的规定，因侵权行为提起的诉讼，由侵权行为地或者被告住所地人民法院管辖；上述侵权行为地，《民事诉讼法解释》第24条规定，《民事诉讼法》第28条规定的侵权行为地，包括侵权行为实施地、侵权结果发生地。对于侵害商标权纠纷案件的地域管辖，《最高人民法院关于审理商标民事纠纷案件适用法律若干问题的解释》作出了明确规定。该解释第6条规定，因侵犯注册商标专用权行为提起的民事诉讼，由《商标法》第13条、第57条所规定的侵权行为的实施地、侵权商品的储藏地或者查封扣押地、被告住所地人民法院管辖；侵权商品的储藏地是指大量或者经常性储存、隐匿侵权商品所在地；查封扣押地是指海关、工商等行政机关依法查封、扣押侵权商品所在地。该解释第7条规定，对涉及不同侵权行为实施地的多个被告提起的共同诉讼，原告可以选择其中一个被告的侵权行为实施地人民法院管辖；仅对其中某一被告提起的诉讼，该被告侵权行为实施地的人民法院有管辖权。

对于商标民事纠纷案件的级别管辖，根据《最高人民法院关于审理商标案件有关管辖和法律适用范围问题的解释》第2条第3款、第4款规定，商标民事纠纷第一审案件，由中级以上人民法院管辖。各高级人民法院根据本辖区的实际情况，经最高人民法院批准，可以在较大城市确定1～2个基层人民法院受理第一审商标民事纠纷案件。《最高人民法院关于商标法修改决定施行后有关审理商标案件有关管辖和法律适用范围问题的解释》第2条、第3条规定第3款和第4款，第一审商标民事纠纷案件，原则上由中级以上人民法院及最高人民法院指定的基层人民法院管辖，各高级人民法院根据本辖区的实际情况，经最高人民法院批准，可以指定基层人民法院管辖。

对于涉及驰名商标认定和保护案件的管辖，根据《最高人民法院关于涉及驰名商标认定的民事纠纷案件管辖问题的通知》，涉及驰名商标认定的民事纠纷案件，由省、自治区人民政府所在地的市、计划单列市中级人民法院，以及直辖市辖区内的中级人民法院管辖。其他中级人民法院管辖此类民事纠纷案件，需报经最高人民法院批准；未经批准的中级人民法院不再受理此类案件。

【法律适用】

处理商标权权属纠纷的法律依据主要是《民法典》合同编的有关规定。处理侵害商标权纠纷的法律依据主要是《商标法》第7章“注册商标专用权的保护”，《商标法实施条例》第7章“注册商标专用权的保护”，以及《最高人民法院关于审理商标民事纠纷案件适用法律若干问题的解释》的相关规定。涉及驰名商标认定和保护案件的法律规定，除了《商标法》和《商标法实施条例》的相关规定以外，还包括《最高人民法院关于审理涉及驰名商标保护的民事纠纷案件应用法律若干问题的解释》的相关规定。

【确定该案由应当注意的问题】

2011年《民事案件案由规定》将原来的第四级案由所称的“商标专用权”改为“商标权”。删除“专用”二字的意义在于，一方面要全面反映商标权不仅包括注册商标权，也包括未注册商标如未注册驰名商标权，避免和纠正长期以来人们认为商标权就是指注册商标专用权；另一方面是要反映商标权的内容不仅在于商标使用权，也包括禁用权、续展权、转让权、许可使用权等。尽管目前《商标法》上还没有使用“商标权”而是只有“注册商标专用权”的概念，但考虑到《商标法》本身实际已经对未注册驰名商标的权利作出了规定，而在理论界已经普遍认可商标权的概念，同时考虑与专利权和著作权等其他知识产权概念在表述上的一致性以及案由表述的方便，这次修改案由将“商标权”这一概念直接予以明确。

实践中商标权权属纠纷很少，即使有争议，一般也是涉及注册商标专用权的归属，当事人往往需要按照《商标法》的授权确权程序来解决争议。

实践中的商标民事纠纷一般是侵害商标权纠纷。按照《商标法》，商标可以按照不同标准作出划分，如分为商品商标、服务商标和集体商标、证明商标，或者分为文字商标、图形商标、文字与图形组合商标、立体商标等。鉴于在侵权案由上按照商标分类进一步细分的必要性不大，也难以按照一个标准细分。因此，《民事案件案由规定》未对侵害商标专用权纠纷作出进一步细分，而是直接作为1个第四级案由。地理标志作为注册商标时，有关侵权纠纷可以确定为侵害商标专用权纠纷。

160. 专利权权属、侵权纠纷

（1）专利申请权权属纠纷

（2）专利权权属纠纷

（3）侵害发明专利权纠纷

（4）侵害实用新型专利权纠纷

（5）侵害外观设计专利权纠纷

（6）假冒他人专利纠纷

（7）发明专利临时保护期使用费纠纷
（8）职务发明创造发明人、设计人奖励、报酬纠纷
（9）发明创造发明人、设计人署名权纠纷
（10）标准必要专利使用费纠纷

【释义】

专利申请权是指单位就职务发明创造或者设计人、发明人就其非职务发明创造所享有的申请专利的权利和对该专利申请在授权审查程序中依法所享有的权利。专利申请权纠纷通常发生在专利申请尚未授权的阶段。专利权是指作出发明创造的人所依法享有的在法定期限内独占其发明创造的权利，是一种独占权或专有权，能够据以排除他人对该发明创造的利用，也即，我们通常所说的“以公开换保护”。专利权需依申请，并经过特定的授权程序才能获得。《专利法》第 3 条第 1 款规定，国务院专利行政部门负责管理全国的专利工作；统一受理和审查专利申请，依法授予专利权。

根据《专利法》第 2 条第 1 款的规定，该法所称的发明创造是指发明、实用新型和外观设计，据此，在我国，专利权实际上包含发明专利权、实用新型专利权和外观设计专利权三种。《专利法》第 2 条第 2 款规定，发明是指对产品、方法或者其改进所提出的新的技术方案，发明专利权即是指对上述新的技术方案所授予的专利权。第 2 条第 3 款规定，实用新型是指对产品的形状、构造或者其结合所提出的适于实用的新的技术方案，实用新型专利权即是指对上述新的技术方案所授予的专利权。第 2 条第 4 款规定，外观设计是指对产品的形状、图案或者其结合以及色彩与形状、图案的结合所作出的富有美感并适于工业应用的新设计，外观设计专利权即是指对上述新设计所授予的专利权。第 11 条规定，发明和实用新型专利权被授予后，除本法另有规定的以外，任何单位或者个人未经专利权人许可，都不得实施其专利，即不得为生产经营目的制造、使用、许诺销售、销售、进口其专

利产品，或者使用其专利方法以及使用、许诺销售、销售、进口依照该专利方法直接获得的产品；外观设计专利权被授予后，任何单位或者个人未经专利权人许可，都不得实施其专利，即不得为生产经营目的制造、许诺销售、销售、进口其外观设计专利产品。依据侵害的客体不同，可分别确定为侵害发明专利权纠纷、侵害实用新型专利权纠纷、侵害外观设计专利权纠纷。

假冒他人专利，根据《专利法实施细则》第84条的规定，包括下列行为：（1）在未被授予专利权的产品或者其包装上标注专利标识，专利权被宣告无效后或者终止后继续在产品或者其包装上标注专利标识，或者未经许可在产品或者产品包装上标注他人的专利号；（2）销售第1项所述产品；（3）在产品说明书等材料中将未被授予专利权的技术或者设计称为专利技术或者专利设计，将专利申请称为专利，或者未经许可使用他人的专利号，使公众将所涉及的技术或者设计误认为是专利技术或者专利设计；（4）伪造或者变造专利证书、专利文件或者专利申请文件；（5）其他使公众混淆，将未被授予专利权的技术或者设计误认为是专利技术或者专利设计的行为。专利权终止前依法在专利产品、依照专利方法直接获得的产品或者其包装上标注专利标识，在专利权终止后许诺销售、销售该产品的，不属于假冒专利行为。根据《专利法》第63条的规定，假冒专利的，除依法承担民事责任外，还可能需承担行政或刑事责任。

发明专利临时保护期使用费，根据《专利法》第13条的规定，是指专利申请人或者专利权人可以要求实施其发明的单位或个人就其在发明专利申请公布后至授予专利权期间实施该发明支付的适当费用。

职务发明创造，根据《专利法》第6条第1款和《专利法实施细则》第12条的规定，指的是执行本单位的任务或者主要是利用本单位的物质技术条件所完成的发明创造。其中，执行本单位的任务所完成的职务发明创造，是指：（1）在本职工作中作出的发明创造；（2）履行本单位交付的本职工作之外的任务所作出的发明创造；（3）退休、调离原单位后或者劳动、人事关系终止后1年内作出的，与其在原单位承担的本职工作或者原单位分配的任务有关的发明创造。本单位包括临时工作单位；本单位的物质技术条件，是指本单位的资金、设备、零部件、原材料或者不对外公开的技术资料等。

职务发明创造发明人、设计人奖励、报酬，根据《专利法》第16条和《专利法实施细则》第76条~第78条的规定，是指被授予专利权的单位应当对职务发明创造的发明人或者设计人给予奖励，以及在发明创造专利实施后，应当根据其推广应用的范围和取得的经济效益，对发明人或者设计人给予的合理的报酬。《专利法实施细则》第13条规定，发明人或者设计人，是指对发明创造的实质性特点作出创造性贡献的人；在完成发明创造过程中，只负责组织工作的人、为物质技术条件的利用提供方便的人或者从事其他辅助工作的人，不是发明人或者设计人。

发明创造发明人、设计人署名权，根据《专利法》第16条第1款的规定，是指发明人或者设计人享有的在专利文件中写明自己是发明人或者设计人的权利。《民法典》第849条规定了完成技术成果的个人享有在有关技术成果文件上写明自己是技术成果完成者的权利和取得荣誉证书、奖励的权利。《专利法》规定的发明创造发明人、设计人署名权是相对于《民法典》在特别法上的具体规定。

标准必要专利使用费纠纷，是本次修正新增加的案由。所谓标准必要专利，是指包含在国际标准、国家标准和行业标准中，且在实施标准时必须适用的专利。当标准化组织在制定某些标准时，部分或全部标准草案由于技术上或者商业上没有其他可替代方案，无可避免要涉及此类专利或专利申请。如果一项技术标准中含有必要专利，专利权人需承诺以一定的许可条件许可他人实施涉及的专利技术。标准必要专利使用费，是专利权人许可他人实施必要专利的许可条件，也即他人实施必要专利时所应当向专利权人支付的费用。根据《最高人民法院关于审理侵犯专利权纠纷案件应用法律若干问题的解释（二）》第24条规定，标准必要专利使用费的确定，需符合公平、合理、无歧视的原则，并综合考虑专利的创新程度及其在标准中的作用、标准所属的技术领域、标准的性质、标准实施的范围和相关的许可条件等因素。

【管辖】

地域管辖方面，专利权权属、侵权纠纷案件的情况较为复杂，需要区分不同的情况。其中，有关专利权权属纠纷，按照发生纠纷的原因，可分为因合同关系引发的纠纷和因侵权行为引发的纠纷。因此，对于专利申请权权属纠纷和专利权权属纠纷案件的地域管辖，应当区分权属争议发生的原因，分别依据《民事诉讼法》及其司法解释有关合同和侵权案件的管辖规则来确定案件管辖。具体而言，《民事诉讼法》第 23 条规定，因合同纠纷提起的诉讼，由被告住所地或者合同履行地人民法院管辖，第 28 条规定，因侵权行为提起的诉讼，由侵权行为地或者被告住所地人民法院管辖。《最高人民法院关于适用〈中华人民共和国民事诉讼法〉的解释》第 18 条规定，合同约定履行地点的，以约定的履行地点为合同履行地。合同对履行地点没有约定或者约定不明确，争议标的为给付货币的，接收货币一方所在地为合同履行地；交付不动产的，不动产所在地为合同履行地；其他标的，履行义务一方所在地为合同履行地；即时结清的合同，交易行为地为合同履行地。合同没有实际履行，当事人双方住所地都不在合同约定的履行地的，由被告住所地人民法院管辖。第 24 条规定，侵权行为地，包括侵权行为实施地和侵权结果发生地。

有关侵害发明专利权纠纷、侵害实用新型专利权纠纷和侵害外观设计专利权纠纷案件的地域管辖，应根据最高人民法院《关于审理专利纠纷案件适用法律问题的若干规定》的有关具体规定确定管辖。其中根据第 2 条的规定，因侵犯专利权行为提起的诉讼，由侵权行为地或者被告住所地人民法院管辖。侵权行为地包括：被诉侵犯发明、实用新型专利权的产品的制造、使用、许诺销售、销售、进口等行为的实施地；专利方法使用行为的实施地；依照该专利方法直接获得的产品的使用、许诺销售、销售、进口等行为的实施地；外观设计专利产品的制造、许诺销售、销售、进口等行为的实施地以及上述侵权行为的侵权结果发生地。第3条规定，原告仅对侵权产品制造者提起诉讼，未起诉销售者，侵权产品制造地与销售地不一致的，制造地人民法院有管辖权；以制造者与销售者为共同被告起诉的，销售地人民法院有管辖权。销售者是制造者分支机构，原告在销售地起诉侵权产品制造者制造、销售行为的，销售地人民法院有管辖权。

假冒他人专利纠纷的地域管辖，根据上述司法解释第2条的规定，由侵权行为地或者被告住所地人民法院管辖，其中侵权行为地包括假冒他人专利的行为实施地和上述侵权行为的侵权结果发生地。

对于发明专利临时保护期使用费纠纷、职务发明创造发明人、设计人奖励、报酬纠纷和发明创造发明人、设计人署名权纠纷案件的地域管辖，目前尚没有明确的法律规定，原则上可以参照上述有关侵害专利权纠纷案件的管辖规定确定地域管辖。

对于标准必要专利使用费纠纷案件的地域管辖，目前尚没有明确的法律规定。因单纯的标准必要专利使用费纠纷本质上属于合同纠纷，通常可按照合同纠纷管辖的一般原则确立管辖。实践中，许可标的所在地，专利实施地、合同签订地、合同履行地等均可以作为管辖连接点依据。此外，标准必要专利使用费纠纷经常与专利侵权纠纷、垄断纠纷等具有事实上的相互关联，而在同一诉讼中被同时提起，在此情况下，只要符合管辖的基本原则，通常情况下不宜对地域管辖作出严苛的限制，各案由均可作为确立管辖法院的依据。

级别管辖方面，作为技术类知识产权纠纷案件，专利权权属、侵权纠纷案件的级别管辖具有特殊性。修订前的最高人民法院《关于审理专利纠纷案件适用法律问题的若干规定》第2条规定，专利纠纷第一审案件，由各省、自治区、直辖市人民政府所在地的中级人民法院和最高人民法院指定的中级人民法院管辖。最高人民法院根据实际情况，可以指定基层人民法院管辖第一审专利纠纷案件，现该条规定已被删除。《全国人民代表大会常务委员会关于专利等知识产权案件诉讼程序若干问题的决定》第 1 条规定，当事人对发明专利、实用新型专利等专业技术性较强的知识产权民事案件第一审判决、裁定不服，提起上诉的，由最高人民法院审理。最高人民法院《关于知识产权法庭若干问题的规定》第 2 条规定，最高人民法院知识产权法庭审理不服高级人民法院、知识产权法院、中级人民法院作出的发明专利、实用新型专利等的第一审民事案件判决、裁定而提起上诉的案件；第 14 条规定，本规定施行前经批准可以受理专利等第一审民事和行政案件的基层人民法院，不再受理上述案件。据此，专利权权属、侵权纠纷第一审民事案件，由各高级人民法院、各知识产权法院、各省、自治区、直辖市人民政府所在地的中级人民法院和最高人民法院指定的中级人民法院管辖，基层法院不再受理上述案件。目前，全国范围内具有专利民事纠纷第一审案件管辖权的高级人民法院、知识产权法院和中级人民法院共计有 70 余家。

【法律适用】

处理专利申请权权属纠纷和专利权权属纠纷的法律依据主要是《专利法》第 6 条、第 8 条，《专利法实施细则》第 12 条、第 13 条，《民法典》第 847 条、第 848 条和第 859 条 ~ 第 861 条，《最高人民法院关于审理专利纠纷案件适用法律问题的若干规定》第 10 条，《最高人民法院关于审理技术合同纠纷案件适用法律若干问题的解释》第 2 条 ~ 第 5 条、第 16 条的规定。

处理侵害专利权纠纷的法律依据主要有《专利法》第 11 条、第 59 条 ~ 第 62 条，《最高人民法院关于审理专利纠纷案件适用法律问题的若干规定》第 13 条 ~ 第 19 条，《最高人民法院关于审理侵犯专利权纠纷案件应用法律若干问题的解释》《最高人民法院关于审理侵犯专利权纠纷案件应用法律若干问题的解释（二）》等的规定。

处理假冒他人专利纠纷的法律依据主要是《专利法》第 63 条、《专利法实施细则》第 84 条的规定。

处理发明专利临时保护期使用费纠纷的法律依据主要是《专利法》第13条的规定。

处理职务发明创造发明人、设计人奖励、报酬纠纷的法律依据主要是《专利法》第16条、《专利法实施细则》第6章、《民法典》第847条的规定。

处理发明创造发明人、设计人署名权纠纷的法律依据主要是《民法典》第849条，《专利法》第17条、《专利法实施细则》第13条、《最高人民法院关于审理技术合同纠纷案件适用法律若干问题的解释》第6条的规定。

处理标准必要专利使用费纠纷的法律依据主要是《最高人民法院关于审理侵犯专利权纠纷案件应用法律若干问题的解释（二)》第24条的规定。

【确定该案由应当注意的问题】

上述专利权权属、侵权纠纷的十个案由中，侵害专利权纠纷是其中最为常见的纠纷类型，按照三种专利类型，又分为侵害发明专利权纠纷、侵害实用新型专利权纠纷、侵害外观设计专利权纠纷3个4级案由。根据《专利法》第11条的规定，所谓侵害专利权的行为是指未经许可实施他人专利权的行为，实施指的是实际运用受专利权保护的技术方案或者设计内容。具体而言，侵害发明和实用新型专利权的行为包括未经许可的制造行为、使用行为、许诺销售行为、销售行为、进口行为；侵害外观设计专利权的行为包括未经许可的制造行为、许诺销售行为、销售行为、进口行为。需要加以注意的是，对外观设计专利产品的使用行为不属于侵害外观设计专利权的行为。

实践中，专利申请人为尽快获得专利权，经常针对同一技术成果同时申请实用新型专利权和发明专利权，因实用新型专利权不需要经过实质审查，通常可较快获得专利权保护。此后，可通过放弃在先获得的实用新型专利权而获得在后的发明专利权授权，以此来获得对专利技术成果的更完备的保护。此时，对于侵权行为发生在实用新型专利获得授权的阶段而持续到发明专利授权之后的纠纷，可以直接确定为侵害发明专利权纠纷。

专利侵权诉讼中还包括一种特殊类型的诉讼，即确认不侵害专利权之诉，该类诉讼从本质上也属于专利侵权诉讼，其实质审查的内容与侵害专利权之诉相同，均为判断产品或方法是否落入专利权保护范围。但在侵害专利权诉讼中，原告通常会提出包括停止侵害、赔偿损失等给付请求，而确认不侵权之诉则不应有给付请求内容。实践中，针对同一专利权的侵权诉讼和确认不侵害专利权诉讼，基于其审查对象的一致性，可合并审理。

专利申请权权属纠纷和专利权权属纠纷是由争议发生时技术成果的法律状态来确定的。如果争议发生在已经提出专利申请但尚未获得授权的阶段，应当确定为专利申请权权属纠纷；如果发生在专利已经获得授权之后的阶段，则应当确定为专利权权属纠纷。实践中，有关权属纠纷多涉及职务发明创造与非职务发明创造的界定以及合作开发或者委托开发完成的发明创造的成果权属认定。在涉及职务发明创造时，值得注意的情况是，如果发明人所完成的技术成果，既属于执行原单位的工作任务，又主要利用现在单位的物质技术条件的时候，应当如何确定权属。对此，《最高人民法院关于审理技术合同纠纷案件适用法律若干问题的解释》第5条作出了明确规定，个人完成的技术成果，属于执行原所在法人或者非法人组织的工作任务，又主要利用了现所在法人或者非法人组织的物质技术条件的，应当按照该自然人原所在和现所在法人或者非法人组织达成的协议确认权益。不能达成协议的，根据对完成该项技术成果的贡献大小由双方合理分享。实践中，在处理此类纠纷时，需要依据案件具体情况灵活适用。此外，专利申请权权属纠纷和专利权权属纠纷在性质上并不属于专利侵权纠纷，因此，不适用关于侵权人应当赔偿权利人为制止侵权行为所支付的合理开支的相关规定。

假冒他人专利行为一般并不属于侵害专利权的行为，而更多的是一种侵害《专利法》第17条第2款规定的所谓的专利标记权的行为。如果原告主张被告既存在假冒其专利权的行为，同时也侵害了其专利权，应当分别确定为假冒他人专利纠纷和侵害专利权纠纷。

依据《专利法》第39条、第40条的规定，专利权自授权公告之日起生效。因此，发明专利临时保护期使用费纠纷只能在发明专利权被公告授予之后才可以提出，但其在性质上不属于侵害专利权纠纷。对于被诉侵权人在专利授权前后存在持续行为的，应当分别确定为发明专利临时保护期使用费纠纷和侵害发明专利权纠纷，但通常应当合并审理。

《专利法》上的职务发明创造与《民法典》第三编第20章规定的职务技术成果的概念并不完全一致，而是具有从属关系。职务发明创造的概念仅针对提出专利申请或者获得专利授权的技术成果，职务技术成果则不限于此，而包括所有技术成果。《专利法》有关职务发明创造的规定属于特别法的规定，应当优先适用。但对于《专利法》和《专利法实施细则》中未囊括在内，而《民法典》及《最高人民法院关于审理技术合同纠纷案件适用法律若干问题的解释》等有明确规定的，也当然可以适用《民法典》和《最高人民法院关于审理技术合同纠纷案件适用法律若干问题的解释》的相关规定。例如，对于“本单位的物质技术条件”，《专利法实施细则》规定，是指本单位的资金、设备、零部件、原材料或者不对外公开的技术资料等。《最高人民法院关于审理技术合同纠纷案件适用法律若干问题的解释》第3条规定，《民法典》第847条第2款所称“物质技术条件”，包括资金、设备、器材、原材料、未公开的技术信息和资料等。上述解释比《专利法实施细则》的规定更为全面，则认定是否属于本单位的物质技术条件，可以直接适用上述解释的相关规定。职务发明创造发明人、设计人奖励、报酬纠纷和发明创造发明人、设计人署名权纠纷均涉及专利或者专利申请，有关的发明人、设计人的权利主要与身份有关。因此，《民事案件案由规定》将职务发明创造发明人、设计人奖励、报酬纠纷和涉及专利的发明创造发明人、设计人署名权纠纷统一纳入专利权权属、侵权纠纷，而不再作为专利合同纠纷。

标准必要专利使用费纠纷如果因与专利侵权纠纷、垄断纠纷等相互关联而被同时主张，应当同时分别确定案由。

161. 植物新品种权权属、侵权纠纷

（1）植物新品种申请权权属纠纷

（2）植物新品种权权属纠纷

（3）侵害植物新品种权纠纷

（4）植物新品种临时保护期使用费纠纷

【释义】

依照《植物新品种保护条例》第2条，植物新品种是指经过人工培育的或者对发现的野生植物加以开发，具备新颖性、特异性、一致性和稳定性并有适当命名的植物品种。

植物新品种申请权，单位就其职工所完成的职务育种或者完成育种的个人就其非职务育种所享有的申请植物新品种的权利和对该植物新品种申请在授权审查程序中依法所享有的权利。执行本单位的任务或者主要是利用本单位的物质条件所完成的职务育种，植物新品种的申请权属于该单位；非职务育种，植物新品种的申请权属于完成育种的个人。

植物新品种权，依照《植物新品种保护条例》第6条，是指完成育种的单位或者个人对其授权品种享有的排他的独占权。除非该条例另有规定，任何单位或者个人未经品种权所有人（也称品种权人）许可，不得为商业目的生产或者销售该授权品种的繁殖材料，不得为商业目的将该授权品种的繁殖材料重复使用于生产另一品种的繁殖材料。该纠纷指双方当事人就植物新品种权归谁所有而引发的纠纷。

侵害植物新品种权纠纷，指双方当事人因侵犯植物新品种权及其

有关权益而引发的纠纷。

植物新品种权民事纠纷案件除了最常见的合同纠纷外，就是权属纠纷和侵权纠纷，这是植物新品种民事纠纷案件中最为常见的类型。所以，《民事案件案由规定》将植物新品种权权属、侵权纠纷列为第三级案由。当事人就植物新品种权利的归属发生争议的，主要发生在职务育种和非职务育种以及委托育种和合作育种中。

临时保护的前提条件是品种被授权，即在品种被授权的情况下，才对此前公布的该品种给予延伸保护。因此，品种授权后，在临时保护期内未经许可为商业目的生产、销售授权品种繁殖材料的单位或个人应向品种权人支付相应的使用费。而根据品种权人的主张，参照许可使用的方式确定该期间的使用费既符合鼓励种业科技创新、植物新品种培育的立法精神，也相对公平合理。因此，相关纠纷应当作为侵害植物新品种权纠纷确定案由。

【管辖】

对于侵害植物新品种权纠纷案件的级别管辖，依照《最高人民法院关于审理植物新品种纠纷案件若干问题的解释》第 3 条规定，人民法院受理的植物新品种申请权权属纠纷、植物新品种权权属纠纷、侵害植物新品种权纠纷、植物新品种临时保护期使用费纠纷等植物新品种权权属、侵权纠纷案件，由知识产权法院，各省、自治区、直辖市人民政府所在地和最高人民法院指定的中级人民法院作为第一审人民法院审理。当事人对植物新品种纠纷民事、行政案件第一审判决、裁定不服，提起上诉的，由最高人民法院审理。

对于北京、上海、广州、海南自由贸易港而言，植物新品种权权属、侵权纠纷案件的管辖，又有一定的特殊性。根据《最高人民法院关于北京、上海、广州知识产权法院案件管辖的规定》第 1 条的规定，有关植物新品种权权属、侵权纠纷第一审案件，在北京、上海、广州辖区，全部由相应的北京、上海、广州知识产权法院受理。依照上述规定第7条，当事人对知识产权法院作出的第一审判决、裁定提起的上诉案件和依法申请上一级法院复议的案件，由知识产权法院所在地的高级人民法院知识产权审判庭审理，但依法应由最高人民法院审理的除外。另外，依照《全国人民代表大会常务委员会关于设立海南自由贸易港知识产权法院的决定》第2条规定，海南自由贸易港知识产权法院有权管辖海南省有关植物新品种纠纷的第一审知识产权民事案件。

依照《最高人民法院关于知识产权法庭若干问题的规定》的规定，不服高级人民法院、知识产权法院、中级人民法院作出的植物新品种权权属、侵权纠纷第一审民事案件判决、裁定而提起上诉的案件，由最高人民法院知识产权法庭审理。

对于植物新品种申请权和植物新品种权属纠纷案件的地域管辖，应当区别权属争议发生的原因是合同关系还是侵权行为，分别确定案件管辖。对于一般民事侵权纠纷案件的管辖，依照《民事诉讼法》第28条的规定，因侵权行为提起的诉讼，由侵权行为地或者被告住所地人民法院管辖；上述侵权行为地，依照《关于适用〈中华人民共和国民事诉讼法〉若干问题的意见》第28条的规定，包括侵权行为实施地和侵权结果发生地。对于侵害植物新品种权纠纷而言，依照《最高人民法院关于审理植物新品种纠纷案件若干问题的解释》第4条规定，以侵权行为地确定人民法院管辖的侵害植物新品种权的民事案件，其所称的侵权行为地，是指未经品种权所有人许可，生产、繁殖或者销售该授权植物新品种的繁殖材料的所在地，或者为商业目的将该授权品种的繁殖材料重复使用于生产另一品种的繁殖材料的所在地。

【法律适用】

处理植物新品种申请权权属纠纷和植物新品种权权属纠纷的主要法律依据是《民法典》第847条、第848条、第859条～第861条，《植物新品种保护条例》第7条、第8条，《最高人民法院关于审理技术合同纠纷案件适用法律若干问题的解释》第1条~第5条和第16条。另外，可以参照《植物新品种保护条例实施细则（农业部分）》第7条~第10条规定。

处理侵害植物新品种权纠纷的主要法律依据是《植物新品种保护条例》第6条、第39条和第40条。

处理植物新品种临时保护期使用费纠纷的主要法律依据是《最高人民法院关于审理植物新品种纠纷案件若干问题的解释》第1条第13项。

【确定该案由应当注意的问题】

植物新品种权民事纠纷案件除了最常见的合同纠纷外，就是权属纠纷和侵权纠纷，这是植物新品种民事纠纷案件中最为常见的类型。所以，《民事案件案由规定》将植物新品种权权属、侵权纠纷列为第三级案由。当事人就植物新品种权利的归属发生争议的，主要发生在职务育种和非职务育种以及委托育种和合作育种中。

《最高人民法院关于审理植物新品种纠纷案件若干问题的解释》第1条规定了人民法院受理的植物新品种纠纷案件的类型，其中涉及《民事案件案由规定》案由的是第6、7、10、13项。

对于假冒植物新品种的行为，尽管《植物新品种保护条例》未规定民事责任，但有关的纠纷也应当作为侵害植物新品种权纠纷确定案由。

162. 集成电路布图设计专有权权属、侵权纠纷

（1）集成电路布图设计专有权权属纠纷

（2）侵害集成电路布图设计专有权纠纷

【释义】

集成电路布图设计，依照《集成电路布图设计保护条例》第 2 条第 2 项规定，是指集成电路中至少有一个是有源元件的两个以上元件和部分或者全部互联线路的三维配置，或者为制造集成电路而准备的上述三维配置。

集成电路布图设计专有权，依照《集成电路布图设计保护条例》第 7 条，是指布图设计权利人享有的下列专有权：（1）对受保护的布图设计的全部或者其中任何具有独创性的部分进行复制；（2）将受保护的布图设计、含有该布图设计的集成电路或者含有该集成电路的物品投入商业利用。该纠纷指当事人之间就集成电路布图设计专用权归谁所有而引发的纠纷。

侵害集成电路布图设计专有权纠纷指集成电路布图设计权利人就是否侵害其集成电路布图设计专用权而引发的纠纷。侵害集成电路布图设计专有权的行为包括两种：一种是未经布图设计权利人许可，复制受保护的布图设计的全部或者其中任何具有独创性的部分的；另一种是未经布图设计权利人许可，为商业目的进口、销售或者以其他方式提供受保护的布图设计、含有该布图设计的集成电路或者含有该集成电路的物品的。一种是对受保护的布图设计的全部或者其中任何具有独创性的部分进行复制的行为；另一种是将受保护的布图设计、含有该布图设计的集成电路或者含有该集成电路的物品投入商业利用的行为。

【管辖】

对于集成电路布图设计专有权权属、侵害集成电路布图设计专有权纠纷案件的级别管辖，依照《最高人民法院关于开展涉及集成电路布图设计案件审判工作的通知》规定，集成电路布图设计专有权权属、侵害集成电路布图设计专有权纠纷案件第一审案件，由各省、自治区、直辖市人民政府所在地、经济特区所在地的中级人民法院和最高人民法院指定的中级人民法院管辖。

对于北京、上海、广州、海南自由贸易港而言，集成电路布图设计专有权权属、侵权纠纷案件的管辖，又有一定的特殊性。依照《最高人民法院关于北京、上海、广州知识产权法院案件管辖的规定》第1条的规定，知识产权法院所在市辖区内有关集成电路布图设计专有权权属、侵权纠纷第一审案件，全部由相应的北京、上海、广州知识产权法院管辖；依照上述规定第7条，当事人对知识产权法院作出的第一审判决、裁定提起的上诉案件和依法申请上一级法院复议的案件，由知识产权法院所在地的高级人民法院知识产权审判庭审理，但依法应由最高人民法院审理的除外。另外，依照《全国人民代表大会常务委员会关于设立海南自由贸易港知识产权法院的决定》第2条规定，海南自由贸易港知识产权法院有权管辖海南省有关集成电路布图设计纠纷的第一审知识产权民事案件。

依照《最高人民法院关于知识产权法庭若干问题的规定》，不服高级人民法院、知识产权法院、中级人民法院作出的集成电路布图设计专有权权属、侵权纠纷第一审民事案件判决、裁定而提起上诉的案件，由最高人民法院知识产权法庭审理。

对于集成电路布图设计专有权权属、侵权纠纷案件的地域管辖，应当区别权属争议发生的原因是合同关系还是侵权行为，分别确定案件管辖。对于一般民事侵权纠纷案件的管辖，根据《民事诉讼法》第28条的规定，因侵权行为提起的诉讼，由侵权行为地或者被告住所地人民法院管辖。上述侵权行为地，包括侵权行为实施地和侵权结果发生地。对于侵害集成电路布图设计纠纷而言，目前没有明确的法律规定，可以参照专利纠纷案件确定。

【法律适用】

与集成电路布图设计专有权权属纠纷相关的规定主要是《集成电路布图设计保护条例》第9条~第11条、第13条，也可以参照《集成电路布图设计保护条例实施细则》第10条的规定。

与侵害集成电路布图设计专有权相关的规定主要是《集成电路布图设计保护条例》第7条、第23条和第27条的规定。

【确定该案由应当注意的问题】

实践中，集成电路布图设计保护纠纷较少。有关集成电路布图设计专有权权属纠纷多涉及单位创作与自然人创作的界定和合作创作或者委托创作完成的布图设计专有权权属的认定。

《最高人民法院关于开展涉及集成电路布图设计案件审判工作的通知》第1条列举了11类集成电路布图设计纠纷。其中，第1项和第3项属于《民事案件案由规定》在本条确定的案由。也就是说，广义上的集成电路布图设计专有权纠纷应当包括所有因集成电路布图设计专有权而发生的纠纷，但本条规定所称的集成电路布图设计专有权权属、侵权纠纷不包括有关的合同纠纷、行政纠纷和临时措施案件。

《集成电路布图设计保护条例》第8条规定："布图设计专有权经国务院知识产权行政部门登记产生。未经登记的布图设计不受本条例保护。"但是，对于集成电路布图设计的保护，在一定意义上讲更接近于对著作权的保护，因此，《集成电路布图设计保护条例》也没有规定集成电路布图设计申请权的问题。对因集成电路布图设计有关技术成果权利归属发生的纠纷，可以统一确定为集成电路布图设计专有权权属纠纷。对于未作为第四级案由列出的其他有关集成电路布图设计的纠纷，如创作人的奖励、报酬纠纷和创作人的署名权纠纷等，按照案由确定规则，可以直接确定为集成电路布图设计专有权权属纠纷。

侵害集成电路布图设计专有权的行为包括两种：一种是对受保护的布图设计的全部或者其中任何具有独创性的部分进行复制的行为；另一种是将受保护的布图设计、含有该布图设计的集成电路或者含有该集成电路的物品投入商业利用的行为。

实践中可能也会出现假冒他人集成电路布图设计的纠纷，对此，按照案由确定规则，可以直接确定为侵害集成电路布图设计专有权纠纷。

163. 侵害企业名称（商号）权纠纷

【释义】

企业名称（商号）权是指经核准登记的国内企业对其企业名称在核准登记的区域内享有的专用权利和外国企业依据国际条约在我国境内对其企业名称享有的权利。

根据《企业名称登记管理规定》第6条的规定，企业名称由行政区划名称、字号、行业或者经营特点、组织形式组成。其中，商号是企业名称的核心部分，是企业名称中凝聚和反映企业商誉的部分，因而是真正需要受到法律保护的部分。人们通常所说的对企业名称的保护指的就是对商号的保护，但商号不能简单地等同于企业名称。

【管辖】

侵害企业名称（商号）权纠纷案件，在类型上属于侵权案件的一种，其管辖原则上适用《民事诉讼法》有关侵权案件的管辖规定。

《民事诉讼法》第 28 条规定，因侵权行为提起的诉讼，由侵权行为地或者被告住所地人民法院管辖；上述侵权行为地，根据《民事诉讼法解释》第 24 条的规定，包括侵权行为实施地和侵权结果发生地。

【法律适用】

规范企业名称（商号）权的法律依据主要是《民法典》第 58 条第 2 款、第 1013 条~第 1014 条、第 1016 条，《反不正当竞争法》第 6 条第 2 项，《企业名称登记管理规定》，也可以参照《企业名称登记管理实施办法》的相关规定。

【确定该案由应当注意的问题】

对于企业名称权的权利属性，理论界有不同观点。传统民法观点将企业名称权归于人身权范畴，其法律依据是过去《民法通则》将企业名称权列在人身权部分。《民法典》也在人格权编中规定了名称权，而未将企业名称权列为第 123 条知识产权类型之列。《民法典》第 1013 条规定，法人、非法人组织享有名称权，有权依法决定、使用、变更、转让或者许可他人使用自己的名称。第 1014 条规定，任何组织或者个人不得以干涉、盗用、假冒等方式侵害他人的姓名权或者名称权。但事实上，企业名称权与商标权一样，均属于一种商业标识，与企业的生产经营密不可分，是企业的无形财产权，国际上公认属于知识产权范畴。将企业名称（商号）作为商业标识类知识产权来保护是国际共识。《建立世界知识产权组织公约》第 2 条第 8 项明确将“商标、服务商标、厂商名称和标记的权利”作为一类知识产权；《保护工业产权巴黎公约》第 1 条第 2 款规定：“工业产权的保护以发明专利权、实用新型、工业品式样、商标、服务商标、商店名称、产地标记或原产地名称以及制止不正当的竞争作为对象。”《保护工业产权巴黎公约》第 8 条进一步规定：“厂商名称应在本联盟一切成员国内受到保护，无须申请或注册，也不论其是否为商标的组成部分。”上述国际公约均明确将企业名称归于知识产权范畴。我国是该两公约成员国，应当遵守国际公约，遵循国际共识。事实上，我国《反不正当竞争法》第6条第2项也明确规定，擅自使用他人有一定影响的企业名称，引人误认为是他人商品或者与他人存在特定联系的，属于不正当竞争行为，在法律上确认企业名称（商号）权是一类知识产权。《民事案件案由规定》将侵害企业名称（商号）权纠纷列在知识产权与竞争纠纷部分，符合企业名称（商号）权实质上属于一类知识产权的权利性质。

实际适用过程中，要注意本案由与第173项“仿冒纠纷”第三级案由“擅自使用他人有一定影响的企业名称、社会组织名称、姓名纠纷”的区分，本案由不包括《反不正当竞争法》第6条第2项规定的关于“擅自使用他人有一定影响的企业名称”的侵权行为，除此以外的其他侵犯企业名称（商号）权的民事纠纷的案由才应当确定为侵害企业名称（商号）权纠纷。还需注意本案由与第三级案由企业名称（商号）合同纠纷的区别，有关纠纷可以根据争议性质相应确定为侵害企业名称（商号）权纠纷或企业名称（商号）合同纠纷。此外，还需注意，本案由针对的侵害企业名称（商号）的纠纷，侵害企业以外其他法人或者非法人组织的名称而引发的纠纷，应适用“人格权纠纷”项下的第三级案由“名称权纠纷”。

164. 侵害特殊标志专有权纠纷

【释义】

特殊标志专有权是指特殊标志所有人对特殊标志所依法所享有的专用权。所谓特殊标志，依据《特殊标志管理条例》第2条的规定，是指经国务院批准举办的全国性和国际性的文化、体育、科学研究及其他社会公益活动所使用的、由文字、图形组成的名称及缩写、会徽、吉祥物等标志。

【管辖】

侵害特殊标志专有权纠纷案件，属于侵权案件的一类，对此类案件的管辖，应当按照一般民事侵权案件来确定。根据《民事诉讼法》第28条的规定，因侵权行为提起的诉讼，由侵权行为地或者被告住所地人民法院管辖。《民事诉讼法解释》第24条规定，侵权行为地，包括侵权行为实施地和侵权结果发生地。鉴于特殊标志也属于一类商业标识，司法实践中还可以参照侵害商标权纠纷案件的管辖规则来确定具体案件的管辖。

【法律适用】

与侵害特殊标志专有权相关的法律依据主要是《特殊标志管理条例》第13条、第16条，《奥林匹克标志保护条例》和《世界博览会标志保护条例》等的规定。

【确定该案由应当注意的问题】

适用该案由，应当注意确认特殊标志的范围。根据《特殊标志管理条例》第2条的规定，能够作为特殊标志受到保护的标志类型较多，并不限于人们熟知的奥运会、亚运会、世博会等有关的标志。该条例第21条规定："经国务院批准代表中国参加国际性文化、体育、科学研究等活动的组织所使用的名称、徽记、吉祥物等标志的保护，参照本条例的规定施行。"也即，不仅我国举办的有关活动的标志可以受到保护，代表我国参加他国举办的类似活动中我国代表使用的标志也可以受到保护，如经国务院批准代表我国参加某项国际赛事的中国体育代表团的标志。

165. 网络域名权属、侵权纠纷

（1）网络域名权属纠纷

（2）侵害网络域名纠纷

【释义】

网络域名是指互联网上识别和定位计算机的层次结构式的字符标识，与该计算机的互联网协议（IP）地址相对应，简单说，指的是用户在网络上的名称和地址。

网络域名权属纠纷是指因注册域名的归属发生的纠纷。侵害网络域名纠纷，通常是指因他人擅自使用权利人已经注册的网络域名而发生的纠纷。

【管辖】

对于网络域名权属纠纷案件的地域管辖，应当根据权属争议发生的原因确定管辖，即如果是因合同关系发生的纠纷，应当适用《民事诉讼法》及其司法解释有关合同案件管辖的原则规定确定管辖法院，如果是因侵权行为引发的纠纷，则应根据《民事诉讼法》及其司法解释有关侵权案件的管辖规则来确定案件管辖。

对于侵害网络域名纠纷案件，因此类案件属于侵权类案件，根据《民事诉讼法》第 28 条的规定，因侵权行为提起的诉讼，由侵权行为地或者被告住所地人民法院管辖。《民事诉讼法解释》第 24 条规定，侵权行为地，包括侵权行为实施地和侵权结果发生地。《最高人民法院关于审理涉及计算机网络域名民事纠纷案件适用法律若干问题的解释》第 2 条进一步规定，涉及域名的侵权纠纷案件，由侵权行为地或者被告住所地的中级人民法院管辖；对难以确定侵权行为地和被告住所地的，原告发现该域名的计算机终端等设备所在地可以视为侵权行为地。涉外域名纠纷案件包括当事人一方或者双方是外国人、无国籍人、外国企业或组织、国际组织，或者域名注册地在外国的域名纠纷案件。在中华人民共和国领域内发生的涉外域名纠纷案件，依照《民事诉讼法》第4编的规定确定管辖。对于侵害网络域名纠纷案件的级别管辖，《最高人民法院关于审理涉及计算机网络域名民事纠纷案件适用法律若干问题的解释》第2条已经明确规定为中级人民法院。

【法律适用】

与网络域名保护有关的法律依据主要是《全国人大常委会关于加强网络信息保护的决定》《最高人民法院关于审理涉及计算机网络域名民事纠纷案件适用法律若干问题的解释》，也可以参照适用《互联网域名管理办法》《中国互联网络信息中心国家顶级域名争议解决办法》等相关规定。

【确定该案由应当注意的问题】

实践中，已经明确将网络域名作为单独一类知识产权对待。《最高人民法院关于审理涉及计算机网络域名民事纠纷案件适用法律若干问题的解释》第3条规定：“域名纠纷案件的案由，根据双方当事人争议的法律关系的性质确定，并在其前冠以计算机网络域名；争议的法律关系的性质难以确定的，可以通称为计算机网络域名纠纷案件。”据此，对于因使用的域名而引起侵犯他人知识产权的纠纷，应当根据双方当事人争议的法律关系的性质确定案由，如网络域名合同纠纷、网络域名权属纠纷、侵害网络域名纠纷等案由。此外，对原告以域名侵犯其商标权为由或不正当竞争行为为由起诉的，则应确定为侵害商标权纠纷或者依据不正当竞争行为的性质确定案由。

166. 发现权纠纷

【释义】

发现权是指对自然的现象、特性或规律等作出的前所未有的阐释而依法取得的权利，一般是指发现人因重大科学发现，经评审而获得荣誉和物质奖励的权利。发现权是一种民事权利，包括人格权和财产权两方面的内容。发现权的客体是已存在的自然事实，发现人对其发现的客体并不享有排他的支配权。同时，发现本身也是一种事实，故发现权不能转让，不能许可他人使用，也不能继受取得。发现权人可以享有精神上的利益，如获得证书、表明身份、受领荣誉，也可以获得奖金或者其他奖励。

发明和发现是不同的概念。所谓发现，是指本有的事物或规律，经过探索、研究，才开始知道；所谓发明，是指创制新的事物，首创新的制作方法，发明必须具备前人所没有的、先进的、经过实践证明可以应用的三个条件。在法律上，发现与发明的区别在于，前者是对自然界的新认识，不一定能立即应用于生产实践，而后者则是改造自然界的手段，是一种重大的科学技术新成就，必须以应用于生产建设为条件。简言之，发现是指对于已经存在的事物或规律的认识，发明则是指创造出本不存在的事物。

【管辖】

发现权纠纷案件，主要指的是侵害他人发现权纠纷，如侵害他人因发现获得荣誉和物质奖励的权利而引发的纠纷，属于侵权案件的一类，应当按照民事侵权案件的管辖原则来确定管辖。《民事诉讼法》第 28 条的规定，因侵权行为提起的诉讼，由侵权行为地或者被告住所地人民法院管辖。《民事诉讼法解释》第24条规定，侵权行为地，包括侵权行为实施地和侵权结果发生地。

【法律适用】

《民法典》中没有直接规定发现权。《科学技术进步法》第15条规定，国家建立科学技术奖励制度，对在科学技术进步活动中作出重要贡献的组织和个人给予奖励。《国家科学技术奖励条例》对国家科学技术奖的设置、评审和授予条件作出了具体规定。上述规定可作为保障发现权的法律依据。

【确定该案由应当注意的问题】

发现权是知识产权的一种类型，其主要权利内容包括：发现人有权申请领取发现证书、奖金或者其他奖励，并且在受到剽窃、篡改、假冒等侵害时，有权要求停止侵害，消除影响，赔偿损失。发现人一般可以通过行政程序申请领取发现证书并获得有关奖励。当事人之间关于发现人的署名和奖励的归属以及有关的损害赔偿等纠纷，均可以“发现权纠纷”作为案由提起民事诉讼。

167. 发明权纠纷

【释义】

发明权有广义和狭义两种含义。广义的发明权是指发明人基于发明创造的成果而产生的一切民事权利，包括专利权在内，是发明人就其完成的发明创造依法享有的发明人署名权、奖励权和实施后获得报酬的权利之总和。狭义的发明权是指专利权以外的发明权。如根据

《国家科学技术奖励条例》的规定，发明人将自己的发明成果提交有关部门审查，从而获得国家技术发明奖的荣誉称号和物质奖励的权利。《民事案件案由规定》所称之发明权指狭义的发明权。

发明权纠纷是指当事人之间因发明权的归属及其有关权益发生的纠纷，不包括因专利和专利申请、植物新品种、集成电路布图设计、计算机软件和技术秘密等法律已有专门规定的知识产权的归属及相关权益发生的纠纷。

【管辖】

对于发明权纠纷案件的地域管辖，根据《民事诉讼法》第28条的规定，因侵权行为提起的诉讼，由侵权行为地或者被告住所地人民法院管辖；上述侵权行为地，根据《民事诉讼法解释》第24条的规定，包括侵权行为实施地和侵权结果发生地。

对于发明权纠纷案件的级别管辖，虽然目前并无明确的法律和司法解释规定，但作为一类知识产权案件，应当由中级以上人民法院和经最高人民法院批准具有知识产权案件管辖权的基层人民法院管辖。

【法律适用】

处理发明权纠纷的法律规范有《科学技术进步法》第15条，以及《国家科学技术奖励条例》的相关规定。

【确定该案由应当注意的问题】

发明与专利比较，专利是一种发明，但发明本身并不等同于专利，只有那些符合《专利法》规定条件的发明，经过特定的审查程序，才可以成为专利。因此，从广义上讲，发明权包含专利权但要大于专利权的内涵。但《民事案件案由规定》所称的发明权纠纷仅指当事人因对专利或者专利申请以外的其他发明成果的有关权利归属及其有关权益发生的纠纷。凡是涉及专利或者专利申请的发明成果产生的纠纷，应当确定为专利合同纠纷或者专利权权属、侵权纠纷。另外，除了可以确定为第168条的其他科技成果权纠纷以外，凡是可以确定为其他知识产权纠纷案由的，不适用本案由。例如，涉及《民事案件案由规定》第152条技术合同纠纷的案件，特别是该条第12项的职务技术成果完成人奖励、报酬纠纷和第13项的技术成果完成人署名权、荣誉权、奖励权纠纷，不应再适用本案由。

作为发明权客体的发明成果，可以是已经公开甚至是进入公有领域的发明成果。即不论发明人是否公开其发明成果或者是否已进入公有领域，都不影响其依法主张发明权。

168. 其他科技成果权纠纷

【释义】

其他科技成果权中的“其他”一词，是有特定含义的。科技成果，顾名思义，是指一切科学和技术领域产生的人类智力活动成果。专利、发现、发明等都属于科技成果。

其他科技成果权纠纷是指当事人之间对尚无专门的知识产权法律和行政法规作出规定的、发现和发明之外的其他科学技术成果的权利归属及其有关权益发生的纠纷。

【管辖】

对于其他科技成果权纠纷案件的地域管辖，根据《民事诉讼法》第28条的规定，因侵权行为提起的诉讼，由侵权行为地或者被告住所地人民法院管辖；上述侵权行为地，根据《民事诉讼法解释》第24

条的规定，包括侵权行为实施地和侵权结果发生地。

对于其他科技成果权纠纷案件的级别管辖，虽然目前并无明确的法律和司法解释规定，但作为一类知识产权案件，应当由中级以上人民法院和经最高人民法院批准具有知识产权案件管辖权的基层人民法院管辖。

【法律适用】

处理其他科技成果权纠纷的法律规范有《科学技术进步法》第15条，以及《国家科学技术奖励条例》的相关规定。

【确定该案由应当注意的问题】

凡是涉及已经有专门知识产权法律或者行政法规规定的科技成果（包括技术秘密）的纠纷，均应当确定为相应的知识产权纠纷，不应当确定为其他科技成果权纠纷。只有那些涉及无法归类于某种具体类型的知识产权，也不属于发现权和发明权而又与科学技术有关的智力成果的纠纷，才可以确定为其他科技成果权纠纷。即其他科技成果权是一类涉及科技成果的兜底性的知识产权，其他科技成果权纠纷相应地也可以作为一类涉及科技成果的兜底性的知识产权纠纷案由，只有在《民事案件案由规定》中找不到相应案由的纠纷，才可以考虑是否需要确定为本案由。

作为其他科技成果权客体的科技成果，可以是已经公开甚至是进入公有领域的科技成果。即不论该成果是否已经公开或进入公有领域，都不影响成果权人依法主张权利。

169. 确认不侵害知识产权纠纷

（1）确认不侵害专利权纠纷
（2）确认不侵害商标权纠纷
（3）确认不侵害著作权纠纷
（4）确认不侵害植物新品种权纠纷
（5）确认不侵害集成电路布图设计专用权纠纷
（6）确认不侵害计算机软件著作权纠纷

【释义】

确认不侵害知识产权纠纷是指利益受到特定知识产权影响的行为人，以该知识产权权利人为被告提起的，请求确认其有关行为不侵犯该知识产权的诉讼。所谓受到“特定知识产权影响”，目前司法实践中一般理解为，行为人受到了来自特定知识产权权利人的侵权警告或者侵权威胁，但权利人并未在合理期限内依照法定程序请求人民法院解决有关争议。

【管辖】

对于确认不侵害知识产权纠纷案件的地域管辖，近年来，最高人民法院已经通过一些个案批复明确，确认不侵权诉讼在性质上属于侵权类纠纷，但系独立的诉讼，不因对方当事人另行提起侵权诉讼而被吸收。因此，对这类案件应当按照侵权纠纷来确定管辖。根据《民事诉讼法》第 28 条的规定，因侵权行为提起的诉讼，由侵权行为地或者被告住所地人民法院管辖；上述侵权行为地，根据《民事诉讼法解释》第 24 条的规定，包括侵权行为实施地和侵权结果发生地。

对于确认不侵害知识产权纠纷案件的级别管辖，虽然目前并无明确的法律和司法解释规定，但作为一类知识产权案件，应当由中级以上人民法院和经最高人民法院批准具有知识产权案件管辖权的基层人民法院管辖。对于涉及具体知识产权类型的案件，还应当适用有关同类权利案件的管辖规则。如确认不侵害专利权纠纷，还应当适用专利纠纷案件的管辖规则。

最高人民法院通过个案批复明确，对于法院间因管辖发生的争议，包括因同一法律事实或者同一法律关系产生的确认不侵权诉讼、侵权诉讼和诉前临时措施案件，有关法院要及时依法协商或者报请共同上级法院指定，按照受理在先的原则确定管辖，并将在后受理案件依法移送合并审理。

【法律适用】

处理确认不侵害知识产权纠纷的法律依据主要是《民事诉讼法》第108条、《最高人民法院关于审理专利纠纷案件适用法律问题的若干规定》第1条、《最高人民法院关于审理侵犯专利权纠纷案件应用法律若干问题的解释》第18条的规定。

【确定该案由应当注意的问题】

确认不侵害知识产权诉讼在我国是进入21世纪以来在知识产权领域新出现的一种诉讼类型。最早是在2002年7月12日《最高人民法院关于苏州龙宝生物工程实业公司与苏州朗力福保健品有限公司请求确认不侵犯专利权纠纷案的批复》(〔2001〕民三他字第4号）中明确认可这种案件类型的。

尽管这类案件可能涉及不同类型的知识产权，但鉴于这类案件均属于确认之诉，其裁判结果只是作出一种宣告性的判决，不存在判令承担民事责任的问题，同时也为了便于统计和总结有关审判经验，《民事案件案由规定》将之单列为一类知识产权纠纷。此次修正后的

《民事案件案由规定》，在原有的基础上增设了三类第四级案由，涉及植物新品种权、集成电路布图设计专用权、计算机软件著作权等知识产权，使该类案由涵盖的知识产权保护范围更加广泛。

关于确认不侵害专利权纠纷的起诉或受理条件，《最高人民法院关于审理专利纠纷案件适用法律问题的若干规定》第1条第13项规定，人民法院受理下列专利纠纷案件：确认不侵害专利权纠纷案件。该项是2020年12月修正后的司法解释新增的条款。《最高人民法院关于审理侵犯专利权纠纷案件应用法律若干问题的解释》第18条明确规定："权利人向他人发出侵犯专利权的警告，被警告人或者利害关系人经书面催告权利人行使诉权，自权利人收到该书面催告之日起一个月内或者自书面催告发出之日起二个月内，权利人不撤回警告也不提起诉讼，被警告人或者利害关系人向人民法院提起请求确认其行为不侵犯专利权的诉讼的，人民法院应当受理。"对于涉及其他类型的知识产权所提起的确认不侵害知识产权纠纷，均应当参照执行此规定。

当事人之间对有关行为是否构成侵权已经进入法定的争议解决程序（主要是指权利人已经提起诉讼或者申请诉前临时措施并且有关程序正在进行）的，当事人不能再提出确认不侵害知识产权诉讼，有关不侵权的主张可以作为侵权抗辩事由在已经启动的法定的争议解决程序中提出。

《民事案件案由规定》所称确认不侵害著作权纠纷，是指受到特定著作权或者邻接权影响的行为人，以权利人为被告提起的，请求确认其有关行为不侵犯该著作权或者邻接权的诉讼。也就是说确认不侵害邻接权的，也统一确定为确认不侵害著作权纠纷。

170. 因申请知识产权临时措施损害责任纠纷

（1）因申请诉前停止侵害专利权损害责任纠纷
（2）因申请诉前停止侵害注册商标专用权损害责任纠纷
（3）因申请诉前停止侵害著作权损害责任纠纷
（4）因申请诉前停止侵害植物新品种权损害责任纠纷
（5）因申请海关知识产权保护措施损害责任纠纷
（6）因申请诉前停止侵害计算机软件著作权损害责任纠纷
（7）因申请诉前停止侵害集成电路布图设计专用权损害责任纠纷

【释义】

因申请知识产权临时措施损害责任纠纷是指在人民法院应知识产权权利人的申请而采取临时措施之后，因申请人不起诉或者申请错误造成被申请人损失而发生的损害责任纠纷。

目前，我国法律规定的临时措施主要包括三种：责令停止有关行为（一般称为临时禁令）、财产保全和证据保全。

【管辖】

最高人民法院《关于审查知识产权纠纷行为保全案件适用法律若干问题的规定》第 3 条规定：“申请诉前行为保全，应当向被申请人住所地具有相应知识产权纠纷管辖权的人民法院或者对案件具有管辖权的人民法院提出。当事人约定仲裁的，应当向前款规定的人民法院申请行为保全。”该规定第 18 条规定，被申请人依据《民事诉讼法》第 105 条规定提起赔偿诉讼，申请人申请诉前行为保全后没有起诉或者当事人约定仲裁的，由采取保全措施的人民法院管辖；申请人已经起诉的，由受理起诉的人民法院管辖。

根据上述规定，因申请知识产权临时措施损害责任纠纷的地域管辖，可以是受理知识产权临时措施案件的法院，也可以是法院裁定采取知识产权临时措施后知识产权权利人提起相应侵权诉讼的审理法院。

《关于审查知识产权纠纷行为保全案件适用法律若干问题的规定》第1条规定，本规定中的知识产权纠纷是指《民事案件案由规定》中的知识产权与竞争纠纷。故本条项下全部案由纠纷的管辖，应依照上述规定确定案件管辖。

因申请知识产权临时措施损害责任纠纷的级别管辖，应当符合司法解释有关知识产权案件管辖的一般规定。

【法律适用】

处理因申请知识产权临时措施损害责任纠纷的法律依据主要是：《民事诉讼法》第101条、第105条，《专利法》第72条、第73条，《商标法》第65条、第66条，《著作权法》第56条、第57条，《最高人民法院关于审查知识产权纠纷行为保全案件适用法律若干问题的规定》，《计算机软件保护条例》第26条、第27条，《集成电路布图设计保护条例》第32条，《最高人民法院关于审理著作权民事纠纷案件适用法律若干问题的解释》第28条，《最高人民法院关于开展涉及集成电路布图设计案件审判工作的通知》第3条，《最高人民法院关于审理侵犯植物新品种权纠纷案件具体应用法律问题的若干规定》第5条，《知识产权海关保护条例》第23条的规定。

【确定该案由应当注意的问题】

根据《民事诉讼法》和《专利法》《著作权法》《商标法》等法律和有关行政法规以及有关知识产权司法解释规定，知识产权权利人可以在起诉之前（或者在起诉的同时或者在诉讼过程中）向人民法院申请采取临时措施。在人民法院采取保全措施后，申请人15日内不起诉或者申请错误造成被申请人损失的，申请人应当赔偿被申请人因采取有关措施所遭受的损失。根据有关司法解释的规定，被申请人可以向有管辖权的人民法院起诉请求申请人赔偿，也可以在知识产权权利人提起的侵权诉讼中提出损害赔偿的请求，人民法院可以一并处理。

因申请知识产权临时措施损害责任纠纷在本质上属于财产损害赔偿纠纷。考虑到这类案件在知识产权案件中比较多见，特别是在现有法律框架下只有在知识产权案件中可以采取诉前临时禁令，诉前证据保全也主要适用于知识产权案件，有关申请错误的判断也往往涉及一些知识产权专门问题。《民事案件案由规定》在知识产权权属、侵权纠纷第二级案由下单列了因申请知识产权临时措施损害责任纠纷的第三级案由。凡是在知识产权纠纷案件（包括不正当竞争、垄断纠纷）中因申请临时禁令、财产保全和证据保全而引起的损害责任纠纷，无论是因诉前申请、起诉时申请还是诉讼中申请，都应当确定为这一案由；在非知识产权纠纷案件中因申请临时措施而引起的损害责任纠纷，则不适用这一案由。

171. 因恶意提起知识产权诉讼损害责任纠纷

【释义】

因恶意提起知识产权诉讼损害责任纠纷是指因恶意提起知识产权诉讼而引起的损害责任纠纷。所谓恶意诉讼，目前尚无明确的法律界定，但学界一般认为，当事人以获取非法或不正当利益为目的而故意提起一个在事实上和法律上无根据之诉的行为即构成恶意诉讼。

【管辖】

因恶意提起知识产权诉讼损害责任纠纷本质上属于侵权纠纷。对于侵权纠纷案件的地域管辖，根据《民事诉讼法》第 28 条的规定，因侵权行为提起的诉讼，由侵权行为地或者被告住所地人民法院管辖；上述侵权行为地，根据《民事诉讼法解释》第 24 条规定，侵权行为地，包括侵权行为实施地、侵权结果发生地。应当说，恶意诉讼的受理地都属于侵权行为地。

因恶意提起知识产权诉讼损害责任纠纷的级别管辖，虽然尚无法律或者司法解释的明确规定，但应当符合知识产权案件的一般管辖规则。对于涉及专利等特殊类型知识产权问题的案件，为确保案件审理的顺利进行，一般宜由具有特殊知识产权案件管辖权的法院管辖。

【法律适用】

我国目前对恶意诉讼没有明确的法律规定，但并非完全没有法律依据。规范恶意诉讼的基本民事法律规范是《民法典》第 1165 条第 2 款关于侵权的一般性规定。此外，《专利法》第 47 条第 2 款对于专利权人恶意行使权利作出了原则性规定。

【确定该案由应当注意的问题】

因恶意提起知识产权诉讼损害责任纠纷虽并非本次修正案由中新增加的一种案由类型。但有必要加以说明，恶意诉讼属于滥用诉权的一种主要表现，在现实生活中屡见不鲜。理论上，恶意诉讼不仅会发生在知识产权诉讼领域，在其他民事诉讼甚至刑事诉讼和行政诉讼中也会发生。但是，由于知识产权的无形性和作为竞争手段的工具性，实践中容易以所谓行使知识产权的名义恶意提起诉讼，越来越多的人呼吁要对此现象加以规制。在 2008 年第三次修正《专利法》时，就曾经试图把恶意诉讼的构成要件单独写一条，但因为难以从文字上准确界定，最终未能如愿，而是留给司法实践中去根据个案来判断，不断积累经验。2011 年《民事案件案由规定》增加此种案由类型，既是指引地方法院可以受理此类诉求，也是希望能够通过知识产权审判来总结相关司法经验。

《民法典》第1165条是关于侵权的一般性规定，具体到个案中如何界定恶意诉讼，需要十分谨慎。但作为案件受理环节，不宜对此审查过度，关键是看是否符合《民事诉讼法》第119条的规定。

172. 专利权宣告无效后返还费用纠纷

【释义】

专利权宣告无效后返还费用纠纷是指因专利权宣告无效后被控专利侵权人、专利被许可人、专利受让人依法要求专利权人返还专利侵权赔偿金、专利使用费、专利权转让费而提起的诉讼纠纷。

【管辖】

对于专利权宣告无效后返还费用纠纷的管辖，应区分基础法律关系系侵权法律关系还是合同法律关系而分别确定管辖。对于因之前存在的专利侵权纠纷而在专利权被宣告无效后被控侵权人提出的返还侵权赔偿金纠纷，一般宜按照专利侵权案件的管辖规则来确定管辖。对于因存在专利权转让合同而在专利权被宣告无效后受让人提出的返还专利权转让费纠纷，可以按照专利权转让合同案件的管辖规则来确定管辖。对于因存在专利实施许可合同而在专利权被宣告无效后被许可人提出的返还专利使用费纠纷，可以按照专利实施许可合同案件的管辖规则来确定管辖。

【法律适用】

处理专利权宣告无效后返还费用纠纷的法律依据主要是《专利

法》第47条第2款、第3款的规定。

【确定该案由应当注意的问题】

对于因存在专利权转让合同或专利实施许可合同而在专利权被宣告无效后受让人或被许可人提出的返还专利权转让费或专利使用费纠纷，本可以分别按照专利权转让合同纠纷和专利实施许可合同纠纷来确定案由，但是考虑到《专利法》第47条第3款将专利权宣告无效后返还专利侵权赔偿金与返还专利使用费、专利权转让费一并规定，而专利权宣告无效后返还专利侵权赔偿金纠纷显然难以归入前述的专利侵权纠纷，加之专利无效后的处理有一定的规律性，最终将这三类案件作为一个单独的第三级案由予以规定。

十五、不正当竞争纠纷

《反不正当竞争法》第2章规定了一系列具体的不正当竞争行为。人民法院在审理案件中，对不正当竞争行为的认定，首先应当适用这些条文的规定；对于《反不正当竞争法》第2章未具体列举，也没有其他法律规范可以援引的市场交易行为，经过审理查证属实被告违反了自愿、平等、公平、诚实信用的原则和公认的商业道德，损害了原告的合法权益，且纠纷发生在平等主体的经营者之间的，人民法院可以依据该法第2条的规定认定为不正当竞争行为。因此，对于知识产权专门法和《反不正当竞争法》第2章均没有专门规定予以禁止的行为，当事人依据《反不正当竞争法》第2条的规定起诉的，按照案由确定规则，有关案件可以直接确定为不正当竞争纠纷。

与2011年《民事案件案由规定》相比，本次修正增加了网络不正当竞争纠纷这一新案由。

实践中，当事人往往以侵犯某类知识产权加不正当竞争的案由起诉。有的法院要求作为两个案件分别起诉、分别立案、分别审理、分别裁判，有的法院则作为一个案件予以审理。不论如何受理和审理，在案由上虽然是“侵害某类知识产权纠纷”和“不正当竞争纠纷”两个案由，但从方便诉讼和方便审理的原则出发，可以合并审理。

173. 仿冒纠纷

（1）擅自使用与他人有一定影响的商品名称、包装、装潢等相同或者近似的标识纠纷

（2）擅自使用他人有一定影响的企业名称、社会组织名称、姓名纠纷

（3）擅自使用他人有一定影响的域名主体部分、网站名称、网页纠纷

【释义】

仿冒纠纷是指因行为人在市场交易中擅自使用与他人有一定影响的知名商品特有名称、包装、装潢或者他人企业名称、社会组织名称、姓名，域名主体部分、网站名称、网页伪造、冒用产品质量标志和伪造产地等不正当竞争手段，损害竞争对手而发生的民事争议。

擅自使用与他人有一定影响的商品名称、装潢等相同或者近似的标识，根据《反不正当竞争法》第6条中的规定，是指擅自使用与他人有一定影响的商品名称、包装、装潢等相同或者近似的标识的混淆行为，引人误认为是他人商品或者与他人存在特定联系。

擅自使用他人有一定影响的企业名称、社会组织名称、姓名，根据《反不正当竞争法》第6条中的规定，是指擅自使用他人的企业名称或者姓名，引人误认为是他人商品或者与他人存在特定联系引人误认为是他人的商品。何谓“企业名称”和“姓名”，《最高人民法院关于审理不正当竞争民事案件应用法律若干问题的解释》第6条对此作

出了解释。

【管辖】

对于仿冒纠纷的地域管辖，应当按照一般侵权案件确定管辖，由侵权行为地或者被告人住所地人民法院管辖。对于仿冒纠纷案件的级别管辖，根据《最高人民法院关于审理不正当竞争民事案件应用法律若干问题的解释》第18条的规定，一般由中级人民法院管辖，经最高人民法院批准的基层人民法院也可以受理。

【法律适用】

处理仿冒纠纷的法律依据主要是《反不正当竞争法》第6条。《最高人民法院关于审理不正当竞争民事案件应用法律若干问题的解释》第1条~第6条。另外，也可以参照原国家工商行政管理局1995年7月6日发布的《关于禁止仿冒知名商品特有的名称、包装、装潢的不正当竞争行为的若干规定》的相关规定。

【确定该案由应当注意的问题】

对于《反不正当竞争法》第6条规定的不正当竞争行为，人们在习惯上称为仿冒行为。对因假冒他人注册商标发生的纠纷，一般应当按照《民事案件案由规定》确定为侵害商标权纠纷，而不是仿冒纠纷。

对于擅自使用与他人有一定影响的商品名称、包装、装潢等相同或者近似的标识纠纷，擅自使用他人有一定影响的企业名称、社会组织名称、姓名纠纷、擅自使用他人有一定影响的域名主体部分、网站名称、网页纠纷擅自使用知名商品特有名称、包装、装潢纠纷和擅自使用他人企业名称、姓名纠纷，均属于选择适用案由，原告仅指控侵犯其中部分客体的或者一种行为的，应当根据具体争议内容相应确定具体案由。如仅主张擅自使用知名商品特有名称的，确定为擅自使用知名商品特有名称纠纷；仅主张擅自使用他人姓名的，确定为擅自使用他人姓名纠纷；仅主张伪造产品质量标志的，确定为伪造产品质量标志纠纷。

对于擅自使用他人有一定影响的企业名称的行为，一般均属于市场交易行为，当事人之间一般会存在竞争或合作关系。竞争对手之间涉及企业名称使用的争议，往往属于不正当竞争纠纷。需要注意，擅自使用他人有一定影响的企业名称、社会组织名称、姓名，应当是指被告使用了原告的企业名称、社会组织名称或者姓名，用于从事市场经营活动。对于不能归类于《反不正当竞争法》第6条第4项规定的其他侵犯企业名称的行为（即不涉及市场经营活动的使用行为），有关民事案件案由应当确定为侵害企业名称（商号）权纠纷。对于自然人姓名的使用，如果并非在市场交易中使用，也就不存在竞争关系，不属于不正当竞争纠纷，而应当确定为“姓名权纠纷”。

174. 商业贿赂不正当竞争纠纷

【释义】

商业贿赂，是指经营者以排斥竞争对手为目的，为争取交易机会，暗中给予交易对方有关人员和能够影响交易的其他相关人员以财物或其他好处的行为。商业贿赂是贿赂的一种形式，但又不同于其他贿赂形式。

根据《反不正当竞争法》第7条的规定，经营者不得采用财物或者其他手段贿赂，以谋取交易机会或者竞争优势。经营者在交易活动中，可以以明示方式向交易相对方支付折扣或者向中间人支付佣金。经营者向交易相对方支付折扣、向中间人支付佣金的，应当如实入账。

接受折扣、佣金的经营者也应当如实入账。经营者的工作人员进行贿赂的，应当认定为经营者的行为；但是，经营者有证据证明该工作人员的行为与为经营者谋取交易机会或者竞争优势无关的除外。

【管辖】

对于商业贿赂不正当竞争纠纷案件的地域管辖，法律和司法解释没有作出特别规定，应当按照一般侵权案件确定管辖。即根据《民事诉讼法》第28条的规定，因侵权行为提起的诉讼，由侵权行为地或者被告住所地人民法院管辖；上述侵权行为地，根据《民事诉讼法解释》第24条规定，《民事诉讼法》第28条规定的侵权行为地，包括侵权行为实施地、侵权结果发生地。

对于商业贿赂不正当竞争纠纷案件的级别管辖，法律或司法解释没有作出特别规定，但可以参照《最高人民法院关于审理不正当竞争民事案件应用法律若干问题的解释》第18条有关仿冒纠纷等知识产权纠纷案件的管辖规定来确定管辖。即一般由中级人民法院管辖，经最高人民法院批准的基层人民法院也可以受理商业贿赂不正当竞争纠纷案件。

【法律适用】

处理商业贿赂不正当竞争纠纷的法律依据主要是《反不正当竞争法》第7条。另外，也可以参照原国家工商行政管理局1996年11月15日公布施行的《关于禁止商业贿赂行为的暂行规定》的相关规定。

【确定该案由应当注意的问题】

尽管商业贿赂行为一般多通过行政执法或刑事执法程序来追究行

政责任或刑事责任，但不排除商业贿赂行为也会给相关经营者造成民事损害，应当承担相应的民事责任，因此，《民事案件案由规定》应当明确赋予相关经营者以民事诉权。但为了区别此种商业贿赂与其他贿赂行为和特别提示其民事责任性质，将案由名称定为商业贿赂不正当竞争纠纷而不是商业贿赂纠纷。

175. 虚假宣传纠纷

【释义】

所谓虚假宣传，根据《反不正当竞争法》第 8 条规定，是指经营者对其商品的性能、功能、质量、销售状况、用户评价、曾获荣誉等作虚假或者引人误解的商业宣传，欺骗、误导消费者，或者经营者通过组织虚假交易等方式，帮助其他经营者进行虚假或者引人误解的商业宣传的行为。

根据《最高人民法院关于审理不正当竞争民事案件应用法律若干问题的解释》第 8 条的规定，经营者具有下列行为之一，足以造成相关公众误解的，可以认定为《反不正当竞争法》第 8 条第 1 款规定的引人误解的虚假宣传行为：（1）对商品作片面的宣传或者对比的；（2）将科学上未定论的观点、现象等当作定论的事实用于商品宣传的；（3）以歧义性语言或者其他引人误解的方式进行商品宣传的。以明显的夸张方式宣传商品，不足以造成相关公众误解的，不属于引人误解的虚假宣传行为。对于虚假宣传的认定，人民法院应当根据日常生活经验、相关公众一般注意力、发生误解的事实和被宣传对象的实际情况等因素，对引人误解的虚假宣传行为进行认定。

【管辖】

对于虚假宣传纠纷案件的地域管辖，法律和司法解释没有作出特别规定，应当按照一般侵权案件确定管辖。即根据《民事诉讼法》第28条的规定，因侵权行为提起的诉讼，由侵权行为地或者被告住所地人民法院管辖；上述侵权行为地，根据《民事诉讼法解释》第24条规定，《民事诉讼法》第28条规定的侵权行为地，包括侵权行为实施地、侵权结果发生地。

【法律适用】

处理虚假宣传纠纷的法律依据主要是《反不正当竞争法》第8条，《广告法》第2章以及《最高人民法院关于审理不正当竞争民事案件应用法律若干问题的解释》第8条的规定。

【确定该案由应当注意的问题】

《反不正当竞争法》第8条规定了虚假宣传的不正当竞争行为，其本质不在于是否构成“虚假宣传”，而在于是否构成“引人误解”。《最高人民法院关于审理不正当竞争民事案件应用法律若干问题的解释》第8条抓住“引人误解”的本质，界定了几类特殊的虚假宣传行为，并对引人误解的虚假宣传的判断标准等作出了规定。

176. 侵害商业秘密纠纷

（1）侵害技术秘密纠纷

（2）侵害经营秘密纠纷

【释义】

所谓商业秘密，根据修正后的《反不正当竞争法》第9条的规定，是指不为公众所知悉、具有商业价值并经权利人采取相应保密措施的技术信息、经营信息等商业信息。一般认为，商业秘密应当具备秘密性、价值性和保密性三个要件。具备前述三要件的技术信息称为技术秘密；具备前述三要件的经营信息，包括客户信息等，称为经营秘密。

所谓“不为公众所知悉”，根据《最高人民法院关于审理侵犯商业秘密民事案件适用法律若干问题的规定》第3条规定，是指权利人请求保护的信息在被诉侵权行为发生时不为所属领域的相关人员普遍知悉和容易获得的。具有下列情形之一的，人民法院可以认定有关信息为公众所知悉：（1）该信息在所属领域属于一般常识或者行业惯例的；（2）该信息仅涉及产品的尺寸、结构、材料、部件的简单组合等内容，所属领域的相关人员通过观察上市产品即可直接获得的；（3）该信息已经在公开出版物或者其他媒体上公开披露的；（4）该信息已通过公开的报告会、展览等方式公开的；（5）所属领域的相关人员从其他公开渠道可以获得该信息的。将为公众所知悉的信息进行整理、改进、加工后形成的新信息，符合前述第3条规定的，应当认定该新信息不为公众所知悉。

所谓“具有商业价值”，根据《最高人民法院关于审理侵犯商业秘密民事案件适用法律若干问题的规定》第7条规定，权利人请求保护的信息因不为公众所知悉而具有现实的或者潜在的商业价值的，或者生产经营活动中形成的阶段性成果符合第7条第1款规定的。

所谓“保密措施”，根据《最高人民法院关于审理侵犯商业秘密民事案件适用法律若干问题的规定》第5条规定，权利人为防止商业秘密泄露，在被诉侵权行为发生以前所采取的合理保密措施。人民法院应当根据商业秘密及其载体的性质、商业秘密的商业价值、保密措施的可识别程度、保密措施与商业秘密的对应程度以及权利人的保密意愿等因素，认定权利人是否采取了相应保密措施。具有下列情形之一，在正常情况下足以防止商业秘密泄露的，人民法院应当认定权利人采取了相应保密措施：（1）签订保密协议或者在合同中约定保密义务的；（2）通过章程、培训、规章制度、书面告知等方式，对能够接触、获取商业秘密的员工、前员工、供应商、客户、来访者等提出保密要求的；(3) 对涉密的厂房、车间等生产经营场所限制来访者或者进行区分管理的；(4) 以标记、分类、隔离、加密、封存、限制能够接触或者获取的人员范围等方式，对商业秘密及其载体进行区分和管理的；(5) 对能够接触、获取商业秘密的计算机设备、电子设备、网络设备、存储设备、软件等，采取禁止或者限制使用、访问、存储、复制等措施的；(6) 要求离职员工登记、返还、清除、销毁其接触或者获取的商业秘密及其载体，继续承担保密义务的；(7) 采取其他合理保密措施的。

【管辖】

对于侵害商业秘密纠纷案件的地域管辖，法律和司法解释没有作出特别规定，应当按照一般侵权案件确定管辖。即根据《民事诉讼法》第28条的规定，因侵权行为提起的诉讼，由侵权行为地或者被告住所地人民法院管辖；上述侵权行为地，根据《民事诉讼法解释》第24条的规定，包括侵权行为实施地和侵权结果发生地。但要注意，商业秘密保护与专利保护不同，商业秘密特别是技术秘密保护的是产品制造过程中所使用的有关信息，并不当然延至对产品本身的保护。因此，不能简单以产品销售商为被告提起诉讼，也不能由产品销售地法院对产品制造者行使管辖权作为，除非表面证据已经表明销售商和制造商构成共同侵权。

对于侵害商业秘密纠纷案件的级别管辖，根据《最高人民法院关于审理不正当竞争民事案件应用法律若干问题的解释》第18条的规定，一般由中级人民法院管辖，经最高人民法院批准的基层人民法院也可以受理。

【法律适用】

处理侵害商业秘密纠纷的法律依据主要是《反不正当竞争法》第

9 条和《最高人民法院关于审理侵犯商业秘密民事案件适用法律若干问题的规定》第 3 条至第 7 条。此外，《刑法》第 219 条，《劳动合同法》第 23 条、第 24 条，《最高人民法院关于审理技术合同纠纷案件适用法律若干问题的解释》第 1 条第 2 款以及《与贸易有关的知识产权协定》第 39 条也可以作为一种参考。

【确定该案由应当注意的问题】

世界贸易组织《与贸易有关的知识产权协定》第 39 条专门就“未披露信息的保护”作出了规定，实际上是通过国际条约明确将所谓的“未披露信息”作为一类知识产权来保护。所谓的“未披露信息”，在我国法律上被称为商业秘密。《反不正当竞争法》第 9 条第 3 款明确了商业秘密的定义。《最高人民法院关于审理侵犯商业秘密民事案件适用法律若干问题的规定》第 3 条至第 7 条对商业秘密的含义和构成要件作出了具体解释。这一解释与《最高人民法院关于审理技术合同纠纷案件适用法律若干问题的解释》第 1 条第 2 款关于技术秘密在本质上并无不同，都体现了《与贸易有关的知识产权协定》第 39 条规定的精神。

根据《反不正当竞争法》第 9 条第 3 款的规定以及人们的惯常理解，商业秘密包括技术信息和经营信息两大类。《民事案件案由规定》相应分别设置了侵害技术秘密纠纷和侵害经营秘密纠纷两类第四级案由。

2012 年修正的《劳动合同法》第 23 条规定：用人单位与劳动者可以在劳动合同中约定保守用人单位的商业秘密和与知识产权相关的保密事项。对负有保密义务的劳动者，用人单位可以在劳动合同或者保密协议中与劳动者约定竞业限制条款，并约定在解除或者终止劳动合同后，在竞业限制期限内按月给予劳动者经济补偿。劳动者违反竞业限制约定的，应当按照约定向用人单位支付违约金。对于单纯违反竞业限制条款而不涉及侵犯商业秘密问题的争议，应当按照《民事案件案由规定》第186条确定为劳动合同纠纷；而对于既违反竞业限制义务，又导致侵犯商业秘密，即劳动者擅自将其获得的商业秘密投入使用或者向他人披露而发生的侵犯商业秘密争议，性质上属于侵犯商业秘密纠纷，权利人可以侵害商业秘密为由直接向有管辖权的人民法院起诉。

177. 低价倾销不正当竞争纠纷

【释义】

《反垄断法》第17条规定：“禁止具有市场支配地位的经营者从事下列滥用市场支配地位的行为：……（二）没有正当理由，以低于成本的价格销售商品……”《反垄断法》意义上的掠夺定价行为，即认定是否构成低价倾销不正当竞争，需界定是否属于滥用市场支配地位。

当事人以低价销售构成不正当竞争为由起诉的，人民法院可以建议其以垄断纠纷案由起诉。鉴于反垄断法与制止知识产权滥用行为和保护知识产权紧密相关，也与反不正当竞争法同属于竞争法范畴。当事人不做变更的，人民法院可以确定为垄断纠纷案由。

【管辖】

对于低价倾销类纠纷案件的地域管辖，法律和司法解释没有作出特别规定，应当按照一般侵权案件确定管辖。即根据《民事诉讼法》第28条的规定，因侵权行为提起的诉讼，由侵权行为地或者被告住所地人民法院管辖；上述侵权行为地，根据《民事诉讼法解释》第24条规定，《民事诉讼法》第28条规定的侵权行为地，包括侵权行为实施地、侵权结果发生地。

对于低价倾销类纠纷案件的级别管辖，法律和司法解释没有作出特别规定，但可以参照《最高人民法院关于审理不正当竞争民事案件应用法律若干问题的解释》第18条有关仿冒纠纷等知识产权纠纷案件的管辖规定来确定管辖。即一般由中级人民法院管辖，经最高人民法院批准的基层人民法院也可以受理低价倾销纠纷案件。

【法律适用】

处理低价倾销类纠纷案件的法律依据主要是《反垄断法》第17条。

【确定该案由应当注意的问题】

对于低价倾销行为，除了行政主管机关可以依法查处以外，受到损害的竞争对手可以直接向人民法院起诉，要求其承担损害赔偿等民事责任。对于这种民事争议，应当确定为低价倾销不正当竞争纠纷。

2017年修改后的《反不正当竞争法》删除了第11条的规定，即低价倾销是指经营者以排挤竞争对手为目的，以低于成本的价格销售商品的行为。

178. 捆绑销售不正当竞争纠纷

【释义】

《反垄断法》第17条规定："禁止具有市场支配地位的经营者从事下列滥用市场支配地位的行为：……（五）没有正当理由搭售商品，或者在交易时附加其他不合理的交易条件……"《反垄断法》意义上的捆绑交易行为，需界定是否属于滥用市场支配地位。

【管辖】

对于捆绑销售纠纷案件的地域管辖，法律和司法解释没有作出特别规定，应当按照一般侵权案件确定管辖。即根据《民事诉讼法》第28条的规定，因侵权行为提起的诉讼，由侵权行为地或者被告住所地人民法院管辖；上述侵权行为地，根据《民事诉讼法解释》第24条规定，《民事诉讼法》第28条规定的侵权行为地，包括侵权行为实施地、侵权结果发生地。

对于捆绑销售纠纷案件的级别管辖，法律和司法解释没有作出特别规定，但可以参照《最高人民法院关于审理不正当竞争民事案件应用法律若干问题的解释》第18条有关仿冒纠纷等知识产权纠纷案件的管辖规定来确定管辖。即一般由中级人民法院管辖，经最高人民法院批准的基层人民法院也可以受理捆绑销售纠纷案件。

【法律适用】

处理捆绑销售纠纷的法律依据主要是《反垄断法》第17条。另外，根据1986年5月25日《国务院关于认真解决商品搭售问题的通知》，国家计委、国家经委、商业部、国家物价局、国家工商局于1986年9月4日联合发布的《关于禁止商品搭售问题的若干规定》对于搭售问题有一些原则性的规定，可作为参考。

【确定该案由应当注意的问题】

捆绑销售行为引起的纠纷，如果发生在市场经营者之间，即当事人之间具有竞争关系的，应当作为反垄断纠纷受理；如果属于消费者与经营者之间的争议，应当作为《民事案件案由规定》第74条规定的买卖合同纠纷受理。

2017年修改后的《反不正当竞争法》删除了第12条的规定，即捆绑销售指经营者在销售商品时，违背购买者的意愿搭售商品或者附加其他不合理的条件的行为。

179. 有奖销售纠纷

【释义】

有奖销售，是指经营者销售商品或者提供服务，附带性地向购买者提供物品、金钱或者其他经济上的利益的行为，包括奖励所有购买者的附赠式有奖销售和奖励部分购买者的抽奖式有奖销售。

2017年修正后的《反不正当竞争法》第10条规定，经营者不得从事下列有奖销售：（1）所设奖的种类、兑奖条件、奖金金额或者奖品等有奖销售信息不明确，影响兑奖；（2）采用谎称有奖或者故意让内定人员中奖的欺骗方式进行有奖销售；（3）抽奖式的有奖销售，最高奖的金额超过5万元。

【管辖】

对于有奖销售纠纷案件的地域管辖，法律和司法解释没有作出特别规定，应当按照一般侵权案件确定管辖。根据《民事诉讼法》第28条的规定，因侵权行为提起的诉讼，由侵权行为地或者被告住所地人民法院管辖；上述侵权行为地，根据《民事诉讼法解释》第24条的规定，《民事诉讼法》第28条规定的侵权行为地，包括侵权行为实施地和侵权结果发生地。

对于有奖销售纠纷案件的级别管辖，法律和司法解释没有作出特别规定，但可以参照《最高人民法院关于审理不正当竞争民事案件应用法律若干问题的解释》第18条有关仿冒纠纷等知识产权纠纷案件的管辖规定来确定管辖。即一般由中级人民法院管辖，经最高人民法院批准的基层人民法院也可以受理有奖销售纠纷案件。

【法律适用】

处理有奖销售纠纷的法律依据主要是《反不正当竞争法》第10条。

【确定该案由应当注意的问题】

《反不正当竞争法》第10条规定了有奖销售不正当竞争行为，有人也称之为不正当有奖销售。并非所有的有奖销售行为均构成不正当竞争行为而为法律所禁止，只有违反法律规定的有奖销售行为才可能构成不正当竞争。

因有奖销售行为引起的纠纷，如果发生在市场经营者之间，即当事人之间具有竞争关系的，作为《民事案件案由规定》本条的有奖销售纠纷受理；如果属于消费者与经营者之间的争议，应当作为《民事案件案由规定》第84条规定的买卖合同纠纷受理。

180. 商业诋毁纠纷

【释义】

商业诋毁，是指经营者编造、传播虚假信息或者误导性信息，损害竞争对手的商业信誉、商品声誉。

【管辖】

根据《民事诉讼法解释》第24条规定，《民事诉讼法》第28条规定的侵权行为地，包括侵权行为实施地、侵权结果发生地。

对于商业诋毁纠纷案件的级别管辖，根据《最高人民法院关于审理不正当竞争民事案件应用法律若干问题的解释》第18条的规定，一般由中级人民法院管辖，经最高人民法院批准的基层人民法院也可以受理。

【法律适用】

处理商业诋毁纠纷的法律依据主要是《反不正当竞争法》第11条，2021年修正的《广告法》第2章的有关规定也可以作为参考。

【确定该案由应当注意的问题】

商业诋毁和虚假宣传是市场上比较多见的两类不正当竞争纠纷。二者的共同之处在于：均属不真实的宣传行为，都会导致引人误解。但二者根本的区别在于：商业诋毁是行为人捏造有关他人和他人经营的商品或服务的不真实的事实，虚假宣传则是行为人散布有关自己和自己经营的商品或服务的不真实或引人误解的事实。虚伪事实包括不存在的事实和片面的事实；商业信誉是指对经营者本身的市场评价；商品声誉是指对经营者所经营的商品或者服务的评价。商业信誉与商品声誉往往相互关联。

181. 串通投标不正当竞争纠纷

【释义】

串通投标，是指投标者相互串通投标报价，损害招标人或者其他投标人利益，或者投标者与招标者串通投标，损害国家、集体、公民的合法权益的行为。

【管辖】

对于串通投标不正当竞争纠纷案件的地域管辖，法律和司法解释没有作出特别规定，应当按照一般侵权案件确定管辖。即，根据《民事诉讼法》第28条的规定，因侵权行为提起的诉讼，由侵权行为地或者被告住所地人民法院管辖；上述侵权行为地，根据《民事诉讼法解释》第24条规定，《民事诉讼法》第28条规定的侵权行为地，包括侵权行为实施地、侵权结果发生地。

对于串通投标不正当竞争纠纷案件的级别管辖，法律和司法解释没有作出特别规定，但可以参照《最高人民法院关于审理不正当竞争民事案件应用法律若干问题的解释》第18条有关仿冒纠纷等知识产权纠纷案件的管辖规定来确定管辖。即一般由中级人民法院管辖，经最高人民法院批准的基层人民法院也可以受理串通投标不正当竞争纠纷案件。

【法律适用】

处理串通投标不正当竞争纠纷的法律依据主要是《反不正当竞争法》第2条和《招标投标法》第32条、第53条的规定。

【确定该案由应当注意的问题】

串通投标纠纷包括两类纠纷：一类是全部或者部分投标者之间相互串通投标，抬高标价或者压低标价；另一类是投标者和招标者相互勾结，以排挤竞争对手的公平竞争。根据《招标投标法》第53条的规定，投标人相互串通投标或者与招标人串通投标，给他人造成损失的，依法承担赔偿责任。对于因串通投标行为提起的民事诉讼，按照

《民事案件案由规定》应当作为串通投标不正当竞争纠纷受理。

串通投标也是《反垄断法》予以规制的垄断行为。依照《反垄断法》起诉的按反垄断案由处理。

修改后的《反不正当竞争法》删除了原第15条的规定。当事人以投标者串通投标，抬高标价或者压低标价；投标者和招标者相互勾结，以排挤竞争对手的公平竞争为由起诉的，人民法院可以依据《招标投标法》及《反不正当竞争法》的规定予以认定。

182. 网络不正当竞争纠纷

【释义】

网络不正当竞争纠纷是本次修改案由中新增加的第三级案由。网络不正当竞争，根据修改后的《反不正当竞争法》第12条的规定，是指经营者利用技术手段，通过影响用户选择或者其他方式，实施妨碍、破坏其他经营者合法提供的网络产品或者服务正常运行的行为。具体包括以下行为：（1）未经其他经营者同意，在其合法提供的网络产品或者服务中，插入链接、强制进行目标跳转；（2）误导、欺骗、强迫用户修改、关闭、卸载其他经营者合法提供的网络产品或者服务；（3）恶意对其他经营者合法提供的网络产品或者服务实施不兼容；（4）其他妨碍、破坏其他经营者合法提供的网络产品或者服务正常运行的行为。

【管辖】

网络不正当竞争纠纷案件的地域管辖，法律和司法解释没有作出特别规定，应当按照一般侵权案件确定管辖。即根据《民事诉讼法》第28条的规定，因侵权行为提起的诉讼，由侵权行为地或者被告住所地人民法院管辖；上述侵权行为地，根据《民事诉讼法解释》第 24 条规定，《民事诉讼法》第 28 条规定的侵权行为地，包括侵权行为实施地、侵权结果发生地。

对于网络不正当竞争纠纷案件的级别管辖，法律和司法解释没有作出特别规定，但可以参照《最高人民法院关于审理不正当竞争民事案件应用法律若干问题的解释》第 18 条有关仿冒纠纷等知识产权纠纷案件的管辖规定来确定管辖。即一般由中级人民法院管辖，经最高人民法院批准的基层人民法院也可以受理网络不正当竞争纠纷案件。

【法律适用】

处理网络不正当竞争纠纷的法律依据主要是《反不正当竞争法》第 12 条。

【确定该案由应当注意的问题】

为了对新形态网络环境中的不正当竞争行为进行规制，避免一般条款的过度适用，2017 年修改后的《反不正当竞争法》增设第 12 条，即互联网专条。第 12 条对经营者利用网络从事生产经营活动，作出了 4 项禁止性规定，其中第 4 项为兜底条款。对于互联网领域特有的、利用技术手段进行的不正当竞争行为，权利人可以网络不正当竞争为由直接向有管辖权的人民法院起诉。

十六、垄断纠纷

2007 年 8 月 30 日通过的《反垄断法》第 3 条列举了三种垄断行为：（1）经营者达成垄断协议；（2）经营者滥用市场支配地位；（3）具有或者可能具有排除、限制竞争效果的经营者集中。《反垄断法》第 50 条规定："经营者实施垄断行为，给他人造成损失的，依法承担民事责任。”据此，经营者可以针对垄断行为直接向人民法院提起民事诉讼。因垄断行为提出的民事诉讼请求，往往是承担损害赔偿责任，但不限于此，也可能涉及需要行为人承担停止侵权和消除影响等民事责任。

183. 垄断协议纠纷

（1）横向垄断协议纠纷

（2）纵向垄断协议纠纷

【释义】

垄断协议，根据《反垄断法》第13条第2款的规定，是指排除、限制竞争的协议、决定或者其他协同行为。

横向垄断协议，是指具有竞争关系的经营者之间达成的垄断协议。

纵向垄断协议，是指具有经营者与交易相对人之间达成的垄断协议。

根据《反垄断法》第13条第1款的规定，禁止具有竞争关系的经营者达成下列垄断协议：（1）固定或者变更商品价格；（2）限制商品的生产数量或者销售数量；（3）分割销售市场或者原材料采购市场；（4）限制购买新技术、新设备或者限制开发新技术、新产品；（5）联合抵制交易；（6）国务院反垄断执法机构认定的其他垄断协议。

根据《反垄断法》第14条的规定，禁止经营者与交易相对人达成下列垄断协议：（1）固定向第三人转售商品的价格；（2）限定向第三人转售商品的最低价格；（3）国务院反垄断执法机构认定的其他垄断协议。

【管辖】

对于经营者集中纠纷案件的地域管辖，根据《最高人民法院关于审理因垄断行为引发的民事纠纷案件应用法律若干问题的规定》第4条的规定，根据案件具体情况，依照《民事诉讼法》及相关司法解释有关侵权纠纷、合同纠纷等的管辖规定确定。一般为“被告住所地管辖”和“侵权行为地管辖”。

对于垄断协议纠纷案件的级别管辖，根据《最高人民法院关于审理因垄断行为引发的民事纠纷案件应用法律若干问题的规定》第3条的规定，第一审垄断民事纠纷案件，由知识产权法院和省、自治区、直辖市人民政府所在地的市、计划单列市中级人民法院以及最高人民法院指定的中级人民法院管辖。

【法律适用】

处理垄断协议纠纷的法律依据主要是《反垄断法》第2章、第50条、《最高人民法院关于审理因垄断行为引发的民事纠纷案件应用法律若干问题的规定》的规定。

【确定该案由应当注意的问题】

垄断协议纠纷是一个较新的民事案由。只有直接且主要是依据《反垄断法》有关垄断协议的规定提起的民事诉讼才可以被确定为垄断协议纠纷。对于垄断协议问题只是案件处理的附带问题的案件，一般不宜确定为垄断协议纠纷，而应按照当事人之间的基础法律关系和诉争的主要内容来确定相应的案由。

184. 滥用市场支配地位纠纷

（1）垄断定价纠纷
（2）掠夺定价纠纷
（3）拒绝交易纠纷
（4）限定交易纠纷
（5）捆绑交易纠纷
（6）差别待遇纠纷

【释义】

滥用市场支配地位是指具有市场支配地位的经营者滥用其市场支配地位，排除、限制竞争的行为。市场支配地位，根据《反垄断法》第17条第2款的规定，是指经营者在相关市场内具有能够控制商品价格、数量或者其他交易条件，或者能够阻碍、影响其他经营者进入相关市场能力的市场地位。

垄断定价，根据《反垄断法》第17条第1款第1项的规定，是指具有市场支配地位的经营者滥用其市场支配地位，以不公平的高价销售商品或者以不公平的低价购买商品的行为。

掠夺定价，根据《反垄断法》第17条第1款第2项的规定，是指具有市场支配地位的经营者滥用其市场支配地位，没有正当理由，以低于成本的价格销售商品的行为。

拒绝交易，根据《反垄断法》第17条第1款第3项的规定，是指具有市场支配地位的经营者滥用其市场支配地位，没有正当理由，拒绝与交易相对人进行交易的行为。

限定交易，根据《反垄断法》第17条第1款第4项的规定，是指具有市场支配地位的经营者滥用其市场支配地位，没有正当理由，限定交易相对人只能与其进行交易或者只能与其指定的经营者进行交易的行为。

捆绑交易，根据《反垄断法》第17条第1款第5项的规定，是指具有市场支配地位的经营者滥用其市场支配地位，没有正当理由搭售商品，或者在交易时附加其他不合理的交易条件的行为。

差别待遇，根据《反垄断法》第17条第1款第6项的规定，是指具有市场支配地位的经营者滥用其市场支配地位，没有正当理由，对条件相同的交易相对人在交易价格等交易条件上实行差别待遇的行为。

【管辖】

对于滥用市场支配地位纠纷案件的地域管辖，根据《最高人民法院关于审理因垄断行为引发的民事纠纷案件应用法律若干问题的规定》第4条的规定，根据案件具体情况，依照民事诉讼法及相关司法解释有关侵权纠纷、合同纠纷等的管辖规定确定。一般为"被告住所地管辖"和"侵权行为地管辖"。

对于滥用市场支配地位纠纷案件的级别管辖，根据《最高人民法院关于审理因垄断行为引发的民事纠纷案件应用法律若干问题的规定》第3条的规定，第一审垄断民事纠纷案件，由知识产权法院和省、自治区、直辖市人民政府所在地的市、计划单列市中级人民法院以及最高人民法院指定的中级人民法院管辖。

【法律适用】

处理滥用市场支配地位纠纷的法律依据主要是《反垄断法》第3章、第50条，《最高人民法院关于审理因垄断行为引发的民事纠纷案件应用法律若干问题的规定》的规定。

【确定该案由应当注意的问题】

《反不正当竞争法》规制的独占经营者限定交易行为、低价倾销行为、捆绑销售行为、有奖销售行为、串通投标行为等，与《反垄断法》所规制的滥用市场支配地位行为有交叉或重叠。在目前《反不正当竞争法》的有关规定未被修改或废止的情况下，人民法院根据当事人的诉请所依据的应当是《反不正当竞争法》还是《反垄断法》，来分别按照案由规定确定为相应的不正当竞争纠纷或者滥用市场支配地位纠纷？1993年《反不正当竞争法》第6条规定："公用企业或者其他依法具有独占地位的经营者，不得限定他人购买其指定的经营者的商品，以排挤其他经营者的公平竞争。"在《反垄断法》出台之前，一般认为《反不正当竞争法》的该条规定是唯一明确的关于反垄断的法律规定。在《反垄断法》出台之后，可以说，该条规定已为《反垄断法》第3条第2项规定的"经营者滥用市场支配地位"所涵盖。不论当事人依据《反垄断法》还是依据1993年《反不正当竞争法》第6条提出的民事诉讼，均应当根据被控行为方式确定为某一类具体的滥用市场支配地位纠纷。

对于《反垄断法》第17条第1款第7项所列举的"国务院反垄断执法机构认定的其他滥用市场支配地位的行为"，按照案由确定的一般规则，应当直接确定为滥用市场支配地位纠纷。

185. 经营者集中纠纷

【释义】

经营者集中，根据《反垄断法》第20条的规定，是指下列情形：（1）经营者合并；（2）经营者通过取得股权或者资产的方式取得对其他经营者的控制权；（3）经营者通过合同等方式取得对其他经营者的控制权或者能够对其他经营者施加决定性影响。

【管辖】

对于经营者集中纠纷案件的地域管辖，根据《最高人民法院关于审理因垄断行为引发的民事纠纷案件应用法律若干问题的规定》第 4 条的规定，根据案件具体情况，依照民事诉讼法及相关司法解释有关侵权纠纷、合同纠纷等的管辖规定确定。一般为“被告住所地管辖”和“侵权行为地管辖”。

对于经营者集中纠纷案件的级别管辖，根据《最高人民法院关于审理因垄断行为引发的民事纠纷案件应用法律若干问题的规定》第 3 条的规定，第一审垄断民事纠纷案件，由知识产权法院和省、自治区、直辖市人民政府所在地的市、计划单列市中级人民法院以及最高人民法院指定的中级人民法院管辖。

【法律适用】

处理经营者集中纠纷的法律依据主要是《反垄断法》第 4 章和第 50 条的规定以及《最高人民法院关于审理因垄断行为引发的民事纠纷案件应用法律若干问题的规定》。

【确定该案由应当注意的问题】

经营者集中行为要经过行政审查程序，后续可以提起行政诉讼程序，因此，发生民事争议的可能性并不大。但并不能说经营者不可以就经营者集中行为提起民事诉讼。事实上，在美国和德国等一些反垄断法比较发达的国家和地区，都允许在特定情形下就经营者集中行为提起民事诉讼。

第六部分　劳动争议、人事争议

劳动争议，即劳动纠纷，是指中国境内的用人单位与劳动者发生的劳动合同纠纷、社会保险（劳动保险）纠纷、福利待遇纠纷等，属于传统的民事纠纷案件。近三年来，全国法院平均每年受理一审劳动争议纠纷案件超过45万件，并呈逐年递增趋势。劳动争议案件，一般由民事审判庭审理，由于具有较强的专业性，近年来各地陆续设立劳动争议审判庭，有的人民法庭根据审理类型化案件需要加挂了劳动争议法庭的牌子；2021年7月16日，苏州劳动法庭揭牌成立，是全国首家经最高人民法院批准设立的劳动法庭。审理劳动争议案件，主要法律依据是《民法典》《劳动法》《劳动合同法》《劳动争议调解仲裁法》《民事诉讼法》和社会保险方面的法规；最高人民法院曾先后于2001年、2006年、2010年和2013年对劳动争议法律适用问题作过四次司法解释；2020年以涉《民法典》司法解释清理为契机，对原有四个劳动争议司法解释进行整合，形成了《最高人民法院关于审理劳动争议案件适用法律问题的解释（一）》，并于2021年1月1日起正式施行。

人事争议是指单位与其工作人员之间因辞职、辞退、履行聘用、聘任合同而引发的纠纷。最高人民法院于2003年制定公布《关于人民法院审理事业单位人事争议案件若干问题的规定》后，各地法院正式受理人事争议案件。2008年《民事案件案由规定》正式将其列入民事案件。人事争议案件一般由民事审判庭根据《公务员法》《人事争议处理规定》以及上述司法解释进行审理。

十七、劳动争议

要正确确立劳动争议案件的案由，必须明确劳动争议的范围，即什么样的争议是劳动争议，什么样的争议不是劳动争议。根据《劳动争议调解仲裁法》的规定，中国境内的用人单位与劳动者发生的下列争议，都适用《劳动争议调解仲裁法》：（一）因确认劳动关系发生的争议；（二）因订立、履行、变更、解除和终止劳动合同发生的争议；（三）因除名、辞退和辞职、离职发生的争议；（四）因工作时间、休息休假、社会保险、福利、培训以及劳动保护发生的争议；（五）因劳动报酬、工伤医疗费、经济补偿或者赔偿金等发生的争议；（六）法律、法规规定的其他劳动争议。显然，这一范围要比最高人民法院相关司法解释界定的范围宽泛。《最高人民法院关于审理劳动争议案件适用法律问题的解释（一）》第1条规定："劳动者与用人单位之间发生的下列纠纷，属于劳动争议，当事人不服劳动争议仲裁机构作出的裁决，依法提起诉讼的，人民法院应予受理：（一）劳动者与用人单位在履行劳动合同过程中发生的纠纷；（二）劳动者与用人单位之间没有订立书面劳动合同，但已形成劳动关系后发生的纠纷；（三）劳动者与用人单位因劳动关系是否已经解除或者终止，以及应否支付解除或者终止劳动关系经济补偿金发生的纠纷；（四）劳动者与用人单位解除或者终止劳动关系后，请求用人单位返还其收取的劳动合同定金、保证金、抵押金、抵押物发生的纠纷，或者办理劳动者的人事档案、社会保险关系等移转手续发生的纠纷；（五）劳动者以用人单位未为其办理社会保险手续，且社会保险经办机构不能补办导致其无法享受社会保险待遇为由，要求用人单位赔偿损失发生的纠纷；（六）劳动者退休后，与尚未参加社会保险统筹的原用人单位因追索养老金、医疗费、工伤保险待遇和其他社会保险待遇而发生的纠纷；（七）劳动者因为工伤、职业病，请求用人单位依法给予工伤保险待遇发生的纠纷；（八）劳动者依据劳动合同法第八十五条规定，要求用人单位支付加付赔偿金发生的纠纷；（九）因企业自主进行改制发生的纠纷。"

根据《最高人民法院关于审理劳动争议案件适用法律问题的解释（一）》第2条规定："下列纠纷不属于劳动争议：（一）劳动者请求社会保险经办机构发放社会保险金的纠纷；（二）劳动者与用人单位因住房制度改革产生的公有住房转让纠纷；（三）劳动者对劳动能力鉴定委员会的伤残等级鉴定结论或者对职业病诊断鉴定委员会的职业病诊断鉴定结论的异议纠纷；（四）家庭或者个人与家政服务人员之间的纠纷；（五）个体工匠与帮工、学徒之间的纠纷；（六）农村承包经营户与受雇人之间的纠纷。"其中第四、五、六项就劳务与报酬而言属于劳务合同纠纷。

2000年《民事案件案由规定（试行）》将劳动争议区分为劳动合同纠纷、集体劳动合同纠纷、事实劳动关系争议、劳动保险纠纷四个类型案由；2008年《民事案件案由规定》根据《劳动合同法》《劳动争议调解仲裁法》等法律，在合并劳动合同纠纷和集体劳动合同纠纷为劳动合同纠纷、取消事实劳动关系争议、增加福利待遇纠纷之后，将劳动争议划分为劳动合同纠纷、社会保险纠纷和福利待遇纠纷3个第三级案由；2011年《民事案件案由规定》沿袭了上述案由划分；2020年《民事案件案由规定》未作改变。

186. 劳动合同纠纷

（1）确认劳动关系纠纷
（2）集体合同纠纷
（3）劳务派遣合同纠纷
（4）非全日制用工纠纷
（5）追索劳动报酬纠纷
（6）经济补偿金纠纷
（7）竞业限制纠纷

【释义】

劳动合同纠纷是劳动争议的一种。根据《劳动争议调解仲裁法》的规定，在中国境内的用人单位与劳动者因订立、履行、变更、解除和终止劳动合同发生的争议都属于劳动合同纠纷。《民事案件案由规定》对劳动合同纠纷列举了七种情形：（1）确认劳动关系纠纷；（2）集体劳动合同纠纷；（3）劳务派遣合同纠纷；（4）非全日制用工纠纷；（5）追索劳动报酬纠纷；（6）经济补偿金纠纷；（7）竞业限制纠纷。

确认劳动关系纠纷，主要是指职工与企业就劳动关系存在与否、劳动关系终止与否和劳动关系有效与否等问题而发生的争议。

集体合同纠纷，是指企业职工一方与企业就劳动报酬、工作时间、休息休假、劳动安全卫生、保险福利等事项，通过平等协商而签订书面协议，由此发生争议引起的纠纷。

劳务派遣合同纠纷，是指因劳务派遣合同发生争议引起的纠纷。劳务派遣是一种特殊用人方式，用人单位可以根据自身工作和发展需要，通过正规劳务服务公司，派遣所需要的各类人员，实行劳务派遣后，实际用人单位与劳务派遣组织签订劳务派遣合同，劳务派遣组织与劳动者签订劳动合同，实际用人单位与劳动者之间只有实际用工关系，没有聘用合同关系。

非全日制用工纠纷，是指因非全日制用工形式引发的纠纷。非全日制用工是指以小时计酬，劳动者在同一用人单位平均每日工作时间不超过 4 小时，累计每周工作时间不超过 24 小时的用工形式。《劳动合同法》扩大了非全日制用工的计酬方式，缩短了关于非全日制用工的劳动者在同一家用人单位的平均每日工作时间和累计每周工作时间，更好地保护了非全日制用工的劳动者合法权益。非全日制用工方式和劳务派遣用工方式，在共享经济、平台经济等灵活用工经济模式中发挥的作用相对明显。

追索劳动报酬纠纷，是指劳动者与用人单位在履行劳动合同期间，因劳动报酬所发生的争议。

经济补偿金纠纷，是指用人单位与劳动者解除或者终止劳动合同，因依法应当给予劳动者经济补偿而发生的争议。

竞业限制纠纷，是指因竞业限制发生的纠纷。竞业限制是用人单位对负有保守用人单位商业秘密或对企业竞争优势有重要影响的劳动者，在劳动合同、知识产权权利归属协议或技术保密协议中约定的劳动者在终止或解除劳动合同后的一定期限内不得在生产同类产品、经营同类业务或在有其他竞争关系的用人单位任职，也不得自己生产与原单位有竞争关系的同类产品或经营同类业务。

【管辖】

《最高人民法院关于审理劳动争议案件适用法律问题的解释(一)》第3条规定："劳动争议案件由用人单位所在地或者劳动合同履行地的基层人民法院管辖。劳动合同履行地不明确的，由用人单位所在地的基层人民法院管辖。法律另有规定的，依照其规定。"第4条规定："劳动者与用人单位均不服劳动争议仲裁机构的同一裁决，向同一人民法院起诉的，人民法院应当并案审理，双方当事人互为原告和被告，对双方的诉讼请求，人民法院应当一并作出裁决。在诉讼过程中，一方当事人撤诉的，人民法院应当根据另一方当事人的诉讼请求继续审理。双方当事人就同一仲裁裁决分别向有管辖权的人民法院起诉的，后受理的人民法院应当将案件移送给先受理的人民法院。"

【法律适用】

处理劳动合同纠纷的法律依据主要是《劳动法》第24条、第26条至第28条、第32条、第79条、第91条，《劳动合同法》相关条文，《最高人民法院关于审理劳动争议案件适用法律问题的解释

(一)》相关规定。

处理集体劳动合同纠纷的法律依据主要是《劳动合同法》第51条至第56条以及2004年劳动和社会保障部发布的《集体合同规定》。处理劳务派遣合同纠纷的法律依据主要是《劳动合同法》第57条至第67条。处理非全日制用工纠纷的法律依据主要是《劳动合同法》第68条至第72条以及2003年劳动和社会保障部发布的《关于非全日制用工若干问题的意见》。处理经济补偿金纠纷的法律依据主要是《劳动合同法》第46条、第47条、第85条、第87条。处理竞业限制纠纷的法律依据主要是《劳动合同法》第23条、第24条。

《劳动争议调解仲裁法》第2条对劳动争议的范围作了明确界定。

【确定该案由应当注意的问题】

1. 劳动合同的概念

《劳动法》第16条规定，劳动合同是劳动者与用人单位确立劳动关系、明确双方权利和义务的协议。劳动合同纠纷有广义和狭义之分。广义的劳动合同纠纷是指在劳动合同履行过程中，因合同的变更、履行、解除、终止及合同效力的确认等，用人单位与劳动者之间所发生的纠纷，如因劳动合同的解除而发生的纠纷、因工伤发生的纠纷、因劳动报酬发生的纠纷等。狭义的劳动合同纠纷则主要是指因追索劳动报酬、经济补偿金发生的纠纷。《民事案件案由规定》采纳广义的概念。

为了完善劳动合同制度，明确劳动合同双方当事人的权利和义务，保护劳动者的合法权益，构建和发展和谐稳定的劳动关系，全国人民代表大会常务委员会2007年6月制定了专门的《劳动合同法》，自2008年1月1日起适用于中华人民共和国境内的企业、个体经济组织、民办非企业单位等组织（以下称用人单位）与劳动者建立劳动关系，订立、履行、变更、解除或者终止劳动合同。国家机关、事业单位、社会团体和与其建立劳动关系的劳动者，订立、履行、变更、解除或者终止劳动合同，也依照该法执行。与《劳动法》比较，《劳动合同法》扩大了适用范围，规定了“民办非企业单位等组织”作为用人单位，同时还将事业单位聘用制工作人员、劳务派遣、非全日制用工也予以纳入。这里还涉及《民法典》的适用问题，原则上民法与劳动法律对同一问题有不同规定时，应当适用劳动法律有关规定。例如，《民法典》对欺诈行为效力的规定与《劳动合同法》规定不同，法律适用时就应当与《劳动合同法》保持一致。但是劳动法律没有规定时，《民法典》仍有适用余地，劳动法律中的部分概念、规则，例如，主体资格、民事行为能力等，仍然要以《民法典》规定为基础；劳动关系相关规定或者约定不得违背《民法典》强制性规定等。

2. 劳动合同的期限

劳动合同的期限分为有固定期限、无固定期限和以完成一定工作任务为期限。根据《劳动法》的规定，劳动者在同一用人单位连续工作满10年以上，当事人双方同意延续劳动合同的，如果劳动者提出订立无固定期限的劳动合同，应当订立无固定期限的劳动合同。根据《劳动合同法》的规定，固定期限劳动合同是指用人单位与劳动者约定合同终止时间的劳动合同。用人单位与劳动者协商一致，可以订立固定期限劳动合同。无固定期限劳动合同是指用人单位与劳动者约定无确定终止时间的劳动合同。用人单位与劳动者协商一致，可以订立无固定期限劳动合同。有下列情形之一，劳动者提出或者同意续订、订立劳动合同的，除劳动者提出订立固定期限劳动合同外，应当订立无固定期限劳动合同：（1）劳动者在该用人单位连续工作满10年的；（2）用人单位初次实行劳动合同制度或者国有企业改制重新订立劳动合同时，劳动者在该用人单位连续工作满10年且距法定退休年龄不足10年的；（3）连续订立两次固定期限劳动合同，且劳动者没有《劳动合同法》第39条和第40条第1项、第2项规定的情形，续订劳动合同的。用人单位自用工之日起满1年不与劳动者订立书面劳动合同的，视为用人单位与劳动者已订立无固定期限劳动合同。以完成一定工作任务为期限的劳动合同是指用人单位与劳动者约定以某项工作的完成为合同期限的劳动合同。用人单位与劳动者协商一致，可以订立以完成一定工作任务为期限的劳动合同。

3. 劳动合同的效力

劳动合同的效力是指依法订立的劳动合同对双方当事人的约束力。依法订立的劳动合同具有约束力，用人单位与劳动者应当全面履行劳动合同约定的义务。

理解劳动合同的效力，首先，必须把握劳动合同的生效时间。《劳动合同法》第16条第1款对此明确规定："劳动合同由用人单位与劳动者协商一致，并经用人单位与劳动者在劳动合同文本上签字或者盖章生效。"其次，必须把握劳动合同的生效条件。一是劳动合同主体合格；二是劳动合同内容必须合法；三是劳动合同必须协商一致，双方意思表示一致；四是所附条件（如果有）已经具备，所附期限（如果有）已经届满。再次，必须把握劳动合同不具有《劳动合同法》第26条规定的下列劳动合同无效或者部分无效的情形之一：(1)以欺诈、胁迫的手段或者乘人之危，使对方在违背真实意思的情况下订立或者变更劳动合同的；(2)用人单位免除自己的法定责任、排除劳动者权利的；(3)违反法律、行政法规强制性规定的。对劳动合同的无效或者部分无效有争议的，由劳动争议仲裁机构或者人民法院确认。劳动合同部分无效，不影响其他部分效力的，其他部分仍然有效。需要注意的是，劳动合同被确认无效并不能免除用人单位支付劳动报酬的义务，劳动者已付出劳动的，用人单位应当向劳动者支付劳动报酬。劳动报酬的数额，参照本单位相同或者相近岗位劳动者的劳动报酬确定。最后，必须把握劳动合同的效力与劳动合同的生效是不同的。劳动合同由用人单位与劳动者协商一致以后，并经用人单位与劳动者在劳动合同文本上签字或者盖章生效。劳动合同的有效是在劳动合同生效以后不具有《劳动合同法》第26条规定的上述劳动合同无效或者部分无效的情形之一。

4. 劳动关系的确认

劳动关系是指劳动者在劳动过程中与用人单位（用人者）建立的社会关系。根据《劳动合同法》第7条的规定，用人单位自用工之日起即与劳动者建立劳动关系。这说明建立劳动关系的实质性标准是劳动者实际提供劳动，用工单位实际用工，而书面的劳动合同以及用人单位已经按月向劳动者支付劳动报酬并非判断是否建立劳动关系的实质性标准。

劳动关系的确认，一方面是对职工与企业之间劳动关系是否存在、劳动关系是否解除或者终止进行确认；另一方面是对劳动关系有效与否等问题进行确认。

劳动关系的认定，除了根据劳动者实际提供劳动这一标准以外，还可以同时参考下列因素：(1) 用人单位按月或者约定按月向劳动者支付劳动报酬。不按月支付报酬的，其性质更多的是帮工关系。《劳动法》第50条规定，工资应当以货币形式按月支付给劳动者本人。按月发放工资是我国实行工资支付制度的法定形式，因此，一般应当具有1个月工资以上的，也就是用人单位与劳动者有1个月以上的劳动关系，双方才会形成相对比较固定的劳动关系，才能形成法定劳动关系。(2) 用人单位允许劳动者以用人单位员工名义工作。劳动者对内必须是能被视为用人单位一员的，对外能代表用人单位或者单位工作人员的，双方才存在劳动关系。(3) 没有书面合同的，劳动者和用人单位之间在一定期限内存在一种事实上的劳动关系。

《最高人民法院关于审理劳动争议案件适用法律问题的解释(一)》第34条规定，劳动合同期满后，劳动者仍在原用人单位工作，原用人单位未表示异议的，视为双方同意以原条件继续履行劳动合同，而不等于双方按照原劳动合同约定的期限续签了一个新的劳动合同。一方提出终止劳动关系，应认定为终止事实上的劳动关系，人民法院应当支持。对该条文，有以下几方面的理解：(1) 何为“视为双方同意以原条件继续履行劳动合同”中“原条件”？是否包括原劳动合同约定的履行期限，存在争议。我们认为，该条规定的原条件，是指原劳动合同中除劳动合同期限以外的其他权利义务内容，包括劳动时间、工资报酬、奖金、福利待遇等。“以原条件继续履行”是指上述问题参照原劳动合同的约定执行。关于劳动合同履行期限的约定，属于双方对劳动合同持续时间的合意，这种合意很难通过默示行为来推定，与可以通过工资报酬的支付、接受行为来推定双方对工资报酬的合意不同，因此，不宜以劳资双方的履行默示来认定原劳动合同约定的期限就是双方合意，而需要根据当事人明示意思表示来确定。如果双方就继续履行的期限未协商或者协商不成，则应当根据《劳动合同法》等法律法规来认定。(2)“视为双方同意以原条件继续履行劳动合同”的，不能免除用人单位应当与劳动者签订书面劳动合同的法定责任。一般情况下，为使劳动者对原劳动合同到期后是否续订有合理预期，以便提前准备再就业等，用人单位应当基于诚信原则在原合同到期前合理期间内通知劳动者，协商办理终止或者续订劳动合同事宜。如果用人单位按时履行相关附随义务，就不会出现视为双方同意以原条件继续履行劳动合同的情况。如果用人单位未履行上述附随义务，用工关系继续的，用人单位对原劳动合同期满和继续用工的法律后果均有预期，原劳动合同期满之日，即是用人单位应当续订劳动合同之日和承担未续订法律后果之日。依照《劳动合同法》第 10 条、第 14 条第 3 款、第 82 条和《劳动合同法实施条例》第 6 条规定，劳动合同期满后，用人单位未与劳动者续订书面劳动合同的，应当按规定向劳动者每月支付 2 倍工资，并补订书面劳动合同；如果经用人单位书面通知，劳动者不与用人单位续订劳动合同的，用人单位应当书面通知劳动者终止劳动关系，依照有关规定支付经济补偿。用人单位自劳动合同期满之日起满 1 年不与劳动者续订书面劳动合同，视为用人单位与劳动者已订立无固定期限劳动合同。（3）关于“一方提出终止劳动关系的，人民法院应予支持”的理解。该款内容并非赋予用人单位任意解除权。为平衡劳动者和用人单位的利益，用人单位不愿与劳动者续订书面劳动合同，提出终止劳动关系的，视为符合《劳动合同法》第 44 条第 1 项规定的终止情形，应当依照《劳动合同法》第 46 条第 5 项的规定支付经济补偿，不以违法终止劳动关系论。(4) 符合《劳动合同法》第14条规定的订立无固定期限劳动合同情形，用人单位不与劳动者订立的，视为双方已经依照原劳动合同确定的权利义务建立无固定期限劳动合同关系，并且依照《劳动合同法》第82条第2款规定支付2倍工资。符合《劳动合同法》第14条第2款规定情形的，劳动者有权选择续订、订立固定期限劳动合同或者终止劳动合同，用人单位无权作此选择，否则应当承担违法终止等相关责任。另外，根据《劳动法》第20条之规定，用人单位应当与劳动者签订无固定期限劳动合同而未签订的，人民法院可以视为双方之间存在无固定期限劳动合同关系，并以原劳动合同确定双方的权利义务关系。

5. 集体劳动合同

(1) 集体劳动合同的订立。企业职工一方与用人单位通过平等协商，可以就劳动报酬、工作时间、休息休假、劳动安全卫生、保险福利等事项订立集体合同。集体合同草案应当提交职工代表大会或者全体职工讨论通过。集体合同由工会代表企业职工一方与用人单位订立；尚未建立工会的用人单位，由上级工会指导劳动者推举的代表与用人单位订立。(2) 集体劳动合同的种类。集体合同可以分为专项集体合同、区域集体合同、行业性集体合同。企业职工一方与用人单位还可以订立劳动安全卫生、女职工权益保护、工资调整机制等专项集体合同。在县级以下区域内，建筑业、采矿业、餐饮服务业等行业可以由工会与企业方面代表订立行业性集体合同或者订立区域性集体合同。(3) 集体合同的生效。集体合同订立后，应当报送劳动行政部门；劳动行政部门自收到集体合同文本之日起15日内未提出异议的，集体合同即行生效。依法订立的集体合同对用人单位和劳动者具有约束力。行业性、区域性集体合同对当地本行业、本区域的用人单位和劳动者具有约束力。关于集体合同中劳动报酬和劳动条件的标准，《劳动合同法》第55条作了明确的规定，即“集体合同中劳动报酬和劳动条件等标准不得低于当地人民政府规定的最低标准；用人单位与劳动者订立的劳动合同中劳动报酬和劳动条件等标准不得低于集体合同规定的标准。”（4）工会依法维权的职责和法律地位。《劳动合同法》第56条对此规定得具体明确：“用人单位违反集体合同，侵犯职工劳动权益的，工会可以依法要求用人单位承担责任；因履行集体合同发生争议，经协商解决不成的，工会可以依法申请仲裁、提起诉讼。”

集体劳动合同纠纷在实践中，应当注意：（1）合同主体。集体劳动合同一方当事人是用人单位，另一方必须是职工自愿结合而成并具有法人资格的工会。（2）合同内容。集体劳动合同规定劳动者集体劳动的劳动条件、工作时间、劳动报酬、福利待遇等，有关企业的整体性措施。（3）适用范围。集体劳动合同适用于企业全体职工，即集体劳动合同适用于企业每一名职工。（4）法律效力。集体劳动合同法律效力高于劳动合同法律效力，它是企业订立劳动合同的重要依据，劳动者个人与企业订立的劳动合同条款标准不得低于集体劳动合同规定，两者出现不一致时，应以集体劳动合同规定的条款为准。用人单位内部规章制度与集体合同或者劳动合同约定内容不一致的，以后者为准，后者的效力高于前者。（5）工会权利。工会在用人单位违反集体劳动合同，侵犯职工合法权益时，可以申请仲裁、提起诉讼。

6. 劳务派遣合同

根据《劳动合同法》规定，劳务派遣单位是该法所称用人单位，应当履行用人单位对劳动者的义务。接受以劳务派遣形式用工的单位称用工单位。劳务派遣单位与被派遣劳动者订立的劳动合同，除应当载明《劳动合同法》第17条规定的事项外，还应当载明被派遣劳动者的用工单位以及派遣期限、工作岗位等情况。劳务派遣单位应当与被派遣劳动者订立2年以上的固定期限劳动合同，按月支付劳动报酬；被派遣劳动者在无工作期间，劳务派遣单位应当按照所在地人民政府规定的最低工资标准，向其按月支付报酬。劳务派遣单位派遣劳动者应当与接受以劳务派遣形式用工的单位订立劳务派遣协议。劳务派遣协议应当约定派遣岗位和人员数量、派遣期限、劳动报酬和社会保险费数额与支付方式以及违反协议的责任。用工单位应当根据工作岗位实际需要与劳务派遣单位确定派遣期限，不得将连续用工期限分割订立数个短期劳务派遣协议。劳务派遣单位应当将劳务派遣协议内容告知被派遣劳动者。劳务派遣单位不得克扣用工单位按照劳务派遣协议支付给被派遣劳动者的劳动报酬。劳务派遣单位和用工单位不得向被派遣劳动者收取费用。

用工单位应当履行下列义务：(1) 执行国家劳动标准，提供相应劳动条件和劳动保护；(2) 告知被派遣劳动者工作要求和劳动报酬；(3) 支付加班费、绩效奖金，提供与工作岗位相关的福利待遇；(4) 对在岗被派遣劳动者进行工作岗位所必需的培训；(5) 连续用工的，实行正常的工资调整机制。用工单位不得将被派遣劳动者再派遣到其他用人单位。被派遣劳动者有《劳动合同法》第39条和第40条第1项、第2项规定情形的，用工单位可以将劳动者退回劳务派遣单位，劳务派遣单位依照本法有关规定，可以与劳动者解除劳动合同。

被派遣劳动者享有与用工单位劳动者同工同酬的权利。用工单位无同类岗位劳动者的，参照用工单位所在地相同或者相近岗位劳动者的劳动报酬确定。被派遣劳动者有权在劳务派遣单位或者用工单位依法参加或者组织工会，维护自身的合法权益。被派遣劳动者可以依照《劳动合同法》第36条、第38条的规定与劳务派遣单位解除劳动合同。

在劳务派遣合同中，应当注意：(1) 涉及两种类型的合同：劳动者与劳务派遣单位签订的劳动合同，用工单位与劳务派遣单位签订的劳务派遣合同；(2) 避免用工单位以劳务派遣形式侵犯劳动者合法权益，如将连续用工期限分割订立数个短期劳务派遣协议，或者用人单位通过设立劳务派遣单位向本单位或者所属单位派遣劳动者；(3) 劳务派遣一般在临时性、辅助性或者替代性工作岗位上实施。用人单位不得设立劳务派遣单位向本单位或者所属单位派遣劳动者。

7. 非全日制用工合同

非全日制用工合同的特点：(1) 双方当事人可以订立口头协议；(2) 劳动者可以与一个或者一个以上用人单位订立劳动合同，只要后订立的劳动合同不影响先订立的劳动合同的履行即可；(3) 双方当事人不得约定试用期，任何一方都可以随时通知对方终止用工，而且用人单位不需要向劳动者支付经济补偿；（4）小时计酬标准不得低于用人单位所在地人民政府规定的最低小时工资标准，劳动报酬结算支付周期最长不得超过15日。

关于非全日制用工合同的规定，有一般劳动合同的原则，如订立劳动合同必须遵循合法、公平、平等自愿、协商一致、诚信原则；也有不同于一般劳动合同的具体规则，如不得约定试用期、不需要支付经济补偿金等。但实践中要注意非全日制用工合同与以完成一定工作任务为期限的劳动合同之间的区分。要注意避免上述两种合同的劳动者因两种不同规定，而给了用人单位逃避责任的机会。

8. 竞业限制条款

竞业限制起源于公司法中的董事、经理竞业禁止制度，目的是防止董事、经理等利用其特殊地位损害公司利益。各国公司法都规定了董事、经理的竞业禁止义务，尤其是西方国家首先建立了董事、经理竞业禁止制度。竞业限制条款在劳动合同中为延迟生效条款，也就是劳动合同的其他条款法律约束力终结后，该条款开始生效。当事人在劳动合同或者保密协议中约定竞业限制条款的，必须同时约定经济补偿内容。用人单位应当在终止或解除劳动者劳动合同后，给予劳动者经济补偿。该经济补偿标准、数额由当事人自行约定。在约定竞业限制条款时应当同时约定具体的违约责任承担方式和内容，但不得再约定解除劳动合同的提前通知期。竞业限制约定不得违反法律、法规规定。

劳动合同纠纷是比较常见的劳动争议发生原因。审判实践中，对于这类案件应当注意以下几点：（1）人民法院受理此类劳动争议案件应以劳动仲裁程序为前置程序。当事人申请劳动报酬支付令的案件，不受仲裁前置影响。《劳动合同法》第30条第2款规定："用人单位拖欠或者未足额支付劳动报酬的，劳动者可以依法向当地人民法院申请支付令，人民法院应当依法发出支付令。"根据《劳动法》规定，劳动争议应当先向劳动仲裁委员会申请仲裁，对仲裁裁决不服的，可以在收到仲裁裁决书15日内向人民法院起诉。(2) 时效问题。《劳动法》规定：应当在发生争议之日起60日内向劳动争议仲裁委员会提起仲裁。《劳动争议调解仲裁法》第27条规定："劳动争议申请仲裁的时效期间为一年。仲裁时效期间从当事人知道或者应当知道其权利被侵害之日起计算。前款规定的仲裁时效，因当事人一方向对方当事人主张权利，或者向有关部门请求权利救济，或者对方当事人同意履行义务而中断。从中断时起，仲裁时效期间重新计算。因不可抗力或者有其他正当理由，当事人不能在本条第一款规定的仲裁时效期间申请仲裁的，仲裁时效中止。从中止时效的原因消除之日起，仲裁时效期间继续计算。劳动关系存续期间因拖欠劳动报酬发生争议的，劳动者申请仲裁不受本条第一款规定的仲裁时效期间的限制；但是，劳动关系终止的，应当自劳动关系终止之日起一年内提出。"这里涉及《劳动法》与《劳动合同法》《劳动争议调解仲裁法》关系问题。可以说，《劳动法》是劳动法律领域的基本法，《劳动合同法》是劳动合同领域的特别法，《劳动争议调解仲裁法》是劳动争议程序领域的特别法，《劳动法》与《劳动合同法》《劳动争议调解仲裁法》对同一问题规定不一致时，应当以特别法为准。《劳动法》第82条与《劳动争议调解仲裁法》第27条对仲裁时效的起算、中断、中止等规定不一致，在处理相关案件时应当直接援引《劳动争议调解仲裁法》第27条的规定。

劳动合同纠纷不同于劳务合同纠纷。劳务合同有广义与狭义之分。广义的劳务合同是指一切与提供劳动服务（即劳务）有关的协议。它属于民法调整的范畴，该合同标的是劳务。狭义的劳务合同仅指雇主为个人或者家庭雇佣合同，即是指双方当事人约定，在确定或不确定期间内，一方向他方提供劳务，他方给付报酬的合同。狭义的劳务合同由民法调整。在这里，作为民事案由的一种，我们规定的是狭义的劳务合同，即雇佣合同。劳务（雇佣）合同纠纷是指以一方当事人提供劳务为合同标的，在履行合同过程中，因劳务（雇佣）关系发生的纠纷。在劳务合同中，雇主处于支配地位，雇员则处于被支配的从属地位；虽然双方当事人的法律主体地位形式上平等，但在合同履行过程中，雇主与雇员之间的主体身份是不平等的。由于雇佣合同在《劳动法》《劳动合同法》和《合同法》中未明文规定，雇佣合同纠纷适用《民法典》，同时因为雇主与雇员之间的关系本质上可以视为一种劳动关系，故可以适用《劳动法》《劳动合同法》所规定的基本原则。现行法律对于保护雇员的合法权益是不够的，还有待于法律的进一步完善。

在审判实践中，要注意劳务（雇佣）合同纠纷与劳动合同纠纷的区别。因为这两种纠纷的处理方式不同。劳动合同纠纷发生后，当事人不愿协商、协商不成或者达成和解协议后不履行的，可以向调解组织申请调解；不愿调解、调解不成或者达成调解协议后不履行的，可以向劳动争议仲裁委员会申请仲裁；对仲裁裁决不服的，除《劳动争议调解仲裁法》第49条另有规定的外，可以向人民法院提起诉讼。一般的应在法定期间内先到劳动仲裁委员会仲裁，不服仲裁裁决的在法定期间内可以向人民法院起诉，劳动仲裁是前置程序。但劳务合同纠纷发生以后，当事人可以直接向人民法院提起诉讼，劳动仲裁不是诉讼前置程序，当然也可以经双方当事人协商解决或者调解解决。《劳动争议调解仲裁法》第49条规定："用人单位有证据证明本法第四十七条规定的仲裁裁决有下列情形之一，可以自收到仲裁裁决书之日起三十日内向劳动争议仲裁委员会所在地的中级人民法院申请撤销裁决：（一）适用法律、法规确有错误的；（二）劳动争议仲裁委员会无管辖权的；（三）违反法定程序的；（四）裁决所根据的证据是伪造的；（五）对方当事人隐瞒了足以影响公正裁决的证据的；（六）仲裁员在仲裁该案时有索贿受贿、徇私舞弊、枉法裁决行为的。人民法院经组成合议庭审查核实裁决有前款规定情形之一的，应当裁定撤销。仲裁裁决被人民法院裁定撤销的，当事人可以自收到裁定书之日起十五日内就该劳动争议事项向人民法院提起诉讼。"用人单位有证据证明该法第47条规定的仲裁裁决有法定情形之一的，可以自收到仲裁裁决书之日起30日内向劳动争议仲裁委员会所在地的中级人民法院申请撤销裁决，但不得向人民法院提起诉讼。

187. 社会保险纠纷

（1）养老保险待遇纠纷
（2）工伤保险待遇纠纷
（3）医疗保险待遇纠纷
（4）生育保险待遇纠纷
（5）失业保险待遇纠纷

【释义】

根据《社会保险法》的有关规定，社会保险又称劳动保险，是指国家建立基本养老保险、基本医疗保险、工伤保险、失业保险、生育保险等社会保险制度，保障公民在年老、疾病、工伤、失业、生育等情况下依法从国家和社会获得物质帮助的权利的制度。《劳动法》第9章规定了劳动者的社会保险和福利制度。目前劳动保险最主要的有五种：养老保险、医疗保险、工伤保险、失业保险、生育保险。养老保险，是指劳动者达到国家规定的解除劳动合同的年龄界限或者因丧失劳动能力后依法获得生活保障的保险。工伤保险，是指劳动者在从事生产劳动或与之相关的工作时，发生意外伤害，包括事故伤残、职业病以及因这两种情况造成死亡时，由政府向劳动者本人或其供养的直系亲属提供物质帮助的一项社会福利制度。医疗保险，是指向社会范围内的劳动者部分或全部提供预防和治疗疾病的费用，并保证其在病假期间的经济来源，保障其基本生活需求的保险。生育保险，是指向法定范围内的妇女部分或全部提供怀孕、生产、哺育期间的医护费用，保证产假和哺育假期间的经济来源，使其不至于因生育而基本生活需求没有保障的保险。失业保险，是指劳动者因失业而丧失经济来源时，按法律规定的时限保障其基本生活需求的保险。社会保险是维护社会稳定的必要措施，其目标是预防风险。

【管辖】

依据《民事诉讼法》关于地域管辖基本原则，即原告就被告原则，劳动争议案件应当由一方当事人住所地人民法院管辖，用人单位住所地相对固定，且用人单位相关管理规章往往依据所在地地方性法规、地方政府规章等文件制定，因此，相对于劳动者住所地，由用人单位所在地法院管辖更为适当。在用人单位所在地与合同履行地不一致的情况下，例如，用人单位所在地在上海市黄浦区，合同履行地在北京市通州区，当事人赴用人单位所在地起诉极为不便，因此《最高人民法院关于审理劳动争议案件适用法律问题的解释（一)》第3条规定可以由合同履行地基层人民法院管辖。

【法律适用】

处理社会保险纠纷的法律依据主要是《劳动法》第3条、第5条、第62条、第70条至第76条、第100条、第104条，《社会保险法》《工伤保险条例》《失业保险条例》《最高人民法院关于审理劳动争议案件适用法律问题的解释（一)》等相关规定。

【确定该案由应当注意的问题】

调研发现，各地普遍认为人民法院审理社会保险纠纷案件难度相当大，主要表现在：一是专业性太强；二是时间跨度较大；三是判决生效后社会保险经办机构不配合执行。因此，虽然《劳动争议调解仲裁法》第2条第4项规定因社会保险发生的争议属于劳动争议，但该规定对具体哪些社会保险争议属于劳动争议，未予明确，故《最高人民法院关于审理劳动争议案件适用法律问题的解释（一)》第1条、

第2条对此作出明确。

1. 下列情况，可以作为社会保险纠纷案件受理

(1)《最高人民法院关于审理劳动争议案件适用法律问题的解释(一)》第1条第5项规定，劳动者以用人单位未为其办理社会保险手续，且社会保险经办机构不能补办导致其无法享受社会保险待遇为由，要求用人单位赔偿损失发生的纠纷。《社会保险法》《社会保险费征缴暂行条例》等法律法规既赋予了社会保险经办机构办理缴费登记、催促缴费等职责，同时又赋予了其调查、检查等职能，由此，对于那些已经由用人单位办理了社保手续但因用人单位欠缴、拒缴社会保险费或者因缴费年限、缴费基数等发生的争议，由社会保险经办机构处理最为合宜。而对于用人单位没有为劳动者办理社会保险手续且社会保险经办机构不能办理补交手续导致劳动者无法享受社会保险待遇的，由此产生赔偿损失纠纷，则由人民法院处理为宜。

(2)《最高人民法院关于审理劳动争议案件适用法律问题的解释(一)》第1条第6项规定，劳动者退休后，与尚未参加社会保险统筹的原用人单位因追索养老金、医疗费、工伤保险待遇和其他社会保险待遇而发生的纠纷。一种意见认为，劳动者退休后与原用人单位发生的纠纷是因退休而引发的，与劳动关系并无关联，因此，不属于劳动争议。但考虑到劳动者退休后，虽与原用人单位不存在劳动关系，但他们所享有的养老金、医疗费、工伤保险待遇和其他社会保险待遇，是基于过去在劳动岗位上履行劳动义务为前提条件的，因此，由此发生的争议可视为劳动争议。至于将用人单位限定为是尚未参加社会保险统筹的，是因为我国实行社会统筹保险制度，保险费统一由税务机关和劳动保障行政部门设立的社会保险经办机构向用人单位及其职工征收、征缴和管理。这就将劳动合同中关于社会保险待遇的劳动权利义务转化为一种行政管理的权力内容，此时因社会保险待遇发生的纠纷应属于行政诉讼，争议双方为社会保险管理机构与用人单位或劳动者，不属于劳动争议范围。因此，本项规定将因社会保险待遇发生争议的主体限定为尚未参加社会保险统筹的用人单位和退休的劳动者。

参加了社会统筹保险的，因社会保险费的征收、发放、领取发生的纠纷，属于行政诉讼。

(3)《最高人民法院关于审理劳动争议案件适用法律问题的解释(一)》第1条第7项规定，劳动者因为工伤、职业病，请求用人单位依法给予工伤保险待遇发生的纠纷。虽然涉及工伤保险的纠纷非常复杂，其中很多问题涉及相关行政部门行政权力的行使和法定义务的履行，但是据此将劳动者与用人单位之间有关工伤保险引发的纠纷统统排除于劳动争议范围之外，既没有法律依据也不利于保护劳动者权益的保护。因此，《工伤保险条例》第54条规定，职工与用人单位发生工伤待遇方面的争议，按照处理劳动争议的有关规定处理。《工伤保险条例》第62条规定，依照《工伤保险条例》规定应当参加工伤保险而未参加工伤保险的用人单位职工发生工伤的，由该用人单位按照本条例规定的工伤保险待遇项目和标准支付费用。用人单位参加工伤保险并补缴应当缴纳的工伤保险费、滞纳金后，由工伤保险基金和用人单位依照本条例的规定支付新发生的费用。本项规定则进一步明确，劳动者因为工伤、职业病，请求用人单位依法给予工伤保险待遇发生的纠纷，属于劳动争议。需要说明的是，职业病属于工伤的一种情形，但是鉴于职业病的特殊性，将其单列出来，以示强调。

2. 下列情况，不可以作为社会保险纠纷案件受理

(1)《最高人民法院关于审理劳动争议案件适用法律问题的解释(一)》第2条第1项规定，劳动者请求社会保险经办机构发放社会保险金的纠纷。这里的社会保险金是一个概括称谓，包括依法应由社会保险经办机构发放的各种基本养老保险待遇、基本医疗保险待遇、工伤保险待遇、失业保险待遇和生育保险待遇等社会保障待遇中各种应当给付的费用。尽管按照《劳动争议调解仲裁法》第2条第4项、第50条以及《社会保险法》第83条第3款的规定，劳动者与用人单位发生社会保险争议的，可以提起仲裁和诉讼。但是社会保险费争议与一般的劳动争议相比，具有很大的特殊性。其特殊性主要体现在两方面：一方面是在社会保险争议中，司法职能与行政职能相互交叉、重

叠，界限不清。《社会保险法》等法律法规明确规定了社会保险管理机构的征收、支付、监督检查、调查等职责，也就是说，我国社会保险从办理登记、缴费、发放社保费用，到监督检查等均由社保管理部门负责和管理。这一规定是与我国当前社会发展阶段相适应的，如果人为地由司法权强行介入，不利于日益完善的社会保险功能的正常运行。另一方面是社会保险纠纷案件的执行离不开社保管理部门的密切配合。对于那些已经由用人单位办理了社保手续，但因用人单位欠缴、拒缴社会保险费或者因缴费年限、缴费基数等发生的争议，由社会保险经办机构处理最为适宜，即使将社会保险纠纷案件全部纳入司法程序予以处理，最终有关社会保险纠纷案件判决或裁定的执行也需要社会保险经办机构的配合。如果社会保险经办机构不予配合，会有损司法权威的建立。

结合现阶段中国的国情，社会保险纠纷应当区分三个层次。第一层次是如果用人单位没有依法给劳动者建立社保关系、缴纳社会保险费，造成劳动者损失的，这类争议应当属于劳动争议。第二层次是用人单位为劳动者建立社保关系后，没有按时足额缴费，这类争议应当属于行政争议，依照行政强制征缴的程序办理。第三层次是保险金的发放或者社会保险待遇的给付属于社会保险经办机构应当自觉履行的法定职责，这个职责属于行政法规授权行使行政职权的职责，如果产生纠纷，应属于行政案件，人民法院不能作为劳动争议案件处理。上述区分的一个法律政策依据就是2001年5月27日原劳动和社会保障部发布并施行的《社会保险行政争议处理办法》，该办法第6条明确公民、法人或者其他组织认为社保经办机构不依法支付其社会保险待遇或者对经办机构停止其享受社会保险待遇有异议的，可以申请行政复议，申请人与经办机构之间发生的属于人民法院受案范围的行政案件，申请人也可以依法直接向人民法院提起行政诉讼。这一条规定在实践中执行时因为区分不清，所以作出细化规定，以便于掌握。

(2)《最高人民法院关于审理劳动争议案件适用法律问题的解释(一)》第2条第3项规定，劳动者对劳动能力鉴定委员会的伤残等级鉴定结论或者对职业病诊断鉴定委员会的职业病诊断鉴定结论的异议纠纷。所谓工伤职工伤残等级鉴定，也就是《工伤保险条例》第4章规定的劳动能力鉴定。依据《工伤保险条例》第21条以及《工伤职工劳动能力鉴定管理办法》第7条的规定，职工发生工伤，经治疗伤情相对稳定后存在残疾、影响劳动能力的，或者停工留薪期满（含劳动能力鉴定委员会确认的延长期限），工伤职工或者其用人单位应当及时向设区的市级劳动能力鉴定委员会提出劳动能力鉴定申请。依据《工伤保险条例》的规定，劳动能力鉴定的内容主要包括劳动功能障碍程度和生活自理障碍程度的等级鉴定。其中劳动功能障碍程度分为十个伤残等级，一级最重，十级最轻；生活自理障碍程度分为三个等级，即生活完全不能自理、生活大部分不能自理和生活部分不能自理。劳动能力鉴定的标准由国务院社会保险行政部门会同国务院卫生行政部门等部门制定。劳动能力鉴定由用人单位、工伤职工或者其近亲属向设区的市级劳动能力鉴定委员会提出申请。设区的市级劳动能力鉴定委员会收到劳动能力鉴定申请后，应当从其建立的医疗卫生专家库中随机抽取3名或者5名相关专家组成专家组，由专家组提出鉴定意见。设区的市级劳动能力鉴定委员会根据专家组的鉴定意见作出工伤职工劳动能力鉴定结论，必要时，可以委托具备资格的医疗机构协助进行有关的诊断。设区的市级劳动能力鉴定委员会应当自收到劳动能力鉴定申请之日起60日内作出劳动能力鉴定结论，必要时，作出劳动能力鉴定结论的期限可以延长30日。劳动能力鉴定结论应当及时送达申请鉴定的单位和个人。申请鉴定的单位或者个人对设区的市级劳动能力鉴定委员会作出的鉴定结论不服的，可以在收到该鉴定结论之日起15日内向省、自治区、直辖市劳动能力鉴定委员会提出再次鉴定申请。省、自治区、直辖市劳动能力鉴定委员会作出的劳动能力鉴定结论为最终结论。自劳动能力鉴定结论作出之日起1年后，工伤职工或者其近亲属、所在单位或者经办机构认为伤残情况发生变化的，可以申请劳动能力复查鉴定。依据《职业病诊断与鉴定管理办法》的规定，当事人对职业病诊断机构作出的职业病诊断结论有异议的，可以在接到职业病诊断证明书之日起30日内，向职业病诊断机构所在地设区的市级卫生行政部门申请鉴定。设区的市级职业病诊断鉴定委员会负责职业病诊断争议的首次鉴定。当事人对设区的市级职业病鉴定结论不服的，可以在接到鉴定书之日起15日内，向原鉴定组织所在地省级卫生行政部门申请再鉴定。职业病鉴定实行两级鉴定制，省级职业病鉴定结论为最终鉴定。从上述关于劳动能力鉴定和职业病诊断鉴定的规定可以看出，这两种鉴定均具有单方意志性。首先，鉴定机构是特定的，不能由申请人自由选择；其次，鉴定结论尤其是省级鉴定部门作出的鉴定结论为最终结论，对申请人、相关单位都具有拘束力。根据《工伤保险条例》第55条的规定，对劳动能力鉴定结论不服的，不在可提起行政复议或行政诉讼的范围内。而从民事诉讼的角度观察，上述鉴定结论属于鉴定意见，属于《民事诉讼法》第63条规定的证据种类之一，属于事实认定的范畴，既不是具体行政行为，且作出鉴定结论的鉴定机构与被鉴定对象及利害关系人之间也不存在民事法律关系，不具有可诉性。因此，劳动者对劳动能力鉴定委员会的伤残等级鉴定结论或者对职业病诊断鉴定委员会的职业病诊断鉴定结论的异议纠纷不属于劳动争议。

188. 福利待遇纠纷

【释义】

福利待遇纠纷，是指用工单位与劳动者因为福利待遇问题而发生的纠纷。现在的福利待遇一般是指企业为了保留和激励员工，采用的非现金形式的报酬，包括保险、实物、股票期权、培训、带薪假等。

【管辖】

依据《民事诉讼法》关于地域管辖基本原则，即原告就被告原则，劳动争议案件应当由一方当事人住所地人民法院管辖，用人单位住所地相对固定且用人单位相关管理规章往往依据所在地地方性法规、规章等文件制定。因此，相对于劳动者住所地，由用人单位所在地法院管辖更为适当。在用人单位所在地与合同履行地不一致的情况下，《最高人民法院关于审理劳动争议案件适用法律问题的解释（一）》第3条规定可以由合同履行地基层人民法院管辖。

【法律适用】

处理福利待遇纠纷的法律依据主要是《劳动合同法》第17条、第62条，《妇女权益保障法》第24条，《最高人民法院关于审理劳动争议案件适用法律问题的解释（一）》第2条有关规定。

【确定该案由应当注意的问题】

2000年《民事案件案由规定（试行）》将劳动争议列举为劳动合同纠纷、集体劳动合同纠纷、事实劳动关系争议、劳动保险纠纷四种，没有专门的福利待遇纠纷案由。为了满足劳动争议案件审判实际新变化：一是案件数量呈现上升的趋势；二是案件类型多样化，主要涉及拖欠、克扣工资纠纷，欠缴社会保险费和住房补贴等福利待遇纠纷，开除、除名、辞退及其他形式解除劳动合同的纠纷，工伤事故赔偿纠纷，企业改制或者股权变动引发的劳动关系变动纠纷等；三是群体性纠纷占有相当大的比例。并且随着劳动力市场形势的发展和《劳动合同法》《劳动争议调解仲裁法》等法律的颁布，根据审判实践中福利待遇纠纷不断出现的情况，2008年《民事案件案由规定》特别增加了福利待遇纠纷，2011年、2020年修改均沿袭有关规定。

根据《劳动法》第3条、第76条的规定，劳动者享有享受社会福利的权利，用人单位应当创造条件，改善集体福利，提高劳动者的福利待遇。《劳动争议调解仲裁法》对劳动争议作了明确列举，其中第2

条第4项列举的因福利发生的争议，是增加福利待遇纠纷案由的重要法律依据。福利是用工单位按照国家有关规定或者按照约定，为吸引挽留人才，调动劳动者的积极性，在工资报酬和劳动保险以外，通过举办集体福利设施、提供服务以及发放补贴等形式，给予劳动者的一种生活保障和生活享受，用以满足他们带有共同性或普遍性消费需要，改善和提高劳动者的物质文化生活水平，解决劳动者个人或家庭难以解决的某些困难。《劳动合同法》明确要求用工单位应当支付加班费、绩效奖金，提供与工作岗位相关的福利待遇。这是用工单位的社会义务，也是法定义务。不履行法定义务的用工单位，应当承担法律责任。

同时根据《最高人民法院关于审理劳动争议案件适用法律问题的解释（一）》第2条第2项规定，劳动者与用人单位因住房制度改革产生的公有住房转让纠纷不属于劳动争议案件。因住房制度改革发生的公有住房转让纠纷，表面上是劳动者与用人单位之间的涉及住房福利的争议，但是由于公有住房转让实际上是属于产权归属争议，从性质上讲是不动产物权的法律关系，不属于劳动法律关系，所以也就不是劳动争议案件。

与此类似的，一些纠纷从时间上看，确实是发生在劳动合同履行、解除等过程中，但是与劳动合同的履行、解除等并不存在牵连性，与劳动争议主体行使劳动合同项下的劳动权利、履行劳动义务没有关联性，这样的纠纷就不属于劳动争议，而是平等民事主体之间的普通民事纠纷。比如，劳动者在用人单位开办的商店里购买商品，因此发生的买卖合同纠纷，与行使劳动权利、履行劳动义务并无关联，也就不属于劳动争议。又如，劳动者承租了用人单位对外出租的房屋用于居住，而双方的劳动合同对此并无约定，后来双方就房屋租赁发生纠纷，该纠纷因与劳动合同的履行没有牵连性，与行使劳动权利、履行劳动义务并无关联，所以也不属于劳动争议。

十八、人事争议

这是2008年《民事案件案由规定》增加的一类案由。它是适应我国人事制度改革，解决人事争议的需要而新开展的审判领域。过去人民法院仅受理劳动者与用人单位之间的劳动争议，而不涉及人事争议。根据形势发展的需要，最高人民法院为使有关人事争议纠纷能够得到司法救济，于2003年8月27日公布了《关于人民法院审理事业单位人事争议案件若干问题的规定》（法释〔2003〕13号）。该司法解释的制定和实施，开创了人民法院审理经过人事仲裁机构裁决的人事争议案件的历史。该司法解释是确定人民法院审理事业单位人事争议案件范围和法律适用的依据，对规范人民法院对事业单位人事争议案件的审理，促进人事争议仲裁工作的发展具有重要意义。2006年起施行的《公务员法》（2018年修订）第105条规定：聘任制公务员与所在机关之间因履行聘任合同发生争议的，可以自争议发生之日起60日内申请仲裁。当事人对仲裁裁决不服的，可以自接到仲裁裁决书之日起15日内向人民法院提起诉讼。仲裁裁决生效后，一方当事人不履行的，另一方当事人可以申请人民法院执行。因此，2020年《民事案件案由规定》在第二级案由“十八、人事争议”项下，因为第二级案由重复，删去“172. 人事争议”，将原来“172. 人事争议”项下的三个第四级案由升级为第三级案由，同时，增加“190. 聘任合同纠纷”。

人事争议，是指实施公务员法的机关与聘任制公务员之间、参照《中华人民共和国公务员法》管理的机关（单位）与聘任工作人员之间因履行聘任合同发生的争议，事业单位与工作人员之间因解除人事关系、履行聘用合同发生的争议，社团组织与工作人员之间因解除人事关系、履行聘用合同发生的争议，军队聘用单位与文职人员之间因履行聘用合同发生的争议，以及依照法律、法规规定可以仲裁的其他人事争议等。目前，人民法院受理的人事争议纠纷案件分为聘用合同争议、聘任合同争议、辞职争议、辞退争议四类。因为该四类纠纷在审判实践中既有差别，但是在适用中面临许多共同的问题，因此【释义】【管辖】【法律适用】分别阐述，但是【确定该案由应当注意的问题】合并撰写。

189. 聘用合同纠纷

【释义】

聘用合同争议，是指事业单位工作人员因履行聘用合同而与单位发生的争议。聘用合同制度的基本内容是指事业单位通过聘用合同招录专业人员和管理人员，将单位与职工的权利义务订于合同之中。聘用合同由聘用单位的法定代表人或者其委托的人与受聘人员以书面形式订立。经双方当事人协商一致，可以在聘用合同中约定试用期、培训和继续教育、知识产权保护、解聘提前通知时限等条款。聘用合同分为短期、中长期和以完成一定工作为期限的合同，合同期限最长不得超过应聘人员达到国家规定的退休年龄的年限。聘用单位与受聘人员签订聘用合同，可以约定试用期。聘用单位与受聘人员订立聘用合同时，不得收取任何形式的抵押金、抵押物或者其他财物。事业单位实行聘用合同制度，有利于引入竞争机制，将事业单位人事管理由身份管理转变为岗位管理，实现用人单位的公开、公平、公正，促进单位自主用人，保障职工自主择业，维护单位和职工双方的合法权益。

【管辖】

聘用合同案件由用人单位或者聘用合同履行地的基层人民法院管辖。依据《民事诉讼法》关于地域管辖基本原则，即原告就被告，人事争议案件应当由一方当事人住所地人民法院管辖。用人单位住所地相对固定，且用人单位相关管理规章往往依据所在地地方性法规、规章等文件制定，因此，相对于劳动者住所地，由用人单位所在地法院管辖更为适当。在用人单位所在地与合同履行地不一致的情况下，当事人赴用人单位所在地起诉不方便，可以由合同履行地基层人民法院管辖。

【法律适用】

人民法院审理事业单位人事争议案件的程序，应当适用《劳动法》《劳动争议调解仲裁法》以及《最高人民法院关于人民法院审理事业单位人事争议案件若干问题的规定》等相关规定；实体处理应当适用人事方面的法律规定，例如《人事争议处理规定》等，但涉及事业单位工作人员劳动权利的内容在人事法律中没有规定的，适用《劳动法》《劳动合同法》以及相关司法解释的有关规定。

【确定该案由应当注意的问题】

详见192. 辞退纠纷中的“确定该案由应当注意的问题”。

190. 聘任合同纠纷

【释义】

《公务员法》第105条规定国家建立人事争议仲裁和司法救济制度，《人事争议处理规定》于2007年8月9日颁布，2011年8月15日作修改，因此，人民法院应根据法律法规的新规定对人事争议的受理范围进行调整。聘任合同纠纷主要是指聘任制公务员与所在机关之间因履行聘任合同发生的争议，军队文职人员与聘用单位之间因履行聘任合同发生的争议，这类纠纷经过人事争议仲裁机构仲裁后，如果当事人不服仲裁向人民法院起诉，人民法院也应当作为人事争议来处理。

【管辖】

人事争议案件由用人单位或者合同履行地的基层人民法院管辖，这是人事争议案件管辖的一般原则，适用于聘任合同纠纷。

【法律适用】

聘任合同纠纷法律适用与聘用合同纠纷基本一致，但是聘任合同纠纷作为人事争议中的第三级案由，其法律依据是《公务员》法第105条。

【确定该案由应当注意的问题】

详见192. 辞退纠纷中的“确定该案由应当注意的问题”。

191. 辞职纠纷

【释义】

辞职争议，是指事业单位工作人员因辞职与单位发生的争议。辞职是指事业单位的专业技术人员和管理人员享有的辞去其工作从而与其单位脱离关系的一项权利。辞职必须按照人事管理权限，向所在单位或者主管部门提出申请。按现行法律政策规定，具有下列情形之一的，辞职必须经所在单位批准：国家和省、市（地区）重点科研项目的主要负责人和业务骨干辞职后对工作可能造成损失的；在边远地区、少数民族地区工作的；从事特殊行为、特殊工种的；从事国家机密工作或者曾从事国家机密工作在规定的保密期内的；经国家机关决定或者批准正在接受审查尚未结案的；法律规定的其他需要批准辞职的情况。

【管辖】

与聘用合同纠纷和聘任合同纠纷一致，由用人单位或者合同履行地基层人民法院管辖。

【法律适用】

人民法院审理辞职纠纷案件的程序，应当适用《劳动法》《劳动争议调解仲裁法》以及《最高人民法院关于人民法院审理事业单位人事争议案件若干问题的规定》等相关规定；实体处理应当适用人事方面的法律规定，例如《人事争议处理规定》等，但涉及事业单位工作人员劳动权利的内容在人事法律中没有规定的，适用《劳动法》《劳动合同法》以及相关司法解释的有关规定。

【确定该案由应当注意的问题】

详见192. 辞退纠纷中的“确定该案由应当注意的问题”。

192. 辞退纠纷

【释义】

辞退争议，是指事业单位工作人员因辞职与单位发生的争议。辞退是事业单位因法定事由经法定程序主动解除其与专业技术人员或者管理人员之间关系的行为，辞退是单位享有的一项权利。但具有下列情形之一的，单位不得辞退其专业技术人员或管理人员：因公负伤、致残而丧失劳动能力的；妇女在孕期、产期及哺乳期内的；享受休假待遇的人员在休假期间内的；患绝症、精神病及本专业职业病的；符合国家规定的其他条件的。与所在单位订有聘用合同的人员，其辞职辞退应按聘用合同的约定办理。事业单位人事制度中的聘用合同制度和辞职辞退制度是事业单位人事制度的核心内容。工资、职称、继续教育、考核等方面的内容都可以体现在聘用合同之中。辞职辞退制度是处理事业单位与其工作人员关系是否存续的制度。当事业单位与其工作人员之间不存在聘用合同关系时，辞职辞退制度为正确处理事业单位与其工作人员应否维持存续关系提供了依据。

【管辖】

辞退合同纠纷案件由用人单位或者合同履行地的基层人民法院管辖。

【法律适用】

人民法院审理辞退合同纠纷案件的程序，应当适用《劳动法》《劳动争议调解仲裁法》以及《最高人民法院关于人民法院审理事业单位人事争议案件若干问题的规定》等相关规定；实体处理应当适用人事方面的法律规定，例如《人事争议处理规定》等，但涉及事业单位工作人员劳动权利的内容在人事法律中没有规定的，适用《劳动法》《劳动合同法》以及相关司法解释的有关规定。

【确定该案由应当注意的问题】

1. 关于人民法院受理人事争议案件的范围问题

目前，基层法院对受理人事争议案件的范围有不同理解。有的法院把所有与建立或解除工作关系有关的人事争议以及履行聘用聘任合同过程中的工资福利、工伤待遇、社会保险、行政处分等都纳入审理范围；有的法院则认为自动离职、履行聘用聘任合同过程中的工资福利待遇等争议不属于人民法院的受理范围。由于对人事争议受理范围理解不统一，使得同一类案件是否受理在不同的法院有着不同的处理结果，同时也影响了人事争议仲裁机构受理案件范围的一致性。总体来看，当前人民法院受理的人事争议案件范围，主要有两大类：

(1) 基于《最高人民法院关于人民法院审理事业单位人事争议案件若干问题的规定》的规定。该规定第1条规定："事业单位与其工作人员之间因辞职、辞退及履行聘用合同所发生的争议，适用《中华人民共和国劳动法》的规定处理。"第3条规定："本规定所称人事争议是指事业单位与其工作人员之间因辞职、辞退及履行聘用合同所发生的争议。"这两条规定与人民法院受理人事争议案件的范围有直接关系。具体而言，正确理解这两条规定需要注意以下几点：

首先，人民法院受理的人事争议案件范围与仅为人事争议仲裁机构受理的案件范围的一部分。根据《人事争议处理规定》第2条的规定，人事争议仲裁的范围包括：①实施《公务员法》的机关与聘任制公务员之间、参照《公务员法》管理的机关（单位）与聘任工作人员之间因履行聘任合同发生的争议；②事业单位与工作人员之间因解除人事关系、履行聘用合同发生的争议；③社团组织与工作人员之间因解除人事关系、履行聘用合同发生的争议；④军队聘用单位与文职人员之间因履行聘用合同发生的争议；⑤依照法律、法规规定可以仲裁的其他人事争议。根据《人事争议处理规定》第36条的规定，因考核、职务任免、职称评审等发生的人事争议，按照有关规定处理。即不采取人事争议仲裁的方式解决。显然，《最高人民法院关于人民法院审理事业单位人事争议案件若干问题的规定》所涉及的人民法院受理的人事争议仅仅是人事争议仲裁机构受理的人事争议中的一部分。这是由于人事争议仲裁的特殊性和现有国情及立法状况决定的，人民法院目前难以承担所有的人事争议纠纷的处理。当然，随着国家法治发展和人事争议仲裁制度的完善，人事争议纳入司法救济的范围会不断扩大。

其次，《最高人民法院关于人民法院审理事业单位人事争议案件若干问题的规定》明确了三种人事争议可以诉至法院：辞职、辞退和履行聘用合同纠纷。根据起草司法解释时的考虑，辞职、辞退纠纷是指事业单位与其工作人员未订立聘用合同而发生的争议，履行聘用合同纠纷是指事业单位与其工作人员已经订立了聘用合同而且因履行该聘用合同产生了争议。之所以作这种区分，是因为我国事业单位体制改革正在进行，聘用制度尚未全部推行。在没有全部实行聘用制度的情况下，事业单位与其工作人员之间的纠纷尚不能全部诉至法院。人民法院只能暂就辞职、辞退这两种涉及解除工作关系的纠纷进行审理。在已经实行聘用制度的情况下，事业单位与其工作人员之间的权利义务已经通过合同的形式确定下来，可以作为人民法院审理当事人之间争议的依据。因此，履行聘用合同中产生的各种争议，凡是可以通过诉讼的方式解决的内容，包括工资福利、人员工伤待遇、社会保险等，都可以纳入人民法院受理的范围；凡是不能通过诉讼的方式解决的问题，例如行政处分、年终考评等，人民法院就不应当纳入受理范围。

（2）基于《公务员法》第105条的规定。由于《公务员法》第105条明确规定，聘任制公务员与所在机关之间因履行聘任合同发生争议的，可以自争议发生之日起60日内申请仲裁；当事人对仲裁裁决不服的，可以自接到仲裁裁决书之日起15日内向人民法院提起诉讼。因此，专业性强或者辅助性岗位上实行聘任制的公务员因履行聘任合同与单位发生的聘任合同纠纷案件，人民法院应当受理。

2. 关于人事争议案件是否应当作为行政诉讼案件处理的问题

有人认为，人事争议仲裁应当纳入行政诉讼范围。其主要理由是：（1）人事争议仲裁与劳动争议仲裁的法律性质不同。根据《人事争议处理规定》，实施人事争议仲裁行为的主体是拥有行政管理职权的机构，具有行政管理性质。（2）人事争议仲裁与劳动争议仲裁所适用的法律不同。劳动争议仲裁适用《劳动法》及相关法律规定，人事争议仲裁适用《人事争议处理规定》。(3)《人事争议处理规定》规定的属于人事争议仲裁的四项内容均直接涉及当事人的人身权利和财产权，因而在法律没有作出排除性规定的情况下，人事争议仲裁行为属于《行政诉讼法》第11条规定的行政诉讼受案范围。(4) 人事争议仲裁未经法律设定，其可诉性未予排除。根据《立法法》第8条第10项的规定，仲裁制度属于全国人大的立法范围，只能由法律规定，法规和规章在没有法律授权的前提下，无权对仲裁问题设定规范，无权创设仲裁权。(5) 将人事争议仲裁纳入行政诉讼范围，对于推动依法行政进程具有实际意义。有的行政机关为了规避行政诉讼，通过规章设定仲裁权，将行政裁决行为赋予仲裁行为表现形式，使其行政行为免受司法审查，而且法规、规章规定的仲裁程序大都没有达到法律规定仲裁程序的严密程度，其仲裁过程与法律的要求还存在一定距离。将人事争议仲裁行为纳入司法审理范围，有利于促进依法行政和此类“仲裁”制度的完善。

我们认为，目前《公务员法》第105条规定和《最高人民法院关于人民法院审理事业单位人事争议案件若干问题的规定》关于人事争议的处理程序更符合实际。理由是：(1) 聘任制公务员与其所在机关、事业单位与其工作人员就辞职、辞退及履行聘用合同所发生的争议就其本质而言属于劳动争议。(2) 正如我们不能认为劳动争议仲裁行为具有行政管理性质一样，我们也不能认为针对聘任制公务员与其所在机关、事业单位与其工作人员就辞职、辞退及履行聘用合同所发生的争议而进行的人事争议仲裁行为具有行政管理性质。从人事争议仲裁委员会的组成及仲裁员的选聘看，与劳动争议仲裁委员会的组成及仲裁员的选聘具有很大相似性，人事争议仲裁委员会和仲裁员与劳动争议仲裁委员会及仲裁员一样，仲裁行为不是在行使行政权力，不是具体行政行为。(3) 从本质上讲，人事争议仲裁权并非来源于人事部门的行政规章或者由行政规章设定，而是与劳动争议仲裁权一样来源于劳动法、公务员法或者由前述法律设定。只是由于现行国家有关企业与事业单位人事管理制度存在差异，才造成必须存在两种仲裁机构的局面。(4)《公务员法》第105条以及《最高人民法院关于人民法院审理事业单位人事争议案件若干问题的规定》有利于规范人事争议仲裁活动，促进人事争议仲裁制度的完善。(5)将人事争议仲裁纳入行政诉讼范围既不便审理，也不能有效处理相关争议。人民法院如果将人事争议仲裁案件作为行政案件审理，审理的重点将是人事争议仲裁机构仲裁裁决的合法性，而不能直接解决聘任制公务员与其所在机关、事业单位与其工作人员之间的人事争议。

《最高人民法院关于执行〈中华人民共和国行政诉讼法〉若干问题的解释》第1条也规定：公民、法人或者其他组织对“法律规定的仲裁行为”不服提起诉讼的，不属于人民法院行政诉讼的受案范围。

3. 关于人事争议申请仲裁的时效期间如何计算的问题

《劳动法》第82条规定：“提出仲裁要求的一方应当自劳动争议发生之日起六十日内向劳动争议仲裁委员会提出书面申请。仲裁裁决一般应在收到仲裁申请的六十日内作出。对仲裁裁决无异议的，当事人必须履行。”为贯彻执行劳动法规定，《最高人民法院关于审理劳动争议案件适用法律若干问题的解释》第3条、《最高人民法院关于审理劳动争议案件适用法律若干问题的解释（二）》第1条、第2条、第12条、第13条分别对仲裁申请期间的起算点、中止、中断作了补充解释。之后颁布的《劳动争议调解仲裁法》第27条从立法上将仲裁申请期间从60日延长至1年，并明确为“劳动争议申请仲裁的时效期间”，同时对起算点、中止、中断予以明确。2020年司法解释清理后，对于《最高人民法院关于审理劳动争议案件适用法律若干问题的解释》第3条关于仲裁申请期间争议案件受理规定予以废止，因为《劳动争议调解仲裁法》第27条第1款对此已有明确规定，并且《劳动人事争议仲裁办案规则》第30条删除了原办案规则规定的“在申请仲裁的法定时效期间内”这一受理条件；对于《最高人民法院关于审理劳动争议案件适用法律若干问题的解释（二）》第1条关于劳动争议发生日规定以及《最高人民法院关于审理劳动争议案件适用法律若干问题的解释（二）》第2条有关拖欠工资纠纷规定，因为该两条对仲裁时效期间以及起算之日的规定与《劳动争议调解仲裁法》第27条第1款、第4款规定不一致，故予以废止。对于《最高人民法院关于审理劳动争议案件适用法律若干问题的解释（二）》第12条、第13条关于仲裁申请期间中止、中断规定，因为该两条已被《劳动争议调解仲裁法》第27条第2款、第3款吸收，故予以废止。通过本次清理，劳动争议有关司法解释涉仲裁申请期间的规定与《劳动争议调解仲裁法》第27条保持完全一致。

关于事业单位人事争议仲裁时效，最新法律规定为《劳动争议调解仲裁法》第27条和第52条。2013年9月12日印发的《最高人民法院关于人事争议申请仲裁的时效期间如何计算的批复》（法释〔2013〕23号）规定，依据《劳动争议调解仲裁法》第27条第1款、第52条的规定，当事人自知道或者应当知道其权利被侵害之日起1年内申请仲裁，仲裁机构予以受理的，人民法院应予认可。

关于聘任制公务员因履行聘任合同产生的聘任合同纠纷，2018年修订的《公务员法》第105条仍然规定，自争议发生之日起60日内申请仲裁。

4. 关于人事争议仲裁机构因不属于受案范围而决定或者裁定不予受理的人事争议案件，诉至人民法院后，应如何处理的问题

根据《劳动争议调解仲裁法》第52条和《公务员法》第105条之规定，仲裁程序是进入人事争议诉讼程序的前置程序。一方面，人事争议仲裁机构以无管辖权为由对人事争议案件不予受理，当事人提起诉讼的，人民法院经审查：认为该人事争议仲裁机构对案件确无管辖权的，应当告知当事人向有管辖权的人事争议仲裁机构申请仲裁；认为该人事争议仲裁机构有管辖权的，应当告知当事人申请仲裁，并将审查意见书面通知该人事争议仲裁机构，人事争议仲裁机构仍不受理，当事人就该人事争议事项提起诉讼的，人民法院应予受理。另一方面，人事争议仲裁机构以当事人申请仲裁的事项不属于人事争议为由，作出不予受理的书面裁决、决定或者通知，当事人不服依法提起诉讼的，人民法院应当分别情况予以处理：属于前述司法解释以及公

务员法规定的人事争议案件的，应当受理；虽不属于前述应当受理的人事争议案件，但属于人民法院主管的其他案件，应当依法受理。

实践中还存在对经人事争议仲裁裁决的纠纷，人民法院驳回起诉后，人事争议仲裁裁决能否生效的问题。这主要涉及仲裁裁决确定的主体资格错误或仲裁裁决事项不属于人事争议仲裁机构和人民法院受案范围的人事争议。参照《最高人民法院关于人民法院对经劳动争议仲裁裁决的纠纷准予撤诉或驳回起诉后劳动争议仲裁裁决从何时起生效的解释》（法释〔2000〕18号）第3条的规定，因仲裁裁决确定的主体资格错误或仲裁裁决事项不属于劳动争议，被人民法院驳回起诉的，原仲裁裁决不发生法律效力。

司法解释理解与适用丛书

最高人民法院
新民事案件案由规定
理解与适用

〔下〕

杨万明 主 编

郭 锋 副主编

最高人民法院研究室 编著

人 民 法 院 出 版 社

PEOPLE'S COURT PRESS

总 目 录

民事案件案由规定及解读

条文理解与适用

目　录

（下册）

第七部分　海事海商纠纷

第八部分　与公司、证券、保险、票据等有关的民事纠纷

第十部分 非讼程序案件案由

第十一部分　特殊诉讼程序案件案由

第七部分 海事海商纠纷

海事海商纠纷是人民法院审理的民事案件中极具专业性的类型。根据《民事诉讼法》等法律的规定，此类案件实行专门管辖，由海事法院受理。法律适用方面，海事海商纠纷的处理不但在实体上有特别的《海商法》等海事法律规定，与普通的民商实体法一起构建起海事海商审判的实体规则，而且在程序上也存在专门的《海事诉讼特别程序法》，与《民事诉讼法》一起构建起海事海商审判的程序规则。因此，《民事案件案由规定》把海事海商纠纷单独列为第一级案由，便于进行专业化审理和科学的司法统计。根据最高人民法院民事审判业务职责分工的有关规定，海事海商案件的审理工作由最高人民法院民事审判第四庭专门负责。

十九、海事海商纠纷

根据《民事诉讼法》《海事诉讼特别程序法》《行政诉讼法》以及我国参加和批准的有关国际公约，参照国际习惯做法，并结合《最高人民法院关于适用〈中华人民共和国海事诉讼特别程序法〉若干问题的解释》《最高人民法院关于海事法院受理案件范围的规定》对海事案件受理范围的规定和近年来海事海商审判工作的实际情况，《民事案件案由规定》将海事海商纠纷确定为55个第三级案由。需要说明的是，本部分纠纷案由并不包括适用海事诉讼特别程序审理的申请海事请求保全、申请海事支付令、申请海事强制令、申请海事证据保全、申请设立海事赔偿责任限制基金、申请船舶优先权催告等案件，这些案件虽列在第十部分非讼程序案件案由，但仍由海事法院审理。

193. 船舶碰撞损害责任纠纷

【释义】

船舶碰撞损害责任纠纷，是指因船舶与船舶之间在海上或者与海相通的可航水域发生碰撞事故而引起的损害责任纠纷。

按照引起船舶碰撞的原因不同，可以将船舶碰撞分为：

（1）过失碰撞。此为船舶碰撞的典型形态。具体又可分为：①单方过失责任的船舶碰撞，依据《海商法》第168条的规定，船舶发生碰撞，是由于一船的过失造成的，由有过失的船舶负赔偿责任；②双方过失责任的船舶碰撞，依据《海商法》第169条的规定，船舶发生碰撞，碰撞的船舶互有过失的，各船按照过失程度的比例负赔偿责任；过失程度相当或者过失程度的比例无法判定的，平均负赔偿责任。互有过失的船舶，对碰撞造成的船舶以及船上货物和其他财产的损失，依照前款规定的比例负赔偿责任。碰撞造成第三人财产损失的，各船的赔偿责任均不超过其应当承担的比例。互有过失的船舶，对造成的第三人的人身伤亡，负连带赔偿责任。一船连带支付的赔偿超过第169条第1款规定的比例的，有权向其他有过失的船舶追偿。

（2）不可抗力或意外事故导致的碰撞。依据《海商法》第167条的规定，船舶发生碰撞，是由于不可抗力或者其他不能归责于任何一方的原因或者无法查明的原因造成的，碰撞各方互相不负赔偿责任。

（3）故意碰撞。这种情形在实务中比较少见，在这时，故意碰撞的船舶要承担全部的赔偿责任。

【管辖】

根据《最高人民法院关于海事法院受理案件范围的规定》第1条

的规定，船舶碰撞损害责任纠纷案件，包括浪损等间接碰撞的损害责任纠纷案件，属于海事法院受案范围。船舶碰撞损害责任纠纷属于典型的海事案件，该类纠纷由海事法院专门管辖。根据《民事诉讼法》第30条、《海事诉讼特别程序法》第6条的规定，因船舶碰撞请求损害责任提起的诉讼，由碰撞发生地、碰撞船舶最先到达地、加害船舶被扣留地、被告住所地人民法院及船籍港所在地海事法院管辖。《最高人民法院关于适用〈中华人民共和国海事诉讼特别程序法〉若干问题的解释》第1条进一步明确在海上或者通海水域发生的与船舶或者运输、生产、作业相关的海事侵权纠纷、海商合同纠纷，以及法律或者相关司法解释规定的其他海事纠纷案件由海事法院及其上级人民法院专门管辖。

【法律适用】

处理船舶碰撞损害责任纠纷的法律依据主要是《海商法》第8章即船舶碰撞章。《海商法》第8章关于船舶碰撞的规定，是参照《1910年统一船舶碰撞若干法律规定的国际公约》（以下简称《1910年碰撞公约》）制定的。我国于1994年3月5日正式加入该公约。《民事诉讼法》《海事诉讼特别程序法》对其有关诉讼程序作了规定。《最高人民法院关于审理船舶碰撞和触碰案件财产损害赔偿的规定》《最高人民法院关于审理船舶碰撞纠纷案件若干问题的规定》《最高人民法院关于适用〈中华人民共和国海事诉讼特别程序法〉若干问题的解释》等对有关船舶碰撞的实体问题和诉讼程序作了进一步的具体化规定。

【确定该案由应当注意的问题】

船舶碰撞是经常发生的海上侵权行为，因船舶碰撞引起的损害责任纠纷是海商海事案件中最为常见的纠纷，属于典型的海事侵权案件。

同时，由于船舶碰撞的原因往往非常复杂多样，其责任构成以及责任承担的判断比较特殊，也并非一般的民事侵权规则所能完全解决，各国家和地区海商法多是对船舶碰撞予以专章规定。因此，《民事案件案由规定》将船舶碰撞损害责任纠纷列为第三级案由，以突出它的重要性和特殊性。

船舶碰撞的概念在学理上有广义和狭义之分。广义上的船舶碰撞是指一切船舶相互间直接或间接接触，致使一方或双方发生损害的事故；而狭义上的船舶碰撞仅是指海船同海船或者海船同非海船在海上或者与海相通的其他可航水域，在航行中或停泊时发生相互接触，造成人身、船舶或其他财产损害的事故。对此，《1910 年统一船舶碰撞若干法律规定的国际公约》第 1 条规定："渔船与渔船或者海船与内河船舶发生碰撞，致使有关船舶或船上人身、财产遭受损害时，不论碰撞发生在任何水域，对这种损害的赔偿按下列规则处理。"其第 13 条同时规定，本公约扩大适用于一船由于进行或者不进行某种操纵，或由于不遵守规则，而给他船或任一船上的货物、人员造成的损害的赔偿，即使碰撞实际上未曾发生。《海商法》第 165 条规定的是直接接触的船舶碰撞，并未涉及海船同其他船只之间的间接碰撞问题。而在第 170 条规定了"船舶因操纵不当或者不遵守航行规章，虽然实际上没有同其他船舶发生碰撞，但是使其他船舶以及船上的人员、货物或者其他财产遭受损失的"，适用有关船舶碰撞的规定。《最高人民法院关于审理船舶碰撞和触碰案件财产损害赔偿的规定》则进一步明确："船舶碰撞"是指在海上或者与海相通的可航水域，两艘或者两艘以上的船舶之间发生接触或者没有直接接触，造成财产损害的事故。[①]《最高人民法院关于海事法院受理案件范围的若干规定》（已失效）进一步明确了"船舶碰撞损害赔偿案件，包括浪损等间接碰撞的损害赔偿纠纷案件"。《最高人民法院关于海事法院受理案件范围的规定》沿袭这一规定，将船舶碰撞损害责任纠纷案件规定为包括浪损等

① 该司法解释 2020 年修正时，对"船舶碰撞"的含义并未作出修改。

间接碰撞的损害责任纠纷案件。可见，我国也是采用了广义的船舶碰撞概念。

194. 船舶触碰损害责任纠纷

【释义】

船舶触碰损害责任纠纷，是指船舶与船舶之外的设施或者障碍物发生触碰事故而引起的损害责任纠纷，例如，船舶触碰码头设施或者港口建筑物等造成的损害责任纠纷。

【管辖】

根据《最高人民法院关于海事法院受理案件范围的规定》第2条的规定，船舶触碰海上、通海可航水域、港口及其岸上的设施或者其他财产的损害责任纠纷案件，包括船舶触碰码头、防波堤、栈桥、船闸、桥梁、航标、钻井平台等设施的损害责任纠纷案件属于海事法院受案范围，由海事法院专门管辖。根据《民事诉讼法》第30条、《海事诉讼特别程序法》第6条的规定，因船舶触碰请求损害责任提起的诉讼，由触碰发生地、触碰船舶最先到达地、触碰船舶被扣留地、被告住所地人民法院及船籍港所在地海事法院管辖。《最高人民法院关于适用〈中华人民共和国海事诉讼特别程序法〉若干问题的解释》第1条进一步明确了海上或者通海水域发生的与船舶或者运输、生产、作业相关的海事侵权纠纷由海事法院及其上级人民法院专门管辖。

【法律适用】

虽然《海商法》并未对船舶触碰专门作出明确规定，但是依据该法第169条第2款的规定，互有过失的船舶，碰撞造成第三人财产损失的，比如两船碰撞，同时撞坏航标，各船的赔偿责任均不超过其应当承担的比例。1995年《最高人民法院关于审理船舶碰撞和触碰案件财产损害赔偿的规定》已明确将船舶触碰损害纠纷纳入了海事侵权财产损害赔偿的范畴。该司法解释明确了有关船舶碰撞和触碰的财产损害赔偿的具体标准。[①] 依照《最高人民法院关于审理船舶碰撞纠纷案件若干问题的规定》第3条第2款的规定，非因船舶碰撞导致船舶触碰引起的侵权纠纷，依照《民法典》的规定确定触碰船舶的赔偿责任，但不影响《海商法》第8章之外其他规定的适用。《民事诉讼法》《海事诉讼特别程序法》对船舶触碰损害责任纠纷的诉讼程序作了规定；《最高人民法院关于适用〈中华人民共和国海事诉讼特别程序法〉若干问题的解释》《最高人民法院关于海事法院受理案件范围的规定》对有关船舶触碰损害责任纠纷的诉讼程序和受案范围作了进一步的具体化。

【确定该案由应当注意的问题】

在此应该注意区分船舶触碰损害责任纠纷与船舶碰撞损害责任纠纷。船舶触碰是指船舶与非船舶发生碰撞，造成一方或双方损害的事故。这里的非船舶主要是指海上、通海水域及港口的建筑物及构筑物，比如航道设施、桥梁、障碍物等；而船舶碰撞则是船舶与船舶之间在海上或者与海相通的可航水域发生的接触事故。船舶触碰损害责任纠纷通常具有以下明显的特征：

1. 主体比较明确。其加害方就是引起船舶触碰事故的船方，即船舶的所有人或经营人等。

2. 责任比较容易确定。由于在此类纠纷中，被触碰物体一般都处于静止状态，触碰的原因通常是触碰船舶造成的，因此，除非船方能

① 该司法解释2020年修正时，对此并未作出修改。

够证明损害的发生是由于不可抗力或者被触碰物体的所有人或使用人的过错造成，否则船方就应该承担全部赔偿责任。

3. 损害事故通常涉及面比较广，后果影响比较大，从而导致损害的范围界定以及损失数额确定比较有难度。

在此应当注意的是，如果被触碰的海上设施在事故发生时尚处于移动状态（比如自身有移动能力的海上平台或本身虽无移动能力但当时正利用拖船等航行工具移动的海上设施），则该种触碰应视为船舶碰撞，由此引起的损害责任案件应立船舶碰撞损害责任纠纷案由。

与船舶碰撞事故一样，船舶触碰事故也是多发的海上安全问题，由此引起的损害责任纠纷也是海事审判中常见的案件，是典型的海事侵权纠纷，但这与船舶碰撞损害责任纠纷又存在明显的区别。因此，为了方便当事人诉讼，便于司法统计和制定相应的司法政策，《民事案件案由规定》将船舶触碰损害责任纠纷列为第三级案由。

195. 船舶损坏空中设施、水下设施损害责任纠纷

【释义】

船舶损坏空中或水下设施损害责任纠纷，是指船舶在航行或停泊时，毁损在空中架设或者在海底、通海水域水下铺设的设施或者其他财产的纠纷。

【管辖】

根据《最高人民法院关于海事法院受理案件范围的规定》第 2 条的规定，船舶损坏在空中架设或者在海底、通海可航水域敷设的设施或者其他财产的损害责任纠纷案件属于海事法院受案范围，应由海事法院专门管辖。根据《民事诉讼法》第 30 条、《海事诉讼特别程序

法》第6条及《最高人民法院关于适用〈中华人民共和国海事诉讼特别程序法〉若干问题的解释》第1条的规定，因船舶损坏空中设施、水下设施请求损害责任提起的诉讼，由损坏空中设施、水下设施发生地、加害船舶最先到达地、碰触船舶被扣留地、被告住所地及船籍港所在地海事法院管辖。

【法律适用】

《海上交通安全法》第23条规定："禁止损坏助航标志和导航设施。损坏助航标志或导航设施的，应当立即向主管机关报告，并承担赔偿责任。"虽然《海商法》并未对船舶损坏空中或水下设施损害责任作出专门规定，但是依据该法第169条第2款的规定，互有过失的船舶，碰撞造成第三人财产损失的，各船的赔偿责任均不超过其应当承担的比例。该款规定即可适用于船舶损坏空中或水下设施的情形。1995年《最高人民法院关于审理船舶碰撞和触碰案件财产损害赔偿的规定》已明确将敷设或者架设的电缆、管道等设施损害纠纷纳入了海事侵权财产损害赔偿的范畴，并对有关利息损失、收益损失、折旧费等的赔偿作了具体规定。①《民事诉讼法》《海事诉讼特别程序法》对船舶损坏空中或水下设施损害责任的诉讼程序作了规定；《最高人民法院关于适用〈中华人民共和国海事诉讼特别程序法〉若干问题的解释》《最高人民法院关于海事法院受理案件范围的规定》对有关船舶损坏空中或水下设施损害责任纠纷的范围和诉讼程序作了进一步的具体化。

【确定该案由应当注意的问题】

与船舶触碰损害责任纠纷及船舶碰撞损害责任纠纷相比较，因船

① 该司法解释2020年修正时，对此并未作出修改。

船损坏空中架设的设施或水下敷设的设施而产生的损害责任纠纷也较为常见，但不同的是，损坏空中架设的设施或水下敷设的设施的情形下，除了要涉及船舶本身的管理部门，还会涉及空中或水下设施的所有者和管理部门等其他部门，往往也会影响海上交通秩序和安全，属于较为特殊的纠纷，因此，《民事案件案由规定》将其列为第三级案由。

同船舶触碰损害责任纠纷一样，由于被触碰的物体处于固定状态，避免触碰损害发生的义务基本上都在船方，船舶损坏空中设施、水下设施损害责任纠纷的责任构成往往比较明确。但由于被触碰的物体多是用于输送油、水、电、气、通信等特殊用途，一旦遭受损失，其影响范围巨大，所以此类纠纷审理工作的重点是有关损害范围的确定以及损失数额计算的问题。

196. 船舶污染损害责任纠纷

【释义】

船舶污染损害责任纠纷，是指船舶排放、泄漏、倾倒油类、污水或者其他有害物质，造成有关水域污染或者其他船舶、货物及其他财产损失的损害责任纠纷。

【管辖】

根据《最高人民法院关于海事法院受理案件范围的规定》第4条的规定，船舶排放、泄漏、倾倒油类、污水或者其他有害物质，造成水域污染或者他船、货物及其他财产损失的损害责任纠纷案件属于海事法院受案范围，应由海事法院专门管辖。根据《民事诉讼法》第30条、《海事诉讼特别程序法》第7条第2项及《最高人民法院关于适用〈中华人民共和国海事诉讼特别程序法〉若干问题的解释》第1条的规定，因船舶污染损害责任纠纷提起的诉讼，由污染发生地、损害结果地或者采取预防污染措施地海事法院管辖。

【法律适用】

为防止船舶污染，保护海洋环境，国际海事组织制定了《经1978年议定书修订的〈1973年国际防止船舶造成污染公约〉》，对船舶污染作出了具体的防污规定。《海洋环境保护法》对于船舶污染损害的预防、治理及法律责任作了明确规定。《水污染防治法》等法律、法规都要求在中国管辖水域内的一切船舶及船舶所有人及其他个人遵守我国有关规定，不得违法排放船舶污染物。《环境保护法》《民法典》也有相关规定。《海商法》并未对船舶污染损害责任作出专门规定。《民事诉讼法》《海事诉讼特别程序法》对船舶污染损害责任纠纷的诉讼程序作了规定；《最高人民法院关于适用〈中华人民共和国海事诉讼特别程序法〉若干问题的解释》《最高人民法院关于海事法院受理案件范围的规定》对船舶污染损害责任纠纷的范围和诉讼程序作了进一步的具体化规定。

在此应当注意的是，虽然《海洋环境保护法》第89条第1款规定："造成海洋环境污染损害的责任者，应当排除危害，并赔偿损失；完全由于第三者的故意或者过失，造成海洋环境污染损害的，由第三者排除危害，并承担赔偿责任。"但《民法典》作为新法，对这一规则已经作出了改变，依照其第1233条的规定，因第三人的过错污染环境、破坏生态的，被侵权人可以向侵权人请求赔偿，也可以向第三人请求赔偿。侵权人赔偿后，有权向第三人追偿。此外，《民法典》就生态环境修复责任等的规定，对于适用本案由的纠纷同样适用，比如《民法典》第1234条规定的"违反国家规定造成生态环境损害，生态环境能够修复的，国家规定的机关或者法律规定的组织有权请求侵权人在合理期限内承担修复责任。侵权人在期限内未修复的，国家规定的机关或者法律规定的组织可以自行或者委托他人进行修复，所需费用由侵权人负担”。至于免责事由，《民法典》对此并未作出专门规定，依照《海洋环境保护法》第91条的规定，完全属于下列情形之一，经过及时采取合理措施，仍然不能避免对海洋环境造成污染损害的，造成污染损害的有关责任者免予承担责任：（1）战争；（2）不可抗拒的自然灾害；（3）负责灯塔或者其他助航设备的主管部门，在执行职责时的疏忽，或者其他过失行为。概言之，对于本案由相关纠纷的处理，要注意做好《海洋环境保护法》和《民法典》相关规定的衔接适用，同时也要注意与有关环境侵权责任纠纷的司法解释做好对接，避免适用法律上的遗漏或者错误。

【确定该案由应当注意的问题】

船舶污染是除了海上石油勘探开发作业中固定和移动式平台以外的一切类型的机动和非机动船只造成的环境污染。按污染源的不同，可将其分为营运性排放造成的污染和事故性排放造成的污染两大类。按污染物性质的不同，可将其分为：（1）船舶油类作业和含油污水的排放；（2）船舶装运有毒液体物质的残余物和污水的排放；（3）船舶装运有害物质造成的污染；（4）船舶生活污水的排放；（5）船舶垃圾排放造成的污染；（6）船舶排气、船舶噪声、船舶防腐涂料及疫区载来的压载水等造成的污染。

船舶污染损害责任纠纷属于非常特殊的侵权案件类型，这类纠纷的处理关系到水资源的保护乃至经济社会可持续发展的国计民生的重大问题。基于处理此类纠纷的特殊性和重要性，《民事案件案由规定》将其列为第三级案由。

197. 海上、通海水域污染损害责任纠纷

【释义】

海上、通海水域污染损害责任纠纷，是指海上或者通海水域的船舶以外的航运、生产、作业或者船舶建造、修理、拆解或者港口作业、建设，造成水域污染、滩涂污染或者他船、货物及其他财产损失的损害赔偿等责任的纠纷。

【管辖】

根据《最高人民法院关于海事法院受理案件范围的规定》第65条和第66条的规定，污染海洋环境、破坏海洋生态责任纠纷案件以及污染通海可航水域环境、破坏通海可航水域生态责任纠纷案件均属于海事法院受案范围，应由海事法院专门管辖。根据《民事诉讼法》第30条、《海事诉讼特别程序法》第7条第2项及《最高人民法院关于适用〈中华人民共和国海事诉讼特别程序法〉若干问题的解释》第1条的规定，因海上生产、作业或者拆船、修船作业造成海域污染损害提起的诉讼，由污染发生地、损害结果地或者采取预防污染措施地海事法院管辖。需要注意的是，陆源污染源造成海上、通海水域污染的，应由海事法院管辖；陆源污染源未造成海上、通海水域污染的，则不应由海事法院管辖。

【法律适用】

《海洋环境保护法》对于陆源、海洋建设项目，船舶建造、修理、拆解，以及港口作业等污染损害的预防、治理及法律责任作了明确规

定。《民法典》《环境保护法》《水污染防治法》也有相关规定。《民事诉讼法》《海事诉讼特别程序法》对海上、通海水域污染损害责任纠纷的诉讼程序作了规定；《最高人民法院关于适用〈中华人民共和国海事诉讼特别程序法〉若干问题的解释》《最高人民法院关于海事法院受理案件范围的规定》对海上、通海水域污染损害责任纠纷的范围和诉讼程序作了进一步的明确。

如同上述船舶污染损害责任纠纷中所述的，对于本案由相关纠纷的处理，要注意做好《海洋环境保护法》和《民法典》相关规定的衔接适用，同时也要注意与有关环境侵权责任纠纷的司法解释做好对接，避免适用法律上的遗漏或者错误。

【确定该案由应当注意的问题】

海上、通海水域污染损害责任纠纷是除船舶以外的航运、生产、作业，主要包括船舶建造、修理、拆解，以及位于海岸或者与海岸连接，工程主体位于海岸线向陆一侧，对海洋环境产生影响的新建、改建、扩建工程项目的建设过程中，造成水域、滩涂等污染及相关损害的纠纷。这类纠纷与船舶污染损害责任纠纷的区别在于污染来源的不同：海上、通海水域污染包括陆源及其他来源的污染，而船舶污染的污染源来自船舶。

海上、通海水域污染损害责任纠纷属于非常特殊的案件类型，同船舶污染损害责任纠纷一样，这类纠纷的处理也关系到水资源的保护乃至经济社会可持续发展的国计民生的重大问题。基于处理纠纷的特殊性和损害后果的严重性，《民事案件案由规定》将其与船舶污染损害责任纠纷并列为第三级案由。

198. 海上、通海水域养殖损害责任纠纷

【释义】

海上、通海水域养殖损害责任纠纷，是指因船舶航运或其他作业活动造成海上或者通海水域捕捞、养殖设施、水产养殖物损失而引起的损害赔偿等责任的纠纷。

【管辖】

根据《最高人民法院关于海事法院受理案件范围的规定》第5条的规定，船舶的航行或者作业损害捕捞、养殖设施及水产养殖物的责任纠纷案件属于海事法院受案范围，应由海事法院专门管辖。根据《民事诉讼法》第30条、《海事诉讼特别程序法》第6条及《最高人民法院关于适用〈中华人民共和国海事诉讼特别程序法〉若干问题的解释》第1条的规定，因海上、通海水域养殖损害责任纠纷提起的诉讼，由损害发生地、加害船舶最先到达地、加害船舶被扣留地、被告住所地及船籍港所在地海事法院管辖。

【法律适用】

《民法典》第328条、第329条明确规定了依法取得的海域使用权及使用水域、滩涂从事养殖、捕捞的权利受法律保护。《民法典》侵权责任编对有关侵权责任的构成及损害赔偿的范围等作了一般性的规定。虽然《海商法》并未对海上、通海水域养殖损害责任作出专门规定。依据该法第169条第2款的规定，互有过失的船舶，碰撞造成第三人财产损失的，各船的赔偿责任均不超过其过失程度应当承担的比

例。该款规定也可适用于海上、通海水域养殖损害责任的情形。《民事诉讼法》《海事诉讼特别程序法》对海上、通海水域养殖损害责任纠纷的诉讼程序作了规定；《最高人民法院关于适用〈中华人民共和国海事诉讼特别程序法〉若干问题的解释》《最高人民法院关于海事法院受理案件范围的规定》对海上、通海水域养殖损害责任纠纷的范围和诉讼程序作了细化规定。

【确定该案由应当注意的问题】

海上、通海水域养殖是海洋及通海水域开发利用的重要形式，是受到法律保护的生产行为。若海上、通海水域养殖的权益受到船舶航运或其他作业活动侵害的，受害人有权提起赔偿诉讼。当然，养殖区应当有合法有效的养殖许可证，并要及时发布有效的航行通告，这样才可保障船舶航行安全和养殖生产的正常进行。为促进海上、通海水域养殖行业的健康发展，保护当事人的合法权益，基于海上、通海水域养殖损害责任纠纷在侵害客体上的特殊性，《民事案件案由规定》将其与船舶碰撞损害责任纠纷及船舶损坏空中设施、水下设施损害责任纠纷等并列为第三级案由。此类纠纷在法律适用上，除了要适用有关专门法律和司法解释外，还要注意与《民法典》及相关配套司法解释的对接。

199. 海上、通海水域财产损害责任纠纷

【释义】

海上、通海水域财产损害责任纠纷，是指因船舶航行，海上、通海水域进行的生产和作业造成船舶、货物及其他财产损失而产生的民事责任纠纷。

【管辖】

根据《最高人民法院关于海事法院受理案件范围的规定》第6条的规定，航道中的沉船沉物及其残骸、废弃物，海上或者通海可航水域的临时或者永久性设施、装置，影响船舶航行，造成船舶、货物及其他财产的责任纠纷案件，属于海事法院受案范围，应由海事法院专门管辖，此类案件也可定性为海上、通海水域财产损害责任纠纷。根据《民事诉讼法》第30条、《海事诉讼特别程序法》第6条及《最高人民法院关于适用〈中华人民共和国海事诉讼特别程序法〉若干问题的解释》第1条的规定，因海上、通海水域财产损害责任纠纷提起的诉讼，由损害发生地、加害船舶最先到达地、加害船舶被扣留地、被告住所地及船籍港所在地海事法院管辖。

【法律适用】

《民法典》对财产损害的民事侵权责任构成及损害赔偿的范围作了一般性规定，当然可以适用于海上、通海水域财产损害责任纠纷案件的处理。虽然《海商法》并未对海上、通海水域财产损害责任作出专门规定，但是依据该法第169条第2款的规定，互有过失的船舶，碰撞造成第三人财产损失的，各船的赔偿责任均不超过其过失程度应当承担的比例。该款规定也可适用于海上、通海水域财产损害责任纠纷的情形。《民事诉讼法》《海事诉讼特别程序法》关于海上侵权案件的诉讼程序对于海上、通海水域财产损害责任纠纷有普遍适用的效力；《最高人民法院关于适用〈中华人民共和国海事诉讼特别程序法〉若干问题的解释》《最高人民法院关于海事法院受理案件范围的规定》对此诉讼程序有更为细化的规定。

【确定该案由应当注意的问题】

海上、通海水域财产损害责任纠纷主要包括海上、通海水域航运以及海上、通海水域生产作业过程中，以及船舶建造、修理、拆解，港口作业及建设过程中，对他船、货物及其他财产造成损害的纠纷。此外，由于海上、通海水域中的沉船、沉物及其残骸、废弃物，海上、通海水域的临时或者永久性设施装置不当，而影响船舶航行，造成船舶、货物及其他财产损失而产生的纠纷，也属于海上、通海水域财产损害责任纠纷的范畴。在法律适用上，除了要适用有关专门法律和司法解释外，还要注意与《民法典》及相关配套司法解释的对接。

海上、通海水域财产损害责任纠纷也属于多发性海上、通海水域的侵权纠纷。基于海上、通海水域财产损害责任纠纷的典型性，《民事案件案由规定》将其列为第三级案由。

200. 海上、通海水域人身损害责任纠纷

【释义】

海上、通海水域人身损害责任纠纷，是指因船舶航行，海上、通海水域进行的生产和作业造成人身伤害而产生的民事责任纠纷。

【管辖】

根据《最高人民法院关于海事法院受理案件范围的规定》第6条和第7条的规定，航道中的沉船沉物及其残骸、废弃物，海上或者通海可航水域的临时或者永久性设施、装置，影响船舶航行，造成人身损害的责任纠纷案件，以及船舶航行、营运、作业等活动侵害他人人

身权益的责任纠纷案件，都属于海事法院受案范围，应由海事法院专门管辖，此类案件均可定性为海上、通海水域人身损害责任纠纷。根据《民事诉讼法》第30条、《海事诉讼特别程序法》第6条及《最高人民法院关于适用〈中华人民共和国海事诉讼特别程序法〉若干问题的解释》第1条的规定，因海上、通海水域人身损害责任纠纷提起的诉讼，由损害发生地、加害船舶最先到达地、加害船舶被扣留地、被告住所地及船籍港所在地海事法院管辖。

【法律适用】

这里的人身损害就是指侵害自然人的生命权、身体权及健康权。人身损害责任纠纷就是指因侵害他人生命权、身体权、健康权而引起的损害责任纠纷。《民法典》对人身损害的民事侵权责任构成及损害赔偿问题作了一般性规定，对海上、通海水域人身损害责任纠纷案件的处理具有一般适用的效力。《海商法》对于船舶碰撞时致第三人人身伤害的情形作了规定，其第169条第3款规定："互有过失的船舶，对造成的第三人的人身伤亡，负连带赔偿责任。一船连带支付的赔偿超过本条第一款规定的比例的，有权向其他有过失的船舶追偿。"这一规定与《民法典》第178条的规定相符。至于赔偿范围，要做好有关专门法律法规与《民法典》及配套司法解释的衔接适用，避免法律适用上的错误。特别是在专门的法律法规没有具体规定的情况下，有关损害赔偿的问题，要适用《民法典》侵权责任编的一般规定。《民事诉讼法》《海事诉讼特别程序法》关于海上侵权案件的诉讼程序对于海上、通海水域人身损害责任纠纷有普遍适用的效力；《最高人民法院关于适用〈中华人民共和国海事诉讼特别程序法〉若干问题的解释》《最高人民法院关于海事法院受理案件范围的规定》对此诉讼程序有更为细化的规定。在此应当注意的是，我国国内港口与港口之间的因海上旅客运输发生的海上人身伤亡损害赔偿责任限额适用国务院交通主管部门制定的有关规定。

【确定该案由应当注意的问题】

海上、通海水域人身损害责任纠纷主要包括海上、通海水域航运以及海上、通海水域生产作业过程中，以及船舶建造、修理、拆解，港口作业及建设过程中，对他人人身造成损害的纠纷。

与海上、通海水域财产损害责任纠纷一样，海上、通海水域人身损害责任纠纷也属于多发性海上、通海水域的侵权纠纷，具有典型性，《民事案件案由规定》同样将其列为第三级案由。

201. 非法留置船舶、船载货物、船用燃油、船用物料损害责任纠纷

【释义】

非法留置船舶、船载货物、船用燃油、船用物料损害责任纠纷，是指非法占有船舶、船载货物（包括待运海运货物）、船舶自用燃油和物料，造成船舶、船载货物或其他财产损失而引起的损害责任纠纷。

【管辖】

根据《最高人民法院关于海事法院受理案件范围的规定》第8条的规定，非法留置或者扣留船舶、船载货物和船舶物料、燃油、备品的责任纠纷案件。属于海事法院受案范围，应由海事法院专门管辖。根据《民事诉讼法》第30条、《海事诉讼特别程序法》第6条及《最高人民法院关于适用〈中华人民共和国海事诉讼特别程序法〉若干问题的解释》第1条的规定，因非法留置船舶、船载货物、船用燃油、船用物料损害责任纠纷提起的诉讼，由非法留置行为发生地、被告住

所地及船籍港所在地海事法院管辖。

【法律适用】

在我国，留置权是一项法定担保物权，这一权利在《民法典》和《海商法》中都有明确规定。船舶留置权是以船舶为客体的留置权。留置权作为法定担保物权，其行使必须符合法定条件，否则就会构成侵权行为。《海商法》规定应当向承运人支付的运费、共同海损分摊、滞期费和承运人为货物垫付的必要费用以及应当向承运人支付的其他费用没有付清，又没有提供适当担保的，承运人可以在合理的限度内留置其货物。违反上述规定则构成非法留置船舶。对于留置船载货物和船用燃油、船用物料，同样应当依法行使，否则即构成侵权行为。在法律适用上要准确把握《海商法》的这一规定。

《民事诉讼法》《海事诉讼特别程序法》关于海上侵权案件的诉讼程序对于非法留置船舶、船载货物、船用燃油、船用物料损害责任纠纷有普遍适用的效力；《最高人民法院关于适用〈中华人民共和国海事诉讼特别程序法〉若干问题的解释》《最高人民法院关于海事法院受理案件范围的规定》对此诉讼程序有更为细化的规定。

【确定该案由应当注意的问题】

在此应当注意，非法留置船舶、船载货物、船用燃油、船用物料要与合法的船舶留置权相区分，其必须以不符合行使留置权的构成要件为前提。此外，在损害的范围以及造成损害的原因方面，其与其他的海事侵权责任也存在不同。基于其自身的特殊性，《民事案件案由规定》将非法留置船舶、船载货物、船用燃油、船用物料损害责任纠纷列为第三级案由。

202. 海上、通海水域货物运输合同纠纷

【释义】

海上、通海水域货物运输合同，是指承运人收取运费，负责将托运人托运的货物经海路及通海水域运输的合同。该合同当事人因合同的订立、履行、变更和终止而产生的纠纷，即为海上、通海水域货物运输合同纠纷。海上、通海水域货物运输合同纠纷，具体包括远洋运输、含有海运区段的国际多式联运、沿海和内河运输，以及水水联运、水陆联运等水上货物运输合同纠纷。根据《海商法》第 4 章的规定，因海上货物运输合同而产生的纠纷，包括海上货物运输合同的成立、效力、货损货差、货物灭失、货物交付以及运费、运输单证、合同的解除、违约责任等纠纷。通海水域即是与海相通的水域，包括我国长江、珠江等。

承运人是海上货物运输合同的一方当事人，通常被称为“船方”。依据《海商法》第 42 条的规定，承运人是指本人或者委托他人以本人名义与托运人订立海上货物运输合同的人。实际承运人是指接受承运人委托，从事货物运输或者部分运输的人，包括接受转委托从事此项运输的其他人。承运人通常是船舶所有人，也可能是船舶经营人或者船舶承租人。船舶所有人是对船舶具有所有权的人。船舶所有人通常根据船舶登记进行确定，即为依法登记为船舶所有人的人。船舶经营人是基于与船舶所有人或者船舶光船承租人之间的船舶经营协议而经营使用船舶的人。船舶承租人是指以航次租船、定期租船或者光船租赁的形式承租他人船舶的人。船舶经营人或者船舶承租人与第三者托运人订立海上货物运输合同时，相对于托运人而言，仍然是承运人。

托运人是海上货物运输合同的另一方当事人。依据《海商法》第 42 条的规定，“托运人”是指本人或者委托他人以本人名义或者委托

他人为本人与承运人订立海上货物运输合同的人；本人或者委托他人以本人名义或者委托他人为本人将货物交给与海上货物运输合同有关的承运人的人。

【管辖】

根据《最高人民法院关于海事法院受理案件范围的规定》第25条的规定，海上、通海可航水域货物运输合同纠纷案件，包括含有海运区段的国际多式联运、水陆联运等货物运输合同纠纷案件属于海事法院受案范围，应由海事法院专门管辖。根据《民事诉讼法》第27条、《海事诉讼特别程序法》第6条及《最高人民法院关于适用〈中华人民共和国海事诉讼特别程序法〉若干问题的解释》第1条的规定，因海上、通海水域货物运输合同纠纷提起的诉讼，由运输始发地、目的地或者被告住所地及转运港所在地海事法院管辖。

【法律适用】

处理此类纠纷的法律依据主要是《海商法》第4章和其他相关章节、《民法典》运输合同的相关规定等。在具体适用时，要把握好《海商法》相关章节的适用范围，一般法与特别法的关系等。

《民事诉讼法》《海事诉讼特别程序法》关于海上运输合同纠纷案件的诉讼程序有明确规定；《最高人民法院关于适用〈中华人民共和国海事诉讼特别程序法〉若干问题的解释》《最高人民法院关于海事法院受理案件范围的规定》对此诉讼程序有更为细化的规定。

【确定该案由应当注意的问题】

基于海上、通海水域货物运输合同纠纷的多发性和典型性，《民事案件案由规定》将其列为第三级案由。应当注意的是，根据《海商法》第4章的规定，海上货物运输合同纠纷同时还应当包括集装箱运输合同纠纷、航次租船合同纠纷和多式联运合同纠纷。由于航次租船合同纠纷是独立的第三级案由，因此，本案由不再包括这一情形。此外，因通海水域货物运输合同而产生的纠纷，包括货损货差、货物灭失、货物交付以及运费、运输单证等纠纷，以及班轮运输等纠纷，应当适用《民法典》合同编、《国内水路运输管理条例》有关货物运输的规定。

203. 海上、通海水域旅客运输合同纠纷

【释义】

海上旅客运输合同，是指承运人以适合运送旅客的船舶经海路将旅客从一港运送至另一港，由旅客支付票款的合同。该合同当事人因合同订立、履行、变更和终止产生的纠纷，即为海上旅客运输合同纠纷。

通海水域旅客运输合同，是指承运人以适合客运的船舶将旅客从国内通海水域一港口运至通海水域另一港口，而由旅客支付票款的合同。该合同当事人因合同订立、履行、变更和终止而产生的纠纷，即为通海水域旅客运输合同纠纷。

承运人是海上、通海水域旅客运输合同的一方当事人，通常被称为“船方”。依据《海商法》的规定，承运人是指本人或者委托他人以本人名义与旅客订立海上旅客运输合同的人。实际承运人是指接受承运人委托，从事旅客运送或者部分运送的人，包括接受转委托从事此项运送的其他人。旅客是海上、通海水域旅客运输合同的另一方当事人。旅客是指根据海上旅客运输合同运送的人；经承运人同意，根据海上货物运输合同的约定，随船护送货物的人，视为旅客。

【管辖】

根据《最高人民法院关于海事法院受理案件范围的规定》第26条的规定，海上、通海可航水域旅客运输合同纠纷案件属于海事法院受案范围，应由海事法院专门管辖。根据《民事诉讼法》第27条、《海事诉讼特别程序法》第6条及《最高人民法院关于适用〈中华人民共和国海事诉讼特别程序法〉若干问题的解释》第1条的规定，因海上、通海水域旅客运输合同纠纷提起的诉讼，由运输始发地、目的地或者被告住所地及转运港所在地海事法院管辖。

【法律适用】

《海商法》第5章系统地规定了海上旅客运输合同的法律规则。这对于通海水域的旅客运输合同应当具有参照适用的效力。此外，《民法典》作为民事法律关系的一般法，对于海上、通海水域旅客运输合同纠纷具有一般适用的效力，其中直接相关的就是合同编关于运输合同的规定。《国内水路运输管理条例》及有关交通主管部门规章也都有相关规定。《民事诉讼法》《海事诉讼特别程序法》对于海上、通海水域旅客运输合同纠纷有普遍适用的效力；《最高人民法院关于适用〈中华人民共和国海事诉讼特别程序法〉若干问题的解释》《最高人民法院关于海事法院受理案件范围的规定》对此诉讼程序有更为细化的规定。如果存在应适用《雅典公约》的情形，还应适用《雅典公约》的相关规定。

【确定该案由应当注意的问题】

基于海上、通海水域旅客运输合同纠纷的多发性和典型性，《民事案件案由规定》将其列为第三级案由。在此应当注意，因海上旅客运输合同而产生的纠纷主要适用《海商法》第5章的规定。国内港口之间的旅客运输，应当适用《民法典》合同编关于运输合同的规定及其他有关规定，比如，合同编通则部分的有关内容。涉及相关具体情形时，要直接适用《国内水路运输管理条例》的规定，并要参照有关交通主管部门规章的规定。

204. 海上、通海水域行李运输合同纠纷

【释义】

海上行李运输合同，是指承运人以适合运送行李的船舶经海路将行李从一港运送至另一港，由旅客支付票款的合同。海上行李运输合同的当事人因该合同订立、履行、变更和终止而产生的纠纷，即为海上行李运输合同纠纷。

通海水域行李运输合同，是指承运人以适合运送行李的船舶将行李从国内通海水域的港口运至通海水域另一港口，而由旅客支付票款的合同。该合同当事人因合同订立、履行、变更和终止而产生的纠纷，即为通海水域行李运输合同纠纷。

依据《海商法》的相关规定，行李是指根据海上旅客运输合同由承运人载运的任何物品和车辆，但是活动物除外。自带行李是指旅客自行携带、保管或者放置在客舱中的行李。

【管辖】

根据《最高人民法院关于海事法院受理案件范围的规定》第26条的规定，海上、通海可航水域行李运输合同纠纷案件属于海事法院受案范围，应由海事法院专门管辖。根据《民事诉讼法》第27条、《海事诉讼特别程序法》第6条及《最高人民法院关于适用〈中华人

民共和国海事诉讼特别程序法〉若干问题的解释》第1条的规定，因海上、通海水域行李运输合同纠纷提起的诉讼，由运输始发地、目的地或者被告住所地及转运港所在地海事法院管辖。

【法律适用】

《海商法》第5章系统规定了海上行李运输合同的法律规则。这对于通海水域的行李运输合同具有参照适用的效力。此外，《民法典》作为民事法律关系的一般法，对于此类纠纷具有一般适用的效力，其中直接相关的就是合同编关于运输合同的规定。此外，在涉及相关具体情形时，要直接适用《国内水路运输管理条例》的规定，并要参照有关交通主管部门规章的规定。《民事诉讼法》《海事诉讼特别程序法》《最高人民法院关于适用〈中华人民共和国海事诉讼特别程序法〉若干问题的解释》《最高人民法院关于海事法院受理案件范围的规定》对于海上、通海水域行李运输合同纠纷的诉讼程序有明确规定。如果存在应适用《雅典公约》的情形，还应适用《雅典公约》的相关规定。

【确定该案由应当注意的问题】

海上、通海水域行李运输与海上、通海水域旅客运输虽然具有密切的关系，但是由于它们在损害后果上存在本质的区别，前者系财产损害而后者则是人身伤害，而且海上、通海水域行李运输合同纠纷也具有多发性，所以有必要将海上、通海水域行李运输合同纠纷单列，将其作为与海上、通海水域旅客运输合同纠纷并列的第三级案由。

205. 船舶经营管理合同纠纷

【释义】

船舶经营管理合同，是指船舶经营人或管理人与船东签订的，依约定对船舶进行经营和管理，并由船东向船舶经营管理人支付服务费的合同。船舶经营管理合同的当事人因该合同的订立、履行、变更和终止而产生的纠纷，即为船舶经营管理合同纠纷。船舶经营管理合同纠纷案由适用于与船舶经营和船舶管理活动有关的合同纠纷。

【管辖】

根据《最高人民法院关于海事法院受理案件范围的规定》第 17 条的规定，船舶经营管理合同（含挂靠、合伙、承包等形式）、航线合作经营合同纠纷案件属于海事法院受案范围，应由海事法院专门管辖。根据《民事诉讼法》第 23 条、《海事诉讼特别程序法》第 6 条及《最高人民法院关于适用〈中华人民共和国海事诉讼特别程序法〉若干问题的解释》第 1 条的规定，因船舶经营管理合同纠纷提起的诉讼，由船舶所在地、船籍港所在地、合同履行地、被告住所地海事法院管辖。

【法律适用】

船舶经营管理合同在《海商法》并无明确规定。依据《民法典》第 467 条的规定，本法或者其他法律没有明文规定的合同，适用本编通则的规定，并可以参照适用本编或者其他法律最相类似合同的规定。因此，有关船舶经营管理合同纠纷应当适用《民法典》合同编通则的规定。目前，合同编分则部分规定的有名合同与船舶经营管理合同在性质上存在很大差异，难以找到类似的规定。故在参照适用上，应当参照《海商法》相类似的规定，当然也可以参照其他法律与经营管理类合同有关的规定。在诉讼程序上，适用《民事诉讼法》《海事诉讼特别程序法》《最高人民法院关于适用〈中华人民共和国海事诉讼特别程序法〉若干问题的解释》的相关规定。

【确定该案由应当注意的问题】

船舶经营管理包含对船舶经营和管理两层含义。在船舶经营活动中，船舶经营人对船舶实际占有或控制，并可获取船舶收益，对外要承担船舶所有人的责任；而在船舶管理活动中，船舶管理人对船舶不享有直接的占有、控制和获取收益的权利，但对外也不必承担船舶所有人的责任。

船舶经营管理合同纠纷在司法实务中也多有发生，基于此类纠纷的特殊性和典型性，《民事案件案由规定》将其列为第三级案由。

206. 船舶买卖合同纠纷

【释义】

船舶买卖合同，是指船舶出卖人交付船舶给买受人，由该买受人取得船舶所有权并支付价款的合同。船舶买卖合同当事人因该合同的订立、履行、变更和终止而产生的纠纷，即为船舶买卖合同纠纷。

【管辖】

根据《最高人民法院关于海事法院受理案件范围的规定》第11条的规定，船舶买卖合同纠纷案件属于海事法院受案范围，应由海事法院专门管辖。根据《民事诉讼法》第23条及《最高人民法院关于适用〈中华人民共和国海事诉讼特别程序法〉若干问题的解释》第1条的规定，因船舶买卖合同纠纷提起的诉讼，由船舶买卖合同履行地、被告住所地海事法院管辖。

【法律适用】

船舶买卖合同在《海商法》上并无明确规定。作为买卖合同的一种，船舶买卖合同纠纷应该适用《民法典》合同编有关买卖合同的规定，在买卖合同部分没有具体规定时要适用合同编通则部分的有关规定。《最高人民法院关于审理买卖合同纠纷案件适用法律问题的解释》及其他有关司法解释的规定对船舶买卖合同纠纷也具有适用的效力。由于船舶买卖合同的法律后果就是船舶所有权的移转，这就涉及船舶权属的问题，在此情况下也有必要适用《海商法》有关船舶所有权的规定。但这还是要与船舶买卖合同本身严格区分。在诉讼程序上，适用《民事诉讼法》《海事诉讼特别程序法》《最高人民法院关于适用〈中华人民共和国海事诉讼特别程序法〉若干问题的解释》的规定。

【确定该案由应当注意的问题】

船舶买卖合同纠纷在司法实务中具有典型性和多发性，《民事案件案由规定》将其明确列为第三级案由。在这里注意要把船舶买卖合同纠纷案由与船舶权属纠纷案由区分开来。前者属于物权变动的原因关系，后者则涉及的是物权权属变动的结果意义上的法律关系。按照《民法典》第215条关于物权变动原因与结果相区分原则的规定，对于因物权变动的原因关系，即债权性质的合同关系产生的纠纷，应适用债权纠纷部分的案由。人民法院应根据当事人诉争法律关系的性质，查明该法律关系涉及的是物权变动的原因，还是物权变动的结果关系，以正确确定案由。具体到船舶买卖合同纠纷案由，如果当事人是因船舶买卖合同的订立、履行、变更和终止而产生的纠纷，应该适用本案由；如果当事人是对船舶所有权的转让登记或者共有关系以及妨碍船舶所有权行使的情形提起诉讼，则不应适用本案由，而应适用船舶权属纠纷案由。此外，还应注意船舶建造合同和船舶买卖合同的区别。

207. 船舶建造合同纠纷

【释义】

船舶建造合同，是指船舶建造人按约定条件建造船舶，由定造人支付价款的合同。该合同当事人因合同的订立、履行、变更和终止而产生的纠纷，即为船舶建造合同纠纷。

【管辖】

根据《最高人民法院关于海事法院受理案件范围的规定》第12条的规定，船舶工程合同纠纷案件属于海事法院受案范围，由海事法院专门管辖。《最高人民法院关于海事法院受理案件范围的规定》第109条进一步指出："本规定中的船舶工程系指船舶的建造、修理、改建、拆解等工程及相关的工程监理；本规定中的船舶关键部件和专用物品，系指舱盖板、船壳、龙骨、甲板、救生艇、船用主机、船用辅机、船用钢板、船用油漆等船舶主体结构、重要标志性部件以及专供船舶或者船舶工程使用的设备和材料。"根据《民事诉讼法》第23条、《海事诉讼特别程序法》第6条及《最高人民法院关于适用〈中华人民共和国海事诉讼特别程序法〉若干问题的解释》第1条的规定，因船舶建造合同纠纷提起的诉讼，由船舶建造合同履行地、被告住所地海事法院管辖。

【法律适用】

《海商法》在第 14 条第 2 款关于在建船舶抵押的规定中提到“建造中的船舶办理抵押权登记，还应当向船舶登记机关提交船舶建造合同”，但有关船舶建造合同的法律规则，《海商法》并无具体规定。从法律属性上讲，船舶建造合同应该属于广义的承揽合同的范畴，并与建设工程合同非常类似。在法律适用上，船舶建造合同纠纷应该适用《民法典》第 17 章有关承揽合同的规定及合同编通则部分的规定，并参照适用第 18 章有关建设工程合同的规定。在诉讼程序上，船舶建造合同纠纷应当适用《民事诉讼法》《海事诉讼特别程序法》《最高人民法院关于适用〈中华人民共和国海事诉讼特别程序法〉若干问题的解释》的相关规定。

【确定该案由应当注意的问题】

同船舶买卖合同纠纷一样，船舶建造合同纠纷在司法实务中也具有典型性和多发性，《民事案件案由规定》将其明确列为第三级案由。在这里注意区分船舶建造合同纠纷案由与船舶买卖合同纠纷案由。船舶建造合同中的船舶建造人又称船舶承揽人，通常指造船厂家；船舶定造人，又称购买人，通常指船舶公司。船舶建造合同通常为格式合同。有时，船舶建造合同与船舶买卖合同具有很大的相似性，容易发生混淆。船舶建造合同与船舶买卖合同的本质区别在于：前者有按照约定条件建造船舶的过程，属于广义的承揽合同范畴；而后者仅要求移转船舶的所有权，属于买卖合同的范畴，其指向的标的通常是旧船。人民法院在受理此类案件时要根据当事人诉争的法律关系的性质正确确定案由。

208. 船舶修理合同纠纷

【释义】

船舶修理合同，是指船舶修理人对船舶进行船体修缮及机件更换、增减等补正措施，以使船舶保持可航性和可营运性，由船舶所有人向船舶修理人支付修理费用的合同。船舶修理合同当事人因合同的订立、履行、变更和终止产生的纠纷，即为船舶修理合同纠纷。

【管辖】

根据《最高人民法院关于海事法院受理案件范围的规定》第12条的规定，船舶工程合同纠纷案件属于海事法院受案范围，由海事法院专门管辖。《最高人民法院关于海事法院受理案件范围的规定》第109条进一步指出："本规定中的船舶工程系指船舶的建造、修理、改建、拆解等工程及相关的工程监理；本规定中的船舶关键部件和专用物品，系指舱盖板、船壳、龙骨、甲板、救生艇、船用主机、船用辅机、船用钢板、船用油漆等船舶主体结构、重要标志性部件以及专供船舶或者船舶工程使用的设备和材料。"根据《民事诉讼法》第23条、《海事诉讼特别程序法》第6条及《最高人民法院关于适用〈中华人民共和国海事诉讼特别程序法〉若干问题的解释》第1条的规定，因船舶修理合同纠纷提起的诉讼，由船舶修理合同履行地、被告住所地海事法院管辖。

【法律适用】

船舶修理合同的法律适用规则在《海商法》中并无具体规定。从法律属性上讲，船舶修理合同属于承揽合同的范畴。在法律适用上，船舶修理合同纠纷应该直接适用《民法典》合同编第 17 章有关承揽合同的规定，在该章无具体规定时要适用合同编通则部分的规定。司法解释中涉及承揽合同的规定对于船舶修理合同纠纷也具有适用效力。在诉讼程序上，应当适用《民事诉讼法》《海事诉讼特别程序法》《最高人民法院关于适用〈中华人民共和国海事诉讼特别程序法〉若干问题的解释》的相关规定。

【确定该案由应当注意的问题】

船舶修理在船舶营运过程中会经常发生，基于船舶修理合同纠纷的典型性，《民事案件案由规定》将其明确列为第三级案由。在这里要把船舶修理合同纠纷案由与船舶建造合同纠纷案由区分开来。船舶修理合同与船舶建造合同的本质区别在于，因它们合同项下的权利义务的不同决定的合同性质不同：前者为按照约定条件对已有船舶进行修理以恢复其性能的合同；而后者则为按照约定条件建造新的船舶的合同。人民法院在受理此类案件时要根据当事人诉争的法律关系的性质正确确定相应的案由。

209. 船舶改建合同纠纷

【释义】

船舶改建合同，是指船舶修造人按约定对船舶的船体及用途等进行改造，由委托人向船舶修造人支付改建费用的合同。船舶改建合同当事人因该合同的订立、履行、变更和终止产生的纠纷，即为船舶改建合同纠纷。

【管辖】

根据《最高人民法院关于海事法院受理案件范围的规定》第12条的规定，船舶工程合同纠纷案件属于海事法院受案范围，由海事法院专门管辖。《最高人民法院关于海事法院受理案件范围的规定》第109条进一步指出："本规定中的船舶工程系指船舶的建造、修理、改建、拆解等工程及相关的工程监理；本规定中的船舶关键部件和专用物品，系指舱盖板、船壳、龙骨、甲板、救生艇、船用主机、船用辅机、船用钢板、船用油漆等船舶主体结构、重要标志性部件以及专供船舶或者船舶工程使用的设备和材料。"根据《民事诉讼法》第23条、《海事诉讼特别程序法》第6条及《最高人民法院关于适用〈中华人民共和国海事诉讼特别程序法〉若干问题的解释》第1条的规定，因船舶改建合同纠纷提起的诉讼，由船舶改建合同履行地、被告住所地海事法院管辖。

【法律适用】

船舶改建合同的法律适用规则在《海商法》中并无具体规定。从法律属性上讲，船舶改建合同和船舶修理合同一样，都属于承揽合同的范畴。在法律适用上，有关船舶改建合同纠纷应该直接适用《民法典》合同编第17章有关承揽合同的规定，在该章无具体规定时要适用合同编通则部分的规定。司法解释中涉及承揽合同的规定对于船舶修理合同纠纷也具有适用效力。在诉讼程序上，船舶改建合同纠纷也应当适用《民事诉讼法》《海事诉讼特别程序法》《最高人民法院关于适用〈中华人民共和国海事诉讼特别程序法〉若干问题的解释》的相关规定。

【确定该案由应当注意的问题】

同船舶建造合同纠纷、船舶修理合同纠纷一样，船舶改建合同纠纷在船舶营运过程中也多有发生。基于船舶改建合同纠纷的典型性和多发性，《民事案件案由规定》将其明确列为第三级案由。在这里要把船舶改建合同纠纷案由同船舶修理合同纠纷案由及船舶建造合同纠纷案由区分开来。船舶改建合同纠纷是按照合同约定对已有船舶的船体及用途等进行改造的合同纠纷；船舶修理合同纠纷是按照合同约定条件，对已有船舶在不改变其船体和用途的范围内进行修理以恢复其性能的合同纠纷；船舶建造合同纠纷则是按照约定条件建造新的船舶的合同纠纷。

210. 船舶拆解合同纠纷

【释义】

船舶拆解合同，是指船舶拆解人按照船舶所有人的指示拆船，船舶所有人向其支付费用的合同。船舶拆解合同当事人因该合同的订立、履行、变更和终止而产生的纠纷，即为船舶拆解合同纠纷。

【管辖】

根据《最高人民法院关于海事法院受理案件范围的规定》第 12 条的规定，船舶工程合同纠纷案件属于海事法院受案范围，由海事法院专门管辖。《最高人民法院关于海事法院受理案件范围的规定》第 109 条进一步指出：“本规定中的船舶工程系指船舶的建造、修理、改建、拆解等工程及相关的工程监理；本规定中的船舶关键部件和专用物品，系指舱盖板、船壳、龙骨、甲板、救生艇、船用主机、船用辅机、船用钢板、船用油漆等船舶主体结构、重要标志性部件以及专供船舶或者船舶工程使用的设备和材料。”根据《民事诉讼法》第23条、《海事诉讼特别程序法》第6条及《最高人民法院关于适用〈中华人民共和国海事诉讼特别程序法〉若干问题的解释》第1条的规定，因船舶拆解合同纠纷提起的诉讼，由船舶拆解合同履行地、被告住所地海事法院管辖。

【法律适用】

船舶拆解合同的法律规则，我国法律、法规并无具体规定。从法律属性上讲，船舶拆解合同和船舶修理合同一样，都属于承揽合同的范畴。在法律适用上，船舶拆解合同纠纷也应该直接适用《民法典》合同编第17章有关承揽合同的规定，并补充适用合同编通则部分的规定。在诉讼程序上，也应当适用《民事诉讼法》《海事诉讼特别程序法》《最高人民法院关于适用〈中华人民共和国海事诉讼特别程序法〉若干问题的解释》的相关规定。

【确定该案由应当注意的问题】

船舶通常价值都非常巨大，即使在因某种原因不能实现其功能价值时，也往往要对其进行拆解，以实现物尽其用。同船舶修理合同纠纷一样，船舶拆解合同纠纷在船舶营运过程中也多有发生，《民事案件案由规定》将其明确列为第三级案由有现实必要性。船舶拆解又被称为“拆船”，是对已经报废的船舶经冲滩后，将其逐步解体的过程。船舶拆解完毕，船舶所有人应申请办理船舶注销登记。在这里要把船舶拆解合同纠纷案由与船舶修理合同纠纷案由区分开来。船舶修理合同纠纷，是按照合同约定条件对已有船舶在不改变其船体和用途的范围内进行修理以恢复其性能的合同纠纷；船舶拆解合同纠纷则恰恰与之相反，它是按照约定条件拆解船舶，从而使船舶在物理上消灭的合同纠纷。

211. 船舶抵押合同纠纷

【释义】

船舶抵押合同，是指为担保债务的履行，债务人或者第三人不转移船舶的占有，将该船舶抵押给债权人，当债务人不履行到期债务或者发生当事人约定的实现抵押权的情形，债权人有权就该船舶优先受偿而设定船舶抵押权的书面合同。船舶抵押合同当事人因该抵押合同的订立、履行、变更和终止而产生的纠纷，即为船舶抵押合同纠纷。

【管辖】

根据《最高人民法院关于海事法院受理案件范围的规定》第21条的规定，船舶抵押合同纠纷案件属于海事法院受案范围，由海事法院专门管辖。根据《民事诉讼法》第23条、《海事诉讼特别程序法》第6条及《最高人民法院关于适用〈中华人民共和国海事诉讼特别程序法〉若干问题的解释》第1条的规定，因船舶抵押合同纠纷提起的诉讼，由抵押船舶所在地、船籍港所在地、被告住所地海事法院管辖。

【法律适用】

抵押合同是指债务人或第三人向债权人提供不动产或特定的动产作为清偿债务的担保而不转移占有的法律行为，由此产生的权利即为抵押权。《海商法》中的船舶抵押权与《民法典》中的抵押权的性质一致。依照《海商法》第12条的规定，船舶所有人或者船舶所有人授权的人可以设定船舶抵押权。船舶抵押权的设定，应当签订书面合同。但对于船舶抵押合同的具体法律规则，《海商法》并无具体规定。有关船舶抵押合同的纠纷，应该适用《民法典》的相关规定。根据《民法典》第215条关于区分原则的规定，有关船舶抵押合同纠纷要适用《民法典》合同编的规定。在诉讼程序上，船舶抵押合同也应当适用《民事诉讼法》《海事诉讼特别程序法》《最高人民法院关于适用〈中华人民共和国海事诉讼特别程序法〉若干问题的解释》的相关规定。

【确定该案由应当注意的问题】

鉴于船舶的巨大价值，其往往是重要的融资工具而成为抵押权的标的。船舶抵押合同纠纷在现实生活中经常发生，《民事案件案由规定》将其明确列为第三级案由有现实必要性。

在这里要把船舶抵押解合同纠纷案由同抵押权的权属纠纷区分开来。依照《海商法》第11条的规定，船舶抵押权是指抵押权人对抵押人提供的作为债务担保的船舶，在抵押人不履行债务时，可以依法拍卖，从卖得价款中优先受偿的权利。船舶抵押权作为一种以船舶为标的物的抵押权，其基本内容是：当债务人不履行债务时，抵押权人有权将其抵押的船舶变卖并优先受偿。抵押合同属于物权变动的原因关系，而抵押权涉及的是物权变动的结果意义上的法律关系。按照物权变动原因与结果相区分的原则，对于因物权变动的原因关系，即债权性质的合同关系产生的纠纷，应立合同纠纷相应的案由。具体到船舶抵押合同纠纷案由，如果当事人是对船舶抵押合同的订立、履行、变更和终止而产生的纠纷，应当适用船舶抵押合同案由；如果当事人是对船舶抵押权的登记或者其他权属关系的纠纷情形提起的诉讼，则不应适用本案由，而应当适用船舶权属纠纷案由。

212. 航次租船合同纠纷

【释义】

航次租船合同，又称为程租合同，是指船舶出租人向承租人提供船舶或者船舶的部分舱位，装运约定的货物，从一港运至另一港，由承租人按约定支付运费的合同。航次租船合同当事人因合同的订立、履行、变更和终止而产生的纠纷，即为航次租船合同纠纷。

航次租船合同具有货物运输合同的性质，属于海上货物运输合同的一种。航次租船合同主体的权利义务同海上货物运输合同主体的权利义务相对应，即承租人提供货物并支付运费，出租人提供船舶并负责货物的运输，只是两种合同主体在称谓上有所不同，前者称作出租人和承租人，后者则称作承运人和托运人。航次租船合同的承租人支付给出租人的不是租金，而是运费。

【管辖】

航次租船合同纠纷属于海事法院受案范围，由海事法院专门管辖。需要说明的是，《最高人民法院关于海事法院受理案件范围的规定》第25条所规定的海上、通海可航水域货物运输合同纠纷，包含着航次租船合同纠纷。而《最高人民法院关于海事法院受理案件范围的规定》第22条所指船舶租用合同，仅包含定期租船合同、光船租赁合同，不包括航次租船合同纠纷。根据《民事诉讼法》第23条、《海事诉讼特别程序法》第6条及《最高人民法院关于适用〈中华人民共和国海事诉讼特别程序法〉若干问题的解释》第1条的规定，因航次租船合同纠纷提起的诉讼，由交船港、还船港、船籍港所在地，被告住所地海事法院管辖。

【法律适用】

《海商法》明确将航次租船合同作为第 4 章海上货物运输合同的一节予以规定，并在第 94 条中明确："本法第四十七条和第四十九条的规定，适用于航次租船合同的出租人。本章其他有关合同当事人之间的权利、义务的规定，仅在航次租船合同没有约定或者没有不同约定时，适用于航次租船合同的出租人和承租人。"可见，航次租船合同最主要的特征是充分尊重当事人的意思自治。只有在航次租船合同没有约定或者没有不同约定时，《海商法》第 4 章的相关规定才适用于航次租船合同的出租人和承租人。因此，在法律适用上除了要直接适用《海商法》第 4 章的规定外，还要做好与《民法典》合同编关于运输合同的规定及合同编通则部分的衔接。在诉讼程序上，航次租船合同也应当适用《民事诉讼法》《海事诉讼特别程序法》《最高人民法院关于适用〈中华人民共和国海事诉讼特别程序法〉若干问题的解释》的相关规定。

【确定该案由应当注意的问题】

航次租船合同纠纷在现实生活具有典型性和多发性，《民事案件案由规定》将其明确列为第三级案由有现实必要性。实践中，航次租船合同通常具有以下特点：（1）承租人不负责船舶营运管理及费用，船舶由出租人通过其雇佣的船长和船员占有和控制并由其经营管理；（2）承租人可以租用船舶的全部舱位或者部分舱位，运费通常按货物数量计算；（3）出租人除对船舶负责外，还应对货物负责；（4）规定用于货物装卸的期限和装卸时间计算办法，并计算滞期费和速遣费。

213. 船舶租用合同纠纷

（1）定期租船合同纠纷

（2）光船租赁合同纠纷

【释义】

租船合同就表现形式来看，合同双方不以托运人、承运人之名称出现，而是以出租人和承租人名义出现的共有三种，即航次租船合同、定期租船合同和光船租赁合同。三种合同相应的法律定性却并不一致。《海商法》第6章是关于船舶租用合同的规定。依据第6章中第128条的规定，船舶租用合同包括定期租船合同和光船租赁合同，均应以书面形式订立。亦即在现行海商法体系下，船舶租用合同是指定期租船合同和光船租赁合同。而航次租船合同即程租合同，虽然也存在船舶出租人将船舶或者船舶的部分舱位出租给承租人的情形，在相关措辞的使用上与海上货物运输合同存在一些差别。例如，海上货物运输合同的双方分别称为承运人和托运人，航次租船合同的双方分别被称为出租人和承租人；海上货物运输合同项下的主要费用被称为运费，航次租船合同项下则被称为租金等。但从双方的主要权利义务来看，航次租船合同双方当事人的主要权利义务与海上货物运输合同并无本质区别，都是由合同一方收取相关费用，负责将合同相对方托运的货物经海路由一港运至另一港。因此，在现行海商法在结构体系上，航次租船合同被置于第4章，即海上货物运输合同一章，定性为海上货物运输合同。

至于光船租赁合同和定期租船合同，理论和实务界对光船租赁合同的定性认识上基本一致，认为其属于财产租赁合同，属于船舶租赁合同。但对于定期租船合同，认识上尚存分歧。有观点认为定期租船合同属于运输合同，有的则认为其属于财产租赁合同，还有人认为其兼具运输合同和财产租赁合同的性质。好在租船合同均为任意性条款，除适航义务和不得不合理绕航义务属强制适用的义务外，双方当事人可以就其他方面的权利义务自由进行约定，只有在对相关内容未做约定或约定不明的情况下法律的相关规定才予以适用。因此，对前述合同定性的分歧不至于在实践中造成根本性障碍。海商法在起草过程中，为避免争论，在措辞上有意未使用“租赁”一词，而使用了“租用”这一中性概念。①

1. 定期租船合同纠纷

根据《海商法》第129条所给的定义，定期租船合同，是指船舶出租人向承租人提供约定的由出租人配备船员的船舶，由承租人在约定的期间内按照约定的用途使用，并支付租金的合同。定期租船合同的内容，主要包括出租人和承租人的名称、船名、船籍、船级、吨位、容积、船速、燃料消耗、航区、用途、租船期间、交船和还船的时间和地点以及条件、租金及其支付，以及其他有关事项。定期租船合同纠纷即为船舶出租人与承租人就租船合同的订立、履行、变更和终止产生的争议。

2. 光船租赁合同纠纷

根据《海商法》第144条所给的定义，光船租赁合同，是指船舶出租人向承租人提供不配备船员的船舶，在约定的期间内由承租人占有、使用和营运，并向出租人支付租金的合同。光船租赁合同的内容，主要包括出租人和承租人的名称、船名、船籍、船级、吨位、容积、航区、用途、租船期间、交船和还船的时间和地点以及条件、船舶检验、船舶的保养维修、租金及其支付、船舶保险、合同解除的时间和条件，以及其他有关事项。光船租赁合同纠纷即为船舶出租人与承租人就租船合同的订立、履行、变更和终止产生的争议。

① 司玉琢：《海商法专论》，中国人民大学出版社2007年版，第341页。

【管辖】

依据《最高人民法院关于海事法院受理案件范围的规定》第22条规定，船舶租用合同（含定期租船合同、光船租赁合同等）纠纷案件，属于海事法院受案范围。需要说明的是，《最高人民法院关于海事法院受理案件范围的规定》第25条所规定的海上、通海可航水域货物运输合同纠纷，包含着航次租船合同纠纷。而该规定第22条所指船舶租用合同，仅包含定期租船合同、光船租赁合同，不包括航次船合同纠纷。船舶租用合同属于典型的海商案件，依照《海事诉讼特别程序法》第6条第2款第3项规定，因海船租用合同纠纷提起的诉讼，由交船港、还船港、船籍港所在地、被告住所地海事法院管辖。

该类案件属于当事人可以协议选择管辖法院的案件，因此，当事人可以依据《民事诉讼法》第34条规定的相关管辖连接点，以及《海事诉讼特别程序法》第6条第2款第3项规定的相关管辖连接点，就被告住所地、合同履行地、合同签订地、原告住所地、标的物所在地、交船港、还船港、船籍港所在地等书面协议选择有管辖权的海事法院管辖。另外，依据《海事诉讼特别法》第8条，海事纠纷的当事人都是外国人、无国籍人、外国企业或者组织，当事人书面协议选择我国海事法院管辖的，即使与纠纷有实际联系的地点不在我国领域内，海事法院对该纠纷也具有管辖权。

【法律适用】

如果案件不具有涉外因素，审理船舶租用合同纠纷案件的法律依据主要是《海商法》的相关规定。需要强调的是，船舶租用合同主要取决于当事人的意思自治，除适航义务和不得不合理绕航的义务属于强制规定适用的外，双方当事人就其他方面的约定应予以尊重，只有在对相关内容未做约定或约定不明的情况下海商法的相关规定才予以适用。

如果案件具有涉外因素，则首先还应依据《海商法》第269条、《涉外民事关系法律适用法》第41条的规定确定合同准据法，即当事人可以协议选择合同适用的法律。当事人没有选择的，适用履行义务最能体现该合同特征的一方当事人经常居所地法律或者其他与该合同有最密切联系的法律。

另外，根据《海商法》第268条的规定，我国缔结或者参加的国际条约同本法有不同规定的，适用国际条约的规定；但是，我国声明保留的条款除外。我国法律和我国缔结或者参加的国际条约没有规定的，可以适用国际惯例。适用外国法律或者国际惯例，不得违背我国的公共利益。若案件的法律适用存在应适用条约的情形，关于国际条约和当事人约定应适用的法律两者之间的相互关系，根据最高人民法院第107号指导案例，应优先适用条约的规定，条约没有规定的内容，适用合同中约定适用的法律。

【确定该案由应当注意的问题】

航次租船合同、定期租船合同和光船租赁合同均属租船合同，三种合同的某些方面具有一定的共性，但区别也比较明显。在确定案由时，需在掌握三种合同不同特征的基础上，着重考察案件的相关法律事实，对案件准确予以定性。

就定期租船合同而言，其主要特征在于：（1）出租人负责配备船长和船员并负担其工资、伙食和相关费用，负责船舶的航行和船舶事务的管理并承担相关费用。这是定期租船合同与光船租赁合同的最大区别。（2）承租人按照约定的用途使用船舶，负责船舶的营运，并负担船舶的营运费用。这是定期租船合同与航次租船合同的主要区别。（3）租金是按照船舶租用的时间和租金率计算。

就光船租赁合同而言，其主要特征在于：（1）租用期间内由承租人负责雇佣和配备船长和船员并承担相关费用，这是其与定期租船合同的最大区别。(2) 租用期内船舶的占有和使用权从出租人处转移至承租人处，船舶由承租人按约定的用途使用。(3) 光船租赁合同既是债权债务合同，也具有某些物权的特点。“买卖不破租赁”的原则也适用于光船租赁合同。

就航次租船合同而言，其主要特征在于：(1) 租船合同期间承租人不负责船舶的经营管理和费用，出租人通过其雇佣的船长和船员占有和控制船舶，并由其经营和管理。(2) 出租人向承租人提供船舶的全部或部分舱位用于运输货物，运费大多按货物的数量计算，如果出租的是全部舱位，有时则是按整笔运费计算，构成所谓的包船运输。(3) 出租人既对船舶负责，也对货物负责。(4) 合同中一般会约定货物用于装卸的期限和计算滞期费的办法。

214. 船舶融资租赁合同纠纷

【释义】

融资租赁合同，是指出租人根据承租人对出卖人、租赁物的选择，向出卖人购买租赁物，提供给承租人使用，承租人支付租金的合同。融资租赁合同涉及三方主体与两个合同。虽然融资租赁合同的缔约方仅涉及出租人和承租人两方，但合同的履行却涉及出租人、承租人和出卖人三方主体。融资租赁合同的履行，既涉及出租人与承租人之间的融资租赁合同，同时还涉及出租人和出卖人之间的买卖合同。由于融资租赁合同兼具融资与融物的双重属性，其与租赁合同、借款合同、保留所有权的分期付款买卖合同、抵押担保合同在某些方面均存在一定的相似性。但根据我国现行立法，融资租赁合同是一种独立的合同，与前述合同均存在一定区别。

融资租赁合同与租赁合同的主要不同点在于：(1) 出租人系根据承租人对出卖人、租赁物的选择购买租赁物，而租赁合同的出租人对出租物的确定不必然依赖于承租人的意愿。(2) 承租人以支付租金的方式，取得对租赁物的占有和使用，或者说租金是承租人对出租人购买租赁物所付价款的分期负担，租金的价值不仅包括了租赁物的购买价格，还包括了购买价款的利息以及出租人的合理利润。(3) 租赁期满后，承租人和出租人可以根据融资租赁合同的约定，对租赁物的归属作出不同安排，例如，由出租人收回租赁物、所有权自动转移，以及承租人以支付象征性价款留购等。而租赁合同履行期满，租赁物仍属于出租人所有。

融资租赁合同与借款合同的区别在于：(1) 是否存在租赁物的介入。前者存在租赁物，后者则不存在租赁物；合同履行期满后，前者存在对租赁物归属的安排，后者经涉及货币资金的借入与归还。(2) 前者涉及三方当事人、两份合同，后者仅涉及两方当事人、一份合同。

融资租赁合同与保留所有权的分期付款买卖合同的区别在于：(1) 分期付款买卖合同中买受人支付的是货款，出卖人让渡的是货物的所有权，合同的本质属于买卖合同，只是在付款方式上采取区别于一次性付款的分期付款方式，货物所有权从卖方移转于买方的时间与买方价款支付进度挂钩。融资租赁合同中，租赁物对出租人而言主要承担担保租金债权实现的功能，而非必然是以租赁物所有权的让渡换取价款的功能。承租人是以租金而非货款的形式对租赁物的使用支付对价，除了租金外，承租人还需负担出租人因资金融通而支出的必要费用及出租人应获取的正常利润。(2) 分期付款的买卖合同到期后，买受人取得货物的所有权；但在融资租赁合同中，租赁物的归属取决于双方的约定，存在直接租赁物归承租人、出租人收回租赁物或者承租人以象征性价款留购三种形式。

船舶融资租赁合同具有融资租赁合同的基本属性，不过是标的物指向了具体的船舶，是指出租人根据承租人对出卖人、船舶的选择，向出卖人购买船舶，提供给承租人使用，承租人支付租金的合同。当事人之间因合同的订立、履行、变更和终止而产生的纠纷为船舶融资租赁合同纠纷。

船舶融资租赁一般与光船租赁相关。出租人包括银行或船东、船厂等。在银行为出租人的情况下，银行先以购买人的身份出现，按照承租人对出卖人、船舶的要求购买船舶，再将船舶光租给光船承租人，由光船承租人营运所得以租金形式支付给银行。承租人依约定支付的租金全额偿付银行的融资成本和应得的合理利润后，再依据合同约定和履行情况最终确定船舶的归属。船东或船厂作为光船租赁的出租人时，与银行的前述操作并无本质区别。

【管辖】

根据《最高人民法院关于海事法院受理案件范围的规定》第 23 条的规定，船舶融资租赁合同纠纷属于典型的海商案件，该类纠纷由海事法院专门管辖。依据《海事诉讼特别程序法》第 6 条第 1 款的规定，海事诉讼的地域管辖应依照《民事诉讼法》有关地域管辖的规定确定有管辖权的海事法院。《民事诉讼法》第 23 条规定，因合同纠纷提起的诉讼，由被告住所地或者合同履行地人民法院管辖。根据《民事诉讼法解释》第 19 条的规定，融资租赁合同以租赁物使用地为合同履行地。合同对履行地有约定的，从约定。因该类案件由海事法院专门管辖，因此，就海事法院的地域管辖而言，纠纷应由被告住所地或者租赁物使用地或约定的履行地相应辖区的海事法院管辖。至于各海事法院的管辖区域，则应依最高人民法院的相关规定予以确定。

如果案件具有涉外因素，应适用《民事诉讼法》涉外编中的第 259 条、第 265 条的规定，以及最高人民法院关于海事法院地域管辖划分的相关规定，确定管辖的海事法院。

该类案件属于当事人可以协议选择管辖法院的案件，因此，当事人可以依据《民事诉讼法》第 34 条规定的相关管辖连接点，就被告住所地、合同履行地、合同签订地、原告住所地、标的物所在地书面协议选择有管辖权的海事法院管辖。另外，依据《海事诉讼特别法》

第 8 条规定，海事纠纷的当事人都是外国人、无国籍人、外国企业或者组织，当事人书面协议选择我国海事法院管辖的，即使与纠纷有实际联系的地点不在我国领域内，海事法院对该纠纷也具有管辖权。

【法律适用】

如果案件不具有涉外因素，可直接依据《海商法》《民法典》和相关司法解释确定当事人的权利义务。例如，当事人约定租金全额支付后船舶归承租人所有，此即构成所谓租购条款，依据《海商法》第 154 条规定，订有租购条款的光船租赁合同，承租人按照合同约定向出租人付清租购费时，船舶所有权即归于承租人。如果对船舶的最终归属的约定赋予了其他选项，则应从合同约定。《民法典》合同编第 15 章关于融资租赁合同的相关规定，以及《最高人民法院关于审理融资租赁合同纠纷案件适用法律问题的解释》的相关规定也是审理此类案件的重要依据。

如果案件具有涉外因素，则首先还应依据《海商法》第 269 条、《涉外民事关系法律适用法》第 41 条的规定确定合同准据法，即当事人可以协议选择合同适用的法律。当事人没有选择的，适用履行义务最能体现该合同特征的一方当事人经常居所地法律或者其他与该合同有最密切联系的法律。

【确定该案由应当注意的问题】

确定该类争议的案由时，应当注意对案涉合同的法律定性。司法实践中，船舶建造、船舶买卖、船舶租赁实务中时常有融资因素的介入，对租金与租赁物价值差距过大的合同，以及约定内容与《民法典》关于融资租赁合同的定义存在些许出入的合同，应如何定性从而确定其案由，是关键所在。应当依据《民法典》以及最高人民法院关于融资租赁合同司法解释的规定，综合船舶的价值、租金的构成及支付方式，船舶最终归属的约定，以及当事人的其他合同权利和义务等情况，区分船舶融资租赁合同关系与船舶建造、船舶买卖和船舶租赁过程中发生的借款合同关系，区分船舶融资租赁合同关系与一般的船舶租用合同关系等，对争议的法律关系是否为融资租赁法律关系作出最终认定。立案阶段作出初步认定后，实体审理阶段如认为不妥，可以依据庭审审理的情况改变立案阶段初步认定的案由。

215. 海上、通海水域运输船舶承包合同纠纷

【释义】

海上、通海水域运输船舶承包合同，是指船舶所有人、船舶的合法占有人将船舶交给承包人进行经营管理，由承包人交纳承包费的合同。当事人因此类合同的订立、履行、变更和终止而发生的纠纷，为海上、通海水域运输船舶承包合同纠纷。

【管辖】

该类纠纷属于由海事法院专门管辖的海商纠纷。依据《海事诉讼特别程序法》第 6 条第 1 款的规定，海事诉讼的地域管辖应依照民事诉讼法有关地域管辖的规定确定有管辖权的海事法院。《民事诉讼法》第 23 条规定，因合同纠纷提起的诉讼，由被告住所地或者合同履行地人民法院管辖。因该类案件由海事法院专门管辖，因此，就海事法院的地域管辖而言，纠纷应由被告住所地或者合同履行地相应辖区的海事法院管辖。至于各海事法院的管辖区域，则应依最高人民法院的相关规定予以确定。

该类案件属于当事人可以协议选择管辖法院的案件，因此，当事人可以依据《民事诉讼法》第 34 条规定的相关管辖连接点，就被告

住所地、合同履行地、合同签订地、原告住所地、标的物所在地书面协议选择有管辖权的海事法院管辖。

【法律适用】

审理海上、通海水域运输船舶承包合同纠纷，主要是以《民法典》第3编合同编、合同编第1分编中的相关规定为确定当事人权利义务关系的依据。农业承包合同、林业承包合同、渔业承包合同、牧业承包合同、农村土地承包合同以及建设工程承包合同中的体现出的有关承包合同的一般法理，亦可予以参考。

【确定该案由应当注意的问题】

通过订立承包合同，由承包人对运输船舶进行经营管理并向船东或船舶的合法占有人交纳承包费这一经营管理方式，具有一定的时代背景。随着社会经济的快速发展，以运输船舶为标的物进行承包经营的越来越不常见，据不完全统计，因此而产生的承包合同纠纷也越来越少见。《民事案件案由规定》中，与承包合同有关的纠纷类型，主要包括农业承包合同、林业承包合同、渔业承包合同、牧业承包合同、农村土地承包合同以及建设工程承包合同纠纷。

需注意该类纠纷是否符合其他案由的规定。例如，是否构成船舶经营管理合同纠纷，以及船舶租用合同纠纷、合伙合同纠纷等。另外，2016年发布的《最高人民法院关于海事法院受理案件范围的规定》第14条对船舶工程经营合同将承包与挂靠、合伙等经营方式并列作为其中的一种经营方式予以了规定，根据案件具体事实，在可能的情况下，亦可考虑以《最高人民法院关于海事法院受理案件范围的规定》规定中的措辞表述与此相关的案件案由。

216. 渔船承包合同纠纷

【释义】

渔船承包合同纠纷，是指渔船的船舶所有人或合法占有渔船的人将渔船交给承包人进行经营管理，由承包人交纳承包费的合同。当事人因此类合同的订立、履行、变更和终止而发生的纠纷，为渔船承包合同纠纷。

【管辖】

该类纠纷属于由海事法院专门管辖的海商纠纷。依据《海事诉讼特别程序法》第6条第1款的规定，海事诉讼的地域管辖应依照民事诉讼法有关地域管辖的规定确定有管辖权的海事法院。《民事诉讼法》第23条规定，因合同纠纷提起的诉讼，由被告住所地或者合同履行地人民法院管辖。因该类案件由海事法院专门管辖，因此，就海事法院的地域管辖而言，纠纷应由被告住所地或者合同履行地相应辖区的海事法院管辖。至于各海事法院的管辖区域，则应依最高人民法院的相关规定予以确定。

该类案件属于当事人可以协议选择管辖法院的案件，因此，当事人可以依据《民事诉讼法》第34条规定的相关管辖连接点，就被告住所地、合同履行地、合同签订地、原告住所地、标的物所在地书面协议选择有管辖权的海事法院管辖。

【法律适用】

审理渔船承包合同纠纷，主要是以《民法典》第3编合同编、合同编第1分编中的相关规定为确定当事人权利义务关系的依据。农业承包合同、林业承包合同、渔业承包合同、牧业承包合同、农村土地承包合同以及建设工程承包合同中的体现出的有关承包合同的一般法理，亦可予以参考。

【确定该案由应当注意的问题】

通过订立承包合同，由承包人对渔船进行经营管理并向渔船船东或渔船的合法占有人交纳承包费这一经营管理方式，具有一定的时代背景。随着社会经济的快速发展，以渔船为标的物进行承包经营的越来越少，据不完全统计，因此而产生的承包合同纠纷也越来越少。目前的民事案件案由规定中，与承包合同有关的纠纷类型，主要包括农业承包合同、林业承包合同、渔业承包合同、牧业承包合同、农村土地承包合同以及建设工程承包合同。在确定此类案件的案由时，需注意该类纠纷是否符合其他案由的规定，例如，是否构成船舶经营管理合同纠纷、船舶租用合同纠纷、合伙合同纠纷等。

217. 船舶属具租赁合同纠纷

【释义】

租赁合同，是指出租人将租赁物交付承租人使用、收益，承租人支付租金的合同。船舶属具租赁合同具有租赁合同的一般属性，是以船舶属具为租赁物的租赁合同，具体而言，是由船舶属具的所有人或合法占有人将船舶属具交付承租人使用、收益，由承租人支付租金，租赁期满承租人将船舶属具完好交付出租人的合同。船舶属具是指附属于船舶的各种船用用具或机械，包括锚链、起锚机、绳索、罗经、消防与救生设备等。依据《海商法》第3条第2款的规定，船舶的概念是将船舶属具包括在内的。

【管辖】

船舶属具租赁合同纠纷属于典型的海商案件，该类纠纷由海事法院专门管辖。依据《海事诉讼特别程序法》第 6 条第 1 款的规定，海事诉讼的地域管辖应依照《民事诉讼法》有关地域管辖的规定确定有管辖权的海事法院。《民事诉讼法》第 23 条规定，因合同纠纷提起的诉讼，由被告住所地或者合同履行地人民法院管辖。根据《民事诉讼法解释》第 19 条的规定，财产租赁合同以租赁物使用地为合同履行地。合同对履行地有约定的从约定。因该类案件由海事法院专门管辖，因此，就海事法院的地域管辖而言，纠纷应由被告住所地或者租赁物使用地或约定的履行地相应辖区的海事法院管辖。至于各海事法院的管辖区域，则应依最高人民法院的相关规定予以确定。

如果案件具有涉外因素，应适用《民事诉讼法》涉外编中的第 259 条、第 265 条的规定，以及最高人民法院关于海事法院地域管辖划分的相关规定，确定管辖的海事法院。

该类案件属于当事人可以协议选择管辖法院的案件，因此，当事人可以依据《民事诉讼法》第 34 条规定的相关管辖连接点，就被告住所地、合同履行地、合同签订地、原告住所地、标的物所在地书面协议选择有管辖权的海事法院管辖。另外，依据《海事诉讼特别法》第 8 条的规定，海事纠纷的当事人都是外国人、无国籍人、外国企业或者组织，当事人书面协议选择我国海事法院管辖的，即使与纠纷有实际联系的地点不在我国领域内，海事法院对该纠纷也具有管辖权。

【法律适用】

审理船舶属具租赁合同纠纷，主要是以《民法典》合同编第 14 章租赁合同、合同编第 1 分编中的相关规定为确定当事人权利义务关系的依据。

【确定该案由应当注意的问题】

确定案由时，应注意船舶属具租赁合同与以动产为租赁物的一般租赁合同的区别，其区别主要在于租赁物是否为船舶属具。如果不属于船舶属具，仅为一般动产，因租赁合同的订立、履行、变更和解除等产生的争议，则可能不属于海事法院专门管辖。因此，对租赁物的准确识别，影响到案由的确定，进而可能影响到案件的管辖法院。而租赁物是否为船舶属具，属于带有特定行业背景的事实问题，在立案环节应对此准确查明与把握。

218. 船舶属具保管合同纠纷

【释义】

保管合同，是指保管人保管寄存人交付的保管物，并返还该物的合同。保管合同自保管物交付时成立，但是当事人另有约定的除外。保管合同既可能是有偿合同，也可能是无偿合同。对保管费有约定的，寄存人应当按照约定向保管人支付保管费。当事人对保管费没有约定或者约定不明确，且依据《民法典》第 510 条的规定仍不能确定的，视为无偿保管。船舶属具保管合同具有保管合同的一般属性，是以船舶属具为标的物的保管合同，一般为有偿合同。具体而言，是由船舶属具的所有人或合法占有人将锚链、起锚机、绳索、罗经、消防与救生设备等各种船用用具或机械交付保管人保管，由寄存人支付保管费，保管人依据约定向寄存人返还船舶属具。

【管辖】

船舶属具保管合同纠纷属于典型的海商案件，该类纠纷由海事法院专门管辖。依据《海事诉讼特别程序法》第 6 条第 1 款的规定，海事诉讼的地域管辖应依照《民事诉讼法》有关地域管辖的规定确定有管辖权的海事法院。《民事诉讼法》第 23 条规定，因合同纠纷提起的诉讼，由被告住所地或者合同履行地人民法院管辖。因该类案件由海事法院专门管辖，因此，就海事法院的地域管辖而言，纠纷应由被告住所地或者合同履行地相应辖区的海事法院管辖。至于各海事法院的管辖区域，则应依最高人民法院的相关规定予以确定。

如果案件具有涉外因素，应适用《民事诉讼法》涉外编中的第 259 条、第 265 条的规定，以及最高人民法院关于海事法院地域管辖划分的相关规定，确定管辖的海事法院。

该类案件属于当事人可以协议选择管辖法院的案件，因此，当事人可以依据《民事诉讼法》第 34 条规定的相关管辖连接点，就被告住所地、合同履行地、合同签订地、原告住所地、标的物所在地书面协议选择有管辖权的海事法院管辖。另外，依据《海事诉讼特别法》第 8 条的规定，海事纠纷的当事人都是外国人、无国籍人、外国企业或者组织，当事人书面协议选择我国海事法院管辖的，即使与纠纷有实际联系的地点不在我国领域内，海事法院对该纠纷也具有管辖权。

【法律适用】

审理船舶属具保管合同纠纷，主要是以《民法典》合同编第 21 章保管合同、第 22 章仓储合同、合同编第 1 分编中的相关规定为确定当事人权利义务关系的依据。

【确定该案由应当注意的问题】

确定案由时，应注意船舶属具保管合同与以其他动产为保管物的一般保管合同的区别，其区别主要在于保管物是否为船舶属具。如果不属于船舶属具，仅为一般动产，因保管而产生的争议，则可能不属于海事法院专门管辖。因此，对保管物的准确识别，影响到案由的确定，进而可能影响到案件的管辖法院。而保管物是否为船舶属具，属于带有特定行业背景的事实问题，在立案环节应对此准确查明与把握。

219. 海运集装箱租赁合同纠纷

【释义】

租赁合同，是指出租人将租赁物交付承租人使用、收益，承租人支付租金的合同。海运集装箱租赁合同具有租赁合同的一般属性，是以海运集装箱为租赁物的租赁合同。具体而言，是海运集装箱的所有人或合法占有人与承租人签订租赁合同或用箱协议，由海运集装箱的所有人或合法占有人将海运集装箱交付承租人使用、收益，由承租人支付租金，租赁期满承租人将海运集装箱完好交还出租人的合同。

集装箱租赁合同的内容一般包括集装箱的型号及数量、租金支付、交箱、还箱、租赁期限、保险、转租、违约责任等。承租人一般是海运承运人、物流公司等。

【管辖】

《最高人民法院关于海事法院受理案件范围的规定》第 28 条规定，海上、通海可航水域运输集装箱租用合同纠纷案件属于海事法院受案范围。海运集装箱租赁合同纠纷属于典型的海商案件，该类纠纷由海事法院专门管辖。依据《海事诉讼特别程序法》第 6 条第 1 款的规定，海事诉讼的地域管辖应依照《民事诉讼法》有关地域管辖的规定确定有管辖权的海事法院。《民事诉讼法》第 23 条规定，因合同纠纷提起的诉讼，由被告住所地或者合同履行地人民法院管辖。根据《民事诉讼法解释》第 19 条的规定，财产租赁合同以租赁物使用地为合同履行地。合同对履行地有约定的从约定。因该类案件由海事法院专门管辖。因此，就海事法院的地域管辖而言，纠纷应由被告住所地或者租赁物使用地或约定的履行地相应辖区的海事法院管辖。至于各海事法院的管辖区域，则应依最高人民法院的相关规定予以确定。

如果案件具有涉外因素，应适用《民事诉讼法》涉外编中的第 259 条、第 265 条的规定，以及最高人民法院关于海事法院地域管辖划分的相关规定，确定管辖的海事法院。

该类案件属于当事人可以协议选择管辖法院的案件，因此，当事人可以依据《民事诉讼法》第 34 条规定的相关管辖连接点，就被告住所地、合同履行地、合同签订地、原告住所地、标的物所在地书面协议选择有管辖权的海事法院管辖。另外，依据《海事诉讼特别法》第 8 条的规定，海事纠纷的当事人都是外国人、无国籍人、外国企业或者组织，当事人书面协议选择我国海事法院管辖的，即使与纠纷有实际联系的地点不在我国领域内，海事法院对该纠纷也具有管辖权。

【法律适用】

审理海运集装箱租赁合同纠纷，主要是以《民法典》合同编第 14 章租赁合同、合同编第 1 分编中的相关规定为确定当事人权利义务关系的依据。

如果案件具有涉外因素，则首先还应依据《海商法》第 269 条、《涉外民事关系法律适用法》第 41 条的规定确定合同准据法，即当事人可以协议选择合同适用的法律。当事人没有选择的，适用履行义务最能体现该合同特征的一方当事人经常居所地法律或者其他与该合同有最密切联系的法律。

【确定该案由应当注意的问题】

确定案由时，应注意海运集装箱租赁合同与以动产为租赁物的一般租赁合同的区别，其区别主要在于租赁物是否为海运集装箱。如果不属于海运集装箱，仅为一般动产，因租赁合同的订立、履行、变更和解除等产生的争议则可能不属于海事法院专门管辖。航运实践中，对集装箱与一般动产租赁物通常比较容易识别，在立案环节对此予以查明和把握即可。另外，航运实践中，承运人提供的集装箱如何定性存在一定争议。主流观点认为，集装箱是承运人为履行海上货物运输合同而提供的运输工具的组成部分，在运输过程中直接装载、接触货物，属于《海商法》第47条规定的“其他载货处所”。如果用于集装货物的集装箱、货盘或者类似的装运器具是由托运人提供，依据《海商法》第42条第5项的规定，则集装箱属于货物的范畴。

220. 海运集装箱保管合同纠纷

【释义】

保管合同，是指保管人保管寄存人交付的保管物，并返还该物的合同。保管合同自保管物交付时成立，但是当事人另有约定的除外。保管合同既可能是有偿合同，也可能是无偿合同。对保管费有约定的，寄存人应当按照约定向保管人支付保管费。当事人对保管费没有约定或者约定不明确，且依据《民法典》第510条的规定仍不能确定的，视为无偿保管。海运集装箱保管合同具有保管合同的一般属性，是以海运集装箱为标的物的保管合同，一般为有偿合同。

【管辖】

根据《最高人民法院关于海事法院受理案件范围的规定》第 35 条的规定，海运集装箱仓储、堆存、保管合同纠纷属于海商案件，该类纠纷由海事法院专门管辖。依据《海事诉讼特别程序法》第 6 条第 1 款的规定，海事诉讼的地域管辖应依照《民事诉讼法》有关地域管辖的规定确定有管辖权的海事法院。《民事诉讼法》第 23 条规定，因合同纠纷提起的诉讼，由被告住所地或者合同履行地人民法院管辖。因该类案件由海事法院专门管辖，因此，就海事法院的地域管辖而言，纠纷应由被告住所地或者合同履行地相应辖区的海事法院管辖。至于各海事法院的管辖区域，则应依最高人民法院的相关规定予以确定。

如果案件具有涉外因素，应适用《民事诉讼法》涉外编中的第 259 条、第 265 条的规定，以及最高人民法院关于海事法院地域管辖划分的相关规定，确定管辖的海事法院。

该类案件属于当事人可以协议选择管辖法院的案件，因此，当事人可以依据《民事诉讼法》第 34 条规定的相关管辖连接点，就被告住所地、合同履行地、合同签订地、原告住所地、标的物所在地书面协议选择有管辖权的海事法院管辖。另外，依据《海事诉讼特别法》第 8 条的规定，海事纠纷的当事人都是外国人、无国籍人、外国企业或者组织，当事人书面协议选择我国海事法院管辖的，即使与纠纷有实际联系的地点不在我国领域内，海事法院对该纠纷也具有管辖权。

【法律适用】

审理海运集装箱保管合同纠纷，主要是以《民法典》合同编第 21 章保管合同、第 22 章仓储合同、合同编第 1 分编中的相关规定为确定当事人权利义务关系的依据。

如果案件具有涉外因素，则首先还应依据《海商法》第 269 条、

《涉外民事关系法律适用法》第41条的规定确定合同准据法，即当事人可以协议选择合同适用的法律。当事人没有选择的，适用履行义务最能体现该合同特征的一方当事人经常居所地法律或者其他与该合同有最密切联系的法律。

【确定该案由应当注意的问题】

实践中，当事人之间事先专门针对集装箱订立保管合同的情形并不常见。当事人以该案由起诉，较多见于因集装箱堆存费争议导致债权人对集装箱行使留置权拒绝返还集装箱，或因其他原因导致集装箱无法依约返还，集装箱所有人或合法占有人请求返还集装箱引发的纠纷。确定案由时，应注意准确把握案件事实，区分当事人之间的纠纷是承运人与托运人之间的运输合同纠纷、出租人与承租人之间的集装箱租赁合同纠纷，还是相关方与港口经营人之间因集装箱引起的仓储或保管合同纠纷。案由的确定一定程度取决于当事人的诉讼请求。另外，《最高人民法院关于海事法院受理案件范围的规定》第35条使用了“海运集装箱仓储、堆存、保管合同纠纷案件”这一表述。“堆存合同”并不构成一类独立的合同，事实上可以被仓储合同或保管合同所涵盖。

221. 港口货物保管合同纠纷

【释义】

保管合同，是指保管人保管寄存人交付的保管物，并向寄存人返还该物的合同。第三人对保管物主张权利的，除依法对保管物采取保全或者执行措施外，保管人应当履行向寄存人而非第三人返还保管物的义务。港口货物保管合同则是指港口与委托人签订货物保管合同或仓储合同，或涉及货物保管内容的港口作业合同，约定由其保管委托人交存的货物，并依约定向委托人，或委托人指示的人，或合同约定的其他人交付货物的合同。

航运实践和海事司法实践中，时常发生如何确定港口经营人保管或仓储货物时应向谁交付货物的问题。应当注意的是：（1）保管合同和仓储合同仅属于提供服务类而非移转物之所有权类的合同，保管人仅是代寄存人或存货人对物进行占有，该类合同并不规范物的所有权问题。国际贸易和航运实践中，与保管人建立保管或仓储合同的，既可能是买方或其代理人，也可能是承运人或其代理人，还可能是卖方或其代理人。在保管或仓储合同的订立和履行过程中，对保管人课以识别物之所有权人的义务实属苛刻。要求保管人仅可与货物所有权人订立合同、仅应将货物交还货物所有权人，因保管人确无识别物之归属的能力，此要求超出了保管人的能力范围。（2）《民法典》在保管合同和仓储合同的相关规定中对寄存人或存货人的身份或资格并未进行任何限定，更未限定与保管人建立保管或仓储合同关系的寄存人或存货人必须为保管物或仓储物的所有权人。在向保管人交付货物之时，并不限定向保管人交付货物者必须为货物的所有权人。（3）如果出现第三人对保管物主张权利的，依据《民法典》第896条的规定，除依法对保管物采取保全或者执行的以外，保管人应当履行向存货人返还保管物的义务。如果非保管合同相对方的提单持有人认为贸易合同中的相对方存在违约，基于合同的相对性，应向贸易合同相对方提出主张。如果提单持有人仍持有提货单而货物已被交付系无单放货所致，其应依无单放货的相关规定寻求救济。持有提单之事实，不能当然赋予提单持有人可不顾违约责任或侵权责任之事实要件和法律基础而任意或无限主张物之返还或赔偿的权利，不能当然赋予其获得优于港口经营人基于合同对案涉货物合法占有的权利，亦无法当然消灭港口经营人应负的向寄存人返还货物的合同义务。（4）国际贸易和航运实践中，必须依据贸易合同、运输合同、仓储合同以及可能存在于各环节的代理合同等不同的法律关系，分别对应确定相关主体的权利和义务。

在贸易合同法律关系中，卖方未能就货款支付方式进行合理安排以保障其货款的清偿，未能通过与买方和仓储人签订三方协议或其他合理方式就货物控制进行妥善约定，买方收到货物后卖方未能收到货款的商业风险，一般不能当然转嫁至其他合同法律关系下的相关当事人。

而如果将港口经营人视为承运人交付货物环节中的最后一环，或者说将港口经营人视为承运人角色的延伸，则港口应依据《海商法》及最高人民法院相关海事司法解释的规定，确定其所保管或仓储货物的交付对象。

【管辖】

依据《最高人民法院关于海事法院受理案件范围的规定》第32条的规定，港口货物堆存、保管、仓储合同纠纷案件属于海事法院受案范围。港口货物保管合同纠纷属于典型的海事案件，由海事法院专门管辖。虽然港口货物保管合同更多具有保管合同和仓储合同的性质，保管的标的物系货物即动产，如果当事人之间的争议主要与货物的保管或仓储相关，赋予此类案件专属管辖的属性可能存在不同看法。考虑到港口货物保管时常被作为港口作业中的一环，而货物的堆存、保管或仓储在港口，港口所在地海事法院更便于收集和核对证据，确定由港口所在地海事法院管辖，也确实不会给当事人带来更大的不便，故将此类案件确定由港口所在地海事法院管辖亦较为合理。至于案件地域管辖的路径依据，根据《海事诉讼特别程序法》第7条第1项规定，因沿海港口作业纠纷提起的诉讼，由港口所在地海事法院管辖。港口货物保管合同纠纷与港口作业纠纷是两个独立的案由，港口货物保管合同纠纷的地域管辖未作特别规定，考虑到港口作业实践中，当事人之间不时签订有港口作业合同以及案件审理的便利和当事人参与诉讼的便利等，以《海事诉讼特别程序法》第7条第1项的规定，确定沿海港口货物保管合同纠纷由港口所在地海事法院管辖并无不当。如果纠纷并非发生于沿海的港口，而发生在长江沿岸的港口或其他与海相通的水域的港口，则《海事诉讼特别程序法》第7条第1项的规定不能涵盖此类情形，以《民事诉讼法》第33条第2项为依据，再根据最高人民法院关于各海事法院管辖区分划分的相关规定，确定相应的海事法院管辖亦无不妥。

【法律适用】

如果案件不具有涉外因素，审理港口货物保管合同纠纷案件的法律依据主要是《民法典》合同编第21章保管合同、第22章仓储合同的相关规定。如果港口与委托人签订的合同名称为仓储合同，应注意广义的保管合同包括仓储合同。关于保管合同和仓储合同的法律适用，根据《民法典》第888条规定，保管合同是保管人保管寄存人交付的保管物，并返还该物的合同。依《合同法》第395条的规定，仓储合同一章没有规定的，适用保管合同的有关规定。

如果案件具有涉外因素，则首先还应依据《涉外民事关系法律适用法》第41条的规定确定合同准据法，即当事人可以协议选择合同适用的法律。当事人没有选择的，适用履行义务最能体现该合同特征的一方当事人经常居所地法律或者其他与该合同有最密切联系的法律。

【确定该案由应当注意的问题】

应注意该案由与港口作业纠纷案由的区分。如果委托人与港口签订的合同包含对运抵或运离港口的各类货物进行装卸、驳运、仓储或保管、装拆集装箱等一揽子操作，当事人未将其中某一环节单独予以剥离提起诉讼，此种情形下以将案件定性为港口作业纠纷为宜。如果属于相关人员在操作港口作业机械、设备过程中造成港口设施损坏或者他人人身、财产损害的损害赔偿纠纷，则更应确定为港口作业纠纷。如果当事人将包含有一揽子作业内容中的货物保管或仓储合同单独作为起诉的诉因，则应确定为港口货物保管合同纠纷为宜。如果当事人单独就港口货物订立有保管或仓储合同，则无疑应以本案由对案件进行定性。

222. 船舶代理合同纠纷

【释义】

委托合同，是指委托人和受托人约定，由受托人处理委托人事务，委托人向受托人偿还受托人因处理委托事务而垫付的必要费用和相应利息的合同。受托人一般应当按照委托人的指示亲自处理受托事务。船舶代理合同具有委托合同的一般法律属性，是指船舶代理人接受船方的委托，代为办理与船舶营运有关的事务、船舶进出港手续等事务的合同。该合同当事人因合同的订立、履行、变更和终止而产生的纠纷，即为船舶代理合同纠纷。船舶代理人一般为法人机构，必须取得相关资质才可从事船舶代理业务。

航运实践中，船舶代理机构接受船舶所有人或者船舶承租人、船舶经营人的委托，可以经营下列业务：办理船舶进出港口手续，联系安排引航、靠泊和装卸；代签提单、运输合同，代办接受订舱业务；办理船舶、集装箱以及货物的报关手续；承揽货物、组织货载，办理货物、集装箱的托运和中转；代收运费，代办结算；组织客源，办理有关海上旅客运输业务等。在船舶代理机构代办业务涉及订舱业务、承揽货物、组织客源等事务时，需根据合同约定的委托事项和合同履行情况，甄别船舶代理人是接受船方的委托还是货方的委托，从而确定其从事的船舶代理业务还是货运代理业务。

【管辖】

根据《最高人民法院关于海事法院受理案件范围的规定》第 19

条的规定，船舶代理合同纠纷案件船舶代理合同纠纷属于海商案件，该类纠纷由海事法院专门管辖。依据《海事诉讼特别程序法》第6条第1款的规定，海事诉讼的地域管辖应依照《民事诉讼法》有关地域管辖的规定确定有管辖权的海事法院。《民事诉讼法》第23条规定，因合同纠纷提起的诉讼，由被告住所地或者合同履行地人民法院管辖。因该类案件由海事法院专门管辖，因此，就海事法院的地域管辖而言，纠纷应由被告住所地或者合同履行地相应辖区的海事法院管辖。至于各海事法院的管辖区域，则应依最高人民法院的相关规定予以确定。

如果案件具有涉外因素，应适用《民事诉讼法》涉外编中的第259条、第265条的规定，以及最高人民法院关于海事法院地域管辖划分的相关规定，确定管辖的海事法院。

该类案件属于当事人可以协议选择管辖法院的案件，因此，当事人可以依据《民事诉讼法》第34条规定的相关管辖连接点，就被告住所地、合同履行地、合同签订地、原告住所地、标的物所在地书面协议选择有管辖权的海事法院管辖。另外，依据《海事诉讼特别法》第8条，海事纠纷的当事人都是外国人、无国籍人、外国企业或者组织，当事人书面协议选择我国海事法院管辖的，即使与纠纷有实际联系的地点不在我国领域内，海事法院对该纠纷也具有管辖权。

【法律适用】

审理船舶代理合同纠纷，主要是以《民法典》合同编第23章委托合同、合同编第1分编中的相关规定为确定当事人权利义务关系的依据。《国际海运条例》的相关管理性规定，以及涉及当事人权利义务的规定，也是审理案件的依据。但应注意的是，当事人违反相关管理性规定对合同效力产生何种影响，应根据具体案情予以认定，不宜一概否定合同的效力。

如果案件具有涉外因素，则首先还应依据《海商法》第14章第269条、《涉外民事关系法律适用法》第41条的规定确定合同准据法，即当事人可以协议选择合同适用的法律。当事人没有选择的，适用履行义务最能体现该合同特征的一方当事人经常居所地法律或者其他与该合同有最密切联系的法律。

【确定该案由应当注意的问题】

船舶代理合同的主要特征在于：船舶代理人是接受船方委托，代为办理与船舶营运和进出港手续有关的业务而形成的合同。实践中存在因未准确理解该案由而将案件错误定性的情况。例如，混淆船舶代理合同和货运代理合同。合同约定由某船务代理公司为货方提供码头货物装卸、物流等事项的代理服务，货方向某船务代理公司支付代理费。虽然请求支付费用的当事人名称包含船务代理的字眼且争议与代理事务的履行和代理费的支付有关，但考察双方在合同中的权利义务，其并不涉及为船舶有关营运业务和进出港手续等事务，此时不宜确定为船舶代理合同。又如，未注意受托人所代理事务的类型，将受船方委托代为办理的一般性事务混淆为船代业务，认为只要是受船方委托代为办理的事务，均为船代事务，此系对船舶代理合同纠纷这一案由的误解。

223. 海上、通海水域货运代理合同纠纷

【释义】

海上、通海水域货运代理合同，是指货运代理企业接受委托人的委托，办理与海上、通海水域与货物运输有关的货运代理事务，并就所提供的服务向委托人收取约定报酬的合同。货运代理企业接受委托人委托，处理与海上货物运输有关的货运代理事务内容繁多，一般说来，货运代理企业提供的典型的货运代理业务包括：（1）提供订舱、

报关、报检、报验、保险服务；（2）提供货物的包装、监装、监卸、集装箱装拆箱、分拨、中转服务；（3）缮制、交付有关单证并进行费用结算；（4）提供仓储、短途陆路运输服务；（5）处理其他海上货运代理事务。货运代理企业因履行前述事务与委托人之间的纠纷，则属于典型的海上、通海水域货运代理合同纠纷。

【管辖】

根据《最高人民法院关于海事法院受理案件范围的规定》第27条的规定，海上、通海可航水域货运代理合同纠纷属于典型的海商案件，该类纠纷由海事法院专门管辖。依据《海事诉讼特别程序法》第6条第1款的规定，海事诉讼的地域管辖应依照《民事诉讼法》有关地域管辖的规定确定有管辖权的海事法院。《民事诉讼法》第23条规定，因合同纠纷提起的诉讼，由被告住所地或者合同履行地人民法院管辖。因该类案件由海事法院专门管辖，因此，就海事法院的地域管辖而言，纠纷应由被告住所地或者合同履行地相应辖区的海事法院管辖。至于各海事法院的管辖区域，则应依最高人民法院的相关规定予以确定。

如果案件具有涉外因素，应适用《民事诉讼法》涉外编中的第259条、第265条的规定，以及最高人民法院关于海事法院地域管辖划分的相关规定，确定管辖的海事法院。

该类案件属于当事人可以协议选择管辖法院的案件，因此，当事人可以依据《民事诉讼法》第34条规定的相关管辖连接点，就被告住所地、合同履行地、合同签订地、原告住所地、标的物所在地书面协议选择有管辖权的海事法院管辖。另外，依据《海事诉讼特别法》第8条的规定，海事纠纷的当事人都是外国人、无国籍人、外国企业或者组织，当事人书面协议选择我国海事法院管辖的，即使与纠纷有实际联系的地点不在我国领域内，海事法院对该纠纷也具有管辖权。

【法律适用】

如果案件不具有涉外因素，审理海上、通海水域货运代理合同纠纷案件的法律依据主要是《海商法》涉及代理人的相关规定，以及《民法典》合同编第23章委托合同的相关规定。如果案件具有涉外因素，则首先还应依据《海商法》第269条、《涉外民事关系法律适用法》第41条的规定确定合同准据法，即当事人可以协议选择合同适用的法律。当事人没有选择的，适用履行义务最能体现该合同特征的一方当事人经常居所地法律或者其他与该合同有最密切联系的法律。

另外，根据《海商法》第268条的规定，我国缔结或者参加的国际条约同本法有不同规定的，适用国际条约的规定；但是，我国声明保留的条款除外。我国法律和我国缔结或者参加的国际条约没有规定的，可以适用国际惯例。适用外国法律或者国际惯例，不得违背我国的公共利益。若案件的法律适用存在应适用条约的情形，关于国际条约和当事人约定应适用的法律两者之间的相互关系，根据最高人民法院第107号指导案例，应优先适用条约的规定，条约没有规定的内容，适用合同中约定适用的法律。

【确定该案由应当注意的问题】

货运代理企业实际从事的业务范围广泛，在从事货运代理事务时往往存在受托同时从事多项事务的情况。海事法院审理海上货运代理纠纷案件时，应根据货运代理企业具体从事的事务，认定货运代理企业与委托人之间实际形成的法律关系。如果货运代理企业从事的是代理事务，即使从事的代理事务涉及多项，其与委托人之间仍仅形成代理关系。此时应依据《民法典》合同编关于代理人承担过错责任之归责原则，依法对代理人的责任进行判断。如果货运代理企业还从事了运输、仓储或保管等业务，则应认定其与委托人之间分别形成运输合同法律关系或仓储、保管合同等不同法律关系。此时应依据《民法典》合同编相关章节判断货运代理企业的责任。总之，货运代理企业与委托人之间法律关系的认定应根据双方合同的约定，并考量货运代理企业实际履行合同的相关行为来综合加以认定。

在立案阶段，往往难以对当事人之间的法律关系作出准确认定，可依据当事人提交的初步证据，结合当事人的诉请确定案件案由，在案件实体审理阶段再根据审理过程中证据所展现的事实，最终对当事人之间的法律关系进行定性，确定案件的案由。

224. 理货合同纠纷

【释义】

理货合同，是指理货人为船方或货方提供理货服务，船方或货方向理货人支付相应报酬或费用的合同。航运实践中的理货，是指船方或货方在装货港或卸货港收受和交付货物时，委托港口的理货人代理完成的在港口对货物进行数量清点、货物残损检查、指导货物装舱积载，并制作有关单证等工作。理货人在理货业务中所使用和出具的单证称为理货单证，理货单证的主要种类包括：理货委托书，计量单、现场记录、日报单、待时记录、货物溢短单、货物残损单、货物积载图，以及分港卸货单、货物分舱单、分标志单、货物查询单等。

理货分为公证性理货和交接性理货。公证性理货是理货部门应车（船）方申请，代车（船）方办理理货工作，理货人只提供签证，证明货物交接实际情况，并不负担货物溢缺、残缺责任。交接性理货由交接双方各自派出理货人员代表本单位办理货物交接手续，并指导装卸人员合理堆垛，分票清楚，分清残损原因。例如，港口的库场理货，就是将出口货物交给船方，进口货物接卸入库、保管、转运、交付货主等，在交接过程中对货物的短溢、残损等情况如实记录，并取得责任方的确认。外轮理货是一项具有公正性的工作，对货物数量和残损能够起到公证的作用，所出具的单证具有法律效力。理货工作必须遵循实事求是的原则，船边交货的原则和一次鉴定原则。①

【管辖】

根据《最高人民法院关于海事法院受理案件范围的规定》第 29 条的规定，海上、通海可航水域理货合同纠纷案件属于典型的海商案件，该类案件由海事法院专门管辖。依据《海事诉讼特别程序法》第 6 条第 1 款的规定，海事诉讼的地域管辖应依照《民事诉讼法》有关地域管辖的规定确定有管辖权的海事法院。《民事诉讼法》第 23 条规定，因合同纠纷提起的诉讼，由被告住所地或者合同履行地人民法院管辖。因该类案件由海事法院专门管辖，因此，就海事法院的地域管辖而言，纠纷应由被告住所地或者合同履行地相应辖区的海事法院管辖。至于各海事法院的管辖区域，则应依最高人民法院的相关规定予以确定。

如果案件具有涉外因素，应适用《民事诉讼法》涉外编中的第 259 条、第 265 条的规定，以及最高人民法院关于海事法院地域管辖划分的相关规定，确定管辖的海事法院。

该类案件属于当事人可以协议选择管辖法院的案件，因此，当事人可以依据《民事诉讼法》第 34 条规定的相关管辖连接点，就被告住所地、合同履行地、合同签订地、原告住所地、标的物所在地书面协议选择有管辖权的海事法院管辖。另外，依据《海事诉讼特别法》第 8 条的规定，海事纠纷的当事人都是外国人、无国籍人、外国企业或者组织，当事人书面协议选择我国海事法院管辖的，即使与纠纷有实际联系的地点不在我国领域内，我国海事法院对该纠纷也具有管辖权。

① 《交通大辞典》编辑委员会编：《交通大辞典》，上海交通大学出版社 2005 年版，第 402、509 页。

【法律适用】

如果案件不具有涉外因素，审理涉及海上、通海可航水域理货合同纠纷案件的法律依据主要是《民法典》合同编第23章委托合同的相关规定。如果案件具有涉外因素，则首先还应依据《海商法》第269条、《涉外民事关系法律适用法》第41条的规定确定合同准据法，即当事人可以协议选择合同适用的法律。当事人没有选择的，适用履行义务最能体现该合同特征的一方当事人经常居所地法律或者其他与该合同有最密切联系的法律。

另外，根据《海商法》第268条的规定，我国缔结或者参加的国际条约同《海商法》有不同规定的，适用国际条约的规定；但是，我国声明保留的条款除外。我国法律和我国缔结或者参加的国际条约没有规定的，可以适用国际惯例。适用外国法律或者国际惯例，不得违背我国的公共利益。若案件的法律适用存在应适用条约的情形，关于国际条约和当事人约定应适用的法律两者之间的相互关系，根据最高人民法院第107号指导案例，应优先适用条约的规定，条约没有规定的内容，适用合同中约定适用的法律。

【确定该案由应当注意的问题】

当事人因交接性理货合同发生争议时，需要准确区分当事人之间合同的法律性质，如果讼争的理货合同还包含有仓储、港口作业或者承揽的相关事实，应依据当事人之间合同约定的主要义务和实际履行的主要义务最终确定合同的性质。在立案阶段，可以依据当事人提交的初步证据，结合当事人的诉请初步确定案件案由，在案件实体审理阶段再根据审理过程中当事人提交的证据所展现的事实，最终对当事人之间的法律关系进行定性，确定案件的案由。

关于理货合同的效力，应注意相关行政管理规定对合同效力的影响。根据交通运输部2019年4月修订发布的《港口经营管理规定》的规定，行政主管部门已经取消港口理货的经营许可，将经营港口理货业务许可改为备案，取消港口理货业务许可条件和许可程序等相关条款，并相应增加备案管理要求。对港口理货业务经营人以及从事船舶港口服务、港口设施设备和机械租赁维修的经营人未按照有关规定办理备案的，虽应予以行政处罚，对违反规定行为的，纳入信用记录并予以公示。相关行政处罚措施并不必然影响理货合同的效力。

225. 船舶物料和备品供应合同纠纷

【释义】

船舶物料和备品供应合同，是指供应商向船方提供船用物料和备品，船方向供应商支付货物价款的合同。船舶物料和备品种类繁多，依不同标准可做不同分类。根据物料和备品的自身形态，可分为燃润料及水、黑白金属、有色金属、金属制品、化学品、电工材料、各种工具等；根据物料和备品的用途，可分为甲板用品、轮机用品、消防救生设备、船舶电气设备、钢丝绳及索具、集装箱绑扎件、包括防爆工具在内的各种工具及其他常规物料。与为保障船员在船上正常生活相关的生活物资，也属于船舶物料和备品的范畴。总之，船舶物料和备品是保障船舶正常营运、船员在船正常生活的重要物资。

【管辖】

根据《最高人民法院关于海事法院受理案件范围的规定》第18条的规定，与特定船舶营运相关的物料、燃油、备品供应合同纠纷案件属于海商案件，该类案件由海事法院专门管辖。依据《海事诉讼特别程序法》第6条第1款的规定，海事诉讼的地域管辖应依照《民事诉讼法》有关地域管辖的规定确定有管辖权的海事法院。《民事诉讼法》第23条规定，因合同纠纷提起的诉讼，由被告住所地或者合同履行地人民法院管辖。因该类案件由海事法院专门管辖，因此，就海事法院的地域管辖而言，纠纷应由被告住所地或者合同履行地相应辖区的海事法院管辖。至于各海事法院的管辖区域，则应依最高人民法院的相关规定予以确定。

如果案件具有涉外因素，应适用《民事诉讼法》涉外编中的第259条、第265条的规定，以及最高人民法院关于海事法院地域管辖划分的相关规定，确定管辖的海事法院。

该类案件属于当事人可以协议选择管辖法院的案件，因此，当事人可以依据《民事诉讼法》第34条规定的相关管辖连接点，就被告住所地、合同履行地、合同签订地、原告住所地、标的物所在地书面协议选择有管辖权的海事法院管辖。另外，依据《海事诉讼特别法》第8条的规定，海事纠纷的当事人都是外国人、无国籍人、外国企业或者组织，当事人书面协议选择我国海事法院管辖的，即使与纠纷有实际联系的地点不在我国领域内，我国海事法院对该纠纷也具有管辖权。

【法律适用】

如果案件不具有涉外因素，审理涉及船舶物料和备品供应合同纠纷案件的法律依据主要是《民法典》合同编第9章买卖合同的相关规定。如果案件具有涉外因素，则首先还应依据《海商法》第269条、《涉外民事关系法律适用法》第41条的规定确定合同准据法，即当事人可以协议选择合同适用的法律。当事人没有选择的，适用履行义务最能体现该合同特征的一方当事人经常居所地法律或者其他与该合同有最密切联系的法律。

另外，根据《海商法》第268条的规定，我国缔结或者参加的国际条约同《海商法》有不同规定的，适用国际条约的规定；但是，我国声明保留的条款除外。我国法律和我国缔结或者参加的国际条约没有规定的，可以适用国际惯例。适用外国法律或者国际惯例，不得违背我国的公共利益。货物买卖合同领域有代表性的国际公约主要是《联合国国际货物销售合同公约》，我国是公约成员国。若案件存在应适用《联合国国际货物销售合同公约》的情形，关于国际条约和当事人约定应适用的法律两者之间的相互关系，根据最高人民法院第107号指导案例，应优先适用公约的规定，公约没有规定的内容，适用合同中约定适用的法律。国际货物买卖合同中当事人明确排除适用《联合国国际货物销售合同公约》的，则不应适用该公约。

【确定该案由应当注意的问题】

船舶物料和备品供应合同性质上属于《民法典》合同编第9章所规定的买卖合同。在船舶营运存在如下情形时，在案件受理和审理阶段，需要准确识别供应商的合同相对方：（1）船舶经营系以光租经营、挂靠经营、合伙经营、承包经营等方式经营；（2）船舶物料和备品是由相关工作人员实际接收和签字，工作人员的行为应视为哪一方的行为或者供货凭据上仅加盖有船舶的船章，加盖船章的行为对哪一方产生约束力；（3）船舶修理或改建时，船方与提供修理或改建服务的承揽人之间因对承揽人的义务是否包括提供物料和配件发生争议，作为承揽合同外第三方的供应商如果与收货方的合同约定不明，也需要准确界定船舶物料和备品供应合同的买受人。

另外，根据《最高人民法院关于海事法院受理案件范围的规定》第13条的规定，船舶关键部件和专用物品的分包施工、委托建造、订制、买卖等合同纠纷案件属于海事法院受案范围。因船舶关键部件和专用物品仅为船舶的组成部分，不是船舶本身，也不属于船舶物料和备品，此类争议可确定为上一级案由。管辖则应根据合同争议的相关管辖规则，确定由相应的海事法院管辖。

在立案阶段，可以依据当事人提交的初步证据，结合当事人的诉请初步确定案件案由，在案件实体审理阶段再根据审理过程中当事人提交的证据所展现的事实，最终对当事人之间的法律关系进行定性，确定案件的案由。

226. 船员劳务合同纠纷

【释义】

船员劳务合同，是指船员与船舶所有人（包括光船承租人、船舶管理人、船舶经营人）就船员在船上提供服务，船舶所有人向船员支付工资或报酬的合同。需要强调的是，此处的船员劳务合同是从广义上理解，既包括狭义的船员劳务合同即雇佣合同，也包括船员劳动合同。在传统民事审判领域，存在劳动合同和劳务合同的区分，《民事案件案由规定》也采用两个案由，分别对劳动合同纠纷、劳务合同纠纷作了规定。但在海事立法和海事审判领域，《海事诉讼特别程序法》及其司法解释，以及《民事案件案由规定》中海事海商案由部分均只使用了“船员劳务合同”这一表述。虽然此处所指“船员劳务合同”涵盖了船员劳务（即狭义的雇佣）合同纠纷、船员劳动合同，但长期以来立法和司法文件毕竟未明确使用“船员劳动合同”这一措辞，与传统劳动争议所使用的措辞未能完全对应，由此导致在海事司法实践中对船员劳务（含劳动）合同纠纷的解决路径在认识上不完全一致。2016 年，最高人民法院发布《最高人民法院关于海事法院受理案件范围的规定》，其中第 24 条使用了“船员劳动合同、劳务合同（含船员劳务派遣协议）项下与船员登船、在船服务、离船遣返相关的报酬给付及人身伤亡赔偿纠纷案件”的表述，正式以司法解释的形式区分了“船员劳动合同”与“船员劳务合同”（即狭义的雇佣合同），2020 年 9 月颁布实施的《最高人民法院关于审理涉船员纠纷案件若干问题的规定》分别在第 1 条和第 2 条也在措辞上对船员劳动合同和船员劳务合同进行了明确区分。

【管辖】

依据《最高人民法院关于海事法院受理案件范围的规定》第24条的规定，船员劳动合同、劳务合同（含船员劳务派遣协议）项下与船员登船、在船服务、离船遣返相关的报酬给付及人身伤亡赔偿纠纷案件由海事法院专门管辖。

关于船员劳务合同（广义，包括船员劳动合同）纠纷的主管问题，有一个逐步演进的过程。《海事诉讼特别程序法》确定船员劳务合同纠纷由海事法院管辖。2002年6月10日颁布实施的《最高人民法院关于国内船员劳务合同纠纷案件是否应劳动仲裁前置的请示的复函》进一步明确，船员劳务合同包括国内船员劳务合同纠纷，涉及船员工资等处于第一顺序的船舶优先权请求。此类案件是极具专业特点的海事案件，应当由海事法院审理，不受仲裁前置的限制。《最高人民法院关于适用〈中华人民共和国海事诉讼特别程序法〉若干问题的解释》吸纳了复函的内容，规定船员劳务合同纠纷由海事法院直接受理。

随着实践的发展，逐渐出现了船员劳动合同纠纷中，船员的诉讼请求不涉及船员登船、在船服务、离船遣返，即船员的诉讼请求与船舶优先权无关的情况，此类案件是实行仲裁前置还是由海事法院直接受理，海事司法实践仍不统一。因具有船舶优先权的性质，船员工资等具有船舶优先权性质的请求强调的是产生于“在船上工作”，对于船员在陆地上从事管理工作或其他工作而与船舶所有人产生的工资、其他劳动报酬和社会保险费用争议，以及非船员与船舶所有人的类似争议，因均与船上工作无关而不涉及船舶优先权问题。对此，海事审判实践和理论中逐步出现了区分“上船服务”与“非因上船服务”的声音，提出前者与普通劳动争议案件一样实行仲裁前置，首先交由专业劳动仲裁机构先行仲裁，这样反而更有利于快速解决纠纷，更有利于船员利益保护。最高人民法院2010年通过电话答复的方式肯定了这一做法。2016年颁布实施的《最高人民法院关于海事法院受理案件范围的规定》主要是解决收案范围问题，未进一步对这一问题作出规定。

《最高人民法院关于审理涉船员纠纷案件若干问题的规定》起草过程中，有观点认为，所有的船员劳动合同，不论是否与船员登船、在船服务、离船遣返相关，应一律实行仲裁前置。另有观点认为，海事法院经过长期的实践积累，对于处理涉船员纠纷积累了较为丰富的经验，海事法院直接受理此类纠纷有助于提升纠纷解决的效率和质量。与船员有关的所有纠纷，不论是劳动合同纠纷，还是海事劳务合同纠纷，不论与船员登船、在船服务、离船遣返相关是否相关，应一律交由海事法院直接受理，不实行仲裁前置。

2020年9月27日公布的《最高人民法院关于审理涉船员纠纷案件若干问题的规定》正式实施时，对海事审判实践中区分“上船服务”与“非因上船服务”的做法予以吸纳。该司法解释第1条明确规定，船员与船舶所有人之间的劳动争议不涉及船员登船、在船工作、离船遣返，当事人直接向海事法院提起诉讼的，海事法院告知当事人依照《劳动争议调解仲裁法》的规定处理。依据该规定，船员劳动合同纠纷与船员登船、在船工作、离船遣返无关、不涉及船舶优先权问题的，争议实质上属于普通的劳动争议，应依《劳动争议调解仲裁法》的规定，按“先裁后审”“一裁两审”的程序处理。而对于与船员登船、在船工作、离船遣返有关的劳动争议，以及船员劳务合同纠纷，仍应由有管辖权的海事法院直接受理。

依据《海事诉讼特别程序法》第6条第2款第5项的规定，因海船的船员劳务合同纠纷提起的诉讼，由原告住所地、合同签订地、船员登船港或者离船港所在地、被告住所地海事法院管辖，海事实践中，对于涉内河船船员纠纷的案件管辖，以及与船员登船、在船服务、离船遣返相关的船员劳动合同纠纷，也可参照这一管辖规定办理。

【法律适用】

如果案件不具有涉外因素，审理船员劳务合同（广义，含船员劳动合同）纠纷案件的法律依据，实体法方面主要是《劳动法》《劳动合同法》《海商法》，程序法方面主要是《海事诉讼特别程序法》《劳动争议调解仲裁法》。如果案件具有涉外因素，则还应依据则首先还应依据《涉外民事关系法律适用法》第 43 条、《最高人民法院关于审理涉船员纠纷案件若干问题的规定》第 17 条确定合同的准据法。

另外，根据《海商法》第 268 条的规定，我国缔结或者参加的国际条约同《海商法》有不同规定的，适用国际条约的规定；但是，我国声明保留的条款除外。我国法律和我国缔结或者参加的国际条约没有规定的，可以适用国际惯例。2015 年 8 月 29 日，我国已批准加入《2006 年海事劳工公约》，公约目前已对我国生效。若案件的法律适用存在应适用公约的情形，关于公约和当事人约定应适用的法律两者之间的相互关系，根据最高人民法院第 107 号指导案例，应优先适用公约的规定，公约没有规定的内容，适用合同中约定适用的法律。

【确定该案由应当注意的问题】

船员劳动合同和船员劳务合同（狭义）的区分是确立案由的难点所在。因目前境外船东与中国船员、境外船东与外国船员无法建立我国劳动法意义上的劳动合同，因此，航运实践中狭义的船员劳务合同，主要包括境外船东与中外船员之间的合同。另外，从事沿海内河运输的个人船东、从事渔业捕捞的个人船东等雇用船员提供服务，以及具备用人单位特征的公司临时雇用船员从事短期劳务工作等，实践中较多被认定为劳务合同。

另需注意的是，船员在一个案件中提出的诉讼请求可能同时涵盖与船舶优先权有关的事项和与船舶优先权无关的事项，为方便船员诉讼，避免要求船员拆分诉讼请求分别通过仲裁前置和直接诉讼的方式解决争议，徒增当事人的诉累，海事法院可以考虑对两类请求一并予以受理。

227. 海难救助合同纠纷

【释义】

海难救助，是指对遭遇海难的船舶、货物和客货运费的全部或组成部分，由外来力量对其进行救助的行为，而不论这种行为发生在任何水域。实施救助的外来力量可以是从事救助工作的专业救助人，也可以是邻近或过往的船只。海难救助是海商法所特有的一项古老的制度。在航海贸易初期，人类航海技术抵御海上风险的能力较低，为鼓励人们勇于救助处于危难中的船舶，发展航海事业，海难救助制度逐步发展起来。如果救助方能成功使得遇险船舶、货物脱离危险，救助者即有权主张报酬，并有条件地对获救财产享有留置权。从遇险方的境地考虑，与其让天灾或海盗将船舶或货物夺走，不如同意或聘请他人前来救助，救助成功则给予报酬。

海难救助的形式主要包括三种，即纯救助、合同救助（一般采用标准格式合同）和雇佣救助。纯救助情形下救助方与被救助方无救助协议，救助采用“无效果，无报酬”原则。合同救助也采用“无效果，无报酬”原则，但救助方与被救助方一般签订有标准格式合同，因为救助开始时最终的救助效果尚未确定，故合同中对救助报酬的具体数额一般不做约定，或者仅约定救助报酬的支付方式。该种救助方式是当今海难救助最普遍采用的形式。随着航运实践的发展，雇佣救助（又称实际费用救助）形式也越来越多。雇佣救助一般采用书面合同，约定以救助方所实际使用的人力和设备，并根据实际耗费的时间计算报酬。①

【管辖】

依据《最高人民法院关于海事法院受理案件范围的规定》第72条的规定，海难救助纠纷案件属于海事法院受案范围。由海事法院专门管辖。依据《海事诉讼特别程序法》第6条第1款的规定，海事诉讼的地域管辖应依照《民事诉讼法》有关地域管辖的规定确定有管辖权的海事法院。《民事诉讼法》第31条规定，因海难救助费用提起的诉讼，由救助地或者被救助船舶最先达到地人民法院管辖。因海难纠纷属于海事法院专门管辖的范畴，此处所指人民法院并非指不从事海事审判的地方法院，而是指作为专门法院的海事法院。即对此类案件具有管辖权的法院为救助地海事法院或者被救助船舶最先达到地的海事法院。

该类案件属于当事人可以协议选择管辖法院的案件，因此，当事人可以依据《民事诉讼法》第34条规定的相关管辖连接点，就被告住所地、合同履行地、合同签订地、原告住所地、标的物所在地书面协议选择有管辖权的海事法院管辖。另外，依据《海事诉讼特别法》第8条的规定，海事纠纷的当事人都是外国人、无国籍人、外国企业或者组织，当事人书面协议选择我国海事法院管辖的，即使与纠纷有实际联系的地点不在我国领域内，我国海事法院对该纠纷也具有管辖权。

【法律适用】

如果案件不具有涉外因素，审理涉及海难救助合同纠纷案件的法律依据主要是《海商法》《民法典》合同编的相关规定。如果案件具

① 参见司玉琢主编：《海商法》，法律出版社2007年版，第280～283页。

有涉外因素，则首先还应依据《海商法》第269条、《涉外民事关系法律适用法》第41条的规定确定合同准据法，即当事人可以协议选择合同适用的法律。当事人没有选择的，适用履行义务最能体现该合同特征的一方当事人经常居所地法律或者其他与该合同有最密切联系的法律。

另外，根据《海商法》第268条的规定，我国缔结或者参加的国际条约同《海商法》有不同规定的，适用国际条约的规定；但是，我国声明保留的条款除外。我国法律和我国缔结或者参加的国际条约没有规定的，可以适用国际惯例。适用外国法律或者国际惯例，不得违背我国的公共利益。《1989年国际救助公约》是海难救助方面最具影响力的国际公约，我国是公约成员国。若案件存在应适用公约的情形，关于公约和当事人约定应适用的法律两者之间的相互关系，参照最高人民法院第107号指导案例，应优先适用公约的规定，公约没有规定的内容，适用合同中约定适用的法律。

需要注意的是，关于《1989年国际救助公约》所规制的救助类型、我国《海商法》所调整的救助的类型，以及公约与我国《海商法》《合同法》（《民法典》合同编）的相互关系，最高人民法院公布的110号指导案例，即交通运输部南海救助局诉阿昌格罗斯投资公司、香港安达欧森有限公司上海代表处海难救助合同纠纷案确立的裁判要旨是：雇佣救助合同依据《合同法》（《民法典》合同编）的相关规定确定当事人的权利义务，并明确《1989年国际救助公约》和我国《海商法》规定救助合同“无效果，无报酬”，但均允许当事人对救助报酬的确定可以另行约定。若当事人明确约定，无论救助是否成功，被救助方均应支付报酬，且以救助船舶每马力小时和人工投入等作为计算报酬的标准时，则该合同系雇佣救助合同，而非上述国际公约和我国《海商法》规定的救助合同。在《1989年国际救助公约》和我国现行《海商法》对雇佣救助合同没有具体规定的情况下，可以适用我国《合同法》（《民法典》合同编）的相关规定确定当事人的权利义务。

【确定该案由应当注意的问题】

无论是合同救助情形下当事人之间采用的标准格式合同，还是雇佣救助情形下当事人之间采用的能大量体现当事人之间协商内容的合同，因当事人之间存在救助合同关系，确定案件案由时可采用第三级案由即海难救助合同纠纷。但在纯救助的情形下，施救方与被效助方不存在任何协议，海难救助合同这一第三级案由难以涵盖当事人之间因纯救助产生的纠纷，可根据第二级案由即海事海商纠纷确定该类争议的案由。

228. 海上、通海水域打捞合同纠纷

【释义】

海上、通海水域打捞合同，是指打捞人提供人员、技术和设备，对海上、通海水域的沉船、沉物等沉没物及水上漂浮物实施相关打捞，包括扫测、探摸等行为，沉没物和漂浮物的所有人、经营人向打捞人支付相关费用和报酬的合同。船舶所有人、经营人自行与打捞人就打捞事宜经平等协商一致订立的打捞合同，以及经海事行政主管机关要求船舶所有人、经营人限期打捞，船舶所有人、经营人与打捞人经协商一致订立的打捞合同。海上、通海水域打捞合同性质上属于承揽合同。

当船舶或其设备、货物等沉没或漂浮于航道、锚地、生产水域，影响船舶航行，航道整治、捕捞养殖、工程建设或其他水下作业，或对环境造成污染等，如船舶所有人、经营人等未能根据行政主管机关的通知如期打捞，还可能发生强制打捞的问题。即行政主管机关依法采取强行起浮、拖曳、清除或解体措施等强制打捞，因此而发生的全

部费用由沉没物、漂浮物的所有人、经营人等承担。对强制打捞情形下当事人之间法律关系如何定性，存在不同的看法。打捞人受海事行政机关指派完成打捞作业后，谁有权向责任人索赔，司法实践中主要有三种观点：一是海事行政机关指令打捞公司采取打捞措施属于行政代履行，打捞公司与责任人之间不属于平等主体之间的民事法律关系，打捞人不能依据民事法律关系起诉责任方，而应按照由行政代履行的相关程序规则进行；二是应由打捞公司向责任人提起民事诉讼；三是应由海事行政机关向责任人提起民事诉讼。在现行法体系下，行政代履行的观点可能依据更为充分。

【管辖】

根据《最高人民法院关于海事法院受理案件范围的规定》第 73 条的规定，海上、通海可航水域打捞清除纠纷案件属于由海事法院专门管辖的案件，打捞合同纠纷是有关各方依据所订立的民事合同进行打捞清除而发生的纠纷。依据《海事诉讼特别程序法》第 6 条第 1 款的规定，海事诉讼的地域管辖应依照《民事诉讼法》有关地域管辖的规定确定有管辖权的海事法院。《民事诉讼法》第 23 条规定，因合同纠纷提起的诉讼，由被告住所地或者合同履行地人民法院管辖。因该类案件由海事法院专门管辖，因此，就海事法院的地域管辖而言，纠纷应由被告住所地或者合同履行地相应辖区的海事法院管辖。至于各海事法院的管辖区域，则应依最高人民法院的相关规定予以确定。

如果案件具有涉外因素，应适用《民事诉讼法》涉外编中的第 259 条、第 265 条的规定，以及最高人民法院关于海事法院地域管辖划分的相关规定，确定管辖的海事法院。

该类案件属于当事人可以协议选择管辖法院的案件，因此，当事人可以依据《民事诉讼法》第 34 条规定的相关管辖连接点，就被告住所地、合同履行地、合同签订地、原告住所地、标的物所在地书面协议选择有管辖权的海事法院管辖。另外，依据《海事诉讼特别法》

第 8 条的规定，海事纠纷的当事人都是外国人、无国籍人、外国企业或者组织，当事人书面协议选择我国海事法院管辖的，即使与纠纷有实际联系的地点不在我国领域内，我国海事法院对该纠纷也具有管辖权。

【法律适用】

如果案件不具有涉外因素，海上、通海水域打捞合同纠纷的法律适用，法律依据主要是《民法典》合同编第 17 章承揽合同的相关规定。根据个案具体情况，《海上交通安全法》《打捞沉船管理办法》《关于外商参与打捞中国沿海水域沉船沉物管理办法》的相关规定亦为适用依据。如果案件具有涉外因素，则首先还应依据《海商法》第 269 条、《涉外民事关系法律适用法》第 41 条的规定确定合同准据法，即当事人可以协议选择合同适用的法律。当事人没有选择的，适用履行义务最能体现该合同特征的一方当事人经常居所地法律或者其他与该合同有最密切联系的法律。

另外，根据《海商法》第 268 条的规定，我国缔结或者参加的国际条约同《海商法》有不同规定的，适用国际条约的规定；但是，我国声明保留的条款除外。我国法律和我国缔结或者参加的国际条约没有规定的，可以适用国际惯例。适用外国法律或者国际惯例，不得违背我国的公共利益。若案件的法律适用存在应适用条约的情形，关于国际条约和当事人约定应适用的法律两者之间的相互关系，根据最高人民法院第 107 号指导案例，应优先适用条约的规定，条约没有规定的内容，适用合同中约定适用的法律。

【确定该案由应当注意的问题】

船舶所有人、经营人与打捞人就打捞事宜经平等协商一致订立的打捞合同，以及经海事行政主管机关要求船舶所有人、经营人限期打捞，船舶所有人、经营人与打捞人经协商一致订立的打捞合同，因该两类合同的订立、履行、变更和终止而发生的争议，可以依本案由予以确定。强制打捞情形下，依据目前的相关规定，可考虑将因强制打捞而发生的纠纷确定为海事海商纠纷。

229. 海上、通海水域拖航合同纠纷

【释义】

海上、通海水域拖航合同，是指承托方用拖轮将被拖物经海上、通海水域从一地拖至另一地，由被拖方支付拖航费的合同。被拖方未按照约定支付拖航费和其他合理费用的，承拖方对被拖物有留置权。按起拖地和目的地的不同，可分为沿海拖航合同和国际拖航合同。海上拖航合同的主要内容，包括承拖方和被拖方的名称、拖轮和被拖物的名称和主要尺度、拖轮马力、起拖地和目的地、起拖日期、拖航费及其支付方式等。承拖方在起拖前和起拖当时，应当谨慎处理，使拖轮适航、适拖，船员适任，配置拖航索具和配备供应品以及该航次必备的其他装置、设备。被拖方在起拖前和起拖当时，应使被拖物处于适拖状态，并向承拖方如实说明被拖物的情况，提供被拖物适合拖航的证书和有关文件。

起拖前，因不可抗力或者其他不能归责于双方的原因致使合同不能履行的，双方均可以解除合同，并互相不负赔偿责任。除合同另有约定外，拖航费已经支付的，承拖方应当退还给被拖方。起拖后，因不可抗力或者其他不能归责于双方的原因致使合同不能继续履行的，双方均可以解除合同，并互相不负赔偿责任。因不可抗力或者其他不能归责于双方的原因致使被拖物不能拖至目的地的，除合同另有约定外，承拖方可以在目的地的邻近地点或者拖轮船长选定的安全的港口或者锚泊地，将被拖物移交给被拖方或者其代理人，视为已经履行

合同。

拖航过程中，承拖方或者被拖方遭受的损失，由一方的过失造成的，有过失的一方应当负赔偿责任；由双方过失造成的，各方按照过失程度的比例负赔偿责任。但如果经承拖方证明，被拖方的损失是由于拖轮船长、船员、引航员或者承拖方的其他受雇人、代理人在驾驶拖轮或者管理拖轮中的过失，或者拖轮在海上救助或者企图救助人命或者财产时的过失造成，承拖方不负赔偿责任；在海上拖航过程中，由于承拖方或者被拖方的过失，造成第三人人身伤亡或者财产损失的，承拖方和被拖方对第三人负连带赔偿责任。除合同另有约定外，一方连带支付的赔偿超过其应当承担的比例的，对另一方有追偿权。

【管辖】

依据《最高人民法院关于海事法院受理案件范围的规定》第30条的规定，海上、通海可航水域拖航合同纠纷案件属于海事法院受案范围，由海事法院专门管辖。依据《海事诉讼特别程序法》第6条第1款的规定，海事诉讼的地域管辖应依照《民事诉讼法》有关地域管辖的规定确定有管辖权的海事法院。依据《民事诉讼法》第23条的规定，由被告住所地或合同履行地人民法院管辖。因海上、通海水域拖航合同属于海事法院专门管辖的范畴，就海事法院的地域管辖而言，纠纷应由被告住所地或者合同履行地相应辖区的海事法院管辖。至于各海事法院的管辖区域，则应依最高人民法院的相关规定予以确定。

如果案件具有涉外因素，应适用《民事诉讼法》涉外编中的第259条、第265条的规定，以及最高人民法院关于海事法院地域管辖划分的相关规定，确定管辖的海事法院。

该类案件属于当事人可以协议选择管辖法院的案件，因此，当事人可以依据《民事诉讼法》第34条规定的相关管辖连接点，就被告住所地、合同履行地、合同签订地、原告住所地、标的物所在地书面协议选择有管辖权的海事法院管辖。另外，依据《海事诉讼特别法》

第 8 条的规定，海事纠纷的当事人都是外国人、无国籍人、外国企业或者组织，当事人书面协议选择我国海事法院管辖的，即使与纠纷有实际联系的地点不在我国领域内，我国海事法院对该纠纷也具有管辖权。

【法律适用】

如果案件不具有涉外因素，审理涉及海上、通海水域拖航合同纠纷案件的法律依据主要是《海商法》第 4 条和第 7 章，以及《民法典》合同编第 17 章关于承揽合同或相类似合同的有关规定。根据《海商法》第 4 条的规定，我国港口之间的海上运输和拖航，由悬挂我国国旗的船舶经营。但是，法律、行政法规另有规定的除外。非经国务院交通主管部门批准，外国籍船舶不得经营我国港口之间的海上运输和拖航。《海商法》第 7 章则明确规定，关于海上拖航合同的规定不适用于在港区内对船舶提供的拖轮服务。拖轮所有人拖带其所有的或者经营的驳船载运货物，经海路由一港运至另一港的，视为海上货物运输。

如果案件具有涉外因素，则首先还应依据《海商法》第 269 条、《涉外民事关系法律适用法》第 41 条的规定确定合同准据法，即当事人可以协议选择合同适用的法律。当事人没有选择的，适用履行义务最能体现该合同特征的一方当事人经常居所地法律或者其他与该合同有最密切联系的法律。另外，根据《海商法》第 268 条的规定，我国缔结或者参加的国际条约同《海商法》有不同规定的，适用国际条约的规定；但是，我国声明保留的条款除外。我国法律和我国缔结或者参加的国际条约没有规定的，可以适用国际惯例。适用外国法律或者国际惯例，不得违背我国的公共利益。若案件存在应适用公约的情形，关于公约和当事人约定应适用的法律两者之间的相互关系，参照最高人民法院第 107 号指导案例，应优先适用公约的规定，公约没有规定的内容，适用合同中约定适用的法律。

【确定该案由应当注意的问题】

典型的海上、通海水域拖航合同是主营拖航业务的企业作为拖航合同的一方当事人，用其自有的或者租用的拖轮为他人提供拖航服务并收取报酬。但航运实践中，有的承托方是专业海商拖航企业，也有的承托方是打捞、救助企业或其他企业。关于实施拖带的船舶，有时会出现拖轮之外的运输船舶，或其他有动力的船舶拖带被拖物的情况。如果当事人之间所约定的和实际履行的具有拖航合同的特点，案由即应确定为海上、通海水域拖航合同。

在对遇险船舶进行救助时，如果相关救助行为涉及对遇险船舶的拖带，确定案由时需考察订立合同的背景和经过，以及双方缔约的主要目的等，最终确定案涉合同的属性，确定其为海上、通海水域拖航合同抑或海难救助合同。

230. 海上、通海水域保险合同纠纷

【释义】

海上、通海水域保险合同，是指保险人按照约定，对被保险人遭受保险事故造成保险标的的损失和产生的责任负责赔偿，而由被保险人支付保险费的合同。此处所指保险事故，是指保险人与被保险人约定的任何海上事故，包括与海上航行有关的发生于内河或者陆上的事故。可以作为海上、通海水域保险合同保险标的包括：（1）船舶；（2）货物；（3）船舶营运收入，包括运费、租金、旅客票款；（4）货物预期利润；（5）船员工资和其他报酬；（6）对第三人的责任；（7）由于发生保险事故可能受到损失的其他财产和产生的责任、费用。

海上、通海水域保险合同的内容主要包括保险人名称、被保险人

名称、保险标的、保险价值、保险金额、保险责任和除外责任、保险期间、保险费。保险合同的主要内容不一定即为保险合同的必备内容。例如，关于保险标的的保险价值，由保险人与被保险人约定，但如果当事人未作约定，也不影响合同的成立和生效。保险人与被保险人未约定保险价值的，依照下列规定计算保险标的的保险价值：（1）船舶的保险价值，是保险责任开始时船舶的价值，包括船壳、机器、设备的价值，以及船上燃料、物料、索具、给养、淡水的价值和保险费的总和；（2）货物的保险价值，是保险责任开始时货物在起运地的发票价格或者非贸易商品在起运地的实际价值以及运费和保险费的总和；（3）运费的保险价值，是保险责任开始时承运人应收运费总额和保险费的总和；（4）其他保险标的的保险价值，是保险责任开始时保险标的的实际价值和保险费的总和。

保险金额由保险人与被保险人约定。保险金额与保险价值相等的，属于足额保险；保险金额小于保险价值的，属于不足额保险；保险金额超过保险价值的，属于超额保险。超过保险价值的，超过部分无效，保险人的最高责任为保险价值而非保险金额。

保险责任开始前，在向保险人支付手续费后被保险人可以要求解除合同，保险人应当退还保险费。除非合同另有约定，保险责任开始后被保险人和保险人均不得解除合同，根据合同约定在保险责任开始后可以解除合同的，被保险人要求解除合同，保险人有权收取自保险责任开始之日起至合同解除之日止的保险费，剩余部分予以退还；保险人要求解除合同，应当将自合同解除之日起至保险期间届满之日止的保险费退还被保险人。

合同订立前，被保险人应当尽最大诚信义务，将其知道的或者在通常业务中应当知道的有关影响保险人据以确定保险费率或者确定是否同意承保的重要情况如实告知保险人。保险人知道或者在通常业务中应当知道的情况，保险人未询问的，被保险人无需告知。由于被保险人的故意，未将前述重要情况如实告知保险人的，保险人有权解除合同，并不退还保险费。合同解除前发生保险事故的，保险人不负赔偿责任。被保险人未如实告知前述重要情况但并非出于故意，保险人有权解除合同或者要求相应增加保险费。保险人解除合同的，对于合同解除前发生保险事故造成的损失，保险人应当负赔偿责任；但是，未告知或者错误告知的重要情况对保险事故的发生有影响的除外。

【管辖】

依据《最高人民法院关于海事法院受理案件范围的规定》第 40 条的规定，海上保险合同纠纷案件属于海事法院受案范围，由海事法院专门管辖。依据《海事诉讼特别程序法》第 6 条第 1 款，海事诉讼的地域管辖应依照《民事诉讼法》有关地域管辖的规定确定有管辖权的海事法院。依据《民事诉讼法解释》第 21 条的规定，因财产保险合同纠纷提起的诉讼，如果保险标的物是运输工具或者运输中的货物，可以由运输工具登记注册地、运输目的地、保险事故发生地人民法院管辖。因海上、通海水域保险合同属于海事法院专门管辖的范畴，就海事法院的地域管辖而言，纠纷应由运输工具登记注册地、运输目的地、保险事故发生地相应辖区的海事法院管辖。至于各海事法院的管辖区域，则应依最高人民法院的相关规定予以确定。

如果案件具有涉外因素，应适用《民事诉讼法》涉外编中的第 259 条、第 265 条的规定，以及最高人民法院关于海事法院地域管辖划分的相关规定，确定管辖的海事法院。

该类案件属于当事人可以协议选择管辖法院的案件，因此，当事人除可以依据《民事诉讼法》第 34 条规定的相关管辖连接点，就被告住所地、合同履行地、合同签订地、原告住所地、标的物所在地书面协议选择有管辖权的海事法院管辖外，还可协议选择《民事诉讼法解释》第 21 条规定的运输工具登记注册地、运输目的地、保险事故发生地有管辖权的海事法院管辖。另外，依据《海事诉讼特别法》第 8 条的规定，海事纠纷的当事人都是外国人、无国籍人、外国企业或者组织，当事人书面协议选择我国海事法院管辖的，即使与纠纷有实际联系的地点不在我国领域内，我国海事法院对该纠纷也具有管辖权。

【法律适用】

如果案件不具有涉外因素，审理涉及海上、通海水域保险合同纠纷案件的法律依据主要是《海商法》第12章。依据《保险法》第182条、《海商法》未规定的，适用保险法的有关规定。如果案件具有涉外因素，则首先还应依据《海商法》第269条、《涉外民事关系法律适用法》第41的规定确定合同准据法，即当事人可以协议选择合同适用的法律。当事人没有选择的，适用履行义务最能体现该合同特征的一方当事人经常居所地法律或者其他与该合同有最密切联系的法律。

【确定该案由应当注意的问题】

依据《最高人民法院关于海事法院受理案件范围的规定》的规定，涉及海上、通海水域保险合同纠纷的案件类型还包括：以通海可航水域运输船舶及其营运收入、货物及其预期利润、船员工资和其他报酬、对第三人责任等为保险标的的保险合同纠纷案件（第41条）；以船舶工程的设备设施以及预期收益、对第三人责任为保险标的的保险合同纠纷案件（第42条）；以港口生产经营的设备设施以及预期收益、对第三人责任为保险标的的保险合同纠纷案件（第43条）；以海洋渔业、海洋开发利用、海洋工程建设等活动所用的设备设施以及预期收益、对第三人的责任为保险标的的保险合同纠纷案件（第44条）；以通海可航水域工程建设所用的设备设施以及预期收益、对第三人的责任为保险标的的保险合同纠纷案件（第45条）。这些规定是在本案由下对海上、通海水域保险合同的保险标的进一步细化。这些案件都属于海事法院受案范围，都应由海事法院专门管辖。在争议涉及上述保险标的需确定案由时，仍应确定为海上、通海水域保险合同纠纷。

231. 海上、通海水域保赔合同纠纷

【释义】

保赔保险是保障与赔偿责任险的简称，是由船舶所有人、承租人、船舶代理人或货运代理人组成的相互保险的组织（船东互保协会，简称 P&IClub)，收取入会船的保险费，为会员可能承担的责任提供保险的一种保险方式。船东互保协会提供保赔保险服务不以盈利为目的，其承保的风险一般是船舶保险人不承保的风险，主要包括对人的责任、对物的责任、对费用的责任、油污责任、清理沉船沉物的责任和根据拖带合同产生的责任等。随着实践的发展和船东所承担责任风险的增多，互保协会也发展出一些新的险别，不同的互保协会章程各不相同，承保的风险虽不尽一致，但大同小异。船东互保协会实行的是会员制，不以盈利为目的，还对会员提供保险赔偿之外的相关服务。目前世界上 95% 以上的远洋商船都参加了互保协会，保赔保险成为海上保险中的重要险种之一。

【管辖】

依据《最高人民法院关于海事法院受理案件范围的规定》第 40 条的规定，海上保赔合同纠纷案件属于海事法院受案范围，由海事法院专门管辖。依据《海事诉讼特别程序法》第 6 条第 2 款第 4 项的规定，因海上保赔合同纠纷提起的诉讼，由保赔标的物所在地、事故发生地、被告住所地海事法院管辖。依据《最高人民法院关于适用〈中华人民共和国海事诉讼特别程序法〉若干问题的解释》第 6 条的规定，保赔标的物所在地是指保赔船舶的所在地。

如果案件具有涉外因素，应适用《民事诉讼法》涉外编中的第

259 条、第 265 条的规定，以及最高人民法院关于海事法院地域管辖划分的相关规定，确定管辖的海事法院。

该类案件属于当事人可以协议选择管辖法院的案件，当事人除可以依据《民事诉讼法》第 34 条规定的相关管辖连接点，就被告住所地、合同履行地、合同签订地、原告住所地、标的物所在地书面协议选择有管辖权的海事法院管辖外，当事人还可将《海事诉讼特别程序法》第 6 条第 2 款第 4 项所列举的海事法院作为可协议选择的法院。另外，依据《海事诉讼特别法》第 8 条的规定，海事纠纷的当事人都是外国人、无国籍人、外国企业或者组织，当事人书面协议选择我国海事法院管辖的，即使与纠纷有实际联系的地点不在我国领域内，我国海事法院对该纠纷也具有管辖权。

【法律适用】

航运实践中一般将保赔保险定性为海上责任保险，但我国《海商法》和《保险法》中并无专门针对保赔保险的规定。一方面，《保险法》明确规定只适用于商业保险，《海商法》所规范的海上保险也属于商业保险的范畴；另一方面，从事保赔保险的船东互保协会是由入会会员组成，协会不以盈利为目的，其行为更多具有互助的性质。因此，现行立法缺乏对保赔保险的专门性规定。考虑到保赔保险的会员封闭性、互助性和不以盈利为目的之特征，涉及海上、通海水域保赔合同的争议，首先应依据合同的约定来处理，合同未作约定或约定不明产生争议的，应适用《民法典》合同编的相关规定，并类推适用《海商法》海上保险合同编和《保险法》中的相关原理。另需要注意的是，航运实践中一些商业保险公司也推出了针对船东的保障与赔偿责任险，商业保险公司提供的此类保险服务与船东保赔协会提供的此类服务，应注意商业保险公司是以营利为目的，而船东互保协会并不以盈利为目的，在对相关合同条款进行解释、法律适用时，在理念上可能需要考虑是否需要对两者进行适度区分。

【确定该案由应当注意的问题】

依据《最高人民法院关于海事法院受理案件范围的规定》第41条的规定，以通海可航水域运输船舶及其营运收入、货物及其预期利润、船员工资和其他报酬、对第三人责任等为保险标的的保赔合同纠纷案件，属于海事法院受案范围，由海事法院专门管辖。当事人之间的争议涉及以通海可航水域运输船舶及其营运收入、货物及其预期利润、船员工资和其他报酬、对第三人责任等为保险标的的保赔合同时，适用本案由。

232. 海上、通海水域运输联营合同纠纷

【释义】

海上、通海水域运输联营合同，是指船舶所有人或经营人、货物所有人、港口经营人、货运代理企业、船舶代理机构等，经平等协商一致，为追求一定的经济利益约定实行联合经营所达成的合同。海上、通海水域运输联营经营方式，涉及船方、船代、货方、货代、港口等多方当事人。

海上、通海水域运输联营合同不同于海商法意义下的多式联运经营合同。多式联运合同，是指多式联运经营人以两种以上的不同运输方式，其中一种是海上运输方式，负责将货物从接收地运至目的地交付收货人，并收取全程运费的合同。两者的主要区别在于：（1）关于合同主体。运输联营合同可能是多方当事人共同签订的一份合同，各当事人均为合同主体，而多式联运合同下主要是多式联运经营人与托运人两者之间订立合同，对托运人而言，多式联运经营人应负责履行或者组织履行多式联运合同，并对全程运输负责。多式联运经营人与

参加多式联运的各区段承运人之间，可以就多式联运合同的各区段运输，另以合同约定相互之间的责任。但是，此项合同不得影响多式联运经营人对全程运输向托运人所应承担的责任。（2）关于经营的业务。运输联营合同可以涵盖运输，但不以运输为限，但多式联运经营人与托运人之间的内容一般限于运输事务，只是运输的方式多于一种，且其中一种是海上运输方式。

【管辖】

海上、通海水域运输联营合同纠纷属于海商纠纷，由海事法院专门管辖。《海事诉讼特别程序法》第6条第1款的规定，海事诉讼的地域管辖应依照《民事诉讼法》有关地域管辖的规定确定有管辖权的海事法院。《民事诉讼法》第23条规定，因合同纠纷提起的诉讼，由被告住所地或者合同履行地人民法院管辖。因该类案件由海事法院专门管辖，因此，就海事法院的地域管辖而言，纠纷应由被告住所地或者合同履行地相应辖区的海事法院管辖。

如果案件具有涉外因素，应适用《民事诉讼法》涉外编中的第259条、第265条的规定，以及最高人民法院关于海事法院地域管辖划分的相关规定，确定管辖的海事法院。

另外，《最高人民法院关于审理联营合同纠纷案件若干问题的解答》第2条规定，联营合同纠纷案件的地域管辖，因不同的联营形式而有所区别：（1）法人型联营合同纠纷案件，由法人型联营体的主要办事机构所在地人民法院管辖。（2）合伙型联营合同纠纷案件，由合伙型联营体注册登记地人民法院管辖。（3）协作型联营合同纠纷案件，由被告所在地人民法院管辖。由联营体主要办事机构所在地或联营体注册登记地人民法院管辖确有困难的，如法人型联营体已经办理了注销手续，合伙型联营体应经工商部门注册登记而未办理注册登记，或者联营期限届满已经解体的，可由被告所在地人民法院管辖。就海事法院的地域管辖而言，纠纷应由相应辖区的海事法院管辖。至于各海事法院的管辖区域，则应依最高人民法院的相关规定予以确定。

当事人除可以依据《民事诉讼法》第34条规定的相关管辖连接点，就被告住所地、合同履行地、合同签订地、原告住所地、标的物所在地书面协议选择有管辖权的海事法院管辖外，还可依据《最高人民法院关于审理联营合同纠纷案件若干问题的解答》第2条的规定协议选择有管辖权的海事法院。另外，依据《海事诉讼特别法》第8条的规定，海事纠纷的当事人都是外国人、无国籍人、外国企业或者组织，当事人书面协议选择我国海事法院管辖的，即使与纠纷有实际联系的地点不在我国领域内，我国海事法院对该纠纷也具有管辖权。

【法律适用】

如果案件不具有涉外因素，审理海上、通海水域运输联营合同纠纷的法律依据主要是《民法典》合同编的相关规定，《最高人民法院关于审理联营合同纠纷案件若干问题的解答》也可参考适用。如果案件具有涉外因素，则首先还应依据《海商法》第269条、《涉外民事关系法律适用法》第41条的规定确定合同准据法，即当事人可以协议选择合同适用的法律。当事人没有选择的，适用履行义务最能体现该合同特征的一方当事人经常居所地法律或者其他与该合同有最密切联系的法律。

【确定该案由应当注意的问题】

如果海上、通海水域运输联营合同中约定的联营事项仅涉及不同运输方式优化、配合，且其中一段运输包含海上运输方式，需注意其与多式联运合同的区别。应依据当事人合同约定的具体内容、合同实际履行的情况，综合判断合同的性质，如争议的合同确应认定为多式联运合同，则应将案由确定为海上、通海水域货物运输合同纠纷。

233. 船舶营运借款合同纠纷

【释义】

船舶营运借款合同，是指船舶所有人、承租人、经营人、管理人等为船舶的日常经营、运输生产，向贷款人借款，到期返还借款并支付利息的合同。船舶营运借款合同性质上属于借款合同纠纷，但此类借款合同对款项用途有着明确的约定，即所借款项系用于与船舶的日常经营、运输生产相关的目的。如果所借款项不是用于船舶的日常经营、运输生产，则不属于船舶营运借款合同，所产生的纠纷仅仅是一般借款合同纠纷。

【管辖】

依据《最高人民法院关于海事法院受理案件范围的规定》第 49 条的规定，为经营特定船舶而发生的借款合同纠纷案件属于海事法院受案范围，应由海事法院专门管辖。该类案件的管辖应依据《民事诉讼法》的规定，由被告住所地或合同履行地有管辖权的海事法院管辖。

如果案件具有涉外因素，应适用《民事诉讼法》涉外编中的第 259 条、第 265 条的规定，以及最高人民法院关于海事法院地域管辖划分的相关规定，确定管辖的海事法院。

该类案件属于当事人可以协议选择管辖法院的案件，当事人可以依据《民事诉讼法》第 34 条规定的相关管辖连接点，就被告住所地、合同履行地、合同签订地、原告住所地、标的物所在地书面协议选择有管辖权的海事法院。另外，依据《海事诉讼特别法》第 8 条的规定，海事纠纷的当事人都是外国人、无国籍人、外国企业或者组织，当事人书面协议选择我国海事法院管辖的，即使与纠纷有实际联系的地点不在我国领域内，我国海事法院对该纠纷也具有管辖权。

【法律适用】

如果案件不具有涉外因素，审理涉及船舶营运借款合同纠纷案件的法律依据主要是《民法典》合同编第12章关于借款合同的有关规定。如果案件具有涉外因素，则首先还应依据《涉外民事关系法律适用法》第41条的规定确定合同准据法，即当事人可以协议选择合同适用的法律。当事人没有选择的，适用履行义务最能体现该合同特征的一方当事人经常居所地法律或者其他与该合同有最密切联系的法律。

【确定该案由应当注意的问题】

1. 船舶营运借款合同性质上属于借款合同，如果款项用途与船舶营运无关，则不应将案件确定为船舶营运借款合同纠纷。在立案阶段，对于初步证据表明讼争合同系船舶营运借款合同，或者难以判断所借款项是否用于船舶日常经营，可依据该案由确定，具体案件事实和最终案由在实体审理阶段再加以解决。

2. 在第三级案由之下，还分别存在船舶买卖、建造、修理、改建、拆解、抵押等合同纠纷，如果所借款项系用于船舶修理、改建等，因船舶的修理和改建与维护船舶的日常经营能力密切相关，但在具体案由的确定上，亦应确定为船舶营运借款合同纠纷。如果船舶的修理、改建纠纷不涉及或不主要涉及借款争议，则仍应分别确定为船舶修理、改建合同纠纷。如果所借款项系用于船舶买卖、建造、拆解，因船舶的买卖、建造、拆解与船舶的日常营运无直接关联，因此分别确定为船舶买卖、建造、拆解合同纠纷为宜。

3. 依据《最高人民法院关于海事法院受理案件范围的规定》第48条和第61条的规定，以船舶、海运集装箱、港航设备设施、海洋开发利用设备设施设定担保的借款合同纠纷案件，属于海事法院受案范围，但当事人仅就借款合同纠纷起诉的案件除外。如果以船舶、海运集装箱、港航设备设施、海洋开发利用设备设施设定担保所借款项系用于船舶营运，债权人一并起诉借款人和担保人，基于担保的从属性，在确定案由时，可以确定为船舶营运借款合同纠纷。如果所借款项与船舶营运无关，可以确立为海事担保合同纠纷。

234. 海事担保合同纠纷

【释义】

海事担保合同，是指为保障相关权利人海事债权的实现，由债务人或第三人以其财产向债权人提供担保，依照约定或法定的顺序、方式担保相关权利人的海事债权得到清偿的合同。海事担保合同具有多种表现方式。例如，根据《海商法》第188条规定，被救助方在救助作业结束后，应当根据救助方的要求，对救助款项提供满意的担保。在不影响前款规定的情况下，获救船舶的船舶所有人应当在获救的货物交还前，尽力使货物的所有人对其应当承担的救助款项提供满意的担保。在未根据救助人的要求对获救的船舶或者其他财产提供满意的担保以前，未经救助方同意，不得将获救的船舶和其他财产从救助作业完成后最初到达的港口或者地点移走。《海商法》第202条第1款、第2款规定，经利益关系人要求，各分摊方应当提供共同海损担保。以提供保证金方式进行共同海损担保的，保证金应当交由海损理算师以保管人名义存入银行。

除却上述情形，根据《最高人民法院关于海事法院受理案件范围的规定》涉及的相关与海事海商有关担保的规定，也是海事担保合同的重要表现形式。主要包括：港口货物抵押、质押等担保合同纠纷案件；海运集装箱抵押、质押等担保合同纠纷案件；港航设备设施抵押、质押等担保合同纠纷案件；以船舶、海运集装箱、港航设备设施设定担保的借款合同纠纷案件（但当事人仅就借款合同纠纷起诉的案件除外）；为担保海上运输、船舶买卖、船舶工程、港口生产经营相关债权实现而发生的担保合同纠纷等案件；海洋开发利用设备设施抵押、质押等担保合同纠纷案件；以海洋开发利用设备设施设定担保的借款合同纠纷案件（但当事人仅就借款合同纠纷起诉的案件除外）；为担保海洋及通海可航水域工程建设、海洋开发利用等海上生产经营相关债权实现而发生的担保、独立保函、信用证等纠纷案件；申请实现以船舶、船载货物、船用物料、海运集装箱、港航设备设施、海洋开发利用设备设施等财产为担保物的担保物权案件等。当事人因该合同的签订、履行、变更、终止而产生的纠纷，即为海事担保合同纠纷。

【管辖】

依据《最高人民法院关于海事法院受理案件范围的规定》所规定的海事担保，以及独立保函、信用证等纠纷案件，申请实现以船舶、船载货物、船用物料、海运集装箱、港航设备设施、海洋开发利用设备设施等财产为担保物的担保物权案件等，均属于海事法院受案范围，应由海事法院专门管辖。首先，作为一般原则，《最高人民法院关于适用〈中华人民共和国民法典〉有关担保制度的解释》第 21 条规定，债权人一并起诉债务人和担保人的，应当根据主合同确定管辖法院。债权人依法可以单独起诉担保人且仅起诉担保人的，应当根据担保合同确定管辖法院。主合同或者担保合同约定了仲裁条款的，人民法院对约定仲裁条款的合同当事人之间的纠纷无管辖权。《民事诉讼法》第 23 条规定，因合同纠纷提起的诉讼，由被告住所地或者合同履行地人民法院管辖。其次，就具体情形而言，如果是涉及港口货物、海运集装箱、港航设备设施、海洋开发利用设备设施抵押、质押等的海事担保合同纠纷案件，应以担保物所在地的海事法院管辖；涉及以船舶为担保的，还可以由船籍港所在地海事法院管辖；涉及为担保海洋及通海可航水域工程建设、海洋开发利用等海上生产经营相关债权实现而发生独立保函、信用证等纠纷案件，应以最高人民法院关于信用证和独立保函司法解释的相关规定确定地域管辖规则，并最终依据海事法院地域管辖划分的规则确定有管辖权的海事法院。

如果案件具有涉外因素，应适用《民事诉讼法》涉外编中的第259条、第265条的规定，以及最高人民法院关于海事法院地域管辖划分的相关规定，确定管辖的海事法院。

该类案件属于当事人可以协议选择管辖法院的案件，因此，当事人可以依据《民事诉讼法》第34条规定的相关管辖连接点，就被告住所地、合同履行地、合同签订地、原告住所地、标的物所在地书面协议选择有管辖权的海事法院管辖。标的物所在地一般可理解为担保物所在地。另外，依据《海事诉讼特别法》第8条的规定，海事纠纷的当事人都是外国人、无国籍人、外国企业或者组织，当事人书面协议选择我国海事法院管辖的，即使与纠纷有实际联系的地点不在我国领域内，我国海事法院对该纠纷也具有管辖权。

【法律适用】

如果案件不具有涉外因素，审理涉及海事担保合同纠纷案件的法律依据主要是《海商法》《民法典》《最高人民法院关于适用〈中华人民共和国民法典〉有关担保制度的解释》的有关规定。如果案件具有涉外因素，则首先还应依据《海商法》第269条、涉外民事关系法律适用法的规定确定合同准据法，即当事人可以协议选择合同适用的法律。当事人没有选择的，适用履行义务最能体现该合同特征的一方当事人经常居所地法律或者其他与该合同有最密切联系的法律。

【确定该案由应当注意的问题】

首先，应注意海事担保合同纠纷和海事请求担保纠纷两个案由之间的区别。海事请求担保纠纷主要是当事人为申请海事强制措施，包括海事请求保全、海事强制令、海事证据保全等措施提供担保所引发的纠纷。而海事担保合同纠纷主要是当事人从事海商交易中为担保债权人债权的清偿，因担保合同的签订、履行、变更和终止而产生的纠纷。其次，应注意为担保海上运输、船舶买卖、船舶工程、港口生产经营相关债权实现而发生的独立保函、信用证等纠纷案件，虽然独立保函和信用证具有独立于基础交易合同，不具有担保法所规定的具有从属性特征的担保，但在目前的案由体系下，可以纳入海事担保合同纠纷的范畴。再次，还应注意与船舶抵押合同纠纷的区别。如果所争议的担保形式为船舶抵押合同纠纷，则应以船舶抵押合同纠纷确定案由。

235. 航道、港口疏浚合同纠纷

【释义】

航道、港口疏浚合同，是指作为发包人的航道、港口的产权人或受托行使管理权的人，为开挖、疏通、扩宽或挖深航道、港口水域，与作为承包人的疏浚人订立的由疏浚人用人力或机械进行水下土石方开挖、清理，航道、港口的产权人或管理人支付报酬和费用的合同。广义的疏浚还包括用水下爆破法进行的炸礁、炸滩等。双方因合同的订立、履行、变更和终止而产生的纠纷即为航道、港口疏浚合同纠纷。

航道、港口疏浚合同性质上属于建设工程施工合同还是承揽合同，存在不同的认识。一般说来，建设工程施工合同在性质上属于特殊的承揽合同，但二者仍然存在明显的区别。主要表现在：（1）主体要求不同。建设工程项目经过可行性研究、立项规划审批等，发包人应具备发包资格。施工主体实行市场准入制度，承包人是必须具备相应资质的法人。承揽合同的标的小，对定作人一般没有发包要求，承揽人可以是具有资质的法人，也可以是其他单位或者个人。（2）受行政制约不同。建设工程是涉及公共利益和安全的特殊产品，国家实行严格的管理和控制，当事人意思自治受公权力的制约。承揽合同以当事人合意为主，行政一般不予干预。（3）合同要式不同。建设工程施工合同应当采取书面形式。承揽合同既可以是书面形式，也可以是口头形式。（4）部分工作交由第三人完成的程序不同。建设工程总包人将其中部分工作交与第三人完成时，须取得发包人同意；承揽人有权将部分辅助工作交与第三人完成，无须征得定作人同意。承揽合同分包后，次承揽人就完成的工作向承揽人负责；建设工程分包后，分包人就工作成果与总包人共同向发包人承担连带责任。①

航道、港口疏浚工程的工程质量关系到航道、港口区域的人身和财产安全，具有较强的公共安全属性，《航道法》《航道管理条例》等法律法规对航道的有序管理作出了相应规定，交通部《航道工程建设管理规定》针对航道工程建设进一步制定了相关管理规定，以规范航道工程建设活动。考虑到航道和港口疏浚工程的特点，该类合同宜定性为建设工程合同。

【管辖】

依据《最高人民法院关于海事法院受理案件范围的规定》第55条的规定，海洋、通海可航水域工程建设（含水下疏浚等建设）纠纷案件属于海事法院受案范围，由海事法院专门管辖。海事诉讼特别程序法对该类案件并无特殊的管辖规定，该类案件应依据民诉法的相关规定确定管辖法院。航道、港口疏浚合同性质上属于建设工程施工合同，根据《民事诉讼法解释》第28条第2款的规定，建设工程施工合同纠纷按照不动产纠纷确定管辖。《民事诉讼法》第33条第1项规定，

① 参见王毓莹、林文婷：《建设工程施工合同与承揽合同有何区别》，载最高人民法院民事审判第一庭编：《民事审判指导与参考》2018年第4期（总第76期），人民法院出版社2019年版，第233～234页。

由不动产所在地人民法院管辖。由于此类案件系由海事法院专门管辖的案件，相应地，该类案件应由航道、港口疏浚工程所在地的有管辖权的海事法院管辖。不动产所在地法院的管辖属于专属管辖的范畴，依据《民事诉讼法》第34条的规定，故当事人就该类争议协议选择管辖法院的约定因违反《民事诉讼法》第34条的规定而应无效。

【法律适用】

如果案件不具有涉外因素，审理涉及航道、港口疏浚合同纠纷案件的法律依据主要是《民法典》合同编第18章关于建设工程合同的有关规定。如果案件具有涉外因素，则首先还应依据《涉外民事关系法律适用法》第41条的规定确定合同准据法，即当事人可以协议选择合同适用的法律。当事人没有选择的，适用履行义务最能体现该合同特征的一方当事人经常居所地法律或者其他与该合同有最密切联系的法律。

【确定该案由应当注意的问题】

依据《最高人民法院关于海事法院受理案件范围的规定》第55条的规定，海洋、通海可航水域工程建设（含水下疏浚、围海造地、电缆或者管道敷设以及码头、船坞、钻井平台、人工岛、隧道、大桥等建设）纠纷均属于海事法院受案范围。如果争议的建设工程不涉及航道、港口疏浚，而涉及围海造地、电缆或者管道敷设以及钻井平台、人工岛、隧道、大桥等建设，则不应确定为本案由，而应根据个案的特点，合理地确定相应的案由。有的可确定为本案由的上一级案由即海事海商纠纷，有的可确定为建设工程合同纠纷，有的可确定为承揽合同纠纷或委托合同纠纷等。

236. 船坞、码头建造合同纠纷

【释义】

船坞、码头建造合同，是指承包人对船坞、码头进行工程建设，作为发包人的船坞、码头的产权人或受托行使管理权的人支付价款的合同。对船坞、码头进行勘察、设计和施工的合同均属于船坞、码头建造合同。该类合同在法律性质上属于建设工程合同。

【管辖】

依据《最高人民法院关于海事法院受理案件范围的规定》第55条的规定，海洋、通海可航水域工程建设（含码头、船坞建设）纠纷案件属于海事法院受案范围，由海事法院专门管辖。船坞、码头建造合同性质上属于建设工程施工合同，根据《民事诉讼法解释》第28条第2款的规定，建设工程施工合同纠纷按照不动产纠纷确定管辖。《民事诉讼法》第33条第1项规定，由不动产所在地人民法院管辖。由于此类案件系由海事法院专门管辖的案件，相应地，该类案件应由航道、港口疏浚工程所在地的有管辖权的海事法院管辖。不动产所在地法院的管辖属于专属管辖的范畴，依据《民事诉讼法》第34条的规定，约定管辖不得违反该法对专属管辖的规定，故当事人就该类争议协议选择管辖法院的约定因违反《民事诉讼法》第34条的规定而应无效。

【法律适用】

如果案件不具有涉外因素，审理涉及船坞、码头建造合同纠纷案件的法律依据主要是《民法典》合同编第 18 章关于建设工程合同的有关规定。如果案件具有涉外因素，则首先还应依据《涉外民事关系法律适用法》第 41 条的规定确定合同准据法，即当事人可以协议选择合同适用的法律。当事人没有选择的，适用履行义务最能体现该合同特征的一方当事人经常居所地法律或者其他与该合同有最密切联系的法律。

【确定该案由应当注意的问题】

依据《最高人民法院关于海事法院受理案件范围的规定》第 55 条的规定，海洋、通海可航水域工程建设（含水下疏浚、围海造地、电缆或者管道敷设以及码头、船坞、钻井平台、人工岛、隧道、大桥等建设）纠纷均属于海事法院受案范围。如果争议的建设工程不涉及船坞、码头建造，而涉及围海造地、电缆或者管道敷设以及钻井平台、人工岛、隧道、大桥等建设而发生的纠纷，则不适用本案由，而应根据个案的特点，合理地确定相应的案由。有的可确定为本案由的上一级案由即海事海商纠纷，有的可确定为建设工程合同纠纷，有的可确定为承揽合同纠纷或委托合同纠纷等。

237. 船舶检验合同纠纷

【释义】

船舶检验合同，是指为了保证船舶、海上设施和船运货物集装箱具备安全航行、安全作业的技术条件，保障生命财产安全和防止水域环境污染，船舶检验机构与船舶的所有人或经营人签订的，由船舶检验机构对船舶进行技术检验，船舶的所有人或经营人支付相关报酬或费用的合同。根据《船舶检验管理规定》第 2 条第 2 款的规定，对水上设施、船用产品和船运货物集装箱的检验也属于船舶检验范畴。

需要注意的是，船舶检验分为法定检验和入级检验。法定检验是指船旗国政府或者其认可的船舶检验机构按照法律、行政法规、规章和法定检验技术规范，对船舶、水上设施、船用产品和船运货物集装箱的安全技术状况实施的强制性检验。法定检验主要包括建造检验、定期检验、初次检验、临时检验、拖航检验、试航检验等。法定检验项下的检验项目，船检机构不收取检验费用。入级检验是指应船舶、水上设施的所有人和经营人自愿申请，按照拟入级的船舶检验机构的入级检验技术规范，对船舶、水上设施进行的检验，并取得入级船舶检验机构的入级标识。

交通运输部主管全国船舶检验管理。交通运输部海事局负责对船舶检验工作实施统一监督管理。世界上大多数海运国家的船舶的检验是通过船级社来完成。以中国船级社（CCS）为例，CCS 对中国籍船舶进行船级检验，并进行经海事局授权的法定检验，同时也接受其他缔约国的委托，对停靠我国港口的外国籍船舶进行法定检验，签发技术证书。

根据《海上交通安全法》第 4 条的规定，船舶和船上有关航行安全的重要设备必须具有船舶检验部门签发的有效技术证书。在法定检验情形下，船检机构是按照法律、行政法规、规章和法定检验技术规范，对船舶、水上设施、船用产品和船运货物集装箱的安全技术状况实施的强制性检验。对违反法定检验规定的，《船舶检验管理规定》规定了大量的罚则。因此，在强制检验的情形下，如果船检机构和相对人存在书面的或事实上的检验合同，根据《最高人民法院关于审理行政协议案件若干问题的规定》第 1 条关于行政协议的规定，该类检验合同应属于行政机关为了实现行政管理或者公共服务目标，与公民、法人或者其他组织协商订立的具有行政法上权利义务内容的协议。相对而言，入级检验是基于船舶、水上设施的所有人和经营人与相关入级检验机构的自愿，船舶、水上设施的所有人和经营人与船级社系平等主体，双方缔约过程中平等协商的因素更为明显。但如果船级社开展的检验项目系受海事局授权进行的法定检验，双方如果订立有相关协议，则协议仍具有行政协议的性质。

【管辖】

依据《最高人民法院关于海事法院受理案件范围的规定》第15条的规定，船舶检验合同纠纷属于海事法院受案范围，由海事法院专门管辖。《海事诉讼特别程序法》对该类案件的管辖并无特殊规定。如果船舶检验合同不涉及法定检验，则应依民事诉讼法的相关规定，根据被告住所地或合同履行地确定有管辖权的海事法院。

如果案件具有涉外因素，应适用《民事诉讼法》涉外编中的第259条、第265条的规定，以及最高人民法院关于海事法院地域管辖划分的相关规定，确定管辖的海事法院。

该类案件属于当事人可以协议选择管辖法院的案件，当事人可以依据《民事诉讼法》第34条规定的相关管辖连接点，就被告住所地、合同履行地、合同签订地、原告住所地、标的物所在地书面协议选择有管辖权的海事法院。另外，依据《海事诉讼特别法》第8条的规定，海事纠纷的当事人都是外国人、无国籍人、外国企业或者组织，当事人书面协议选择我国海事法院管辖的，即使与纠纷有实际联系的地点不在我国领域内，我国海事法院对该纠纷也具有管辖权。

依据《最高人民法院关于海事法院受理案件范围的规定》第79条的规定，因不服海事行政机关作出的涉及海上、通海可航水域或者港口内的船舶、货物、设备设施、海运集装箱等财产的行政行为而提起的行政诉讼案件，属于海事法院受案范围，由海事法院专门管辖。船舶检验合同的相关内容如果涉及法定检验，因该类检验具有行政协议的性质，此时应依据《行政诉讼法》《最高人民法院关于审理行政协议案件若干问题的规定》的相关规定确定有管辖权的海事法院。

【法律适用】

船舶检验合同如果不涉及法定检验，属于平等主体之间的财产争议，应适用《民法典》合同编的有关规定。如果具有涉外因素，则首先还应依据《涉外民事关系法律适用法》第41条的规定确定合同准据法，即当事人可以协议选择合同适用的法律。当事人没有选择的，适用履行义务最能体现该合同特征的一方当事人经常居所地法律或者其他与该合同有最密切联系的法律。

如果争议与法定检验有关，则应适用《最高人民法院关于审理行政协议案件若干问题的规定》的规定或其他相关规定。

【确定该案由应当注意的问题】

如果当事人争议的船舶检验合同涉及法定检验，依据《最高人民法院关于海事法院受理案件范围的规定》第79条的规定，海事法院已经可以受理此类海事行政案件。因此类争议实质上不属于平等主体之间的民商事争议，在确定案由时，应根据《行政诉讼法》及其司法解释的相关规定予以确定。同理，《最高人民法院关于海事法院受理案件范围的规定》第80条至第85条涉及的行政争议在确定案由时，均应照此办理。

238. 海事请求担保纠纷

【释义】

海事请求人为保障其海事请求得以实现，很多时候会提出海事请求保全。海事法院根据海事请求人的申请，如认为应保障其海事请求的实现，对被请求人的财产所采取的强制措施。海事法院受理海事请求保全申请，可以责令海事请求人提供担保。海事请求人不提供的，驳回其申请。海事请求人申请海事请求保全错误的，应当赔偿被请求人或者利害关系人因此所遭受的损失。海事请求担保纠纷即是指海事请求人与被请求人之间与海事请求的保全担保相关的纠纷。

海事请求担保的方式包括海事请求保全、海事强制令、海事证据保全等程序中所涉及的担保。担保的方式为提供现金或者保证、设置抵押或者质押。海事请求人的担保应当提交给海事法院；被请求人的担保可以提交给海事法院，也可以提供给海事请求人。海事请求人提供的担保，其方式、数额由海事法院决定。被请求人提供的担保，其方式、数额由海事请求人和被请求人协商；协商不成的，由海事法院决定。海事请求人要求被请求人就海事请求保全提供担保的数额，应当与其债权数额相当，但不得超过被保全的财产价值。海事请求人提供担保的数额，应当相当于因其申请可能给被请求人造成的损失。具体数额由海事法院决定。担保提供后，提供担保的人有正当理由的，可以向海事法院申请减少、变更或者取消该担保。海事请求人请求担保的数额过高，造成被请求人损失的，应当承担赔偿责任。设立海事赔偿责任限制基金和先予执行等程序所涉及的担保，可以参照本章规定。海事请求保全执行后，有关海事纠纷未进入诉讼或者仲裁程序的，当事人就该海事请求，可以向采取海事请求保全的海事法院或者其他有管辖权的海事法院提起诉讼，但当事人之间订有诉讼管辖协议或者仲裁协议的除外。

【管辖】

根据《最高人民法院关于海事法院受理案件范围的规定》第 92 条、第 93 条、第 96 条的规定，起诉前就海事纠纷申请扣押船舶、船载货物、船用物料、船用燃油或者申请保全其他财产的案件，海事请求人申请财产保全错误或者请求担保数额过高引起的责任纠纷案件，以及因错误申请海事强制令、海事证据保全引起的责任纠纷案件，均属于海事法院的受案范围。此类案件都属于典型的海事案件。依据《海事诉讼特别程序法》第6条第2款第6项的规定，因海事担保纠纷提起的诉讼，由担保物所在地、被告住所地海事法院管辖；因船舶抵押纠纷提起的诉讼，还可以由船籍港所在地海事法院管辖。如果案件具有涉外因素，应适用《民事诉讼法》涉外编中的第259条、第265条的规定，以及最高人民法院关于海事法院地域管辖划分的相关规定，确定管辖的海事法院。

根据《海事诉讼特别程序法》第14条的规定，海事请求保全不受当事人之间关于该海事请求的诉讼管辖协议或者仲裁协议的约束。海事请求担保纠纷系基于海事请求保全而产生，相应地，海事请求担保纠纷也应不受当事人之间关于该海事请求的诉讼管辖协议或者仲裁协议的约束。

【法律适用】

海事请求担保纠纷，是指申请人因在诉前或诉中申请海事法院采取海事请求保全、海事强制令、海事证据保全等措施，就是否存在错误、是否需对被请求人或者利害关系人因此所遭受的损失进行赔偿而产生的纠纷。海事请求担保纠纷属于侵权纠纷。申请人是否担责，应根据侵权责任的一般构成要件进行分析，但又不能忽视其特殊性。

《海事诉讼特别程序法》第20条规定："海事请求人申请海事请求保全错误的，应当赔偿被请求人或者利害关系人因此所遭受的损失。"《民事诉讼法》第105条亦规定："申请有错误的，申请人应当赔偿被申请人因保全所遭受的损失。"《民法典》第1165条规定："行为人因过错侵害他人民事权益造成损害的，应当承担侵权责任。依照法律规定推定行为人有过错，其不能证明自己没有过错的，应当承担侵权责任。"第1166条规定："行为人造成他人民事权益损害，不论行为人有无过错，法律规定应当承担侵权责任的，依照其规定。"依据以上规定，一般侵权行为以过错为归责原则，法律有特殊规定的才适用过错推定或无过错责任原则。对于因申请财产保全错误侵害他人合法权益的，法律并未专门规定适用过错推定或者无过错责任原则，因此该行为属于一般侵权行为，应当适用过错责任原则，即申请保全错误一般需要考虑申请人主观是否存在过错，客观行为是否具有违法性、损害事实客观存在以及损害事实与申请行为之间具有因果关系为要件。如果案件的实体审理在事实查明、法律适用方面不同审级的法院、合议庭不同法官，以及相关审判组织在认识上尚且有争议，如要求申请人在案件审结之前甚至起诉之前即知晓实体裁判结果对其一定有利，对强制措施的申请一定正确，无疑是对申请人苛予了过于严格的注意义务要求。因此，如果仅以保全申请人的诉讼请求是否得到支持作为判断申请保全是否错误的依据，对当事人申请保全所应尽到的注意义务可能过于严苛，并有可能不利于善意当事人依法通过诉讼保全程序维护自己的合法权益。

【确定该案由应当注意的问题】

确定本案由时，应注意海事担保合同纠纷和海事请求担保纠纷两个案由之间的区别。海事请求担保纠纷主要是当事人因申请海事强制措施，包括海事请求保全、海事强制令、海事证据保全等措施而提供担保所引发的纠纷。而海事担保合同纠纷主要是当事人从事海商交易中为担保债权人债权的清偿，因担保合同的签订、履行、变更和终止而产生的纠纷。

239. 海上、通海水域运输重大责任事故责任纠纷

【释义】

海上、通海水域运输重大责任事故责任纠纷，是指因在海上、通海水域从事运输活动，或其他作业的过程中，给他人人身、财产，以及海上、通海水域环境等造成重大损害或其他重大不良后果而引起的损害赔偿纠纷。海上、通海水域运输重大责任的具体事故形态多样。以《最高人民法院关于海事法院受理案件范围的规定》第 1 条至第 5 条、第 7 条、第 65 条至第 66 条所列举的情形为例，海上、通海水域运输重大责任事故引起的纠纷，具体形式可包括船舶碰撞损害责任纠纷案件，包括浪损等间接碰撞的损害责任纠纷案件；船舶触碰海上、通海可航水域、港口及其岸上的设施或者其他财产的损害责任纠纷案件，包括船舶触碰码头、防波堤、栈桥、船闸、桥梁、航标、钻井平台等设施的损害责任纠纷案件；船舶损坏在空中架设或者在海底、通海可航水域敷设的设施或者其他财产的损害责任纠纷案件；船舶排放、泄漏、倾倒油类、污水或者其他有害物质，造成水域污染或者他船、货物及其他财产损失的损害责任纠纷案件；船舶的航行或者作业损害捕捞、养殖设施及水产养殖物的责任纠纷案件；船舶航行、营运、作业等活动侵害他人人身权益的责任纠纷案件；污染海洋环境、破坏海洋生态责任纠纷案件；污染通海可航水域环境、破坏通海可航水域生态责任纠纷等。

【管辖】

海上、通海水域运输重大责任事故责任纠纷属于海事侵权案件，由海事法院专门管辖。关于案件的地域管辖，《海事诉讼特别程序法》

第6条第2款第1项规定，因海事侵权行为提起的诉讼，除依照《民事诉讼法》第29条至第31条的规定以外，还可以由船籍港所在地海事法院管辖。海上、通海水域运输重大责任事故责任纠纷应依据该规定确定相应管辖规则。之后再根据最高人民法院关于各海事法院管辖区域划分的相关规定，确定相应的海事法院。

如果具有涉外因素，案件的管辖适用《民事诉讼法》第24章的规定；《民事诉讼法》第24章没有规定的，适用《海事诉讼特别程序法》第6条第2款第1项、第2项的规定和《民事诉讼法》的其他有关规定。

《民事诉讼法》第34条规定，合同或者其他财产权益纠纷的当事人可以书面协议选择被告住所地、合同履行地、合同签订地、原告住所地、标的物所在地等与争议有实际联系的地点的人民法院管辖，但不得违反本法对级别管辖和专属管辖的规定。对于侵权纠纷能否协议选择管辖法院，如果是一般的海事侵权涉及财产权益纠纷的，当事人协议选择管辖法院，似并不违反《民事诉讼法》第34条的规定。但是，本案由涉及海上、通海水域运输过程中的重大责任事故责任纠纷，从相关事故对环境的影响、案件审理的方便等角度考虑，不宜赋予此类案件当事人协议选择管辖法院的选择权。

海上、通海水域运输过程中发生重大责任事故后，往往涉及相关人员或经营单位行政责任甚至刑事责任的承担，从而可能发生民事赔偿责任、行政处罚责任甚至刑事责任的交叉问题。在确定案由时，应以当事人的诉请为基础，充分考虑三种责任性质在责任构成上的不同，准确确定案由和案件的处理路径。如果当事人提出刑事控告的，相关控告可能应移送有管辖权的司法机关。如果当事人对相关具体行政行为不服的，依据《最高人民法院关于海事法院受理案件范围的规定》第79条的规定，因不服海事行政机关作出的涉及海上、通海可航水域或者港口内的船舶、货物、设备设施、海运集装箱等财产的行政行为而提起的行政诉讼案件，属于海事法院的受案范围，应查明和认定当事人诉请针对的具体行政行为是否属于规定第79条调整的范围。

【法律适用】

海上、通海水域运输重大责任事故责任纠纷属于侵权纠纷。当事人以侵权提起诉讼后，如果案件不具有涉外因素，该侵权之诉可适用《民法典》侵权责任编的一般规定以及最高人民法院的相关司法解释；如果案件具有涉外因素，且重大责任事故涉及的是船舶碰撞损害赔偿，依据《海商法》第273条的规定，船舶碰撞的损害赔偿，适用侵权行为地法律。船舶在公海上发生碰撞的损害赔偿，适用受理案件的法院所在地法律。同一国籍的船舶，不论碰撞发生于何地，碰撞船舶之间的损害赔偿适用船旗国法律。另外，根据《海商法》第268条的规定，我国缔结或者参加的国际条约同本法有不同规定的，适用国际条约的规定；但是，我国声明保留的条款除外。我国法律和我国缔结或者参加的国际条约没有规定的，可以适用国际惯例。适用外国法律或者国际惯例，不得违背我国的公共利益。若案件的法律适用存在应适用条约的情形，关于国际条约和当事人约定应适用的法律两者之间的相互关系，根据最高人民法院第107号指导案例，应优先适用条约的规定，条约没有规定的内容，适用合同中约定适用的法律。如果重大责任事故表现为其他形态而非船舶碰撞，则应依据《涉外民事关系法律适用法》第44条的规定确定纠纷应适用的法律。侵权责任，适用侵权行为地法律，但当事人有共同经常居所地的，适用共同经常居所地法律。侵权行为发生后，当事人协议选择适用法律的，按照其协议。

海上、通海水域运输重大责任事故责任纠纷案的审理，可能还需要了解相关具有行政管理性质的法律或行政法规的规定。例如，《安全生产法》规定，负有安全生产监督管理职责的部门对责任事故进行调查后，如认为事故构成生产安全事故，可以对主要负责人和生产经营单位处以罚款。应注意的是，在行政主管机关对主要负责人和生产经营单位处以罚款后，如仍应承担相关民事赔偿责任的，其赔偿数额不应因行政处罚的数额而予以扣减或抵销。

另外，根据《安全生产法》第53条的规定，因生产安全事故受到损害的从业人员，除依法享有工伤保险外，依照有关民事法律尚有获得赔偿的权利的，仍有权向本单位提出赔偿要求。

【确定该案由应当注意的问题】

确定本案由时，应注意与相关案由如船舶碰撞损害责任纠纷、船舶触碰损害责任纠纷的相互关系。如果海上、通海水域运输过程中，事故形态表现为船舶碰撞、船舶触碰，但未造成重大责任事故，也不应以本案由作为审理案件的案由，仍应分别确定为船舶碰撞损害责任纠纷、船舶触碰损害责任纠纷。亦即船舶碰撞损害责任纠纷、船舶触碰损害责任纠纷不以造成重大责任事故这一后果为必要。

《最高人民法院关于海事法院受理案件范围的规定》第1条至第5条、第7条、第65条、第66条所列举的纠纷，系海上、通海水域运输重大责任事故责任纠纷可能表现出的具体情形，而非具体案由。当出现所列举的这些情形时，不应以规定所列具体情形作为案件案由，案由仍应确定为海上、通海水域运输重大责任事故责任纠纷。

240. 港口作业重大责任事故责任纠纷

【释义】

港口作业，通常是指港口接受作业委托人的委托，对运抵或运离港口的各类货物进行装卸、驳运、仓储或保管、装拆集装箱等进行操作。在作业过程中给他人人身、财产、港口周遭环境等造成重大损害或其他重大不良后果而引起的损害赔偿纠纷，即为港口作业重大责任事故责任纠纷。

【管辖】

依据《最高人民法院关于海事法院受理案件范围的规定》第75条的规定，港口作业纠纷案件属于海事法院受案范围。港口作业重大责任事故责任纠纷属于海事案件，由海事法院专门管辖。关于案件的地域管辖，《海事诉讼特别程序法》第7条第1项规定，因沿海港口作业纠纷提起的诉讼，由港口所在地海事法院管辖。港口作业重大责任事故责任纠纷应依据该规定确定相应管辖规则。依据《民事诉讼法》第33条第2项规定，因港口作业中发生纠纷提起的诉讼，由港口所在地人民法院专属管辖。关于《民事诉讼法》第33条第2项与《海事诉讼特别程序法》第7条第1项的关系，首先，如果是沿海港口作业纠纷提起的诉讼，解释论上，《民事诉讼法》第33条第2项所指的人民法院是指沿海港口所在地的海事法院。其次，如果港口作业纠纷并非发生于沿海的港口，而发生在长江沿岸港口或其他与海相同的水域的港口，则《海事诉讼特别程序法》第7条第1项的规定不能涵盖此类情形，应以《民事诉讼法》第33条第2项为依据，再根据最高人民法院关于各海事法院管辖区分划分的相关规定，确定相应的海事法院。

另外，此类案件具有专属管辖的性质，因此不属于《民事诉讼法》第34条所规定的可以协议管辖的范畴。如果当事人就此类案件协议选择港口所在地以外的法院管辖，不论所选择的是海事法院还是其他法院，因其选择违背了案件专属管辖的规定而应归于无效。

港口作业过程中发生重大责任事故后，往往涉及相关人员或经营单位行政责任甚至刑事责任的承担，从而可能发生民事赔偿责任、行政处罚责任甚至刑事责任的交叉问题。在确定案由时，应以当事人的诉请为基础，充分考虑三种责任性质在责任构成上的不同，准确确定案由和案件的处理路径。如果当事人提出刑事控告的，相关控告可能应移送有管辖权的司法机关。如果当事人对相关具体行政行为不服的，依据《最高人民法院关于海事法院受理案件范围的规定》第79条的规定，因不服海事行政机关作出的涉及海上、通海可航水域或者港口内的船舶、货物、设备设施、海运集装箱等财产的行政行为而提起的行政诉讼案件，属于海事法院的受案范围，应查明和认定当事人诉请针对的具体行政行为是否属于规定第79条调整的范围。

【法律适用】

港口作业重大责任事故责任纠纷属于侵权纠纷。当事人以侵权提起诉讼后，如果案件不具有涉外因素，该侵权之诉可适用《民法典》侵权责任编的一般规定，以及最高人民法院的相关司法解释；如果案件具有涉外因素，首先应依据《涉外民事关系法律适用法》第44条的规定确定纠纷应适用的法律。侵权责任，适用侵权行为地法律，但当事人有共同经常居所地的，适用共同经常居所地法律。侵权行为发生后，当事人协议选择适用法律的，按照其协议。

港口作业重大责任事故责任纠纷案的审理，可能还需要了解相关具有行政管理性质的法律或行政法规的规定。例如，《安全生产法》规定，负有安全生产监督管理职责的部门对责任事故进行调查后，如认为事故构成生产安全事故，可以对主要负责人和生产经营单位处以罚款。应注意的是，在行政主管机关对主要负责人和生产经营单位处以罚款后，如仍应承担相关民事赔偿责任的，其赔偿数额不应因行政处罚的数额而予以扣减或抵销。

另外，根据《安全生产法》第53条的规定，因生产安全事故受到损害的从业人员，除依法享有工伤保险外，依照有关民事法律尚有获得赔偿的权利的，仍有权向本单位提出赔偿要求。

【确定该案由应当注意的问题】

确定以该案由作为所审理案件的案由时，应注意该案由与港口作业纠纷的关系，详见241. 港口作者纠纷中的“确定案由应当注意的问题”。

241. 港口作业纠纷

【释义】

港口作业，通常是指港口接受作业委托人的委托，对运抵或运离港口的各类货物进行装卸、驳运、仓储或保管、装拆集装箱等进行操作。因此而发生的纠纷为港口作业纠纷。港口作业纠纷可以分为两类：一类是在港口对货物进行装卸、驳运、仓储或保管、装拆集装箱等作业过程中，港口经营人或作业委托人因违反港口作业合同而发生的违约纠纷；另一类是相关人员在操作港口作业机械、设备过程中造成港口设施损坏或者给他人人身、财产损害发生的损害赔偿纠纷。

港口对货物进行装卸、驳运、仓储或保管、装拆集装箱等作业前，通常会与委托方订立港口作业合同。港口作业合同的双方为港口经营人和作业委托人。在作业合同中，作业委托人有时还指定从港口经营人处接收货物的货物接收人。作业合同的主要条款包括：作业委托人、港口经营人和货物接收人的名称；作业项目；货物名称、件数、重量、体积；作业费用及结算方式；货物交接的时间和地点；包装方式、识别方式；船名、航次；起运港、到达港；违约责任和争议解决办法等。当事人以港口经营人违反作业合同约定对货物造成损失请求港口经营人承担违约责任，以及港口经营人以作业委托人违反约定不依约支付作业费用的，属于港口作业合同纠纷。

相关人员在港口作业过程中造成港口设施损坏或者给他人人身、财产损害发生的纠纷，则属于港口作业过程中发生的侵权纠纷。如果造成的他人人身、财产损害构成重大责任事故，则构成港口作业重大责任事故责任纠纷。

【管辖】

依据《最高人民法院关于海事法院受理案件范围的规定》第75条的规定，港口作业纠纷案件属于海事法院受案范围。港口作业纠纷属于典型的海事案件，由海事法院专门管辖。关于案件的地域管辖，《海事诉讼特别程序法》第7条第1项规定，因沿海港口作业纠纷提起的诉讼，由港口所在地海事法院管辖。依据《民事诉讼法》第33条第2项规定，因港口作业中发生纠纷提起的诉讼，由港口所在地人民法院专属管辖。关于《民事诉讼法》第33条第2项与《海事诉讼特别程序法》第7条第1项的关系，首先，如果是沿海港口作业纠纷提起的诉讼，解释论上，《民事诉讼法》第33条第2项所指的人民法院是指沿海港口所在地的海事法院。其次，如果港口作业纠纷并非发生于沿海的港口，而发生在长江沿岸港口或其他与海相同的水域的港口，则《海事诉讼特别程序法》第7条第1项的规定不能涵盖此类情形，应以《民事诉讼法》第33条第2项为依据，再根据最高人民法院关于各海事法院管辖区分划分的相关规定，确定相应的海事法院。

另外，此类案件具有专属管辖的性质，因此不属于《民事诉讼法》第34条所规定的可以协议管辖的范畴。如果当事人就此类案件协议选择港口所在地以外的法院管辖，不论所选择的是海事法院还是其他法院，因其选择违背了案件专属管辖的规定而应归于无效。

【法律适用】

当事人以违约提起诉讼。如果案件不具有涉外因素，可直接依据《海商法》、《民法典》合同编，以及相关司法解释确定当事人之间的权利义务。如果案件具有涉外因素，则首先还应依据《海商法》第269条、《涉外民事关系法律适用法》第41条的规定确定合同准据法，即当事人可以协议选择合同适用的法律。当事人没有选择的，适用履行义务最能体现该合同特征的一方当事人经常居所地法律或者其他与该合同有最密切联系的法律。

当事人以侵权提起诉讼。如果案件不具有涉外因素，该侵权之诉可适用《民法典》侵权责任编的一般规定以及最高人民法院的相关司法解释；如果案件具有涉外因素，首先应依据《涉外民事关系法律适用法》第44条的规定确定纠纷应适用的法律。侵权责任，适用侵权行为地法律，但当事人有共同经常居所地的，适用共同经常居所地法律。侵权行为发生后，当事人协议选择适用法律的，按照其协议。

【确定该案由应当注意的问题】

海事司法实践中，有的法院将与港口、码头工程建设相关的测绘、设计、建设、监理等合同定性为港口作业纠纷。应注意到，依据《最高人民法院关于海事法院受理案件范围的规定》第55条的规定，海洋、通海可航水域工程建设（含水下疏浚、围海造地、电缆或者管道敷设以及码头、船坞、钻井平台、人工岛、隧道、大桥等建设）纠纷案件属于海事法院受案范围。现有海事海商案由中还包括码头建造合同纠纷。因与港口、码头工程建设相关的测绘、设计、建设、监理等合同的订立、变更、履行、终止等引发的争议，合同内容多与工程建设相关，与港口对货物进行装卸、驳运、仓储或保管、装拆集装箱等作业无关，此时应将案件案由确定为码头建造合同纠纷而非港口作业纠纷，不应混淆码头建造合同与港口作业这两类不同的纠纷。

确定以本案由作为所审理案件的案由时，应注意该案由与港口作业重大责任事故责任纠纷的关系。港口作业重大责任事故责任纠纷属于港口作业纠纷中的特殊案件类型。按照适用规则，当事人之间的争议属于港口作业重大责任事故范畴的，应适用“港口作业重大责任事故责任纠纷”，而不适用本案由。

242. 共同海损纠纷

【释义】

共同海损，是指在同一海上航程中，船舶、货物和其他财产遭遇共同危险，为了共同安全，有意地合理地采取措施所直接造成的特殊牺牲、支付的特殊费用。共同海损应当由受益方按照各自的分摊价值的比例分摊。根据我国《海商法》的规定，成立共同海损必须具备如下要件：

（1）船舶、货物或其他财产在同一海上航程中遭遇共同危险。空载航行的船舶，以及危险仅仅威胁到某一方的利益而作出的牺牲或发生的费用，缺乏船货面临共同危险这一要素，不属于共同海损的范畴。而且，危险必须是真实存在的，不能是系基于船长的主观臆测、错误判断。（2）所采取的措施必须是有意的和合理的。所谓有意的，是指船长对于采取某种措施将导致船舶或货物的损害在主观上是明知的，但为避免船货的共同危险而不得不采取相关措施。所谓措施必须合理，是指措施系以最小的牺牲和费用换取最大的安全效果。囿于判断措施是否合理时认识的局限性，不排除共同海损措施中含有不合理的成分，在共同海损分摊时，应扣除不合理的部分，而非完全排除共同海损的分摊。（3）受益方应当按照各自的分摊价值的比例分摊共同海损。共同海损分摊价值，是因共同海损措施的采取而受益的包括船舶、货物、运费等在内的财产价值，以及因遭受共同海损损失而将获得的补偿的金额的总和。凡因共同海损措施而受益的财产，都应进行估价，并以此为基础分摊他人因共同海损措施而遭受的损失。依据《海商法》第263条的规定，有关共同海损分摊的请求权，时效期间为1年，自理算结束之日起计算。（4）采取共同海损措施必须要有效果。船长采取共同海损措施是为了保全或部分保全船货或其他财产，如果虽经采取措施某一财产仍损失殆尽，即财产所有人并未因该措施的采取而受益，则不能要求其用该航程之外的其他财产分摊他人的损失。

近年来，因为承运人对船员过失的免责、规则的解释、理算的高昂费用和耗时费力、分摊的款项收取问题、小额的共同海损问题，使得共同海损理算原则已经成为相当令人不满的问题。随着近 300 年来保险和海上保险的出现使得共同海损已经成为冗余。因为共同海损中包含了风险，因而所有各有关方现在都对共同海损分摊投保了责任险。从长远看，一方面，虽然共同海损范围在逐渐缩小，但共同海损还将继续存在并继续发挥其功能；另一方面，对共同海损的质疑还将继续。①

【管辖】

依据《最高人民法院关于海事法院受理案件范围的规定》第 74 条的规定，共同海损纠纷案件属于海事法院受案范围。对该类案件的管辖海事诉讼特别程序法并无特殊规定，但《民事诉讼法》第 32 条规定，因共同海损提起的诉讼，由船舶最先到达地、共同海损理算地或者航程终止地的人民法院管辖。因共同海损案件属于海事法院专门管辖，因此该类案件应由船舶最先到达地、共同海损理算地或者航程终止地相应的有管辖权的海事法院管辖。依据《海事诉讼特别程序法》第 91 条的规定，当事人就同一海损事故向受理共同海损案件的海事法院提起非共同海损的诉讼，以及对共同海损分摊向责任人提起追偿诉讼的，海事法院可以合并审理。

该类案件属于当事人可以协议选择管辖法院的案件，当事人可以依据《民事诉讼法》第 34 条和《海事诉讼特别程序法》第 91 条的规定，就被告住所地、合同履行地、合同签订地、原告住所地、标的物所在地、船舶最先到达地、共同海损理算地或者航程终止地书面协议

① ［加］威廉·台特雷：《国际海商法》，张永坚等译，法律出版社 2005 年版，第 321～324 页。

选择有管辖权的海事法院。另外，依据《海事诉讼特别法》第8条的规定，海事纠纷的当事人都是外国人、无国籍人、外国企业或者组织，当事人书面协议选择我国海事法院管辖的，即使与纠纷有实际联系的地点不在我国领域内，我国海事法院对该纠纷也具有管辖权。

【法律适用】

如果案件不具有涉外因素，审理涉及共同海损纠纷案件的法律依据主要是海商法中关于共同海损的有关规定。如果案件具有涉外因素，根据《海商法》第274条的规定，共同海损理算，适用理算地法律。另外，根据《海商法》第268条的规定，我国法律和我国缔结或者参加的国际条约没有规定的，可以适用国际惯例。适用外国法律或者国际惯例，不得违背我国的公共利益。欧洲代表性海运国家的航运、保险、理算界代表制定的《约克－安特卫普》规则经过一百多年实践，已经成为国际航运界和保险界普遍接受的规则，已经成为航运惯例。各海运国家的共同海损理算机构也分别制定了自己的理算规则，我国贸促会也制定了《北京理算规则》。①

【确定该案由应当注意的问题】

短时间内共同海损制度不会完全被保险所取代，航运实务界人士预测，在21世纪，国际社会将致力于共同海损制度的简化，有观点认为应进一步适度发挥保险制度的功能，在保险单中规定“小额共同海损条款”或“共同海损吸收条款”，即对共同海损金额较小的案件，船方可不向货主请求分摊共同海损，转而依照和保险人的事先约定，由保险人依约定予以赔偿，以避免耗时费力的海损理算工作。② 如果涉及与保单“小额共同海损条款”或“共同海损吸收条款”有关的争

① 参见司玉琢主编：《海商法》，法律出版社2003年版，第313～314页。

② 司玉琢：《海商法专论》，中国人民大学出版社2007年版，第501页。

议，在确定案由时，应确定为海上、通海水域保险合同纠纷而非共同海损纠纷。

243. 海洋开发利用纠纷

【释义】

20世纪60年代以来，随着地球上陆地资源的衰竭、生态环境的恶化、人类对海洋资源价值的发现、海洋科学技术的进步，海洋经济的概念被正式提出，相关开发利用活动日益频繁。从经济学的角度来看，海洋开发利用活动主要涵盖海洋渔业、海洋油气业、海洋矿业、海洋盐业、海洋船舶工业、海洋交通运输业、滨海旅游业及其他海洋新兴产业如海水淡化产业、潮汐发电产业等，另外，海洋化工、海洋生物医药、海洋工程建筑等也纳入了海洋经济统计范围。随着科学技术的不断发展，海洋开发利用活动必将日益广泛深入。

从目前海事司法实践的角度，将经济学意义上的所有与海洋开发利用活动相关的纠纷全部纳入海事法院受案范围并不合乎实际，依据《最高人民法院关于海事法院受理案件范围的规定》第53条、第54条、第56条的规定，海事司法意义上的海洋开发利用纠纷主要包括海洋、通海可航水域能源和矿产资源勘探、开发、输送纠纷案件，海水淡化和综合利用纠纷案件，以及海岸带开发利用相关纠纷。

【管辖】

依据《最高人民法院关于海事法院受理案件范围的规定》第53条、54条、56条的规定，海洋、通海可航水域能源和矿产资源勘探、开发、输送纠纷案件，海水淡化和综合利用纠纷案件，以及海岸带开发利用相关纠纷案件都属于海事法院受案范围，由海事法院专门管辖。

海洋开发利用纠纷的类型多种多样，既可能是合同纠纷，也可能是侵权纠纷，既可能符合一般地域管辖的特点，也可能具有特殊地域管辖的特征。有些争议当事人可依据《民事诉讼法》第34条的规定，约定有管辖权的海事法院，有些纠纷可能不属于可约定的范畴。具体情况应依据个案事实、当事人的诉请等最终予以确定。

【法律适用】

海洋开发利用纠纷的类型的多样性，使得相关案件的法律适用也因个案具体情况而异。如果案件不具有涉外因素，《民法典》物权编、合同编、侵权责任编，以及《公司法》《外商投资法》等相关法律以及相应法规的规定均有被适用的可能。如果案件具有涉外因素，有些争议可依据《涉外民事关系法律适用法》第41条的规定确定合同准据法，即当事人可以协议选择合同适用的法律。当事人没有选择的，适用履行义务最能体现该合同特征的一方当事人经常居所地法律或者其他与该合同有最密切联系的法律。有些争议的法律适用则排除了当事人意思自治的空间。例如，如果争议涉及中外合作勘探开发海洋自然资源合同的订立、履行、变更或终止等，根据《民法典》合同编中的第467条的规定，应适用我国的法律。又如，能源和矿产资源勘探、开发、输送纠纷，以及海水淡化和综合利用纠纷、海岸带开发利用纠纷涉及公共卫生安全、环境安全的，法律适用方面，依据《最高人民法院关于适用〈中华人民共和国涉外民事关系法律适用法〉若干问题的解释（一）》当事人不能通过约定排除适用、无需通过冲突规范指引而直接适用我国相关法律、行政法规的规定。

【确定该案由应当注意的问题】

在《最高人民法院关于海事法院受理案件范围的规定》第53条、第54条、第56条中所规定的海洋、通海可航水域能源和矿产资源勘探、开发、输送纠纷案件，海水淡化和综合利用纠纷案件，以及海岸带开发利用相关纠纷，根据目前的案由规定，均应确定为海洋开发利用纠纷。因海洋、通海可航水域能源和矿产资源勘探、开发、输送，海水淡化和综合利用，以及海岸带开发利用引发的纠纷类型多样，涉及的法律关系纷繁复杂，是否应在海洋开发利用纠纷之下，将因海洋、通海可航水域能源和矿产资源勘探、开发、输送，海水淡化和综合利用，以及海岸带开发利用引发的纠纷设为海洋开发利用纠纷下的第四级案由，可以留待将来进一步研究探讨。

244. 船舶共有纠纷

【释义】

船舶共有，是指两个或两个以上自然人、法人或者非法人组织对同一船舶或数艘船舶共同享有船舶物权，包括共同享有对船舶的所有权、对船舶的用益物权或者对船舶的担保物权的权益。其中最为典型的是对船舶所有权的共有，包括对船舶所有权的按份共有和共同共有。就纠纷类型而言，船舶共有纠纷可分对当事人对船舶共有权的确认纠纷，共有人对共有船舶的分割而引发的纠纷，以及共有人对共有船舶优先购买权的纠纷。

从物权法角度看，共有是一种典型的物权法律关系。产生船舶共有纠纷的重要原因之一，在于船舶共有权登记不实，进而影响船舶共有关系的认定。此时应准确把握船舶等特殊动产登记对抗制的法律意义。在登记对抗制下，未经登记仅不具有对抗善意第三人的法律效力，在实际的权利人和登记的权利人之间，如果相关证据可以确定船舶物权并非属于登记的权利人，应认定船舶物权属于实际的权利人。但如果第三人基于船舶的登记状况而与登记的权利人发生了交易，且根据法律规定的要件可确定该第三人确属善意，则应保护该善意第三人的权利。实践中，船舶共有权的认定问题大多源自船舶共有关系内部各共有人之间对于共有权有无、所占份额多寡的实体争议，较少涉及外部效力问题。

船舶共有纠纷案件审理的一大难点是，由非专业人员负责船舶合伙体财务收支和记账工作，导致财务账目混乱的情况在实务中相当普遍。相关财务账目的审定与核算，是审理这类案件的难点所在。应准确把握证据规则的相关规定对案件的法律事实予以查明。

【管辖】

依据《最高人民法院关于海事法院受理案件范围》第 68 条的规定，船舶所有权、船舶优先权、船舶留置权、船舶抵押权等船舶物权纠纷案件属于海事法院的受案范围，船舶共有纠纷属于船舶所有权、船舶优先权、船舶留置权、船舶抵押权之下的纠纷形式的一种，船舶共有纠纷自属于海事法院专门管辖的范畴。依据《海事诉讼特别程序法》第 6 条第 2 款第 7 项的规定，因海船的船舶所有权、占有权、使用权纠纷提起的诉讼，由船舶所在地、船籍港所在地、被告住所地海事法院管辖。如果共有纠纷涉及船舶抵押权的，依据《海事诉讼特别程序法》第 6 条第 2 款第 6 项的规定，还可以由船籍港所在地海事法院管辖。其中船舶所在地指起诉时船舶的停泊地或者船舶被扣押地。

该类案件属于当事人可以协议选择管辖法院的案件，因此，当事人可以依据《民事诉讼法》第 34 条规定的相关管辖连接点，就被告住所地、合同履行地、合同签订地、原告住所地、标的物所在地书面协议选择有管辖权的海事法院管辖。另外，依据《海事诉讼特别法》第 8 条的规定，海事纠纷的当事人都是外国人、无国籍人、外国企业或者组织，当事人书面协议选择我国海事法院管辖的，即使与纠纷有实际联系的地点不在我国领域内，海事法院对该纠纷也具有管辖权。

如果是因船舶登记机关工作人员失误，导致登记错误造成他人损失的，如果构成海事行政诉讼，此类海事行政诉讼也属于海事法院受案范畴，应依据《行政诉讼法》及相应司法解释的规定，确定管辖的海事法院。

【法律适用】

如果案件不具有涉外因素，船舶共有纠纷可以直接以《海商法》《民法典》物权编的相关规定作为确定当事人权利义务关系的依据。《海商法》《民法典》和《船舶登记条例》均规定，船舶登记采用登记对抗制，未经登记不得对抗第三人。在法律适用时应充分注意船舶这一类特殊动产采登记对抗制这一公示方法，与不动产登记、动产占有等公示方法的不同之处。

关于物权和债权的关系，我国立法已经采取物债两分原则，如果案件审理需要对作为引起物权变动原因的相关债权行为进行查明和认定，可能还涉及适用《民法典》合同编或其他章节的相关内容。

如果案件具有涉外因素，还应依据相应冲突规范确定应适用的法律。依据《海商法》第267条、第271条的规定，船舶所有权的取得、转让和消灭，适用船旗国法律。船舶抵押权适用船旗国法律。船舶在光船租赁以前或者光船租赁期间，设立船舶抵押权的，适用原船舶登记国的法律。如果争议还涉及其他类型的船舶共有争议，还应依涉外民事关系法律适用法的相应条款确定应适用的法律。另外，根据《海商法》第268条的规定，我国缔结或者参加的国际条约同本法有不同规定的，适用国际条约的规定；但是，我国声明保留的条款除外。我国法律和我国缔结或者参加的国际条约没有规定的，可以适用国际惯例。适用外国法律或者国际惯例，不得违背我国的公共利益。若案件存在应适用国际公约的情形，关于国际公约和当事人约定应适用的法律两者之间的相互关系，参照最高人民法院第107号指导案例，应优先适用国际公约的规定，国际公约没有规定的内容，适用合同中约定适用的法律。

涉“三无”船舶的船舶权属纠纷问题。“三无”船舶是指无船名船号、无船舶证书、无船籍港的船舶。《海上交通安全法》《船舶登记条例》等法律法规均规定，船舶应当经依法登记取得相关登记证书后方可在我国沿海和通海可航水域内航行和运营，未经依法登记的“三无”船舶不得从事航行和运营活动。国务院曾明文规定，对于海上航行、停泊的“三无”船舶，一经查获，一律没收，并可对船主处以罚款。目前，“三无”船舶合伙经营的情况仍然存在，不仅有损法律威严，也影响正常的海上生产作业与航行秩序，社会危害性较大，由此引发的船舶权属纠纷，审理过程中应加以注意。

涉船舶登记信息错误导致当事人权益受损纠纷的法律适用问题。在涉及船舶登记信息瑕疵导致当事人权益受损时，因登记机关对于船舶登记信息是否真实、合法、全面仅负有形式审查义务，因此还应注意区分是申请登记的人故意提交虚假材料所致，还是登记机关工作人员与申请登记人串通所致。如果是前者，实质性赔偿责任应由申请登记的人承担。

【确定该案由应当注意的问题】

从物权法角度看，共有是一种典型的物权法律关系。产生船舶权属纠纷的重要原因之一，在于船舶权属登记不实，进而影响船舶权属关系的认定。此时应准确把握船舶等特殊动产登记对抗制的法律意义。在登记对抗制下，未经登记仅不具有对抗善意第三人的法律效力，在实际的权利人和登记的权利人之间，如果相关证据可以确定船舶物权并非属于登记的权利人，应认定船舶物权属于实际的权利人。但如果第三人基于船舶的登记状况而与登记的权利人发生了交易，且根据法律规定的要件可确定该第三人确属善意，则应保护该善意第三人的权利。

应注意区分船舶权属纠纷与船舶买卖合同纠纷、船舶建造合同纠纷、船舶抵押合同纠纷、船舶租用合同等纠纷的关系。船舶买卖合同、船舶建造合同、船舶租用合同等可能系船舶权属纠纷中应查明的引起物权设立、变动、终止的原因，在确定具体个案的案由时，应注意当事人的诉讼请求，从其具体的诉讼请求出发，确定案件的案由。如果当事人仅以合同为依据，请求对方承担违约责任，则案件案由应属于相关的合同纠纷。如果原告的诉请虽涉及相关的合同，但落脚点在于寻求对相关物权的确认、保护，则应定为权属纠纷。相关合同则系船舶物权设立、变动、终止的原因事实，与合同有关的事实虽需要查明甚至予以认定，但不宜以相关合同作为确定全案案由的依据。

还应注意区分借贷法律关系与合伙出资共同建造船舶形成的共有关系。在沿海某些地区，民间多层级合股集资建造、经营船舶的现象相当普遍。其基本特征主要体现为多层级合股集资造船、合伙造船和挂靠造船等形式。受资金链断裂以及航运业阶段性下行的影响，因民间多层级合股集资建造、经营船舶引发的中下层级船舶投资者要求偿还借款或返还投资款的纠纷时有发生，此时应对相关法律关系的性质准确加以把握。

最后，确定以该案由作为所审理案件的案由时，应注意与船舶权属纠纷的关系。严格说来，船舶共有纠纷系船舶权属纠纷下的子案由，在当前案由规定尚将两者作为并列的第三级案由予以列明的情况下，如果在具体个案中，当事人之间的争议确实可以进一步细化为船舶共有的问题，在目前案由规定的体系下，仍应以船舶共有纠纷作为案件的案由。

245. 船舶权属纠纷

【释义】

船舶权属纠纷，是指与船舶物权有关的纠纷。具体而言，可以大致划分为如下几类：

1. 涉及船舶物权确权的纠纷

包括对船舶所有权的确权纠纷；对船舶担保物权的确权纠纷。例如，对船舶抵押权、船舶留置权的确认和行使纠纷等；船舶优先权虽只是一种被赋予优先保护效力的特定的海事债权，并非严格意义上的船舶物权，但因其对特定海事债权的保护力度强于船舶所有权人的所有权、船舶担保物权人的担保物权，因此，在案由归类上，对于涉及船舶优先权确认的纠纷，依现行法也可归于船舶权属纠纷。

2. 涉及船舶物权保护的纠纷

主要涉及船舶物权受侵害时，权利人依据法律所提供的物权保护方法请求保护形成的纠纷，包括返还船舶纠纷，排除针对船舶的妨害、消除针对船舶的危险、对船舶恢复原状、因船舶受损而提起的损害赔偿纠纷。涉及船舶占有保护的纠纷也属此类。例如，依据船舶租用合同合法占有船舶，但其占有被侵害，承租人请求返还船舶、排除对其合法占有的妨害、消除对其合法占有的危险、承租人因船舶受损无法占有、使用船舶收益受损而形成的纠纷等。

3. 涉及船舶物权登记的纠纷

例如，因申请人故意向船舶登记机关提供虚假材料，致使船舶登记机关的登记内容存在错误，给他人造成损失而引起的民事赔偿纠纷；船舶登记申请人与船舶登记机关工作人员恶意串通导致登记内容错误，造成他人损失的纠纷等。

【管辖】

依据《最高人民法院关于海事法院受理案件范围的规定》第 68 条规定，船舶所有权、船舶优先权、船舶留置权、船舶抵押权等船舶物权纠纷案件属于典型的海事海商案件，应由海事法院专门管辖。依据《海事诉讼特别程序法》第 6 条第 2 款第 6 项和第 7 项的规定，因海事担保纠纷提起的诉讼，由担保物所在地、被告住所地海事法院管辖；因船舶抵押纠纷提起的诉讼，还可以由船籍港所在地海事法院管辖；因海船的船舶所有权、占有权、使用权、优先权纠纷提起的诉讼，由船舶所在地、船籍港所在地、被告住所地海事法院管辖。其中船舶所在地指起诉时船舶的停泊地或者船舶被扣押地。

该类案件属于当事人可以协议选择管辖法院的案件，因此，当事人可以依据《民事诉讼法》第 34 条规定的相关管辖连接点，就被告住所地、合同履行地、合同签订地、原告住所地、标的物所在地书面协议选择有管辖权的海事法院管辖。另外，依据《海事诉讼特别法》第 8 条的规定，海事纠纷的当事人都是外国人、无国籍人、外国企业或者组织，当事人书面协议选择我国海事法院管辖的，即使与纠纷有实际联系的地点不在我国领域内，我国海事法院对该纠纷也具有管辖权。

如果是因船舶登记机关工作人员失误，导致登记错误造成他人损失的，如果构成海事行政诉讼，此类海事行政诉讼也属于海事法院受案范畴，应依据《行政诉讼法》及相应司法解释的规定，确定管辖的海事法院。

【法律适用】

如果案件不具有涉外因素，船舶权属纠纷可以直接以《海商法》、《民法典》物权编的相关规定作为确定当事人权利义务关系的依据。依据《海商法》《民法典》《船舶登记条例》均规定，船舶登记采用登记对抗制，未经登记不得对抗第三人。在法律适用时应充分注意船舶这一类特殊动产采登记对抗制这一公示方法，与不动产登记、动产占有等公示方法的不同之处。

关于物权和债权的关系，我国立法已经采取物债两分原则，如果案件审理需要对作为引起物权变动原因的相关债权行为进行查明和认定，可能还涉及适用《民法典》合同编或其他章节的相关内容。

如果案件具有涉外因素，还应依据相应冲突规范确定应适用的法律。依据《海商法》第 270 条、第 271 条的规定，船舶所有权的取得、转让和消灭，适用船旗国法律。船舶抵押权适用船旗国法律。船舶在光船租赁以前或者光船租赁期间，设立船舶抵押权的，适用原船舶登记国的法律。如果争议还涉及其他类型的船舶物权争议，还应依涉外民事关系法律适用法的相应条款确定应适用的法律。另外，根据《海商法》第268条的规定，我国缔结或者参加的国际条约同本法有不同规定的，适用国际条约的规定；但是，我国声明保留的条款除外。我国法律和我国缔结或者参加的国际条约没有规定的，可以适用国际惯例。适用外国法律或者国际惯例，不得违背我国的公共利益。若案件存在应适用公约的情形，关于公约和当事人约定应适用的法律两者之间的相互关系，参照最高人民法院第107号指导案例，应优先适用公约的规定，公约没有规定的内容，适用合同中约定适用的法律。

涉“三无”船舶的船舶权属纠纷问题。“三无”船舶是指无船名船号、无船舶证书、无船籍港的船舶。根据我国《海上交通安全法》《船舶登记条例》等法律法规均规定，船舶应当经依法登记取得相关登记证书后方可在我国沿海和通海可航水域内航行和运营，未经依法登记的“三无”船舶不得从事航行和运营活动。国务院曾明文规定，对于海上航行、停泊的“三无”船舶，一经查获，一律没收，并可对船主处以罚款。目前，“三无”船舶合伙经营的情况仍然存在，不仅有损法律威严，也影响正常的海上生产作业与航行秩序，社会危害性较大，由此引发的船舶权属纠纷，审理过程中应加以注意。

涉船舶登记信息错误导致当事人权益受损纠纷的法律适用问题。在涉及船舶登记信息瑕疵导致当事人权益受损时，因登记机关对于船舶登记信息是否真实、合法、全面仅负有形式审查义务，因此还应注意区分船舶登记信息错误是申请登记的人故意提交虚假材料所致，还是登记机关工作人员与申请登记人串通所致。如果是前者，实质性赔偿责任应由申请登记的人承担。

【确定该案由应当注意的问题】

从物权法角度看，共有是一种典型的物权法律关系。产生船舶权属纠纷的重要原因之一，在于船舶权属登记不实，进而影响船舶权属关系的认定。此时应准确把握船舶等特殊动产登记对抗制的法律意义。在登记对抗制下，未经登记仅不具有对抗善意第三人的法律效力，在实际的权利人和登记的权利人之间，如果相关证据可以确定船舶物权并非属于登记的权利人，应认定船舶物权属于实际的权利人。但如果第三人基于船舶的登记状况而与登记的权利人发生了交易，且根据法律规定的要件可确定该第三人确属善意，则应保护该善意第三人的权利。

此外，还应注意区分船舶权属纠纷与船舶买卖合同、船舶建造合同、船舶抵押合同、船舶租用合同等纠纷的关系。船舶买卖合同、船舶建造合同、船舶租用合同等可能系船舶权属纠纷中应查明的引起物权设立、变动、终止的原因，在确定具体个案的案由时，应注意当事人的诉讼请求，从其具体的诉讼请求出发，确定案件的案由。如果当事人仅以合同为依据，请求对方承担违约责任，则案件案由应属于相关的合同纠纷。如果原告的诉请虽涉及相关的合同，但落脚点在于寻求对相关物权的确认、保护，则应定为权属纠纷。相关合同则系船舶物权设立、变动、终止的原因事实，与合同有关的事实虽需要查明甚至予以认定，但不宜以相关合同作为确定全案案由的依据。

246. 海运欺诈纠纷

【释义】

传统民法上的欺诈以主观故意为要件，即一方当事人故意告知对方虚假情况或者故意隐瞒真实情况，诱使对方当事人作出错误意思表示。海运欺诈除了相关事实多具航运背景这一特殊情形外，其他构成要件与民法上的欺诈并无本质区别，即均存在欺诈方具有欺诈的故意并实施了欺诈行为，被欺诈方因陷入错误认识而作出违背其真意的意思表示的情形。海运欺诈纠纷，是指从事海上货物运输及国际贸易等活动的相关方因实施欺诈行为造成他方损失形成的纠纷。

海运欺诈的主要情形包括承运人制造虚假海运单证、皮包公司的承运人使用鬼船骗取货物、非法绕航、通过沉船骗取保险等手段。从欺诈者实施欺诈的对象看，可以分为船东、承租人对货方实施的欺诈；船东对保险人、承租人、买船人、银行实施的欺诈；买卖一方对另一方、船东 、承租人、银行或保险人实施的欺诈；承租人对船东实施的欺诈；被保险人实施的欺诈；银行与买方合谋对卖方实施的欺诈；卖方与船东合谋对收货人实施的欺诈。从海事欺诈行为上看，可以分为单证欺诈，即欺诈者利用海事和国际贸易程序中的单证所进行的欺诈，包括预借提单、倒签提单，以及伪造跟单信用证所要求的提单、保险单、卖方发票、装箱单、厂家证书等；租船合同方面的欺诈，即卖方、船东或二船东利用租船合同进行的欺诈；保险方面的欺诈；船舶所有权方面的欺诈，包括卖船欺诈和非法将船舶转移占有；非法绕航方面的欺诈；其他诸如非提单持有人凭担保函骗取货物，船方发现货物包装破损会影响货物质量或明知货物质量、数量有问题，却凭发货人的担保函签发清洁提单，或使用“密封的信封圈套”（Sealed EnvelopeT-rick）欺诈船东等。① 其中船东对货方实施的所谓鬼船欺诈，是指承运人通常在对船舶管理松散和缺乏监督的方便旗国家对船舶进行注册，在与托运人订立合同后改变航线，在异地抛售货物后，再通过伪造船舶证书、油漆船身等方法使原船从法律和物理形态上消失，然后再以新身份进行欺诈的船舶。其实质就是利用鬼船身份窃取托运人的货物以牟取非法收益的行径。②

① 张湘兰、王怀宇：《预防与控制国际海事欺诈法律机制研究》，载《现代法学》2000 年第 4 期。

② 刘丽：《国际海事欺诈之鬼船欺诈研究》，载《黑龙江省政法管理干部学院学报》2011 年第 1 期。

【管辖】

依据《最高人民法院关于海事法院受理案件范围的规定》第77条的规定，海运欺诈纠纷案件属于典型的海事案件，应由海事法院专门管辖。欺诈属于典型的侵权行为，依据《海事诉讼特别程序法》第6条第2款第1项的规定，因海事侵权行为提起的诉讼，除依照《民事诉讼法》① 第28条至第30条的规定以外，还可以由船籍港所在地海事法院管辖。至于各海事法院的管辖区域，则应依最高人民法院的相关规定予以确定。

如果具有涉外因素，案件的管辖适用《民事诉讼法》第24章的规定；《民事诉讼法》第24章没有规定的，适用《海事诉讼特别程序法》第6条第2款第1项、第2项的规定和《民事诉讼法》的其他有关规定。

该类案件属于当事人可以协议选择管辖法院的案件，因此，当事人可以依据《民事诉讼法》第34条规定的相关管辖连接点，就被告住所地、合同履行地、合同签订地、原告住所地、标的物所在地书面协议选择有管辖权的海事法院管辖。

【法律适用】

海运欺诈纠纷往往具有涉外因素。如果具有涉外因素，因欺诈属于侵权行为，首先应依据《涉外民事关系法律适用法》第44条的规定确定纠纷应适用的法律。侵权责任，适用侵权行为地法律，但当事人有共同经常居所地的，适用共同经常居所地法律。侵权行为发生后，当事人协议选择适用法律的，按照其协议。如果案件不具有涉外因素，审理海运欺诈纠纷案件可适用《海商法》相关规定、《民法典》侵权

① 指2012年《民事诉讼法》。

责任编的一般规定，以及最高人民法院的相关海事司法解释。例如，如果与收货人串通，承运人无单放货，也可适用《最高人民法院关于审理无正本提单交付货物案件适用法律若干问题的规定》等。

【确定该案由应当注意的问题】

从广义的角度，参与航运不同交易环节的相关各方实施的前述欺诈行为而形成的纠纷，均属于海运欺诈纠纷。但就具体个案确定案由时，应注意如果原告所提交的证据能证明被告在主观状态上存在欺诈的故意，实施了欺诈的行为，即可以海运欺诈纠纷确定案由。但由于欺诈属于一种主观状态，证明较为困难，在当事人难以就欺诈进行举证的情况下，当事人可能更多选择以违约提起诉讼，例如，以存在无单放货、不合理绕航、货物毁损或短少等具体情形为由，诉请判令承运人因违反海上、通海水域货物运输合同而承担违约责任，此时案由确定为海上、通海水域货物运输合同纠纷更为妥当。因此，前述列举的一些海事欺诈类型可以被其他案由所吸收。

247. 海事债权确权纠纷

【释义】

申请海事债权确权，是指海事法院发布强制拍卖船舶公告、发布设立海事赔偿责任限制基金的公告后，债权人在公告期间向海事法院提交书面申请，并提供相关债权证据，包括判决书、裁定书、调解书、仲裁裁决书或者公证债权文书，以及其他证明具有海事请求的证据材料等，向发布公告的海事法院申请债权登记。对提供债权证据的，海事法院裁定准予登记；对不提供债权证据的，海事法院裁定驳回申请。海事法院对债权人提供的债权证据的真实合法性进行审查后，裁定予以确认或不予确认。如果在申请债权登记时，债权人提供的是其他海事请求证据，则该债权人应当在办理债权登记后，向海事法院提起确权诉讼。当事人之间有仲裁协议的，应当及时申请仲裁。海事法院对确权诉讼作出的判决、裁定具有法律效力，当事人不得提起上诉。对外国法院、国外仲裁机构或者公证机构作出的司法文书、仲裁裁决或者公证债权文书，是否承认其效力，依照我国与相关国家缔结的司法协助国际条约、共同参加的国际公约或者互惠原则处理。海事法院认为承认和执行该裁判文书或者公证债权文书违背我国社会公共利益的，则裁定不予承认和执行。

【管辖】

海事债权确权纠纷是典型的海事案件，根据《最高人民法院关于海事法院受理案件范围的规定》第 100 条的规定，即与拍卖船舶或者设立海事赔偿责任限制基金（含油污损害赔偿责任限制基金）相关的债权登记与受偿案件，以及第 108 条规定的申请执行与海事纠纷有关的公证债权文书案件，均应由海事法院专门管辖。

海事债权确权纠纷案件涉及前后相互衔接的多个程序，不同的程序应依据相应的管辖规则确立管辖法院。

申请设立海事赔偿责任限制基金，依据《海事诉讼特别程序法》第 102 条和第 103 条的规定，当事人在起诉前申请设立海事赔偿责任限制基金的，应当向事故发生地、合同履行地或者船舶扣押地海事法院提出。设立海事赔偿责任限制基金，不受当事人之间关于诉讼管辖协议或者仲裁协议的约束；在债权登记前，债权人已向受理债权登记的海事法院以外的海事法院起诉的，依据《最高人民法院关于适用〈中华人民共和国海事诉讼特别程序法〉若干问题的解释》第 89 条的规定，受理案件的海事法院应当将案件移送至登记债权的海事法院一并审理，但案件已经进入二审的除外。如果是责任人在诉讼中申请设立海事赔偿责任限制基金的，则应当依据《最高人民法院关于审理海事赔偿责任限制相关纠纷案件的若干规定》第3条的规定，向受理相关海事纠纷案件的海事法院提出。相关海事纠纷由不同海事法院受理，责任人申请设立海事赔偿责任限制基金的，应当依据诉讼管辖协议向最先立案的海事法院提出；当事人之间未订立诉讼管辖协议的，向最先立案的海事法院提出。设立海事赔偿责任限制基金以后，当事人就有关海事纠纷应当向设立海事赔偿责任限制基金的海事法院提起诉讼，但当事人之间订有诉讼管辖协议或者仲裁协议的除外。

债权人向发布公告的法院提供的是判决书、裁定书、调解书、仲裁裁决书或者公证债权文书，以及其他证明具有海事请求的证据材料等债权证据的，由发布公告的海事法院对相关债权证据的真实性合法性进行审查；债权人提供的是其他海事请求证据的，应当在办理债权登记以后，在受理债权登记的海事法院提起确权诉讼。当事人之间有仲裁协议的，应当及时申请仲裁。

【法律适用】

海事债权确权纠纷是具有鲜明的程序性特征的案件，其法律适用主要是一些程序性规则，主要包括《海事诉讼特别程序法》第10章关于海事债权确权程序的相关规定，以及最高人民法院相关的司法解释，例如，《最高人民法院关于审理海事赔偿责任限制相关纠纷案件的若干规定》《最高人民法院关于扣押与拍卖船舶适用法律若干问题的规定》等。

【确定该案由应当注意的问题】

确定该案由应当注意，首先，海事法院裁定强制拍卖船舶的公告发布后，债权人应当在公告期间就与被拍卖船舶有关的债权申请登记。此处所指与被拍卖船舶有关的债权，是指与被拍卖船舶有关的海事债权，即带有海事请求权性质的债权，而非一般债权。其次，海事债权确权程序的特殊之处在于，在该程序中海事法院并非对相关的海事债权重新进行审理，而是对当事人提交的作为债权申报依据的判决书、裁定书、调解书、仲裁裁决或公证债权文书等材料的真实性合法性进行审查，经审查认定前述债权申报依据真实性合法性的，即裁定对海事债权予以确认。如果债权人提供的是其他海事请求证据，则应当在办理债权登记以后，在受理债权登记的海事法院提起确权诉讼。海事法院对确权诉讼作出的判决、裁定具有法律效力，当事人不得提起上诉。当事人之间有仲裁协议的，应当及时申请仲裁。因此，在确定该案由时，应充分注意此类案件所具有的对有些债权证据系做程序性审查、有些系做实体确权审理的以一审终审为原则，需要判定碰撞船舶过失程度比例的，则当事人对海事法院作出的判决、裁定可以提起上诉。

第八部分　与公司、证券、保险、票据等有关的民事纠纷

与公司、证券、保险、票据等有关的民事纠纷，在理论上其实就是商事纠纷，因为《公司法》《票据法》《保险法》等是典型的商法，考虑到我国民事法律制度目前采取“民商合一”的立法体制和大民事审判的司法格局，2020 年《民事案件案由规定》对该部分没有以“商事纠纷”作为第一级案由，而是定名为“与公司、证券、保险、票据等有关的民事纠纷”。

本部分所列的民事案件案由，首先是围绕与企业改制、企业经营或者企业破产有关的、与合伙企业有关的、与公司这一特定民事主体有关的各类民事纠纷，从民事法律关系的主体上加以列举，例如，“与企业有关的纠纷”“与公司有关的纠纷”“合伙企业纠纷”以及“与破产有关的纠纷”；其次是将金融资本市场最为常见的证券、期货、信托、保险、票据、信用证纠纷按照法律关系的性质加以命名；最后是“与破产有关的纠纷”项下的“申请破产清算”“申请破产重整”“申请破产和解”三个案由，实为特别程序案件。

二十、与企业有关的纠纷

与企业有关的纠纷是调整非公司制法人法律制度而设立的第二级案由。其项下包括了 14 个第三级案由和 4 个第四级案由，主要涉及与企业改制、企业经营相关的民事纠纷。2020 年《民事案件案由规定》，对与企业有纠纷的 14 个案由没有作出修正，需要注意的是，其法律适用条文，对照《民法典》已经作出相应调整。

个别案由的法律依据已废止，比如联营相关纠纷，考虑到审判实

践的需要，对案由予以保留。

248. 企业出资人权益确认纠纷

【释义】

企业出资人权益确认纠纷，是指企业出资人之间或者企业出资人与企业之间就出资权益是否存在或者持有比例多少发生争议时，出资人（自然人、法人或者非法人组织）诉请人民法院确认其享有企业一定出资权益的纠纷。

出资人权益是指企业（包括国有企业和其他所有制类型企业在内）出资方在企业中享有的资产收益、重大决策以及选择经营管理者等权利。该权益内容由法律规定和企业章程来确定。

对于国有企业的出资人，《民法典》第257条规定了国家出资的企业出资人制度：国家出资的企业，由国务院、地方人民政府依照法律、行政法规规定分别代表国家履行出资人职责，享有出资人权益。《公司法》第64条第2款明确了国有独资公司是由国家单独出资、由国务院或地方人民政府授权本级人民政府国有资产监督管理机构履行出资人职责的有限责任公司。《企业国有资产监督管理暂行条例》相关条文规定了国家实行由国务院和地方人民政府分别代表国家履行出资人职责。国务院及各级人民政府分别设立国有资产监督管理机构。国有资产监督管理机构根据授权，依法履行出资人职责，依法对企业国有资产进行监督管理。国务院代表国家对关系国民经济命脉和国家安全的大型国有及国有控股、国有参股企业、重要基础设施和重要自然资源等领域的国有及国有控股、国有参股企业，履行出资人职责。

对于非国有企业的出资人，《民法典》第268条也规定，国家、集体和私人依法可以出资设立有限责任公司、股份有限公司或者其他企业。国家、集体和私人所有的不动产或者动产投到企业的，由出资人按照约定或者出资比例享有资产收益、重大决策以及选择经营管理者等权利并履行义务。《公司法》第15条规定，公司可以向其他企业投资；但是，除法律另有规定的外，不得成为对所投资企业的债务承担连带责任的出资人。此外，《中小企业促进法》第50条规定，国家保护中小企业及其出资人的财产权和其他合法收益。任何单位和个人不得侵犯中小企业财产及其合法收益。《最高人民法院关于审理与企业改制相关的民事纠纷案件若干问题的规定》（法释〔2003〕1号）第11条、第32条也对出资人的权利义务进行了规定。

【管辖】

因企业出资人权益确认纠纷提起的诉讼，适用一般地域管辖规则，依据《民事诉讼法》第21条的规定，由被告住所地人民法院管辖。

【法律适用】

处理企业出资人权益确认纠纷的法律依据主要是《民法典》第257条、第268条，《公司法》第15条、第32条第1款、第64条、第81条，《中小企业促进法》第50条，《企业国有资产监督管理暂行条例》第5条、第10条、第23条、第24条，《最高人民法院关于审理中央级财政资金转为部分中央企业国家资本金有关纠纷的通知》的相关规定。

【确定该案由应当注意的问题】

根据《民事诉讼法》关于诉的种类的划分，“企业出资人权益确认纠纷”属于确认之诉，即请求人民法院确认当事人之间一定法律关系或确认当事人相应民事权利的诉讼。在2011年《民事案件案由规定》起草过程中，有意见指出，涉及公司法人的出资人权益确认的纠纷可以适用“股权确认纠纷”案由，对于涉及非公司制法人的出资人的纠纷也应当设立相应的案由，因此，《民事案件案由规定》设立了“企业出资人权益确认纠纷”第三级案由。企业出资人权益确认之诉的目的在于确认当事人是否享有所争议的出资权益（包括资产收益、重大决策及选择管理者等权利），属于对财产权属的确认之诉。诉讼当事人应提供出资证明文件、公司章程和工商登记等证据材料来主张其权利。实践中存在着当事人之间约定由一方名义出资、一方实际出资的情形，实际出资人向企业主张权利的，需首先提起确权之诉。

249. 侵害企业出资人权益纠纷

【释义】

侵害企业出资人权益纠纷，是指所出资企业或者出资人侵犯企业其他出资人的合法投资及因投资取得的合法收益引起的纠纷。《中小企业促进法》第50条规定：国家保护中小企业及其出资人的财产权和其他合法收益。《企业国有资产监督管理暂行条例》第6条也规定，国务院，省、自治区、直辖市人民政府，设区的市、自治州级人民政府，分别设立国有资产监督管理机构。国有资产监督管理机构根据授权，依法履行出资人职责，依法对企业国有资产进行监督管理。第11条规定，所出资企业应当努力提高经济效益，对其经营管理的企业国有资产承担保值增值责任。所出资企业应当接受国有资产监督管理机构依法实施的监督管理，不得损害企业国有资产所有者和其他出资人的合法权益。

【管辖】

因侵害企业出资人权益纠纷提起的诉讼，依据《民事诉讼法》第

28条的规定，由侵权行为地或被告住所地人民法院管辖。

【法律适用】

处理侵害企业出资人权益纠纷的法律依据主要是《民法典》第257条、第268条，《公司法》第15条，《中小企业促进法》第50条，《企业国有资产监督管理暂行条例》第11条，《最高人民法院关于审理与企业改制相关的民事纠纷案件若干问题的规定》第11条、第32条的规定。

【确定该案由应当注意的问题】

判断是否存在侵害企业出资人权益行为，首先要确认企业出资人权益是否存在。因此，“企业出资人权益确认纠纷”与“侵害企业出资人权益纠纷”这两个案由是密不可分的。侵犯企业出资人权益的情形往往表现为，企业经营管理不规范，违反法律规定和企业章程规定，未履行使企业资产保值增值责任，损害出资人的合法权益，损害了出资人在企业享有的资产收益、重大决策和选择经营管理者等权利。

250. 企业公司制改造合同纠纷

【释义】

企业公司制改造，是指依照公司法和国有企业改制的相关规定，将企业改造为有限责任公司或者股份有限公司的法律行为。目前，企业公司制改造有两种改制方式：一是企业依据《公司法》整体改造为公司（包括企业整体改造为国有独资有限责任公司，或企业通过增资扩股、招募他人入股而整体改造为有限责任公司或者股份有限公司）；

二是企业依据《公司法》部分改造为公司。由此签订的合同称为企业公司制改造合同，因合同效力、合同履行等产生的纠纷称为企业公司制改造合同纠纷。

【管辖】

因企业公司制改造合同纠纷提起的诉讼，适用合同纠纷管辖规则，依据《民事诉讼法》第23条的规定，由被告住所地或者合同履行地人民法院管辖。

【法律适用】

处理企业公司制改造合同纠纷的法律依据主要是《全民所有制工业企业法》第2条、第18条，《全民所有制工业企业转换经营机制条例》第2条、第14条，《最高人民法院关于审理企业改制相关的民事纠纷案件若干问题的规定》第4条至第7条。人民法院在确认企业改制合同效力时，采取慎重原则。对当事人围绕企业改制所签订的合同，除合同内容违反法律、行政法规的强制性规定，应当确认合同无效外，原则上确认合同有效。

【确定该案由应当注意的问题】

企业公司制改造是根据《公司法》等有关法律、行政法规及相关政策，对企业产权制度进行改造。企业公司制改造是我国经济体制改革逐步深化的体现，尤其是国企改革是整个经济体制改革的中心环节。1984年10月，党的十二届三中全会通过的《中共中央关于经济体制改革的决定》提出了所有权与经营权分离的重要理论。1992年6月30日国务院第106次常务会议通过《全民所有制工业企业转换经营机制条例》，明确了企业转换经营机制的目标是：使企业适应市场的要求，成为依法自主经营、自负盈亏、自我发展、自我约束的商品生产和经营单位，成为独立享有民事权利和承担民事义务的企业法人。1993 年 11 月 14 日，中国共产党第十四届中央委员会第三次全体会议通过《中共中央关于建立社会主义市场经济体制若干问题的决定》，明确了关于建立社会主义市场经济体制的若干重大问题。1993 年《公司法》的颁布为建立现代企业模式提供了法律依据。党的十六大明确提出在今后一个时期要继续按照现代企业制度的要求，对国有大中型企业实行规范的公司制改造，完善法人治理结构；推进垄断企业改革，积极引入竞争机制；进一步放开搞活国有中小企业。自 2003 年 2 月 1 日实施的《最高人民法院关于审理与企业改制相关的民事纠纷案件若干问题的规定》第 4 条至第 7 条对企业公司制改造过程中原企业债务的承担方式问题作出了规定。第 4 条是关于企业依照《公司法》整体改造为国有独资有限责任公司后债务承担的规定；第 5 条是关于企业整体改造为有限责任公司或者股份有限公司后债务承担的规定；第 6 条是关于企业部分改造为公司后债务承担的规定；第 7 条是关于债务人借企业公司制改造逃债的处理规定。随着企业改革的逐步深入，其中存在的问题也逐步暴露，如企业改制不规范，没有严格按照程序进行；债务人借企业改制逃债等现象引发的相关民事纠纷案件逐年增多。因此，将“企业公司制改造合同纠纷”规定为第三级案由。

251. 企业股份合作制改造合同纠纷

【释义】

企业股份合作制改造，一般通过以下三种情形：一是由企业职工出资买断企业产权；二是企业向职工转让部分产权；三是企业通过职工增资扩股，将原企业改造成股份合作制企业。第一种情况，由企业职工出资买断企业产权，将企业改造为合作制企业，是指企业职工作为买受人整体买下企业，企业职工取代了原企业出资人的地位，企业职工既是企业股东，又是劳动者，从而将原企业改造为股份合作制企业，这是企业股份合作制改造的主要途径。第二种情况，企业向其职工转让部分产权，是指在保留原企业部分产权所有关系的基础上，将企业部分产权转让给企业职工，形成职工与企业原出资人共同持股，将企业改造为股份合作制企业。第三种情况，企业通过职工增资扩股，是指在原有企业资本基础上增加投资，通过企业职工出资，持有企业股份，改变企业资本构成，变企业单一投资主体为多元投资主体，将企业改造成股份合作制企业。

股份合作制既有股份制企业的资本性、营利性，又有合作制企业的互助性、民主性，结合了股份制与合作制的特点，自成一体，发展为一种具有中国特色的特殊企业形态。它的特点在于种种变化都发生在企业内部，产权转让给本企业的职工而并非对外转让，企业的法人资格并没有发生改变。由此签订的合同称为企业股份合作制改造合同，因合同效力、合同履行等产生的纠纷称为企业股份合作制改造合同纠纷。

【管辖】

因企业股份合作制改造合同纠纷提起的诉讼，适用合同纠纷管辖规则，依据《民事诉讼法》第23条的规定，由被告住所地或者合同履行地人民法院管辖。

【法律适用】

处理企业股份合作制改造合同纠纷的法律依据主要是《最高人民法院关于审理与企业改制相关的民事纠纷案件若干问题的规定》第8条至第11条，《轻工集体企业股份合作制试行办法》第2条至第4条，农业部《农民股份合作企业暂行规定》（1997年修改）第2条的规定。

【确定该案由应当注意的问题】

关于股份合作制改造，并无单行法律对其作出专门规定，具体规定都源于部门规章和地方性法规。例如，农业部《农民股份合作企业暂行规定》（1997 年修改）第 2 条对农民股份合作企业进行了规定："本暂行规定所称农民股份合作企业是指，由三户以上劳动农民，按照协议，以资金、实物、技术、劳力等作为股份，自愿组织起来从事生产经营活动，接受国家计划指导，实行民主管理，以按劳分配为主，又有一定比例的股金分红，有公共积累，能独立承担民事责任，经依法批准建立的经济组织。"《轻工集体企业股份合作制试行办法》也有相关规定，第 2 条规定："股份合作制是按照合作制原则，吸引股份制形式，兼有劳动联合和资金联合的一种企业经营组织形式。"第 3 条规定："股份合作制企业（以下简称企业）是劳动群众自愿组合，自筹资金，并以股份形式投入，财产属于举办该企业的劳动群众集体所有与按股所有相结合，实行集体占有，共同劳动，民主管理，按劳分配，按股分红的社会主义集体所有制经济组织。"《最高人民法院关于审理与企业改制相关的民事纠纷若干问题的规定》第 8 条至第 11 条对原企业债务在股份合作制改造之后的承担方式作出了明确规定。还需注意的是，企业股份合作制改造需履行如下程序：应取得职工代表大会、出资人和上级主管部门的同意，经过政府部门的审批。资产评估与产权界定、量化折股和登记。

252. 企业债权转股权合同纠纷

【释义】

债权转股权，是指债权人将其对债务人所享有的合法债权依法转变为对债务人的投资，增加债务人注册资本的行为，它产生债权债务关系消灭和股权法律关系产生两个法律后果。《民法典》第 543 条规定："当事人协商一致，可以变更合同。"债权转股权合同是双方当事人对原来的债权债务关系的协议变更，当一方当事人履行合同义务后对另一方享有债权时，另一方因无力履行原合同约定的义务，双方协议变更履行义务的方式，将债权作为对债务人的投资，由债权人通过对债务人持股，享有企业产权从而获利以折抵债务。债权转股权合同并不是新设立的法律关系，是在原合同的基础上对原合同内容所做的变更。目前，我国并存着两种债权转股权形式，一是国有企业政策性债权转股权；二是非政策性债权转股权。二者的主要区别在于，政策性债权转股权是国家决定剥离银行不良资产和解除国有企业负债的一种改革机制，依据国家政策划定可实施债转股企业的范围，由四大国有资产管理公司操作，并经国务院审批的行为，政策性债转股应当适用国务院有关部门的规定进行处理；而非政策性债转股是完全出于当事人的自由意志进行的民事法律行为。企业债权转股权合同效力、履行等发生的民事纠纷，即为企业债权转股权纠纷。

【管辖】

因企业债权转股权合同纠纷提起的诉讼，依据《民事诉讼法》第 23 条的规定，由被告住所地或者合同履行地人民法院管辖。

【法律适用】

股权的设立受《公司法》调整，因此，双方当事人在协议债权转股权时应当遵循《公司法》的有关规定。处理企业债权转股权合同纠纷的法律依据主要是《民法典》《证券法》的相关规定，以及《关于实施债权转股权若干问题的意见》《金融资产管理公司资产处置管理办法（修订）》《金融资产管理公司条例》第 16 条至第 23 条，《最高人民法院关于审理与企业改制相关的民事纠纷案件若干问题的规定》第14条至第16条的规定。

【确定该案由应当注意的问题】

国家为防范和化解金融风险，1999年4月，经国务院批准，国有商业银行组建成立了信达、东方、华融和长城四大金融资产管理公司，专门经营中国工商银行、中国银行、中国建设银行和中国农业银行等四家国有商业银行原有的不良信贷资产。通过银行（债权人）、相关国有企业（债务人）和资产管理公司的协议，使四家商业银行对债务人的债权转变为四家资产管理公司的债权。这是为世界上许多国家采用的鼓励债权人与债务企业配合，激励银行处理不良贷款的有效机制。需要注意的是，债权转股权合同需以原合同的存在为基础，债权应当是债权人对债务企业享有的、确定的、无争议的合法的债权，用于转让的股份是债务企业自身的，而不是债务企业对其他企业享有的股份。

债务人实施债转股是对个别债务的一种清偿方式，不是对一般债务的清偿程序。债转股与破产程序或者清算程序不同，破产程序或者清算程序是对一般债务的清算程序，对所有债权人一次性清偿完毕，债权人的地位和清偿标准都是相同的（有优先权的债权人除外）。债权转股权是债权人与债务企业之间的合同行为，是对个别债权人实施的债转股，债权人成为债务企业的股东，享有股东地位和权益。

253. 企业分立合同纠纷

【释义】

企业分立，是指一个企业依照有关法律规定或者合同约定，将企业依法变更为两个或两个以上企业的法律行为。企业分立包括存续分立和新设分立两种形式。存续分立是指原企业存续，其一部分分出设立一个或者一个以上的企业。新设分立是指原企业解散，分立出的各方（两个或者两个以上）分别设立为新的企业。当事人之间有关企业分立合同的签订、效力、履行等发生的纠纷为企业分立合同纠纷。

【管辖】

因企业分立合同纠纷提起的诉讼，根据《民事诉讼法》第23条的规定，由被告住所地或者合同履行地人民法院管辖。

【法律适用】

处理企业分立合同纠纷的法律依据主要是《民法典》总则编和合同编的相应规定，《全民所有制工业企业法》第18条，《全民所有制工业企业转换经营机制条例》第31条、第35条的规定，《最高人民法院关于审理与企业改制相关的民事纠纷案件若干问题的规定》第8条至第13条的规定。

【确定该案由应当注意的问题】

关于企业分立涉及债权转让和债务转移问题，《民法典》在总则编和合同编中作出了相应规定。第67条第2款原则性规定："法人分立的，其权利和义务由分立后的法人享有连带债权，承担连带债务，但是债权人和债务人另有约定的除外。"对于因债权人原因致债务履行发生困难的，《民法典》第529条规定了债务人可以选择中止履行和提存的情形。《民法典》合同编第6章关于"合同的变更和转让"规定，也适用于此类纠纷。另外，《全民所有制工业企业法》第18条规定："企业合并或者分立，依照法律、行政法规的规定，由政府或者政府主管部门批准。"《全民所有制工业企业转换经营机制条例》第

31 条规定："企业可以通过转产、停产整顿、合并、分立、解散、破产等方式，进行产品结构和组织结构调整，实现资源合理配置和企业的优胜劣汰。"第 35 条还规定："经政府批准，企业可以分立。企业分立时，应当由分立各方签订分立协议，明确划分分立各方的财产和债权债务等。"

254. 企业租赁经营合同纠纷

【释义】

根据国务院《全民所有制小型工业企业租赁经营暂行条例》的规定，全民所有制小型工业企业租赁经营，是指在不改变企业的全民所有制性质的条件下，实行所有权与经营权的分离，国家授权单位为出租方将企业有期限地交给承租方经营，承租方向出租方交付租金并依照合同规定对企业实行自主经营的方式。造成企业租赁经营合同纠纷常见的情形主要有出租方为履行相关义务、承租方拖欠租金等违约行为。

【管辖】

因企业租赁经营合同纠纷提起的诉讼，依据《民事诉讼法》第 23 条的规定，由被告住所地或者合同履行地人民法院管辖。

【法律适用】

处理企业租赁经营合同纠纷的法律依据主要是《民法典》《全民所有制小型工业企业租赁经营暂行条例》的相关规定。

【确定该案由应当注意的问题】

应当注意区别企业租赁经营与挂靠经营。一般意义上的挂靠经营是指经营主体（多为自然人、个体工商户、私营企业等）与另一经营主体（多为具备一定实力、信誉、资格的国有或者集体企业）约定，前者使用后者的名义进行经营活动，并向被挂靠企业支付一定的挂靠费用。实践中，挂靠企业对外经营活动发生的债务，一般由挂靠企业与被挂靠企业承担连带责任。而租赁企业发生的债务，则一般由租赁企业自身承担，与出租方无关。

255. 企业出售合同纠纷

【释义】

企业出售，是指双方协议将企业的所有权，而并非仅仅是经营权，转移给受让人的法律行为。通常是将企业的债权债务和职工安置等一系列事项一并转让给受让人。一般为国有小型企业出售，这是深化国企改革中出台的一项举措。企业出售方和购买方基于企业出售合同成立、效力、履行等发生的纠纷，即为企业出售合同纠纷。

【管辖】

因企业出售合同纠纷提起的诉讼，依据《民事诉讼法》第 23 条的规定，由被告住所地或者合同履行地人民法院管辖。

【法律适用】

处理企业出售合同纠纷的法律依据主要是《民法典》总则编及合

同编通则分编、《最高人民法院关于审理与企业改制相关的民事纠纷若干问题的规定》第 17 条至第 29 条的相关规定。

【确定该案由应当注意的问题】

国有小型企业出售，不同于一般买卖合同，有其特殊性和政策性。鉴于小型国有企业出售涉及对国有资产的处理和职工安置问题，必须要经过特殊程序的批准，《最高人民法院关于审理与企业改制相关的民事纠纷若干问题的规定》第 17 条明确了审批和批准是国有小型企业出售合同的生效要件。还应注意企业出售合同纠纷与企业租赁经营合同纠纷和挂靠经营合同纠纷的区别，企业出售转移的是企业的所有权，而非经营权。

256. 挂靠经营合同纠纷

【释义】

现行法律并未对挂靠经营的含义进行规定。一般意义上挂靠经营是指经营主体（多为自然人、个体工商户、私营企业）与另一经营主体（多为具备一定实力、信誉、资格的国有或者集体法人企业）协议约定，由挂靠方使用被挂靠企业的经营资格和凭证等进行经营活动，并向被挂靠企业提供挂靠费用的经营形式。挂靠经营一般是指以被挂靠企业的名义进行经营活动，同时支付一定的挂靠费用。实践中，挂靠企业对外经营活动发生的债权债务，一般由挂靠企业和被挂靠企业承担连带责任。

【管辖】

因企业挂靠经营合同纠纷提起的诉讼，依据《民事诉讼法》第 23

条的规定，由被告住所地或者合同履行地人民法院管辖。

【法律适用】

财政部、国家工商行政管理局、国家经济贸易委员会、国家税务总局《清理甄别“挂靠”集体企业工作的意见》（已于2011年2月21日废止）第2条规定了清理甄别“挂靠”集体企业的工作范围，“根据全国城镇集体企业清产核资的有关规定，凡在各级工商行政管理部门登记注册为城镇集体企业，但资本来源主要为个人或国有企业（单位）投资、合资、合作，其现有财产构成不属于集体性质为主，采取上交一定管理费（挂靠费）名义上由有关主管部门、企业（单位）、社会团体临时管理、委托管理或‘挂靠’管理等企业，均属此次清理甄别工作的范围。其中包括：（一）登记注册为集体但实际为私营（或个体）的企业。（二）登记注册为集体但实际为国有的企业。（三）登记注册为集体但实际为私营投资者共同投资举办和经营的个体联营或合伙企业。（四）登记注册为集体但实际为非国有经济与国有企业或单位投资举办的国有合资、合作或联营企业。（五）登记注册为集体但已名存实亡，有关‘挂靠’主管部门、企业单位、社会团体未督促在工商管理部门办理注销登记手续，仍对其承担管理责任的企业。（六）登记注册为集体但不具有企业法人资格的各类‘挂靠’社会团体或经营单位。（七）登记注册为集体但因原主管部门、企业（单位）、社会团体被撤销、合并、变更或划转其他单位临时‘代管’的‘挂靠’企业。（八）登记注册为集体但其财产关系不清的各类‘民营’等企业，以及其他类型的‘挂靠’企业。”对外经济贸易合作部、国家税务总局《关于重申规范进出口企业经营行为，严禁各种借权经营和挂靠经营的通知》（2000年9月7日施行）中规定：“一、各类进出口企业不得让其他企业以进出口企业名义对外签订进出口合同或以挂靠经营的方式从事进出口业务，对已经挂靠的企业要立即解除挂靠关系，不得继续经营。二、各级外经贸主管部门要加强对各类进出口企业的政策宣传和法制教育，要求企业自觉遵守国家的法律、法规，牢固树立守法经营的观念。对存在借权经营和挂靠经营问题的企业，要采取有效措施，坚决制止，责令其进行整顿并立即终止借权经营和挂靠经营。”

【确定该案由应当注意的问题】

现行法律对于挂靠经营并未进行专门的规定。实践中的挂靠经营形式繁多，如建筑施工队挂靠建筑公司、个体车辆挂靠有资质的出租汽车营运公司等。处理建设工程的“挂靠行为”，可以依照《建筑法》及相关司法解释的规定。挂靠经营是特定历史时期的现象，目前已不被允许。

257. 企业兼并合同纠纷

【释义】

企业兼并是指企业结合。在布莱克法律词典中解释为，包括企业合并、控股、营业转让、收购、干部兼任、租赁等形式实现的一个企业对另一个企业的控制，或者是企业之间的联合。因此，企业合并是企业兼并的下位概念。国家体改委、国家计委、财政部、国家国有资产管理局《关于企业兼并的暂行办法》（〔89〕体改经38号）第1条规定：“企业兼并是指一个企业购买其他企业的产权，使其他企业失去法人资格或改变法人实体的一种行为。”严格地说，企业兼并不是法律上的概念。企业兼并是我国国有企业改制、建立现代企业制度的过程中被广泛运用的一种途径。围绕企业兼并合同的效力、履行所发生的各种纠纷适用本案由。

【管辖】

因企业兼并合同纠纷提起的诉讼，依据《民事诉讼法》第23条的规定，由被告住所地或者合同履行地人民法院管辖。

【法律适用】

处理企业兼并纠纷的法律依据主要是《最高人民法院关于审理与企业改制相关的民事纠纷案件若干问题的规定》第30条至第35条。《全民所有制工业企业转换经营机制条例》第16条明确了企业享有联营、兼并权。根据国家体改委、国家计委、财政部、国家国有资产管理局《关于企业兼并的暂行办法》第4条的规定，企业兼并主要有以下几种形式：（1）承担债务式，即在资产与债务等价的情况下，兼并方以承担被兼并方债务为条件接收其资产；（2）购买式，即兼并方出资购买被兼并方企业的资产；（3）吸收股份式，即被兼并企业的所有者将被兼并企业的净资产作为股金投入兼并方，成为兼并方企业的一个股东；（4）控股式，即一个企业通过购买其他企业的股权，达到控股，实现兼并。关于当事人的列置，《民事诉讼法解释》第63条规定，企业法人合并的，因合并前的民事活动发生的纠纷，以合并后的企业为当事人；企业法人分立的，因分立前的民事活动发生的纠纷，以分立后的企业为共同诉讼人。

【确定该案由应当注意的问题】

应当注意区分企业合并与企业兼并这两个易混淆的概念。如前文所述，企业兼并是企业合并的上位概念，企业合并是企业兼并中企业结合最牢固的形式。以收购形式实现对企业控股的属于企业兼并，不同于企业合并，两者主要区别在于：（1）企业控股是企业收购形式，属于企业股东行为；企业合并是企业行为，但需经股东大会决议同意。（2）企业控股不发生被控股企业主体资格的消灭，企业合并导致被吸收企业或者合并各方（新设合并）主体资格消灭。（3）企业控股的法律后果仅为被控股企业股权发生变动，该企业资产和负债不发生转移；企业合并的法律后果是参与合并的企业可不经清算而消灭，消灭的企业资产和负债概括性地转移至存续企业或新设企业。

258. 联营合同纠纷

【释义】

联营是指企业法人之间或企业法人与事业单位法人之间通过协议或者章程而进行经济联合的组织形式，当事人以此达成的协议称为联营合同。联营企业属于营利法人中的其他企业法人。根据《企业法人登记管理条例》第2条的规定，具备法人条件的下列企业，应当依照本条例的规定办理企业法人登记：（1）全民所有制企业；（2）集体所有制企业；（3）联营企业；（4）在中华人民共和国境内设立的中外合资经营企业、中外合作经营企业和外资企业（现统称为外商投资企业）；（5）私营企业；（6）依法需要办理企业法人登记的其他企业。上述这些企业法人，如果不是按照公司法成立的公司法人，没有采用公司法人的组织结构，则属于“其他企业法人”。联营可以分为法人型联营、合伙型联营和合同型联营三种类型。

【管辖】

一般认为，法人型联营合同纠纷案件，由法人联营体的主要办事机构所在地人民法院管辖。合伙型联营合同纠纷案件，依据《民事诉讼法解释》第5条的规定，由合伙型联营体注册登记地人民法院管辖。

合同型联营合同纠纷案件，由被告住所地人民法院管辖。

由联营体主要办事机构所在地或联营体注册登记地人民法院管辖确有困难的，如法人型联营体已经办理了注销手续，合伙型联营体应经工商部门注册登记而未办理注册登记，或者联营期限届满已经解体的，可由被告住所地人民法院管辖。

【法律适用】

处理联营合同纠纷的法律依据主要是《民法典》总则编和合同编通则分编的相关规定，《全民所有制工业企业转换经营机制条例》第16条的相关规定。

【确定该案由应当注意的问题】

根据法律相关规定，联营可分为以下三种类型：

一是法人型联营，是指企业法人之间或企业法人与事业单位法人之间以财物、资金、技术等出资并组成新的经济实体，在具备法人条件，能独立承担民事责任时，经工商行政管理机关核准登记，取得法人资格。此种类型纠纷，成立符合《公司法》条件的联营体的，联营方之间发生纠纷的，实体法也适用《公司法》规定，确定案由时可以适用“联营合同纠纷”案由，也可以适用第二级案由“与公司有关的纠纷”项下的案由。成立非公司法人联营体的，适用“联营合同纠纷”第三级案由。

二是合伙型联营，是指企业法人之间或企业法人与事业单位法人之间共同出资、共同经营，但不具备法人条件，联营各方以各自所有的或者经营管理的财产承担民事责任。如果依照法律规定或者协议约定负连带责任的，则承担连带责任。对于申请登记并领取营业执照的合伙型联营，联营方之间发生纠纷的，实体法适用《合伙企业法》，确定案由时可以适用“联营合同纠纷”案由，也可以适用“合伙企业纠纷”案由。没有登记的，实体法不能适用《合伙企业法》，确定案由时应适用“联营合同纠纷”案由。

三是合同型联营，即松散型联营，这是指企业法人之间或企业法人与事业单位法人之间按照协议约定相互协作但各自独立经营，联营各方的权利义务由联营协议加以约定，各自独立承担民事责任。此种类型纠纷按照合同基础法律关系确定案由即可。

259. 企业承包经营合同纠纷

（1）中外合资经营企业承包经营合同纠纷
（2）中外合作经营企业承包经营合同纠纷
（3）外商独资企业承包经营合同纠纷
（4）乡镇企业承包经营合同纠纷

【释义】

企业承包经营是一种企业经营模式。企业承包经营合同，是指企业根据所有权与经营权分离的原则，确定企业所有权人与企业经营者之间的权利义务关系的合同。

中外合资经营企业承包经营合同，是指中外合资经营企业与承包者订立的将中外合资经营企业的全部或部分经营管理权在一定期限内交给承包者，由承包者对中外合资经营企业进行经营管理的合同。该合同当事人因合同的订立、履行、变更以及终止而产生的纠纷，即中外合资经营企业承包经营合同纠纷。

中外合作经营企业承包经营合同，是指中外合作经营企业与承包者订立的将中外合作经营企业的全部或部分经营管理权在一定期限内交给承包者，由承包者对中外合作经营企业进行经营管理的合同。该合同当事人因合同的订立、履行、变更以及终止而产生的纠纷，即中外合作经营企业承包经营合同纠纷。

外商独资企业承包经营合同，是指承包者与外商独资经营企业签订的由承包者经营管理外商独资企业的合同。该合同当事人因合同的订立、履行、变更以及终止而产生的纠纷，即外商独资企业承包经营合同纠纷。

乡镇企业承包经营合同，是指在坚持社会主义劳动群众集体所有制的前提下，按照所有权与经营权分离的原则，为确定劳动群众集体经济组织与企业的责权利关系而在双方之间订立的合同。

【管辖】

企业承包经营合同纠纷，适用合同纠纷案件管辖的一般规定。依据《民事诉讼法》第 23 条的规定，因合同纠纷提起的诉讼，由被告住所地或者合同履行地的人民法院管辖。

如果案件系涉外案件，则应当根据《民事诉讼法》第 24 章的规定确定管辖。根据《民事诉讼法》第 265 条的规定，如果被告在我国领域内没有住所，则我国领域内的合同签订地、我国领域内的合同履行地、我国领域内的诉讼标的物所在地、被告在我国领域内可供扣押财产所在地、被告在我国领域内设立的代表机构，可以由合同签订地，合同履行地、诉讼标的物所在地、可供扣押财产所在地、侵权行为地或者代表机构住所地人民法院管辖。根据《民事诉讼法》第 34 条的规定，当事人可以书面选择与争议有实际联系的地点的法院管辖，选择我国法院管辖的，不得违反《民事诉讼法》关于级别管辖和专属管辖的规定。

根据《民事诉讼法解释》第 522 条的规定，当事人一方或双方是外国人、无国籍人、外国企业或组织的；当事人一方或者双方的经常居住地在我国领域外的，或者当事人之间民事法律关系的产生、变更、消灭民事关系的法律事实发生在我国领域外的，或者诉讼标的物在我国领域外的民事案件，为涉外民事案件。

【法律适用】

我国没有关于企业承包经营的统一法律规定，处理企业承包经营合同纠纷的法律依据散见于不同的法律法规之中。值得注意的是，如果系涉外案件，根据《民法典》第467条第2款的规定，在中华人民共和国境内履行的中外合资经营企业合同、中外合作经营企业合同、中外合作勘探开发自然资源合同，适用中华人民共和国法律。

【确定该案由应当注意的问题】

在企业承包经营合同纠纷这一第三级案由下，规定了中外合资经营企业承包经营合同纠纷、中外合作经营企业承包经营合同纠纷、外商独资企业承包经营合同纠纷、乡镇企业承包经营合同纠纷4个第四级案由。

根据我国法律和相关行政法规的规定，中外合资经营企业、中外合作经营企业在一定条件下可以采取承包经营的方式。承包经营只是解决部分中外合资经营企业、中外合作经营企业经营管理不善、严重亏损的补充措施。在承包经营期内，由承包者承担经营风险并获取部分中外合资经营企业、中外合作经营企业的收益。承包者可以是中国的公司、企业，也可以是外国的公司、企业，承包者通过与中外合资经营企业、中外合作经营企业订立承包合同的方式明确双方的权利义务关系。实践中，由于中外合资经营企业、中外合作经营企业承包经营引起的合同纠纷并不鲜见。

外商独资企业也称外资企业，是外国的公司、企业、其他经济组织或个人，依据中国法律，在中国境内设立的全部资本由外国投资者投资并独立经营的企业。外国投资者的出资可以是自由兑换的外币，也可是机器设备、工业产权或专有技术等。外商独资企业的组织形式一般为有限责任公司，经批准也可以采取其他责任形式。由于外商独资企业的全部资本由外国投资者所有，因此，外国投资者可以自主决定有关企业的一切问题，包括资金的筹措、职工的雇用、设备材料的购买、产品的销售、企业内部规章制度的制定以及日常的经营管理等。外商独资企业是独立承担民事责任的经济实体，它不同于外国企业或其他经济组织在中国境内设立的分支机构，如分公司和常驻代表机构，分支机构在法律上和经济上没有独立性。设立外商独资企业必须有利于中国国民经济的发展，国家鼓励举办产品出口或者技术先进的外商独资企业。近几年来，外商独资企业已经成为中国利用外商直接投资中居于第一位的投资方式。外商独资企业可以采取承包经营的方式，承包者与外商独资企业通过订立承包合同的方式明确双方的权利义务，由于外商独资企业承包合同引起的纠纷是民事案件，因此，将外商独资企业承包经营合同纠纷列为民事案件案由之一。

乡镇企业实行承包经营是为了兼顾国家、集体、个人三者利益关系，调动企业经营者和生产者的积极性，挖掘企业内部潜力。通过由企业经营者代表承包方同发包方订立承包合同实现承包经营。乡镇企业承包经营合同中，发包方是企业的所有者，它的代表是企业所属的集体经济组织或企业的董事会；承包方为实行承包经营的企业，它的代表是企业的经营者。

260. 中外合资经营企业合同纠纷

【释义】

中外合资经营企业合同，是指外国公司、企业和其他经济组织或个人按照平等互利的原则，在中华人民共和国境内，为同中国的公司、企业或其他经济组织共同举办合营企业而订立的合同，该合同当事人因合同的订立、履行、变更以及终止而产生的纠纷，即中外合资经营企业合同纠纷。

【管辖】

根据《民事诉讼法》第266条的规定，因在中华人民共和国境内履行中外合资经营企业合同发生纠纷提起的诉讼，由中华人民共和国法院管辖。当事人不能选择境外法院管辖此类纠纷案件。因此，根据《民事诉讼法》第23条关于合同纠纷案件管辖的一般规定，此类纠纷由被告住所地或者合同履行地的人民法院管辖。

【法律适用】

处理中外合资经营企业合同纠纷的法律依据主要是《民法典》以及《中外合资经营企业法》《外商投资法》的相关规定。根据《民法典》第467条第2款的规定，在中华人民共和国境内履行的中外合资经营企业合同、中外合作经营企业合同、中外合作勘探开发自然资源合同，适用中华人民共和国法律。《中外合资经营企业法》对中外合资经营企业合同的内容、生效要件、订立、变更、终止等均作出了详细的规定。

此外，《最高人民法院关于审理外商投资企业纠纷案件若干问题的规定（一）》对中外合资经营企业合同纠纷的处理也作出了相关规定。

【确定该案由应当注意的问题】

本案由系第三级案由。中外合资经营企业亦称股权式合营企业，是指外国公司、企业和其他经济组织或个人，依据中国的法律，同中国的公司、企业或其他经济组织在中国境内共同投资成立的企业。合资企业的基本特点是合资各方共同投资、共同经营、共担风险和共负盈亏。合资各方可以用货币出资，也可以用建筑物、机器设备、场地使用权、工业产权、专有技术出资。中外合资经营企业的组织方式为有限责任公司，董事会为最高权力机构。中外合资经营企业是外商在我国进行直接投资设立外商投资企业的形式之一。实践中，中、外方投资者由于中外合资经营企业合同的订立、履行、变更、终止发生争议较为常见，因此，将中外合资经营企业合同纠纷列为民事案件案由之一。

261. 中外合作经营企业合同纠纷

【释义】

中外合作经营企业合同，是指外国的企业和其他经济组织或者个人按照平等互利的原则，同中国的企业或者其他经济组织在中国境内为共同举办中外合作经营企业而订立的合同。该合同当事人因合同的订立、履行、变更以及终止而产生的纠纷，即中外合作经营企业合同纠纷。

【管辖】

根据《民事诉讼法》第 266 条专属管辖的规定，因在中华人民共和国履行中外合作经营企业合同发生纠纷提起的诉讼，由中华人民共和国法院管辖。当事人不能选择境外法院管辖此类纠纷案件。因此，根据《民事诉讼法》第 23 条关于合同纠纷案件管辖的一般规定，此类纠纷由被告住所地或者合同履行地的人民法院管辖。

【法律适用】

处理中外合作经营企业合同纠纷的法律依据主要是《民法典》以

及《外商投资法》等相关规定。根据《民法典》第467条第2款的规定，在中华人民共和国境内履行的中外合资经营企业合同、中外合作经营企业合同、中外合作勘探开发自然资源合同，适用中华人民共和国法律。

此外，《最高人民法院关于审理外商投资企业纠纷案件若干问题的规定（一）》对中外合作经营企业合同纠纷的处理也作出了相应规定。

【确定该案由应当注意的问题】

本案由系第三级案由。中外合作经营企业亦称契约式合营企业，是指外国公司、企业和其他经济组织或个人，依据中国的法律，同中国的公司、企业或其他经济组织在中国境内共同投资或提供合作条件举办的企业。中外合作经营企业合同中一般约定投资或者合作条件、收益或者产品的分配、风险和亏损的分担、经营管理的方式和合作企业终止时财产的归属等事项。中外合作经营企业与中外合资经营企业的主要区别在于中外各方的投资一般不折价计算投资比例，利润也不按出资比例分配。各方的权利和义务，包括投资或提供合作条件、利润或产品的分配、风险和亏损的分担、经营管理的方式和合作终止时财产的归属等各项，都在合作各方签订的合同中确定。中外合作经营企业可以组成具有法人资格的实体，即有限责任公司；也可以组成非法人的经济实体，即合作各方共同出资或提供合作条件，按照中外合作经营企业合同的约定经营管理企业，合作各方对企业的债务承担无限连带责任，企业不具有法人资格。非法人合作企业合作各方提供的合作条件或投资可由合作各方分别所有；也可以共有，由合作企业统一管理和使用，任何一方不得擅自处理。具有法人资格的合作企业设立董事会及经营管理机构，董事会是最高权力机构，决定企业的一切重大问题。不具有法人资格的合作企业设立联合管理委员会，由合作各方派代表组成，代表合作各方共同管理企业。另外，中外合作经营企业成立后，经董事会或联合管理委员会一致同意，报原审批机关批准，还可以委托合作一方或第三方经营管理企业。如果中外合作者在合同约定合作期满时企业的全部资产归中方合作者所有，则外方合作者可以在合作期限内先行回收投资。中外合作者的投资或者提供的合作条件可以是现金、实物、土地使用权、工业产权、非专利技术和其他财产权利。中外合作经营企业一般由外国合作者提供全部或大部分资金、技术和设备，而中方多以土地、厂房、可利用的资源等作为出资，有时也提供一定量的资金。中外合作经营企业具有方式灵活、设立手续简便等特点。举办中外合作经营企业也是外商在我国进行直接投资设立外商投资企业的形式之一，实践中，由于中外合作经营企业合同产生的争议也大量被诉诸人民法院，因此，中外合作经营企业合同纠纷同样是民事案件的重要案由之一。

二十一、与公司有关的纠纷

公司是一种企业组织形态，是依照法定的条件与程序设立的，以营利为目的的商事组织。我国《公司法》于1993年12月29日由第八届全国人大常委会第五次会议通过，自1994年7月1日起施行。《公司法》历经1999年、2004年、2005年、2013年、2018年五次修改。公司法主要包括三个方面的制度：投融资及其退出的法律制度、公司治理的法律制度和公司并购重组的法律制度。据统计，截至2020年12月25日，我国注册的中小企业达2930万个之多。近年来，人民法院受理的与公司有关纠纷案件呈逐年上升的趋势。

与公司有关的纠纷是《民事案件案由规定》所列的第二级案由，其项下所列的纠纷均为围绕公司这一特定民事主体产生的各类民事纠纷，包括公司设立、存续、变更或者终止的过程中，公司的各个利益主体之间，基于发起人协议、公司章程和《公司法》规定的权利义务发生的，与公司的独特属性有关，并主要由《公司法》调整的商事纠纷。根据《公司法》以及最高人民法院相关司法解释，在该第二级案由项下列出了常见的24种纠纷类型。

262. 股东资格确认纠纷

【释义】

股东资格确认纠纷，是指股东与股东之间或者股东与公司之间就股东资格是否存在，或者具体的股权份额等发生争议而引起的纠纷。

股东资格确认之诉，可因代持、冒名、继承、让与担保等情形产生，实践中大致包括以下三种类型：

1. 股东与公司之间的股东资格确认纠纷。实践中，可能股东与他人之间不存在股权归属争议，但公司不承认股东享有股东资格。比如，隐名出资中公司拒绝隐名股东行使股权，或者股权转让后公司拒绝受让人行使股权，此时即产生纠纷。

2. 股东与股东之间因出资产生的股东资格确认纠纷。这里通常是指隐名出资的情况，即隐名股东与名义股东之间签订出资协议，隐名股东以他人名义出资，由他人作为名义股东，但实际出资资金来源于该隐名股东，名义股东不享有实际权利，一切权利归隐名股东所有。《最高人民法院关于适用〈中华人民共和国公司法〉若干问题的规定（三）》关于股东资格确认的绝大部分篇幅，旨在规范有限责任公司的股权代持问题。根据《最高人民法院关于适用〈中华人民共和国公司法〉若干问题的规定（三）》第22条的规定，股权代持纠纷主要存在两种类型：（1）原始股东取得资格发生的代持，包括两种情况：①公司设立时实际股东直接出资；②实际股东对公司增资部分进行出资。（2）股权转让中发生的代持。包括两种情况：①“实转而形式不转”，是指转让人代受让人代持股权，形成了股权转让与代持关系的双重合意，类似于动产的占有改定，受让人为实际股东，但形式上股东名册及工商登记中的股东仍为转让人。②“形转而实不转”，是指受让人代转让人持有股权，即形式上股东名册中股东变更为受让人，但转让人仍为实际股东，股东资格实际上并未发生变动。

3. 股东与股东之间因股权转让产生的股东资格确认纠纷。依据《公司法》的规定，有限责任公司股东的姓名或名称须记载于股东名册及公司章程，并属于工商登记事项；股份有限公司发起人的姓名或名称须记载于公司章程，持有记名股票的股东姓名或名称应记载于股东名册。因此，当有限责任公司股东转让股权或股份公司股东转让记名股票时，应按照上述规定作相应的变更登记。实际生活中，股权转让双方可能因为过失或者其他原因，在股权转让过程中没有履行法定的变更登记手续，或者没有交付股票或出资证明书。如果未变更登记，就可能发生股东资格确认纠纷。此外，股份有限公司的股东可以凭借其所持有的无记名股票向公司主张股权；如果无记名股东转让股权时未向受让人交付无记名股票，则受让人无法证明其股权之存在，从而可能发生股东资格确认纠纷。《民事案件案由规定》将股东资格确认纠纷列为第三级案由。

【管辖】

《民事诉讼法》第26条规定，因公司设立、确认股东资格、分配利润、解散等纠纷提起的诉讼，由公司住所地人民法院管辖。《民事诉讼法解释》第3条规定，法人或者其他组织的住所地是指法人或者其他组织的主要办事机构所在地。法人或者其他组织的主要办事机构所在地不能确定的，法人或者其他组织的注册地或者登记地为住所地。根据上述规定，因股东资格确认纠纷提起的诉讼，原则上由公司住所地人民法院管辖。公司住所地是指公司主要办事机构所在地。公司办事机构不明确的，由其注册地或者登记地人民法院管辖。以下有关公司纠纷诉讼管辖的含义与此相同。

【法律适用】

处理股东资格确认纠纷的法律依据主要是：《公司法》第32条、第33条、第74条、第130条、第131条、第140条、第141条以及《最高人民法院关于适用〈中华人民共和国公司法〉若干问题的规定(三)》第22条至第24条等相关规定。此外，《公司登记管理条例》第9条、第35条等相关规定也是处理股东资格纠纷案件的法律依据。

【确定该案由应当注意的问题】

确定本案由时，要注意该类纠纷主要发生在股东与股东、股东与隐名股东之间或者股东与公司之间就股东资格是否存在或者股权持有比例而发生的纠纷。股权代持纠纷中，实际股东与名义股东形成委托合同关系，如名义股东不愿继续代持，其作为代持关系的合同相对方，与股东资格确认之诉案件有直接利害关系，属于适格的原告。在有限责任公司股权代持引起的股东资格确认之诉中，原告诉讼请求如含有给付内容的，名义股东应当列为被告，而非第三人。此外，根据《民法典》及《最高人民法院关于适用〈中华人民共和国民法典〉有关担保制度的解释》的规定，登记为营利法人的学校、幼儿园、医疗机构、养老机构等，可以确认上述机构出资人的股东资格及出资份额。①

263. 股东名册记载纠纷

【释义】

《公司法》第32条规定，有限责任公司应当置备股东名册，记载

① 参见安徽省高级人民法院（2016）皖民终829号民事判决书。

下列事项：（1）股东的姓名或者名称及住所；（2）股东的出资额；（3）出资证明书编号。记载于股东名册的股东，可以依股东名册主张行使股东权利。公司应当将股东的姓名或者名称向公司登记机关登记；登记事项发生变更的，应当办理变更登记。未经登记或者变更登记的，不得对抗第三人。有限责任公司股东依据自己的出资对公司享有权利，承担责任，为了表明股东的地位，确定股东对公司的权利义务，有限责任公司应当向股东出具出资证明书。同时，有限责任公司还应当在公司住所置备股东名册。股东名册的法定记载事项有三项内容：一是股东的姓名或者名称及住所；二是股东的出资额，包括其认缴和实缴的出资额；三是股东出资证明书编号。公司置备股东名册，在出现股东转让其出资情形时，可依股东名册的记载来确定谁是对公司享有权利并承担义务的股东。

《最高人民法院关于适用〈中华人民共和国公司法〉若干问题的规定（三）》第24条规定：有限责任公司的实际出资人与名义出资人订立合同，约定由实际出资人出资并享有投资权益，以名义出资人为名义股东，实际出资人与名义股东对该合同效力发生争议的，如无法律规定的无效情形，人民法院应当认定该合同有效。前款规定的实际出资人与名义股东因投资权益的归属发生争议，实际出资人以其实际履行了出资义务为由向名义股东主张权利的，人民法院应予支持。名义股东以公司股东名册记载、公司登记机关登记为由否认实际出资人权利的，人民法院不予支持。实际出资人未经公司其他股东半数以上同意，请求公司变更股东、签发出资证明书、记载于股东名册、记载于公司章程并办理公司登记机关登记的，人民法院不予支持。股东名册在处理各股东关系上具有确定的效力，即记载于股东名册的股东，才可以依股东名册的记载主张行使股东权利。任何名义上或实质上的权利人在尚未完成股东名册登记或者股东名册上的股东名义变更前，不能对抗公司，只有完成股东名册的登记或者名义变更后，才能成为对公司行使股东权利的人；公司仅以股东名册上现记载的股东确定为本公司的股东，给予股东待遇。同时该条还规定，公司应当将股东的姓名或者名称向公司登记机关登记，这是公司的法定义务，公司不履行此项法定义务，应承担相应的法律责任。前述事项发生变更的，公司应当办理变更登记。由于股东名册记载纠纷直接关系到股东资格的确认与股权的行使，与股东利益密切相关，且实践中存在大量此类纠纷，故规定该案由。

【管辖】

《民事诉讼法解释》第22条规定，因股东名册记载、请求变更公司登记、股东知情权、公司决议、公司合并、公司分立、公司减资、公司增资等纠纷提起的诉讼，依照《民事诉讼法》第26条的规定确定管辖。根据《民事诉讼法》第26条、《民事诉讼法解释》第3条的规定，因股东资格确认纠纷提起的诉讼，原则上由公司住所地人民法院管辖。公司住所地是指公司主要办事机构所在地。公司办事机构不明确的，由其注册地或者登记地人民法院管辖。

【法律适用】

处理股东名册记载纠纷的法律依据主要是：《公司法》第32条、第73条、第130条及《最高人民法院关于适用〈中华人民共和国公司法〉若干问题的规定（三）》第24条的规定。

【确定该案由应当注意的问题】

实践中，股东名册记载纠纷主要包括以下两种类型：（1）因转让方股东怠于履行变更登记义务产生的纠纷。一般来讲，股东名册变更登记必须由转让方股东向公司提出申请，由公司进行变更登记；如果转让方股东懈怠或者因为过失未向公司申请变更登记，此时即可能产生股东名册记载纠纷。（2）因公司不履行记载义务产生的纠纷。股东名册由公司备有和保管，并由公司负责办理登记事宜。因此，当公司因为懈怠或者过失而未变更股东名册时，就可能产生股东名册记载纠纷。

264. 请求变更公司登记纠纷

【释义】

《公司法》第 32 条第 3 款规定："公司应当将股东的姓名或者名称向公司登记机关登记；登记事项发生变更的，应当办理变更登记。未经登记或者变更登记的，不得对抗第三人。"因此，当有限责任公司股东转让股权或者发生其他应当变更股东的姓名或者名称及其出资额时，公司应当向公司登记机关申请变更登记，否则，不得对抗第三人，进而将影响相应股东的利益。公司股东的股权比例发生变更后，有限责任公司负有变更公司登记事项的法定义务。同时根据《公司法》第 73 条的规定，公司股权变更登记包括当事人合意变更登记、司法强制变更登记两种形式。

当事人合意变更登记，指的是股权转让的相关当事人经协商达成一致后，向登记管理部门申请变更登记。此时申请变更登记，根据《公司登记管理条例》第 27 条的规定，公司应当向登记机关提交法定代表人签署的变更登记申请书、登记事项变更的决议或者决定以及其他有关文书。合意变更登记行为，从其性质上看应系私法行为。公司形成股权变更的决议或决定，是合意变更登记的必要条件。未提交决议或决定，登记管理部门可不予登记。司法强制变更登记是指司法机关依生效法律文书，通知登记管理部门协助，强制变更股权登记。即有关当事人拒不履行判决时，则直接依照《民事诉讼法》第 251 条的规定，向公司登记机关变更公司股权登记的协助执行通知书，并附上有关生效判决即可，登记机关应当依法予以协助。司法强制变更登记行为，是司法机关依法行使执行权的公权行为。有限责任公司是否形成股权变更的决议或决定，不影响人民法院强制变更登记行为，也不影响登记管理机关依法协助执行予以变更登记。

变更公司登记直接关系到股东资格的确认与股权的行使，与股东利益密切相关，且实践中存在大量此类纠纷，故制定该案由。

【管辖】

《民事诉讼法解释》第 22 条规定：因股东名册记载、请求变更公司登记、股东知情权、公司决议、公司合并、公司分立、公司减资、公司增资等纠纷提起的诉讼，依照《民事诉讼法》第 26 条的规定确定管辖。根据《民事诉讼法》第 26 条、《民事诉讼法解释》第 3 条的规定，因请求变更公司登记纠纷提起的诉讼，原则上由公司住所地人民法院管辖。公司住所地是指公司主要办事机构所在地。公司办事机构不明确的，由其注册地或者登记地人民法院管辖。

【法律适用】

处理请求变更公司登记纠纷的法律依据主要是：《公司法》第 32 条、第 73 条等的规定。

【确定该案由应当注意的问题】

确定本案由时，应注意“请求变更公司登记纠纷”与《最高人民法院关于适用〈中华人民共和国公司法〉若干问题的规定（三）》第 27 条、第 28 条规定的“未及时办理变更登记的董事、高级管理人员或者实际控制人的过错赔偿责任”“冒名登记”等产生侵权诉讼纠纷之间的关系。

265. 股东出资纠纷

【释义】

股东出资，是指公司股东在公司设立或增加资本时，按照法律、公司章程的规定以及认股协议的约定，向公司交付财产或履行其他给付义务以取得股权的行为。出资是股东对公司的基本义务，也是形成公司财产的基础。如果股东未按规定缴纳出资，或者虚假出资、出资不足、抽逃出资等，即可能引发公司与股东、股东与股东、股东与债权人之间的出资纠纷和诉讼，股东可能被起诉而依法承担继续履行、损害赔偿等违约责任。基于出资制度在整个公司制度中的重要意义，公司法对于股东出资的数额、期限、方式及其责任等都有所规定，公司法还规定了未履行义务股东或发起人的补缴差额责任和其他股东或发起人的连带认缴责任。此外，因违反出资义务而造成公司或其他已履行义务的出资人损失的，还须承担损害赔偿责任。

公司案件审理中常见的股东出资纠纷包括以下几种类型：

1. 虚假出资纠纷

虚假出资是指股东认购出资而未实际出资，取得公司股权的情形。虚假出资的具体表现形式包括：以无实际现金流通的虚假银行进账单、对账单骗取验资报告；以虚假的实物出资手续骗取验资报告；以实物、知识产权、土地使用权出资，但未办理产权转移手续等。

2. 出资不足纠纷

出资不足是指在约定的期限内，股东仅仅履行了部分出资义务或者未能补足出资的情形。出资不足的具体表现形式包括：货币出资只履行了部分出资义务；作为出资的实物、知识产权、土地使用权的实际价额显著低于公司章程所定价额。

3. 逾期出资纠纷

逾期出资是指股东没有按期缴足出资的情形。《公司法》第 26 条规定："有限责任公司的注册资本为在公司登记机关登记的全体股东认缴的出资额。"实践中，经常发生股东未按约定履行出资义务的纠纷。

4. 出资加速到期纠纷

《公司法》第 28 条规定："股东应当按期足额缴纳公司章程中规定的各自所认缴的出资额。"在注册资本认缴制下，公司债权人以公司不能清偿到期债务为由，在特定条件下可以请求未届出资期限的股东在未出资范围内对公司不能清偿的债务承担补充赔偿责任。①

5. 抽逃出资纠纷

抽逃出资是指股东在公司成立后违法将出资收回。抽逃出资的具体表现形式包括：股东设立公司时，验资后将出资转出，公司并未实际使用出资；公司收购股东的股份，但未按规定处置该股份；公司未弥补亏损、提取法定公积金即先行分配利润；公司制作虚假会计报表进行利润分配；公司利用关联交易转移出资等。

《民事案件案由规定》专门规定了股东出资纠纷案由，处理各种违法出资行为，并追究股东责任。

【管辖】

根据《民事诉讼法》第 26 条、《民事诉讼法解释》第 3 条的规定，因股东出资纠纷提起的诉讼，原则上由公司住所地人民法院管辖。公司住所地是指公司主要办事机构所在地。公司办事机构不明确的，由其注册地或者登记地人民法院管辖。实践中需要注意的是，公司股东认为其他股东抽逃出资而发生纠纷的，属于投资协议约定的因协议引起或与本协议有关的纠纷，主要属于给付之诉性质的诉讼，并不具

① 参见最高人民法院民事审判第二庭编著：《〈全国法院民商事审判工作会议纪要〉理解与适用》，人民法院出版社 2019 年版，第 122 页。

有组织法上纠纷的性质，因此不适用公司诉讼案件的特殊地域管辖，而应当依据《民事诉讼法》及司法解释关于合同纠纷或侵权行为纠纷的特殊地域管辖原则确定管辖法院。[①]

【法律适用】

处理股东出资纠纷的法律依据主要是：《公司法》第 26 条至第 31 条、第 36 条、第 80 条、第 82 条至第 84 条、第 91 条、第 93 条、第 199 条、第 200 条及《最高人民法院关于适用〈中华人民共和国公司法〉若干问题的规定（三）》第 7 条至第 10 条等的规定。

【确定该案由应当注意的问题】

该案由与新增资本认购纠纷不同，应注意区分。股东出资纠纷规范的是股东违反出资义务的各种情形；而新增资本认购纠纷规范的则是公司新增注册资本时，除股东出资纠纷之外的相关纠纷。

266. 新增资本认购纠纷

【释义】

该案由规定的是有限责任公司新增资本认购、股份有限公司发行新股认购产生的纠纷。公司增加注册资本，是指公司经过公司的股东会或者公司的股东大会进行决议后使公司的注册资本在原来的基础上予以扩大的法律行为。公司增加注册资本主要有两种途径：一是吸收外来新资本，包括增加新股东或者股东追加投资；二是用公积金增加

① 参见最高人民法院（2018）最高法民辖终 140 号民事裁定书。

资本或者利润转增资本。《公司法》第 178 条规定："有限责任公司增加注册资本时，股东认缴新增资本的出资，依照本法设立有限责任公司缴纳出资的有关规定执行。股份有限责任为增加注册资本发行新股时，股东认购新股，依照本法设立股份有限公司缴纳股款的有关规定执行。"实践中，新增资本认购纠纷可能发生在新出资人与公司之间，也可能发生在原股东与公司之间，大致有以下类型：

1．因行使优先认股权产生的纠纷

《公司法》第 34 条中规定：公司新增资本时，股东有权优先按照实缴的出资比例认缴出资。由于有限责任公司具有人合性质，其股东比较固定，股东之间具有相互信赖、比较紧密的关系。因此，在公司新增注册资本时，应当由本公司的股东首先认缴，以防止新增股东而打破原有股东之间的紧密关系，此即为股东的优先认缴出资权。只有在股东不认缴时，方允许其他投资者认缴，成为公司新的股东。因此，对于有限责任公司，公司新增资本时，股东有权优先按照实缴的出资比例认缴出资，但是，全体股东约定不按照出资比例分取红利或者不按照出资比例优先认缴出资的除外。如果公司违反这一约定，权利受到损害股东有权针对公司提起诉讼。

2．新增资本出资义务纠纷

有限责任公司、股份有限公司决定新增注册资本时，股东有权优先认缴公司新增资本。公司设立后，可能会因经营业务发展的需要而增加公司资本。根据《公司法》第 34 条之规定，原则上由股东按照实缴的出资比例认缴出资。但是，如果全体股东约定不按照出资比例优先认缴出资的，则可以不按照出资比例优先认缴出资。《最高人民法院关于适用〈中华人民共和国公司法〉若干问题的规定（三）》第 13 条第 4 款规定："股东在公司增资时未履行或者未全面履行出资义务，依照本条第一款或者第二款提起诉讼的原告，请求未尽公司法第一百四十七条第一款规定的义务而使出资未缴足的董事、高级管理人员承担相应责任的，人民法院应予支持；董事、高级管理人员承担责任后，可以向被告股东追偿。"

【管辖】

《民事诉讼法解释》第22条规定：因股东名册记载、请求变更公司登记、股东知情权、公司决议、公司合并、公司分立、公司减资、公司增资等纠纷提起的诉讼，依照《民事诉讼法》第26条的规定确定管辖。根据《民事诉讼法》第26条、《民事诉讼法解释》第3条的规定，因新增资本纠纷提起的诉讼，原则上由公司住所地人民法院管辖。公司住所地是指公司主要办事机构所在地。公司办事机构不明确的，由其注册地人民法院管辖。

【法律适用】

处理新增资本认购纠纷的法律依据主要是：《公司法》第34条、第178条及《最高人民法院关于适用〈中华人民共和国公司法〉若干问题的规定（三）》第13条至第15条的规定。

【确定该案由应当注意的问题】

该案由与股东出资纠纷不同，应注意区分。股东出资纠纷规范的是股东违反出资义务的各种情形；而新增资本认购纠纷规范的则是公司新增注册资本时，除股东出资纠纷之外的相关纠纷。

267. 股东知情权纠纷

【释义】

股东知情权纠纷，是指股东因其知情权受到侵害而产生了纠纷。

股东知情权，是法律赋予公司股东了解公司信息的权利。例如，《公司法》第33条赋予了股东对于公司章程、股东会会议决议、监事会会议决议和财务会计报告的查阅复制权，对会计账簿的查阅权，此为法律赋予股东的合法权利。该条第1款规定："股东有权查阅、复制公司章程、股东会议记录、董事会会议决议、监事会会议决议和财务会计报告。"股东知情权不仅指单纯地了解公司有关信息，而且包含着对公司进行检查监督的权利，如对公司提出建议或者质询。如，根据《公司法》第97条规定，股份公司的股东不但有权查阅公司章程、股东名册、公司债券存根、股东大会会议记录、董事会会议决议、监事会会议决议、财务会计报告，还有权对公司的经营提出建议或者质询。

为平衡公司与股东权利、保障公司经营及合法利益，《公司法》第33条第2款对于股东查阅目的不正当可能损害公司合法利益的情况下限制股东该项权利的行使。也就是说股东行使法定权利为常态，只有在特定情况下才对权利的行使进行限制：（1）对于诸如会计账簿等公司文件，没有赋予股东复制权。（2）股东对公司会计账簿行使查阅权时，除了须向公司递交书面申请外，还必须说明查阅的目的。当公司认为此目的不正当时，有权拒绝提供查阅。（3）对于股份有限公司的股东，仅享有对公司相关文件的查阅权，却没有复制权。在股东知情权法律关系中，权利主体是公司股东，义务主体是公司，因此，涉及股东知情权纠纷的诉讼，应当以公司为被告。《最高人民法院关于适用〈中华人民共和国公司法〉若干问题的规定（四）》第7条第1款规定：股东依据公司法第33条、第97条或者公司章程的规定，起诉请求查阅或者复制公司特定文件材料的，人民法院应当依法予以受理。

【管辖】

《民事诉讼法解释》第22条规定：因股东名册记载、请求变更公司登记、股东知情权、公司决议、公司合并、公司分立、公司减资、公司增资等纠纷提起的诉讼，依照《民事诉讼法》第26条的规定确定管辖。根据《民事诉讼法》第26条、《民事诉讼法解释》第3条的规定，因股东知情权纠纷提起的诉讼，原则上由公司住所地人民法院管辖。公司住所地是指公司主要办事机构所在地。公司办事机构不明确的，由其注册地或者登记地人民法院管辖。

【法律适用】

处理股东知情权纠纷的法律依据主要是：《公司法》第33条、第97条及《最高人民法院关于适用〈中华人民共和国公司法〉若干问题的规定（四）》第7条至第12条的规定。

【确定该案由应当注意的问题】

实践中，可能出现行使知情权的股东同时又是公司董事的情况。根据《公司法》第54条第1款的规定，监事可以列席董事会会议，并对董事会决议事项提出质询或者建议。因此，监事也享有知情权。但是，监事的知情权与股东的知情权在权利性质、权利内容、行使方式等各方面均不相同。因此，如果提起知情权诉讼的股东同时具备公司监事的身份，应当以股东名义提起知情权诉讼。此外，股东请求委托他人查阅公司有关档案材料的，或者公司未依法或者公司章程规定建立相关档案材料、公司建立的相关档案材料虚假或者丢失，股东起诉请求公司依法或者公司章程之规定重新建立并提供给股东查阅的，也属于此案由纠纷。但公司不具备依法或者公司章程之规定建立相关档案材料条件，股东主张公司相关人员承担民事赔偿责任的，不属于该案由纠纷，股东应当另行提起诉讼。

268. 请求公司收购股份纠纷

【释义】

该案由是异议股东行使股份收购请求权时产生纠纷的案由。异议股东股份收购请求权，又称异议评估权、股份评估回购请求权，是指当股东大会基于多数表决，就有关公司重大事项作出决议时，持异议的少数股东要求对其所持股份的价值进行评估并由公司以公平价格予以购买的权利。异议股东股份收购请求权制度的价值主要在于保护中小股东的利益，使异议股东选择以获得合理而公平的股份补偿的方式“走开”，而不再受到“多数决”形成的决议的约束。同时，该制度还有助于公司提升决策水平、改进经营管理。《公司法》第 74 条、第 142 条分别规定了有限责任公司与股份有限公司的异议股东均享有请求公司收购其股份的权利。

《公司法》第 74 条规定，有下列情形之一的，对股东会该项决议投反对票的股东可以请求公司按照合理的价格收购其股权：（1）公司连续 5 年不向股东分配利润，而公司该 5 年连续盈利，并且符合本法规定的分配利润条件的；（2）公司合并、分立、转让财产的；（3）公司章程规定的营业期限届满或者章程规定的其他解散事由出现，股东会方通过决议修改章程使公司存续的。自股东会会议决议通过之日起 60 日内，股东与公司不能达成股权收购协议的，股东可以自股东会会议决议通过之日起 90 日内向人民法院提起诉讼。一般情况下，股份有限公司不得收购本公司的股份。主要原因：一是股份有限公司是法人，它和股东在法律上是两个完全不同的主体，公司如收购本公司的股份，意味着它变成了自己公司的股东，使公司具有了双重身份，这会给公司带来一系列的问题，并使公司和其他股东的利益平衡受到破坏，导致侵犯其他股东的权益。二是股份有限公司必须实行股本充实原则，亦称股本维持原则，即公司在整个存续期间必须经常维持与已发行股本总额相当的现实财产。而股份有限公司收购本公司的股份则违背了充实原则，因为它必然造成公司现实财产的减少，可能导致侵犯债权人权益的后果。为此，《公司法》第 142 条严格限定了公司收购本公司股份的例外情形，且需要具备法定条件。

为保证异议股东依法公平行使异议股东股份收购请求权，《民事案件案由规定》专门设置了“请求公司收购股份纠纷”这一案由。

【管辖】

根据《民事诉讼法》第 26 条及《民事诉讼法解释》第 3 条、第 22 条的规定，因股东资格确认纠纷提起的诉讼，原则上由公司住所地人民法院管辖。公司住所地是指公司主要办事机构所在地。公司办事机构不明确的，由其注册地或者登记地人民法院管辖。

【法律适用】

处理请求公司收购股份纠纷的法律依据主要是：《公司法》第 74 条、第 142 条的规定。

【确定该案由应当注意的问题】

股东请求公司收购股份的纠纷，不同于一般的股权转让纠纷。一般的股权转让纠纷，股权的受让方是公司之外的其他主体。而股东请求公司收购股份纠纷，股权的受让方是公司本身。

269. 股权转让纠纷

【释义】

股权是股东因出资行为而对公司享有的获取经济利益和参与公司经营管理的各项权利的总称。股权转让，则是股东与受让人意思表示一致，依照法律或者公司章程的规定将自己的股权让与受让人，使受让人继受取得股权成为公司股东。股权转让纠纷是指股东之间、股东与受让股东之间进行股权转让而产生的纠纷。它包括有限责任公司的股权转让纠纷和股份有限公司的股权转让纠纷（即股份转让纠纷）两种情况。有限责任公司兼具人合和资合特性，股权转让分为对内转让和对外转让两种情况，对内转让是指股权在股东内部进行转让，对外转让是指股东将其股权向股东以外的人进行转让。股东向股东以外的人转让股权，会发生新股东进入公司的情况，而新股东与其他股东之间并不一定存在相互信任的关系。为了维持有限责任公司的人合性因素，《公司法》第 71 条规定除转让股东以外的其他股东中，有超过一半的股东同意，股东才能向股东以外的人转让股权。股份有限公司作为典型的资合公司，其股权以自由转让为基本特征，但要依法转让。依法发行的股票、公司债券及其他证券，法律对其转让期限有限制性规定的，在限定的期限内不得买卖。

股权转让纠纷案由的类型主要包括：股权转让合同效力的纠纷、股权转让合同履行的纠纷、瑕疵出资股东股权转让纠纷、股权转让中的瑕疵责任。其中，国有股权转让纠纷等，在适用《公司法》的相关规定外，还适用相关特殊规定。本案由还包括一些特殊类型的股权转让纠纷，比如，股权的继承、股权的分割、股权的遗赠以及夫妻共有股权的法律纠纷等。比如，《公司法》第 75 条就针对股权继承问题规定：自然人股东死亡后，其合法继承人可以继承股东资格；但是，公司章程另有规定的除外。

【管辖】

根据《民事诉讼法》第 26 条、《民事诉讼法解释》第 3 条的规定，因股权转让纠纷提起的诉讼，原则上由公司住所地人民法院管辖。公司住所地是指公司主要办事机构所在地。公司办事机构不明确的，由其注册地或者登记地人民法院管辖。

【法律适用】

处理股权转让纠纷的法律依据主要是：《公司法》第 71 条至第 73 条、第 137 条至第 141 条、第 145 条等，《最高人民法院关于适用〈中华人民共和国公司法〉若干问题的规定（四）》第 16 条至第 22 条，《民法典》合同编等有关合同的相关规定也应予适用。此外，《全国法院民商事审判工作会议纪要》第 8 条、第 9 条对有限责任公司有股权变动、侵犯优先购买权的股权转让合同的效力也作出了规定。

【确定该案由应当注意的问题】

本案由不同于一般的买卖纠纷。股权转让尽管也导致股权归属的变化，但与一般的商品买卖不同，股权背后对应着公司的全部财产以及债务，股权转让本质上属于权利的买卖，转让的后果意味着转让人与受让人之间发生了对公司的财产的控制关系的变化。此外，本案由也不同于股东请求公司收购股份纠纷。

270. 公司决议纠纷

(1) 公司决议效力确认纠纷

(2) 公司决议撤销纠纷

【释义】

公司决议纠纷，是指公司股东会或者股东大会、董事会决议的内容违反法律、行政法规的，股东会或者股东大会、董事会的会议召集程序、表决方式违反法律、行政法规或者公司章程，或者决议内容违反公司章程的，股东向人民法院提起诉讼，要求确认股东会或者股东大会、董事会决议的效力或者撤销股东会或者股东大会、董事会决议引发的纠纷。《最高人民法院关于适用〈中华人民共和国公司法〉若干问题的规定（四)》第1条规定：“公司股东、董事、监事等请求确认股东会或者股东大会、董事会决议无效或者不成立的，人民法院应当依法予以受理。”

股东（大）会决议和董事会决议作为相应的公司机关的意思表示，只有决议程序（包括会议的召集程序和表决方式）和内容均合法、公正才能发生法律效力；如果决议程序或内容上有瑕疵，就不能认为是正当的团体意思，应对其效力作否定性的评价，赋予股东对瑕疵意思表示的诉权是保护中小股东利益的重要手段。多数国家的公司法均确立了瑕疵股东会或者股东大会、董事会决议的效力确认和撤销制度，我国《公司法》也规定了公司机关的决议无效、不成立和撤销制度。因此，《民事案件案由规定》将公司决议纠纷列为第三级案由。

依据《公司法》第22条的规定，股东会或者股东大会、董事会决议的瑕疵分为内容瑕疵和程序瑕疵。相应地，在该第三级案由下，又有公司决议效力确认纠纷与公司决议撤销纠纷两个第四级案由。程序瑕疵主要包括以下情形：（1）公司未召开会议的，但依据《公司法》第37条第2款或者公司章程规定可以不召开股东会或者股东大会而直接作出决定，并由全体股东在决议文件上签名、盖章的除外；(2) 会议未对决议事项进行表决的；(3) 出席会议的人数或者股东所持表决权不符合公司法或者公司章程规定的；(4) 会议的表决结果未达到公司法或者公司章程规定的通过比例的；(5) 导致决议不成立的其他情形。对于程序上召集程序、表决方式违反法律、行政法规及公司章程的，或者内容上违反公司章程的，股东可以向人民法院提起撤销决议的诉讼。提起股东会或者股东大会、董事会决议撤销之诉的原告，应限于公司股东。为此，《最高人民法院关于适用〈中华人民共和国公司法〉若干问题的规定（四)》第2条规定："依据民法典第八十五条、公司法第二十二条第二款请求撤销股东会或者股东大会、董事会决议的原告，应当在起诉时具有公司股东资格。"

【管辖】

《民事诉讼法解释》第22条规定，因股东名册记载、请求变更公司登记、股东知情权、公司决议、公司合并、公司分立、公司减资、公司增资等纠纷提起的诉讼，依照《民事诉讼法》第26条的规定确定管辖。根据《民事诉讼法》第26条、《民事诉讼法解释》第3条的规定，因公司决议纠纷提起的诉讼，原则上由公司住所地人民法院管辖。公司住所地是指公司主要办事机构所在地。公司办事机构不明确的，由其注册地或者登记地人民法院管辖。

【法律适用】

处理公司决议纠纷的法律依据主要是：《公司法》第22条、《最高人民法院关于适用〈中华人民共和国公司法〉若干问题的规定（一)》第3条、《最高人民法院关于适用〈中华人民共和国公司法〉若干问题的规定（四)》第1条至第6条及《民法典》第85条等规定。

【确定该案由应当注意的问题】

原告请求确认股东会或者股东大会、董事会决议不成立、无效或者撤销决议的案件，应当列公司为被告。对决议涉及的其他利害关系的，可以依法列为第三人。一审法庭辩论终结前，其他有原告资格的人以相同的诉讼请求申请参加前款规定诉讼的，可以列为共同原告。

271. 公司设立纠纷

【释义】

公司设立，是指发起人依照法律规定的条件和程序，为组建公司并使其取得法人资格而依法完成的一系列法律行为的总称。按照我国公司法理论，在公司设立阶段发起人只能从事与公司设立相关的必要行为，不得以公司名义从事经营活动。公司章程或设立协议签订之日至公司营业执照签发之日为公司设立阶段。

《公司法》对公司的设立规定了严格的法定条件和程序。从公司之人格形成、生存直至消亡的全过程来看，设立公司处于公司的形成阶段。经登记机关核准登记，公司便进入“生存”阶段。一般而言，因设立公司的行为而引发的民事纠纷案件大都出现在公司的形成阶段和生存阶段，例外的情况是：当公司设立失败，且设立人或发起人就处理善后事宜不能达成一致意见时，也会诉至人民法院，寻求司法救济途径。《公司法》规定的两种公司形态中，关于有限责任公司的“设立”规定在《公司法》第 23 条至第 35 条，股份有限公司的“设立”在第 76 条至第 97 条。

有限责任公司成立后，设立人的身份虽发生了变化，变成了公司的股东，但其作为设立人时形成的民事法律关系仍然存在，它仍渗透于股东和股东之间、公司和股东之间的关系之中，有的甚至规范并影响着公司的债权人与公司、债权人与股东之间的法律关系。这就使与此相关的公司法律关系具有了两重性的特点。当公司设立失败时，设立人所实施的设立公司的行为也被纳入公司法律规范的调整范畴。故在此情况下，因实施设立公司行为而产生的纠纷案件，也属于公司设立纠纷案件。还有一种纠纷，涉及对其是否属于设立公司行为作出法律上的认定。换言之，只要诉讼当事人（设立人或交易相对人）认为其与相对方所实施的交易行为是设立公司的行为，即可提起此类设立公司之诉讼，尽管法院适用法律的结果可能否定当事人的主张。实践中，一个案件中可能包含两个诉，即请求确认设立人的交易行为属于或者不属于设立公司的行为，进而请求判令由公司承担合同责任或判令公司不承担责任；或者当公司设立失败时，请求判令由全体设立人承担连带责任或行为人个人承担责任。

此外，关于如何确定此类纠纷的案由问题，亦当予以明确。广义上，设立公司的行为形成了此类纠纷，但有些纠纷属于第三人与设立人（或公司）之间依据交易合同而提起的诉讼，法院习惯于将其仍确定为合同纠纷。但这与普通合同纠纷的区别在于，它是设立公司合同纠纷，法律关系上具有特殊性。另一种情况，公司与设立人之间就设立公司的责任负担问题，或者当公司设立失败时，设立人之间就设立公司的责任承担问题产生争议而形成了诉讼，可直接将其案由确定为公司设立纠纷。

【管辖】

根据《民事诉讼法》第 26 条、《民事诉讼法解释》第 3 条的规定，因公司设立纠纷提起的诉讼，原则上由公司住所地人民法院管辖。公司住所地是指公司主要办事机构所在地。公司办事机构不明确的，由其注册地或者登记地人民法院管辖。

【法律适用】

处理公司设立纠纷的法律依据主要是：《公司法》第23条至第35条、第76条至第97条，《最高人民法院关于适用〈中华人民共和国公司法〉若干问题的规定（三）》第2条、第13条、第15条以及《民法典》的相关规定。

【确定该案由应当注意的问题】

公司成立后有证据证明发起人利用设立中公司的名义，为自己的利益与相对人签订合同，向公司转嫁债务的，除非相对人为善意，公司不承担民事责任。如果相对人向公司主张了责任，公司向相对人承担责任后向发起人追偿的，也发生公司设立纠纷。

272. 公司证照返还纠纷

【释义】

公司在经营过程中，至少应当拥有营业执照、公司公章、财务章等证照、物品。对于经营特殊行业的公司而言，还必须拥有特许的证件执照。公司证照对外代表着公司的意志，是公司主体资格的证明。公司证照包括公司的营业执照、公章、财务章等证照和物品。在实践中，证照的范围还包括文件和资料等，证照应该作广义上的理解。

尽管公司拥有上述证照的所有权，但一般而言，为方便公司内部的经营管理，公司证照往往由不同的公司机关及其人员实际占有、控制。比如，公司的营业执照、公司公章、财务章及法定代表人名章等可以由专人保管，公司规模较小的，也可能直接由公司的法定代表人保管。公司公章归公司所有，由相关工作人员根据公司授权保管使用，法定代表人是代表法人行使职权的负责人。“在公司的合资合同、章程或相关管理制度均未对公章由谁保管作出明确规定的情况下，法院可判令将公章交由法定代表人收执保管。”① 此外，公司股东、董事、经理等也均有可能保管、占有公司证照。

实践中，纠纷形成的原因有：(1) 决议免除职务，然后离职者不返还。股东会作出决议，免除证照持有人的职务，在职，原保管者合法占有，免职后，则不具有合法占有的依据。(2) 非正常离职，证照的保管者没有通过劳动法规定的合法方式离职，公司通知后仍然不返还。(3) 公司清算时，持有人不将证照等资料转移给清算人。(4) 公司经营陷入僵局，持有人拒不返还。此外，个别情况下，公司人员之外的第三人也有可能非法侵占公司证照拒不返还。证照返还纠纷是公司经营中常见到的纠纷，为此《民事案件案由规定》将其列为第二级案由。

【管辖】

根据《民事诉讼法》第 26 条、《民事诉讼法解释》第 3 条的规定，因公司证照返还纠纷提起的诉讼，原则上由公司住所地人民法院管辖。公司住所地是指公司主要办事机构所在地。公司办事机构不明确的，由其注册地或者登记地人民法院管辖。

【法律适用】

处理公司证照返还纠纷的法律依据主要是：《公司法》第 147 条、第 149 条及《民法典》第 179 条、第 235 条等的规定。

① 参见最高人民法院（2012）民申字第 1205 号民事裁定书。

【确定该案由应当注意的问题】

公司印章一般具有对外代表公司意志的表象，因公司证照返还引发的纠纷，其实质往往涉及公司内部治理中对公司控制权的争夺。证照返还纠纷，往往会涉及损害公司利益，这类案件既具有民法上物权的属性，又具有公司法上关于董事高管责任、股东滥用权利等问题。因此，此类案件与普通的损害公司权益的财产返还诉讼案件有所区别。

273. 发起人责任纠纷

【释义】

设立任何公司都有公司的发起人。发起人，是指为设立公司而签署公司章程、向公司认购出资或者股份并履行公司设立职责的人，包括有限责任公司设立时的出资人和股份有限公司的发起人。《公司法》对有限责任公司的发起人统称股东、出资人，没有使用发起人的专门概念；只有对股份有限公司，由于其涉及人数众多，设立程序复杂，明确使用了发起人概念。发起人作为筹划和实施公司设立行为，履行出资义务，对公司设立行为承担相应义务和责任之人，依法应当对公司承担发起人责任。发起人责任是指发起人在公司设立过程中，因公司不能成立对认股人所应承担的责任，或者在公司成立时因发起人自身的过失行为致使公司利益受损时应当承担的责任。

实践中，发起人责任纠纷主要有以下情形：（1）公司设立阶段发起人以自己名义为自己而与第三人发生业务，作为合同相对人一方的债权人，无论公司是否成立均可以直接要求发起人承担相应的民事责任。（2）公司设立阶段发起人以自己名义为公司实施民事行为，若公司未成立，则因成立前公司不具备民事主任资格，发起人以自己名义为设立公司实施的民事行为属于发起人的责任问题，应当由发起人承担责任。若公司登记成立，因公司设立前发起人类似于公司的法定代表人是公司的合法代表人，在筹办业务范围内有权直接代表公司从事与公司设立有关的活动，之后因成立前的公司与成立后的公司统一，发起人在设立前实施的民事行为原则上应归属于成立后的公司，由公司承担发起人实施民事行为的责任。(3) 公司设立后，公司自愿承担发起人实施民事行为所应履行的义务，即对发起人行为予以追认的，应视为债务加入。《最高人民法院关于适用〈中华人民共和国公司法〉若干问题的规定（三)》第 2 条规定，债权人作为合同相对人享有请求发起人和成立后的公司承担责任的选择权，即债权人有权直接要求发起人承担民事责任，也有权要求成立后的公司承担发起人实施行为的民事责任。此外，如果发起人不按照《公司法》的规定以及发起人协议的约定缴纳出资的，无论公司是否成立，均应当承担违约责任。(4) 根据《公司法》第 93 条之规定，股份有限责任公司成立后，无论是发起人未按照公司章程的规定缴足出资，还是发现发起人交付作为设立公司出资的非货币财产的实际价额显著低于公司章程所定价额，其他发起人都承担连带责任。公司既可以要求出资不符合公司章程规定的发起人缴足或者补足差额，也可以要求其他任何一个或者几个发起人缴足或者补足差额，被要求的发起人不得拒绝。当然，被要求的发起人在缴足或者补足差额后，有权向出资不符合公司章程规定的发起人追偿。

【管辖】

根据《民事诉讼法》第 26 条、《民事诉讼法解释》第 3 条的规定，因发起人责任纠纷提起的诉讼，原则上由公司住所地人民法院管辖。公司住所地是指公司主要办事机构所在地。公司办事机构不明确的，由其注册地或者登记地人民法院管辖。

【法律适用】

处理发起人责任纠纷的法律依据主要是：《公司法》第30条、第83条、第93条、第94条，《最高人民法院关于适用〈中华人民共和国公司法〉若干问题的规定（三）》第1条至第6条的规定。

【确定该案由应当注意的问题】

发起人责任纠纷，不同于公司设立纠纷。

274. 公司盈余分配纠纷

【释义】

股东的盈余分配请求权即股利分配请求权，是股东自益权的一种，指股东基于其股东地位依法享有的请求公司按照自己的持股比例向自己分配股利的权利。

股东作为公司的投资人，其投资就是为了获得利润。公司的利润，是在缴纳各种税款及依法提取法定公积金等之后的盈余，就是可以向股东分配的利润。在公司存续的情况下，盈余分配请求权是股东从公司获取投资回报的主要手段。但由于股利分配方案需要经过股东（大）会通过，在资本多数决原则下，公司大股东可能利用股利政策损害中小股东的利益。在公司实际运作中，公司可能有可供分配的盈余，但却以各种理由不正当地拒绝向股东派发盈余或者公司过分提取任意公积金而损害股东的股利分配权，从而引发公司盈余分配权纠纷。《民事案件案由规定》专门设置了“公司盈余分配纠纷”这一案由，为股东通过诉讼保障自己的公司盈余分配权提供救济途径。

根据《最高人民法院关于适用〈中华人民共和国公司法〉若干问题的规定（四）》第 13 条的规定，股东请求公司分配利润案件，应当列公司为被告。一审法庭辩论终结前，其他股东基于同一分配方案请求分配利润并申请参加诉讼的，应当列为共同原告。公司盈余分配纠纷主要发生在有限责任公司中。在有限责任公司中，大股东往往兼任公司管理职务，因此，可以通过薪水、奖金等形式从公司实质获得回报，而小股东则被排除在公司管理层之外，无从通过这些方式从公司获得回报。比较而言，股份有限公司尤其是上市公司，由于存在公开的股份交易市场，在公司无正当理由拒绝分配股利时，股东可以较为容易通过转让股份而退出公司。

【管辖】

根据《民事诉讼法》第 26 条、《民事诉讼法解释》第 3 条的规定，因公司盈余分配纠纷提起的诉讼，原则上由公司住所地人民法院管辖。公司住所地是指公司主要办事机构所在地。公司办事机构不明确的，其注册地或者登记地为住所地。

【法律适用】

处理公司盈余分配纠纷的法律依据主要是：《公司法》第 4 条、第 34 条、第 166 条；《最高人民法院关于适用〈中华人民共和国公司法〉若干问题的规定（四）》第 13 条、第 14 条、第 15 条。

【确定该案由应当注意的问题】

根据《公司法》第 37 条、第 46 条等规定，公司利润的分配方案由董事会制订，由股东会决定。因此，由于董事会不是盈余分配的决策机关，董事不应成为公司盈余分配诉讼的当事人。在公司盈余分配纠纷中，虽请求分配利润的股东未提交载明具体分配方案的股东会或股东大会决议，但当有证据证明公司有盈余且存在部分股东变相分配利润、隐瞒或转移公司利润等滥用股东权利情形的，诉讼中可强制盈余分配，且不以股权回购、代位诉讼等其他救济措施为前提。在确定盈余分配数额时，要严格公司举证责任以保护弱势小股东的利益，但还要注意优先保护公司外部关系中债权人、债务人等的利益，对于有争议的款项因涉及案外人实体权利而不应在公司盈余分配纠纷中作出认定和处理。盈余分配义务的给付主体是公司，若公司的应分配资金因被部分股东变相分配利润、隐瞒或转移公司利润而不足现实支付时，不仅直接损害了公司的利益，也损害到其他股东的利益，利益受损的股东可直接依据《公司法》第22条第2款的规定向滥用股东权利的公司股东主张赔偿责任，或依据《公司法》第21条的规定向利用其关联关系损害公司利益的控股股东、实际控制人、董事、监事、高级管理人员主张赔偿责任，或依据《公司法》第149条的规定向违反法律、行政法规或者公司章程的规定给公司造成损失的董事、监事、高级管理人员主张赔偿责任。①

275. 损害股东利益责任纠纷

【释义】

损害股东利益责任纠纷是指公司董事、高级管理人员违反法律、行政法规或者公司章程的规定，损害股东利益，应当对股东承担损害责任而与股东发生的纠纷。所谓公司高级管理人员包括公司的经理、副经理、财务负责人，上市公司董事会秘书和公司章程规定的其他人员。

① 参见最高人民法院（2016）最高法民终528号民事判决书。

现代公司实行两权分离即所有权和经营权的分离制度，股东对公司享有股权，但并不一定直接参与公司的经营管理，而是通过选任公司董事、高级管理人员，由董事、高级管理人员对公司进行经营管理。为了防止发生公司董事、高级管理人员的道德风险，侵害公司股东的利益，《公司法》规定了董事、高级管理人员的忠实义务和勤勉义务，公司董事、高级管理人员违反法律、行政法规或者控股股东等人员违反法律、行政法规或者公司章程的规定，侵害公司利益，而公司在上述人员控制之下不能或怠于以自己的名义主张权利，导致其他股东利益受到损害的，其他股东为维护自身合法权益以及公司的利益，有权向人民法院提起诉讼。股东直接诉讼是股东自行保护权益的重要手段，也是股东控制董事、高级管理人员行为的有效途径。自《公司法》赋予股东直接诉讼权之后，这类纠纷在实践中不断增多，故《民事案件案由规定》将其列为第三级案由。

【管辖】

根据《民事诉讼法》第 28 条、《民事诉讼法解释》第 24 条的规定，损害股东利益责任纠纷，以侵权行为实施地、侵权行为结果发生地、被告住所地法院管辖。

【法律适用】

处理损害股东利益责任纠纷的法律依据主要是：《公司法》第 152 条；《最高人民法院关于适用〈中华人民共和国公司法〉若干问题的规定（三）》第 26 条。此外，董事、高级管理人员损害股东利益也是一种特殊的侵权行为，除了适用《公司法》的规定之外，还可适用《民法典》的相关规定。

【确定该案由应当注意的问题】

《公司法》中规定的董事、高级管理人员损害股东利益时的民事赔偿责任，以董事、高级管理人员违反法律、行政法规或公司章程规定为前提，与一般的侵权行为不同。

276. 损害公司利益责任纠纷

【释义】

损害公司利益责任纠纷，是指公司股东滥用股东权利或者董事、监事、高级管理人员违反法定义务，损害公司利益而引发的纠纷。

股东滥用股东权利损害公司利益责任纠纷，是指因股东滥用股东权利给公司造成损害的，应当承担损害责任的民事纠纷。公司股东依照法律和公司章程正当行使权利，是股东的基本义务。实践中，存在大量滥用股东权利的情形，如股东在涉及公司为其担保事项进行表决时，应当回避而不回避。再比如，公司章程规定出售重大资产需股东大会特别决议通过，公司的控股股东无视公司章程的规定，不经法定程序，强令公司出售该资产。《公司法》第 20 条第 1 款、第 2 款规定了禁止滥用股东权利的原则和应承担的赔偿责任，公司股东应当在法律、行政法规和规章的框架下行使权利，滥用股东权利损害公司或者其他股东利益的，应当依法承担损害责任。公司董事、监事、高级管理人员损害公司利益责任纠纷，是指董事、监事、高级管理人员执行公司职务时违反法律、行政法规或者公司章程的规定，给公司造成损失而发生的纠纷。为了防止发生董事、监事、高级管理人员的道德风险，《公司法》第 147 条第 1 款规定董事、监事、高级管理人员应当遵守法律、行政法规和公司章程，对公司负有忠实义务和勤勉义务。第

149 条规定董事、监事、高级管理人员执行公司职务时违反法律、行政法规或者公司章程的规定，给公司造成损失的，应当承担赔偿责任。

关于诉讼主体的地位。根据《最高人民法院关于适用〈中华人民共和国公司法〉若干问题的规定（四）》第 23 条之规定，监事会或者不设监事会的有限责任公司的监事依据《公司法》第 151 条第 1 款规定对董事、高级管理人员提起诉讼的，应当列公司为原告，依法由监事会主席或者不设监事会的有限责任公司的监事代表公司进行诉讼。董事会或者不设董事会的有限责任公司的执行董事依据《公司法》第 151 条第 3 款规定对他人提起诉讼的，应当列公司为原告，依法由董事长或者执行董事代表公司进行诉讼。《最高人民法院关于适用〈中华人民共和国公司法〉若干问题的规定（四）》第 24 条规定，符合《公司法》第 151 条第 1 款规定条件的股东，依据《公司法》第 151 条第 2 款、第 3 款规定，直接对董事、监事、高级管理人员或者他人提起诉讼的，应当列公司为第三人参加诉讼。一审法庭辩论终结前，符合《公司法》第 151 条第 1 款规定条件的其他股东，以相同的诉讼请求申请参加诉讼的，应当列为共同原告。

【管辖】

对于损害公司利益责任纠纷管辖法院的确定，司法实践有不同的观点。第一种观点认为，《民事诉讼法》规定的公司诉讼类型为公司组织诉讼，损害公司利益的行为是一种侵权行为，不属于公司组织诉讼，应按照《民事诉讼法》第 28 条的规定，由侵权行为地或者被告住所地人民法院管辖。[①] 第二种观点认为，损害公司利益纠纷的股东代表诉讼涉及公司组织关系，是由股东在公司怠于提起诉讼时，代表公司起诉侵害公司利益的股东。为了便于公司和利害关系人参加诉讼，便于公司提供证据或人民法院调查取证，亦便于此后可能发生的强制

① 参见：四川省高级人民法院（2014）川民终字第 817 号民事裁定书；江苏省南京市中级人民法院（2014）宁商辖终字第 357 号民事裁定书。

执行，故对于损害公司利益责任纠纷，应由公司住所地人民法院管辖。① 第三种观点则认为，应根据损害公司利益责任纠纷的被告类型，分别确定管辖：（1）公司股东滥用股东权利以及“董监高”违反法定义务损害公司利益责任纠纷，应适用公司诉讼的特殊地域管辖规定；（2）他人损害公司利益责任纠纷，应根据侵权行为地、结果发生地或者被告住所地法院确定管辖。从最高人民法院相关案例看，多数采第一种观点，即以侵权行为地、结果发生地或被告住所地作为损害公司利益责任纠纷的管辖法院。②

【法律适用】

处理损害公司利益责任纠纷的法律依据主要是：《公司法》第 20 条、第 21 条、第 147 条、第 149 条、第 151 条；《最高人民法院关于适用〈中华人民共和国公司法〉若干问题的规定（一)》第 4 条；《最高人民法院关于适用〈中华人民共和国公司法〉若干问题的规定（二)》第 23 条；《最高人民法院关于适用〈中华人民共和国公司法〉若干问题的规定（四)》第 23 ~26 条；《最高人民法院关于适用〈中华人民共和国公司法〉若干问题的规定（五)》第 1 条、第 2 条；《民法典》第 83 条第 1 款。

【确定该案由应当注意的问题】

损害公司利益责任纠纷，指公司股东滥用股东权利或者董事、监事、高级管理人员违反法定义务，损害公司利益而引发的纠纷。第三

① 参见：新疆维吾尔自治区高级人民法院（2016）新民辖终 81 号民事裁定书；北京市第二中级人民法院（2014）二中民终字第 5499 号民事裁定书。

② 参见：最高人民法院（2019）最高法民辖终 325 号民事裁定书；最高人民法院（2018）最高法民辖终 42 号民事裁定书；最高人民法院（2018）最高法民辖终 90 号民事裁定书；最高人民法院（2017）最高法民辖终 233 号民事裁定书；最高人民法院（2015）民一终字第 221 号民事判决书；最高人民法院（2014）民二终字第 252 号民事判决书。

人由于侵权行为或者违约行为损害了公司利益，不属于此案由纠纷。

277. 损害公司债权人利益责任纠纷

（1）股东损害公司债权人利益责任纠纷

（2）实际控制人损害公司债权人利益责任纠纷

【释义】

股东损害公司债权人利益纠纷是指公司股东因滥用公司法人独立地位和股东有限责任，逃避债务，严重损害公司债权人利益，对公司债务承担责任的民事纠纷。

《公司法》第20条第3款针对一些股东滥用公司法人独立地位和股东有限责任损害公司债权人的利益，确立了法人人格否认制度，打破了股东有限责任，即公司股东滥用公司法人独立地位的股东有限责任，逃避债务，对公司股东滥用公司法人地位和股东有限责任作出了规定，确立了公司人格否认制度。公司人格否认制度，又称“揭开公司面纱”“刺破公司面纱”制度。该制度是在承认公司具有法人人格的前提下，在特定的法律关系中对公司的法人格及股东有限责任加以否定以制止股东滥用公司法人格及有限责任，保护公司债权人的利益。

人民法院在受理股东损害公司利益（公司人格否认）纠纷案件时，应当根据不同情形确定当事人的诉讼地位：（1）债权人对债务人公司享有的债权已经由生效裁判确认，其另行提起公司人格否认诉讼，请求股东对公司债务承担连带责任的，列股东为被告，公司为第三人；（2）债权人对债务人公司享有的债权提起诉讼的同时，一并提起公司人格否认诉讼，请求股东对公司债务承担连带责任的，列公司和股东为共同被告。《公司法》确立公司人格否认制度，符合我国公司实践的客观需要，有利于解决股东滥用公司法人地位和股东有限责任逃避债务、侵害债权人利益的问题。根据《公司法》第20条的规定，《民事案件案由规定》增设股东损害公司债权人利益责任纠纷为第三级案由。

【管辖】

根据《民事诉讼法》第28条、《民事诉讼法解释》第24条的规定，损害公司债权人利益责任纠纷，由侵权行为地或者被告住所地法院管辖。侵权行为地包括侵权行为实施地、侵权结果发生地，也就是说股东损害公司债权人利益责任纠纷中，原告住所地法院有管辖权。①

【法律适用】

处理股东损害公司债权人利益责任纠纷的法律依据主要：《公司法》第20条；《民法典》第83条第2款；《全国法院民商事审判工作会议纪要》第10条~第12条。

【确定该案由应当注意的问题】

公司人格否认制度应当坚持慎用原则，严格限制适用情形。构成公司人格否认的要件，主要从三个方面考虑：（1）公司合法地取得了法人资格；（2）公司股东滥用了公司人格，具体情形主要包括公司资本显著不足、过度控制、人格混同、公司人格"形骸化"等；（3）公司股东对公司人格的滥用，严重侵害了债权人的合法权益。

① 参见最高人民法院（2018）最高法民辖80号民事裁定书；最高人民法院（2018）最高法民辖162号民事裁定书。

278. 公司关联交易损害责任纠纷

【释义】

关联交易及其法律控制是现代各国和地区公司法正在形成和发展的制度，也是公司法学正在发展和不断创新的理论。在我国，关联交易广泛地存在于公司企业尤其是上市公司的日常经营活动之中，对于经济活动的运行以及投资者的权益保护有着重要的影响，因此，规范关联交易行为，关系到公司企业的正常运转，也关系到营商环境的改善。

《公司法》对关联交易进行了明确规定，对关联交易的内涵及形式进行定义。按照《公司法》第 216 条第 4 项的定义，关联关系，是指公司控股股东、实际控制人、董事、监事、高级管理人员与其直接或者间接控制的企业之间的关系以及可能导致公司利益转移的其他关系。但是，国家控股的企业之间不仅因为同受国家控股而具有关联关系。《民法典》第 84 条也明确规定，营利法人的控股出资人、实际控制人、董事、监事、高级管理人员不得利用其关联关系损害法人的利益；利用关联关系造成法人损失的，应当承担赔偿责任。判断关联交易是否损害公司利益，核心判断标准即看该交易是否公平。正常的关联交易，可以稳定公司业务，分散经营风险，有利于公司发展。不正常的关联交易，指公司的大股东、实际控制人和管理层，利用与公司的关联关系和控制地位，迫使公司与自己或者其他关联方从事不利益的交易，以达到挪用公司资金、转移利润的目的，严重损害公司、少数股东和债权人利益。

党的十八大以来，党中央、国务院高度重视优化营商环境工作，法治是最好的营商环境。保护投资者权益也是我国《公司法》的重要立法目的之一。为进一步保护公司股东尤其是中小股东利益，为优化营商环境提供良好的司法保障，最高人民法院于2019年4月28日发布《最高人民法院关于适用〈中华人民共和国公司法〉若干问题的规定（五）》，并于2019年4月29日正式施行，对《公司法》第21条的规定“公司的控股股东、实际控制人、董事、监事、高级管理人员不得利用其关联关系损害公司利益，违反前款规定，给公司造成损失的，应当承担赔偿责任”，进行进一步解释，对关联交易进行规范。

【管辖】

因公司关联交易损害责任纠纷提起的诉讼，原则上以《民事诉讼法》中管辖的相关规定为基础，但要综合考虑公司所在地等因素来确定管辖法院。

【法律适用】

处理公司关联交易责任纠纷的法律依据主要是《民法典》第84条、《公司法》第21条、第216条第4项，以及《最高人民法院关于适用〈中华人民共和国公司法〉若干问题的规定（五）》第1条、第2条。

【确定该案由应当注意的问题】

《公司法》第21条明确了关联方利用关联关系损害公司利益应当承担损失赔偿责任。《民法典》第84条在《公司法》规定的基础上，将适用范围扩展到全部营利法人。

处理公司关联交易损害责任纠纷案件，要特别注意《最高人民法院关于适用〈中华人民共和国公司法〉若干问题的规定（五）》的规定中，将关联交易分为两个层次规范：第一个层次是规定了关联交易的内部赔偿责任；第二个层次是否认关联交易相关合同的效力。对于关联交易的内部赔偿责任问题，司法解释明确规定，通过关联交易损害公司利益的公司控股股东、实际控制人等责任主体，即使履行了法定公司决议程序，也应承担民事赔偿责任，即履行法定程序不能豁免关联交易赔偿责任。实践中，对于人民法院审理此类纠纷中，当事人以其行为已经履行了合法程序进行抗辩，但如果仍旧违反公平原则，损害公司利益，公司依然可以主张行为人承担损害赔偿责任。此外，考虑到实践中关联交易行为人往往实际控制公司意志，此种情形下公司本身很难作为原告主动主张赔偿责任，而该司法解释明确了股东在相应情况下可以提起代表诉讼，给中小股东提供了追究关联人责任的救济渠道，以保护公司和自身的利益。对于否认关联交易相关合同的效力问题，该司法解释也实际扩展了股东代表诉讼的适用范围，将之扩大到关联交易合同的确认无效和撤销纠纷中。关联交易合同存在无效或者可撤销情形的，如果行为人控制公司意志，导致公司自身无法作为原告主动主张赔偿责任，符合条件的股东通过股东代表诉讼向关联交易合同相对方主张权利的，同样，依法予以支持。

此外，把握公司关联交易损害责任纠纷类案件的审理，要紧紧围绕两个判断标准，即“通过关联关系”和“损害公司利益”，以此来判断是否存在违法关联交易。对两个标准的把握，可通过交易主体、交易动机、交易行为、交易结果四个要件来具体判断：（1）交易主体。关联交易主体包括关联自然人和关联法人两类，前者以公司的董事、高级管理人员为代表，后者以母公司或控股公司为代表。（2）交易动机。人民法院应当审查关联交易的目的是否正当，交易动机是否出于诸如操纵市场、转移利润或财产、虚假报表、逃避税收等恶意，这对于判断关联交易的效力十分重要。（3）交易行为。《公司法》所规制的关联行为主要是指关联交易中的非常规交易行为，即关联交易主体滥用集中管理、股权分散或者事实上对公司的控制力，从事损害公司利益的关联交易行为。该行为通常表现为关联公司之间就收益、成本、费用与损益的摊计不合理或不公正。实践中的主要问题在于，任何认定交易行为是否属于非常规的交易行为，对此，人民法院应当参照市场交易惯例，并参考审计、评估等专业机构的鉴定意见。（4）交易结果。关联交易人的交易行为应当给公司带来现实的或者明显可能发生的损失。①

还需要注意的是，公司关联交易损害责任纠纷，发生在公司的控股股东、实际控制人、董事、监事、高级管理人员等关联方利用其关联关系损害公司利益之时。如果该等关联方损害了公司利益，但并非利用关联交易的形式，则不属于此案由。

279. 公司合并纠纷

【释义】

公司合并是企业调整经营战略、实现规模经济的重要手段，属于公司经营中的重大变动事项。公司合并是指两个或两个以上公司依照法定的条件和程序，合并为一个公司的行为。公司合并包括吸收合并和新设合并两种形式。吸收合并又称归并，是指一个公司吸收其他公司，被吸收的公司解散。新设合并是指两个以上公司合并设立一个新的公司，合并各方解散。

对于公司合并产生的法律后果，《民法典》第 67 条第 1 款规定，法人合并的，其权利和义务由合并后的法人享有和承担。具体而言，公司合并主要产生两个方面的法律后果：一是公司组织结构的变化；二是权利义务的概括转移。公司合并将发生公司消灭和股东身份变化的法律效力。在吸收合并中，被合并公司的全部资产并入合并公司，被合并公司债权人赖以保障其利益的全部资产发生了转移，可能影响被合并公司债权人的利益；在新设合并中，合并各方公司的全部资产并入新设公司，合并各方公司债权人赖以保证其利益的全部资产都发

① 吕红兵、尹秀超、李继泉、吴春岐：《公司法适用疑难问题通览——法律原理观点实例及依据/法律适用疑难问题通览丛书》，人民法院出版社 2013 年版，第 365 页。

生了转移，这就使得合并各方债权人的利益都可能受到影响。由于公司合并产生上述法律效果，因此涉及多家公司股东及债权人的利益，为了防止公司合并而侵害中小股东或债权人的利益，《公司法》173条规定了公司合并的严格程序，即应当由合并各方签订合并协议，并编制资产负债表及财产清单。公司应当自作出合并决议之日起10日内通知债权人，并于30日内在报纸上公告。债权人自接到通知书之日起30日内，未接到通知书的自公告之日起45日内，可以要求公司清偿债务或者提供相应的担保。第179条第1款也规定，公司合并或者分立，登记事项发生变更的，应当依法向公司登记机关办理变更登记；公司解散的，应当依法办理公司注销登记；设立新公司的，应当依法办理公司设立登记。

如果公司合并没有依照合并协议进行，或者违反了法律、行政法规的强制性规定，则会引发纠纷。公司合并纠纷中比较常见的是公司合并无效纠纷，如公司股东认为公司合并决议未经股东会通过、债权人认为公司合并过程中公司未履行通知义务、被合并的公司没有清偿债务或者提供相应的担保、有其他违反法律或行政法规之情形而提起的公司合并无效之诉。常见的合并无效原因主要有合并协议无效、合并决议瑕疵、合并违反债权人保护程序等。

【管辖】

《民事诉讼法》第26条规定，因公司设立、确认股东资格、分配利润、解散等纠纷提起的诉讼，由公司住所地人民法院管辖。《民事诉讼法解释》第22条规定，因股东名册记载、请求变更公司登记、股东知情权、公司决议、公司合并、公司分立、公司减资、公司增资等纠纷提起的诉讼，依照《民事诉讼法》第26条规定确定管辖。

【法律适用】

处理公司合并纠纷的法律依据主要是《民法典》第67条，《公司法》第37条、第43条、第99条、第173条、第174条、第179条。

【确定该案由应当注意的问题】

实践中，公司合并纠纷案件中问题较多的是因公司合并引发的债务承继问题。处理此类问题，要按照《民法典》关于“法人合并的，其权利和义务由合并后的法人享有和承担”的规定确立的原则，结合《公司法》关于公司合并的规定来解决。一般而言，对于两个或多个实力较强的公司合并，可形成优势互补、资源共享、优质资产叠加的良好态势，更有利于保护债权人的利益。但是在“强弱合并”或者“弱弱合并”的情况下，公司合并却可能对债权人的利益造成损害。此时，要把握好公司合并引发的债务承继原则，应按照不同情况分别判断合并后的公司如何对合并前的公司债务承担法律责任。

对于公司合并引发的债务承继问题，需要具体问题具体分析。一般而言，有三种处理办法。一是无论在吸收合并或者新设合并中，合并后的公司全部承继合并前各个公司的全部权利与义务，包括资产与负债并且办理了公司财产转移登记手续的，则合并后的存续或者新设的公司承继合并各方的债权、债务。据此，合并后公司继受合并前公司的债权时，无需通知债务人公司即可生效；合并后公司继受合并前公司的债务时，亦不以债权人的同意为生效要件。权利义务的概括继受不仅包括实体法上的权利义务，也包括程序法上的权利义务。就消灭公司尚未完结的诉讼、仲裁（包括商事仲裁与劳动仲裁）及其他争讼程序而言，均由存续公司或新设公司承受其当事人地位。二是根据公司自治原则，在合并各方对债权债务的处理有明确约定的，则按照该约定处理。三是对于遗漏的债权债务，应根据“内外有别”原则。对外，由合并后的公司承担。对内，如果有对遗漏债权债务等有内部约定的承担责任范围，则按此约定处理，承担责任的公司主体当然可以按照约定向有关责任主体行使追偿权。①

此外，还需注意，若债权人并不主张公司合并无效，而只是向合并后的公司主张债权的，这类纠纷不属于公司合并纠纷，而属于普通的债权债务纠纷。

280. 公司分立纠纷

【释义】

公司分立是企业经营专门化、提升公司经营效率、减负增效的重要手段，属于公司经营中的重大变动事项。公司分立是指一个公司依照法定条件和程序，分裂为两个或者两个以上公司的行为，是公司在组织上的一种变更。分立包括新设式分立和派生式分立两种方式。新设式分立是指原公司分立为两个或者两个以上新的公司，原公司消灭。派生式分立是指原公司依然存在，但从原公司中分立出来一个新的公司，原公司的法人资格不变。

对于公司分立产生的法律后果，《民法典》第67条第2款规定，法人分立的，其权利和义务由分立后的法人享有连带债权，承担连带债务，但是债权人和债务人另有约定的除外。具体而言，公司分立主要产生两个方面的法律后果：一是公司组织结构的变化；二是权利义务的法定转移。首先，公司分立导致一个或一个以上的公司设立，该公司的营业来自既有公司营业分割，而不是既有公司的转投资行为。对于新设式分立，还同时导致既有公司的消灭，其消灭也不需要经过清算程序。其次，公司分立的结果导致了分立公司债务的法定承担，即除非公司在分立前与债权人就债务清偿达成的书面协议另有约定，公司分立前的债务由分立后的公司承担连带责任。

① 杨心忠：《公司纠纷裁判精要与规则适用》，北京大学出版社2014年版，第236～237页。

由于公司分立产生上述法律效果，因此涉及多家公司股东及债权人的利益，为了防止公司分立而侵害中小股东或债权人的利益，《公司法》第175条规定了公司分立的严格程序。即公司分立，其财产做相应的分割。公司分立，应当编制资产负债表及财产清单。公司应当自作出分立决议之日起10日内通知债权人，并于30日内在报纸上公告。第176条也规定，公司分立前的债务由分立后的公司承担连带责任。但是，公司在分立前与债权人就债务清偿达成的书面协议另有约定的除外。

如果公司分立未依照该公司分立计划或分立协议进行，或者违反了法律、行政法规的强制性规定，则会导致纠纷。公司分立纠纷中比较常见的是公司分立无效纠纷，如公司股东认为公司分立决议未经股东会通过，或债权人认为公司分立过程中公司未履行通知义务，或有其他违反法律或行政法规之情形，而提起公司分立无效之诉。

【管辖】

《民事诉讼法》第26条规定，因公司设立、确认股东资格、分配利润、解散等纠纷提起的诉讼，由公司住所地人民法院管辖。《民事诉讼法解释》第22条规定，因股东名册记载、请求变更公司登记、股东知情权、公司决议、公司合并、公司分立、公司减资、公司增资等纠纷提起的诉讼，依照《民事诉讼法》第26条规定确定管辖。

【法律适用】

处理公司分立纠纷的法律依据主要是《民法典》第67条，《公司法》第37条、第43条、第99条、第175条、第176条、第179条。

【确定该案由应当注意的问题】

实践中，处理公司分立纠纷案件需要严格根据《民法典》及《公司法》的规定，准确把握公司分立后债权债务的承担问题。公司发生分立，其权利和义务由分立后的公司享有连带债权，承担连带债务，公司分立后，不仅原有的一切债权债务依法由分立后的公司承担，而且原有的财产所有权、经营权、知识产权等也都转移给分立后的公司。但是要尊重公司自治原则，对于分立前公司与债权人已经达成书面协议，对债务清偿有明确约定的则按照该约定处理。

此外，还需注意，若债权人并不主张公司分立无效，而只是向分立后的公司主张债权的，这类纠纷不属于公司分立纠纷，而属于普通的债权债务关系。

281. 公司减资纠纷

【释义】

公司减资，即公司注册资本减少，是指公司存续过程中，因资本过剩或者亏损严重而依照法定的条件和程序减少注册资本额。公司减资纠纷是指公司注册资本减少过程中因减资行为引起的民事纠纷。公司减资分为实质性减资和形式性减资。实质性减资，是指减少注册资本的同时，将一定资产返还给股东，从而减少公司的净资产。一般而言，是在资本过剩的情况下，适当减少公司资本，有利于发挥公司资本的使用效益，减少资本的闲置和浪费，使公司和股东均能受益。形式性减资，是指只减少注册资本额，注销部分股份，不减少公司净资产的减资，这种减资往往是亏损企业的行为，目的是使公司的注册资本与净资产水平保持相当。一般而言，是在公司因经营不善而造成严重亏损的情况下，公司的过度亏损会使公司的注册资本数额与实有资产严重不符，对债权人造成误导和欺骗，也会使股东无法得到回报，所以为了使公司资本与资产相当需要减资。

《公司法》第177条对公司减资规定了严格的程序，即公司需要减少注册资本时，必须编制资产负债表及财产清单。公司应当自作出减少注册资本决议之日起10日内通知债权人，并于30日内在报纸上公告。债权人自接到通知书之日起30日内，未接到通知书的自公告之日起45日内，有权要求公司清偿债务或者提供相应的担保。具体而言，公司减资必须符合以下条件和程序：(1) 股东（大）会作出减资决议，并相应地对章程进行修改。在有限责任公司中，作出减资决议必须经代表2/3以上表决权的股东通过，在股份有限公司中，必须经出席会议的股东所持表决权的2/3以上通过。(2) 公司必须编制资产负债表及财产清单。(3) 通知债权人和对外公告。(4) 债务清偿或担保。债权人自接到通知书之日起30日内，未接到通知书的自公告之日起45日内，有权要求公司清偿债务或者提供相应的担保。(5) 办理减资登记手续。可见，《公司法》对公司减资规定了严格的条件和程序，违反公司法规定的减资的条件和程序，可能引发公司减资纠纷。

因此，为保护中小股东的利益和债权人的利益，违反法定程序的减资，公司股东可以提起诉讼确认减资行为无效或撤销公司减资决议，债权人有权请求公司清偿债务或者提供相应的担保。

【管辖】

《民事诉讼法》第26条规定，因公司设立、确认股东资格、分配利润、解散等纠纷提起的诉讼，由公司住所地人民法院管辖。《民事诉讼法解释》第22条规定，因股东名册记载、请求变更公司登记、股东知情权、公司决议、公司合并、公司分立、公司减资、公司增资等纠纷提起的诉讼，依照《民事诉讼法》第26条规定确定管辖。

【法律适用】

处理公司减资纠纷的法律依据主要是《公司法》第43条、第177条、第179条的规定。

【确定该案由应当注意的问题】

实践中，因《公司法》未对股东减资比例进行规定。公司股东可以按照出资比例或者持股比例进行减资，减资后各股东的股权比例或者持股比例不变；也可以不按照出资比例或者持股比例减资，减资后各股东的股权比例或者持股比例发生变化。无论公司采用何种方式减资，股东减资的比例必须经过股东会作出决议。

公司减资纠纷案件在类型上主要分为两类：一是公司股东提起诉讼，请求确认公司的减资行为无效或者撤销公司的减资决议；二是公司债权人提起诉讼。要求减资的公司清偿债务或者提供相应的担保。具体而言，有以下几种常见类型：一是公司减资决议无效之诉。公司股东减资比例未经股东会决议，或者股东会决议未经代表2/3以上表决权的股东通过，或者出席会议的股东所持表决权的2/3以上通过的，对公司减资比例有异议的股东可以向法院提起诉讼，请求确认公司减资决议无效。公司减资决议无效之诉的原告是对公司减资比例有异议的股东，被告是公司。二是公司减资决议撤销之诉。公司按照《公司法》的规定，经过代表2/3以上表决权的股东通过，或者出席会议的股东所持表决权的2/3以上通过，作出了股东会决议。但是，股东会召集程序或者表决方式违反法律法规或者公司章程的规定，股东可以依据《公司法》第22条的规定，向人民法院提起诉讼，请求撤销股东会减资决议。《公司法》对股东行使撤销权的期限作了规定，即自公司决议作出之日起60日内行使，超过法定期限，撤销权消灭。三是股东滥用股东权利损害其他股东利益的诉讼。公司股东认为其他股东在公司减资过程中滥用了股东权利，侵害股东合法权益，给其造成损失的，根据《公司法》第20条的规定，公司股东可以向人民法院提起侵权之诉，请求其他股东向其承担赔偿责任。

此外，我国《公司法》规定了公司减资的债权人保护程序，对公司减资侵害债权人利益的救济途径作了规定，设置了通知债权人、债务清偿或者提供担保的程序。公司股东会作出减资决议后，未履行通知和公告义务，也未对债权人清偿债务或者提供担保的，债权人可以提起停止减资之诉和公司减资无效之诉。一是停止减资之诉。公司减资尚未完成的，债权人可以向公司行使停止减资请求权，要求公司停止减资活动。在向公司请求未果的情况下，债权人可以向人民法院提起诉讼，要求公司停止减资活动，或者依法履行清偿债务或者提供担保的义务。二是公司减资无效之诉。公司减资完成后，债权人有权向法院提起诉讼，请求人民法院判决公司减资行为无效，从而恢复公司减资导致公司责任财产减少，影响公司对外偿付能力，使公司的资本恢复到进行减资之前的状况。

282. 公司增资纠纷

【释义】

公司增资，即公司增加资本，是指公司基于筹集资金、扩大经营规模的目的，依照法定条件和程序增加公司资本的行为。公司增资的目的包括筹资，开拓新的投资领域或者项目，扩大公司的经营规模；增强公司的实力，提高公司的信用；保持现有的运营资金，减少股东收益分配；调整现有股东结构和持股比例，改变公司管理层的组成。公司增资纠纷是指公司在增加注册资本过程中因增资行为引起的民事纠纷。

公司增资可以增强公司实力，有利于保障债权人的利益和维护交易安全。我国的法律法规对公司增资的强制性规定较少，由公司自行决定。但是，由于公司增资可能稀释现有股东的股权，导致股权结构的调整，从而影响现有股东的利益。我国《公司法》为了防止公司无谓增资损害股东的当前分配利益，增加投资经营风险，在法律制度设计上对其增资的条件、程序等作了限制性规定。《公司法》规定，有限责任公司或者股份有限公司增加资本的，需经公司股东（大）会作出决议，并且有限责任公司增加资本时，除非全体股东约定不按照出资比例优先认缴出资，股东有权优先按照实缴的出资比例认缴出资。

《公司法》第178条对公司增资规定了严格的程序，即有限责任公司增加注册资本时，股东认缴新增资本的出资，依照《公司法》设立有限责任公司缴纳出资的有关规定执行。股份有限公司为增加注册资本发行新股时，股东认购新股，依照《公司法》设立股份有限公司缴纳股款的有关规定执行。此外，第43条及第104条对相关程序也有严格规定。第43条规定，股东会的议事方式和表决程序，除《公司法》有规定的外，由公司章程规定。股东会会议作出修改公司章程、增加或者减少注册资本的决议，以及公司合并、分立、解散或者变更公司形式的决议，必须经代表2/3以上表决权的股东通过。第104条规定，《公司法》和公司章程规定公司转让、受让重大资产或者对外提供担保等事项必须经股东大会作出决议的，董事会应当及时召集股东大会会议，由股东大会就上述事项进行表决。可知，公司增资必须经过股东会决议，变更公司章程，并办理工商变更登记手续。对于违反程序作出的决议，股东可以向人民法院提起诉讼请求确认增资决议无效。

【管辖】

《民事诉讼法》第26条规定，因公司设立、确认股东资格、分配利润、解散等纠纷提起的诉讼，由公司住所地人民法院管辖。《民事诉讼法解释》第22条规定，因股东名册记载、请求变更公司登记、股东知情权、公司决议、公司合并、公司分立、公司减资、公司增资等纠纷提起的诉讼，依照《民事诉讼法》第26条规定确定管辖。

【法律适用】

处理公司增资纠纷的法律依据主要是《公司法》第43条、第104

条、第178条、第179条的规定。

【确定该案由应当注意的问题】

实践中，通过公司资本公积金转增资本的方式增加资本，只是增加了公司的资本总额并没有增加资产总额，公司通过这种方式可以停止或者减少对股东的收益分配，从而使公司继续占用现有的资金，维持现有的经营规模。这种增资方式股东没有向公司追加投资，也没有新的投资者加入公司，产生的纠纷不多。而公司增资通过追加增资，新的资金投入公司，既增加公司的资本同时也增加公司的资产，其投资者可以是公司的现有股东也可以是新的投资人。这种增资方式涉及的问题较多，容易产生内部纠纷。

公司增资纠纷主要包括两种类型：一是股东主张公司增资违反程序而无效，其实质是特殊的公司决议无效之诉；二是有限责任公司的股东主张行使新增资本的认购优先权。具体而言，有以下几种常见类型：(1) 资金性质认定纠纷，指当事人未按法律法规的规定履行出资程序，对于支付给公司的资金是出资还是借款发生争议，由此而引起的纠纷。当事人向公司提供资金的性质是增资行为还是借款行为的认定，其法律后果不同。如果认定为增资行为，则因向公司投资而取得股东资格，应当承担股东义务；如果认定为借款行为，则没有承担公司亏损的义务。(2) 增资协议效力纠纷。公司增资可能导致部分股东的持股比例降低、股权稀释或者公司控制权转移的结果。控制股东利用其对公司的控制权，以公司或者自己名义与部分股东或者第三人签订增资协议进行增资，侵害公司部分股东的利益，从而产生增资协议效力纠纷。增资协议效力纠纷，由对增资有异议的股东为原告，以公司和增资协议的签订人为共同被告。(3) 增资协议履行纠纷。公司增资是公司设立后的出资，当事人应当按照增资协议约定的出资数额、出资形式和出资期限，向公司履行增资协议项下的出资义务。根据《公司法》规定，有限责任公司增加注册资本时，股东认缴新增资本的出资，依照设立有限责任公司缴纳出资的有关规定执行。股份有限公司为增加注册资本发行新股时，股东认购新股，依照设立股份有限公司缴纳股款的有关规定执行。无论有限责任公司还是股份有限公司，公司增资缴纳出资的要求与设立公司时缴纳出资的要求完全一致。因此，公司增资过程中，同样存在出资瑕疵的纠纷。（4）增资比例纠纷。我国《公司法》第34条规定，股东按照实缴的出资比例分取红利；公司新增资本时，股东有权优先按照实缴的出资比例认缴出资。但是，全体股东约定不按照出资比例分取红利或者不按照出资比例优先认缴出资的除外。《公司法》允许股东不按照出资比例优先认缴出资，体现了公司自治的原则。(5) 债权转股权纠纷。债权转股权，是指债权人将对债务人公司享有的债权转换为对债务人公司的股权，债务金额转化为债务人公司的资本，由此使债务人公司的负债减少、资本增加。这是公司增加资本的一种特殊方式。债权转换为股权的增资方式表现为公司债转换增资和债权转股权增资，相应地产生两种纠纷。

此外，应注意本案由与新增资本认购纠纷案由之间的区别。新增资本认购纠纷主要是发生在新出资人与公司之间以及原股东与公司之间的纠纷，而公司增资纠纷主要是公司在增加资本过程中因增资行为而引起的民事纠纷。

典型案例为《最高人民法院公报》刊发的（2015）民二终字第191号孙某荣与杨某香、廊坊愉景房地产开发有限公司公司增资纠纷案。该案的裁判要旨为：股权转让属于股权的继受取得，增资入股则是股权的原始取得。当事人之间协议将取得股权的方式由股权转让变更为增资入股后，原股权转让合同即被其后签订的增资入股合同所更替而终止。根据定金合同的从属特征，作为原股权转让合同从合同的定金合同亦相应消灭，定金罚则不应再适用。

283. 公司解散纠纷

【释义】

公司解散是指引起公司人格消灭的法律事实。《公司法》第 180 条规定，公司因下列原因解散：（1）公司章程规定的营业期限届满或者公司章程规定的其他解散事由出现；（2）股东会或者股东大会决议解散；（3）因公司合并或者分立需要解散；（4）依法被吊销营业执照、责令关闭或者被撤销；（5）人民法院依照《公司法》第 182 条的规定予以解散。根据公司解散事由的不同，公司解散可分为公司自行解散、强制解散和司法解散三种形式。自行解散即为上述规定的前三种情形，强制解散即为上述规定的第四种情形，司法解散又称裁判解散，即公司的目的和行为如违反《民法典》第 8 条的民事主体从事民事活动，不得违反法律、不得违反公序良俗的规定，依法令其解散，或者公司出现上述规定第 5 项，即公司经营出现严重困难，继续存续会使股东利益受到重大损失，或者董事、股东之间出现僵局，且通过其他途径不能解决的，由持有公司全部股东表决权 10% 以上的段东，可以请求人民法院解散公司。这里所指的公司解散纠纷主要指公司僵局出现时，公司股东提起解散公司申请而引发的纠纷。

公司在存续期间如果长期发生严重的内部矛盾，导致公司无法正常经营，甚至使股东的利益受到严重损失，且不能通过其他途径解决。此时，如果公司继续存续，则对股东利益明显不利，且造成社会资源闲置，不利于发挥物的效用。尤其是有限责任公司，具有较强的人合性特点，公司能否正常运营仰赖股东之间的相互信任，若此人合性被打破，或者公司经营遭遇严重困难，继续存续会使股东利益受到重大损失，无法实现公司目的，此时应赋予股东申请解散公司的权利。

对于破解公司僵局问题，《公司法》第 182 条虽然规定了股东申请解散公司的情形，但由于该规定比较原则，公司经营管理发生严重困难、继续存续会使股东利益受到重大损失等表述在司法实践中不好把握。为适应审判实践的需要，《最高人民法院关于适用〈中华人民共和国公司法〉若干问题的规定（二）》第1条第1款对于股东申请人民法院解散公司的问题作了细化。依据该款规定，单独或者合计持有公司全部股东表决权10%以上的股东在符合《公司法》第182条规定的前提下，可以申请人民法院解散公司的情形为：（1）公司持续2年以上无法召开股东会或者股东大会，公司经营管理发生严重困难的；（2）股东表决时无法达到法定或者公司章程规定的比例，持续2年以上不能作出有效的股东会或者股东大会决议，公司经营管理发生严重困难的；（3）公司董事长期冲突，且无法通过股东会或者股东大会解决，公司经营管理发生严重困难的；（4）经营管理发生其他严重困难，公司继续存续会使股东利益受到重大损失的情形。由于实践中公司僵局经常出现，导致股东会依据《公司法》第182条的规定向人民法院起诉请求解散公司，该类纠纷即属于公司解散纠纷。

【管辖】

《民事诉讼法》第26条规定，因公司设立、确认股东资格、分配利润、解散等纠纷提起的诉讼，由公司住所地人民法院管辖。

【法律适用】

处理公司解散纠纷的法律依据主要是《公司法》第180条、第181条、第182条的规定。

【确定该案由应当注意的问题】

实践中，提起公司解散纠纷，必须以通过其他途径不能解决公司僵局为前提。如果能够通过其他途径解决公司僵局，较之于解散公司是更优的选择。提起公司解散诉讼的原告，应当是持有公司全部股东表决权10%以上的股东。至于人民法院是否允许解散公司，则属于人民法院的依据具体情形依法作出判断的自由裁量权。

典型案例为最高人民法院于2012年4月9日公布的指导案例第8号，林某清诉常熟市凯莱实业有限公司、戴某明公司解散纠纷案。该指导性案例的裁判要旨为：《公司法》第182条将公司经营管理发生严重困难作为股东提起解散公司之诉的条件之一。判断公司经营管理是否发生严重困难，应从公司组织机构的运行状态进行综合分析。公司虽处于盈利状态，但其股东会机制长期失灵，内部管理有严重阻碍，已陷入僵局状态，可以认定为公司经营管理发生严重困难。对于符合《公司法》及相关司法解释规定的其他条件的，人民法院可以依法判决公司解散。该指导性案例主要解决的是如何判断《公司法》第182条规定的公司经营管理发生严重困难及依法妥善处理公司僵局状态的问题。公司经营管理发生严重困难是认定公司是否处于僵局状态的重要因素，但对于如何进行具体判断，在司法实务中存在认识上的不统一。该指导性案例的裁判要点确认了判断公司的经营管理是否出现严重困难，应当从公司的股东会、董事会或执行董事及监事会或监事的运行现状进行综合分析的规则，公司是否处于盈利状况并非判断公司经营管理发生严重困难的必要条件。公司经营管理发生严重困难的侧重点在于公司管理方面存有严重内部障碍，如股东会机制失灵、无法就公司的经营管理进行决策等，不应片面理解为公司资金缺乏、严重亏损等经营性困难。

另一公司解散纠纷典型案例为《最高人民法院公报》刊发的(2011)民四终字第29号仕丰科技有限公司与富钧新型复合材料（太仓）有限公司、第三人永利集团有限公司解散纠纷案。该案的裁判要旨为：(1)《公司法》第182条既是公司解散诉讼的立案受理条件，同时也是判决公司解散的实质审查条件，公司能否解散取决于公司是否存在僵局且符合《公司法》第182条规定的实质条件，而不取决于公司僵局产生的原因和责任。即使一方股东对公司僵局的产生具有过错，其仍然有权提起公司解散之诉，过错方起诉不应等同于恶意诉讼。(2) 公司僵局并不必然导致公司解散，司法应审慎介入公司事务，凡有其他途径能够维持公司存续的，不应轻易解散公司。当公司陷入持续性僵局，穷尽其他途径仍无法化解，且公司不具备继续经营条件，继续存续将使股东利益受到重大损失的，人民法院可以依据《公司法》第182条的规定判决解散公司。

284. 清算责任纠纷

【释义】

清算责任纠纷是指清算组成员在清算期间，因故意重大过失给公司或者债权人造成损失的，应当承担赔偿责任。

公司清算期间，清算组是对内执行清算事务，对外代表公司处理债权债务的公司机关。当公司出现《公司法》第180条第1项、第2项、第4项、第5项的解散事由后，公司依法成立清算组开始清算。清算组相当于原公司执行机关董事会，行使清算中公司的代表及执行机关职能。在清算目的范围内，与原公司机关具有类似的法律地位。有限责任公司的清算组由股东组成，股份有限公司的清算组由董事或者股东大会确定的人员组成。逾期不成立清算组进行清算的，债权人可以申请人民法院指定有关人员组成清算组进行清算。人民法院应当受理该申请，并及时组织清算组进行清算。

根据《公司法》第189条规定，清算组成员应当忠于职守，依法履行清算义务。清算组成员不得利用职权收受贿赂或者其他非法收入，不得侵占公司财产。清算组成员因故意或者重大过失给公司或者债权人造成损失的，应当承担赔偿责任。清算组应当依法履行清算义务，包括清理公司财产，分别编制资产负债表和财产清单；通知、公告债权人；处理与清算有关的公司未了结的业务；清缴所欠税款以及清算过程中产生的税款；清理债权、债务；处理公司清偿债务后的剩余财产；代表公司参与民事诉讼活动。清算组成员在履行上述义务过程中，应当本着忠实勤勉、忠于职守的原则进行，如因故事或者重大过失未尽勤勉义务，给公司或者债权人造成损失的，则应当承担赔偿责任。

【管辖】

因清算责任纠纷提起的诉讼，原则上以《民事诉讼法》中管辖的相关规定为基础，但要综合考虑公司所在地等因素来确定管辖法院。

【法律适用】

处理清算责任纠纷的法律依据主要是《公司法》第 184 条、第 185 条、第 186 条、第 187 条、第 188 条、第 189 条。

【确定该案由应当注意的问题】

实践中，公司清算过程中，公司实质上为清算组控制，因此也有可能出现清算组未尽到忠实勤勉义务，给公司或者债权人造成损失的情况下，其自身不可能主动以公司名义向自己主张权利，况且清算时间一般较短且只消耗而并不增加公司的财产，此时公司的状态符合《公司法》第 151 条第 2 款“情况紧急、不立即提起诉讼将会使公司利益受到难以弥补的损害的”情形，股东有权根据《公司法》第 151 条第 3 款关于股东代表诉讼的规定直接向人民法院提起诉讼。需要说明的是，清算中公司的董事会、执行董事已不再行使执行公司事务包括向人民法院提起诉讼的权利。因此，对于损害公司利益的清算组成员，公司股东可以直接向人民法院提起诉讼而无须遵守书面请求公司董事会、执行董事起诉的前置程序。此为股东代表诉讼制度在公司清算期间的特殊体现。在股东提起的股东代表诉讼中，应当将公司列为第三人，诉讼的结果归于公司所有，在清算中一并处理。

当公司已经因清算完毕而注销终止后，股东发现清算组成员的违法行为造成其损失的（无剩余财产分配或者剩余财产数额不足），亦可向清算组成员主张权利。因清算组成员清算中故意或者重大过失所造成的损失，首先是对公司亦即全体股东造成的损失，而非仅针对原告股东，因此，在这里还不宜简单视为直接诉讼，而应当视为本质上还是代表公司诉讼（准确说应当是代表全体股东诉讼）——尽管此时公司已经消灭，形式上不再满足代表诉讼的特点。因此，此时股东提起的诉讼，应当是“参照”《公司法》第 152 条第 3 款的规定提起，而非“依据”。考虑到清算组成员承担赔偿责任，应该是对所有股东承担赔偿责任，因此，原告股东在提起该诉讼时，应当将其他所有股东列为第三人。①

此外，清算责任纠纷案由不同于申请公司清算案由。另外也要注意，申请公司清算案由在原案由规定中为第三级案由，从属于第一级案由即第八部分“与公司、证券、保险、票据等有关的民事纠纷”及第二级案由“与公司有关的纠纷”，本次案由修正后，仍然为第三级案由，但已调整为从属于第一级案由即第十部分非讼程序案件案由及第二级案由公司清算案件。

285. 上市公司收购纠纷

【释义】

上市公司收购是收购人通过法定方式，为取得或巩固对上市公司的控制权而购买该上市公司股份的行为。就其性质而言，实际上是一

① 最高人民法院民事审判第二庭编著：《最高人民法院关于公司法司法解释（一）、（二）理解与适用》，人民法院出版社 2008 年版，第 413 ~ 414 页。

种股份买卖，是收购者与目标公司股东通过对目标公司股份的买卖而使目标公司控制权发生移转的一种买卖行为。

上市公司收购按照收购方式，分为要约收购、协议收购以及其他合法方式收购等，其中，要约收购与协议收购这两种方式较为普遍。要约收购是指收购人以向目标公司所有股东公开发出要约的方式购买该公司证券的行为。协议收购是指收购人依照法律、行政法规的规定，通过与目标公司特定股东签订收购协议的方式进行收购的行为。上市公司收购在各国和地区证券法中的含义各不相同。狭义的上市公司收购仅指要约收购。广义的上市公司收购即包括要约收购、协议收购等。我国《证券法》中上市公司收购采取广义的含义，即上市公司收购可以采取要约收购或者协议收购等方式。

上市公司收购纠纷是指购买者在购买上市公司股份以获得其控制权的过程中与被收购者之间发生的纠纷。《证券法》对于上市公司收购的程序、方式等进行了严格规定。中国证券监督管理委员会也以部门规章的方式发布《上市公司收购管理办法》，进一步规范上市公司的收购及相关股份权益变动活动，保护上市公司和投资者的合法权益，维护证券市场秩序和社会公共利益，促进证券市场资源的优化配置。根据上述法律及规章，上市公司的收购，必须遵守法律、行政法规及中国证券监督管理委员会的规定，当事人应当诚实守信、遵守社会公德、商业道德，自觉维护证券市场秩序，接受政府、社会公众的监督，必须遵循公开、公平、公正的原则。近年来，上市公司收购频繁，从而发生在上市公司收购过程中的纠纷也不断增多，所以《民事案件案由规定》将该类争议列为第三级案由。

【管辖】

因上市公司收购纠纷提起的诉讼，原则上以《民事诉讼法》中管辖的相关规定为基础，但要综合考虑公司所在地等因素来确定管辖法院。

【法律适用】

处理上市公司收购纠纷的法律依据主要是《证券法》第 62 条至第 77 条的规定。

【确定该案由应当注意的问题】

实践中，要注意上市公司收购纠纷适用的条件及对象。上市公司收购纠纷的双方当事人应为收购人与被收购人，适用的条件是双方在购买上市公司股份以获得其控制权的过程中发生的纠纷。收购人之间发生的纠纷不属于本案由。

二十二、合伙企业纠纷

关于民事主体，《民法通则》只规定了公民、法人，没有规定其他形式的主体。《民法总则》第四章规定了“非法人组织”，《民法典》予以继续保留，将民事主体分为自然人、法人、非法人组织三类，从法律上明确了非法人组织的“第三类”民事主体地位。《民法典》第 102 条规定：“非法人组织是不具有法人资格，但是能够依法以自己的名义从事民事活动的组织。非法人组织包括个人独资企业、合伙企业、不具有法人资格的专业服务机构等。”合伙企业属于《民法典》明确规定的非法人组织，既不能等同于自然人，也不能等同于法人，而应当作为一种特殊的民事主体，具有独立的民事主体资格。关于合伙企业，我国也有单行法律作出明确规定，《合伙企业法》第 2 条规定：“本法所称合伙企业，是指自然人、法人和其他组织依照本法在中国境内设立的普通合伙企业和有限合伙企业。普通合伙企业由普通合伙人组成，合伙人对合伙企业债务承担无限连带责任。本法对普通合伙人承担责任的形式有特别规定的，从其规定。有限合伙企业由普通合伙人和有限合伙人组成，普通合伙人对合伙企业债务承担无限连带责任，有限合伙人以其认缴的出资额为限对合伙企业债务承担责任。”因此，在我国，合伙企业是一种企业组织形式，要依照法律的规定进行登记，有独立的字号、独立的意思形成机构和执行机构，其财产与合伙人财产发生一定分离，能以自己的名义从事活动。

286. 入伙纠纷

【释义】

入伙是指在合伙企业存续期间，合伙人以外的第三人加入合伙，从而取得合伙人资格。入伙纠纷是因第三人加入合伙而产生的纠纷。依据《合伙企业法》的规定，新合伙人入伙，除合伙协议另有约定外，应当经全体合伙人一致同意，并依法订立书面入伙协议。订立入伙协议时，原合伙人应当向新合伙人如实告知原合伙企业的经营状况和财务状况。入伙的新合伙人与原合伙人享有同等权利，承担同等责任。入伙协议另有约定的，从其约定。新合伙人对入伙前合伙企业的债务承担无限连带责任。合伙人以外的人依法受让合伙人在合伙企业中的财产份额的，经修改合伙协议即成为合伙企业的合伙人，依照《合伙企业法》和修改后的合伙协议享有权利，履行义务。

【管辖】

入伙纠纷系基于合同而发生的纠纷，约定管辖的问题，有约定从约定，无约定的应当根据《民事诉讼法》第 23 条的规定，由被告住所地或合同履行地人民法院管辖。

【法律适用】

审理合伙企业入伙纠纷的主要法律依据是《民法典》总则编第4章、《合伙企业法》第2章的相关规定。其中，《合伙企业法》第2章“普通合伙企业”中设专节第5节规定了“入伙、退伙”，并规定了合伙财产份额转让等问题。特殊的普通合伙企业、有限合伙企业的入伙有特别规定的，适用特别规定；没有特别规定的，适用入伙一般规定。比如对于有限合伙企业而言，新入伙的有限合伙人对入伙前有限合伙企业的债务，以其认缴的出资额为限承担责任。

【确定该案由应当注意的问题】

需要注意本案由与“127. 合伙合同纠纷”的区别，详见本书对“127. 合伙合同纠纷”的论述。

287. 退伙纠纷

【释义】

退伙是指合伙人在合伙组织存续期间退出合伙组织、消灭合伙人资格的行为。退伙纠纷是指合伙人因退出合伙，与其他合伙人脱离合伙关系而产生的纠纷。依据《合伙企业法》，退伙情形包括了约定合伙期限的退伙、未约定合伙期限的退伙、当然退伙、除名退伙等。《合伙企业法》第53条还规定，退伙人对基于其退伙前的原因发生的合伙企业债务，承担无限连带责任。

【管辖】

合伙企业基于合同产生，因此，退伙纠纷应当根据《民事诉讼法》第23条规定，由被告住所地或合同履行地人民法院管辖。

【法律适用】

审理合伙企业退伙纠纷的主要法律依据是《民法典》总则编第4章、《合伙企业法》第2章的相关规定。其中，《合伙企业法》第2章“普通合伙企业”中设专节第5节规定了“入伙、退伙”，并规定了合伙财产份额转让等问题。特殊的普通合伙企业、有限合伙企业的退伙有特别规定的，适用特别规定；没有特别规定的，适用退伙一般规定。比如对于有限合伙人退伙的，对基于其退伙前的原因发生的有限合伙企业债务，以其退伙时从有限合伙企业中取回的财产承担责任。

【确定该案由应当注意的问题】

需要注意本案由与“127. 合伙合同纠纷”的区别，详见本书对“127. 合伙合同纠纷”的论述。

288. 合伙企业财产份额转让纠纷

【释义】

合伙企业财产份额的转让是指在合伙企业存续期间，合伙人向合伙人以外的人转让其在合伙企业中的全部或者部分财产份额。合伙财产份额转让纠纷是指合伙人因向合伙人以外的人转让其合伙财产份额，与其他合伙人产生的纠纷。依据《合伙企业法》，除合伙协议另有约定外，合伙人向合伙人以外的人转让其在合伙企业中的全部或者部分财产份额时，须经其他合伙人一致同意，在同等条件下，其他合伙人有优先购买权，合伙人之间转让在合伙企业中的全部或者部分财产份额时，应当通知其他合伙人。

【管辖】

合伙企业基于合同产生，因此，合伙企业财产份额转让纠纷应当根据《民事诉讼法》第 23 条规定，由被告住所地或合同履行地人民法院管辖。

【法律适用】

审理合伙企业财产份额转让纠纷的主要法律依据是《合伙企业法》第 2 章的相关规定。特殊的普通合伙企业、有限合伙企业的财产份额转让有特别规定的，适用特别规定；没有特别规定的，适用一般规定。比如有限合伙人可以按照合伙协议的约定向合伙人以外的人转让其在有限合伙企业中的财产份额，但应当提前 30 日通知其他合伙人。

【确定该案由应当注意的问题】

需要注意本案由与“127. 合伙合同纠纷”的区别，详见本书对“127. 合伙合同纠纷”的论述。

二十三、与破产有关的纠纷

“与破产有关的纠纷”属于“与公司、证券、保险、票据等有关的民事纠纷”项下的第二级案由。《企业破产法》规定，企业进入破产程序后，由人民法院指定管理人管理和处分债务人的财产，并代表债务人参加诉讼或者其他法律程序，因此，有关债务人的诉讼由管理人作为诉讼代表人承受债务人在诉讼中的当事人地位。

本部分案由与2011年《民事案件案由规定》相比，删除了“申请破产清算”“申请破产重整”“申请破产和解”三个第三级案由，将上述案由放入第十部分“非讼程序案件案由”中“四十三、破产程序案件”项下，并在该第三级案由下增加“申请对破产财产追加分配”案由。上述三种案由适用的是非诉程序，是审理民事案件的特别程序，而本部分案由则为诉讼程序，系破产衍生诉讼程序，也即破产申请受理后有关债务人的实体权利义务等发生争议的，均应另行向受理破产申请的人民法院提起诉讼，由此产生的诉讼即为破产衍生诉讼。破产衍生诉讼独立于破产案件，系普通民商事案件。此次调整，案由划分更为科学、合理。本部分其他案由则未做修改、调整。在确定本部分案由时，应当优先适用第三级案由，在无法归入具体的第三级案由时，可适用“与破产有关的纠纷”。

289. 请求撤销个别清偿行为纠纷

【释义】

个别清偿行为属于偏袒性清偿行为的一种，指破产程序开始前，债务人明知具备破产原因，仍恶意在法定期间内对个别债权人进行清偿，损害其他债权人的利益。根据《最高人民法院关于适用〈中华人民共和国企业破产法〉若干问题的规定（二）》第14条规定，这里的“对个别债权人清偿”，主要是指针对无财产担保债权人的个别清偿，对债务人在担保物市价范围内的清偿则不在此限。因为对债务人特定财产享有担保权利的债权人，在破产程序中享有别除权，有权优先受偿，提前清偿并不影响其他债权人的利益，但债权清偿中超出担保财产价值的部分依然属于个别清偿行为。管理人对个别清偿行为享有的撤销权从广义上属于破产撤销权的一种，由管理人以诉讼的方式向人民法院提起，由此引发的纠纷即为本案由。

破产原因又称破产界限，是当事人提出破产申请、人民法院启动破产程序和宣告债务人破产的法律事实。《企业破产法》第2条第1款规定：“企业法人不能清偿到期债务，并且资产不足以清偿全部债务或者明显缺乏清偿能力的，依照本法规定清理债务。”该规定是认定债务人是否达到破产界限的标准，也即“不能清偿到期债务+资不抵债”或者“不能清偿到期债务+明显缺乏清偿能力”，只要具备两种情形之一即可。司法实践中，一些债务人出于逃避债务、偏袒清偿等原因，往往在破产申请之前，恶意优先清偿关联企业或者具备特定关系债权人的到期债务，如债务人的高级管理人员或者债务人的控制人员及其亲属等。债务人的个别清偿行为使个别债权人的地位得到改善而优于其他债权人受偿，致使其他债权人在随后启动的破产程序中利益受损，破坏了破产法所遵循的全体债权人公平受偿原则，为各国和地区立法所禁止。《企业破产法》第32条规定“人民法院受理破产申请前六个月内，债务人有本法第二条第一款规定的情形，仍对个别债权人进行清偿的，管理人有权请求人民法院予以撤销。但是，个别清偿使债务人财产受益的除外”即对此作出了规范。因此，如个别清偿行为是基于双方存在关联关系、其他特殊利益关系或者债务人恶意所为，行为发生在破产申请前6个月内的，即债务人在危机期间的个别清偿行为，管理人有权在破产程序中请求人民法院撤销该行为，并有权请求相对人返还债务人的财产。

根据《最高人民法院关于适用〈中华人民共和国企业破产法〉若

干问题的规定（二）》第15条规定，经过诉讼、仲裁或者强制执行程序进行的个别清偿，原则上不得请求撤销。对于因履行生效法律文书或者执行行为所发生的个别清偿行为，是债务人履行的法定义务，也是生效法律文书具有执行力的体现，管理人无权请求撤销，但是债权人与债务人恶意串通，披着诉讼仲裁合法外衣损害债权人利益的除外。《最高人民法院关于适用〈中华人民共和国企业破产法〉若干问题的规定（二）》第16条还规定，个别清偿系债务人的基本生产需要以及债务人支付劳动报酬、人身损害赔偿金以及使债务人财产受益的其他个别清偿，管理人不得请求撤销。

【管辖】

有关债务人的破产衍生诉讼从案件受理时间上区分，包括两大类案件，第一类是破产申请受理前人民法院已经受理但尚未审结的案件，第二类是破产申请受理后当事人新提起的有关债务人的民事诉讼，实际上为破产衍生诉讼。对于第一类案件，适用民事诉讼案件管辖的一般规定确定管辖法院，对于第二类案件，根据《企业破产法》第21条规定，人民法院受理破产申请后，有关债务人的民事诉讼，只能向受理破产申请的人民法院提起，实行集中管辖。管理人提起请求撤销个别清偿行为的诉讼，属于破产申请受理后新提起的针对债务人的诉讼，故应由受理破产申请的人民法院集中管辖。

【法律适用】

处理请求撤销个别清偿行为纠纷的法律依据主要是《企业破产法》第32条、第34条，《最高人民法院关于适用〈中华人民共和国企业破产法〉若干问题的规定（二）》第9条、第10条、第12条、第14条、第15条、第16条。

【确定该案由应当注意的问题】

确定本案由，应当注意与破产撤销权纠纷的区别。《企业破产法》第31条第4项规定："人民法院受理破产申请前一年内，涉及债务人财产的下列行为，管理人有权请求人民法院予以撤销：……（四）对未到期的债务提前清偿的。"本案由与该规定的破产撤销权纠纷所涉及行为均属于人民法院受理破产审理前一定期限内债务人向债权人清偿债务的行为，两者区别在于：(1) 债务是否到期不同。本案由针对的是清偿到期债务的行为，而破产撤销权规范的是清偿未到期债务的行为。《企业破产法》第32条虽未明文规定针对的是到期债务，但如理解为未到期债务，显然放宽了对未到期债务撤销权的限制，与第31条规定冲突。(2) 行为发生的时间不同。本案由针对的是人民法院受理破产申请前6个月内，而破产撤销权规范的是1年内。(3) 债务人是否具有破产原因不同。本案由中的可撤销行为必须是在债务人具备破产原因之际，而破产撤销权不考虑债务人是否具备破产原因。

还需要注意的是，根据《最高人民法院关于适用〈中华人民共和国企业破产法〉若干问题的规定（二）》第12条规定："破产申请受理前一年内债务人提前清偿的未到期债务，在破产申请受理前已经到期，管理人请求撤销该清偿行为的，人民法院不予支持。但是，该清偿行为发生在破产申请受理前六个月内且债务人有企业破产法第二条第一款规定情形的除外。"该解释的但书条款，实际上是将这种清偿行为认定为到期债务，并归入危机期间的个别清偿行为。因此，管理人依据但书条款提起诉讼，也应列为本案由，而非破产撤销权纠纷。

290. 请求确认债务人行为无效纠纷

【释义】

请求确认债务人行为无效纠纷，是指债务人实施的严重损害债权人整体利益的行为，由管理人或者债权人提起的请求人民法院确认债务人行为无效的纠纷。无效行为与破产法上的可撤销行为相比较，债务人的主观恶意更大，对债权人利益损害一般来说也更大，且请求确认无效行为无时间限制，与债务人是否出现破产原因无关。因此，只有在债务人以逃避债务为目的实施的严重损害债权人利益的行为，才能宣告行为无效。

根据《企业破产法》第 33 条规定，涉及债务人财产的下列行为无效：（1）为逃避债务而隐匿、转移财产的；（2）虚构债务或者承认不真实的债务的。隐匿、转移财产，是指债务人通过隐瞒债务人财产的信息或者将财产置于隐蔽场所或者改变财产的物理位置的方式，使管理人不能有效接管、控制、处分债务人财产的行为。对隐匿财产行为应作广义理解，既包括积极隐匿财产的行为，也包括消极隐匿财产的行为。如在财务账册上不做记载或者不如实记载、对有关债权隐匿不报或者接受有关财产情况询问时不如实回答等。通常，隐匿、转移的财产尚处于债务人控制之下，否则可能构成非法转让或者赠与行为。“在《企业破产法》的制定过程中，有人提出，债务人隐匿、转移财产的行为并不属于法律行为，因为它不涉及财产所有权的转移，也没有行为相对人，只是债务人个人对财产的恶意处置，这些行为属于事实行为，不存在对外的法律效力。”① 上述观点具有合理性。对于事实行为，人民法院一般不作出是否有效的评价，但由于《企业破产法》

① 王新欣：《破产法》，中国人民大学出版社 2019 年版，第 151 页。

明文规定此类行为属于无效行为，故仍应遵照执行。对于此类无效行为，管理人有权在发现后追回财产。如果被隐匿、转移财产的实际占有人拒绝返还财产的，管理人可提起请求确认债务人行为无效纠纷。而虚构债务或者承认不真实的债务，主要表现为订立虚假合同、虚构应付账款、在财务账册上多列支出等。《企业破产法》第 8 条规定，债务人提出破产申请的，应当提交财产状况说明、债务清册、债权清册等材料；第 11 条规定，债权人提出破产申请的，债务人也应当提交上述材料。如果债务人在提交的有关材料中存在上述行为，即构成虚构债务或者承认不真实的债务的行为。无效行为自始、当然、绝对无效，法律后果是恢复原状，使财产恢复到行为发生前的状态。

【管辖】

根据《企业破产法》第 21 条规定，人民法院受理破产申请后，有关债务人的民事诉讼，只能向受理破产申请的人民法院提起，实行集中管辖。破产程序启动后，管理人或者债权人发现债务人存在无效行为并请求确认无效，属于破产申请受理后新提起的针对债务人的诉讼，故应由受理破产申请的人民法院集中管辖。

【法律适用】

处理请求确认债务人行为无效纠纷的法律依据主要是《企业破产法》第 33 条、第 34 条，《最高人民法院关于适用〈中华人民共和国企业破产法〉若干问题的规定（二）》第 17 条。

【确定该案由应当注意的问题】

确定本案由时，应注意与破产撤销权纠纷、请求撤销个别清偿行为纠纷相区分。主要区别在于：（1）行为的具体方式不同。请求确认债务人行为无效纠纷，针对的是债务人以逃避债务为目的而实施的两类行为，即隐匿、转移财产行为以及虚构债务、承认不真实债务的行为；破产撤销权纠纷、请求撤销个别清偿行为纠纷针对的是债务人进入破产程序前一定时期内的有偿或无偿行为，债务人的行为不一定具有逃避债务的恶意。(2) 权利行使主体不同。对于绝对无效的法律行为，任何人均可主张，而相对无效的法律行为，享有相应权利者可主张，法院也可依职权主动审查并宣告行为无效；对于可撤销行为，只有享有撤销权者方可提起，人民法院无权主动撤销。在请求确认债务人行为无效纠纷中，因债务人进入破产程序后，追回债务人财产属于管理人的职权范围，在管理人不作为的情况下，由于债务人的行为损害的是全体债权人利益，故债权人也可以行使。而在破产撤销权纠纷、请求撤销个别清偿行为纠纷中，权利行使主体则原则上为管理人。(3) 法律后果不同。请求确认债务人行为无效纠纷，债务人的违法行为随着破产程序的启动而被人民法院认定无效后，行为自始无效，不因当事人的承认、除斥期间、诉讼时效经过或者无效原因消灭而成为有效，强调的是国家对违法行为的主动干预与制裁；破产撤销权纠纷、请求撤销个别清偿行为纠纷，国家虽强调概括式的公平清偿规则，但更注重尊重当事人的意思自治行为，由权利人选择是否予以撤销。

291. 对外追收债权纠纷

【释义】

对外追收债权纠纷，是指管理人在债务人进入破产程序后，对债务人的债权或者其他权益予以追收所引发的纠纷。人民法院受理破产申请后，应当同时指定管理人，由管理人负责接管债务人的财产，管理人由此成为债务人财产的实际控制者，依法管理和处分债务人的财产。而债务人在进入破产程序前，可能存在对他人享有债权的情形，如存在尚未收回的借款债权、因出售货物而形成的应收账款债权或者因转让股份而形成的股权转让款债权等，债权属于债务人的财产，管理人在接管债务人财产后，应当收回债务人在外财产、进行债权追讨。为使管理人更好地实现对债务人财产的管理，保护全体债权人和相关利益主体的合法权益，防止债务人利用各种手段隐匿和转移财产，《企业破产法》第17条第1款规定，在人民法院受理破产申请后，债务人的债务人或者财产持有人应当向管理人清偿债务或者交付财产。债务人的债务人是指对债务人负担债务的人即次债务人，该债务既可能是人民法院受理破产申请前成立的，也可能是受理破产申请后成立的。债务人的财产持有人是指一切持有债务人财产的行为人，包括合法持有以及非法持有。次债务人拒绝清偿，或者财产持有人拒绝交付财产的，管理人有权向人民法院起诉要求清偿、交付。根据《企业破产法》第17条第2款规定，债务人的债务人或者财产持有人故意违反前款规定向债务人清偿债务或者交付财产，使债权人受到损失的，不免除其清偿债务或者交付财产的义务。根据该规定，如果行为人明知债务人破产，应当向管理人清偿债务或者交付财产，但却故意向债务人清偿债务或者交付财产，也即明知而故意为之，则不免责。如果行为人不知债务人破产，则可免责。当然，行为人虽然向债务人清偿债务或者交付财产，行为具有违法性，但未导致债权人利益受损，如债务人在获得清偿财产或者接受财产后转交给管理人，则不会导致债权人利益受损，可免责。

需要注意的是，如果管理人不予追收，怠于行使职权，根据《最高人民法院关于适用〈中华人民共和国企业破产法〉若干问题的规定(二)》第23条规定，个别债权人有权代表全体债权人提起诉讼，主张次债务人向债务人清偿，即债权人原则上应当通过督促管理人行使追收权利，如果经督促，管理人依然不作为的，个别债权人有权代表全体债权人起诉，提起对外追收债权诉讼。对此，人民法院应当予以受理，但追回的财产应当归入债务人财产。

【管辖】

对外追收债权纠纷系管理人在管理债务人财产的过程中发生的涉及债务人财产的收回和清理，属于新提起的有关债务人的民事诉讼，根据《企业破产法》第21条的规定，原则上应由受理破产申请的人民法院管辖。《最高人民法院关于适用〈中华人民共和国企业破产法〉若干问题的规定（二）》第47条规定："人民法院受理破产申请后，当事人提起的有关债务人的民事诉讼案件，应当依据企业破产法第二十一条的规定，由受理破产申请的人民法院管辖。受理破产申请的人民法院管辖的有关债务人的第一审民事案件，可以依据民事诉讼法第三十八条的规定，由上级人民法院提审，或者报请上级人民法院批准后交下级人民法院审理。受理破产申请的人民法院，如对有关债务人的海事纠纷、专利纠纷、证券市场因虚假陈述引发的民事赔偿纠纷等案件不能行使管辖权的，可以依据民事诉讼法第三十七条的规定，由上级人民法院指定管辖。"根据该规定，如果案情复杂，应追回的财产标的物较大、争议又较大或者专业性较强，依法享有管辖权的受理破产法院不便审理的，可以依法报上级法院指定管辖或者在上下级法院之间转移管辖权。

【法律适用】

处理对外追收债权纠纷的法律依据主要是《企业破产法》第17条、《最高人民法院关于适用〈中华人民共和国企业破产法〉若干问题的规定（二）》第23条。

【确定该案由应当注意的问题】

确定本案由时，应当与追收未缴出资纠纷、追收抽逃出资纠纷、追收非法正常收入纠纷相区别。上述案由中，虽然追收行为的主体均为管理人，性质均为债权请求权，但对外追收债权纠纷中追收的对象是次债务人或者债务人的财产持有人，而追收未缴出资纠纷、追收抽逃出资纠纷和追收非法正常收入纠纷中追收的对象为债务人的出资人或董事、监事及高级管理人员。对外追收债权，顾名思义，所追收权利的性质是债权，权利基础是债权请求权，管理人基于物权请求权要求债务人、财产持有人交付财产而产生的纠纷不适用本案由。

292. 追收未缴出资纠纷

【释义】

追收未缴出资纠纷，是指管理人在债务人进入破产程序后，因债务人的出资人未履行按期缴纳所认缴的出资额义务，管理人在破产程序中进行追收而产生的民事纠纷。出资人是以认缴或者认购的出资额对公司承担责任，出资人的出资构成公司财产的重要组成部分，而公司又以公司全部财产对债务承担责任。当出资人违反出资义务，即构成对公司的负债，应当予以追收。

公司股东出资义务，既包括公司设立时股东的出资义务，也包括公司增资时股东的出资义务。根据行为方式的不同，违反出资义务包括未履行或者未全面履行出资义务两种形态。未履行出资义务是指根本未履行出资，如拒绝出资、虚假出资。未全面履行出资义务是指未完全履行和不适当履行，如仅缴纳部分出资，或者瑕疵出资等。根据我国法律规定，除了公司以外，对于其他企业法人，有关法律、行政法规规定出资人也应当履行相应的出资义务。《企业破产法》第35条规定："人民法院受理破产申请后，债务人的出资人尚未完全履行出资义务的，管理人应当要求该出资人缴纳所认缴的出资，而不受出资期限的限制。"2013年《公司法》修正后，股东出资由"实缴制"修改为“认缴制”，注册公司的成本大大降低，股东可以设定一个出资额，并承诺在一定期限内出资到位。实践中，不乏公司股东设定的出资期限在10年、20年甚至更长久。因此，人民法院受理破产申请后，债务人公司的出资人尚未履行出资义务或者尚未完全履行出资义务，既包括尚未届满缴纳期限而缴付的情况，也包括出资期限已经届满而出资人违反出资义务未缴付。《最高人民法院关于适用〈中华人民共和国公司法〉若干问题的规定（三）》第13条第1款规定，股东未履行或者未全面履行出资义务，公司或者其他股东请求其向公司依法全面履行出资义务的，人民法院应予支持。第18条规定，有限责任公司股东未履行或者未全面履行出资义务即转让股权，受让人对此知道或者应当知道，公司请求该股东履行出资义务、受让人对此承担连带责任的，人民法院应予支持。根据前述规定，当公司财产不足以清偿债务时，认缴出资的股东应当向公司履行出资义务，且该义务不因股权转让而消灭，受让人对此知道或者应当知道的，对此也需承担连带责任。

因此，公司进行破产程序后，管理人应当要求未履行或者未完全履行出资义务的出资人（包括特定情形下的股权受让人）缴纳所应缴的出资，而不论出资是否到期。一般来说，出资人对于出资享有期限利益，但在特殊情况下如公司破产或者公司解散等情形，则例外地允许加速到期，因为未届出资期限的出资对于公司而言是一种将来的债权，而公司一旦进入破产程序，已经没有“将来”，此时如果不要求出资加速到期，将会导致出资人利用期限利益逃避出资义务，不仅与认缴制的设计初衷相悖，也减损了债务人的清偿能力，损害债权人利益。鉴于人民法院受理破产案件构成出资加速到期的法定事由，即使出资期限尚未届满，出资人也有义务将出资缴纳到位，管理人有权要求债务人的出资人及股权受让人立即缴纳所认缴的全部出资，而不受出资期限的限制。

《最高人民法院关于适用〈中华人民共和国企业破产法〉若干问题的规定（二）》第20条第1款规定，管理人代表债务人提起诉讼，主张出资人向债务人依法缴付未履行的出资或者返还抽逃的出资本息，出资人以认缴出资尚未届至公司章程规定的缴纳期限或者违反出资义务已经超过诉讼时效为由抗辩的，人民法院不予支持。根据上述规定，未完全履行出资义务的出资人，属于出资不到位，应在破产程序中补足出资，也即予以追收，追收不受诉讼时效限制，补足部分属于破产财产。

【管辖】

根据《企业破产法》第21条规定，追收未缴出资纠纷案件，属于新提起的有关债务人的民事诉讼，故应由受理债务人破产申请的人民法院实行集中管辖。

【法律适用】

处理追收未缴出资纠纷的法律依据主要是《企业破产法》第35条，《最高人民法院关于适用〈中华人民共和国企业破产法〉若干问题的规定（二）》第20条、第23条，《最高人民法院关于适用〈中华人民共和国公司法〉若干问题的规定（三）》第13条、第18条、第20条。

【确定该案由应当注意的问题】

根据《最高人民法院关于适用〈中华人民共和国企业破产法〉若干问题的规定（二）》第23条第3款规定，如管理人怠于追收，个别债权人有权代表全体债权人提起诉讼，主张债务人的出资人缴纳所认缴的全部出资。本纠纷引发诉讼的提起主体即原告原则上为管理人，债权人应当督促管理人行使追收权利，经督促后，管理人依然怠于行使的，个别债权人可代表全体债权人作为原告提起诉讼，人民法院应当予以受理。

根据《最高人民法院关于审理公司强制清算案件工作座谈会纪要》第39条规定，“鉴于公司强制清算与破产清算在具体程序操作上的相似性……股东未缴足出资……可参照企业破产法及其司法解释的有关规定处理”，在公司强制清算过程中，发现股东未缴足出资的，根据该纪要精神，清算组提起的诉讼也为本案由。

293. 追收抽逃出资纠纷

【释义】

追收抽逃出资纠纷，是指管理人在破产程序中对债务人股东抽逃已投入到公司的出资予以追收而产生的纠纷。抽逃出资是严重侵蚀公司资本的行为，是指公司验资注册后，股东将所缴出资暗中撤回，却仍保留股东身份和原有出资额的一种欺诈性违法行为。抽逃出资不仅侵犯了公司的利益，还侵犯公司债权人的利益，因此为法律所严令禁止。

禁止股东抽逃出资并追究其法律责任是基于公司法人人格独立制度和权利义务相一致原则。股东出资以后，资产就变成了公司的财产，只能通过转让的方式或者特定情形下由公司回购从而收回出资，而不能直接撤回自己的出资。维持公司资本是公司对外承担责任的基本保证，是公司制度的基本原则。如果股东撤回自己的出资，属于侵犯公司的财产权，公司有权要求股东返还财产。我国《公司法》对股东抽逃出资也作出了禁止性规定，第35条规定，公司成立后，股东不得抽逃出资；第91条规定，发起人、认股人缴纳股款或者交付抵作股款的出资后，除未按期募足股份、发起人未按期召开创立大会或者创立大会决议不设立公司的情形外，不得抽回其股本。《最高人民法院关于适用〈中华人民共和国公司法〉若干问题的规定（三）》第12条更是对抽逃出资的表现形式进行了详细列举，规定："公司成立后，公司、股东或者公司债权人以相关股东的行为符合下列情形之一且损害公司权益为由，请求认定该股东抽逃出资的，人民法院应予支持：（一）制作虚假财务会计报表虚增利润进行分配；（二）通过虚构债权债务关系将其出资转出；（三）利用关联交易将出资转出；（四）其他未经法定程序将出资抽回的行为。"从该司法解释规定来看，股东实施上述行为时，只有在行为对公司权益造成损害的情况下，才能被认定为抽逃出资，从而追究行为人的责任。对于该条规定的兜底条款，可以理解为：凡是在公司成立后，股东未经法定程序而将其出资抽回并且损害公司权益的，人民法院均应认定构成抽逃出资行为。司法实践中，此类行为通常表现为：公司完成资本验资后，股东将货币出资的一部分或全部抽走；将注册资金的非货币部分，如建筑物、厂房、机器设备、工业产权、专有技术、场地使用权在验资完毕后，将其一部分或全部抽走。

如果股东存在抽逃出资行为，一旦公司进入破产程序，管理人有权代表公司要求股东依法全面履行出资义务，补足抽逃的出资。行为人拒绝缴纳的，管理人有权代表债务人通过诉讼方式予以追回，纳入债务人财产的范畴。《最高人民法院关于适用〈中华人民共和国公司法〉若干问题的规定（三）》第 14 条第 1 款规定："股东抽逃出资，公司或者其他股东请求其向公司返还出资本息、协助抽逃出资的其他股东、董事、高级管理人员或者实际控制人对此承担连带责任的，人民法院应予支持。"《最高人民法院关于适用〈中华人民共和国企业破产法〉若干问题的规定（二）》第 20 条第 2 款也作出了类似规定。由于其他股东、董事、高级管理人员或者实际控制人协助股东抽逃出资，构成共同侵权行为，根据前述规定，管理人有权请求上述人员承担连带责任。

与追收未缴出资纠纷相同，根据《最高人民法院关于适用〈中华人民共和国企业破产法〉若干问题的规定（二）》第 23 条规定，本纠纷引发诉讼的提起主体原则上为管理人，经债权人督促后，管理人依然怠于行使追收的，个别债权人也可以提起追收抽逃出资纠纷之诉。

【管辖】

管理人向人民法院提起追收抽逃出资的诉讼，系基于债务人财产权利受到侵犯，而基于《企业破产法》的规定代表债务人企业行使其诉讼权利，应适用《企业破产法》第21条有关集中管辖的规定，由受理破产申请的人民法院管辖。

【法律适用】

处理追收抽逃出资纠纷的法律依据主要是《公司法》第35条、91条，《最高人民法院关于适用〈中华人民共和国公司法〉若干问题的规定（三）》第12条、第14条，《最高人民法院关于适用〈中华人民共和国企业破产法〉若干问题的规定（二）》第20条、第23条。

【确定该案由应当注意的问题】

确定本案由应注意与追收未缴出资纠纷相区别。追收未缴出资纠纷，针对的是出资人完全未履行或者未完全履行出资义务的情形，而本案由针对的是出资人履行出资义务后，又以各种方式抽回出资的情形，广义上也属于未履行或者未完全履行出资义务的情形。但是，抽逃出资与未缴出资还是存在差别，抽逃出资的前提是股东足额履行了出资义务，而未缴出资则是虚假出资、完全未出资或者部分出资，或者瑕疵出资，行为方式并不相同。

根据《最高人民法院关于审理公司强制清算案件工作座谈会纪要》第39条规定，“鉴于公司强制清算与破产清算在具体程序操作上的相似性……股东未缴足出资、抽逃出资……可参照企业破产法及其司法解释的有关规定处理”，在公司强制清算过程中，发现股东抽逃出资的，根据该纪要精神，清算组提起的诉讼也适用本案由。

294. 追收非正常收入纠纷

【释义】

追收非正常收入是指管理人在破产程序中，对于债务人的董事、监事和高级管理人员利用职权从企业获取的非正常收入和侵占的企业财产予以追回。《公司法》第147条第2款规定，董事、监事、高级管理人员不得利用职权收受贿赂或者其他非法收入，不得侵占公司的财产。债务人的董事、监事和高级管理人员利用职权从企业获取的非正常收入和侵占的企业财产，不属于其个人所有而是属于企业的财产，是对债务人财产的侵犯，应当予以追回。《企业破产法》第36条明确规定，债务人的董事、监事和高级管理人员利用职权从企业获取的非正常收入和侵占的企业财产，管理人应当追回。根据《公司法》第216条规定，高级管理人员是指公司的经理、副经理、财务负责人、上市公司董事会秘书以及公司章程规定的其他人员。

对于何谓非正常收入，《企业破产法》未作具体规定，《最高人民法院关于适用〈中华人民共和国企业破产法〉若干问题的规定（二）》第24第1款对此予以明确，规定下列收入应当认定为非正常收入：（1）绩效奖金。因为在债务人已经破产的情形下，无绩效可发，如果债务人的董事、监事和高级管理人员利用职权发放绩效奖金，明显不合理，系非正常收入。（2）普遍拖欠职工工资情况下获取的工资性收入。因为债务人出现破产原因时，可能普遍拖欠职工工资，此时债务人的董事、监事和高级管理人员仍然获得工资性收入，亦明显不合理，应当认定为非正常收入。（3）其他非正常收入。此为兜底条款，交由法官自由裁量。如果债务人的董事、监事和高级管理人员从债务人处获取的与职务有关的收入，明显超出其他企业董事、监事和高级管理人员在同样工作条件下的正常收入，则明显超出部分的收入可能被认定为非正常收入。在认定非正常收入时，即使债务人董事会或股东会对此予以确认，但如收入明显不合理，也可能会被认定为非正常收入。当然，违反财务制度的收入肯定是非正常收入。

管理人核实债务人的董事、监事、高级管理人员获取非正常收入后，向其发送通知，要求返还有关财产。如果债务人的董事、监事、高级管理人员在规定的时间不予答复或者拒绝返还或者仅返还部分财产，管理人有权利也有义务进行追回，代表债务人向人民法院起诉，提起追收非正常收入纠纷，并将追回的财产纳入债务人财产范围。

根据《最高人民法院关于适用〈中华人民共和国企业破产法〉若干问题的规定（二）》第23条规定，当管理人怠于追收，个别债权人有权代表全体债权人提起诉讼予以追回。

【管辖】

管理人提起的此类诉讼，实质是行使债务人依法享有的诉讼权利，恢复债务人财产，应当适用《企业破产法》第21条有关集中管辖的规定，由受理破产申请的人民法院管辖。

【法律适用】

处理追收非正常收入纠纷的法律依据主要是《企业破产法》第36条、《公司法》第147条、《最高人民法院关于适用〈中华人民共和国企业破产法〉若干问题的规定（二）》第23条和第24条。

【确定该案由应当注意的问题】

本案由名称上虽为“追收非正常收入”纠纷，但根据《企业破产法》第36条规定，管理人因追收债务人的董事、监事和高级管理人员利用职权侵占的企业财产而引发诉讼，也应适用本案由，也即予以扩张解释。因为追收非正常收入与追收被侵占的企业财产，虽可能表现为不同类型请求权的行使，但其目的均在于否定企业的董事、监事和高级管理人员利用职权侵害企业财产而导致债权人整体可清偿利益不当减少，故均应由管理人追回。

此外，根据《最高人民法院关于审理公司强制清算案件工作座谈会纪要》第39条规定，“鉴于公司强制清算与破产清算在具体程序操作上的相似性……公司董事、监事、高级管理人员非法侵占公司财产等，可参照企业破产法及其司法解释的有关规定处理”，在公司强制清算过程中，发现公司董事、监事、高级管理人员非法侵占公司财产的，根据该纪要精神，清算组提起的诉讼也适用本案由。

295. 破产债权确认纠纷

（1）职工破产债权确认纠纷

（2）普通破产债权确认纠纷

【释义】

破产债权确认纠纷是指债务人、债权人与管理人对债权是否存在以及债权的性质、数额、担保情况、是否超过诉讼时效期间、是否具有强制执行性等发生争议引发的纠纷。在破产案件中，债权的申报和确认是保障债权人获得公平清偿的一项重要制度。实践中，并非所有的债权都可以通过强制执行程序而获得清偿，破产债权是可以强制执行的财产请求权。非法的债权、已过诉讼时效的债权等不构成法律意义上的破产债权。因此，破产债权需要经过债权人申报，管理人登记、审查并编制债权表以及确认环节。破产债权确认是关键环节，债权人申报的债权只有经确认后才能成为破产债权，债权人才能在破产程序中行使权利，并获得清偿。管理人收到债权申报材料后，应当对申报的债权进行形式审查。管理人编制债权表后，须提交第一次债权人会议核查。在第一次债权人会议上，债务人对于债权人申报的债权的真实性，债权人之间对于申报债权的真实性，均可以进行质询。债权人、债务人对债权表记载的债权无异议的，由人民法院裁定确认；有异议的，异议人向人民法院提起破产债权确认诉讼。异议的情况可以分为三种，即：（1）债权人对债权表中记载的自身的债权有异议；（2）债权人对债权表中记载的他人的债权有异议，因为债权人的债权对其他债权人在破产程序中的利益有影响，故债权人对于他人的债权也有异议权；（3）债务人对债权表记载的债权有异议。司法实践中，绝大多数是债权人对债权表中记载的自身债权有异议提起的普通破产债权确认纠纷，其余两种情形较为少见。

《最高人民法院关于适用〈中华人民共和国企业破产法若干问题的规定（三）〉》第 8 条规定，债务人、债权人对债权表记载的债权有异议的，应当说明理由和法律依据。经管理人解释或调整后，异议人仍然不服的，或者管理人不予解释或调整的，异议人应当在债权人会议核查结束后 15 日内向人民法院提起债权确认诉讼。根据该条规定，对债权表记载的债权有异议的债权人、债务人应当首先向管理人提出异议，也即存在异议前置程序。经管理人解释或调整后，异议人仍然不服，或者管理人不予解释或调整，异议人方可提起破产债权确认之诉。起诉期间则为债权人会议核查结束后 15 日内提起。如果当事人确有法定事由未能在 15 日提起债权确认之诉的，可以依法申请顺延期限,① 人民法院不得以超过 15 日为由不予立案受理。

当事人提起破产债权确认纠纷的条件为：（1）债权人依法申报债权，法律规定无须申报的特殊债权除外。根据《企业破产法》第 48 条第 1 款、第 56 条规定，债权人应当在人民法院确定的债权申报期限内向管理人申报债权；债权人未依照破产法规定申报债权的，不得依照该法规定的程序行使权利。法律规定无须申报的特殊债权，主要是

---

① 最高人民法院民事审判第二庭编著：《最高人民法院关于企业破产法司法解释（三）理由与适用》，人民法院出版社 2019 年版，第 170 页。

指《企业破产法》第48条第2款规定的职工劳动债权和公法意义上的税收债权。(2) 管理人对债权人申报的债权已完成审查程序，并编制了债权表或者法律规定无须申报的特殊债权完成了调查公示程序。所有债权必须先由管理人审查核实后才能予以确认或不确认，在管理人未完成债权审查核实和公示程序之前，不得提起债权确认之诉。(3) 经过了异议前置程序。即对管理人审查编制并公示的债权清单或债权表所记载的债权有异议，向管理人提出了异议，而管理人不予认可或更正才能提起诉讼。《最高人民法院关于适用〈中华人民共和国企业破产法〉若干问题的规定（三）》第7条规定："已经生效法律文书确定的债权，管理人应当予以确认。管理人认为债权人据以申报债权的生效法律文书确定的债权错误，或者有证据证明债权人与债务人恶意通过诉讼、仲裁或者公证机关赋予强制执行力公证文书的形式虚构债权债务的，应当依法通过审判监督程序向作出该判决、裁定、调解书的人民法院或者上一级人民法院申请撤销生效法律文书，或者向受理破产申请的人民法院申请撤销或者不予执行仲裁裁决、不予执行公证债权文书后，重新确定债权。"对生效法律文书确认的债权，当事人对此有异议的，只能按照审判监督程序予以救济，而不能提起破产债权确认之诉。只有债务人、债权人对债权表记载的债权有异议的，存在实体争议的时候才能提起本案诉讼。

破产债权确认纠纷分为职工破产债权确认纠纷和普通破产债权确认纠纷两个第四级案由。职工破产债权确认纠纷是指债务人的职工对于管理人所列清单记载的内容有异议，请求管理人予以更正，而管理人不更正的，向人民法院提起的请求确认上述清单记载的费用数额及相关事项所引发的民事纠纷。职工破产债权包括债务人所欠职工的工资和医疗、伤残补助、抚恤费用，所欠的应当划入职工个人账户的基本养老保险、基本医疗保险费用，以及法律、行政法规规定应当支付给职工的补偿金。普通破产债权确认纠纷，是指债务人、债权人对于管理人编制的债权表记载的债权有异议，请求管理人予以更正，而管理人不更正的，向人民法院提起的请求确认债权的民事纠纷。

【管辖】

根据《企业破产法》第21条有关集中管辖的规定，债权确认纠纷由受理破产申请的人民法院集中管辖，以便诉讼审理和保证破产程序顺利进行。即使诉讼标的不属受理破产申请的人民法院管辖的，该法院也享有专属管辖权。对于在破产申请受理前已提起尚未结束的债权确认诉讼，依照《企业破产法》第20条的规定，可由原审理法院继续审理，不必将案件移送受理破产申请的人民法院审理。此外，根据《最高人民法院关于适用〈中华人民共和国企业破产法〉若干问题的规定（二）》第47条第2款规定，普通破产债权确认纠纷可以根据标的金额，按级别管辖的规定本应由基层人民法院审理的案件，交基层人民法院审理。破产债权确认纠纷拟确认的债权，如果属于海事纠纷、专利纠纷、证券纠纷等须专门管辖的案件，可以由上级人民法院指定管辖。

需要注意的是，根据《最高人民法院关于适用〈中华人民共和国企业破产法〉若干问题的规定（三）》第8条规定，如果当事人在破产申请受理前约定了仲裁条款或者仲裁协议，当管理人对该债权不予确认登记时，债权人应当向有关仲裁机构申请确认债权债务，而不能向人民法院提起破产债权确认纠纷。

【法律适用】

处理破产债权确认纠纷的法律依据主要是《企业破产法》第48条、第56条、第57条、第58条，《最高人民法院关于适用〈中华人民共和国企业破产法〉若干问题的规定（三）》第6条至第9条。

【确定该案由应当注意的问题】

债务人对债权表记载的债权有异议提起诉讼的，债务人作为原告，被异议债权人列为被告。根据《企业破产法》第25条第7项规定，管理人的职权之一是“代表债务人参加诉讼、仲裁或者其他法律程序”。如果债务人提起破产债权确认之诉，由管理人代表债务人进行诉讼，将使管理人陷于既审查债权不予确认，又代为提起诉讼的矛盾状况。对此，有观点认为，在债务人对管理人审查编制债权表所记载的债权有异议的，此项诉讼不能由管理人代表，而应由债务人权力机构决定其代表进行诉讼。[①] 债权人对债权表记载的其他人的债权有异议的，异议债权人为原告，被异议债权人为被告。债权人对债权表记载的本人债权有异议的，债权人作为原告，债务人列为被告。对同一笔债权存在多个异议人，其他异议人申请参加诉讼的，应当列为共同原告。

根据《最高人民法院关于税务机关就破产企业欠缴税款产生的滞纳金提起的债权确认之诉应否受理问题的批复》，税务机关就破产企业欠缴税款产生的滞纳金提起的债权确认之诉，人民法院应依法受理。破产企业在破产案件受理前因欠缴税款产生的滞纳金属于普通破产债权。因此，税务机关提起的此类诉讼属于普通破产债权确认纠纷。

296. 取回权纠纷

（1）一般取回权纠纷

（2）出卖人取回权纠纷

【释义】

取回权是指在破产程序中，管理人接管的不属于债务人的财产，财产的所有权人或者其他权利人享有不依照破产程序、通过管理人将财产予以取回的权利，由此引发的纠纷为取回权纠纷。债务人进入破产程序后，由管理人接管债务人占有或者控制的财产，理论上管理人

① 刘子平：《破产债权确认诉讼制度研究》，载《法律适用》2007年第10期。

管理的财产以债务人的财产为限，但由于时间关系，管理人在接管财产时，不可能立即识别出哪些财产属于债务人，只能一并接管，再甄别处理，因此可能出现管理人接管的部分财产并非属于债务人所有的情形。取回权制度即是为了纠正管理人占有、管理的财产与债务人的财产不一致问题而设立，是破产法的一项重要制度。取回权是民法上物的返还请求权在破产程序中的一种表现。

破产法上的取回权分为一般取回权和特别取回权。一般取回权，是指管理人接管的债务人财产中有属于他人的财产时，财产权利人享有的不依照破产程序取回财产的权利，由此引发的纠纷为一般取回权纠纷。一般取回权的标的物包括被债务人合法占有的他人财产，也包括不法占有的他人财产。所有权人将债务人占有的属于自己的物，通过行使取回权予以取回，是一般取回权行使的最常见的形态。司法实践中，一般取回权主要表现为：加工承揽人破产时，定作人取回定作物；承运人破产时，托运人取回托运货物；承租人破产时，出租人收回出租物；保管人破产时，寄存人或者存货人取回寄存物或仓储物；受托人破产时，委托人取回信托财产等。一般取回权的权利基础并不限于所有权，还包括其他财产权利如他物权，但必须是基于物权关系，而不能是债权关系。债务人作为质权人、留置权人占有他人财产，当权利基础不存在时，财产权利人享有一般取回权。用益物权人基于用益物权、占有权人基于合法的占有权均可行使一般取回权。《企业破产法》第 38 条规定了一般取回权，即“人民法院受理破产申请后，债务人占有的不属于债务人的财产，该财产的权利人可以通过管理人取回。但是，本法另有规定的除外”。但书条款主要是该法第 76 条规定的对一般取回权的限制，即重整期间要求取回的应当符合约定条件。根据《最高人民法院关于适用〈中华人民共和国企业破产法〉若干问题的规定（二）》第 26 条规定，取回权的行使时间受到限制，应当在破产财产变价方案或者和解协议、重整计划草案提交债权人会议表决前向管理人提出，逾期则应当承担迟延行使权利的相关费用。

特别取回权通常包括出卖人取回权、行纪人取回权和代偿取回权。

出卖人取回权，是《企业破产法》规定的一项特殊的取回权，指异地动产买卖中，尚未收到全部价款的出卖人，将买卖标的物发送后，如果买受人在尚未收到标的物前破产的，出卖人可以请求取回标的物的权利，由此引发的纠纷即为出卖人取回权纠纷。出卖人取回权源于英美货物买卖法中的中途停运权而由破产法规定的一项特殊权利，大陆法系国家和地区采纳吸收后，设置了取回权制度。我国则规定出卖人取回权制度，究制度内涵来看，称之为出卖人在途标的物取回权可能更为准确，旨在担保已经脱离了对标的物控制权的出卖人获得买卖价款的权利。由于买受人尚未收到货物，也未付清付款，如果不允许出卖人将属于自己的货物取回，待支付的货款只能作为普通债权，无法获得完全清偿，对其有失公正。出卖人取回权的构成要件通常为三个：（1）出卖人已将标的物发送；（2）买受人尚未付清价款；（3）买受人在尚未收到标的物时进入破产程序，买卖标的物尚处于运输途中。通常认为，此处的在途货物，应作宽泛意义上理解，不限于货物处于运输中，即使货物已经运输到买受人所在地，存放于港口或者仓库，但只要买受人尚未领取，未被买受人实际占有或者控制，也应认定为在途货物。出卖人行使取回权，有两种情形，一种是通过向承运人或者实际占有人行使中途停运权的方式，取回在途标的物；另一种是通过向买受人的管理人行使取回权的方式，取回已经被买受人的管理人实际占有的标的物。

行纪人取回权与出卖人取回权原理相似，我国未作规定，由此引发的纠纷归为取回权纠纷即可。

对于代偿取回权，一般取回权的行使通常限于取回原物，如取回标的物毁损、灭失，对于代偿财产能否取回，存在较大争议。肯定说基于取回标的物与代偿财产之间的法律上或者事实上的联系，认为应当延伸及代偿财产。① 否定说认为取回标的物毁损、灭失，取回权的基础消灭，权利人只能由物的请求权转换成债的损害赔偿请求权向管

① 参见王新欣：《破产法》，中国人民大学出版社 2019 年版，第 179 页。

理人申报债权。[1] 换言之，只能作为破产债权受偿。我国《企业破产法》未规定代偿取回权，为减少争议，统一适用法律，《最高人民法院关于适用〈中华人民共和国企业破产法〉若干问题的规定（二）》第32条进行了规范。从该条规定来看，一方面，通过确立代偿取回权制度，加大对原财产权利人的保护力度，另一方面，又对代偿性取回权行使范围进行必要的限制。如果保险金、赔偿金或者代偿物尚未交付债务人或者代偿物虽已交付债务人，但能与债务人财产予以区分的，权利人有权对代偿财产行使取回权；如果保险金、赔偿金或者代偿物已经交付债务人且无法区分的，则权利人不能行使代偿取回权，只能按照普通债权或者共益债务获得清偿。简言之，以能否将财产毁损、灭失获得的保险金、赔偿金或者代偿物与债务人财产予以区分，是权利人能否行使代偿性取回权的前提条件。对于因代偿取回权引发的纠纷，由于我国特别取回权案由仅有出卖人取回权纠纷，可笼统确定为取回权纠纷。代偿取回权是在取回标的物毁损、灭失，一般取回权无法行使时，对一般取回权进行的必要的补充。

【管辖】

根据《企业破产法》第21条规定，取回权纠纷由受理债务人破产申请的人民法院实行集中管辖。

【法律适用】

处理取回权纠纷的法律依据主要是《企业破产法》第38条、第39条，《民法典》第642条，《最高人民法院关于适用〈中华人民共和国企业破产法〉若干问题的规定（二）》第26条至第32条、第38条至第40条。

① 安建主编：《中华人民共和国企业破产法释义》，法律出版社2006年版，第60页。

【确定该案由应当注意的问题】

对于所有权保留合同，在买受人破产的情形下，出卖人享有的是何种破产法上的权利，是取回权还是别除权，学术界存在争议。日本学者石川明认为，所有权保留实质是一种担保方式，在买受人破产时，不应承认出卖人对标的物的取回权，出卖人可享有对未支付价款的别除权。① 我国学者邹海林教授则认为，在买受人破产时，出卖人可以以保留对标的物所有权为由，对标的物行使取回权。② 对权利性质的认识不仅关系到案由确定的问题，也直接影响到当事人的实体权益。如果侧重于所有权转移形式，则权利人对标的物享有取回权，如果侧重于担保目的的实质方面，则权利人对标的物享有的是别除权。我们认为，根据《民法典》第642条第1款规定应当认可权利人享有取回权。该条规定，对于所有权保留合同，如果买受人未依约支付价款且催告后仍未支付的、未完成约定的特定条件的，以及进行不当处分的，出卖人有权取回标的物。虽然出卖人享有取回权的法律依据是《民法典》，是一种合同法上的权利，并非《企业破产法》规定意义上的取回权，但实质并无不同，因此由此引发的纠纷应当列为取回权纠纷。事实上，《最高人民法院关于适用〈中华人民共和国企业破产法〉若干问题的规定（二）》第38条、第39条也按照取回权纠纷加以规范。

此外，《最高人民法院关于适用〈中华人民共和国企业破产法〉若干问题的规定（二）》第40条规定了重整期间紧急取回权的行使。在债务人重整期间，如果管理人或者自行管理的债务人违反约定，可能导致取回物被转让、毁损、灭失或者价值明显减少的，权利人有取回权，由此引发的纠纷亦为取回权纠纷。

---

① 参见［日］石川明：《日本破产法》，何勤华、周桂秋译，中国法制出版社2000年版，第77页。

② 参见邹海林、常敏：《债权担保的方式和应用》，法律出版社1998年版，第422页。

297. 破产抵销权纠纷

【释义】

破产抵销权，是指债权人在破产申请受理前对债务人负有债务，无论该债权与所负债务种类是否相同、标的是否相同、是否已届清偿期限，也不论债权债务是否附条件或者附期限，只要不属于法律规定的除外情形，均可在破产财产最终分配确定前向管理人主张相互抵销的权利，由此引发的纠纷即为破产抵销权纠纷。债权人行使破产抵销权，实际上避免了其按照债权比例分配债务人财产，获得了全额、优先、个别清偿的地位。在破产程序中承认债权人的破产抵销权，主要是基于如果不允许抵销，债权人的债权只能作为破产债权按照比例清偿，而债权人对债务人所负债务，却被要求全面履行，有失公平。为避免当事人的权利义务失衡，破产抵销权制度应运而生。多数国家设立了此项制度，以保障破产债权人利益，如美国、英国、德国、日本等。一些国家则不允许进行破产抵销，认为有违公平清偿，如法国、西班牙等国。我国则规定了破产抵销权制度。在破产程序中，可用于抵销的债务，应是无争议的债务或者经过法院裁判、仲裁裁决确认的债权债务，且债权人的债务在破产申请受理前即对债务人所负债务。超过诉讼时效的自然债权不得主张破产抵销权。

破产抵销权源于民法上的抵销权，但与民法上的抵销权存在差异。主要区别在于：（1）功能不同。民法上的抵销权是为了节省当事人之间对债权债务的结算时间和费用，旨在消灭双方之间债权债务关系，避免交叉诉讼。而破产抵销权则是为了保障债权人的破产债权在抵销范围内得以全额、优先、个别清偿。（2）行使的条件不同。民法上的抵销权需满足两个条件，一是双方债务标的种类相同，一般以金钱或者种类物居多；二是双方债务均已届清偿期。未届清偿期，附条件和附期限的债务不得抵销。而破产抵销权，并不受上述条件限制。理由是：（1）破产为概括的清偿程序，破产财产分配以货币为主，破产程序中的债权债务均可通过债权申报的方式转为金钱债权债务，故不同标的、不同种类的债权债务均可抵销。（2）根据《企业破产法》规定，在破产程序中，未到期的债权视为到期，也即未到期债权因债务人破产而加速到期。同时我国也允许附条件和附期限的债权进行申报，表明附条件和附期限的债权也是视为清偿期已经届满，可以抵销。当然，对于附条件和附期限的债权，由于能否实现债权具有不确定性，国外立法一般作出一定限制，如将抵销额进行提存或者要求提供担保等。（3）行使的主体不同。民法上的抵销权，双方均可主动提出抵销，但破产抵销权只能由破产债权人行使，债务人或者债务人管理人均无权主动提出。因为债务人进入破产程序后，即丧失对破产财产的管理与处分权（除非重整程序中自行管理财产），其自然无权行使抵销权。而管理人主动抵销，将使该债权人获益，减少破产财产，客观上对多数债权人不利，有违其为全体债权人共同利益活动的职责。因此，《最高人民法院关于适用〈中华人民共和国企业破产法〉若干问题的规定（二）》第41条规定，管理人不得主动抵销，除非使债务人财产受益。债务人的管理人收到债权人破产抵销通知后，需要对破产抵销权进行审查，包括对基础债权进行审查，如债权真实性、债权是否超过诉讼时效等，同时，还要对破产抵销权是否符合法定行使条件进行审查，审查是否不存在禁止破产抵销的情形，如债务人的股东因欠缴债务人的出资或者抽逃出资对债务人所负债务，以及债务人股东滥用权利或者关联关系损害公司利益对债务人所负债务，系禁止抵销的债务。债权人对管理人审查结果有异议的或者管理人对抵销主张有异议的，均可提起破产抵销权之诉。管理人提起本诉，还应当在约定的异议期限内或者自收到主张债务抵销通知之日3个月内提起诉讼，无正当理由逾期提起的，人民法院则不予支持。

【管辖】

破产抵销权纠纷为破产程序开始后针对债务人财产所引发的纠纷，根据《企业破产法》第21条规定，由受理破产申请的人民法院集中管辖。

【法律适用】

处理破产抵销权纠纷的法律依据主要是《企业破产法》第40条，《最高人民法院关于适用〈中华人民共和国企业破产法〉若干问题的规定（二）》第41条至第46条。

【确定该案由应当注意的问题】

确定本案由，应注意与民法上的抵销权纠纷相区别。破产程序中，并不排斥民法上的抵销权在不违背破产法公平清偿原则下的适用。如对破产费用、共益债务的抵销等。因此，如果破产债权人与债务人互负债务，种类相同且均已届清偿期，债权人主张撤销的，应适用民法抵销权的相关规定，由此引发的纠纷不属于破产抵销权纠纷。

298. 别除权纠纷

【释义】

别除权是指在破产程序中，对于破产人的特定财产享有担保物权或者享有特别优先权的权利人，在破产程序中就特定财产享有优先受偿的权利，由此引发的纠纷为别除权纠纷。《企业破产法》第109条规定，对破产人的特定财产享有担保权的权利人，对该特定财产享有优先受偿的权利。从该条规定来看，仅规定了别除权的基础权利为担保物权。司法实践中，除了担保物权，对于各种特别优先权在破产程序中是否享有别除权，如何实现别除权，亦需要处理。学术通说认为，享有别除权的基础性权利为享有担保权，这里的担保权不能仅理解为担保物权，而是享有优先受偿权的权利，因为别除权源于法律规定的优先权利在破产程序中延伸，故基础权利可基于担保物权及特别优先权。所谓特别优先权，是指法律直接规定对债务人的特定财产享有的优先受偿权，为法定优先权，具有物权担保的一般属性，从某种意义上而言，属于法定担保权的一种，如建设工程价款优先权、海事优先权等。一般优先权，是指法律直接规定对债务人的全部财产，而非特定财产享有的优先受偿权利。特别优先权可产生别除权，一般优先权则不能，特别优先权人可以不受破产程序的约束，直接向管理人请求就特定财产优先受偿。在破产程序中保障担保物权人或者特别优先权人的优先受偿权，是各国和地区破产法的一项基本制度。

别除权与破产程序中其他权利相比较，特征为：（1）别除权是对债务人的财产行使的权利，与取回权针对管理人管理下的非债务人的财产行使权利不同。享有别除权的破产债权人放弃此项权利或者未能就特定财产完全受偿的，相应债权转为普通债权受偿。如别除权人就特定财产受偿时，存在超过债权数额的余款，应返还管理人，归入破产财产用于清偿其他普通债权人。（2）别除权是针对债务人特定财产行使的权利，而破产费用、共益费用则是针对无担保的破产财产优先清偿。别除权的标的物应为特定物。如果别除权的基础权利为动产浮动抵押，抵押权实现也须在抵押权固定或者结晶事由发生后，转为固定抵押，抵押权人才能对确定的属于抵押人的全部财产行使抵押权。如果特定物灭失，权利人的优先受偿权也随之消灭，但如因毁损、灭失或者征收获得保险金、赔偿金或者补偿金等代位物的，根据担保物权的物上代位性，别除权人对代位物也享有优先受偿权。（3）别除权为优先受偿权，可优于其他债权受偿，此系别除权的本质特征。

【管辖】

别除权纠纷为破产程序开始后针对债务人特定财产所引发的纠纷，根据《企业破产法》第21条、第110条的规定，由受理破产申请的人民法院集中管辖。

【法律适用】

处理别除权纠纷的主要法律依据是《企业破产法》第109条。

【确定该案由应当注意的问题】

《民法典》实施后，除了规定典型的担保物权如抵押权、质权和留置权之外，还在第388条规定了“其他具有担保功能的合同”，增加了功能主义担保合同。结合《民法典》相关规定，具有担保功能的合同包括保理合同、融资租赁合同、所有权保留合同等合同，上述合同均属于非典型担保合同，且《民法典》规定非经登记，不得对抗善意第三人，也即采取登记对抗主义，赋予登记的优先受偿权。此外，司法实践中常见的非典型担保合同还包括让与担保。根据《最高人民法院全国法院民商事审判工作会议纪要》第71条规定，让与担保是指债务人或者第三人与债权人订立合同，约定将财产形式上转让至债权人名下，债务人到期清偿债务，债权人将该财产返还给债务人或第三人，债务人到期没有清偿债务，债权人可以对财产拍卖、变卖、折价偿还债权的合同。《民法典》对此虽未明确规定，但通过第401条、第402条规定修改了原《物权法》关于禁止流质、流押的规定，也足以达到让与担保的制度效果。对于上述非典型担保合同如果经过登记的，应当赋予优先受偿权。如果债务人破产的，权利人享有别除权，由此引发的纠纷为别除权纠纷。至于因所有权保留合同所引发的纠纷，本书在取回权纠纷案由项下进行了详细介绍，此处不再赘述。

需要注意的是，因管理人原因造成担保标的物灭失而导致别除权消灭的，担保物权人由此取得的损害赔偿请求权属于共益债务，此类纠纷不属于别除权纠纷，应根据具体致害行为确定案由。

299. 破产撤销权纠纷

【释义】

破产撤销权系民法上撤销权在破产法上的扩张适用，指债务人在破产申请受理前的法定期间内实施的欺诈性行为和偏祖性清偿行为，管理人请求人民法院予以撤销并追回财产的权利，由此引发的纠纷为破产撤销权纠纷。破产撤销权旨在纠正债务人在破产程序开始前法定期间内的不当处分财产的行为，恢复债务人财产，以实现破产财产公平有序分配。破产程序启动后，债务人的财产由管理人接管和控制，个别清偿被中止，故债务人的可撤销行为集中发生在破产案件受理前、债务人控制其财产的一定期限内。

破产撤销权源自民法上的撤销权。民法上的撤销权针对的是债务人处分财产的行为对个别债权人利益造成损害，而破产撤销权是债务人在法定期限内可能具备或者已经具备破产原因的情形下，通过无偿转让等欺诈性行为或者偏祖性清偿行为导致债务人的责任财产减少，损害全体债权人利益的行为。二者区别在于：（1）行使的权利主体不同。民法上的撤销权行使主体为债权人，而破产撤销权则为管理人。破产撤销权的权利主体实质上是债权人，管理人并非撤销权的受益者，管理人享有此项权利来源于法律直接规定，系法定权利，客观上导致权利主体与行使主体分离的情况。如果管理人拒绝或者怠于行使破产撤销权，债权人有权请求法院强制要求其实施该行为，或者以此为由请求更换管理人。（2）规制的行为类型不同。根据《民法典》第538

条、第539条规定，民法上撤销权的行为类型包括：一是无偿处分财产权益的行为，包括放弃债权、放弃债权担保、无偿转让财产等，或者恶意延长到期债权的履行期限的行为；二是非正常交易行为，包括以明显不合理的低价转让财产或者以明显不合理的高价受让财产或者为他人债务提供担保的。而破产撤销权，根据《企业破产法》第31条规定，行为类型主要是两类：一是欺诈性行为，包括无偿转让财产、非正常交易、放弃债权；二是偏袒性清偿行为，包括对没有财产担保的债务提供担保以及对未到期的债务提前清偿。(3) 对可撤销行为的主观要件要求不同。根据《民法典》第539条规定，对于非正常交易或者为他提供担保的，需要债务人的相对人知道或者应当知道上述情形影响债权人债权的实现。而破产撤销权则未规定相对人的主观要件。(4) 撤销权行使的范围不同。民法上撤销权行使的范围需与申请撤销的债权人的债权数额相同。而破产撤销权则原则上不受个别债权数额的限制。(5) 除斥期间不同。对于民法上撤销权，《民法典》第541条规定为自债权人知道或应当知道撤销事由1年内行使，最长时间为5年，自行为发生之日起算。而破产撤销权则破产程序终结后2年内，债权人发现债务人存在可撤销的行为，有权请求人民法院予以追回并进行追加分配。

破产撤销权行使的法律后果是债务人所实施的行为失去法律效力，管理人收回被债务人处分的财产从而归于破产财产，供全体债权人共同分配。

【管辖】

由于管理人行使破产撤销权在于否定债务人的特定行为，并恢复债务人财产，根据《企业破产法》第21条规定，应由受理破产申请的人民法院集中管辖。

【法律适用】

处理破产撤销权纠纷的主要法律依据是《企业破产法》第31条、第123条，《最高人民法院关于适用〈中华人民共和国企业破产法〉若干问题的规定（二）》第9条至第13条。

【确定该案由应当注意的问题】

对于《企业破产法》第32条规定的个别清偿行为的撤销行为，虽然广义上也属于破产撤销权，但鉴于“请求撤销个别清偿行为纠纷”对此作出特别规定，故该行为不属于本条规定的破产撤销权纠纷，本案由仅适用于一般破产撤销权纠纷。

关于原、被告的确定问题。本案由的原告一般为管理人，但在特殊情形下可能并不是。根据《企业破产法》第123条规定，在破产程序终结后，如果债权人发现债务人在破产申请受理前的法定期间内进行欺诈债权人或损害全体债权人公平清偿的行为，债权人有权追回。由于破产程序终结后，管理人也随之解散，此时原告为债权人，而不再是管理人。而对于如何列明被告的问题，《企业破产法》未作规定，学者对此也存在争议，存在四种观点。第一种观点认为，对于不同的法律行为应该区别对待，若可撤销行为是单方行为，则仅以债务人为被告，若为双务行为，则以行为相对人为被告，不必以债务人和行为相对人为共同被告。第二种观点认为，无需区分法律行为的性质，无论可撤销行为是单方行为还是双方行为，均以债务人为被告。第三种观点认为，如果仅需撤销债务人的行为，不涉及财产追回的问题，可仅以债务人为被告，涉及财产追回，则增加交易相对人以及转得人为共同被告。第四种观点认为，破产撤销权诉讼的被告问题不存在特殊性，按照普通诉讼案件中的做法，以债务人为被告，以受益人或转得人为第三人。针对上述争议，《最高人民法院关于适用〈中华人民共和国企业破产法〉若干问题的规定（二）》第9条规定，管理人请求撤销涉及债务人财产的相关行为并由相对人返还债务人财产的，人民法院应予支持。根据该规定，有观点认为，破产撤销权诉讼中，不以债务人为被告，应当以相对人为被告，否则如果将债务人列为被告或者共同被告，那么会出现管理人一方面作为原告行使破产撤销权，另一方面代表债务人参加诉讼，导致管理人作为诉讼两造同时出现在法庭的混乱局面。[①] 本书认为，上述观点值得参考。

300. 损害债务人利益赔偿纠纷

【释义】

损害债务人利益赔偿纠纷，指债务人的董事、监事、高级管理人员、法定代表人等有关人员不当执行职务或有破产法规定的损害债权人利益行为，造成债务人财产利益的损失，在破产程序中被要求承担损害赔偿责任而引发的纠纷。债务人的董事、监事、高级管理人员、法定代表人等有关人员作为企业经营管理者是企业权力决策机关、执行机关或监督机关的决策人员或重要组成人员，其不当行为给公司财产造成损失，必然减损债务人的整体责任财产，从而损害债权人的共同清偿利益，使债权人遭受经济损失，因此，有必要建立责任追究机制对其课以民事赔偿责任，以维护债权人的合法权益和社会经济秩序。

实践中，债务人进入破产程序后，债务人的财产由于种种原因未能全部被管理人接管，而债务人法定代表人或高级管理人员本应妥善保管其占有和管理的债务人的财产，并根据人民法院、管理人的要求进行工作，但债务人的法定代表人或者高级管理人员却将债务人的财

① 参见最高人民法院民事审判第二庭编著：《最高人民法院关于企业破产司法解释理解与适用——破产法解释（一）、破产法解释（二）》，人民法院出版社2017年版，第189～190页。

产私自出售，由此导致债务人财产受损的，应承担赔偿责任。虽然有关人员的不当行为直接损害了债务人的财产利益，并间接地给债权人造成损失，但基于破产程序的特殊性和诉讼经济原则，不由债务人或债权人向有关责任人追究责任。作为债务人财产和事务管理的专门机构，管理人追究债务人有关人员的损害赔偿责任是其职责所在。管理人通过私力追收无法实现的，即可提起损害债务人利益赔偿纠纷之诉，以诉讼程序实现。

损害债务人利益赔偿纠纷具体可分为：(1) 要求债务人的有关人员承担企业破产民事责任的纠纷。根据《企业破产法》第125条规定，企业的高级管理人员违反忠实、勤勉义务，致使企业破产的，应当承担民事责任。(2) 要求债务人的法定代表人和其他直接责任人员承担无效行为和可撤销行为造成损害赔偿责任的纠纷。对于破产无效行为以及破产可撤销行为，债务人的法定代表人和其他直接责任人员应当承担赔偿责任。(3) 要求债务人的董事、监事、高级管理人员因执行职务不当给公司造成损失承担赔偿责任的纠纷。根据《公司法》第148条、第149条规定，债务人的高级管理人员执行职务时违反法律、行政法规以及公司章程的规定，给公司造成损失的，应当承担赔偿责任。

损害债务人利益赔偿责任，是债务人的有关人员在企业进入破产程序前的个人侵权行为结果，其中要求债务人有关人员承担企业破产民事责任的纠纷和要求债务人的董事、监事、高级管理人员因执行职务不当给公司造成损失承担赔偿责任的纠纷，性质上属于公司诉讼中有关企业高管人员违反对公司的忠实勤勉义务给公司造成损害的赔偿责任纠纷。基于建立完善的破产责任制度考虑，将上述两种情形纳入破产程序中损害债务人利益赔偿纠纷案由的适用范围，以充分保护债权人利益并促进公司法人治理结构的完善。要求债务人的法定代表人和其他直接责任人员承担无效行为和可撤销行为造成损害赔偿责任纠纷，基于破产法上的无效制度和撤销权制度而设立，属于典型的破产法上的民事责任。

【管辖】

损害债务人利益赔偿纠纷在性质上属于侵权责任纠纷，虽以债务人的有关人员为被告，但系有关债务人利益的纠纷，目的在于增加财务人的责任财产，根据《企业破产法》第21条的规定，应由受理破产申请案件的人民法院集中管辖。

【法律适用】

处理损害债务人利益赔偿纠纷的法律依据主要是《企业破产法》第125条、第128条，《公司法》第148条、第149条。

【确定该案由应当注意的问题】

应注意本案由与追收非正常收入纠纷的区别。根据《企业破产法》第36条规定，债务人的董事、监事和高级管理人员利用职权从企业获取的非正常收入和侵占的企业财产，管理人应当追回，由此引发的纠纷为追收非正常收入纠纷。但是，如果债务人的高级管理人违反忠实勤勉义务，从企业获取非正常收入后，或者擅自处分企业财产获益的，如无法追回或者虽追回但不足以弥补债务人损失的，管理人可提起损害债务人利益赔偿纠纷。

301. 管理人责任纠纷

【释义】

管理人责任纠纷，是指管理人违反勤勉忠实义务，不正当履行职责，导致债权人、债务人或者第三人受损的，受害人要求管理人承担民事赔偿责任而引发的纠纷。我国破产法律体系中采取管理人中心主义，管理人不仅在破产清算程序中发挥作用，在破产和解和重整中依然发挥着核心作用。我国法律在赋予管理人广泛权利的同时，也规定了其义务和责任，以体现权利、义务和责任的统一。《企业破产法》第 25 条规定了管理人应当履行的职责，第 27 条明确要求“管理人应当勤勉尽责，忠实执行职务”。各国和地区立法也均作出类似规定，要求管理人尽善良管理人的注意义务。联合国国际贸易法委员会《破产法立法指南》规定，管理人采用的细心标准及其个人赔偿责任对于破产程序的进行具有重要意义。管理人违反法定职责与义务，给有关人员造成损害的，应当承担赔偿责任。

管理人承担民事赔偿责任在性质上属于侵权责任。根据侵权责任的构成要件，管理人承担民事责任的要件为：（1）管理人实施了违反勤勉尽责、忠实履职义务的行为。所谓勤勉尽责，即要求管理人恪守职责，以一个善良管理人的注意义务履行职务；所谓忠实履职，就是要求管理人履行职责忠诚老实，不得为个别债权人或者债务人谋取不法利益，也不得为自己牟取私利。一般而言，管理人未尽勤勉尽责、忠实履职义务的判断标准应当限定为管理人有故意或者重大过失造成破产财产损害时，才可追究管理人的民事赔偿责任。（2）管理人的违法行为给有关人员造成实际损失。（3）管理人的违法行为与损失之间存在因果关系。（4）管理人主观上存在过错。

司法实践中，管理人承担民事赔偿责任的情形主要是：管理和处分债务人财产时未尽到勤勉忠实义务导致债务人财产受损；管理人在执行职务中，因故意或者重大过失不当转让他人财产或者造成他人财产毁损、灭失等。

【管辖】

关于管理人责任纠纷的管辖问题，我国法律没有明确规定。管理人民事赔偿责任的承担由其自身财产予以支付，与管理人管理的债务人财产无关，因此在理论上，管理人责任纠纷不符合《企业破产法》第21条有关集中管辖的适用条件。但是，最高人民法院在《关于破产清算组在履行职责过程中违约或侵权等民事纠纷案件诉讼管辖问题的批复》中规定："企业被宣告破产后，清算组因履行清算职责对他人违约或者侵权引起的民事诉讼，发生在破产程序终结之前的，由受理破产案件的人民法院管辖，在破产程序中一并处理。"由于我国早期的破产法律没有管理人制度，承担相应职责是清算组，2006年出台的《企业破产法》取消了清算组制度，改为管理人制度，因此上述批复就案件管辖的司法政策精神可以沿用。由此，管理人民事责任纠纷案件应由受理破产案件的法院管辖。

【法律适用】

处理管理人责任纠纷的法律依据主要是《企业破产法》第130条。

【确定该案由应当注意的问题】

管理人非职务行为造成债权人、债务人等利害关系人损害的，实际上与其管理人的身份无关，应根据具体的侵权纠纷或合同纠纷确定案由。

二十四、证券纠纷

"证券"表达的含义因语境不同而不同。即使在某一特定国家法律制度中，"证券"也会因为使用环境的差异而在含义上有所区别。在证券出现初期，其以纸化形式表现，并借助文字、图形等符号以表彰某种民事权利或者民事资格。所以，即使在"证券"出现初期，其核心含义也是为表彰附着其上的民事权利，而非证券纸张本身价值。随着信息技术和证券交易制度的发展，无纸化证券出现并逐渐取代纸化证券成为主要交易形式。[①] 与纸化证券以“物”的形态掌握在证券权利人手中不同，无纸化证券以电子化的交易数据和记录的形式记载于证券公司或证券登记结算机构的系统中，交易数据和成交记录成为表彰民事权利的基本形式。证券的概念存在广义和狭义之分。从广义上讲，证券是指记载并代表特定权利的书面凭证。在此意义上，各种以书面形式所表现出来并表彰某种权利的票证皆可称为证券，如股票、债券、票据、存单、保单、提单、仓单、车票、机票等，都可归属于证券的范畴。从狭义上讲，证券即有价证券，主要是作为一种财产形式所表现出来的，并且能够通过行使券面所载权利或者流通转让实现一定的财产性利益。[②]《证券法》第 2 条依照证券的功能不同，规定证券主要包括股票、公司债券、政府债券和证券投资基金份额，不包括票据、保险单证和其他不涉及投资行为的商业票证。

考虑到《证券法》调整的证券法律关系具有商法性质，《民事案件案由规定》将“证券纠纷”设在第一级案由第八部分“与公司、证券、保险、票据等有关的民事纠纷”下，列为第二级案由，并根据证券法律关系具体内容的不同，设置了证券权利确认纠纷、证券交易合同纠纷、金融衍生品种交易纠纷、证券承销合同纠纷、证券投资咨询纠纷等 17 个第三级案由。

---

① 叶林主编：《证券法教程》，法律出版社 2010 年版，第 1 ~ 3 页。

② 冯果主编：《证券法》，武汉大学出版社 2014 年版，第 1 ~ 2 页。

302. 证券权利确认纠纷

（1）股票权利确认纠纷
（2）公司债券权利确认纠纷
（3）国债权利确认纠纷
（4）证券投资基金权利确认纠纷

【释义】

股票，是指股份有限公司签发的证明股东按其所持有的股份享有权利的书面凭证，是表彰股权的有价证券。股票是一种要式证券，股票的表现形式和记载内容都由法律规定。[①] 股票所载的权利是股权，股权包括投票权和收益权。股票的持有人可以凭借股票证明其股东身份并行使股东权利，或者通过交易股票获得收益。[②] 在我国，股票是最主要也是最重要的证券表现形式。根据不同的标准可以对股票进行不同分类。根据股东享有的权利和承担的风险大小不同可分为普通股和优先股；根据股票上是否记载股东姓名可分为记名股和不记名股；根据股份是否用金额表示可分为额面股和无额面股；根据股东是否享有表决权可分为表决权股和无表决权股；按照投资主体的不同可分为国家股、法人股、公众股和外资股等；根据股票发行对象和方式的不同可分为公开发行的股票和非公开发行的股票；根据投资者、上市地、交易币种的不同可以分为 A 股、B 股和 H 股。股票权利可因设立公司、认购公司出资或者股份、受让股权、继承股权等方式而取得，这是一系列复杂的法律行为，出于各种各样的原因，其间会有许多不规

---

① 《公司法》第 128 条第 1 款规定："股票采用纸面形式或者国务院证券监督管理机构规定的其他形式。"

② 《公司法》第 4 条规定："公司股东依法享有资产收益、参与重大决策和选择管理者等权利。"该条规定的股东权利包括收益权和投票权。

范之处，因而引发股票权利确认纠纷。股票权利确认纠纷，是指股东与股东之间或者股东与公司之间就股权是否存在以及持有数额、比例等发生争议而引起的纠纷。实践中，股票权利确认纠纷主要有三种类型：(1) 股东与股东之间因隐名出资产生的股权确认纠纷；(2) 股东与股东之间因股权转让产生的股权确认纠纷；(3) 股东与公司之间的股权确认纠纷。

公司债券，是指公司依照法定程序发行，约定在一定期限内还本付息的有价证券。债券的本质是债的证明书，债券购买者与发行债券的公司之间是一种债权债务关系，公司为债务人，债券持有人为债权人。根据《企业债券管理条例》，包括公司在内的企业都可以成为发行企业债券的主体，但对非公司企业债券的发行条件和发行主体要求比较严格，所以通常所说的企业债券主要是指公司债券。公司债券与股票一样，同属有价证券，可以自由转让，但是二者之间有很多不同之处。例如，股票只能由股份有限公司发行，而公司债券并无此限制；股票代表的是股权，而公司债券代表的是债权，债券持有人在公司事务中无投票权；股票的利益是不确定的，与公司经营状况相关，而公司债券在能得到偿付的情况下收益通常是固定的，因此与股票相比，债券具有风险小，增值潜力小、价格波动小的特点。根据《证券法》规定，公司债券可分为普通公司债券和可转换公司债券。普通公司债券是指承诺到期还本付息的公司债券，可转换公司债券是指上市公司发行的、持券人有权在约定期限内按照约定的转换条件转换为股票的公司债券。公司债券可因买卖、受让、继承等方式取得，当事人之间因确认公司债券权利归属而产生的纠纷称为公司债券权利确认纠纷。

政府债券，也称国债券，指政府为了筹措经济建设资金、弥补财政赤字等特定目的，按照一定的程序发行的，以政府信用作为担保承诺到期还本付息的债务凭证。我国现行《国库券条例》规定的国库券即为政府债券的一种。政府债券分为中央政府债券和地方政府债券。在我国只有中央政府能够发行债券，地方政府只能委托中央政府代理发行债券。实践中的政府债券，也都是指中央政府债券。依据不同标准，政府债券可作不同分类。根据期限的长短不同，分为短期政府债券、中期政府债券和长期政府债券；根据发行对象的不同，可分为向一般社会公众、企事业单位发行的普通政府债券和向特定对象发行的特定政府债券；根据债券的表现形式不同，分为凭证式国债和记账式国债。国债权利确认纠纷，是指因国库券权利归属产生争议引发的纠纷。

证券投资基金是指通过公开发行基金份额来募集投资者资金，然后由基金管理人管理、基金托管人托管，为了基金份额持有人的利益以资产组合方式进行证券投资的基金形式。证券投资基金是一种利益共享、风险共担的集合投资方式，其最显著的特点就在于集合投资、分散风险和专家理财。通过设立证券投资基金，可以将分散的资金集合起来，由投资专家以证券为对象进行有效的组合投资，能够分散风险，形成规模效益。根据证券投资基金的组织形式不同，可以将证券投资基金分为契约型基金和公司型基金；根据证券投资基金的募集方式的不同，可以将证券投资基金分为公募基金和私募基金；根据证券投资基金的运作方式不同，可分将证券投资基金分为开放式基金和封闭式基金。对基金份额产生争议，可以引发证券投资基金权利确认纠纷。

【管辖】

证券权利确认纠纷适用一般地域管辖，即《民事诉讼法》第 21 条规定："对公民提起的民事诉讼，由被告住所地人民法院管辖；被告住所地与经常居住地不一致的，由经常居住地人民法院管辖。对法人或者其他组织提起的民事诉讼，由被告住所地人民法院管辖。同一诉讼的几个被告住所地、经常居住地在两个以上人民法院辖区的，各该人民法院都有管辖权。"

同时要注意设立了专门金融法院地区关于证券纠纷案件的管辖特殊规定。上海、北京金融法院相继成立，最高人民法院分别于 2018 年和2021年发布了《最高人民法院关于上海金融法院案件管辖的规定》和《最高人民法院关于北京金融法院案件管辖的规定》。

【法律适用】

《证券法》第2条第1款、第2款规定："在中华人民共和国境内，股票、公司债券、存托凭证和国务院依法认定的其他证券的发行和交易，适用本法；本法未规定的，适用《中华人民共和国公司法》和其他法律、行政法规的规定。政府债券、证券投资基金份额的上市交易，适用本法；其他法律、行政法规另有规定的，适用其规定。"因此，处理证券权利确认纠纷的法律依据主要是《证券法》，《证券法》没有规定的，适用《公司法》的相关规定。

需要注意的是，政府债券的上市交易属于《证券法》调整范围，但是《证券法》并未将政府债券的发行纳入调整范围，政府债券属于是典型的豁免证券。

【确定该案由应当注意的问题】

证券权利确认是证券交易的前提和基础，是日常生活中常见的法律行为。因此，《民事案件案由规定》将证券权利确认纠纷列为第三级案由。考虑到《证券法》规定证券包含股票、公司债券、政府债券、证券投资基金份额等形式，这些证券权利类型在实践中大量存在，故将因这些权利确认产生的纠纷列为第四级案由。

303. 证券交易合同纠纷

（1）股票交易纠纷
（2）公司债券交易纠纷
（3）国债交易纠纷
（4）证券投资基金交易纠纷

【释义】

证券交易，主要是指证券买卖，是指证券所有人将已经发行并交付的证券有偿转让给他人的法律行为。广义上的证券交易，还包括对证券的质押、赠与、继承、设立担保等法律行为。一般我们说的证券交易，仅指证券买卖，也就是狭义上的证券交易。通过证券交易形成的市场，称为证券交易市场或者证券二级市场，可分为场内交易市场和场外交易市场。前者是指证券交易所，又称集中交易市场；后者则是指证券交易所之外进行交易的场所。

经纪类证券公司与客户之间的关系是证券交易中最基础的法律关系，是证券交易的核心。根据我国《证券法》的规定，证券公司的业务之一就是证券经纪业务，即接受客户委托在证券交易所进行证券交易并收取佣金。证券交易中，就证券公司与客户之间的法律关系，存在代理说、居间说与行纪说等不同观点。我国法律规定中在用词上采用“代理”的表述，如《证券法》第133条第1款规定：“证券公司接受证券买卖的委托，应当根据委托书载明的证券名称、买卖数量、出价方式、价格幅度等，按照交易规则代理买卖证券，如实进行交易记录；买卖成交后，应当按照规定制作买卖成交报告单交付客户。”各证券公司章程及其与客户订立的委托协议也毫无例外地认为，其接受客户委托买卖证券是“代理业务”。基于这样的用词，多数观点认为证券公司与客户之间是代理关系。

证券交易的主体，是指证券交易市场上的投资者，大致可分为三类：(1) 社会公众投资者。除了因其职务或者业务而被法律禁止或者在一定期限禁止从事证券交易活动的人以外，任何具有民事行为能力的自然人，均可作为证券交易主体。(2) 证券公司以外的法人投资者包括机构投资者。(3) 可以从事自营业务的证券公司。[①]《证券法》第37条、第38条对证券的交易场所和交易方式作了规定，公开发行的证券，应当在依法设立的证券交易所上市交易或者在国务院批准的其他全国性证券交易场所交易。非公开发行的证券，可以在证券交易所、国务院批准的其他全国性证券交易场所、按照国务院规定设立的区域性股权市场转让。证券在证券交易所上市交易，应当采用公开的集中交易方式或者国务院证券监督管理机构批准的其他方式。所谓集中竞价，是卖方与买方之间、卖方内部之间、买方内部之间通过竞争决定交易价格的方式，在多个买主或卖主间，由出价最低的卖主与进价最高的买主达成交易，其基本定价规则是价格优先、时间优先。证券集中交易的程序如下：投资人在证券商营业处开设账户，投资人向证券商报单，证券商通过其场内交易员将委托人的买卖指令输入电脑终端，各证券商的场内交易员发出指令，上述信息一并输入交易所电脑主机并由主机撮合成交，成交后由证券代理投资人办理清算、交割和过户手续。非集中交易主要包括证券协议转让、证券大宗交易、证券的裁判转让。

【管辖】

根据《民事诉讼法》第23条规定，因合同纠纷提起的诉讼，由被告住所地或者合同履行地人民法院管辖。证券交易合同纠纷属于合同纠纷案件，应当由被告住所地或者合同履行地人民法院管辖。

同时要注意到，最高人民法院2020年印发了《全国法院审理债券

① 陈甦主编：《证券法专题研究》，法律出版社2006年版，第94页。

纠纷案件座谈会纪要》，纪要第三部分对债权纠纷案件的受理、管辖与诉讼方式等作出规定，认为对债券纠纷案件实施相对集中管辖，有利于债券纠纷的及时、有序化解和裁判尺度的统一。在债券持有人、债券投资者自行提起诉讼的情况下，受诉法院也要选择适当的共同诉讼方式，实现案件审理的集约化。

【法律适用】

从传统民法上看，证券交易属于买卖行为，证券交易关系属于买卖合同关系，其本质上属于债权的转移，证券所表示的债权由交易一方转移给交易的另一方。证券交易的双方分别处于卖方和买方的地位，只不过在证券交易中双方买卖的标的物是证券。但是，毕竟证券交易不同于通常的买卖关系，具有其特殊之处，因此既要受《民法典》的规范，也要受《证券法》规范。

【确定该案由应当注意的问题】

鉴于证券交易合同纠纷的重要性和典型性，《民事案件案由规定》将“证券交易合同纠纷”确定为第三级案由，并根据《证券法》对证券分类的规定，在“证券交易合同纠纷”项下列出了4个第四级案由。

304. 金融衍生品种交易纠纷

【释义】

金融衍生品种是指以证券为基础资产且其价值随着基础资产价值变化而变化的金融产品。金融衍生品种来源于为适应金融市场投资多元化需求而出现的金融创新，建立在以股票和债券为主的基础证券上，并且通过杠杆性的信用交易实现转让。金融衍生品是当事人约定以处置金融风险为目的，于未来特定时间转移特定金融利益所代表权利的一种契约安排，实质上是建立在高度发达的市场经济和信用关系基础上的合同法律关系。金融衍生品具有衍生性、契约性、杠杆性、射幸性、诺成性等特点，是典型的期待权。①

金融衍生产品自20世纪80年代以来迅速发展，金融衍生品这一专业术语在法学领域的提出也始于20世纪80年代。1982年，美国纽约联邦法院开创性地在司法判决中使用了金融衍生品一词，用于标示当时已经广为人知的期权及期货。

随着我国金融工程技术水平的提高，金融创新将会越来越活跃，金融衍生品种也会越来越丰富。根据《银行业金融机构衍生产品交易业务管理暂行办法》第3条规定，我国金融衍生产品是一种金融合约，其价值取决于一种或多种基础资产或指数，合约的基本种类包括远期、期货、掉期（互换）和期权。因此，金融衍生产品是一种金融合约，其价值取决于一种或多种基础资产或指数。按照《银行业金融机构衍生产品交易业务管理暂行办法》第4条规定，金融机构衍生产品交易业务按照交易目的分为两类：（1）套期保值类衍生产品交易。即银行业金融机构主动发起，为规避自有资产、负债的信用风险、市场风险或流动性风险而进行的衍生产品交易。此类交易需符合套期会计规定，并划入银行账户管理。（2）非套期保值类衍生产品交易。即除套期保值类以外的衍生产品交易。包括由客户发起，银行业金融机构为满足客户需求提供的代客交易和银行业金融机构为对冲前述交易相关风险而进行的交易；银行业金融机构为承担做市义务持续提供市场买、卖双边价格，并按其报价与其他市场参与者进行的做市交易；银行业金融机构主动发起，运用自有资金，根据对市场走势的判断，以获利为目的进行的自营交易。此类交易划入交易账户管理。

① 熊进光主编：《金融衍生品侵权法律问题研究》，中国政法大学出版社2014年版，第1~3页。

金融衍生品交易可分为场内交易和场外交易。场内交易，又称交易所交易，指所有的供求方集中在交易所进行竞价交易的交易方式。这种交易方式具有交易所向交易参与者收取保证金、同时负责进行清算和承担履行担保责任的特点。此外，由于每个投资者都有不同的需求，交易所事先设计出标准化的金融合同，由投资者选择与自身需求最接近的合同和数量进行交易。所有的交易者集中在一个场所进行交易，这就增加了交易的密度，一般可以形成流动性较高的市场。期货交易和部分标准化期权合同交易都属于这种交易方式。可见，场内衍生品交易市场管理更为严格，是衍生品市场稳步发展的重要基石。场外交易，又称柜台交易，指交易双方直接成为交易对手的交易方式。这种交易方式有许多形态，可以根据每个使用者的不同需求设计出不同内容的产品。同时，为了满足客户的具体要求，出售衍生产品的金融机构需要有高超的金融技术和风险管理能力。相对而言，场外衍生品市场监管难度更大，对于参与者的要求也更高。

【管辖】

根据《民事诉讼法》第 23 条规定，因合同纠纷提起的诉讼，由被告住所地或者合同履行地人民法院管辖。金融衍生产品交易是一种金融合约，属于合同法律关系，适用合同纠纷案件的管辖规定，应当由被告住所地或者合同履行地人民法院管辖。

【法律适用】

处理此类纠纷的法律依据主要是《证券法》以及《民法典》《公司法》《银行业监督管理法》的有关规定。同时，注意参照中国银保监会制定的规章，如《银行业金融机构衍生产品交易业务管理暂行办法》《中国金融期货交易所风险控制管理办法》等相关规定。

【确定该案由应当注意的问题】

《证券法》第2条第1款规定："在中华人民共和国境内，股票、公司债券、存托凭证和国务院依法认定的其他证券的发行和交易，适用本法；本法未规定的，适用《中华人民共和国公司法》和其他法律、行政法规的规定。"用"国务院依法认定的其他证券"作为兜底条款，将未明确列举的证券统一涵盖，并且使得《证券法》实施后经国务院认定的证券也一并受《证券法》的调整。这一兜底条款是立法技术的有效运用，既可以避免证券类型列举的疏漏，又可以适应金融创新环境下证券类型不断丰富的现实状况。同时，由于证券衍生品种具有高杠杆性和高风险性等特点，并且其产生本身就有一定的规避监管的色彩，其发行和交易更是有着一定的特殊性，因此，对证券衍生品种的调整不是一般意义上的证券法所能胜任的，故其发行和交易规则法律授权国务院制定。

2005年10月修订的《证券法》第2条第3款规定："证券衍生品种发行、交易的管理办法，由国务院依照本法的原则规定。"① 将金融衍生产品交易正式纳入《证券法》的调整范围。由于金融衍生产品复杂性和特殊性，为了进一步促进金融衍生产品的发展，规范金融市场，2011年《民事案件案由规定》将"金融衍生品种交易纠纷"作为第三级案由从"证券交易合同纠纷"中独立出来，突显其重要性。有鉴于此，本次修正后的《民事案件案由规定》仍将"金融衍生品种交易纠纷"作为第三级案由予以规定。

① 本款经2019年《证券法》修订已被删除。

305. 证券承销合同纠纷

（1）证券代销合同纠纷
（2）证券包销合同纠纷

【释义】

证券承销是证券公司根据发行人委托，为了发行人的利益向投资者销售、促成销售或代位销售拟发行证券的行为。由于证券发行具有很强的专业性，在证券监管机构核准证券发行申请后，发行人通常通过证券公司向投资者出售证券，这种间接向投资者出售债券的方式，也即证券承销发行。按照发行人与承销商约定的法律地位、风险分担方式，证券承销可分为证券代销和证券包销两种方式。根据《证券法》第26条第2款规定，证券代销是指证券公司代发行人发售证券，在承销期结束时，将未售出的证券全部退还给发行人的承销方式。证券代销是承销商以发行人的风险，代理发行人销售证券的方式，其本质是代理行为，发行人为委托人，承销商为代理人。根据《证券法》第26条第3款规定，证券包销是指证券公司将发行人的证券按照协议全部购入或者在承销期结束时将售后剩余证券全部自行购入的承销方式。根据该款规定，证券包销可分为全额包销和余额包销。全额包销是指承销商以自己的资金一次性买进发行人拟发行的全部证券，再以自己的名义并自担风险出售给投资者的销售方式。就发行人与承销商之间法律关系而言，发行人是拟发行证券的唯一卖方，承销商是该证券的唯一买房，两者构成买卖合同关系；就承销商与投资者之间的法律关系而言，承销商是唯一的卖方，买方则是向承销商而非发行人购买证券的投资者，发行人与投资者之间不存在法律意义上的买卖关系。余额包销是指承销商在承销期届满时，从发行人处购买取得全部未售出证券的承销方式。根据《证券法》第31条第1款规定，证券的代销、包销期限最长不得超过90日。具体承销日期，则由发行人和承销商协商确定。余额包销以承销期为划分标准，分别具有证券代销和证券包销的性质，受不同法律关系调整。

证券承销合同是指证券发行人与证券经营机构签订的由证券经营机构包销或者代销发行人发行证券，并依照法律和合同收取一定比例承销费的合同。证券代销合同是指证券发行人与证券经营机构约定由证券经营机构代理发行人发售证券，在承销期结束后，将未售出的证券全部退还给发行人的合同。证券代销合同纠纷是在证券发行、兑付过程中，发行人、承销人、发行担保人及证券购买人就履行证券代销合同产生的纠纷。常见的有证券销售款支付纠纷和企业债券兑付纠纷。证券包销合同是指证券发行人与证券经营机构约定由证券经营机构将发行人的证券按照合同全部购入或者在承销期结束后将售后剩余证券全部自行购入的合同。证券包销的发行风险由证券经营机构承担，它是我国目前证券承销所采用的主要承销方式。

【管辖】

根据《民事诉讼法》第23条规定，因合同纠纷提起的诉讼，由被告住所地或者合同履行地人民法院管辖。证券承销合同纠纷属于合同纠纷案件，适用合同纠纷案件的管辖的一般原则，应当由被告住所地或者合同履行地人民法院管辖。

【法律适用】

证券承销关系主要是民事法律关系，但涉及发行人、投资者与承销商相互之间复杂的法律关系。证券承销制度主要调整发行人与承包商之间的关系。发行人有权选择承销商为其销售、促成销售或者代位销售拟发行证券，证券公司也有权选择是否接受发行人的委托，发行人与承销商之间构成合同关系，双方之间的权利义务关系依照所签订的承销协议确定。因此，处理此类纠纷的法律依据主要是《民法典》合同编以及《证券法》《公司法》的有关规定，并可参照适用中国证监会制定的有关规章，如《股票发行与交易管理暂行条例》《证券发行与承销管理办法》《上市公司证券发行管理办法》《科创板上市公司证券发行注册管理办法（试行）》等的相关规定。

【确定该案由应当注意的问题】

证券承销合同分为证券代销合同与证券包销合同，一般应包括以下内容：当事人的名称、住所及法定代表人姓名；代销、包销证券的种类、数量、金额及发行价格；代销、包销的期限及起止日期；代销、包销的付款方式及日期；代销、包销的费用和结算办法；违约责任；国务院证券监督管理机构规定的其他事项。如果采取的是包销方式，在承销合同中还应写明包销的具体办法、包销过程中剩余证券的认购办法；如果采取的是代销方式，在承销合同中应规定剩余证券的退还办法。如果采取的是承销团承销，则应写明承销团成员及分销份额。证券承销合同是申请发行证券的必备文件之一。为了正确区分证券代销合同纠纷案由与证券包销合同纠纷案由，需要注意：证券代销属于行纪合同的范畴。在代销方式里，发行人与证券承销机构之间是一种委托代理关系，证券经营机构不承担证券销售不完的风险。证券包销合同属于买卖合同的一种，证券经营机构是购买人，承担未售出证券的风险。

306. 证券投资咨询纠纷

【释义】

证券投资咨询是指取得监管部门颁发的相关资格的机构及其咨询

人员为接受客户委托，按照约定，向客户提供涉及证券及证券相关产品的投资建议服务，辅助客户作出投资决策，并直接或者间接获取经济利益的经营活动。投资建议服务内容包括投资的品种选择、投资组合以及理财规划建议等。根据《证券、期货投资咨询管理暂行办法》第2条规定，证券、期货投资咨询活动包括：（1）接受投资人或者客户委托，提供证券、期货投资咨询服务；（2）举办有关证券、期货投资咨询的讲座、报告会、分析会等；（3）在报刊上发表证券、期货投资咨询的文章、评论、报告，以及通过电台、电视台等公众传播媒体提供证券、期货投资咨询服务；（4）通过电话、传真、电脑网络等电信设备系统，提供证券、期货投资咨询服务；（5）中国证券监督管理委员会认定的其他形式。

证券市场专业性极强，并且有些法律规定的事项须由相关中介机构提供服务，因此需要证券咨询机构为证券市场的运行提供服务。证券投资咨询对于投资者的投资决策具有非常大的影响力。咨询人员运用自身专业知识和丰富的实践经验，通过对证券市场各相关因素的系统分析和研究，以报告形式向投资者公布，有利于提高证券市场的透明度。咨询机构可以为证券市场的发行人、投资人出谋划策，帮助他们选择筹集资金、投资的最佳方案，有利于减少投资者的盲目性，提高资金运作效率。此外，咨询机构结合宏观经济因素，运用大量的事实数据对上市公司经营情况进行分析和研究，引导投资者理性投资，有利于证券市场稳定发展。通过对上市公司的深入研究，并在有关媒体发表分析报告文章，对规范上市公司经营运作也起到一定的监督和促进作用。我国证券市场中小投资者占有较大比重，投资专业知识和经验相对不足，迫切需要专业投资咨询服务。如何规范这一服务行为，以保障投资者的合法权益、维护金融市场稳定，尤为重要。根据服务对象的不同，证券投资咨询业务可以分为：面向公众的投资咨询业务；为签订了咨询服务合同的特定对象提供的证券投资咨询业务；为本公司投资管理部门、投资银行部门的投资咨询服务。

投资人或客户与证券投资咨询机构可以就证券、期货投资咨询服务签订服务合同。证券投资咨询业务机构应当勤勉尽责、恪尽职守，按照相关业务规则为证券的交易及相关活动提供服务。按照证监会的有关规定，任何机构或个人就证券市场、证券品种的走势、投资证券的可行性以口头、书面、电脑网络或者中国证监会认定的其他形式向公众提供分析、预测或建议，必须先行取得中国证监会授予的证券投资咨询业务资格证书。证券投资咨询机构及其执业人员从事证券投资咨询活动必须客观公正、诚实信用，不得以虚假信息、内幕信息或者市场传言为依据向客户或投资者提供分析、预测或建议；预测证券市场、证券品种的走势或者就投资证券的可行性进行建议时，需有充分的理由和依据，不得主观臆断；证券投资分析报告、投资分析文章等形式的咨询服务产品不得有不负责任的煽动性语言。《证券法》第 161 条规定，证券投资咨询机构及其从业人员从事证券服务业务不得有下列行为：（1）代理委托人从事证券投资；（2）与委托人约定分享证券投资收益或者分担证券投资损失；（3）买卖本证券投资咨询机构提供服务的证券；（4）法律、行政法规禁止的其他行为。证券投资咨询机构违反这些规定，给投资者造成损失的，应当依法承担赔偿责任。

【管辖】

投资人或客户与证券投资咨询业务机构有合同关系的，因此引发的纠纷，根据《民事诉讼法》第 23 条规定，由被告住所地或者合同履行地人民法院管辖。因证券投资咨询引发的侵权纠纷，根据《民事诉讼法》第 28 条规定，由侵权行为地或者被告住所地人民法院管辖。

【法律适用】

处理此类纠纷的法律依据主要是《证券法》以及《民法典》《公司法》的有关规定。并可参照适用中国证监会制定的有关规章，如《证券公司监督管理条例》《证券、期货投资咨询管理暂行办法》《证券投资顾问业务暂行规定》《发布证券研究报告暂行规定》《关于加强对利用“荐股软件”从事证券投资咨询业务监管的暂行规定》等相关规定。

同时要注意，随着金融与互联网技术的融合程度不断提高，市场上出现了具备提供证券投资咨询服务功能的软件产品、软件工具或者终端设备，即荐股软件，其向投资者提供涉及具体证券投资品种的投资分析意见、价格走势分析体、选择建议以及买卖时机建议等咨询服务，并直接或者间接获取经济利益。通过“荐股软件”从事证券投资咨询业务，也应当经中国证监会许可，取得证券投资咨询业务资格，并受到相关证券投资咨询法律法规的调整。

【确定该案由应当注意的问题】

证券投资咨询服务既可能基于投资咨询服务合同而引发合同纠纷，也可能因侵权行为而产生侵权纠纷。因此，在案由确定上凡是因证券、期货投资咨询引起的纠纷都应当纳入“证券投资咨询纠纷”案由之下。

307. 证券资信评级服务合同纠纷

【释义】

证券资信评级是指专门从事有价证券评级业务的机构，对证券发行公司等证券市场主体及其产品的信誉、财务状况、偿债能力、投资人的投资风险等进行测定评级。证券资信评估机构一般为独立的非官方机构，其评估结果根据评级对象相关风险，在充分分析基础之上独立得出，不受其他商业行为等不当因素影响。2019 年 12 月修订的《证券法》取消了资信评级机构从事证券评级业务的行政许可，改为备案管理，同时增加了信息披露和投资者保护等专章，大幅提高资本市场违法违规成本。根据《证券市场资信评级业务管理办法》第2条规定，证券资信评级机构对下列评级对象开展资信评级服务：（1）经中国证监会依法注册发行的债券、资产支持证券；（2）在证券交易所或者经中国证监会认可的其他证券交易场所上市交易或者挂牌转让的债券、资产支持证券，国债除外；（3）本款第1项和第2项规定的证券的发行人、发起机构、上市公司、非上市公众公司、证券期货经营机构；（4）中国证监会规定的其他评级对象。

证券资信评级在提高证券市场的效率和透明度、促进证券市场规范发展、增强企业信用意识、保护投资者的合法权益和社会公共利益方面发挥重要作用。具体而言，证券资信评级主要发挥以下作用：（1）承销商可依据评估的证券级别的高低来决定发行价格、发行方式、承销费用以及采取何种促销手段；（2）券商可以根据评估的证券等级来评定其经营风险的大小，调整其经营组合，有利于券商的风险管理和内部监督控制；（3）证券经纪商在从事信用交易时对不同的证券等级给出不同的证券代用率；（4）通过证券评估，有利于减少投资者的风险，有利于在整个证券市场上形成理性投资的氛围，减少过度投机，有利于化解金融风险；（5）信用评级同时是证券监管部门监管的重要参考依据，有助于其加强市场监管，有效防范金融风险，促进证券市场的健康发展。

【管辖】

根据《民事诉讼法》第23条规定，因合同纠纷提起的诉讼，由被告住所地或者合同履行地人民法院管辖。证券资信评级服务合同纠纷属于合同纠纷案件，应当由被告住所地或者合同履行地人民法院管辖。

【法律适用】

处理此类纠纷的法律依据主要是《证券法》以及《民法典》合同编的有关规定，并可参照适用《信用评级业管理暂行办法》《证券市场资信评级业务管理办法》《资信评级机构出具证券公司证券信用评级报告准则》等相关规定。

【确定该案由应当注意的问题】

在证券资信评级委托方与资信评级机构签订资信评级服务合同之后，证券评级机构能否客观、公正地出具评级报告，关涉多方利益。鉴于证券资信评级服务合同纠纷的重要性和典型性，《民事案件案由规定》将其确定为第三级案由。

308. 证券回购合同纠纷

（1）股票回购合同纠纷
（2）国债回购合同纠纷
（3）公司债券回购合同纠纷
（4）证券投资基金回购合同纠纷
（5）质押式证券回购纠纷

【释义】

证券回购是指证券持有人卖出一笔证券，同时与买方签订协议，约定一定期限和价格买回同一笔证券的融资活动。证券回购这种形式的融资活动在我国的历史并不长，从1988年我国开办国债回购业务以来，由于回购业务满足了券商可以利用较少的基本资金使用多头和空头市场上大量资金，而其他投资者通过回购业务也可以不多的资金进入证券市场的需求，从而增加了市场流动性，故得到迅速发展，成为证券市场的主要流动性工具。

证券回购交易的实质是以证券作为质押的资金融通。证券的持有方（融资者、资金需求方）以持有的证券作抵押，获得一定期限内的资金使用权，期满后则需归还借贷的资金，并按约定支付一定的利息；而资金的贷出方（融券方、资金供应方）则暂时放弃相应资金的使用权，从而获得融资方的证券抵押权，并于回购期满时归还对方抵押的证券，收回融出资金并获得一定利息。因此，证券回购交易实质上是一种以有价证券作为抵押品拆借资金的信用行为。

证券回购业务成立的要件包括：（1）交易主体。根据《中国人民银行、财政部、中国证券监督管理委员会关于重申进一步规范证券回购业务有关问题的通知》的规定，非金融机构、个人以及不具有法人资格的金融机构一律不得直接参与证券回购业务。因此，对没有中国人民银行颁发的金融许可证或者虽然有金融许可证但没有从事证券交易经营范围的单位或者个人，一般应认定不具备订立证券回购合同的主体资格，其订立的证券回购合同应认定为无效。（2）回购期限。最长不得超过1年。（3）证券回购的券种只能是国库券和经中国人民银行批准发行的金融债券。（4）交易场所。交易分为场内交易和场外交易。凡未经国务院和中国人民银行批准的证券交易场所和融资中心，一律不得开办证券回购业务。（5）必须有真实、足额的实物券。这是构成证券回购交易的最重要的条件。在证券回购交易中，融资方未向对方当事人实际交割或封存足额实物券的，该证券回购协议应认定为无效合同。合同被认定为无效后，应当返还融资本金，按同业拆借利率赔偿拆借期间的利息损失，并承担逾期罚息。

证券回购业务的品种包括股票、国债、公司债券和证券投资基金等。与此对应，证券持有人与资金贷出方签订的回购合同分别称为股票回购合同、国债回购合同、公司债券回购合同和证券投资基金回购合同。证券质押式回购，是指卖出回购方在将证券出质给（资金融入方）买入返售方（资金融出方）的同时，双方约定在将来某一指定日期，由卖出回购方按约定回购利率计算的资金额，向买入返售方返回资金回购原出质证券的融资行为。

我国证券回购的交易主体主要有商业银行、城市信用社以及信托投资公司、证券公司等非银行金融机构。回购交易采用两种交易方式，即场内交易和场外交易。场内交易即在证券交易中心和交易所内会员单位之间进行的交易；场外交易（柜台交易）即金融机构、非金融机构和个人在有形市场之外进行的交易。场外交易业务很不规范，监管难度大。

【管辖】

证券回购纠纷属于合同纠纷，应根据《民事诉讼法》第 23 条规定，由被告住所地或者合同履行地人民法院管辖。证券交易行为在证券交易场所内进行的，融资本金交割行为的地点应为合同规定义务的履行地点，即合同履行地。值得注意的是，1996 年 7 月 4 日《最高人民法院关于如何确定证券回购合同履行地问题的批复》曾对如何确定证券回购合同履行地作出规定，凡在交易场所内进行的证券回购业务，交易场所所在地应为合同履行地。在交易场所之外进行的证券回购业务，最初付款一方（返售方）所在地应为合同履行地。但该批复在 2020 年最高人民法院司法解释清理过程中已被废止。①

【法律适用】

处理证券回购合同纠纷的法律依据主要是《证券法》《公司法》和《民法典》合同编，以及中国人民银行、财政部、证监会制定的规章，如《全国银行间债券市场债券交易管理办法》《中国人民银行关

① 《最高人民法院关于废止部分司法解释及相关规范性文件的决定》于 2020 年 12 月 23 日由最高人民法院审判委员会第 1823 次会议通过，自 2021 年 1 月 1 日起施行。

于非金融机构“证券回购业务”有关问题的复函》，《中国人民银行、财政部、中国证券监督管理委员会关于认真清偿证券回购到期债务的通知》《中国人民银行、财政部、中国证券监督管理委员会关于重申对进一步规范证券回购业务有关问题的通知》等相关规定。

【确定该案由应当注意的问题】

自1995年8月8日中国人民银行、财政部、证监会联合发布《关于重申对进一步规范证券回购业务有关问题的通知》以来，人民法院开始受理证券回购合同纠纷案件。为了正确处理证券回购纠纷案件，最高人民法院曾于1996年在湖北省武汉市召开审理证券回购纠纷案件座谈会，专门对此类案件进行了研讨。2004年10月，最高人民法院民二庭又在北京举办了证券回购法律问题研讨会，对证券回购中的疑难问题进行了的探讨。[①] 鉴于证券回购合同纠纷的典型性，《民事案件案由规定》将其确定为第三级案由。

309. 证券上市合同纠纷

【释义】

证券上市是指证券发行人申请所发行证券在证券交易所挂牌上市的过程。证券能否上市，直接影响到证券流通性的实现程度。证券上市是连接证券发行和证券交易的中间环节，证券上市以证券发行为前提，以证券交易为目的，证券发行后，要实现在证券交易所挂牌交易的目的，必须借助于证券上市。我国证券上市由证券交易所根据法律规定和交易所的上市规则规定的条件进行审核。

---

① 会议综述整理后发表在最高人民法院民二庭编著的《商事审判指导》（2005年卷），第110页。

证券上市对投资者、证券发行人和证券市场而言，都有着重要的意义。首先，证券上市后，证券交易受到证券交易所严格市场规则的约束，在监管机构和证券交易所监管之下，证券交易充分体现公开性和竞争性，有效降低证券交易的风险，实现了安全和高效的最佳组合。其次，证券上市意味着证券流通性的增强，可以更加广泛的吸引社会投资，增强发行人的融资能力。

根据《证券法》第46条规定："申请证券上市交易，应当向证券交易所提出申请，由证券交易所依法审核同意，并由双方签订上市协议。证券交易所根据国务院授权的部门的决定安排政府债券上市交易。"据此，证券上市须经上市审核机构审核同意，经过上市申请、上市核准、上市协议、上市公告、挂牌交易等步骤才能完成上市。证券交易所是我国唯一的证券上市核准机构，除了政府债券这一特殊证券品种外，包括股票、债券在内的其他类型证券的上市审核均由证券交易所完成。

上市协议，即证券上市合同，是上市申请人与证券交易所签订的，用以明确相互之间权利义务关系的协议。上市协议既是证券交易所与证券发行人之间形成的证券交易服务关系的基础，也是证券交易所对上市公司实行自律监管的基础。根据2020年修订的《证券交易所管理办法》第62条规定，证券交易所应当与申请证券上市交易的公司订立上市协议，确定相互间的权利义务关系。上市协议的内容与格式应当符合法律、行政法规、部门规章的规定。上市协议应当包括下列内容：(1)上市证券的品种、名称、代码、数量和上市时间；(2)上市费用的收取；(3)证券交易所对证券上市交易公司及相关主体进行自律管理的主要手段和方式，包括现场和非现场检查等内容；(4)违反上市协议的处理，包括惩罚性违约金等内容；(5)上市协议的终止情形；(6)争议解决方式；(7)证券交易所认为需要在上市协议中明确的其他内容。上市申请人与证券交易所因上市协议各方因该协议订立、履行、终止等而产生的纠纷为证券上市合同纠纷。

【管辖】

证券上市合同纠纷属于合同纠纷案件，根据《民事诉讼法》第23条规定，应当由被告住所地或者合同履行地人民法院管辖。

【法律适用】

处理证券上市合同纠纷纷的法律依据主要是《证券法》《公司法》和《民法典》合同编以及《股票发行与交易管理暂行条例》《证券交易所管理办法》等行政法规、部门规章的有关规定。

【确定该案由应当注意的问题】

证券上市合同纠纷为第三级案由，适用于申请证券上市交易的公司在其申请被证券交易所审核同意后与证券交易所就证券上市交易日期、暂停或中止上市、内部审计制度、上市费用交纳等各项权利义务所签订的协议发生纠纷的案件。

310. 证券交易代理合同纠纷

【释义】

在证券交易过程中，最基础的关系就是证券公司与投资之间的关系，这是证券交易的核心，也是证券交易制度意欲规范的主要社会关系。按照《证券法》的规定，证券公司的业务之一就是证券经纪业务，即接受客户委托在证券交易所进行证券交易并收取佣金。当证券公司从事经纪业务时，对于它与投资者之间的法律关系的性质，主要有四种不同观点，即居间说、代理说、行纪说与经纪说。

1. 居间说认为，证券公司与投资者之间的法律关系是居间关系。居间是指一方当事人（居间人）为他方（委托人）报告签订合同的机会或充当签订合同的媒介，而由他方（委托人）付给报酬。居间人仅是为合同的双方当事人牵线搭桥、提供信息，其既不是委托人订立合同的代理人，也不是为委托人利益与第三人订立合同的当事人。从证券交易的实际情况来看，证券公司不仅向投资者提供信息，而且还要通过其本身与交易对方订立证券买卖合同来实现投资者的目的，为投资者提供买卖证券、结算、交割、过户等证券服务。因此，证券公司与投资者之间的关系显然不是居间关系。

2. 代理说认为，证券公司与投资者之间的法律关系是代理关系，即证券公司接受投资者的委托，在代理权限内为投资进行证券买卖，证券买卖后果由投资者直接承担。我国政策、法律规定中在用词上采用“代理”的表述，如《证券法》第 133 条第 1 款规定了“证券公司接受证券买卖的委托，应当根据委托书载明的证券名称、买卖数量、出价方式、价格幅度等，按照交易规则代理买卖证券，如实进行交易记录；买卖成交后，应当按照规定制作买卖成交报告单交付客户。”中国人民银行颁布的《证券公司管理暂行办法》第 12 条也采用“代理证券买卖”这一说法。此外，各证券公司章程及其与客户订立的委托协议也毫无例外地认为，其接受客户委托买卖证券是“代理业务”。基于这样的用词，多数观点认为证券公司与客户之间是代理关系。

3. 行纪说认为，证券公司与投资者之间的法律关系主要为行纪关系。行纪是指行纪人以自己的名义为委托人从事交易活动，委托人支付报酬的合同。行纪关系涉及两个合同关系：一是委托人与行纪人之间的委托合同关系，如委托行纪人购买货物或出售货物；二是行纪人与第三人之间的买卖合同关系，如行纪人接受委托以后，以自己的名义向第三人购买货物或向第三人出售货物。行纪合同的特点在于它是由三方当事人和两个合同关系组成起来的，两个合同相互结合才构成了完整的行纪关系，单纯看任何一个合同都不是行纪。证券公司与投资者的委托关系符合有关行纪关系的基本要素，即证券公司作为行纪人接受投资者委托，以自己的名义，为委托人办理证券买卖等业务，收取佣金，由其直接承担法律后果，并间接归于委托人。依据这一原理，证券公司享有投资者选择权、佣金请求权、管理投资者账户的权利、请求投资者接受依法进行的证券交易后果的权利、投资者违约时对委托合同的解除权、申诉权与诉讼权等。同时，证券公司承担公开的义务、遵守证券交易基本规则的义务、记录保存义务、缴纳交易风险准备金的义务、账户分立的义务、为投资者保守商业秘密的义务等。投资者则享有对证券账户上的证券和资金账户上的资金的所有权和请求权、对下单情况的知情权和监督权、有关信息得知权、申诉权与诉讼权；同时，承担支付佣金的义务、证券公司因执行其指令而引起的后果的义务、支付费用的义务、遵守交易规则的义务等。①

4. 经纪说认为，证券公司与投资者之间不是单纯的代理关系，也不是单纯的行纪关系，而是具有特殊权利义务的法律关系。该说认为，无论代理还是行纪制度，其核心在于代理人或行纪人拥有某种授权并借此与第三人发生交易，而《证券法》调整证券经纪关系的着眼点仅在于识别投资者与证券公司之间关系的性质和内容，不涉及第三人的地位及证券买卖行为及其后果的承担问题。换言之，代理或行纪制度是调整被代理人或委托人对外关系的法律制度，而不直接调整被代理人与代理人、行纪人与委托人之间的内部关系，证券公司与投资者之间的法律关系并非简单的代理或行纪关系，而是一种特殊、新型的法律关系，称之为经纪法律关系。

《民事案件案由规定》认为，证券公司与投资者之间是代理关系，证券公司以投资者名义进行证券交易，交易的结果由投资者承担。证券公司与投资者之间签订的合同即证券交易代理合同，是证券公司与投资者签订的以证券公司作为代理人，并以投资者名义参加证券交易，交易结果由投资者承担的协议。因该协议订立、履行、变更、终止而

① 冯果主编：《证券法》，武汉大学出版社2014年版，第96~97页。

产生的纠纷，即证券交易代理合同纠纷。

【管辖】

根据《民事诉讼法》第23条规定，因合同纠纷提起的诉讼，由被告住所地或者合同履行地人民法院管辖。证券交易代理合同纠纷属于合同纠纷案件，应当由被告住所地或者合同履行地人民法院管辖。

【法律适用】

处理证券交易代理合同纠纷的法律依据主要是《民法典》关于代理的规定及《证券法》《公司法》的相关规定，同时要注意参照中国证券监督管理委员会《证券公司治理准则》、中国证券业协会颁布的《证券交易委托代理业务指引》的相关规定。

【确定该案由应当注意的问题】

近年来，证券公司与投资者因证券交易代理合同纠纷引起的案件数量较多，证券公司往往存在违法违规操作情况，此类案件大多数涉及欺诈客户，但查证难度较大，投资者面临举证难题。因此，为规范证券市场秩序、保护投资者合法权益，从法律上对证券交易代理行为进行规制十分必要。为了便于人民法院受理、审理证券交易代理合同纠纷案件，厘清法律关系，《民事案件案由规定》将“证券交易代理合同纠纷”确定为第三级案由。

311. 证券上市保荐合同纠纷

【释义】

证券上市保荐制度是经证券主管机关批准具有法定资格的证券公司（保荐人）按照法律规定为上市公司申请上市承担推荐职责，并为上市公司此后的信息披露等持续上市行为向投资者、交易所及证券监管机关承担保证与推荐义务的制度。证券上市保荐合同是指证券发行人就聘请具有保荐资格的证券公司为其证券上市担任保荐人而签订的协议。

保荐制度起源于英国，最早出现在创业板市场，其目的是通过保荐人对上市公司进行质量控制，督导其规范运作，降低证券市场风险。21 世纪初以后，保荐制度开始被引入主板市场，扩大了保荐制度的功能和作用。我国证监会 2004 年 2 月 1 日起施行的《证券发行上市保荐制度暂行办法》在我国尚未确立创业板市场的背景下直接将保荐制度引入到主板市场。2005 年修订《证券法》进一步确认了保荐制度，该法第 11 条第 1 款明确规定："发行人申请公开发行股票、可转换为股票的公司债券，依法采取承销方式的，或者公开发行法律、行政法规规定实行保荐制度的其他证券的，应当聘请具有保荐资格的机构担任保荐人。"中国证监会于 2008 年 12 月 1 日起全面施行《证券发行上市保荐业务管理办法》，前述《证券发行上市保荐制度暂行办法》同时被废止，目前该办法已经过多次修订，对规范证券发行上市保荐业务，提高上市公司质量和证券公司执业水平，保护投资者的合法权益，促进证券市场健康发展发挥了重要作用。

我国《证券法》第 10 条第 2 款对保荐人的责任作了原则性规定："保荐人应当遵守业务规则和行业规范，诚实守信，勤勉尽责，对发行人的申请文件和信息披露资料进行审慎核查，督导发行人规范运作。”《证券发行上市保荐业务管理办法》对此作了具体规定，保荐人的主要职责包括：负责发行人的上市推荐和辅导，核实公司发行文件和上市文件中所载资料的真实性、准确性和完整性，协助发行人建立严格的信息披露制度；在公司上市后的规定时间内，保荐人需继续协助公司建立规范的法人治理结构，督促公司遵守上市规定，并对上市公司的信息披露负连带责任。

【管辖】

证券上市保荐合同纠纷属于合同纠纷，该类纠纷案件的管辖适用合同纠纷案件的管辖的一般原则，根据《民事诉讼法》第 23 条的规定，由被告住所地或者合同履行地人民法院管辖。

【法律适用】

处理证券上市保荐合同纠纷的法律依据主要是《证券法》《证券发行上市保荐业务管理办法》等相关规定。《证券法》以及《证券发行上市保荐业务管理办法》对保荐人的义务和保荐责任作出了明确规定。证券上市保荐合同作为民事合同，其主要内容是约定聘请事宜、协商确定履行保荐职责的相关费用、保荐协议终止事项以及双方在证券发行上市期间和上市之后一系列行为中的权利义务和内部责任承担问题。

【确定该案由应当注意的问题】

近年来，虚假称述、内幕交易、表决权买卖、不公允交易等一系列侵害投资者合法权益的违法行为时有发生，较为严重地扰乱了证券市场的秩序。《证券法》引入保荐制度旨在规范我国证券发行市场，提高上市公司质量。因此，《民事案件案由规定》将“证券上市保荐合同纠纷”确定为第三级案由。

312. 证券发行纠纷

（1）证券认购纠纷

（2）证券发行失败纠纷

【释义】

证券发行是伴随生产社会化和企业股份化而产生的，同时也是信用制度高度发展的结果。何为证券发行，我国法律和行政法规对此均无明确的定义，按照是否区分证券募集和证券发行，大致可以归纳为两种观点：一种观点认为，“证券发行是创设证券权利的复杂行为，包括劝导投资、投资者认购、发行人分配证券、接受资金和交付证券在内的各项行为”①。还有一种观点认为，“证券发行特指发行人以集资或调整股权结构为目的做成证券并交付相对人的单独法律行为”②。结合《公司法》《证券法》以及《股票发行与交易管理暂行条例》相关规定来看，我国并未对证券募集和证券发行进行区分，而是将证券发行视为包括募集和销售活动在内的完整过程。因此，证券发行可以理解为发行人为了筹集资金等目的，依照法定条件和程序，向投资者招募和销售证券的行为。

采用不同标准，可以对证券发行进行不同分类：根据发行对象不同，证券发行可分为公开发行和非公开发行；根据发行证券种类不同，分为股票发行、债券发行和基金券发行；根据发行价格与票面金额的关系的不同，分为平价发行、溢价发行和折价发行；根据发行是否借助中介机构，分为直接发行和间接发行。

新修订的《证券法》第9条第1款确立了公开发行证券的注册制

---

① 叶林主编：《证券法教程》，法律出版社2010年版，第109页。

② 崔明霞：《证券发行制度研究》，载《河北法学》2000年第6期。

原则，规定“公开发行证券，必须符合法律、行政法规规定的条件，并依法报经国务院证券监督管理机构或者国务院授权的部门注册。未经依法注册，任何单位和个人不得公开发行证券。证券发行注册制的具体范围、实施步骤，由国务院规定”。公开发行证券全面实行注册制后，更加强调信息披露的重要性，要求发行企业真实准确完整的披露信息。投资者根据披露信息，自主判断，独立作出投资决策。

【管辖】

发行人、承销商与投资者因证券发行产生的合同纠纷，根据《民事诉讼法》第23条规定，由被告住所地或者合同履行地人民法院管辖。因证券发行发生的侵权纠纷，根据《民事诉讼法》第28条规定，由侵权行为地或者被告住所地人民法院管辖。

【法律适用】

处理证券发行纠纷的法律依据主要是《公司法》有关股份有限公司股份发行的规定、《证券法》第2章有关证券发行的规定以及参照《股票发行与交易管理暂行条例》《证券发行与承销管理办法》《上市公司证券发行管理办法》的相关规定。

【确定该案由应当注意的问题】

证券发行纠纷，是由于发行人、承销商的违法行为致使投资者损失的纠纷。如果发行人在证券发行文件中虚构事实或有重大遗漏，构成虚假陈述的则适用《最高人民法院关于审理证券市场因虚假陈述引发的民事赔偿案件的若干规定》。但该司法解释只针对投资者在二级市场买卖证券造成损失如何给予赔偿作了规定。在证券发行过程中，因证券认购、申购、赎回，证券发行失败或者因证券信息披露违反法律法规被撤销等也时常产生纠纷，应当按照证券发行纠纷受理。证券发行纠纷项下包括两个第四级案由，分别是：（1）证券认购纠纷，指认购人与证券发行人之间在证券认购过程中产生的纠纷。（2）证券发行失败纠纷，指证券认购人与发行人之间因证券发行失败而产生的纠纷。鉴于证券认购纠纷、证券发行失败纠纷属于常见、多发纠纷，《民事案件案由规定》将上述两个纠纷列为第四级案由。

313. 证券返还纠纷

【释义】

证券返还纠纷，是指证券持有人请求他人返还被非法占有或者不当占有的证券的纠纷，包括因不当得利的返还和因非法侵占产生的返还。证券返还纠纷通常发生在借用他人名义开设账户，或者利用他人账户从事证券买卖的情形，是指一方当事人主张其对他人证券账户中的特定证券享有所有权，进而要求对方返还证券而引发的纠纷。

实践中，由于证券机构交易系统出现故障或者因交易清算工作失误，导致客户账户的证券或者交易结算资金增加，致使客户不当得利。按照民法规定，获利一方应将获得的资金或者证券及时返还给对方。如果作为不当得利的证券已被客户善意卖出、不当得利的资金已被客户善意买进证券，客户应将卖出该证券所得款项或者买进的证券返还给证券机构，但不承担因该交易行为造成的损失，因为造成不当得利的过错在证券机构自身。如果属于恶意交易，如投资者账户内的证券或者资金明显多出若干倍，投资者知道或应当知道有关证券或者资金不属自己所有，仍对该部分证券或者资金进行了处分，因此造成损失的，客户还应赔偿该部分损失。如果由于证券机构的过错，造成客户资金或者证券减少，在本质上已不属不当得利，应视为民事侵权。证券机构除返还所得证券和资金外，还应赔偿客户因此发生的损失。

【管辖】

证券持有人以不当得利为由，行使返还请求权的证券返还纠纷，适用一般地域管辖的规定，根据《民事诉讼法》第21条的规定，由被告住所地人民法院管辖；证券持有人以非法占有为由，行使返还请求权的证券返还纠纷，属于侵权纠纷，根据《民事诉讼法》第28条规定，由侵权行为地或者被告住所地人民法院管辖。

【法律适用】

处理证券返还纠纷的法律依据主要是《民法典》《证券法》以及《证券登记结算管理办法》的相关规定。

【确定该案由应当注意的问题】

证券返还纠纷首先需要确认账户中资金或者证券的所有权，除非返还请求权人能够证明系借用他人账户从事证券买卖或者委托他人以他人的名义从事证券买卖，否则，返还请求权的主张难以得到支持。因此，证券返还纠纷往往涉及投资者之间的法律关系是代理关系还是借用证券账户关系。

实践中，有关法律法规、规章甚至政策对证券投资者投资主体资格作出了某些限制，如根据1995年12月25日国务院《关于股份有限公司境内上市外资股的规定》第4条的规定，境内上市外资股投资人限于外国和我国港、澳、台地区的自然人、法人和其他组织，定居在国外的中国公民和证券委规定的境内上市外资股其他投资人。直至2001年2月19日，中国证券监督管理委员会才发布决定，允许境内居民投资B股市场。又如，为促进党政机关工作人员廉洁自律、加强党风廉政建设、促进证券市场健康发展，中共中央办公厅、国务院办公厅曾于2001年4月制定《关于党政机关工作人员个人证券投资行为若干规定》，对党政机关工作人员证券投资行为作出规范性规定。故在司法实践中，存在大量借用他人账户以及隐名委托他人从事证券买卖的情形，可能引发证券返还纠纷。鉴于此类纠纷具有常见、多发的特点，本次《民事案件案由规定》修正仍将其定为第三级案由。

314. 证券欺诈责任纠纷

（1）证券内幕交易责任纠纷

（2）操纵证券交易市场责任纠纷

（3）证券虚假陈述责任纠纷

（4）欺诈客户责任纠纷

【释义】

证券欺诈通常指证券发行人、证券经营机构、证券登记结算机构等在证券发行、交易及其相关活动中，诱骗投资者买卖证券以及其他违背投资者真实意愿、损害投资者利益的行为。尽管具有特殊性和复杂性，但证券欺诈的构成要件仍应符合传统民法欺诈的构成要件，具体包括：一是欺诈方具有欺诈之故意；二是实施欺诈行为；三是被欺诈方因欺诈陷入错误；四是被欺诈方因错误而作出意思表示。证券欺诈违背诚信根本原则、证券发行、交易“公开、公平、公正”原则，既扭曲证券市场的资源配置机制，也严重侵害了投资者的合法权益，故为各国或地区的证券法律所规制，相关主体须承担相应的民事、行政、刑事责任，其中，因承担证券欺诈民事责任所引发的纠纷，即为证券欺诈责任纠纷。

根据实践中证券欺诈行为的表现不同，证券欺诈责任纠纷可分为证券内幕交易责任纠纷、操纵证券交易市场责任纠纷、证券虚假陈述责任纠纷、欺诈客户责任纠纷等4个第四级案由。

证券内幕交易责任纠纷是因证券内幕交易引发的民事赔偿纠纷。证券内幕交易是指掌握上市公司未公开的，可以影响证券价格的重要信息的人，在该信息转变为公开信息之前买入或者卖出该证券，或者泄露该信息，或者建议他人买卖该证券，直接或间接的利用该信息进行证券交易，以获取利益或减少损失的行为。根据《证券法》第 50 条规定，内幕交易是指交易内幕信息的知情人和非法获取内幕信息的人，利用内幕信息从事证券交易活动的行为。市场上的某些主体因为其特殊的职位、职业优势，可以比公众提早获得尚未公开、影响证券价格的重要信息，即所谓内幕信息。若允许这些主体利用信息进行交易获利是不公平的，不仅侵犯广大投资者的利益（破坏投资者获取信息平等交易的机会），而且违反“公开、公平、公正”原则，扰乱证券发行、交易市场。因此，各国或地区的证券立法都将其列为禁止的证券交易行为之一。①

操纵证券交易市场责任纠纷是因操纵证券交易市场引发的民事赔偿纠纷。操纵证券交易市场，是指行为人利用其资金、信息等优势或者滥用职权人为干扰证券市场的供求关系，控制某一证券的价格或者走势，影响证券市场价格，制造证券市场假象，诱导或者致使普通投资者在不了解事实真相的情况下作出证券决定，以获取利益或者减少损失。此类纠纷案件的原告，通常是因行为人操纵行为导致其买入或卖出该证券而遭受损失的投资者；在特殊情况下因行为人操纵行为而受到损失的上市公司也可能作为原告，向行为人主张赔偿。

证券虚假陈述责任纠纷，是指证券市场投资人以及信息披露义务人违反法律规定，进行虚假陈述并致使其遭受损失而引发的民事赔偿纠纷。此类纠纷案件占目前证券欺诈责任纠纷案件的大部分。证券虚假陈述是指证券市场上证券信息披露性义务人违反《证券法》规定的信息披露义务，在提交或公布的信息披露文件中作出违背事实真相的陈述或记载。根据《证券法》第 85 条规定，证券虚假陈述行为包括：

---

① 郭锋主编：《中华人民共和国证券法制度精义与条文评注》，中国法制出版社 2020 版，第 294 页。

信息披露义务人未按照规定披露信息，或者公告的证券发行文件、定期报告、临时报告及其他信息披露资料存在虚假记载、误导性陈述或者重大遗漏。证券虚假陈述责任纠纷案件的被告，应当是证券虚假陈述的责任主体，根据《证券法》第85条规定，发行人的控股股东、实际控制人、董事、监事、高级管理人员和其他直接责任人员以及保荐人、承销的证券公司及其直接责任人员，应当与发行人承担连带赔偿责任，但是能够证明自己没有过错的除外。

欺诈客户责任纠纷，是指因证券经营机构或其工作人员在履行职责义务时实施故意诱骗投资者买卖证券行为所引发的纠纷。证券公司受投资者的委托代理其进行证券买卖，证券公司与客户之间是一种委托或行纪法律关系，证券公司应当对客户勤勉尽责，诚实信用地履行受托义务。证券公司的从业人员，在其履行职责时与证券公司之间是一种职务代理行为，证券公司对客户负的义务也就是其从业人员应当对客户履行的义务。证券公司及其从业人员从事损害客户利益的行为，理应为法律所禁止。[①] 根据《证券法》第57条规定，禁止证券公司及其从业人员从事损害客户利益的行为，包括：（1）违背客户的委托为其买卖证券；（2）不在规定时间内向客户提供交易的确认文件；（3）未经客户的委托，擅自为客户买卖证券，或者假借客户的名义买卖证券；（4）为牟取佣金收入，诱使客户进行不必要的证券买卖；（5）其他违背客户真实意思表示，损害客户利益的行为。

【管辖】

证券欺诈行为在性质上属于侵权行为，因此引发的民事纠纷，根据《民事诉讼法》第28条规定，原则上应由被告住所地，侵权行为发生地或侵权结果地法院确定管辖。但需注意的是，为引导金融交易行为、规范金融市场秩序，最高人民法院出台相关司法解释，规定部

① 郭锋主编：《中华人民共和国证券法制度精义与条文评注》，中国法制出版社2020年版，第313页。

分类型证券欺诈责任纠纷由金融法院实施集中管辖。

一是辖区内应由中级人民法院受理的第一审证券纠纷案件。2021年修正的《最高人民法院关于上海金融法院案件管辖的规定》第1条规定，上海金融法院管辖上海市辖区内应由中级人民法院受理的第一审证券纠纷民商事案件；2021年施行的《最高人民法院关于北京金融法院案件管辖的规定》第1条规定，北京金融法院管辖北京市辖区内应由中级人民法院受理的第一审证券纠纷民商事案件。上述两院管辖的证券纠纷案件包括证券欺诈责任纠纷案件。

二是对涉及特定公司的证券欺诈责任纠纷。2021年修正的《最高人民法院关于上海金融法院案件管辖的规定》第3条规定，在上海证券交易所科创板上市公司的证券欺诈责任纠纷的第一审民商事案件，由上海金融法院集中管辖。《最高人民法院关于北京金融法院案件管辖的规定》第3条规定，在全国中小企业股份转让系统向不特定合格投资者公开发行股票并在精选层挂牌的公司的证券欺诈责任纠纷第一审民商事案件，由北京金融法院集中管辖。因此，对上述涉及特定公司的证券欺诈责任纠纷案件，其他法院即便属于与纠纷有密切联系的地点的法院，如被告住所地、侵权行为发生地或侵权结果地法院也无权管辖。

三是特定公司损害境内投资者合法权益的证券纠纷。2021年修正的《最高人民法院关于上海金融法院案件管辖的规定》第2条规定，上海金融法院有权管辖我国境外上市的境内公司及境外公司损害境内投资者合法权益的证券纠纷。《最高人民法院关于北京金融法院案件管辖的规定》第2条也有类似规定，北京金融法院有权管辖在我国境外上市的境内公司及境外公司损害境内投资者合法权益的证券纠纷。即对我国境外上市的境内公司及境外公司损害境内投资者合法权益的证券纠纷，包括损害境内投资者合法权益的证券欺诈责任纠纷，上海金融法院、北京金融法院实行跨区域集中管辖。

【法律适用】

处理证券欺诈责任纠纷的法律依据主要是《民法典》侵权责任

编，《证券法》第 5 条、第 50 条至第 61 条、第 78 条至第 87 条等，《最高人民法院关于审理证券市场因虚假陈述引发的民事赔偿案件的若干规定》以及《证券登记结算管理办法》的相关规定。

需说明的是，根据《最高人民法院关于审理证券市场因虚假陈述引发的民事赔偿案件的若干规定》第 3 条规定，在国家批准设立的证券市场以外进行的交易、在国家批准设立的证券市场上通过协议转让方式进行的交易，若涉及证券虚假陈述行为引发的民事赔偿纠纷，不应直接适用《最高人民法院关于审理证券市场因虚假陈述引发的民事赔偿案件的若干规定》相关规定。

【确定该案由应当注意的问题】

证券欺诈行为，严重违背了诚信原则，破坏了证券发行、交易“公开、公平、公正”的原则，扰乱了证券活动的效益和秩序，极大损害了投资者，特别是中小投资者的合法权益，具有严重的社会危害性。2020 年的《民事案件案由规定》，沿用 2008 年、2011 年《民事案件案由规定》的内容，仍将证券欺诈纠纷确定为第三级案由，在其项下列出 4 个具有典型性的第四级案由。

315. 证券托管纠纷

【释义】

证券托管，是指作为法定证券登记机构的结算公司及其代理机构，接受投资者委托，向其提供记名证券的交易过户、非交易过户等证券登记变更、股票分红派息，以及证券账户查询挂失等各项服务的行为。投资者不能直接在证券市场上买卖证券，应通过证券公司进行，需与证券公司签订证券交易、托管与结算合同。投资者与证券公司之间因证券托管引发的纠纷，为证券托管纠纷。

【管辖】

根据《民事诉讼法》第23条规定，因合同纠纷提起的诉讼，由被告住所地或者合同履行地人民法院管辖。因投资者与证券公司一般签订有证券托管合同，证券托管纠纷属于合同纠纷的，应当由被告住所地或者合同履行地人民法院管辖。该类纠纷管辖的难点在于如何确定合同履行地。根据《民事诉讼法解释》第18条规定："合同约定履行地点的，以约定的履行地点为合同履行地。合同对履行地点没有约定或者约定不明确，争议标的为给付货币的，接收货币一方所在地为合同履行地；交付不动产的，不动产所在地为合同履行地；其他标的，履行义务一方所在地为合同履行地。即时结清的合同，交易行为地为合同履行地。合同没有实际履行，当事人双方住所地都不在合同约定的履行地的，由被告住所地人民法院管辖。"一是证券托管合同约定履行地点的，以约定的履行地点为合同履行地。二是证券托管合同对履行地点没有约定或者约定不明确，争议标的为给付货币的，如证券公司起诉投资者，要求支付托管费用等的，则接收货币一方证券公司所在地为合同履行地；争议标的为托管义务是否履行等其他标的的，如投资者起诉证券公司，要求支付违约金或赔偿损失等的，则履行托管义务一方证券公司营业部所在地为合同履行地。三是证券托管合同没有实际履行，当事人双方住所地都不在合同约定的履行地的，由被告住所地人民法院管辖。

【法律适用】

处理证券托管纠纷的法律依据主要是《民法典》合同编，《证券投资基金法》相关规定，《证券投资基金法》第3章"基金托管人"规定了基金托管人的资格、具备条件、适用范围、职责等。此外，可以参照2018年第3次修订的《证券登记结算管理办法》第5章“证券的托管与存管”的规定，其中第34条规定，投资者应当委托证券公司托管其持有的证券，证券公司应当将其自有证券和所托管的客户证券交由证券登记结算机构存管，但法律、行政法规和中国证监会另有规定的除外。

【确定该案由应当注意的问题】

确定证券托管纠纷案由，要注意与证券登记、存管、结算纠纷案由相区别。证券存管是指证券登记结算机构接受证券公司委托，集中保管证券公司的客户证券和自有证券，并提供代收红利等权益维护服务的行为。因此，证券托管纠纷与证券存管纠纷在主体方面存在明显区别。证券托管纠纷主要发生在投资者与证券公司之间；证券登记、存管、结算纠纷则只能发生在证券登记结算机构与证券公司之间。

316. 证券登记、存管、结算纠纷

【释义】

证券登记，是指证券登记结算机构受证券发行人的委托，通过设立和维护证券持有人名册，确认证券持有人持有证券事实的行为。

证券存管是指证券登记结算机构接受证券公司委托，集中保管证券公司的客户证券和自有证券，并提供代收红利等权益维护服务的行为。

证券结算是指证券交易完成后，证券登记结算机构对交易双方应收应付的证券和价款进行核定计算，并完成证券由卖方向买方的转移，以及相对应的资金由买方向卖方的转移的全过程。证券结算包括证券结算和资金清算两方面，是证券交易的最后一个环节。

证券发行人、证券持有人、证券公司等与证券登记结算机构之间因证券登记、存管、结算引发的纠纷，即为证券登记、存管、结算纠纷。

证券登记、存管、结算制度的建立，旨在保护投资者的合法权益。《证券法》第 9 章证券登记结算机构，规定了证券登记结算机构具有证券登记、存管和结算职能，涉及证券登记结算机构、发行人、结算参与人、证券公司以及证券投资者多方面的法律关系。在我国，依据《证券法》和《公司法》组建，为证券交易提供集中登记、存管与结算服务的中介服务机构，主要为中国证券登记结算有限责任公司（常被简称为“中国结算”“CSDC”）。

【管辖】

证券登记、存管和结算关系，一般基于当事人之间的合同约定产生，因此引发的纠纷，应适用合同纠纷案件的管辖规定。若当事人按照《民事诉讼法》第 34 条规定约定了管辖协议，按照合法有效的管辖协议确定管辖。否则，则适用《民事诉讼法》关于合同纠纷管辖的一般规定，即《民事诉讼法》第 23 条规定，由被告住所地或者合同履行地人民法院管辖。

需注意的是，我国在上海、北京设立了金融法院，对于以住所地在上海市、北京市并依法设立的金融基础设施机构为被告或者第三人的与其履行职责相关的第一审金融民商事案件，应由相关金融法院集中管辖。

【法律适用】

处理证券登记、存管、结算纠纷的法律依据主要为《民法典》合同编、《证券法》第 9 章、《证券登记结算管理办法》等相关规定。

【确定该案由应当注意的问题】

围绕证券登记、存管、结算产生的纠纷，主要表现为工作人员违规操作、恶意修改系统数据、挪用客户保证金等损害证券投资者利益等行为，鉴于实践中存在此类纠纷，为更好保护投资者合法权益，保障证券市场稳定有序发展，故将其确定为第三级案由。

317. 融资融券交易纠纷

【释义】

融资融券交易又称证券信用交易，是指投资者向具有证券交易会成员资格的证券公司提供担保，以借入资金买入上市证券，或借入上市证券卖出的行为。融资融券交易既包括证券公司对投资者的融资、融券，也包括金融机构对证券公司的融资、融券。

融资融券交易纠纷为证券公司与投资者，或者金融机构与证券公司之间因融资融券交易引发的民事纠纷。

【管辖】

证券投资者与证券公司之间的融资融券交易关系，只能基于事先签订的合同建立，由此引发的纠纷，应适用合同纠纷案件的管辖规则。若当事人按照《民事诉讼法》第 34 条规定约定了管辖协议，按照合法有效的管辖协议确定管辖。否则，则适用《民事诉讼法》关于合同纠纷管辖的一般规定，即《民事诉讼法》第 23 条规定，由被告住所地或者合同履行地人民法院管辖。

【法律适用】

处理融资融券交易纠纷的法律依据主要是《民法典》合同编、《证券公司融资融券业务试点管理办法》《证券公司融资融券业务试点内部控制指引》的相关规定。

【确定该案由应当注意的问题】

融资融券交易有利于发挥价格“稳定器”的作用，能够有效缓解市场的资金压力，有利于增加证券市场的流通性，但是，融资融券和做空机制、股权期货等是配套关联在一起的，同时将会为资金规模和市场风险带来巨大的放大效应。如果在市场不完善的情况下，此类交易不仅不会起到价格“稳定器”的作用，反而会进一步加剧市场波动，使得投资比例过大，一旦股价下跌，投资者损失将会加倍。2006年6月，中国证监会发布《证券公司融资融券业务试点管理办法》和《证券公司融资融券业务试点内部控制指引》，启动了证券公司融资融券业务。鉴于融资融券交易是一种重要的证券业务，考虑到融资融券交易纠纷的典型性，故将融资融券交易纠纷确定为第三级案由。

确定该案由，需要注意与第三级案由借款合同纠纷的区别。在融资融券交易中，存在大量证券公司对投资者、金融机构对证券公司的融资，易导致实践中两类案由的混用、误用。从外观上看，证券融资交易中，当事人之间表现为借款法律关系；但从实质上看，较之借款合同法律关系，融资融券交易法律关系的限定性更强。两类案由的区别主要在于：一是主体范围不同，借款合同纠纷所涉主体广泛，公民、法人、非法人组织都可成为合同主体；融资融券交易纠纷所涉主体，则限于证券公司与投资者、或金融机构与证券公司。二是合同目的不同，借款合同纠纷所涉合同目的只要不违法即可；融资融券交易纠纷借入资金的目的限于买入特定证券，且通常会在合同中明确约定。

318. 客户交易结算资金纠纷

【释义】

客户交易结算资金是指证券投资者在委托证券公司买卖证券时，事先在该处存放的用于买卖证券的资金。一般包括：客户为保证足额交收而存入的资金，出售有价证券所得到的所有款项（减去经纪佣金和其他正当费用），持有证券所获得的股息、现金股利、债券利息，上述资金获得的利息，以及证监会认定的其他资金。

证券投资者与证券公司之间因客户交易结算资金引发的民事纠纷，为客户交易结算资金纠纷。实践中，此类纠纷的起因多为挪用客户交易结算资金，常见有两种情形：一种是证券公司对客户交易结算资金的挪用，是通过对客户资金账户的划拨完成的，导致客户资金账户类的贷方余额减少。另一种形式为证券公司在其自营业务及其他业务中，由于未将其自有资金和客户交易结算资金分户管理，使用资金超出自有资金的额度，构成对客户交易结算资金的挪用。这种挪用并不需要通过对客户资金账户的划拨来完成，客户一般难以发现。为规范和打击上述情形，《证券法》第131条第1款明确，证券公司客户的交易结算资金应当存放在商业银行，以每个客户的名义单独立户管理。第159条规定，证券登记结算机构按照业务规则收取的各类结算资金和证券，必须存放于专门的清算交收账户。禁止任何单位或者个人以任何形式挪用客户的交易，结算资金和证券。

【管辖】

客户交易结算资金纠纷，一般是因证券公司挪用客户交易结算资金引发的合同纠纷或者侵权责任纠纷。若为合同纠纷，应适用合同纠纷案件的管辖规则。如果当事人按照《民事诉讼法》第 34 条规定约定了管辖协议，则按照合法有效的管辖协议确定管辖。否则，则适用《民事诉讼法》关于合同纠纷管辖的一般规定，即《民事诉讼法》第 23 条规定，由被告住所地或者合同履行地人民法院管辖。若为侵权责任纠纷，应适用侵权纠纷案件的管辖规则，根据《民事诉讼法》第 28 条的规定，由侵权行为地或被告住所地法院管辖。

【法律适用】

处理客户交易结算资金纠纷的法律依据主要是《民法典》合同编或者侵权责任编、《证券法》相关规定。

【确定该案由应当注意的问题】

因挪用客户交易结算资金产生的纠纷屡有出现，在审判实践中，一些法院根据 2019 年修订前的《证券法》将挪用行为确定为证券欺诈情形之一的规定，将此类纠纷的案由确定为证券欺诈纠纷，也有一些法院将其确定为证券交易结算资金纠纷。鉴于证券交易结算资金纠纷的典型性，将其单独列为一个独立案由，有利于解决挪用证券交易结算资金以外的与结算资金有关的其他争议，故将其确定为独立的第三级案由。

二十五、期货交易纠纷

期货交易与传统民法上的买卖行为存在着较大的区别，其不仅有自成一体的交易模式，交易本身更是存在着较大的风险，期货市场的稳定更是深涉社会公共利益。鉴于期货交易的重要性和特殊性，我国先后出台了《期货交易管理条例》《最高人民法院关于审理期货纠纷案件若干问题的规定》《最高人民法院关于审理期货纠纷案件若干问题的规定（二）》等一系列行政法规、司法解释、部门规章，基本建立健全了关于期货交易的制度体系。2020 年 12 月 29 日，最高人民法院颁布了修正后的《关于审理期货纠纷案件若干问题的规定》《关于审理期货纠纷案件若干问题的规定（二）》，并于2021 年1 月1 日起正式实施，该司法解释的出台标志着我国期货市场法制建设进入了一个新阶段。鉴于上述情况，将“期货交易纠纷”继续确定为第二级案由，并根据司法解释的具体规定和审判工作具体情况，在其项下列出了 11 个具有代表性的纠纷类型，作为第三级案由。

319. 期货经纪合同纠纷

【释义】

期货经纪合同纠纷是指期货公司与客户之间因期货经纪合同的签订、履行过程中产生的权利义务纠纷。期货经纪合同是期货公司与客户签订的，主要内容为期货公司接受客户委托，以自己的名义为客户进行期货交易，交易结果由客户承担的合同。按照规定，期货公司在接受客户进行期货交易之前，必须签订期货经纪合同，期货经纪合同是期货公司与客户之间确定民事权利义务的依据。国务院《期货交易管理条例》第 18 条规定：“期货公司从事经纪业务，接受客户委托，以自己的名义为客户进行期货交易，交易结果由客户承担。”在法律上明确了期货经纪合同在性质上属于行纪合同，还应当受到《民法典》第 3 编第 25 章即行纪合同的规范。

【管辖】

根据《民事诉讼法》第 23 条、第 34 条，《最高人民法院关于审理期货纠纷案件若干问题的规定》第 4 条、第 5 条、第 6 条、第 7 条以及《最高人民法院关于审理期货纠纷案件若干问题的规定（二）》第1条的规定，期货经纪合同纠纷案件，当事人就管辖问题达成书面协议的，由双方选择的符合《民事诉讼法》规定的人民法院管辖；当事人未达成书面协议或者根据书面管辖协议不能确定管辖法院的，由被告住所地或者合同履行地人民法院管辖；在期货公司的分公司、营业部等分支机构进行期货交易的，该分支机构为合同履行地；在级别管辖方面，期货经济合同纠纷原则上由中级人民法院管辖，高级人民法院根据需要，可以确定部分基层人民法院受理期货纠纷案件；以期货交易所为共同被告或者第三人的因期货交易所履行职责引起的期货经济合同纠纷案件，由期货交易所所在地的中级人民法院管辖。

对于上海和北京而言，期货经济合同纠纷案件的管辖，又有一定的特殊性。根据《最高人民法院关于上海金融法院案件管辖的规定》第1条的规定，由上海金融法院管辖上海市辖区内应由中级人民法院受理的第一审金融民商事案件。根据《最高人民法院关于北京金融法院案件管辖的规定》第1条的规定，由北京金融法院管辖北京市辖区内应由中级人民法院受理的第一审金融民商事案件。两地相关期货经济合同纠纷案件在选择适用管辖法院时，应注意上述规定。

【法律适用】

处理期货经纪合同纠纷的法律依据主要是《民法典》第3编第1分编通则的规定及第25章行纪合同的规定，以及《最高人民法院关于审理期货纠纷案件若干问题的规定》《最高人民法院关于审理期货纠纷案件若干问题的规定（二）》《期货交易管理条例》的相关规定。

【确定该案由应当注意的问题】

期货经纪合同纠纷中较常见的是因客户委托期货公司入市交易过程中涉及的纠纷，主要有以下几种情况：

1. 缔约过失引起的期货经济纠纷。根据《最高人民法院关于审理期货纠纷案件若干问题的规定》第16条的规定，期货公司在与客户订立期货经纪合同时，未提示客户注意《期货交易风险说明书》内容，并由客户签字或者盖章，对于客户在交易中的损失，应当依据《民法典》第500条第3项的规定，承担相应的赔偿责任。但是，根据以往交易结果记载，证明客户已有交易经历的，应当免除期货公司的责任。即此种情形下，期货公司因具有其他违背诚信原则的行为而应当承担缔约过失责任。此外，因缔约时存在过失而导致合同无效也是引起期货经济合同纠纷的原因之一。《最高人民法院关于审理期货纠纷案件若干问题的规定》第13条规定了期货经纪合同无效的三种情形：(1)没有从事期货经纪业务的主体资格而从事期货经纪业务的；(2)不具备从事期货交易主体资格的客户从事期货交易的；(3)违反法律、行政法规的强制性规定的。期货经纪合同作为债权合同的一种，也适用《民法典》中关于民事法律行为和合同效力的规定，若期货经纪合同出现符合上述规定的情形时，应认定期货经纪合同无效。

2. 格式条款及当事人约定引起的期货经纪合同纠纷。期货经纪合同是一种书面的格式化合同。实践中，期货公司与客户签订的合同均是期货公司事先统一拟定印制好的“标准合同”。当事人一般是按照格式化的条款作出约定，但允许双方在不违反法律法规的情况下对格式化条款进行补充和修改。若格式条款违反《民法典》第497条的规定，则按照《民法典》的有关规定处理。当事人还应当明确约定下达交易指令的方式。《最高人民法院关于审理期货纠纷案件若干问题的规定》第18条至第24条规定期货公司因客户交易指令产生的权利义务纠纷及民事责任。主要包括期货经济合同中交易指令方式不明确，期货公司执行非受托人的交易指令，客户下达的交易指令没有品种、数量、买卖方向的，期货公司错误执行客户交易指令、不当延误执行客户交易指令、超出客户指令价位的范围进行期货交易等情况。

3. 期货经纪合同中的全权委托纠纷。所谓全权委托，是指客户下达的交易指令不具体指明委托的内容，而是概括性地要求期货公司根据需要随时进行交易，即投资者授权期货公司及其工作人员代自己决定交易指令内容。由此可见，全权委托风险高，纠纷隐患大，考虑到由此对投资者权益甚至是期货市场的交易环境可能带来的不利影响，因此期货交易中禁止全权委托。《最高人民法院关于审理期货纠纷案件若干问题的规定》第 17 条规定："期货公司接受客户全权委托进行期货交易的，对交易产生的损失，承担主要赔偿责任，赔偿额不超过损失的百分之八十，法律、行政法规另有规定的除外。"

4. 因交易结算结果引起的期货经纪合同纠纷。因交易结算结果引起期货公司与客户产生的纠纷有以下两种情形：一种是因期货公司履行交易结果通知义务产生的纠纷；另一种是因客户对交易结果提出异议产生的纠纷。

320. 期货透支交易纠纷

【释义】

期货透支交易是指客户在没有保证金或者交易保证金不足的情况下，占用期货公司或其他客户的资金，继续持仓或者进行期货合约交易的行为。期货透支交易纠纷主要发生在期货公司与期货交易所之间以及期货公司与客户之间。期货透支交易包括开仓透支交易和持仓透支交易两种。开仓透支交易是指期货交易所会员或者期货公司的客户在保证金水平不足的情况下进行的期货交易；持仓透支交易是指期货交易者或期货公司在其保证金账户中的可用保证金为零或者负值时，不追加保证金或在保证金没有到位的情况下，利用期货公司或者期货交易所的自有或者其管理的资金维持现有"头寸"的行为。在我国，开仓透支交易和持仓透支交易都属于期货透支交易。

【管辖】

根据《民事诉讼法》第23条、第34条，《最高人民法院关于审理期货纠纷案件若干问题的规定》第4条、第5条、第6条、第7条以及《最高人民法院关于审理期货纠纷案件若干问题的规定（二）》第1条的规定，期货透支交易纠纷案件，当事人就管辖问题达成书面协议的，由双方选择的符合民事诉讼法规定的人民法院管辖；当事人未达成书面协议或者根据书面管辖协议不能确定管辖法院的，由被告住所地或者合同履行地人民法院管辖；在期货公司的分公司、营业部等分支机构进行期货交易的，该分支机构为合同履行地；在级别管辖方面，期货透支交易纠纷原则上由中级人民法院管辖，高级人民法院根据需要可以确定部分基层人民法院受理期货纠纷案件；以期货交易所为共同被告或者第三人的因期货交易所履行职责引起的期货透支交易纠纷案件，由期货交易所所在地的中级人民法院管辖。

对于上海和北京而言，期货透支交易纠纷案件的管辖，又有一定的特殊性。根据《最高人民法院关于上海金融法院案件管辖的规定》第1条的规定，由上海金融法院管辖上海市辖区内应由中级人民法院受理的第一审金融民商事案件。根据《最高人民法院关于北京金融法院案件管辖的规定》第1条的规定，由北京金融法院管辖北京市辖区内应由中级人民法院受理的第一审金融民商事案件。两地相关期货透支交易纠纷案件在选择适用管辖法院时，应注意上述规定。

【法律适用】

处理期货透支交易纠纷的法律依据主要是《最高人民法院关于审理期货纠纷案件若干问题的规定》第31条至第35条的规定。

【确定该案由应当注意的问题】

期货透支交易本质上属于一种融资行为，由于我国实行金融业务专营制度，即只有国家批准的金融机构有权从事融资、信贷业务。故一般而言，期货透支交易会因期货公司、期货交易所不具备相应融资、信贷资格而向客户或者期货公司进行融资，违反法律、行政法规的强制性规定而无效。故在期货透支交易纠纷中，相关主体承担民事责任的性质应为缔约过失责任。期货透支交易纠纷案件主要存在以下几种情况：

1. 因期货透支交易的认定问题引起的纠纷。根据《最高人民法院关于审理期货纠纷案件若干问题的规定》第31条的规定，期货交易所在期货公司没有保证金或者保证金不足的情况下，允许期货公司开仓交易或者继续持仓，应当认定为透支交易。期货公司在客户没有保证金或者保证金不足的情况下，允许客户开仓交易或者继续持仓，应当认定为透支交易。审查期货公司或者客户是否透支交易，应当以期货交易所规定的保证金比例为标准。

2. 因未履行通知追加保证金义务引起的纠纷。当期货公司或客户的交易保证金不足时，期货交易所或期货公司有通知期货公司或客户予以追加的义务。未履行通知义务导致透支发生扩大损失的，期货交易所或者期货公司应当承担赔偿责任。

3. 因允许透支交易产生损失引起的纠纷。期货交易所或期货公司履行了通知义务，期货公司或客户未及时追加保证金、期货交易所或期货公司允许期货公司或客户开仓透支交易过程中产生的损失而引发的纠纷。

321. 期货强行平仓纠纷

【释义】

期货强行平仓纠纷是指发生在期货交易所、期货公司与期货交易者之间因强行平仓行为而产生的纠纷。这里的强行平仓，是指在期货交易过程中，期货公司或客户持仓所需的保证金低于期货交易所规定的比例，其又未按期货交易所或期货公司的规定及时足额追加保证金，期货交易所或期货公司有权对期货交易者的期货持仓进行反向交易，将所得资金补足期货交易者所需保证金的法律行为。① 强行平仓是期货市场控制风险的一项基本制度，也是期货交易所或期货公司为保护自身的资金安全所依法享有的一项权利，但该项权利是一种附条件的权利，只有在条件成就时，期货交易所或期货公司才能行使。强行平仓必须符合法律规定的条件包括：（1）期货交易者保证金不足；（2）履行通知义务，将追加保证金的合理时间和数额通知给客户；（3）追加保证金的时间应合理；（4）应适度强行平仓；（5）按法律规定的平仓顺序强行平仓。若违反上述条件强行平仓的，造成被强行平仓者损失的，由强行平仓者承担赔偿责任。在具体实施过程中，由于强行平仓权利方出于规避风险、减少损失的目的，具有行使该项权利的强烈动机。而对被强行平仓者而言，强行平仓的后果往往又是难以接受的，故较容易产生纠纷。

【管辖】

根据《民事诉讼法》第 23 条、第 34 条，《最高人民法院关于审

① 江必新主编：《最高人民法院〈关于审理期货纠纷案件若干问题的规定〉的理解与适用》，人民法院出版社 2003 年版，第 161 页。

理期货纠纷案件若干问题的规定》第4条、第5条、第6条、第7条以及《最高人民法院关于审理期货纠纷案件若干问题的规定（二）》第1条的规定，期货强行平仓纠纷案件，当事人就管辖问题达成书面协议的，由双方选择的符合民事诉讼法规定的人民法院管辖；当事人未达成书面协议或者根据书面管辖协议不能确定管辖法院的，由被告住所地或者合同履行地人民法院管辖；在期货公司的分公司、营业部等分支机构进行期货交易的，该分支机构为合同履行地；在级别管辖方面，期货强行平仓纠纷原则上由中级人民法院管辖，高级人民法院根据需要可以确定部分基层人民法院受理期货纠纷案件；以期货交易所为共同被告或者第三人的因期货交易所履行职责引起的期货强行平仓纠纷案件，由期货交易所所在地的中级人民法院管辖。

对于上海和北京而言，期货强行平仓纠纷案件的管辖，又有一定的特殊性。根据《最高人民法院关于上海金融法院案件管辖的规定》第1条的规定，由上海金融法院管辖上海市辖区内应由中级人民法院受理的第一审金融民商事案件。根据《最高人民法院关于北京金融法院案件管辖的规定》第1条的规定，由北京金融法院管辖北京市辖区内应由中级人民法院受理的第一审金融民商事案件。两地相关期货强行平仓纠纷案件在选择适用管辖法院时，应注意上述规定。

【法律适用】

处理期货强行平仓纠纷的法律依据主要是《最高人民法院关于审理期货纠纷案件若干问题的规定》第36条至第41条的规定、《期货交易所管理办法》第84条、第106条以及《期货交易管理条例》第34条的规定。

【确定该案由应当注意的问题】

违反法律规定的强行平仓行为是产生期货强行平仓纠纷的根源。

实践中，强行平仓纠纷主要具有以下几种类型：

1. 未履行强行平仓通知义务产生纠纷。期货公司与客户应当在期货经纪合同中明确约定通知强行平仓的时间、条件、方式。期货交易所或期货公司在强行平仓前应履行通知义务，未履行通知义务给被平仓者造成损失的要承担赔偿责任。

2. 强行平仓过程中产生的纠纷。期货交易所或期货公司违规或违约强行平仓或超量平仓，或应当强行平仓而未平仓产生损失的，期货交易所或期货公司应承担责任。

3. 因强行平仓费用产生的纠纷。期货交易所依法或依交易规则强行平仓发生的费用，由被平仓的期货公司承担；期货公司承担责任后有权向有过错的客户追偿。期货公司依法或依约定强行平仓所发生的费用，由客户承担。

322. 期货实物交割纠纷

【释义】

期货实物交割纠纷是指实物交割各方（期货交易所、期货公司、客户、交割仓库）违反法律规定的义务而产生的纠纷。依据交割客体的不同，期货交割可以划分为现金交割和实物交割。现金交割主要用于金融期货的交割；实物交割主要用于商品期货的交割。期货实物交割，是指期货合约到期时，根据期货交易所的交易规则和程序，交易双方通过该期货合约所载商品所有权的转移，了结到期未平仓合约的过程。虽然实物交割在期货合约总量中占的比例很小，但正是实物交割机制的存在，使期货价格变动与相关现货价格变动具有同步性，并随着合约到期日的临近而逐步趋近，使得期货市场和现货市场两个市场得以相互联动，期货价格最终与现货价格趋于一致。

【管辖】

根据《民事诉讼法》第23条、第34条，《最高人民法院关于审理期货纠纷案件若干问题的规定》第4条、第5条、第6条、第7条以及《最高人民法院关于审理期货纠纷案件若干问题的规定（二）》第1条的规定，期货实物交割纠纷案件，当事人就管辖问题达成书面协议的，由双方选择的符合民事诉讼法规定的人民法院管辖；当事人未达成书面协议或者根据书面管辖协议不能确定管辖法院的，由被告住所地或者合同履行地人民法院管辖；在期货公司的分公司、营业部等分支机构进行期货交易的，该分支机构为合同履行地；在级别管辖方面，期货实物交割纠纷原则上由中级人民法院管辖，高级人民法院根据需要可以确定部分基层人民法院受理期货纠纷案件；以期货交易所为共同被告或者第三人的因期货交易所履行职责引起的期货实物交割纠纷案件，由期货交易所所在地的中级人民法院管辖。

对于上海和北京而言，期货实物交割纠纷案件的管辖，又有一定的特殊性。根据《最高人民法院关于上海金融法院案件管辖的规定》第1条的规定，由上海金融法院管辖上海市辖区内应由中级人民法院受理的第一审金融民商事案件。根据《最高人民法院关于北京金融法院案件管辖的规定》第1条的规定，由北京金融法院管辖北京市辖区内应由中级人民法院受理的第一审金融民商事案件。两地相关期货实物交割纠纷案件在选择适用管辖法院时，应注意上述规定。

【法律适用】

处理期货实物交割纠纷的法律依据主要是《最高人民法院关于审理期货纠纷案件若干问题的规定》第42条至第47条，《期货交易所管理办法》第89条，《期货交易管理条例》第35条、第64条的规定。

【确定该案由应当注意的问题】

期货实物交割就其性质来说是一种现货交易行为，但在期货交易中发生的实物交割是期货交易的延续，它处于期货市场与现货市场的交接点，是期货市场和现货市场的桥梁和纽带。期货交易中的实物交割是期货市场存在的基础，也是期货市场发挥经济功能的根本前提。因此，解决好期货实物交割过程中发生的纠纷对期货市场的发展具有重要意义。《最高人民法院关于审理期货纠纷案件若干问题的规定》根据实践总结了产生期货实物交割纠纷的几种情形：(1) 期货交易所或者期货公司拒绝实物交割申请纠纷。(2) 交割违约纠纷。在交割日内，当事人因交割违约产生的纠纷，包括在规定期限内，卖方未能如数交付标准仓单或者买方未能如数交付货款两种违约情形。(3) 交割仓库交割不能纠纷。交割仓库不能在期货交易所交易规则规定的期限内，向标准仓单持有人交付符合期货合约要求的货物，造成标准仓单持有人损失的，交割仓库应当承担责任，期货交易所承担连带责任。

323. 期货保证合约纠纷

【释义】

期货保证合约纠纷是指因期货交易所或者期货经纪公司不履行其保证责任而引发的纠纷。期货经纪公司、期货交易所负有保证期货合约履行的责任。在期货交易中，投资人不是直接进场交易，期货经纪公司以自己的名义与交易对方订立期货合约，交易对方之间不直接发生法律关系。这就意味着当期货交易中的一方投资人违约时，期货经纪公司必须承担代为履行期货合约的责任。期货交易所的保证责任是指在期货交易中交易对方违约时，期货交易所代为履行或者承担赔偿责任。通常情况下，一般认为履约保证责任是期货交易所的责任。实际上，期货公司也负有控制交易风险的责任和义务，这种责任由期货公司在期货交易所预先存放的履约保证金承担，一旦投资人发生违约行为，这笔保证金要支付给守约一方。同时，根据交易规则，期货公司没有履行时，先由期货交易所代为履行。

【管辖】

根据《民事诉讼法》第23条、第34条，《最高人民法院关于审理期货纠纷案件若干问题的规定》第4条、第5条、第6条、第7条以及《最高人民法院关于审理期货纠纷案件若干问题的规定（二）》第1条的规定，期货保证合约纠纷案件，当事人就管辖问题达成书面协议的，由双方选择的符合民事诉讼法规定的人民法院管辖；当事人未达成书面协议或者根据书面管辖协议不能确定管辖法院的，由被告住所地或者合同履行地人民法院管辖；在期货公司的分公司、营业部等分支机构进行期货交易的，该分支机构为合同履行地；在级别管辖方面，期货保证合约纠纷原则上由中级人民法院管辖，高级人民法院根据需要可以确定部分基层人民法院受理期货纠纷案件；以期货交易所为共同被告或者第三人的因期货交易所履行职责引起的期货保证合约纠纷案件，由期货交易所所在地的中级人民法院管辖。

对于上海和北京而言，期货保证合约纠纷案件的管辖，又有一定的特殊性。根据《最高人民法院关于上海金融法院案件管辖的规定》第1条的规定，由上海金融法院管辖上海市辖区内应由中级人民法院受理的第一审金融民商事案件。根据《最高人民法院关于北京金融法院案件管辖的规定》第1条的规定，由北京金融法院管辖北京市辖区内应由中级人民法院受理的第一审金融民商事案件。两地相关期货保证合约纠纷案件在选择适用管辖法院时，应注意上述规定。

【法律适用】

处理期货保证合约纠纷的法律依据主要是《最高人民法院关于审理期货纠纷案件若干问题的规定》第48条至第51条，《期货交易管理条例》第10条、第36条的规定。

【确定该案由应当注意的问题】

期货交易所为期货合约的履行提供担保。之所以期货交易具有标准化的特点，即期货市场的参与者被认为在信用、交货的能力等方面是没有区别的，是因为期货交易所为期货合约的履行提供了担保。这也是期货合约得以实现自由转让的基础之一。期货交易所的担保具有以下性质：(1) 该担保的性质是保证，即人保。期货交易所以自身的信用来保证期货合约的履行。(2) 由于只是保证，所以在期货交易所破产的时候，交易者对期货交易所的财产并没有任何优先权，只能作为一般债权人获得清偿。(3) 该保证责任是替代责任，即债权人无需向交易对方提出清偿要求，直接向交易所要求履行债务即可。交易所直接向债权人履行的同时，取得债权人对债务人的债权。(4) 如果期货交易所和期货交易结算机构是分开设立的，则上述期货交易所的保证只能全部由期货结算机构承担。

除期货交易所应当提供担保外，期货经纪机构也负有保证合约履行的义务。期货经纪机构对于客户有转移交易利益的义务。此外，在交易对方违约的情况下，经纪机构有义务对客户直接履行。也就是说，如果交易对方未能将客户的赢利交给经纪机构，经纪机构也应当向客户支付交易赢利。由于交易所为履约提供保证，所以在经纪机构是交易所会员时直接履行的情况很少见。但是，当经纪机构是介绍经纪的时候，则有可能。一方面，介绍经纪机构与客户的委托合同规定了一定的支付交易赢利的时间；另一方面，介绍经纪机构未能及时得到转移的盈利，甚至是经纪机构根本违约没有转移盈利，则介绍经纪机构仍然有义务自己承担该风险，将客户应得的盈利交付客户。

324. 期货交易代理合同纠纷

【释义】

期货交易代理合同是指特定客户与期货经纪公司经协商一致签订的、客户委托期货经纪公司按照客户指令代其进行商品期货交易的协议。期货交易代理合同是期货经纪合同的核心内容，主要规定客户的资格、客户的授权、交易指令、客户代理人、保证金、交易、结算和账户清算、资金调拨、佣金及有关费用、合同的生效、变更和终止、术语解释和签署栏等内容。上述协议在履行过程中所发生的纠纷即适用期货交易代理合同纠纷案由。

【管辖】

根据《民事诉讼法》第23条、第34条，《最高人民法院关于审理期货纠纷案件若干问题的规定》第4条、第5条、第6条、第7条以及《最高人民法院关于审理期货纠纷案件若干问题的规定（二）》第1条的规定，期货交易代理合同纠纷案件，当事人就管辖问题达成书面协议的，由双方选择的符合民事诉讼法规定的人民法院管辖；当事人未达成书面协议或者根据书面管辖协议不能确定管辖法院的，由被告住所地或者合同履行地人民法院管辖；在期货公司的分公司、营业部等分支机构进行期货交易的，该分支机构为合同履行地；在级别管辖方面，期货交易代理合同纠纷原则上由中级人民法院管辖，高级人民法院根据需要可以确定部分基层人民法院受理期货纠纷案件；以期货交易所为共同被告或者第三人的因期货交易所履行职责引起的期货交易代理合同纠纷案件，由期货交易所所在地的中级人民法院管辖。

对于上海和北京而言，期货交易代理合同纠纷案件的管辖，又有一定的特殊性。根据《最高人民法院关于上海金融法院案件管辖的规定》第1条的规定，由上海金融法院管辖上海市辖区内应由中级人民法院受理的第一审金融民商事案件。根据《最高人民法院关于北京金融法院案件管辖的规定》第1条的规定，由北京金融法院管辖北京市辖区内应由中级人民法院受理的第一审金融民商事案件。两地相关期货交易代理合同纠纷案件在选择适用管辖法院时，应注意上述规定。

【法律适用】

处理期货交易代理合同纠纷的法律依据主要是《最高人民法院关于审理期货纠纷案件若干问题的规定》第16至30条，《期货交易管理条例》第10条、第36条的规定，《民法典》第3编第1分编通则的规定及第25章行纪合同的规定。

【确定该案由应当注意的问题】

期货交易代理合同名为代理，实际上当事人之间的法律关系则应当被认定为行纪合同关系。期货经纪机构与客户之间关系的基本内容是由二者签订合同所规定的委托关系。这个合同的内容是由期货交易本身的特点所决定的。依照该合同，客户委托经纪机构将客户买卖期货合约的指令传达到期货交易所；而经纪机构则按照客户的指令以自己的名义入市执行指令。由于经纪机构是以自己的名义行事，所以对于交易所而言，是由经纪机构而不是客户承担交易后果。在客户违约的时候，经纪机构也必须首先向交易所承担责任。客户则根据期货交易代理合同的约定，向经纪机构承担交易的后果。至于将其称之为“代理”则是商事习惯的产物，这种称谓最早源于英美法的商事惯例。将这种关系称为“代理”并不影响对于双方权利义务的认定。

325. 侵占期货交易保证金纠纷

【释义】

侵占期货交易保证金是指期货公司未经客户允许，非法占用客户的保证金进行期货交易造成客户损失的行为。期货交易保证金又称履约保证金，是指参与期货交易的人为了保证其履行合约而交的资金。期货保证金是一种在期货交易过程中起担保作用的押金或定金，它具有担保期货合约买卖、保障履行实物交割的作用。保证金账户属于信托账户，保证金属于客户的财产，并未转移至期货公司所有。

侵占客户保证金，主要有三种表现形式：一是期货公司假借客户的名义用客户的保证金来自己买卖期货；二是期货公司直接从客户的保证金账户中挪用资金给其他客户进行期货交易；三是挪作他用。无论哪种形式的挪用，都构成侵占期货交易保证金的侵权，是一种非法占用客户资金的侵权行为，侵犯的是客户对保证金的支配权，其在民法上的法律后果是退回被侵占的保证金并赔偿损失。根据期货公司与客户之间就保证金形成的信托关系，作为受托人的期货公司应就客户保证金尽到善良管理人的管理和注意义务。非依客户指令，期货公司不得从客户账户中提取和动用保证金。期货公司擅自挪用保证金的行为既属于违约行为，又属于侵权行为。在处理侵占期货交易保证金纠纷时，应充分尊重当事人的意思自治，期货合约有约定的从其约定，合约没有约定或约定不明的，当事人既可以提起违约之诉，也可以提起侵权之诉。

【管辖】

根据《民事诉讼法》第 23 条、第 28 条、第 34 条，《最高人民法院关于审理期货纠纷案件若干问题的规定》第4条、第5条、第6条、第7条以及《最高人民法院关于审理期货纠纷案件若干问题的规定(二)》第1条的规定，侵占期货交易保证金纠纷案件，原告如提起侵权之诉，则由侵权行为地或者被告住所地的人民法院管辖；原告如提起违约之诉，则当事人就管辖问题达成书面协议的，由双方选择的符合民事诉讼法规定的人民法院管辖；当事人未达成书面协议或者根据书面管辖协议不能确定管辖法院的，由被告住所地或者合同履行地人民法院管辖；在期货公司的分公司、营业部等分支机构进行期货交易的，该分支机构为合同履行地；在级别管辖方面，侵占期货交易保证金纠纷原则上由中级人民法院管辖，高级人民法院根据需要可以确定部分基层人民法院受理期货纠纷案件；以期货交易所为共同被告或者第三人的因期货交易所履行职责引起的侵占期货交易保证金纠纷案件，由期货交易所所在地的中级人民法院管辖。

对于上海和北京而言，侵占期货交易保证金纠纷案件的管辖，又有一定的特殊性。根据《最高人民法院关于上海金融法院案件管辖的规定》第1条的规定，由上海金融法院管辖上海市辖区内应由中级人民法院受理的第一审金融民商事案件。根据《最高人民法院关于北京金融法院案件管辖的规定》第1条的规定，由北京金融法院管辖北京市辖区内应由中级人民法院受理的第一审金融民商事案件。两地相关侵占期货交易保证金纠纷案件在选择适用管辖法院时，应注意上述规定。

【法律适用】

处理侵占期货交易保证金纠纷的法律依据主要是《最高人民法院关于审理期货纠纷案件若干问题的规定》第55条、《期货公司监督管理办法》第4条的规定。

【确定该案由应当注意的问题】

从国际期货立法及期货业惯例来看，在财务制度上，期货公司被要求将客户的资金与其自有的资金相分离，不得存于同一账户之中。资金分离起到两方面作用：一是避免客户的资金被期货公司挪用；二是避免期货公司有财务危机时，客户的资金作为期货公司的财产而被其债权人索取。期货保证金一方面是投资者入市交易的财产基础，没有保证金，投资者无法及时进行期货投资；另一方面，期货保证金又是期货交易的安全保障，一旦投资者的保证金被侵占，整个期货市场将无法健康运行。因此，世界各国和地区立法大都非常重视确保期货保证金的安全，防止侵占保证金的行为发生。在期货立法中，将侵占期货保证金作为一种犯罪行为予以重罚。我国法律规定了期货公司侵占期货交易保证金的行政责任和民事责任。随着我国期货市场的逐步发展，侵占期货交易保证金行为时有发生，为了能够更好地维护期货市场秩序正常运行，保护期货交易者的合法权益，故设立“侵占期货交易保证金纠纷”为第三级案由。

326. 期货欺诈责任纠纷

【释义】

期货欺诈是指期货公司在期货交易活动中，为了获取非法利益，违反公开、公平、公正和诚信原则，故意隐瞒实情或制造虚假事实，使客户产生错误认识并实施一定行为的商业欺诈行为。

【管辖】

根据《民事诉讼法》第23条、第34条，《最高人民法院关于审理期货纠纷案件若干问题的规定》第4条、第5条、第6条、第7条以及《最高人民法院关于审理期货纠纷案件若干问题的规定（二）》第1条的规定，期货欺诈责任纠纷案件，当事人就管辖问题达成书面协议的，由双方选择的符合民事诉讼法规定的人民法院管辖；当事人未达成书面协议或者根据书面管辖协议不能确定管辖法院的，由被告住所地或者合同履行地人民法院管辖；在期货公司的分公司、营业部等分支机构进行期货交易的，该分支机构为合同履行地；在级别管辖方面，期货欺诈责任纠纷原则上由中级人民法院管辖，高级人民法院根据需要可以确定部分基层人民法院受理期货纠纷案件；以期货交易所为共同被告或者第三人的因期货交易所履行职责引起的期货欺诈责任纠纷案件，由期货交易所所在地的中级人民法院管辖。

对于上海和北京而言，期货欺诈责任纠纷案件的管辖，又有一定的特殊性。根据《最高人民法院关于上海金融法院案件管辖的规定》第1条的规定，由上海金融法院管辖上海市辖区内应由中级人民法院受理的第一审金融民商事案件。根据《最高人民法院关于北京金融法院案件管辖的规定》第1条的规定，由北京金融法院管辖北京市辖区内应由中级人民法院受理的第一审金融民商事案件。两地相关期货欺诈责任纠纷案件在选择适用管辖法院时，应注意上述规定。

【法律适用】

处理期货欺诈责任纠纷的法律依据主要是《期货交易管理条例》第3条、第67条的规定，《民法典》第148条、第149条、第157条的规定。

【确定该案由应当注意的问题】

期货欺诈严重损害投资者利益，扭曲期货市场功能，扰乱金融市场秩序，影响投资者对期货市场的信心，如不加以严格打击，将严重阻碍市场经济的健康发展。因此，我国法律、法规严格禁止期货欺诈行为，根据期货欺诈违法程度设定了行政责任和刑事责任。而在民事责任方面，因当前尚无特别法对此作出专门规定，故应当根据《民法典》第148条的关于当事人或者第三人以欺诈手段实施的民事法律行为效力的规定，将期货欺诈行为认定为可撤销的民事法律行为。受到欺诈的投资者享有撤销权，若其反而因欺诈行为获利，则可选择不行使撤销权而保留利益，若欺诈造成了投资者损失，投资者可要求人民法院撤销其受到欺诈而为的民事法律行为，并根据《民法典》第157条的规定要求期货公司返还欺诈所得并赔偿损失。

327. 操纵期货交易市场责任纠纷

【释义】

操纵期货交易市场是指交易所会员或客户为了获取不正当利益，故意违反国家有关期货交易规定，违背期货公开、公平、公正的原则，利用其资金、信息等优势或滥用职权，制造实际的或表面的频繁交易影响期货市场价格，以引诱他人买卖期货，严重扭曲期货市场价格、扰乱市场秩序的行为。由此产生的纠纷，即操纵期货交易市场责任纠纷。对操纵交易市场行为的认定，证监会专门就此出台了《关于对操纵期货行为认定和处罚的规定》，列举了12种操纵期货市场行为，但由于《证券法》的颁布，这一规定已被废止。国务院公布的《期货交易管理条例》第70条对操纵期货交易市场的行为进行了列举：（1）单独或者合谋，集中资金优势、持仓优势或者利用信息优势联合或者连续买卖合约，操纵期货交易价格的；（2）蓄意串通，按事先约定的时间、价格和方式相互进行期货交易，影响期货交易价格或者期货交易量的；（3）以自己为交易对象，自买自卖，影响期货交易价格或者期货交易量的；（4）为影响期货市场行情囤积现货的；（5）国务院期货监督管理机构规定的其他操纵期货交易价格的行为。《刑法修正案(六)》也列举了四种期货市场操纵行为的具体情形：包括：(1) 单独或者合谋，集中资金优势、持股或者持仓优势或者利用信息优势联合或者连续买卖，操纵证券、期货交易价格或者证券、期货交易量的；(2) 与他人串通，以事先约定的时间、价格和方式相互进行证券、期货交易，影响证券、期货交易价格或者证券、期货交易量的；(3) 在自己实际控制的账户之间进行证券交易，或者以自己为交易对象，自买自卖期货合约，影响证券、期货交易价格或者证券、期货交易量的；(4) 以其他方法操纵证券、期货市场的。操纵期货交易市场行为主要包括三个方面的要素：(1) 操纵期货市场行为的直接目的是通过制造实际的或表面的频繁交易，影响期货价格，引诱他人买卖期货；(2) 操纵行为的手段是通过散布虚假消息，抬高或压低期货价格等各种行为来影响期货价格；(3) 操纵期货市场的后果是损害了大多数投资者的合法权益，扰乱了期货市场正常的交易秩序和管理秩序。

【管辖】

根据《民事诉讼法》第23条、第28条、第34条、第35条，《最高人民法院关于审理期货纠纷案件若干问题的规定》第4条、第5条、第6条、第7条以及《最高人民法院关于审理期货纠纷案件若干问题的规定（二)》第1条的规定，操纵期货交易市场责任纠纷案件，原告如提起侵权之诉，则由侵权行为地或者被告住所地的人民法院管辖；原告如提起违约之诉，则当事人就管辖问题达成书面协议的，由双方选择的符合民事诉讼法规定的人民法院管辖；当事人未达成书面协议或者根据书面管辖协议不能确定管辖法院的，由被告住所地或者合同履行地人民法院管辖；在期货公司的分公司、营业部等分支机构进行期货交易的，该分支机构为合同履行地；在级别管辖方面，操纵期货交易市场责任纠纷原则上由中级人民法院管辖，高级人民法院根据需要可以确定部分基层人民法院受理期货纠纷案件；以期货交易所为共同被告或者第三人的因期货交易所履行职责引起的操纵期货交易市场责任纠纷案件，由期货交易所所在地的中级人民法院管辖。

对于上海和北京而言，操纵期货交易市场责任纠纷案件的管辖，又有一定的特殊性。根据《最高人民法院关于上海金融法院案件管辖的规定》第 1 条的规定，由上海金融法院管辖上海市辖区内应由中级人民法院受理的第一审金融民商事案件。根据《最高人民法院关于北京金融法院案件管辖的规定》第 1 条的规定，由北京金融法院管辖北京市辖区内应由中级人民法院受理的第一审金融民商事案件。两地相关操纵期货交易市场责任纠纷案件在选择适用管辖法院时，应注意上述规定。

【法律适用】

处理操纵期货交易市场责任纠纷的法律依据主要是《期货交易管理条例》第 39 条、第 70 条，《刑法修正案（六）》“十一”的规定。

【确定该案由应当注意的问题】

操纵期货交易市场行为严重地破坏了市场公开、公平和公正运行，侵害了一般投资者的利益，影响了投资者对期货市场的信心，阻碍了市场稳定有序发展，因此，它一直是期货市场监管机构严厉打击的违法行为之一。各国和地区期货立法大多注重运用刑罚手段惩治操纵期货市场的行为，将其作为期货犯罪中的重罪加以制裁或对操纵期货市场行为人给予较严厉的行政处罚。《期货交易管理条例》规定了操纵期货市场行为的行政责任；在刑事责任方面，《刑法修正案（六）》规定了操纵期货市场罪；在民事责任方面，操纵期货交易市场的行为违背了民法上的公平和诚信原则，在具有合同关系的当事人之间可能构成违约，更多情况下则属于对广大不特定投资者的侵权行为。由于操纵期货交易市场纠纷涉及主体广、金额数目多、行业和社会影响大，且多数案件的被告人还将被追究行政责任和刑事责任。因此，在确定责任和赔偿范围时，应当注意与期货监管部门和公安机关的联动，并运用多元化手段化解纠纷、保障受害人利益。

328. 期货内幕交易责任纠纷

【释义】

内幕信息，是指可能对期货交易价格产生重大影响的尚未公开的信息，包括：国务院期货监督管理机构以及其他相关部门制定的对期货交易价格可能发生重大影响的政策，期货交易所作出的可能对期货交易价格发生重大影响的决定，期货交易所会员、客户的资金和交易动向以及国务院期货监督管理机构认定的对期货交易价格有显著影响的其他重要信息。期货内幕交易是指期货交易内幕信息的知情人或者非法获取期货交易内幕信息的人，在内幕消息尚未公开前，利用内幕信息从事期货交易或者向他人泄露内幕信息，使他人利用内幕信息进行期货交易的违法行为。由此引发的纠纷，即期货内幕交易责任纠纷。

【管辖】

根据《民事诉讼法》第23条、第28条、第34条、第35条，《最高人民法院关于审理期货纠纷案件若干问题的规定》第4条、第5条、第6条、第7条以及《最高人民法院关于审理期货纠纷案件若干问题的规定（二）》第1条的规定，期货内幕交易责任纠纷案件，原告如提起侵权之诉，则由侵权行为地或者被告住所地的人民法院管辖；原告如提起违约之诉，则当事人就管辖问题达成书面协议的，由双方选择的符合民事诉讼法规定的人民法院管辖；当事人未达成书面协议或者根据书面管辖协议不能确定管辖法院的，由被告住所地或者合同履行地人民法院管辖；在期货公司的分公司、营业部等分支机构进行期货交易的，该分支机构为合同履行地；在级别管辖方面，期货内幕交易责任纠纷原则上由中级人民法院管辖，高级人民法院根据需要可以确定部分基层人民法院受理期货纠纷案件；以期货交易所为共同被告或者第三人的因期货交易所履行职责引起的期货内幕交易责任纠纷案件，由期货交易所所在地的中级人民法院管辖。

对于上海和北京而言，期货内幕交易责任纠纷案件的管辖，又有一定的特殊性。根据《最高人民法院关于上海金融法院案件管辖的规定》第1条的规定，由上海金融法院管辖上海市辖区内应由中级人民法院受理的第一审金融民商事案件。根据《最高人民法院关于北京金融法院案件管辖的规定》第1条的规定，由北京金融法院管辖北京市辖区内应由中级人民法院受理的第一审金融民商事案件。两地相关期货内幕交易责任纠纷案件在选择适用管辖法院时，应注意上述规定。

【法律适用】

处理期货内幕交易责任纠纷的法律依据主要是《期货交易管理条例》第47条、第69条的规定。

【确定该案由应当注意的问题】

内幕信息的知情人员，是指由于其管理地位、监督地位或者职业地位或者作为雇员、专业顾问履行职务，能够接触或者获得内幕信息的人员，包括：期货交易所的管理人员以及其他由于任职可获取内幕信息的从业人员，国务院期货监督管理机构和其他有关部门的工作人员以及国务院期货监督管理机构规定的其他人员。期货内幕交易破坏了期货交易公开、公平、公正的原则，损害了期货市场信息公布的公平性，侵犯了广大投资者的合法权益，扰乱了期货交易市场运行秩序，具有严重的社会危害性，行为严重的，还将被追究刑事责任。

329. 期货虚假信息责任纠纷

【释义】

期货虚假信息责任纠纷是指期货交易所和期货公司及其工作人员或其他有关机构有权发布信息的人员，在特定场所制造、散布虚假的市场信息，使期货交易者对期货市场行情产生错误的认识而进行的期货交易并发生交易亏损，期货交易者要求虚假信息散布者承担相应民事责任的纠纷。

【管辖】

根据《民事诉讼法》第23条、第34条，《最高人民法院关于审理期货纠纷案件若干问题的规定》第4条、第5条、第6条、第7条以及《最高人民法院关于审理期货纠纷案件若干问题的规定（二）》第1条的规定，期货虚假信息责任纠纷案件，当事人就管辖问题达成书面协议的，由双方选择的符合民事诉讼法规定的人民法院管辖；当事人未达成书面协议或者根据书面管辖协议不能确定管辖法院的，由被告住所地或者合同履行地人民法院管辖；在期货公司的分公司、营业部等分支机构进行期货交易的，该分支机构为合同履行地；在级别管辖方面，期货虚假信息责任纠纷原则上由中级人民法院管辖，高级人民法院根据需要可以确定部分基层人民法院受理期货纠纷案件；以期货交易所为共同被告或者第三人的因期货交易所履行职责引起的期货虚假信息责任纠纷案件，由期货交易所所在地的中级人民法院管辖。

对于上海和北京而言，期货虚假信息责任纠纷案件的管辖，又有一定的特殊性。根据《最高人民法院关于上海金融法院案件管辖的规定》第1条的规定，由上海金融法院管辖上海市辖区内应由中级人民法院受理的第一审金融民商事案件。根据《最高人民法院关于北京金融法院案件管辖的规定》第 1 条的规定，由北京金融法院管辖北京市辖区内应由中级人民法院受理的第一审金融民商事案件。两地相关期货虚假信息责任纠纷案件在选择适用管辖法院时，应注意上述规定。

【法律适用】

处理期货虚假信息责任纠纷的法律依据主要是《期货交易管理条例》第 67 条、《最高人民法院关于审理期货纠纷案件若干问题的规定》第 52 条的规定。

【确定该案由应当注意的问题】

信息披露制度是期货市场的基石，期货交易所、期货公司必须确保向投资者提供真实、准确、完整的信息，在所披露的信息中没有虚假陈述、重大遗漏或者严重误导，从而使投资者获得准确的信息并依此作出投资判断和决策。因此，期货市场披露的信息的真实性对期货交易者来说至关重要，对期货交易者进行期货交易产生决定性影响。构成期货虚假信息责任的要件包括：(1) 制造虚假信息的主体是特定的。虚假信息的实施者是期货交易所、期货公司及公司有关人员，具体包括期货交易所的负责人、信息发布人员，期货公司的负责人、信息发布人员。(2) 期货交易者因虚假信息产生误导并因此形成错误认识，实施期货交易行为。(3) 制造虚假信息与期货交易损失之间有因果关系。期货交易者的交易损失必须是对虚假信息产生信任，接受虚假信息后的行为所致。期货市场的不诚信行为不仅对期货交易者造成重大损失，同时也破坏期货市场的正常运行。为监管期货市场的虚假信息等失信行为，保护期货交易者的民事合法权益，《最高人民法院关于审理期货纠纷案件若干问题的规定》规定了期货交易所、期货公司故意提供虚假信息的民事责任。

二十六、信托纠纷

依据《信托法》第2条的规定，信托是指委托人基于对受托人的信任，将其财产权委托给受托人，由受托人按委托人的意愿以自己的名义，为受益人的利益或者特定目的，进行管理或者处分的行为。在信托关系中，委托人为将财产权转移给他人管理或者处分者；受托人为接受该财产并且为某人利益或特定目的而对财产进行管理或者处分者；受益人为享受该财产利益者。但是需要指出的是：在信托关系中，受托人与受益人之间的权利义务关系是最主要的信托关系。

信托，作为一种法律制度，来源于普通法。作为最主要的普通法国家，信托起源于英国的用益制度，用益是指一个人掌握的财产为了另一个人的利益，让这个人对其占有并进行使用。但是用益制度仅为君子协定，是道德关系，而非法律关系，因此往往产生道德风险。为了减少这种道德风险，英国衡平法院的大法官们充分发挥他们的智慧，最终形成了信托制度。

我国于2001年4月制定了《信托法》，正式将信托制度引入中国。对合理管理经营财产、促进社会投资、增进公益事业发展、促进经济繁荣具有十分重要的意义。信托制度在我国不断地发展，已经取得广泛的应用。最新的事例就是《民法典》第1133条中明确规定“自然人可以依法设立遗嘱信托。”信托制度的广泛应用，也导致了其纠纷的产生。

信托纠纷，是委托人、受托人与受益人之间因信托关系的订立、履行、变更、终止等发生的争议。

涉及信托纠纷的管辖，信托纠纷主要是因信托合同而产生的争议，按照《民事诉讼法》第23条的规定，由被告住所地或者合同履行地人民法院管辖。同时《民事诉讼法解释》第18条规定：“合同约定履行地点的，以约定的履行地点为合同履行地。合同对履行地点没有约定或者约定不明确，争议标的为给付货币的，接收货币一方所在地为合同履行地；交付不动产的，不动产所在地为合同履行地；其他标的，履行义务一方所在地为合同履行地。即时结清的合同，交易行为地为合同履行地。合同没有实际履行，当事人双方住所地都不在合同约定的履行地的，由被告住所地人民法院管辖。”但是如果是以遗嘱方式建立的信托（民事信托、公益信托），则根据《民事诉讼法》第 33 条的规定，由被继承人死亡时住所地或者主要遗产所在地人民法院管辖。

同时，我们还需要注意：信托纠纷作为一种金融纠纷，在上海、北京，对于管辖法院有特殊的规定。按照《最高人民法院关于上海金融法院案件管辖的规定》第 1 条和《最高人民法院关于北京金融法院案件管辖范围的规定》第 1 条的规定，涉及上海和北京的信托纠纷的案件，由上海金融法院、北京金融法院管辖上海市、北京市辖区内应由中级人民法院受理的第一审金融民商事案件。在适用“信托纠纷”案由确定相关管辖法院时，应当注意上海、北京的特殊规定。

330. 民事信托纠纷

【释义】

一般而言，民事信托是以个人财产为抚养、赡养、处理遗产等目的而设立的信托。相对于营业信托，在民事信托中，受托人都是自然人，其受托管理信托财产不以营利为目的，属于自然人个人的生活信托。

对于民事信托与营业信托的区分，学说上有不同认识，目前主要有目的说、行为说和受托人身份说三种学说。其中行为说已经成为主流学说，该学说认为，民事信托和商事信托的区别在于受托人接受信托之行为是否具有营业性或者说是否以营业为目的。依此学说，商事信托是受托人以营业为目的而接受的信托，相反，民事信托的受托人接受信托并非以营业为目的。①

民事信托纠纷，是委托人、受托人与受益人之间因民事信托关系的订立、履行、变更、终止等发生的争议。

【管辖】

对于民事信托纠纷的管辖，应当根据信托产生的方式作出判断。根据《信托法》第8条的规定，设立信托，应当采取书面形式。而书面形式包括信托合同、遗嘱或者法律、行政法规规定的其他书面文件等。因此涉及民事信托纠纷的管辖，应当依据产生民事信托的法律文件作出判断。如果民事信托是通过签订信托合同的方式设立，则民事信托纠纷属于合同纠纷，按照《民事诉讼法》第23条的规定，由被告住所地或者合同履行地人民法院管辖。同时《民事诉讼法解释》第18条规定："合同约定履行地点的，以约定的履行地点为合同履行地。合同对履行地点没有约定或者约定不明确，争议标的为给付货币的，接收货币一方所在地为合同履行地；交付不动产的，不动产所在地为合同履行地；其他标的，履行义务一方所在地为合同履行地。即时结清的合同，交易行为地为合同履行地。合同没有实际履行，当事人双方住所地都不在合同约定的履行地的，由被告住所地人民法院管辖。"

如果通过遗嘱设立民事信托，则根据《民事诉讼法》第33条的规定，由被继承人死亡时住所地或者主要遗产所在地人民法院管辖。

【法律适用】

处理民事信托纠纷，应当主要依据信托法的相关规定。同时，还应注意《民法典》的相关规定，特别是《民法典》总则编、合同编、继承编的相关规定。

---

① 最高人民法院民事审判第二庭编著：《〈全国法院民商事审判工作会议纪要〉理解与适用》，人民法院出版社2019年版，第464页。

331. 营业信托纠纷

【释义】

所谓营业信托，也称商事信托或信托营业，与民事信托不同的是，营业信托以营利为目的，以信托方式从事的商事行为。在我国，营业信托属于一种金融活动，受到国家的严格监管，故《信托法》第 4 条明确规定："受托人采取信托机构形式从事信托活动，其组织和管理由国务院制定具体办法。"我国《证券投资基金法》中规定的证券投资基金也是一种典型的营业信托。

一般认为：营业信托具有下列特点：（1）营利性，即同民事信托相比，营业信托通过受托人的管理活动获得相应的利益；（2）营业性，营业信托往往是以信托公司的方式进行经营，通过公司经营的方式管理信托财产；（3）商品性，即信托公司会将商业信托受益权凭证化或证券化，通过经营相关产品获得收益。

营业信托往往包括下列业务：（1）资金信托；（2）动产信托；（3）不动产信托；（4）有价证券信托；（5）其他财产或财产权信托；（6）作为投资基金或者基金管理公司的发起人从事投资基金业务；（7）经营企业资产的重组、并购及项目融资、公司理财、财务顾问等业务；（8）受托经营国务院有关部门批准的证券承销业务；（9）办理中介、咨询、资信调查等业务；（10）代保管及保管箱业务。

营业信托纠纷，是基于营业信托相关的法律关系所产生的争议。

【管辖】

对于营业信托纠纷的管辖，属于合同纠纷，按照《民事诉讼法》第 23 条的规定，由被告住所地或者合同履行地人民法院管辖。同时

《民事诉讼法解释》第 18 条规定：“合同约定履行地点的，以约定的履行地点为合同履行地。合同对履行地点没有约定或者约定不明确，争议标的为给付货币的，接收货币一方所在地为合同履行地；交付不动产的，不动产所在地为合同履行地；其他标的，履行义务一方所在地为合同履行地。即时结清的合同，交易行为地为合同履行地。合同没有实际履行，当事人双方住所地都不在合同约定的履行地的，由被告住所地人民法院管辖。”

【法律适用】

处理营业信托纠纷的法律依据，应当主要是《信托法》，但同时我们需要注意，营业信托不仅受《信托法》调整，而且也受《信托法》的特别法——《信托业法》调整，在我国，没有《信托业法》，但是根据营业信托纠纷的具体情形，还需要关注《证券投资基金法》《保险法》《证券法》《信托公司管理办法》《信托登记管理办法》《信托公司治理指引》《信托公司集合资金信托计划管理办法》《信托公司证券投资信托业务操作指引》《信托公司私人股权投资信托业务操作指引》等法律和行政法规、部门规章。

同时《最高人民法院关于印发〈全国法院民商事审判工作会议纪要〉的通知》《最高人民法院关于民事执行中财产调查若干问题的规定》《最高人民法院关于对与证券交易所监管职能相关的诉讼案件管辖与受理问题的规定》《最高人民法院、最高人民检察院、公安部、中国证监会关于查询、冻结、扣划证券和证券交易结算资金有关问题的通知》也属于处理营业信托的主要依据。

332. 公益信托纠纷

【释义】

所谓公益信托，是指以公共利益为目的而设立的信托。公益的意义在于为不特定的社会公众利益服务。根据《信托法》第 60 条的规定，围绕以下公益目的设立的信托，属于公益信托：（1）救济贫困；（2）救助灾民；（3）扶助残疾人；（4）发展教育、科技、文化、艺术、体育事业；（5）发展医疗卫生事业；（6）发展环境保护事业，维护生态环境；（7）发展其他社会公益事业。

公益信托纠纷是信托当事人基于公益信托关系而产生的纠纷。

【管辖】

对于公益信托纠纷的管辖，同样应当根据信托产生的方式作出判断。

如果公益信托是通过签订信托合同的方式设立，则公益信托纠纷属于合同纠纷，按照《民事诉讼法》第 23 条的规定，由被告住所地或者合同履行地人民法院管辖。同时《民事诉讼法解释》第 18 条规定："合同约定履行地点的，以约定的履行地点为合同履行地。合同对履行地点没有约定或者约定不明确，争议标的为给付货币的，接收货币一方所在地为合同履行地；交付不动产的，不动产所在地为合同履行地；其他标的，履行义务一方所在地为合同履行地。即时结清的合同，交易行为地为合同履行地。合同没有实际履行，当事人双方住所地都不在合同约定的履行地的，由被告住所地人民法院管辖。"

如果通过遗嘱设立公益信托，则根据《民事诉讼法》第 33 条的规定，由被继承人死亡时住所地或者主要遗产所在地人民法院管辖。

【法律适用】

处理公益信托纠纷的法律依据主要是《信托法》第6章的规定。同时还应注意《民法典》的相关规定，特别是《民法典》总则编、合同编、继承编的相关规定。

二十七、保险纠纷

保险是一种社会经济制度，也是一种法律制度。按照《保险法》第2条的规定，保险，是指投保人根据合同约定，向保险人支付保险费，保险人对于合同约定的可能发生的事故因其发生所造成的财产损失承担赔偿保险金责任，或者当被保险人死亡、伤残、疾病或者达到合同约定的年龄、期限等条件时承担给付保险金责任的商业保险行为。因此，保险是通过订立保险合同约定双方的权利和义务，建立保险法律关系，进而规范保险行为。而保险纠纷就是保险人和投保人或者受益人之间就保险合同的订立、履行、变更、终止等产生的纠纷。

根据保险人承保的保险标的不同，保险可以分为人身保险与财产保险。因此作为第二级案由的“保险纠纷”，按照保险类型的不同构建了七个第三级案由，包括：财产保险合同纠纷、人身保险合同纠纷、再保险合同纠纷、保险经纪合同纠纷、保险代理合同纠纷、进出口信用保险合同纠纷、保险费纠纷。财产保险合同纠纷和人身保险合同纠纷又分别建立了不同的第四级案由。

关于保险纠纷的管辖，根据《民事诉讼法》第24条的规定，因保险合同纠纷提起的诉讼，由被告住所地或者保险标的物所在地人民法院管辖。同时根据《民事诉讼法解释》第21条的规定，因财产保险合同纠纷提起的诉讼，如果保险标的物是运输工具或者运输中的货物，可以由运输工具登记注册地、运输目的地、保险事故发生地人民法院管辖。因人身保险合同纠纷提起的诉讼，可以由被保险人住所地人民法院管辖。

但是需要注意的是：法律和司法解释对于相关专门法院的管辖做了特殊规定，如涉及上海、北京的保险纠纷案件，按照《最高人民法院关于上海金融法院案件管辖的规定》第1条和《最高人民法院关于北京金融法院案件管辖范围的规定》第1条的规定，涉及上海和北京的保险纠纷的案件，由上海金融法院、北京金融法院管辖上海市、北京市辖区内应由中级人民法院受理的第一审金融民商事案件。在适用“保险纠纷”案由确定相关管辖法院时，应当注意上海、北京的特殊规定。

同时，需要注意的是：“保险纠纷”案由涉及的案件都是商业保险的案件，即应该适用《保险法》进行裁判的案件。我们知道：根据经营目的的不同，保险可以分为社会保险和商业保险。社会保险不以营利为目的，由国家依据法律规定强制实施的，保障社会成员在其生、老、病、死、伤、残、失业以及发生其他生活困难时给予物质帮助的社会保障制度，主要包括养老保险、生育保险、工伤保险、医疗保险、失业保险等。而商业保险则是保险公司以盈利为目的实施的一种商业行为。因社会保险产生的纠纷，应该适用“第六部分　劳动争议、人事争议”中“十七、劳动争议”的“187. 社会保险纠纷”，其中包括五个第四级案由：（1）养老保险待遇纠纷；（2）工伤保险待遇纠纷；（3）医疗保险待遇纠纷；（4）生育保险待遇纠纷；（5）失业保险待遇纠纷。

333. 财产保险合同纠纷

（1）财产损失保险合同纠纷
（2）责任保险合同纠纷
（3）信用保险合同纠纷
（4）保证保险合同纠纷
（5）保险人代位求偿权纠纷

【释义】

按照《保险法》第10条第1款、第12条第5款的规定，财产保险合同是投保人与保险人以财产及其有关利益为保险标的，约定保险权利义务关系的协议。

财产保险合同除具有下列特征：（1）以赔偿被保险标的的损失为直接目的，严格贯彻损害填补原则。无损失即无保险。（2）保险人和投保人约定的保险金额不得超过被保险标的的实际价值，超过保险标的实际价值的，超过的部分无效。（3）保险人的最高赔偿责任以保险合同所约定的保险金额为限，被保险人所受超出保险金额范围的损失，保险人不负赔偿责任。（4）保险人对第三人所引起的损害赔偿责任享有保险代位权，这是人身保险合同的保险人所不可能有的一项权利。①

财产保险合同纠纷，是指投保人与保险人之间因财产保险合同的订立、履行、变更、终止等发生的争议。

按照《保险法》第95条第1款第2项的规定，我国财产保险业务，包括财产损失保险、责任保险、信用保险、保证保险等保险业务。在《民事案件案由规定》中，亦按照这一业务类型将相应的财产保险合同纠纷分为四个第四级案由，即：财产损失保险合同纠纷、责任保

① 覃有土主编：《商法概论》，武汉大学出版社2010年版，第425页。

险合同纠纷、信用保险合同纠纷、保证保险合同纠纷。同时，还有一个财产保险合同的特殊类型的案由：保险人代位求偿权纠纷。

1. 财产损失保险合同纠纷

所谓财产损失保险合同，是一种最为典型的财产保险合同，其保险标的为有形财产及其相关的利益。我国现行的财产损失保险合同包括（企业）财产保险合同、家庭财产保险合同、机器损坏保险合同、利润损失保险合同、涉外财产保险合同等种类。

财产损失保险合同纠纷，是指投保人与保险人之间因财产损失保险合同的订立、履行、变更、终止等发生的争议。

2. 责任保险合同纠纷

责任保险合同是指经保险人与投保人约定，以被保险人依法应当向第三人承担的民事损害赔偿责任作为保险标的的财产保险合同。这一合同是约定在投保人依据法律规定，应当承担相应的民事损害赔偿责任时，由保险人依据合同的约定向第三人进行赔偿。现代社会是一个风险社会，为了减少社会风险给当事人带来的潜在的损失，对投保人在日常的生产和生活中有可能依法承担的民事赔偿责任，都可以通过签订责任保险合同的方式要求保险人分担，通过这一方式来实现风险共担，从而减少社会生活的风险对人们正常生活的冲击，以维护社会稳定。责任保险作为一种财产保险新的险种，虽然起步较晚，但是在当前社会发展最快的一种险种。

目前，在我国，按适用范围分类，责任保险业务主要是产品责任保险合同、公众责任保险合同、雇主责任保险合同及某些行业范围内的职业责任保险合同，以及第三者责任保险合同（最为典型的是交通运输工具第三者责任保险合同）。

责任保险合同纠纷，是指因责任保险合同的订立、履行、变更、终止等产生的纠纷。

3. 信用保险合同纠纷

信用保险合同，是以被保险人的信用风险作为保险标的的财产保险合同。在现代商业社会中，进行商事交易的往往都是陌生人，因此，商事交易会存在债务人的信用风险，为了减少这一风险给债权人的商事交易带来的不稳定性，当事人可以与保险人签订信用保险合同，分担相应的风险，减少信用风险给商事交易带来的不稳定性，避免相应的损失。

在我国保险实务中，根据保险人承保的信用风险的内容，分为进出口信用保险合同、投资保险合同、国内商业信用保险合同和雇员忠诚保险合同。

信用保险合同纠纷，是指因信用保险合同的订立、履行、变更、终止等产生的纠纷。

4. 保证保险合同纠纷

保证是一种最为典型的担保方式，保证保险是指保险人作为保证人，为被保险人的信用提供担保的一种保险形式。在被保险人不履行债务时，保险人承担赔偿责任。

保证保险的性质一直存在争议，在学界与实务界分别有保证说、保险说、保险与保证二元说。《最高人民法院关于保证保险合同纠纷案件法律适用问题的答复》明确指出："此案所涉保险单虽名为保证保险单，但性质上应属于保险合同。同意你院审判委员会多数意见，此案的保证保险属于保险性质。"

在实践中，保证保险通常分为确实保证保险和诚实保证保险两大类。确实保证保险大概有合同保证保险、司法保证保险、特许保证保险、公务员保证保险等。诚实保证保险亦称雇员忠诚保险。还有一种是产品质量保证保险，也称产品信誉保险。

保证保险合同纠纷，是指因保证保险合同的订立、履行、变更、终止等产生的纠纷。

5. 保险人代位求偿权纠纷

保险人代位求偿权是财产保险合同的一种特殊制度。按照《保险法》第60条的规定，保险人代位求偿权是指因第三者对保险标的的损害而造成保险事故的，保险人自向被保险人赔偿保险金之日起，在赔偿金额范围内代位行使被保险人对第三者请求赔偿的权利。通常认为，保险代位求偿权具有法定性、附条件性、债权性，保险代位求偿权是保险法直接赋予财产保险合同的保险人在特定条件下享有的权利，保险人有权依法代位行使被保险人因第三者侵权或者违约等享有的请求赔偿的权利。在《最高人民法院关于适用〈中华人民共和国保险法〉若干问题的解释（二）》和《最高人民法院关于适用〈中华人民共和国保险法〉若干问题的解释（四）》均对保险人代位求偿权作出明确细化的规定。

保险人代位求偿权纠纷是当事人因保险人代位求偿权的行使而产生的相关纠纷。

【管辖】

根据《民事诉讼法》第 24 条的规定，因保险合同纠纷提起的诉讼，由被告住所地或者保险标的物所在地人民法院管辖。同时根据《民事诉讼法解释》第 21 条第 1 款的规定，因财产保险合同纠纷提起的诉讼，如果保险标的物是运输工具或者运输中的货物，可以由运输工具登记注册地、运输目的地、保险事故发生地人民法院管辖。

【法律适用】

处理财产保险合同纠纷的法律依据主要是《保险法》第 2 章第 1 节、第 3 节等的相关规定处理相应纠纷；同时应该注意《民法典》的相关规定，特别是《民法典》总则编和《民法典》合同编的相关规定。还应注意《最高人民法院关于适用〈中华人民共和国保险法〉若干问题的解释（一）》《最高人民法院关于适用〈中华人民共和国保险法〉若干问题的解释（二）》《最高人民法院关于适用〈中华人民共和国保险法〉若干问题的解释（三）》《最高人民法院关于适用〈中华人民共和国保险法〉若干问题的解释（四）》的相关规定。同时还请注意相关指导性案例的规定，如指导案例 74 号“中国平安财产保险股份有限公司江苏分公司诉江苏镇江安装集团有限公司保险人代位求偿权纠纷案”。

334. 人身保险合同纠纷

（1）人寿保险合同纠纷
（2）意外伤害保险合同纠纷
（3）健康保险合同纠纷

【释义】

人身保险合同（personal insurance）是以人的寿命、健康和身体为保险标的而订立的保险合同。具体而言，投保人对自己和与其存在特定关系的其他自然人具有保险利益时，可以与保险公司订立人身保险合同，保险人依照合同约定向投保人收取保险费，并承诺于被保险人死亡、伤残、疾病，或者生存到约定的年龄、期限时，向被保险人或受益人给付保险金。①

与财产保险合同相比，人身保险合同具有特殊性：（1）保险标的的特殊性。人身保险合同主要以被保险人的生命和身体为保险标的，由于人的生命和身体具有无价性，通常不能或者不宜以金钱衡量其价值，因而，人身保险合同保险利益的存在并非因为保险标的的经济价值，而是因为被保险人和受益人之间的特殊关系。被保险人和受益人之所以能够从保险人处获得保险金，主要是因为投保人与被保险人之间具有亲属或信赖等利害关系。这种利害关系构成了人身保险合同中的保险利益。正是因为人身保险合同中保险利益具有上述特殊性，所以形成了一些不同于财产保险合同的法律规则。（2）保险金额的固定性。如前所述，由于人的生命或身体不能用金钱进行衡量和估价。因

① 韩长印、韩永强编：《保险法新论》，中国政法大学出版社2010版，第147页。

而，人身保险合同中保险标的的经济价值无法计算，保险金的给付只能采用定额的方式来确定：保险事故发生后，通常不能像财产保险合同那样根据被保险人遭受的实际损失进行赔偿，而必须以事先约定的保险金额作为赔付标准。因此，人身保险常常又被称为定额保险。需要指出的是，在健康保险和意外伤害保险中，则不完全以给付定额的方式确定保险金，因为健康保险和意外伤害保险基本上属于具有损害填补性质的人身保险（如赔偿医疗费用、丧葬费、分娩费用等），其可以贯彻损失补偿原则，按照被保险人所遭受的实际损失确定保险金的数额。(3) 保险期限一般较长。相对于财产保险合同而言，人身保险合同的期限一般较长，尤其是人寿保险合同，通常以人的生存或死亡作为保险事故，这就决定了其不可能是短期合同。在此类合同中，投保人保费交纳期限一般较长，通过保费的长期积累，可为被保险人晚年生活或者为其指定的受益人提供保障。①

按照《保险法》第 95 条第 1 款第 1 项的规定，我国人身保险业务，包括人寿保险、健康保险、意外伤害保险等保险业务。这是按照保险范围为标准所进行的分类，在本规定中，亦按照这一标准将相应的人身保险合同纠纷分为三个第四级案由，即：人寿保险合同纠纷、意外伤害保险合同纠纷、健康保险合同纠纷。

1. 人寿保险合同纠纷

所谓人寿保险合同，是人身保险合同中最基本的险种，是以人的生命为保险标的，以被保险人在保险期间内的死亡或者生存作为保险金给付条件的人身保险合同，通常又根据约定的保险事故，可分为死亡保险、生存保险和生死两全保险。人寿保险是人身保险最主要、最基本的种类，在人身保险业务中占绝大部分份额。

人寿保险合同纠纷是指保险人和投保人或者受益人之间就人寿保险合同的订立、履行、变更、终止等产生的纠纷。

① 王利明：《合同法研究》，中国人民大学出版社 2013 年版，第 464 页。

2. 意外伤害保险合同纠纷

意外伤害保险合同是指以被保险人因在保险期间内遭受意外事故导致其伤害、死亡或残疾为保险事故，并以此作为保险金给付条件的人身保险合同。按其承保条件，又分为普通意外伤害保险合同和特种意外伤害保险合同。前者适用于被保险人在保险期限内，因发生意外事故所致伤害；后者仅适用于因特定的意外事故在特定地点造成的被保险人的伤害。例如，旅行意外伤害保险、交通事故意外伤害保险、职业意外伤害保险等。

意外伤害保险合同纠纷是指保险人和投保人或者受益人之间就意外伤害保险合同的订立、履行、变更、终止等产生的纠纷。

3. 健康保险合同纠纷

健康保险合同，又称疾病保险合同，是指投保人和保险人约定，投保人向保险人交纳保险费，在被保险人患病、分娩所造成的医疗费用支出和工作能力丧失、收入减少为保险事故，保险人承担给付保险金义务的人身保险合同。分为工资收入保险、医疗费给付保险、专业技术人员劳务收入保险和遗属生活费、教育费、婚嫁费、丧葬费给付保险、死亡保险（因疾病致被保险人死亡）等。

在保险业务中人身意外保险、健康保险往往与财产保险业务并称为非寿险业务。

健康保险合同纠纷是指保险人和投保人或者受益人之间就健康保险合同的订立、履行、变更、终止等产生的纠纷。

【管辖】

根据《民事诉讼法》第 24 条的规定，因保险合同纠纷提起的诉讼，由被告住所地或者保险标的物所在地人民法院管辖。同时根据《民事诉讼法解释》第 21 条第 2 款的规定，因人身保险合同纠纷提起的诉讼，可以由被保险人住所地人民法院管辖。

【法律适用】

处理人身保险合同纠纷的法律依据主要是《保险法》第2章第2节等的相关规定处理相应纠纷；同时应该注意《民法典》的相关规定，特别是《民法典》总则编和《民法典》合同编的相关规定。还应注意《最高人民法院关于适用〈中华人民共和国保险法〉若干问题的解释（一）》《最高人民法院关于适用〈中华人民共和国保险法〉若干问题的解释（二）》《最高人民法院关于适用〈中华人民共和国保险法〉若干问题的解释（三）》《最高人民法院关于适用〈中华人民共和国保险法〉若干问题的解释（四）》的相关规定。

同时，还可以参照《人身保险业务基本服务规定》《人身保险公司保险条款和保险费率管理办法》等部门规章的规定。

335. 再保险合同纠纷

【释义】

根据《保险法》第28条的规定，再保险是指保险人将其承担的保险业务，通过签订再保险合同等方式，以分保形式将其承保的部分风险和责任转移给其他保险人进行保险的行为。再保险也被称为第二次保险。需要指出的是：再保险按照实施方式的不同，分为法定分保和自愿分保，法定分保是指按照法律、行政法规的相关规定，保险人应该将其承担的保险业务进行分保的再保险，如《保险法》第103条第1款的规定，保险公司对每一危险单位，即对一次保险事故可能造成的最大损失范围所承担的责任，不得超过其实有资本金加公积金总和的10%；超过的部分应当办理再保险。这一再保险就属于法定分保。而自愿分保，也称为商业分保，是保险人与再保险人根据意思自治的原则，通过签订再保险合同，约定双方的权利和义务，确定再保险的条件和受益，签订再保险合同而产生的再保险关系。再保险是一种独立的保险业务，其建立是以原保险业务为基础，通过原保险人与再保险人签订再保险合同来实现的。

再保险合同的当事人是原保险合同的保险人和再保险人，按照《保险法》第29条的规定，再保险接受人不得向原保险的投保人要求支付保险费，而原保险的被保险人或者受益人不得向再保险接受人提出赔偿或者给付保险金的请求。同时，再保险分出人不得以再保险接受人未履行再保险责任为由，拒绝履行或者迟延履行其原保险责任。从上述规定来看，再保险合同与原保险合同是两个独立的法律关系，原保险合同中，当事人是投保人和保险人，其保险标的或是财产或是人身；而再保险合同的当事人是原保险人和再保险人，其保险标的则是原保险人承保的保险业务。而原保险合同和再保险合同之间的赔偿义务是相对独立的，不互为条件。

当然，这并不意味着再保险合同与原保险合同之间完全没有关系。首先，再保险合同是为了分担原保险合同的风险和责任而二次签订的保险合同，再保险以原保险存在为前提。因此，为避免存在欺诈，再保险合同确定的风险责任应该以原保险合同的风险责任危险，再保险人的责任也应该以原保险人的责任为限；同时，原保险合同的效力制约再保险合同的效力，原保险合同失效，再保险合同亦应失效。

再保险合同纠纷是指原保险人和再保险人之间就再保险合同的订立、履行、变更、终止等产生的纠纷。

【管辖】

根据《民事诉讼法》第24条的规定，因保险合同纠纷提起的诉讼，由被告住所地或者保险标的物所在地人民法院管辖。同时根据《民事诉讼法解释》第21条的规定，因财产保险合同纠纷提起的诉讼，如果保险标的物是运输工具或者运输中的货物，可以由运输工具登记注册地、运输目的地、保险事故发生地人民法院管辖。因人身保险合同纠纷提起的诉讼，可以由被保险人住所地人民法院管辖。

【法律适用】

处理再保险合同纠纷主要依据保险法的相关规定处理相应纠纷；同时还应该注意《民法典》的相关规定，特别是《民法典》总则编和《民法典》合同编的相关规定。还应注意《最高人民法院关于适用〈中华人民共和国保险法〉若干问题的解释（一）》《最高人民法院关于适用〈中华人民共和国保险法〉若干问题的解释（二）》《最高人民法院关于适用〈中华人民共和国保险法〉若干问题的解释（三）》《最高人民法院关于适用〈中华人民共和国保险法〉若干问题的解释（四）》的相关规定。

再保险合同业务具有较强的独特性，还可以参照如《再保险业务管理规定》《再保险公司设立规定》等部门规章的规定。

336. 保险经纪合同纠纷

【释义】

在我国《合同法》和《民法典》合同编中均未规定“经纪合同”的概念，保险经纪合同是《保险法》特有的概念，根据《保险法》第118条的规定，保险经纪人是基于投保人的利益，为投保人与保险人订立保险合同提供中介服务，并依法收取佣金的机构。根据上述规定，保险经纪合同是保险经纪人为了投保人的利益，为投保人与保险人订立保险合同提供中介服务而签订的合同，一般包括委托合同、行纪合同、中介合同、咨询合同等。保险经纪合同纠纷是指投保人和保险经纪人就保险经纪合同的订立、履行、变更、终止等产生的纠纷。

【管辖】

根据《民事诉讼法》第24条的规定，因保险合同纠纷提起的诉讼，由被告住所地或者保险标的物所在地人民法院管辖。同时根据《民事诉讼法解释》第21条的规定，因财产保险合同纠纷提起的诉讼，如果保险标的物是运输工具或者运输中的货物，可以由运输工具登记注册地、运输目的地、保险事故发生地人民法院管辖。因人身保险合同纠纷提起的诉讼，可以由被保险人住所地人民法院管辖。

【法律适用】

处理保险经纪合同纠纷主要依据《保险法》第5章“保险代理人和保险经纪人”的相关规定处理相应纠纷；同时还应该注意《民法典》的相关规定，特别是《民法典》总则编和《民法典》合同编的相关规定。还应注意《最高人民法院关于适用〈中华人民共和国保险法〉若干问题的解释（一）》《最高人民法院关于适用〈中华人民共和国保险法〉若干问题的解释（二）》《最高人民法院关于适用〈中华人民共和国保险法〉若干问题的解释（三）》《最高人民法院关于适用〈中华人民共和国保险法〉若干问题的解释（四）》的相关规定。

337. 保险代理合同纠纷

【释义】

保险代理合同是指保险代理人在保险人授权的范围内，在收取保险人支付的佣金，对外代理保险人从事相关保险业务的合同。按照《保险法》第117条的规定，保险代理人是根据保险人的委托，向保险人收取佣金，并在保险人授权的范围内代为办理保险业务的机构或者个人。同时按照《保险法》第 119 条的规定，保险代理人应当具备银保监会规定的资格条件，取得银保监会颁发的经营保险代理业务的许可证，凭许可证在工商行政管理机关办理登记并领取营业执照，交存保证金或者投保执业责任保险，方可从事保险代理业务。保险代理合同纠纷是保险代理人和保险人之间就保险代理合同的订立、履行、变更、终止等产生的纠纷。

【管辖】

根据《民事诉讼法》第 24 条的规定，因保险合同纠纷提起的诉讼，由被告住所地或者保险标的物所在地人民法院管辖。同时根据《民事诉讼法解释》第 21 条的规定，因财产保险合同纠纷提起的诉讼，如果保险标的物是运输工具或者运输中的货物，可以由运输工具登记注册地、运输目的地、保险事故发生地人民法院管辖。因人身保险合同纠纷提起的诉讼，可以由被保险人住所地人民法院管辖。

【法律适用】

处理保险代理合同纠纷主要依据《保险法》第 5 章的相关规定处理相应纠纷；同时还应该注意《民法典》的相关规定，特别是《民法典》总则编和《民法典》合同编的相关规定。还应注意《最高人民法院关于适用〈中华人民共和国保险法〉若干问题的解释（一）》《最高人民法院关于适用〈中华人民共和国保险法〉若干问题的解释（二）》《最高人民法院关于适用〈中华人民共和国保险法〉若干问题的解释（三）》《最高人民法院关于适用〈中华人民共和国保险法〉若干问题的解释（四）》的相关规定。

【确定该案由应当注意的问题】

在适用保险代理合同纠纷和保险经纪合同纠纷的案由时，应该注意两类合同的区别。两类合同在当事人（保险经纪合同是投保人与保险经纪人之间签订的合同；保险代理合同是保险人与保险代理人之间签订的合同）、维护的利益、相关法律关系等方面均存在差别，应当根据双方当事人的法律关系的具体情形确定不同的案由。

338. 进出口信用保险合同纠纷

【释义】

在进出口贸易过程中，当事人往往会签订信用保险合同，以减少相应的商业风险，维护正常的进出口贸易。信用保险主要是对商业活动中存在的商业信用风险作为保险标的，在债务人未能如约履行清偿责任而使债权人遭受损失时，由保险人向被保险人，即债权人提供风险保障的一种保险。进出口信用保险合同主要是为了扩大对外贸易，由国家保障外贸企业的贸易安全而制定的一项由国家财政提供保险准备金的非营利性的政策性保险业务。目前，我国的进出口信用保险合同主要是出口信用保险合同。

进出口信用保险合同纠纷主要是指因该合同的订立、履行、变更、终止等产生的纠纷。

【管辖】

根据《民事诉讼法》第 24 条的规定，因保险合同纠纷提起的诉讼，由被告住所地或者保险标的物所在地人民法院管辖。同时根据

《民事诉讼法解释》第21条第1款的规定，因财产保险合同纠纷提起的诉讼，如果保险标的物是运输工具或者运输中的货物，可以由运输工具登记注册地、运输目的地、保险事故发生地人民法院管辖。

【法律适用】

处理进出口信用保险合同纠纷主要依据《保险法》第2章第1节、第3节的相关规定处理相应纠纷；同时还应该注意《民法典》的相关规定，特别是《民法典》总则编和《民法典》合同编的相关规定。还应注意《最高人民法院关于适用〈中华人民共和国保险法〉若干问题的解释（一）》《最高人民法院关于适用〈中华人民共和国保险法〉若干问题的解释（二）》《最高人民法院关于适用〈中华人民共和国保险法〉若干问题的解释（三）》《最高人民法院关于适用〈中华人民共和国保险法〉若干问题的解释（四）》的相关规定，以及《最高人民法院关于审理出口信用保险合同纠纷案件适用相关法律问题的批复》的规定。

在审理这类案件时，还需要注意行政法规《国务院关于组建中国出口信用保险公司的通知》的相关内容。

【确定该案由应当注意的问题】

在《民事案件案由规定》“333. 财产保险合同纠纷”项下的第四级案由有“（3）信用保险合同纠纷”“进出口信用保险合同纠纷”和“财产保险合同纠纷”同为第三级案由，如发生相应的纠纷，人民法院应该根据当事人的情况、诉讼争议涉及的法律关系、相关诉讼请求来确定相关案由。如果相关法律关系属于进出口信用保险合同关系，则应按照本案由来确定；如果是其他的信用保险合同关系，则应适用第四级案由“信用保险合同纠纷”。

339. 保险费纠纷

【释义】

保险费是投保人依据保险合同的约定，为获得相应的风险保障，而向保险人支付的费用。保险费纠纷一般是指投保人和保险人在履行保险合同过程中，因为支付或者收取保险费而形成的纠纷。保险合同属于继续性合同，部分保险合同会约定分期支付相应的保险金，在履行保险合同过程中，投保人和保险人会对支付或者收取保险金的问题产生相关的争议，进而形成纠纷。一般而言，保险费纠纷包括：请求支付保险费的纠纷、确定保险费支付方式的纠纷、因保险费率的确定而形成的纠纷、调整保险费率的纠纷、解除保险合同后返还保险费的纠纷等。

【管辖】

根据《民事诉讼法》第 24 条的规定，因保险合同纠纷提起的诉讼，由被告住所地或者保险标的物所在地人民法院管辖。同时根据《民事诉讼法解释》第 21 条的规定，因财产保险合同纠纷提起的诉讼，如果保险标的物是运输工具或者运输中的货物，可以由运输工具登记注册地、运输目的地、保险事故发生地人民法院管辖。因人身保险合同纠纷提起的诉讼，可以由被保险人住所地人民法院管辖。

【法律适用】

对于保险费纠纷处理的法律依据首先应该是《保险法》第 2 章第 1 节关于保险合同的一般规定；其次还有《民法典》的相关规定，特别是《民法典》总则编和《民法典》合同编的相关规定。还应注意《最高人民法院关于适用〈中华人民共和国保险法〉若干问题的解释（一）》《最高人民法院关于适用〈中华人民共和国保险法〉若干问题的解释（二）》《最高人民法院关于适用〈中华人民共和国保险法〉若干问题的解释（三）》《最高人民法院关于适用〈中华人民共和国保险法〉若干问题的解释（四）》的相关规定。

二十八、票据纠纷

票据是指出票人依法签发的，由自己或指定他人无条件向持票人支付一定金额的有价证券。票据在经济生活中发挥着支付、信用、结算、融资等重要功能。一般认为，票据具有要式证券、无因证券、文义证券、流通证券等性质，票据行为应遵循无因性原则。票据的种类由相关法律规定，《票据法》第2条规定，本法所称票据，包括汇票、本票和支票三种。近年来，中国人民银行大力推广电子票据系统，电子票据的交易量和交易额逐年递增，票据实践出现新发展、新情况。

票据纠纷，是指基于票据关系或法定的票据派生关系产生的民事纠纷。《最高人民法院关于审理票据纠纷案件若干问题的规定》第1条规定，因行使票据权利或者票据法上的非票据权利而引起的纠纷，人民法院应当依法受理。在票据开具、使用、流通等过程中，所涉法律主体多元、链条环节众多、不同法律关系嵌套，可能产生纠纷的情形很多。需强调的是，并非只要涉及票据的纠纷都属于票据纠纷。虽因票据使用、流通等引发，但实际争议权利并非基于《票据法》规定，而是基于其他法律规定的纠纷，不属于票据纠纷，不能适用这一案由。

考虑到票据、票据行为、票据法律关系的特殊性，《民事案件案由规定》将票据纠纷列入第八部分“与公司、证券、保险、票据等有关的民事纠纷”项下第二级案由。《民事案件案由规定》确定票据纠纷的案由时，根据请求权的性质确定了票据付款请求权纠纷、票据追索权纠纷、票据交付请求权纠纷、票据返还请求权纠纷、票据损害责任纠纷、票据利益返还请求权纠纷、汇票回单签发请求权纠纷等 7 种第三级案由，以及根据民事行为确定了票据保证纠纷、确认票据无效纠纷、票据代理纠纷、票据回购纠纷等 4 种第三级案由。

需注意的是，还有一类基于民法上的票据基础关系引发的纠纷，这类纠纷虽与票据纠纷密切联系，但又有显著区别：一是争议法律关系不同，前者主要基于由民法调整的票据基础法律关系，如合同、不当得利等法律关系；后者则基于由《票据法》调整的票据关系或票据派生关系。二是所涉权利基础不同，前者主要涉及因行使民事权利，如与票据相关的合同请求权、不当得利请求权等而引发的纠纷；后者则基于行使票据权利或者《票据法》上的非票据权利引发的纠纷。

正确理解票据纠纷案由，一方面，有助于避免因对票据关系与票据基础关系之间的区别不甚清楚，而混淆票据纠纷与因买卖、借款、赠与等基础关系引发的纠纷，甚至错误适用相关案由。另一方面，票据权利纠纷与《票据法》上的非票据权利纠纷，在审理思路、举证责任分配等方面差异明显，正确理解票据纠纷及下级案由，有助于在科学区分的基础上，正确适用法律，妥善解决纠纷，依法保障当事人合法权益。

340. 票据付款请求权纠纷

【释义】

票据为记载金钱债权的有价证券，票据权利即为要求支付票据金额的请求权。《票据法》第 4 条规定，票据权利是指持票人向票据债务人请求支付票据金额的权利，包括付款请求权和追索权。为保障票据活动中当事人的合法权益，维护票据的流通性功能，《票据法》赋予持票人两项请求权：一是付款请求权，持票人享有的第一顺序权利；

二是追索权，持票人享有的第二顺序权利。票据付款请求权是持票人请求票据付款人按照票据记载金额支付钱款的权利，为票据上的主要权利，只有作为第一顺序权利的付款请求权难以满足时，持票人才能够行使第二顺序权利追索权。

票据具有无因性，即通过合法方式取得票据的持票人，仅依据票据的文义记载，即可向票据债务人主张票据权利，不受票据原因关系的影响。票据付款请求权具有以下特征：一是行使主体是票据记载的收款人或最后的合法持票人。二是行使对象是票据记载的付款人或其他付款义务人，如代理付款人等。三是行使条件是在票据上记载的到期日届至或票据记载的付款期限内，遵循行使的严格形式要件。四是在法定期间内行使，若付款请求权在票据时效期间内未能行使或者欠缺权利保全手续，则归于消灭。

票据付款请求权纠纷，是指持票人因票据付款人拒绝付款而发生的纠纷。

【管辖】

票据付款请求权纠纷属于典型的票据纠纷诉讼，适用特殊地域管辖。

根据《民事诉讼法》第25条关于票据纠纷管辖的规定："因票据纠纷提起的诉讼，由票据支付地或者被告住所地人民法院管辖。"2000年通过的《最高人民法院关于审理票据纠纷案件若干问题的规定》进一步强调了上述管辖规则，在第6条第1款规定："因票据权利纠纷提起的诉讼，依法由票据支付地或者被告住所地人民法院管辖"；《最高人民法院关于审理票据纠纷案件若干问题的规定》于2020年进行了修正，将上述规定修改为"因票据纠纷提起的诉讼，依法由票据支付地或者被告住所地人民法院管辖"，与《民事诉讼法》第25条表述保持一致。

票据付款请求权纠纷可由票据支付地法院管辖，便于法院查清持票人提示、承兑人拒绝承兑、付款人拒绝支付等事实，及时推动审判程序。也可由被告住所地法院管辖，符合原告就被告的一般管辖原则，有利于降低原告滥用诉权风险，同时方便被告应诉。

针对审判实践中对“票据支付地”易发生争议的问题，《最高人民法院关于审理票据纠纷案件若干问题的规定》第6条第2款明确，票据支付地是指票据上载明的付款地，票据上未载明付款地的，汇票付款人或者代理付款人的营业场所、住所或者经常居住地，本票出票人的营业场所，支票付款人或者代理付款人的营业场所所在地为票据付款地。代理付款人即付款人的委托代理人，是指根据付款人的委托代为支付票据金额的银行、信用合作社等金融机构。

【法律适用】

处理票据付款请求权纠纷的法律依据主要是《票据法》第4条第4款，第16条、第17条、第53条至第60条。

【确定该案由应当注意的问题】

关于付款请求权的转化问题。对于未经承兑的票据而言，付款请求权仅为程序意义上的权利，持票人可以请求付款，但付款人并不对持票人承担必须付款的义务，付款人拒绝付款，持票人只能向前手进行追索。只有经过承兑或保付以后，票据付款人才承担必须付款的义务，付款请求权才转化为现实意义上的权利，付款人拒绝付款的，持票人可以起诉付款人强制要求付款。

关于提起诉讼与公示催告程序的区别及衔接问题。若可背书转让的票据被盗、遗失或者灭失，持票人可以向票据支付地的基层人民法院申请公示催告，由该法院依法审查后作出除权判决予以救济。《民事诉讼法》第223条规定：“利害关系人因正当理由不能在判决前向人民法院申报的，自知道或者应当知道判决公告之日起一年内，可以向作出判决的人民法院起诉。”公示催告程序为非讼程序，只是确认某种事实状态和相应的法律效果，为一审终审，不能上诉，也不能申请再审。若有利害关系人对除权判决认定的事实不服，其有权向法院提起诉讼，通过诉讼程序请求撤销除权判决，确认其为票据权利人。

341. 票据追索权纠纷

【释义】

票据追索权指在票据到期未获付款或其他法定原因出现时，持票人请求其前手支付票据金额、法定费用的权利，是在付款请求权不能实现的情形下，票据法赋予持票人对债务人进行追偿的权利。追索权旨在补充付款请求权、保障票据流通。相较于第一顺序权利的付款请求权，追索权系第二顺序权利，属于典型的期待权，只有在付款请求权行使未果，或者出现阻碍付款请求权行使情形的条件下，持票人方能行使。《票据法》第 61 条规定：“汇票到期被拒绝付款的，持票人可以对背书人、出票人以及汇票的其他债务人行使追索权。汇票到期日前，有下列情形之一的，持票人也可以行使追索权：（一）汇票被拒绝承兑的；（二）承兑人或者付款人死亡、逃匿的；（三）承兑人或者付款人被依法宣告破产的或者因违法被责令终止业务活动的。”

票据追索权具有以下特征：（1）追索权的行使主体为合法持票人，除票据记载的收款人和最后被背书人外，还可能是代为清偿票据债务后取得票据的保证人、背书人。（2）追索权的行使对象仅限于持票人的前手，包括出票人、背书人以及票据的其他债务人，如保证人等。（3）追索权的行使条件，实质条件为持票人付款请求权不能满足或者出现阻碍付款请求权实现的法定情形；形式条件为持票人取得付款人拒绝付款或出现阻碍付款请求权实现法定情形的证明材料。

票据追索权纠纷是指因持票人要求其前手支付被拒绝付款的票据

金额及有关利息、费用引发的纠纷。

【管辖】

票据追索权纠纷属于典型的票据纠纷诉讼，适用特殊地域管辖。根据《民事诉讼法》第25条关于票据纠纷管辖的规定，因票据纠纷提起的诉讼，由票据支付地或者被告住所地人民法院管辖。《最高人民法院关于审理票据纠纷案件若干问题的规定》第6条第1款对这一规则再次强调，因票据纠纷提起的诉讼，依法由票据支付地或者被告住所地人民法院管辖。

针对审判实践中对“票据支付地”容易发生争议，《最高人民法院关于审理票据纠纷案件若干问题的规定》第6条第2款明确，票据支付地是指票据上载明的付款地，票据上未载明付款地的，汇票付款人或者代理付款人的营业场所、住所或者经常居住地，本票出票人的营业场所，支票付款人或者代理付款人的营业场所所在地为票据付款地。代理付款人即付款人的委托代理人，是指根据付款人的委托代为支付票据金额的银行、信用合作社等金融机构。

【法律适用】

处理票据追索权纠纷的法律依据主要是《票据法》第61条第2款，《最高人民法院关于审理票据纠纷案件若干问题的规定》第3条规定。

【确定该案由应当注意的问题】

审判实践中，存在最后持票人基于转贴现合同起诉请求未在票据上背书的合同相对方承担责任的案件。对此类纠纷如何确定案由，主要有两种意见：一是定为合同纠纷，二是定为票据追索权纠纷。

《全国法院民商事审判工作会议纪要》采用了第一种意见，第102条规定："依据转贴现协议的约定，请求未在票据上背书的转贴现申请人按照合同法律关系返还转贴现款并赔偿损失的，案由应当确定为合同纠纷。"

主要理由有：《票据法》第4条第1~3款规定："票据出票人制作票据，应当按照法定条件在票据上签章，并按照所记载的事项承担票据责任。持票人行使票据权利，应当按照法定程序在票据上签章，并出示票据。其他票据债务人在票据上签章的，按照票据所记载的事项承担票据责任。"据此，行为人实施票据行为，必须按照法定条件在票据上签章，实施转贴现这一票据行为同样如此，应当背书转让票据。若未进行背书，转贴现合同当事人之间不成立合法的票据法律关系，最后持票人不能基于票据法律关系行使追索权，只能基于转贴现合同法律关系，诉求合同相对方承担责任。因此，此类纠纷应认定为合同纠纷，而非票据追索权纠纷。

342. 票据交付请求权纠纷

【释义】

票据交付请求权是指票据债务人履行票据义务后，要求持票人交付票据的权利。无因性是票据的本质特征，即"合法取得票据即取得票据权利"，故债务人在履行票据义务后，理应有权要求持票人交付票据。一方面，能防止持票人凭票据重复主张权利，另一方面，除付款人之外的债务人也能就此取得对前手的追索权。票据交付请求权制度在维护票据流通性、保障票据权利有效行使等方面发挥着重要作用。

在明确持票人享有付款请求权和追索权等票据权利的同时，《票据法》也明确规定了持票人票据交付义务，若持票人违反了相关义务，票据债务人可据此行使交付请求权。票据交付请求权在性质上属于票据法上规定的非票据权利。

实践中，行使票据交付请求权的情形，主要有：一是付款人要求获得付款的持票人交付票据。《票据法》第55条规定，持票人获得付款的，应当在汇票上签收，并将汇票交给付款人。二是被追索人要求持票人交付汇票、有关拒绝证明等材料。《票据法》第70条第2款规定，被追索人清偿债务时，持票人应当交出汇票和有关拒绝证明，并出具所收到利息和费用的收据。

票据交付请求权纠纷是指票据债务人履行票据义务后，要求持票人交付票据及有关拒绝证明等材料引发的纠纷。

【管辖】

《民事诉讼法》第25条确立了票据纠纷诉讼管辖规则，规定："因票据纠纷提起的诉讼，由票据支付地或者被告住所地人民法院管辖。"

2000年通过的《最高人民法院关于审理票据纠纷案件若干问题的规定》细化了这一管辖规则，第6条第1款规定："因票据权利纠纷提起的诉讼，依法由票据支付地或者被告住所地人民法院管辖"；第7条规定："因非票据权利纠纷提起的诉讼，依法由被告住所地人民法院管辖。"鉴于票据法上的非票据权利纠纷，也可能基于当事人之间的管辖协议，由当事人选择的法院管辖，并非只能由被告住所地法院管辖，故上述第7条规定存在不周延之处。

2020年修正的最高人民法院《关于审理票据纠纷案件若干问题的规定》对此加以完善，删除了上述第7条规定。因此，票据纠纷包括票据权利纠纷和非票据权利纠纷，均应当依据《民事诉讼法》第25条确定管辖。

票据债务人为行使票据交付请求权而与持票人发生的票据交付请求权纠纷，一般表现为付款人或被追索人向人民法院起诉持票人要求交付票据及有关拒绝证明等材料，属于票据法上的非票据权利纠纷，也应依据《民事诉讼法》第25条、2020年《最高人民法院关于审理票据纠纷案件若干问题的规定》第6条第1款，由票据支付地或者被告住所地人民法院管辖。

【法律适用】

处理票据交付请求权纠纷的法律依据主要是《票据法》第20条，第27条、第55条，《最高人民法院关于审理票据纠纷案件若干问题的规定》、中国人民银行《支付结算办法》等相关规定。

【确定该案由应当注意的问题】

准确适用票据交付请求权纠纷案由，需要注意区分标的物为票据的合同纠纷案由。因票据属于完全的有价证券，实践中偶有债权人基于合同约定诉求债务人交付票据的纠纷，如甲、乙签订买卖合同，约定甲向乙供应一批货物，乙给付甲票面金额人民币10万的转账支票一张作为货款，后甲按约供应货物，但乙未给付甲支票，甲遂诉至法院，要求乙继续履行合同，履行给付支票的义务。

上述案例中纠纷虽涉及转账支票，但究其实际，支票仅是买受人乙履行合同约定给付义务的标的物，出卖人甲要求交付票据，其权利基础并非票据交付请求权，而是基于债权请求权，双方当事人争议法律关系，不是票据关系或者《票据法》上的非票据关系，而是买卖合同法律关系，故此种纠纷不能定为票据交付请求权纠纷，应定为买卖合同纠纷案由，该案适用《合同法》，而非《票据法》调整。

343. 票据返还请求权纠纷

【释义】

票据返还请求权是指出票人或前手持票人基于法定事由向其后手持票人要求返还票据的权利。依据票据法理论，票据无因性原则具有一定的相对性，即强调保护善意持票人、合法持票人。在违法取得票据或其他法定情形下，后手持票人依法不享有票据权利，出票人或前手持票人有权要求其返还票据。

《票据法》及相关司法解释对票据返还请求权予以规定。根据《票据法》第10条规定："票据的签发、取得和转让，应当遵循诚实信用的原则，具有真实的交易关系和债权债务关系。票据的取得，必须给付对价，即应当给付票据双方当事人认可的相对应的代价。"《最高人民法院关于审理票据纠纷案件若干问题的规定》第2条规定："依照票据法第十条的规定，票据债务人（即出票人）以在票据未转让时的基础关系违法、双方不具有真实的交易关系和债权债务关系、持票人应付对价而未付对价为由，要求返还票据而提起诉讼的，人民法院应当依法受理。"

票据返还请求权由《票据法》规定，为《票据法》上的非票据权利。由此，票据返还请求权法律关系属于《票据法》上的派生关系。从案由关系上看，票据返还请求权纠纷属于基于法定的票据派生关系产生的非票据权利纠纷。

审判实践中，票据返还请求权纠纷主要包括两类情形：一是出票人或票据的真正权利人否认持票人享有票据权利，而要求返还票据的纠纷。如持票人因欺诈、偷盗、胁迫、拾得等手段取得票据或持票人因恶意或重大过失从无权利人手中取得票据，出票人或票据的真正权利人起诉要求返还票据。《票据法》第12条规定："以欺诈、偷盗或者胁迫等手段取得票据的，或者明知有前列情形，出于恶意取得票据的，不得享有票据权利。持票人因重大过失取得不符合本法规定的票据的，也不得享有票据权利。”

二是出票人或持票人的直接前手基于基础关系的抗辩事由要求持票人返还票据的纠纷。依据为《最高人民法院关于审理票据纠纷案件若干问题的规定》第 2 条规定：“依照票据法第十条的规定，票据债务人（即出票人）以在票据未转让时的基础关系违法、双方不具有真实的交易关系和债权债务关系、持票人应付对价而未付对价为由，要求返还票据而提起诉讼的，人民法院应当依法受理。”

具体如甲公司与乙公司签订买卖合同，甲公司向乙公司开出票据作为货款支付方式，但乙公司未按期交付货物，甲公司以乙公司未支付对价为由，起诉要求返还票据。需强调的是，基于基础关系中抗辩事由要求返还票据的纠纷，只能在直接当事人之间进行，即由持票人的直接前手针对持票人提起。

【管辖】

票据纠纷包括票据权利纠纷和非票据权利纠纷，均应当依据《民事诉讼法》第 25 条确定管辖。出票人或前手持票人行使票据返还请求权引发的票据返还请求权纠纷，属于票据法上的非票据权利纠纷，也应依据《民事诉讼法》第 25 条、2020 年《最高人民法院关于审理票据纠纷案件若干问题的规定》第 6 条第 1 款，由票据支付地或者被告住所地人民法院管辖。

【法律适用】

处理票据返还请求权的法律依据主要是《民法典》第 179 条、《票据法》第 12 条以及《最高人民法院关于审理票据纠纷案件若干问题的规定》等相关规定。

【确定该案由应当注意的问题】

审判实践中可能出现票据付款请求权纠纷与票据返还请求权纠纷竞合的情形，即在持票人提起票据付款请求权纠纷诉讼的同时，出票人或持票人的前手提起票据返还请求权纠纷诉讼。因行使票据付款请求权需以合法持有票据为先决条件，故在这种情形下，应先解决票据返还请求权纠纷以确定票据持有的合法性问题，再根据相关诉讼结果，继而解决票据付款请求权纠纷。

票据具有流通性功能，在实践中难免出现票据丧失的情形，对相应救济问题需予以关注。《票据法》第15条规定："票据丧失，失票人可以及时通知票据的付款人挂失止付，但是，未记载付款人或者无法确定付款人及其代理付款人的票据除外。收到挂失止付通知的付款人，应当暂停支付。失票人应当在通知挂失止付后三日内，也可以在票据丧失后，依法向人民法院申请公示催告，或者向人民法院提起诉讼。"在实践中，对持票人明确的情形，出票人或持票人前手（失票人）可起诉要求持票人返还票据，适用票据返还请求权纠纷案由。但对于票据因被盗、遗失等原因，导致持票人不明或者票据灭失，没有持票人等情形，出票人或持票人前手只能通过公示催告程序进行救济，适用申请公示催告案由。

公示催告程序，是人民法院根据申请人的申请，以公示方式催告不明的利害关系人在法定期间内申报权利，若逾期无人申报权利，将根据申请人的申请依法作出除权判决的程序。公示催告程序的性质属于非讼程序，其不解决当事人之间的实质争议，只是以公示的方式，从程序上解决票据被盗、遗失或者灭失等有关问题。公示催告程序的主要作用在于催告利害关系人在法定期间内申报权利。若无人申报权利，则将根据申请人的申请作出除权判决，从而恢复权利人票据上的权利。

344. 票据损害责任纠纷

【释义】

票据当事人、金融机构工作人员等主体，违反《票据法》规定的程序、要件，实施票据行为或者与票据相关的行为，可能导致票据关系产生、变更或消灭，直接影响票据权利义务，给其他票据当事人造成损失，票据侵害行为人应承担相应的损害赔偿责任。需强调的是，上述责任不属于民法上一般意义的侵权责任，而是由《票据法》直接规定的票据损害责任。

票据损害责任纠纷是指票据当事人、金融机构工作人员等，因违反《票据法》规定，从事票据行为或者其他与票据相关的行为，给他人造成损失而引发的纠纷。

票据损害责任纠纷案件主要有以下特点：一是原告通常是因票据侵害行为受到损失的票据当事人。被告则是所谓的票据侵害行为人，可能是票据当事人。如伪造、变造票据的持票人，因重大过失致使付款对象错误的付款人；也可能是票据当事人以外的人，如实施违反票据法规定行为的金融机构工作人员。二是被诉侵害行为，是《票据法》规定承担赔偿责任的行为或者其他违反票据法规定的行为。三是诉讼请求一般为请求赔偿因被诉侵害行为造成的经济损失、相关费用，而不是请求履行票据义务。

实践中，票据损害责任纠纷类型主要有：

1. 因金融机构工作人员玩忽职守、实施违反票据法规定行为引发的赔偿责任纠纷。根据《票据法》第 104 条规定，由于金融机构工作人员因其玩忽职守行为给当事人造成损失的，由该金融机构和直接责任人员依法承担赔偿责任。对此，《最高人民法院关于审理票据纠纷案件若干问题的规定》第 74 条进一步规定：“依照票据法第一百零四条的规定，由于金融机构工作人员在票据业务中玩忽职守，对违反票据法规定的票据予以承兑、付款、贴现或者保证，给当事人造成损失的，由该金融机构与直接责任人员依法承担连带责任。”

2. 因付款人故意压票、拖延支付引发的赔偿责任纠纷。即票据付款人对明知是见票即付的票据或者到期的票据，不及时支付票据金额，因此引发的赔偿责任纠纷。根据《票据法》第105条第2款的规定，票据的付款人故意压票，拖延支付，给持票人造成损失的，依法承担赔偿责任。

3. 因伪造、变造票据记载事项引发的赔偿责任纠纷。伪造通常指假冒或者虚构他人名义为票据签章的行为。变造则常指无权更改票据内容的人，对票据上签章以外的记载事项予以变更的行为。根据《票据法》第14条第1款规定，票据上的记载事项应当真实，不得伪造、变造。伪造、变造票据上的签章和其他记载事项的，应当承担法律责任。

4. 因付款人及其代理人错误付款引发的赔偿责任纠纷。付款人或代理付款人向票据实际权利人之外的他人错误付款，必然给票据实际权利人造成损失，可能因此引发赔偿责任纠纷。《票据法》第57条规定，付款人及其代理付款人付款时，应当审查汇票背书的连续，并审查提示付款人的合法身份证明或者有效证件。付款人及其代理付款人以恶意或者有重大过失付款的，应当自行承担责任。

5. 因承兑人或者付款人不出具拒绝证明引发的赔偿责任纠纷。在拒绝持票人提示承兑或者提示付款的情况下，应当出具拒绝证明或者退票理由书，是《票据法》规定承兑人、付款人应承担的义务。若承兑人或者付款人违反该义务，将阻碍持票人后续行使追索权，并可能进一步扩大持票人的损失。为此，《票据法》第62条第2款规定："持票人提示承兑或者提示付款被拒绝的，承兑人或者付款人必须出具拒绝证明，或者出具退票理由书。未出具拒绝证明或者退票理由书的，应当承担由此产生的民事责任。"

6. 因持票人未按规定期限，通知追索引发的赔偿责任纠纷。持票人将其虽作承兑提示或者付款提示但被拒绝，不能行使付款请求权的情况，以书面形式告知被追索人。是持票人行使追索权的必备条件，也是持票人对其前手的应尽义务，否则将承担相应的赔偿责任。《票据法》第 66 条规定："持票人应当自收到被拒绝承兑或者被拒绝付款的有关证明之日起三日内，将被拒绝事由书面通知其前手；其前手应当自收到通知之日起三日内书面通知其再前手。持票人也可以同时向各汇票债务人发出书面通知……因延期通知给其前手或者出票人造成损失的，由没有按照规定期限通知的汇票当事人，承担对该损失的赔偿责任，但是所赔偿的金额以汇票金额为限。"

7. 因签发空头支票引发的赔偿责任纠纷。我国《票据法》关于空头支票的禁止性规定非常严格。《票据法》第 87 条规定："支票的出票人所签发的支票金额不得超过其付款时在付款人处实有的存款金额。出票人签发的支票金额超过其付款时在付款人处实有的存款金额的，为空头支票。禁止签发空头支票。"签发空头支票，一方面，直接侵害收款人、持票人的合法权益，使其票据权利无从得到保障；另一方面，损害相关主体的商业信誉，影响金融安全和秩序。因此，应承担相应的赔偿责任。《最高人民法院关于审理票据纠纷案件若干问题的规定》第 72 条规定："因出票人签发空头支票、与其预留本名的签名式样或者印鉴不符的支票给他人造成损失的，支票的出票人和背书人应当依法承担民事责任。"

8. 因票据保证无效引发的赔偿责任纠纷。票据保证是保障票据权利实现的重要方式，若票据保证因违反票据法规定被认定无效，极可能给票据权利人带来损失，相关人员需承担相应的赔偿责任。《最高人民法院关于审理票据纠纷案件若干问题的规定》第 60 条规定："票据保证无效的，票据的保证人应当承担与其过错相应的民事责任。"

9. 因出票人越权补充事项引发的赔偿责任纠纷。票据属于文义证券，出票人补充记载事项将直接影响票据权利义务，若其补充事项超出授权范围，可能给他人造成损失，应承担相应的赔偿责任。《最高人民法院关于审理票据纠纷案件若干问题的规定》第 67 条规定："对票据未记载事项或者未完全记载事项作补充记载，补充事项超出授权范围的，出票人对补充后的票据应当承担票据责任。给他人造成损失的，出票人还应当承担相应的民事责任。”

10. 因未按法定形式出票或签章引发的赔偿责任纠纷。票据属于要式证券，未严格按法定程序、要件进行出票或签章，可能导致票据行为无效，将给他人造成损失，故需承担相应的民事赔偿责任。《最高人民法院关于审理票据纠纷案件若干问题的规定》第75条作了相应规定，由于出票人制作票据或者其他票据债务人未按照法定条件在票据上签章，给他人造成损失的，除应当按照所记载事项承担票据责任外，还应当承担相应的民事责任。持票人明知或者应当知道前款情形而接受的，可以适当减轻出票人或者票据债务人的责任。

11. 因其他违反《票据法》规定的行为引发的赔偿责任纠纷。《票据法》第106条规定：“依照本法规定承担赔偿责任以外的其他违反本法规定的行为，给他人造成损失的，应当依法承担民事责任。”因此，如果行为人具有其他违反《票据法》规定的行为，并造成他人损失的，也可能引发赔偿责任纠纷。

【管辖】

票据纠纷诉讼，适用特殊地域管辖。根据《民事诉讼法》第25条关于票据纠纷管辖的规定：“因票据纠纷提起的诉讼，由票据支付地或者被告住所地人民法院管辖。”2000年修正的最高人民法院《关于审理票据纠纷案件若干问题的规定》进一步强调了上述管辖规则，在第6条第1款规定：“因票据权利纠纷提起的诉讼，依法由票据支付地或者被告住所地人民法院管辖”，与《民事诉讼法》第25条表述保持一致。

【法律适用】

处理票据损害责任纠纷的法律依据主要是《票据法》第14条、

第55条、第57条、第62条、第66条、第104－106条，以及《最高人民法院关于审理票据纠纷案件若干问题的规定》第60条、第67条、第72条、第75条等相关规定。

【确定该案由应当注意的问题】

应注意这一案由与因申请财产保全损害责任纠纷案由的区别。《最高人民法院关于审理票据纠纷案件若干问题的规定》规定了因申请票据保全错误的赔偿责任，第7条规定，人民法院在审理、执行票据纠纷案件时，对具有下列情形之一的票据，经当事人申请并提供担保，可以依法采取保全措施或者执行措施：（1）不履行约定义务，与票据债务人有直接债权债务关系的票据当事人所持有的票据；（2）持票人恶意取得的票据；（3）应付对价而未付对价的持票人持有的票据；（4）记载有“不得转让”字样而用于贴现的票据；（5）记载有“不得转让”字样而用于质押的票据；（6）法律或者司法解释规定有其他情形的票据。第71条规定，当事人因申请票据保全错误而给他人造成损失的，应当依法承担民事责任。需指出的是，票据损害责任是因实施违反《票据法》规定行为而产生，适用法律为《票据法》；而因申请票据保全错误的赔偿责任则系因申请保全错误而产生，适用法律除了《票据法》之外，更主要是《民法典》和《民事诉讼法》，故相关诉讼案件的案由应确定为因申请财产保全损害责任纠纷，而不能定为票据损害责任纠纷。

345. 票据利益返还请求权纠纷

【释义】

票据利益返还请求权是指因票据时效已过或者保全手续欠缺而导

致丧失票据权利，持票人请求出票人或承兑人返还其所受利益的权利。这是为平衡票据当事人的利益，票据法专门赋予持票人的救济权利。

票据利益返还请求权的行使情形有两类：一是票据时效已过，持票人的票据权利因此消灭；二是持票人因行使或保全票据权利的手续欠缺而使票据权利消灭。手续欠缺主要包括：持票人因未按照规定期间提示承兑或提示付款而丧失追索权或者因不能提供或未按时提供拒绝证明而丧失追索权等。

《票据法》对票据时效设置较短，对票据行为规定严格的程序、要件，持票人易因时效经过或违反规定导致失权并蒙受损失。相反，票据出票人、承兑人则可能因此获益。对于这种票据关系中的权利失衡，难以通过民法上的现有制度予以调整。具体而言：一方面，出票人、承兑人获益，主观上并未任何过错，客观上也无侵害他人行为，不能用损害赔偿制度加以衡平。另一方面，出票人、承兑人获益，源于时效经过或持票人等违反《票据法》规定，即系基于法律相关规定，也不宜用不当得利制度施以干预。因此，《票据法》建立利益偿还请求权制度，旨在为弥补持票人损失、谋求票据当事人利益平衡，提供专门权利保障。

《票据法》第18条对票据利益返还请求权进行了规定："持票人因超过票据权利时效或者因票据记载事项欠缺而丧失票据权利的，仍享有民事权利，可以请求出票人或者承兑人返还其与未支付的票据金额相当的利益。"

利益偿还请求权性质上不属于票据权利，而是一种《票据法》上的非票据权利。利益偿还请求权的权利人是持票人，包括收款人、最后的被背书人、因清偿票据债务而取得票据的背书人和保证人。

因票据利益返还请求权而引发的纠纷，即票据利益返还请求权纠纷，具体是指因某种原因而丧失票据权利的持票人与因此获益的出票人、承兑人等之间存在的返还额外利益引发的纠纷。

【管辖】

票据纠纷诉讼，适用特殊地域管辖。根据《民事诉讼法》第25条关于票据纠纷管辖的规定："因票据纠纷提起的诉讼，由票据支付地或者被告住所地人民法院管辖。"2000年修正的最高人民法院《关于审理票据纠纷案件若干问题的规定》进一步强调了上述管辖规则，在第6条第1款规定："因票据权利纠纷提起的诉讼，依法由票据支付地或者被告住所地人民法院管辖"，与《民事诉讼法》第25条表述保持一致。

【法律适用】

处理票据利益返还请求权纠纷的法律依据主要是《票据法》第18条、《最高人民法院关于审理票据纠纷案件若干问题的规定》等相关规定。

【确定该案由应当注意的问题】

应注意区分票据返还请求权纠纷与票据利益返还请求权纠纷。

一是诉讼主体不同，票据返还请求权纠纷的原告是出票人或前手持票人，被告一般则是取得票据的后手持票人或承兑人。票据利益返还请求权纠纷的原告为持票人，包括收款人、最后的被背书人、因清偿票据债务而取得票据的背书人和保证人，被告则是出票人或承兑人。

二是诉讼请求不同。票据返还请求权纠纷的诉讼请求为返还票据；票据利益返还请求权纠纷的诉讼请求，一般为返还与未支付票据金额相当的利益。

三是请求权基础不同。票据具有无因性，票据返还请求权纠纷，只能是在违法取得票据或其他法定情形下，后手持票人不享有票据权利，出票人或前手持票人行使票据返还请求权。票据利益返还请求权纠纷，一般是由于票据权利丧失，出票人或承兑人因此额外受益，持票人行使票据利益返还请求权。

346. 汇票回单签发请求权纠纷

【释义】

汇票回单签发请求权是指持票人向付款人提示承兑并向付款人交付汇票后，请求付款人签发收到汇票的回单的权利。

付款人是否实施承兑行为，直接关系到应否承担支付票据金额的责任问题。为确保付款人有时间可供决策，各国或地区票据法律一般规定在持票人提示承兑时，应给予付款人一定时间考虑和准备。根据《票据法》第 41 条第 1 款规定："付款人对向其提示承兑的汇票，应当自收到提示承兑的汇票之日起三日内承兑或者拒绝承兑。"因权利人行使汇票权利，需以实际持有票据为前提。故当付款人收到持票人提示的汇票后，付款人应向持票人签发收据，即汇票回单，持票人以此证明其确为汇票持有人，已向付款人提示承兑，避免其汇票权利受不利影响。所以，《票据法》第 41 条第 2 款规定："付款人收到持票人提示承兑的汇票时，应当向持票人签发收到汇票的回单。回单上应当记明汇票提示承兑日期并签章。"提示汇票承兑的汇票持票人，因与付款人发生签发汇票回单的引发的纠纷，即为汇票签发回单请求权纠纷。

【管辖】

票据纠纷诉讼，适用特殊地域管辖。根据《民事诉讼法》第 25 条关于票据纠纷管辖的规定："因票据纠纷提起的诉讼，由票据支付地或者被告住所地人民法院管辖。”2000年修正的最高人民法院《关于审理票据纠纷案件若干问题的规定》进一步强调了上述管辖规则，在第6条第1款规定：“因票据权利纠纷提起的诉讼，依法由票据支付地或者被告住所地人民法院管辖”，与《民事诉讼法》第25条表述保持一致。

【法律适用】

处理汇票回单签发请求权纠纷的法律依据主要是《票据法》第41条、《最高人民法院关于审理票据纠纷案件若干问题的规定》等相关规定。

【确定该案由应当注意的问题】

《票据法》第41条第2款规定了付款人签发汇票回单的义务，但实践中持票人若依据该条规定行使汇票回单签发请求权，即便起诉后取得胜诉结果，也只能是人民法院判决付款人签发汇票回单，并不能确保持票人后续能顺利获得票据金额，一般仍需行使付款请求权或追索权，故在付款人不履行签发汇票回单义务的情况下，持票人更易于继续行使付款请求权或追索权，案由为票据付款请求权纠纷或票据追索权纠纷，以一次性解决纠纷。因此，司法实践中因行使汇票回单签发请求权引发的诉讼案件十分少见。

347. 票据保证纠纷

【释义】

票据保证，是指票据债务人以外的第三人，以担保票据债务为内容，在票据上记载相应事项并签章的票据行为。

在票据保证关系中，保证人是实施保证行为的当事人；被保证人是票据关系中的债务人，可以是出票人、背书人、承兑人；债权人通常是被保证人的后手，即被背书人、持票人。

保证行为是一种票据行为，基于票据行为独立性原则，保证人的票据责任也具有独立性，在保证行为有效的条件下，被保证的票据债务即使因欠缺行为能力、签章不真实等原因而无效，保证人仍应承担保证责任。

票据保证责任是一种连带责任。一方面，保证人与被保证人承担连带责任，被保证人不享有先诉抗辩权；另一方面，保证人为 2 人以上的，保证人之间承担连带责任。在存在票据保证的情况下，票据债权人可依自己意愿，可以选择向被保证人请求履行债务，也可选择直接向保证人请求履行债务，而无须先向被保证人请求履行债务。

票据保证纠纷是指票据债务人作为被保证人，与保证人、票据债权人之间因票据保证引发的纠纷。

【管辖】

票据纠纷诉讼，适用特殊地域管辖。根据《民事诉讼法》第 25 条关于票据纠纷管辖的规定："因票据纠纷提起的诉讼，由票据支付地或者被告住所地人民法院管辖。"2000 年修正的最高人民法院《关于审理票据纠纷案件若干问题的规定》进一步强调了上述管辖规则，在第 6 条第 1 款规定："因票据权利纠纷提起的诉讼，依法由票据支付地或者被告住所地人民法院管辖"，与《民事诉讼法》第 25 条表述保持一致。

【法律适用】

处理票据保证纠纷的法律依据主要是《票据法》第 45 条至第 52

条、第80条以及《最高人民法院关于审理票据纠纷案件若干问题的规定》第59条、第61条。

【确定该案由应当注意的问题】

在审判实践中，需要注意区分票据保证纠纷与票据质权纠纷两种案由。

质权属于重要的担保物权，《民事案件案由规定》将质权纠纷列为担保物权纠纷项下的第三级案由，同时按照质权标的不同，又列了包括票据质权纠纷在内的12个第四级案由。

《票据法》第35条第2款规定："汇票可以设定质押；质押时应当以背书记载'质押'字样。被背书人依法实现其质权时，可以行使汇票权利。"票据质权属于权利质权，是指以汇票、本票、支票等票据权利为标的设置的质权，票据质权纠纷则是因票据质权的设立、内容、实现等引发的纠纷。

票据保证纠纷与票据质权纠纷两种案由存在显著不同：(1) 性质不同。票据保证是票据法规定的一种票据行为，票据保证纠纷基于票据法上的非票据关系引发，属于广义上的票据纠纷。票据质权纠纷基于民法上的担保法律关系引发，性质属于担保物权纠纷。(2) 当事人不同。在票据保证纠纷中，当事人一般是票据法律关系的当事人，保证人是实施保证行为的当事人；被保证人是票据关系中的债务人，可以是出票人、背书人、承兑人；债权人通常是被保证人的后手，即被背书人、持票人。(3) 管辖法院不同。票据保证纠纷应按照票据法上的非票据权利纠纷确定管辖。票据质权纠纷是因票据质权的设立、内容、实现等引发的纠纷，一般应按照产生纠纷的基础法律关系来确定管辖。例如，争议双方存在质押合同关系，则应依据质押合同纠纷确定管辖。

348. 确认票据无效纠纷

【释义】

票据有效，是指票据凭证符合法定要件，能作为法律上的有价证券。相反，票据无效，则是指票据凭证不符合法定要件，不能作为法律上的有价证券。需注意的是，票据有效性与票据行为有效性应严格区分。票据有效性反映票据凭证是否符合法定要件，能否作为法律上的有价证券；票据行为有效性，则反映当事人实施的票据行为是否符合法定的程序、要件，能否发生法律上的效力。

票据有效性是票据法律关系、票据行为有效性的前提。若票据本身无效，当事人之间不能形成票据权利义务关系，当事人在票据上实施的任何行为，均无法产生票据法上的预期效果，票据行为的有效性也就无从谈起。如付款请求权、追索权等票据权利的行使，均以票据有效为前提。

票据有效的要件是对票据外观形式上的要求，具体如下：一是票据样式符合国家统一规定。二是绝对必要记载事项符合票据法规定。记载事项不得有遗漏、欠缺，具体记载要求符合票据要求。《票据法》第 9 条第 1 款规定，票据上的记载事项必须符合《票据法》的规定。三是票据记载事项不得违法更改。《票据法》第 9 条第 2 款规定，票据金额、日期、收款人名称不得更改，更改的票据无效。

确认票据无效纠纷，是指因票据不符合法定形式要件而被请求确认不具有《票据法》上的效力而引发的纠纷。

【管辖】

票据纠纷诉讼，适用特殊地域管辖。根据《民事诉讼法》第 25

条关于票据纠纷管辖的规定："因票据纠纷提起的诉讼，由票据支付地或者被告住所地人民法院管辖。"2000年修正的最高人民法院《关于审理票据纠纷案件若干问题的规定》进一步强调了上述管辖规则，在第6条第1款规定："因票据权利纠纷提起的诉讼，依法由票据支付地或者被告住所地人民法院管辖"，与《民事诉讼法》第25条表述保持一致。

【法律适用】

处理确认票据无效纠纷的法律依据主要是《票据法》第8条、第9条、第14条、第22条、第75条、第84条，《最高人民法院关于审理票据纠纷案件若干问题的规定》第40条至第46条。

【确定该案由应当注意的问题】

确定该案由应当注意审查原告所提诉讼请求，只有提出了确认票据无效的诉求，才能定为确认票据无效纠纷。

如案例中，大东公司与天福公司发生纠纷，大东公司向人民法院起诉，要求确认天福公司受让涉案汇票的行为无效，依法判决大东公司是涉案汇票的权利人。鉴于大东公司并不主张确认涉案票据无效，反而实际上认可涉案票据的有效性，故本案案由宜定为第二级案由票据纠纷，而不应定第三级案由确认票据无效纠纷。

349. 票据代理纠纷

【释义】

票据代理是指代理人根据被代理人的授权，以被代理人的名义实施的票据行为。票据代理人在授权范围内，实施代理票据行为的，其法律后果由被代理人承担。较之民法中的代理制度，票据法中的代理制度更加注重票据流通、交易安全，奉行更加严格的外观主义。《票据法》第5条第1款规定，票据当事人可以委托其代理人在票据上签章，并应当在票据上表明其代理关系。据此，票据代理的成立，应当符合以下要件：（1）在票据上表明代理关系。即通过在票据上进行文字记载，表明签章人与委托人之间的代理关系。在票据上载明被代理人的姓名或名称，并记载表示“代理”意思的文字。（2）代理人在票据上签章。代理人应以自己的名义，而不是被代理人的名义签章。（3）代理权仅限于委托代理。《票据法》规定无民事行为能力人和限制民事行为能力人在票据上的签章无效，若法定代理人通过代理票据行为的方式，为被监护人单方设定义务，将与《票据法》的规定存在价值冲突，同时也不利于被监护人的利益保护。故一般认为，票据代理权的类型，仅限于委托代理，不包括法定代理。

《票据法》第5条第2款规定还规定了票据代理的特殊情形，没有代理权而以代理人名义在票据上签章的，应当由签章人承担票据责任；代理人超越代理权限的，应当就其超越权限的部分承担票据责任。一是不承认隐名代理，代理人如不在票据上载明其是代理他人，即使其具有代理权，也应自行承担票据责任。二是无权代理应自担责任。无代理权或超越代理权限而以代理人名义在票据上签名的人应自行负担票据上的责任。三是越权代理就超越权限的部分自担责任。超越代理权限而以代理人名义在票据上签名的人，应就超越权限的部分自行负担票据上的责任。

票据代理纠纷是指票据当事人作为被代理人，与其代理人、第三人之间因为票据代理行为而引发的纠纷。

【管辖】

因为票据代理纠纷是票据当事人、代理人或第三人之间，基于票据代理行为发生的，性质上不属于票据法上的票据权利纠纷，与票据支付地无直接关联，所以不宜以票据支付地为管辖连接点确定管辖，可依据原告就被告的一般地域管辖原则确定管辖，此类纠纷案件由被告住所地法院管辖。

【法律适用】

处理票据代理纠纷的法律依据主要是《票据法》第 5 条、《最高人民法院关于审理票据纠纷案件若干问题的规定》等相关规定。

【确定该案由应当注意的问题】

直接基于票据代理行为发生的纠纷才能定为票据代理纠纷，否则不能适用这一案由。

如案例中，李某承诺可替陈某代为办理一份商业承兑汇票的兑现事务，要求陈某先行支付报酬 10 万元。陈某通过银行向李某转账 10 万元，并交付了需要承兑的汇票。后因李某未办成票据承兑事务，其出具承诺书于 2018 年 11 月前退还 10 万元，但到期后未予返还。陈某以票据代理纠纷案由，向法院起诉退还 10 万元。

该案中，陈某依据李某出具承诺书起诉李某，要求李某返还 10 万元报酬，虽该承诺书与代理票据兑现事务有关，但该承诺书并不直接涉及票据代理行为，故该案案由应为合同纠纷，陈某以票据代理纠纷案由起诉不当。

350. 票据回购纠纷

【释义】

票据回购，也称票据转贴现，指银行持未到期的、已贴现的商业汇票向其他银行等进行转贴现以融通资金的票据行为。票据回购主要目的在于拓宽资金运用渠道，解决办理票据贴现业务后出现的临时资金周转困难。

票据回购一般发生在银行之间。银行作为专业金融机构，应当严格遵守审慎经营规则，按照国家法律、法规及行业规范合规办理业务，以维护我国金融秩序。《票据法》第4条第2款规定："持票人行使票据权利，应当按照法定程序在票据上签章，并出示票据。"《中国人民银行支付结算办法》第93条规定："贴现银行可持未到期的商业汇票向其他银行转贴现，也可向中国人民银行申请再贴现。贴现、转贴现、再贴现时，应作成转让背书，并提供贴现申请人与其直接前手之间的增值税发票和商品发运单据复印件。"根据以上规定，票据的转贴现应制作转让背书，并由贴出方将票据交付贴入方。

票据回购纠纷，即因银行票据回购行为引发的纠纷。

【管辖】

票据纠纷诉讼，适用特殊地域管辖。根据《民事诉讼法》第25条关于票据纠纷管辖的规定："因票据纠纷提起的诉讼，由票据支付地或者被告住所地人民法院管辖。"2000年修正的最高人民法院《关于审理票据纠纷案件若干问题的规定》进一步强调了上述管辖规则，在第6条第1款规定："因票据权利纠纷提起的诉讼，依法由票据支付地或者被告住所地人民法院管辖"，与《民事诉讼法》第25条表述保持一致。

【法律适用】

《票据法》没有处理票据回购纠纷的专门规定。处理此类纠纷可以参考中国农业银行《关于印发〈中国农业银行商业汇票回购业务管理办法（试行）〉的通知》、中国银行《关于发送〈中国银行转贴现业务管理暂行办法〉的通知》等相关规定。

【确定该案由应当注意的问题】

实践中，同时存在贴现、转贴现、再贴现等易混淆的票据行为。贴现是指收款人将未到期的票据背书后转让给受让人，受让人按票面金额扣去自贴现日至到期日的利息，将剩余金额支付给持票人。转贴现是指办理贴现的银行将其贴进的未到期票据，再向其他银行或贴现机构进行贴现的票据转让行为。再贴现是指中央银行通过买进商业银行持有的、已贴现未到期的票据，向商业银行提供融资支持的行为。

票据贴现、转贴现和再贴现，虽在行为本质上均是转让未到期票据，以获取资金的票据融资行为；但在行为主体上具有明显差异：贴现时常发生在企业、个人与银行之间，转贴现一般发生在银行与银行之间，再贴现只能发生在银行与央行之间。

贴现是收款人（持票人）将未到期票据背书转让给受让人（贴现行）。若票据到期后，受让人未获付款，可向其前手追索，故因票据贴现引发的纠纷，较多适用案由票据追索权纠纷。因票据转贴现引发的纠纷，案由应适用票据回购纠纷。再贴现发生在银行与央行之间，司法实践中尚未发现此类纠纷起诉到法院。

二十九、信用证纠纷

信用证纠纷是指在信用证开立、通知、修改、撤销、保兑、议付、偿付等环节产生的纠纷以及与信用证相关的纠纷。如开证申请人与开证行之间因申请开立信用证而产生的欠款追偿纠纷、委托人和受托人之间因委托开立信用证产生的纠纷、担保人为申请开立信用证或者委托开立信用证提供担保而产生的纠纷以及信用证项下融资等产生的纠纷。司法实践中，以下三种信用证纠纷最为常见：第一类是受益人与议付行以及议付行与开证行之间的议付纠纷；第二类是开证行付款后向开证申请人及担保人的欠款追偿纠纷；第三类是开证申请人等起诉要求法院终止开证行支付信用证项下款项的欺诈纠纷。信用证纠纷为第二级案由。

国际贸易的地域特点决定进口商（买方）与出口商（卖方）无法建立在“一手交钱、一手交货”的即时贸易上。作为国际贸易中常用的支付工具，信用证是指银行根据进口商的请求，开给出口商的一种保证承担支付货款责任的书面凭证。国际商会在《跟单信用证统一惯例》中将信用证定义为：“一项不可撤销的安排，无论其名称或描述如何，该项安排构成开证行对相符交单予以承付的确定承诺。”国际贸易中的大多数货物运输为海洋运输，而多数海运提单是进口商提货的凭证，没有单据就无法提货，信用证业务选择单据作为交易的基础，单据成为受益人向开证行议付货款的砝码。因此，信用证更适合与使用货权单据凭以提货的货物运输方式相结合。由于银行信用的介入，信用证业务较好地保护了进出口双方的权益，是最为安全的国际结算工具，也是常用的融资工具。

信用证的性质是银行有条件的付款承诺并不可随意撤销，银行的付款义务具有单务性、独立性的特征。信用证机制的独立原则决定了信用证单据交易的特性，信用证的付款条件是相符交单。信用证各方当事人在信用证下处理的仅仅是单据。这些单据包括金融类单据、财务类单据、运输类单据、公证类单据等，这些单据会在信用证中予以明确。按照付款时间及兑用方式，信用证分为即期付款信用证、延期付款信用证、承兑信用证及议付信用证。

人民法院审理的信用证纠纷一般都具有涉外因素，通常都是信用证的开证申请人因进出口贸易的需要，向国内银行申请对外开立信用证，或者是受益人接受国外银行开出的信用证，或者是国内银行作为议付行接受国外银行开出的信用证等。信用证开出后一般涉及两个甚至更多不同国家的当事人之间的关系。管辖方面，《最高人民法院关于审理信用证纠纷案件若干问题的规定》没有对信用证纠纷的管辖问题作出特殊规定，人民法院应依《民事诉讼法》的规定确定管辖。为避免信用证纠纷案件在同一法院不同的业务庭审理而导致裁判尺度不一，信用证纠纷案件包括申请中止支付信用证项下款项案件统一由负责审理涉外民商事案件的业务庭审理。由于我国法律体系中没有禁令或止付令的规定，中止支付信用证项下款项的裁定是程序上的保全措施。

法律适用方面，《最高人民法院关于审理信用证纠纷案件若干问题的规定》是人民法院处理信用证纠纷的专门规定。信用证当事人一般都会在开立的信用证上明确约定适用《跟单信用证统一惯例》。最新版《跟单信用证统一惯例》是国际商会第600号出版物，2007年7月1日起生效施行，全称为《跟单信用证统一惯例——2007年修订本，国际商会第600号出版物》，简称为UCP600 。根据意思自治原则，如果当事人明确约定适用《跟单信用证统一惯例》，人民法院充分尊重当事人的选择。跟单信用证也可以规定修改或排除《跟单信用证统一惯例》某一规定的适用。作为经反复适用而得到普遍认可的统一国际惯例，即便当事人之间没有约定适用《跟单信用证统一惯例》，只要涉及信用证在履行中的问题，根据《最高人民法院关于审理信用证纠纷案件若干问题的规定》第2条的规定，人民法院也会参照适用该惯例。由于该惯例一直在不断地修订和完善过程中，以后将有可能被国际商会新的修订本所取代，届时，新的修订本将会被各国和地区金融界、工商界和法律界所接受，与此同时，也将为我国人民法院在审判实践中所适用。

按照支付标的划分，信用证可分为商业信用证和备用信用证两种。与较多用于货物贸易的商业信用证相比，备用信用证一般用于国际贸易的质量与售后担保、工程承包等非货物交易领域。由于与独立保函具有相同担保功能，备用信用证在交易流程、法律性质上与独立保函相同，仅在适用地域、名称上与独立保函不同。司法实践中，涉及备用信用证的纠纷时，人民法院应适用专门处理独立保函争议的《最高人民法院关于审理独立保函纠纷案件若干问题的规定》。因此，可以根据案件的争议焦点，对备用信用证纠纷适用独立保函纠纷的具体案由。

《民事案件案由规定》将信用证纠纷单列为第二级案由，并在该第二级案由下，根据信用证从开立到付款的各主要环节，将委托开立信用证纠纷、信用证开证纠纷、信用证议付纠纷、信用证欺诈纠纷、信用证融资纠纷、信用证转让纠纷列为第三级案由，如果案件争议的焦点是该六类争议中的一种，则直接将该第三级案由作为案件的案由予以适用。若涉及信用证的纠纷超出上述几类，受理案件的人民法院可以适用第二级案由即信用证纠纷作为案件的案由。如果纠纷涉及上述六类争议中两种及以上的情形，则应当适用第二级案由。但如果是受益人起诉开证行或议付行，或议付行起诉开证行请求支付信用证项下款项，欺诈也是争议焦点的，则应依原告的诉讼请求将案由确定为信用证议付纠纷。

各第三级案由的法律适用部分除指明审理该类纠纷案件所适用的法律外，由于大部分信用证纠纷均是涉外案件，对法院如何确定准据法一并作出了说明。应注意的是，不同的信用证法律关系由于相互独立，因此，可能适用不同的准据法。所以在一些案件中，受益人和开证申请人之间，开证行和开证申请人之间，开证行和受益人之间往往适用不同的准据法。

351. 委托开立信用证纠纷

【释义】

委托开立信用证是指委托人与受托人之间因委托开立信用证而产生的纠纷，性质为合同纠纷。

【管辖】

《民事诉讼法》第23条规定了关于合同纠纷案件管辖的一般规

定，因合同纠纷提起的诉讼，由被告住所地或者合同履行地的人民法院管辖。同时，该类案件属于当事人可以协议选择管辖法院的案件，因此，当事人可以依据《民事诉讼法》第34条规定的相关管辖连接点，就被告住所地、合同履行地、合同签订地、原告住所地等与争议由实际联系的地点书面协议选择有管辖权的法院管辖。如果是涉外案件，根据《民事诉讼法》第265条，因合同纠纷或者其他财产权益纠纷，对在中华人民共和国领域内没有住所的被告提起的诉讼，如果合同在中华人民共和国领域内签订或者履行，或者诉讼标的物在中华人民共和国领域内，或者被告在中华人民共和国领域内有可供扣押的财产，或者被告在中华人民共和国领域内设有代表机构，可以由合同签订地、合同履行地、诉讼标的物所在地、可供扣押财产所在地、侵权行为地或者代表机构住所地人民法院管辖。

【法律适用】

如果纠纷具有涉外因素，依《涉外民事关系法律适用法》第41条关于合同纠纷的冲突法规范确定准据法，即当事人可以约定准据法，当事人没有约定的，适用履行义务最能体现该合同特征的一方当事人经常居所地法律或者其他与该合同有最密切联系的法律。

人民法院审理信用证开证纠纷的法律依据主要是《民法典》《最高人民法院关于审理信用证纠纷案件若干问题的规定》以及《跟单信用证统一惯例》。作为该领域广泛适用的国际惯例，即使当事人没有约定适用《跟单信用证统一惯例》，法院也可以参照适用。

【确定该案由应当注意的问题】

该案由系第三级案由。实践中，委托人委托受托人以受托人的名义向开证行申请开立信用证的情况主要是由于委托人没有外贸代理权限或资信不足。对于进口货物，国家通常根据类别不同，给予不同的政策规定，比如许可证制度、配额管理制度、特定商品进口登记制度、进口付汇备案制度等，信用证项下的进口也不例外，需要根据进口货物情况，按照国家相关政策，办理所需各项进口报批手续，获得相应的批准文件。如果企业没有外贸代理权限，不符合政策规定，就会委托有资质的企业对外开立信用证，从而产生委托开立信用证的法律关系。严格讲，该法律法关系性质上并非信用证法律关系，而是委托代理法律关系，但由于该类纠纷与信用证纠纷密不可分，因此，将其作为第三级案由列入信用证纠纷的第二级案由下。

例如，甲公司与乙公司签订合同，委托乙公司代理其从国外进口铁矿石，同时甲公司还向乙公司提供了担保。乙公司接受了委托，与境外出口商丙公司订立了买卖合同，买卖合同中约定通过信用证方式付款。乙公司向开证行申请开立信用证，开证行对外开立了信用证。丙公司通过其所在地的银行向开证行提交了信用证项下要求的单据，开证行经过审单，认为符合信用证关于单据的要求，遂向丙公司付款。之后，乙公司向开证行支付了该笔款项。随后，乙公司向甲公司要求付款，甲公司未付，造成纠纷。甲公司与乙公司之间的纠纷就是委托开立信用证纠纷。

352. 信用证开证纠纷

【释义】

信用证开证纠纷是指开证申请人与开证行之间因申请、受理、开立信用证而产生的纠纷，性质为合同纠纷。争议焦点可能涉及要约和承诺等合同法上的一般的问题，以及导致合同不成立的缔约过失责任、申请条款与开立条款不一致等问题。

【管辖】

《民事诉讼法》第 23 条规定了合同纠纷案件管辖的一般规定，因合同纠纷提起的诉讼，由被告住所地或者合同履行地的人民法院管辖。同时，该类案件属于当事人可以协议选择管辖法院的案件，因此，当事人可以依据《民事诉讼法》第 34 条规定的相关管辖连接点，就被告住所地、合同履行地、合同签订地、原告住所地等与争议由实际联系的地点书面协议选择有管辖权的法院管辖。如果是涉外案件，根据《民事诉讼法》第 265 条，因合同纠纷或者其他财产权益纠纷，对在中华人民共和国领域内没有住所的被告提起的诉讼，如果合同在中华人民共和国领域内签订或者履行，或者诉讼标的物在中华人民共和国领域内，或者被告在中华人民共和国领域内有可供扣押的财产，或者被告在中华人民共和国领域内设有代表机构，可以由合同签订地、合同履行地、诉讼标的物所在地、可供扣押财产所在地、侵权行为地或者代表机构住所地人民法院管辖。此外，对于信用证欠款纠纷，如果有担保人为开证申请人申请开立信用证提供了担保，开证申请人与担保人同时被起诉的，应根据《最高人民法院关于〈中华人民共和国民法典〉有关担保制度的解释》第 21 条第 2 款“债权人一并起诉债务人和担保人的，应当根据主合同确定管辖法院”的规定确定管辖法院。

【法律适用】

如果纠纷具有涉外因素，依《涉外民事关系法律适用法》第 41 条关于合同纠纷的冲突法规范确定准据法，即当事人可以约定准据法，当事人没有约定的，适用履行义务最能体现该合同特征的一方当事人经常居所地法律或者其他与该合同有最密切联系的法律。

人民法院审理信用证开证纠纷的法律依据主要是《民法典》合同编、《最高人民法院关于审理信用证纠纷案件若干问题的规定》以及

《跟单信用证统一惯例》。作为该领域广泛适用的国际惯例，即使当事人没有约定适用《跟单信用证统一惯例》，法院也可以参照适用。

【确定该案由应当注意的问题】

该案由系第三级案由。开证申请人与开证行之间的开立合同关系性质为委托关系。进口商申请开证是贸易活动启动的第一步，由进口商作为申请人向开证银行申请，银行接受申请之后再向受益人开出信用证，在受益人提交单据后依据信用证审核单据。开证行在以自己的名义作出付款承诺之前，通常需要申请人先对开证行作出付款保证。这类保证包括开证保证金、抵押或质押担保、信用担保等。保证金和担保的数量，需要根据信用证金额的大小、申请人的资信等因素，由开证行与申请人商定，然后由申请人负责具体落实。开证保证一般包括保证金及授信两大类。如果开证申请人在申请开证时自己无法提交足额的保证金，银行还会同意其他担保人以自己的财产为开证申请人担保或提供保证。开证行在受益人提交相符交单向受益人付款后，就取得了对开证申请人的追偿权。如果开证申请人不能及时还款，银行可能会以开证申请人及担保人为被告提起诉讼，对这类开证行向申请人及担保人追偿的纠纷，虽然其法律关系也是由开证引起，但将其认定为信用证欠款纠纷更为准确。信用证欠款纠纷的争议焦点主要涉及开证行是否尽到审查义务、相符交单的认定、担保合同的效力等问题。

353. 信用证议付纠纷

【释义】

信用证议付纠纷是指受益人与开证行或议付行之间，或开证行与开证行的指定人或授权人之间因议付信用证而产生的纠纷，性质为合同纠纷。通常是信用证的受益人起诉开证行或议付行，或开证行的指定人或授权人起诉开证行。该类案件争议焦点主要涉及信用证的有效期、相符交单及不符点的认定、是否存在信用证欺诈情形等问题。

【管辖】

《民事诉讼法》第23条规定了合同纠纷案件管辖的一般规定，因合同纠纷提起的诉讼，由被告住所地或者合同履行地的人民法院管辖。同时，该类案件属于当事人可以协议选择管辖法院的案件，因此，当事人可以依据《民事诉讼法》第34条规定的相关管辖连接点，就被告住所地、合同履行地、合同签订地、原告住所地等与争议由实际联系的地点书面协议选择有管辖权的法院管辖。如果是涉外案件，根据《民事诉讼法》第265条，因合同纠纷或者其他财产权益纠纷，对在中华人民共和国领域内没有住所的被告提起的诉讼，如果合同在中华人民共和国领域内签订或者履行，或者诉讼标的物在中华人民共和国领域内，或者被告在中华人民共和国领域内有可供扣押的财产，或者被告在中华人民共和国领域内设有代表机构，可以由合同签订地、合同履行地、诉讼标的物所在地、可供扣押财产所在地、侵权行为地或者代表机构住所地人民法院管辖。

【法律适用】

如果纠纷具有涉外因素，依《涉外民事关系法律适用法》第41条关于合同纠纷的冲突法规范确定准据法，即当事人可以约定准据法，当事人没有约定的，适用履行义务最能体现该合同特征的一方当事人经常居所地法律或者其他与该合同有最密切联系的法律。

审理信用证议付纠纷的法律依据主要是《最高人民法院关于审理信用证纠纷案件若干问题的规定》以及《跟单信用证统一惯例》。作为该领域广泛适用的国际惯例，即使当事人没有约定适用《跟单信用证统一惯例》，法院也可以参照适用。

【确定该案由应当注意的问题】

该案由系第三级案由。信用证经受益人接受，构成开证行和受益人之间的合同。该合同项下，开证行的付款义务具有单务性，开证行同意在受益人提交相符单据时向受益人承担付款责任，受益人对开证行没有对待给付义务。由于单据是决定开证行能否付款的唯一依据，该类纠纷争议焦点通常围绕受益人的交单是否构成相符交单展开。通常，受益人可以直接向开证行交单，当开证行在信用证中指定了其他的银行作付款、议付或承兑时，受益人可以选择向被指定的银行交单。当信用证规定可由任何银行兑用时，任何银行都是被指定银行，受益人可以选择自己最为方便的银行交单。在受益人向信用证规定的被指定银行交单的情况下，相符单据构成了被指定银行的付款责任。只要被指定行严格按照信用证规定操作，最终开证行就要承担付款责任。司法实践中，对于信用证议付纠纷，开证行或被指定的银行也可能会以受益人的索赔构成欺诈，付款应当被终止支付为由抗辩，此时虽然欺诈也是案件的争议焦点，受理案件的法院仍应根据原告即受益人的诉讼请求确定案由为信用证议付纠纷。

354. 信用证欺诈纠纷

【释义】

信用证欺诈纠纷是指开证申请人、开证行等认为信用证项下的交单及索兑存在欺诈行为，请求法院终止信用证项下款项的纠纷，性质为侵权纠纷。争议焦点主要涉及相符交单及不符点的认定、对信用证独立性原则及欺诈例外情形的认定、欺诈的例外的例外的认定等问题。

对于大多数信用证欺诈纠纷，当事人会在起诉前或诉讼中同时申请法院签发独立信用证临时止付令，法院要同时处理信用证止付保全程序。

【管辖】

作为信用证履行过程中发生的侵权行为，信用证欺诈纠纷应按侵权纠纷确定管辖法院。《民事诉讼法》第 28 条规定，因侵权行为提起的诉讼，由侵权行为地或者被告住所地人民法院管辖。同时，该类案件属于当事人可以协议选择管辖法院的案件，因此，当事人可以依据《民事诉讼法》第 34 条规定的相关管辖连接点，就被告住所地、合同履行地、合同签订地、原告住所地等与争议由实际联系的地点书面协议选择有管辖权的法院管辖。如果是涉外案件，根据《民事诉讼法》第 265 条，因合同纠纷或者其他财产权益纠纷，对在中华人民共和国领域内没有住所的被告提起的诉讼，如果合同在中华人民共和国领域内签订或者履行，或者诉讼标的物在中华人民共和国领域内，或者被告在中华人民共和国领域内有可供扣押的财产，或者被告在中华人民共和国领域内设有代表机构，可以由合同签订地、合同履行地、诉讼标的物所在地、可供扣押财产所在地、侵权行为地或者代表机构住所地人民法院管辖。

根据《最高人民法院关于审理信用证纠纷案件若干问题的规定》第 11 条，信用证临时止付保全申请的受理法院是对该信用证纠纷案件享有管辖权的法院。根据《最高人民法院关于审理信用证纠纷案件若干问题的规定》第 13 条，当事人对人民法院就止付申请作出的裁定有异议的，可以向作出裁定的上一级人民法院申请复议。人民法院在审理信用证欺诈案件过程中，必要时还可以将信用证纠纷与基础交易纠纷一并审理。

【法律适用】

《跟单信用证统一惯例》并不涉及欺诈问题，信用证欺诈纠纷由各国和地区国内法调整。如果案件具有涉外因素，由于信用证欺诈纠纷为信用证履行过程中发生的侵权纠纷，故应按侵权纠纷的冲突法规范确定准据法，根据《涉外民事关系法律适用法》第44条的规定，侵权责任，适用侵权行为地法律，但当事人有共同经常居所地的，适用共同经常居所地法律。侵权行为发生后，当事人协议选择适用法律的，按照其协议。该条款允许当事人协议选择法律，但只能在侵权行为发生后协议选择适用法律。因此，若信用证欺诈纠纷同时还涉及相符交单等合同争议问题，即便信用证中规定了准据法，该准据法也仅适用于信用证中的合同争议，人民法院还应对欺诈问题根据侵权纠纷冲突法规范单独确定准据法。

人民法院审理信用证欺诈纠纷的法律依据是《最高人民法院关于审理信用证纠纷案件若干问题的规定》以及《跟单信用证统一惯例》。作为该领域广泛适用的国际惯例，即使当事人没有约定适用《跟单信用证统一惯例》，法院也可以参照适用。

针对信用证止付保全，虽然法院也要根据《最高人民法院关于审理信用证纠纷案件若干问题的规定》第8条、第9条、第11条的规定就是否存在欺诈的止付事由进行初步实体审查，但由于止付保全属于司法程序问题，根据程序问题适用法院地法原则，即使是具有涉外因素的信用证止付保全，人民法院仍适用我国法律处理涉外止付保全申请。

【确定该案由应当注意的问题】

该案由系第三级案由。由于信用证的独立性和单据性的特点，导致信用证可能轻易地被用来作为骗取开证行款项的手段。例如，通过伪造信用证项下的单据，达到单单相符、单证相符的要求，从而使开证行支付信用证项下款项或成为付款责任人。开证申请人虽不是信用证合同的当事人，但受益人在信用证项下若存在欺诈行为，可能会侵害开证申请人在信用证申请关系、议付行在议付关系项下的权利，构成侵害债权的情形，故将信用证欺诈纠纷定性为侵权纠纷，开证行、开证申请人等利害关系人可以请求法院终止支付信用证项下的款项。对于受益人的欺诈行为，利害关系人在起诉前或申请仲裁前通常会向法院申请止付令，请求法院裁定中止信用证付款义务的履行，该程序的性质为行为保全，止付裁定项内容为中止支付信用证项下的款项。

对于信用证欺诈问题，《跟单信用证统一惯例》并未作出规定，留待各国和地区国内法解决。具体而言，就是在存在信用证欺诈的情形下，可以突破《跟单信用证统一惯例》确定的信用证独立性原则。《最高人民法院关于审理信用证纠纷案件若干问题的规定》第8条对具体的信用证欺诈情形进行了规定。

355. 信用证融资纠纷

【释义】

信用证融资纠纷是指在信用证交易中因银行与进口商或与出口商以及担保人之间因特殊的融资安排而产生的纠纷，性质为合同纠纷。

【管辖】

根据《民事诉讼法》来确定管辖。《民事诉讼法》第23条规定了关于合同纠纷案件管辖的一般规定，因合同纠纷提起的诉讼，由被告住所地或者合同履行地的人民法院管辖。同时，该类案件属于当事人可以协议选择管辖法院的案件，因此，当事人可以依据《民事诉讼法》第34条规定的相关管辖连接点，就被告住所地、合同履行地、合同签订地、原告住所地等与争议由实际联系的地点书面协议选择有管辖权的法院管辖。如果是涉外案件，根据《民事诉讼法》第265条，因合同纠纷或者其他财产权益纠纷，对在中华人民共和国领域内没有住所的被告提起的诉讼，如果合同在中华人民共和国领域内签订或者履行，或者诉讼标的物在中华人民共和国领域内，或者被告在中华人民共和国领域内有可供扣押的财产，或者被告在中华人民共和国领域内设有代表机构，可以由合同签订地、合同履行地、诉讼标的物所在地、可供扣押财产所在地、侵权行为地或者代表机构住所地人民法院管辖。此外，对于信用证融资纠纷，如果有担保人为进口商或出口商与银行间的融资合同提供了担保，进口商或出口商与担保人同时被起诉的，应根据《最高人民法院关于〈中华人民共和国民法典〉有关担保制度的解释》第 21 条“债权人一并起诉债务人和担保人的，应当根据主合同确定管辖法院”的规定确定管辖法院。

【法律适用】

如果纠纷具有涉外因素，依《涉外民事关系法律适用法》第 41 条关于合同纠纷的冲突法规范确定准据法，即当事人可以约定准据法，当事人没有约定的，适用履行义务最能体现该合同特征的一方当事人经常居所地法律或者其他与该合同有最密切联系的法律。

人民法院审理信用证转让纠纷的法律依据主要是《民法典》《最高人民法院关于审理信用证纠纷案件若干问题的规定》以及《跟单信用证统一惯例》。作为该领域广泛适用的国际惯例，即使当事人没有约定适用《跟单信用证统一惯例》，法院也可以参照适用。

【确定该案由应当注意的问题】

该案由为第三级案由。信用证的基本功能是国际贸易结算，随着国际贸易的发展，基于对银行信用的信赖，信用证被赋予了融资功能，愈加充分发挥了银行的职能。进口商和出口商都可以通过信用证融资。银行在信用证项下对出口商的融资体现为：在开证行或保兑行的终局性付款之前，即向受益人先行垫付货款，包括出口商借钱备货、出口押汇（交单就收货款）、出口贴现（承兑就收货款）、福费廷业务等情形。银行在信用证下对进口商的融资体现在付汇环节。在付汇阶段，由开证行提供各种融资，先行支付货款，在融资到期后，由申请人偿还开证行，包括进口押汇、进口代付、提货担保等情形。在上述环节产生的纠纷即可以确定为信用证融资纠纷。当然，随着银行业务的发展，在信用证交易下产生的其他类型的融资纠纷，也可以确定为信用证融资纠纷。通常，信用证融资纠纷还会伴随担保合同纠纷，两个纠纷应一并审理，可根据信用证融资纠纷确定管辖法院。

356. 信用证转让纠纷

【释义】

信用证转让纠纷是信用证转让过程中发生的纠纷，性质为合同纠纷。信用证转让纠纷可能发生于第一受益人和转开行、第二受益人和开证行以及开证行与转开行之间。争议焦点涉及信用证是否可以转让、相符交单及不符点的认定以及是否可以一次转让给多个受益人等。

【管辖】

根据《民事诉讼法》来确定管辖。《民事诉讼法》第 23 条规定了关于合同纠纷案件管辖的一般规定，因合同纠纷提起的诉讼，由被告住所地或者合同履行地的人民法院管辖。同时，该类案件属于当事人可以协议选择管辖法院的案件，因此，当事人可以依据《民事诉讼法》第 34 条规定的相关管辖连接点，就被告住所地、合同履行地、合同签订地、原告住所地等与争议由实际联系的地点书面协议选择有管辖权的法院管辖。如果是涉外案件，根据《民事诉讼法》第 265 条，因合同纠纷或者其他财产权益纠纷，对在中华人民共和国领域内没有住所的被告提起的诉讼，如果合同在中华人民共和国领域内签订或者履行，或者诉讼标的物在中华人民共和国领域内，或者被告在中华人民共和国领域内有可供扣押的财产，或者被告在中华人民共和国领域内设有代表机构，可以由合同签订地、合同履行地、诉讼标的物所在地、可供扣押财产所在地、侵权行为地或者代表机构住所地人民法院管辖。

【法律适用】

如果纠纷具有涉外因素，依《涉外民事关系法律适用法》第 41 条关于合同纠纷的冲突法规范确定准据法，即当事人可以约定准据法，当事人没有约定的，适用履行义务最能体现该合同特征的一方当事人经常居所地法律或者其他与该合同有最密切联系的法律。

人民法院审理信用证转让纠纷的法律依据主要是《民法典》《最高人民法院关于审理信用证纠纷案件若干问题的规定》以及《跟单信用证统一惯例》。作为该领域广泛适用的国际惯例，即使当事人没有约定适用《跟单信用证统一惯例》，法院也可以参照适用。

【确定该案由应当注意的问题】

该案由为第三级案由。信用证根据是否可以转让分为可转让信用证和不可转让信用证。由于信用证的转让可能对开证申请人带来不利，因此在信用证上没有特别注明“可转让（transferable）”字样的情况下，该信用证就是不可转让的信用证。也就是说，只有信用证上注明“可转让”字样的情况下，才可以认定该信用证为可转让信用证。信用证的受益人可以根据信用证本身指示将信用证转让给另一个受益人，也可以根据有关法律将信用证项下的索款权利让渡给任何人，二者是有明确区别的。在信用证转让情形下，可转让信用证可应受益人（第一受益人）的要求转为全部或部分由另一受益人（第二受益人）兑用，涉及受益人身份的转让，第二受益人要提交相符单据才能取得款项。转让一个信用证的效果接近于开立一个新的信用证给第二个受益人。信用证转让与信用证款项让渡不同，在信用证款项让渡情形下，根据《跟单信用证统一惯例》第39条的规定，信用证未表明可转让，并不影响受益人根据所适用的法律规定，将其在该信用证项下有权获得的款项让渡与他人的权利。该条款所涉及的仅是款项的让渡，而不是信用证项下执行权力的让渡。可见，信用证项下的款项可以让渡，但是除非信用证是可转让的，否则信用证项下的履行权利是不可以让渡给第三者的。而无论信用证是不是可转让的，信用证项下的索款权的让渡并无限制。

三十、独立保函纠纷

独立保函纠纷是指在独立保函开立、修改、撤销、偿付、转让等环节产生的纠纷。司法实践中，以下三种独立保函纠纷最为常见：第一类是受益人起诉开立人的付款纠纷；第二类是开立人付款后向保函申请人的追偿纠纷；第三类是保函申请人等起诉请求法院终止开立人支付独立保函项下款项的欺诈纠纷。独立保函纠纷为第二级案由。

根据《最高人民法院关于审理独立保函纠纷案件若干问题的规定》第1条，独立保函是指银行或非银行金融机构作为开立人，以书面形式向受益人出具的，同意在受益人请求付款并提交符合保函要求的单据时，向其支付特定款项或在保函最高金额内付款的承诺。《国际商会见索即付保函统一规则》（The ICC Uniform Rules for Demand Guarantees，ICC Publications No. 758，URDG758）称，无论其如何命名或描述，“见索即付保函指根据提交的相符索赔进行付款的任何签署的承诺”。作为贸易与金融等商事交易实践中发展起来的新型金融产品，各类预付款、履约、投标、质量等类型的独立保函常见于国内与国际货物交付、工程建设领域，涉外担保中独立保函的应用最为普遍。独立保函的性质是付款承诺，开立人的付款义务具有单务性、独立性和单据性的特点。与具有从属性的传统担保不同，独立保函在效力、付款、有效期、转让等方面均独立于基础交易。与信用证的相同之处在于二者均具有担保功能、独立于基础交易、受自身条款约束，但信用证担保的是货款支付，付款是受益人在基础交易项下履约后预期发生的正常事件，而独立保函担保的则是违约赔偿。

独立保函的出具方式有直开和转开两种。直开保函是指保函开立人依保函申请人的申请，向保函受益人直接开立的独立保函。直开保函涉及三个不同的法律关系：保函申请人与受益人之间的基础交易关系、保函申请人与保函开立人之间的保函申请关系、保函开立人和受益人之间的独立保函合同关系。转开保函是指保函开立人受其他金融机构的指示向受益人开立的独立保函。这种情况常发生于受益人为了规避外汇管制的影响或考虑开立人的资信状况，只接受受益人本国银行或特定银行开立的独立保函，而保函申请人和受益人本国银行或该特定保函开立人并无业务往来，这时就需要由其他金融机构作为指示人指示保函开立人向受益人开立独立保函，通常被称为受指示转开的独立保函。通常，为保障保函开立人的利益，指示人依据保函申请人的申请会另开立以保函开立人为受益人的独立保函，用以保障保函开立人追偿权的实现，该保函因具有反担保性质，又被称为反担保保函。转开情形下的保函和反担保保函是两份相互独立的独立保函，二者又都独立于基础交易合同。转开保函较直开保函增加了两个法律关系：指示人与保函开立人之间的指示关系、指示人作为反担保保函的开立人与保函开立人作为反担保保函的受益人之间的独立保函关系。

随着“一带一路”建设及企业“走出去”战略的推进，我国企业参与国际投资及基础设施建设不断扩大，银行等金融机构对外开具独立保函的数量快速递增，独立保函纠纷的数量也逐年增多。最高人民法院专门制定了《最高人民法院关于审理独立保函纠纷案件若干问题的规定》为审判实践提供法律依据。由于《民事案件案由规定》未将独立保函纠纷单列为第二级案由，有的人民法院在审理时将独立保函纠纷的案由认定为保证纠纷、信用证纠纷等，不能准确反映独立保函纠纷的法律性质。因此，在此次《民事案件案由规定》修改过程中，将独立保函纠纷单列为第二级案由，并在该第二级案由下，根据独立保函从开立到付款的各主要环节，将独立保函开立纠纷、独立保函付款纠纷、独立保函追偿纠纷、独立保函欺诈纠纷、独立保函转让纠纷、独立保函通知纠纷、独立保函撤销纠纷列为第三级案由，如果案件争议的焦点是该6类争议中的一种，则直接将该第三级案由作为案件的案由予以适用。若涉及独立保函的纠纷超出上述几类，人民法院可以适用第二级案由即独立保函纠纷作为案件的案由。如果纠纷涉及上述6类争议中两种及以上的情形，应当适用第二级案由。应注意的是，针对受益人起诉开立人，请求依据保函支付独立保函项下款项，开立人以受益人的索赔构成欺诈抗辩，欺诈也是案件争议焦点的，则应依受益人即原告的诉讼请求将案由确定为独立保函付款纠纷。

与独立保函具有相同担保功能的备用信用证，在国际贸易的质量与售后担保、工程承包等领域大量使用。备用信用证在交易流程、法律性质上与独立保函相同，仅在适用地域、名称上与独立保函不同。实践中，涉及备用信用证的纠纷，受理法院可以按照案件的争议焦点，适用独立保函纠纷的各具体案由。

法律适用方面，《最高人民法院关于审理独立保函纠纷案件若干问题的规定》是人民法院处理独立保函纠纷的主要依据。《国际商会见索即付保函统一规则》（URDG758）是国际商会为了统一独立保函交易而制定的合同示范条款，虽然其被广泛使用，但《国际备用信用证惯例》（International Standby Practices，ISP98）、《联合国独立担保与备用信用证公约》（United Nations Convention on Independent Guarantees and Letters of Credit）等交易示范规则也有一定市场，故《国际商会见索即付保函统一规则》尚不具有国际惯例的法律渊源地位，其效力来自当事人的选择适用，在独立保函没有载明适用何种交易示范规则，开立人和受益人在一审法庭程序辩论终结前也没有达成一致援引的意思表示时，法院不应主动适用。各第三级案由的法律适用部分除指明审理该类纠纷案件所适用的法律外，由于大部分独立保函纠纷均是涉外案件，将对人民法院如何确定准据法一并作出说明。应注意的是，不同的独立保函法律关系由于相互独立，因此可能适用不同的准据法。所以在一些案件中，受益人和保函申请人之间、开立人和保函申请人之间、开立人和受益人之间往往适用不同的准据法。

357. 独立保函开立纠纷

【释义】

独立保函开立纠纷是指独立保函申请人与开立人之间因申请、受理并开立独立保函而产生的纠纷，性质为合同纠纷。争议焦点可能涉及要约和承诺等合同法上的一般的问题，以及导致合同不成立的缔约过失责任、申请条款与开立条款不一致等问题。

【管辖】

由于《最高人民法院关于审理独立保函纠纷案件若干问题的规定》仅对受益人和开立人之间的合同纠纷及欺诈纠纷案的管辖作出了规定，则独立保函开立纠纷应根据《民事诉讼法》来确定管辖。《民事诉讼法》第23条规定了合同纠纷案件管辖的一般规定，因合同纠纷提起的诉讼，由被告住所地或者合同履行地的人民法院管辖。同时，该类案件属于当事人可以协议选择管辖法院的案件，因此，当事人可以依据《民事诉讼法》第34条规定的相关管辖连接点，就被告住所地、合同履行地、合同签订地、原告住所地等与争议由实际联系的地点书面协议选择有管辖权的法院管辖。如果是涉外案件，根据《民事诉讼法》第265条，因合同纠纷或者其他财产权益纠纷，对在中华人民共和国领域内没有住所的被告提起的诉讼，如果合同在中华人民共和国领域内签订或者履行，或者诉讼标的物在中华人民共和国领域内，或者被告在中华人民共和国领域内有可供扣押的财产，或者被告在中华人民共和国领域内设有代表机构，可以由合同签订地、合同履行地、诉讼标的物所在地、可供扣押财产所在地、侵权行为地或者代表机构住所地人民法院管辖。

【法律适用】

如果纠纷具有涉外因素，当事人可以约定准据法，如果当事人没有约定准据法，在确定准据法时，由于《最高人民法院关于审理独立保函纠纷案件若干问题的规定》第22条仅对具有涉外因素的、发生于受益人与开立人之间的纠纷规定了法律适用规则，因此对于保函申请人与开立人之间的开立纠纷应依《中华人民共和国涉外民事关系法律适用法》第41条关于合同纠纷的冲突法规范确定准据法，即当事人可以约定准据法，当事人没有约定的，适用履行义务最能体现该合同特征的一方当事人经常居所地法律或者其他与该合同有最密切联系的法律。如果经过冲突法规范指引适用中国法律，人民法院审理独立保函开立纠纷的法律依据主要是《民法典》以及《最高人民法院关于审理独立保函纠纷案件若干问题的规定》。

【确定该案由应当注意的问题】

该案由系第三级案由。独立保函申请人与开立人之间是委托合同关系，开立人接受申请并根据申请人的具体要求对外开立独立保函，担保受益人在请求付款，并提交符合保函要求的单据时付款。直开保函情形下，申请人通常是基础交易项下承担责任的一方或其关联公司。在转开保函情形下，指示人与保函开立人之间也是申请开立关系，指示人的地位相当于保函申请人，指示人通常是银行等金融机构。

358. 独立保函付款纠纷

【释义】

独立保函付款纠纷是指独立保函受益人与开立人之间因付款而产生的纠纷，性质为合同纠纷。通常是独立保函的受益人起诉开立人。该类案件争议焦点主要涉及独立保函的效力是否包括生效及何时生效、保函的有效期、交单及索赔是否符合独立保函的约定或国际惯例的规定、索赔是否构成欺诈等问题。

【管辖】

独立保函付款纠纷根据《最高人民法院关于审理独立保函纠纷案件若干问题的规定》第21条对开立人与受益人发生纠纷的管辖作出了规定，“由开立人住所地或被告住所地人民法院管辖，独立保函载明由其他法院管辖或提交仲裁的除外”。同时，该类案件属于当事人可以协议选择管辖法院的案件，因此，当事人可以依据《民事诉讼法》第34条规定的相关管辖连接点，就被告住所地、合同履行地、合同签订地、原告住所地等与争议由实际联系的地点书面协议选择有管辖权的法院管辖。《最高人民法院关于审理独立保函纠纷案件若干问题的规定》第21条规定的“开立人住所地”应理解为与争议有实际联系的合同特征履行地。如果当事人选择适用了独立保函领域的交易示范规则，该交易示范规则中规定了司法管辖条款，当事人没有排除该条款适用的，则依据交易示范规则的规定确定管辖。例如，《国际商会见索即付保函统一规则》（URDG758）第35条a项规定，“除非保函另有约定，担保人与受益人之间有关保函的任何争议应由担保人开立保函的分支机构或营业场所所在地有管辖权的法院专属管辖”。此外，对于涉外案件，根据《民事诉讼法》第265条，因合同纠纷或者其他财产权益纠纷，对在中华人民共和国领域内没有住所的被告提起的诉讼，如果合同在中华人民共和国领域内签订或者履行，或者诉讼标的物在中华人民共和国领域内，或者被告在中华人民共和国领域内有可供扣押的财产，或者被告在中华人民共和国领域内设有代表机构，可以由合同签订地、合同履行地、诉讼标的物所在地、可供扣押财产所在地、侵权行为地或者代表机构住所地人民法院管辖。

【法律适用】

人民法院审理独立保函付款纠纷的主要依据是当事人在保函中选择适用的交易示范规则，如果当事人没有约定适用交易示范规则，法院不能主动援引。若当事人未约定适用交易规则或即便约定适用交易示范规则，但纠纷涉及交易示范规则未规定的问题，就需要考虑准据法的适用。如果纠纷具有涉外因素，当事人可以约定准据法，如果当事人没有约定准据法，法院应先审查当事人是否选择适用了独立保函领域的交易示范规则，该交易示范规则中是否规定了法律适用条款。如果当事人选择的交易示范规则规定了法律适用条款，当事人又没有排除该条款适用的，则依据交易示范规则的规定确定准据法。例如，《国际商会见索即付保函统一规则》（URDG758）第34条规定："除非保函另有约定，保函的适用法律应为担保人开立保函的分支机构或营业场所所在地的法律。"如果当事人没有选择适用交易示范规则或选择适用的交易示范规则中未规定法律适用条款的，法院应根据《最高人民法院关于审理独立保函纠纷案件若干问题的规定》第22条规定确定准据法。该条第1款规定，"涉外独立保函未载明适用法律，开立人和受益人在一审法庭辩论终结前亦未就适用法律达成一致的，开立人和受益人之间因涉外独立保函而产生的纠纷适用开立人经常居所地法律；独立保函由金融机构依法登记设立的分支机构开立的，适用分支机构登记地法律。"

涉外独立保函付款纠纷，通常是受益人起诉开立人请求付款，除涉及交单、索赔是否相符等合同争议问题，由于开立人可能会以受益人的索赔构成欺诈为由抗辩，因此这类纠纷可能还涉及欺诈问题。欺诈争议作为履行独立保函合同过程中发生的侵权纠纷，即便涉外独立保函载明了适用法律，但根据《中华人民共和国涉外民事关系法律适用法》第44条的规定，由于当事人只能在侵权行为发生后协议选择适用法律，因此对于欺诈问题应依侵权纠纷的冲突法规范确定准据法。故，人民法院在审理付款纠纷时，如果欺诈同时也是争议焦点的，应对涉及的合同及欺诈问题根据各自的冲突法规范分别确定准据法。如果纠纷适用中国法律，人民法院审理独立保函付款纠纷的法律依据主要是《最高人民法院关于审理独立保函纠纷案件若干问题的规定》。

【确定该案由应当注意的问题】

该案由系第三级案由。独立保函经受益人接受，构成开立人和受益人之间的合同。该合同项下，开立人的付款义务具有单务性，开立人同意在受益人提交相符单据时，向受益人承担付款责任，受益人对开立人没有对待给付义务。由于单据是决定开立人能否付款的唯一依据，该类纠纷争议焦点通常围绕受益人的索赔请求是否构成相符索赔展开。实践中，开立人也可能会以受益人的索赔构成欺诈，付款应当被终止支付为由抗辩，此时虽然欺诈也是案件的争议焦点，受理案件的法院仍应根据原告即受益人的诉讼请求确定案由为独立保函付款纠纷。

转开保函情形下，对于保函开立人作为反担保项下的受益人在反担保保函项下没有得到付款而起诉反担保保函开立人请求付款的一类纠纷，由于保函独立性原则，反担保保函开立人在反担保保函项下的付款义务独立于保函开立人在保函项下的付款义务。换言之，反担保保函开立人的付款义务不以保函开立人在保函项下付款为前提。因此，对这类纠纷，人民法院应认定为独立保函付款纠纷而不是独立保函追偿纠纷。

359. 独立保函追偿纠纷

【释义】

独立保函追偿纠纷是指保函开立人付款后，依据开立保函协议向保函申请人追偿的纠纷。该类纠纷包含两种情形：直开保函情形下是指保函开立人向受益人付款后向申请人请求付款而产生的纠纷；转开保函情形下是指反担保保函开立人向反担保保函受益人付款后向保函申请人请求付款而产生的纠纷，性质为合同纠纷。该类案件的争议焦点主要涉及开立人是否尽到审查义务、相符索赔的认定等问题。

【管辖】

由于《最高人民法院关于审理独立保函纠纷案件若干问题的规定》仅对受益人和开立人之间的合同纠纷及欺诈纠纷案件的管辖作出了规定。保函开立人付款后起诉申请人的追偿纠纷根据《民事诉讼法》来确定管辖。《民事诉讼法》第 23 条规定了关于合同纠纷案件管辖的一般规定，因合同纠纷提起的诉讼，由被告住所地或者合同履行地的人民法院管辖。同时，该类案件属于当事人可以协议选择管辖法院的案件，因此，当事人可以依据《民事诉讼法》第 34 条规定的相关管辖连接点，就被告住所地、合同履行地、合同签订地、原告住所地等与争议由实际联系的地点书面协议选择有管辖权的法院管辖。如果是涉外案件，根据《民事诉讼法》第 265 条，因合同纠纷或者其他财产权益纠纷，对在中华人民共和国领域内没有住所的被告提起的诉讼，如果合同在中华人民共和国领域内签订或者履行，或者诉讼标的物在中华人民共和国领域内，或者被告在中华人民共和国领域内有可供扣押的财产，或者被告在中华人民共和国领域内设有代表机构，可以由合同签订地、合同履行地、诉讼标的物所在地、可供扣押财产所在地、侵权行为地或者代表机构住所地人民法院管辖。此外，如果有担保人为保函申请人申请开立独立保函提供了担保，保函申请人与担保人同时被起诉的，应根据《最高人民法院关于〈中华人民共和国民法典〉有关担保制度的解释》第21条“债权人一并起诉债务人和担保人的，应当根据主合同确定管辖法院”的规定确定管辖法院。

【法律适用】

如果纠纷具有涉外因素，在确定准据法时，由于独立保函追偿纠纷不是发生于受益人与开立人之间，所以人民法院不应依《最高人民法院关于审理独立保函纠纷案件若干问题的规定》第22条，而是应依《涉外民事关系法律适用法》第41条关于合同纠纷的冲突法规范确定准据法，即当事人可以约定准据法，当事人没有约定的，适用履行义务最能体现该合同特征的一方当事人经常居所地法律或者其他与该合同有最密切联系的法律。

如果纠纷适用中国法律，人民法院审理独立保函追偿纠纷的法律依据主要是《民法典》《最高人民法院关于审理独立保函纠纷案件若干问题的规定》及当事人选择适用的交易示范规则，如果当事人没有约定适用交易示范规则，法院不能主动援引。

【确定该案由应当注意的问题】

该案由系第三级案由。保函开立人和保函申请人之间的保函开立合同关系性质为委托关系，保函开立人接受委托，为完成委托事务，依据独立保函审核单据，在受益人提交相符交单的情况下向受益人付款。开立人付款后就取得了对保函申请人的追偿权。保函申请人应当依照保函申请书的承诺或保函开立合同的约定，向保函开立人付款。

如保函开立人向受益人明确表示接受不符点的，则构成其与受益人之间对独立保函的修改协议，保函的该项修改若未经保函申请人同意的，属于保函开立人未完成受托事务，在向保函申请人追偿时可能无法获得法院支持。《国际商会见索即付保函统一规则》（URDG758）第11条b项规定，保函修改未经受益人同意，对受益人不具有约束力。该条同样表明，未经指示方同意，担保人无权自行斟酌修改保函的条款或本规则，且如果担保人单方面修改保函，即使修改是限于担保人利益或操作便利性的方面，担保人都将承担丧失对补偿的追索权这一风险。

360. 独立保函欺诈纠纷

【释义】

独立保函欺诈纠纷是指保函申请人、开立人或指示人认为保函受益人的索赔构成欺诈，请求法院终止开立人向受益人支付保函项下款项的纠纷，性质为侵权纠纷。争议焦点主要涉及相符索赔的认定、对独立保函独立性原则及欺诈例外情形的认定、善意付款认定以及付款请求权是否发生转让等问题。对于大多数独立保函欺诈纠纷，当事人会在起诉前或诉讼中同时申请法院签发独立保函临时止付令，法院要同时处理独立保函止付保全程序。

【管辖】

根据《最高人民法院关于审理独立保函纠纷案件若干问题的规定》第21条第2款，独立保函欺诈纠纷由被请求止付的独立保函的开立人住所地或被告住所地人民法院管辖，当事人书面协议由其他法院管辖或提交仲裁的除外。当事人主张根据基础交易合同或独立保函的争议解决条款确定管辖法院或提交仲裁的，人民法院不予支持。同时，该类案件属于当事人可以协议选择管辖法院的案件，因此，当事人可以依据《民事诉讼法》第 34 条规定的相关管辖连接点，就被告住所地、合同履行地、合同签订地、原告住所地等与争议由实际联系的地点书面协议选择有管辖权的法院管辖。《最高人民法院关于审理独立保函纠纷案件若干问题的规定》第 21 条规定的“开立人住所地”应理解为与争议有实际联系的合同特征履行地。如果是涉外案件，根据《民事诉讼法》第 265 条，因合同纠纷或者其他财产权益纠纷，对在中华人民共和国领域内没有住所的被告提起的诉讼，如果合同在中华人民共和国领域内签订或者履行，或者诉讼标的物在中华人民共和国领域内，或者被告在中华人民共和国领域内有可供扣押的财产，或者被告在中华人民共和国领域内设有代表机构，可以由合同签订地、合同履行地、诉讼标的物所在地、可供扣押财产所在地、侵权行为地或者代表机构住所地人民法院管辖。

根据《最高人民法院关于审理独立保函纠纷案件若干问题的规定》第 13 条，独立保函止付保全案件的受理法院是开立人住所地或其他对独立保函欺诈纠纷案件具有管辖权的法院。根据《最高人民法院关于审理独立保函纠纷案件若干问题的规定》第 17 条，当事人对人民法院就止付申请作出的裁定有异议的，可以向作出裁定的人民法院申请复议。

【法律适用】

由于独立保函交易示范规则并不涉及欺诈问题，独立保函欺诈纠纷由各国国内法调整。如果案件具有涉外因素，由于独立保函欺诈纠纷作为履行独立保函合同过程中发生的侵权纠纷，因此应按侵权纠纷的冲突法规范确定准据法，根据《最高人民法院关于审理独立保函纠纷案件若干问题的规定》第 22 条的规定：“独立保函欺诈纠纷，当事人就适用法律不能达成一致的，适用被请求止付的独立保函的开立人经常居所地法律；独立保函由金融机构依法登记设立的分支机构开立的，适用分支机构登记地法律；当事人有共同经常居所地的，适用共同经常居所地法律。”该条允许当事人协议选择法律，但根据《涉外民事关系法律适用法》第44条的规定，当事人只能在侵权行为发生后协议选择适用法律。因此，若欺诈纠纷还同时涉及交单、索赔是否相符等合同争议问题时，法院应对涉及的合同及欺诈问题根据不同的冲突法规范分别确定准据法。

如果纠纷适用中国法律，人民法院审理独立保函欺诈纠纷的法律依据是《最高人民法院关于审理独立保函纠纷案件若干问题的规定》。法院在审理独立保函欺诈纠纷时，也会涉及对交单及索赔是否相符等合同争议问题进行审查，如果当事人在保函中选择适用的交易示范规则，则适用交易示范规则，如果当事人没有约定适用交易示范规则，法院不能主动援引。

针对独立保函止付保全，虽然法院也要根据《最高人民法院关于审理独立保函纠纷案件若干问题的规定》第14条、第16条的规定就是否存在欺诈的止付事由进行初步实体审查，但由于止付保全属于程序问题，根据程序问题适用法院地法原则，即使是具有涉外因素的独立保函止付保全，人民法院仍适用我国法律处理涉外上付保全申请。

【确定该案由应当注意的问题】

该案由系第三级案由。独立保函合同的当事人为亓立人和受益人，保函申请人虽不是独立保函合同的当事人，但受益人在独立保函项下若存在欺诈行为，可能会侵害保函申请人在保函申请关系、指示人在指示关系项下的权利，构成侵害债权的情形，故将独立保函欺诈纠纷定性为侵权纠纷，保函申请人等利害关系人可以请求法院终止支付保函项下的款项。

对于受益人的保函欺诈行为，利害关系人在起诉前或申请仲裁前通常会向法院申请止付令，请求法院签发临时止付令，中止保函付款义务的履行，该程序的性质为行为保全，止付裁定项内容为中止支付独立保函项下的款项。

361. 独立保函转让纠纷

【释义】

独立保函转让纠纷是独立保函转让过程中发生的纠纷，通常是指保函开立人、受益人及新受益人之间就受益人付款请求权的转让而产生的纠纷，性质为合同纠纷。争议焦点涉及如何认定付款请求权的转让，包括独立保函是否约定了付款请求权可以转让、是否规定了确定新受益人的单据以及是否可以多次转让等。

【管辖】

根据《民事诉讼法》来确定管辖。《民事诉讼法》第 23 条规定了关于合同纠纷案件管辖的一般规定，因合同纠纷提起的诉讼，由被告住所地或者合同履行地的人民法院管辖。同时，该类案件属于当事人可以协议选择管辖法院的案件，因此，当事人可以依据《民事诉讼法》第 34 条规定的相关管辖连接点，就被告住所地、合同履行地、合同签订地、原告住所地等与争议由实际联系的地点书面协议选择有管辖权的法院管辖。如果是涉外案件，根据《民事诉讼法》第 265 条，因合同纠纷或者其他财产权益纠纷，对在中华人民共和国领域内没有住所的被告提起的诉讼，如果合同在中华人民共和国领域内签订或者履行，或者诉讼标的物在中华人民共和国领域内，或者被告在中华人民共和国领域内有可供扣押的财产，或者被告在中华人民共和国领域内设有代表机构，可以由合同签订地、合同履行地、诉讼标的物所在地、可供扣押财产所在地、侵权行为地或者代表机构住所地人民法院管辖。

【法律适用】

如果纠纷具有涉外因素，依《涉外民事关系法律适用法》第41条关于合同纠纷的冲突法规范确定准据法，即当事人可以约定准据法，当事人没有约定的，适用履行义务最能体现该合同特征的一方当事人经常居所地法律或者其他与该合同有最密切联系的法律。

如果案件适用中国法律，人民法院审理独立保函转让纠纷的法律依据主要是《民法典》《最高人民法院关于审理独立保函纠纷案件若干问题的规定》及当事人在保函中选择适用的交易示范规则，如果当事人没有约定适用交易示范规则，法院不能主动援引。

【确定该案由应当注意的问题】

该案由为第三级案由。对于一般的担保合同，主合同权利转让的，担保合同作为从合同，因具有从属性，在无其他约定的情况下，其权利应当随主合同一并转让。而对于独立保函，独立性决定其不受基础合同的影响，基础合同权利人的变更不能自动导致保函权利人的变更。因此，独立保函的转让仅受独立保函文本约束，除非独立保函文本明确表示可转让，否则不得转让。根据《最高人民法院关于审理独立保函纠纷案件若干问题的规定》第10条，受益人付款请求权的转让，必须由保函文本载明可转让以及据以确定新受益人的单据条件。国际商会《见索即付保函统一规则》也对基础关系转让做了要求，根据《见索即付保函统一规则》（URDG758）第33条（d）款下（ii）项，除了第33条（a）（b）款及（d）款下（i）项规定的条件外，保函只有在转让人已经提供给担保人一份签署的声明，说明受让人已经获得了转让人在基础关系项下的权利和义务时方可转让。

目前的司法实践中，该类纠纷尚不常见，转让问题可能在独立保函付款或欺诈纠纷中被当作争议焦点。

362. 独立保函通知纠纷

【释义】

独立保函通知纠纷是指独立保函开立人与通知方之间因独立保函通知而产生的纠纷，性质为合同纠纷。争议焦点涉及通知方是否尽到了通知义务、是否存在免责事由等。

【管辖】

根据《民事诉讼法》来确定管辖。《民事诉讼法》第23规定了关于合同纠纷案件管辖的一般规定，因合同纠纷提起的诉讼，由被告住所地或者合同履行地的人民法院管辖。同时，该类案件属于当事人可以协议选择管辖法院的案件，因此，当事人可以依据《民事诉讼法》第34条规定的相关管辖连接点，就被告住所地、合同履行地、合同签订地、原告住所地等与争议由实际联系的地点书面协议选择有管辖权的法院管辖。如果是涉外案件，根据《民事诉讼法》第265条，因合同纠纷或者其他财产权益纠纷，对在中华人民共和国领域内没有住所的被告提起的诉讼，如果合同在中华人民共和国领域内签订或者履行，或者诉讼标的物在中华人民共和国领域内，或者被告在中华人民共和国领域内有可供扣押的财产，或者被告在中华人民共和国领域内设有代表机构，可以由合同签订地、合同履行地、诉讼标的物所在地、可供扣押财产所在地、侵权行为地或者代表机构住所地人民法院管辖。

【法律适用】

如果纠纷具有涉外因素，依《涉外民事关系法律适用法》第41

条关于合同纠纷的冲突法规范确定准据法，即当事人可以约定准据法，当事人没有约定的，适用履行义务最能体现该合同特征的一方当事人经常居所地法律或者其他与该合同有最密切联系的法律。

如果案件适用中国法律，人民法院审理独立保函转让纠纷的法律依据主要是《民法典》合同编、《最高人民法院关于审理独立保函纠纷案件若干问题的规定》及当事人在保函中选择适用的交易示范规则，如果当事人没有约定适用交易示范规则，法院不能主动援引。

【确定该案由应当注意的问题】

独立保函不总是由开立人直接开给受益人，开立人可能会指示某一通知方去通知保函给受益人，也可能由申请人通过某一通知方与开立人联系。甚至有时开立人如果是非银行类金融机构，还会寻求一家银行通知保函给受益人，让独立保函经由银行系统的处理，包括使用SWIFT系统。这样一来，仅花合理的费用就给保函加上“银行的标签”，可大幅提高保函对受益人的吸引力。保函可由多个通知方通知给受益人。通知方是作为开立人的代理行事，通常和保函申请人之间不存在任何法律关系。开立人作为担保人与通知方之间是委托代理关系，保函不是在担保人将保函传递给通知方时开立，而是当通知方通知给受益人时方开立。通知方对受益人负有一定的责任，包括确保保函表面上的真实性且该通知准确反映出通知方所收到的独立保函条款。有的情况下，开立人还会委托通知方代开立人向受益人付款。如果通知方在单据传递途中发生的延误、中途遗失、残缺或其他错误（如保函寄给错误的收件人是因为通知方在信封上写错了地址或因为通知方在电子系统中错误输入了信息而导致给受益人的保函中信息错误等），则可能无法免责。

363. 独立保函撤销纠纷

【释义】

独立保函撤销纠纷是独立保函撤销环节发生的纠纷，通常是指保函申请人与开立人或开立人与受益人之间就保函撤销而产生的纠纷，性质为合同纠纷。争议焦点涉及保函是否可撤销、当事人约定的撤销条件是否成就等。

【管辖】

《民事诉讼法》第 23 条规定了关于合同纠纷案件管辖的一般规定，因合同纠纷提起的诉讼，由被告住所地或者合同履行地的人民法院管辖。同时，该类案件属于当事人可以协议选择管辖法院的案件，因此，当事人可以依据《民事诉讼法》第 34 条规定的相关管辖连接点，就被告住所地、合同履行地、合同签订地、原告住所地等与争议由实际联系的地点书面协议选择有管辖权的法院管辖。如果是涉外案件，如果是涉外案件，根据《民事诉讼法》第 265 条，因合同纠纷或者其他财产权益纠纷，对在中华人民共和国领域内没有住所的被告提起的诉讼，如果合同在中华人民共和国领域内签订或者履行，或者诉讼标的物在中华人民共和国领域内，或者被告在中华人民共和国领域内有可供扣押的财产，或者被告在中华人民共和国领域内设有代表机构，可以由合同签订地、合同履行地、诉讼标的物所在地、可供扣押财产所在地、侵权行为地或者代表机构住所地人民法院管辖。

【法律适用】

如果纠纷具有涉外因素，依《涉外民事关系法律适用法》第 41

条关于合同纠纷的冲突法规范确定准据法，即当事人可以约定准据法，当事人没有约定的，适用履行义务最能体现该合同特征的一方当事人经常居所地法律或者其他与该合同有最密切联系的法律。

如果案件适用中国法律，人民法院审理独立保函撤销纠纷的法律依据主要是《民法典》合同编、《最高人民法院关于审理独立保函纠纷案件若干问题的规定》及当事人在保函中选择适用的交易示范规则，如果当事人没有约定适用交易示范规则，法院不能主动援引。

【确定该案由应当注意的问题】

该案由系第三级案由。根据《最高人民法院关于审理独立保函纠纷案件若干问题的规定》第 4 条，独立保函未载明可撤销，当事人主张独立保函开立后不可撤销的，人民法院应予支持。目前的司法实践中，该类纠纷尚不常见，撤销问题可能在独立保函付款或欺诈纠纷中作为争议焦点。例如，在独立保函付款或欺诈纠纷中，如果转开保函项下的受益人与开立人一致同意撤销保函项下的索赔，但保函开立人作为反担保保函项下的受益人，并未与反担保保函开立人就反担保保函是否也撤销达成一致的情形下，反担保保函开立人或者保函申请人主张反担保保函开立人在反担保保函项下的付款义务应当终止的，由于保函独立性原则，在没有证据表明反担保保函项下的索赔构成欺诈的前提下，该主张可能无法获得支持。

第九部分 侵权责任纠纷

司法实践中，侵权责任纠纷占有很大比重。《民法典》侵权责任编属于典型权益保护和救济规范的范畴，其第1164条开宗明义规定了侵权责任编的调整范围是侵害民事权益产生的民事关系。这些民事权益分别在《民法典》人格权编、物权编、婚姻家庭编、继承编等予以细化规定。从这个角度讲，侵权责任编在权益保护方面的包容性和兜底性，也从侧面反映了侵权责任纠纷的多样性和复杂性。为了保持案由体系的完整性和稳定性，2020年《民事案件案由规定》将这些侵害民事权益侵权责任纠纷案由仍旧分别保留在“人格权纠纷”“婚姻家庭、继承纠纷”“物权纠纷”“知识产权与竞争纠纷”等第一级案由体系项下，对照侵权责任编新规定调整第一级案由“侵权责任纠纷”项下案由。从“兜底”考虑，2020年《民事案件案由规定》将第一级案由“侵权责任纠纷”列在其他八个民事权益纠纷类型之后，作为第九部分。具体适用时，涉及侵权责任纠纷的，应当先适用第九部分“侵权责任纠纷”项下的具体案由；没有相应案由的，再适用“人格权纠纷”“物权纠纷”“知识产权与竞争纠纷”等其他部分项下的具体案由。

三十一、侵权责任纠纷

侵权责任纠纷是指因侵害他人民事权益而产生的纠纷。因为侵权责任纠纷类型多样化，《民事案件案由规定》并未穷尽所有案由，因此将侵权责任纠纷也作为第二级案由，除本部分明确的第三级案由和第四级案由，以及人格权纠纷、物权纠纷、知识产权纠纷等第一级案由项下规定的相关侵权责任纠纷案由之外，在没有对应的第四级案由和第三级案由时可以直接确定适用该案由。

总体来看，本部分共包括32个第三级案由和36个第四级案由。相比2011年《民事案件案由规定》，2020年《民事案件案由规定》在第二级案由“侵权责任纠纷”项下：变更“348之一、性骚扰损害责任纠纷”为“372. 性骚扰损害责任纠纷”；增加“375. 非机动车交通事故责任纠纷”“378. 生态破坏责任纠纷”；变更“355. 物件损害责任纠纷”为“381. 建筑物和物件损害责任纠纷”；变更“366. 因申请诉前财产保全损害责任纠纷”为“392. 因申请财产保全损害责任纠纷”；增加“393. 因申请行为保全损害责任纠纷”；变更“367. 因申请诉前证据保全损害责任纠纷”为“394. 因申请证据保全损害责任纠纷”；删去“368. 因申请诉中财产保全损害责任纠纷”“369. 因申请诉中证据保全损害责任纠纷”。

364. 监护人责任纠纷

【释义】

监护人责任是指无民事行为能力人、限制民事行为能力人造成他人损害时，由监护人承担的侵权责任。由监护人承担责任问题而引发的纠纷为监护人责任纠纷。此类纠纷涉及的民事主体包括被侵权人、实施侵权行为的无民事行为能力人、限制民事行为能力人以及监护人。监护人责任不是自己责任，而是一种典型的替代责任，由监护人替代实施加害行为的人承担侵权责任。监护制度设立的目的在于保护被监护人的人身、财产等其他合法权益不受侵害，同时在被监护人致人损害时能够承担替代责任，解决纠纷，进而维护社会秩序的正常运行。在归责原则上，一直存有争议。一般认为，监护人责任是一种无过错责任。无论监护人是否尽到监护责任，都要承担侵权责任，这理应属于无过错责任的范畴。监护人尽到监护职责的，只可以作为减责事由，而非免责事由。监护人不能以尽到监护职责为由，拒绝承担侵权责任。有财产的无民事行为能力人、限制民事行为能力人造成他人损害的，从本人财产中支付赔偿费用；不足部分，由监护人赔偿。确定监护人责任，在适用无过错责任的基础上，应当结合公平原则，综合考虑当事人的财产状况、经济收入、必要的经济支出和负担、造成损害的程度等因素，公平地分担损失，合理确定赔偿责任归属。

在此需要注意的是，《民法典》首次从法律层面规定了委托监护的责任承担规则。委托监护是监护人难以履行监护职责的产物。委托监护中，监护责任并未随着委托合同发生转移，委托监护只是监护人将部分或全部监护职责通过委托方式转移给他人，自己仍须承担监护责任，并没有改变监护的本质。因此，《民法典》第1189条规定："无民事行为能力人、限制民事行为能力人造成他人损害，监护人将监护职责委托给他人的，监护人应当承担侵权责任；受托人有过错的，承担相应的责任。"此为《民法典》较以前法律的新增规定，在审判实践中要注意把握。

【管辖】

根据《民事诉讼法》第28条的规定，因侵权行为提起的诉讼，由侵权行为地或者被告住所地人民法院管辖。根据《民事诉讼法解释》第24条的规定，《民事诉讼法》第28条规定的侵权行为地，包括侵权行为实施地、侵权结果发生地。

【法律适用】

处理监护人责任纠纷的法律依据主要是《民法典》第1188条、第1189条等相关规定。

【确定该案由应当注意的问题】

监护人责任是一种特殊主体责任。在适用监护人责任纠纷案由时，应注意以下问题：

1. 要注意监护人责任纠纷案由和其他与监护关系有关的案由的区别。《民事案件案由规定》中除本案由外，还规定了其他与监护关系有关的案由，包括非讼程序案件案由项下的第二级案由监护权特别程序案件、第二级案由婚姻家庭纠纷项下的第三级案由监护权纠纷、第二级案由监护权特别程序案件（下设5个第三级案由）。在确定具体案由时，要结合基础法律关系的性质，根据系争纠纷的本质来准确适用具体的案由。

2. 关于诉讼主体资格问题。依照《民事诉讼法解释》第67条的规定，无民事行为能力人、限制民事行为能力人造成他人损害的，无民事行为能力人、限制民事行为能力人和其监护人为共同被告。审判实践中，如果被侵权人仅起诉致人损害的被监护人或者仅起诉监护人，人民法院应当依照上述规定，依职权追加监护人或者被监护人为共同被告，以更好地查明案情并合理确定责任。

365. 用人单位责任纠纷

【释义】

用人单位责任是指用人单位的工作人员因执行工作任务造成他人损害时，用人单位承担的侵权责任。由用人单位责任的构成及承担等问题产生的纠纷即为用人单位责任纠纷。

同监护人责任一样，用人单位责任也是一种替代责任，用人单位替代因执行工作任务造成他人损害的工作人员承担侵权责任。根据

《民法典》第1191条的规定，用人单位承担侵权责任后，可以向有故意或者重大过失的工作人员追偿。这是《民法典》吸收2003年《最高人民法院关于审理人身损害赔偿案件适用法律若干问题的解释》第9条第1款①关于雇主责任的规定相关内容后作出的新增规定，明确了用人单位的追偿权。用人单位行使追偿权的前提是工作人员具有故意或者重大过失，如果工作人员无过失或者仅具有轻微过失，则用人单位不能行使追偿权。这是对用人单位的一种限制，符合公平原则。从归责原则上讲，用人单位也采用无过错责任原则。不论用人单位本身是否有过错，均应对工作人员因执行工作任务而发生的侵权行为承担责任，这符合立法本意，一定程度上可以减少用人单位侵权行为的发生。用人单位承担侵权责任的前提是工作人员在执行工作任务的过程中造成他人损害。判断工作人员是否在"执行工作任务"，可以从以下几个方面综合考虑：（1）是否以用人单位名义；（2）是否在外观上足以被认为属于执行职务；（3）是否依社会共同经验足以认为与用人单位职务有相当关联。② 要根据工作人员行为的场合、名义、时间、地点、具体内容等，综合认定是否在"执行工作任务"。③

【管辖】

根据《民事诉讼法》第28条的规定，因侵权行为提起的诉讼，

---

① 《最高人民法院关于审理人身损害赔偿案件适用法律若干问题的解释》（法释〔2003〕20号）第9条第1款规定："雇员在从事雇佣活动中致人损害的，雇主应当承担赔偿责任；雇员因故意或者重大过失致人损害的，应当与雇主承担连带赔偿责任。雇主承担连带赔偿责任的，可以向雇员追偿。"需要注意的是，在2020年司法解释全面清理后删除了这一规定。

② 马俊驹、余延满：《民法原论》，法律出版社1998年版，第163页。

③ 从保持审判秩序的稳定性、连续性和法律适用的统一性角度考虑，已经在2020年司法解释全面清理工作删除的《最高人民法院关于审理人身损害赔偿案件适用法律若干问题的解释》（法释〔2003〕20号）第9条第2款规定内容，即："前款所称'从事雇佣活动'，是指从事雇主授权或者指示范围内的生产经营活动或者其他劳务活动。雇员的行为超出授权范围，但其表现形式是履行职务或者与履行职务有内在联系的，应当认定为'从事雇佣活动'"，对于当前审判实务中认定工作人员"执行工作任务"具有重要参考价值。

由侵权行为地或者被告住所地人民法院管辖。根据《民事诉讼法解释》第24条的规定，《民事诉讼法》第28条规定的侵权行为地，包括侵权行为实施地、侵权结果发生地。

【法律适用】

处理用人单位责任纠纷的法律依据主要是《民法典》第1191条第1款。

【确定该案由应当注意的问题】

用人单位责任纠纷是实践中一种常见的纠纷类型。在实践中适用该案由，应当注意以下几点：

1. 该案由仅适用于工作人员执行工作任务造成他人损害的情形。如果是造成自身损害，用人单位无重大过错的，则认定为工伤，按照工伤处理。如果用人单位存在重大过错，劳动者同时构成工伤，则存在工伤保险与民事侵权救济的衔接适用问题。

2. 用人单位承担侵权责任后，如果工作人员有故意或者重大过失，可以向其追偿。如果工作人员没有过失或者仅是轻微过失，则没有追偿权。这里的故意，当然是指行为人明知其行为会造成特定损害后果而追求或者放任这一损害后果的发生，即包括直接故意和间接故意。至于用人单位在依据《民法典》第1191条第1款的规定向其工作人员主张追偿权的纠纷，应当列哪一个案由的问题，存在一定争议。有意见认为，这时应当适用的第三级案由是追偿权纠纷。我们认为，这有一定道理，但此第三级案由系列在合同纠纷项下，与依照第1191条规定产生的追偿权并无直接关联。从此类纠纷所依据的基础法律关系性质以及实务中此追偿权行使与用人单位承担责任的密切关系出发，有必要将此适用用人单位责任纠纷这一案由。下一步可以再不断总结审判实践经验，基于便利当事人诉讼和人民法院做好司法统计工作的考虑，探索在本案由项下增设第四级案由，即用人单位追偿权纠纷。

3. 用人单位与工作人员之间必须存在劳动关系或者其他人事关系。此处的工作人员，除劳动者之外还包括公务员、参照公务员管理的其他工作人员、事业单位工作人员等。之前《民法通则》第121条规定仅针对国家机关工作人员的职务侵权行为，《侵权责任法》改变了这一规定，《民法典》沿袭这一规定，对于所有用人单位的职务侵权行为都具有适用的效力。

4. 在诉讼主体资格确定上，要以用人单位作为被告，而非其工作人员。《民事诉讼法解释》第56条规定："法人或者其他组织的工作人员执行工作任务造成他人损害的，该法人或者其他组织为当事人。"

366. 劳务派遣工作人员侵权责任纠纷

【释义】

劳务派遣是指劳务派遣机构受特定企业委托招聘员工，并与之签订劳动合同，将员工派遣到企业工作，其劳动过程由企业管理，其工资、福利、社会保险费等由企业提供给派遣机构，再由派遣机构支付给员工，并为员工办理社会保险登记和缴费等各项事务的一种特殊用工形式。① 劳务派遣不同于一般的用工方式，存在三方主体：被派遣的工作人员、劳务派遣单位、接受劳务派遣的用工单位。劳务派遣中，与被派遣的工作人员存在劳动合同关系的是劳务派遣单位，实际接受用工的是另一个单位，用工单位与劳务派遣单位之间存在劳务派遣合同关系。这使得"用人"和"用工"发生分离。

劳务派遣工作人员侵权责任是指劳务派遣期间，被派遣的工作人员因执行工作任务造成他人损害时，接受劳务派遣的工作单位承担的

① 王全兴、侯玲玲：《劳动关系双层运行的法律思考——以我国的劳动派遣实践为例》，载《劳动法学》2004年第4期。

侵权责任。劳务派遣单位有过错的，承担相应的责任。《民法典》改变了《侵权责任法》中劳务派遣单位有过错时承担补充责任的规定，改由劳务派遣单位承担相应的责任。这样修改更能符合审判实践中复杂多样的具体情况。根据《民法典》第1191条第2款的规定，用工单位承担无过错责任，劳务派遣单位承担过错责任。由用工单位承担无过错责任主要是因为，被派遣的工作人员在工作中接受用工单位的管理和培训，按照规章制度执行工作任务，发生侵权行为时，与用工单位的实际关联程度更加紧密，且用工单位对工作人员的控制相比劳务派遣单位更多。

劳务派遣单位的过错主要是指选任方面的过错。因劳务派遣“用人”和“用工”分离的先天属性，导致劳务派遣单位对被派遣劳动者失去了实际指挥控制和监督权，但劳务派遣单位如同用工单位的人事部门，负有对被派遣劳动者的选任责任，即在招聘、录用被派遣劳动者时，应当对该劳动者的健康状况、能力、资格以及对用工单位所任职务能否胜任进行详尽的考察。因此，劳务派遣单位对劳动者因执行工作任务致人损害承担的责任，是因劳务派遣单位对选任不当承担的相应的过错责任。① 这是从归责原则的角度进行的探讨，至于责任形态上，劳务派遣单位承担按份责任还是补充责任，抑或与用人单位承担连带责任，要根据具体案件情况符合有关责任承担的法律规定来确定。当然，这时按份责任应当是一般情形。

【管辖】

根据《民事诉讼法》第28条的规定，因侵权行为提起的诉讼，由侵权行为地或者被告住所地人民法院管辖。根据《民事诉讼法解释》第24条规定，《民事诉讼法》第28条规定的侵权行为地，包括侵权行为实施地、侵权结果发生地。

---

① 最高人民法院民法典贯彻实施工作领导小组主编：《中华人民共和国民法典侵权责任编理解与适用》，人民法院出版社2020年版，第242～243页。

【法律适用】

处理劳务派遣工作人员侵权责任纠纷的法律依据主要是《民法典》第1191条第2款的规定。

【确定该案由应当注意的问题】

劳务派遣关系中的劳务派遣单位、用工单位责任从本质上讲是用人者责任，是用人单位侵权责任的一种特殊形式。劳务派遣工作人员侵权责任纠纷的前提是必须存在劳务派遣关系，适用本案由应当注意与用人单位责任纠纷相区别。

在诉讼主体资格确定上，《民事诉讼法解释》第58条规定："在劳务派遣期间，被派遣的工作人员因执行工作任务造成他人损害的，以接受劳务派遣的用工单位为当事人。当事人主张劳务派遣单位承担责任的，该劳务派遣单位为共同被告。"当事人起诉时未将劳务派遣单位列为共同被告的，人民法院可以依照当事人的申请，追加该劳务派遣单位为共同被告。

367. 提供劳务者致害责任纠纷

【释义】

提供劳务者致害责任是指个人之间形成劳务关系，提供劳务的一方因劳务造成他人损害时，接受劳务一方承担的侵权责任。劳务关系不同于劳动关系，劳务关系主要由民法来调整，劳务关系的双方不存在隶属关系，双方可以通过协商确定报酬。劳务关系的建立可以采用书面形式，也可以采取其他灵活方式。

提供劳务者致害责任属于广义上的替代责任范畴。《最高人民法院关于审理人身损害赔偿案件适用法律若干问题的解释》第 9 条第 1 款对雇主责任的规定是，雇员在从事雇佣活动中致人损害的，雇主应当承担赔偿责任；雇员因故意或者重大过失致人损害的，应当与雇主承担连带赔偿责任。雇主承担连带赔偿责任的，可以向雇员追偿。在此基础上，《侵权责任法》对提供劳务致人损害的侵权责任专门作出规定，改变了上述司法解释中雇主与雇员承担连带责任这一规定，改由接受劳务的一方单独承担责任，其第 35 条规定："个人之间形成劳务关系，提供劳务一方因劳务造成他人损害的，由接受劳务一方承担侵权责任。提供劳务一方因劳务自己受到损害的，根据双方各自的过错承担相应的责任。"《民法典》第 1192 条第 1 款基本沿用了这一规则这符合责任报偿原理和现代民法利益、风险、责任一致的原则。同时，又增加了有关追偿权承担的规则。接受劳务一方承担侵权责任后，可以向有故意或者重大过失的提供劳务一方追偿。这一点在实践中要特别予以注意。

提供劳务者致害责任中应注意对"因劳务"的理解。《最高人民法院关于审理人身损害赔偿案件适用法律若干问题的解释》对"从事雇佣活动"的含义作过规定，是指从事雇主授权或者指示范围内的生产经营活动或者其他劳务活动。雇员的行为超出授权范围，但其表现形式是履行职务或者与履行职务有内在联系的，应当认定为从事雇佣活动。提供劳务者致害责任属于传统民法上的雇主责任，虽然该司法解释在 2020 年修改后删除了这一规定，但从总结审判实践经验以及法律适用的统一性、连续性的角度考虑，在认定"因劳务"时可以参考这一规定，从提供劳务一方的主客观方面来判断和认定是不是"因劳务"。

提供劳务者致害责任本质上与用人单位责任相类似。因此，在归责原则方面也采取相同的立法技术，都采用无过错责任原则。即不问提供劳务一方是否有过错，只要提供劳务一方因劳务造成他人损害的，接受劳务一方都应承担侵权责任。

【管辖】

根据《民事诉讼法》第28条的规定，因侵权行为提起的诉讼，由侵权行为地或者被告住所地人民法院管辖。根据《民事诉讼法解释》第24条规定，《民事诉讼法》第28条规定的侵权行为地，包括侵权行为实施地、侵权结果发生地。

【法律适用】

处理提供劳务者致害责任纠纷的法律依据主要是《民法典》第1192条的规定。

【确定该案由应当注意的问题】

随着社会经济的发展，个人之间的劳务关系越来越多，因劳务而产生的纠纷也随之增加。在实践中适用该案由时，应当注意区分该案由与用人单位责任纠纷。二者产生的基础不同，一个是劳务关系，且仅适用于个人之间的劳务关系，另一个是存在劳动关系或人事关系。此外，对于接受劳务一方向故意或者重大过失的提供劳务一方主张追偿权的纠纷，基于此纠纷所依赖的基础法律关系以及审判实践的实际情况，在没有新增相应第四级案由之前，此类纠纷也有必要适用本案由。

在诉讼主体资格确定上，要注意的是，《民事诉讼法解释》第57条明确规定："提供劳务一方因劳务造成他人损害，受害人提起诉讼的，以接受劳务一方为被告。"

368. 提供劳务者受害责任纠纷

【释义】

提供劳务者受害责任是指个人之间存在劳务关系，提供劳务一方因劳务使自身受到损害时，根据双方各自的过错承担的相应的责任。提供劳务一方因劳务使自身受到损害引发的侵权责任纠纷即为提供劳务者受害责任纠纷。依据《民法典》第1192条的规定，提供劳务一方因劳务受到损害的，根据双方各自的过错承担相应的责任。提供劳务期间，因第三人的行为造成提供劳务一方损害的，提供劳务一方有权请求第三人承担侵权责任，也有权请求接受劳务一方给予补偿。接受劳务一方补偿后，可以向第三人追偿。这就是处理提供劳务者受害责任纠纷的基本法律依据。

提供劳务者受害责任与提供劳务者致害责任不同：（1）责任针对主体不同。前者是内部责任分担，涉及劳务关系双方主体，即提供劳务一方和接受劳务一方；后者是外部责任分担，即因劳务导致劳务关系以外的其他人遭受损害。（2）归责原则不同。前者采用过错责任原则，根据双方各自的过错承担相应的责任；后者采用无过错责任原则，接受劳务一方承担责任不问自身是否存在过错。提供劳务者受害责任采用过错责任原则是比较公平合理的。实践中因劳务致害情形复杂，个人之间的劳务关系中，双方均为自然人，且一般未缴纳工伤保险等其他保险，发生损害时，完全由接受劳务一方承担未免苛责过重，因此根据双方过错承担相应的责任较为合理。

【管辖】

根据《民事诉讼法》第28条的规定，因侵权行为提起的诉讼，

由侵权行为地或者被告住所地人民法院管辖。根据《民事诉讼法解释》第24条规定，《民事诉讼法》第28条规定的侵权行为地，包括侵权行为实施地、侵权结果发生地。

【法律适用】

处理提供劳务者受害责任纠纷的法律依据主要是《民法典》第1192条的规定。

【确定该案由应当注意的问题】

实践中适用提供劳务者受害责任纠纷应注意以下几点：

1. 区分适用提供劳务者致害责任和提供劳务者受害责任。根据起诉的具体请求和受害主体，区分外部关系和内部关系，选择适用准确的案由。

2. 提供劳务者受害责任纠纷中，存在第三人侵权时，依据《民法典》第1192条第2款的规定，受害人可以选择起诉第三人或者接受劳务一方。虽然在责任形态上，这时接受劳务一方承担的是补偿责任，但这并不影响在案由适用上确定为提供劳务者受害责任纠纷。至于接受劳务一方补偿后提出的向第三人的追偿权纠纷，基于此纠纷所依赖的基础法律关系以及审判实践的实际情况，在没有新增接受劳务者追偿权纠纷这一新的第四级案由之前，此类纠纷也有必要适用本案由。

369. 网络侵权责任纠纷

（1）网络侵害虚拟财产纠纷

【释义】

网络侵权责任是指网络用户、网络服务提供者利用网络侵害他人民事权益时应当承担的侵权责任。其中，网络用户即网民，是指使用互联网的自然人、法人或非法人组织。而网络服务提供者是一个概括性表述，法律上对网络服务提供者并没有明确的定义，既包括提供接入、缓存、信息储存空间、搜索以及链接等服务类型的技术服务提供者，也包括主动向网络用户提供内容的内容服务提供者，还包括在电子商务中为交易双方或者多方提供网络经营场所、交易撮合、信息发布等服务，供交易双方或者多方独立开展交易活动的电子商务平台经营者。①

网络侵权行为不同于一般的侵权行为，具有侵权行为的隐蔽性、损害后果的广泛性、行为主体的多样性等特点。因此，对网络侵权行为不能适用普通侵权责任的规则。《侵权责任法》和相关司法解释对网络侵权责任作出了特别规定，《民法典》顺应时代发展变化，在此基础上从法律层面重申了网络侵权责任的一般规定，细化了“通知－删除”规则的具体内容，对网络侵权责任的法律制度进行了系统完善。具体表现为：在第1195条增加规定“通知－删除”程序中权利人通知所包含的必要信息、网络服务提供者接到通知后的及时转送义务以及权利人错误通知的侵权责任，该条规定：“网络用户利用网络服务实施侵权行为的，权利人有权通知网络服务提供者采取删除、屏蔽、断开链接等必要措施。通知应当包括构成侵权的初步证据及权利人的真实身份信息。网络服务提供者接到通知后，应当及时将该通知转送相关网络用户，并根据构成侵权的初步证据和服务类型采取必要措施；未及时采取必要措施的，对损害的扩大部分与该网络用户承担连带责任。权利人因错误通知造成网络用户或者网络服务提供者损害的，应当承担侵权责任。法律另有规定的，依照其规定。”第1196条增加规定网络用户的反通知和网络服务提供者的恢复程序。这些都是针对网络侵权责任的特殊规定。第1197条规定：“网络服务提供者知道或者应当知道网络用户利用其网络服务侵害他人民事权益，未采取

① 黄薇主编：《中华人民共和国民法典释义》，法律出版社2020年版，第2311页。

必要措施的，与该网络用户承担连带责任。”

根据《民法典》第1194～1197条的规定，网络用户、网络服务提供者承担的责任类型可以分为单独侵权责任和连带侵权责任。其中，单独侵权责任是指网络用户、网络服务提供者利用网络侵害他人民事权益时应当承担的侵权责任。连带侵权责任包括：（1）网络服务提供者接到通知后未及时采取必要措施的，对损害的扩大部分与该网络用户承担连带责任；（2）网络服务提供者知道或者应当知道网络用户利用其网络服务侵害他人民事权益，未采取必要措施的，与该网络用户承担连带责任。由此可见，网络服务提供者与该网络用户承担连带责任的前提是网络服务提供者有过错，主观上对网络用户的侵权行为有放任或默许的心态。

网络侵权侵害的权益类型多样，包括财产权、人格权和知识产权等。《民法典》在总则编明确了对虚拟财产的保护。网络虚拟财产，是指虚拟的网络本身以及存在于网络上的具有财产性的电磁记录，是一种能够用现有的度量标准度量其价值的数字化的新型财产。它具有一定的可支配性和排他性，具有经济价值。① 2020年《民事案件案由规定》修改时，在本案由项下增加“（1）网络侵害虚拟财产纠纷”，将利用网络侵害虚拟财产的行为单列出来，体现了这种侵权行为的典型性和特殊性，也是顺应时代发展需要、为方便人民群众诉讼和做好相关司法统计工作服务司法决策奠定重要基础。至于其他有关利用网络侵害其他民事权益的纠纷，仍适用第三级案由“网络侵权责任纠纷”。

【管辖】

根据《民事诉讼法》第28条的规定，因侵权行为提起的诉讼，由侵权行为地或者被告住所地人民法院管辖。根据《民事诉讼法解

---

① 江必新、夏道虎主编：《中华人民共和国民法典重点条文实务详解（下）》，人民法院出版社2020年版，第1133页。

释》第24条规定，《民事诉讼法》第28条规定的侵权行为地，包括侵权行为实施地、侵权结果发生地。

【法律适用】

处理网络侵权责任纠纷的法律依据主要是《民法典》第1194～1197条，《电子商务法》《网络安全法》《消费者权益保护法》等，有关侵权责任构成、责任方式等适用《民法典》其他部分的相关规定。

【确定该案由应当注意的问题】

网络侵权侵害的权益类型具有多种表现形式，实践中，注意对第四级案由网络侵害虚拟财产纠纷的特别适用。《民事案件案由规定》在“网络侵权责任纠纷”项下新增“（1）网络侵害虚拟财产纠纷”，在确定案由时，涉及利用网络侵害虚拟财产的，应明确适用第四级案由“网络侵害虚拟财产纠纷”。

370. 违反安全保障义务责任纠纷

（1）经营场所、公共场所的经营者、管理者责任纠纷

（2）群众性活动组织者责任纠纷

【释义】

违反安全保障义务责任是指宾馆、商场、银行、车站、机场、体育场馆、娱乐场所等经营场所、公共场所的经营者、管理者或者群众性活动的组织者，未尽到安全保障义务致人损害时，所应当承担的侵权责任。安全保障义务是特定主体对具有一定关系的不特定多数人的人身和财产安全负有的一种保障义务。这种义务既可能是一种法定义

务，也可能是合同义务或是基于诚信原则及其他先前行为而产生的义务。

违反安全保障义务的侵权责任是一种过错责任，由于特定主体未积极履行安全保障义务，导致受害人遭受损害，这是一种典型的不作为侵权。《民法典》第1198条规定："宾馆、商场、银行、车站、机场、体育场馆、娱乐场所等经营场所、公共场所的经营者、管理者或者群众性活动的组织者，未尽到安全保障义务，造成他人损害的，应当承担侵权责任。因第三人的行为造成他人损害的，由第三人承担侵权责任；经营者、管理者或者组织者未尽到安全保障义务的，承担相应的补充责任。经营者、管理者或者组织者承担补充责任后，可以向第三人追偿。"其中第1款和第2款分别规定了安全保障义务主体的直接侵权责任和存在第三人侵权时安全保障义务主体承担的补充责任。没有第三人侵权行为介入时，安全保障义务人因违反安全保障义务造成他人损害的，应当承担直接侵权责任。存在第三人侵权时，原则上由第三人承担侵权责任，这是责任自负原则的体现。第三人侵权造成损害时，如果经营者、管理者或者活动组织者未尽到安全保障义务的，承担相应的补充责任。经营者、管理者或者活动组织者承担补充责任后，可以向第三人追偿。

根据违反安全保障义务主体的不同，违反安全保障义务责任纠纷下设两个四级案由，分别为：（1）经营场所、公共场所的经营者、管理者责任纠纷；（2）群众性活动组织者责任纠纷。其中"经营场所、公共场所的经营者、管理者责任纠纷"由"公共场所管理人责任纠纷"修改而来，这是为了与《民法典》第1198条表述一致。此外，如果涉及安全保障义务人承担补充责任后向实施侵权行为的第三人追偿的纠纷，可以直接适用违反安全保障义务责任纠纷这一案由。

【管辖】

根据《民事诉讼法》第28条的规定，因侵权行为提起的诉讼，

由侵权行为地或者被告住所地人民法院管辖。根据最高人民法院《民事诉讼法解释》第 24 条的规定，《民事诉讼法》第 28 条规定的侵权行为地，包括侵权行为实施地、侵权结果发生地。

【法律适用】

处理违反安全保障义务责任纠纷的法律依据主要是《民法典》第 1198 条的规定。

【确定该案由应当注意的问题】

违反安全保障义务的责任主体是一种特殊主体，《民法典》第 1198 条在《侵权责任法》基础上作出了更为细致完善的规定。实践中，适用违反安全保障义务责任纠纷案由时应注意以下问题：

1. 不是所有的主体都负有安全保障义务。不能将不应承担安全保障义务的主体解释为经营场所、公共场所的经营者、管理者或者群众性活动的组织者。根据责任主体的不同，区分经营场所、公共场所的经营者、管理者和群众性活动组织者，选择适用准确的案由。

2. 关于诉讼主体资格确定的问题。对于安全保障义务人的侵权行为直接导致受害人损害的情形，原、被告比较清晰，对于安全保障义务人承担补充责任的情形，则比较复杂。此前的《最高人民法院关于审理人身损害赔偿案件适用法律若干问题的解释》第 6 条第 2 款规定："因第三人侵权导致损害结果发生的，由实施侵权行为的第三人承担赔偿责任。安全保障义务人有过错的，应当在其能够防止或者制止损害的范围内承担相应的补充赔偿责任。安全保障义务人承担责任后，可以向第三人追偿。赔偿权利人起诉安全保障义务人的，应当将第三人作为共同被告，但第三人不能确定的除外。"虽然 2020 年清理司法解释后，删除了这一规定，但考虑到这一规定与《民法典》的规定精神并不冲突，也符合《民事诉讼法》相关规定精神，更是长期以来的审判实践做法，从法律适用的前后统一性以及审判秩序的稳定性出发，上述规定内容仍具有参考适用的价值。

371. 教育机构责任纠纷

【释义】

教育机构责任是指幼儿园、学校或者其他教育机构，未尽到教育、管理职责，使在其中学习、生活的无民事行为能力人或者限制民事行为能力人遭受人身损害时应当承担的侵权责任。无民事行为能力人和限制民事行为能力人由于心智不成熟、自身识别能力有限，在学校、幼儿园或其他教育机构生活、学习期间，脱离监护人的监管，参加体育活动或教学活动时容易受到人身损害。因此，教育机构应当对无民事行为能力人和限制民事行为人承担相应的教育和管理职责。

《民法典》第1199条至第1201条基本沿用了《侵权责任法》的有关规定，分别规定了不同情形下教育机构的侵权责任，不同情形适用不同的归责原则：（1）无民事行为能力人在幼儿园、学校或者其他教育机构学习、生活期间受到人身损害的，教育机构的侵权责任采用过错推定原则。推定教育机构存在过错，只有教育机构能够证明自己尽到教育管理职责的，才不承担侵权责任。（2）限制民事行为能力人在学校或者其他教育机构学习、生活期间受到人身损害的，教育机构的侵权责任采用的是过错责任原则，在举证责任上不适用举证责任倒置的规则。（3）无民事行为能力人或者限制民事行为能力人在幼儿园、学校或者其他教育机构学习、生活期间，受到幼儿园、学校或者其他教育机构以外的第三人人身损害的，由第三人承担侵权责任；幼儿园、学校或者其他教育机构未尽到管理职责的，承担相应的补充责任。幼儿园、学校或者其他教育机构承担补充责任后，可以向第三人追偿。

【管辖】

根据《民事诉讼法》第28条的规定，因侵权行为提起的诉讼，由侵权行为地或者被告住所地人民法院管辖。根据《民事诉讼法解释》第24条的规定，《民事诉讼法》第28条规定的侵权行为地，包括侵权行为实施地、侵权结果发生地。

【法律适用】

处理教育机构责任纠纷的法律依据主要是《民法典》第1199～1201条的规定。

【确定该案由应当注意的问题】

教育机构责任针对的是无民事行为能力人和限制行为能力人作为受害人的情形，如果完全民事行为能力人在教育机构学习、生活期间受到人身伤害，则不能适用本案由，而只能作为一般人身损害赔偿案件确定案由。如果是在幼儿园、学校或者其他教育机构的无民事行为能力人和限制行为能力人实施了侵权行为造成他人损害的，也不能适用本案由，但如果是无民事行为能力人和限制行为能力人造成了同为幼儿园、学校或者其他教育机构的无民事行为能力人和限制行为能力人人身损害的纠纷，因为后者已经属于教育机构应当依法承担相应侵权责任的情形，对于此类纠纷就可以直接适用本案由。

372. 性骚扰损害责任纠纷

【释义】

性骚扰损害责任是指违背他人意愿，以言语、文字、图像、肢体行为等方式对他人实施性骚扰的，行为人应当承担的民事责任。一般而言，与性有关的行为才可以构成性骚扰行为，比如性挑逗、性贿赂、性要挟、性强迫都会构成性骚扰，其形式不限于暴力强迫，更多的是非暴力性的，如身体接触、出示色情文学图像、网上性骚扰、电话性骚扰。① 2005 年修正的《妇女权益保障法》第 40 条明确规定："禁止对妇女实施性骚扰。"《民法典》人格权编第 1010 条对性骚扰行为作了明确规定，该条规定："违背他人意愿，以言语、文字、图像、肢体行为等方式对他人实施性骚扰的，受害人有权依法请求行为人承担民事责任。机关、企业、学校等单位应当采取合理的预防、受理投诉、调查处置等措施，防止和制止利用职权、从属关系等实施性骚扰。"因性骚扰行为造成受害人损害引发的侵权责任纠纷，即为性骚扰损害责任纠纷。

2018 年 12 月，最高人民法院下发《关于增加民事案件案由的通知》，在第一部分"人格权纠纷"的第三级案由"9. 一般人格权纠纷"项下增加一类第四级案由"1. 平等就业权纠纷"；在第九部分"侵权责任纠纷"的"348. 教育机构责任纠纷"之后增加一个第三级案由"348 之一、性骚扰损害责任纠纷"。

"性骚扰损害责任纠纷"案由的设立，为性骚扰受害人寻求司法保护提供了明确的法律指引，也为做好相关司法统计工作，加强相关人格权益司法保护提供了重要基础。依据上述《民法典》的规定，性

① 最高人民法院民法典贯彻实施工作领导小组主编：《中华人民共和国民法典人格权编理解与适用》，人民法院出版社 2020 年版，第 178 页。

骚扰行为造成他人损害应当承担相应的侵权责任，这一内容虽然在人格权编中作了规定，但有关侵权责任承担规则应当适用侵权责任编的规定，同时基于案由体系的稳定性考虑，此次案由修正仍将其放在侵权责任纠纷项下。在实务中，性骚扰行为的认定和证明是实践中的难点。“违背他人意愿”是性骚扰行为侵害他人人格尊严的本质体现。在性骚扰行为中，人格尊严、人格自由、隐私权、身体权等都可能受到损害。此类纠纷要直接适用性骚扰损害责任纠纷这一案由。

【管辖】

根据《民事诉讼法》第 28 条的规定，因侵权行为提起的诉讼，由侵权行为地或者被告住所地人民法院管辖。根据《民事诉讼法解释》第 24 条的规定，《民事诉讼法》第 28 条规定的侵权行为地，包括侵权行为实施地、侵权结果发生地。

【法律适用】

性骚扰损害责任纠纷的法律依据主要是《民法典》第 1010 条及其他相关规定。

【确定该案由应当注意的问题】

由于“性骚扰损害责任纠纷”为单独增加的案由，为不影响案由整体排序，故列为“348 之一”，作为与“教育机构责任纠纷”并列的第三级案由。2020 年《民事案件案由规定》变更为“372. 性骚扰损害责任纠纷”。性骚扰会侵害他人的人格尊严，《民事案件案由规定》将性骚扰损害责任纠纷设在侵权责任纠纷下，对性骚扰损害责任的案件应适用本案由，而不适用人格权纠纷的案由。《民法典》第 1010 条第 2 款规定了机关、企业、学校等负有防止和制止利用职权、从属关系等实施性骚扰的义务。对于上述主体违反相应义务需要承担民事责任的纠纷，也要适用本案由。

373. 产品责任纠纷

（1）产品生产者责任纠纷
（2）产品销售者责任纠纷
（3）产品运输者责任纠纷
（4）产品仓储者责任纠纷

【释义】

产品责任也称为产品侵权责任，是指产品的生产者、销售者因生产、销售缺陷产品致使他人遭受人身损害、财产损失或者有使他人遭受人身损害和财产损失的危险的，应当承担的侵权责任。承担侵权责任的方式包括赔偿损失、消除危险、停止侵害等。对于何为“产品”，我国《产品质量法》第2条第2款第一次对“产品”作了概括性的界定，产品侵权责任中的“产品”概念，是指“经过加工、制作，用于销售的产品”。“加工、制作”既包括机械化的，也包括手工业的加工、制作。可以说，任何对产品质量实施影响和控制的行为都属于加工、制作。凡是改变原材料、毛坯或半成品的形状、性质或者表面形态，使之达到规定要求的各类工作都构成加工、制作。① 生产者、销售者通过上述行为对产品质量实施了实际影响或控制，就应该是这类产品导致侵权责任的承担者。

根据我国《民法典》和《产品质量法》的规定，产品责任属于特殊侵权责任。对于产品的生产者而言，适用无过错责任原则，即受害人无需证明生产者主观过错因素，只需要证明产品存在缺陷，生产者

① 周新军：《关于中外产品责任法中农产品问题的思考》，载《国际贸易探索》2007年第8期。

就应当承担侵权责任，除非生产者证明其具备法律规定的免责事由；对于产品的销售者、运输者和仓储者而言，适用过错责任原则。

产品责任纠纷作为第三级案由，下设4个第四级案由，分别为：

1. 产品生产者责任纠纷。产品生产者责任是指为流通目的而加工、制作产品的人，在产品存在缺陷造成他人损害时所应当承担的民事责任。由此产生的纠纷为产品生产者责任纠纷。生产者对产品的质量可以实施实际控制和影响，是产品责任的第一位责任主体。

2. 产品销售者责任纠纷。产品销售者责任是指实施使产品流通的销售行为的人，对于其所销售的产品因缺陷致人损害所应承担的民事责任。由此产生的纠纷为产品销售者责任纠纷。所谓销售者，是指实施了产品销售行为包括代销行为的人，即产品生产者以外的产品供应商。销售者包括批发商、零售商、出租人等。产品进入经销环节后，也可能因为某种原因导致产品缺陷的发生。在经销环节中，销售者可以通过实施某种行为，对产品质量实施实际影响或控制，销售者的行为可能会增加产品的附加值，但同时也有可能会因行为不当，而导致产品缺陷的出现。通常而言，因为产品经销过程中的某种原因导致的产品缺陷往往是个别性的存在于某产品之上的。但在某些情况下，也会存在导致大批量的缺陷产品出现的情形。

3. 产品运输者责任纠纷。产品运输者责任是指因产品的运输者的过错致使产品存在缺陷而致人损害时，产品运输者所应承担的民事责任。由此产生的纠纷为产品运输者责任纠纷。产品的运输行为通常会增加产品的附加值，但如果运输行为不当，也会造成产品缺陷，此类缺陷可以划入制造缺陷的范畴。

4. 产品仓储者责任纠纷。产品仓储者责任是指因产品的仓储者的过错致使产品存在缺陷而致人损害时，产品的仓储者所应承担的民事责任。由此产生的纠纷为产品仓储者责任纠纷。产品的仓储行为通常会增加产品的附加值，但如果仓储行为不当，也会造成产品缺陷，此类缺陷可以划入制造缺陷的范畴。

产品缺陷的造成者是产品责任的最终承担者。确定销售者与生产者之间责任大小或生产者能否向销售者行使追偿权，要看销售者对产品缺陷的造成是否有过错和销售者的过错行为与产品缺陷有无因果关系及原因力的大小。在这种情况下，基于销售者与生产者之间的经济实力并不会存在过大差距，而且往往生产者更会处于优势地位。因此，由生产者对销售者的过错以及因果关系的成立承担举证责任。对于销售者之间，比如批发商与零售商之间的追偿关系，也要依上述规则确定。

在产品责任中，产品运输者、仓储者的责任实质上是产品生产者、销售者承担责任后的内部责任，涉及的是追偿权行使问题。产品运输者、仓储者不直接对受害人承担责任。关于产品的生产者、销售者能否向运输者、仓储者等第三人追偿，同样也要看产品缺陷是否由于第三人的过错导致。如果主张追偿权的生产者或销售者不能举证证明第三人过错的存在或不能证明该第三人的过错行为导致某种产品缺陷的产生，其对该第三人主张的追偿权就不能成立。

【管辖】

根据《民事诉讼法》第 28 条的规定，因侵权行为提起的诉讼，由侵权行为地或者被告住所地人民法院管辖。根据《民事诉讼法解释》第 24 条的规定，《民事诉讼法》第 28 条规定的侵权行为地，包括侵权行为实施地、侵权结果发生地。

【法律适用】

处理产品责任纠纷的法律依据主要是《民法典》第 1202 ~ 1207 条和《产品质量法》《消费者权益保护法》等相关规定。

【确定该案由应当注意的问题】

在 2008 年《民事案件案由规定》中，在债权纠纷第一级案由项下的特殊类型侵权纠纷第二级案由之下，设产品质量损害赔偿纠纷第三级案由。《侵权责任法》对产品责任设有专章，对产品责任中的生产者责任、销售者责任、生产者和销售者之间的责任分担和追偿、生产者和销售者对第三人过错的替代责任等作出比较详细的规定，2011年《民事案件案由规定》根据《侵权责任法》的内容对以前的案由规定作出相应的修改，在侵权责任纠纷第一级、第二级案由之下设置产品责任纠纷第三级案由，并根据责任承担主体的不同规定了产品生产者责任纠纷、产品销售者责任纠纷、产品运输者责任纠纷和产品仓储者责任纠纷4个第四级案由。《民法典》沿袭《侵权责任法》的立法模式，在第四章对产品责任作出规定。2020年《民事案件案由规定》对产品责任纠纷这一案由并未作调整。在实体法律关系中有关产品责任纠纷会涉及违约责任和侵权责任的竞合问题，对于受害人主张生产者、销售者承担侵权责任的情形，应当适用本案由或者其项下对应的第四级案由，这包括受害人主张生产者、销售者承担惩罚性赔偿责任以及停止销售等补救措施的情形。至于生产者、销售者向仓储者、运输者行使追偿权的纠纷，则直接适用本案由项下对应的第四级案由。

374. 机动车交通事故责任纠纷

【释义】

机动车交通事故责任是指机动车的所有人或者使用人在机动车发生交通事故造成他人人身伤害或者财产损失时所应承担的侵权责任。这也包括保险公司在交强险或者商业保险范围内依法承担赔付责任的情形。机动车交通事故的责任主体为机动车一方。所谓机动车，是指以动力装置驱动或者牵引，上道路行驶的供人员乘用或者用于运送物品以及进行工程专项作业的轮式车辆，既包括通常的轿车、客车等日常车辆，也包括如挖掘机、铲车等工程车辆。只要一方为机动车，即可以认定为构成机动车道路交通事故。机动车交通事故发生的场合不局限于在道路上。道路以外通行时发生的事故，参照《道路交通安全法》有关规定。

《民法典》对于机动车交通事故责任设有专章，除明确规定有关机动车交通事故损害赔偿责任适用道路交通事故安全法律和《民法典》的有关规定外，对于租赁、借用机动车发生交通事故的责任承担；已交付但未办理所有权转移登记的机动车发生交通事故致人损害时的责任承担；以挂靠形式从事道路运输经营活动的机动车发生交通事故的责任承担；未经允许驾驶他人机动车发生交通事故的责任承担；机动车交通事故中交强险、商业三者险与侵权人的责任承担顺序；转让人和受让人对拼装或已达到报废标准的机动车致人损害的责任承担；盗窃、抢劫或者抢夺的机动车发生交通事故致人损害时的责任承担；发生交通事故的机动车驾驶人逃逸时损害赔偿责任的承担；非营运机动车发生交通事故造成无偿搭乘人损害时的责任承担，分别作出了比较详细的规定。本案由适用于因上述纠纷形成诉讼时有关案由的确定。

机动车交通事故并非仅适用《民法典》侵权责任编第5章及《道路交通安全法》的规定。比如，发生交通事故的机动车使用人是用人单位的工作人员且系执行工作任务时造成他人损害，则需适用替代责任的规定。再比如，提供车辆“套牌”情况下的共同侵权责任则需要适用《民法典》侵权责任编第1章的有关规定。

在机动车与非机动车、行人发生交通事故时，机动车交通事故损害赔偿责任并非过错责任。过错固然是构成交通事故的重要因素，但实践中仍然大量存在各方当事人均无过错却发生事故的情形，这正是由于车辆尤其是机动车自身具有的危险性所导致的。因此，《道路交通安全法》第119条采用“因过错或者意外”的表述，以此与相应的归责原则相互呼应。

【管辖】

根据《民事诉讼法》第28条的规定，因侵权行为提起的诉讼，

由侵权行为地或者被告住所地人民法院管辖。根据《民事诉讼法解释》第24条的规定，《民事诉讼法》第28条规定的侵权行为地，包括侵权行为实施地、侵权结果发生地。

【法律适用】

处理机动车交通事故责任纠纷的法律依据主要是《民法典》第1208～1217条、《道路交通安全法》第76条和《最高人民法院关于审理道路交通事故损害赔偿案件适用法律若干问题的解释》的相关规定。

【确定该案由应当注意的问题】

在2008年《民事案件案由规定》中，在生命权、健康权、身体权纠纷第三级案由之下设道路交通事故人身损害赔偿纠纷作为第四级案由。但道路交通事故人身损害赔偿纠纷并不能涵盖机动车交通事故责任的全部内容，给审判实践中案由的确定和案件的审理带来不便。2011年《民事案件案由规定》根据《侵权责任法》的内容，将机动车交通事故责任纠纷提升为第三级案由，置于侵权责任纠纷第一级、第二级案由之下，体例、结构上更为科学合理，在确定案由时也更为方便。2020年《民事案件案由规定》保留这一案由，同时增设非机动车交通事故责任纠纷，使得案由更加细化。

375. 非机动车交通事故责任纠纷

【释义】

非机动车交通事故责任是指非机动车的所有人或者使用人在非机

动车发生交通事故造成他人人身伤害或者财产损失时所应承担的侵权损害赔偿责任。非机动车是指以人力或畜力为驱动，上路行驶的交通工具，以及虽有动力装置驱动但设计最高时速、空车质量、外形尺寸符合有关国家标准的残疾人机动轮椅车等交通工具。实践中，非机动车一般包括自行车、三轮车、电动自行车、畜力车、残疾人机动轮椅车。根据《道路交通安全法》第 18 条的规定，依法应当登记的非机动车，经公安机关交通管理部门登记后，方可上道路行驶。依法应当登记的非机动车的种类，由省、自治区、直辖市人民政府根据当地实际情况规定。非机动车的外形尺寸、质量、制动器、车铃和夜间反光装置，应当符合非机动车安全技术标准。非机动车交通事故责任纠纷就是指非机动车与非机动车发生碰撞或者非机动车造成行人人身、财产损害的交通事故引发的纠纷。

《民法典》第 5 章不包含非机动车交通事故的损害赔偿责任，并不意味着非机动车交通事故责任不适用《民法典》的有关规定。因其归责基础已不再是机动车本身的危险性，其实质上就是一种一般侵权行为，从法律适用上讲，应当适用侵权责任的一般规定，即适用《民法典》侵权责任编第 1 章至第 2 章的有关规定。此外，依据《道路交通安全法》第 119 条的规定，“车辆”，是指机动车和非机动车。换言之，有关非机动车的交通、行使规则要受《道路交通安全法》的调整。《道路交通安全法》的相关规定是认定非机动车的所有人或者使用人有无过错及过错大小的重要法律依据。

【管辖】

根据《民事诉讼法》第 28 条的规定，因侵权行为提起的诉讼，由侵权行为地或者被告住所地人民法院管辖。根据《民事诉讼法解释》第 24 条的规定，《民事诉讼法》第 28 条规定的侵权行为地，包括侵权行为实施地、侵权结果发生地。

【法律适用】

处理非机动车交通事故责任纠纷的法律依据主要是《民法典》侵权责任编第 1 章至第 2 章等相关规定。

【确定该案由应当注意的问题】

非机动车交通事故责任纠纷在实践中时有发生，因事故双方均为非机动车，因此不能适用机动车交通事故责任纠纷案由。作为实践中常见的案由，2020 年《民事案件案由规定》将其列在“侵权责任纠纷”项下，与“机动车交通事故责任纠纷”案由并列，体系上更加科学、细化、合理，有利于促进分类管理科学化和提高司法统计准确性。在适用时要注意，对于交通事故中有一方为驾驶机动车的，则应适用机动车交通事故纠纷，而非本案由。

376. 医疗损害责任纠纷

（1）侵害患者知情同意权责任纠纷

（2）医疗产品责任纠纷

【释义】

医疗损害责任是指患者在医疗机构就医时，由于医疗机构或者其医务人员的过错，在诊疗护理活动中受到损害的，医疗机构应当承担侵权损害赔偿责任。《侵权责任法》出台之前，实践中医疗损害责任一般采取过错推定原则。《侵权责任法》改变了这一状况。根据《侵权责任法》的规定，医疗损害责任适用过错责任归责原则，《民法典》侵权责任编沿袭了《侵权责任法》的规定，明确在医疗机构或者其医务人员有过错的情况下，才承担侵权责任。在责任性质上，医疗损害责任包括医疗机构的自己责任和对医务人员的替代责任，即由医疗机构对其医务人员给患者造成的损害承担赔偿责任，此为医疗损害责任的典型形态。因诊疗过错行为导致患者损害，患者或者患者死亡后其近亲属向医疗机构主张侵权责任的纠纷，即为医疗损害责任纠纷。

通常而言，构成医疗损害责任纠纷的基本构成要素包括：（1）权利主体为受到损害的患者而非医疗机构，患者死亡的，其近亲属为主张相应权利的主体；（2）责任主体为医疗机构，换言之，医疗机构在一般的医疗损害责任纠纷中的诉讼地位只能是被告而非原告；（3）患者系在诊疗活动中受到的损害，非在诊疗活动中受到的损害则并非医疗损害责任纠纷的范畴。

医疗损害责任纠纷作为第三级案由，下设两个第四级案由，分别为：

1. 侵害患者知情同意权责任纠纷

侵害患者知情同意权责任是指医疗机构的医务人员在诊疗活动中，应当向患者说明病情和医疗措施等情况而未予说明，或者在实施手术、特殊检查和特殊治疗时，应当向患者或其近亲属说明医疗风险、替代医疗方案等情况并取得其明确同意而未尽到义务的，医疗机构应当对患者由此造成的损害承担赔偿责任。由此而产生的纠纷为侵害患者知情同意权责任纠纷。《民法典》第1219条规定了医疗机构的说明义务和患者的知情同意权。从根本上讲，生命健康权属于患者本人，医疗机构在诊疗活动中应当尊重患者的自主决定权，这是患者的知情同意权一般原则的体现。患者在生命垂危的情况下往往产生认知障碍，不能正确恰当地行使知情同意权，人的生命价值此时优先于其知情同意权，从患者利益出发医疗机构得以实施紧急救治行为，此在《民法典》第1220条有明确规定。但是，如果患者能够正确恰当地行使知情同意权，能对自身的生命健康权作出正确恰当的处置，医疗机构就不能对抗患者的知情同意权，自行决定实施紧急救治行为。如果能够取得患者或者其近亲属的意见，医疗机构应当尊重其自主决定权。如果患者不能正确恰当地行使自主决定权，在一定条件下，其近亲属可以代理其行使知情同意权。[①] 也就是说，医疗机构及其医务人员在依法履行了告知义务后，如果患者近亲属不同意抢救，是不能强制实施抢救行为的，由此造成的不良结果，医疗机构不构成侵权。其法律依据是《民法典》第1224条的规定，即患者或者其近亲属不配合医疗机构进行符合诊疗规范的诊疗，造成患者损害的，医疗机构不承担赔偿责任。

2. 医疗产品责任纠纷

医疗产品责任是指医疗机构在诊疗过程中使用有缺陷的药品、消毒产品、医疗器械等医疗产品，或者输入不合格的血液，因此造成患者人身损害的，医疗机构或者医疗产品的生产者、血液提供机构、药品上市许可持有人所应当承担的侵权损害赔偿责任。由此而产生的纠纷为医疗产品责任纠纷。医疗产品责任是特殊的产品责任，在法律适用上除了适用《民法典》第1223条的规定外，还应适用《民法典》侵权责任编第4章关于产品责任的一般规定。在医疗产品责任中，作为受害人的患者有权选择不同的责任主体为被告来主张权利，也可以选择他们为共同被告；人民法院也可以基于查明案件事实、方便解决纠纷等考虑，追加他们为共同被告。

【管辖】

医疗损害责任纠纷案件的管辖，适用《民事诉讼法》第28条的规定，由侵权行为地或者被告住所地人民法院管辖。根据《民事诉讼法解释》第24条的规定，《民事诉讼法》第28条规定的侵权行为地，包括侵权行为实施地、侵权结果发生地。

---

① 参见最高人民法院侵权责任法研究小组编著：《〈中华人民共和国侵权责任法〉条文理解与适用》，人民法院出版社2010年版，第404页。

【法律适用】

处理医疗损害责任纠纷的法律依据主要是《民法典》第1218～1228条和《最高人民法院关于审理医疗损害责任纠纷案件适用法律若干问题的解释》的相关规定。

【确定该案由应当注意的问题】

在2008年《民事案件案由规定》中，医疗损害赔偿纠纷作为第四级案由，规定在生命权、健康权、身体权第三级案由之下。2011年《民事案件案由规定》根据《侵权责任法》的内容，在第三级案由中规定医疗损害责任纠纷，针对法律特别规定的情形下设侵害患者知情同意权责任纠纷和医疗产品责任纠纷两个第四级案由，对于第四级案由不能涵盖的情况，统一确定为第三级案由。需要注意的是，对于医疗产品缺陷造成患者人身损害的案件，不能以第三级案由产品责任纠纷而应当以第四级案由医疗产品责任纠纷来确定案由。2020年《民事案件案由规定》对本案由并未作出修改，但结合《民法典》的规定，该案由在具体适用中应着重把握以下变化：

1. 医疗机构的过错不再是“医疗机构及其医务人员”，而是“医疗机构或者其医务人员”

这一修改变化更加有利于加强对患者的保护。在此要注意的是，虽然《民法典》沿袭《侵权责任法》的规定，对于诊疗损害责任适用过错责任原则，但在举证责任上，并非完全采取“谁主张，谁举证”的做法，而是要实行举证责任缓和，依据《最高人民法院关于审理医疗损害责任纠纷案件适用法律若干问题的解释》第4条的规定，患者依据《民法典》第1218条规定主张医疗机构承担赔偿责任的，应当提交到该医疗机构就诊、受到损害的证据。患者无法提交医疗机构或者其医务人员有过错、诊疗行为与损害之间具有因果关系的证据，依法提出医疗损害鉴定申请的，人民法院应予准许。医疗机构主张不承担责任的，应当就《民法典》第1224条第1款规定情形等抗辩事由承担举证证明责任。

2. 医疗产品责任主体增加“药品上市许可持有人”

2019年修订的《药品管理法》专门对药品上市许可持有人作出了规定。该法第30条规定：“药品上市许可持有人是指取得药品注册证书的企业或者药品研制机构等。药品上市许可持有人应当按照本法规定，对药品的非临床研究、临床试验、生产经营、上市后研究、不良反应监测及报告与处理等承担责任。其他从事药品研制、生产、经营、储存、运输、使用等活动的单位和个人依法承担相应责任。药品上市许可持有人的法定代表人、主要负责人对药品质量全面负责。”该法第3章针对药品上市许可持有人制度作出了细化规定。在《民法典》对于药品上市许可持有人相关制度有明确规定的情况下，应当适用《民法典》的规定。《药品管理法》对药品上市许可持有人制度的细化规定在不与《民法典》冲突的情况下，可以继续适用。涉及药品上市许可持有人因药品缺陷承担侵权责任的纠纷，要适用医疗产品责任纠纷这一第四级案由，而不能适用产品责任纠纷这一案由。

377. 环境污染责任纠纷

（1）大气污染责任纠纷
（2）水污染责任纠纷
（3）土壤污染责任纠纷
（4）电子废物污染责任纠纷
（5）固体废物污染责任纠纷
（6）噪声污染责任纠纷
（7）光污染责任纠纷
（8）放射性污染责任纠纷

【释义】

环境污染责任是指因工业活动或者其他人为原因，导致自然环境遭受污染或者破坏，从而造成他人人身、财产权益或者公共环境、其他公共财产遭受损害，或者有造成损害的危险时，侵权人所应当承担的侵权损害赔偿责任。

环境污染责任属于特殊侵权责任，从《民法通则》到《侵权责任法》，再到《民法典》，对于环境污染侵权责任均规定为适用无过错责任原则，即不考虑侵权行为人的主观过错，只要其污染环境造成损害，就应当承担侵权损害赔偿责任。而造成损害的污染者主张免责的，应当就法律规定的不承担责任或者减轻责任的情形及其行为与损害结果之间不存在因果关系承担举证责任。

1. 大气污染责任纠纷

大气污染责任纠纷是指因工业活动或是其他人为的原因，引起某些物质进入大气中，呈现出足够的浓度，达到足够的时间，造成大气质量下降，引起污染，使他人人身财产损害，或者公共财产遭受损害，或者有造成损害的危险时，责任人依法应当承担侵权责任所引发的纠纷。

2. 水污染责任纠纷

水污染责任纠纷是指由于人类排放的各种外源性物质（包括自然界中原先就有的和没有的），进入水体后，超出了水体本身自净作用（江河湖海可以通过各种物理、化学、生物方法来消除外源性物质，从而实现自净）所能承受的范围，造成水体污染，使他人人身财产损害，或者公共财产遭受损害，或者有造成损害的危险时，责任人依法应当承担侵权责任所引发的纠纷。

3. 土壤污染责任纠纷

土壤污染责任纠纷是指由于人类活动产生的污染物进入土壤并积累到一定程度，引起土壤质量恶化，并进而造成农作物中某些指标超过国家标准，使他人人身财产受到损害，或者其他公共环境、公共财产遭受损害，或者有造成损害的危险时，责任人依法应当承担侵权责任所引发的纠纷。

4. 电子废物污染责任纠纷

电子废物污染责任纠纷是指电子废物由于人类活动排入环境所引起的环境质量下降而造成他人人身财产受到损害，或者其他公共环境、公共财产遭受损害，或者有造成损害的危险时，责任人依法应当承担侵权责任所引发的纠纷。

5. 固体废物污染责任纠纷

固体废物污染责任纠纷是指固体废物由于人类活动排入环境所引起的环境质量下降而造成他人人身财产受到损害，或者其他公共环境、公共财产遭受损害，或者有造成损害的危险时，责任人依法应当承担侵权责任所引发的纠纷。

6. 噪声污染责任纠纷

噪声污染责任纠纷是指责任人因工业活动或是其他人为的原因，排放噪声造成污染，使他人人身财产受到损害，或者其他公共环境、公共财产遭受损害，或者有造成损害的危险时，依法应当承担侵权责任所引发的纠纷。

7. 光污染责任纠纷

光污染责任纠纷是指责任人因工业活动或是其他人为的原因，由于一定数量和特定方向的障害光对人、动物、植物等造成干扰或负面影响所引发的纠纷。如最高人民法院发布的第 128 号指导案例“李劲诉华润置地（重庆）有限公司环境污染责任纠纷案”，即为一起典型的光污染责任纠纷。

8. 放射性污染责任纠纷

放射性污染责任纠纷是指由于人类活动造成物料、人体、场所、环境介质表面或者内部出现超过国家标准的放射性物质或者射线造成污染，使他人人身财产受到损害，或者其他公共环境、公共财产遭受损害，或者有造成损害的危险时，责任人依法应当承担侵权责任所引发的纠纷。

【管辖】

环境污染责任纠纷案件的管辖，适用《民事诉讼法》第 28 条的规定，即由侵权行为地或者被告住所地人民法院管辖。根据《民事诉讼法解释》第 24 条的规定，《民事诉讼法》第 28 条规定的侵权行为地，包括侵权行为实施地、侵权结果发生地。

【法律适用】

处理环境污染责任纠纷的法律依据主要是《民法典》第 2 编第 7 章、第 7 编第 7 章，以及《大气污染防治法》《水污染防治法》《环境噪声污染防治法》《土壤污染防治法》《固体废物污染环境防治法》等相关规定。

【确定该案由应当注意的问题】

对于环境污染侵权案件，2011 年《民事案件案由规定》在侵权责任纠纷之下，设环境污染责任纠纷第三级案由，并根据有关环境保护的法律规定和人民法院受理环境侵权案件的实践，设立大气污染责任纠纷、水污染责任纠纷、噪声污染责任纠纷、放射性污染责任纠纷、土壤污染责任纠纷、电子废物污染责任纠纷和固体废物污染责任纠纷 7 个第四级案由。根据司法实践需求，此次在“环境污染责任纠纷”之下增加 1 个第四级案由“光污染责任纠纷”，同时，将顺序调整为大气污染责任纠纷、水污染责任纠纷、土壤污染责任纠纷、电子废物污染责任纠纷、固体废物污染责任纠纷、噪声污染责任纠纷、光污染责任纠纷、放射性污染责任纠纷。

1. 关于第四级案由顺序调整的说明。按照污染环境的原因类型，环境污染案件可以分为物质污染案件和能量污染案件。其中，物质污染案件包括有放射性的废物、含传染病病原体的废物、有毒物质等有毒有害物质污染案件，以及未纳入国家或地方环境标准的污染物等其他物质污染案件，即上述第四级案由中的“大气污染责任纠纷”“水污染责任纠纷”“土壤污染责任纠纷”“电子废物污染责任纠纷”“固体废物污染责任纠纷”。能量污染案件是指噪声、振动、光、热、电磁辐射、电离辐射等能量造成损害的案件，即上述第四级案由中的“噪声污染责任纠纷”“光污染责任纠纷”“放射性污染责任纠纷”。两者在对生态环境本身的损害、违法性要件构成等方面存在区别，故对于上述第四级案由顺序进行了类型化区分与顺序调整。

2. 在一个案件同时符合环境介质、污染物等不同类型案由时，比如，因固体废物的排放，污染了水环境介质或土壤环境介质时，则既可能定性为固体废物污染责任纠纷，又可能定性为水污染责任纠纷、土壤污染责任纠纷，应根据所要保护、实现的主要秩序、权益确定适用的案由。

378. 生态破坏责任纠纷

【释义】

生态破坏是指由于人类不合理地开发利用资源损坏了自然生态环境，从而使人类、动物、植物、微生物等的生存条件发生恶化的现象，如水土流失、土壤沙漠化、动植物资源和渔业资源枯竭、气候变化异常、生物多样性减少等。

生态破坏责任是指因不合理地开发利用资源损坏自然生态环境，侵权人所应当承担的侵权损害赔偿责任。比如，实施了以下破坏生态行为：乱捕滥猎、过度采挖珍稀动植物；乱砍滥伐、过度放牧；毁林造田、过度垦荒；围湖造田、填海造地；建设大坝导致流域生态系统破坏；开采矿产造成土地塌陷、水土流失；不合理地引进物种；破坏遗传（基因）等。

根据生态保护的不同对象，生态破坏责任可以进一步分为破坏生物多样性侵权责任、破坏景观多样性侵权责任、破坏区域生态侵权责任等类型。

1. 破坏生物多样性侵权责任，是指破坏生物（动物、植物、微生物）以及它们所拥有的基因和生存环境等产生的侵权责任，可以细分为破坏遗传（基因）多样性、破坏物种多样性和破坏生态系统多样性等三类侵权责任。破坏遗传（基因）多样性侵权责任，是指破坏生物遗传资源和相关传统知识的获取、开发、利用及其惠益分享、转基因生物和产品安全所产生的侵权责任；破坏物种多样性侵权责任，是指破坏外来物种入侵防控与动植物微生物物种及其栖息地保护所产生的侵权责任；破坏生态系统多样性侵权责任，是指破坏森林、草原、湿地、荒漠、冻原、海洋、河流湖泊、农田、城市和乡村等生态系统所产生的侵权责任。

2. 破坏景观多样性侵权责任，是指破坏一定时空范围内的景观类型和景物品类数量的丰富性和美观度所产生的侵权责任，包括破坏自然遗迹、破坏人文遗迹等类型的侵权责任。破坏自然遗迹侵权责任，是指破坏具有重要科学文化价值的地质构造、著名溶洞、化石分布区、冰川、火山、温泉等自然遗迹所产生的侵权责任；破坏人文遗迹侵权责任，是指破坏古迹、建筑群、遗址等人文遗迹所产生的侵权责任。

3. 破坏区域生态侵权责任，则包括破坏国家公园、自然保护区、自然公园等各类自然保护地所产生的侵权责任，以及破坏湖泊、河道、海洋等岸线区域所产生的侵权责任。

根据原因行为的不同，生态破坏责任也可作出不同的类型区分。比如，地下水开采、砍伐林木、猎杀野生动物、开采矿产、垦荒造田、外来物种引进、基因改造等，都可能导致生物要素的不利改变或者生态系统功能退化，可能给他人人身、财产造成损害，进而产生相应的侵权责任。此种情况下，可以考虑将破坏生态侵权责任细分为：地下水开采破坏生态侵权责任、砍伐林木破坏生态侵权责任、猎杀野生动物破坏生态侵权责任、开采矿产破坏生态侵权责任、垦荒造田破坏生态侵权责任、外来物种引进破坏生态侵权责任、基因改造破坏生态侵权责任等。

【管辖】

生态破坏责任纠纷案件的管辖，适用《民事诉讼法》第28条的规定，即由侵权行为地或者被告住所地人民法院管辖。根据《民事诉讼法解释》第24条的规定，《民事诉讼法》第28条规定的侵权行为地，包括侵权行为实施地、侵权结果发生地。

【法律适用】

处理生态破坏责任纠纷的法律依据主要是《民法典》第7编第7章、《环境保护法》《森林法》《草原法》《渔业法》《海洋环境保护法》等相关规定。

【确定该案由应当注意的问题】

一方面，污染环境和破坏生态两种行为存在着明显的区别。从人与环境的关系层面看，污染环境的核心特征为“过度排放”，通常是由于人类活动直接或者间接向环境排入了超过环境自净能力的物质和能量，导致环境危害人类生存和发展；而破坏生态的核心特征为“过度索取”，主要表现为人类过量地向自然索取物质和能量或者不合理的使用自然资源，使得生态平衡受到破坏而危及人类生存和发展。

另一方面，从行为结果上看，环境污染和生态破坏都是人类不合理开发利用自然资源的结果，两者相互重合，且时常互为因果。严重的环境污染可以导致生态破坏，生态破坏又会降低环境自净能力进而加剧污染的程度。在确定具体案由应为环境污染责任纠纷还是生态破坏责任纠纷时，应看案件所要保护、实现的主要秩序、权益为何者。

379. 高度危险责任纠纷

（1）民用核设施、核材料损害责任纠纷
（2）民用航空器损害责任纠纷
（3）占有、使用高度危险物损害责任纠纷
（4）高度危险活动损害责任纠纷
（5）遗失、抛弃高度危险物损害责任纠纷
（6）非法占有高度危险物损害责任纠纷

【释义】

高度危险责任是指从事对周围环境具有高度危险的作业，对他人人身和财产造成损害时所应当承担的侵权责任。

高度危险责任在我国法律中最早规定于《民法通则》第123条，《侵权责任法》在《民法通则》的基础上以专章对高度危险责任的归责原则、具体责任类型等作出比较细致的规定，《民法典》沿用了上述规定，并根据司法实践作出了相应修改。根据上述法律规定，高度危险责任主要有两类情形：其一为实施高度危险的作业活动所产生的侵权责任；其二为因所有或管理高度危险物品或者高度危险作业活动的客体所承担的侵权责任。高度危险责任在归责原则上适用无过错责任原则，基于行为和物件的固有的危险性，行为人即使主观上不存在过错，也应当对其造成的损害承担赔偿责任。因高度危险作业或者高度危险物品造成他人损害引发的侵权责任纠纷即为高度危险责任纠纷。

高度危险责任纠纷作为第三级案由，下设6个第四级案由，分别为：

1. 民用核设施、核材料损害责任纠纷。民用核设施、核材料损害责任是指民用核设施或者运入运出核设施的核材料发生核事故造成他人损害的，民用核设施的营运单位所应当承担的侵权责任。由此引发的纠纷为民用核设施、核材料损害责任纠纷。根据《民用核设施安全监督管理条例》的规定，民用核设施包括核动力厂（核电厂、核热电厂、核供气供热厂），其他反应堆，核燃料生产、加工、贮存及处理设施，放射性废物的处理和处置设施以及其他需要严格监督的核设施；而核事故是指核设施内的核燃料、放射性产物、废料或运入运出核设施的核材料所发生的放射性、毒害性、爆炸性或其他危害性事故，或一系列事故。依据《民法典》第 1237 条的规定，民用核设施或者运入运出核设施的核材料发生核事故造成他人损害的，民用核设施的营运单位应当承担侵权责任；但是，能够证明损害是因战争、武装冲突、暴乱等情形或者受害人故意造成的，不承担责任。

2. 民用航空器损害责任纠纷。民用航空器损害责任是指除用于执行军事、海关、警察飞行任务之外的飞机、飞艇、气球等航空器造成他人损害的，航空器的经营者所应当承担的侵权责任。由此引发的纠纷为民用航空器损害责任纠纷。该纠纷的适用范围应限定在民用航空器中，民用航空器的主要特征在于其是高速运载工具，而非高空作业意义上的高度危险物。因此，飞艇、热气球等飞行物除非具备高速运载工具的特征，否则不能认为构成“民用航空器”。此外，该纠纷的适用范围应当限定在民用航空器在使用中造成他人损害。这里的“使用中”应理解为“飞行中”。对此，依据《民用航空法》第 157 条第 2 款的规定，“前款所称飞行中，是指自民用航空器为实际起飞而使用动力时起至着陆冲程终了时止；就轻于空气的民用航空器而言，飞行中是指自其离开地面时起至其重新着地时止。”如果该航空器未在使用中，即不存在“高度危险”的情形，不能适用高度危险的规定，此时若存在造成他人损害情形，应当适用物件致人损害的规则。依据《民法典》第 1238 条的规定，民用航空器造成他人损害的，民用航空器的经营者应当承担侵权责任；但是，能够证明损害是因受害人故意造成的，不承担责任。

3. 占有、使用高度危险物损害责任纠纷。占有、使用高度危险物损害责任是指占有或者使用易燃、易爆、剧毒、高放射性、强腐蚀性、高致病性等高度危险物造成他人损害的，占有人或者使用人所应当承担的侵权责任。由此引发的纠纷为占有、使用高度危险物损害责任纠纷。此处的“占有”和“使用”包括生产、储存、运输高度危险品以及将高度危险品作为原料或者工具进行生产等行为。对于易燃、易爆、剧毒等高度危险物的占有，并未进行使用，也有可能因为物的本身危险性而造成他人的人身损害或者财产损失。对于未进行使用，仅由自己占有的易燃、易爆、剧毒等高度危险物因其固有的危险性质造成他人损害的，赔偿责任主体为高度危险物的所有人。依据《民法典》第1239条的规定，占有或者使用易燃、易爆、剧毒、高放射性、强腐蚀性、高致病性等高度危险物造成他人损害的，占有人或者使用人应当承担侵权责任；但是，能够证明损害是因受害人故意或者不可抗力造成的，不承担责任。被侵权人对损害的发生有重大过失的，可以减轻占有人或者使用人的责任。

4. 高度危险活动损害责任纠纷。高度危险活动损害责任是指从事高空、高压、地下挖掘或者高速轨道运输工具等高度危险活动造成他人损害的，高度危险活动的经营者所应当承担的侵权责任。由此引发的纠纷为高度危险活动损害责任纠纷。关于高度危险活动损害责任的构成要件包括：（1）加害人实施了高度危险作业的行为。（2）发生了损害后果。高度危险活动只是对他人人身、财产构成严重危险，损害事实尚未发生，则不能要求行为人承担赔偿责任。（3）高度危险活动和损害后果之间有因果关系。从事高度危险活动致人损害赔偿的责任主体为从事高度危险活动的经营者。依据《民法典》第1240条的规定，从事高空、高压、地下挖掘活动或者使用高速轨道运输工具造成他人损害的，经营者应当承担侵权责任；但是，能够证明损害是因受害人故意或者不可抗力造成的，不承担责任。被侵权人对损害的发生有重大过失的，可以减轻经营者的责任。

5. 遗失、抛弃高度危险物损害责任纠纷。遗失、抛弃高度危险物损害责任是指遗失、抛弃易燃、易爆、剧毒、高放射性、强腐蚀性、高致病性等高度危险物品造成他人损害的，物品的所有人或管理人所应当承担的侵权责任。由此引发的纠纷为遗失、抛弃高度危险物损害责任纠纷。遗失高度危险物，是指高度危险物的所有权人（管理人）非基于自己的意愿对高度危险物丧失占有，高度危险物处于无人占有且非为无主动产的情形下的一种状态。抛弃高度危险物，是指所有人基于明确放弃对该危险物所有权的意思表示，丧失对高度危险物的占有。依据物权法原理，构成抛弃须满足两个条件：一是放弃对物的占有，二是所有人作出放弃所有权的意思表示。原则上，在遗失物与抛弃物难以区分的情况下，应推定为遗失物。依据《民法典》第 1241 条的规定，遗失、抛弃高度危险物造成他人损害的，由所有人承担侵权责任。所有人将高度危险物交由他人管理的，由管理人承担侵权责任；所有人有过错的，与管理人承担连带责任。

6. 非法占有高度危险物损害责任纠纷。非法占有高度危险物损害责任是指非法占有易燃、易爆、剧毒、高放射性、强腐蚀性、高致病性等高度危险物品造成他人损害的，非法占有人所承担的侵权责任。由此引发的纠纷为非法占有高度危险物损害责任纠纷。危险物被他人非法占有期间，危险物致人损害的，无论是人身损害还是财产损害，都由该非法占有人承担民事责任。非法占有人承担侵权责任的归责原则是无过错责任原则。非法占有高度危险物侵权责任的构成要件包括：（1）侵权人非法占有高度危险物；（2）发生了损害后果；（3）受害人的损害是由于非法占有人非法占有高度危险物所造成的。如果涉及所有人和管理人承担责任的，这时还需增加一个要件，即所有人、管理人不能证明对防止非法占有尽到高度注意义务。依据《民法典》第 1241 条的规定，非法占有高度危险物造成他人损害的，由非法占有人承担侵权责任。所有人、管理人不能证明对防止非法占有尽到高度注意义务的，与非法占有人承担连带责任。

【管辖】

根据《民事诉讼法》第28条的规定，因侵权行为提起的诉讼，由侵权行为地或者被告住所地人民法院管辖。根据《民事诉讼法解释》第24条的规定，《民事诉讼法》第28条规定的侵权行为地，包括侵权行为实施地、侵权结果发生地。

【法律适用】

处理高度危险责任纠纷的法律依据主要是《民法典》第1236～1244条和《核安全法》《民用航空法》《放射性污染防治法》等相关规定。

【确定该案由应当注意的问题】

在2008年《民事案件案由规定》中，特殊类型侵权纠纷第二级案由之下设有高度危险作业损害赔偿纠纷第三级案由。2011年《民事案件案由规定》根据《侵权责任法》的内容，将高度危险责任纠纷作为第三级案由，并根据审判实践情况下设6个第四级案由。结合《民法典》，2020年《民事案件案由规定》将“高度危险责任纠纷”项下的“(1）民用核设施损害责任纠纷”变更为“(1）民用核设施、核材料损害责任纠纷”。在确定案由时应注意：（1）民用核设施、核材料损害责任纠纷适用于民用核设施或者运入、运出核设施的核材料发生核事故致人损害的情形，对于军用核设施以及不属于核设施的如科研、医用核物质或放射性物质致人损害的，不能确定为本第四级案由，而应当确定为占有、使用高度危险物损害责任纠纷；（2）民用核设施、核材料损害责任和民用航空器损害责任中，均存在对自身工作人员造成损害和对他人造成损害的情形，本第三级案由适用于后种情形，对前者应当根据劳动关系确定案由。

380. 饲养动物损害责任纠纷

【释义】

饲养动物损害责任是指饲养的动物造成他人损害的，动物饲养人或者管理人应当承担的侵权责任。饲养是指通过提供食物等方式对动物进行照料、看管和培育。通过饲养行为，动物饲养人或管理人承担了对动物潜在危险控制的责任。动物饲养人或管理人应当依照管理规定，对动物采取安全保障措施，应当尊重社会公德，不得妨碍他人生活。

饲养动物损害责任作为一种特殊的侵权责任，《民法典》侵权责任编第9章专章对其作出了规定，具体包括：对饲养动物损害责任的一般规定；对动物饲养人或者管理人违反规定未采取安全保障措施致人损害的侵权责任的特别规定；对禁止饲养的危险动物造成他人损害的侵权责任的规定；动物园的动物造成他人损害的侵权责任的规定；遗弃、逃逸的动物造成他人损害的侵权责任的规定；第三人过错致使动物造成他人损害的侵权责任的规定；饲养动物应当遵守的法律和行为规范的规定。因饲养的动物致人损害，动物的饲养人或者管理人应当承担侵权责任的纠纷，即为饲养动物损害责任纠纷。

饲养动物损害责任原则上以无过错责任为归责原则，对于动物园饲养的动物致人损害时，采取过错推定的原则，即动物园能够证明已经尽到管理职责的，不承担责任；对于其他情形下饲养动物致人损害的，仍然适用无过错责任原则。《民法典》还特别规定了饲养动物损害责任的减责或免责事由，要结合不同案情具体适用，主要包括损害是因被侵权人故意或者重大过失造成的，可以不承担或者减轻责任；动物园能够证明尽到管理职责的，不承担侵权责任。

【管辖】

根据《民事诉讼法》第 28 条的规定，因侵权行为提起的诉讼，由侵权行为地或者被告住所地人民法院管辖。根据《民事诉讼法解释》第 24 条的规定，《民事诉讼法》第 28 条规定的侵权行为地，包括侵权行为实施地、侵权结果发生地。

【法律适用】

处理饲养动物损害责任纠纷的法律依据主要有《民法典》第 1245 ~ 1251 条等相关规定。

【确定该案由应当注意的问题】

在 2008 年《民事案件案由规定》中，饲养动物致人损害赔偿纠纷为第二级案由特殊类型的侵权纠纷之下的第三级案由。2011 年《民事案件案由规定》根据《侵权责任法》的内容作出调整，将其修改为饲养动物损害责任纠纷，作为侵权责任纠纷下的第三级案由。2020 年《民事案件案由规定》对该案由并未作出修改。对于《民法典》侵权责任编第 9 章规定的饲养动物损害责任的具体侵权类型，都要适用本案由，比如《民法典》第 1249 条规定的遗弃、逃逸的动物致人损害责任的情形，第 1250 条规定的第三人的过错致使动物造成他人损害的情形等。

381. 建筑物和物件损害责任纠纷

（1）物件脱落、坠落损害责任纠纷
（2）建筑物、构筑物倒塌、塌陷损害责任纠纷
（3）高空抛物、坠物损害责任纠纷
（4）堆放物倒塌、滚落、滑落损害责任纠纷
（5）公共道路妨碍通行损害责任纠纷
（6）林木折断、倾倒、果实坠落损害责任纠纷
（7）地面施工、地下设施损害责任纠纷

【释义】

建筑物和物件损害责任是指建筑物、构筑物、抛掷物、坠落物、堆放物或者公共道路、地面施工、地下设施等致人损害时，物件的所有人、管理人或者使用人所应当承担的侵权责任。

物件损害责任在我国法律上最初规定在《民法通则》中，《侵权责任法》在《民法通则》的基础上进行了比较细致的规定，将《民法通则》中规定的“建筑物或者其他设施以及建筑物上的搁置物、悬挂物”在范围上扩展到包括抛掷物、坠落物、堆放物、公共道路、林木、地面施工和地下设施施工等，扩展了物件损害责任的适用范围，增强了对受害人的保护。《民法典》将“物件损害责任”修改为“建筑物和物件损害责任”，更加科学合理。建筑物和物件损害责任尽管存在多种类型，但除特定侵权类型中的特定情况外，实体责任的归责原则都适用过错推定原则，即物件的所有人、管理人或者使用人不能证明自己没有过错的，即应当承担侵权责任。

建筑物和物件损害责任纠纷作为第三级案由，下设 7 个第四级案由，分别为：

1. 物件脱落、坠落损害责任纠纷。物件脱落、坠落损害责任是指

建筑物、构筑物或者其他设施及其搁置物、悬挂物发生脱落、坠落造成他人损害的，所有人、管理人或者使用人所应当承担的侵权责任。由此引发的纠纷为物件脱落、坠落损害责任纠纷。《民法典》第1253条对物件脱落、坠落损害责任作出了规定。该条规定："建筑物、构筑物或者其他设施及其搁置物、悬挂物发生脱落、坠落造成他人损害，所有人、管理人或者使用人不能证明自己没有过错的，应当承担侵权责任。所有人、管理人或者使用人赔偿后，有其他责任人的，有权向其他责任人追偿。"依据这一规定，物件脱落、坠落损害责任的特点在于：一是致害物为建筑物、构筑物或者其他设施等工作物及其搁置物、悬挂物。二是致害形态为前述建筑物和物件发生了脱落、坠落。三是归责原则为过错推定原则，在所有人、管理人或者使用人不能证明自己没有过错的情况下，推定其对建筑物、构筑物或者其他设施及其搁置物、悬挂物存在设置或管理瑕疵。四是责任主体具有多样性，包括所有人、管理人、使用人，且其对造成损害的其他责任人享有追偿权。

2. 建筑物、构筑物倒塌、塌陷损害责任纠纷。建筑物、构筑物倒塌、塌陷损害责任是指建筑物、构筑物及其他设施倒塌、塌陷造成他人损害的，建设单位、施工单位或者其他责任人（所有人、管理人、使用人或者第三人）所应当承担的侵权责任。由此引发的纠纷为建筑物、构筑物倒塌、塌陷损害责任纠纷。《民法典》第1252条对建筑物、构筑物倒塌、塌陷损害责任作出了规定。该条规定："建筑物、构筑物或者其他设施倒塌、塌陷造成他人损害的，由建设单位与施工单位承担连带责任，但是建设单位与施工单位能够证明不存在质量缺陷的除外。建设单位、施工单位赔偿后，有其他责任人的，有权向其他责任人追偿。因所有人、管理人、使用人或者第三人的原因，建筑物、构筑物或者其他设施倒塌、塌陷造成他人损害的，由所有人、管理人、使用人或者第三人承担侵权责任。"依据这一规定，建筑物、构筑物倒塌、塌陷损害责任适用的归责原则为过错推定原则，建设单位、施工单位可以通过举证建筑物等不存在质量缺陷来证明自己没有过错。如果建设单位、施工单位不能完成这一举证责任，则认定其有过错；如果其能够成功证明，则认定其没有过错，从而不承担侵权责任。

3. 高空抛物、坠物损害责任纠纷。高空抛物、坠物损害责任是指从建筑物中抛掷物品或者从建筑物上坠落的物品造成他人损害的，除能够证明自己不是侵权人的外，可能加害的建筑物的使用人承担的补偿责任。由此引发的纠纷为高空抛物、坠物损害责任纠纷。《民法典》第 1254 条对高空抛物、坠物损害责任作出了规定。该条规定："禁止从建筑物中抛掷物品。从建筑物中抛掷物品或者从建筑物上坠落的物品造成他人损害的，由侵权人依法承担侵权责任；经调查难以确定具体侵权人的，除能够证明自己不是侵权人的外，由可能加害的建筑物使用人给予补偿。可能加害的建筑物使用人补偿后，有权向侵权人追偿。物业服务企业等建筑物管理人应当采取必要的安全保障措施防止前款规定情形的发生；未采取必要的安全保障措施的，应当依法承担未履行安全保障义务的侵权责任。发生本条第 1 款规定的情形的，公安等机关应当依法及时调查，查清责任人。"这一规定明确了从建筑物中抛掷物品或者从建筑物上坠落的物品造成他人损害的情形，由侵权人依法承担侵权责任为一般规则，由可能加害的建筑物使用人给予补偿为例外的规则，新增了其补偿后向侵权人的追偿权、物业服务企业等建筑物管理人的责任以及有关部门的查找职责，对于解决实践中高空抛物侵权人查找难问题具有积极作用。

4. 堆放物倒塌、滚落、滑落损害责任纠纷。堆放物倒塌、滚落、滑落损害责任是指堆放物倒塌、滚落、滑落造成他人损害的，堆放人所应当承担的侵权责任。由此引发的纠纷为堆放物倒塌、滚落、滑落损害责任纠纷。《民法典》第 1255 条对堆放物倒塌、滚落、滑落损害责任作出了规定。该条规定："堆放物倒塌、滚落或者滑落造成他人损害，堆放人不能证明自己没有过错的，应当承担侵权责任。"依据这一规定，堆放物倒塌、滚落、滑落损害责任具有以下特点：一是致害物为堆放物，如果致损的是建筑物或其他物件，则应适用《民法典》第10章其他条款的规定。二是致害原因为堆放瑕疵或者管理瑕疵，堆放人未按相关操作规程进行堆放，或者未尽检查、看护义务，从而导致了损害结果的发生，这主要是一种不作为侵权责任。三是采用过错推定的归责原则，只要发生了堆放物致人损害的事实，即推定堆放人具有过错，需要由堆放人提供反证证明自己不存在过错才能够免责。四是责任主体具有特殊性，建筑物和物件损害责任的主体通常为物的所有人、管理人、使用人，而堆放物损害责任的主体为堆放人，这是基于堆放人对堆放物享有直接控制权并负有管护职责。

5. 公共道路妨碍通行损害责任纠纷。公共道路妨碍通行损害责任是指在公共道路上堆放、倾倒、遗撒妨碍通行的物品造成他人损害的，行为人所应当承担的侵权责任。在这种情况下，实施堆放、倾倒、遗撒行为的人承担无过错责任，而公共道路管理部门承担过错推定责任。由此引发的纠纷为公共道路妨碍通行损害责任纠纷。《民法典》第1256条对公共道路妨碍通行损害责任作出了规定。该条规定："在公共道路上堆放、倾倒、遗撒妨碍通行的物品造成他人损害的，由行为人承担侵权责任。公共道路管理人不能证明已经尽到清理、防护、警示等义务的，应当承担相应的责任。"根据这一规定，公共道路管理人的责任为过错推定责任，但对于堆放、倾倒、遗撒妨碍通行物品的行为人的责任适用无过错责任还是过错责任，目前立法仍没有明确，从行为是否违反相应注意义务来看，此更似属于过错责任的范畴。

6. 林木折断、倾倒、果实坠落损害责任纠纷。林木折断、倾倒、果实坠落损害责任是指因林木折断、倾倒、果实坠落造成他人损害的，林木的所有人或者管理人所应当承担的侵权责任。由此引发的纠纷为林木折断、倾倒、果实坠落损害责任纠纷。《民法典》第1257条对林木折断、倾倒、果实坠落损害责任作出了规定。该条规定："因林木折断、倾倒或者果实坠落等造成他人损害，林木的所有人或者管理人不能证明自己没有过错的，应当承担侵权责任。"依据这一规定，林木折断、倾倒、果实坠落损害责任的责任主体为林木的所有人或者管理人。林木的所有人是指依法对林木享有占有、使用、收益、处分权利的人。林木的管理人，是指依法或者依约对林木享有管理、维护职责的人。

7. 地面施工、地下设施损害责任纠纷。地面施工、地下设施损害责任是指在公共场所或者道路上施工、安装地下设施等未设置明显标志和采取安全措施造成他人损害的，或者窨井等地下设施造成他人损害的，施工人、管理人所应当承担的侵权责任。由此引发的纠纷为地面施工、地下设施损害责任纠纷。《民法典》第1258条分两款对地面施工、地下设施损害责任作出了规定。其中第1款规定："在公共场所或者道路上挖掘、修缮安装地下设施等造成他人损害，施工人不能证明已经设置明显标志和采取安全措施的，应当承担侵权责任。"第2款规定："窨井等地下设施造成他人损害，管理人不能证明尽到管理职责的，应当承担侵权责任。"两种责任区分的关键在于过错及其发生的时间点的不同，地面施工损害责任是基于从事施工活动中未尽必要的安全注意义务，地下设施损害责任是基于设施使用过程中未尽管理维护义务，因此责任主体分别为施工人和管理人。如果地下设施致人损害发生于施工过程中，则应适用地面施工损害责任的规定，由施工人承担侵权责任。而如果损害发生在地下设施交付使用后，则应适用地下设施损害责任的规定，由管理人承担侵权责任。

【管辖】

建筑物和物件损害责任案件的管辖，根据《民事诉讼法》第28条的规定，由侵权行为地或者被告住所地人民法院管辖。根据《民事诉讼法解释》第24条的规定，《民事诉讼法》第28条规定的侵权行为地，包括侵权行为实施地、侵权结果发生地。

【法律适用】

处理建筑物和物件损害责任纠纷的法律依据主要有《民法典》第

1252～1258 条，以及《建筑法》等相关法律。

【确定该案由应当注意的问题】

在 2008 年《民事案件案由规定》中，特殊类型侵权纠纷第二级案由下设有地面、公共场所施工损害赔偿纠纷和建筑物、搁置物、悬挂物塌落损害赔偿纠纷 2 个第三级案由，对应物件损害责任案件。2011 年《民事案件案由规定》根据《侵权责任法》的内容，对物件损害责任的案由作出调整，下设 7 个第四级案由。结合《民法典》，2020 年《民事案件案由规定》对本案由作出修改和调整：将“物件损害责任纠纷”变更为“建筑物和物件损害责任”，并变更“（2）建筑物、构筑物倒塌损害责任纠纷”为“（2）建筑物、构筑物倒塌、塌陷损害责任纠纷”，变更“（3）不明抛掷物、坠落物损害责任纠纷”为“（3）高空抛物、坠物损害责任纠纷”，变更“（4）堆放物倒塌致害责任纠纷”为“（4）堆放物倒塌、滚落、滑落损害责任纠纷”，变更“（6）林木折断损害责任纠纷”为“（6）林木折断、倾倒、果实坠落损害责任纠纷”。上述变化在立案过程中应特别注意，避免出现错误。对于本案由项下 7 个第四级案由不能涵盖的情形，则直接适用建筑物和物件损害责任纠纷这一第三级案由。

382. 触电人身损害责任纠纷

【释义】

触电人身损害责任是指受害人因触电致使遭受人身损害的，电力设施的产权人所应当承担的损害赔偿责任。

触电人身损害责任，依据电力设施所输送的电力的电压等级不同，适用不同的侵权责任归责原则。电力设施输送的是 1 千伏以上的高压电的，适用无过错责任的归责原则，电力设施的产权人除能够证明存在法律规定的免责事由外，应当承担侵权责任。电力设施输送的是1千伏以下的非高压电的，适用过错责任原则，电力设施产权人在存在过错的情况下承担侵权责任。

【管辖】

根据《民事诉讼法》第28条的规定，因侵权行为提起的诉讼，由侵权行为地或者被告住所地人民法院管辖。《民事诉讼法解释》第24条规定，《民事诉讼法》第28条规定的侵权行为地，包括侵权行为实施地、侵权结果发生地。

【法律适用】

处理触电人身损害责任纠纷的法律依据主要为《民法典》侵权责任编第8章，《电力法》第3章、第4章、第9章，《最高人民法院关于审理人身损害赔偿案件适用法律若干问题的解释》《民事诉讼法解释》等相关规定。

【确定该案由应当注意的问题】

在2008年《民事案件案由规定》中，在生命权、健康权、身体权纠纷第三级案由之下设有触电人身损害赔偿纠纷四级案由。2011年《民事案件案由规定》进行了调整，将其称为触电人身赔偿责任纠纷，作为第三级案由规定在侵权责任纠纷第二级案由之下。2020年《民事案件案由规定》延续了2011年《民事案件案由规定》的规定。

《民法典》第1240条规定："从事高空、高压、地下挖掘活动或者使用高速轨道运输工具造成他人损害的，经营者应当承担侵权责任；但是，能够证明损害是因受害人故意或者不可抗力造成的，不承担责任。被侵权人对损害的发生有重大过失的，可以减轻经营者的责任。”该条主要是关于高度危险作业致人损害责任的规定。其中，高压设施致人损害是从事利用高压设施的作业时造成的损害和高压电作业造成的损害。对于“高压”应该如何认定，根据《最高人民法院关于审理触电人身损害赔偿案件若干问题的解释》第1条的规定，“高压”包括1千伏（KV）及其以上电压等级的高压电；1千伏（KV）以下电压等级为非高压电。即将1千伏定为对周围环境具有高度危险电压的起点。日常家用电器额定电压为220伏，三相380伏适用于小型动力用电。对人体而言，无论是380伏还是220伏，都不是安全电压，都可以致人死亡。但是人体接触220伏或380伏的电，都有自救的可能。1千伏及其以上的电压等级的电，对人体会有严重的伤害，没有自救的可能。该解释虽然已经被废止，但上述关于高压的界定，仍具有参考意义。我国以前电力设计规程明确1千伏就是高压电，现在仍沿用1千伏为高压电的起点。1千伏以下的常见电压等级为220伏或380伏，其他电压等级如500伏或600伏也可能存在，但一般人接触不到，通常在发电厂或有特殊需要的场所。《供电营业规则》第6条规定，供电企业供电的额定电压：（1）低压供电：单相为220伏，三相为380伏；（2）高压供电：为10、35（63）、110、220千伏。在某些情况下，电力设备实际运行的电压稍微偏离额定电压，不是说该设备的额定电压等级有改变。例如，某一设备的额定电压为1千伏，在特定时间通过的电流即使是980伏或者是1030伏都属正常，并没有改变该设备的1千伏额定电压的性质，当事人不能认为980伏以上的电压为非高电压。对高压输电线路及高压设施致损案件适用无过错责任原则的根据，在于高压电致人损害的特殊性。当人体与高压输电线路或者高压设施的距离低于安全距离时，高压输电线路或高压设施发生放电现象，一旦被巨大能量的高压电流击中或者贯穿人体，即使幸免于死亡，也将造成严重残疾，其后果非常严重。而低压电致人伤害，是电流流经心脏造成心脏停止跳动致人死亡，如果电流未流经心脏，一般不会导致死亡，更不会造成残疾。因此，低压电致人损害属于一般侵权责任，应当适用过错责任原则；而高压输电线路和高压设施致人损害，属于高度危险责任，应当适用无过错责任原则。从事高压活动造成他人损害的，经营者应当承担侵权责任。如果是使用高压容器造成损害的，经营者就是高压容器的使用者。如果是高压电造成损害的，作为责任主体的经营者则依具体情况而定。因为电必须有一定的载体才能存在，高电压对周围环境的危害是以电的载体衡量的。高电压的载体应当包括高电压变压器、高电压电力线路、高电压电力设备等。从过程上看，发电、输电、配电、用电等环节必须以一个网络联系起来，并且同时进行。而发电、输电、配电和用电一般情况下分属不同主体。如果是在发电企业内的高压设备造成损害的，作为责任主体的"经营者"就是发电企业。如果是高压输电线路造成损害的，责任主体就是输电企业，在我国主要是电网公司。如果是在工厂内高压电力生产设备造成损害的，责任主体就是该工厂的经营者。

383. 义务帮工人受害责任纠纷

【释义】

义务帮工人受害责任纠纷是指为他人无偿提供劳务的义务帮工人，在帮工活动中遭受人身伤害或者财产损失所引起的纠纷。

义务帮工是我国社会生活，特别是农村社会生活中经常发生的现象。邻里之间互相帮助对于促进社会和谐具有积极意义。义务帮工人在帮工过程中因帮工活动受到损害的，适用无过错责任归责原则，由被帮工人对帮工人的损害予以赔偿；如果帮工人的损害是由第三人造成的，在第三人无法确定或者赔偿能力不足的情况下，被帮工人在第三人不能赔偿的范围内，适用公平责任原则，应当予以适当补偿。

【管辖】

根据《民事诉讼法》第28条的规定，因侵权行为提起的诉讼，由侵权行为地或者被告住所地人民法院管辖。《民事诉讼法解释》第24条规定，《民事诉讼法》第28条规定的侵权行为地，包括侵权行为实施地、侵权结果发生地。

【法律适用】

处理义务帮工受害责任纠纷的法律依据主要有《民法典》侵权责任编第2章、第3章，《最高人民法院关于审理人身损害赔偿案件适用法律若干问题的解释》《民事诉讼法解释》等相关规定。

【确定该案由应当注意的问题】

在2008年《民事案件案由规定》中，特殊类型侵权纠纷第二级案由之下设有第三级案由义务帮工人受害赔偿、补偿纠纷。2011年《民事案件案由规定》将案由的名称调整为义务帮工受害责任纠纷，仍然作为第三级案由规定在侵权责任纠纷之下。确定本案由时应当注意对义务帮工行为的认定，只要是义务帮工人在实施义务帮工行为的，即应确定为本案由。2020年《民事案件案由规定》延续了2011年《民事案件案由规定》的规定。

《民法典》第1192条规定："个人之间形成劳务关系，提供劳务一方因劳务造成他人损害的，由接受劳务一方承担侵权责任。接受劳务一方承担侵权责任后，可以向有故意或者重大过失的提供劳务一方追偿。提供劳务一方因劳务受到损害的，根据双方各自的过错承担相应的责任。提供劳务期间，因第三人的行为造成提供劳务一方损害的，提供劳务一方有权请求第三人承担侵权责任，也有权请求接受劳务一方给予补偿。接受劳务一方补偿后，可以向第三人追偿。”该条是关于个人之间因提供劳务发生的侵权责任的规定。该条中的“提供劳务一方”仅指自然人，包括家庭和农村承包经营户，但个体工商户、合伙的雇员因工作发生的纠纷，按照《民法典》第1191条关于用人单位责任的规定处理，该条不包括因承揽关系产生的侵权责任纠纷，因承揽关系产生的侵权责任问题，由《民法典》第1193条予以规范和调整。

《最高人民法院关于审理人身损害赔偿案件适用法律若干问题的解释》第5条规定：“无偿提供劳务的帮工人因帮工活动遭受人身损害的，根据帮工人和被帮工人各自的过错承担相应的责任；被帮工人明确拒绝帮工的，被帮工人不承担赔偿责任，但可以在受益范围内予以适当补偿。帮工人在帮工活动中因第三人的行为遭受人身损害的，有权请求第三人承担赔偿责任，也有权请求被帮工人予以适当补偿。被帮工人补偿后，可以向第三人追偿。”该条是关于帮工人遭受人身损害的赔偿责任的规定。

1. 帮工人因帮工活动遭受人身损害的赔偿责任，应把握以下几点：(1) 帮工人在帮工活动中遭受人身损害的，由被帮工人承担赔偿责任。这种情况常常是指遭遇人身意外事件，造成身体伤害，且这种伤害是在帮工活动中造成的，被帮工人是帮工活动的受益人，根据利益与风险相一致的分担规则，被帮工人理应承担赔偿责任。(2) 被帮工人明确拒绝帮工的，不承担赔偿责任。被帮工人已经明确表示拒绝帮工人帮工，帮工人坚持帮工，这种情况下，帮工人在帮工活动中遭受人身伤害，被帮工人不承担赔偿责任。侵权赔偿责任原则上是过错责任，只有在法律有明确规定的情形下，才实行无过错责任原则。被帮工人已经明确拒绝了帮工人的帮工请求，帮工人执意帮工，帮工人参加帮工活动不符合被帮工人的意愿，帮工人在帮工活动中发生意外造成人身损害结果更是超出了被帮工人的主观意志，被帮工人在主观上不存在过错，不构成侵权行为，不应承担侵权损害的赔偿责任。(3) 被帮工人不承担赔偿责任，但可以在受益范围内予以适当补偿。

被帮工人虽然对帮工人遭受的人身损害不承担侵权赔偿责任，但不等于说在帮工活动中帮工人受到的损害于己无关，因帮工人参加帮工活动使被帮工人受益，根据公平原则被帮工人应当在受益的范围内对帮工人予以补偿。补偿的数额应该限定在被帮工人受益的范围内。至于具体的补偿数额，则应该由法官根据具体的案情，综合各方面的因素（如双方的经济状况、帮工人人身损害的程度等）来决定。

2. 帮工人因第三人侵权遭受人身损害的赔偿责任。(1) 帮工人因第三人侵权遭受人身损害的，由第三人承担赔偿责任。帮工人在帮工活动中，遭受第三人的不法侵害，造成人身伤害的，本质上就是侵权责任，应当由侵权人即赔偿义务人承担侵权赔偿责任。(2) 在第三人不能确定或者没有赔偿能力，可以由被帮工人予以适当补偿。“第三人不能确定”是指无法确定到底谁是加害人，“第三人没有赔偿能力”是指第三人在判决时以及判决生效后都没有赔偿能力。此处的“适当补偿”也应该限定在“受益范围”内，因为被帮工人本没有强制性义务要承担补偿责任，其承担补偿责任完全是为了更好地维护帮工人的人身权益。被帮工人原则上应当对没有赔偿义务人的帮工人予以适当补偿。

384. 见义勇为人受害责任纠纷

【释义】

见义勇为是指行为人在没有约定义务也没有法定义务的情况下，为了使国家利益、社会公共利益或者他人的合法权益不受或者免受损害，而实施的制止侵害、防止损失的行为。见义勇为行为人在实施见义勇为行为时，其自身受到损害的，可以请求侵权人赔偿或者受益人补偿。

见义勇为人受害责任纠纷案件可能存在两种情形：(1) 见义勇为

行为人为制止侵权行为而实施见义勇为的行为的，见义勇为行为人对于侵权人之间存在侵权损害赔偿请求权，有关侵权行为的构成、赔偿的原则等按照《民法典》侵权责任编的有关规定处理；（2）在没有侵权人、不能确定侵权人或者侵权人没有赔偿能力的情况下，见义勇为行为人可以主张受益人对其遭受的损害进行适当补偿。

【管辖】

根据《民事诉讼法》第28条的规定，因侵权行为提起的诉讼，由侵权行为地或者被告住所地人民法院管辖。《民事诉讼法解释》第24条规定，《民事诉讼法》第28条规定的侵权行为地，包括侵权行为实施地、侵权结果发生地。

【法律适用】

处理见义勇为人受害责任纠纷的法律依据主要有《民法典》第183条，《最高人民法院关于审理人身损害赔偿案件适用法律若干问题的解释》《民事诉讼法解释》等相关规定。

【确定该案由应当注意的问题】

在2008年《民事案件案由规定》中，特殊类型侵权纠纷第二级案由之下设有见义勇为人受害赔偿、补偿纠纷的第三级案由。2011年《民事案件案由规定》将其名称修改为见义勇为受害责任纠纷，仍然保留为第三级案由，置于侵权责任纠纷之下。确定本案由时应当注意，只要存在见义勇为行为的，行为人与侵权人或受益人之间的赔偿、补偿纠纷案件，均确定为本案由。2020年《民事案件案由规定》在延续了2011年《民事案件案由规定》规定的基础上，确定了“见义勇为人受害责任纠纷”的案由。

《民法典》第183条规定："因保护他人民事权益使自己受到损害的，由侵权人承担民事责任，受益人可以给予适当补偿。没有侵权人、侵权人逃逸或者无力承担民事责任，受害人请求补偿的，受益人应当给予适当补偿。"根据上述法律规定，见义勇为受害责任承担的具体规则如下：(1) 由侵权人承担责任为原则，见义勇为者也可以要求受益人适当补偿。对于制止他人的民事侵权行为，侵权行为是侵权人造成的，不是自然原因引起的，这时侵权人的侵权行为对见义勇为者的损害符合完整的侵权责任构成要件，因此给见义勇为者造成损失的要以侵权人承担赔偿责任为原则。但基于公平起见，因见义勇为行为受益的人也可以给予适当补偿，这里的适当补偿较后面的"没有侵权人、侵权人逃逸或者无力承担民事责任"情形下的适当补偿责任有本质不同，并没有强制性。(2) 受益人的适当补偿责任。这里的见义勇为行为人是为了他人的民事权益不受侵害才遭受损害的，在一般情况下，侵权人承担侵权赔偿责任。但有的情况下会有侵权人逃逸，根本找不到侵权人；也可能会存在虽然找得到侵权人，但侵权人根本赔偿不了，为了公平起见，本条规定在侵权人逃逸或者侵权人根本无力赔偿的情况下，由受益人给予适当的补偿。

应当注意的问题：(1) 关于见义勇为受害责任中的诉讼主体的问题。虽然目前理论和实务上对于见义勇为受益人适当补偿责任与侵权人的直接责任是何种关系，是不真正连带责任还是补充责任存有很大争议，但从审判实务的角度看，这都是最终实体裁判结果的问题，并不能与程序上的确定诉讼主体资格问题相混淆。从保护当事人诉权的角度讲，见义勇为者可以单独或者一并将侵权人和见义勇为受益人作为被告予以起诉，必要时人民法院也可以依照《民事诉讼法》及《民事诉讼法解释》的相关规定，追加见义勇为受益人为共同被告参加诉讼。(2) 关于受益人适当补偿的范围问题。从侵权损害的角度看，因见义勇为遭受损害的受害人，与受益人应当是利益共同体，他们共同面对危险。因而，受益人对见义勇为者承担的不应是赔偿责任。对于受害人的救助，从长远看这属于社会责任的范畴，在缺乏相应社会救济机制的条件下，作为利益共同体的受益人，应适当分担损害，给受害人以补偿。补偿责任并非赔偿责任，适当补偿责任不是全部赔偿责任，补偿责任的范围应当根据见义勇为者所受损失情况、受益人的获益情况和其经济承受能力综合考虑。（3）关于见义勇为受害责任的免责减责事由的适用。见义勇为受害责任作为一种侵权责任类型，有关侵权责任的减责免责事由，比如受害人故意、不可抗力等，在法律没有特别规定的情况下，对于见义勇为受害责任也应予以适用。

385. 公证损害责任纠纷

【释义】

公证损害责任是指公证机构及其公证人员在履行公证职务的过程中，给公证当事人或者公证事项的利害关系人造成损失的，公证机构所应当承担的损害赔偿责任。

公证损害责任与用人单位责任具有一定的相似性，即都属于单位为其工作人员的行为承担责任，在性质上都属于替代责任。二者之间的区别在于，用人单位责任中，单位对其工作人员对外应承担的侵权责任适用无过错责任原则，其工作人员是否构成侵权则依照《民法典》侵权责任编的相关规定来确定；公证损害责任中，依《公证法》的规定，公证机构就其公证人员对他人的侵权责任以及公证人员是否构成侵权，均适用过错责任原则。

【管辖】

根据《民事诉讼法》第 28 条的规定，因侵权行为提起的诉讼，由侵权行为地或者被告住所地人民法院管辖。《民事诉讼法解释》第 24 条规定，《民事诉讼法》第 28 条规定的侵权行为地，包括侵权行为实施地、侵权结果发生地。

【法律适用】

处理公证损害责任纠纷的法律依据主要有《民法典》侵权责任编、《公证法》第43条及《最高人民法院关于审理涉及公证活动相关民事案件的若干规定》等法律和司法解释的相关规定。

【确定该案由应当注意的问题】

在2008年《民事案件案由规定》中，特殊类型侵权纠纷第二级案由之下设有公证损害赔偿纠纷第三级案由。2011年《民事案件案由规定》将其名称修改为公证损害责任纠纷，仍然保留为第三级案由，置于侵权责任纠纷案由之下。2020年《民事案件案由规定》延续2011年《民事案件案由规定》的规定。凡主张公证机构因公证事项造成损害应予赔偿的纠纷，确定为本案由。

《公证法》第43条第1款规定："公证机构及其公证员因过错给当事人、公证事项的利害关系人造成损失的，由公证机构承担相应的赔偿责任；公证机构赔偿后，可以向有故意或者重大过失的公证员追偿。"《最高人民法院关于审理涉及公证活动相关民事案件的若干规定》第1条规定："当事人、公证事项的利害关系人依照公证法第四十三条规定向人民法院起诉请求民事赔偿的，应当以公证机构为被告，人民法院应作为侵权责任纠纷案件受理。"根据上述法律和司法解释的相关规定，公证损害赔偿责任属于侵权责任。侵权责任的归责原则包括无过错责任、过错责任和过错推定责任。而公证损害赔偿责任应适用过错责任。公证机构依法尽到审查核实义务的，不承担赔偿责任，即公证机构按照相关法律法规、公证程序、办证规则以及国家行业主管部门制定的行业规范的要求履行审查核实义务的，不承担赔偿责任。公证机构未依法尽到审查、核实义务的，应当承担与其过错相应的补充赔偿责任。准确把握“相应的补充赔偿责任”，要注意以下几点：(1) 关于补充责任。补充责任具有以下特点：①责任主体为二人以上。②各责任主体之间在承担责任上有先后顺序。③补充责任不同于连带责任。④补充责任不同于按份责任。(2) 关于相应的补充责任。“相应的补充责任”是与“完全的补充责任”相对应的。对于责任人承担的补充责任，若不以“相应的”来限定，就是完全的补充责任，即只要是直接责任人不能承担的部分，补充责任人就应承担，这样虽有利于保护受害人，却会加重补充责任人的责任。而相应的补充责任的责任人不是对直接责任人未赔偿的部分全都承担赔偿责任。即相应的补充责任是对补充责任人承担补充责任的一种限制，承担相应的补充责任的责任人承担的责任不能超过其应承担的“相应的”部分，而不是直接责任人不能承担的全部。

386. 防卫过当损害责任纠纷

【释义】

防卫过当是与正当防卫相对应的概念。民法上的正当防卫与刑法上正当防卫的概念具有同质性，是指为了保护国家、社会公共利益、他人或本人的合法权利免受正在进行的不法侵害，所采取的对不法侵害者造成一定损害的自卫行为。正当防卫行为应当以制止损害的必要限度为界限，超过这一必要限度，给实施不法侵害行为的人造成重大损害的，即构成防卫过当。防卫过当除在刑法上可能承担刑事责任外，还应当对不法侵害人的重大人身或财产损失承担民事赔偿责任。

防卫过当的前提是防卫行为超出了制止侵害的必要限度，其民事责任适用过错责任原则，即实施防卫行为的人在主观上存在故意或者过失，其行为超出了制止侵害的必要限度的情况下，才能构成防卫过当，进而承担民事责任，而其承担的民事责任体现为适当的责任。

【管辖】

根据《民事诉讼法》第 28 条的规定，因侵权行为提起的诉讼，由侵权行为地或者被告住所地人民法院管辖。《民事诉讼法解释》第 24 条规定，《民事诉讼法》第 28 条规定的侵权行为地，包括侵权行为实施地、侵权结果发生地。

【法律适用】

处理防卫过当损害责任纠纷的法律依据主要有《民法典》第 181 条、《最高人民法院关于审理人身损害赔偿案件适用法律若干问题的解释》《民事诉讼法解释》等相关规定。

【确定该案由应当注意的问题】

在 2008 年《民事案件案由规定》中，特殊类型侵权纠纷第二级案由之下设有防卫过当损害赔偿纠纷第三级案由。2011 年《民事案件案由规定》将其修改为防卫过当损害责任纠纷，仍然作为第三级案由置于侵权责任纠纷之下。2020 年《民事案件案由规定》延续 2011 年《民事案件案由规定》的规定。防卫过当损害责任是以防卫过当的认定为前提的，在此前提之下主张民事赔偿的，确定为本案由。

《民法典》第 181 条规定："因正当防卫造成损害的，不承担民事责任。正当防卫超过必要的限度，造成不应有的损害的，应当承担适当的民事责任。"所谓正当防卫，是指行为人为了保护社会公共利益、自身或者他人的合法权益免受正在进行的紧迫侵害，针对这一非法侵害采取必要措施，在必要限度内采取的防卫措施。由于正当防卫本身具有正当性，是一种合法行为，因此在符合正当防卫构成要件的前提下，法律对于正当防卫的条件并没有规定。《刑法》第 20 条第 1 款规定："为了使国家、公共利益、本人或者他人的人身、财产和其他权利免受正在进行的不法侵害，而采取的制止不法侵害的行为，对不法侵害人造成损害的，属于正当防卫，不负刑事责任。"民法理论和实务也都是参照这一规定对民事责任领域的正当防卫的内容作出了明确，且已经形成较为成熟的做法。

通常而言，构成正当防卫必须满足的条件有：(1) 必须有侵害事实。侵害的事实在先，防卫行为在后；侵害是防卫的前提，防卫是侵害导致的结果。没有侵害事实，就不得进行防卫。对侵害事实的要求是须为现实的侵害，特点是已经着手，正在进行，尚未结束。对想象中的侵害、未发生的侵害、实施终了的侵害，都不能实施防卫行为。(2) 不法侵害须正在进行且具有现实紧迫性。不法侵害必须是正在进行的，而不是尚未开始，或者已实施完毕，否则就是防卫不适时，应当承担民事责任。而且实施正当防卫本身毕竟要对他人合法权益造成侵害，因此这一侵权行为必须具有现实紧迫性，如果不及时实施防卫行为就会造成重大损失。如果可以通过其他方式比如公力救济的方式进行救济也不会造成无法弥补的损失的，不宜采用正当防卫。(3) 须以合法防卫为目的。即把防卫公共的、他人的或本人的权益免受侵害作为防卫的目的，这里并不限于本人遭受侵害。以防卫为借口而施以报复的行为或防卫挑拨的行为都是违法行为，构成侵权行为。(4) 防卫须对加害人本人实行。对加害人的防卫反击，根据制止不法侵害的需要，可以是对人身的，也可以是对财产的，但是任何防卫行为都不能对第三人实施。(5) 防卫不能超过必要的限度。必要限度的要求即是该防卫行为达到足以有效制止侵害行为的强度，如果超出该必要限度，则构成防卫过当，应当承担相应的民事责任。

正当防卫的法律后果，是免除防卫人对其造成的损害的民事责任。关于防卫过当的责任承担，在防卫过当的情形下，正当防卫超过必要限度，造成不应有的损害的，防卫人不能免责，而是要承担适当责任。这种适当的民事责任，应当包括以下三层意思：(1) 防卫过当不能免除责任。承担适当的责任的含义是承担责任，而不是免责。这是因为民事责任是一种财产责任，赔偿具有补偿和制裁的双重性质，它不像刑罚那样是人身的而且没有补偿性质的责任。(2) 对于防卫过当造成的损害，一般应当减轻民事责任。承担适当的责任中的“适当”，要求赔偿既要与防卫过当的损害后果适当，又要与案情适当，而且后者更为重要。因此，不应当受全部赔偿原则的限制，要适当减轻防卫人的责任。这是因为，一是出现防卫的前提是侵害人的不法侵害，没有不法侵害就不会造成这种过当的后果；二是防卫人在防卫过程中，特别是在情况较危急情况下，对反击行为的节制及对后果的预见是受到限制的，不应对防卫行为要求过高、过苛。(3) 故意加害行为的赔偿责任。防卫人在防卫过程中故意对不法侵害者采取加害行为的，对其超出必要限度的损害应当全部赔偿。这是因为，在这种情况下，防卫人已经明知会超出必要限度而故意为之，是故意的违法行为，应当负担全部责任。防卫过当的损害赔偿范围，应当是超出防卫限度的那部分损害，即对“不应有”的那部分损害予以赔偿。

387. 紧急避险损害责任纠纷

【释义】

紧急避险损害责任纠纷是指因紧急避险造成损害所引起的纠纷。紧急避险是指为了社会公共利益、本人或者他人的人身或其他合法权益免受正在发生的危险，不得已而采取的损害他人一定利益的救险行为。

紧急避险是以损害较小的利益来保全较大的利益，因此紧急避险所造成的损害不能超过危险可能造成的损害，也即避险所造成的损失应当小于所避免的损失，否则避险行为就超出了必要的限度。在紧急避险的场合，一般情况下，因紧急避险而造成的损害，由引起险情的人承担赔偿责任。如果危险系由自然原因引起的，则紧急避险人不承担责任或仅承担适当的补偿责任。但如果紧急避险采取措施不当或者超出必要的限度，造成不应有的损害的，紧急避险人应当承担适当的责任。

【管辖】

根据《民事诉讼法》第28条的规定，因侵权行为提起的诉讼，由侵权行为地或者被告住所地人民法院管辖。《民事诉讼法解释》第24条规定，《民事诉讼法》第28条规定的侵权行为地，包括侵权行为实施地、侵权结果发生地。

【法律适用】

处理紧急避险损害责任纠纷的法律依据主要有《民法典》第182条、《最高人民法院关于审理人身损害赔偿案件适用法律若干问题的解释》《民事诉讼法解释》等相关规定。

【确定该案由应当注意的问题】

在2008年《民事案件案由规定》中，特殊类型侵权纠纷第二级案由之下设有紧急避险损害责任纠纷第三级案由。2011年《民事案件案由规定》将其修改为紧急避险损害责任纠纷，仍然作为第三级案由置于侵权责任纠纷案由之下。2020年《民事案件案由规定》延续了2011年《民事案件案由规定》的规定。涉及紧急避险时有关损害承担的案件，确定为本案由。

《民法典》第182条规定："因紧急避险造成损害的，由引起险情发生的人承担民事责任。危险由自然原因引起的，紧急避险人不承担民事责任，可以给予适当补偿。紧急避险采取措施不当或者超过必要的限度，造成不应有的损害的，紧急避险人应当承担适当的民事责任。”所谓紧急避险，是指为了社会公共利益、自身或者他人的合法利益免受更大的损害，在不得已的情况下采取的造成他人少量损失的紧急措施，称为紧急避险。紧急避险是一种合法行为，是在两种合法利益不可能同时都得到保护的情况下，不得已而采用牺牲其中较轻的利益，保全较重大的利益的行为。危险有时来自人的行为，有时来自自然原因。不管危险来源于哪儿，紧急避险人避让风险、排除危险的行为都有其正当性、合法性，因此各国通行做法都是将紧急避险作为免责的情形之一。

关于紧急避险的构成要件。《民法典》没有对紧急避险的构成要件作出规定。《刑法》第21条第1款和第2款规定：“为了使国家、公共利益、本人或者他人的人身、财产和其他权利免受正在发生的危险，不得已采取的紧急避险行为，造成损害的，不负刑事责任。紧急避险超过必要限度造成不应有的损害的，应当负刑事责任，但是应当减轻或者免除处罚。”我国民法理论和实务也都借鉴上述内容，对紧急避险的构成要件形成了较为成熟的做法。具体而言，紧急避险行为须满足的构成要件有：(1) 必须是为了使本人、他人的人身、财产权利免受危险的损害。这是对紧急避险的“险”所提的要求。也就是说紧急避险应是使本人或者他人的人身、财产和其他权利免受正在发生的危险，不得已采取的避险行为。(2) 必须是对正在发生的危险，采取的紧急避险行为。如果危险尚未发生或者已经消除，或者虽然已经发生但不会对合法权益造成损害，则不能采取避险措施。某人基于对危险状况的错误认识甚至臆想而采取避险措施，造成他人利益损害的，当然构成侵权行为，应当承担民事责任。(3) 必须是在不得已情况下采取避险措施。即该避险行为具有现实紧迫性，如果面对突然而遇的危险，不采取紧急避险措施，就会造成更大的损失，这时就要采取紧急避险行为。(4) 不能超过必要限度，这是对避险行为的要求。也就是说在面临紧急危险时，实施紧急避险行为的人应采取适当的措施，以尽可能小的损害来保全更大的合法利益。概言之，紧急避险行为所引起的损害应轻于该危险所可能带来的损害。

关于紧急避险的认识，一定要注意其与正当防卫的异同。紧急避险和正当防卫都是阻却违法行为，行为目的都是保护公共利益、公民和本人的合法利益，二者成立的前提条件都是合法权利受到严重危险，两者都造成了一定的损害，都在符合各自构成要件的情况下免于承担民事责任。但紧急避险与正当防卫有明显的区别，主要包括：(1) 紧急避险的危险来源多种多样，正当防卫的危险来源只是不法侵害人的非法侵害；(2) 紧急避险造成的损害是排除危险的唯一方法，而正当防卫则不在此限；(3) 紧急避险所造成的损害必须小于危险造成的损害，正当防卫造成的损害，允许等于或者大于不法侵害行为所可能造成的损害；(4) 正当防卫只能对不法侵害的本人实施，而紧急避险可以对第三者实施。

388. 驻香港、澳门特别行政区军人执行职务侵权责任纠纷

【释义】

驻香港、澳门特别行政区军人执行职务侵权责任纠纷是指驻香港特别行政区和澳门特别行政区的军人在执行职务时侵害他人合法权益造成损害而引起的纠纷。

【管辖】

根据《香港特别行政区驻军法》和《澳门特别行政区驻军法》的规定，香港、澳门驻军人员因执行职务的行为引起的民事侵权案件，由中华人民共和国最高人民法院管辖，侵权行为的损害赔偿适用香港、澳门特别行政区法律；非执行职务行为引起的民事侵权案件，由香港、澳门特别行政区法院管辖。

【法律适用】

处理驻香港、澳门特别行政区军人执行职务侵权责任纠纷的法律依据主要是《香港特别行政区驻军法》第23条和《澳门特别行政区驻军法》第23条。

【确定该案由应当注意的问题】

在2008年《民事案件案由规定》中，特殊类型侵权纠纷第二级案由之下设有驻香港、澳门特别行政区军人执行职务侵权纠纷第三级案由。2011年《民事案件案由规定》沿用这一第三级案由，根据体例和结构的调整将其置于侵权责任纠纷之下。2020年《民事案件案由规定》延续2011年《民事案件案由规定》的规定。这一案由的适用具有特定的指向，仅适用于侵权人为驻香港、澳门特别行政区的军人所实施的职务行为。

《香港特别行政区驻军法》第23条规定："香港驻军人员违反香港特别行政区的法律，侵害香港居民、香港驻军以外的其他人的民事权利的，当事人可以通过协商、调解解决；不愿通过协商、调解解决或者协商、调解不成的，被侵权人可以向法院提起诉讼。香港驻军人员非执行职务的行为引起的民事侵权案件，由香港特别行政区法院管辖；执行职务的行为引起的民事侵权案件，由中华人民共和国最高人民法院管辖，侵权行为的损害赔偿适用香港特别行政区法律。"《澳门特别行政区驻军法》第23条规定："澳门驻军人员违反澳门特别行政区的法律，侵害澳门居民、澳门驻军以外的其他人的民事权利的，当事人可以通过协商、调解解决；不愿通过协商、调解解决或者协商、调解不成的，被侵权人可以向法院提起诉讼。澳门驻军人员非执行职务的行为引起的民事侵权案件，由澳门特别行政区法院管辖；执行职务的行为引起的民事侵权案件，由中华人民共和国最高人民法院管辖，侵权行为的损害赔偿适用澳门特别行政区法律。"根据上述法律规定，实践中，对于本案由的确定，主体上应当限定于侵权人系"驻香港、澳门特别行政区军人"，且是针对上述主体所实施的职务行为造成的损害。"职务行为"是相对于"个人行为"而言的，职务行为的特征表现为两方面：一是职务行为必须在执行职务的过程中，这个过程包括从开始执行到职务活动的完结；二是所为的行为必须在职责范围之内，主体的行为要在法律或章程所规定的范围内。学理上对于职务行为的界定标准划分为四类，分别是主观标准说客观标准说折中标准说、与综合标准说。我国的法律实践标准采用客观标准说。客观标准说认为判断职务行为的标准是行为人的行为外观，即行为外观使第三人有合理理由相信该行为属于职务行为。

389. 铁路运输损害责任纠纷

（1）铁路运输人身损害责任纠纷

（2）铁路运输财产损害责任纠纷

【释义】

铁路运输损害责任是指铁路运输企业在发生铁路行车事故或者其他铁路运营事故，造成他人人身伤害和财产损失时所应当承担的损害赔偿责任。铁路运输损害责任纠纷存在两种情形，即造成铁路路外人身伤害、财产损失的情形和对承载的旅客或承运的货物造成损害的情形。

铁路运输人身损害责任是指因发生行车事故或者其他铁路运营事故造成路外人员或乘客人身伤害的，铁路运输企业所应当承担的损害赔偿责任。

铁路运输财产损害责任纠纷是指因发生行车事故或者其他铁路运营事故造成他人财产损失或者承运的货物损失的，铁路运输企业所应当承担的损害赔偿责任。

【管辖】

根据《民事诉讼法》第27条规定，因铁路、公路、水上、航空运输和联合运输合同纠纷提起的诉讼，由运输始发地、目的地或者被告住所地人民法院管辖。

《最高人民法院关于审理铁路运输人身损害赔偿纠纷案件适用法律若干问题的解释》第3条规定："赔偿权利人要求对方当事人承担侵权责任的，由事故发生地、列车最先到达地或者被告住所地铁路运输法院管辖；赔偿权利人依照民法典第三编要求承运人承担违约责任予以人身损害赔偿的，由运输始发地、目的地或者被告住所地铁路运输法院管辖。"

【法律适用】

处理铁路运输损害责任纠纷的法律依据主要是《民法典》侵权责任编、《铁路法》第58条和《最高人民法院关于审理铁路运输人身损害赔偿纠纷案件适用法律若干问题的解释》等相关规定。

【确定该案由应当注意的问题】

在2008年《民事案件案由规定》中，在与铁路运输有关的民事纠纷第二级案由之下，设有铁路运输人身、财产损害赔偿纠纷第三级案由。2011年《民事案件案由规定》取消了与铁路运输有关的民事纠纷第二级案由，将原设置于该第二级案由之下的第三级案由分解到侵权责任纠纷和合同纠纷第二级案由之下。原第三级案由铁路运输人身、财产损害赔偿纠纷修改为铁路运输损害责任纠纷，该第三级案由之下设有铁路运输人身损害责任纠纷和铁路运输财产损害责任纠纷两个第四级案由。本案由是专门由铁路法院适用的案由，因铁路行车事故或其他运营事故造成人身、财产损害而发生的纠纷，当事人选择以侵权纠纷提起诉讼的，确定本案由。2020 年《民事案件案由规定》延续 2011 年《民事案件案由规定》的规定。

应当注意的是，铁路旅客运输合同作为一种特殊形式的运输合同，铁路运输企业负有将旅客安全运输至目的地的义务。因此，如旅客在铁路运输过程中遭受人身、财产损害，存在侵权责任与违约责任的竞合。根据《民法典》第 186 条的规定，因当事人一方的违约行为，损害对方人身权益、财产权益的，受损害方有权选择请求其承担违约责任或者侵权责任。《最高人民法院关于审理铁路运输人身损害赔偿纠纷案件适用法律若干问题的解释》第 12 条规定，铁路旅客运送期间发生旅客人身损害，赔偿权利人要求铁路运输企业承担违约责任的，依照运输合同纠纷第三级案由之下的与铁路运输有关的第四级案由确定案由。人民法院应当依照《民法典》第 811 条、第 822 条、第 823 条等规定，确定铁路运输企业是否承担责任及责任的大小；赔偿权利人要求铁路运输企业承担侵权赔偿责任的，人民法院应当依照有关侵权责任的法律规定，确定铁路运输企业是否承担赔偿责任及责任的大小。根据上述法律和司法解释的规定可知，在铁路旅客人身、财产遭受损失时，旅客的选择权决定了案由的确定及法律适用。当受害旅客以铁路运输合同纠纷请求赔偿时，应适用《民法典》合同编第 19 章和《铁路法》的相关规定。铁路运输企业作为承运人应当按照限额赔偿的规定承担赔偿责任。当受害旅客选择侵权责任时，应定为本案由，适用《民法典》侵权责任编及《最高人民法院关于审理铁路运输人身损害赔偿纠纷案件适用法律若干问题的解释》等规定，由铁路运输企业对受害旅客因损害事实而产生的损失予以赔偿。对于路外人提起的铁路运输损害责任纠纷案件，路外人因铁路运营企业的行车作业造成的人身损害结果，符合侵权法律关系的特征，审理此类案件应适用《民法典》侵权责任编和《最高人民法院关于审理铁路运输人身损害赔偿纠纷案件适用法律若干问题的解释》等规定。

关于铁路运输损害责任的规则原则：

1. 适用无过错责任原则

《民法典》第1240条规定："从事高空、高压、地下挖掘活动或者使用高速轨道运输工具造成他人损害的，经营者应当承担侵权责任；但是，能够证明损害是因受害人故意或者不可抗力造成的，不承担责任。被侵权人对损害的发生有重大过失的，可以减轻经营者的责任。"《铁路法》第58条规定："因铁路行车事故及其他铁路运营事故造成人身伤亡的，铁路运输企业应当承担赔偿责任；如果人身伤亡是因不可抗力或者由于受害人自身的原因造成的，铁路运输企业不承担赔偿责任。违章通过平交道口或者人行过道，或者在铁路线路上行走、坐卧造成的人身伤亡，属于受害人自身的原因造成的人身伤亡。"《最高人民法院关于审理铁路运输人身损害赔偿纠纷案件适用法律若干问题的解释》第5条规定："铁路运输中发生人身损害，铁路运输企业举证证明有下列情形之一的，不承担赔偿责任：（一）不可抗力造成的；（二）受害人故意以卧轨、碰撞等方式造成的。"根据上述法律和司法解释的规定可知，铁路运输企业对于运输过程中给旅客造成的损害，适用无过错责任原则。即无论铁路运输企业主观上是否有过错，都不影响其承担侵权责任。即使铁路运输企业举证证明自己没有过错，也不能免除其赔偿责任。因此，从受害人一方的角度看，其应当承担的举证责任有三点，即受害人应当举证证明侵权人实施了加害行为、受害人发生了实际损害、在侵权人的加害行为和受害人的实际损害之间存在因果关系。从铁路运输企业的角度看，其在法律上不负有举证证明自己的行为"不构成"侵权的责任，只要受害人不能完成前面所述的举证责任，就不能要求铁路运输企业承担民事责任。但是，在受害人完成举证责任后，铁路运输企业如果想要援引法律规定的免责事由以免除自己的责任，就必须就该免责事由的成立承担举证责任。

2. 受害人对损害的发生有过错的，适当减轻铁路运输企业的赔偿责任

《最高人民法院关于审理铁路运输人身损害赔偿纠纷案件适用法

律若干问题的解释》第6条规定："因受害人翻越、穿越、损毁、移动铁路线路两侧防护围墙、栅栏或者其他防护设施穿越铁路线路，偷乘货车，攀附行进中的列车，在未设置人行通道的铁路桥梁、隧道内通行，攀爬高架铁路线路，以及其他未经许可进入铁路线路、车站、货场等铁路作业区域的过错行为，造成人身损害的，应当根据受害人的过错程度适当减轻铁路运输企业的赔偿责任，并按照以下情形分别处理：（一）铁路运输企业未充分履行安全防护、警示等义务，受害人有上述过错行为的，铁路运输企业应当在全部损失的百分之八十至百分之二十之间承担赔偿责任；（二）铁路运输企业已充分履行安全防护、警示等义务，受害人仍施以上述过错行为的，铁路运输企业应当在全部损失的百分之二十至百分之十之间承担赔偿责任。"铁路运输是一种具有高度危险的作业，作为作业人的铁路运输企业，应当承担比通常作业更高程度的安全义务。一般而言，这里的安全义务包括安全防护义务、安全警示的义务、避免损害发生的义务、损害发生后的及时救助义务。确定铁路运输企业承担责任的比例，要具体地考察受害人自身的过错程度，也要具体地考察铁路运输企业是否充分履行了安全防护、警示等义务。如果认定铁路运输企业没有充分履行安全防护、警示等义务，还要考虑其不履行义务的过错程度。

390. 水上运输损害责任纠纷

（1）水上运输人身损害责任纠纷

（2）水上运输财产损害责任纠纷

【释义】

水上运输损害责任纠纷是指在水路运输过程中，水上运输的经营者对他人或者其承运的旅客、货物造成损害所产生的纠纷。

水上运输人身损害责任纠纷是指因水上运输的经营者在水上运输

过程中对他人的人身或者其承运的旅客的人身造成伤害所产生的纠纷。

水上运输财产损害责任纠纷是指因水上运输的经营者在运输过程中对他人或其承运的旅客的财产、承运的货物造成损失所引起的纠纷。

【管辖】

《民事诉讼法》第27条规定，因铁路、公路、水上、航空运输和联合运输合同纠纷提起的诉讼，由运输始发地、目的地或者被告住所地人民法院管辖。第28条规定，因侵权行为提起的诉讼，由侵权行为地或者被告住所地人民法院管辖。《民事诉讼法解释》第24条规定，《民事诉讼法》第28条规定的侵权行为地，包括侵权行为实施地、侵权结果发生地。

【法律适用】

处理水上运输损害责任纠纷的法律依据为《民法典》总则编和侵权责任编，以及《最高人民法院关于审理人身损害赔偿案件适用法律若干问题的解释》等相关规定。

【确定该案由应当注意的问题】

在2008年《民事案件案由规定》中，在生命权、健康权、身体权纠纷第三级案由之下，设有水上运输人身损害赔偿纠纷第四级案由。2011年《民事案件案由规定》在原有规定的基础上，进行适当修正，将水上运输损害责任纠纷作为第三级案由，之下设水上运输人身损害责任纠纷和水上运输财产损害责任纠纷两个第四级案由。2020年《民事案件案由规定》延续2011年《民事案件案由规定》的规定。在适用时应注意与海事海商纠纷第二级案由项下的海上、通海水域人身损害责任纠纷和海上、通海水域财产损害责任纠纷的区别，海事海商纠纷案由仅适用于海事法院专属管辖的案件，而水上运输损害责任纠纷则适用于普通法院管辖的侵权案件。

391. 航空运输损害责任纠纷

（1）航空运输人身损害责任纠纷

（2）航空运输财产损害责任纠纷

【释义】

航空运输损害责任纠纷是指在民用航空器运行过程中造成航空器内部或者地面、水面的他人人身或财产损害所产生的纠纷。

航空运输人身损害责任纠纷是指在民用航空器运行过程中造成航空器内部乘客或者地面、水面的他人人身伤害所引起的纠纷。

航空运输财产损害责任纠纷是指在民用航空器运行过程中造成航空器内部乘客的财产、承载的货物或者地面、水面他人的财产损失所产生的纠纷。

【管辖】

根据《民事诉讼法》第 28 条的规定，因侵权行为提起的诉讼，由侵权行为地或者被告住所地人民法院管辖。《民事诉讼法解释》第 24 条规定，《民事诉讼法》第 28 条规定的侵权行为地，包括侵权行为实施地、侵权结果发生地。

【法律适用】

处理航空运输损害责任纠纷的法律依据主要是《民用航空法》第 9 章第 3 节和第 12 章。

【确定该案由应当注意的问题】

在2008年《民事案件案由规定》中，有关航空运输损害的案由是在生命权、健康权、身体权纠纷第三级案由之下的航空运输人身损害赔偿纠纷和航空器对地、水面上第三人损害赔偿纠纷两个第四级案由。2011年《民事案件案由规定》对原有规定作出调整，在侵权责任纠纷之下设置航空运输损害责任纠纷第三级案由，下设航空运输人身损害责任纠纷和航空运输财产损害责任纠纷第四级案由，统一适用于与民用航空器有关的侵权纠纷案件的案由确定。2020年《民事案件案由规定》延续了2011年《民事案件案由规定》的规定。

应当注意的是，航空运输过程中造成的旅客人身、财产损害，因航空运输合同作为一种特殊形式的运输合同，航空运输承运人负有将旅客安全运输至目的地的义务。因此，如旅客在航空运输过程中遭受人身、财产损害，存在侵权责任与违约责任的竞合。根据《民法典》第186条的规定，因当事人一方的违约行为，损害对方人身权益、财产权益的，受损害方有权选择请求其承担违约责任或者侵权责任。据此，旅客的选择权决定了案由的确定和审理案件的法律适用。当受害旅客以航空运输合同纠纷请求赔偿时，应适用《民法典》合同编第19章和《民用航空法》的相关规定。航空运输的承运人应当按照限额赔偿的规定承担赔偿责任。当受害旅客选择侵权责任时，应适用《民法典》侵权责任编、《民用航空法》及《最高人民法院关于审理人身损害赔偿纠纷案件适用法律若干问题的解释》等规定，由航空运输的承运人对受害旅客因损害事实而产生的损失予以赔偿。对于路面、水面的他人提起的航空运输损害责任纠纷案件，路面、水面的他人因航空运输承运人的运输行为造成的人身损害，符合侵权法律关系的特征，审理此类案件应适用《民法典》侵权责任编和《最高人民法院关于审理人身损害赔偿纠纷案件适用法律若干问题的解释》等规定。

392. 因申请财产保全损害责任纠纷

【释义】

因申请财产保全损害责任纠纷是指因财产保全的申请人根据《民事诉讼法》的规定申请财产保全措施或者诉前财产保全措施错误，或者申请诉前财产保全措施后未在30日内提起诉讼，造成被保全人财产损失而引起的纠纷。

根据《民事诉讼法》第100条第1款的规定，人民法院对于可能因当事人一方的行为或者其他原因，使判决难以执行或者造成当事人其他损害的案件，根据对方当事人的申请，可以裁定对其财产进行保全、责令其作出一定行为或者禁止其作出一定行为；当事人没有提出申请的，人民法院在必要时也可以裁定采取保全措施。第101条规定，利害关系人在情况紧急时，可以在提供担保的前提下于起诉或者申请仲裁前申请财产保全，但诉前财产保全的申请人应当在30日内提起诉讼。基于申请人的申请和担保，人民法院采取财产保全措施后，申请的一方当事人败诉或者诉前财产保全申请人在30日内起诉但败诉的，其应当承担由于财产保全申请不当而给对方当事人造成的损失。如果申请人在30日内未提起诉讼，人民法院应当解除保全措施，申请人也应当对其保全措施给对方当事人造成的损失承担赔偿责任。第105条规定，申请有错误的，申请人应当赔偿被申请人因保全所遭受的损失。

【管辖】

根据《最高人民法院关于因申请诉中财产保全损害责任纠纷管辖问题的批复》，因申请诉中财产保全损害责任纠纷之诉，由作出诉中财产保全裁定的人民法院管辖。关于诉前保全，根据《民事诉讼法解释》第27条的规定，当事人申请诉前保全后没有在法定期间起诉或者申请仲裁，给被申请人、利害关系人造成损失引起的诉讼，由采取保全措施的人民法院管辖。当事人申请诉前保全后在法定期间内起诉或者申请仲裁，被申请人、利害关系人因保全受到损失提起的诉讼，由受理起诉的人民法院或者采取保全措施的人民法院管辖。

【法律适用】

处理因申请财产保全损害责任纠纷的法律依据主要是《民事诉讼法》第100条、第101条。

【确定该案由应当注意的问题】

在2008年《民事案件案由规定》中没有规定本案由，2011年《民事案件案由规定》将与诉讼保全有关的案由区分为因申请诉前财产保全损害责任纠纷和因申请诉中财产保全损害责任纠纷两种情形、两个第三级案由。2020年《民事案件案由规定》根据诉讼保全的分类和审判实践的需要进行重新整理，将财产保全和行为保全进行区分，由于诉前财产保全和诉中财产保全性质并无差别，故将二者合并为统一的因申请财产保全损害责任纠纷第三级案由。

在审理此类案件时，应当注意：(1) 申请人应当赔偿被申请人因保全所遭受的损失的前提条件。申请人应当赔偿被申请人因保全所遭受的损失的前提条件是“申请有错误”。也就是说，申请错误是导致被申请人遭受损失的原因，二者有因果上的关系，没有因果关系，申请人不宜承担责任。(2) 赔偿被申请人因保全所遭受的损失。应注意的是：①赔偿的主体。赔偿的主体是申请人包括利害关系人、诉讼当事人等。②赔偿的损失。赔偿的损失是因保全所遭受的损失。一旦出现上述法律规定的损失，就可以用申请人提供的担保来赔偿被申请人的损失。

393. 因申请行为保全损害责任纠纷

【释义】

因申请行为保全损害责任纠纷是指因当事人在诉讼过程中，或者利害关系人在诉讼前，申请人民法院采取行为保全措施错误，或者在申请诉前行为保全后未依照法律规定提起诉讼，造成被保全人财产损失而引起的纠纷。

根据《民事诉讼法》的规定，人民法院对于可能因当事人一方的行为或者其他原因，使判决难以执行或者造成当事人其他损害的案件，根据对方当事人的申请，可以裁定责令其作出一定行为或者禁止其作出一定行为。利害关系人在情况紧急时，可以在提供担保的前提下于起诉或者申请仲裁前申请行为保全，但诉前行为保全的申请人应当在30 日内提起诉讼。基于申请人的申请和担保，人民法院采取行为保全措施后，申请的一方当事人败诉或者诉前行为保全申请人在30 日内起诉但败诉的，其应当承担由于行为保全申请不当而给被保全人造成的损失。如果诉前行为保全申请人在30 日内未提起诉讼，人民法院应当解除保全措施，申请人也应当对其保全措施给被保全人造成的损失承担赔偿责任。

【管辖】

参照《最高人民法院关于因申请诉中财产保全损害责任纠纷管辖问题的批复》关于“因申请诉中财产保全损害责任纠纷之诉，由作出诉中财产保全裁定的人民法院管辖”的规定，因申请诉讼行为保全损害责任纠纷之诉，应由作出行为保全裁定的人民法院管辖。根据《民事诉讼法解释》第27 条的规定，当事人申请诉前保全后没有在法定期间起诉或者申请仲裁，给被申请人、利害关系人造成损失引起的诉讼，由采取保全措施的人民法院管辖。当事人申请诉前保全后在法定期间内起诉或者申请仲裁，被申请人、利害关系人因保全受到损失提起的诉讼，由受理起诉的人民法院或者采取保全措施的人民法院管辖。

【法律适用】

处理因申请诉讼证据保全损害责任纠纷的法律依据主要是《民事诉讼法》第100条、第101条、第105条。

【确定该案由应当注意的问题】

在2008年《民事案件案由规定》中没有规定本案由，2020年《民事案件案由规定》对于2011年《民事案件案由规定》所确定的因申请诉前财产保全损害责任纠纷和因申请诉中财产保全损害责任纠纷两个第三级案由进行重新整理，按照财产保全和行为保全进行区分，将因申请行为保全损害责任纠纷单列为独立的第三级案由。

《民事诉讼法》第100条规定："人民法院对于可能因当事人一方的行为或者其他原因，使判决难以执行或者造成当事人其他损害的案件，根据对方当事人的申请，可以裁定对其财产进行保全、责令其作出一定行为或者禁止其作出一定行为；当事人没有提出申请的，人民法院在必要时也可以裁定采取保全措施。人民法院采取保全措施，可以责令申请人提供担保，申请人不提供担保的，裁定驳回申请。人民法院接受申请后，对情况紧急的，必须在四十八小时内作出裁定；裁定采取保全措施的，应当立即开始执行。"第101条规定："利害关系人因情况紧急，不立即申请保全将会使其合法权益受到难以弥补的损害的，可以在提起诉讼或者申请仲裁前向被保全财产所在地、被申请人住所地或者对案件有管辖权的人民法院申请采取保全措施。申请人应当提供担保，不提供担保的，裁定驳回申请。人民法院接受申请后，必须在四十八小时内作出裁定；裁定采取保全措施的，应当立即开始执行。申请人在人民法院采取保全措施后三十日内不依法提起诉讼或者申请仲裁的，人民法院应当解除保全。”第105条规定：“申请有错误的，申请人应当赔偿被申请人因保全所遭受的损失。”

在适用时，要注意本案由与“170. 因申请知识产权临时措施损害责任纠纷”的关系。二者是“一般与特别”的关系。因知识产权领域的行为保全申请错误造成被申请人损失而发生的损害责任纠纷，适用“因申请知识产权临时措施损害责任纠纷”以及项下第四级案由，不适用本案由。

394. 因申请证据保全损害责任纠纷

【释义】

因申请证据保全损害责任纠纷是指因当事人在诉讼过程中申请证据保全措施错误，或者利害关系人在诉讼前申请证据保全错误，而导致对方当事人或者被申请人损失而引起的纠纷。

根据《民事诉讼法》第81条的规定，当事人在证据有可能灭失或者以后难以取得的情况下，或者利害关系人因情况紧急、在证据有可能灭失或者以后难以取得的情况下，可以申请人民法院采取证据保全措施。该条是关于证据保全的原则性规定，对于证据保全的其他程序，参照适用《民事诉讼法》第9章保全的有关规定。据此，根据《民事诉讼法》第100条、第101条、第105条的规定，当事人、利害关系人申请证据保全措施后，如果其申请的事由错误，保全的对象并非诉讼所需要的证据，或者根本不存在可能灭失或以后无法取得的情形，或者利害关系人在申请证据保全后没有在30日内提起诉讼，由于保全措施而致使证据持有人遭受损失的，申请人应当承担损害赔偿责任。

【管辖】

参照《最高人民法院关于因申请诉中财产保全损害责任纠纷管辖问题的批复》关于“因申请诉中财产保全损害责任纠纷之诉，由作出诉中财产保全裁定的人民法院管辖”的规定，因申请诉讼证据保全损害责任纠纷而提起的诉讼，应由作出证据保全裁定的人民法院管辖。根据《民事诉讼法解释》第27条的规定，当事人申请诉前保全后没有在法定期间起诉或者申请仲裁，给被申请人、利害关系人造成损失引起的诉讼，由采取保全措施的人民法院管辖。当事人申请诉前保全后在法定期间内起诉或者申请仲裁，被申请人、利害关系人因保全受到损失提起的诉讼，由受理起诉的人民法院或者采取保全措施的人民法院管辖。

【法律适用】

处理因申请诉讼证据保全损害责任纠纷的法律依据主要是《民事诉讼法》第81条、第100条、第101条、第105条，以及《最高人民法院关于民事诉讼证据的若干规定》第25条、第26条、第27条、第28条、第29条。

【确定该案由应当注意的问题】

在2008年《民事案件案由规定》中没有本案由的规定，因申请诉讼证据保全损害责任纠纷是2011年《民事案件案由规定》根据审判实践的情况增加的案由。2020年《民事案件案由规定》延续了2011年《民事案件案由规定》的规定。在适用本案由时应注意与因申请诉前证据保全损害责任纠纷案由的区别，本案由适用于在诉讼过程中申请证据保全造成损害的诉讼案件。

《民事诉讼法》第81条规定："在证据可能灭失或者以后难以取得的情况下，当事人可以在诉讼过程中向人民法院申请保全证据，人民法院也可以主动采取保全措施。因情况紧急，在证据可能灭失或者以后难以取得的情况下，利害关系人可以在提起诉讼或者申请仲裁前向证据所在地、被申请人住所地或者对案件有管辖权的人民法院申请保全证据。证据保全的其他程序，参照适用本法第九章保全的有关规定。"第100条规定："人民法院对于可能因当事人一方的行为或者其他原因，使判决难以执行或者造成当事人其他损害的案件，根据对方当事人的申请，可以裁定对其财产进行保全、责令其作出一定行为或者禁止其作出一定行为；当事人没有提出申请的，人民法院在必要时也可以裁定采取保全措施。人民法院采取保全措施，可以责令申请人提供担保，申请人不提供担保的，裁定驳回申请。人民法院接受申请后，对情况紧急的，必须在四十八小时内作出裁定；裁定采取保全措施的，应当立即开始执行。"第101条规定："利害关系人因情况紧急，不立即申请保全将会使其合法权益受到难以弥补的损害的，可以在提起诉讼或者申请仲裁前向被保全财产所在地、被申请人住所地或者对案件有管辖权的人民法院申请采取保全措施。申请人应当提供担保，不提供担保的，裁定驳回申请。人民法院接受申请后，必须在四十八小时内作出裁定；裁定采取保全措施的，应当立即开始执行。申请人在人民法院采取保全措施后三十日内不依法提起诉讼或者申请仲裁的，人民法院应当解除保全。"第105条规定："申请有错误的，申请人应当赔偿被申请人因保全所遭受的损失。"

395. 因申请先予执行损害责任纠纷

【释义】

先予执行是指人民法院对某些案件作出终审判决前，为解决当事人一方生产生活的急迫需要而根据其申请，承担对方当事人给付其一定财物或者立即停止实施某种行为的特殊的执行制度。

根据我国《民事诉讼法》的规定，追索赡养费、扶养费、抚育费、抚恤金、医疗费用的案件，追索劳动报酬的案件，以及其他因情况紧急需要先予执行的案件，人民法院可以基于一方当事人的申请先予执行。但如果申请方最终终审判决败诉，则其受领的先予执行缺乏合法的依据，当然应当返回给对方当事人。如果因其申请而采取的先予执行措施造成对方当事人损失，申请方应当承担损害赔偿责任。

【管辖】

《民事诉讼法》和司法解释对于因申请先予执行损害责任纠纷的管辖均无规定。鉴于先予执行与诉讼保全在程序上具有相似之处，从便于当事人诉讼、便于人民法院审理的原则出发，因申请先予执行损害责任纠纷可以参照因申请财产保全损害责任纠纷的管辖处理，即参照《最高人民法院关于因申请诉中财产保全损害责任纠纷管辖问题的批复》中“因申请诉中财产保全损害责任纠纷之诉，由作出诉中财产保全裁定的人民法院管辖”的规定，由作出先予执行裁定的人民法院管辖。

【法律适用】

处理因申请先予执行损害责任纠纷的法律依据主要是《民事诉讼

法》第106条、第107条，以及《民事诉讼法解释》第169条、第170条。

【确定该案由应当注意的问题】

在2008年《民事案件案由规定》中没有本案由的规定，因申请先予执行损害责任纠纷是2011年《民事案件案由规定》根据审判实践的情况增加的案由。2020年《民事案件案由规定》延续了2011年《民事案件案由规定》的规定。在适用本案由时应注意本案由适用于因申请先予执行不当造成他人损失的诉讼案件。《民事诉讼法》第106条规定："人民法院对下列案件，根据当事人的申请，可以裁定先予执行：（一）追索赡养费、扶养费、抚育费、抚恤金、医疗费用的；（二）追索劳动报酬的；（三）因情况紧急需要先予执行的。"第107条规定："人民法院裁定先予执行的，应当符合下列条件：（一）当事人之间权利义务关系明确，不先予执行将严重影响申请人的生活或者生产经营的；（二）被申请人有履行能力。人民法院可以责令申请人提供担保，申请人不提供担保的，驳回申请。申请人败诉的，应当赔偿被申请人因先予执行遭受的财产损失。"根据上述法律规定，申请人申请先予执行的案件，如申请人败诉应当赔偿被申请人因先予执行遭受的财产损失。申请人败诉，是指已经发生法律效力的判决确定的人民法院不支持其诉讼请求的情况。出现这种情况后，申请人首先应当返还被申请人先予执行的部分，如果因先予执行给被申请人造成财产损失的，那么申请人还应当赔偿被申请人因先予执行遭受的财产损失。人民法院对当事人申请先予执行的案件，只有在案件基本事实清楚，当事人间的权利义务关系明确，被申请人负有给付、返还或者赔偿义务，先予执行的财产为申请人生产、生活所急需，不先予执行会造成更大损失的情况下，才能采取先予执行的措施。人民法院采取先予执行措施后，申请先予执行的当事人申请撤诉的，人民法院应当及时通知对方当事人、第三人或有关的案外人。在接到通知至准予撤诉的裁定送达前，对方当事人、第三人及有关的案外人，对撤诉提出异议的，应当裁定驳回撤诉申请。受诉人民法院院长或者上级人民法院发现采取财产保全或者先予执行措施确有错误的，应当按照审判监督程序立即纠正。申请错误造成被申请人损失的，由申请人予以赔偿；因人民法院依职权采取保全措施错误造成损失的，由人民法院依法予以赔偿。

第十部分　非讼程序案件案由

2011 年《民事案件案由规定》第十部分为适用特殊程序案件案由，一部分包括适用《民事诉讼法》规定的特别程序、督促程序、公示催告程序等程序而审理的案件，以区别于一、二审诉讼程序；还有一部分是《专利法》《商标法》《著作权法》规定的诉前停止侵权案件及诉前证据保全案件，以及《仲裁法》《海商法》中有关国际公约及司法协助协定形成的特殊类型案件；还包括特殊的诉讼程序执行异议之诉案件。此次修正在 2011 年基础上，将第十部分“适用特殊程序案件案由”拆分为第十部分“非讼程序案件案由”和第十一部分“特殊诉讼程序案件案由”。其中，第十一部分“特殊诉讼程序案件案由”包括四类第二级案由，即“五十一、与宣告失踪、宣告死亡案件有关的纠纷”“五十二、公益诉讼”“五十三、第三人撤销之诉”“五十四、执行程序中的异议之诉”。

对于第十部分“非讼程序案件案由”，基本沿袭了 2011 年《民事案件案由规定》第十部分“适用特殊程序案件案由”中的大部分第二级案由，包括“三十二、选民资格案件”“三十三、宣告失踪、宣告死亡案件”“三十四、认定自然人无民事行为能力、限制民事行为能力案件”“三十五、指定遗产管理人案件”“三十六、认定财产无主案件”“三十七、确认调解协议案件”“三十八、实现担保物权案件”“三十九、监护权特别程序案件”“四十、督促程序案件”“四十一、公示催告程序案件”“四十二、公司清算案件”“四十三、破产程序案件”“四十四、申请诉前停止侵害知识产权案件”“四十五、申请保全案件”“四十六、申请人身安全保护令案件”“四十七、申请人格权侵害禁令案件”“四十八、仲裁程序案件”“四十九、海事诉讼特别程序案件”“五十、申请承认与执行法院判决、仲裁裁决案件”等十三个第二级案由。与2011年《民事案件案由规定》相比，增加了“三十五、指定遗产管理人案件”“三十七、确认调解协议案件”“三十八、实现担保物权案件”“四十二、公司清算案件”“四十三、破产程序案件”“四十六、申请人身安全保护令案件”“四十七、申请人格权侵害禁令案件”七个第二级案由。

在第三级案由方面，2020年《民事案件案由规定》第十部分主要做了如下修改：在第二级案由“三十二、宣告失踪、宣告死亡案件”项下：变更“372. 申请宣告公民失踪”为“397. 申请宣告自然人失踪”，变更“373. 申请撤销宣告失踪”为“398. 申请撤销宣告失踪判决”，变更“375. 失踪人债务支付纠纷”为新增加的第二级案由“五十一、与宣告失踪、宣告死亡案件有关的纠纷”项下的第三级案由“464. 失踪人债务支付纠纷”，变更“376. 申请宣告公民死亡”为“400. 申请宣告自然人死亡”，变更“377. 申请撤销宣告公民死亡”为“401. 申请撤销宣告自然人死亡判决”，变更“378. 被撤销死亡宣告人请求返还财产纠纷”为新增加的第二级案由“五十一、与宣告失踪、宣告死亡案件有关的纠纷”项下的第三级案由“465. 被撤销死亡宣告人请求返还财产纠纷”。

在新变更的第二级案由“三十四、认定自然人无民事行为能力、限制民事行为能力案件”项下：变更“379. 申请宣告公民无民事行为能力”为“402. 申请宣告自然人无民事行为能力”，变更“380. 申请宣告公民限制民事行为能力”为“403. 申请宣告自然人限制民事行为能力”，变更“381. 申请宣告公民恢复限制民事行为能力”为“404. 申请宣告自然人恢复限制民事行为能力”，变更“382. 申请宣告公民恢复完全民事行为能力”为“405. 申请宣告自然人恢复完全民事行为能力”。

第十部分“非讼程序案件案由”主要是《民事诉讼法》上的第15章规定的“特别程序”。特别程序，是指人民法院审理某些非民事权益争议案件所适用的特殊审判程序。它不同于审判一般案件的普通程序和简易程序，具有自己的特殊性和独立性，是我国民事诉讼审判程序的重要组成部分。对特别程序案件而言，人民法院审理的对象不是解决双方当事人之间的民事权利义务争议，而是确认某种法律事实是否存在，确认某种权利的实际状态。人民法院适用特别程序审理案件时，首先应适用该章的特别规定，如实行一审终审、原则上独任审判的审限为30日等。如果该章未规定的，则适用《民事诉讼法》其他章节的相关规定或者其他法律的有关规定，例如，送达、公告等适用《民事诉讼法》关于送达、公告的规定；又如在确认调解协议案件中，该章没有规定的，则应适用《人民调解法》的相关规定。“非讼程序案件案由”的特点往往由利害关系人提出申请而不是通过起诉来启动；这些案件的审理不适用《民事诉讼法》规定的普通程序或者简易程序，案件的裁决不得上诉。当事人认为有错误可以申请撤销，有的案件可以申请复议。所以《民事案件案由规定》将这些适用非讼程序形成的案件合并为独立的一部分，作为第一级案由。

三十二、选民资格案件

项下所列一个三级案由即申请确定选民资格。根据《民事诉讼法》第181条规定，选民资格案件是指公民对选举委员会公布的选民资格名单有不同意见，向选举委员会申诉后，对选举委员会就申诉所作的决定不服，而向人民法院提起诉讼的案件。

396. 申请确定选民资格

【释义】

申请确定选民资格案件是指公民对选举委员会确定的选民资格名单有不同意见时，经向选举委员会申诉后，仍不服选举委员会所作出的处理决定，依法向人民法院起诉的案件。

选举权和被选举权是我国公民享有的重要政治权利，根据《宪法》和《选举法》的有关规定，年满18周岁的我国公民一般都享有选举权与被选举权。未满18周岁的公民和依法被剥夺政治权利的人没有选举权。选民资格名单是确定选民资格的重要依据，列入选民名单的公民，有权参加选举。由于社会人口流动大、公民年龄和政治权利的变化等多种原因，选民资格名单有可能出现错误，为保障应当列入选举名单的公民合法权利、方便其他公民指出选举名单中的错误，我国法律明确了向人民法院申请确定选民资格的程序。根据《选举法》的规定，经登记确认的选民资格长期有效，但每次选举前都要对选区内的选民进行重新登记，对上次选民登记以后新满18周岁的、被剥夺政治权利期满后恢复政治权利的选民，予以登记；对选民经登记后迁出原选区的，列入新迁入的选区的选民名单；对死亡的和依照法律被剥夺政治权利的人，从选民名单上除名。对精神病患者不能行使选举权利的，经选举委员会确认，不列入选民名单。选民资格确定后，对于公布的选民名单有不同意见的，可以在选民名单公布之日起5日内向选举委员会提出申诉。选举委员会对申诉意见，应在3日内作出处理决定。申诉人如果对处理决定不服，可以在选举日的5日以前向人民法院起诉，人民法院应在选举日以前作出判决。人民法院的判决为最后决定。

人民法院审理选民资格案件，通过对公民提出的申请进行审查，查明事实，审查选举委员会对公民的申诉所作出的决定是否正确、合法，并以判决的形式予以确认。

【管辖】

根据《民事诉讼法》第181条的规定，公民不服选举委员会对选民资格的申诉所作的处理决定，可以在选举日的5日以前向选区所在地基层人民法院起诉。

【法律适用】

处理申请确定选民资格案件的法律依据主要是《选举法》第27～29条的规定以及《民事诉讼法》特别程序的规定。

【确定该案由应当注意的问题】

我国《选举法》规定的是各级人民代表大会的选举，适用选民资格案件诉讼程序的是适用直接选举的县乡两级人大代表选举。如果村民对村民选举委员会公布的“登记参加选举的村民名单”有异议，村民选举委员会对村民的申诉作出处理决定后，村民能否依照选民资格案件程序向人民法院申请确认呢？村民委员会是村民自我管理、自我教育、自我服务的基层群众性自治组织，村民委员会的选举，由村民选举委员会主持。《村民委员会组织法》也没有规定村民对村民委员会公布的选举村民委员会选民名单持有异议的可以向人民法院起诉，故该类案件不属于人民法院受理的选民资格案件范围。审理确定选民资格案件，应当注意以下几点：首先，提起诉讼的人可以是与选民资格名单有直接利害关系的公民，也可以是与选民资格名单无直接利害关系的公民。任何有诉讼行为能力的公民，只要认为公布的选民资格名单存有错误，都有起诉的权利。其次，起诉前必须先向选举委员会申诉，由选举委员会先行处理，对选举委员会作出的处理决定不服，才可以向人民法院起诉。再次，起诉应当在选举日的5日前向人民法院提出，人民法院应当在选举日以前作出判决。这是保证人民法院可以及时在选举日前将案件审理结束，保证选举的正常进行。最后，审理本类案件必须采用合议制，且只能由审判员组成合议庭审理。

三十三、宣告失踪、宣告死亡案件

项下所列第三级案由均是由宣告失踪和宣告死亡法律制度派生的相关案件案由。宣告失踪，是自然人离开自己的住所下落不明达到法定期限，经过该自然人的利害关系人申请，人民法院依照法定程序宣告其为失踪人的民事主体制度。宣告死亡是自然人离开住所或者最后居所而生死不明，达到法定期间，经利害关系人申请，由法院推定其死亡，宣告结束自然人以生前住所为中心的民事法律关系的制度。宣告失踪、宣告死亡案件项下所列案由包括：397. 申请宣告自然人失踪；398. 申请撤销宣告失踪判决；399. 申请为失踪人财产指定、变更代管人；400. 申请宣告自然人死亡；401. 申请撤销宣告自然人死亡判决。

397. 申请宣告自然人失踪

【释义】

申请宣告自然人失踪是指自然人离开自己的住所下落不明，经过法律规定的期限仍无音讯，利害关系人申请人民法院宣告该自然人为失踪人。法律设立宣告自然人失踪制度的重要意义在于自然人失踪以后，其财产无人管理，难免会造成毁损、流失或者被他人侵犯，法院宣告自然人失踪以后即可指定财产代管人，以保护失踪人的合法权益。宣告自然人失踪的，同时指定财产代管人依法清理与失踪人有关的债权债务，保护自然人因失踪而与之有利害关系人的合法权益。

【管辖】

根据《民事诉讼法》第183条的规定，公民下落不明满2年，利害关系人申请宣告其失踪的，向下落不明人住所地基层人民法院提出。对于发生特大自然灾害的，如灾区行使管辖权确有困难的，上级人民法院也可以指定其他基层人民法院受理申请。例如，《最高人民法院关于依法做好抗震救灾和恢复重建期间审判工作切实维护灾区社会稳定的通知》第8条规定："对于因地震中下落不明申请宣告失踪、宣告死亡案件，人民法院要依法积极受理，以便尽快明确身份关系和财产关系。由于玉树地区的基层人民法院受到地震严重破坏，如果行使管辖权确有困难，上级人民法院可以依照民事诉讼法第三十七条第一款的规定，指定其他基层人民法院管辖。"

【法律适用】

处理申请宣告自然人失踪案件的法律依据主要是《民法典》第2章"自然人"中第3节"宣告失踪和宣告死亡"的相关规定，《民事诉讼法》第15章"特别程序"中第3节"宣告失踪、宣告死亡案件"的相关规定，《民事诉讼法解释》"十七、特别程序"中关于宣告自然人失踪的规定。

【确定该案由应当注意的问题】

根据《民法典》第40条的规定，申请宣告自然人失踪，应当满足以下几个条件：(1)必须有自然人下落不明满两年的事实。所谓下落不明，是指自然人离开最后居所和住所后没有音讯的状况，这种状况须是持续、不间断地存在。也就是说，从自然人音讯消失起开始计算，持续地、不间断地经过两年时间。(2)必须由利害关系人向人民法院提出申请。《民法典》对利害关系人的范围没有规定，但《全国法院贯彻实施民法典工作会议纪要》继续保留了《最高人民法院关于贯彻执行〈中华人民共和国民法通则〉若干问题的意见（试行）》第24条的规定："申请宣告失踪的利害关系人，包括被申请宣告失踪人的配偶、父母、子女、兄弟姐妹、祖父母、外祖父母、孙子女、外孙子女以及其他与被申请人有民事权利义务关系的人。”该意见已经废止，《民法典》第47条规定，对同一自然人，有的利害关系人申请宣告死亡，有的利害关系人申请宣告失踪，符合本法规定的宣告死亡条件的，人民法院应当宣告死亡。《民事诉讼法解释》第346条规定，符合法律规定的多个利害关系人提出宣告失踪、宣告死亡申请的，列为共同申请人。从该两条规定可以看出，对于宣告死亡没有顺序差别。另外，《全国法院贯彻实施民法典工作会议纪要》第6条还规定宣告失踪不是宣告死亡的必经程序。(3) 审理申请宣告自然人失踪的法院是失踪人的住所或最后居住地的基层人民法院。同时，人民法院发出的公告期按照《民事诉讼法》第185条的规定为3个月。

关于宣告失踪和宣告死亡的关系，《全国法院贯彻实施民法典工作会议纪要》第1条规定，宣告失踪不是宣告死亡的必经程序，利害关系人可以不经申请宣告失踪而直接申请宣告死亡。但是，为了确保各方当事人权益的平衡保护，对于配偶、父母、子女以外的其他利害关系人申请宣告死亡，人民法院审查后认为申请人通过申请宣告失踪足以保护其权利，其申请宣告死亡违背《民法典》第132条关于不得滥用民事权利的规定的，不予支持。

398. 申请撤销宣告失踪判决

【释义】

申请撤销宣告失踪判决是指被宣告失踪的人重新出现或他人确知失踪人的下落的，本人或利害关系人向人民法院申请撤销对宣告失踪人的判决，以恢复该公民失踪前的事实状态和法律状态。

【管辖】

《民法典》《民事诉讼法》并没有明确申请撤销宣告失踪的管辖法院。根据《民事诉讼法》的规定，被宣告失踪的公民重新出现的，经本人或者利害关系人的申请，人民法院应当作出新判决、撤销原判决。这里的“人民法院”应当是指作出宣告失踪判决的人民法院。失踪人重新出现，则构成裁判基础的事实在裁判作出后发生了改变，由于原审法院对裁判相对更加熟悉，基于程序迅速、经济便利的考量，所以上述情形出现时由原审法院进行变更更符合非讼程序的设立目的。因此，申请撤销宣告失踪的案件应当由作出宣告失踪判决的人民法院管辖。

【法律适用】

处理申请撤销宣告失踪案件的法律依据主要是《民法典》第2章自然人中第3节宣告失踪和宣告死亡的相关规定、《民事诉讼法》第15章第3节宣告失踪、宣告死亡案件的相关规定。

【确定该案由应当注意的问题】

人民法院作出的宣告自然人失踪的判决，只是一种法律上的推定，并不能排除失踪人重新出现的可能。法律对申请宣告失踪作出了规定，对撤销宣告失踪也作出了规定，因此，将申请撤销宣告失踪列为第三级案由。在判决宣告自然人失踪后，如果经该公民或者利害关系人申请，人民法院在查证属实后，应当作出新判决，撤销原判决。与撤销宣告失踪有密切联系的失踪人的财产代管人的代管职责也相应消灭。因此，原宣告失踪的判决撤销后，失踪人的财产代管人的代管职责终止，财产代管人应当将代管的财产及其收益返还给重新出现的失踪人，代管人因代管而支出的必要费用，有权要求失踪人偿付。

399. 申请为失踪人财产指定、变更代管人

【释义】

申请为失踪人财产指定代管人是指人民法院作出宣告失踪的判决后，失踪人的财产应由其配偶、成年子女、父母或者其他愿意担任财产代管人的人代管。对财产代管人发生争议的，没有前款规定的人，或者前款规定的人无代管能力的，由人民法院指定的人代管。

申请为失踪人财产变更代管人是指人民法院判决指定失踪人财产代管人后，代管人认为有正当理由的，如无力履行代管职责或者利害关系人认为失踪人的财产代管人不履行代管职责，侵害失踪人的财产权益的或者丧失代管能力的，失踪人的利害关系人可以申请人民法院变更财产代管人。

宣告失踪是司法机关依法将下落不明的事实面向社会公开告示，目的之一，是使失踪人的财产不致因无人管理而受损失；目的之二，是保证与失踪人有财产关系的利害关系人的财产利益受到保护，可以说宣告失踪制度保护的是失踪人的财产关系。也因此为宣告失踪人设立了财产代管人制度。《民事案件案由规定》将申请为失踪人财产指定、变更代管人列为第三级案由。对于失踪人的财产，《民法典》第42条规定由失踪人的配偶、成年子女、父母或者关系密切的其他愿意担任财产代管人的人代管。对于代管有争议或者没有上述规定的人作为代管人或规定的人无能力代管的，可以申请由人民法院指定失踪人的财产代管人。人民法院指定代管人的标准应当以有利于保护失踪人的财产为原则。就失踪人财产代管人的地位而言，其应当具有与法定代理人同等的法律地位，即财产代管人有权依其代管权，对失踪人财产的全部或者一部分进行管理。如果代管人认为自己不适宜做财产代

管人，或者失踪人的其他利害关系人认为代管人不履行代管职责或不能履行代管职责的，可以申请变更代管人。

【管辖】

《民事诉讼法解释》第 343 条规定："宣告失踪或者宣告死亡案件，人民法院可以根据申请人的请求，清理下落不明人的财产，并指定案件审理期间的财产管理人。公告期满后，人民法院判决宣告失踪的，应当同时依照民法典第四十二条的规定指定失踪人的财产代管人。"因此，对于指定失踪人的财产代管人的，应该由作出宣告失踪判决的法院管辖。

对于代管有争议，没有《民法典》第42条第1款规定的人，或者前款规定的人无代管能力的，人民法院指定代管人的情形，也应当由作出宣告失踪裁决的法院管辖，也就是下落不明的人住所地人民法院管辖。

申请为失踪人财产变更代管人案件的管辖问题应当根据不同的申请人确定不同的管辖法院。根据《民事诉讼法解释》第 344 条的规定，失踪人的财产代管人经人民法院指定后，代管人申请变更代管的，比照《民事诉讼法》特别程序的有关规定进行审理。申请理由成立的，裁定撤销申请人的代管人身份，同时另行指定财产代管人；申请理由不成立的，裁定驳回申请。

【法律适用】

处理申请为失踪人财产指定、变更代管人案件的法律依据主要是《民法典》第 2 章自然人中第 3 节宣告失踪和宣告死亡的相关规定，《民事诉讼法》第 15 章第 3 节宣告失踪、宣告死亡案件的相关规定，《民事诉讼法解释》第 343 条、第 344 条的相关规定。

【确定该案由应当注意的问题】

根据《民事诉讼法解释》第344条的规定，对于不同主体提出变更代管人的，应该适用不同的审理程序。代管人申请变更代管的，比照《民事诉讼法》特别程序的有关规定进行审理。申请有理的，裁定撤销申请人的代管人身份，同时另行指定财产代管人；申请无理的，裁定驳回申请。对于失踪人的其他利害关系人申请变更财产代管人的，人民法院应告知其以原指定的财产代管人为被告起诉，并按普通程序审理。

400. 申请宣告自然人死亡

【释义】

申请宣告自然人死亡是指公民离开自己的住所地或者最后居住地，下落不明满法定期限，利害关系人向人民法院申请宣告该公民死亡。公民的死亡分为两种情况：一种是自然死亡；另一种是法律上的推定死亡。宣告自然人死亡是法律上的推定死亡，且产生与自然人自然死亡同样的法律后果。法律推定自然人死亡的目的在于结束公民长期下落不明产生的民事法律关系不稳定状态，依法保护利害关系人的合法权益，维护正常的社会生活秩序。《民法典》第46条规定，自然人有下列情形之一的，利害关系人可以向人民法院申请宣告该自然人死亡：(1) 下落不明满4年；(2) 因意外事件，下落不明满2年。因意外下落不明经有关机关证明该自然人不可能生存的，申请宣告死亡不受2年时间的限制。

【管辖】

根据《民事诉讼法》第 184 条第 1 款的规定，公民下落不明满 4 年，或者因意外事故下落不明满 2 年，或者因意外事故下落不明，经有关机关证明该公民不可能生存，利害关系人申请宣告其死亡的，向下落不明人所在地基层人民法院提出。对于发生特大自然灾害的，如灾区行使管辖权确有困难的，上级人民法院也可以指定其他基层人民法院受理申请。例如，《最高人民法院关于依法做好抗震救灾和恢复重建期间审判工作切实维护灾区社会稳定的通知》第 8 条规定："对于因地震中下落不明申请宣告失踪、宣告死亡案件，人民法院要依法积极受理，以便尽快明确身份关系和财产关系。由于玉树地区的基层人民法院受到地震严重破坏，如果行使管辖权确有困难，上级人民法院可以依照民事诉讼法第三十七条第一款的规定，指定其他基层人民法院管辖。"

【法律适用】

处理申请宣告自然人死亡案件的法律依据主要是《民法典》第 46 条至第 53 条、《民事诉讼法》第 184 条至第 186 条以及《民事诉讼法解释》第 343 条、第 346 条、第 347 条、第 348 条的规定。

【确定该案由应当注意的问题】

宣告死亡制度是民法上的一项重要法律制度，因此，将申请宣告自然人死亡列为第三级案由。宣告死亡制度就是为彻底结束长期失踪者遗留下来的某些重要法律关系悬而未决的状态。根据《民法典》《民事诉讼法》的规定，申请宣告自然人死亡必须符合以下条件：(1) 自然人失踪的事实。申请宣告死亡的，在通常情况下，自然人下落不明必须满4年；因意外事件下落不明的，自然人下落不明的时限为2年。因意外事件下落不明，经有关机关证明该自然人不可能生存，利害关系人申请宣告其死亡的，则申请人申请死亡宣告不受2年时限的限制。(2) 申请宣告自然人死亡必须由利害关系人提出申请。(3) 要向下落不明人住所地基层人民法院提出申请，申请时应当附有公安机关或者其他机关关于该公民下落不明的书面证明。申请宣告自然人死亡案件适用《民事诉讼法》特别程序，法院一经判决，立即生效，不得上诉。

关于宣告自然人死亡的利害关系人的范围问题。《民通意见》第24条曾规定，申请宣告失踪的利害关系人，包括被申请宣告失踪人的配偶、父母、子女、兄弟姐妹、祖父母、外祖父母、孙子女、外孙子女以及其他与被申请人有民事权利义务关系的人。《全国法院贯彻实施民法典工作会议纪要》基本沿袭了《民通意见》第24条的规定，明确："申请宣告失踪或宣告死亡的利害关系人，包括被申请宣告失踪或宣告死亡人的配偶、父母、子女、兄弟姐妹、祖父母、外祖父母、孙子女、外孙子女以及其他与被申请人有民事权利义务关系的民事主体。"只是将"有民事权利义务关系的人"修改为"有民事权利义务关系的民事主体"

关于宣告死亡的利害关系人顺序，《民通意见》第25条规定，申请宣告死亡的利害关系人的顺序是：(1) 配偶；(2) 父母、子女；(3) 兄弟姐妹、祖父母、外祖父母、孙子女、外孙子女；(4) 其他有民事权利义务关系的人。申请撤销死亡宣告不受上列顺序限制。《全国法院贯彻实施民法典工作会议纪要》对《民通意见》第25条作了实质性修改，不再规定申请宣告死亡的利害关系人的顺序。但是为了平衡各方当事人的利益，防止取消申请宣告死亡的利害关系人顺序后又走向另一个极端，对利害关系对申请宣告死亡作了必要限制，引入《民法典》第132条关于不得滥用民事权利的规定精神，吸纳前述第三种意见的精神，明确配偶、父母、子女以外的其他利害关系人通过申请宣告失踪足以保护其权利，却申请宣告死亡的，人民法院不予支持。这是因为宣告死亡对于当事人利益尤其是配偶的身份权影响巨大，而且宣告死亡适用特别程序审理，实行一审终审，受影响的当事人无上诉的救济机会。

401. 申请撤销宣告自然人死亡判决

【释义】

申请撤销宣告自然人死亡是指被宣告死亡的人重新出现或他人确知其生存的，本人或利害关系人向人民法院申请，撤销宣告自然人死亡的判决，恢复被宣告死亡人的权利。人民法院判决宣告被申请人死亡的，仅仅是法律上的一种推定死亡，并非公民的自然死亡，人民法院根据申请，查明被宣告死亡的人确实重新出现或确实生存的，应当作出撤销宣告自然人死亡的判决。人民法院审理申请撤销宣告自然人死亡案件适用《民事诉讼法》特别程序，判决一经成立，立即生效，当事人不得上诉。2020 年《民事案件案由规定》将“申请撤销宣告公民死亡”修改为“申请撤销宣告自然人死亡判决”。

【管辖】

根据《民事诉讼法》的规定，被宣告死亡的公民重新出现的，经本人或者利害关系人的申请，人民法院应当作出新判决、撤销原判决。这里的“人民法院”应当是指作出宣告死亡判决的人民法院。因此，申请撤销宣告死亡案件应当由作出宣告死亡判决的人民法院管辖。

【法律适用】

处理申请撤销宣告自然人死亡案件的法律依据主要是《民法典》

第49条、第50条以及《民事诉讼法》第186条的规定。

【确定该案由应当注意的问题】

申请撤销宣告自然人死亡是第三级案由。撤销宣告死亡制度，在于保护受到不真实死亡宣告的人及其亲属的利益，同时兼顾善意相对人的信赖利益。宣告自然人死亡的判决被撤销后，根据《民法典》第53条的规定，被撤销死亡宣告的人有权请求本法第6编取得其财产的民事主体返还财产；无法返还的，应当给予适当赔偿。利害关系人隐瞒真实情况，致使他人被宣告死亡而取得其财产的，除应当返还财产外，还应当对由此造成的损失承担赔偿责任。需要注意的是，对于起诉要求返还财产的，本次修正已经将“378. 被撤销死亡宣告人请求返还财产纠纷”改为新增加的第二级案由“五十一、与宣告失踪、宣告死亡案件有关的纠纷”项下的第三级案由“465. 被撤销死亡宣告人请求返还财产纠纷”。

三十四、认定自然人无民事行为能力、限制民事行为能力案件

项下所列4个第三级案由均为涉及自然人民事行为能力的案件案由。分别为：402. 申请宣告自然人无民事行为能力；403. 申请宣告自然人限制民事行为能力；404. 申请宣告自然人恢复限制民事行为能力；405. 申请宣告自然人恢复完全民事行为能力。

认定自然人无民事行为能力、限制民事行为能力案件主要针对的是不能辨认或者不能完全辨认自己行为的成年人。将不能辨认或者不能完全辨认自己行为的成年人，认定为无民事行为能力人或者限制民事行为能力人，一是对该成年人就可以依法法定程序选任监护人，保护其人身权益、财产权益及其他合法权益。二是法定代理人可以通过主张该成年人所实施的法律行为无效，或者撤销该民事法律行为，避

免该成年人的权益受到损害。三是有利于保护交易安全，交易相对人可以事先决定是否与该成年人进行交易。

402. 申请宣告自然人无民事行为能力

【释义】

申请宣告自然人无民事行为能力是指申请人依据一定的事实证据，请求人民法院宣告特定自然人为无民事行为能力人。

自然人的民事行为能力是自然人能以自己的行为取得民事权利、承担民事义务的资格。我国将自然人的民事行为能力分为三类：完全民事行为能力、限制民事行为能力和无民事行为能力。无民事行为能力是指自然人不具有以自己的行为取得民事权利和承担民事义务的能力。《民法典》第20条和第21条第1款分别规定了不满8周岁的未成年人和不能辨认自己行为的精神病人是无民事行为能力人。对于未成年人，年龄是取得民事行为能力与否的标志，因此，无民事行为能力的未成年人不用宣告公示。但判断不能完全辨认自己行为的成年人是否属于限制民事行为能力人就比较复杂，需要人民法院根据司法精神病学鉴定或者参照医院所作出的诊断、鉴定结论宣告其为无民事行为能力人。人民法院通过法定程序在法律上认定和宣告无民事行为能力人，并为其设置监护人，代理他们进行民事活动，对保护公民的合法权益，保障民事行为的正常进行，具有重要意义。《民事案件案由规定》将“申请宣告公民无民事行为能力”修改为“申请宣告自然人无民事行为能力”。

【管辖】

根据《民事诉讼法》第187条的规定，申请宣告自然人无民事行为能力的，由被申请人住所地基层人民法院管辖。

【法律适用】

处理申请宣告自然人无民事行为能力案件的法律依据主要是《民法典》第21条、第24条，《民事诉讼法》第187条至第190条，《民事诉讼法解释》第352条。

【确定该案由应当注意的问题】

民事行为能力是民事主体能够以自己的行为参与民事活动并得到法律认可的前提。在司法实践中，各种民事案件如离婚、遗嘱、赠与、合同等，都可能存在民事行为能力的认定问题。因此，将申请宣告自然人无民事行为能力列为第三级案由。实践中，申请宣告自然人无民事行为能力有两种情况：一种是利害关系人单独向人民法院申请宣告自然人无民事行为能力，法院根据《民事诉讼法》的特别程序审理；另一种是在诉讼过程中，当事人及利害关系人提出一方当事人为无民事行为能力，人民法院认为有必要对其行为能力予以确认的，应按照《民事诉讼法》特别程序处理，先作出当事人有无民事行为能力的判决，原诉讼中止。诉讼中人民法院对民事行为能力认定判决与原诉讼应是两个不同的诉，分属于不同的民事案件案由。根据《民法典》第24条第2款的规定，被人民法院认定为无民事行为能力人或者限制民事行为能力的，经本人、利害关系人或者有关组织申请，人民法院可以根据其智力、精神健康恢复的状况，认定该成年人恢复为限制民事行为能力人或者完全民事行为能力人。对于认定自然人为无民事行为能力人的，只能是利害关系人和有关组织申请。对于有关组织的范围，《民法典》第24条第3款明确，本条规定的有关组织包括：居民委员会、村民委员会、学校、医疗机构、妇女联合会、残疾联合会、依法设立的老年人组织、民政部门等。

403. 申请宣告自然人限制民事行为能力

【释义】

申请宣告自然人限制民事行为能力是指申请人根据一定的事实和理由，向人民法院申请特定人为限制民事行为能力人。

限制民事行为能力又称不完全民事行为能力，是指自然人在一定范围内具有民事行为能力，超出一定范围便不具有相应的民事行为能力。限制民事行为能力人只能进行与其年龄、智力、精神健康状况相适应的民事法律行为，其他比较复杂或重大的民事法律行为就必须由其法定代理人代理或者征求其法定代理人的同意后进行。《民法典》规定了 8 周岁以上的未成年人和不能完全辨认自己行为的成年人是限制民事行为能力人。根据《民法典》第 24 条的规定，不能辨认或者不能完全辨认自己行为的成年人，其利害关系人或者有关组织，可以向人民法院申请认定该成年人为无民事行为能力人或者限制民事行为能力人。根据《民法典》第 19 条的规定，限制民事行为能力人实施民事法律行为由其法定代理人代理或者经其法定代理人同意、追认。与已满 8 周岁以上的未成年人一样，其可以独立实施纯获利益的民事法律行为或者与其智力、精神健康状况相适应的民事法律行为。申请宣告自然人限制民事行为能力与申请宣告自然人无民事行为能力一样，其设立的理念是对这一群体的利益保护，使其免受因认识、判断能力欠缺而造成的伤害。2020 年《民事案件案由规定》将“申请宣告公民限制民事行为能力”修改为“申请宣告自然人限制民事行为能力”。

【管辖】

根据《民事诉讼法》第 187 条的规定，申请认定公民限制民事行为能力，由其近亲属或者其他利害关系人向该公民住所地基层人民法院提出。

【法律适用】

处理申请宣告自然人限制民事行为能力案件的法律依据主要是《民法典》第 22 条至第 24 条，《民事诉讼法》第 187 条至第 190 条，《民事诉讼法解释》第 349 条。

【确定该案由应当注意的问题】

本案由为第三级案由。宣告自然人限制民事行为能力是一种公示方法，设立这一制度的价值就在于避免他人误解，在诉讼时，也可免除举证的麻烦。我国立法上规定了两种限制民事行为能力人，即年满 8 周岁不满 18 周岁的未成年人，不能完全辨认自己行为的成年人。需要注意的是，《民法总则》制定时已将“限制民事行为能力人”界定为“不能完全辨认自己行为的成年人”，而不再是“不能完全辨认自己行为的精神病人”，申请人民法院认定的受宣告人必须是不能完全辨认自己行为的成年人，申请人是该限制民事行为能力人的利害关系人或者有关组织。另外，根据《民法典》第 24 条的规定，有关组织包括：居民委员会、村民委员会、学校、医疗机构、妇女联合会、残疾人联合会、依法设立的老年人组织、民政部门等。根据《民事诉讼法》第 189 条的规定，人民法院审理认定公民限制民事行为能力案件，应当由该公民的近亲属为其代理人，但申请人除外。近亲属互相推诿的，由人民法院指定其中一人为代理人。如果该公民健康状况许可的，还应当询问本人的意见。《民法典》第 23 条规定，无民事行为能力人、限制民事行为能力人的监护人是其法定代理人。《民法典》第 28 条规定的监护人的范围包括：配偶；父母、子女；其他近亲属；其他愿意担任监护人的个人或者组织，但是须经被监护人住所地的居民委员会、村民委员会或者民政部门同意。人民法院经审理认定有事实根据的，判决该公民为无民事行为能力人或者限制民事行为能力人；认定申请没有事实根据的，应当判决予以驳回。

404. 申请宣告自然人恢复限制民事行为能力

【释义】

申请宣告自然人恢复限制民事行为能力是指人民法院依法作出宣告自然人为无民事行为能力的判决后，该公民经过治疗，由不能辨认自己的行为转变为不能完全辨认自己行为，造成无民事行为能力的原因部分消灭，本人、利害关系人或者有关组织向人民法院提出申请宣告自然人恢复限制民事行为能力。申请宣告自然人恢复限制民事行为能力是通过法定程序恢复无民事行为能力人为限制民事行为能力人，使其能够参与一定的民事活动。2020 年《民事案件案由规定》将“申请宣告公民恢复限制民事行为能力”修改为“申请宣告自然人恢复限制民事行为能力”。

【管辖】

申请宣告自然人恢复限制民事行为能力案件应由原作出宣告自然人无民事行为能力判决的基层人民法院管辖。

【法律适用】

处理申请宣告自然人恢复限制民事行为能力案件的法律依据主要是《民法典》第 24 条第 2 款、《民事诉讼法》第 187 条至第 190 条的规定。

【确定该案由应当注意的问题】

本案由为第三级案由。自然人的民事行为能力与民事行为的效力密切相连，依据《民法典》的规定，不能辨认自己行为的成年人为无民事行为能力人，由其法定代理人代理实施民事法律行为。根据精神健康恢复情况，宣告为无民事行为能力恢复为限制行为能力的，应当通过法律程序予以宣示，撤销原判决。申请宣告自然人恢复限制民事行为能力的，必须满足以下几个条件：(1) 申请宣告自然人恢复限制民事行为能力需要通过医学鉴定予以确认。因此，人民法院在受理申请宣告自然人恢复限制民事行为能力后，要对被申请人进行医学鉴定。申请人提供鉴定结论的，人民法院应当对鉴定结论进行审查。(2) 如果本人可以提出申请的，由本人提出，如果本人不能提出的，由利害关系人或者有关组织提出。(3) 申请恢复限制民事行为能力的，由原作出宣告自然人无民事行为能力判决的基层人民法院管辖。人民法院经过审理，查明确认被申请人确实由无民事行为能力人恢复为限制民事行为能力人的，应当作出判决宣告自然人恢复限制民事行为能力。如果不能认定的，应当判决驳回申请。一经判决，立即生效，不准上诉。

405. 申请宣告自然人恢复完全民事行为能力

【释义】

申请宣告自然人恢复完全民事行为能力是指人民法院依法作出宣告自然人为无民事行为能力人或限制民事行为能力人的判决后，如果造成该自然人无民事行为能力或限制民事行为能力的原因已经消除的，其本人或者其他利害关系人可以申请人民法院宣告该公民恢复为完全民事行为能力人。人民法院根据本人或利害关系人的申请，经查证属实的，应当作出新判决，撤销原判决。2020 年《民事案件案由规定》将“申请宣告公民恢复完全民事行为能力”修改为“申请宣告自然人恢复完全民事行为能力”。

【管辖】

申请宣告自然人恢复完全民事行为能力案件应由原作出宣告自然人无民事行为能力或限制民事行为能力判决的基层人民法院管辖。

【法律适用】

处理申请宣告自然人恢复完全民事行为能力案件的法律依据主要是《民法典》第 24 条第 2 款、《民事诉讼法》第 187 条至第 190 条以及《民事诉讼法解释》第 349 条。

【确定该案由应当注意的问题】

本案由为第三级案由。人民法院根据申请宣告自然人恢复完全民事行为能力，是对被宣告为无民事行为能力人或者限制民事行为能力人的民事行为能力的完全肯定，确认其享有完全的民事行为能力，可完全以自己的行为参与民事法律活动，享有民事权利并独立承担民事义务。申请宣告自然人恢复完全民事行为能力的申请人可以是本人、利害关系人或者有关组织。申请宣告恢复完全民事行为能力的对象必须是经人民法院宣告的无民事行为能力人或限制民事行为能力人。恢复自然人完全民事行为能力对被申请人及与之生活相关的人意义重大，因此，人民法院审查要有事实依据，应当根据医学鉴定等科学依据综合判断被申请人是否恢复为完全民事行为能力人。对于宣告自然人恢复完全民事行为能力的，人民法院在作出新判决的同时还要撤销原判决。判决一经宣告，立即发生法律效力，不得上诉。

三十五、指定遗产管理人案件

《民法典》规定了遗产管理人制度，包括第1145条遗产管理人选任制度和指定遗产管理人的制度。遗产管理人是在继承开始后遗产分割前，负责处理涉及遗产有关事务的人。根据《民法典》第1145条规定，继承开始后，遗嘱执行人为遗产管理人；没有遗嘱执行人的，继承人应当及时推选遗产管理人；继承人未推选的，由继承人共同担任遗产管理人；没有继承人或者继承人均放弃继承的，由被继承人生前住所地的民政部门或者村民委员会担任遗产管理人。第1145条规定了遗产管理人选任的规则，如果执行人、继承人之间就遗嘱管理事务达成一致，按照法律规定的顺序选任遗产管理人。但是，遗产管理涉及很多人的利益，如果因选任遗产管理人产生争议，如何确定遗产管理人的问题，《民法典》第1146条就规定，对遗产管理人的确定有争议的，利害关系人可以向人民法院申请指定申请遗产管理人。因此，2020年《民事案件案由规定》根据《民法典》第1146条规定，新增了“指定遗产管理人案件”第二级案由，并增加“406. 申请指定遗产管理人”为第三级案由。

406. 申请指定遗产管理人

【释义】

申请指定遗产管理人是利害关系人对遗产管理人的确定有争议时，向人民法院提出申请由人民法院指定遗产管理人的制度。

申请指定遗产管理人是《民法典》实施后确立的一项新制度。遗产管理，是指在继承开始后遗产交付前，有关主体依据法律规定或有关机关的指定，以维护遗产价值和遗产权利人合法利益为宗旨，对被继承人的遗产实施管理、清算。遗产管理人，是指对死者遗产进行妥善保存和管理分配的人。申请指定遗产管理人的启动程序为，对《民法典》第1145条规定选任遗产管理人有争议的，按照《民法典》第1146条由利害关系人向人民法院申请指定遗产管理人。根据《民法典》第1145条、第1146条的规定，遗产管理人的选任范围主要包括：(1)遗嘱执行人为遗产管理人。被继承人在遗嘱中指定了遗嘱执行人，但没有指定遗产管理人的，该遗嘱执行人即为遗产管理人，在遗嘱生效时取得遗产管理人身份。被继承人在遗嘱中明确指定了遗产管理人的，在遗嘱生效时，遗产管理人开始执行职责。如果遗嘱既指定了遗嘱执行人，又指定了遗产管理人的，则遗嘱执行人和遗产管理人各负其责。(2)推选遗产管理人。被继承人没有指定遗嘱执行人的，继承人应当及时推选遗产管理人，以便及时管理遗产。继承人只有一人的，被继承人的遗产直接转化为该继承人的个人财产，其进行的管理就是所有权人的管理，不存在遗产管理人的问题。继承人为多人的，每一个继承人都可以作为遗产管理人。但是，为了更好地进行遗产管理，全体继承人应当及时推选遗产管理人，遗产管理人确定后能够及时进行遗产管理活动。继承人未推选遗产管理人的，由全体继承人共同担任遗产管理人。全体遗产管理人共同管理遗产，按照共同的意思对遗产进行管理。不能取得一致意见的，应当按照多数人的意见进行管理。被继承人没有继承人或者继承人均放弃继承的，由被继承人生前住所地的民政部门或者村民委员会担任遗产管理人，对遗产进行管理。(3)指定遗产管理人。根据《民法典》第1146条的规定，如果利害关系人对遗产管理人的确定有争议的，可以向人民法院申请指定遗产管理人。

【管辖】

《民法典》没有对申请指定遗产管理人的管辖法院作出规定。

我们认为，应以被继承人住所地的基层人民法院管辖为宜，能更好地保护遗产权利人的合法权益，也更方便人民法院指定遗产管理人。

【法律适用】

处理申请指定遗产管理人案件的法律依据是《民法典》第 1145 条至第 1149 条。

【确定该案由应当注意的问题】

关于人民法院指定遗产管理人的范围，目前《民法典》没有规定。但我们认为，应当从维护遗产价值和遗产权利人合法利益角度出发来确定遗产管理人。例如，天津受理的第一例指定遗产管理人案，该案的申请人刘某与徐某系朋友关系，徐某因资金周转困难，向刘某借款 200 万元，到期未还。徐某于 2020 年 4 月 5 日跳楼自杀死亡。刘某以徐某死后无继承人为由，根据《民法典》的规定，以利害关系人身份向河北区人民法院提出申请，要求指定徐某生前住所地的河北区民政局作为徐某的遗产管理人。对于申请人民法院指定遗产管理人的范围，我们认为，可以根据《民法典》第 1145 条、第 1146 条的规定，从遗产执行人、继承人中选任，没有遗产执行人、继承人的，指定被继承人生前住所地的民政部门或者村民委员会担任遗产管理人。

三十六、认定财产无主案件

项下所列 2 个第三级案由为财产所有人归属不明或者财产所有人不存在情形下所涉案件案由。包括：407. 申请认定财产无主和 408. 申请撤销认定财产无主判决。根据《民事诉讼法》第 191 条规定，申请认定财产无主，由公民、法人或者其他组织向财产所在地基层人民法院提出。申请人民法院认定财产无主的，应当向人民法院递交申请书。申请书应当写明财产的种类、数量以及要求认定财产无主的根据。

人民法院受理申请后，经审查核实，应当发出认领公告。公告满1年无人认领的，判决认定财产无主，收归国家或者集体所有。当然，有的财产并非真正无主，而是财产所有人或者继承人因未见到公告没能在人民法院公告期内前来认领。为了保护财产所有人或者继承人的合法利益，法律规定一定期限内可以请求撤销已生效的宣告财产无主的判决。

407. 申请认定财产无主

【释义】

申请认定财产无主是指自然人、法人或者非法人组织向人民法院申请，通过法定程序将某项所有人归属不明或者所有人不存在的财产认定为无主财产，并判决归国家或者集体所有。

财产是指拥有的金钱、物资、房屋、土地等物质财富，以及国家私产、私人财产等具有金钱价值、并受到法律保护的权利的总称。大体上，财产有三种，即动产、不动产和知识产权。无主财产是指所有人不明或者没有所有人的财产，如所有人不明的埋藏物、隐藏物、漂流物、遗失物等以及根据《民法典》无人继承又无人受遗赠的遗产。(1) 遗失物。《民法典》第314条规定，拾得遗失物，应当返还权利人。拾得人应当及时通知权利人领取，或者送交公安等有关部门。对无人认领的拾得物、漂流物或失散的饲养动物，在实践中，一般做法是失主不明的应交给公安机关或有关单位，经公告招领，公告期满无人认领的，收归国家所有。如《民法典》第318条规定，遗失物自发布招领公告之日起一年内无人认领的，归国家所有。(2) 埋藏物、隐藏物。埋藏物是指埋藏于地下的财产；隐藏物，是指隐藏于他物之中的财产。根据《民法典》第319条，拾得漂流物、发现埋藏物或者隐藏物的，参照适用拾得遗失物的有关规定。法律另有规定的，依照其规定。法律禁止任何单位和个人将所有人不明的埋藏物和隐藏物占为己有。公民、法人对于挖掘发现的埋藏物、隐藏物，如果能证明属其所有，而且根据现行法律、政策又可以归其所有的，依法予以保护。(3) 无人继承的财产。《民法典》第1160条规定，无人继承又无人受遗赠的财产，归国家所有，用于公益事业；死者生前是集体所有制组织成员的，归所在集体所有制组织所有。

【管辖】

根据《民事诉讼法》第191条的规定，申请认定财产无主的案件，由财产所在地的基层人民法院管辖。

【法律适用】

处理申请认定财产无主案件的法律依据主要是《民法典》第314条至第319条、第1160条，《民事诉讼法》第191条至第193条，《民事诉讼法解释》第350条的规定。

【确定该案由应当注意的问题】

一般情况下，财产所有人有权对其财产依法占有、使用、收益和处分。但是在特殊情况下，有些财产与其主体脱离，形成无人管理的不稳定状态。设立申请认定财产无主是为结束无主财产无人管理和保护的状态，使社会上的无主财产物尽其用，充分发挥无主财产的经济效益，也防止个别单位或者公民个人非法占有、损害。申请认定财产无主是第三级案由。

有关自然人、法人或者非法人组织申请认定财产无主的，应当向财产所在地的基层人民法院提出申请。人民法院受理认定财产无主申请后，应当进行审查。经审查核实，认为财产有主，申请不成立，判决驳回申请，终结审理；如果一时不能查到财产所有人，又不能马上确定是否有财产所有人，应发出财产认领公告。公告期间为 1 年。如在公告期间，有人对财产提出请求的，人民法院应裁定终结特别程序，告知申请人另行起诉，适用普通程序审理。公告期届满后无人认领的，即判决该财产为无主财产，收归国家或者集体所有。人民法院作出的认定财产无主判决、驳回申请判决和终结特别程序裁定，为终审判决和裁定，一经送达，立即生效，不得上诉。

根据《民事诉讼法解释》第 350 条的规定，认定财产无主案件，公告期间有人对财产提出请求的，人民法院应当裁定终结特别程序，告知申请人另行起诉，适用普通程序审理。

408. 申请撤销认定财产无主判决

【释义】

申请撤销认定财产无主判决是指在人民法院作出认定财产无主的判决后，原财产所有人或者继承人出现，对财产提出诉讼请求，要求撤销认定财产无主判决。认定财产无主是为了及时充分发挥财产效用而作出的一个法律上的拟制。如果被判定的财产并非无主财产，而是财产所有人或者继承人因未见到公告等原因没能在人民法院公告期内前来认领财产，为了保护财产所有人或者继承人的合法利益，法律允许他们在一定期限内要求撤销已生效的宣告财产无主的判决。也就是说，人民法院作出认定财产无主的判决并将财产收归国家或者集体所有之后，如果原财产所有人或者合法继承人出现对财产提出请求的，人民法院不应以公告期满为由驳回申请，而应审查其是否属实。不属实的，驳回申请；属实的，应当作出新判决，撤销原判决。国家或者集体应将财产归还，如果原财产已不存在的，可以返还同类财产，或者按照原财产的实际价值折价返还。

【管辖】

申请撤销认定财产无主案件由作出认定财产无主案件的基层人民法院管辖。

【法律适用】

处理申请撤销认定财产无主案件的法律依据是《民事诉讼法》第193条的规定。

【确定该案由应当注意的问题】

申请撤销认定财产无主是第三级案由。认定无主财产的判决被撤销后，如果原财产还存在的，占有该项财产的单位应当返还；原财产已不存在或者返还财产确有困难的，可以返还同类财产，或者按照原财产的数量和质量的实际价值，予以补偿。关于申请撤销认定财产无主案件，应当根据《民法典》第188条第1款的规定，向人民法院请求保护民事权利的诉讼时效期间为3年。但对于不动产物权和登记的动产物权的权利人请求返还财产的，根据《民法典》第196条的规定，不适用诉讼时效的规定。

三十七、确认调解协议案件

确认调解协议案件是2012年《民事诉讼法》修正时增加的规定。2010年全国人大常委会制定并通过了《人民调解法》。该法规定：经人民调解委员会调解达成调解协议后，双方当事人认为有必要的，可以自调解协议生效之日起30日内共同向人民法院申请司法确认，人民法院应当及时对调解协议进行审查，依法确认调解协议的效力。为配合这一规定的实施，2012 年《民事诉讼法》在特别程序中增加一节“确认调解协议案件”，对确认程序、法院管辖、法律文书形式以及效力等具体事项作出了明确规定。此次民事案件案由修改，新增加了第二级案由“三十七、确认调解协议案件”，并在其项下增加“409. 申请司法确认调解协议”“410. 申请撤销确认调解协议裁定”两个第三级案由。

409. 申请司法确认调解协议

【释义】

申请司法确认调解协议是指对经人民调解委员会调解达成的调解协议，当事人可以在一定期限内共同向有管辖权的人民法院申请司法确认，经人民法院依法确认有效的人民调解协议具有强制执行效力。

一般情况下，当事人的纠纷经调解达成协议时当事人就即时履行完结。但在一些情况下，按照调解协议的约定，当事人应在一定期限内履行约定的义务而不是即时履行完结的，或者事后当事人反悔，不履行调解协议的，为保障协议的履行，当事人可以通过司法确认的方式来赋予调解协议的强制执行力。司法确认程序是对已经生效调解协议的审查，并不是调解协议生效的必经程序。按照《人民调解法》的规定，当事人达成书面调解协议的，调解协议自各方当事人签名、盖章或者按指印，并由人民调解员签名、加盖人民调解委员会印章之日起生效；口头的调解协议自各方当事人达成协议之日起生效。生效的调解协议当然具有法律约束力，而司法确认只是对调解协议的效力进行事后确认，并不影响调解协议的生效。司法确认只是赋予调解协议以强制执行力，经司法确认的调解协议，当事人可以直接申请人民法院强制执行。

【管辖】

《最高人民法院关于人民调解协议司法确认程序的若干规定》第2条规定："当事人申请确认调解协议的，由主持调解的人民调解委员会所在地基层人民法院或者它派出的法庭管辖。人民法院在立案前委派人民调解委员会调解并达成调解协议，当事人申请司法确认的，由委派的人民法院管辖。"根据该条规定，申请调解协议的司法确认，一律由调解组织所在地基层人民法院管辖。根据《民事诉讼法解释》第354条的规定，两个以上调解组织参与调解的，各调解组织所在地基层人民法院均有管辖权。双方当事人可以共同向其中一个调解组织所在地基层人民法院提出申请；双方当事人共同向两个以上调解组织所在地基层人民法院提出申请的，由最先立案的人民法院管辖。

【法律适用】

申请司法确认调解协议的法律依据主要是《人民调解法》第33条，《民事诉讼法》第15章特别程序第6节确认调解协议案件第194条，第195条，《最高人民法院关于人民调解协议司法确认程序的若干规定》。

【确定该案由应当注意的问题】

对于司法确认调解协议案件，需要注意以下问题：

1. 应由双方当事人共同提出申请。对调解协议进行司法确认不是法定义务，在达成调解协议后，如果双方当事人认为没有进行司法确认的必要，如对调解协议的内容即时履行完毕，或者在调解协议的内容不涉及民事给付内容等情况下，双方当事人可以不用申请司法确认。如果认为有必要申请司法确认的，那么双方当事人应当共同提出申请。

一方当事人提出申请，另一方当事人表示同意的，可以视为共同提出申请。

2. 应自调解协议生效之日起30日内提出申请。《民事诉讼法》第194条规定，申请司法确认调解协议，由双方当事人依照《人民调解法》等法律，自调解协议生效之日起30日内，共同向调解组织所在地基层人民法院提出。根据《人民调解法》的规定，调解协议书自各方当事人签名、盖章或者按指印，人民调解员签名并加盖人民调解委员会印章之日起生效；口头调解协议自各方当事人达成协议之日起生效。

3. 申请需要的材料。《最高人民法院关于人民调解协议司法确认程序的若干规定》第3条规定："当事人申请确认调解协议，应当向人民法院提交司法确认申请书、调解协议和身份证明、资格证明，以及与调解协议相关的财产权利证明等证明材料，并提供双方当事人的送达地址、电话号码等联系方式。委托他人代为申请的，必须向人民法院提交由委托人签名或者盖章的授权委托书。"

4. 受理。《最高人民法院关于人民调解协议司法确认程序的若干规定》第4条中规定：人民法院收到当事人司法确认申请，应当在3日内决定是否受理。双方当事人同时到法院申请司法确认的，人民法院可以当即受理并作出是否确认的决定。有下列情形之一的，人民法院不予受理：（1）不属于人民法院受理民事案件的范围或者不属于接受申请的人民法院管辖的；（2）确认身份关系的；（3）确认收养关系的；（4）确认婚姻关系的。

5. 裁判。根据《民事诉讼法》第195条规定："人民法院受理申请后，经审查，符合法律规定的，裁定调解协议有效，一方当事人拒绝履行或者未全部履行的，对方当事人可以向人民法院申请执行；不符合法律规定的，裁定驳回申请，当事人可以通过调解方式变更原调解协议或者达成新的调解协议，也可以向人民法院提起诉讼。"

410. 申请撤销确认调解协议裁定

【释义】

申请撤销确认调解协议裁定是指当事人、案外人认为人民法院作出的司法确认调解协议裁定有错误时，在法律规定的期限内向作出该裁定的人民法院提出异议。人民法院经审查，认为当事人或利害关系人的异议成立或者部分成立的，裁定撤销原来作出的确认调解协议裁定；认为异议不成立的，裁定驳回异议。申请撤销确认调解协议裁定是当事人、利害关系人认为作出的司法确认裁定有错误时的一种救济手段。

【管辖】

当事人、利害关系人认为司法确认调解协议裁定错误提出异议的，应当向作出该判决、裁定的人民法院提出。这是因为作出判决、裁定的法院对裁判相对更加熟悉，基于程序迅速、经济以及便利的考量，上述情形出现时由作出裁定的法院进行审查更符合非讼程序的设立目的。

【法律适用】

处理申请撤销确认调解协议裁定案件的法律依据是《民事诉讼法解释》第374条。

【确定该案由应当注意的问题】

根据《民事诉讼法解释》第374条第2款的规定，对人民法院作出的确认调解协议、准许实现担保物权的裁定，当事人有异议的，应当自收到裁定之日起 15 日内提出；利害关系人有异议的，自知道或者应当知道其民事权益受到侵害之日起 6 个月内提出。也就是说，认为确认调解协议裁定有错误的，司法解释对当事人和利害关系人规定了不同的异议期限。

三十八、实现担保物权案件

实现担保物权案件是 2012 年《民事诉讼法》修正时新增加的制度。此次民事案件案由修改，根据《民事诉讼法》实现担保物权制度增加了第二级案由“实现担保物权案件”，项下包括 2 个第三级案由：411. 申请实现担保物权；412. 申请撤销准许实现担保物权裁定。申请实现担保物权是担保物权人以及其他有权请求实现担保物权的人，向人民法院申请实现担保财产的非诉讼案件。当事人在担保物权案件中，既可以选择通过起诉请求实现担保物权，也可以直接通过这一种特别程序实现担保物权。相对于诉讼程序，实现担保物权案件成本低、效率高，程序简便灵活。《民事诉讼法解释》第 374 条规定了当事人和利害关系人的救济途径。当事人确有证据证明原裁定存在错误的，当事人有权申请撤销该裁定，提出申请的期限是自收到该裁定之日起 15 日内提出。利害关系人向人民法院提出撤销申请，只能以该裁定侵害了自身合法权益作为申请事由，提出申请的期间是自知道或者应当知道其民事权益受到侵害之日起 6 个月内提出。申请撤销准许实现担保物权裁定案件，是对申请实现担保物权案件的救济程序。

411. 申请实现担保物权

【释义】

申请实现担保物权，是指由担保物权人以及其他有权请求实现担保物权的人依照《民法典》等法律，向担保财产所在地或者担保物权登记地基层人民法院提出申请，人民法院审查后认为符合法律规定的，作出拍卖、变卖担保财产裁定；不符合法律规定的，作出驳回申请裁定的特别程序。

《民事诉讼法》第196条明确了实现担保物权的程序规则，为《民法典》中的“申请法院拍卖、变卖”提供了程序性支持，确立了诉讼程序与非讼程序相衔接的担保物权实现模式，改变了以往债权人通过诉讼程序确认并实现担保物权的传统做法，为债权人快速实现担保物权提供了一条低成本、高效率的非讼途径。

【管辖】

根据《民事诉讼法》第196条的规定，申请实现担保物权，由担保财产所在地或者担保物权登记地基层人民法院管辖。这是实现担保物权程序管辖的一般规定。《民事诉讼法解释》中还对实现担保物权案件的一些特殊管辖问题进行了规定。例如，第362条规定：“实现票据、仓单、提单等有权利凭证的权利质权案件，可以由权利凭证持有人住所地人民法院管辖；无权利凭证的权利质权，由出质登记地人民法院管辖。”第363条规定：“实现担保物权案件属于海事法院等专门人民法院管辖的，由专门人民法院管辖。”对于有多个担保物且所在地不同的，第364条规定：“同一债权的担保物有多个且所在地不同，申请人分别向有管辖权的人民法院申请实现担保物权的，人民法院应当依法受理。”

【法律适用】

处理申请实现担保物权案件的法律依据是《民法典》第410条，《民事诉讼法》第196条、第197条，《民事诉讼法解释》第361条至第374条。

【确定该案由应当注意的问题】

担保物权制度是规范市场经济秩序的重要民事法律制度，是保障市场安全、维护市场秩序的有效工具。担保物权是以支配特定财产的交换价值为内容，以确保债权实现为目的而设定的物权。确定该案由时应当注意以下问题：(1) 关于申请范围。根据《民事诉讼法解释》第361条的规定，“担保物权人”包括抵押权人、质权人、留置权人；“其他有权请求实现担保物权的人”包括抵押人、出质人、财产被留置的债务人或者所有权人等。也就是说，只有抵押权人、质权人、留置权人、抵押人、出质人、财产被留置的债务人可以作为实现担保物权的申请人，有资格向人民法院申请实现担保物权。(2) 抵押权人申请实现抵押权，不必以《民法典》第410条第2款规定的“抵押权人与抵押人未就抵押权的实现方式达成协议”为前提。(3) 和其他特别程序一样，实现担保物权案件可以由审判员一人独任审查。但担保财产标的额超过基层人民法院管辖范围的，应当组成合议庭进行审查。人民法院审查实现担保物权案件，可以询问申请人、被申请人、利害关系人，必要时可以依职权调查相关事实。(4) 当事人或利害关系人对实现担保物权有实质性争议的，裁定驳回申请，并告知申请人向人民法院提起诉讼。

412. 申请撤销准许实现担保物权裁定

【释义】

申请撤销准许实现担保物权裁定是指当事人、案外人认为人民法院作出的准许实现担保物权裁定有错误时，在法律规定的期限内向作出该裁定的人民法院提出异议。人民法院经审查，认为当事人或利害关系人的异议成立或者部分成立的，裁定撤销原来作出的准许实现担保物权的裁定；认为异议不成立的，裁定驳回异议。申请撤销准许实现担保物权裁定是当事人、利害关系人认为法院作出的司法确认裁定有错误时向法院提出的一种救济程序。

【管辖】

当事人、利害关系人认为司法确认调解协议裁定错误提出异议的，应当向作出该判决、裁定的人民法院提出。这是因为作出判决、裁定的法院对裁判相对更加熟悉，基于程序迅速、经济以及便利的考量，由作出裁定的法院进行审查更符合特别程序的设立目的。

【法律适用】

处理申请申请撤销准许实现担保物权裁定案件的法律依据是《民事诉讼法解释》第374条。

【确定该案由应当注意的问题】

根据《民事诉讼法解释》第374条第2款的规定，对人民法院作出的确认调解协议、准许实现担保物权的裁定，当事人有异议的，应当自收到裁定之日起15日内提出；利害关系人有异议的，自知道或者应当知道其民事权益受到侵害之日起6个月内提出。也就是说，认为准许实现担保物权裁定有错误的，司法解释对当事人和利害关系人规定了不同的异议期限。

三十九、监护权特别程序案件

项下所列第三级案由均为监护权相关案件案由。2020 年《民事案件案由规定》根据《民法典》增加了“414. 申请指定监护人”和“417. 申请恢复监护人资格”两个第三级案由。

413. 申请确定监护人

【释义】

申请确定监护人案件是指当事人对担任法律规定的未成年人、无民事行为能力或者限制民事行为能力成年人的监护人有争议，且对被监护人所在地居民委员会、村民委员会或者民政部门的指定不服，向人民法院申请确定监护人的案件。

【管辖】

根据《民事诉讼法解释》第 10 条的规定，不服指定监护或者变更监护关系的案件，可以由被监护人住所地人民法院管辖。需要注意的是，该条规定“可以”由被监护人住所地法院管辖，并非排斥被告住所地法院管辖。如果原告坚持向被告住所地法院起诉，根据《民事诉讼法》第 21 条的相关规定，被告住所地法院当然具有管辖权。

【法律适用】

处理申请确定监护人案件的法律依据主要是《民法典》第 27 条至第 31 条、《民事诉讼法解释》第 351 条。

【确定该案由应当注意的问题】

在适用本案由时，要注意以下几个问题：(1) 本案由只适用于当事人对被监护人住所地的居民委员会、村民委员会或者民政部门的指定不服的，向人民法院申请指定监护人的情形。(2) 如果被指定的监护人不服居民委员会、村民委员会或者民政部门指定，应当自接到通知之日起30日内向人民法院提出异议。逾期的，按变更监护关系处理，适用“申请变更监护人”案由。(3) 人民法院认为指定不当的，在判决撤销指定的同时，应当另行指定监护人。人民法院判决撤销指定的，判决书不但要送达异议人，还要送达原指定单位以及判决指定的监护人。

依据《民事诉讼法》第15章的规定，特别程序中并没有规定申请确定监护人。但是《民事诉讼法解释》在第17章“特别程序”中规定了申请确定监护人的相关程序，明确了此类案件适用特别程序。

此外，最高人民法院正在起草《民法典》总则编的司法解释，在总则编司法解释出台前，《最高人民法院关于贯彻执行〈中华人民共和国民法通则〉若干问题的意见（试行）》中的程序性规定的精神，与《民事诉讼法》及相关法律不冲突的，人民法院可以在办理程序性事项时作为参考。对于这个问题，最高人民法院2021年4月发布的《全国法院贯彻实施〈民法典〉工作会议纪要》第12条作出了规定。因此，涉及监护的如下规定可以参考：

1. 人民法院指定监护人时，应当按照《民法典》第27条、第28条确定的顺序进行。前一顺序有监护资格的人无监护能力或者对被监护人明显不利的，人民法院应当按照最有利于被监护人的原则，从后一顺序有监护资格的人中择优确定。被监护人有识别能力的，应视情况征求被监护人的意见。监护人可以是一人，也可以是同一顺序中的数人。

2. 监护人不履行监护职责，或者侵害了被监护人的合法权益，

《民法典》第27条、第28条规定的其他有监护资格的人或者组织向人民法院起诉，要求监护人承担民事责任的，按照普通程序审理；要求变更监护关系的，按照特别程序审理；既要求承担民事责任，又要求变更监护关系的，分别审理。

414. 申请指定监护人

【释义】

申请指定监护人案件是指当事人对担任法律规定的未成年人、无民事行为能力或者限制民事行为能力成年人的监护人有争议，不经被监护人所在地居民委员会、村民委员会或者民政部门指定，直接向人民法院申请确定监护人的案件。

【管辖】

根据《民事诉讼法解释》第10条的规定，不服指定监护或者变更监护关系的案件，可以由被监护人住所地人民法院管辖。需要注意的是，该条规定“可以”由被监护人住所地法院管辖，并非排斥被告住所地法院管辖。如果原告坚持向被告住所地法院起诉，根据《民事诉讼法》第21条的相关规定，被告住所地法院当然具有管辖权。

【法律适用】

处理申请指定监护人案件的法律依据主要是《民法典》第27条至第31条、《民事诉讼法解释》第351条。

【确定该案由应当注意的问题】

《民法典》第31条第1款规定："对监护人的确定有争议的，由被监护人住所地的居民委员会、村民委员会或者民政部门指定监护人，有关当事人对指定不服的，可以向人民法院申请指定监护人；有关当事人也可以直接向人民法院申请指定监护人。"该规定改变了《民法通则》和《最高人民法院关于贯彻执行〈中华人民共和国民法通则〉若干问题的意见（试行）》的相关规定，取消了向人民法院申请指定监护的前置程序，允许有关当事人直接向人民法院申请指定监护人。对于《民法典》的这一修改，是否需要增加相应的案由？有意见认为，可将《民法典》的新规定直接纳入"申请确定监护人"案由，没有必要增加新的案由。经广泛征求意见，2020年《民事案件案由规定》最终增加了"申请指定监护人"案由，作为与"申请确定监护人"并列的第三级案由，主要理由为：一是充分体现《民法典》对于指定监护作出修改的重大制度价值。监护制度是我国基本的民事法律制度之一，在《民法典》中占有重要地位，与未成年人保护、老年人权益保护息息相关，民事案件案由的设置应予以充分体现。二是便于区分直接申请人民法院指定和间接申请指定。当事人对监护人的确定有争议而直接向人民法院申请指定监护的，适用"申请指定监护人"案由；当事人对居民委员会、村民委员会或者民政部门指定监护不服而申请人民法院确定的，适用"申请确定监护人"案由，这基本上维持了"申请确定监护人"案由原来的适用范围。这种设计有利于对两类案件进行精准司法统计，有利于调研分析司法实践中指定监护可能存在的相关问题。三是基于程序考量。根据《民事诉讼法解释》第351条的规定，被指定的监护人不服居民委员会、村民委员会或者民政部门指定，应当自接到通知之日起30日内向人民法院提出异议。经审理，认为指定并无不当的，裁定驳回异议；指定不当的，判决撤销指定，同时另行指定监护人。判决书应当送达异议人、原指定单位及判决指定的监护人。对于当事人直接向人民法院申请指定监护人的案件，不适用上述规定。

此外，根据《民事诉讼法解释》第351条第2款的规定，有关当事人依照《民法典》第31条第1款规定直接向人民法院申请指定监护人的，适用特别程序审理，判决指定监护人。判决书应当送达申请人、判决指定的监护人。

本案由只适用于当事人不经被监护人住所地的居民委员会、村民委员会或者民政部门指定，直接向人民法院申请指定监护人的情形。对于不服被监护人住所地的居民委员会、村民委员会或者民政部门的指定而向人民法院申请指定监护人的，适用“申请确认监护人”案由。

415. 申请变更监护人

【释义】

申请变更监护人是指被申请人的监护人不能履行监护职责，或者不服有关组织指定的监护人且又未在法律规定期限内提出异议的，有监护资格的人员或者有关组织向人民法院提出申请变更被申请人的监护人。

【管辖】

根据《民事诉讼法解释》第10条的规定，不服指定监护或者变更监护关系的案件，可以由被监护人住所地人民法院管辖。需要注意的是，该条规定“可以”由被监护人住所地法院管辖，并非排斥被告住所地法院管辖。如果原告坚持向被告住所地法院起诉，根据《民事诉讼法》第21条的相关规定，被告住所地法院当然具有管辖权。

【法律适用】

处理申请变更监护人案件的主要依据是《民法典》第31条、《民事诉讼法解释》第10条。可参考《最高人民法院关于贯彻执行〈中华人民共和国民法通则〉若干问题的意见（试行）》第17条、第20条。

【确定该案由应当注意的问题】

确定本案由应当注意区分申请变更监护人与申请撤销监护人资格两者的关系。申请撤销监护人资格是指监护人不履行监护职责，或者侵害被监护人的合法权益的，人民法院可以根据有关个人或有关单位的申请，撤销监护人资格。申请变更监护人是指被申请人的监护人不能履行监护职责，或者不服有关组织指定的监护人且又未在法律规定期限内起诉的，有监护资格的人员或者有关单位向人民法院提出申请变更被申请人的监护人。两者的主要区别是发生的事由不同。申请变更监护人的事由也可以是监护人不履行监护职责，申请人同时要求撤销监护人资格并变更监护人。

416. 申请撤销监护人资格

【释义】

申请撤销监护人资格是指监护人不履行监护职责或侵害被监护人的合法权益的，其他有监护资格的人员或者有关组织可以申请撤销监护人的监护资格。实践中，监护人严重侵害被监护人合法权益的行为时有发生，引起社会广泛关注。为此，《民法典》进一步完善了监护制度，强化了监护人以及有关组织的责任。根据《民法典》的规定，监护人的职责是代理被监护人实施民事法律行为，保护被监护人的人身权利、财产权利以及其他合法权益等。监护人不履行监护职责或者侵害被监护人合法权益的，应当承担法律责任。监护人应当按照最有利于被监护人的原则履行监护职责。监护人除为维护被监护人利益外，不得处分被监护人的财产。未成年人的监护人履行监护职责，在作出与被监护人利益有关的决定时，应当根据被监护人的年龄和智力状况，尊重被监护人的真实意愿。成年人的监护人履行监护职责，应当最大程度地尊重被监护人的真实意愿，保障并协助被监护人实施与其智力、精神健康状况相适应的民事法律行为。对被监护人有能力独立处理的事务，监护人不得干涉。《民法典》第36条规定，监护人有下列情形之一的，人民法院根据有关个人或者组织的申请，撤销其监护人资格，安排必要的临时监护措施，并按照最有利于被监护人的原则依法指定监护人：（1）实施严重损害被监护人身心健康的行为；（2）怠于履行监护职责，或者无法履行监护职责且拒绝将监护职责部分或者全部委托给他人，导致被监护人处于危困状态；（3）实施严重侵害被监护人合法权益的其他行为。这里的“有关个人、组织”包括：其他依法具有监护资格的人，居民委员会、村民委员会、学校、医疗机构、妇女联合会、残疾人联合会、未成年人保护组织、依法设立的老年人组织、民政部门等。此外，个人和民政部门以外的组织未及时向人民法院申请撤销监护人资格的，民政部门应当向人民法院申请。

【管辖】

根据《民事诉讼法解释》第10条的规定，不服指定监护或者变更监护关系的案件，可以由被监护人住所地人民法院管辖。申请撤销监护人资格，也涉及监护关系的变更，因此，可以由被监护人住所地人民法院管辖。如果原告坚持向被告住所地法院起诉，根据《民事诉讼法》第21条的相关规定，被告住所地法院当然具有管辖权。

【法律适用】

处理申请撤销监护人资格案件的法律依据主要是《民法典》第36条，《最高人民法院关于适用〈中华人民共和国民法典〉婚姻家庭编的解释（一）》第62条。

【确定该案由应当注意的问题】

申请撤销监护人资格是第三级案由。监护是民法上规定的对于无民事行为能力人和限制民事行为能力人的人身、财产及其他合法权益进行监督、保护的一项重要法律制度。对于监护的性质，我国学术界历来有不同的观点，主要有"权利说""义务或者职责说""权利义务一致说"等。但是，无论持何种观点，都认为监护人是为被监护人利益而设，监护人应当按照最有利于被监护人的原则履行以下职责：(1) 保护被监护人的人身权利、财产权利以及其他合法权益等不受损害。(2) 保管被监护人的财产。一般情况下，监护人不得处分被监护人的财产，但是如果为维护被监护人利益，可以处分。(3) 担任被监护人的法定代理人。

确定该案由应当注意区分本案由与申请变更监护人的关系，上文已做说明，不再赘述。

此外，《民法典》第36条第2款和第3款都对民政部门进行了规定，人民法院在适用该条时要注意，第3款只是对申请主体作出"兜底"规定，即如果其他个人或者组织都不向法院申请撤销监护人资格，此时，民政部门应当主动向人民法院提出申请。但是，这并不是指民政部门必须等待其他个人或者组织都不向人民法院申请之后再行申请。民政部门可以根据第2款规定，直接向人民法院申请撤销监护人资格。

417. 申请恢复监护人资格

【释义】

申请恢复监护人资格是指被监护人的父母或者子女被人民法院撤销监护人资格后，确有悔改表现的，经其申请，人民法院可以在尊重被监护人真实意愿的前提下，视情况恢复其监护人资格。本案由是此次依照《民法典》第 38 条的规定新增的第三级案由。

【管辖】

根据《民事诉讼法解释》第 10 条的规定，不服指定监护或者变更监护关系的案件，可以由被监护人住所地人民法院管辖。申请恢复监护人资格，也涉及监护关系的变更，因此，可以由被监护人住所地人民法院管辖。如果原告坚持向被告住所地法院起诉，根据《民事诉讼法》第 21 条的相关规定，被告住所地法院当然具有管辖权。

【法律适用】

处理申请恢复监护人资格案件的法律依据主要是《民法典》第 36 条、第 38 条。

【确定该案由应当注意的问题】

对于监护人资格的恢复，司法实践已经进行了一定的探索。《最高人民法院、最高人民检察院、公安部、民政部关于依法处理监护人侵害未成年人权益行为若干问题的意见》第 40 条规定，人民法院经审理认为申请人确有悔改表现并且适宜担任监护人的，可以判决恢复其监护人资格，原指定监护人的监护人资格终止。申请人具有下列情形之一的，一般不得判决恢复其监护人资格：(1) 性侵害、出卖未成年人的；(2) 虐待、遗弃未成年人6个月以上、多次遗弃未成年人，并且造成重伤以上严重后果的；(3) 因监护侵害行为被判处5年有期徒刑以上刑罚的。《民法典》在认真总结司法实践经验的基础上，增加了恢复监护人资格的规定，同时设定了非常严格的限制。根据《民法典》第38条的规定，恢复监护人资格必须满足如下条件：一是仅适用于被监护人的父母、子女。二是没有对被监护人实施故意犯罪的情形，如果对被监护人实施性侵害、虐待、遗弃被监护人等构成犯罪的，不得恢复监护人资格。三是确有悔改表现，这需要由人民法院根据案件实际情况予以判断。四是要尊重被监护人的真实意愿。如果被监护人不愿意父母或者子女继续担任监护人的，则不得恢复监护人资格。五是符合最有利于被监护人的原则，即使符合以上条件，如果人民法院综合考虑各方面因素后，认为恢复监护人资格违反最有利于被监护人原则的，也不得恢复监护人资格。

四十、督促程序案件

根据《民事诉讼法》的相关规定，项下设立了“申请支付令”案件案由。

418. 申请支付令

【释义】

申请支付令是指当债权人请求债务人给付一定数量的金钱或有价证券时，为了迅速实现自己的债权，依照法律规定可以不经通常的诉讼程序而直接请求法院按督促程序向债务人发出支付金钱或有价证券的法律文书。根据《民事诉讼法》的规定，申请支付令按照督促程序审理。督促程序，就是人民法院催促债务人向债权人履行债务的程序。按照该程序，对特定的请求，人民法院可以不经开庭审理，仅依债权人的主张，径行向债务人发出附条件的支付令，责令其在一定期限内或为履行，或提异议。如果债务人不在规定的期间内提出异议，该支付令即取得与确定判决同等的法律效力，人民法院可以强制执行。

【管辖】

根据《民事诉讼法解释》第23条的规定，债权人申请支付令，适用《民事诉讼法》第21条的规定，由债务人住所地的基层人民法院管辖。

【法律适用】

处理申请支付令案件的依据主要是《民事诉讼法》第214～217条，《劳动合同法》第30条，《民事诉讼法解释》第427～443条。

【确定该案由应当注意的问题】

申请支付令案件是人民法院以债权人单方面提出的债权文书为根据，督促债务人限期履行义务的程序。其不需要经过通常的诉讼程序，只适用于部分债务纠纷案件，即仅适用于给付金钱和有价证券的案件，以及用人单位拖欠或者未足额支付劳动报酬的劳动争议案件，比通常的诉讼程序更为简便、快捷。申请支付令使债权人获得一种快速实现债权的方式，节约了诉讼成本。

人民法院在受理申请支付令案件时，应当注意的问题有：（1）请求支付的标的物必须是金钱和有价证券。由于金钱和有价证券是现实生活中最常引起纠纷的原因，且规定支付金钱和有价证券更有得到实现的可能性，故法律规定支付的标的物必须是金钱和有价证券。（2）请求支付的金钱和有价证券应当已到履行期且数额确定。债务到履行期，债务人才有义务履行，债权人才有权要求债务人履行。（3）债权人与债务人没有其他债务纠纷。没有债务纠纷主要是指债权人对债务人没有对待给付的义务。人民法院发出支付令仅是对债权人提交的证据进行形式上的审查，这就提高了对法官的要求，其应当对债权文书认真审查，尽量避免为不符合申请支付令条件的案件发出支付令，浪费诉讼资源。

四十一、公示催告程序案件

根据《民事诉讼法》的相关规定，项下设立了“申请公示催告”案件案由。

419. 申请公示催告

【释义】

申请公示催告是指人民法院根据票据持有人的申请，以公告的方法通知并催促不明确的利害关系人在规定期间内申报权利，如逾期无人申报，则作出除权判决的程序。公示催告程序是一项随着票据的产生和发展而发展起来的，为保护丧失票据人合法权益的程序。公示催告程序仅适用于依照规定可以背书转让的票据被盗、遗失或者灭失等情形，以及依法可申请公示催告的其他事项。

【管辖】

根据《民事诉讼法》第25条的规定，因票据纠纷提起的诉讼，由票据支付地或者被告住所地人民法院管辖。

【法律适用】

处理申请公示催告案件的依据主要是《民事诉讼法》第218～223条，《民事诉讼法解释》第444～461条。

【确定该案由应当注意的问题】

公示催告程序，是为了适应我国市场经济的迅速发展以及票据的广泛运用，在持票人丧失票据后的一种权利救济和保全措施，是一种票据丧失的最终补救措施，也是一种特殊的非诉讼程序。《民事诉讼法》在第18章专门规定了公示催告程序。

票据丢失后的申请公示催告程序为：(1) 失票人向票据支付地的基层人民法院提出公示催告的申请，失票人向人民法院递交公示催告申请书时，应当标明票面金额，出票人、持票人、背书人等，主要内容和申请的理由以及事实等，如果是已通知挂失止付的，应当在通知挂失止付后3日内向人民法院提出公示催告的申请。(2) 人民法院决定受理申请后，应当同时向付款人及代理付款人发出止付通知。付款人接到停止付款通知后，应当停止支付，直至公示催告程序终结。人民法院应在受理申请后3日内发出公告，公示催告的期间不少于60日。(3) 人民法院收到利害关系人的申报后，应当裁定终结公示催告程序，人民法院在收到利害关系人提出的票据权利主张后，应通知公示催告申请人在指定的期间查看票据。如果公示催告的票据利害关系人出示的票据不一致的，法院应裁定予以驳回利害关系人的申报。(4) 公示催告期间届满以及在判决作出前，没有利害关系人申报权利的，公示催告申请人应当在申报权利期间届满的次日起一个月内申请法院作出判决，由人民法院宣告票据无效。判决应当公告，并通知付款人，判决生效后，公示催告申请人有权依据判决向付款人请求付款或向其他票据债务人行使追索权。此外，为了保护善意取得人的合法权益，《民事诉讼法》还规定，如果利害关系人有正当理由不能在判决前向人民法院及时申报权利的，自知道或应当知道判决公告之日起1年内，可以向作出判决的人民法院提起诉讼。

四十二、公司清算案件

根据《民法典》《公司法》的相关规定，《民事案件案由规定》设立了公司清算案件案由。公司清算是指在公司面临解散的情况下，负有清算义务的主体按照法律规定的程序，清理公司债权债务，处理公司剩余财产，终止公司法律人格的行为。公司清算分为普通清算和特别清算，普通清算是指公司在解散后依法自行组织清算机构按照法定程序进行的清算；特别清算是指公司因某些特殊事由解散或者被宣告破产后，或者在普通清算发生显著障碍无法继续进行时，由政府有关部门或者法院介入而进行的清算。

公司清算案件是一种非诉程序案件，考虑到此类案件的性质，为提升案由体系的合理性，2020年《民事案件案由规定》将此类案件案由从第二级案由“与公司有关的纠纷”下调整到第一级案由“非讼程序案件案由”下，作为一类独立的第二级案由，下设“申请公司清算”第三级案由。

420. 申请公司清算

【释义】

申请公司清算是指在公司特别清算过程中，公司董事、控股股东和实际控制人等在公司解散后，怠于履行职责，未在《公司法》规定的期限内组成清算组开始清算，或者虽然成立清算组但故意拖延清算，或者存在其他违法清算可能严重损害公司股东或者债权人利益的行为，公司股东或者债权人申请人民法院对公司进行清算的，人民法院应当予以受理。

《公司法》对公司清算、清算组职权、清算程序等内容作出了规定。该法第183条规定：公司因出现本法第180条第1项、第2项、第4项、第5项规定而解散的，应当在解散事由出现之日起15日内成立清算组，开始清算。对于逾期不成立清算组进行清算的，债权人可以申请人民法院指定有关人员组成清算组进行清算。人民法院应当受理该申请，并及时组织清算组进行清算。

【管辖】

因申请公司清算提起的诉讼，原则上以《民事诉讼法》中管辖的相关规定为基础，但要综合考虑公司所在地等因素来确定管辖法院。根据《民事诉讼法》第26条以及《最高人民法院关于适用〈中华人民共和国公司法〉若干问题的规定（二）》第24条的规定，在地域管辖方面，申请公司清算案件一般是由公司住所地人民法院，即公司主要办事机构所在地人民法院管辖，公司办事机构所在地不明确的，由其注册地人民法院管辖；在级别管辖方面，一般按照公司登记机关的级别予以确定，即基层人民法院管辖县、县级市或者区的公司登记机关核准登记公司的申请公司清算案件，中级人民法院管辖地区、地级市以上的公司登记机关核准登记公司的申请公司清算案件。

【法律适用】

处理申请公司清算案件的法律依据主要是《民法典》第70～72条，《公司法》第183～189条，以及《最高人民法院关于适用〈中华人民共和国公司法〉若干问题的规定（二）》的相关规定。

【确定该案由应当注意的问题】

申请公司清算案由不同于清算责任纠纷案由，清算责任纠纷属于诉讼案件，是指清算组成员在清算期间，因故意或者重大过失给公司、债权人造成损失，应当承担赔偿责任的纠纷，其案由是“与公司有关的纠纷”下的第三级案由。

四十三、破产程序案件

根据《民法典》《企业破产法》的相关规定，《民事案件案由规定》设立了破产程序案件案由。破产程序案件是指人民法院依照破产法规定的程序对当事人提出的破产申请进行审查处理的职权活动，包括对破产申请的受理审查，以及指定与更换管理人、审查处理债权人的债权申报、组织召开债权人会议、审查确认破产债务、审查处理债权人会议决议事项、组织受偿分配等一系列审理活动。

破产程序案件审理适用的是非讼程序，考虑到此类案件的性质，为提升案由体系的合理性，2020年《民事案件案由规定》将此类案件案由从第二级案由“与破产有关的纠纷”调整到第一级案由“非讼程序案件案由”下，作为一类独立的第二级案由，下设“申请破产清算”“申请破产重整”“申请破产和解”“申请对破产财产追加分配”四个第三级案由。

因撤销债务人行为、追回债务人财产、取回担保物、取回债务人财产、催缴出资、请求债务抵销、解除或继续履行合同等与债务人或破产财产有关的诉讼，不属于破产程序案件的审理范畴，相关民事纠纷应当适用“与破产有关的纠纷”下的具体案由。

421. 申请破产清算

【释义】

破产清算，即对丧失清偿能力的债务人，经法院审理与监督，强制清算其全部财产，公平清偿全体债权人的法律制度。破产清算作为破产制度的重要组成部分，具有淘汰落后产能、优化市场资源配置的直接作用。当事人或利害关系人向法院提出要求宣告债务人破产清算以清偿债务而引起的案件，可称为申请破产清算案件。对破产清算程序的开始，我国破产立法一直采用申请主义的观点，即破产清算程序是基于权利人的申请而开始，任何机关不能依职权主动开始破产清算程序。权利人提出破产清算申请的，不能当然引起破产清算程序的开始，其申请必须经过人民法院的审查，人民法院决定受理后，破产清算程序才能真正开始。

【管辖】

关于申请破产清算案件的地域管辖，根据《企业破产法》第 3 条“破产案件由债务人住所地人民法院管辖”的规定，当事人或利害关系人申请破产清算的案件，由债务人住所地的人民法院管辖。关于申请破产清算案件的级别管辖，可参照适用最高人民法院发布的《关于审理企业破产案件若干问题的规定》，其第 2 条规定：“基层人民法院一般管辖县、县级市或者区的工商行政管理机关核准登记企业的破产案件；中级人民法院一般管辖地区、地级市（含本级）以上的工商行政管理机关核准登记企业的破产案件；纳入国家计划调整企业的破产案件，由中级以上人民法院管辖。”

【法律适用】

处理申请破产清算案件的法律依据主要是《企业破产法》第2条、第7条、第8条、第9条、第134条，以及《关于审理企业破产案件若干问题的规定》。根据《企业破产法》第7条和第134条的规定，破产清算程序的申请权利人为债务人、债权人。债务人处于已经解散但未清算或者未清算完毕时，依法对债务人负有清算责任的人应当申请开始破产清算程序；商业银行、证券公司、保险公司等金融机构达到破产界限时，国务院金融监督管理机构可以提出对该金融机构进行破产清算的申请。

申请破产清算必须以书面的形式向债务人住所地的法院提出，并提交相关的证据。破产申请书中应当载明申请人、被申请人的基本情况，申请目的，申请的事实和理由，以及法院认为应当载明的其他事项。同时，如果是债务人提出申请的，还应当向法院提交财产状况说明、债务清册、债权清册、有关财务会计报告、职工安置预案以及职工工资的支付和社会保险费用的缴纳情况。人民法院收到破产申请时，应当向申请人出具收到申请及所附证据的书面凭证，及时对申请人的主体资格、债务人的主体资格和破产原因，以及有关材料和证据等进行审查，并依据《企业破产法》第10条的规定作出是否受理的裁定。对于已经提出的破产申请，在法院正式受理之前，申请人可以请求撤回。

【确定该案由应当注意的问题】

一般而言，破产概念专指破产清算制度，但对破产法律制度则有广义、狭义两种理解。广义上，将破产清算以外的各种以避免债务人破产为主要目的的重整、和解法律制度也视为破产法律的组成部分，而不是仅将其狭义地理解为破产清算法律制度。《企业破产法》采纳了广义的破产法律制度的理解，即将破产清算、破产重整、破产和解制度规定在一部《企业破产法》中。因此，在确定本案由时，一定要依据当事人提出的申请材料明确其提出的是对债务人进行清算的申请，而非破产重整、破产和解的申请。同时，申请破产清算的主体不同，其应提交的申请材料和法院的审查标准和范围是不同的。因此，应当在确定申请破产清算的案由时，区分债务人申请破产清算、债权人申请破产清算、依法负有清算义务的人申请破产清算、破产管理人或者利害关系人在债务人不能执行或者不执行重整计划时向人民法院申请破产清算，以及国务院监督管理机构申请破产清算等不同类型。

422. 申请破产重整

【释义】

破产重整是指对可能或者已经发生破产原因但又有挽救希望的法人型企业，通过各方利害关系人的协调，强制性进行营业重组与债务清理，以使企业避免破产、获得更生的法律制度。重整制度集中体现了破产法的拯救功能，代表了现代破产法的发展趋势，与破产清算、和解制度相比，重整在挽救债务人方面有突出的效用，因而被公认为最有力的破产预防制度。我国《企业破产法》创设了重整制度，取代旧法规定的整顿制度，体现了现代破产法的社会价值取向，具有重要的现实意义。当事人或利害关系人向法院提出对债务人破产重整申请而引起的案件，可称为申请破产重整案件。重整程序必须经过申请人的申请，而在无申请权人提出重整申请的情况下，人民法院不得依职权裁定债务人重整。

【管辖】

关于申请破产重整案件的地域管辖，根据《企业破产法》第3条

"破产案件由债务人住所地人民法院管辖"的规定，当事人或利害关系人申请破产重整的案件，由债务人住所地的人民法院管辖。关于申请破产清算案件的级别管辖，可参照适用最高人民法院发布的《关于审理企业破产案件若干问题的规定》，其第 2 条规定："基层人民法院一般管辖县、县级市或者区的工商行政管理机关核准登记的企业破产案件；中级人民法院一般管辖地区、地级市（含本级）以上工商行政管理机关核准登记的企业破产案件；纳入国家计划调整的企业破产案件，由中级以上人民法院管辖。"但需要指出的是，我国《企业破产法》虽未对重整制度的适用范围作出限制，但由于其程序复杂、费用高昂、耗时很长，故实践中主要适用于大型企业甚至上市公司。而基层人民法院无论人力、物力在当前阶段都难以很好地审理该类案件。因此，申请对大型企业重整的案件，一般由债务人住所地的中级人民法院管辖，以提升此类案件办理的法律和社会效果。

【法律适用】

处理申请破产重整案件的法律依据主要是《企业破产法》第 2 条、第 7 条、第 8 条、第 9 条、第 70 条、第 134 条，以及《关于审理企业破产案件若干问题的规定》。启动重整程序应当具备法律规定的重整原因，根据《企业破产法》第 2 条的规定，重整原因为发生破产原因或者有发生破产原因的可能。允许申请权人在有发生破产原因可能时就提出重整申请，有助于尽早启动对企业的挽救程序。债务人或者债权人可以依法直接向人民法院申请对债务人进行重整。债权人申请对债务人进行破产清算的，在人民法院受理破产申请后、宣告债务人破产前，债务人或者出资额占债务人注册资本 1/10 以上的出资人，可以向人民申请重整。国务院金融监督管理机构可以向人民法院提出对金融机构进行重整的申请。对提出重整申请的时间，《企业破产法》限定在宣告债务人破产之前，这与重整程序的设置是为了避免债务人破产的立法目的是一致的。此外，《企业破产法》并未对申请破产重整需要提出的材料作出的具体规定，实践中当事人申请债务人重整，除提交《企业破产法》第8条规定的材料外，还应当提交能够证明债务人存在重整原因，有再建希望的材料，以防止重整程序的滥用。

【确定该案由应当注意的问题】

一般而言，破产概念专指破产清算制度，但对破产法律制度则有广义、狭义两种理解。广义上，将破产清算以外的各种避免债务人破产为主要目的的重整、和解法律制度也视为破产法律的组成部分，而不是仅将其狭义地理解为破产清算法律制度。我国《企业破产法》采纳了广义的破产法律制度的理解，即将破产清算、破产重整、破产和解制度规定在一部《企业破产法》中。因此，在确定本案由时，一定要依据当事人提出的申请材料明确其提出的是对债务人进行重整的申请，而非破产清算、和解的申请。

423. 申请破产和解

【释义】

破产和解是民事和解的一种特殊形式，破产和解为法律程序中的和解，与一般民事和解相比较，其特殊之处在于它是一种强制性和解制度。只要债权人会议以法定多数通过债务人的和解协议，经法院裁定认可后，不同意和解协议的少数债权人也要受和解协议的约束，强制其接受和解。破产和解程序是为预防破产而设立的，其性质有别于破产清算程序，不发生由法院主持下对债务人财产进行概括性执行的情形，而是由债务人和债权人进行协商，更多体现的是当事人对私权的意思自治。通过和解程序，使破产事件涉及的各方利益主体适当分担破产事件的经济损失，帮助债务人摆脱破产境地。我国《企业破产法》仅将申请和解权利赋予债务人，债务人向法院提出破产和解申请而引起的案件，可称为申请破产和解案件，法院不依职权启动和解程序。

【管辖】

关于申请破产和解案件的地域管辖，根据《企业破产法》第3条“破产案件由债务人住所地人民法院管辖”的规定，债务人申请破产和解的案件，由债务人住所地的人民法院管辖。关于申请破产清算案件的级别管辖，可参照适用最高人民法院发布的《关于审理企业破产案件若干问题的规定》，其第2条规定：“基层人民法院一般管辖县、县级市或者区的工商行政管理机关核准登记的企业破产案件；中级人民法院一般管辖地区、地级市（含本级）以上工商行政管理机关核准登记的企业破产案件；纳入国家计划调整的企业破产案件，由中级以上人民法院管辖。”

【法律适用】

处理申请破产和解案件的法律依据主要是《企业破产法》第2条、第7条、第8条、第9条、第95条，以及《关于审理企业破产案件若干问题的规定》。在出现《企业破产法》第2条规定的情形时，债务人可以根据自身需要选择启动和解程序，债权人等无权提出和解申请。债务人既可以在达到破产界限时直接启动和解程序，也可以在破产案件受理后、破产宣告前申请进入和解程序。债务人申请破产和解，应当提交和解申请书与和解协议书、达到破产界限的证据以及财产状况说明书、债权债务清册、财务报告等相关证据。

【确定该案由应当注意的问题】

一般而言，破产概念专指破产清算制度，但对破产法律制度则有广义、狭义两种理解。广义上，将破产清算以外的各种避免债务人破产为主要目的的重整、和解法律制度也视为破产法律的组成部分，而不是仅将其狭义地理解为破产清算法律制度。我国《企业破产法》采纳了广义的破产法律制度的理解，即将破产清算、破产重整、破产和解制度规定在一部《企业破产法》中。因此，在确定该案由时，一定要依据当事人提出的申请材料明确其提出的是破产和解的申请，而非破产清算、重整的申请。

424. 申请对破产财产追加分配

【释义】

破产财产追加分配是指在破产程序终结以后，对于新发现的属于破产人的可用于破产分配的财产，由人民法院按照破产分配方案对尚未获得完全清偿的债权人所进行的补充分配。一般情况下，破产财产最后分配结束后，破产程序即告终结。但在某些情况下，破产人可供分配的财产在破产程序终结后才被发现，同时，在先前的分配中破产债权人并未获得完全清偿。这时就应当采取补救措施，将追回的可供分配的破产财产再进行分配，以保护债权人的利益。一般情况下，破产程序终结后管理人会终止执行职务，债权人会议也会解散，在破产程序终结后发现有可供分配的财产时，人民法院通常成为实施追加分配的主体。债权人发现破产人还有可供分配的财产时，可以请求人民法院进行追加分配，人民法院应当依债权人的请求追回财产并进行分配。

【管辖】

申请对破产财产追加分配案件的地域管辖适用《企业破产法》第3条“破产案件由债务人住所地人民法院管辖”的规定，由于破产财产追加分配是原破产案件被裁定终结破产程序以后的后续事项，是破产财产分配的继续，因此申请对破产财产追加分配案件由作出终结破产程序裁定的人民法院管辖。

【法律适用】

处理申请对破产财产追加分配案件的依据主要是《企业破产法》第43条、第120条、第123条。《企业破产法》第43条和第120条规定了三种终结破产程序的情形，即债务人财产不足以支付破产费用而终结、债务人无财产可供分配而终结、财产最后分配完结而终结。针对上述情况，自破产程序终结之日起2年内，破产人有应当被追回的财产或者供分配的其他财产的，债权人可以请求人民法院按照破产财产分配方案进行追加分配。

依据《企业破产法》第123条的规定，破产程序终结后应当追加分配财产的范围包括两大类：一类是依照本法第31条、第32条、第33条、第36条规定应当追回的财产，如人民法院受理破产申请前1年内债务人应当予以撤销的行为所涉及的债务人财产、人民法院受理破产申请前6个月对个别债权人进行清偿而转移的部分财产、债务人的无效行为所涉及的财产等。另一类是破产人有应当供分配的其他财产，破产程序终结后出现的所有可供分配的破产财产，都应当列入追加分配的范围。《最高人民法院关于审理企业破产案件若干问题的规定》第98条补充规定了几类应当追加分配的财产，主要应当包括破产程序中因纠正错误支出而收回的款项、因权利被承认追回的财产、债权人放弃的财产、破产程序终结后实现的财产权利等。

【确定该案由应当注意的问题】

申请对破产财产追加分配案由是本次《民事案件案由规定》修正新增的案由。

裁定终结破产程序之日起2年内，发现有可供分配的财产的应当追加分配，这里的2年为实施追加分配的除斥期间，该期间自破产程序终结之日起计算，不能延长或者终止。在2年除斥期间后发现的可供分配的财产，不可以再实施追加分配，因为无期间限制地追加分配不利于破产人的利益，也影响人民法院审理破产程序的效率。原则上追加分配没有次数的限制，只要在除斥期间内发现可供分配的财产，人民法院可以多次进行追加分配。

四十四、申请诉前停止侵害知识产权案件

根据《民法典》《民事诉讼法》《专利法》《著作权法》《商标法》等法律、有关行政法规以及知识产权司法解释的规定，知识产权权利人可以在起诉之前向人民法院申请采取临时措施。

申请诉前停止侵害知识产权案件是指知识产权权利人在起诉前向人民法院申请采取责令停止有关侵害知识产权行为措施的案件。申请诉前停止侵害知识产权是一种诉前临时措施。根据申请提出和裁定采取措施的时间段不同，有诉前临时措施和诉中临时措施之分。诉前临时措施案件是在正式启动诉讼程序之前的一类特殊的非诉程序案件，人民法院可以依申请人的申请在单方程序中作出裁定。在裁定采取有关措施之后，申请人可以在规定期限内起诉从而正式启动诉讼程序，有关临时措施裁定的效力可以继续维持；申请人未在规定期限内起诉的，有关临时措施裁定的效力即解除。诉前临时措施与诉讼中的临时措施有所不同，诉讼中（包括起诉的同时）申请临时措施的，属于已经起诉的案件中采取有关救济措施，有关程序属于诉讼案件本身的程序，不需要单独立案。一般来说，诉讼临时措施主要包括行为保全、财产保全和证据保全三种，申请诉前停止侵害知识产权是行为保全中的一种特定类型。

根据现有的法律规定，《民事案件案由规定》将申请诉前停止侵害知识产权案件单独列为第二级案由，并在项下设立了“申请诉前停

止侵害专利权”“申请诉前停止侵害注册商标专用权”“申请诉前停止侵害著作权”“申请诉前停止侵害植物新品种权”“申请诉前停止侵害计算机软件著作权”“申请诉前停止侵害集成电路布图设计专用权”6个第三级案由。实践中，在确定涉及知识产权案件的案由时，需要注意“申请诉前停止侵害知识产权案件”与“知识产权权属、侵权纠纷”“因申请知识产权临时措施损害责任纠纷”等诉讼程序案件案由的关系，避免出现案由适用混淆问题。

425. 申请诉前停止侵害专利权

【释义】

申请诉前停止侵害专利权是指专利权人或者利害关系人在起诉前向人民法院申请采取责令停止侵害专利权行为的措施。

【管辖】

诉前责令停止侵害专利权行为的申请，应当向有专利侵权案件管辖权的人民法院提出。根据《最高人民法院关于审查知识产权纠纷行为保全案件适用法律若干问题的规定》第3条的规定，申请知识产权纠纷诉前行为保全的案件，由被申请人住所地具有相应知识产权纠纷管辖权的人民法院或者对案件具有管辖权的人民法院管辖。根据《最高人民法院关于审理专利纠纷案件适用法律问题的若干规定》第2条、第3条的规定，专利侵权案件由侵权行为地或者被告住所地人民法院管辖；当事人仅起诉侵权产品制造者而未起诉销售者且侵权产品制造地与销售地不一致时，制造地人民法院有管辖权，同时起诉制造者与销售者时，销售地人民法院有管辖权。另外，根据《最高人民法院关于北京、上海、广州知识产权法院案件管辖的规定》，北京、上海、广州知识产权法院对其所在市辖区内的专利、植物新品种、集成电路布图设计、技术秘密、计算机软件民事一审案件进行集中管辖，广州知识产权法院对广东省内的上述案件实行跨区域管辖。

【法律适用】

处理申请诉前停止侵害专利权案件的法律依据主要是《民事诉讼法》第100条、《专利法》第72条以及《最高人民法院关于审查知识产权纠纷行为保全案件适用法律若干问题的规定》的相关规定。因当事人一方的行为或者其他原因，使判决难以执行或者造成当事人其他损害的案件，对方当事人可以申请人民法院裁定对其财产进行保全，责令其作出一定行为或者禁止其作出一定行为。专利权人或者利害关系人有证据证明他人正在实施或者即将实施侵犯专利权的行为，如不及时制止将会使其合法权益受到难以弥补的损害的，可以在起诉前向人民法院申请采取责令停止有关行为的措施。向人民法院申请诉前停止侵害专利权时，申请人应当提供相应证据并依法提供担保，以实用新型或者外观设计专利权为依据申请行为保全的，应当提交由国务院专利行政部门作出的检索报告、专利权评价报告或者专利复审委员会维持该专利权有效的决定。

【确定该案由应当注意的问题】

应当注意区分“申请诉前停止侵害专利权”案由与“因申请诉前停止侵害专利权损害责任纠纷”案由，前者属于非诉程序案件案由，后者属于一般诉讼程序案件案由，在选择适用案由时应当避免产生混淆。

根据最高人民法院的有关司法文件规定，涉及知识产权的诉前临时措施案件，立案部门在进行登记后应当及时移交负责知识产权审判的业务部门，由专业审判人员进行审查，确保在法定期限内作出裁定，并由审判人员协调负责实施保全措施的部门及时予以执行。

426. 申请诉前停止侵害注册商标专用权

【释义】

申请诉前停止侵害注册商标专用权是指商标注册人或者利害关系人在起诉前向人民法院申请采取责令停止侵害注册商标专用权行为的措施。

【管辖】

申请诉前责令停止侵害注册商标专用权行为的申请，应当向侵权行为地或者被申请人住所地对商标案件有管辖权的人民法院提出。根据《最高人民法院关于审查知识产权纠纷行为保全案件适用法律若干问题的规定》第3条的规定，申请知识产权纠纷诉前行为保全的案件，由被申请人住所地具有相应知识产权纠纷管辖权的人民法院或者对案件具有管辖权的人民法院管辖。根据《最高人民法院关于审理商标案件有关管辖和法律适用范围问题的解释》第2条和《关于商标法修改决定施行后商标案件管辖和法律适用问题的解释》第3条的规定，第一审商标民事案件由中级以上人民法院及最高人民法院指定的基层人民法院管辖；涉及对驰名商标保护的民事案件，由省、自治区人民政府所在地市、计划单列市、直辖市辖区中级人民法院及最高人民法院指定的其他中级人民法院管辖。另外，根据《最高人民法院关于北京、上海、广州知识产权法院案件管辖的规定》，北京、上海、广州知识产权法院对其所在市辖区内的涉及驰名商标认定的民事一审案件进行集中管辖，广州知识产权法院对广东省内的上述案件实行跨区域管辖。

【法律适用】

处理申请诉前停止侵害注册商标专用权案件的法律依据主要是《民事诉讼法》第100条、《商标法》第65条和《最高人民法院关于审查知识产权纠纷行为保全案件适用法律若干问题的规定》的相关规定。商标注册人或者利害关系人有证据证明他人正在实施或者即将实施侵犯其注册商标专用权的行为，并且如果不及时制止将会使其合法权益受到难以弥补的损害时，可以在起诉前向人民法院申请采取责令停止有关行为的措施。

【确定该案由应当注意的问题】

应当注意区分“申请诉前停止侵害注册商标专用权”案由与“因申请诉前停止侵害注册商标专用权损害责任纠纷”案由，前者属于非诉程序案件案由，后者属于一般诉讼程序案件案由，在选择适用案由时应当避免产生混淆。

根据最高人民法院的有关司法文件规定，涉及知识产权的诉前临时措施案件，立案部门在进行登记后应当及时移交负责知识产权审判的业务部门，由专业审判人员进行审查，确保在法定期限内作出裁定，并由审判人员协调负责实施保全措施的部门及时予以执行。

427. 申请诉前停止侵害著作权

【释义】

申请诉前停止侵害著作权是指著作权人或者与著作权有关的权利人及其利害关系人在起诉前向人民法院申请采取责令停止侵害著作权

行为或责令停止侵害邻接权行为的措施。

【管辖】

诉前责令停止侵害著作权行为的申请，应当向有著作权侵权案件管辖权的人民法院提出。根据《最高人民法院关于审理著作权民事纠纷案件适用法律若干问题的解释》第28条，在著作权案件中采取诉前临时措施，依据《民事诉讼法》和《最高人民法院关于审查知识产权纠纷行为保全案件适用法律若干问题的规定》的有关规定办理。在地域管辖方面，根据《最高人民法院关于审查知识产权纠纷行为保全案件适用法律若干问题的规定》第3条的规定，申请知识产权纠纷诉前行为保全的案件，由被申请人住所地具有相应知识产权纠纷管辖权的人民法院或者对案件具有管辖权的人民法院管辖。在级别管辖方面，根据《最高人民法院关于审理著作权民事纠纷案件适用法律若干问题的解释》第2条，由中级以上人民法院以及最高人民法院批准的基层人民法院管辖。

【法律适用】

处理申请诉前停止侵害著作权案件的法律依据主要是《民事诉讼法》第100条、《著作权法》第56条、《计算机软件保护条例》第26条、《最高人民法院关于审理著作权民事纠纷案件适用法律若干问题的解释》第28条，以及《最高人民法院关于审查知识产权纠纷行为保全案件适用法律若干问题的规定》。当他人正在实施或者即将实施侵犯著作权、妨碍其实现著作权权利的行为，且如果不及时制止将会使其合法权益受到难以弥补的损害时，著作权人或者与著作权有关的权利人可以在起诉前依法向人民法院申请责令作出一定行为或者禁止作出一定行为的措施。

【确定该案由应当注意的问题】

应当注意区分“申请诉前停止侵害著作权”案由与“因申请诉前停止侵害著作权损害责任纠纷”案由，前者属于非诉程序案件案由，后者属于一般诉讼程序案件案由，在选择适用案由时应当避免产生混淆。

根据最高人民法院的有关司法文件规定，涉及知识产权的诉前临时措施案件，立案部门在进行登记后应当及时移交负责知识产权审判的业务部门，由专业审判人员进行审查，确保在法定期限内作出裁定，并由审判人员协调负责实施保全措施的部门及时予以执行。

428. 申请诉前停止侵害植物新品种权

【释义】

申请诉前停止侵害植物新品种权是指植物新品种权人或者利害关系人在起诉前向人民法院申请采取责令停止侵害植物新品种权行为的措施。

【管辖】

诉前责令停止侵害植物新品种权行为的申请，应当向有侵害植物新品种权纠纷案件管辖权的人民法院提出。根据《最高人民法院关于审查知识产权纠纷行为保全案件适用法律若干问题的规定》第3条的规定，申请知识产权纠纷诉前行为保全的案件，由被申请人住所地具有相应知识产权纠纷管辖权的人民法院或者对案件具有管辖权的人民法院管辖。根据《最高人民法院关于审理植物新品种纠纷案件若干问题的解释》第3条，侵害植物新品种权纠纷一审案件由知识产权法院，各省、自治区、直辖市人民政府所在地和最高人民法院指定的中级人民法院管辖，二审案件由最高人民法院审理。另外，根据《最高人民法院关于北京、上海、广州知识产权法院案件管辖的规定》，北京、上海、广州知识产权法院对其所在市辖区内的专利、植物新品种、集成电路布图设计、技术秘密、计算机软件民事一审案件进行集中管辖，广州知识产权法院对广东省内的上述案件实行跨区域管辖。

【法律适用】

处理申请诉前停止侵害植物新品种权的法律依据主要是《民事诉讼法》第100条、《最高人民法院关于审理侵害植物新品种权纠纷案件具体应用法律问题的若干规定》第5条，以及《最高人民法院关于审查知识产权纠纷行为保全案件适用法律若干问题的规定》的相关规定。品种权人或者利害关系人提起侵害植物新品种权诉讼前，可以向人民法院提出诉前停止侵害植物新品种权的行为保全措施。

【确定该案由应当注意的问题】

应当注意区分“申请诉前停止侵害植物新品种权”案由与“因申请诉前停止侵害植物新品种权损害责任纠纷”案由，前者属于非诉程序案件案由，后者属于一般诉讼程序案件案由，在选择适用案由时应当避免产生混淆。

根据最高人民法院的有关司法文件规定，涉及知识产权的诉前临时措施案件，立案部门在进行登记后应当及时移交负责知识产权审判的业务部门，由专业审判人员进行审查，确保在法定期限内作出裁定，并由审判人员协调负责实施保全措施的部门及时予以执行。

429. 申请诉前停止侵害计算机软件著作权

【释义】

申请诉前停止侵害计算机软件著作权是指计算机软件著作权人或者与计算机软件著作权有关的权利人及其利害关系人在起诉前向人民法院申请采取责令停止侵害计算机软件著作权行为或责令停止侵害邻接权行为的措施。

【管辖】

诉前责令停止侵害计算机软件著作权行为的申请，应当向有侵害计算机软件著作权纠纷案件管辖权的人民法院提出。计算机软件著作权是一种特定类型的著作权，因此在申请诉前停止侵害计算机软件著作权案件管辖方面，原则上适用申请诉前停止侵害著作权案件的相关规定。另外，根据《最高人民法院关于北京、上海、广州知识产权法院案件管辖的规定》，北京、上海、广州知识产权法院对其所在市辖区内的专利、植物新品种、集成电路布图设计、技术秘密、计算机软件民事一审案件进行集中管辖，广州知识产权法院对广东省内的上述案件实行跨区域管辖。

【法律适用】

处理申请诉前停止侵害计算机软件著作权案件的法律依据主要是《民事诉讼法》第100条、《著作权法》第56条、《计算机软件保护条例》第26条、《最高人民法院关于审理著作权民事纠纷案件适用法律若干问题的解释》第28条，以及《最高人民法院关于审查知识产权纠纷行为保全案件适用法律若干问题的规定》的相关规定。当软件著作权人发现他人正在实施或者即将实施侵犯其计算机软件著作权、妨碍其实现计算机软件著作权权利的行为，如果不及时制止将会使其合法权益受到难以弥补的损害时，可以在起诉前依法向人民法院申请责令停止有关行为的保全措施。

【确定该案由应当注意的问题】

计算机软件是《著作权法》规定的一类非常重要而又特殊的作品，并由《计算机软件保护条例》予以特别规定。修正后的《民事案件案由规定》新增了“申请诉前停止侵害计算机软件著作权”这个第三级案由。在《民事案件案由规定》修正之前，相关案件的案由一般被确定为“申请诉前停止侵害著作权”，根据修正后的《民事案件案由规定》，相关案件的案由应当确定为“申请诉前停止侵害计算机软件著作权”。同时，要注意区分本案由与“因申请诉前停止侵害计算机软件著作权损害责任纠纷”案由，前者属于非诉程序案件案由，后者属于一般诉讼程序案件案由，在选择适用案由时应当避免产生混淆。

根据最高人民法院的有关司法文件规定，涉及知识产权的诉前临时措施案件，立案部门在进行登记后应当及时移交负责知识产权审判的业务部门，由专业审判人员进行审查，确保在法定期限内作出裁定，并由审判人员协调负责实施保全措施的部门及时予以执行。

430. 申请诉前停止侵害集成电路布图设计专用权

【释义】

申请诉前停止侵害集成电路布图设计专用权是指集成电路布图设计权利人或者利害关系人在起诉前向人民法院申请采取责令停止侵害

集成电路布图设计行为的措施。

【管辖】

诉前责令停止侵害集成电路布图设计专用权行为的申请，应当向有集成电路布图设计侵权案件管辖权的人民法院提出。根据《最高人民法院关于审查知识产权纠纷行为保全案件适用法律若干问题的规定》第3条的规定，申请知识产权纠纷诉前行为保全的案件，由被申请人住所地具有相应知识产权纠纷管辖权的人民法院或者对案件具有管辖权的人民法院管辖。对于侵害集成电路布图设计专有权纠纷案件的地域管辖，目前没有明确的法律规定，可以参照专利纠纷案件确定申请诉前停止侵害集成电路布图设计专用权的管辖法院。对于申请诉前停止侵害集成电路布图设计专用权案件的级别管辖，根据《最高人民法院关于开展涉及集成电路布图设计案件审判工作的通知》，由各省、自治区、直辖市人民政府所在地，经济特区所在地和大连、青岛、温州、佛山、烟台市的中级人民法院作为第一审人民法院审理。另外，根据《最高人民法院关于北京、上海、广州知识产权法院案件管辖的规定》，北京、上海、广州知识产权法院对其所在市辖区内的专利、植物新品种、集成电路布图设计、技术秘密、计算机软件民事一审案件进行集中管辖，广州知识产权法院对广东省内的上述案件实行跨区域管辖。

【法律适用】

处理申请诉前停止侵害集成电路布图设计专用权案件的法律依据主要是《民事诉讼法》第100条、《集成电路布图设计保护条例》第32条、《最高人民法院关于开展涉及集成电路布图设计案件审判工作的通知》第2条、第3条，以及《最高人民法院关于审查知识产权纠纷行为保全案件适用法律若干问题的规定》的相关规定。当布图设计权利人或者利害关系人发现他人正在实施或者即将实施侵犯其专有权的行为，如果不及时制止将会使其合法权益受到难以弥补的损害时，可以在起诉前依法向人民法院申请责令停止有关行为的保全措施。

【确定该案由应当注意的问题】

在信息化时代，集成电路布图设计在推动科技进步和创新、促进经济社会发展中所发挥的作用不断凸显。修正后的《民事案件案由规定》新增了“申请诉前停止侵害集成电路布图设计专用权”这个第三级案由。在《民事案件案由规定》修正之前，相关案件的案由一般被确定为“申请诉前停止侵害知识产权案件”，根据修正后的《民事案件案由规定》，相关案件的案由应当确定为“申请诉前停止侵害集成电路布图设计专用权”。同时，要注意区分该案由与“因申请诉前停止侵害集成电路布图设计专用权损害责任纠纷”案由，前者属于非诉程序案件案由，后者属于一般诉讼程序案件案由，在选择适用案由时应当避免产生混淆。

根据最高人民法院的有关司法文件规定，涉及知识产权的诉前临时措施案件，立案部门在进行登记后应当及时移交负责知识产权审判的业务部门，由专业审判人员进行审查，确保在法定期限内作出裁定，并由审判人员协调负责实施保全措施的部门及时予以执行。

四十五、申请保全案件

此次案由修正，对申请保全案件进行了较大调整。一是删去了“395. 申请诉中财产保全”和“397. 申请诉中证据保全”，主要因为诉中保全并非独立案件，诉中保全裁定的作出一般使用诉讼案件的案号和案由，诉中保全案由在实践中意义不大。二是增加了“432. 申请诉前行为保全”“434. 申请仲裁前财产保全”“435. 申请仲裁前行为保全”“436. 申请仲裁前证据保全”，主要因为 2012 年《民事诉讼法》完善了我国的诉讼保全制度，据此予以增加。三是增加了“439. 申请执行前财产保全”，主要依据是《最高人民法院关于人民法院办理财产保全案件若干问题的规定》第1条第3款。

根据《民事诉讼法》《仲裁法》等相关规定，在第二级案由“申请保全案件”项下设“申请诉前财产保全”“申请诉前行为保全”“申请诉前证据保全”“申请仲裁前财产保全”“申请仲裁前行为保全”“申请仲裁前证据保全”“仲裁程序中的财产保全”“仲裁程序中的证据保全”“申请执行前财产保全”“申请中止支付信用证项下款项”“申请中止支付保函项下款项”11个第三级案由。

431. 申请诉前财产保全

【释义】

根据《民事诉讼法》第101条的规定，申请诉前财产保全，是指利害关系人在因情况紧急，不立即申请保全将会使其合法权益受到难以弥补的损害的情况下，在起诉前申请被保全财产所在地、被申请人住所地或者对案件有管辖权的人民法院采取保全措施的一种保全制度。诉前财产保全制度设立目的就是保证将来依法作出的生效判决能够全面顺利地得到执行，从而维护生效判决的严肃性和权威性，更有效地保护利害关系人的合法权益。

人民法院接受诉前财产保全申请后，须在48小时内作出裁定；人民法院裁定采取诉前财产保全措施的，应立即开始执行。财产保全措施包括查封、扣押、冻结或者法律规定的其他方法，该四类措施可以合并使用，也可以单独使用。查封，是指人民法院采取张贴封条或者其他必要的措施，将有关的物品封存起来，未经行使这一权力的人民法院许可，任何单位和个人均不得启封、动用的情形。扣押，是指将被申请人的物品扣留起来的情况。一般情况下，是将物品运到另外场所进行扣留，如果扣留不便的，也可以根据具体情况就地扣留。需要说明的是，扣留后不得占有、使用、处分，即物权相应权能并没有改变。冻结，是指人民法院履行一定法律手续后通知银行等对被申请人的存款、资产、股权等收益，不准提取转移等方面的情形。法律规定的其他方法即上述以上措施以外的、由法律作出规定的方法。

利害关系人申请诉前财产保全，申请人应当在人民法院采取保全措施后30日内依法提起诉讼，不依法提起诉讼的，人民法院应当解除保全。申请人在人民法院采取保全措施后30日内依法提起诉讼的，诉前财产保全措施自动转为诉讼中的保全措施；进入执行程序后，保全措施自动转为执行中的查封、扣押、冻结措施。自动转为诉讼、仲裁中的保全措施或者执行中的查封、扣押、冻结措施的，期限连续计算，人民法院无须重新制作裁定书。

【管辖】

根据《民事诉讼法》第101条的规定，申请诉前财产保全申请案件由被保全财产所在地、被申请人住所地或者对案件有管辖权的人民法院进行管辖。从法律规定看，为方便利害关系人提出申请，除了将被保全财产所在地法院和被申请住所地作为受理法院外，还将对案件有管辖权的法院作为受理诉前财产保全的法院，其中对案件有管辖权的法院，是指根据《民事诉讼法》对将要提起的诉讼具有管辖权的法院，如侵权案件可以由侵权行为或者被告住所地法院管辖；合同纠纷案件可以由被告住所地或者合同履行地法院管辖；因不动产纠纷提起的诉讼应由不动产所在地法院管辖。

【法律适用】

处理申请诉前财产保全案件的法律依据主要是《民事诉讼法》第100条至第105条，《民事诉讼法解释》第152条、第160条，以及

《最高人民法院关于人民法院办理财产保全案件若干问题的规定》的相关规定等。

【确定该案由应当注意的问题】

诉前财产保全的申请人对于提起诉讼的法院具有选择权，既可以选择采取诉前财产保全的法院，也可以选择其他有管辖权的法院。当事人向采取诉前保全措施以外的其他有管辖权的人民法院起诉的，采取诉前保全措施的人民法院应当按照《民事诉讼法解释》第160条规定将保全手续移送受理案件的人民法院；诉前保全的裁定视为受移送人民法院作出的裁定。采取诉前保全的法院不得因申请人（利害关系人）没有在该法院起诉，就不按要求移送相关采取诉前保全措施的手续、材料、保全费以及担保金等。诉前保全的裁定视为受移送人民法院作出的裁定，不仅效力等同，而且时间等同，因此受移送人民法院在原财产保全期限届满后作出保全续封裁定、续冻手续时，不能将此续封手续视为轮候查封，特别是有另案法院轮候查封时，此续封手续也不能排在另案法院的轮候查封之后。

申请诉前财产保全应当满足以下条件：（1）情况紧急，不立即申请财产保全将会使申请人的合法权益受到难以弥补的损害；（2）必须由利害关系人提出申请，法院不得依职权采取诉前财产保全措施；（3）申请诉前财产保全的，申请人应当提供担保；（4）保全财产所在地、被申请人住所地或者对案件有管辖权的人民法院申请采取保全措施。

根据《民事诉讼法》第101条及《最高人民法院关于人民法院办理财产保全案件若干问题的规定》第17条“利害关系人申请诉前财产保全，在人民法院采取保全措施后三十日内依法提起诉讼或者申请仲裁的，诉前财产保全措施自动转为诉讼或仲裁中的保全措施；进入执行程序后，保全措施自动转为执行中的查封、扣押、冻结措施。依前款规定，自动转为诉讼、仲裁中的保全措施或者执行中的查封、扣押、冻结措施的，期限连续计算，人民法院无需重新制作裁定书”的规定，当事人申请诉前财产保全人民法院采纳的，申请人应当在人民法院采取诉前保全措施后30日内起诉，逾期不起诉的，人民法院应当解除财产保全措施，因此给被申请人造成财产损失的应当承担赔偿责任。如果申请人在规定的期限内向人民法院起诉的，采取诉前财产保全措施的人民法院就享有管辖权。申请诉前财产保全人应当提供担保，不提供担保的，法院裁定驳回申请。人民法院在接受诉前财产保全申请后，必须在48小时内作出裁定，裁定采取保全措施的，应当立即开始执行。

432. 申请诉前行为保全

【释义】

诉前行为保全是本次修正新增的案由，是指人民法院在民事案件受理前，因情况紧急，为了不使利害关系人的合法权益受到难以弥补的损害，根据利害关系人的申请，责令被申请人作出一定行为，或禁止其作出一定行为的一种保全制度。

2012年《民事诉讼法》修正时，对保全的概念进行了扩大，在财产保全的基础上增加了行为保全的规定。一般而言，行为保全包括两层含义：第一层含义是要求被申请人作出或者禁止被申请人作出某种行为，如禁止被申请人处分标的物、要求被申请人停止实施侵权行为等；第二层含义是暂时确定申请人与被申请人之间的权利义务，如要求被申请人支付工资、赔偿金、扶养费、赡养费、医疗费用等。在我国《民事诉讼法》中的保全制度仅指上述第一层含义，第二层含义包含在先予执行制度中。

诉前行为保全是发生在提起诉讼之前的行为保全措施，利害关系人因情况紧急，不立即申请保全将会使其合法权益受到难以弥补的损害的，于提起诉讼之前向人民法院申请责令被申请人作出一定行为或禁止被申请人为一定行为。作为一项临时措施，诉前行为保全对权利人及时、便捷保护其合法权益具有重要意义。

【管辖】

根据《民事诉讼法》第101条规定，申请诉前行为保全案件的管辖法院为被申请人住所地法院或者对诉讼案件有管辖权的人民法院。

【法律适用】

处理申请诉前行为保全案件的法律依据主要是《民事诉讼法》第100条、第101条，《民事诉讼法解释》第152条、第160条等规定。

【确定该案由应当注意的问题】

2011年《民事案件案由规定》规定了财产保全和证据保全案件案由，并未明确列明“行为保全”案件案由。当然，这并不意味着2011年《民事案件案由规定》没有规定行为保全相关案件案由。根据当时的法律，行为保全主要适用于海事领域和知识产权领域，即海事强制令、诉前责令停止有关侵犯知识产权行为的措施。针对这两类行为保全案件，2011年《民事案件案由规定》在“适用特殊程序案件案由”规定了“申请诉前停止侵害知识产权案件”及项下四个第三级案由、在“海事诉讼特别程序案件”项下规定了“申请海事强制令”案由。鉴于《民事诉讼法》第100条、第101条明确规定了行为保全制度，2020年《民事案件案由规定》增加了“申请诉前行为保全”案由。之所以没有增加“申请诉中行为保全”，主要原因是诉中保全并非独立案件，人民法院可基于在审案件作出保全裁定。适用本案由时需要注意：涉及知识产权纠纷诉前行为保全的案件，应当适用第二级案由

"申请诉前停止侵害知识产权案件"项下对应的第四级案由；当事人在起诉前申请海事强制令，应当适用"申请海事强制令"案由；针对侵害其他权益的行为申请诉前保全的，适用"申请诉前行为保全"案由。

433. 申请诉前证据保全

【释义】

证据保全，作为一种证据调查措施，是大陆法系民事诉讼的传统制度。诉前证据保全是指利害关系人在起诉前，认为证据可能灭失或者以后难以取得的情况下，为避免其合法权益遭受难以弥补的损害，在起诉前向人民法院申请证据保全，人民法院经审查后对有关证据采取提取、封存等保全措施。2012 年《民事诉讼法》修正之前，我国的《民事诉讼法》并未规定诉前证据保全，1999 年的《海事诉讼特别程序法》中首先规定了诉前证据保全，其后，《著作权法》《商标法》以及《最高人民法院关于对诉前停止侵犯专利权行为适用法律问题的若干规定》也对诉前证据保全作出规定。《最高人民法院关于民事诉讼证据的若干规定》规定，法律、司法解释规定诉前证据保全的，依照其规定办理。2012 年修正的《民事诉讼法》中明确规定了诉前证据保全制度，2017 年《民事诉讼法》第三次修正时未对诉前证据保全规定作出修改。

根据《民事诉讼法》第 81 条的规定，采取诉前证据保全措施须符合下列条件：一是诉前证据保全在提起诉讼前申请。诉前证据保全的制度目的是使利害关系人在起诉前即能收集到相关证据，防止证据的灭失或者难以取得，避免进入诉讼程序后的举证困难，从而有助于法院清楚了解争议事实的实际状况。同时，通过诉前证据保全，促使双方当事人在诉讼过程中就某些争议事实更快达成一致，减少审理时争点。二是诉前证据保全应当由利害关系人申请。由于尚未进入诉讼程序，所以还不存在当事人，只能是利害关系人提出申请。这里的利害关系人，是指民事权益可能受到损害或者与他人发生民事权益纠纷的人。是否属于利害关系人，应当由人民法院审查判断予以确定。三是申请诉前证据保全的前提是情况紧急，证据可能灭失或者以后难以取得。之所以要强调只有在情况紧急、证据可能灭失或者以后难以取得，利害关系人不立即申请证据保全就可能使其合法权益难以得到保护的情况下，才能向人民法院申请诉前证据保全，主要是考虑到纠纷尚未进入诉讼或者仲裁程序，为防止利害关系人滥用诉前证据保全措施来损害其他人的合法权益，必须以情况紧急为前提；否则，就应当到诉讼过程中去申请诉讼保全。是否情况紧急，应当由人民法院根据实践具体情况进行分析判断。四是诉前证据保全应当向证据所在地、被申请人住所地或者对案件有管辖权的人民法院申请。

根据《民事诉讼法》第 81 条第 3 款的规定，证据保全的其他程序，参照适用《民事诉讼法》第 9 章保全的有关规定。《民事诉讼法》第 9 章对保全已经作出了较为详细的规定，《民事诉讼法》第 81 条对于证据保全仅作出较为原则的规定，其他程序的内容，参照适用《民事诉讼法》第 9 章的有关规定。比如，根据《民事诉讼法》第 9 章第 101 条第 3 款的规定，诉前保全的，申请人在人民法院采取保全措施后 30 日内不依法提起诉讼或者申请仲裁的，人民法院应当解除保全。同样，对于诉前证据保全，提出申请的利害关系人在人民法院采取证据保全措施后 30 日内不依法提起诉讼或者申请仲裁的，人民法院也应当解除证据保全。

【管辖】

根据《民事诉讼法》第 81 条的规定，因情况紧急，在证据可能灭失或者以后难以取得的情况下，利害关系人可以在提起诉讼或者申请仲裁前向证据所在地、被申请人住所地或者对案件有管辖权的人民法院申请保全证据。

【法律适用】

处理申请诉前证据保全案件的法律依据主要包括《民事诉讼法》第81条以及第100~108条的规定,《商标法》第66条,《著作权法》第57条,以及《最高人民法院关于审理商标案件有关管辖和法律适用范围问题的解释》第7条。

【确定该案由应当注意的问题】

2012年《民事诉讼法》修正前,申请诉前证据保全主要在知识产权案件以及海事案件中适用。《民事诉讼法》修正后,适用范围得到扩大。实践中,要注意本案由与第二级案由"四十九、海事诉讼特别程序案件"项下的"申请海事证据保全"的适用规则。"申请海事证据保全"与本案由是特殊和一般的关系。对于符合海事证据保全条件的,优先适用申请海事证据保全案由;海事证据保全之外的其他诉前证据保全案件,适用本案由。

434. 申请仲裁前财产保全

【释义】

根据《民事诉讼法》第101条的规定,申请仲裁前财产保全,是指利害关系人在因情况紧急,不立即申请保全将会使其合法权益受到难以弥补的损害的情况下,在仲裁前申请被保全财产所在地、被申请人住所地或者对案件有管辖权的人民法院采取保全措施的一种保全制度。《民事诉讼法》在2012年修正之前仅规定诉前财产保全,而并未明确规定仲裁前财产保全，2012 年《民事诉讼法》修正时增加规定申请仲裁前也可以申请保全措施。仲裁前财产保全制度设立目的是保证将来依法作出的仲裁裁决能够全面顺利地得到执行，从而更好维护利害关系人的合法权益。申请仲裁前财产保全为本次案由修正中新增加的案由。

人民法院接受仲裁前财产保全申请后，须在 48 小时内作出裁定；人民法院裁定采取仲裁前财产保全措施的，应立即开始执行。财产保全措施包括查封、扣押、冻结或者法律规定的其他方法，该四类措施可以合并使用，也可以单独使用。利害关系人申请仲裁前财产保全，申请人应当在人民法院采取保全措施后30 日内依法申请仲裁，不依法申请仲裁的，人民法院应当解除保全。

【管辖】

根据《民事诉讼法》第 101 条的规定，申请仲裁前财产保全案件由被保全财产所在地、被申请人住所地或者对案件有管辖权的人民法院进行管辖。

【法律适用】

处理申请仲裁前财产保全案件的法律依据主要是《民事诉讼法》第 100 条至第 105 条，《仲裁法》第 28 条，以及《最高人民法院关于人民法院办理财产保全案件若干问题的规定》第 17 条、第 23 条。

【确定该案由应当注意的问题】

申请仲裁前财产保全应当具备以下条件：

1. 情况紧急，不立即申请财产保全将会使申请人的合法权益受到难以弥补的损害。情况紧急与不立即申请财产保全将会使其合法权益受到难以弥补的损害是两个并列的条件，两条件必须同时满足，如果仅有一种情况，也不一定要采取该项措施。“情况紧急”也就是具有紧迫性，利害关系人来不及申请仲裁情况下，就必须采取保全措施。“不立即申请仲裁前财产保全将会使其合法权益受到难以弥补的损害”，是指不申请会导致申请人的合法权益就难以实现或者不能实现的情况，“不立即申请仲裁前财产保全”与“难以弥补的损害”具有因果关系。

2. 申请人为利害关系人，即不立即申请财产保全将会使合法权益受到难以弥补的损害的人，包括公民、法人等。

3. 申请仲裁前财产保全的，申请人应当提供担保。法律规定提供担保的目的是为保护被申请人的合法权益，以免对被申请人的合法权益造成损失。仲裁前财产保全申请人应当提供担保，对于不提供担保的，裁定驳回申请。

4. 应当向保全财产所在地、被申请人住所地或者对案件有管辖权的人民法院申请采取保全措施。

5. 应当有给付的内容。必须为实现自己的合法权益，请求法院责令当事人履行一定实体上的义务，包括作为和不作为。

435. 申请仲裁前行为保全

【释义】

仲裁前行为保全是指利害关系人在提起仲裁前，因情况紧急，不立即申请保全将会使其合法权益受到难以弥补的损害时，向人民法院申请仲裁前行为保全，人民法院经审查后责令被申请人作出一定行为，或禁止其作出一定行为的一种保全制度。2012 年《民事诉讼法》修正时，考虑到有时为制止侵权发生，防止损害扩大，需要禁止当事人作出某种行为，或者要求其作出某种行为，因此在吸收《著作权法》

《专利法》《商标法》《海事诉讼特别程序法》等有关规定的基础上，对保全的概念进行了扩大，在财产保全的基础上增加了行为保全的规定，并首次明确仲裁前行为保全制度。仲裁前行为保全是发生在申请仲裁之前的行为保全措施，利害关系人得因情况紧急，不立即申请保全将会使其合法权益受到难以弥补的损害的，于申请仲裁之前向人民法院责令被申请人作出一定行为或禁止被申请人为一定行为。作为一项临时措施，仲裁前行为保全对权利人及时、便捷保护其合法权益具有重要意义。申请仲裁前行为保全为本次案由修正中新增加的案由。

【管辖】

申请仲裁前行为保全案件，一般由被申请人住所地人民法院管辖。

【法律适用】

处理申请仲裁前行为保全案件的法律依据主要是《民事诉讼法》第100条、第101条等规定。

【确定该案由应当注意的问题】

2011年《民事案件案由规定》规定了财产保全和证据保全案件案由，并未明确列明“行为保全”案件案由。当然，这并不意味着2011年《民事案件案由规定》没有规定行为保全相关案件案由。根据当时的法律，行为保全主要适用于海事领域和知识产权领域，即海事强制令、诉前责令停止有关侵犯知识产权行为的措施。本次修正根据《民事诉讼法》的规定，增加了诉前行为保全、仲裁前行为保全案由。相关适用规则，前文已经提到，不再赘述。

436. 申请仲裁前证据保全

【释义】

仲裁前证据保全是指利害关系人在起诉前，认为证据可能灭失或者以后难以取得的情况下，为避免其合法权益遭受难以弥补的损害，在起诉前向人民法院申请证据保全，人民法院经审查后对有关证据采取提取、封存等保全措施。2012 年修正的《民事诉讼法》中明确规定了仲裁前证据保全制度。

根据《民事诉讼法》第 81 条第 2 款“因情况紧急，在证据可能灭失或者以后难以取得的情况下，利害关系人可以在提起诉讼或者申请仲裁前向证据所在地、被申请人住所地或者对案件有管辖权的人民法院申请保全证据”的规定，采取仲裁前证据保全措施须符合下列条件：一是申请仲裁前证据保全措施应当在申请仲裁前进行。在申请仲裁前进行诉讼证据保全，利害关系人可在进入仲裁程序前收集相关证据，以有效防止证据的灭失或者难以取得，避免进入仲裁程序后的举证困难，也能帮助仲裁机构清楚了解争议事实的实际状况，促进纠纷的公平、顺利解决。同时，通过诉前证据保全，在进入诉讼或者仲裁后双方当事人就某些争议事实能更快达成一致，审理时能减少争点，实现仲裁经济的目的。二是仲裁前证据保全应当由利害关系人提出申请。由于尚未进入仲裁程序，所以还不存在当事人，只能是利害关系人提出申请。这里的利害关系人，是指民事权益可能受到损害或者与他人发生民事权益纠纷的人。是否属于利害关系人，应当由人民法院审查判断予以确定。三是申请仲裁前证据保全的前提是情况紧急，证据可能灭失或者以后难以取得。此处强调“情况紧急”的前提条件，主要是考虑到纠纷尚未进入仲裁程序，为避免相关利害关系人滥用仲裁前证据保全措施，损害其他人的合法权益，只有在情况紧急，证据可能灭失或者以后难以取得，利害关系人不立即申请证据保全就可能使其合法权益难以得到保护的情况下，才能向人民法院申请仲裁前证据保全；否则，就应当到仲裁过程中去申请诉讼保全。是否情况紧急，应当由人民法院根据实践具体情况进行分析判断。四是对仲裁前证据保全有管辖权的法院包括证据所在地、被申请人住所地或者对案件有管辖权的人民法院。为便于利害关系人保护其合法权益，也为了便于人民法院采取证据保全措施，本款规定了利害关系人可以向三类人民法院提出申请，即证据所在地、被申请人住所地或者对案件有管辖权的人民法院。根据《民事诉讼法》第81条第3款的规定，证据保全的其他程序，参照适用本法第9章保全的有关规定。《民事诉讼法》中的“保全”与证据保全具有相类似之处，《民事诉讼法》第9章对保全作出了较为详细的规定，第81条对于证据保全仅作出了较为原则的规定，关于证据保全其他程序的内容，可以参照适用第9章的有关规定。①

【管辖】

根据《民事诉讼法》第81条的规定，因情况紧急，在证据可能灭失或者以后难以取得的情况下，利害关系人可以在提起诉讼或者申请仲裁前向证据所在地、被申请人住所地或者对案件有管辖权的人民法院申请保全证据。

【法律适用】

处理申请仲裁前证据保全案件的法律依据主要包括《民事诉讼法》第81条及第100～108条的规定，《商标法》第66条，《著作权法》第57条，以及《最高人民法院关于审理商标案件有关管辖和法

---

① 全国人大常委会法制工作委员会民法室主编：《中华人民共和国民事诉讼法解读》，中国法制出版社2012年版，第206～208页。

律适用范围问题的解释》第7条。

【确定该案由应当注意的问题】

根据《民事诉讼法》第81条的规定，因情况紧急，在证据可能灭失或者以后难以取得的情况下，利害关系人可以在申请仲裁前向证据所在地、被申请人住所地或者对案件有管辖权的人民法院申请保全证据。按照这一规定，申请仲裁前证据保全的条件是情况紧急，证据可能灭失或者以后难以取得。申请诉前证据保全的时间是申请仲裁前。受理仲裁前证据保全申请的主体是证据所在地、被申请人住所地或者对案件有管辖权的人民法院。利害关系人申请仲裁前证据保全的，申请书应当载明需要保全的证据的基本情况、申请保全的理由以及采取何种保全措施等内容。

实践中要注意本案由与第二级案由“四十九、海事诉讼特别程序案件”项下的“449. 申请海事证据保全”的适用规则。申请海事证据保全与本案由是特殊和一般的关系，对于符合海事证据保全条件的优先适用申请海事证据保全案由，海事证据保全之外的其他仲裁前证据保全案件适用本案由。

437. 仲裁程序中的财产保全

【释义】

仲裁程序中的财产保全是指仲裁机构受理案件后，作出裁决前，为了保证仲裁裁决顺利执行，由申请人向仲裁机构提出申请，并通过人民法院对被申请人的财物采取限制其处分的保全措施。仲裁程序中的财产保全制度设立目的是防止被申请人或有关人员对当事人请求仲裁的标的物及与本案相关的财产实施隐匿、转移、挥霍和毁损，保证仲裁活动的顺利进行和仲裁裁决得以实现，维护仲裁裁决的威严及权利人的合法权益。

【管辖】

根据《最高人民法院关于人民法院执行工作若干问题的规定（试行)》第9条，在国内仲裁过程中，当事人申请财产保全，经仲裁机构提交人民法院的，由被申请人住所地或被申请保全的财产所在地的基层人民法院裁定并执行；申请证据保全的，由证据所在地的基层人民法院裁定并执行。对于涉外仲裁机构的财产保全，根据《民事诉讼法》第272条的规定，当事人申请采取保全的，中华人民共和国的涉外仲裁机构应当将当事人的申请，提交至被申请人住所地或者财产所在地的中级人民法院裁定。《最高人民法院关于人民法院执行工作若干问题的规定（试行)》第10条规定，在涉外仲裁过程中，当事人申请财产保全，经仲裁机构提交人民法院的，由被申请人住所地或被申请保全的财产所在地的中级人民法院裁定并执行。根据《民事诉讼法解释》第542条的规定，依照《民事诉讼法》第272条规定，中华人民共和国涉外仲裁机构将当事人的保全申请提交人民法院裁定的，人民法院可以进行审查，裁定是否进行保全。裁定保全的，应当责令申请人提供担保，申请人不提供担保的，裁定驳回申请。

【法律适用】

处理仲裁程序中的财产保全案件的法律依据主要包括《仲裁法》第28条，《民事诉讼法》第100条、第101条、第272条，《民事诉讼法解释》第542条，《最高人民法院关于人民法院执行工作若干问题的规定（试行)》第9条、第10条。

【确定该案由应当注意的问题】

本案由为第三级案由。根据《仲裁法》和《民事诉讼法》的相关规定，仲裁机构在仲裁过程中对于当事人申请财产保全的，只能将当事人的申请提交人民法院采取财产保全措施，仲裁机构无权采取财产保全措施，人民法院根据《民事诉讼法》的规定对仲裁程序的财产保全申请进行审查并决定是否采取保全措施。

仲裁程序中财产保全的条件：一是申请人、被申请人系仲裁案件的双方当事人。二是因被申请人的行为或者其他原因，使裁决不能执行或者难以执行的可能，比如一方当事人出于恶意擅自将争议的标的物或者与本案有关的财物毁损、浪费、藏匿、出卖、挥霍、转移，使生效裁决无法执行或难以执行；或者存在客观上的原因，比如季节性商品、鲜活、易腐烂变质等，导致物品丧失了其使用价值，即使裁决一方当事人享有所有权，也失去了实际意义，故通过采取保全措施，将上述物品变卖后保存其价款，供生效裁决执行，达到维护权利人的合法权益目的。三是请求保全财产应为被申请人的财产或者是双方当事人争议的财产。四是有明确的财产线索和有关证明材料。五是被申请人住所地或者保全财产所在地在法院辖区，并符合级别管辖的规定。六是按时交纳申请费并提供可靠担保。

438. 仲裁程序中的证据保全

【释义】

仲裁中的证据保全是指在仲裁程序开始以后，仲裁机构调查、收集、审核证据之前，证据可能灭失或以后难以取得的情况下，为保证仲裁案件能够公正合理地进行，人民法院根据仲裁机构转交的当事人申请，对证据材料及时保护、固定，以保存证据证明力的保全措施。

【管辖】

仲裁程序中的证据保全分为两种：一是国内仲裁机构的证据保全；二是涉外仲裁机构的证据保全。根据《仲裁法》第46条的规定，在证据可能灭失或者以后难以取得的情况下，当事人可以申请证据保全。当事人申请证据保全的，仲裁委员会应当将当事人的申请提交证据所在地的基层人民法院。《最高人民法院关于人民法院执行工作若干问题的规定（试行）》第9条规定在国内仲裁过程中，当事人申请证据保全的，由证据所在地的基层人民法院裁定并执行。根据《仲裁法》第68条的规定，涉外仲裁的当事人申请证据保全的，涉外仲裁委员会应当将当事人的申请提交证据所在地的中级人民法院。《最高人民法院关于人民法院执行工作若干问题的规定（试行）》第10条规定在涉外仲裁过程中，当事人申请证据保全的，由证据所在地的中级人民法院裁定并执行。

【法律适用】

处理仲裁程序中的证据保全案件的法律依据主要包括《仲裁法》第46条、第68条，以及《最高人民法院关于人民法院执行工作若干问题的规定（试行）》第9条、第10条。

【确定该案由应当注意的问题】

在仲裁案件中证据保全必须符合条件，当事人方可提出证据保全申请并由人民法院进行证据保全。仲裁中证据保全必须具备的条件是：一是证据有可能灭失或者以后难以取得。当事人向仲裁机构申请仲裁并在仲裁庭调查收集证据之前，有些证据如不及时进行提取保存，就会失去或不复存在。例如，证人年老或者病重，随时有死亡的可能性；作为证据的物品属于季节性商品，不宜进行保存，有腐烂、变质、消灭的可能性，从而丧失其证明力。在这种情况下，应提前制作证人证言笔录或者录音；对物证进行勘验，制作勘验笔录并处理掉作为证据的物品。再如，证人将要出国留学、定居等，长期不能回国或者不可能再到中国来，以后再去收集、调取证据十分困难或者有可能无法取得，拖延仲裁案件的审结，对保护当事人的正当权益极为不利。所以，在证据以后难以再取得的情况下，就需要及时采取证据保全措施，将证据的证明力合法保存下来。二是当事人通过仲裁机构提交仲裁程序中的证据保全的申请。仲裁机构没有裁定证据保全的权力，也没有采取证据保全措施的强制手段，只有人民法院才有权采取证据保全措施。在民事诉讼中，人民法院在当事人没有申请证据保全的情况下，对于可能灭失或者将来难以取得的证据，可以主动依职权采取相应的保全措施。而在仲裁中，在证据处于将要灭失或者以后难以取得的情况下，当事人只能主动向仲裁机构申请证据保全，仲裁机构不能依职权采取证据保全，也没有义务通知有关人民法院采取保全措施。当事人申请证据保全时，必须向受理仲裁案件的仲裁机构提出申请，由仲裁机构将当事人的证据保全申请转交有关的人民法院。如果当事人直接向人民法院提出证据保全申请，人民法院不予受理。另外，本规定并未增设仲裁程序中的行为保全，主要因为《民事诉讼法》《仲裁法》并未明确，待《仲裁法》修改后，适时予以调整。

439. 申请执行前财产保全

【释义】

根据《民事诉讼法解释》第163条的规定，申请执行前财产保全是指法律文书生效后，进入执行程序前，债权人在面对对方当事人转移财产等紧急情况，不申请保全将可能导致生效法律文书不能执行或者难以执行时，向执行法院申请采取的保全措施。

为防止债务人转移财产，利于将来判决的执行，《民事诉讼法》规定了诉前保全和诉讼保全，司法实践中还存在的问题是作为执行依据的法律文书生效后，债务人转移财产时，如何有效保护债权人合法权益。有关司法解释规定，债权人只有尽快申请执行，执行法院立案后再采取执行措施。为解决这一问题，2004 年《最高人民法院关于人民法院民事执行中查封、扣押、冻结财产的规定》作出规定，作为执行依据的法律文书生效后至申请执行前，债权人可以向有执行管辖权的人民法院申请保全债务人的财产。2015 年最高人民法院发布《民事诉讼法解释》，在全面总结实践经验的基础上，对执行前财产保全制度作出了进一步的细化与完善。执行前财产保全能够及时固定债务人的财产，有效避免因债务人不当处分财产而给债权人造成的损害，从而避免进入执行程序之后因财产不足以清偿债务而产生的执行不能，可以有效破解执行难，保障债权人的合法权益。

【管辖】

根据《民事诉讼法解释》第 163 条的规定，对执行前财产保全案件有管辖权的法院是执行法院。这里的执行法院不能简单理解为执行受理法院，应当理解为有执行管辖权的法院。根据《民事诉讼法》第 224 条“发生法律效力的民事判决、裁定，以及刑事判决、裁定中的财产部分，由第一审人民法院或者与第一审人民法院同级的被执行的财产所在地人民法院执行。法律规定由人民法院执行的其他法律文书，由被执行人住所地或者被执行的财产所在地人民法院执行”的规定，享有执行管辖权的法院为两类：一是案件的第一审人民法院，二是与第一审人民法院同级的被执行的财产所在地人民法院。也就是说，申请执行前财产保全，债权人可以向第一审人民法院申请，也可以向与第一审人民法院同级的债务人财产所在地人民法院申请。

【法律适用】

处理执行前财产保全案件的主要法律依据是《民事诉讼法》的相关规定、《民事诉讼法解释》第163条，以及《最高人民法院关于人民法院民事执行中查封、扣押、冻结财产的规定》的相关规定。

【确定该案由应当注意的问题】

“法律文书生效后，进入执行程序前”这一期间包括四种情形：一是终审判决宣判之日起至裁判文书最后一方当事人送达时止的期间。二是法律文书生效后至文书确定履行期限之前的期间。此期间判决内容已确定，但义务人履行期限还未届满，裁判文书还未发生强制执行效力。三是执行案件立案后到发出执行通知书期间，这一期间可采取相应的执行措施，如采取查封、扣押、冻结等措施，则属于执行措施。四是对履行期限届满后，在执行时效期间内，至申请执行立案前。“法律不保护权利上的睡眠者”，当履行期限届满后，出现对方当事人转移财产等紧急情况，债权人完全可以通过申请执行，由执行法院采取查封、扣押、冻结等措施来解决。但从“债权人在法律文书确定的履行期届满后五日内不申请执行的，人民法院应当解除保全”来看，似乎可以倒推出当出现法律文书确定的履行期届满超出五日后，在执行时效期间，才申请执行的，不能适用《民事诉讼法解释》解除保全。因此，在期限的把握上主要是前两种。

申请执行前财产保全的前提条件是存在债务人转移财产等紧急情况，不申请保全将可能导致生效法律文书不能执行或者难以执行。在司法实践中，许多案件通过人民法院的调解，当事人在诉讼中自愿达成协议，对债务约定一次性履行或者分期履行，当事人之间的纠纷得到解决，双方之间的对抗得到弱化，债务人也准备诚信地按期履行义务。此时，如果不加限制地允许债权人在法律文书生效后至申请执行前，随时无条件地向执行法院申请保全债务人的财产，这不仅会加剧当事人之间、当事人与法院之间的对抗，而且会损害债务人的合法利益，甚至严重损害诉讼诚信原则。因此，只有当债务人出现故意转移、转让、隐匿财产等紧急情况，故意规避法律，逃避执行，不申请保全将可能导致生效法律文书不能执行或者难以执行的，才允许债权人向执行法院申请保全。否则，人民法院对此保全申请不予受理。

除以上前提条件外，申请执行前财产保全还应当注意以下事项：一是当事人必须向法院提交书面申请，人民法院一般不主动依职权采取诉讼保全措施；二是采取保全的案件必须是给付之诉，即该案的判决或调解结果具有财产给付内容；三是申请人申请保全的范围应当是判决内容，即判决确定债务人履行义务的范围，人民法院根据判决内容予以保全。

440. 申请中止支付信用证项下款项

【释义】

在信用证交易中，当事人或利害关系人认为存在信用证欺诈且开证行尚未对外付款的情况下，可以在提起民事诉讼前向有关人民法院申请采取保全措施，中止信用证项下款项的对外支付，以避免造成损失。申请中止支付信用证项下款项程序的有关规定源于《民事诉讼法》中诉前财产保全的有关规定，将该程序作为特殊程序对待，列为第三级案由。当事人申请中止支付信用证项下款项分为诉讼前申请中止支付信用证项下款项与诉讼中申请中止支付信用证项下款项。

存在信用证欺诈是申请中止支付信用证项下款项的前提条件之一。利用信用证进行的欺诈的方式多种多样，根据《最高人民法院关于审理信用证纠纷案件若干问题的规定》第 8 条，常见的信用证欺诈情形主要包括以下几种情形：一是受益人单方面的欺诈，即受益人单方通过伪造变造单据实施的欺诈，包括伪造变造部分甚至全部单据，或者提交的单据虽然是真实的，但是单据记载的内容是虚假的等情形。在这种情形下，显然受益人在主观上具有恶意，目的是骗取信用证项下的款项。二是受益人利用基础合同进行欺诈，即受益人为了骗取信用证项下的款项，根本不交付合同约定应当交付的货物，或者交付的货物不具有实际价值的情形。三是受益人与开证申请人或者其他第三方恶意串通，骗取信用证项下款项的情形。此种情形下，可能出现信用证项下的单据是虚假的，基础交易依据的买卖合同也是虚构的等情况，是最为典型的信用证欺诈案件。此外，信用证欺诈在手段上具有多样性、复杂性，难以列举穷尽，人民法院在认定是否存在信用证欺诈时可以根据《民法典》中关于民事欺诈的规定作出认定。

开证申请人、开证行或者其他利害关系人发现有信用证欺诈情形，并认为将会给其造成难以弥补的损害时，可以向有管辖权的人民法院寻求司法救济，在起诉前向人民法院提出申请，由人民法院通过裁定中止支付信用证项下的款项。根据《最高人民法院关于审理信用证纠纷案件若干问题的规定》第 11 条的规定，当事人在起诉前申请中止支付信用证项下款项应当满足的条件包括：一是受理申请的人民法院对该信用证纠纷案件享有管辖权；二是申请人提供的证据材料证明存在本规定第 8 条的情形；三是如不采取中止支付信用证项下款项的措施，将会使申请人的合法权益受到难以弥补的损害；四是申请人提供了可靠、充分的担保；五是不存在《最高人民法院关于审理信用证纠纷案件若干问题的规定》第 10 条规定的申请中止支付信用证项下款项例外的情形。法院接受中止支付信用证项下款项申请后，必须在 48 小时内作出裁定；裁定中止支付的，应当立即开始执行。人民法院作出中止支付信用证项下款项的裁定，应当列明申请人、被申请人和第三人。当事人对人民法院作出中止支付信用证项下款项的裁定有异议的，可以在裁定书送达之日起 10 日内向上一级人民法院申请复议。上一级人民法院应当自收到复议申请之日起 10 日内作出裁定。复议期间，不停止原裁定的执行。

【管辖】

根据《最高人民法院关于审理信用证纠纷案件若干问题的规定》第 11 条的规定，当事人在起诉前申请中止支付信用证项下款项的，由对该信用证纠纷案件享有管辖权的人民法院管辖。

【法律适用】

审理申请中止支付信用证项下款项案件的法律依据主要是《民事诉讼法》以及《最高人民法院关于审理信用证纠纷案件若干问题的规定》的相关规定。

【确定该案由应当注意的问题】

申请中止支付信用证项下款项的除外情形。人民法院认定存在信用证欺诈的，应当裁定中止支付或者判决终止支付信用证项下款项，但有下列情形之一的除外：一是开证行的指定人、授权人已按照开证行的指令善意地进行了付款；二是开证行或者其指定人、授权人已对信用证项下票据善意地作出了承兑；三是保兑行善意地履行了付款义务；四是议付行善意地进行了议付。

441. 申请中止支付保函项下款项

【释义】

申请中止支付保函项下款项是指当事人在认为保函存在欺诈行为

时，在向人民法院起诉前，向人民法院申请采取保全措施，请求银行中止支付保函项下款项，以避免造成损失的保全措施。

保函，又称保证书，是指银行、保险公司、担保公司或担保人应申请人的请求，向受益人开立的一种书面信用担保凭证，以书面形式出具的、凭提交与承诺条件相符的书面索款通知和其他类似单据即行付款的保证文件。其保证在申请人未能按双方协议履行其责任或义务时，由担保人代其履行一定金额、一定时限范围内的某种支付或经济赔偿责任。保函是一种特殊的担保方式，在商业往来中，将贸易双方的商业信誉转化为银行信誉。保函种类主要有：预付款保函、投标保函、履约保函、质量保函、付款保函以及其他各种类型的保函。保函的基本作用是保证申请人去履行某种合约义务，并在一旦出现相反情况时，负责对受益人作出赔偿；或旨在保证受益人在其履行了合约义务后将肯定能得到其所应得的合同价款的权利。

在发生受益人利用独立保函欺诈时，当事人可以向法院申请临时性的司法救济，裁令中止开立人付款义务的履行，使受益人暂时不能得到独立保函项下的付款，预防侵权行为产生损害后果。根据《最高人民法院关于审理独立保函纠纷案件若干问题的规定》第13条及第16条的规定，止付裁定的性质为行为保全，但相较于我国《民事诉讼法》规定的一般行为保全，又有自身的特殊性，兼具程序审查和实体审查的特点，除了要符合《民事诉讼法》关于采取保全措施的条件外，人民法院必须初步审查实体上是否存在止付事由。

保函与信用证同属银行对外付款的承诺，且在法律性质上与信用证类似，通常认为最高人民法院对信用证慎用止付措施的意见同样适用于中止支付保函项下款项措施。因此，将申请中止支付保函项下款项与申请中止支付信用证项下款项一起作为独立案由，规定在申请保全案件案由当中。

申请中止支付保函项下款项的前提是存在欺诈，根据司法解释规定，独立保函欺诈主要有三种类型：一是无真实交易，即受益人与保函申请人或其他人串通，虚构基础交易的；二是单据欺诈，即受益人提交的第三方单据系伪造或内容虚假的；三是明显滥用付款请求权，该类型包括三类情形：法院判决或仲裁裁决认定基础交易债务人没有付款或赔偿责任的，受益人确认基础交易债务已得到完全履行或者确认独立保函载明的付款到期事件并未发生的，受益人明知其没有付款请求权仍滥用该权利的其他情形。

人民法院裁定止付必须同时具备三项条件：一是止付申请人提交的证据材料证明欺诈情形的存在具有高度可能性。这包含三层含义：（1）人民法院止付独立保函仅限于欺诈情形，即存在无真实交易、单据欺诈或明显滥用付款请求权的情形；（2）受益人提交单据被推定为是善意无欺诈的，因此，证明欺诈的责任在于止付申请人；（3）止付申请人的举证标准必须达到高度盖然性的程度。二是止付申请人须证明情况紧急，如不立即止付将给止付申请人的合法权益造成难以弥补的损害。三是止付申请人提供了足以弥补被申请人因止付可能遭受损失的担保。止付申请人以受益人在基础交易中违约为由请求止付的，人民法院不予支持，防止止付程序转变为对基础交易违约事实的审理。

【管辖】

《最高人民法院关于审理独立保函纠纷案件若干问题的规定》第13条规定，独立保函的申请人、开立人或指示人发现有本规定第12条情形的，可以在提起诉讼或申请仲裁前，向开立人住所地或其他对独立保函欺诈纠纷案件具有管辖权的人民法院申请中止支付独立保函项下的款项，也可以在诉讼或仲裁过程中提出申请。

【法律适用】

处理申请中止支付保函项下款项案件的法律依据主要是《民事诉讼法》及《最高人民法院关于审理独立保函纠纷案件若干问题的规定》的相关规定。

【确定该案由应当注意的问题】

应当注意区分本案由与一般财产保全案件申请事由上的区别。申请中止支付保函项下款项的基本事由是保函存有欺诈情形。而一般保全措施的事由是情况紧急，不申请保全将会给当事人的合法利益造成重大损失或者为保证判决能够顺利进行。虽都是救济措施，但其申请事由有很大区别。

四十六、申请人身安全保护令案件

2016年3月1日起施行的《反家庭暴力法》第4章规定了“人身安全保护令”制度。人民法院依法签发人身安全保护令，是人民法院贯彻实施《反家庭暴力法》的重要职责。人身安全保护令在施暴者和受害者之间设立了一个“法律保护伞”，能够在很大程度上预防家庭暴力的发生或者再次发生。

442. 申请人身安全保护令

【释义】

申请人身安全保护令是指申请人因遭受家庭暴力或者面临家庭暴力的现实危险而申请人民法院出具的禁止或者责令被申请人为一定行为的裁定。《反家庭暴力法》第4章专门对人身安全保护令进行了规定。根据法律规定，在申请主体上，主要是遭受家庭暴力或者面临家庭暴力的家庭成员，实践中多为处于弱势的妇女、未成年子女以及老年人。如果当事人是无民事行为能力人、限制民事行为能力人，或者因受到强制、威吓等原因无法申请人身安全保护令的，其近亲属、公安机关、妇女联合会、居民委员会、村民委员会、救助管理机构可以代为申请。在申请条件上，申请人身安全保护令，应当有明确的被申请人、有具体的请求、有遭受家庭暴力或者面临家庭暴力现实危险的情形。向人民法院申请人身安全保护令，不收取诉讼费用，申请人亦不需要提供担保。在文书形式上，人身安全保护令由人民法院以裁定形式作出。在裁定的作出时限上，人民法院受理申请后，应当在 72 小时内作出人身安全保护令或者驳回申请；情况紧急的，应当在 24 小时内作出。在适用程序上，人民法院可以比照特别程序进行审理。家事纠纷案件中的当事人向人民法院申请人身安全保护令的，由审理该案的审判组织作出是否发出人身安全保护令的裁定；如果人身安全保护令的申请人在接受其申请的人民法院并无正在进行的家事案件诉讼，由法官以独任审理的方式审理。至于是否需要就发出人身安全保护令问题听取被申请人的意见，则由承办法官视案件的具体情况决定。在具体措施上，人身安全保护令可以包括下列措施：（1）禁止被申请人实施家庭暴力；（2）禁止被申请人骚扰、跟踪、接触申请人及其相关近亲属；（3）责令被申请人迁出申请人住所；（4）保护申请人人身安全的其他措施。人身安全保护令的有效期不超过 6 个月，自作出之日起生效。人身安全保护令失效前，人民法院可以根据申请人的申请撤销、变更或者延长。人民法院作出人身安全保护令后，应当送达申请人、被申请人、公安机关以及居民委员会、村民委员会等有关组织。人身安全保护令由人民法院执行，公安机关以及居民委员会、村民委员会等应当协助执行。此外，法律、司法解释还规定了人身安全保护令的复议程序，对于人身安全保护令的被申请人提出的复议申请和人身安全保护令的申请人就驳回裁定提出的复议申请，可以由原审判组织进行复议；人民法院认为必要的，也可以另行指定审判组织进行复议。

【管辖】

根据《反家庭暴力法》第 25 条的规定，人身安全保护令案件由申请人或者被申请人居住地、家庭暴力发生地的基层人民法院管辖。

【法律适用】

处理此类纠纷的主要法律依据是《反家庭暴力法》第4章以及《最高人民法院关于人身安全保护令案件相关程序问题的批复》的相关规定。

【确定该案由应当注意的问题】

2020年《民事案件案由规定》依据《反家庭暴力法》第4章的规定，增加了“申请人身安全保护令”案由；依据《民法典》第997条的规定，增加了“申请人格权侵害禁令”案由。在案由体系的编排上，我们对上述两类案件案由进行了深入调研。有意见认为，从所保护法益的外延上看，二者存在包含与被包含的关系，建议将“申请人身安全保护令”作为“申请人格权侵害禁令”的下级案由。也有意见认为，尽管对家庭成员人身权的侵害也构成对人格权的侵害，但《民法典》第997条只是对人格权侵害禁令进行了原则性规定，在相关程序未予明确规定前，建议将二者作为并列的两个案由。我们采纳了第二种意见，除程序差异因素外，还考虑到人身安全保护令案件经过多年实践探索，已经形成了相对独立的案件类型，将其与人格权侵害禁令案件并列，既符合司法实践需要，也便于司法统计。

适用本案由时需要注意：对于家庭成员之间、家庭成员以外共同生活的人之间因遭受家庭暴力或者面临家庭暴力现实危险而申请保护令的，适用本案由；对于非上述民事主体侵害或者可能侵害生命权、身体权、健康权等物质性人格权的，适用“申请人格权侵害禁令”案由。对于他人（包括家庭成员和非家庭成员）正在实施或者即将实施侵害权利人除生命权、身体权、健康权之外的其他人格权益的，适用“申请人格权侵害禁令”案由。

四十七、申请人格权侵害禁令案件

《民法典》第997条确立了侵害人格权的禁令制度。为贯彻实施《民法典》，此次案由修改专门增加了本案由。但是，由于《民事诉讼法》没有配套的程序设计，对于该类案件的办理需要各地法院先行先试。在总结审判经验的基础上，最高人民法院适时出台相关司法解释。

443. 申请人格权侵害禁令

【释义】

申请人格权侵害禁令是指申请人有证据证明行为人正在实施或者即将实施侵害其人格权的违法行为，不及时制止将使其合法权益受到难以弥补的损害的，申请人民法院作出责令行为人停止有关行为的裁定。目前，人格权侵害禁令的法律依据只有《民法典》第997条的规定。申请人格权侵害禁令必须满足如下条件：（1）行为人正在实施或者即将实施侵害人格权益的违法行为。例如，行为人在网上发布了他人的裸照或者私密信息，如果不及时制止，可能使受害人的名誉、隐私进一步遭受重大损害。又如，对于即将拍卖的涉及权利人隐私的信札、手稿等，如果不及时制止，可能会侵害权利人的隐私等。这里的“人格权益”不仅包括具体人格权，还包括个人信息等权益。（2）不及时制止将使权利人的合法权益受到难以弥补的损害的。这种损害一般是不可逆的，事后的恢复已经不可能或者极为困难，难以通过其他方式进行充分弥补。如果能够用金钱进行充分弥补的，则不属于“难以弥补”的范畴，当事人可以通过诉讼程序获得救济。（3）民事主体必须提出相关的证据予以证明。人格权侵害禁令一旦发出，涉及对被申请人行为自由的限制，为避免过分损害被申请人的权利，应当有足够证据证明，有关侵权事实存在的可能性较大。（4）必须符合具体的程序要求。人格权侵害禁令作为《民法典》的一项新制度，目前，最高人民法院正就有关程序进行调研，适时出台专门司法解释。

调研中，民法学界、民事诉讼法学界对程序设计争议较大。我们初步意见认为，人格权侵害禁令制度的目的并非解决双方当事人之间的纠纷以及认定侵害人格权的民事责任，而是在诉讼程序之外，为人格权提供一种更高效、更快捷的救济途径。如果将诉讼程序的相关规则引入人格权侵害禁令程序，赋予被申请人各种程序性权利，将会直接导致人格权禁令程序的效率低下、手续烦琐，无法在短时间内做出人格权禁令裁定，这不仅与《民法典》设立人格权侵害禁令的初衷相悖，也模糊了人格权侵害禁令程序与适用简易程序审理停止侵害、消除危险诉讼的界限。

按照这种设计思路，为及时有效保护当事人合法权益，需要做好人格权侵害禁令与诉前行为保全以及诉讼程序的程序衔接。对于当事人有证据证明且容易认定的侵害人格权益违法行为，人民法院应当根据案件情况及时作出人格权侵害禁令。对于侵害人格权益违法行为是否存在需要通过诉讼程序进一步认定的，不宜通过人格权侵害禁令程序审查，而应告知当事人通过诉讼程序或者申请诉前行为保全等途径保护自身合法权益。自《民法典》施行以来，不少基层法院已经发出人格权侵害禁令裁定。调研发现，这些案件基本上均为侵权行为非常明显的案件，比如：有的被申请人到处张贴宣传材料损害他人名誉，有的被申请人在互联网平台多次发布设计申请人隐私及诋毁申请人名誉的内容，有的被申请人跟踪、尾随申请人，等等。结合审判实践，我们对人格权侵害禁令的相关程序进行初步探析，以期为各级人民法院办理涉人脸识别以及其他人格权侵害禁令案件提供参考，具体办理程序以将来发布的司法解释为准。

1. 关于管辖。目前，人格权侵害禁令案件的管辖无法参照人身安全保护令的管辖，因为法律对人身安全保护令的管辖有明确规定，即由申请人或者被申请人居住地、家庭暴力发生地的基层人民法院管辖。

对于人身安全保护令之外的其他人格权侵害禁令案件，在法律、司法解释尚未专门规定前，稳妥起见，宜按照《民事诉讼法》第 28 条规定，由侵权行为地或者被告住所地人民法院管辖。这里的“侵权行为地”，根据《民事诉讼法解释》的规定，包括侵权行为实施地、侵权结果发生地；信息网络侵权行为实施地包括实施被诉侵权行为的计算机等信息设备所在地，侵权结果发生地包括被侵权人住所地；因产品、服务质量不合格造成他人财产、人身损害提起的诉讼，产品制造地、产品销售地、服务提供地、侵权行为地和被告住所地人民法院都有管辖权。针对使用人脸识别技术侵权的具体应用场景，该类案件由侵权行为地和被告住所地人民法院管辖，基本上能够实现便于申请人及时提出申请的需要。关于级别管辖，倾向认为宜由基层人民法院管辖。

2. 关于网络侵权中的被申请人。《民法典》第 1194 条至第 1197 条规定了网络侵权的责任承担。对于网络用户利用网络服务实施侵害他人人格权益行为，被侵权人依照《民法典》第 1195 条的规定通知网络服务提供者采取删除、屏蔽、断开链接等必要措施，但是网络服务提供者接到通知后未及时采取必要措施的，网络服务提供者应当对损害的扩大部分与该网络用户承担连带责任。在人格权侵害案件中，我们认为，应当充分发挥《民法典》中关于“通知－删除规则”的制度价值，鼓励申请人先行要求网络服务提供者采取必要措施，对于网络服务提供者未及时采取措施，申请人将网络服务提供者一并列为被申请人的，人民法院可以准许。关于这个问题，地方法院可以先行探索。

3. 关于申请材料。为规范申请材料提交，人民法院可以要求申请人提交如下材料：（1）申请书。申请书应当记明申请人、被申请人的姓名或者名称、联系方式等基本信息，具体的请求和事实、理由；（2）证明违法行为存在的材料；（3）不及时制止被申请人正在实施或者即将实施的侵害申请人人格权的行为将使申请人的权益受到难以弥补损害的具体说明；（4）人民法院根据案件具体情况认为需要提交的其他材料。

4. 关于审判组织。人格权侵害禁令案件一般由审判员一人独任审查。至于在特殊情况下，是否可以组成合议庭进行审查，可在实践中先行探索。

5. 关于询问。由于人格权侵害禁令一旦发出将会限制被申请人的一定行为自由，为实现平衡保护，人民法院在审查人格权侵害禁令案件时，一般应当询问申请人和被申请人。

6. 关于文书形式。人格权侵害禁令由人民法院以裁定形式作出。

7. 关于审查时限。由于人格权侵害禁令案件需要对申请人及时予以保护，因此，审查时限不可能太长，具体时限有待充分调研后科学设定。从当前的禁令实践看，各地法院在办理此类案件时，一般都是参照人身安全保护令的相关时限，即：在受理申请后的 72 小时内作出裁定；情况紧急的，必须在 24 小时内作出。这个时限对于简单的人格权侵害禁令案件而言，尚具有操作可能，但对于一些类型较新、情形复杂的案件而言，在上述期限内完成审查，难度较大。

8. 关于裁定的有效期。对此争议较大。目前，从司法实践看，各地法院一般参照人身安全保护令的规定，设置了 6 个月的有效期，具有一定可行性。在司法解释出台前，基层法院可以继续参照人身安全保护令的有效期在实践中探索。即：有效期不超过 6 个月，自作出之日起生效。禁令失效前，人民法院可以根据申请人的申请撤销、变更或者延长。

9. 关于复议程序。复议程序可以参照人身安全保护令的复议程序。即：申请人对驳回申请不服或者被申请人对人格权侵害禁令不服的，可以自裁定生效之日起 5 日内向作出裁定的人民法院申请复议一次。复议期间不停止人格权侵害禁令的执行。经复议审查认为不符合作出禁令条件的，裁定撤销人格权侵害禁令；经复议审查认为符合作出禁令条件的，裁定驳回复议申请。

关于证明标准、难以弥补的损害的具体认定、是否提供担保等内容，目前争议较大，尚需进一步研究论证。

此外，人格权侵害禁令能否在诉讼中申请也存在一定争议。从

《民法典》的起草过程看，2018 年 9 月发布的《民法典各分编（草案）征求意见稿》第 780 条规定，“民事主体有证据证明他人正在实施或者即将实施侵害其人格权的行为，如不及时制止将会使其合法权益受到难以弥补的损害的，可以在起诉前依法向人民法院申请采取责令停止有关行为的措施”。当时的草案将人格权侵害禁令明确为诉前禁令，但是后面的草案删除了“在起诉前”的表述。从这个方面看，似乎人格权侵害禁令可以在诉讼过程中申请，但是如果在诉讼中申请禁令，是否会对诉讼行为保全造成冲击，也有待进一步研究。

【管辖】

在法律、司法解释尚未专门规定前，稳妥起见，宜按照《民事诉讼法》第 28 条规定，由侵权行为地或者被告住所地人民法院管辖。这里的“侵权行为地”，根据《民事诉讼法解释》的规定，包括侵权行为实施地、侵权结果发生地；信息网络侵权行为实施地包括实施被诉侵权行为的计算机等信息设备所在地，侵权结果发生地包括被侵权人住所地；因产品、服务质量不合格造成他人财产、人身损害提起的诉讼，产品制造地、产品销售地、服务提供地、侵权行为地和被告住所地人民法院都有管辖权。针对使用人脸识别技术侵权的具体应用场景，该类案件由侵权行为地和被告住所地人民法院管辖，基本上能够实现便于申请人及时提出申请的需要。关于级别管辖，倾向认为宜由基层人民法院管辖。

【法律适用】

处理申请人格权侵害禁令案件的主要法律依据是《民法典》第 997 条的规定。

【确定该案由应当注意的问题】

适用本案由时需要注意：对于申请人因遭受家庭暴力或者面临家庭暴力的现实危险的，适用“申请人身安全保护令”案由。除法律、司法解释另有规定外，对于其他侵害或者可能侵害人格权益情形的，适用本案由。

四十八、仲裁程序案件

根据《仲裁法》等相关规定，项下设申请确认仲裁协议效力、申请撤销仲裁裁决两个第三级案由。

444. 申请确认仲裁协议效力

【释义】

申请确认仲裁协议效力是指当事人对仲裁协议的效力有异议的，请求人民法院确认仲裁协议是否有效。根据《仲裁法》第 17 条的规定，有下列情形之一的，仲裁协议无效：（1）约定的仲裁事项超出法律规定的仲裁范围的；（2）无民事行为能力人或者限制民事行为能力人订立的仲裁协议；（3）一方采取胁迫手段，迫使对方订立仲裁协议的。当事人对仲裁协议的效力有异议要求人民法院予以确认的，人民法院法院应当进行审查后作出确认判决。根据《最高人民法院关于审理仲裁司法审查案件若干问题的规定》，申请人向人民法院申请确认仲裁协议效力的，应当提交申请书及仲裁协议正本或者经证明无误的副本。申请书应当载明下列事项：（1）申请人或者被申请人为自然人的，应当载明其姓名、性别、出生日期、国籍及住所；为法人或者其他组织的，应当载明其名称、住所以及法定代表人或者代表人的姓名和职务；（2）仲裁协议的内容；（3）具体的请求和理由。当事人提交的外文申请书、仲裁协议及其他文件，应当附有中文译本。申请人提交的文件不符合上述规定，经人民法院释明后提交的文件仍然不符合规定的，裁定不予受理。

【管辖】

根据《最高人民法院关于审理仲裁司法审查案件若干问题的规定》第2条的规定，申请确认仲裁协议效力的案件，由仲裁协议约定的仲裁机构所在地、仲裁协议签订地、申请人住所地、被申请人住所地的中级人民法院或者专门人民法院管辖。涉及海事海商纠纷仲裁协议效力的案件，由仲裁协议约定的仲裁机构所在地、仲裁协议签订地、申请人住所地、被申请人住所地的海事法院管辖；上述地点没有海事法院的，由就近的海事法院管辖。

【法律适用】

处理申请确认仲裁协议效力案件的法律依据主要是《仲裁法》第16条至第20条、《最高人民法院关于审理仲裁司法审查案件若干问题的规定》的相关规定。

【确定该案由应当注意的问题】

本案由系第三级案由。当事人向人民法院提出“申请确认仲裁协议效力”的案件并非诉讼，而是非讼案件。

《最高人民法院关于审理仲裁司法审查案件若干问题的规定》改变了《最高人民法院关于适用〈中华人民共和国仲裁法〉若干问题的解释》（以下简称《仲裁法解释》）关于管辖的规定。《仲裁法解释》

第12条规定："当事人向人民法院申请确认仲裁协议效力的案件，由仲裁协议约定的仲裁机构所在地的中级人民法院管辖；仲裁协议约定的仲裁机构不明确的，由仲裁协议签订地或者被申请人住所地的中级人民法院管辖。申请确认涉外仲裁协议效力的案件，由仲裁协议约定的仲裁机构所在地、仲裁协议签订地、申请人或者被申请人住所地的中级人民法院管辖。涉及海事海商纠纷仲裁协议效力的案件，由仲裁协议约定的仲裁机构所在地、仲裁协议签订地、申请人或者被申请人住所地的海事法院管辖；上述地点没有海事法院的，由就近的海事法院管辖。"该条规定对申请确认国内和涉外仲裁协议，区分了不同的联结点确定管辖法院，同时对于涉及海事海商纠纷仲裁协议作出了由海事法院管辖的规定。《最高人民法院关于审理仲裁司法审查案件若干问题的规定》第2条不再区分国内案件和涉外案件，规定了统一的确定管辖权的标准，采取了《仲裁法解释》第12条关于确定涉外仲裁协议效力和涉及海事海商纠纷仲裁协议效力案件的标准，规定申请确认仲裁协议效力的案件，由仲裁协议约定的仲裁机构所在地、仲裁协议签订地、申请人住所地、被申请人住所地的中级人民法院或者专门法院管辖。在审理此类案件过程中，需要注意几点：第一，当事人协议选择确认涉外仲裁协议效力适用的法律，应当作出明确的意思表示，仅约定合同适用的法律，不能作为确认合同中仲裁条款效力适用的法律。人民法院根据《涉外民事关系法律适用法》第18条的规定，确定确认涉外仲裁协议效力适用的法律时，当事人没有选择适用的法律，适用仲裁机构所在地法律或者仲裁地法律。如果仲裁机构所在地的法律或者仲裁地的法律将对仲裁协议的效力作出不同认定的，人民法院应当适用确认仲裁协议有效的法律。第二，特定情形下的报核程序。根据《最高人民法院关于仲裁司法审查案件报核问题的有关规定》第2条规定，各中级人民法院或者专门人民法院办理涉外涉港澳台仲裁司法审查案件，经审查拟认定仲裁协议无效，应当向本辖区所属高级人民法院报核；高级人民法院经审查拟同意的，应当向最高人民法院报核。待最高人民法院审核后，方可依最高人民法院的审核意见作出裁定。各中级人民法院或者专门人民法院办理非涉外涉港澳台仲裁司法审查案件，经审查拟认定仲裁协议无效，应当向本辖区所属高级人民法院报核；待高级人民法院审核后，方可依高级人民法院的审核意见作出裁定。

445. 申请撤销仲裁裁决

【释义】

申请撤销仲裁裁决是仲裁程序的一方当事人认为仲裁机构作出的仲裁裁决存在法律规定可以撤销的情形，向人民法院请求撤销该仲裁裁决。

根据《最高人民法院关于审理仲裁司法审查案件若干问题的规定》，申请人向人民法院申请撤销我国内地仲裁机构的仲裁裁决的，应当提交申请书及裁决书正本或者经证明无误的副本。申请书应当载明下列事项：（1）申请人或者被申请人为自然人的，应当载明其姓名、性别、出生日期、国籍及住所；为法人或者其他组织的，应当载明其名称、住所以及法定代表人或者代表人的姓名和职务；（2）裁决书的主要内容及生效日期；（3）具体的请求和理由。当事人提交的外文申请书、裁决书及其他文件，应当附有中文译本。申请人提交的文件不符合上述规定，经人民法院释明后提交的文件仍然不符合规定的，裁定不予受理。

申请撤销国内仲裁机构的裁决应当符合《仲裁法》第 58 条规定的申请撤销事由，包括：没有仲裁协议的；裁决的事项不属于仲裁协议的范围或者仲裁委员会无权仲裁的；仲裁庭的组成或者仲裁的程序违反法定程序的；裁决所根据的证据是伪造的；对方当事人隐瞒了足以影响公正裁决的证据的；仲裁员在仲裁该案时有索贿受贿，徇私舞弊，枉法裁决行为的。人民法院经组成合议庭审查核实裁决有前款规定情形之一的，应当裁定撤销；人民法院认定该裁决违背社会公共利益的，应当裁定撤销。

申请撤销涉外仲裁裁决的应当符合《仲裁法》第 70 条的规定，即当事人提出证据证明涉外仲裁裁决有《民事诉讼法》第 274 条第 1 款规定的情形之一的，经人民法院组成合议庭审查核实，裁定撤销。按照《民事诉讼法》第 274 条的规定，申请撤销涉外仲裁裁决的情形包括：当事人在合同中没有订有仲裁条款或者事后没有达成书面仲裁协议的；被申请人没有得到指定仲裁员或者进行仲裁程序的通知，或者由于其他不属于被申请人负责的原因未能陈述意见的；仲裁庭的组成或者仲裁的程序与仲裁规则不符的；裁决的事项不属于仲裁协议的范围或者仲裁机构无权仲裁的。被申请人提出证据证明仲裁裁决符合上述情形之一的，可以向有管辖权的人民法院提出申请撤销涉外仲裁裁决。

【管辖】

根据《仲裁法》第 58 条的规定，当事人申请撤销仲裁裁决的，应当由仲裁委员会所在地的中级人民法院管辖。

根据《最高人民法院关于涉外民商事案件诉讼管辖若干问题的规定》第 1 条、第 3 条的规定，申请撤销国际仲裁裁决案件应当由国务院批准设立的经济技术开发区人民法院；省会、自治区首府、直辖市所在地的中级人民法院；经济特区、计划单列市中级人民法院；最高人民法院指定的其他中级人民法院；高级人民法院管辖。

【法律适用】

处理申请撤销仲裁裁决案件的法律依据主要是《仲裁法》第 58 条、第 59 条、第 60 条、第 61 条、第 70 条，《民事诉讼法》第 274 条，《最高人民法院关于审理仲裁司法审查案件若干问题的规定》的相关规定。

【确定该案由应当注意的问题】

根据《仲裁法》的规定，当事人认为我国仲裁机构的裁决符合《仲裁法》第 58 条，涉外仲裁裁决符合《仲裁法》第 70 条规定的，可以向人民法院申请撤销该仲裁机构作出的仲裁裁决。人民法院在受理案件后，对所涉仲裁裁决根据法律规定的标准进行审查，如果认为存在法律规定可以撤销的情形，则裁定撤销所涉仲裁裁决。应当注意的是，人民法院对于我国仲裁机构作出的国内仲裁裁决和涉外仲裁裁决审查的标准是不同的，但从案件性质上看，均属于申请撤销仲裁裁决。

四十九、海事诉讼特别程序案件

海事诉讼属于民事诉讼的范畴，主要涉及船舶、运输、海洋开发利用或相关领域内的民商事纠纷，具有专业性强、涉外因素多和程序性规范特殊的特点。为了切实保障《海商法》的实施，履行我国加入的相关国际条约所规定的义务，解决海事审判实践中遇到的程序性问题，我国于 1999 年 12 月 25 日通过了《海事诉讼特别程序法》。为了使海事诉讼程序更具可操作性，最高人民法院又于 2003 年 1 月 6 日发布了《关于适用〈中华人民共和国海事诉讼特别程序法〉若干问题的解释》。《海事诉讼特别程序法》系适用于海事诉讼的特别程序法，与《民事诉讼法》是特别法与一般法的关系，是对《民事诉讼法》的补充而非替代。《海事诉讼特别程序法》对《民事诉讼法》无法适用于海事诉讼的部分作出了补充性规定，建立了符合海事诉讼实践的特殊规则，其中就包括本第二级案由“海事诉讼特别程序案件”项下的 7 个第三级案由，即“申请海事请求保全”“申请海事支付令”“申请海事强制令”“申请海事证据保全”“申请设立海事赔偿责任限制基金”

“申请船舶优先权催告”“申请海事债权登记与受偿”。属于本部分案由的案件，通常由利害关系人提出申请而不是通过提起诉讼的方式来启动，且多不得上诉，具有适用特殊程序案件的鲜明特点，故列入第一级案由即“非讼程序案件案由”之中。

446. 申请海事请求保全

（1）申请扣押船舶
（2）申请拍卖扣押船舶
（3）申请扣押船载货物
（4）申请拍卖扣押船载货物
（5）申请扣押船用燃油及船用物料
（6）申请拍卖扣押船用燃油及船用物料

【释义】

海事请求保全是海事诉讼中的一项重要制度，即海事法院根据海事请求人的申请，为保障其海事请求的实现，对被请求人的特定财产所采取的强制措施。该特定财产主要指《海事诉讼特别程序法》规定的船舶、船载货物、船用燃油以及船用物料等财产。所谓强制措施主要是指扣押、查封或拍卖等措施。海事案件中，对于除此之外的其他财产的保全并不属于海事请求保全的范畴，应适用《民事诉讼法》有关财产保全的相应规定。实践中，往往存在因情况紧急，不立即申请海事请求保全将会使其合法权益受到难以弥补之损害的情形，故海事请求人不仅可以在诉讼或仲裁之中向海事法院提出海事请求保全的申请，亦可在诉讼或仲裁之前提出相应请求。

与一般财产保全相比，海事请求保全具有以下特点：（1）基于海事诉讼专门管辖原则，海事请求保全由海事法院专门管辖。（2）海事请求保全只能依据海事请求人申请进行，海事法院不能依职权进行。

(3) 海事请求保全指向的对象是被申请人所有或者光船租赁的船舶，或者属于被请求人所有的船载货物、燃油和船用物资等特定财产。(4) 海事请求保全的直接目的是通过保全措施要求被申请人提供担保，以保障海事请求权的行使和实现，而非通过扣船使之成为将来法院判决并执行的对象。实践中，相当数量的保全程序最后未能进入诉讼或仲裁程序，而是以当事人自行和解、申请人申请法院解除保全财产等方式结案。(5) 不同于普通民事财产保全程序的从属性，海事请求保全程序具有相对独立性，从而使保全程序本身作为一个管辖权连结点，赋予保全法院对相应实体纠纷以管辖权。

根据申请保全的财产和措施的不同，“申请海事请求保全”第三级案由项下包括6个第四级案由。

1. 申请扣押船舶与申请拍卖扣押船舶。申请扣押船舶是指司法机关在诉讼或仲裁之前或之中依法强制滞留船舶，包括当事船和姐妹船，但从事军事和政府公务的船舶不得被扣押。当事船系指导致申请扣船的海事请求发生的船舶；姐妹船系指为同一船舶所有人所有的不同的船舶。扣押船舶的具体方式有两种：一是“即地扣押”或“死扣押”，即将被扣押的船舶即地扣住，使船舶不能驶离港口，不能投入营运，更不能处分或者设置抵押权；二是“活扣押”，即仅限制被扣押船舶的处分权和抵押权，不限制被扣押船舶的使用权而允许该船舶继续营运。根据《海事诉讼特别程序法》及《最高人民法院关于适用〈中华人民共和国海事诉讼特别程序法〉若干问题的解释》的规定，“活扣押”除需要经海事请求人同意外，一般仅限于航行于国内航线上的船舶完成本航次。申请拍卖扣押船舶是指船舶扣押期间，被请求人不提供担保，且船舶不宜继续扣押的，根据扣押申请人的申请，依照法定程序对被扣押船舶实行强制出售，所得价款作为对海事请求的保全，以备偿付债权人的制度。所谓船舶不宜继续扣押，是指继续扣押可能导致船舶毁损，或者船舶监管费用过高，继续扣押可能丧失担保价值等情况。

2. 申请扣押船载货物与申请拍卖扣押船载货物。申请扣押船载货物是指海事法院依据海事请求人的申请，在诉讼或仲裁之前或之中滞留船舶运载的货物的保全措施。船载货物系指处于承运人掌管之下，尚未装船或者已经装载于船上及已经卸载的货物。申请拍卖扣押船载货物是指海事法院对被扣押的船载货物，依一定的程序以出售方式强制转移其所有权。

3. 申请扣押船用燃油及船用物料与申请拍卖扣押船用燃油及船用物料。该两个案由的适用条件、程序等问题可适用扣押、拍卖船载货物的相关规定。

【管辖】

根据《海事诉讼特别程序法》《最高人民法院关于适用〈中华人民共和国海事诉讼特别程序法〉若干问题的解释》以及《最高人民法院关于海事法院受理案件范围的规定》的规定，申请海事请求保全由海事法院专门管辖。

《海事诉讼特别程序法》第 13 条规定："当事人在起诉前申请海事请求保全，应当向被保全的财产所在地海事法院提出。"第 14 条规定："海事请求保全不受当事人之间关于该海事请求的诉讼管辖协议或者仲裁协议的约束。"第 19 条规定："海事请求保全执行后，有关海事纠纷未进入诉讼或者仲裁程序的，当事人就该海事请求，可以向采取海事请求保全的海事法院或者其他有管辖权的海事法院提起诉讼，但当事人之间订有诉讼管辖协议或者仲裁协议的除外。"《最高人民法院关于适用〈中华人民共和国海事诉讼特别程序法〉若干问题的解释》第 15 条规定："除海事法院及其上级人民法院外，地方人民法院对当事人提出的船舶保全申请应不予受理；地方人民法院为执行生效法律文书需要扣押和拍卖船舶的，应当委托船籍港所在地或者船舶所在地的海事法院执行。"第 20 条规定："海事诉讼特别程序法第十三条规定的被保全的财产所在地指船舶的所在地或者货物的所在地。当事人在诉讼前对已经卸载但在承运人掌管之下的货物申请海事请求保全，如果货物所在地不在海事法院管辖区域的，可以向卸货港所在地的海事法院提出，也可以向货物所在地的地方人民法院提出。”第 21 条规定：“诉讼或者仲裁前申请海事请求保全适用海事诉讼特别程序法第十四条的规定。外国法院已受理相关海事案件或者有关纠纷已经提交仲裁，但涉案财产在中华人民共和国领域内，当事人向财产所在地的海事法院提出海事请求保全申请的，海事法院应当受理。”《最高人民法院关于海事法院受理案件范围的规定》第 92 条载明：“起诉前就海事纠纷申请扣押船舶、船载货物、船用物料、船用燃油或者申请保全其他财产的案件”由海事法院受理。

【法律适用】

处理申请海事请求保全的案件应当适用《海事诉讼特别程序法》第 3 章、《最高人民法院关于适用〈中华人民共和国海事诉讼特别程序法〉若干问题的解释》第 2 部分的相关规定。

【确定该案由应当注意的问题】

海事请求保全所保全的是海事请求，申请人具有《海商法》所规定的海事请求是认定该案由的法定条件。本案由与第二级案由“申请保全案件”项下的有关财产保全案由系特殊与一般的关系。凡符合申请海事请求保全条件的，优先适用本案由。

447. 申请海事支付令

【释义】

海事支付令是指海事法院根据债权人基于海事事由的请求，责令债务人给付金钱或者有价证券的命令。

根据《民事诉讼法》的规定，申请支付令应当按照督促程序办理。督促程序，即人民法院催促债务人向债权人履行债务的程序。按照该程序规定，对于特定的请求，人民法院可以不经开庭审理，仅依债权人的主张径行向债务人发出附条件的支付令，责令其在一定期限内或为履行，或提异议。如果债务人不在规定的期间内提出异议，该支付令即取得与确定判决同等的法律效力，人民法院可以强制执行。

【管辖】

根据《海事诉讼特别程序法》以及《最高人民法院关于海事法院受理案件范围的规定》的规定，申请海事请求保全由海事法院专门管辖。

《海事诉讼特别程序法》第 99 条规定："债权人基于海事事由请求债务人给付金钱或者有价证券，符合《中华人民共和国民事诉讼法》有关规定的，可以向有管辖权的海事法院申请支付令。债务人是外国人、无国籍人、外国企业或者组织，但在中华人民共和国领域内有住所、代表机构或者分支机构并能够送达支付令的，债权人可以向有管辖权的海事法院申请支付令。"《最高人民法院关于海事法院受理案件范围的规定》第 97 条载明："就海事纠纷申请支付令案件"由海事法院受理。

需注意的是，根据《民事诉讼法》《民事诉讼法解释》的规定，当事人非基于海事事由申请支付令的，由债务人住所地基层人民法院管辖。这一点与海事支付令的管辖法院不同。

【法律适用】

处理申请海事支付令的案件应当适用《海事诉讼特别程序法》第 99 条、《民事诉讼法》第 17 章及《民事诉讼法解释》第 19 部分对督促程序的规定。

【确定该案由应当注意的问题】

申请海事支付令与《民事案件案由规定》第 418 项第三级案由即“申请支付令”系特殊与一般的关系，基于海事事由而提出的请求适用本案由。海事支付令的申请与作出，除适用《海事诉讼特别程序法》外，还应适用《民事诉讼法》《民事诉讼法解释》的相应规定，即必须是以金钱、有价证券为标的物，必须是债权人与债务人没有其他债务纠纷，必须是支付令能够送达给债务人。

448. 申请海事强制令

【释义】

申请海事强制令是指海事法院根据海事请求人的申请，为使其合法权益免受侵害，采取责令被请求人作为或者不作为的强制措施，该强制措施又被称为“海事行为保全”。海事强制令与海事请求保全的主要区别是，前者针对行为，后者针对财产；但二者的共同点在于其目的均是为了保全海事请求。作出海事强制令必须以被请求人存在明确违反法律规定或者合同约定的行为，且情况紧急为条件。

海事强制令既可以在起诉前向海事纠纷发生地的海事法院提出，也可以在进入实体诉讼后向受诉的海事法院提出。前者，申请和执行海事强制令可作为独立的司法程序进行，即一旦被申请人执行了海事法院的海事强制令，当事人之间的争议就无须进入下一步的司法程序；后者，则可作为诉讼中的中间程序，法院仅以裁定的形式作出，该裁定不影响法院对实体争议的审理和判决。

【管辖】

根据《海事诉讼特别程序法》《最高人民法院关于适用〈中华人民共和国海事诉讼特别程序法〉若干问题的解释》以及《最高人民法院关于海事法院受理案件范围的规定》的规定，申请海事强制令由海事法院专门管辖。

《海事诉讼特别程序法》第 52 条规定："当事人在起诉前申请海事强制令，应当向海事纠纷发生地海事法院提出。"第 53 条规定："海事强制令不受当事人之间关于该海事请求的诉讼管辖协议或者仲裁协议的约束。"第 61 条规定："海事强制令执行后，有关海事纠纷未进入诉讼或者仲裁程序的，当事人就该海事请求，可以向作出海事强制令的海事法院或者其他有管辖权的海事法院提起诉讼，但当事人之间订有诉讼管辖协议或者仲裁协议的除外。"《最高人民法院关于适用〈中华人民共和国海事诉讼特别程序法〉若干问题的解释》第 41 条规定："诉讼或者仲裁前申请海事强制令的，适用海事诉讼特别程序法第五十三条的规定。外国法院已受理相关海事案件或者有关纠纷已经提交仲裁的，当事人向中华人民共和国的海事法院提出海事强制令申请，并向法院提供可以执行海事强制令的相关证据的，海事法院应当受理。"第 46 条规定："被请求人依据海事诉讼特别程序法第六十条的规定要求海事请求人赔偿损失的，由发布海事强制令的海事法院受理。"《关于海事法院受理案件范围的规定》第 94 条载明："申请海事强制令案件"由海事法院受理。

【法律适用】

处理申请海事强制令的案件应当适用《海事诉讼特别程序法》第 4 章、《最高人民法院关于适用〈中华人民共和国海事诉讼特别程序法〉若干问题的解释》第 3 部分的规定。

【确定该案由应当注意的问题】

本案由与第二级案由“申请保全案件”项下的有关行为保全案由系特殊与一般的关系。凡符合申请海事强制令条件的，优先适用本案由。另，海事强制令只能依海事请求人的申请作出，海事法院不能依职权发布海事强制令，而一般的行为保全则没有这一限制。

449. 申请海事证据保全

【释义】

海事证据保全系指海事法院根据海事请求人的申请，依法对有关海事请求的证据予以提取、保存或者封存的强制措施。海事证据保全是一个独立的程序。申请人可以在诉前、诉中或仲裁前后随时申请海事证据保全。根据《海事诉讼特别程序法》第 67 条的规定，采取海事证据保全，应当具备下列条件：（1）请求人是海事请求的当事人；（2）请求保全的证据对该海事请求具有证明作用；（3）被请求人是与请求保全的证据有关的人；（4）情况紧急，不立即采取证据保全就会使该海事请求的证据灭失或者难以取得。

【管辖】

根据《海事诉讼特别程序法》《最高人民法院关于适用〈中华人民共和国海事诉讼特别程序法〉若干问题的解释》以及《最高人民法院关于海事法院受理案件范围的规定》的规定，申请海事证据保全由海事法院专门管辖。

《海事诉讼特别程序法》63 条规定：“当事人在起诉前申请海事证

据保全，应当向被保全的证据所在地海事法院提出。”第 64 条规定：“海事证据保全不受当事人之间关于该海事请求的诉讼管辖协议或者仲裁协议的约束。”第 72 条规定：“海事证据保全后，有关海事纠纷未进入诉讼或者仲裁程序的，当事人就该海事请求，可以向采取证据保全的海事法院或者其他有管辖权的海事法院提起诉讼，但当事人之间订有诉讼管辖协议或者仲裁协议的除外。”《最高人民法院关于适用〈中华人民共和国海事诉讼特别程序法〉若干问题的解释》第 47 条规定：“诉讼前申请海事证据保全，适用海事诉讼特别程序法第六十四条的规定。外国法院已受理相关海事案件或者有关纠纷已经提交仲裁，当事人向中华人民共和国的海事法院提出海事证据保全申请，并提供被保全的证据在中华人民共和国领域内的相关证据的，海事法院应当受理。”《最高人民法院关于海事法院受理案件范围的规定》第 95 条载明：“申请海事证据保全案件”由海事法院受理。

【法律适用】

处理海事证据保全案件应当适用《海事诉讼特别程序法》第 5 章、《最高人民法院关于适用〈中华人民共和国海事诉讼特别程序法〉若干问题的解释》第 4 部分的规定。

【确定该案由应当注意的问题】

本案由与第 45 项第二级案由即“申请保全案件”项下的有关证据保全案由系特殊与一般的关系。凡符合海事证据保全条件的，优先适用本案由。另，海事证据保全只能依海事请求人的申请作出，海事法院不能依职权采取海事证据保全措施，而一般的证据保全没有这一限制。

450. 申请设立海事赔偿责任限制基金

【释义】

申请设立海事赔偿责任限制基金，是指船舶所有人、承租人、经营人、救助人、保险人在发生海事事故后，可依法向海事法院申请设立海事赔偿责任限制基金。

海事赔偿责任限制，是指在发生重大海损事故时，责任人根据法律的规定，将自己的赔偿责任限制在一定范围内的法律制度，也被称作“综合（责任）限制”。海事赔偿责任限制基金，是指依法享有赔偿责任限制的责任人向有管辖权的法院申请设立的，用以保证其承担有限赔偿责任，且不可撤销的专用款项，其数额为海事赔偿责任限额和自事故发生之日起至基金设立之日止的利息。海事赔偿责任人设立责任限制基金的目的是，在法院作出判决或裁定对基金予以分配后，不论其涉及的每一项本航次限制性债权是否均已登记，或者能否得到满足，该债权都由于债权人因法律规定不得再行起诉而消灭，从而使责任人利益得到进一步保护。

海事赔偿责任限制是《海商法》中特有的并区别于民法中损害赔偿的一项特殊法律制度。我国《海商法》虽然规定了海事赔偿责任限制制度，但没有规定具体的程序，因此可操作性不强。《海事诉讼特别程序法》为弥补这一不足，特设第9章对这一问题进行了规定。

【管辖】

根据《海事诉讼特别程序法》《最高人民法院关于适用〈中华人民共和国海事诉讼特别程序法〉若干问题的解释》以及《最高人民法院关于海事法院受理案件范围的规定》的规定，申请设立海事赔偿责任限制基金由海事法院专门管辖。

《海事诉讼特别程序法》第 102 条规定："当事人在起诉前申请设立海事赔偿责任限制基金的，应当向事故发生地、合同履行地或者船舶扣押地海事法院提出。"第 103 条规定："设立海事赔偿责任限制基金，不受当事人之间关于诉讼管辖协议或者仲裁协议的约束。"第 109 条规定："设立海事赔偿责任限制基金以后，当事人就有关海事纠纷应当向设立海事赔偿责任限制基金的海事法院提起诉讼，但当事人之间订有诉讼管辖协议或者仲裁协议的除外。"《最高人民法院关于适用〈中华人民共和国海事诉讼特别程序法〉若干问题的解释》第 80 条规定："海事事故发生在中华人民共和国领域外的，船舶发生事故后进入中华人民共和国领域内的第一到达港视为海事诉讼特别程序法第一百零二条规定的事故发生地。"第 81 条规定："当事人在诉讼中申请设立海事赔偿责任限制基金的，应当向受理相关海事纠纷案件的海事法院提出，但当事人之间订有有效诉讼管辖协议或者仲裁协议的除外。"《最高人民法院关于海事法院受理案件范围的规定》第 99 条载明："申请设立海事赔偿责任限制基金（含油污损害赔偿责任限制基金）案件"由海事法院受理。

【法律适用】

处理申请设立海事赔偿责任限制基金的案件应当适用《海事诉讼特别程序法》第 9 章、《海商法》第 11 章、《最高人民法院关于适用〈中华人民共和国海事诉讼特别程序法〉若干问题的解释》第 8 部分的规定。

【确定该案由应当注意的问题】

海事赔偿责任限制这一制度规定于我国《海商法》第 11 章，其不同于《海商法》第 56 条、第 57 条所规定的承运人的单位责任限制。

单位责任限制，主要是指海上货物运输法律制度中所规定的承运人对每航次中所发生的提单项下每件或每个其他货运单位的货物灭失或者损坏的赔偿限额。如《海商法》第56条规定，承运人对每件或者每个其他货运单位的赔偿限额为666.67计算单位，或按货物毛重计算，每公斤为2计算单位，以二者中赔偿限额较高者为准。第57条规定，承运人对货物因迟延交付造成经济损失的赔偿限额，为所迟延交付的货物的运费数额。

451. 申请船舶优先权催告

【释义】

申请船舶优先权催告，是指船舶转让时，受让人向海事法院申请船舶优先权催告，催促船舶优先权人及时主张权利，以便消灭该船舶附有的船舶优先权。

船舶优先权，是指船舶优先权人对于依法设定的基于船舶产生的特定债权，不论该船舶所有权的登记或船旗是否发生变更，都可以通过一定的司法程序享有优先受偿的权利。船舶优先权是《海商法》中特有的一种担保物权。由于该种权利不需登记，并随船转移，具有隐蔽性和附着性，对船舶的受让人存在很大的威胁。为了促使船舶优先权人尽快行使其海事请求权，使善意船舶买受人免受船舶上可能存在的船舶优先权的困扰，《海商法》第26条在规定船舶优先权不因船舶所有权的转让而消灭的同时，明确提出："船舶转让时，船舶优先权自法院应受让人申请予以公告之日起六十日不行使的除外。"为此，《海事诉讼特别程序法》第11章就该催告的程序问题作出明确规定，即船舶转让时，受让人可以向海事法院申请船舶优先权催告，在60日催告期内船舶优先权人主张权利的，应当在海事法院办理登记；不主张权利的，视为放弃船舶优先权；催告期间届满，无人主张船舶优先权的，海事法院应当根据当事人的申请作出判决，宣告该转让船舶不附有船舶优先权。

【管辖】

根据《海事诉讼特别程序法》以及《最高人民法院关于海事法院受理案件范围的规定》的规定，申请船舶优先权催告由海事法院专门管辖。

《海事诉讼特别程序法》第 102 条规定："受让人申请船舶优先权催告的，应当向转让船舶交付地或者受让人住所地海事法院提出。"《关于海事法院受理案件范围的规定》第 103 条载明："船舶优先权催告案件"由海事法院受理。

【法律适用】

处理申请船舶优先权催告的案件应当适用《海事诉讼特别程序法》第 11 章、《最高人民法院关于适用〈中华人民共和国海事诉讼特别程序法〉若干问题的解释》第 10 部分的规定。

【确定该案由应当注意的问题】

船舶优先权催告程序的目的在于，清理《海商法》规定的船舶优先权。该制度既是《民事诉讼法》中公示催告程序的延伸，也有别于普通的公示催告程序。

452. 申请海事债权登记与受偿

【释义】

申请海事债权登记与受偿是指海事法院强制拍卖船舶或者设立海事赔偿责任限制基金的，债权人依法定程序向海事法院申请，将与被拍卖船舶有关的债权或者与特定场合发生的海事事故有关的债权进行登记，海事法院按照《海商法》或者其他有关法律规定，裁定债权人按照一定顺序受偿的制度。

强制拍卖船舶或海事赔偿责任限制基金设立后，均存在债权登记和受偿的问题。拍卖船舶所得价款和责任限制基金的分配，应按实体法规定的顺序清偿，这就要求债权人按照一定程序向海事法院登记债权，并按一定程序受偿。债权人向海事法院申请登记债权的，应当提交书面申请，并提供有关债权证据。债权证据，包括证明债权的具有法律效力的判决书、裁定书、调解书、仲裁裁决书和公证债权文书，以及其他证明具有海事请求的证据材料。其中，对于国内的判决书、裁定书、调解书、仲裁裁决书或公证债权文书，经审查认定文书真实合法的，裁定予以确认；对于国外的判决书、裁定书、调解书和仲裁裁决书，则适用《民事诉讼法》有关承认和执行外国判决、仲裁裁决的规定办理；提交其他未经确权的债权证据的，在办理债权登记后，应当向办理债权登记的法院提起确权诉讼。

海事法院对所登记的债权进行审查或审理后，应以相应的法律文书确认债权，组织召开债权人会议。债权人会议协商提出分配方案，签订受偿协议；债权人会议协商不成的，由海事法院裁定分配方案。各债权人的受偿顺序按有关法律规定确定。

【管辖】

根据《最高人民法院关于适用〈中华人民共和国海事诉讼特别程序法〉若干问题的解释》以及《最高人民法院关于海事法院受理案件范围的规定》的规定，申请海事债权登记与受偿由海事法院专门管辖。

《最高人民法院关于适用〈中华人民共和国海事诉讼特别程序法〉若干问题的解释》第89条规定："在债权登记前，债权人已向受理债权登记的海事法院以外的海事法院起诉的，受理案件的海事法院应当将案件移送至登记债权的海事法院一并审理，但案件已经进入二审的除外。"《最高人民法院关于海事法院受理案件范围的规定》第100条载明，与拍卖船舶或者设立海事赔偿责任限制基金（含油污损害赔偿责任限制基金）相关的债权登记与受偿案件由海事法院受理。

【法律适用】

处理申请海事债权登记与受偿的案件应当适用《海事诉讼特别程序法》第10章、《最高人民法院关于适用〈中华人民共和国海事诉讼特别程序法〉若干问题的解释》第9部分的规定。

【确定该案由应当注意的问题】

与被拍卖船舶有关的债权系指与被拍卖船舶有关的海事债权，即因《海事诉讼特别程序法》第21条规定的海事请求引起的债权。

五十、申请承认与执行法院判决、仲裁裁决案件

根据《民事诉讼法》涉外民事诉讼程序的特别规定，以及我国与其他国家签署或者共同参加的国际条约、内地与港澳特区签署的司法协助安排等，结合人民法院涉外涉港澳台民商事审判实践，本项下设立若干申请承认与执行法院判决、仲裁裁决案件案由。

453. 申请执行海事仲裁裁决

【释义】

海事仲裁裁决，是海事仲裁机构就海事侵权纠纷、海商合同纠纷以及法律规定的其他海事纠纷作出的裁决。申请执行海事仲裁裁决是指海事仲裁案件的当事人通过法定程序向人民法院提出申请，对海事仲裁裁决予以执行。

【管辖】

根据《海事诉讼特别程序法》第11条以及《最高人民法院关于适用〈中华人民共和国海事诉讼特别程序法〉若干问题的解释》第13条的规定，当事人申请执行海事仲裁裁决，申请承认和执行国外海事仲裁裁决的，由被执行的财产所在地或者被执行人住所地的海事法院管辖；被执行的财产所在地或者被执行人住所地没有海事法院的，向被执行的财产所在地或者被执行人住所地的中级人民法院提出。需要注意的是，被执行的财产为船舶的，无论该船舶是否在海事法院管辖区域范围内，均由海事法院管辖。船舶所在地没有海事法院的，由就

近的海事法院管辖。另外，涉及海事海商纠纷仲裁协议效力的案件，由仲裁协议约定的仲裁机构所在地、仲裁协议签订地、申请人住所地、被申请人住所地的海事法院管辖；上述地点没有海事法院的，由就近的海事法院管辖。

两个以上海事法院都有管辖权的诉讼，原告可以向其中一个海事法院起诉；原告向两个以上有管辖权的海事法院起诉的，由最先立案的海事法院管辖。海事法院之间因管辖权发生争议，由争议双方协商解决；协商解决不了的，报请最高人民法院指定管辖。

【法律适用】

处理此类纠纷的法律依据主要是《海事诉讼特别程序法》第4条、第11条，《最高人民法院关于适用〈中华人民共和国海事诉讼特别程序法〉若干问题的解释》第13条、第14条、第16条、第17条、第88条，《最高人民法院关于审理仲裁司法审查案件若干问题的规定》第2条。

【确定该案由应当注意的问题】

本案由所指的海事仲裁裁决仅包括我国海事仲裁机构作出的非涉外海事仲裁裁决和涉外海事仲裁裁决，不包括港澳台地区和外国海事仲裁机构在我国境外依据港澳台地区和外国相关规定作出的海事仲裁裁决。如果是当事人申请执行港澳台地区海事仲裁裁决和外国海事仲裁裁决，应当先向人民法院申请认可或者承认，然后才能向人民法院申请执行，应当适用第457条、第459条、第461条、第463条案由。

454. 申请执行知识产权仲裁裁决

【释义】

申请执行知识产权仲裁裁决，是指当事人向人民法院申请执行国内仲裁机构就知识产权合同争议和部分知识产权侵权纠纷所作出的裁决，包括国内仲裁机构作出的涉外知识产权仲裁裁决。

【管辖】

关于申请执行知识产权仲裁裁决案件的管辖，没有特殊的法律规定。根据《仲裁法》的规定，当事人申请执行仲裁裁决案件，由被执行人住所地或者被执行的财产所在地的中级人民法院管辖。同时，根据《最高人民法院关于审理仲裁司法审查案件若干问题的规定》，申请确认仲裁协议效力的案件，由仲裁协议约定的仲裁机构所在地、仲裁协议签订地、申请人住所地、被申请人住所地的中级人民法院或者专门人民法院管辖。申请人向两个以上有管辖权的人民法院提出申请的，由最先立案的人民法院管辖。申请人向对案件不具有管辖权的人民法院提出申请，人民法院应当告知其向有管辖权的人民法院提出申请，申请人仍不变更申请的，裁定不予受理。申请人对不予受理的裁定不服的，可以提起上诉。人民法院立案后发现不符合受理条件的，裁定驳回申请，对于裁定驳回申请的案件，申请人再次申请并符合受理条件的，人民法院应予受理。当事人对驳回申请的裁定不服的，可以提起上诉。

【法律适用】

处理此类纠纷的主要法律依据是《民事诉讼法》第 224 条，《著作权法》第60条，《最高人民法院关于审理仲裁司法审查案件若干问题的规定》第2条、第4条、第6条、第7条。

【确定该案由应当注意的问题】

近年来，国内仲裁机构受理的知识产权案件不断增加，但是，需要注意的是，并非所有的知识产权纠纷都可以仲裁。根据《著作权法》和《仲裁法》的规定，平等主体的公民、法人和非法人组织之间发生的知识产权合同纠纷及事后达成仲裁协议的侵权纠纷，可以选择仲裁。比如，专利权、商标权、著作权、商业秘密的转让和使用许可合同，植物新品种合同，集成电路布图设计合同，技术开发合同，技术转让合同，技术咨询合同，技术服务合同，知识产权质押合同及其他知识产权类合同等；还比如，侵犯专利权、商标权、著作权、商业秘密等侵权纠纷。但是，关于专利、商标有效性的行政案件，在我国仍然不能通过仲裁解决。

需要注意的是，申请执行知识产权仲裁裁决这一案由仅适用于我国国内仲裁机构作出的知识产权仲裁裁决，不包括港澳台地区仲裁机构和外国仲裁机构依据港澳台地区和外国相关规定所作出的仲裁裁决。另外，申请执行知识产权仲裁裁决，不存在需要人民法院认可的问题，而是可以直接向人民法院申请执行。

455. 申请执行涉外仲裁裁决

【释义】

申请执行涉外仲裁裁决是指当事人向人民法院申请执行中华人民共和国涉外仲裁机构作出的裁决。涉外仲裁机构是指专门受理涉外纠纷案件的常设仲裁机构。1991年《民事诉讼法》公布施行时，《仲裁法》尚未出台，当时的涉外仲裁机构主要是中国国际经济贸易仲裁委员会和中国海事仲裁委员会，该两家仲裁机构仅受理涉外仲裁案件。1995 年《仲裁法》施行后，国务院办公厅于 1996 年 6 月 8 日发布了《关于贯彻实施〈中华人民共和国仲裁法〉需要明确的几个问题的通知》(国办发〔1996〕22 号)。根据该通知，我国内地的仲裁机构均可以受理国内仲裁案件和涉外仲裁案件，即不再存在国内仲裁机构和涉外仲裁机构的区分。由于涉外仲裁裁决和国内仲裁裁决执行问题的审查需要适用不同的法律规定，因此，单列此案由。

【管辖】

根据《民事诉讼法》第 273 条的规定，一方当事人不履行涉外仲裁裁决的，对方当事人可以向被申请人住所地或者财产所在地的中级人民法院申请执行。

【法律适用】

处理此类纠纷的法律依据主要是《民事诉讼法》第 273 条、第 274 条。

【确定该案由应当注意的问题】

关于“涉外仲裁裁决”，本指中华人民共和国涉外仲裁机构作出的裁决。但如前所述，我国实际上已不存在专门的涉外仲裁机构。因此，判断“涉外仲裁裁决”，主要看纠纷是否具有涉外因素。对涉外因素的把握，一般是看当事人、争议标的物以及产生、变更、终止法律关系的法律事实三个因素，这三个方面只要有一项是境外的，即认为该纠纷是具有涉外因素的纠纷。

由于涉外仲裁裁决是我国仲裁机构作出的裁决，其与外国仲裁裁决以及港澳台地区仲裁裁决相比，不需要向人民法院申请承认或者认可，可以直接向人民法院申请执行。同时，涉外仲裁裁决也不同于我国内地仲裁机构作出的非涉外仲裁裁决。其中，最大的区别在于审查的法律依据不同，即人民法院对申请执行我国内地仲裁机构作出的非涉外仲裁裁决案件的审查，适用《民事诉讼法》第237条的规定；人民法院对申请执行我国内地仲裁机构作出的涉外仲裁裁决案件的审查，适用《民事诉讼法》第274条的规定。对涉外仲裁裁决，被申请人提出证据证明仲裁裁决有下列情形之一的，经人民法院组成合议庭审查核实，裁定不予执行：(1) 当事人在合同中没有订有仲裁条款或者事后没有达成书面仲裁协议的；(2) 被申请人没有得到指定仲裁员或者进行仲裁程序的通知，或者由于其他不属于被申请人负责的原因未能陈述意见的；(3) 仲裁庭的组成或者仲裁的程序与仲裁规则不符的；(4) 裁决的事项不属于仲裁协议的范围或者仲裁机构无权仲裁的。另外，人民法院认定执行该裁决违背社会公共利益的，裁定不予执行。

456. 申请认可和执行香港特别行政区法院民事判决

【释义】

申请认可和执行香港特别行政区法院民事判决是指当事人向内地人民法院提出申请，请求认可和执行香港特别行政区法院作出的民商事案件判决。其中，有几个概念需要说明：(1)“判决”是指香港特别行政区终审法院、高等法院、区域法院以及劳资审裁处、土地审裁处、小额钱债审裁处、竞争事务审裁处作出的已经发生法律效力的判决、命令、判令、讼费评定证明书，但不包括禁诉令、临时济助命令以及香港法院依据其法律承认的其他国家和地区法院作出的判决；(2)“民商事案件”是指根据内地和香港特别行政区法律均属于民商事性质的案件，不包括香港特别行政区法院审理的司法复核案件以及其他因行使行政权力直接引发的案件；（3）“民商事案件判决”包括刑事案件中有关民事赔偿的判决，不包括行政案件判决。

【管辖】

当事人向内地人民法院申请认可和执行香港特别行政区法院民事判决，系依据内地与香港特别行政区签署的三个司法协助安排，分别是2006年签署的《关于内地与香港特别行政区法院相互认可和执行当事人协议管辖的民商事案件判决的安排》（以下简称《协议管辖安排》）、2017年签署的《关于内地与香港特别行政区法院相互认可和执行婚姻家庭民事案件判决的安排》（以下简称《婚姻家事安排》）、2019年签署的《关于内地与香港特别行政区法院相互认可和执行民商事案件判决的安排》（以下简称《判决互认安排》）。这三个安排分别适用于不同的民商事案件，有关管辖的规定也略有不同。

当事人依据《协议管辖安排》请求内地人民法院认可和执行香港特别行政区法院民事判决的，应当向被申请人住所地、经常居住地或者财产所在地的中级人民法院提出。被申请人住所地、经常居住地或者财产所在地在内地不同的中级人民法院辖区的，申请人应当选择向其中一个人民法院提出认可和执行的申请，不得分别向两个或者两个以上人民法院提出申请。

当事人依据《婚姻家事安排》请求内地人民法院认可和执行香港特别行政区法院民事判决的，应当向申请人住所地、经常居住地或者被申请人住所地、经常居住地、财产所在地的中级人民法院提出。当事人向两个以上有管辖权的人民法院提出申请的，由最先立案的人民法院管辖。

当事人依据《判决互认安排》请求内地人民法院认可和执行香港特别行政区法院民事判决的，应当向申请人住所地或者被申请人住所地、财产所在地的中级人民法院提出。当事人向两个以上有管辖权的人民法院提出申请的，由最先立案的人民法院管辖。

【法律适用】

处理这类纠纷的法律依据主要有《协议管辖安排》《婚姻家事安排》《判决互认安排》。

【确定该案由应当注意的问题】

内地与香港特别行政区属于一国之内不同的法域，一地法院的判决并不当然在另一地发生法律效力。为促进两地民商事案件判决的相互认可和执行，内地与香港特别行政区依据《香港特别行政区基本法》签署了《协议管辖安排》《婚姻家事安排》《判决互认安排》，再分别在内地由最高人民法院发布司法解释、在香港特别行政区由特区立法机关制定或修改法律予以落实。其中，《婚姻家事安排》《判决互认安排》仍在等待香港特别行政区完成本地立法。一旦香港特别行政区完成本地立法，最高人民法院将会把《婚姻家事安排》《判决互认安排》转化为司法解释，在两地同时生效。因此，内地人民法院在受理此类纠纷时，需注意这两个安排是否已生效。

还需注意的是，即使以上三个安排均已生效，也并不意味着香港特别行政区所有的民商事案件判决均可以申请内地人民法院认可和执行。比如，裁判分居案件；继承案件、有关遗产管理或者分配的案件；有关标准专利、短期专利侵权的案件；有关确认标准必要专利许可费率的案件；海洋环境污染、海事索赔责任限制、共同海损、紧急拖航和救助、船舶优先权、海上旅客运输案件等，尚不能向内地人民法院申请认可和执行。

457. 申请认可和执行香港特别行政区仲裁裁决

【释义】

申请认可和执行香港特别行政区仲裁裁决，是指当事人向内地人民法院申请认可和执行以香港特别行政区为仲裁地依据香港特别行政区《仲裁条例》作出的民商事仲裁裁决，不包括投资仲裁裁决。

《关于内地与香港特别行政区相互执行仲裁裁决的安排》（以下简称《仲裁裁决安排》）仅规定了“相互执行”仲裁裁决的程序，未明确“相互认可”仲裁裁决的程序。这导致在实践中，人民法院对香港特别行政区仲裁裁决是否需先经认可才能进入执行程序，把握不一。因此，《关于内地与香港特别行政区相互执行仲裁裁决的补充安排》（以下简称《补充安排》）对“认可程序”予以明确，统一了法律适用。

【管辖】

依据《仲裁裁决安排》的规定，当事人申请认可和执行香港特别行政区仲裁裁决的案件，应当由被申请人住所地或者财产所在地的中级人民法院管辖；并且由审理涉外商事案件的审判庭（合议庭）作为专门业务庭办理，专门业务庭经审查裁定认可和执行香港特别行政区仲裁裁决的，交由执行部门执行。被申请人住所地或者财产所在地在内地不同的中级人民法院辖区内的，申请人可以选择其中一个人民法院申请执行裁决，不得分别向两个或者两个以上人民法院提出申请。被申请人的住所地或者财产所在地，既在内地又在香港特区的，申请人不得同时分别向两地有关法院提出申请。只有一地法院执行不足以偿还其债务时，才可就不足部分向另一地法院申请执行。两地法院先后执行仲裁裁决的总额，不得超过裁决数额。

按照以上规定，申请人不可同时向内地和香港特别行政区法院申请执行，实践中可能存在以下问题：一是在申请人向一地法院申请执行期间，被申请人可能隐匿、转移在另一地的财产；二是如申请人先向内地人民法院申请执行裁决，但执行财产数额不足，当其就不足部分再向香港特别行政区法院申请执行时，申请执行的时效期间可能已过，其合法利益难以获得有效保障。因此，《补充安排》对此作出修改，允许申请人可以同时向内地和香港特别行政区法院申请执行，但不得超额执行。应对方法院要求，两地法院应当相互提供本方执行仲裁裁决的情况。

需要特别说明的是，由于还在等待香港特别行政区完成本地立法，《补充安排》关于允许当事人同时向两地法院申请执行的规定尚未生效。因此，在此规定生效前，当事人还不能同时向两地法院申请执行香港特别行政区仲裁裁决。

【法律适用】

处理此类纠纷的主要法律依据是《关于内地与香港特别行政区相互执行仲裁裁决的安排》和《关于内地与香港特别行政区相互执行仲裁裁决的补充安排》。

【确定该案由应当注意的问题】

香港特别行政区回归以前，内地与香港特别行政区之间仲裁裁决的相互认可和执行依据《承认与执行外国仲裁裁决公约》（即《纽约公约》）。香港特别行政区回归后，两地间的司法协助已变为一个主权国家内不同法域间的司法安排，相互执行仲裁裁决不能再适用《纽约公约》。如何适应实践需要，建立方便快捷的相互执行仲裁裁决新机制，十分迫切和重要。为此，通过两地共同努力，于1999年顺利签署了《仲裁裁决安排》，2020年又成功签署了《补充安排》。这两个安排共同为两地相互认可和执行仲裁裁决提供了法律依据。

依据《仲裁裁决安排》和《补充安排》，香港特别行政区仲裁裁决系以香港特别行政区为仲裁地依据香港特别行政区《仲裁条例》作出的裁决，既包括临时仲裁裁决，也包括机构仲裁裁决。而且，此处的“机构仲裁裁决”不限于香港特别行政区仲裁机构作出的裁决，还包括国际商会仲裁院等国外仲裁机构、内地仲裁机构或者内地仲裁机构在香港特别行政区设立的分支机构（如中国国际经济贸易仲裁委员会香港仲裁中心、中国海事仲裁委员会香港仲裁中心）等作出的裁决。

需要注意的是，当事人申请执行香港仲裁裁决，被申请人提出证据证明有下列情形之一的，经审查核实，内地人民法院可裁定不予执行：(1) 仲裁协议当事人依对其适用的法律属于某种无行为能力的情形；或者该项仲裁协议依约定的准据法无效；或者未指明以何种法律为准时，依仲裁裁决地的法律是无效的；(2) 被申请人未接到指派仲裁员的适当通知，或者因他故未能陈述意见的；(3) 裁决所处理的争议不是交付仲裁的标的或者不在仲裁协议条款之内，或者裁决载有关于交付仲裁范围以外事项的决定的；但交付仲裁事项的决定可与未交付仲裁的事项划分时，裁决中关于交付仲裁事项的决定部分应当予以执行；(4) 仲裁庭的组成或者仲裁庭程序与当事人之间的协议不符，或者在有关当事人没有这种协议时与仲裁地的法律不符的；(5) 裁决对当事人尚无约束力，或者业经仲裁地的法院或者按仲裁地的法律撤销或者停止执行的；(6) 依内地法律，争议事项不能以仲裁解决的；(7) 内地法院认定在内地执行该仲裁裁决违反内地社会公共利益的。

458. 申请认可和执行澳门特别行政区法院民事判决

【释义】

申请认可和执行澳门特别行政区法院民事判决，是指当事人向内地人民法院申请认可和执行澳门特别行政区法院作出的民商事案件判决。其中，“民商事案件”，包括劳动民事案件以及刑事案件中有关民事损害赔偿的判决、裁定，不包括行政案件。“判决”包括澳门特别行政区法院作出的裁判、判决、确认和解的裁定以及法官的决定或者批示等。需要注意的是，澳门特别行政区法院民事判决如果没有给付内容，或者不需要执行，但需要通过司法程序予以认可，当事人可以向内地人民法院单独申请认可。

【管辖】

依据《最高人民法院关于内地与澳门特别行政区相互认可和执行民商事判决的安排》，当事人申请认可和执行澳门特别行政区法院民事判决，应当由被申请人住所地、经常居住地或者财产所在地的中级人民法院管辖。两个或者两个以上中级人民法院均有管辖权的，申请人应当选择向其中一个中级人民法院提出申请。

被申请人在内地和澳门特别行政区均有可供执行财产的，申请人可以向一地法院提出执行申请。申请人向一地法院提出执行申请的同时，可以向另一地法院申请查封、扣押或者冻结被执行人的财产。待一地法院执行完毕后，可以根据该地法院出具的执行情况证明，就不足部分向另一地法院申请采取处分财产的执行措施。两地法院执行财产的总额，不得超过依据判决和法律规定所确定的数额。

【法律适用】

处理此类纠纷的法律依据主要是《最高人民法院关于内地与澳门特别行政区相互认可和执行民商事判决的安排》。

【确定该案由应当注意的问题】

澳门特别行政区回归后，内地与澳门特别行政区属于一国之内两个不同的法域，一地法院的判决并不当然在另一地发生法律效力，需要经过另一地法院的认可。依据澳门特别行政区《民事诉讼法典》的规定，澳门特别行政区以外的法院所作出的判决，经过澳门特别行政区法院审查并确认后在澳门特别行政区生效。据此，在两地没有相互认可和执行民事判决的机制安排下，澳门特别行政区法院已经认可和执行内地法院若干判决。而内地由于缺乏法律的明确规定，在没有司法协助安排的情况下，不受理申请认可和执行澳门特别行政区法院民事判决的案件，这使当事人只能另行在内地提起诉讼，造成诉讼成本增加和司法资源浪费。因此，经过两地共同努力，在2006年成功签署《关于内地与澳门特别行政区相互认可和执行民商事判决的安排》，为相互认可和执行民事判决提供了法律依据。

需要注意的是，依据《关于内地与澳门特别行政区相互认可和执行民商事判决的安排》，各种类型的民商事案件均可相互认可和执行，实现了最大范围的相互协助。但是，澳门特别行政区法院民事判决存在下列情形之一的，内地人民法院裁定不予认可：（1）根据内地法律，判决所确认的事项属内地人民法院专属管辖；（2）在内地人民法院已存在相同诉讼，该诉讼先于待认可判决的诉讼提起，且内地人民法院具有管辖权；（3）内地人民法院已认可或者执行内地人民法院以外的法院或仲裁机构就相同诉讼作出的判决或仲裁裁决；（4）根据澳门特别行政区法律规定，败诉的当事人未得到合法传唤，或者无诉讼行为能力人未依法得到代理；（5）根据澳门特别行政区法律规定，申请认可和执行的判决尚未发生法律效力，或者因再审被裁定中止执行；（6）在内地认可和执行判决将违反内地法律的基本原则或者社会公共利益；比如，澳门特别行政区法院基于赌债而作出的民事判决，内地人民法院不予认可。

需要说明的是，澳门特别行政区最初文本曾提到《关于内地与澳门特别行政区相互认可和执行民商事判决的安排》也应适用于两地的公证债权文书。鉴于内地有强制执行效力的公证债权文书在执行过程中存在一些问题，情况较为复杂，需要进一步完善相关制度。因此，最终未将公证债权文书纳入相互认可和执行的范围。

459. 申请认可和执行澳门特别行政区仲裁裁决

【释义】

申请认可和执行澳门特别行政区仲裁裁决，是指当事人向内地人民法院申请认可和执行澳门特别行政区仲裁机构及仲裁员按照澳门特别行政区仲裁法规在澳门作出的民商事仲裁裁决，既包括临时仲裁裁决，也包括机构仲裁裁决。需要注意的是，澳门特别行政区仲裁裁决需要具备两个条件：一是裁决系由澳门特别行政区仲裁机构及仲裁员作出的；二是在澳门作出的，即以澳门为仲裁地。因此，澳门特别行政区仲裁裁决不包括以下几种情况：一是澳门特别行政区仲裁机构及仲裁员作出的行政仲裁裁决；二是澳门特别行政区仲裁机构及仲裁员在澳门特别行政区以外的地方作出的裁决；三是内地仲裁机构或者国外仲裁机构在澳门特别行政区作出的仲裁裁决。

【管辖】

根据《最高人民法院关于内地与澳门特别行政区相互认可和执行

仲裁裁决的安排》的规定，当事人申请认可和执行澳门特别行政区仲裁裁决，应当由被申请人住所地、经常居住地或者财产所在地的中级人民法院管辖，并且由审理涉外商事案件的审判庭（合议庭）作为专门业务庭办理，专门业务庭经审查裁定认可和执行澳门特别行政区仲裁裁决的，交由执行部门执行。两个或者两个以上中级人民法院均有管辖权的，当事人应当选择向其中一个中级人民法院提出申请。

【法律适用】

处理此类纠纷主要依据是《最高人民法院关于内地与澳门特别行政区相互认可和执行仲裁裁决的安排》。

【确定该案由应当注意的问题】

澳门特别行政区回归以后，内地与澳门特别行政区之间的经济社会等各方面交流日益增多，两地司法合作与协助问题也日益突出和紧迫，其中包括仲裁裁决的相互认可和执行。为此，在两地共同努力下，于2007年签署了《关于内地与澳门特别行政区相互认可和执行仲裁裁决的安排》，最高人民法院以司法解释的形式对外公布，2008年1月1日已正式实施。

需要注意的是，被申请人的住所地、经常居住地或者财产所在地分别在内地和澳门特别行政区的，申请人可以向一地法院提出认可和执行申请，也可以分别向两地法院提出申请。当事人分别向两地法院提出申请的，两地法院都应当依法进行审查，予以认可的，采取查封、扣押或者冻结被执行人财产等执行措施。仲裁地法院应当先进行执行清偿；另一地法院在收到仲裁地法院关于经执行债权未获清偿情况的证明后，可以对申请人未获清偿的部分进行执行清偿。两地法院执行财产的总额，不得超过依据裁决和法律规定所确定的数额。

受理申请的内地人民法院，应当尽快审查认可和执行请求，并作出裁定。被申请人提出以下证据证明有下列情形之一的，经审查核实，受理申请的内地人民法院可以裁定不予认可：(1) 仲裁协议一方当事人依对其适用的法律在订立仲裁协议时属于无行为能力的；或者依当事人约定的准据法，或当事人没有约定适用的准据法而依仲裁地法律，该仲裁协议无效的；(2) 被申请人未接到选任仲裁员或者进行仲裁程序的适当通知，或者因他故未能陈述意见的；(3) 裁决所处理的争议不是提交仲裁的争议，或者不在仲裁协议范围之内；或者裁决载有超出当事人提交仲裁范围的事项的决定，但裁决中超出提交仲裁范围的事项的决定与提交仲裁事项的决定可以分开的，裁决中关于提交仲裁事项的决定部分可以予以认可；(4) 仲裁庭的组成或者仲裁程序违反了当事人的约定，或者在当事人没有约定时与仲裁地的法律不符的；(5) 裁决对当事人尚无约束力，或者业经仲裁地的法院撤销或者拒绝执行的。有关法院认定，依内地法律，争议事项不能以仲裁解决的，不予认可和执行该裁决。另外，内地法院认定在内地认可和执行该仲裁裁决违反内地法律的基本原则或者社会公共利益的，不予认可和执行该裁决。

460. 申请认可和执行台湾地区法院民事判决

【释义】

申请认可和执行台湾地区法院民事判决，是指当事人向人民法院申请认可和执行台湾地区法院作出的有关民事、商事、知识产权、海事等民事案件判决。其中，“认可”和“执行”程序是可分的，当事人可以仅申请认可，也可以同时申请认可和执行。申请人同时提出认可和执行台湾地区法院民事判决申请的，人民法院先按照认可程序进行审查，裁定认可后，由人民法院执行机构执行。申请人直接申请执行的，人民法院应当告知其一并提交认可申请；坚持不申请认可的，裁定驳回其申请。

【管辖】

根据《最高人民法院关于认可和执行台湾地区法院民事判决的规定》的相关规定，申请认可和执行台湾地区法院民事判决的案件，由申请人住所地、经常居住地或者被申请人住所地、经常居住地、财产所在地中级人民法院或者专门人民法院受理。申请人向两个以上有管辖权的人民法院申请认可的，由最先立案的人民法院管辖。申请人向被申请人财产所在地人民法院申请认可的，应当提供财产存在的相关证据。

【法律适用】

处理此类案件的主要法律依据是《最高人民法院关于认可和执行台湾地区法院民事判决的规定》。

【确定该案由应当注意的问题】

大陆与台湾地区民事判决的相互认可和执行是区际民商事司法互助的重要内容之一。最高人民法院早在1998年即发布了《关于人民法院认可台湾地区有关法院民事判决的规定》，并在2009年发布了《关于人民法院认可台湾地区有关法院民事判决的补充规定》。2015年，为了充分满足两岸交流交往和审判实践的需要，使司法解释更加系统化、清晰化，最高人民法院废止了前两个规定，发布了《关于认可和执行台湾地区法院民事判决的规定》。

与前两个规定相比，《关于认可和执行台湾地区法院民事判决的规定》适度拓宽了可向人民法院申请认可与执行的台湾地区法院民事判决的范围，将台湾地区法院在刑事附带民事诉讼中作出的民事损害赔偿裁判，以及由台湾地区乡镇市调解委员会等出具并经台湾地区法院核定的与台湾地区生效民事判决具有同等效力的调解文书，一并纳入可申请认可与执行的范围。这样就将在台湾地区具有民事裁判性质和效力的几乎所有法律文书均纳入了认可和执行的范围。总之，申请认可和执行的台湾地区法院民事判决包括台湾地区法院作出的生效民事判决、裁定、和解笔录、调解笔录、支付命令以及台湾地区法院在刑事案件中作出的有关民事损害赔偿的生效判决、裁定、和解笔录等。另外，台湾地区乡镇市调解委员会等出具并经台湾地区法院核定，与台湾地区法院生效民事判决具有同等效力的调解文书，参照适用《关于认可和执行台湾地区法院民事判决的规定》。

需要注意的是，除乡镇市调解委员会出具的调解文书外，台湾地区至少还有四类调解文书经台湾地区有关法院核定后也与民事确定判决有同一之效力。这四类调解文书是：（1）依据台湾地区“著作权法”第82条的规定，由著作权审议及调解委员会就著作权中介团体与利用人间，对使用著作标的报酬争议或著作权、制版权争议之调解；（2）依据台湾地区“证券投资人及期货交易人保护法”第22条的规定，由证券投资人及期货交易人保护机构（为财团法人组织）所设之调处委员会，就证券投资人或期货交易人与发行人、证券商、交易所、柜台买卖中心、结算机构或其他关系人间，因有价证券之募集、发行、买卖或期货交易及其他相关事宜所生民事争议进行之调处；（3）依据台湾地区“公害纠纷处理法”第14条第1款的规定，由“直辖市”、县（市）政府设置之公害纠纷调处委员会所进行之公害纠纷调处；（4）依据台湾地区“消费者保护法”及“消费争议调解办法”，由“直辖市”或县（市）消费争议调解委员会就消费争议事件作出的调解。鉴于这四类调解文书均非台湾地区法院所作出，依台湾地区有关规定，只有在经台湾地区法院核定后方具有与台湾地区生效民事判决同一之效力，故人民法院在审查过程中必须审核此类调解文书是否已经台湾地区法院核定（实践中，此类调解文书最后一栏标注有“上调解书业经本院依法审核，准予核定。”字样，其后为“某某年度核字第某某号”及核定法官签字或盖章，并加盖法院印章）。为稳妥起见，如出现当事人申请认可台湾地区乡镇市调解委员会以外其他调解组织出具的调解文书之情形，受案人民法院应及时逐级层报最高人民法院台湾地区司法事务办公室掌握情况，以便及时对各地人民法院作出审判指导。

461. 申请认可和执行台湾地区仲裁裁决

【释义】

申请认可和执行台湾地区仲裁裁决，是指当事人向人民法院申请认可和执行有关常设仲裁机构及临时仲裁庭在台湾地区按照台湾地区仲裁规定就有关民商事争议作出的仲裁裁决，包括仲裁判断、仲裁和解和仲裁调解。申请人可以单独申请认可，也可以同时提出认可和执行的申请。申请人同时提出认可和执行台湾地区仲裁裁决申请的，人民法院先按照认可程序进行审查，裁定认可后，由人民法院执行机构执行。申请人直接申请执行的，人民法院应当告知其一并提交认可申请；坚持不申请认可的，裁定驳回其申请。

【管辖】

根据《最高人民法院关于认可和执行台湾地区仲裁裁决的规定》的相关规定，申请认可和执行台湾地区仲裁裁决的案件，由申请人住所地、经常居住地或者被申请人住所地、经常居住地、财产所在地中级人民法院或者专门人民法院受理，并且由该法院审理涉外商事案件的审判庭（合议庭）作为专门业务庭办理，专门业务庭经审查裁定认可和执行台湾地区仲裁裁决的，交由执行部门执行。申请人向两个以上有管辖权的人民法院申请认可的，由最先立案的人民法院管辖。申请人向被申请人财产所在地人民法院申请认可的，应当提供财产存在的相关证据。

【法律适用】

处理此类纠纷的主要法律依据是《最高人民法院关于认可和执行台湾地区仲裁裁决的规定》。

【确定该案由应当注意的问题】

关于台湾地区仲裁裁决的认定标准，需要具备两个必备要素：一是仲裁地因素，即在台湾地区作出；二是仲裁程序规则适用因素，即适用台湾地区仲裁规定，该仲裁规定既包括台湾地区“仲裁法”，也包括台湾地区的相关仲裁规则。另外，台湾地区仲裁裁决既包括机构仲裁裁决，也包括临时仲裁裁决，但均限于就有关民商事争议作出的仲裁裁决，不包括有关解决行政争议的仲裁裁决。

对申请认可和执行的仲裁裁决，经审查核实，有下列情形之一的，人民法院裁定不予认可：(1) 仲裁协议一方当事人依对其适用的法律在订立仲裁协议时属于无行为能力的；或者依当事人约定的准据法，或当事人没有约定适用的准据法而依台湾地区仲裁规定，该仲裁协议无效的；或者当事人之间没有达成书面仲裁协议的，但申请认可台湾地区仲裁调解的除外；(2) 被申请人未接到选任仲裁员或进行仲裁程序的适当通知，或者由于其他不可归责于被申请人的原因而未能陈述意见的；(3) 裁决所处理的争议不是提交仲裁的争议，或者不在仲裁协议范围之内；或者裁决载有超出当事人提交仲裁范围的事项的决定，但裁决中超出提交仲裁范围的事项的决定与提交仲裁事项的决定可以分开的，裁决中关于提交仲裁事项的决定部分可以予以认可；(4) 仲裁庭的组成或者仲裁程序违反当事人的约定，或者在当事人没有约定时与台湾地区仲裁规定不符的；(5) 裁决对当事人尚无约束力，或者业经台湾地区法院撤销或者驳回执行申请的；（6）依据国家法律，该争议事项不能以仲裁解决的，或者认可该仲裁裁决将违反一个中国原则等国家法律的基本原则或损害社会公共利益的。

人民法院经审查能够确认台湾地区仲裁裁决真实，而且不具有以上情形的，裁定认可其效力；不能确认该仲裁裁决真实性的，裁定驳回申请。裁定驳回申请的案件，申请人再次申请并符合受理条件的，人民法院应予受理。对人民法院裁定不予认可的台湾地区仲裁裁决，申请人再次提出申请的，人民法院不予受理。但当事人可以根据双方重新达成的仲裁协议申请仲裁，也可以就同一争议向人民法院起诉。

462. 申请承认和执行外国法院民事判决、裁定

【释义】

申请承认和执行外国法院裁判，是指对于外国法院作出的发生法律效力的判决、裁定，需要中华人民共和国人民法院承认和执行的，可以由当事人直接向中华人民共和国有管辖权的中级人民法院申请承认和执行，也可以由外国法院依照该国与中华人民共和国缔结或者参加的国际条约的规定，或者按照互惠原则，请求人民法院承认和执行。经审查，人民法院认为不违反中华人民共和国法律的基本原则或者国家主权、安全、社会公共利益的，裁定承认其效力，需要执行的，发出执行令，依照《民事诉讼法》的有关规定执行。违反中华人民共和国法律的基本原则或者国家主权、安全、社会公共利益的，不予承认和执行。需要注意的是，与我国没有司法协助条约又无互惠关系的国家的法院，未通过外交途径，直接请求人民法院承认和执行其作出的裁判的，人民法院应予退回，并说明理由。

【管辖】

根据《民事诉讼法》的相关规定，申请承认和执行外国法院裁判，应由中级人民法院管辖。但是，并未有法律和司法解释明确此类案件的地域管辖，实践中做法不一。大多地方是由被申请人住所地或者其财产所在地的中级人民法院管辖。

当事人向中华人民共和国有管辖权的中级人民法院申请承认和执行外国法院作出的发生法律效力的判决、裁定的，如果该法院所在国与中华人民共和国没有缔结或者共同参加国际条约，也没有互惠关系的，裁定驳回申请，但当事人向人民法院申请承认外国法院作出的发生法律效力的离婚判决的除外。承认和执行申请被裁定驳回的，当事人可以向人民法院起诉。需要注意的是，我国法院和外国法院对同一争议都享有管辖权，只要当事人向我国法院起诉，无论外国法院是否先于我国受理案件，都不影响我国法院受理起诉。此外，外国法院裁决已经得到我国法院承认的，则对同一争议的起诉，我国法院不予受理。

【法律适用】

处理此类纠纷的主要法律依据是《民事诉讼法》第 281 条、第 282 条，《民事诉讼法解释》第 544 条、第 546 条。

【确定该案由应当注意的问题】

承认和执行外国法院民事判决是国际民事司法协助的重要内容之一。各国和地区之间通过缔结或者共同参加国际条约，或者根据本国和地区法律的相关规定承认和执行外国法院判决。

目前，我国已经与世界上 30 多个国家之间签订了有关民商事司法协助条约，其中普遍规定了相互承认和执行民商事判决的内容。2019年7月2日，海牙国际私法会议第22届外交大会闭幕式在海牙举行，标志着《承认与执行外国民商事判决公约》谈判的最终完成。《承认与执行外国民商事判决公约》是全球首个全面确立民商事判决国际流通统一规则的国际文书，旨在使各国和地区判决在全球得到执行。公约的通过将为包括国际贸易、跨境商业在内的国际民商事活动提供更优质、高效、低成本的司法保障，对国际民商事领域司法合作影响深远。

需要注意的是，对外国法院作出的发生法律效力的判决、裁定，需要中华人民共和国法院执行的，当事人应当先向人民法院申请承认。人民法院经审查，裁定承认后，再根据《民事诉讼法》的规定予以执行。当事人仅申请承认而未同时申请执行的，人民法院仅对应否承认进行审查并作出裁定，申请执行的期间自人民法院对承认申请作出的裁定生效之日起重新计算。

463. 申请承认和执行外国仲裁裁决

【释义】

申请承认和执行外国仲裁裁决是指仲裁案件中的当事人通过特定途径向我国法院申请承认和执行国外仲裁机构在中华人民共和国领域外作出的仲裁裁决。需要注意的是，对临时仲裁庭在中华人民共和国领域外作出的仲裁裁决，一方当事人向人民法院申请承认和执行的，人民法院应当依照《民事诉讼法》第283条的规定处理。

【管辖】

根据《民事诉讼法》的规定，申请承认和执行外国仲裁裁决的案件，应当由被执行人住所地或者其财产所在地的中级人民法院管辖，并且由该法院审理涉外商事案件的审判庭（合议庭）作为专门业务庭办理，专门业务庭经审查裁定认可和执行香港特别行政区仲裁裁决的，交由执行部门执行。

外国仲裁裁决与人民法院审理的案件存在关联，被申请人住所地、被申请人财产所在地均不在我国内地，申请人申请承认外国仲裁裁决的，由受理关联案件的人民法院管辖。受理关联案件的人民法院为基层人民法院的，申请承认外国仲裁裁决的案件应当由该基层人民法院的上一级人民法院管辖。受理关联案件的人民法院是高级人民法院或者最高人民法院的，由上述法院决定自行审查或者指定中级人民法院审查。

外国仲裁裁决与我国内地仲裁机构审理的案件存在关联，被申请人住所地、被申请人财产所在地均不在我国内地，申请人申请承认外国仲裁裁决的，由受理关联案件的仲裁机构所在地的中级人民法院管辖。

申请人向两个以上有管辖权的人民法院提出申请的，由最先立案的人民法院管辖。

申请人向对案件不具有管辖权的人民法院提出申请，人民法院应当告知其向有管辖权的人民法院提出申请，申请人仍不变更申请的，裁定不予受理。申请人对不予受理的裁定不服的，可以提起上诉。

人民法院立案后发现不符合受理条件的，裁定驳回申请。对于裁定驳回申请的案件，申请人再次申请并符合受理条件的，人民法院应予受理。当事人对驳回申请的裁定不服的，可以提起上诉。

【法律适用】

处理此类纠纷的主要法律依据是《承认及执行外国仲裁裁决公约》，《民事诉讼法》第 283 条，《民事诉讼法解释》第 545 条、546 条、547 条，《最高人民法院关于审理仲裁司法审查案件若干问题的规定》第3条、第4条、第7条、第8条。

【确定该案由应当注意的问题】

申请承认和执行外国仲裁裁决，属于国际司法协助的范畴。当事人向我国法院请求司法协助，应当依照中华人民共和国缔结或者参加的国际条约所规定的途径进行；没有条约关系的，通过外交途径进行。当事人申请承认和执行外国仲裁裁决的，人民法院应当依照《承认及执行外国仲裁裁决公约》或者按照互惠原则办理，并作出是否予以承认和执行的裁定。需要注意的是，根据我国加入该公约时所作出的商事保留声明，我国仅对按照我国法律属于契约性和非契约性商事法律关系所引起的争议适用该公约，不包括外国投资者与东道国政府之间的争端。

需要说明的是，对外国仲裁裁决，需要中华人民共和国法院执行的，当事人应当先向人民法院申请承认。人民法院经审查，裁定承认后，再根据《民事诉讼法》的规定予以执行。当事人仅申请承认而未同时申请执行的，人民法院仅对应否承认进行审查并作出裁定，申请执行的期间自人民法院对承认申请作出的裁定生效之日起重新计算。

第十一部分　特殊诉讼程序案件案由

五十一、与宣告失踪、宣告死亡案件有关的纠纷

失踪人债务支付纠纷、被撤销死亡宣告人请求返还财产纠纷虽然并不按照特别程序审理，而是按照民事诉讼普通程序审理，但因为与宣告失踪、宣告死亡关系密切，故2011年《民事案件案由规定》将其与“申请宣告公民失踪”“申请为失踪人财产指定、变更代管人”“宣告公民死亡”“申请撤销宣告公民死亡”等作为第三级案由放在第一级案由“适用特殊程序案件案由”下的第二级案由“宣告失踪、宣告死亡案件”项下。此次修正对照程序法及司法解释对案由体系作出调整，将“适用特殊程序案件案由”修改为“非讼程序案件案由”，将法律规定的使用特别程序、督促程序、公示催告程序、公司清算、破产程序等非讼程序审理的案件案由作为其下属案由。新增第一级案由“特殊诉讼程序案件案由”，并在其项下增加第二级案由“与宣告失踪、宣告死亡案件有关的纠纷”，将“失踪人债务支付纠纷”“被撤销死亡宣告人请求返还财产纠纷”从“宣告失踪、宣告死亡案件”项下单列出来，调整至“与宣告失踪、宣告死亡案件有关的纠纷”项下，作为第三级案由。

464. 失踪人债务支付纠纷

【释义】

失踪人债务支付纠纷是指失踪人在失踪前负有债务，由财产代管人从失踪人的财产中支付，代管人拒绝支付的，债权人可以代管人为被告提起诉讼或代管人作为原告起诉要求失踪人的债务人清偿债务的纠纷。依据《民法典》第 43 条，人民法院作出宣告失踪的判决后失踪人的财产代管人应当妥善管理失踪人的财产，维护其财产权益。对失踪人所欠税款、债务和应付的其他费用，由代管人从失踪人的财产中支付。故，一方面，如果代管人拒绝从失踪人财产中支付失踪人所欠税款、债务及其他应付费用，债权人有权以代管人为被告向人民法院起诉；另一方面，代管人可以作为原告向人民法院起诉，要求失踪人的债务人清偿债务。

【管辖】

失踪人债务支付纠纷按照民事诉讼普通程序审理，因此，适用《民事诉讼法》及其司法解释关于级别管辖、地域管辖的相关规定。

【法律适用】

处理失踪人债务支付纠纷的法律依据主要是《民法典》第 43 条。

【确定该案由应当注意的问题】

虽然失踪人债务支付纠纷诉讼是在宣告失踪的判决基础上作出的，

但需要注意失踪人债务支付纠纷属于新增的“与宣告失踪、宣告死亡案件有关的纠纷”项下的案由，避免认为“宣告失踪、宣告死亡案件”项下没有对应的第三级案由，直接适用第二级案由“宣告失踪、宣告死亡案件”的情况。此外，如果人民法院作出宣告失踪的判决后，失踪人的财产代管发生争议的情况下，应该先申请为失踪人指定财产代管人。

465. 被撤销死亡宣告人请求返还财产纠纷

【释义】

被撤销死亡宣告人请求返还财产纠纷是指人民法院判决撤销死亡宣告后，被撤销死亡宣告人可以向取得其财产的第三人请求返还财产而产生的纠纷。宣告死亡是法律对失踪人已经死亡及其死亡时间的推定。此种推定有可能被以后出现的事实所推翻。被宣告死亡人的重新出现将从根本上否定死亡宣告判决，并由此引发一系列法律后果。体现在财产关系上，宣告死亡时对被宣告死亡人财产的处理要恢复到宣告死亡前的状态，即被宣告死亡人享有请求返还财产的权利。依据《民法典》第53条，被撤销死亡宣告的人有权请求依照《民法典》继承编取得其财产的民事主体返还财产；无法返还的，应当给予适当补偿。利害关系人隐瞒真实情况，致使他人被宣告死亡而取得其财产的，除应当返还财产外，还应当对由此造成的损失承担赔偿责任。

【管辖】

被撤销死亡宣告人请求返还财产纠纷按照民事诉讼普通程序审理，因此适用《民事诉讼法》关于一般地域管辖的规定，即由被告住所地人民法院管辖。请求返还财产涉及不动产的，由不动产所在地法院管辖。

【法律适用】

处理被撤销死亡宣告人请求返还财产纠纷的法律依据主要是《民法典》第53条。

【确定该案由应当注意的问题】

虽然被撤销死亡宣告人请求返还财产纠纷与申请宣告自然人死亡密切相关，但需要注意被撤销死亡宣告人请求返还财产纠纷属于新增的"与宣告失踪、宣告死亡案件有关的纠纷"项下的案由，避免认为"宣告失踪、宣告死亡案件"项下没有对应的第三级案由，直接适用第二级案由"宣告失踪、宣告死亡案件"的情况。

五十二、公益诉讼

【释义】

公益诉讼，是指国家规定的机关或者法律规定的组织对破坏生态环境和资源保护，食品药品安全领域侵害众多消费者合法权益，侵害英雄烈士等的姓名、肖像、名誉、荣誉，侵害未成年合法权益等损害社会公共利益的行为向人民法院提起的诉讼。

公益诉讼是本次新增的第二级案由，依据现行法律，其下包括"生态环境保护民事公益诉讼""英雄烈士保护民事公益诉讼""未成年人保护民事公益诉讼""消费者权益保护民事公益诉讼"四个第三级案由。公益诉讼是一种新类型的诉讼，其诉讼利益归属于社会，是保护社会公共利益、维护国家利益的重要法律制度。

根据提起诉讼的不同主体，我国目前分为社会组织提起的公益诉讼和检察机关提起的公益诉讼。

【管辖】

公益诉讼案件适用《民事诉讼法解释》第285条、《最高人民法院、最高人民检察院关于检察公益诉讼案件适用法律若干问题的解释》第5条的规定，由侵权行为地或者被告住所地中级人民法院管辖，但法律、司法解释另有规定的除外。市（分、州）人民检察院提起的第一审民事公益诉讼案件，由侵权行为地或者被告住所地中级人民法院管辖。因污染海洋环境提起的公益诉讼，由污染发生地、损害结果地或者采取预防污染措施地海事法院管辖。对同一侵权行为分别向两个以上人民法院提起公益诉讼的，由最先立案的人民法院管辖，必要时由它们的共同上级人民法院指定管辖。

根据《最高人民法院、最高人民检察院关于检察公益诉讼案件适用法律若干问题的解释》第20条的规定，人民检察院对破坏生态环境和资源保护，食品药品安全领域侵害众多消费者合法权益，侵害英雄烈士等的姓名、肖像、名誉、荣誉等损害社会公共利益的犯罪行为提起刑事公诉时，可以向人民法院一并提起附带民事公益诉讼，由人民法院同一审判组织审理。人民检察院提起的刑事附带民事公益诉讼案件由审理刑事案件的人民法院管辖。因此，刑事附带民事公益诉讼可能由基层人民法院管辖。

【法律适用】

处理公益诉讼的法律依据主要是《民法典》第7编第7章、《环境保护法》第58条、《民事诉讼法》第55条、《英雄烈士保护法》第25条、《未成年人保护法》第106条、《海洋环境保护法》第89条、《民事诉讼法解释》第13章，以及《最高人民法院关于审理环境侵权责任纠纷案件适用法律若干问题的解释》《最高人民法院关于审理环境民事公益诉讼案件适用法律若干问题的解释》《最高人民法院、最高人民检察院关于检察公益诉讼案件适用法律若干问题的解释》《最高人民法院关于审理生态环境损害赔偿案件的若干规定（试行）》《最高人民法院关于审理海洋自然资源与生态环境损害赔偿纠纷案件若干问题的规定》《最高人民法院、最高人民检察院关于人民检察院提起刑事附带民事公益诉讼应否履行诉前公告程序问题的批复》等的相关规定。

【确定该案由应当注意的问题】

公益诉权分配关涉国家治理体系的构建，亦涉及司法权与行政权的关系，人民法院对于“等”外探索的案件需审慎受理。确实无法纳入4个第三级案由的，可确定为本第二级案由“公益诉讼”。

466. 生态环境保护民事公益诉讼

（1）环境污染民事公益诉讼

（2）生态破坏民事公益诉讼

（3）生态环境损害赔偿诉讼

【释义】

生态环境保护民事公益诉讼，是指国家规定的机关或者法律规定的组织对污染环境、破坏生态等损害环境公共利益的行为向人民法院提起的诉讼。

环境私益诉讼和生态环境保护民事公益诉讼存在着明显的区别：（1）立法目的不同。环境私益诉讼的目的是维护自然人、法人或者非法人组织的个体利益；生态环境保护民事公益诉讼则是为了维护社会公共利益，防止生态环境遭受破坏或者使受到破坏的生态环境能够尽快得到修复。（2）被侵权人不同。环境私益诉讼的被侵权人是人身、财产受到损害的自然人、法人或者非法人组织等民事主体；生态环境保护民事公益诉讼的被侵权人是所有享受生态环境服务功能的不特定的人，故必须由国家规定的机关或者法律规定的组织作为代表请求侵权人承担相应的责任。（3）责任构成不同。就环境私益诉讼而言，只要行为人有污染环境或破坏生态的行为、受害人有损害、行为人的行为与损害之间有因果关系，不论污染环境、破坏生态者是否违反国家规定，都应对其造成的损害承担侵权责任；就生态环境保护民事公益诉讼来说，只有违反国家规定污染环境、破坏生态，行为人才就其造成的生态环境损害承担侵权责任。（4）救济重点不同。环境私益诉讼的重点是被侵权人损害的填补，生态环境保护民事公益诉讼的首要是修复被损害的生态环境。（5）诉讼规则不同。环境私益诉讼主要采当事人主义，遵循当事人处分原则和辩论原则，法官的职权原则上限于居中裁判；生态环境保护民事公益诉讼则具有较强的职权主义色彩，且当事人的处分权亦受一定的限制，比如法官可以不受当事人自认的限制，主动依职权调查收集证据，在裁判方式上也可以采取综合性的解决方案。污染环境、破坏生态，如果损害了自然人、法人或者非法人组织等民事主体享有的人身、财产权益，包括饮用清洁水、呼吸清新空气、拥有稳静生活、享受日照、远眺风景等环境权益，即构成环境私益侵权责任。如果违反国家规定污染环境、破坏生态，损害了生态环境自身，使其正常的服务功能减损或者丧失，则构成环境公益侵权责任。

广义上的生态环境保护民事公益诉讼，包括环境污染民事公益诉讼、生态破坏民事公益诉讼、生态环境损害赔偿诉讼三类：

1. 环境污染民事公益诉讼。环境污染民事公益诉讼，是指国家规定的机关或者法律规定的组织对污染环境等损害环境公共利益的行为向人民法院提起的诉讼。

2. 生态破坏民事公益诉讼。生态破坏民事公益诉讼，是指国家规定的机关或者法律规定的组织对破坏生态等损害环境公共利益的行为向人民法院提起的诉讼。

3. 生态环境损害赔偿诉讼。为深入贯彻党的十八届三中全会关于“对造成生态环境损害的责任者严格实行赔偿制度”以及党的十九大报告关于“实行最严格的生态环境保护制度”的重要精神，中共中央办公厅、国务院办公厅于2015年12月3日印发《生态环境损害赔偿制度改革试点方案》，在全国七个省市探索由政府或其指定的相关部门、机构提起生态环境损害赔偿诉讼。2017年12月17日，中共中央办公厅、国务院办公厅印发《生态环境损害赔偿制度改革方案》，在全国全面试行生态环境损害赔偿诉讼。

生态环境损害赔偿诉讼，是指省级、市级人民政府及其指定的部门或者机构针对违反法律法规，造成生态环境损害的自然人、法人或者非法人组织或者其他依法应当承担责任的自然人、法人或者非法人组织向人民法院提起的主张生态环境损害赔偿的诉讼。

生态环境损害赔偿诉讼案件中，还有一类特殊的生态环境损害赔偿协议确认之诉，即省级、市级人民政府及其指定的部门或者机构与赔偿义务人磋商达成生态环境损害赔偿协议后向人民法院要求确认协议效力的诉讼。

【管辖】

环境污染民事公益诉讼、生态破坏民事公益诉讼案件适用《最高人民法院关于审理环境民事公益诉讼案件适用法律若干问题的解释》第6条、第7条的规定，第一审环境民事公益诉讼案件由污染环境、破坏生态行为发生地、损害结果地或者被告住所地的中级以上人民法院管辖。中级人民法院认为确有必要的，可以在报请高级人民法院批准后，裁定将本院管辖的第一审环境民事公益诉讼案件交由基层人民法院审理。同一原告或者不同原告对同一污染环境、破坏生态行为分别向两个以上有管辖权的人民法院提起环境民事公益诉讼的，由最先立案的人民法院管辖，必要时由共同上级人民法院指定管辖。经最高人民法院批准，高级人民法院可以根据本辖区环境和生态保护的实际情况，在辖区内确定部分中级人民法院受理第一审环境民事公益诉讼案件。中级人民法院管辖环境民事公益诉讼案件的区域由高级人民法院确定。

生态环境损害赔偿诉讼案件适用《最高人民法院关于审理生态环境损害赔偿案件的若干规定（试行）》第3条的规定，第一审生态环境损害赔偿诉讼案件由生态环境损害行为实施地、损害结果发生地或者被告住所地的中级以上人民法院管辖。经最高人民法院批准，高级人民法院可以在辖区内确定部分中级人民法院集中管辖第一审生态环境损害赔偿诉讼案件。中级人民法院认为确有必要的，可以在报请高级人民法院批准后，裁定将本院管辖的第一审生态环境损害赔偿诉讼案件交由具备审理条件的基层人民法院审理。生态环境损害赔偿诉讼案件由人民法院环境资源审判庭或者指定的专门法庭审理。

【法律适用】

处理生态环境保护民事公益诉讼的法律依据主要是《民法典》第7编第7章，《环境保护法》第2条、第58条，《民事诉讼法》第55条，《海洋环境保护法》第89条，《民事诉讼法解释》第13章，以及《最高人民法院关于审理环境侵权责任纠纷案件适用法律若干问题的解释》《最高人民法院关于审理环境民事公益诉讼案件适用法律若干问题的解释》《最高人民法院、最高人民检察院关于检察公益诉讼案件适用法律若干问题的解释》《最高人民法院关于审理生态环境损害赔偿案件的若干规定（试行）》《最高人民法院关于审理海洋自然资源与生态环境损害赔偿纠纷案件若干问题的规定》《最高人民法院、最高人民检察院关于人民检察院提起刑事附带民事公益诉讼应否履行诉前公告程序问题的批复》等的相关规定。

【确定该案由应当注意的问题】

1. 环境污染民事公益诉讼、生态破坏民事公益诉讼与生态环境损害赔偿诉讼存在区别：

（1）提起主体不同。生态环境损害赔偿诉讼由省级、市地级人民政府及其指定的相关部门、机构，或者受国务院委托行使全民所有自然资源资产所有权的部门提起。环境污染民事公益诉讼、生态破坏民事公益诉讼由检察机关、符合法定条件的社会组织、法律规定的机关（比如国家海洋局）提起。

（2）案件范围不同。可以提起生态环境损害赔偿诉讼案件范围更窄，只有发生较大、重大、特别重大突发环境事件的，在国家和省级主体功能区规划中划定的重点生态功能区、禁止开发区发生环境污染、生态破坏事件的，或者发生其他严重影响生态环境后果的，才可以提起生态环境损害赔偿诉讼。相较而言，只要有污染环境、破坏生态、损害社会公共利益的行为，就都可以就此提起环境污染民事公益诉讼或生态破坏民事公益诉讼。

（3）起诉条件不同。生态环境损害赔偿诉讼只能在发生生态环境损害之后，仅具有风险的不能提起。而针对已经损害社会公共利益或者具有损害社会公共利益重大风险的污染环境、破坏生态的行为，法律规定的机关和有关组织可以提起环境污染民事公益诉讼或生态破坏民事公益诉讼。

（4）诉讼程序不同。生态环境损害赔偿诉讼有政府诉前磋商前置程序，无须公告。而人民检察院、社会组织、法律规定的机关提起的环境污染民事公益诉讼、生态破坏民事公益诉讼无须诉前磋商，但需公告。

（5）审判组织不同。《人民陪审员法》第16条规定："人民法院审判下列第一审案件，由人民陪审员和法官组成七人合议庭进行：……（二）根据民事诉讼法、行政诉讼法提起的公益诉讼案件……"

环境污染民事公益诉讼、生态破坏民事公益诉讼的一审案件需组成七人合议庭。而生态环境损害赔偿诉讼目前仅要求组成有人民陪审员的合议庭，未要求七人合议庭。

省级、市级人民政府及其指定的部门或者机构提起的生态环境损害赔偿诉讼不是公益诉讼，不影响社会组织依法提起公益诉讼，也不影响自然人、法人和非法人组织依法提起私益诉讼。但法院受理、审理程序则需依照《最高人民法院关于审理生态环境损害赔偿案件的若干规定（试行）》第16条、第17条、第18条的规定，即：（1）在生态环境损害赔偿诉讼案件审理过程中，同一损害生态环境行为又被提起民事公益诉讼，符合起诉条件的，应当由受理生态环境损害赔偿诉讼案件的人民法院受理并由同一审判组织审理。（2）人民法院受理因同一损害生态环境行为提起的生态环境损害赔偿诉讼案件和民事公益诉讼案件，应先中止民事公益诉讼案件的审理，待生态环境损害赔偿诉讼案件审理完毕后，就民事公益诉讼案件未被涵盖的诉讼请求依法作出裁判。（3）生态环境损害赔偿诉讼案件的裁判生效后，有权提起民事公益诉讼的国家规定的机关或者法律规定的组织就同一损害生态环境行为有证据证明存在前案审理时未发现的损害，并提起民事公益诉讼的，人民法院应予受理。民事公益诉讼案件的裁判生效后，有权提起生态环境损害赔偿诉讼的主体就同一损害生态环境行为有证据证明存在前案审理时未发现的损害，并提起生态环境损害赔偿诉讼的，人民法院应予受理。

2. 实践中，同一个污染环境、破坏生态行为，既会给生态环境造成损害，也会给他人人身、财产造成损害。因此，环境私益损害和环境公益损害常常会同时存在。与此相应，环境侵权责任的两种形态，即环境私益侵权责任和环境公益侵权责任，亦存在着密切的关联和重合，进而使得环境私益诉讼和生态环境保护民事公益诉讼在分立的基础上保持着高度的融合。

467. 英雄烈士保护民事公益诉讼

【释义】

英雄烈士保护民事公益诉讼是指检察机关对侵害英雄烈士的姓名、肖像、名誉、荣誉，损害社会公共利益的行为向人民法院提起的诉讼。

【管辖】

英雄烈士保护公益诉讼案件适用《民事诉讼法解释》第 285 条、《最高人民法院、最高人民检察院关于检察公益诉讼案件适用法律若干问题的解释》第 5 条的规定，由侵权行为地或者被告住所地中级人民法院管辖，但法律、司法解释另有规定的除外。市（分、州）人民检察院提起的第一审民事公益诉讼案件，由侵权行为地或者被告住所地中级人民法院管辖。

根据《最高人民法院、最高人民检察院关于检察公益诉讼案件适用法律若干问题的解释》第 20 条的规定，人民检察院对侵害英雄烈士等的姓名、肖像、名誉、荣誉等损害社会公共利益的犯罪行为提起刑事公诉时，可以向人民法院一并提起附带民事公益诉讼，由人民法院同一审判组织审理。人民检察院提起的刑事附带民事公益诉讼案件由审理刑事案件的人民法院管辖。因此，针对英雄烈士保护提起的刑事附带民事公益诉讼可能由基层人民法院管辖。

【法律适用】

处理英雄烈士保护民事公益诉讼的法律依据主要是《英雄烈士保护法》第 25 条、《民事诉讼法解释》第 13 章、《最高人民法院、最高人民检察院关于检察公益诉讼案件适用法律若干问题的解释》等相关规定。

468. 未成年人保护民事公益诉讼

【释义】

未成年人保护民事公益诉讼是指检察机关对侵害未成年人合法权益，损害社会公共利益的行为向人民法院提起的诉讼。

【管辖】

未成年人保护公益诉讼案件适用《民事诉讼法解释》第 285 条的规定，由侵权行为地或者被告住所地中级人民法院管辖，但法律、司法解释另有规定的除外。

【法律适用】

处理未成年人保护民事公益诉讼的法律依据主要是《未成年人保护法》第 106 条、《民事诉讼法解释》第 13 章、《最高人民法院、最高人民检察院关于检察公益诉讼案件适用法律若干问题的解释》等的相关规定。

469. 消费者权益保护民事公益诉讼

【释义】

消费者权益保护民事公益诉讼是指检察机关对食品药品安全领域

侵害众多消费者合法权益等损害社会公共利益的行为向人民法院提起的诉讼。

【管辖】

消费者权益保护公益诉讼案件适用《民事诉讼法解释》第285条、《最高人民法院、最高人民检察院关于检察公益诉讼案件适用法律若干问题的解释》第5条、《最高人民法院关于审理消费民事公益诉讼案件适用法律若干问题的解释》第3条的规定，由侵权行为地或者被告住所地中级人民法院管辖，但法律、司法解释另有规定的除外。市（分、州）人民检察院提起的第一审民事公益诉讼案件，由侵权行为地或者被告住所地中级人民法院管辖。经最高人民法院批准，高级人民法院可以根据本辖区实际情况，在辖区内确定部分中级人民法院受理第一审消费民事公益诉讼案件。

根据《最高人民法院、最高人民检察院关于检察公益诉讼案件适用法律若干问题的解释》第20条的规定，人民检察院对食品药品安全领域侵害众多消费者合法权益等损害社会公共利益的犯罪行为提起刑事公诉时，可以向人民法院一并提起附带民事公益诉讼，由人民法院同一审判组织审理。人民检察院提起的刑事附带民事公益诉讼案件由审理刑事案件的人民法院管辖。因此，针对消费者权益保护提起的刑事附带民事公益诉讼可能由基层人民法院管辖。

【法律适用】

处理消费者权益保护民事公益诉讼的法律依据主要是《民事诉讼法》第55条、《民事诉讼法解释》第13章、《最高人民法院、最高人民检察院关于检察公益诉讼案件适用法律若干问题的解释》《最高人民法院关于审理消费民事公益诉讼案件适用法律若干问题的解释》《最高人民法院关于审理食品药品纠纷案件适用法律若干问题的规定》

等的相关规定。

五十三、第三人撤销之诉

《民事诉讼法》第56条第3款规定："前两款规定的第三人，因不能归责于本人的事由未参加诉讼，但有证据证明发生法律效力的判决、裁定、调解书的部分或者全部内容错误，损害其民事权益的，可以自知道或者应当知道其民事权益受到损害之日起六个月内，向作出该判决、裁定、调解书的人民法院提起诉讼。人民法院经审理，诉讼请求成立的，应当改变或者撤销原判决、裁定、调解书；诉讼请求不成立的，驳回诉讼请求。"2012年《民事诉讼法》修正时增加了第三人撤销之诉制度。《民事诉讼法解释》将第三人撤销之诉规定在第一审程序后面，作为单独一节。第三人撤销之诉是在第一审普通程序之后作为单独一章规定。在适用程序上不同于普通的民事诉讼，例如起诉条件就不适用《民事诉讼法》第119条的规定，因此，有必要单独作为第二级案由予以规范。此次民事案件案由全面修改，作为新增加的第二级案由"五十三、第三人撤销之诉"项下：增加"470. 第三人撤销之诉"。

470. 第三人撤销之诉

【释义】

第三人撤销之诉，是指第三人因不能归责于本人的事由未参加诉讼，针对诉讼双方当事人之间生效的判决对其产生的不利效果，而向法院主张将生效判决对其不利部分予以撤销的请求。《民事诉讼法》第56条第3款规定："前两款规定的第三人，因不能归责于本人的事由未参加诉讼，但有证据证明发生法律效力的判决、裁定、调解书的部分或者全部内容错误，损害其民事权益的，可以自知道或者应当知道其民事权益受到损害之日起六个月内，向作出该判决、裁定、调解书的人民法院提起诉讼。人民法院经审理，诉讼请求成立的，应当改变或者撤销原判决、裁定、调解书；诉讼请求不成立的，驳回诉讼请求。”第三人撤销之诉，其制度功能主要是为了保护受错误生效裁判损害的未参加原诉的第三人的权益。

【管辖】

《民事诉讼法》第56条第3款对第三人撤销之诉的管辖法院作出了特别规定，由作出生效判决、裁定、调解书的法院管辖，不适用民事案件地域管辖、级别管辖的规定。作出生效判决、裁定、调解书的法院，既可能是一审法院，也可能是二审法院。

【法律适用】

处理第三人撤销之诉的法律依据主要是《民事诉讼法》第56条第3款、《民事诉讼法解释》第292条至第303条。

【确定该案由应当注意的问题】

第三人撤销之诉不同于普通的民事诉讼，其起诉条件除要符合《民事诉讼法》第119条的规定以外，还有另外独立的起诉条件。具体包括：主体条件、程序条件、实体条件。

1. 主体条件。提起第三人撤销之诉的主体限于《民事诉讼法》第56条规定的第三人。第三人分为有独立请求权的第三人和无独立请求权的第三人。《民事诉讼法》第56条第1款规定的是有独立请求权的第三人，有独立请求权第三人是指对当事人之间的诉讼标的的全部或者一部分，以独立的实体权利人的资格提出诉讼请求进而参加诉讼的人。有独立请求权的第三人提出的诉讼请求既不同于原告，也不同于被告；他的诉讼地位相当于原告，以本诉的原、被告作为被告。《民事诉讼法》第56条第2款规定了无独立请求权人，即对当事人双方的诉讼标的，第三人虽然没有独立请求权，但案件处理结果同他有法律上的利害关系的，可以申请参加诉讼，或者由人民法院通知他参加诉讼。人民法院判决承担民事责任的第三人，有当事人的诉讼权利义务。最高人民法院第27批指导性案例发布了六个第三人撤销之诉专题案例。其中，多个案例都是从第三人撤销之诉的主体资格角度为人民法院审理类似案件提供参照的。例如，指导案例第148号案例明确，公司股东对公司法人与他人之间的民事诉讼生效裁判不具有直接的利益关系，不符合《民事诉讼法》第56条规定的第三人条件，其以股东身份提起第三人撤销之诉的，人民法院不予受理。指导案例第149号案例明确，公司法人的分支机构以自己的名义从事民事活动，并独立参加民事诉讼，人民法院判决分支机构对外承担民事责任，公司法人对该生效裁判提起第三人撤销之诉的，其不符合《民事诉讼法》第56条规定的第三人条件，人民法院不予受理。这两个案例主要是从主体资格角度明确公司股东对公司、公司法人对公司的分支机构不具有提起第三人撤销之诉的主体资格。

2. 程序条件。一是第三人因不能归责于自己的事由未参加诉讼。第三人未参加诉讼不能归责于本人的事由，是指第三人未参加诉讼不是由于其自身过错造成，对此，该第三人应当承担举证责任。如果因为其本人的过错未参加诉讼的，视为其行使处分权的结果，依法不能提起撤销之诉。《民事诉讼法解释》第395条规定，《民事诉讼法》第56条第3款规定的因不能归责于本人的事由未参加诉讼，是指没有被列为生效判决、裁定、调解书当事人，且无过错或者无明显过错的情形。包括：（1）不知道诉讼而未参加的；（2）申请参加未获准许的；（3）知道诉讼，但因客观原因无法参加的；（4）因其他不能归责于本人的事由未参加诉讼的。二是自知道或者应当知道其民事权益受到损害之日起6个月。《民事诉讼法》第56条第3款规定的6个月是不变期间，不适用延长、中止、中断的规定。例如，指导案例第153号明确，债权人对确认债务人处分财产行为的生效裁判提起第三人撤销之诉的，在出现债务人进入破产程序、无财产可供执行等影响债权人债权实现的情形时，应当认定债权人知道或者应当知道该生效裁判损害其民事权益，提起诉讼的6个月期间开始起算。该案例明确了提起第三人撤销之诉的6个月期间的起算时间从出现债务人进入破产程序、无财产可供执行等影响债权人债权实现的情形时开始。

3. 实体条件。一是撤销的对象是已经发生法律效力的判决、裁定和调解书。第三人只能针对已经发生法律效力的判决、裁定或者调解书提起撤销之诉。对于正在审理过程中的案件，或者未生效的判决、裁定和调解书，不得提起第三人撤销之诉。二是有证据证明发生法律效力的裁判、裁定、调解书部分或者全部内容错误。发生法律效力的判决、裁定、调解书内容错误，是指判决、裁定、调解书中的裁决事项有错误，主要是因为事实认定和法律适用错误导致的实体处理错误。判决、裁定、调解书内容错误，应当为实体处理结果有错误。《民事诉讼法解释》第296条规定，《民事诉讼法》第56条第3款规定的判决、裁定、调解书的部分或者全部内容，是指判决、裁定的主文，调解书中处理当事人民事权利义务的结果。三是生效的判决、裁定、调解书的错误内容损害第三人的民事权益。实质上是要求生效的判决、裁定、调解书的内容与第三人民事权益损害之间要有因果关系。

五十四、执行程序中的异议之诉

执行程序中的异议之诉，源自2007年《民事诉讼法》修正中新增的“案外人执行异议之诉”，当时的条文序号为第204条。2012年修正的《民事诉讼法》调整为第227条并延续至今。经由司法解释的细化规定和学理上的解释阐发，在“案外人执行异议之诉”之外，又出现了多种执行程序中的异议之诉类型，最终形成了目前的体系。

法律规范和学理解释上的发展也影响了案由结构。相较于2011年

《民事案件案由规定》，本部分案由在2020年进行了重大调整。[①] 修改之处有如下五方面：（1）第二级案由的标题从“执行异议之诉”变为“执行程序中的异议之诉”，后种表述有更大的涵盖范围，更适合用来指称上位概念，该第二级案由的序号也从“四十三”调整为“五十四”。（2）新增加了第三级案由“471. 执行异议之诉”。（3）将原来的两项第三级案由“422. 案外人执行异议之诉”“423. 申请执行人执行异议之诉”降为第四级案由，放入新增的第三级案由“471. 执行异议之诉”下，即471下的“案外人执行异议之诉”“申请执行人执行异议之诉”。（4）新增了一项第三级案由即“472. 追加、变更被执行人异议之诉”。（5）原有的第三级案由“执行分配方案异议之诉”自身没有变化，但序号顺延至473。调整后的本部分案由呈现出更宽广的格局和更清晰的内部结构，也更能反映实证法和学理上的进展。[②]

上述执行程序中的异议之诉的共性在于，都主要涉及实体性的权利义务关系，由此区别于主要涉及执行行为本身是否合法的执行异议制度（《民事诉讼法》第225条）。程序上的一项共同点为，各类执行程序中的异议之诉的管辖法院都为执行法院。

471. 执行异议之诉

（1）案外人执行异议之诉

（2）申请执行人执行异议之诉

执行异议之诉预设了执行程序的启动，依原告身份的不同又分为两类：第一类是案外人提出的执行异议之诉，案外人指的是执行当事人（申请执行人、被执行人）以外的人；第二类是申请执行人提出的

① 修改依据为《最高人民法院印发〈关于修改《民事案件案由规定》的决定〉的通知》（法〔2020〕346号）。

② 当然，现在的案由体系也并未囊括全部可能在执行程序中出现的异议之诉，一个例子是《最高人民法院关于公证债权文书执行若干问题的规定》第22条所规定的债务人异议之诉。

执行异议之诉。对此各有一类第三级案由。

关于执行异议之诉案件受理费，按照《最高人民法院关于安徽省高级人民法院〈关于对执行异议之诉案件如何收取案件受理费的请示〉的答复》(〔2014〕民立他字第29号)，执行异议之诉是人民法院对执行过程中当事人之间的实体法律关系争议适用审判程序予以裁决的一种实体裁判制度。此类案件当事人的请求涉及财产权益的，属于财产案件，应当按照财产案件标准计收案件受理费。按照《民事诉讼法解释》第310条，执行异议之诉适用普通程序。在执行异议之诉中，无论诉讼是由案外人或者申请执行人提出，都由案外人对其就执行标的享有足以排除强制执行的民事权益承担举证证明责任（《民事诉讼法解释》第311条）。

(1) 案外人执行异议之诉

【释义】

案外人执行异议之诉，是指执行当事人之外的第三人对于执行依据所确定的执行标的主张享有实体上的权利，请求法院对该实体上法律关系进行裁判，以阻止法院对执行标的进行强制执行的救济方法。最早见于2007年《民事诉讼法》第204条，2012年修正的《民事诉讼法》保留了此项规定，但改为第227条，由此延续至今。依据第227条，执行过程中，案外人对执行标的提出书面异议的，人民法院应当自收到书面异议之日起15日内审查，理由成立的，裁定中止对该标的的执行；理由不成立的，裁定驳回。案外人、当事人对裁定不服，认为原判决、裁定错误的，依照审判监督程序办理；与原判决、裁定无关的，可以自裁定送达之日起15日内向人民法院提起诉讼。可见，案外人、当事人对裁定不服的，分为两种情况：一种是认为原判决、裁定错误的，依照审判监督程序办理，通常是由案外人申请再审（《民事诉讼法解释》第423条）。另一种是对与原判决、裁定无关的争议，当事人可以向法院提起诉讼，由此出现执行异议之诉。

设计案外人执行异议之诉制度的主要考虑是，对债务人启动的强制执行有可能波及第三人享有合法权利的财产，比如扣押并拍卖的某项动产虽然由债务人占有但实际上却为第三人所有，因此有必要为第三人提供专门的救济渠道。案外人执行异议之诉旨在排除对特定标的已经启动的强制执行，无论该标的物是动产、不动产还是其他类型的财产。案外人执行异议之诉成功的实质前提是，案外人对标的享有足以排除强制执行的合法权益。

【管辖】

案外人执行异议之诉案件由执行法院管辖，对此《民事诉讼法解释》第 304 条有明确规定，其条文为“根据民事诉讼法第二百二十七条规定，案外人、当事人对执行异议裁定不服，自裁定送达之日起十五日内向人民法院提起执行异议之诉的，由执行法院管辖”。

【法律适用】

关于案外人执行异议之诉，《民事诉讼法》第 227 条只有总括性规定，细化规定主要见于《民事诉讼法解释》“十五、执行异议之诉”部分，包括第 304 条、第 305 条、第 307 条、第 310 条、第 311 条、第 312 条、第 314 条第 1 款、第 315 条。另外，《最高人民法院关于适用〈中华人民共和国民事诉讼法〉执行程序若干问题的解释》第 14 条、第 15 条、第 16 条也有相关规定。除此之外，多件司法解释对案外人执行异议之诉也有提及，尤其是《最高人民法院关于人民法院办理执行异议和复议案件若干问题的规定》中有较多相关规定，如该司法解释中的第 6 条第 2 款、第 8 条、第 16 条第 2 款、第 26 条，也当留意。

【确定该案由应当注意的问题】

第一，区分案外人执行异议之诉与案外人申请再审之诉和第三人撤销之诉。案外人执行异议之诉发生在执行过程中，以案外人执行异议被裁定驳回为前提，如果案外人没有对执行标的提起书面异议、书面异议未被驳回或者执行程序已经终结，案外人就不能提起执行异议之诉，而案外人申请再审之诉和第三人撤销之诉则没有此限制。案外人执行异议之诉所针对的是对特定执行标的的执行行为，案外人对作为执行依据的生效判决、裁定、调解书并无异议，只是对执行行为所指向的执行标的有异议，目的是排除对特定执行标的的强制执行行为。而案外人申请再审之诉和第三人撤销之诉所针对的是生效的判决、裁定、调解书，目的是推翻生效的判决、裁定、调解书。当然，推翻生效的判决、裁定、调解书后，由于执行依据被撤销，相应的执行行为也应停止、撤销或者变更。

第二，正确处理案外人提起执行异议之诉和另行起诉的关系。案外人提起执行异议之诉时，必须提出明确的排除对执行标的执行的诉讼请求，也可以同时提出对执行标的进行确权或者给付的诉讼请求。案外人也可以不提出排除对执行标的执行的诉讼请求，仅就执行标的确权或者给付进行起诉，这种情况就属于案外人另行提起了一个新的普通诉讼，而非执行异议之诉。如果案外人在提出排除对执行标的执行的诉讼请求的同时，又提出对执行标的进行确权的诉讼请求，人民法院作出裁判后，案外人就不能再对执行标的确权另行起诉。否则就违反了一事不再理原则。当事人在另行起诉和执行异议之诉中有选择权。即使在执行程序中，案外人也有权不提起执行异议之诉，而对执行标的确权另行起诉。如果其诉讼请求得到支持，可再以该案中的生效法律文书为证据，向原执行法院提起执行异议，或者申请执行回转。这是案外人的权利，但这种方法不利于案外人权益保护，人民法院在审查案外人另行提起的新诉时应当予以适当释明。

（2）申请执行人执行异议之诉

【释义】

申请执行人执行异议之诉是对案外人异议的对抗，其适用的场景通常是，案外人依据《民事诉讼法》第227条第1句第1分句提出书面异议，人民法院审查后认定理由成立，裁定中止执行。这一结果显然会影响申请执行人的利益，对此，法律为申请执行人提供了两种救济途径：第一种途径是依照审判监督程序对原判决、裁定申请再审（《民事诉讼法》第227条第2句第1分句）；第二种途径是自裁定送达15日内向执行法院提起诉讼，即所谓的“申请执行人执行异议之诉”（《民事诉讼法》第227条第2句第2分句）。申请执行人执行异议之诉旨在确认案外人就特定标的不享有足以排除强制执行的民事权益，由此恢复对标的的强制执行。

【管辖】

与案外人执行异议之诉一样，申请执行人执行异议之诉也由执行法院管辖（《民事诉讼法解释》第304条）。

【法律适用】

关于申请执行人执行异议之诉案件的法律规范主要见于《民事诉讼法解释》，重点条文为第304条、第306条、第308条、第309条、第310条、第311条、第313条、第314条第2款、第315条、第316条，还有《最高人民法院关于人民法院办理执行异议和复议案件若干问题的规定》第26条。

【确定该案由应当注意的问题】

依照《民事诉讼法》第 227 条的规定，经审查案外人之异议，法院裁定中止执行异议标的时，如果申请执行人对该裁定不服，可以通过提起诉讼寻求救济。与案外人提起执行异议诉讼的目的正相反，申请执行人提起执行异议诉讼旨在恢复对标的的执行，因此其诉讼请求为“请求对执行标的许可执行”，也可称为“许可执行之诉”，提起许可执行之诉是申请执行人的一项法定权利。《民事诉讼法解释》第 306 条规定了申请执行人提起执行异议之诉的三个条件：一是依案外人执行异议申请，人民法院裁定中止执行；二是有明确地对执行标的继续执行的诉讼请求，且诉讼请求与原判决、裁定无关；三是自执行异议裁定送达之日起 15 日内提起。

按照《民事诉讼法解释》第 309 条，申请执行人对中止执行裁定未提起执行异议之诉，被执行人提起执行异议之诉的，人民法院告知其另行起诉，也就是说，被执行人不能对中止执行的裁定提出执行异议之诉。

申请执行人执行异议之诉作为从执行程序中派生出来的一种特殊类型诉讼，主要解决申请执行人与案外人之间就执行标的能否执行的争议，故应以案外人为被告。如果被执行人也反对申请执行人主张的，应当增加被执行人为共同被告。如果被执行人不反对申请执行人主张的，人民法院可以将其列为第三人（《民事诉讼法解释》第 308 条）。

另外需注意申请执行人执行异议之诉 15 日提起期限（《民事诉讼法解释》第 306 条第 1 款第 3 项）届满的法律后果。在案外人提出书面异议，执行法院经初步审查对异议标的作出中止执行的裁定后，如果申请执行人迟迟不提出执行异议之诉，就会使争议标的一直处于中止执行的悬置状态，既不利于对当事人的权益保护，也不利于标的物经济效能的发挥，因此《民事诉讼法解释》第 316 条规定，人民法院对执行标的裁定中止执行后，申请执行人在法律规定的期间内未提起执行异议之诉的，人民法院应当自起诉期限届满之日起7日内解除对该执行标的采取的执行措施。

472. 追加、变更被执行人异议之诉

【释义】

本案由是2020年《民事案件案由规定》修正时新增加的一类案由。申请执行人主张将执行依据所确定的债务人之外的人纳入执行程序，执行法院对此作出了或肯定或否定的裁定，申请人或被申请人不服该裁定的，可以依法提起本诉。具体而言，当申请执行人提出追加、变更执行依据所确定的债务人之外的人为被执行人时，如果申请获得法院许可，被追加、变更的被申请人可以提起执行异议之诉，以避免承担强制执行的法律负担；反过来，如果申请执行人提出的追加、变更请求没有获得法院许可，申请人也可以提起执行异议之诉，以获得通过诉讼确认他人对执行债务是否承担责任的机会。相关规范为《最高人民法院关于民事执行中变更、追加当事人若干问题的规定》（以下简称为《执行中变更、追加当事人规定》）。

【管辖】

按照《执行中变更、追加当事人规定》第32条第1款，本类案件管辖法院为执行法院。

【法律适用】

适用于本案由的法律规定集中于《执行中变更、追加当事人规定》，主要是其中的第14条第2款、第17～21条、第30条、第32

条、第33条、第34条等。

【确定该案由应当注意的问题】

1. 追加、变更被执行人异议之诉的适用情形

针对法院所作出的是否追加、变更执行程序当事人的裁定，当事人有复议和执行异议之诉两种救济机制，需要注意的是这两种救济机制之间的分工。《执行中变更、追加当事人规定》第30条规定："被申请人、申请人或其他执行当事人对执行法院作出的变更、追加裁定或驳回申请裁定不服的，可以自裁定书送达之日起十日内向上一级人民法院申请复议，但依据本规定第三十二条的规定应当提起诉讼的除外。"也就是说，不服此类裁定的当事人，通常情况下只能通过向上级法院提出复议寻求救济，只有存在该规定第32条所列情况时，才可以提起执行异议之诉。这背后的考虑主要是提高争议解决效率，即只有在较为疑难复杂的情况中，才需要动用执行异议之诉这一实体化救济方式，在相对简单的情况中，采用复议的方式已经足够。

《执行中变更、追加当事人规定》第32条第1款规定："被申请人或申请人对执行法院依据本规定第十四条第二款、第十七条至第二十一条规定作出的变更、追加裁定或驳回申请裁定不服的，可以自裁定书送达之日起十五日内，向执行法院提起执行异议之诉"，该款共规定了六种情况，这六种情况下当事人对执行法院作出的或肯定或否定的裁定可以提起执行异议之诉。

第一种情况是作为被执行人的有限合伙企业，财产不足以清偿生效法律文书确定的债务，申请执行人申请变更、追加未按期足额缴纳出资的有限合伙人为被执行人，在未足额缴纳出资的范围内承担责任的（《执行中变更、追加当事人规定》第14条第2款）。

第二种情况是作为被执行人的营利法人，财产不足以清偿生效法律文书确定的债务，申请执行人申请变更、追加未缴纳或未足额缴纳出资的股东、出资人或依公司法规定对该出资承担连带责任的发起人

为被执行人，在尚未缴纳出资的范围内依法承担责任的（《执行中变更、追加当事人规定》第17条）。

第三种情况是作为被执行人的营利法人，财产不足以清偿生效法律文书确定的债务，申请执行人申请变更、追加抽逃出资的股东、出资人为被执行人在抽逃出资的范围内承担责任的（《执行中变更、追加当事人规定》第18条）。

第四种情况是作为被执行人的公司，财产不足以清偿生效法律文书确定的债务，其股东未依法履行出资义务即转让股权，申请执行人申请变更、追加该原股东或依《公司法》规定对该出资承担连带责任的发起人为被执行人在未依法出资的范围内承担责任的（《执行中变更、追加当事人规定》第19条）。

第五种情况是作为被执行人的一人有限责任公司，财产不足以清偿生效法律文书确定的债务，股东不能证明公司财产独立于自己的财产，申请执行人申请变更、追加该股东为被执行人对公司债务承担连带责任的（《执行中变更、追加当事人规定》第20条）。

第六种情况是作为被执行人的公司，未经清算即办理注销登记，导致公司无法进行清算，申请执行人申请变更、追加有限责任公司的股东、股份有限公司的董事和控股股东为被执行人对公司债务承担连带清偿责任的（《执行中变更、追加当事人规定》第21条）。

2. 关于被申请人提起的异议之诉

理论上，这种诉讼被称为"债务人不适格异议之诉"。该诉讼的主要功能在于排除变更、追加裁定对被变更、追加第三人的效力。因此，人民法院应当根据被申请人提出的诉讼理由成立与否，判决不得变更、追加其为被执行人、变更责任范围或者驳回诉讼请求。在程序方面，该诉讼的原告为被变更、追加的第三人，被告为申请执行人；由执行法院专属管辖，适用普通诉讼程序审理。

3. 关于申请人提起的异议之诉

理论上，这种诉讼被称为"债权人许可执行之诉"，其功能与"债务人不适格异议之诉"正好相反，系在变更、追加被执行人的申请被驳回时，为申请人提供的救济途径。其性质和基本构造则与“债务人不适格异议之诉”大致相同。人民法院应当根据申请人的诉讼理由是否成立，判决变更、追加被申请人为被执行人并承担相应责任、变更责任范围或者驳回诉讼请求。在程序方面，该诉讼的原告为申请执行人，被告为被申请变更、追加的第三人；由执行法院专属管辖，适用普通诉讼程序审理。

473. 执行分配方案异议之诉

【释义】

执行分配方案异议之诉，目的是在参与分配程序中为异议人提供诉讼救济。参与分配是为实现对债务人的多个债权人的公平保护而设立的执行程序。申请执行人以外的其他债权人可以凭有效的执行依据或者作为优先受偿权人申请加入已开始的执行程序，以就执行财产的变现价值获得受偿。此时执行法院应当制作财产分配方案，并送达各债权人和被执行人。债权人或者被执行人对分配方案有异议的，比如认为分配顺位或者分配金额有误，应当自收到分配方案之日起 15 日内向执行法院提出书面异议。如果未提出异议的债权人、被执行人又对异议人的意见提出反对意见，异议人有权以提出反对意见的债权人、被执行人为被告，向执行法院提出诉讼，由此形成执行分配方案异议之诉。

在参与分配程序中，如果债权人或者被执行人对分配方案中所列的债权是否存在、数额多少、受偿顺序等问题提出异议，这种异议不仅仅是一种程序上的异议，而且涉及实体权利，因此应当给予当事人启动实体诉讼的机会。另外，如果当事人认为法院制作的分配方案不公平甚至有错误，通过诉讼救济途径可以强化对当事人及利害关系人合法权益的保护。

《最高人民法院关于适用〈中华人民共和国民事诉讼法〉执行程序若干问题的解释》（以下简写为《执行程序规定》），以及《民事诉讼法解释》在有关部分确立了执行分配方案异议之诉的制度要点。

【管辖】

根据《执行程序规定》第18条以及《民事诉讼法解释》第511条，执行分配方案异议之诉案件由执行法院管辖。

【法律适用】

处理执行分配方案异议之诉的法律依据主要是《执行程序规定》第17条、第18条以及《民事诉讼法解释》第508条至第512条。

【确定该案由应当注意的问题】

（1）提起执行异议之诉以对法院制作的分配方案首先提出书面异议为前提条件。（2）异议人应当在收到执行法院转送的其他债权人或者被执行人反对意见之日起15日内提起执行分配方案异议之诉。异议人逾期未提起诉讼的，执行法院依原分配方案进行分配（《执行程序规定》第18条第2款）。（3）提起分配方案异议之诉的债权人应当明确对分配方案如何变更，而不能仅主张分配方案违法。（4）在执行分配方案异议之诉诉讼期间进行分配的，执行法院应当提存与争议债权数额相应的款项（《执行程序规定》第18条第3款），这是为了确保如果异议人的请求最终获得法院支持，那么其依然可以通过提存款项受偿。